제주 방언의 복합 구문

—접속문과 내포문—

1

이 저서는 2017년 정부(교육부)의 재원으로 한국연구재단의 지원을 받아 수행된
연구임(NRF-2017S1A6A4A01019885)

제주 방언의 복합 구문 1
: 접속문과 내포문

©김지홍, 2020

1판 1쇄 인쇄__2020년 12월 20일
1판 1쇄 발행__2020년 12월 30일

지은이__김지홍
펴낸이__양정섭

펴낸곳__경진출판
     등록__제2010-000004호
     이메일__mykyungjin@daum.net
     사업장주소__서울특별시 금천구 시흥대로 57길(시흥동) 영광빌딩 203호
     전화__070-7550-7776 **팩스**__02-806-7282

값 48,000원
ISBN 978-89-5996-791-9 94710
ISBN 978-89-5996-790-2 94710(세트, 전2권)

제주 방언의 복합 구문

—접속문과 내포문—

1

김지홍 지음

너비와 깊이가 아직도 크게 모자라지만
이 책을 38년 전 필자의 석사논문을 지도해 주신
심악 이숭녕(1908~1994) 선생께 바칩니다.

차례

제주 방언의 복합 구문 1

제주 방언의 복합 구문 2

제6부 내포 구문의 두 부류
: 발화·마음가짐의 표상 및 행동 목표·실현 모습의 표상

제1부 들머리

§.1-1 필자는 모어 방언으로서 '제주 방언'(이하에서는 편의상 '이 방언'으로 부름)의 형태·통사 측면들에 최근 몇 년 동안 틈이 나는 대로 꾸준히 관심을 쏟아 왔다. 1982년 제주 방언의 통사론 중에서 '동사구 보문'을 놓고 석사학위를 받은 뒤에, 방언 논문을 간간이 몇 편 썼었을 뿐, 개인 사정으로 이 방언의 연구에 몰입하지 못하였었다. 그러다가 우연히 제주 방언의 표기 방식과 관련하여 2013년 1년 동안 제주발전연구원 산하 '제주학 연구센터'에서 표기법을 정하는 위원으로 참여하게 되었었다.1) 이를 계기로 하여, 필자가 이해하는 범위 안에서 본

---

1) 필자는 개인적으로 「표기 방식」이란 용어가 더 적절하다고 본다. 일단 이 방언의 '표기법'을 정해 놓기 위해서는 반드시 이 방언의 문법 형태소들에 대한 선행 연구가 이뤄져야만 옳다. 이 방언의 표기를 이용하여 공문이나 학교 교육 등 공적인 일에 쓰려고 한다면, 그런 강제적 모습도 띨 수 있을 것이다. 그렇지만 이 방언의 더 다양하고 풍부하게 만들고자 하는 가치를 담는다면, 가능한 표기 방식들을 제시하는 정도가 올바를 것이라고 판단한다. 어쨌든 간에 그런 문법 형태소의 연구와 확립이 없다면, 아마 아무리 많은 표기 방식을 제안하더라도 이내 바꾸어야 한다는 비판에 계속 직면할 것이며, 그런 비판들이 일반화될수록 개정 표기법의 지위는 무위로 돌아갈 것이다.

필자가 참여하였던 표기 방식의 결정 작업의 결과는 2013년 12월 '제주어 표기법'으로 마련되었고, 2014년 7월 제주 특별 자치도 '고시 제2014-115호'로 공표된 바 있다.

곧 이어 이 '표기법'에 대한 해설로서 고재환 외 5인(2014)『제주어 표기법 해설』(제주발전연구원)이 출간되었다. 2020년 현재 제주대학교 국어연구원에서 다시 이 방언의 표기법을 개정 준비를 하는 것으로 알고 있다. 필자의 경험으로는, 반드시 선행 작업으로서 이 방언의 문법 형태소들을 확정하는 일이 전제되어야 하고, 사회언어학적 모형·화용 모형·담화 전개 모형도 충분히 고려되어야 할 것이다. 이른바 활발히 쓰이는 둘 이상의 형태소 및 변동 범위들에 대한 기술과「중층성 현상」을 있는 그대로 포착해 놓는 일이 중요하다. 이 방언의 문법 형태소들 중에는 특히 '융합된' 부류가 아주 많음은 이미 김지홍(2014)『제주 방언의 통사 기술과 설명: 기본구문의 기능범주 분석』(경진출판); 김지홍(2016) "제주 방언의 선어말어미와 종결 어미 체계",『한글』통권 제313호; 김지홍(2017, 영문) "제주 방언의 비전형적 종결 어미 체계에 대하여",『방언학』제26호에서 충분히 논의하였는데, 이것들을 놓고서 확정된 문법화 과정이나 결과에 대한 판단과 결정도 간단치 않을 것이다.

현재도 필자는 '한글 맞춤법'의 한계가 당시 지식 체계를 토대로「낱말」단위를 기준으로 삼았던 일이며, 이는 좀 더 큰 단위인「어절」로 확장되어야 할 것으로 본다. 이 방언에서 "나ø 책"(내 책), "나ø 거[나꺼]"(내 것)와 같이 관용적으로 쓰일 수 있는 어구들의 범위까지도 고려되어야 하는 것이다. 만일 이런 몇 차원의 지식 체계가 제대로 작동하지 않고서는, 곧바로 다시「재개정의 비판」들이 쏟아져 나올 수밖에 없다. 그만큼 신중하게 접근할 필요가 있다. 현재의 필자 생각은 '표기법'으로 강제성으로 띠고 구속하는 일보다, 변동 범위를 많이 허용해 주는「표기 방식」이란 개념이 이 방언의 현실을 더욱 잘 포착해 줄 것이다.

비록 2013년 '제주어 표기법'이 고시되고 2014년 해설서가 나왔지만, 현재 이 방언의 복합 구문을 다루는 이 책자에서는 다시 한 번 이 방언의「문법 형태소 확립」에 주력하고 있다. 고시된 표기법을 결정하던 당시에는 필자가 기본 구문에 관련된 문법 형태소들의 확정을 동시에 진행하고 있었지만(앞에 언급한 김지홍, 2014), 이 책에서 다루는 복합 구문에서 문법 형태소들을 놓고서는 면밀히 다룰 시간적 여유가 없었고,「문법 형태소의 중층성」도 전혀 깨닫지 못했었다. 그럴 뿐만 아니라 당시 여러 사람들이 함께 작업하면서 결정을 하였기 때문에, 어느 정도 공적인 고시 내용으로 문법상의 일관성보다 현실적으로 쓰이던 관례들에 무게를 둘 수밖에 없는 경우들도 있다.

이미 여러 사람들에 의해 출간된 입말 문학 채록본들에 있는 다양한 표기들을 놓고서 문법 형태소를 확립하는 일과 거기에 따른 표기를 확정하는 일이 필요하였다. 이 책에서는 문법 형태소의 분석과 확정 작업을 하면서, 동시에 기본 형상에 맞추어서 재표기를 해 놓았다. 이른바 '기저형' 표기를 지향한 것인데, 한글 맞춤법에서 '어법에 맞추어 적는 원리'를 일차적인 것으로 상정한 셈이다. 맞춤법이 형태주의·음소주의를 둘 모두 채택하였다면, 이 방언에서는「한국어 공통 요소」를 찾아내기 위하여 문법 형태소의 분석과 확정이 보다 더 중요하다고 판단하기 때문에(이 방언이 최근 한국어가 아니라는 생뚱맞은 주장을 반증하기 위해서라도 기저형 표기가 더 절실히 요구된다고 보기 때문인데, 바로 아래 단락에서 "−으키어"에 대한 언급을 보기 바람), 필자는 문법 형태소를 확정하기 위하여 통사 차원뿐 아니라, 화용·담화 차원도 필요하다고 믿는다.

흔히 지금까지 다수의 채록들에서 타성적으로 써 왔듯이, 표면형으로 가면 갈수록 이 방언의 개별성과 이질성을 강조하는 쪽으로 빠져들 수밖에 없다. 특히 탈락·축약·음운 변동들이 복잡하게 적용된 결과, 그 표면 현상만을 본다면 경솔하게 독자성(idiosyncracy)만 주장하기 쉽다. 섣불리 이 방언의 '특이성'이나 '유표성'만을 강조하려는 잘못된 이런 충동은(따라서 종전과 같이 이 방언 형태소들에 대한 잘못된 분석과 확정 결과는), 이 방언의 연구에서 반드시 뛰어넘어야 할 장벽이다. 이는 상당한 정도로 발전되어 온 현 단계의 국어학 수준을 고려하면서, 이 방언의 연구에서 이제는 과

감히 끊어 내어야 할 '인습'이라고 판단한다.

　최근 일본 동지사 대학 고영진 교수의 양태 형태소 '-으크-(-겠-)'을 다룬 초고를 놓고서 길게 전화 통화를 한 바 있다. 또 직접 초고도 전자 서신으로 부쳐온 바 있다. 필자는 "오키어, 가키어, ᄒ키어"가 결국 공통어에서 찾아지는 "올 것이야, 갈 것이야, 할 것이야"(경상 방언에서는 '올 기야, 갈 기야, 할 기야'로 나옴)의 기저형 모습을 반영하는 것으로 파악한다. 727쪽의 논의를 보기 바란다. 이것이 융합·융축되자, 기원되는 문법 의식이 상실됨과 동시에 마치 '-으크-(-겠-)'의 변이형처럼 잘못 파악되어 왔다. 고재환 외 5인(2014) 『제주어 표기법 해설』(제주발전연구원)에서 필자가 집필한 부분(174쪽)도 잘못된 형상으로 '-으크-＋이어'를 상정하여 실수를 저질렀다. 이 방언에서는 더 이상 '이어'라는 종결 어미는 없는 것이다. 물론 이 방언의 '-으키어'는 '-을 것이어'가 융합되고 융축된 모습임은, 앞에서의 책 김지홍(2014: §.2-3-1, §.2-5-3, §.3-4-2)에서 논의된 바 있다. 또한 다시 이 책의 제5부 §.6-3에서도 입증을 하고 있다. 다만, 형식 명사 '것'이 '거'로만 실현된다고 보아, 더 이상 경상도 방언 "-을 기야"와 같이 '기'로 실현될 가능성을 진지하게 고민하지 못했었다. ㉠'기'가 형식명사 '거'의 변이형일 수도 있고, ㉡ 형식명사 '거'와 계사 어간 '이'가 1음절로 융합된 것일 수도 있다. 만일 ㉡의 경우라면 각각 자음과 모음이 서로 형식명사와 계사를 대표하고 있다고 간주할 수도 있다. 만일 ㉠처럼 형식명사의 변이형 '기'를 상정한다면, "-을 기이어"와 같은 초기 형상이 상정된 다음에, 의무적 탈락 현상을 조건으로 만들어 주어야 한다. 그렇지만 ㉡의 경우라면 "-을 거이어"에서 형식명사와 계사 어간이 1음절로 융합된 '기'도 기본 표상에 참여하여, "-을 기어"가 초기 형상으로 주어질 수 있다. 이런 문법화 과정이 만일 이 방언에서도 성립될 수 있다면, 관형형 어미의 유음 받침이 어원 의식이 희미해지면서 한 덩이 문법 형태소로 융합됨으로써 관형형 어미 '-을'이 뒤따르는 형식 명사('기')의 초성을 거센 소리로 바꾸어 놓을 것('키')이다. 그렇다면 ㉠의 경우에 '-으키이어'(유표적으로 동일모음의 의무적 탈락 규칙이 주어져야 함) 또는 ㉡의 경우에 '-으키어'라는 모습이 도출될 것이다. 어떤 경우이든지 이것이 다시 재음절화 규칙에 적용을 받아 이 방언에서 자주 관찰되는 '-으켜'로 줄어들 수 있는 것이다. 당시에 필자는 이런 가능성을 미리 심도 있게 충분히 고려하지 못했었다. 그렇기 때문에 필자의 입증은 아직 충분치 않으며, 다각적으로 계속 증명되어야 할 것이다. 그런데 이런 간단한 사례도, 만일 이 방언의 독자성이나 특이성에만 몰입한다면, 결코 아무런 통찰력도 얻어낼 수 없을 것이다.

　또한 이 방언에서 자주 관찰되는 "-으커라"는 복합 형식의 초기 표상은 조금 다르다. '-으크-(-겠-)'라는 양태 형태소가 있고, 여기에 '-어라'라는 종결 어미 융합 형태소가 결합된 것이다. '-으크-(-겠-)'는 공통어에서와 같이 주어와 관련하여 「추측 및 의지」의 두 기능을 떠맡고 있다. 이 종결 어미는 어조만 달리하면서 여러 서법에 두루 쓸 수 있는 반말투 종결 어미 '-어'가 다시 고유한 서술 서법과 감탄 서법에서 쓰이는 종결 어미 '-으라'와 융합되어 있는 것이다(김지홍, 앞의 책, 2014의 §.2-3 및 §.3-4를 보기 바라며, 명령·감탄 서법의 종결 어미가 아니라 또한 '-라'가 계사 어간이 생략된 채 반말투 종결 어미로 나오는 형상도 있기 때문에 주의해서 분석되어야 함). '-으크-＋-어라'의 결합에서 양태 형태소의 제2음절 약모음이 자동적 음운변화로서 탈락된다면 '-으커라'로 나오는 것이다.

　이 방언에서도 공통어에서와 동일하게 양태적 대립을 구현하고 있는 두 가지 형식을 그대로 쓰고 있음을 확인할 수 있다.

「-을 것이다 vs. -겠다」
「-으키어 vs. -으커라」(축자적 형태를 대응시킨다면 각각 '-을 거야 vs. -겠어라'임)

이들 구성은 양태상으로 각각 예정된 사건을 언급하는 일과 현재 주어진 상태에서 관격적으로 이 방언의 실상을 다루는 일을 우선 '기본 구문'을 놓고서 시작하게 되었고, 그 결과가 김지홍(2014)『제주 방언의 통사 기술과 설명: 기본구문의 기능범주 분석』(경진출판)이다. 이어서 다음에 다루어야 할 과제로서, 필자에게는 복합 구문으로서 접속 및 내포에 관한 분야가 남아 있었다. 필자의 능력이 아직도 많이 부족하지만, 기본 구문에 대한 후속 작업으로서 이 책에서는 이 방언의 복합 구문으로서

련 사건을 추측하는 일로 대립된다. 예정된 사건은 굳이 하느님의 전지전능한 시각을 도입하지 않고서도 충분히 우리 일상생활에서 자주 일어난다. 가령, 전형적으로 9시 뉴스에서 대통령이 외국 순방시 그 여정이 미리 명백히 짜여지고 공식적으로 진행되는 경우가 그러하다. 모두가 미리 예정되어 있는 사건인 것이며, 공공성이나 객관성이 깃들어 있다. 믿음의 강도 측면에서 높은 확신성을 띠는 것이다. 그렇지만 해당 사건에 대한 추측은 일부 증거를 놓고서 또는 간접적인 방식으로 일어난다. 그 사건이 굳이 미래의 사건만은 아니고, 화자가 아직 경험해 보지 못한 같은 시간대의 다른 일을 가리킬 수도 있는 것이다. 이런 측면에서 개별적이며 사적인 경험이란 점이 깃들어 있으며, 서술·감탄 서법으로 쓰이는 종결 어미 '-으라'의 의미자질 때문에 그 일부 증거가 화자 자신이 지금 처음 깨닫는 증거임을 함의할 수 있다('-구나'의 의미자질과 유사함).

이 방언에서는 예정된 사건을 가리키기 위하여 '-으키어, -으켜'(-을 것이야)가 쓰이지만, 현재 일부 증거를 근거로 하여 추측을 할 경우에는 '-으커라(-겠어라)'가 쓰인다. 문법화 과정이 상당히 진행되어 양자 사이에 구분이 전문지식을 갖추지 못한다면 쉽지 않고, 그 실체를 뚜렷이 부각해 낼 수도 없다. 가령,

「비가 오키어 vs. 비가 오커라」

가 모두 다 쓰이는 것이다. 만일 이 방언의 모어 화자에게 두 형식이 어떻게 다른지를 되묻는다면 그 대답을 얻기 쉽지 않을 것이다. 문법화의 과정에서 융합된 다음에 관련 형태소들이 분석이 쉽지 않을 정도로 더욱 줄어들었기 때문이다. 전문지식을 갖추고 있지 않을 경우에 그 차이를 드러내기가 만만치가 않다. '오키어'는 관련 사건이 곧 일어날 것이라는 점을 부각시키고 있다. 비가 올 것이라는 예정 사건을 단정하고 있는 것이다(반말투 종결 어미 '-어'를 이용함). 반면에, '오커라'는 화자가 발화 시점 현재 직접 느끼고 있는 「일부 증거」에 더 초점을 모아서 말하고 있는 것이며(융합된 종결 어미 '-으라'의 의미자질이 그대로 녹아 있음), 이는 일부 증거의 직접성을 부각시킴으로써 당장 그런 추측이 일어날 듯한 속뜻을 품는다. 이런 차이는 '부차적으로'(필수적 함의는 아니며, 일단 대화상으로 딸려 나오는 속뜻 정도로 여길 만함) 발화 사건의 시점으로부터 해당 사건을 확인하는 일에서 시간 폭도 조금 다를 수 있다. 그 속뜻으로 예정 사건이 더 큰 폭에서 확인될 수 있지만, 현재 경험을 놓고 추측하는 사건은 그보다 좀 더 작은 폭에서 관련 사건을 확인할 수 있을 듯하다. 이제 사적으로 필자의 모어 직관을 투영하여 이들을 재구성해 본다면 다음처럼 말할 수 있다.

"틀림없이 '곧' 비가 오키어 vs. 내 느낌에는 '당장' 비가 오커라"

확신의 정도를 나타내는 부사로 덧얹히거나 화자의 주관적인 현재 느낌을 덧붙여 놓을 수 있는 것이다. 상대적으로, 전자의 표현이 틀릴 확률이 배제되어 있다는 점과 역비례하여, 해당 사건이 일어나지 않을 경우에 그 화자가 책임질 몫도 또한 높아질 수밖에 없다(공신력이 실추됨). 그렇지만 만일 현재 화자의 느낌에 기대어 표현한다면, 관련 사건이 일어나지 않을 경우에 책임질 몫도 그런 만큼 작아지는 것이다.

접속 및 내포 구문들을 다루고 있다.

§.1-2 필자는 국어학과 국어교육을 공부하고 가르쳐 오면서, 궁극적으로 언어 교육이 여러 학문 영역에서 다뤄온 '담화'에 대한 교육이 되어야 함을 깨달았다. 이에 그 기반으로 언어 산출의 측면에서 언어 교육뿐만 아니라, 언어 심리학·언어 철학·미시 사회학(상호작용 사회학)·비판적 담화 분석 등을 체계적으로 정리하고서, 이에 대한 여러 학문 간의 공분모(학제적) 접근으로서 김지홍(2015)『언어 산출 과정에 대한 학제적 접근』(경진출판)으로 매듭지을 수 있었다. 필자의 모어 방언에 대한 해석은, 엄격히 통사 구조에 대한 대립 체계의 확정에만 그치지 않고(달리 말하여 형식 차원에만 국한되지 않고), 언어 사용 상황과 맥락을 고려하면서, 이런 바탕 위에서 사회언어학과 화용론과 담화 전개의 측면들을 두루 염두에 두면서 진행한다. 이는 젤릭 해뤼스(Zellig S. Harris, 1909~1992) 교수가 일찍이 '거시언어학(macrolinguistics)'으로 부른 영역이다.[2] 거시언어학에서도 또한 언어 그 자체가 형식과 내용의 결합체임을 전제로 한다면, 현대 언어학을 세운 소쉬르의 업적이 형식의 대립적 표상에 엄격히 초점을 모았던 반면에, 내용을 고려하면서 삶의 현장 속에서 언어 형식이 어떤 기능으로 다양하게 어떻게 쓰이는지에 초점을 모으게 된다. 다시 말하여, 형식이나 구조가, 내용이나 사용 방식에 따라서 도출되고 고정된다는 시각을 견지하는 것이다.

만일 이런 형식(구조)과 의미(내용)의 결합을 놓고서 우리가 후자에 더 가중치를 두고서 이들 사이의 결합을 다룰 적에는, 다시 의미(내용)를 만들어 놓은 실체가 무엇인지를 묻게 된다. 이는 인간 정신 작동

---

2) 위도슨(Widdowson, 2004; 김지홍 뒤침, 2018)『텍스트, 상황 맥락, 숨겨진 의도』(경진출판)의 전반부(제1장에서 제4장까지)에서는, 언어라는 단위(또는 대상)를 다루는 연구가 왜 그리고 어떻게 비교적 간단한 데에서부터 더 큰 대상으로, 그리고 보이는 대상에서 다시 안 보이는 대상들을 찾아내게 되었는지를 놓고서, 역사적 근거들로써 읽기 쉽게 서술해 놓고 있다.

방식과 마주하는 일이며, 결국 논의의 지평이 인류 지성사의 도도한 흐름 속으로 편입되어 들어갈 수밖에 없다. 언어의 형식과 내용은 저절로 결합되는 것이 아니라, 구체적인 삶의 현장을 직접 체험해 나가고 그런 경험들이 누적되면서 다양성과 융통성도 함께 체득하기 때문이다.3) 삶의 체험 현장 그 자체가 그런 결합을 촉발해 주는 것이다. 2019년에 필자는, 현대 철학에서 동료 뤄쓸(B. Russell) 교수와 함께 분석 철학을 수립한 무어(G. E. Moore) 교수가 발간한 몇 권 안 되는 저술 중에, 1954년 『철학에서 중요한 몇 가지 문제』(경진출판)를 출간하면서, 지성사에서 다뤄져야 할 궁극적 논제들을 익힐 수 있었다. 필자가 이해하는 분석 철학은, 언어를 대상으로 하여 엄격한 분석을 통하여 보다 투명한 개념과 의미를 결정해 나가는 방법론으로서, 엄격한 언어학적 분석 방법이 체계적으로 적용되어 얻어낼 수 있는 성과들임을 그 책의 역주 여러 곳에서 길게 설명해 놓은 바 있다.

§.1-3 이 방언의 사용자가 대략 40만 명 정도의 작은 인구에 불과하지만, 이 방언에 대한 그간의 연구는 모어 방언이 되었든 그렇지 않든 간에, 매우 작은 숫자의 연구자들이 헌신적으로 그리고 꾸준히 일구어 온 덕택에, 방언으로서의 위상이 일부나마 갖춰져 오고 있다.4)

---

3) 여기에서도 순수한 담화 분석을 주장하는 흐름과 기득권 계층에서 자신들에게 유리한 이념들을 언어를 매개로 하여 고착시키려는 의도를 비판적으로 파악할 수 있도록 해야 한다는 흐름이 서로 대립되어 발전해 나가고 있다. 후자는 특히 유럽 쪽에서 '비판적 담화 분석(Critical Discourse Analysis)'이라는 명칭으로 불린다. 우리말로는 영국의 페어클럽(Fairclough) 교수, 오스트리아의 보닥(Wodak, 워댁) 교수, 화란의 폰대익(van Dijk, 뷘다익) 교수 등의 저작들이 다수 번역되어 있다. 현재 50권 넘게 번역되어 있는 참스키(Chomsky) 교수의 사회 비판 저서와 10권에 달하는 레이콥(Lakoff) 교수의 미국 내 정치 비판 저서도 궁극적으로는 비판적 담화 분석의 실천들로 평가될 수 있다.

4) 최근에 나온 고동호 외 6인(2014) 『제주 방언 연구의 어제와 내일』(제주발전연구원)에서 지난 1백 년 간의 이 방언에 대한 연구를 음운·형태·어휘·통사·정책 등의 여러 분야들로 나누어 회고하고, 장차 연구에 대한 전망을 다루었다. 인상적으로 말하면, 이 방언의 연구에 최현배 문법 체계, 미국 기술언어학 체계, 참스키 초기 생성문법 체계들이 모두 다 도입된 바 있다. 이런 체계들에 대한 이해와 적용이 과연 얼마만큼 적절하였는지에 대해서는 평가자마다 다를 것이다. 필자는 참스키 교수의 원리와 매개인자 체계 및 담화 화용 이론들을 응용하여 이 방언을 다루고 있음을 적어 둔다. 담화 화용 분야에

그렇지만 전반적으로 살펴볼 경우에 그 연구의 수준이, 「공통어」로5)

서는 특히 영어로 읽을 수 있는 언어 심리학자들의 업적이 일차적으로 고려되고 있는
데, 필자가 번역 출간한 화란 심리학자 르펠트(Levelt), 미국 심리학자 킨취(Kintsch)와
클락(Clark)이 있다.
5) 이 책에서는 의도된 것이 아니지만 부정적인 속뜻으로 방언을 억누를 만한 '표준어'라
  는 용어를 내세우지 않는다. 여러 가지 고려되어야 할 점들이 많겠으나, 중립적인 용어
  의 후보로서, 여기서는 잠정적으로 우리나라 사람이면 누구나 다 쓴다는 의미에서 '공
  통어'라고 부르기로 한다. 이 공통어의 사용은 광복 이후 학교 교육의 정착과 방송이라
  는 대중 매체의 발달로 크게 진작되어 왔고, 최근 사회연결망의 전자 도구들로 더욱
  배가되고 있다. 우리말 표현인 사투리는 어근이 '서툴다'를 연상시킨다는 점에서(어원
  을 모음 교체 형태 '*사툴다'와 접미사 '-이'로 볼 경우임), 필자가 느끼기에는 부정적
  인 어감이 깔려 있을 듯하다. 그렇다면 전범이나 모범에 미치지 못하는 말을 가리키게
  되므로, 가치의 측면에서 보아 바람직스러운 것은 아니다.
    일부에서는 이 방언을 '제주어'로 부르기도 한다. 제주도의 조례에 이 용어가 들어가
  있지만, 그 개정은 아직 요원하다. 필자의 판단에, 우리말의 쓰임에서는 민족이나 국가
  를 배경으로 하여 쓰는 말을 '어'로 부르는 듯하다. '태국어, 유구어, 아이누 어' 등이다.
  이와는 달리, 필자는 국어학계에서 관용적으로 계속 써 온 '제주 방언'이 학술 용어로서
  쓰기에 불편함이 없으며, 서로 학계에서 소통하는 데에도 여전히 쓸 만하다고 믿는다.
  아마 방언의 부정적 속뜻을 극복하기 위하여 국립국어원에서 '지역어'라는 용어도 쓴
  적이 있다.
    그런데 왜 하필 '지역언'이 아니고, '지역어'로 불렸을까? 필자로서는 아마 '지역
  언어'의 줄임말로서 설명하는 길 외에, 다른 방법은 없지 않을까 본다. 아마 한자어
  '언(言)'과 '어(語)'에 대한 명확한 뜻잡이를 잡아낼 만한 지침은『논어』의 주석을 내면
  서 언급했던 주희(1130~1200)의 설명 정도에 기댈 만한데, 다다음 단락에서의 서술
  내용을 보기 바란다.
    입말 채록 자료(특히 민요)를 살펴보면 토박이들 사이에서는 제줏사람이 쓴다는 뜻
  으로 '제줏말(긔줏말)'이 있었으며, 이에 대립하는 '육짓말'이 있다('??뭍말[뭍+말]'은
  이 방언사전에 올라 있지 않으며, 그렇다면 '뭍말'이란 말은 안 쓰였던 듯함). 더 작은
  하위 방언으로 조선 시대에 행정구역이 제주(濟州)·정의(旌義)·대정(大靜)으로 삼분되
  어 있었던 만큼 '모관(牧管)말, 정읫말, 대정말'도 가능할 듯하다. 모관(목관)은 '제주목
  관내(濟州牧 管內)'라는 말을 줄인 것이다. 아마 한자 어원 의식이 박약해짐에 따라 받
  침 'ㄱ'이 탈락된 듯하다. 이때 '말'은 언어와 핍진하게 쓰인다. 낱개 형태소로서 언(言)
  이나 어(語)가 아니라, 두 형태소가 결합한 '언어'인 것이다.
    허신(58~148)의『설문해자』를 보면, 한자 형태소 '언(言)'과 '어(語)' 모두 형성 글자
  (소리+뜻)로서 각각 '입 구(口)+허물 건(辛)'이 결합된 것이고, 다시 '말씀 언(言)+깨
  달을 오(悟)'의 결합이다. 그는 곧장 하는 말(直言)을 언(言)으로 풀었고, 따지고 논란하
  는 말(論難)을 어(語)로 보았다. 이 때문에 남송의 큰 학자 주희(1130~1200)는 논어의
  주석에서 혼잣말을 언(言)으로, 두 사람 사이에 주고받는 말을 어(語)로 풀었던 것이다
  ('논어'란 삶의 이치를 서로 논의하는 말임).
    한나라 때 이뤄진 것으로 여겨지는『예기』'잡기'(하)에서는, 부모의 삼년상을 볼 적
  에 "言而不語, 對而不問(자기 일에 대한 말은 하되, 정치 따위 다른 일을 놓고서 남과
  따지는 말은 하지 않고, 여막을 찾아온 손님을 마주하여 응대는 하되 묻는 일은 하지
  않는다)"라고 씌어 있다. 그렇다면 당시에 두 글자의 용법이 식자층에서는 서로 달리
  인식했었음을 이런 어구들로써 짐작할 수 있다.
    최근에 새로운 주장으로서 이학근(2012) 주편『자원』(상·하, 천진고적출판사)의 상권

쓰이는 우리말을 대상으로 하여 이뤄놓은 성취와는 비교가 되기가 어렵다. 아직도 이 방언의 연구는 이전에 왜곡해 버린 여러 문법 형태소들을 엄격히 분석하고 새롭게 확정해야 하는 '걸음마 단계'라고 보는 것이 온당하기 때문이다.

비록 그러하더라도 이전의 연구자들이 이 방언을 헌신적으로 연구해 왔던 것처럼, 가까운 장래에도 후속 연구자들이 또한 이 방언의 여러 분야에 걸친 문제들을 천착하면서 그 실상을 잘 드러내는 연구가 이어질 것으로 기대한다. 이런 일은 현상만 놓고서 밝혀낼 수가 없다. 이는 일반 사람들이 언어학자가 될 수 없는 까닭이다. 반드시 동시에 이론적 체계를 수립해 나가야 하는 작업이 요구되는 것이다. 따라서 언어와 언어 사용에 대한 여러 분야의 논의들도 함께 통일된 지식 체계로 습득하고 깊이 이해하고 있어야 한다. 아직도 식견이 많이 모자란 필자의 처지로서는, 이 책이 만일 과거의 연구 시작 개시점과 미래의 통찰력 있는 연구 개시점 사이에서 일종의 다리로서 역할

167쪽(집필자 李守奎)에서는 언(言)을 혀 설(舌)과 한 일(一)의 결합으로 된 지사 글자로 보았고(自我陳述, 내 자신에 대하여 계속 말하는 일), 어(語)를 두 개의 오(五)가 위·아래로 쓰인 글자를 중심으로 하여, 두 사람 사이에 말로써 서로 주고받는(×, 爻) 모습으로 보았다(與別人談論, 다른 사람과 더불어 정담을 주고받는 일). 이런 주장은 언어학에서 구분해 온 머릿속에 들어 있는 내적 언어(I-language)와 현장 맥락에서 쓰이는 외현 언어(E-language)의 구분으로 이어질 가능성이 있어서 흥미롭다. 그렇지만 정작 상황에 맞춰 정담을 나누는 경우는 담화(談話)로 부르고, 일관된 줄거리를 지니고서 이어져 있는 덩잇말은 담화(譚話)로 쓰인다.

중국에서는 여러 천 년 동안의 쓰임으로 말미암아 용례의 범위가 더 넓다. 춘추 시대에 8개 제후국의 역사를 『국어』로 불렸는데(공자의 『춘추』를 주석 낸 좌구명의 저작으로 알려져 있지만, 필자의 경험으로는 서술 방식 및 문체가 서로 완연히 다르며, 『춘추좌전』이 압도적으로 고급 문체로 씌어져 있음), 그 자체가 '역사서'이므로 『서경』의 서(書)와 『사기』의 기(記)라는 뜻도 담고 있다. 주나라 혹은 춘추 시대에 씌어졌다고 여기는 어휘집 『이아』(가까이 두고 살펴보는 우아한 말, 이충구 외 역주, 2012, 『이아주소』, 소명출판)에 이어서, 한나라 때 양웅(B.C.53~A.D.18)의 『방언』에서는 제후국이나 지역별로 쓰임이 다른 낱말들을 많이 포함하여 다뤘었는데(왕지군 외, 2006, 『양웅방언 교석 회증』 상·하, 북경: 중화서국), 그 하위 방언들이 지금도 '북경어, 광동어, 민어' 등으로 불린다. 필자는 '언'을 개인의 내적 언어 쪽으로 파악하고, '어'를 서로 관계를 맺기 위해 입 밖으로 외현된 언어 쪽으로 이해하는 것이 온당할 듯하지만(적어도 진나라 또는 전한 시대 이전의 표현에서 그러함), 오늘날에는 이런 구분이 엄격히 지켜지지 않고 마치 유의어처럼 쓰이고 있는 듯하다.

을 떠맡는다면 더 없는 보람이 될 것이다. 다시 말하여, 현재 이 책에서는 이 방언의 연구 업적들에 많이 의존하여 그분들의 통찰과 주장을 최대한 깊이 음미하면서도, 그런 주장에 매몰되지 않고서, 다시 공통어로서의 우리말에 대한 발전(새로운 발견과 논의)을 반영해 나가는 일을 추구해 나간다.

예를 들면, 이른바 매개모음이나 조음소로 불리던 '으'의 처리가 1970년대에 들어서 '으'라는 약모음을 지닌 어미 형태소들 및 그렇지 않은 어미 형태소들로 포착되면서, 약모음을 탈락시키는 음운 규칙으로 설명하기 시작하였다.6) '먹다, 잡다'라는 동사는 자음으로 시작되는 어미가 결합되더라도

'먹고, 먹지, 잡고, 잡지'

---

6) 김완진(1972), "형태론적 현안의 음운론적 극복을 위하여", 『국어학』 제3호에서는 체언의 경우와 용언의 경우를 구분한 뒤, 용언이 활용을 할 경우에 '으' 탈락이 일어남을 처음으로 지적하였다. 이어서 이병근(1981), "유음 탈락의 음운론과 형태론", 『한글』 제173~174호에서는 몇 가지 음운 규칙들의 적용 순서가 다뤄졌는데, 가령 유음 'ㄹ' 받침의 탈락보다 '으' 탈락 규칙이 먼저 적용된다고 논의하였다.

이른바 국어 연구의 초기에서부터 주장이 다양하게 펼쳐진 '으' 모음에 대한 연구사는 배주채(1993), "현대국어 매개모음의 연구사", 『주시경 학보』 제11집을 참고할 수 있는데, '으' 탈락이 음소 차원의 탈락뿐만 아니라, 또한 더 높은 음절 연결의 층위에서 탈락될 수도 있음이 지적되어 있다. 특히 음절 연결 층위에 대해서는 오정란(1997), "어미 활용의 음운론적 제약과 대응 이론", 『음성·음운·형태론 연구』 제3호 및 신승용(2010), "생성음운론의 한계와 '으' 삽입에 대한 해석", 『최명옥 선생 정년퇴임 기념 국어학 논총』(태학사)을 참고할 수 있다.

따라서 여전히 '으'의 설명에 대해서는 단일한 층위보다 여러 층위들의 작용을 파악하고 서로 공모 관계에 있는 것으로 기술하고 설명하는 쪽으로 가야 할 듯하다. 그렇지만 이런 확장된 논의는 현재 필자가 감당할 능력 밖에 있다. 이 방언의 음운론을 전공하신 분들이 몇 개의 차원이 공모하고 있는지를 놓고서 정밀히 다뤄 주어야 할 주제이다. 여기서는 일단 '으'라는 약모음이 어미의 제1음절에 상정되는 것으로 간주하고서 논의를 진행하기로 하겠는데, 이런 접근에서는 이 방언에서 어미들이 약모음 '으'를 지닌 것과 그렇지 않은 것으로 대분될 필요가 있다. 좀 더 세밀히 관찰할 경우에 약모음 '으'는 자음과 모음의 음절 재구성 층렬에서 탈락되는 경우도 있고, 그렇지 않을 경우에 전설화가 이뤄져 '이'로 나올 경우를 고려해야 한다. 이런 미세한 차이들도 면밀히 다뤄져야 옳겠으나, 거의 새로운 단계의 논의를 펼치려고 하는 현재로서는 다만 필자의 직관적 느낌만을 적어 놓을 수밖에 없다는 한계가 있다.

로만 활용을 할 뿐이다. 결코 두 자음 사이의 충돌을 막기 위하여

 '*먹으고, *먹으지, *잡으고, *잡으지'

로 나오는 법이 없다. 이는 이 방언에서 그대로 적용된다. 따라서 이런 동사에서 관찰되는 어미 형태소는 약모음 '으'를 지니지 않는 것이다 (고재환 외 5인, 2014, 『제주어 표기법 해설』에서 필자가 집필한 '제16항 어간과 어미'의 118~129쪽을 보기 바람).

  그런데 이 방언의 연구에서 이런 약모음 '으'를 모두 다 어간에 귀속시켜서, 이른바 일본어와 같이 동사 어간이 '개방 음절'을 지녔다고 본 경우가 있었다. 공통어 '높다, 깊다'라는 어간이, 이 방언에서는 개방 음절의 모습으로 '*<u>노프다</u>, *<u>지프다</u>'('깊'은 이미 1음절에서 구개음화가 일어났으므로 마치 고유 어간처럼 '짚-'으로 상정됨)로 잡았었던 것이다.[7] 만일 이렇게 어간을 '*노프-, *지프-'로 상정한다면, 결코 '높직하다, 짚숙하다'와 같은 모습이 실현될 수 없었을 것이다. 이런 개방음절의 표상은 오직 잘못된 표면형인

---

7) 제주문화예술재단 편집(2009), 『개정증보 제주어 사전』(제주특별자치도), 182쪽과 785쪽에 단지 각각 '노프다, 지프다'만이 표제 항목으로 올라 있고, '높다, 깊다'는 그 사전의 표제 항목에 올라 있지도 않다. 후자의 형태가 더 이상 제주 방언의 형태가 아니라고 여긴 것이다. 그렇지만 이는 잘못된 판단이다. 아마도 공통어의 '아프다, 고프다'에 이끌린 측면도 없지 않을 듯한데, 이는 '앓다+브+다, 곯다+브+다'로 접미사가 더 추가되어 이뤄진 형식으로서, 결코 '높다, 깊다'와는 서로 뒤섞어 놓을 수 없는 것이다. 이 사전은 고(故) 현평효 교수의 『제주도 방언 연구: 자료편』(1962, 정연사)을 추가한 제주대학교 박물관 편집(1995), 『제주어 사전』(제주도, 625쪽)을 다시 913쪽으로 증보한 내용이다(세 차례 확장된 셈임). 활판 인쇄의 한계를 담은 이전의 사전들과는 달리, 물건 이름에 대한 사진이 실려 있는 것이 이 개정증보 판의 장점이다.
  새 천년 들어서서 출간된 사전으로서, 크라운 판형 968쪽이나 되는 송상조 엮음(2007: 737~966쪽) 『제주말 큰사전』(한국문화사)도 있는데, 이 방언의 어미들에 대한 목록과 간략한 해설이 곁들여져 있다. 또한 이 방언의 문법 형태소들에 대한 목록은 현용준(1980: 902~917쪽) 『제주도 무속 자료 사전』(신구문화사)와 현평효(1985: 497~633쪽) 『제주도 방언 연구: 논고편』(이우출판사)에도 들어 있다. 모두 다 뒷연구자들에게 편의함을 제공해 주려는 의도를 담고 있다. 그분들의 고마운 노력 덕택에 뒷연구자로서 부족하더라도 이만큼이나 다룰 수 있음을 돌이켜 보면, 오직 숙연해질 따름이다.

'*노프직하다, *지프숙하다'

만을 만들어 내었을 것이다. 이는 결코 이 방언에서 찾을 수 없는 잘못된 형식이다. 이 방언에서도 공통어와 동일하게 '높직하다, 짚숙하다(깊숙하다)'만이 쓰일 뿐이다. 그렇다면 '높-, 짚-'이라는 형용사 어간을 상정해야 합리적일 것이다. 이 어간이 '높-으다, 짚-으다'로 관찰됨을 설명해 주려면, 공통어의 어미 모습과는 다르게, 약모음 '으'를 지닌 서술 단정의 종결 어미 '-으다'를 상정하는 일이 필요하다. 이는 이 방언의 특색 또는 매개인자로 간주되어야 할 것이다. 이 방언에서 동사 어간이 '먹다, 잡다'로 활용되는 것을 고려한다면, 형용사의 분포와 동사의 분포를 구분해 주어야 할 것이다.

두 가지 방식이 가능하지만 어떤 것이든 이 방언 현상을 정밀히 분류하고 범주화하기 이전에는 그 처리가 간단치가 않다. 첫째, 각각 '-으다'와 '-다'라는 종결 어미 변이 형태를 등록하여 그 실현 모습을 더욱 정밀하게 기술해 줄 수도 있다. 이와는 달리, 간단히 하나의 '-으다' 형태에서 추가 조건을 찾아내어 의무적으로 '으'가 탈락해야 한다고 서술해 줄 수도 있다. 이 방언에서는 형용사 '곱다, 밉다, 덥다, 춥다'는 결코

'*고브다, *미브다, *더브다, *추브다'

로 나오지 않고, 공통어와 같이 '곱다, 밉다, 덥다, 춥다'로만 활용하여 쓰인다. 그렇지만 거센소리 받침의 '싫다, 같다'는 이 방언에서

'싫으다, 같으다'

로 쓰인다. 동사의 경우에도 공통어에서 '꺾다, 낚다, 섞다, 볶다, 묶다' 처럼 된소리 받침을 지닌 경우에, 이 방언에서는

'껶으다, 낚으다, 섞으다, 볶으다, 묶으다'

로 쓰이며(이 방언에서 개가 짖는 것을 '쥲으다'라고 말하고, 물체를 덮는
것을 '덲으다'라고 말하는데, 이 또한 모두 된소리 받침을 쓴다), 거센소리로
받침을 지닌 '맡다, 홅다(홅다), 좇다(떠맡다, 흘어 버리다, 따라가다)'도
이　방언에서

　'맡으다, 홅으다(홅으다), 좇으다(좇이다)'

로 쓰인다. '홅다'는 아마 어간이 '홅-, 홅-'으로 변동할 듯하며(송상조
2007: 733쪽에서는 '홀트다'라는 형태도 올려놓았음), '좇으다'에서는 수의
적으로 전설화된 모습(좇이다)을 관찰할 수 있다(송상조, 2007: 590쪽에
서는 필자에게 아주 낯선 '쥲으다'라는 형태도 올려놓았음). 이런 현상이
평음 받침과 그렇지 않은 받침 사이에서 관찰되는 것인지, 아니면 형
태론적으로 된소리와 거센소리 받침이 모종의 삽입 형태와 연동되어
달라지는 것인지에 대해서도 다각도로 살펴보아야 할 문제이다. 여기
서는 종결 어미 형태소를 '-으다'로 상정해야 함을 논증하는 정도에서
멈추기로 한다.

　§.1-4 이 방언의 언어 자료는 광복 이후에 계속 채집되고 기록되어
왔다. 이 방언의 의고적 특성으로 인하여, 초기에는 언어가 쓰이는 현
장의 언어 사실을 있는 그대로 드러내기보다는, 오히려 그 가치를 한
껏 높이기 위하여(그만큼 다른 방언 화자가 접속하기가 어렵다는 점을 과장
하기 위하여) 과도 교정이 일부 반영되어 실리기도 하였다. 초기의 논
의에서는 자료의 출처에 신경을 쓰지 않은 채, 다소 기록자나 연구자
의 판단에 따라 이례적인 요소도 들어가 있기도 하였다. 그런데 참스
키 문법에서 개인의 직관만을 반영하여 다루는 경우에 언어 자료의
변동 문제가 크게 부각된 이후로, 이 방언의 연구에서도 점차적으로

변화가 관찰된다. 이 방언의 최근 연구들은 한 개인의 언어 직관을 그대로 노출하여 논의하기보다는, 여러 종류의 입말 전승 자료들의 출간에 힘입어 그런 자료집들에 적혀 있는 자료들을 이용하는 쪽으로 점차 연구가 바뀌고 있는 것이다.

이 책에서도 이미 1980년대에 채록(또는 녹취 기록)된 『한국 구비문학 대계』(한국정신문화연구원) 중 제주도 편으로 출간된 3권을 1차 자료로 선택하고 다루어 나간다. 제9-1은 제주도 북제주군 편으로서 1980년에 출간되었고, 제9-2는 제주도 제주시 편으로 1981년 출간되었으며, 제9-3은 제주도 서귀포시·남제주군 편으로 1983년에 출간되었다. 편의상 인용 출처를 표시할 경우에 이 자료들은 본문에서 간략하게 '구비 1, 구비2, 구비3'으로 부를 것이다. 이 출처에 다시 설화를 말씀해 주신 분들의 이름과 성별과 나이를 적은 뒤에, 마지막으로 해당 쪽수를 적어 나가기로 한다. 당시 녹취에 응해 준 분들은 40대와 50대는 물론, 70세 이상의 고령인 분들도 많고, 90세인 분까지도 있었다.

현재 이 대계는 증편 작업이 출간되어 제9권의 4, 5, 6도 각각 2014년, 2017년, 2017년에 출간되었다. 발간 연도로만 따지더라도 무려 30년 이상의 시간 간격이 가로 놓여 있다. 이는 설화를 말할 분들의 선정뿐만 아니라, 채록의 과정에서도 여러 가지 조건들이 긍정적으로든 부정적으로든 상당한 정도로 변동되었음을 함의한다. 적어도 이는 이 방언 자료들을 놓고서 어떤 시각으로 접근하느냐에 따라서, 그 해석 내용들을 풍부하게 제공해 줄 수 있는 큰 장점이 될 수 있을 것으로 본다. 이렇게 발간된 입말 자료들의 조사와 채록에 헌신해 주신 여러 전문가분들께 각별히 고마운 말씀을 적어 둔다. 아마도 그 출간 자료들의 일부를 전면적으로 연구에 이용하는 일도 이 책에서가 처음인 것이 아닐까 싶다. 그런 만큼 이 방언의 연구자가 몇 손가락 안에 있음을 뜻하며, 동시에 역설적으로 그런 연구자들의 기량을 스스로 극대화해 놓는 정성을 쏟아야 함을 요구한다.

여기서는 일차적으로 1980년대에 발간된 세 권의 채록 자료들에 국한하여 언어 자료들을 뽑았음을 밝혀 둔다. 이렇게 한정시킨 이유가 있다. 우선, 증편된 것들까지 모두 다 다루기에는 필자의 힘이 한참 못 미치기 때문이다. 다음으로 구연 상황을 놓고서 사회언어학 변인들에 대하여 좀 더 좁은 범위 안에서 다루는 것이 절차상으로 간단하고 편의할 것으로 판단하였기 때문이다. 그렇지만 이 조치가 결코 증편된 대계들의 가치가 못하다는 것을 의미하는 것이 아님을 명확히 해 둔다. 한국학중앙연구원에서 올려놓은 채록 내용과 구연 흐름을 실시간으로 듣고 확인할 수 있는 프로그램의 장점은 가히 독보적이다. 아마 1980년대 녹음 내용이 디지털 방식으로 전환되어 올라 있지만, 명확히 듣기에는 어려운 대목들이 다수 있다. 참된 자료 확정(authenticity)을 보장해 주는 그런 대조 작업이 가장 바람직하겠지만, 필자의 능력과 시간의 제약 때문에 바람직한 모습을 구현해 놓지는 못하였다. 여기에서는 채록자들이 이 방언의 모어 화자임을 근거로 하여, 오직 채록자들이 표기한 내용을 있는 그대로 이용하는 길을 선택하였다. 최근에 올수록 음성 자료 및 표기 자료가 동시에 작동하는 일이 가능해졌다. 이런 여러 편의성에 힘입어, 앞으로 뒷사람들의 연구들에서 증편 대계들과 비교하면서, 필자가 자각하지 못한 여러 가지 변이 사실들까지도 풍부하게 다룰 수 있을 것으로 기대한다.

필자의 직접 체험을 염두에 두면서, 한국 구비문학 대계의 자료들을 검토해 본 바로는, 조사 주체가 구연 주체보다 나이가 크게 차이가 나는지 여부(가령, 85세의 화자가 29세의 젊은 조사자에게 이야기를 말해 주면서, 빈번하게 설화 속에 나오는 물건들과 문화들에 대하여 아는지 여부를 줄곧 확인해 나갔음)에서도 이야기의 진행에 크든 작든 어떤 영향을 준다. 또한 토박이말을 구사하는 조사자(겸 채록자)이더라도, 설화를 말씀해 주는 분이 상대방 조사자를 대우하여 격식을 차리는 말투로서 공통어 표현들을 쓰는지 여부를 놓고서도, 매우 민감하게 말투(언어 표현 방식)가 달라져 있음을 느끼게 된다. 서로 잘 아는 사이라면 구연해 주는 분이 이른바 '심리적 거리상' 가까움을 느끼게 된다. 따라서 서로 간에 편한 말투를 쓰면서 이야기를 진행해 나가게 된다. 뿐더러 해당 이야기를 말해 줄 적에 조력해 주는 분으로서 이웃 사람이 있는지 여부도 중요한 변수인데, 이야기 골격에 살을 붙여 놓는 말투들이 현격히 달라져 있음을 찾을 수 있다.[8]

---

8) 이는 한국 구비문학 대계의 자료들을 다루면서 느꼈던 부분일 뿐만 아니라, 또한 필자의 직접 경험으로부터도 얻은 내용이다. 필자는 1985년 제주대학교 탐라문화 연구소에서 출간한 『제주 설화 집성(1)』의 조사와 채록에 참여한 적이 있다. 전체 217개의 설화 중에서 제1번 설화에서부터 제54번 설화까지가 필자가 직접 조사하고 글자로 옮겨 놓는 책임을 맡았던 부분이다. 이 채록에 대한 인용은 편의상 간략하게 '집성'으로 표시하여 이 책에서 주로 인용된 자료인 '한국 구비문학 대계'('구비'로 줄임)와 구분되도록 한다. 그런데 설화를 설명하는 대목의 정보에 당시 녹음 테이프의 번호까지도 다 표시되어 있다. 따라서 직접 원래 녹음 내용까지 제공하도록 의도되어 있었다. 그렇지만 해당 연구소에 직접 전화로 문의해 봤는데, 그곳 관계자들로부터 그 녹음 자료들이 없다는 답변을 들었다. 참고로 필자의 채록 부분만을 놓고서 그 설화들이 몇 년 전에 영어로 번역된 바 있다(이 채록 부분에 대하여 모어를 한국어로 쓰며 영국에 거주하는 번역자가 필자에게 연락한 바는 없음). Jieun Kiaer(2014) 영역 『Jeju Language Tales from the Edge of the Korean Peninsula』(Lincom).

이밖에도 이 책에서는 인용되지 않지만, 소중한 자료들이 많다. 이 방언으로 입말 자료(구전 자료 또는 구비 자료)들을 채록해 놓은 출간물은 무가·민요·설화·민담·속담 등의 영역에 두루 다 걸쳐 있다. 각 영역별로 필자의 눈에 띄는 책자를 몇 가지만 들면 다음과 같다. 무가에서는 초기 유인물로 나온 진성기(1968) 『남국의 무가』(제주민속문화연구소)가 있고, 방대한 무가 자료들을 놓고서 처음으로 체계를 잡은 현용준(1980) 『제주도 무속자료 사전』(신구문화사)있으며, 공통어 대역을 병기해 놓은 현용준·현승환 역주(1993) 『제주도 무가』(고려대 민족문화연구소)가 있다.

민요 쪽에서는 홍정표(1963) 『제주도 민요 해설』(성문사)과 김영돈(1965) 『제주도 민요 연구(상)』(일조각)이 있으며, 최근에 제주 잠수(潛嫂, 바다 여자라는 뜻의 해녀보다는 전통적으로 써 온 자맥질 하는 여인)들의 노래들을 두루 모은 이성훈(2018) 『해녀 노래 주석 사전』(민속원)이 나왔다.

설화 쪽에서는 문고본으로 진성기(1976) 『(사투리로 따낸) 남국의 민담』(형설출판사)이 있고, 앞 단락에서 언급한 『제주 설화 집성(1)』(제주대학교 탐라문화연구소)이 있다. 최근 누리집을 통해서도 녹음 내용을 들을 수 있는 자료로서 제주 연구원(2017) 『제주 문화 원형: 설화편 1』과 제주 연구원(2018) 『제주 문화 원형: 설화편 2』도 출간되었는데, 두 번째 책의 부록에 지금까지 채록된 제주 설화에 대한 도서 목록이 들어 있다. 속담 쪽에서는 고재환(2002) 『(개정 증보판) 제주 속담 사전』(민속원)이 있다. 모두 다 이 방언을 연구하는 데에 소중한 보물 자료들이다.

지방 자치 시대가 열리면서 제주도에서는 제주연구원(옛 이름은 제주발전연구원)이라는 공공기관이 운영되고 있다. 만일 그런 기관에서 제주 문화의 토대를 다지는 데에 뜻이 있다면, 기존에 나온 자료들을 빠짐없이 충실히 재검토하여 재활용될 수 있도록 하는 작업을 하는 일이 필요하다. 종전의 노력을 본받아서 새 자료들을 확보하는 일도 물론 중요하겠지만, 전문가들을 중심으로 하여 기존 출간물들에 다시 생명을 불어넣은 일도 역시 중차대하다고 말하지 않을 수 없다. 재가공 또는 재구성된 자료들을 만들어 내어야 할 시기가 되었다. 원자료에 생명을 불어 넣고서 활용될 수 있는 길을 탄탄히 다져 놓는 작업이다. 이는 공적 기금을 지원받아 안정적으로 일정 기간 일을 추진할

이 구비문학 대계의 장점은 녹음 내용을 내려받고 들을 수 있다는 사실과 관련된다. 그렇지만 정작 필자가 디지털로 전환된 초기 녹음들을 내려받고 미심쩍은 부분들을 확인하려고 여러 차례 들어본 적이 있었다. 필자의 경험으로는, 채록 주체가 옮겨 놓은 수준 정도를 최선의 것으로 봐야 하겠다는 단순한 결론에 이르렀다. 녹취 상태의 음질 문제뿐만 아니라, 직접 구술하는 현장에 있었는지 여부도 채록의 정확성을 높이는 데에 중요한 변수가 되기 때문이다. 다만, 채록 주체들의 표기 방식들이 서로 변동이 있으며, 이런 대목들이 재조정될 필요가 있었다. 표기 방식에서는 형태소의 원형이나 어원을 밝혀 놓기보다는, 간편하다는 측면이겠지만, 일부러 특이성을 높이기 위하여 소리 나는 대로 '표면형'(이른바 연철 표기)을 적은 경우들이 많다.

표기 방식에서는 흔히 '자동적인 음운 변화'는 일관되게 특정 규칙의 무조건적 적용으로 쉽게 도출될 수 있다. 그러므로 특정한 음운 규칙을 내세움으로써 자동적인 음운 변화가 일어나기 이전의 형태들을 표기해 준다면, 좀 더 한국어의 공통성을 확인하는 데에 도움을 준다. 이 방언의 연구에서는, 한국어 연구자들이 1970년대와 1980년대에 겪었던 바처럼, 문법 형태소 확정 작업을 반복해야 한다. 이런 일이 이 방언 자료를 놓고서 철저하게 제대로 이뤄진 일이 없기 때문이다. 더군다나, 최근 외국 연구자들이 이 방언이 마치 한국어가 아닌 듯이 주장하는 일을 보면서,9) 지금부터라도 이 방언을 연구하는 분들

수 있는 제주연구원에서 장기 기획 과제로 진행될 필요가 있음을 제안한다.

다만, 일부에서 옛 출간물들을 무성의하게 단지 pdf 형식으로 바꿔서 올리거나, 그대로 영인 출간하는 일은 아무런 효과도 낼 수 없을 것이다. 제대로 학문적 소양도 없이 진행된 몇 가지 사례들을 보면, 재출간을 위한 해제도 없고, 그렇다고 그 업적 이후에 이뤄진 후속 학문의 발전에 대한 언급도 전혀 없음은 유감스럽다. 중고서점에서 해당 자료를 구입하는 일을 대신하는 정도 이외에는 학문 공동체에 기여하는 바가 전혀 없는 것이다. 반드시 그 자료들을 새로운 세대의 뒷사람들이 직접 활용할 수 있도록 친절하게 가공해 줌과 동시에 누리집으로 쉽게 내려받을 수 있도록 하는 일이 필요하다. 이것이 또한 정보화 시대를 살아가고 있는 우리들에게 시대적 사명인 것이다.

9) 이에 대한 반론이 비단 필자의 목소리에만 한정될 것이 아니라, 조만간 더욱 확대되어 학계 차원에서도 전반적으로 심도 있는 논의가 필요하다고 본다. 우선, 제주 방언이

한국어가 아니라는 주장은, 양창용·오그뢰디(O'Grady)·양세정(2017)에서 한국어의 다른 방언을 쓰는 사람들이 제주 방언의 이해 정도가 아주 현격히 떨어진다는 가정을 내세우고서, 일부러 만들어 낸 몇몇 문장을 들려준 뒤에 통계적으로 유연성을 찾아내고자 한 것이 대표적이다. 통계를 내기 위한 표본 문장이 자연스런 발화 상황과 상당히 멀리 동떨어져 있는 것이 큰 결함이다. 가령, 설문지 속 자료가 정면으로 참된 자료 속성(authenticity)을 위배함을 자각하지도 못하였다(제비가 집 짓기 위한 나뭇가지를 물고 가는 일을 어느 누가 망원경이 없이 관찰할 수 있을 것인가?). 브뢴징어(Brenzinger)·양창용(2018)에서도 같은 주장을 담고 있다. 영어교육을 전공하는 양창용 교수가 「제주에서 중등 교육을 받을 때에 '제주 방언'을 썼다고 처벌을 받았다」는 대목(190쪽)은, 20대 중반까지 제주시에서 살았던 필자의 경험과는 사뭇 판이하게 다르다. 아마 과장되거나 허구를 담고 있는 것으로 보지만(왜 그런지를 다음 단락에서 서술함), 현재 이 논조는 의도적으로 「겹쳐 읽기」로서, 마치 일제 강점기 시절의 한국어 사용 금지를 밑바닥에 깔고 있으며, 잘못된 결론으로 유도하려는 것이다.

필자는 격식 갖추고 공적인 상황에서는 공통어를 사용하지만(대한민국의 어느 곳에서나 공통적일 것으로 판단됨), 수업 시간 이외에는 기본적으로 이 방언을 사용했었다. 사적이고 친밀한 관계를 이루는 데에는 이 방언을 쓰는 일이 기본값이기 때문이다. 오히려 고등학교 시절 서울에서 이사를 온 필자의 사촌은, 사적인 상황에서도 이 방언을 쓰지 못하고 서울말을 쓴다고 하여, 또래 집단에서 소외된 적도 있었다. 그렇다면, 필자는 학교 교육에서 이 방언의 사용을 금지했다는 주장이, 언어 사용에서 관찰되는 사회언어학적 변이를 반영해 주는 것으로 해석해야 옳다고 본다. 이를 언어 유형(공통어와 이 방언이 다른 언어 체계임)을 구분 짓는 요소로 간주하는 것은 무리수를 둔 큰 잘못이라고 본다. 또한 그런 잘못된 주장은 언어 내적 요소와 언어 사용 방식 사이에 구분을 무위로 만들어 버리기 때문이다.

앞의 주장과는 달리 일련의 김지홍(2014, 2016, 2017, 2019)에서는 통사를 운용하는 형태소들이 모두 한국어 요소들을 그대로 이용하고 있기 때문에, 다른 언어로 지정할 수 없다는 논지를 계속 주장해 왔다. 이 책에서 인용하는 대부분의 채록 자료들도 일정한 범위의 작은 변이만을 제외한다면, 대종 한국어 자료가 됨을 확인할 수 있다. 이 방언이 방언의 한 가지인지, 아니면 다른 언어인지를 놓고서 대립되는 주장들을 갈무리하기 위하여, 조만간 국어학계 차원에서 진지하게 논의가 이뤄지기를 희망해 본다. 오그뢰디 교수 등이 국립국어원에도 「이 방언이 다른 언어에 속한다」는 자신의 주장에 대한 답신을 요구하는 편지를 보낸 적이 있음을, 우연히 강정희 교수를 통해서 전해 들었다. 필자는 이런 문제를 놓고서 뢈지(Samuel R. Ramsey) 교수에게 전자 서신으로 의견을 구한 바 있다(2018년 9월 23일자 답신). 그 분도 오그뢰디 교수가 주장하는 글들과 출간 중인 글까지 잘 파악하고 있었고, 이 방언이 한국어가 아니라는 주장이 잘못된 것임을 답신해 주었다(그분의 평가 내용은 좀 더 심각한 어조였음). 특히 그분은 별개의 언어인지 하위 방언인지를 놓고서 이런 문제를 처음 본격적으로 다루었던 하킷(Charles F. Hockett, 1958) 『*A Course in Modern Linguistics*』(Macmillan)의 제38장을 읽어 보도록 필자에게 권하였다. 반면에 당사자인 오그뢰디 교수로부터는 필자의 반론에 대한 명석한 해명을 들을 수 없었고, 다만 서로 출간한 몇 권의 책들을 주고받는 정도로만 그쳤다.

영어의 경우를 보면, 몇 가지 두드러진 특색의 변이를 보인다는 점에서, 국가별로 수식어를 덧얹어 '영국 영어, 미국 영어, 호주 영어, 인도 영어' 따위로도 부른다. 이는 비록 공통된 언어 유형을 가정하지만, 그런 변이들이 모종의 문화적 가치를 함의하고 있으므로(언어 형태 밖의 요인들이 고려되므로) 서로 구분해 주는 변별 요소로 자각된다는 점에서, 수식어를 덧붙여 놓은 것으로 판단한다. 반면에, 똑같이 수식어가 붙어 있지

이 이 방언이 한국어의 하위 방언에 지나지 않음을 올바르게 결론지을 수 있도록, 신중히 그리고 충실히 기저 형태들을 표기해 주는 일이 필요하다고 본다. 특히 형태소들의 기본 형상을 확정하는 데에 초점을 모으려고 하는 이 책에서는, 소리 나는 대로 적어 놓은 그런 표면형들을 놓고서, 문법 형태소들을 고려하면서 초기 기본 표상을 포착하는 쪽으로 고쳐 놓았다. 다만, 그 차이들을 쉽게 다시 확인할 수 있도록, 이 책에서는 자료의 출처(쪽수까지)를 명확히 밝혀 두었다.

§.1-5 그런데 이 방언 화자들 사이에서 쓰고 있는 현상들을 관찰할 경우에 수의적으로 변이되는 어미 형태소들이 다수 있다. 가령, 조건을 나타내는 접속 어미 '-으면'을 보면, 설화 채록 자료들에서 몇 가지 형태를 확인할 수 있다. 제5부 제3장(614쪽 이하)에서 「문법 형태소들의 중층성」 현상으로 다뤄진 것으로서, '-으면, -으면은, -으민, 으문' 들이다.

- '-으면' (구비1 임정숙, 남 86세)
- '-으면은'10) (구비3 김재현, 남 85세)

만, 한 사회 속에서 계층상 낙인이 찍혀져 온 '흑인 영어'도 있다. 그런데 언어학적 측면에서 이 영어의 규칙성을 밝혀낸 일련의 레이봅(Labov, 1972a) 『Language in the Inner City』와 레이봅(1972b) 『Sociolinguistic Patterns』(두 권 모두 University of Pennsylvania Press)들은 지금도 순수히 사회언어학 분야의 업적으로 다뤄지고 있다. 그렇다면 이런 결정이 단지 한두 가지 요소에 의해서 이뤄지기보다는 더욱 복잡한 요인들이 간여하고 있고, 이것들의 가중치(독립 국가 따위)와 위계화 작업이 중요하게 관련될 것임을 시사받을 수 있다.

10) 채록 자료에서 소리 나는 대로 '-으며는'으로 적은 경우를, 형태소를 명확히 밝혀 주제나 강조를 나타내는 '은'(학교문법의 용어로는 보조사 '은')을 구분해서 현행 맞춤법대로 '-으면은'과 같이 적어 놓았다. 아직 조건절 어미 형태소 뒤에 보조사 '은'이 덧붙을 수 있는지에 대한 설명은 과문한 탓에 접하여 보지 못했지만, 영어학 전공자의 글로서 조건문 그 자체가 본디 주제 형식을 띠고 있었음을 주장한 글이 있었다(643쪽의 각주 134를 보기 바란다).

이 방언에서 '-으문, -으믄'은 원순모음화의 여부를 반영한 미세한 차이가 있다. 본문에서는 일단 원순모음으로 바뀐 경우가 전형적인 것으로 보아 전자로써 표기할 것이다. 그렇다면 원순 모음으로 바뀌는 규칙을 군더더기처럼 설정할 필요가 없기 때문이다.

- '-으민' (구비1 안용인, 남 74세)
- '-으문, -으믄' (구비2 양구협, 남 71세)

이는 화자에 따라서 변동할 뿐만 아니라, 또한 같은 화자에게서도 '말투 변이'로서 교차하여 쓰이는 경우도 허다하다.11) 필자는 이런 측면

---

11) 동일한 화자에게서 '-으면, -으민'과 같이 조건을 나타내는 접속 어미의 형태에 수의적으로 변이를 보이는 사례는 다음과 같다. 또한 본문에서도 다시 다양한 사례들이 다뤄질 것인데, 제5부 제3장(614쪽 이하)에서 「문법 형태소들의 중층성」 구현 현상이 처음 지적되고 논의된다. 이 방언의 조건 어미 변이 모습 중에서 '-으민'과 '-으문'은 형태 구성이 서로 다르다고 봐야 옳을 것인데, 관련 논의를 보기 바란다. 이 방언의 자료를 공통어로 옮겨 적는 과정에서 '축자 번역'이 아니라, 이해 가능성을 높이기 위하여 담화 맥락을 반영하여 좀 더 디딤판 해설을 포함해 놓는다. 이 저술 원고를 심사해 주신 어느 분은 축자 번역을 해야 할 것으로 지적하였다. 그 지적에 대하여 감사드린다. 만일 담화 또는 화용 맥락을 파악하지 못한다면 짤막한 인용 자료이더라도 일관된 해석이 어려워질 수 있다. 그렇지만 그 심사위원의 통찰을 반영해 주기 위하여, 필자는 방언 자료 인용 속에 작은 괄호 '( )'와 큰 괄호 '[ ]'를 써서 어절별로 축자 번역(또는 축자적 형태 대응)의 토대를 마련해 놓는다.

  ㉠ "어디 강(가서) [사냥개가] 노루 물어지면은, 다릴(다리를) 흔 착(쪽) 꼭 주지 아니면은(아니하면은), 개가 앙살 제와서(개의 앙탈에 겨워서) 살질(개 주인이 살지를, 견디지를) 못ᄒᆞ여."
  (어디 가서 사냥개가 노루를 물어서 잡으면은, 그 노루의 다리를 한 쪽을 반드시 내어 주지 않으면은, 개가 앙탈을 부려서 개 주인이 견디지를 못해. 구비2 양구협, 남 71세: 670쪽)
  ㉡ "경 ᄒᆞ디(그런데) 그 제주 목ᄉᆞ안티(牧使에게), 그 부관(副官)으로 [상관에게] 갈 것 ᄀᆞᆺ으면은(같으면은), 거기도 가민(가면) [두 눈을] ᄀᆞᆷ앙(감고서, 감아서) 댕겨(다녀), ᄀᆞ만이(가만히) ᄀᆞᆷ앙(감고서, 감아서)."
  (그런데 그 제주 목사에게, 그 부관으로서 상관에게 갈 것 같으면은, 거기에도 가면 두 눈을 지긋이 감고 다녀, 가만히 감고서. 구비3 김재현, 남 85세: 46쪽)

여기에서 처음 나온 형태소는 공통어 형태소 그대로 '-으면은'이지만, 다시 부가 설명을 하는 대목에서는 이 방언의 형태인 '-으민'을 쓰고 있는 것이다. 필자는 이런 현상을 사회언어학적 측면으로 파악할 수 있을 것으로 본다. 이른바 핼러데이(Halliday, 1985) 『Spoken and Written Language』(옥스퍼드대학 출판부)에서 격식투(공식적 말투)나 비격식투(사적인 말투) 따위 「여러 가지 말투」들이 동일한 언어 사용자의 「머릿속에 다 같이 등록되어 있다」는 뜻으로 register(머릿속에 '등록된 말투'이며, 일본 번역용어 '사용역'은 온당치 않음)란 용어를 쓴 것으로서, 격식적이고 공식적인 말투 및 사적이고 친밀한 말투 사이에서 찾아지는 변동으로 해석할 수 있는 것이다.

  그런데 특별한 점은 공통어 형태소를 쓸 경우에는 강조를 표시해 주는 보조사(또는 화용 첨사) '은'이 관찰되지만, 이 방언의 형태들에서는 언제나 일관되게 찾아지지 않는다는 사실이다. 채록 자료에서 '*-으미는, *-으민은'이란 결합은 결코 찾을 수 없다. 필자의 언어 직관에서도 이런 결합은 비문법적인 결합으로 느껴진다. 이는 공통어의 형태소로서 '-으면'과 '-으면은'을 그대로 보여 주며, 공통어의 사용 방식을 그대로 따르고 있다고 해석될 소지가 있다. 이 방언의 형태소에서 강조를 하기 위하여 똑같이 '은'을 무조건 결합할 수 있는 것이 아니라는 사실('*-으민은'이 불가능함)은 두 계열의

의 변동을 포착하고 설명하는 데에 반드시 사회언어학의 접근이 필요하다고 본다. 이 방언의 전형적인 형태소는 수의적 변이로서 '-으민, -으문'으로 표기될 수 있다. 그렇지만 공통어와 동일한 형태소 '-으면'이나 '-으면은'은 수의적 변이로 서술하기보다는 사회언어학적인

형태소('-으면' 및 '은')가 나란히 병렬적으로 따로 작동하고 있을 개연성을 시사해 주겠지만, 이 방언의 현상을 지적하는 일을 제외하고서는 더 이상 깊이 들어가지 않기로 한다.

공통어의 연구에서뿐만 아니라 이 방언의 연구에서도 아직 사회언어학으로 '말투 바꾸기'가 면밀하게 추적된 경우는 없다. 그렇지만 이런 자료는 한 개인의 머릿속에 각 말투마다 하위에 고유한 영역이 있고, 형태소 결합들이 서로 달라질 가능성을 진지하게 검토해 볼 필요가 있다. 이 방언에서는 다른 현상도 이런 측면을 드러내어 주기 때문이다. 채록 자료들을 면밀히 관찰해 볼 경우에, 만일 임의의 발화에서 먼저 '-으면'(시작 지점의 형태소, triggering point)이 나온다면, 다음에 같은 계열의 조건 어미로서 동일한 공통어 형태소가 계속 이어지거나(예시 ①), 또는 달리 방언 형태소 '-으민'이 계속 이어지는 언어 사실(예시 ②)이 드러난다. 이런 연결 모습이 또한 이런 해석 가능성을 높여 준다. 필자는 이런 현상을 놓고서 격식적인 말투에서 계속 그 격식성이 유지되든지, 아니면 비격식적인 말투로 점차 바뀌는 것으로 해석한다. 이 방식은 언어 사용에서 이런 변동을 포착하고 설명하는 가장 직접적 요인이 되면서, 또한 사회적 관계를 열고서 이를 지속해 나가는 데 관찰되는 언어 사용 방식으로서 상정할 만한 하나의 규범으로 보인다.

사회언어학에 대하여 조금 더 부연해 놓기로 한다. 이 분야는 비단 계층간 언어 사용 차이(영국에서 노동자 계층의 언어 사용 모습이나 미국에서 흑인 영어 사용 모습 따위)만 다루는 것이 아니다. 보다 더 기본적인 전제는, 가장 보편적인 인간 사회의 질서를 전제로 하여 언어 사용의 변이를 관련짓는 것이다. 왜냐하면 인간이 성장하는 과정에서 중요한 전환이 있는데, 우리가 맺는 관계가 고작 사적인 관계뿐만이 아니라, 보다 더 넓은 영역의 공적 관계도 있음을 직접 체험하여 나가기 때문이다. 이런 구분이 언어의 사용 방식에도 저절로 스며들어 있는 것이다. 이를 핼러데이 교수는 말투의 변이 또는 사용 방식의 전환으로 표현하는 것이다.

따라서 보편적인 사회 질서에 따라 이 방언에서도 사적인 인간 관계 및 공적인 인간 관계를 구분해 주는 일이 당연하며, 그런 구분을 위해 언어상으로 표지를 바꾸어 놓는 일이 아주 자연스러운 것이다(다만 과거에 신분제 사회가 얼마만큼의 강도로 유지됐었는지도 그런 표지의 전환에 대한 강제성 여부와 깊이 결부될 듯함). 필자가 특정한 연구 영역을 끌어다가 억지로 이 방언의 변이 현상에 덮어 씌워 놓으려는 것이 결코 아니다. 공적인 인간 관계를 유지하기 위해서는, 우선 모든 구성원들에게 심리적으로 균등한 거리를 유지해 주는 말투가 필요하다. 이에 따라 그런 거리감을 표시해 줄 만한 격식성(별도의 언어 형식이 고정됨)이 자연스럽게 뒤따라 나온다. 여기서 공식성은 곧 바로 신뢰감과 직결된다. 만일 신중하지 못한 태도로 말을 할 경우에, 이미 말하였던 공식적인 내용에 잘못이 있고 그것을 취소해야 할 사태가 생길 수 있다. 그렇다면 그 구성원들 사이에서 급격하게 신뢰감이 떨어질 수밖에 없다. 어린이 이야기에서 이는 장난삼아 늑대가 나타났다고 외쳤다가, 마을 사람들이 두 번 다시 믿지 않게 됨으로써 불행한 결과를 맞았다는 경고로 전승되어 오는 것이다. 이런 점을 유의하면서, 필자는 이 책에서 다루는 말투를 구분하기 위하여 [±공식성, ±격식성]이라는 두 가지 자질을 상정해 놓았으며, 그런 말투들의 전환에서 전제와 함의가 동시에 생겨나는 것으로 본다.

측면에서 도입된 것으로 파악하는 것이 낫다.12) 왜냐하면 여러 가지 다른 언어 현상들도 공통어 형태와 병립하는 이런 측면을 보여 주기 때문이다.

§.1-6 이 방언의 연구에서는 대우 형태소 '-으시-'의 출현 유무를 놓고서 사회언어학적으로 설명해 왔다(김지홍, 2014, 『제주 방언의 통사 기술과 설명』, 경진출판: 104쪽, 232쪽, 380쪽).13) 그런데 필자는 접속 어

---

12) 필자는 아직 30년 뒤에 채록되어 발간된 대계들에서 이런 변동이 어떻게 나타나는지를 놓고서 면밀히 살펴볼 여유가 없었다. 아마 젊은 세대에서는 '-으면' 그 자체가 이 방언의 전형적 형태소처럼 쓰일 수도 있을 듯하다. 이른바 '파도의 비유'(물결의 비유)로서 개신파가 옛날 형태들을 내몰아 버릴 가능성이 있는 것이다. 이것들이 서로 너무나 닮은 형태소(의미자질이 동일하지만 소리 형식이 조금 다름)이기 때문에, 만일 젊은이들 사이에서 '-으민, -으문'을 쓴다면 촌스럽다는 낙인이 찍힐 우려가 있을 법하다. 가끔씩 고향에서 초등학교 학생들을 마주칠 경우가 있는데, 자기들끼리 주고받는 말투는 대중 매체의 영향을 입은 것인지, 서울에서 들을 수 있는 말투와 크게 다르지 않음을 느낀다.

13) 여기서는 기존 채록 자료들에 국한하여 다루고 있기 때문에, 따로 굳이 문법성 여부에 대한 판정이 요구되지 않는다. 청취 불가능한 대목을 제외하고서, 오직 채록해 놓은 자료들에 대한 해석만이 요구된다. 해석을 하는 관점이 연구자들 사이에 서로 다를 수 있다. 필자의 모어 방언에 대한 직관(문법성 판정 따위)은 제주도의 다른 지역 출신과 다를 수 있음을 여러 차례 직접 겪은 바 있다.

　그런데 고동호·송상조·오창명·문순덕·오승훈(2015: 201쪽)에서는 '-으시-'와 같은 형태소를 놓고서

　"제줏말에서는 이러한 표현법을 사용하지 않는 것이 원칙이다."

라고 단정하면서 왜곡된 주장을 하였다. 그 까닭은 엄연히 1980년대에 채록된 자료들에서 '-으시-'를 위시하여 대우 관련 형태들을 직접 그리고 풍부하게 부지기수로 관찰할 수 있기 때문이다.

　가령, 28쪽 각주 14와 각주 15의 예문 인용들, 187쪽의 각주 50, 299쪽의 각주 71에 있는 예문 (나), 328쪽의 예문 (22나), 495쪽의 예문 (28), 870쪽의 예문 (124) 등에서도 골고루 이런 언어 사실을 확인할 수 있는 것이다. 만일 그런 잘못된 주장을 따른다면, 1980년대에 녹음 자료와 함께 풍부하게 제공되는 당시 70~80대 화자들의 발화가 '-으시-'를 포함하고 있음에도, 이것들이 모두 다 거짓이라고 주장하는 일과 다름없다. 그렇지만 엄연히 지금도 디지털로 변환된 당시 자료를 내려받고서 당시 발화에서 정확히 대우 형태소 '-으시-'를 쓰고 있다는 사실을 재확인할 수 있다. 448쪽의 (14가)에서는 '어머님'이란 대우 낱말을 쓰고 있으며, 453쪽 (15나)와 635쪽 (80다)와 668쪽 (91가)와 689쪽 (95나)에서는 '저'라는 자기 겸양의 낱말이 쓰였다.

　왜곡된 주장의 근원은, 두 가지 잘못된 가정을 맹신하고 있기 때문이라고 판단한다. 첫째, 이 방언에서는 청자를 대우하는 방식만 있다(얼굴을 마주보는 상대방을 대우하는 형식). 만일 이 가정을 엄격히 적용한다면, 비록 작은 사회이지만 이 사회에서 공적인 관계가 전혀 관찰되지 않고, 모두 다 사적인 관계로만 이뤄졌다고 선언해야 한다(집

안에서의 사적 관계도 나이의 많고 적음과 항렬의 높고 낮음으로 구분됨). 사적인 개인 간의 관계가 아니라, 누구에게나 다 적용되는 공적인 사회 관계가 이차 사회(일차 사회를 혈연 사회로 부른다면, 이차 사회는 비-혈연 사회임)를 유지하는 인간 사회의 방식인데, 여기에서는 그에 상응하는 말투(거리감을 유지시켜 주는 말투)를 써야 한다. 이는 청자를 높이는 일 뿐만 아니라, 한국어의 일반 질서를 따라서 당연히 행위(행동) 주체의 행위(행동)에 대한 대우도 언어 표현 속에 포함시켜 놓도록 요구한다. 그렇지만한 가지 대우(청자 대우)만 고집하는 일은 이를 부인하는 것이나 진배없다. 만일 이런 잘못된 주장을 그대로 따른다면, 이 방언에서는 '-수다, -우다'의 청자를 대우하는 종결 어미 이외에 결코 존귀한 사람의 행동과 관련된 특정 낱말들이 존재할 이유가 없다. 그렇지만 이런 예상에 대한 반례들이 부지기수로 제시될 수 있다. 일반 낱말을 바꿔서 대우하는

'드리다(주다), 자시다(먹다), 주무시다(자다)'

의 사례들이 이 방언의 설화 채록 자료들에서 엄연히 자연스런 낱말로서 쓰이고 있음을 확인할 수 있는 것이다. 그렇다면 「이 방언에 청자 대우만이 있을 뿐」이라는 가정 그 자체가 잘못이다. 사회적 관계의 실상이 하부구조로 작동하고 있고, 이를 반영해 주기 위하여 언어 현상이 공모하고 있음을 도외시한 것이다. 언어의 쓰임이 달라지는 현상 중 일부는 하부에서 사회 관계를 그대로 반영하고 유지하는 역할을 하기 때문이다(사회 관계가 하부구조이고, 그 위에 언어 표현들이 상부구조로서 존재함). 이런 관계를 대우의 표현으로 드러내어 주기 위하여 한국어는 다양한 방식을 썼었지만, 일단 논의를 간편히 하기 위하여 '자기 겸양, 자기 겸손'의 선택지를 제외한다면, 오늘날에는 두드러지게 행위 주체(행동 주체)를 높이는 일과 듣는 사람을 높여 주는 일로 두 가지로 구현되고 있다. 공식적인 사회 관계에서 요구되는 언어 표현 방식으로 행위 주체(행동 주체)를 높이는 일이, 이 방언의 이전 연구에서는 더러 안일하게 "개신파"의 영향이라고 왜곡하여 버렸던 주장이 있었다. 이 책에서는 이 방언의 언어 사실에 의해서 논박될 수밖에 없다는 사실을 여러 군데에서 구체적으로 적어 놓았다.

둘째, 이 방언이 쓰이는 사회에서는 단조롭게 오직 하나의 사회 관계만이 존재한다고 보는 것도 매우 잘못된 가정이다. 어느 곳 어느 사회이든지 막론하고, 두 사람 사이에 귓속말을 하는 사적인 말투가 있고(흔히 심리적 거리와 사회적 거리가 유지되지 않는 친밀한 관계에서 쓰이는 말투), 공적인 사회 가치에 따라 일정한 거리를 동등하게 유지하는 데 쓰이는 격식 갖춘 말투가 있는 법이다. 공식적 사회 관계에서 격식 갖춘 말투는 한국어에서 (일단 자기 겸양을 논외로 한다면) 크게 행위 주체(행동 주체)를 대우하는 방식과 듣는 사람을 대우하는 방식으로 구현된다. 이 방언에서도 한국어의 하위 방언으로서 동일한 방식을 따르고 있다. 이런 기본적인 논제를 애써 백안시한 채로 오직 사적인 인간 관계만 있을 뿐이다(사적 관계에서 나이와 항렬의 높고 낮음에 따라 듣는 사람 대우 표현이 작동한다)라고 가정해서는 실제 모습을 왜곡시켜 버린다. 인간 관계가 사적인 것만 있는 것이 아니라, 공적인 관계도 또한 매우 소중하다. 한때 공적인 관계가 계층적인 모습과 겹쳐졌을 듯한데, 아마 어느 방언에서나 동일한 과거 시점의 사회 현실이었다(과거 신분제 사회에서는 지금보다 좀 더 복잡한 층위가 있었음). 오늘날에는 심리적 거리 및 사회적 거리라는 두 좌표계를 설정하고, 사회적 관계의 다양한 모습을 표상해 주고 있다. 이런 사회적 실재의 모습을 반영해 주기 위하여 행위 주체(행동 주체)와 관련된 언어 표현 및 듣는 사람과 관련된 언어 표현 자체를 달리해 줌으로써 소기의 목적을 달성하게 된다. 이것이 오늘날 대우 표현에서 작동하고 있는 한국어의 질서이며, 이 방언에서도 또한 그대로 그 질서를 따르고 있는 것이다.

공적인 관계는 발언한 뒤에 취소가 불가능한 「공식성」 및 모든 사람들에게 동등한 거리를 유지할 수 있게 해 주는 「격식성」이다. 만일 공식 석상에서 자신의 발언을 취소

한다면 신뢰성이 다 무너져 버리므로, 공적인 관계에서는 발언을 미리 계획하고 실수를 막도록 신중을 기해야 하는 것이다(가령, 텔레비전 9시 뉴스에서 앞의 보도를 취소할 경우에 생겨날 신뢰성 손상을 생각해 보기 바람). 그렇다면 이 방언에서도 친구 사이의 사적 관계에서 일어나는 말투가 아니라, 공적인 관계에서 일어나는 말투가 있어야 할 것임을 알 수 있다. 또한 두 가지 의미자질 [±격식성, ±공식성]의 배합에서 좀 더 다양한 말투들도 생겨나게 되는 것이다(심리적 거리와 사회적 거리와 신뢰감의 확보 등도 같이 공모할 수 있겠지만, 누구에게서이든지 대우 방식의 실천이 쉽게 이뤄지려면 그 작용 원리가 간단하고 쉬워야 할 것이므로, 이를 설명하는 접근 방식도 간단하고 쉬운 쪽을 선택하는 것이 올바른 방향일 것임).

이런 측면에서 행위 주체(행동 주체)를 달리 대우해 주기 위하여 의무적이고 필수적인 대우 형태소 '-으시-'의 실현시켜 주어야 함을 전혀 깨닫지 못한 것은 잘못된 시각이라고 본다. 가령, 그런 주장을 한 연구자도 또한 자신의 직장에서 상급자와 공식적인 업무를 보는 동안에, 대우해야 할 주체의 행위(행동)를 가리키기 위해서는 과연 '-으시-'를 안 쓸 도리가 있을 것인가? 필자가 그런 주장을 하는 분을 우연히 만났을 경우에, 그 분과 이미 사적인 관계를 지닌 적이 전혀 없다면, 줄곧 '-으시-'를 썼을 것으로 판단한다. 왜 그럴까? 만일 공식적인 관계로 유지되어야 하는 의사소통 상황에서, 친구 사이에 쓰는 사적이고 격식 없는 말투를 쓴다면, 공적 사회 관계를 요구하는 상대방으로부터 가장 격렬하게 부정적 반응을 초래하여 결국 파국을 맞을 것임을 쉽게 예상할 수 있기 때문이다.

필자가 이 책에서 이용하고 있는 이 방언의 언어 자료에 대한 증거에 기댄다면, '-으시-'가 사용되지 않는다는 이런 잘못된 주장이, 결국 이 방언 현상을 무시하고 철저히 왜곡시키고 있는 것이다. 집필에 대한 책임 소재가 밝혀지지 않아서 어느 분이 이런 주장을 했는지 알 수는 없다. 이런 측면에서 본다면, 문법 분야의 집필자가 언어 현상이 사회 현실을 반영해 준다는 가정도 백안시한 채 철저히 자신의 개인 용법이나 직관에만 갇혀 있었음을 짐작할 수 있다. 또한 이미 30년도 더 이전에 녹음된 이 방언의 실상(언어 사용 현실)을 철저히 도외시했으며, 그 당시의 언어 현상이 지금도 그대로 유지되고 있음을 일부러 백안시해 버렸음을 알 수 있다. 1980년대 채록 자료만을 놓고서보더라도, 일찍부터 엄연히 쓰이고 있는 이 방언의 대우 현상과 그 실상을 있는 그대로 기술하고 해석 원리를 찾는 일이 귀찮다고 여겼기 때문에, 결국 이 방언의 실상을 왜곡해 버렸다는 비난을 피할 수 없다.

그리고 학교 문법의 틀을 그대로 이 방언에 적용하여 서술한다는 발상이 그 자체로서 이 방언에 내재되어 있는 중요한 실상과 본질에 눈 감아 버리는 일에 다름 아니다. 그렇다면 언어 현상을 침소봉대하여서 불만스러울 수밖에 없었던 과거의 몇 시도(가령, '통사' 영역만에 국한할 경우에, 강영봉, 2007, 『제주어』, 국립민속박물관 및 김공칠, 2011, 『제주 방언 통사론: 비교 통사론』, 백산이 그러함)와 이 방언의 언어 실상을 무시하는 이런 주장이 도대체 무슨 가치가 있단 말인가? 이 방언의 언어 현실을 있는 그대로 철저하게 반영해 주지 못한다면, 잘못 답습하는 어떤 주장이든지 막론하고, 오십 보 백 보일 뿐이다.

필자는 현재 '구제주'(옛날의 도심이며, 현재는 행정기관들이 거의 신제주에 있음)로 불리는 제주시 이도 1동(옛 제주성의 남문에 있다고 하여 '남문통[南門洞]'으로 불렸음)에서 태어나서 제주 남초교·제일중고교·제주대학교를 졸업할 때까지 그곳에서 살았다. 수십 년 전 타계하신 필자의 부모는 모두 북제주군(지금은 확장된 제주시로 편입됨) 애월면 고내리와 애월리 출신이며, 제주시 성안 토박이들과의 언어 차이가 전혀 없었다(또는 전혀 그런 차이를 잘 깨닫지 못하였다). 제주도가 아주 작은 지역임에도 불구하고, 이와는 달리, 필자가 고등학교 시절에 이미 남제주군 쪽에서 온 친구들이미 형태들의 변동에서도 또한 이런 사회언어학적인 말투 변이를 관찰할 수 있었다. 이런 현상이 1970년대에서 1980년대 당시에도 이 방언에서 풍부하게 일어나고 있었으므로, 언어 사실을 해석할 수 있는 이론적 모형과 설명 방식이 필요함을 재삼 확인할 수 있다. 그런데 '-으시-'라는 대우 형태소가 접속 구문에서 이어지거나 다음 발화로 이어질 경우에 계속 유지되는 것이 아니라 탈락 또는 생략되는 경우('ø'로 표시함)를 관찰할 수 있다.

"그자(그저) 아신(아우는) 형 ᄀᆞᆯø는(말하는) 냥만(樣만, 모습 그대로만) 종(從, 좇음)ᄒᆞ는 거라.

「경(그렇게) ᄒᆞ십주뭐(하십죠+화용 첨사 '뭐')!」

「내기는 뭔(무슨) 내길(내기를) ᄒᆞ꼬(할까)?」

「아, 형님 말씀ᄒᆞø는 대로 ᄒᆞᆸ주뭐(합죠+화용 첨사 '뭐')!」

「그러면 바둑ø 지는 사름이랑(사람일랑) 손가락ø 물릴(입으로 물려 뜯길) 내기 ᄒᆞ자(하자)!」…

「경(그렇게) ᄒᆞᆸ주(합죠)!」"

쓰는 말투가 다소 다르다는 점을 알 수 있었다. 아마도 한라산이라는 장벽과 각 고을들 사이에 서로 떨어진 거리가 그런 차이들을 만들었을 것으로 보인다. 김봉옥(2000, 2013 재판) 『제주 통사』(제주발전연구원)를 보면, 고려 시절에는 본디 동도 및 서도로 나누고 대촌(제주시) 외에 14개 현을 설치하였었는데, 원나라의 지배 아래에서는 동서도에 말을 기르려는 목적으로 각각 아막을 설치했었다. 조선조에 들어서서 행정구역이 제주목 아래 다시 제주목 관내(모관)·정의현·대정현으로 삼분되었었다. 민간에서는 흔히 조선조 때의 삼분 행정구역을 문화적 지표로도 쓰는 경우가 있다.

이 방언의 변이 모습에 대하여 유의미한 '등어선' 작업이 가능할지 모르겠지만(하나로 보는 편이 더 나은 방식일지, 따로 나눠 놓고 보는 편이 설명의 범위에서 더 나은 것일지를 고민해 보아야 함), 이미 이 방언의 사전들에서는 낱말들이 지역별로 서로 다르다는 점을 표시해 놓았다. 낱말 외에 문법 형태소들의 다른 구현 모습뿐만 아니라, 발음 습관도 등어선을 그리는 데에 가중치를 부여받아야 할 요소로 보이는데, 더욱 보수적인 척도를 담고 있는 영역이 먼저 결정되어야 할 듯하다. 등어선 묶음(다발)을 결정하는 데에 어느 영역의 요소에 가중치를 둬야 할지에 대한 결정이 가장 중요한 것이다. 만일 유의미한 등어선이 그어진다면, 그 등어선의 구획으로 다른 언어 사실들도 더불어 쉽게 예측할 수 있어야 한다. 과연 그런 등어선이 이 방언에 있을지 필자는 회의적이다. 왜냐하면 설화 자료에서 문법 형태소들의 지역별 차이가 전무하기 때문인데, 무의식적으로 작동할 요소는 전체적으로 이 방언에서 완벽히 동일한 것이다.

(그저 아우는 형 말하는 양 그대로 좇는 거야. 「그렇게 하십죠뭐!」 「내기는 무슨 내기를 할까?」 「아, 형님 말씀하ø는 대로 합죠뭐!」 「그러면 바둑에 지는 사람일랑 자기 손가락을 상대방에게 깨물리도록 내기를 하자!」 「그렇게 합죠!」 구비3 김재현, 남 85세: 328쪽)

형과 아우 사이에 서로 바둑으로 내기를 하는 경우이다. 아우의 발화에서 인용된 차례대로 동사

'곧다(말하다)', 'ᄒ다' '말씀ᄒ다' 'ᄒ다' 'ᄒ다'

에 모두 다 상대방의 행동(행위)을 높여 주는 대우 형태소 '-으시-'가 구현될 수 있다. 즉, '곧으시다, ᄒ시다, 말씀ᄒ시다, ᄒ시다, ᄒ시다'처럼 실현될 수 있다. 그렇지만 위 인용에서는 두 번째의 동사 'ᄒ다'에만 '-으시-'가 나와 있고, 그 뒤에는 '-읍주'라는 듣는 상대방을 대우하는 청유 형태의 종결 어미가 결합되어 있다(ᄒ십주뭐). 나머지 동사에서는 이 형태소가 모두 결여되어 있는 것이다. 특히 동일한 형상을 보이는 'ᄒ다'의 경우에, 후속 발화에서 초기 표상이 'ᄒ+ø+읍주'에서 음절 재구조화를 거쳐 표면 형태 'ᄒ주'로 나온 사례가 두 번 뒤이어져 있다 (단, 'ᄒ주'에는 구조상 공간이 없어서 ø로써 결여 표시를 할 수 없었음). 이 경우에 해석을 어떻게 해야 할지에 대해서 문제가 부각된다.

이럴 경우에 선택할 수 있는 해석 방식을 몇 가지 생각해 볼 수 있다. 우선 23쪽 각주 13의 주장을 옹호하기 위하여

'ᄒ십주뭐, ᄒ주뭐, ᄒ주'

의 담화 연결만 놓고서 따진다면, '-으시-'가 자의적으로 들어가 있기 때문에 이 방언의 자료로서 자격이 없다고 판단하고, 일부러 이를 배제하는 길이 있다. 실제로 몇 연구자들이 명시적으로 이런 생각을 피

력했었다. 그렇지만 이런 주장은 이 방언에서 쓰이는 엄연한 언어 사실을 무시한다는 반론에 무력해진다. 뿐만 아니라, 왜 맨 처음 나온 활용에서만 대우 형태소가 나왔는지를 설명해 줄 수 있어야 하는데, 이런 사실도 완전히 무시해 버리는 것이다.

필자가 모아 놓은 자료를 살펴보면, 우연히 두 번째나 그 이후의 활용에 그런 대우 형태소 '-으시-'가 불현듯 나온 경우를 찾을 수 없었다. 대우 형태소가 나올 경우에는 언제나 맨 처음 사건 도입에서만 나오는 경우가 허다하다. 대우 형태소가 일관되게 계속 표시되는 경우가 아주 드물다고 판단된다.[14] 이런 언어 현상을 설명하려면 담화 전개 전략(처음 도입된 효과가 그대로 지속되어 나가는 방식)이나 사회언어학적 고려 사항을 도입할 필요가 있다.

첫째, 필자는 이런 현상에서도 또한 바로 앞에서 살펴보았던 '-으면, -으민'의 실현 방식에서처럼 사회언어학적인 해석이 가능하다고 본다. 이런 판단에 도움을 줄 다른 종류의 자료로서, 다시 대우 어휘들 (가령, 상대를 높이는 '모시다, 잡수다, 주무시다' 따위와 나를 낮추는 '저' 따

---

14) 계속 대우 등급의 변화가 없이 이어지는 사례는 다음과 같다.

"그러니 막 모시는 판이란 말이우다. 모시는디(모시는데), 아닐 커 아니라(아닌 게 아니라), 일 년 후에는 적이 들어오라(들어와) 가지고, 이제는 그 영토를 침범ᄒ게 되니, 그 아이가 나가 가지고, 그 적덜을(적들을) 다 무찔러 죽여 불엇댄 말이우다(버렸다는 말입니다)."
(그러니 막 모시는 판이란 말입니다. 모시는데 아닌 게 아니라 일 년 후에는 적이 들어와 가지고, 이제는 그 영토를 침범하게 되니, 그 아이가 전쟁터에 나가서 그 적들을 다 무찔러 죽여 버렸다는 말입니다. 구비1 안용인, 남 74세: 149쪽)

'모시다'가 그대로 반복되는 현상을 일관된 대우의 모습으로 파악할 수도 있고, 이와는 달리 문장(발화)을 넘어서서 메아리처럼 반복했기 때문에 나온 것으로 볼 수도 있다. 필자가 모아 놓은 자료에서 규칙적으로 대우 형식이 그대로 유지되는 경우가 많지 않다. 이런 점을 고려하면, 언어 사용 규범에서 대우 형태소 '-으시-'의 사용이나 대우가 담긴 낱말이 일관되게 적용된다고 말할 수 없을 듯하다. 반면에 최초의 사건 도입에서만 화자의 의도에 따라 대우 형태소가 수의적으로 적용된다고 약하게 서술할 수 있다.

이는 공통어의 언어 사용에서도 찾을 수 있는 현상이다. 9시 뉴스에서는 모두 격식적이고 공식적인 말투 '-습니다'를 써야 한다. 엄격한 규범이기 때문이다. 그렇지만 분위기가 부드러운 이야기 프로그램이나 학교 수업 따위에서는 '-습니다' 말투 뒤에 비격식적인 대우를 표시해 주는 '-요' 말투가 이어질 수 있다. 말투 변이가 허용되는 융통성이 있는 언어 사용의 규범인 것이다. 교실 수업에서 교사가 아마도 시작 부분과 마무리 부분에서 '-습니다' 말투를 썼다면 전반적으로 공식적인 담화의 속성을 지닌 것으로 여길 수 있을 듯하다(-습니다, -요, …, -요, -습니다).

위)의 변동을 포함하는 다른 사례들도 고려할 수 있을 듯하다.15) 이런 현상들에서 모두 동일하게 운용되는 언어 사용 질서나 규범을 상정하거나 찾아낼 필요가 있다고 본다.

둘째, 담화 전개 방식으로도 해석할 수 있다. 대우 형태소가 직접 두 영역에 작용하는데, 이는 행위 주체(행동 주체)와 관련된 사건에 대우를 표시하는 형태소보다, 마주하여 듣고 있는 상대방을 대우하는 어미 형태소가 더 중요하게 쓰인다고 해석할 소지를 열어 준다. 즉, 대우 형태소가 두 가지 영역이 후보로 제시될 경우에, 먼저 주체의 행동을 대우하는 형태소보다 현재 마주하여 듣고 있는 상대방을 높여 주는 대우 형태소가 더욱 사회적 관계를 매끄럽게 해 주는 방식으로 언제나 먼저 선택될 수 있는 것이다. 비교적 행위 주체(행동 주체)와 관련된 대우 형태소 '-으시-'는 담화 전개의 초두에 도입될 경우에, 그 효력이 묵시적으로 지속되는 것으로 파악하는 방식이다. 따라서

15) 우연히 고려장을 말하는 대목에서 '아바지(아버지), 아방(아범)'이 선행절과 후행절 사이에서 절을 건너서 나오는 사례를 찾을 수 있었다.
"그 지게 이레(이쪽으로) 줍서(주십시오)! 나(내가) [짐은 지고서] 질은 버쳐도(길 걷기가 힘들어도) 졍(지고서) 강(가서), 집이(집에) 강 잘 모샀다그넹에(모셔 두었다가) 아바지도 칠십 되민(되면) [그 지게로] 져당(젊어져다가) 할으바지 ㄱ찌(할아버지같이) ㅎ쿠다(하겠습니다)!" ㅎ나네(하니까, 대답하니까), 아방(아범)도 일런(일으켜서) 오라 불고(와 버리고) 지게도 앗안(갖고서) 와 비엿젠(와 버렸다고).
("그 지게를 이쪽으로 주십시오. 내가 짐 지고 길 걷기가 힘들어도 그 지게를 지고서 집에 가서 잘 모셔 두었다가 아버지도 칠십 살 되면 그 지게로 젊어져다가 할아버지처럼 고려장을 하겠습니다!" 하니까, 고려장을 하려던 내려놓은 할아버지, 즉, '아범'도 일으켜서 와 버리고, 지게도 갖고서 와 버렸다고 해. 구비1 허군이, 여 75세: 195쪽)
여기서는 두 개의 절이 이어져 있다. 앞의 절은 어린 아들이 고려장 풍속으로 할아버지를 숲속에 놔 두고 가려는 아버지에게 하는 말이다. 뒤의 절은 아들의 말을 알아들은 아버지가, 다시 내려놓은 할아버지를 지게에 짊어지고서 집으로 되돌아왔다는 사건을 서술해 주고 있다. 앞의 절에서는 '아바지(아버지)'가 쓰였고, 뒤의 절에서는 이 방언에서 흔히 무표적으로 쓰이는 '아방(아범)'이 나와 있다. 이 대목을 해석하는 데에는 앞의 '아바지'는 상대방을 직접 보면서 부르는 '호칭어'의 부류이기 때문에 대우 표시의 낱말로 나왔고(이 방언에서도 아주 높임은 '아바님'으로 쓰임), 뒤의 것은 그대로 사건을 서술하면서 가리키는 '지칭어'의 부류이기 때문에 무표적인 낱말로 나왔다고 볼 수도 있다. 또한 이 책에서 여러 화자들이 자연스럽게 쓰고 있는 '아바지'라는 형태를 곳곳에서 확인할 수 있다. 216쪽의 예문 (40가), 364쪽의 예문 (34라), 446쪽의 예문 (13), 제6부의 예문 (22), (43), (102)를 보기 바란다. 아직 아무도 이 방언에서 이런 현상을 주목한 바 없지만, 이런 언어 사용 사실을 왜곡하거나 무시해서는 아무런 문법도 올바르게 세울 수 없는 것이다.

이런 묵시적 효력이나 효과가 인정될 경우에, 담화의 일관적 해석 모형에서는 두 가지 영역의 대우 형태소가 그대로 밑바닥에서 작동하고 있다고 여길 수 있는 것이다.

어떤 모형을 채택하여 이런 문법 형태소의 사슬을 부각시키든 간에, 명백한 언어 사실은 1980년대의 채록 자료들에서 엄연히 행위 주체(행동 주체)의 사건을 대우하는 형태(-으시-) 및 얼굴을 마주보고 있는 상대방을 대우하는 형태(-읍-)가 모두 다 관찰된다는 점이다. 필자로서는 이런 언어 사실이 결코 무시되지 말아야 할 것으로 본다.

§.1-7 이 방언 채록 자료들의 표기에서 매우 이례적으로 공통어의 '되다'를 일부러 이중모음임을 드러내기 위하여, '뒈다'로 적은 경우가 많다(공통어에서 초성 자음이 없을 때에만 단모음으로 발음됨). 아마도 표기와 발음 방식을 일치시키고자 하는 노력 때문이었을 듯하다(맞춤법에서 '소리 나는 대로'의 원칙). 그렇지만 공통어의 '외'가 단모음이기 때문에, 이 방언에선 이중모음으로 발음하므로 굳이 이중모음을 표시하기 위하여 '웨'를 써야 한다면(글자 획으로는 삼중 획이 들어 있음), '된장국'을 '뒌장국'으로 '괴물(怪物)'을 '궤물'로 써야 한다. 후자의 경우에 궤짝 속에 있는 물건을 가리키는 '궤물(櫃物)'과도 서로 구분될 수 없다. '두뇌'라는 한자어를 만일 이런 표기대로 '두뒈'라고 쓴다면, 과연 일반 사람들에게 받아들여질 수 있을까? 공통어에서 '왜 그러는지, 웬 일인지'(무슨 일을 경상도에서는 '우얀 일'로 말하며, 이것이 더 줄어들어 '웬'이 되었음을 알 수 있음)는 오직 표기로서만 구분된다. 이른바 어법을 고려하였기 때문이다. 맹목적으로 '웨'로만 쓴다면 이런 중요한 의미상의 구분도 반영할 수 없게 된다. 하나를 피하면, 또다른 어려움이 빚어지는 것이다.

또 '되다'가 활용할 때 '-어서'가 붙으면, 그 발음인 표면형은 '뒈여서'로 나온다. 그렇지만 선행 반모음이 뒤이어진 어미를 자동적으로 동화시켜 놓은 경우이므로, 이 책에서는 공통어의 표기에서와 같이

'되어서'로 쓰는 것이 올바른 표기 방식이라고 본다. 흔히 자동적인 변화에 해당하는 것으로서 분명히 문법 형태소를 드러내는 데에는 동화되기 이전의 모습을 표기해 주는 것이, 공통성을 확인하는 일에서뿐만 아니라, 쉽게 어근을 찾는 가독성 측면에서도 더 낫다.

오늘날 국어사전에서는 '발음 표시'가 더 덧붙어 있는 경우가 많다. 이는 표기 방식이 그 자체로서 고유한 질서가 있음을 뜻한다(맞춤법에서 '어법'을 맞춰 표기하는 원칙). 필자는 만일 이 방언의 '외'는 단모음이 아니라

「언제나 이중모음으로 발음된다」

는 단서 조항만 하나 더 덧붙인다면, 더 이상 가독성을 해치는 표기 방식에 집착하지 않아도 된다고 본다. 이런 측면에서 금속을 가리키는 '쇠'도 더 이상 '쉐'로 쓰지 않고, 초성의 된소리만을 반영하여 '쐬'로 고쳐 놓았다(이 방언에서는 한 낱말의 제1음절 초성이 전형적으로 된소리로 나오는 경우가 있는데, 아마 초두 강세와도 관련 있을 듯하며, 음성·음운론적으로 정밀한 환경 분석이 요구됨). 밭을 가는 '소'의 경우도 이 방언에서는 단독 낱말로서 '쇠'로 쓰이므로, 이를 쉽게 알아차릴 수 있도록 종전처럼 '쉐'라고 쓰지 않고, '쇠'라고 바꿔 놓았다. 수염 난 소를 가리키는 '염소'는 더 이상 '염쉐'로 표기하는 것이 아니라, 곧장 '염쇠'로 쓰는 것이다. 이런 점들 때문에 이 책에서의 논의에서는 과도하리만큼 '궤, 뒈, 쉐, 웨' 따위로 표기된 것들을 고쳐 놓았고, 공통어와 같은 형태인 '외'로 돌려놓았음을 밝혀 둔다. 단, '닷쉐'라는 표기는 중세어 표기대로 '닷쇄'로 고쳐 놓았다.

더군다나 이 방언에서 이중모음의 표기를 위해 굳이 '외'를 '웨'로 바꿔써야 했다면, 다른 이중모음에도 동일하고 일관된 처리를 해야 옳다. 공통어에서 몇 예외를 제외하면 초성이 없을 경우에 '위'는 단모음으로 발음된다. 이 방언에서는 언제나 이중모음으로만 나온다. 그

렇다면 이 방언의 이중모음 '위'를 표기하기 위하여 또한 특별한 표기 방식을 제시해 주어야 옳다. 아직 아무도 이를 위한 이중모음의 표기 방식을 제안한 바 없다.

그렇지만 왜 일관성 없이 '위'를 그대로 쓰는 것인가? 글자가 없어서 그렇게 쓸 수 없다고 답변할 것인가? 아니다! 굳이 만들어 본다면, 이를 두 번 'ㅣ'를 연속적으로 두 번 써서 '웨'라고 표기하지 못할 이유가 없다. 만일 「훈민정음」의 제자 원리를 잘 이해하고 있다면, 우리 한글의 표기 가능성의 범위가 아주 넓다는 사실을 깨달을 것이다. '웨'가 마뜩하지 않다면 'ㅜ'를 도입하여 '우ㅣ'로 쓰는 방식도 가능하다. 이 두 후보 이외에 다른 표기 방식도 더 제안될 수 있는 것이다. 글자 표기가 제약되어 있기 때문에 '위'는 이중모음임을 표시하지 못하였다고 변명할 수는 없는 것이다.

그렇다면 하나('외')는 이중모음이기 때문에 표기를 바꿔야 하고, 왜 동일하게 다른 이중모음('위')도 표기를 바꾸어 이중모음임을 드러내지 못하는 것일까? 타성적으로든, 자신의 왜곡된 판단으로든 '외 → 웨'를 쓰자는 주장을 하는 이들 중에서, 이런 물음 제기에 대해, 아무도 온당한 답변을 내 놓을 수 없을 것이다. 거꾸로 말하여, 이는 '외 → 웨'로 적어 놓아야 한다는 주장이 왜곡된 것임을 보여 준다. 곧, 기본 표상 및 음운 규칙을 적용한 표면형 사이를 구분해 주어야 하는 질서를 반영치 못한 것에 불과한 것이다.

똑같이 이중모음인 '의'에 대한 처리를 놓고서는 한자어에서와 이 방언의 형태소 표기에서 다른 길을 선택하였다. 한자어에서는 공통어 형태를 그대로 적어 놓았다. 그렇지만 이 방언에서 처소나 방향을 나타내는 경우에 의고적으로 '그 듸(그 디+의, 그곳에)'로 쓰거나 '집의(집에)'로 쓰거나, '가이신듸(그 아이+있는 디+의, 그 아이 있는 데에, 걔에게)'로 쓰는 경우도 있고, 2인칭 대명사를 '늬(네)'로 쓴 경우도 있다(2인칭 대명사가 주격 조사를 지니거나 집단을 가리키는 복수 접미사를 지닐 경우에는 항상 '느가, 느네'로만 나오므로, 일부 표기에서 상정된 '늬'가 원형이라고보다 '느'가 더 기본형일 수 있으며, '딴 이'는 격조사일 가능성이 검토되어야 함). 필자는 개인적으로 의고적 모습의 표기를 선호하지만, '의'를 표기할 수 있는 범위나 원칙을 마련하기 이전에는 거부감이 생길 듯하다. 현재 필자의 능력으로는 '의' 표기 범위와 원칙을 선뜻 마련해 놓을 수 없다. 대신 최근 공표된 제주방언 표기법에서는 이들 형태를 그대로 소리나는 대로 '그 디, 집이, 가이신디'로 쓰도록 결정하였다. 여기서는 방언 형태소들에 대해서 이 결정을 따르기로 한다. 다만 결과적으로 주격 조사 '이'와 처소를 표시해 주는 '이'가 구분되지 않는데, 이는 작은 괄호를 이용하여 공통어에서 처격 조사 '(에)'임을 덧붙여 놓아 서로 혼동되지 않도록 하였다.

이 책에서는 선어말 시상 형태소 '-앖- vs. -앗-'이 대립 짝으로 쓰이고 있다. 이 겹받침이 이 방언 형태소에서만 특이하게 쓰이는데, 이 형태소에 결합된 어미가 전설화된다(-앖이난 vs. -앗이난)는 점에서 공통적으로 '있다'가 혼적으로 녹아 있을 개연성이 있다. 만일 낱말 합성까지 고려할 경우라면, 세 개의 겹받침도 써야 할 텐데, '들다+음+ㅅ+돌'이 「듮돌」로 표기되어야 하겠지만, 부득이 사이시옷을 두 음절 사이에 집어넣어 두었다.

제2부 담화 전개에서 접속 및 내포 현상과
이에 대한 설명 이론

복합 작용 영역: 서설

복합 작용 영역: 서설

필자는 접속 및 내포 현상이 언어의 확장 방식일 뿐만 아니라, 또한 인간 사고에서 흔히 찾아지는 전형적인 두 가지 정신 작동 방식이라고 본다(94쪽의 〈표4〉를 보기 바람). 따라서 여기서의 서술은 어떤 영역에서 어떤 방식으로 접속 및 내포 현상을 다뤄왔는지를 개관해 두기로 한다. 순수 언어 영역과 담화 화용 영역, 그리고 심리학 영역과 일반 사고 영역을 차례로 언급한다. 이런 구분은 필연적이지도 않고 일반화되지도 않겠지만, 여기서는 오직 필자가 친숙하게 읽어온 영역들을 놓고서 상대적으로 작은 영역에서 큰 영역으로, 구체적인 모습에서 추상적인 모습으로 진행되도록 서술해 놓았다.

먼저 제1장에서 언어학(특히 참스키 문법) 분야에서 다루어 온 접속 및 내포 현상을 언급한다. 제2장에서는 담화와 화용론에서 각 단위들이 짜이는 방식이 크게 미시구조 영역과 거시구조 영역으로 나뉨을 언급하고 나서, 궁극적으로 거시구조 영역을 이루기 위해서는 내포 구조의 모습으로 모든 것을 포괄해야 함을 논의하기로 하겠다. 일찍이 언어 행위를 포착하려는 시도에서는, 언제나 세 가지 층위가 동시에 작동하고 있음을 전제했었는데(68쪽의 (13)을 보기 바라며, 언어 행동이란 용어보다 언어 행위를 써야 하는 이유는, 추상적인 대상인 사고 과정도 포함해야 하기 때문임), 이런 통찰력이 화용론에서는 「안 보이는 속뜻」을 붙들어 낼 수 있는 쪽으로, 그리고 점차 「의사소통 의도」를 포착하는 일로 발전해 나갔다(69쪽의 (15)를 보기 바람). 이 의도가 곧 담화를 포괄적으로 이끌어나가는 큰 주제에 해당함을 서술한다. 제3장에서는 언어심리학에서 주로 언어의 이해 과정이 어떻게 일어나고 어떻게 기억되는지를 서술해 놓기로 한다. 마지막으로 제4장에서는 이런 과정에서 계속 순환 적용되어야 하는 사고의 각 단계가 적어도 다섯 가지 이상으로 동시에 작동해야 함을 지적한다. 이는 계층화되어 있는 사고 단계들이 모두 내포 기제(거꾸로 세워진 원뿔 모습)로 비유할 수 있으며, 각 층위마다 접속 기제의 형제·자매 개념 항목들이 들어 있어야 함을 결론 내릴 것이다. 즉, 언어 행태(언어 사용 모습)에서 관찰되는 복합 구문의 기제는, 더 심층에서 우리의 사고가 작용하는 방식을 그대로 구현해 주고 있으며, 이들 사이에서 동형성(같은 작동 방식의 결과임)이 존재함을 보여 준다고 여기는 것이다.

필자는 이런 네 가지 서로 달리 접근되어 온 영역들을, 이 책에서는 '담화 전개' 방식으로 다 모아 놓을 수 있다고 본다. 필자의 판단이 혹 받아들여질 수 있다면, 접속 및 내포의 범주로 묶이는 언어 현상이 「언어·화용·심리·정신 작용」의 복합적인 층위들로 조감되어야 함을 주장하는 일이 된다. 물론 접속 및 내포라는 복합 구문으로 묶일 수 있는 단순한 언어 현상이, 비단 언어 차원의 설명뿐만 아니라, 다시 심리적 얼개와 정신 작동의 방식들로써도 설명되어야 한다는 것이므로, 기존의 접근 방식을 훨씬 벗어나 있으며, 따라서 여러 가지 비판과 비난이 쇄도할 수도 있다. 좀 더 목소리를 낮춰 표현한다면, 접속 및 내포를 싸안는 복합 구문은, 담화 차원에서 다뤄질 경우에 그리고 그럴 경우에라야 오직 이전에 다룰 수 없었던 새로운 사실들을 찾아내고 설명해 줄 수 있는 것이다. 이런 태도는 이 방언의 연구에서뿐만 아니라, 공통어로서 한국어의 일반적 연구에서도 아마 이례적으로 보일 수 있는데, 그 시비 또는 성패는 본문 속에서 새롭게 다룰 수 있는 내용들의 풍성함(수확 내용) 여부로써 서로 비교될 수 있을 것이다.

이 방언의 자료에서는 복합 구문에서 여러 가지 변동 현상들을 보여 준다. 접속 구문에서 찾아지는 변동으로서, 접속 어미 그 자체가 매우 다양한 기능들로 달리 쓰이는 점(범주 전이)이 우선 지적될 것이다. 즉, 접속 어미 형태소가 접속 구문에서뿐만 아니라 또한 문장의 종결 어미로도 바뀌어 실현될 수 있는 것이다. 내포 구문에서의 변동도 또한 내포 어미 그 자체가 고유하게 내포문에서뿐만이 아니라, 내포문이 아닌 다른 범주에 다양하게 걸쳐서도 관찰된다는 점이 먼저 언어 사실로서 지적될 것이다. 내포 구문의 형태소가 접속 구문에서 관찰되는 복합 형식의 구성에도 참여(370쪽)하고, 또한 문장의 종결 환경에도 참여(593쪽)함이 관찰되는 것이다.

복합 구문에서 찾아지는 이런 변동이 결코 자의적이거나 무질서한 것이 아니다. 오히려 통합적인 측면에서 담화 전개 차원을 고려하면서, 상위 개념의 적용에 의해서 이런 변동 현상들을 설명한다면, 일관된 해석 가능성을 추구할 수 있음을 보여 줄 것이다. 그렇다면 보수적인 접근만을 고집하여 단순히 두 개의 절 속에만 갇혀 있다면, 더 이상 접속 어미 형태소들이 보여 주는 다양한 기능과 여러 확장된 현상을 제대로 설명할 수 없다고 말할 수 있다. 그리고 단순히 종전에서와 같이 선행절과 후행절의 관계 그리고 내포절과 상위절의 관계에만 집중한다면, 내포 구문을 이끄는 어미 형태소들의 범주 전환을 제대로 포착하거나 설명할 수 없음이 또한 드러날 것이다.

이런 이유 때문에, 필자는 이 방언의 자료들을 놓고서 접속 구문과 내포 구문이 단순히 언어 구조적 차원을 벗어나서, 모두 담화 전개를 가능하게 만드는 상위 차원(그리고 정신 작동 방식을 포함)에서 해당 현상들을 바라보아야 더욱 그 실상을 이해하게 됨을 주장하려는 것이다. 개인적으로 언어는 형식과 내용의 결합이며, 형식은 구조(또는 대립)라는 개념으로 다뤄질 수 있음을 인정한다. 그렇지만 여기서는 고정된 형식을 만들어 내는 것이 내용이라는 점에 더 가중치를 둔다. 그 내용 영역은 일차적으로 화용 또는 언어 사용으로 포착될 수 있다. 언어 사용은 정신 작동 방식에 의존하고 있으며, 그렇다면 일부 잘 알려진 정신 작동 방식들을 언어 현상의 설명에 동원할 수 있다고 본다. 정신 작동 방식 또한 자족적이지 않고, 반드시 다시 공통성을 추구할 수 있는 우리의 삶의 형식이나 생활 세계라는 영역까지도 염두에 두어야 하는 것이다.

제1장 통사론 쪽에서의 접근

접속 구문과 내포 구문은 본디 일차적으로 통사론 영역에서 다뤄져 왔다. 접속 구문에서는 등위 접속을 이루는 경우와 그렇지 않은 경우로 나뉜다. 다시 후자에서는 종속 접속을 이루는 경우와 수의적인 부가 접속을 이루는 경우로 세분된다. 내포 구문은 하나의 문장 속에 내포절은 요구하는 경우로서, 가장 전형적인 것이 남의 말을 인용하는 경우이다.16) 그렇지만 인용 구문의 범위와 그 기제가 명확하지 않

---

16) 접속 구문의 구조에 대해서는 김지홍(2010) 『국어 통사·의미론의 몇 측면: 논항구조 접근』(경진출판: 제4부의 제7장과 제8장)을 참고하기 바란다. 내포 구문에 대해서는 부사형 어미 구문을 다룬 김지홍(1992) "국어 부사형 어미 구문과 논항구조에 대한 연구"(서강대학교 박사논문)와 이 방언의 인용 구문을 다룬 김지홍(2019) "제주 방언의 인용 구문과 매개변항"(『한글』 제80권 4호)을 참고할 수 있다.

　필자는 접속 구문의 핵어와 내포 구문의 핵어가 다르다고 본다. 접속 구문을 투영하는 핵어(head)는 접속 어미 형태소이지만, 내포 구문을 투영하는 핵어는 두 계열의 동사라고 본다. 후자는 제4부에서 각각 발화와 마음가짐을 표상하는 부류, 그리고 행동 목표와 실현 모습을 표상하는 부류로 대분하였다. 그렇다면 핵어가 각각 기능범주와 어휘범주에 속하는 것이다. 접속 어미 형태소는 전형적인 논항구조(두 개의 논항)를 투영한다. 그렇지만 내포문을 투영하는 핵어 동사는 이 논항구조가 반복되어 확장된 논항구조(세 개의 논항)를 투영한다. 이런 형상에서 우리말 접속 구문에 대한 다양한 논점들은 시제와 양태 요소가 어떻게 구조적으로 선행문을 지배할 수 있는지를 놓고서

고, 심지어 발화되지 않은 상태에서 남의 마음을 추정하는 경우에까지도 인용 형식을 쓰기도 하므로, 결과적으로 어떤 언어에서이든지 그 경계가 흐릿해져 버리는 특징이 있다. 이는 예외적인 것이 아니라, 오히려 거꾸로 전형적인 발화 인용 구문이 모종의 기저 형식을 빌려 쓰고 있기 때문에 빚어진 경우일 수도 있다. 이 글에서는 내포 구문의 어미가 접속 구문뿐만 아니라 문장이 종결되는 환경에서도 관찰된다는 사실 등을 통하여 후자의 가능성을 탐색하게 될 것이다.

통사론 영역에서는 언어의 형식과 의미 두 측면 중에서, 형식 쪽에 초점을 모으게 된다. 이는 「언어 요소와 구조」라는 말로 요약된다. 통사론에서는 접속의 요소와 접속의 구조, 내포의 요소와 내포의 구조를 다루는 것이다. 접속을 가능하게 만들어 주는 핵어(head)는 기능범

부각되었다. 우리말의 접속 구문에서 시제 및 양태의 작동 방식이 간단치 않기 때문이다. 필자는 양태가 상위 개념이고 시상(시제와 상을 통합하는 개념)이 하위 개념이라고 본다. 양태는 가능세계의 사건 전개에 대한 개관을 보여 주지만, 시상은 현실세계의 사건 진행 관계에 대하여 서술해 주는 것이다. 서구에서는 조동사가 서로 다른 모습을 띠고 있기 때문에 시상과 양태가 별개의 것으로 서술되기 일쑤이다. 그렇지만 우리말에서는 양태라는 상위 개념을 떠맡은 형태소가 맥락에 따라 하위 개념인 시상의 역할도 수행해 나간다. 이 방언에서도 그러하다.

유현경 외 6인(2011) 『한국어 통사론의 현상과 이론』(태학사: 제7장 '접속과 내포')에서는 전반적으로 우리말을 놓고서 여태 이뤄져 온 복합 구문에 대한 문제점을 되짚어 보고, 돌파구를 마련하기 위하여 어떻게 다뤄나가야 할지를 논의하고 있다. 복합 구문에서 통사 현상으로 주요한 논제로서 「시제·주어 제약·서법 제약·대용 현상」들도 지적해 놓았다.

현재 필자의 개인적 생각은 복합 구문이 인간 사고의 일반적 경향을 그대로 반영해 주는 것으로 본다. 무한을 포착하는 속성은 「반복 함수」이다. 반복은 언제나 두 갈래의 길밖에 없다. 임의의 대상 밖에서의 반복과 임의의 대상 안에서의 반복으로 나뉜다. 전자는 접속 관계를 표상하고, 후자는 내포 관계를 표상해 준다. 그렇더라도 우리가 경험하는 전체 범위를 다 감싸안기 위해서는 최종적으로 내포 관계로써 묶어 주어야 한다.

우리말 접속 구문에서 찾아지는 시제와 서법 등의 작동 방식을 다루는 데에는 ㉠ 구조적으로 위의 형태소가 아래에 있는 관련 요소를 지배하는 표상, ㉡ 고유하게 연산자(운용소)를 장착하여 표상하는 두 갈래로 나뉘어야 할 것으로 믿는다. 내포 구문에서는 맥락에 따라서 핵어 동사가 탈락되는 경우도 생긴다. 이 방언에서도 동일한 현상이 일어나며, 제6부 제3장을 보기 바란다. 이런 현상들에 대해서는 아직 크게 주목되지 않았는데, 좀 더 자세한 논의는 필자의 다른 글들도 참고할 수 있다. 중복을 피하기 위하여, 여기서는 새롭게 담화 전개 차원에서 접속 및 내포 현상들이 인간 사고에 공통적인 질서로 작동하고 있음을 상정하고서 다루어 나가기로 한다.

주에 속한 접속사(&라는 기호를 쓸 수 있음)이며, 두 개의 논항을 지닌 전형적 논항구조를 투영한다. 그렇지만 내포를 가능하게 만들어 주는 핵어는 어휘범주에 속한 일부 동사이다. 따라서 기능범주의 핵어가 투영하는 전형적 논항구조를 한 번 더 반복하여 세 개의 논항으로 확장된 일반화된 논항구조를 투영하며, 내포문은 제3의 논항에 자리를 잡게 된다. 관련된 항목들만을 놓고서 나뭇가지 그림을 그려서 보이면 다음과 같다.

(1) 기능범주의 접속 형태소(&)가 투영하는 「전형적 논항구조」

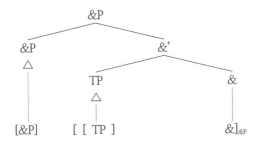

만일 핵 계층 이론을 받아들인다면, 우리말의 후핵성 매개변항에 따라 기능범주의 핵어로서 접속 형태소(잠정적으로 이 범주를 '&'로 부르기로 함)가 투영하는 논항구조는 이분지 약정을 따라 두 계층을 지닌 모습을 띤다. (1)은 이를 나뭇가지 그림으로 보여 준다. 꺾쇠괄호로써 계층들의 위계를 표시한다면,

"[&P [&' [&]]]&P"

와 같은 모습이 될 것이다. 이 접속절은 다시 종결 어미 형태소가 투영하는 논항구조의 보충어(보어) 속으로 편입되어 들어갈 것이다. 만일 두 개의 절이 이어져 있는 등위 접속문을 예시하면, 중간 투영의 계층이 허용한 보충어(보어) 자리에는 후행절이 실현되고, 최종 층위 계층

에서 허용한 지정어(명시어) 자리에는 선행절이 실현된다.

이때 임의의 접속절(&P)이 계속 자신의 지정어(명시어) 논항에 동일한 범주인 접속절(&P)을 실현시키면서 계속 반복되어 확장될 수 있는 특징이 있다. 이는 계속 왼쪽의 지정어 논항으로 확장되어 나가는 것이다. 만일 그러하다면, 내포절의 표상과 변별될 수 있는 조치가 마련되어야 할 것이다. 일차적으로 각각 기능범주의 핵어 및 어휘범주의 핵어 간의 차이가 상정될 수 있고, 내포문이 자리 잡는 지정어의 위치에 의해서도 구분될 수 있다. 또한 구조상 접속 구문의 투영 모습과 내포 구문의 투영 모습이 변별된다면, 다시 접속 구문이 자리잡는 경우를 추가할 수 있다. 최종 투영 층위 &P에 부가어로서 동일한 &P 범주의 선행절이 표상될 수도 있는 것이다. 이는 수의적 접속 구문 또는 부가적 접속 구문을 만들게 된다.

이제 만일 임의의 접속절(&P)을 세모꼴로 간단히 표시해 놓는다면, 등위 접속 구문이 확장되는 모습이 다음과 같이 두 가지 선택이 가능하다. 비록 청각상으로 느낄 적에, 일직선상으로(선조적으로) 접속절(&P)이 계속 나열되는 것으로 들리겠지만, 필요한 제약들을 표시해 주고 작동시켜 주려면, 이를 계층적으로 표상해 둘 필요가 있는 것이다.

(2가) 부가되면서 반복 확장되는 모습(부가절)

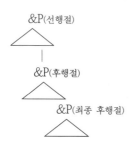

(2나) 내포되면서 반복 확장되는 모습(내포절)

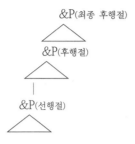

여기서는 (2나)가 내포 구문과 변별될 수 있도록 부대 조건을 더 달아 주어야 한다는 측면에서 유표적이다. 그렇다면 아무런 부대 조건도 없이 설정될 수 있는 (2가)를 무표적인 것으로 여기기로 한다.

(2가)는 부가되는 모습을 보여 준다. 중간 투영의 핵어(시제 해석이 후행절에 의존하는 경우)와 최종 투영의 핵어(시제 해석이 독자적으로 시행되는 경우) 사이를 적절히 구분해 준다면, (1)의 형상과도 맞물릴 가능성을 지녔다고 판단된다. 필자는 우리말 접속 구문에서 찾아지는 이른바 「절대 시제 해석 및 상대 시제 해석」이 구조적으로 표상되어야 한다면, 절대 시제 해석을 받을수록 부가어 논항으로 상정되어야 하고, 상대 시제 해석을 받을수록 후행절에 의한 지배 범위 속에 들어가 있어야 할 것으로 본다.

동일한 하나의 구조를 놓고서도 시제 해석의 차이를 표상하는 방식도 생각해 볼 수 있겠는데, 그럴 경우에는 절대 시제 해석을 받는 접속 어미들은 언제나 고유한 시제 해석을 가동하기 위하여, 아무런 시제도 자신의 영역 속에 들어올 수 없는 모종의 방벽을 연산자(또는 운용소) 위치에 세워 놓아야 할 것이다. 이는 직접 인용구문에서 간접 인용구문 바뀔 적에 시제(시상)를 비롯한 여러 관련 요소들이 상위문인 모문의 기준을 중심으로 하여 다시 바뀌어야 하는 언어에서 채택되는 방식이다. 내포문의 연산자(또는 운용소)가 상위의 모문 기준에 직접 관할되거나 지배받아야 비로소 시제 이동이나 관점 이동이 가능해지기 때문이다. 직관적으로 느끼는 시제 해석의 차이를 구조적으로 표상하는 방식에 대한 논의는 간단치 않다. 별도로 여러 가능성들에 대한 검토가 심도 있게 이뤄져야 마땅할 것이지만, 여기서는 필자의 직관적 생각을 제시해 두는 정도로만 그치기로 한다.

과연 (2)와 같은 접속절의 구조적 표상이 자연언어의 실제 자료와 일치할 것인가? 이런 의문에 대한 답변으로 이 방언의 자료(제4부의 제3장)는 그렇다는 언어적 사실을 제공해 준다. 이 방언의 등위 접속문 자료에서는 접속 어미 형태소가 그대로 복사되어 실현된 경우를 자주 관찰하게 된다. 이른바 공간 나열을 해 주는 등위 접속 구문의 핵어는 공통어에서 접속 어미 형태소 '-고'이다. 이 방언에서도 유사한 형태소가 자주 쓰이고 있음을 확인할 수 있는데, 보수적인 모습으로 '-곡'으로 실현되거나 수의적으로 공통어와 동일하게 '-고'로도 나온다. 그런데 특이하게도 이 접속 어미 형태소가 사건들을 병렬(또는 나열)할 경우에는

'-곡 -곡 ᄒ다(-고 -고 하다)'

의 구성을 보여 준다(제4부의 제3장과 제4장을 보기 바람). 만일 '-곡'의 범주(&)를 표시하여 놓는다면 일직선상으로(선조적으로) 각각 선행절과 후행절을 투영하고 있으므로

"[&P] [&P] ᄒ다(하다)"

와 같은 모습이 된다. 물론 선조적인 모습을 논항구조 속에서 계층적으로 표시할 경우에는, 내포 구문을 투영하는 상위문 핵어 'ᄒ다(하다)'에 의해 마련된 두 개의 지정어 위치에 각각 자리 잡고 있는 모습이 된다(52쪽에 그려 놓은 (8)의 나뭇가지 그림을 참고하기 바라며, 해당 범주가 DP와 CP가 아니라, 모두 다 &P로 표시되어야 함).

여기서 선행절의 접속 어미 '-곡'은 결코 생략될 수 없다. 그렇지만 후행절의 접속 어미 형태소 '-곡'과 바로 이어진 동사의 어간 'ㅎ-'는 줄어들거나 생략되어, 그대로 후행절에 있는 시제 형태소와 양태 형태소가 이어지더라도, 전체적으로 문법성에 변동이 생기지 않는다. 공통어에서의 해당 표상은, 뒤에 나오는 접속 어미 형태소와 상위문 (모문) 핵어의 어근이 의무적으로 생략되어야 한다. 그렇지만 현재 이 방언에서는 이 규칙의 적용이 수의적이며, 가변적인 상태에 있다. 366 쪽 이하에서 다룬 이 방언의 자료 (35가, 나, 다, 라)가 공통어에서와 같이 탈락 규칙이 적용된 사례들이다(35가', 35나', 35다', 35라'을 보기 바람). 그럼에도 불구하고 다음처럼 여전히 그렇지 않은 (3)과 (4)의 사례들도 수적으로 가히 압도적일 만큼 관찰된다. 'ㅎ다'라는 상위문 동사가 투영하는 논항구조 속에 두 개의 접속절 &P와 &P가 실현된 형상인 것이다.

(3) -곡 -곡 ㅎ다: "… 곹이(같이) 누윗수다 댓수다(누웠습니다 어쨌습니다) 햇당(했다가는) 늬(너) 죽곡(죽고) 나 죽곡(죽고) ㅎ다."
(같이 눴다 말았다 말했다가는, 너도 죽고 나도 죽고 한다. 구비3 김재현, 남 85세: 92쪽)

(4) -고 -고 ㅎ다: "… 그 구슬을말이어(화용 첨사 '말이야'), 네 입에 물고 그(여우) 입에 물고 홀 때에, 너ø 입에 오거들랑(오거든+을랑) 숨키지 (삼키지) 말고 내게 가져 오면은, 너ø 하간 거(많은 거) 잘 해 주마!"
(그 여의주 구슬을 번갈아 가면서 네 입에 물고 그 여우 입에 물고 할 때에, 네 입에 구슬이 오거든 삼키지 말고 곧장 나한테 가져 오면 너에게 많은 것을 잘 해 주마! 구비3 김재현, 남 85세: 78쪽)

여기서는 외견상으로 보수적인 형태소 '-곡'이, 공통어에서 쓰이는 형태소 '-고'로도 수의적으로 나옴을 보여 주기 위하여, 일부러 동일한 화자의 구연 자료에서 두 종류의 예문을 인용하였다. 내포 구문에서 찾아지는 '-고'가 결코 '-곡'이란 형태소로 바뀔 수 없다는 사실을 지

적합으로써(141쪽 이하 및 김지홍 2019의 제4장 참고), '-곡'에 대한 형식이 두 형식소(단, 형태소보다 더 미시적인 자취만 보여 주는 경우를 '형식소'라고 부를 경우에)가 결합되거나 융합되어 있을 가능성도 추구될 수 있을 것이다(286쪽 이하를 보기 바라며, 공시적으로 더 이상 분석이 불가능하지만 기원상 내파음 'ㄱ'[윽]은 명사를 만들어 주는 부류일 가능성이 있음). 다시 말하여, 이 방언 자료에서 '-고'는 '-곡'과 수의적으로 교체되는 경우 및 오직 내포 구문에서만 관찰되는 경우를 구분해야 하므로, 편의상 '-고₁'과 '-고₂'로 나누어 놓아야 함을 논의할 것이다. 그렇지만, 여기서는 이를 잠시 유보한 채, 잠정적으로 마치 동일하게 하나의 '-고'가 있는 듯이 여기기로 한다. 일단 (3)에서는 '너 죽곡 나 죽곡 하다'의 실현을 확인할 수 있고, (4)에서는 '네 입에 물고 그 입에 물고 하다'와 같은 변동을 관찰할 수 있다. 다른 경우에 접속절들이 이어지면서 '-곡'과 '-고'가 순서에 상관없이 서로 혼재하면서 나오는 경우도 허다하다.

이 예시에서는 특히 접속 구성에만 초점을 모을 경우에, 핵심이 선행절과 후행절이 접속 어미 형태소 '-곡' 또는 '-고'가 그대로 복사되듯이 유지된다는 언어 사실에 있으며, 이 형태소의 범주는 &(접속 형태소, 접속소)로 지정되므로, 이 기능범주의 핵어는 최종 투영인 &P(접속절)로 종결된다. 이를 반영해 주는 표상으로 바로 접속절(&P) 범주가 그대로 이어져 나가는 (2가)의 형상을 여기서는 제1차 검토 대상으로 삼을 것이다.

이 구성의 변동도 관찰되는데, 본문에서는 그 범위와 동기들을 놓고서 필자 나름대로 이론을 세우고 설명을 베풀어 나갈 것이다. 여기서는 일단 등위 접속절로 대표되는 접속 구문의 형상이, 이 방언의 자료에서 확인할 수 있듯이, 동일한 범주가 그대로 병렬되는 모습을 보여 주며, 이런 병렬 구성이 'ᄒ다(하다)'라는 동사에 의해서 내포되고 있다는 분명한 언어적 사실만을 강조해 두기로 한다(905쪽 이하에서는 접속 어미와 내포 어미가 모두 다 양태 범주에 속함을 논의하였음).

다음으로, 내포 구성에 대한 표상은 자연언어에서의 변동 모습까지 적의하게 포착해 주는 모습을 갖춰야 할 것으로 본다. "철수가 영이를 본다."라는 말은 두 개의 논항을 지닌 지각 동사 구문이다. 그렇지만 아무런 제약도 없이

(5가) "철수가 영이를 $\begin{cases} \text{미녀라고} \\ \text{미녀로} \\ \text{미녀처럼, …} \end{cases}$ 본다."

처럼 말할 수 있다. 물론 외견상 같은 형태를 지니지만, 동일한 범주의 동사가 아니라고 여길 수도 있다. (5가)의 '보다'가 지각에 관여하기보다는 오히려 판단과 평가의 범주에 속하는 동사이기 때문이다. 그렇지만

(5나) "철수가 시험을 본다."

에서 찾아지는 동사도 동일한 형태를 지니고 있으며,

(5다) "철수가 거울을 본다."

라는 지각 동사에서와 같이, 똑같이 두 개의 논항을 지닌다. 비록 (5나)에서는 동사의 범주가 (5다)에서처럼 지각이 아니라 행동(일정 기간 지속되는 행동)을 가리켜 주어야 하겠지만, 여전히 통사 행태들이 서로 유사하다는 언어 사실이 주목될 필요가 있다. 이는 자의적이거나 우연의 일치가 아니라, 이런 현상 밑에 어떤 규칙성이 깔려 있음을 시사해 준다. 따라서 핵어 동사에 대한 동음이의(또는 동형이의) 접근보다는, 오히려 다의어 접근으로서 이러한 유사성들을 확장 관점에서 설명해 줄 가능성을 검토해 보는 편이 더 낫다고 본다.[17]

필자는 전형적인 논항구조가 다시 한 번 반복되어 보충어(보어) 논항으로 편입될 경우에 다시 논항 자리가 하나 더 생겨나는 것으로 본다. 흔히 외각 구조 또는 껍질 구조라고 부르는 형상이다. 편의상 전형적 논항구조와 구분하기 위하여 이를 어휘 변동에 적용할 수 있는 「일반화된 논항구조」라고 부르기로 한다(김지홍, 1992, "국어 부사형 어미 구문과 논항구조 연구", 서강대학교 박사논문). 여기서는 세 개의 논항 자리가 있다. 제1 논항과 제2 논항은 결과적으로 전형적 논항구조의 모습과 동일하겠지만, 전형적 논항구조가 한 번 반복되어 기존 논항구조의 보충어 자리로 편입됨으로써, 새롭게 제3 논항이 생겨난다. 바로 이 논항에 내포문이 위치하는 것이다. 직관적으로 말하여, 임의의 주체(또는 주어)가 대상이나 상황을 관찰하고서

「그 내용을 인식하고 평가하고 판단하고 추측하는 몫」

을 제3의 논항으로 구현하는 것이다. 우리말에서 다음과 같이 말할 경우에

---

17) 이런 구문을 놓고서 내포절에 있는 주어와 상위문에 있는 논항 사이에 지표가 동일할 수도 있고, 서로 다를 수도 있다. 특히 내포절의 주어가 공범주로 나오고 상위문에서 동지표 논항이 있는 경우에 대해서는 김지홍(2010) 『국어 통사·의미론의 몇 측면: 논항구조 접근』(경진출판)의 제5장을 참고할 수 있다. 그런데 제3의 논항이 반드시 내포문으로 나와야 하는지, 아니면 명사구처럼 나올 수도 있는지 여부는 언어들 사이에 서로 다른 특성을 보여 준다(언어별로 달라지는 매개인자가 됨). 우리말에서 내포문으로 실현되는 '미녀라고(미녀이라고)'는 또한 너른 범위로 변동하는데
　'미녀처럼, 미녀로, 미녀와 같이, 미녀인 듯이, 미녀인 것처럼'
따위도 모두 가능하다. 그렇다면 내포문만이 아니라, 범주상 명사구와 부사구로 지정할 수 있는 형식도 허용함을 알 수 있다. 담화 연구에서는 문장의 지위와 명사구의 지위가 사실임을 전제하는지 여부에서 크게 달라진다고 밝혀 놓았다(김지홍 뒤침, 2012, 『담화 분석 방법』, 경진출판의 322쪽에 있는 역주 16을 보기 바람). 그렇지만 영어는 오직 부정사 구문만이 문법적이다. 이를 반영해 주려면, 제3의 논항이 문장의 지위를 지녀야 한다는 엄격한 조건을 더 추가해 놓아야 할 것이다. 그리고 어휘의 변동(또는 교체 현상)이 아무렇게나 일어나지 않고 오히려 변동 방식이 규칙적임은 진작에 '생성 어휘론'에서 다뤄오고 있는 중요한 주제이다. 이런 연구들에 대해서는 김지홍(2010) 『국어 통사·의미론의 몇 측면: 논항구조 접근』(경진출판) 제5부의 제9장과 제10장에서 지금까지 밝혀진 바를 읽을 수 있다.

(6) "[그가 떠났는가] 보다."

추측의 범주에 속하는 동사 '보다'를 찾을 수 있다. 표면의 모습에서는 추측의 주체와 추측의 대상이나 상황이 모두 '공범주'(편의상 이를 e로 표시해 놓기로 하겠는데, empty category에서 첫 글자를 따온 것임)로 들어가 있기 때문에, 내포문으로 나온 외현 범주와는 달리 전혀 귀에 들릴 수 없다. 그렇지만 개념상으로 따져볼 경우에, 추측 범주의 동사를 토대로 하여,

「누구가, 어떤 대상이나 상황을, 어떻게 추측하는지」

가 필수적인 요소임을 찾아낼 수 있다. 추측 동사 '보다'의 추측 주체는 '보다'라고 말하는 주체이고, 추측의 대상이나 상황을 그 주체가 직접 체험하는 현장 상황임을 추론해 낼 수 있다. 이런 토대 위에서, 비록 추측 동사가 외현 범주로 보여 주는 것이 오직 의문 형식의 내포문밖에 없다고 하더라도, 초기 표상에서는 추측을 하는 주체와 추측의 대상(또는 포괄적으로 상황을 가리키는 공범주)이 더 깃들어 있으므로, 세 개의 논항이 존재함을 매듭지을 수 있다. 이를 두 개의 공범주 요소를 집어넣고서 다음과 같이 표시해 줄 수 있겠는데, 그렇다면 (5)에서와 같이 세 개의 논항이 표상되어 있는 셈이다.

(7) " e e [그가 떠났는가] 보다."

이제 이렇게 「일반화된 논항구조」의 형상을 나뭇가지 그림으로 보이면 다음과 같다.

(8) 어휘범주의 동사(V)가 투영하는 「일반화된 논항구조」

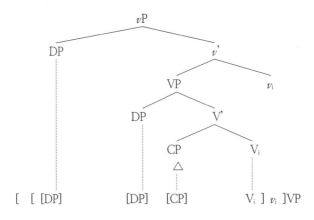

vP

DP v'

VP v_i

DP   V'

CP V_i

[[[DP]   [DP]   [CP] V_i] v_i]VP

여기서 동사구(VP)가 허용하는 내포 구문의 모습을 볼 수 있다. 선조적으로(일직선상으로) 보면, 명사구(DP, 또는 NP)가 두 개 나온 뒤에 내포문(CP, 어말어미 구절)이 실현되어 있다. 김지홍(1992) "국어 부사형 어미 구문과 논항구조 연구"(서강대학교 박사논문)에서는 우리말 부사형 어미 구문도 이런 형상에서 내포문의 지위를 지니고 있음을 논의하였다. 전형적인 내포문으로서 이 방언의 인용 구문도 그러하다. 인용과 무관하게 상대방의 마음을 추측하는 일도 허다하게 동일하게 같은 형식의 구문을 이용하게 된다. 이것들이 모두 동일한 토대 위에서 설명될 수 있다고 본다. 이에 대한 세부 논의와 입증은 제6부에서 관련되는 제3장과 제4장에서 진행될 것이다.

그런데 서로 다른 범주의 언어적 행태가 두 갈래로 나뉘어져 있다고 함으로써, 모든 일이 다 끝나는 것이 아니다. 접속과 내포는 그대로 고유하고 독자적인 언어 기제일 뿐만이 아니라, 또한 인간의 사고 활동 속에서도 여전히 중요한 몫을 맡고 있다. 가령, 임의의 사고가 일관성을 띠거나 통일성을 부여해 주기 위하여 하나로 묶여야 하는 것이다. 이 방언의 자료에서는 특이하게도 빈번하게 접속 구문이 언제나 내포 구문 속으로 들어가 있는 형상을 보여 준다. 필자는 이전까지 접속 및 내포가 별개의 병렬적인 개념이라고 보았었다. 그렇지만 이 방언에서 보여 주는 자료들을 음미하면서 새삼 내포 구문이 더욱 상위의 작용 방식임을 깨닫는다. 이는 비록 반복(recursion, 회귀)[18]의 구현에서 접속과 내포의 두 가지 길만이 있다 하더라도, 최종적으로 언제나 일관되고 통일된 사고와 글은 언제나 「내포 형식으로 귀결된다」는 점을 명증해 주는 언어 현상이다. 이 방언을 다룬 김지홍(1982) "제주 방언의 동사구 보문 연구"(한국학대학원 석사논문)에서는 이를 '흡입' 현상으로만 포착했었다. 그렇지만 당시에는 해당 현상을 놓고서 서술(기술) 정도로만 그쳤을 뿐이다. 이런 현상의 의미와 존재 이유에

---

18) 이는 '현대 학문의 비조(the forefather of modern sciences)'로 칭송되는 독일 수학자 프레게(Frege, 1879, 개념 문자 또는 개념 표기법)에서 확정된 개념으로서, 본디 무한(infinity) 이라는 영역을 다루기 위해 마련된 것이다. 필자는 recursion을 「반복 함수」로 부른다. 일본의 영향으로 수학에서는 회귀 함수로 부른다. 이탈리아 수학자 페아노(Peano, 1889) 에서는 수학적 귀납법(mathematical induction)으로 불렀다. 후자에서는 애초에 자연수 가 무한히 확장되는 속성을 포착하기 위한 개념이었다. 하이어노엇(Heijenoort, 1967 영역) 『From Frege to Gödel』(하버드대학 출판부)과 케네디(Kennedy, 1973 영역) 『Selected Works of G. Peano』(토론토대학 출판부)에 들어 있는 글들을 참고하기 바란다.

문장의 속성도 무한하다는 점은 이미 참스키 교수의 논의 이후로 당연한 것으로 여겨 진다. 무한을 구현하는 속성인 반복을 이용하기 때문이다. 참스키 교수는 이런 기제의 본질을 초기에 훔볼트로부터 나온 것으로 적어 놓았다가, 뒤에 다시 갈릴레오의 업적 으로 유래된다고 언급한 바 있다. 언어 기제는 자기 안에서의 반복을 구현하기 위한 내포 및 자기 밖에서의 반복을 구현하기 위한 접속으로 대분된다.

그런데 정작 문장이 무한하게 되는 동기가 무엇일까? 아직 제대로 제기되지 않은 물음이므로, 검토해야 할 선택지도 없다. 이 물음을 놓고서 필자는 우리 인간들이 경험 하는 사건 그 자체가 끊임없이 반복되는 실체라고 파악하며, 개별개별 사건을 경험하 더라도 유형별 동일성에 토대를 두고 같은 범주의 사건으로 표상해 놓는다.

사고의 기본 단위가 문장이라고 말하든, 아니면 더 좁혀서 절(clause-like unit)이라고 말하든 간에, 이 형식과 대응하는 것은 실세계에서 일어나는 낱개의 「단위 사건」이다. 단위 사건 그 자체를 아리스토텔레스의 『사고 도구(Organon)』에서는 단언(proposition, '명령문 표제'를 줄인 명제라는 일본 번역은 오직 서술 단정문만을 대상으로 삼아야 하기 때문에 잘못된 용어임)으로 파악하였다. 아리스토텔레스는 단언 형식이 주어와 술어로 나뉘어야 하므로, 지시 영역의 대소(양화 범위)에 따라서 '삼단 논법'이 성립될 수 있음을 최초로 깨우쳤던 것이다. 그렇지만 논리학에서 연역 방식으로 주장할 수 있는 결론은, 수적으로 제한되어 있다. 자연언어에서 다루는 매우 광범위한 사건 연결 들과는 비교가 될 수 없을 정도로 빈약하다. 자연언어는 접속 방식으로도 사건들을 계속 확장해 나갈 수 있다. 그렇지만 삼단 논법에서는 제한적으로만 허용될 뿐이다. 필자는 이 방언의 자료들을 근거로 하여, 접속 현상들이 다시 내포 형식으로 모아져야 만 전체적으로 일관성이 확립됨을 논의할 것이다. 접속과 내포의 개념에서 내포 개념 의 우선성 및 상위성을 새롭게 가정하는 셈이다.

대해서는 더 이상 깊이 있게 묻지도 못하였을 뿐만 아니라, 그 실체의 전반을 제대로 터득하지도 못하였었다. 좀 더 뒤에서 제4장에서는 이런 현상이 최소한 다섯 가지 계층으로 구분되어야 하는 인간 사고의 전형적 절차와도 서로 정합적이라는 점을 언급할 것이다. 현상을 주목하고 깨닫는 일과 그 현상을 더 큰 세계모형으로부터 이끌어 내면서 설명해 주는 일은, 일단 서로 별개의 몫처럼 주어져 있는 것이다.

제2장 담화 및 화용론 쪽에서의 접근

담화에 대한 연구는 문장을 넘어서서 문장들을 얽어매고서 일련의 사건들을 연결시켜 주는 방식을 연구한다. 전통적으로 담화가 짜얽히는 방식에는 두 가지 영역이 동시에 존재한다. 언어 기제에 의해서 문장들을 얽어매는 방식 및 전형적인 언어 기제가 없이 더 큰 사건 덩어리들을 이어 주는 방식이다. 이를 각각 미시 영역과 거시 영역으로 부르거나 또는 미시구조와 거시구조라는 용어로 불러 왔다. 만일 거시구조가 한 공통체의 구성원들 사이에서 어느 정도 고정되어 있을 경우에는 하나하나의 개별 담화로 부르기보다, 한 가지 유형의 '담론' 이라고 구분하여 부른다. 일부에서는 변동할 수 있는 개별 담화를 discourse로 쓰지만, 어느 정도 전개 방식이 고정되어 있는 담화를 가리키기 위하여 대문자 Discourse를 쓰기도 한다. 집합론에서 원소를 소문자로, 집합을 대문자로 표시해 주는 약속을 응용한 것이다. 분석 철학을 개척한 뤄쓸(Russell, 1937 제2판) 『*The Principles of Mathematics*』 (Norton & Co.)에서는 각각 개별 사례(token)와 유형(type)이란 용어를 썼는데, 같은 계열에 속한 용어들이 창의적인 연구자들에 의해서 다양하게 채택되어 왔다. 페어클럽(2001; 김지홍 뒤침, 2011)『언어와 권력』(경진출판)의 71쪽에 있는 역주 13을 참고하기 바란다.

미시구조의 영역은 일찍이 핼러데이·허싼(Halliday·Hasan, 1976)『영어에서의 통사 결속(*Cohesion in English*)』(Longman)에서 영어의 담화 전개에서 자주 이용되는 다섯 가지 언어 기제를 밝혀내면서 '통사 결속(cohesion)' 기제로[19] 불리어 왔다. ① 두 가지 사건을 가리키는 언어 표현은 가장 손쉽게 접속사(그리고, 그러나 따위)로 묶인다. ② 그런데 임의의 사건이 반복되는 경우에 이들을 읽어 주는 기제는 후행 문장에서 생략(ø)과 ③ 대용 표현(그러하다, do so)을 이용한다. ④ 그렇지만 서로 다른 사건들이 이어지는 경우에는 선행 사건을 가리키는 표현('그것' 따위 지시 표현)과 ⑤ 다른 낱말들을 바꿔쓰는 방식이 이용된다. 즉, 유의어·상의어·하의어·반의어 등의 유관 낱말들을 이용하여 어휘 사슬(lexical chain)을 만들어 주는 일이다. 일찍부터 영어권에서는

---

[19] 흔히 '응집성'으로 잘못 번역되어 쓰인다. 중고교 학교 수업에서는 「문장을 전개시켜 나간다」고 말한다. 즉, 문장은 펼쳐 나가야 하는 것이다. 엉뚱하게도 응집성의 엉길 응(凝)과 모일 집(集)은 「한 점에 모아져 있다」는 뜻이다. 그렇다면 문장이 계속 펼쳐져 나가야 하는 방향과는 정반대의 개념이 된다. 응집과 전개가 그 방향이 서로 반대임을 깨닫지 못한 잘못된 조어이다. cohesion의 어원은 'together+to stick'(to stick together, 함께 붙어 있다)이다. 한자어를 선호한다면 '상호 부착'이나 '상호 연결'이라고 말할 수 있다. 그렇지만 우연히 일본 것을 베낀 작은 영한사전 따위를 참고하여 '응집'이란 풀이가 있었던 것을 채택했던 듯 보인다. 아마도 '엉기다'는 말뜻 속에 서로 긴밀히 맺어져 있다는 의미가 있기 때문에, '응결 현상'이란 낱말에 간섭을 받아서 비판할 수 없었을 듯하다. 그러나 응집 및 전개의 방향이 서로 다르지만, 이런 점이 분명히 자각되지 않은 채 비판 없이 맹목적으로 답습되어 쓰이고 있음은 유감이다.

한편 1970년대 이후의 생성문법에서는 동일한 언어 기제들 중에서 문장들 사이를 이어주는 '대명사 부류'를 놓고서 binding(묶어주기, 결속하기)이란 용어로 다뤄 왔다. 참스키 교수는 이를 지배·결속에 관한 강의에서 '결속 원리'라고 불렀었다. 지배는 문장 내부의 질서를 대표해 주고, 결속은 문장 외부로도 이어지는 질서를 대표해 준다. 여기서 ㉠ 대명사 부류가 언어 표현 속에서 동일한 지시 대상을 찾아야 하는 경우와 ㉡ 언어로 표현되어 있지 않지만 삶의 현장 속에서 찾아야 하는 경우로 나뉜다. 다시 전자는 ⓐ 자신이 실현된 문장 밖에서 지시 내용을 찾아야 하는 경우와 ⓑ 자신이 실현된 문장 안에서 지시 내용을 찾아야 하는 경우로 나뉜다. 일찍이 필자는 쿡(Cook, 1989; 김지홍 뒤침, 2003)『옥스퍼드 언어 교육 지침서: 담화』(범문사, 234쪽에 있는 번역자 주석 3)에서부터 이런 측면을 포착하기 위하여, 그리고 생성문법의 논의와 맞물려 놓기 위하여 cohesion을 '통사 결속'으로 불러오고 있다. 여기에서도 이 용어를 그대로 쓰기로 한다.

'유관 어휘 모음(thesaurus)'들을 발간하고 이용하는 까닭이, 바로 통사 결속 기제로 이용되는 데에 있는 것이다. 다섯 가지 기제를 제시하였지만, 반복되는 사건들의 표현을 제외하고서 서로 다른 사건들을 엮어 주는 핵심은 마지막 두 가지 기제이다. 지시 표현을 이용하는 일과 어휘 사슬을 만들어 주는 일이다(다시 두 단락 뒤에, 통사 결속 기제 ⑥과 ⑦이 언급됨).

또한 하나의 언어 형식이 앞뒤로 이어져 있는 문맥에 따라서 뜻이 달라진다는 중요한 사실도 처음 부각되었다. 현재 이는 co-text(앞뒤 문맥)로20) 불리는데, 언어가 쓰이는 '상황 맥락(context)'과 그 어원이

---

20) 핼러데이(Halliday, 1978: 133쪽)『*Language as Social Semiotic*』(Edward Arnold)에서 처음 쓴 용어이다. 가령, 우리말에서 '손을 들다'라는 표현이 어떤 요소와 통합관계를 이루느냐에 따라서 의미가 달라져 버린다. 소쉬르가 불렀던 통합관계 요소를 조금 더 확장할 필요가 있다고 판단하여, 핼러데이 교수는 독특하게 '앞뒤 문맥(co-text)'이라는 용어를 만들었던 것이다. 다만 어원상 맥락(context)과 구분이 되지 않는 단점이 있다. 우리말로 예시하면 다음과 같다.

㉠ (전쟁터에서) '적군이 손을 들었다'는 항복하다는 의미를 가리키고,
㉡ (교실 수업에서) '철수가 손을 들었다'는 교사에게 지명해 주도록 요청한다는 의미를 가리키며,
㉢ (체벌 현장에서) '교관이 맨 앞의 생도를 향해 손을 들었다'는 손바닥으로 때린다는 의미를 가리키고,
㉣ (주식 폭락 장세에서) '투자자들이 마침내 손을 들었다'는 주식 투자를 철회하다는 의미를 가리킨다.

이 예시에서 잘 알 수 있듯이, '손을 들다' 그 자체만으로는 네 가지 사례에서 각각 어떤 의미로 쓰이는지를 확정할 수 없다. 오직 앞뒤 문맥이 더해지면서 전체 맥락이 분명해진 뒤에라야 비로소 그 의미가 확정(고정)되는 것이다. 비록 어원상 두 용어가 모두 text에 함께 주어져 있거나 딸려 있다(접두사 co와 con이 모두 together를 뜻함)는 뜻을 공유하고 있지만, '상황 맥락(con-text)'은 의사소통 참여자들에 의해 지각되는 비-언어적 정보(사용 환경까지 고려하는 더 큰 정보)들을 말한다. 그렇지만 '앞뒤 문맥 (co-text)'은 해당 낱말과 결합한 언어 정보만 가리킨다는 차이가 있다. 만일 해당 요소들이 결합이 상당히 잦은 빈도로 일어날 경우에는 말뭉치 처리에서 이음말(collocation)로도 부른다(Sinclair, 2004,『*Trust the Text*』, Routledge). 이런 개념의 핵심은, 임의의 언어 표현이 어떤 언어 표현과 결합하는지에 따라서 비로소 의미가 확정(고정)된다고 보는 것이다. 그렇지만 앞의 네 가지 사례에서 사용 맥락이 '( )'로 미리 제시되어 있다는 사실에서 확인하듯이, 서로 결합된 해당 언어 표현이 쓰이는「상황 맥락」도 더불어 같이 주어져야 한다. 이런 점에서 '앞뒤 문맥'의 의미 확정(고정) 과정에 더 큰 차원의 상황 맥락이 음으로든 양으로든(또는 간접적으로든 직접적으로든) 간여하고 있다는 점에서, 이들을 서로 구분하기보다는 대신 각각 미시 차원의 정보와 거시 차원의 정보라고도 간주할 수 있다.

언어 표현에 덧붙어 가는 정보는, 그 표현의 의미를 정반대로 바꿔 버릴 수도 있다.

동일하다는 점에서 자칫 서로 혼동될 소지가 있다. 전자는 미시구조 영역에 적용되고, 후자는 거시구조 영역에 적용되는 기제이다. 여기서는 상호 구분의 목적을 위하여 각각 '앞뒤 문맥(전후 문맥)'과 '상황 맥락'으로 번역 용어를 달리 쓸 것이다.

이 방언에서뿐만 아니라 공통적으로 우리가 쓰는 자연언어의 접속 구문과 내포 구문에서 찾아지는 형태소들의 기능은 다양하게 변동한다.21) 이를 포착하고 설명하기 위한 이론적 토대로서 앞뒤 문맥 및

우리말에서 '손을 내밀다'의 경우를 살펴보면 쉽게 이해할 수 있다.

　ㅁ (지하철 계단에서) '거지가 신사한테 손을 내밀었다'는 구걸한다는 의미를 가리키고,
　ㅂ (한겨울 추위에) '기부 천사가 노인들에게 손을 내밀었다'는 물질적 도움을 주다는 의미를 가리키며,
　ㅅ (박근혜 정부 시절에) '최순실이 모 기관에 손을 내밀었다'는 부정한 뇌물을 요구한다는 의미를 가리키고,
　ㅇ (두 사람이 싸움을 하고 나서) '승자가 패자에게 손을 내밀었다'는 화해를 하자는 의미를 가리킨다.

여기서 ㅅ의 경우는 한국에서 2020년을 살아가는 우리들에게 아무 어려움도 없이 쉽게 이해될 수 있겠지만, 이 문장이나 발화를 접하는 해석 주체가 만일 최순실의 국정 농단에 대한 배경 지식(또는 상황 맥락에 대한 정보)이 없는 경우라면, 신체상의 손을 뻗었다는 의미 이외에는 더 이상 적합한 해석이 진행되지 않을 수도 있다. 도움을 준다는 긍정적인 뜻과는 달리, 유독 ㅅ의 경우는 피해를 주는 것이다. 따라서 궁극적으로 여기에서도 상황 맥락이 언어 표현의 해석 지침을 결정한다는 사실을 엿볼 수 있다. 좀 더 자세한 논의를 읽으려면, 위도슨(Widdowson, 2004; 김지홍 뒤침, 2018)의 『텍스트, 상황 맥락, 숨겨진 의도』(경진출판, 제3장과 제4장)를 참고하기 바란다.

21) 가장 모범적이고 대표적인 사례가 '일상언어 철학(ordinary language school)' 또는 '화용론'을 열어 놓은 그롸이스(Grice, 1975, 1988에 재수록됨) 『낱말 사용 방식 연구(*Studies in the Way of Words*)』(하버드대학 출판부)이다. 영어에서도 and(그리고, 그리고 나서)는 동시에 공간 나열의 기능 및 시간 선후 연결의 기능('and then'을 and로 줄여서 표현했다고도 해석됨)을 지닌다. 이런 두 가지 기능이 '동음이의(동형이의)' 관계인지, 아니면 '다의' 관계인지에 대하여 명쾌한 결론을 얻은 적이 없었다.

　그렇지만 그롸이스 교수는 칸트가 내세웠던 상식적 '규범(maxim, 준칙)'을 그대로 받아들여서 언어 사용에 참여하는 사람들이

'양·질·관련성·방식'(백종현 뒤침, 2006에서는 양태로 번역)

에 대한 규범을 자연스럽게 이용하고 있다고 여겼다. 즉, 언어 사용자도 따르고 있고, 언어 해석자도 그런 상식적 규범을 그대로 따른다고 상정함으로써, 공간 나열의 기능이 어떻게 사건들의 시간 선후 연결 기능으로 확장되는지를 적절하게 설명해 줄 수 있었다. 비록 사건들이 이어지는 연결 관계를 가리키기 위하여 공간 나열을 표시하는 형태를 쓴다고 하더라도, 순간적으로 언어 단서를 통하여 실제 현장에서의 체험들을 떠올리면서, 일련의 사건에 대한 선후 연결 관계로 해석하게 된다는 것이다. 이런 착상은 더 나아가 우리말에서 '-아서'가 시간 선후 연결뿐만이 아니라 원인과 이유의 관계까지도 표시해 줄 수 있다. 이런 확장 방식은 532쪽 이하와 552쪽 이하를 보기 바란다.

상황 맥락이 중요하게 간여하고 있음은, 이하에서 진행될 본문의 논의 중 여러 군데에서 이런저런 설명들로써 거듭 확인할 수 있다.

그런데 컴퓨터 기술 및 정보 통신망의 발전에 힘입어서 '말뭉치'들을 가공하고 거대한 입말 말뭉치를 다룰 수 있게 되면서,22) ⑥ 영어의 결속 기제에 시제 표현도 중요한 역할을 맡고 있다는 사실이 밝혀졌다. 그뿐만 아니라, ⑦ 특정한 어구 표현들(가령 인용 표현을 빌려쓰는 등)도 입말 환경에서 발화(또는 문장)의 주제 도입 기능으로 자주 쓰임도 밝혀졌다(담화 흐름은 시작 마디와 중간 마디와 매듭 마디가 이어져 있

필자가 조사한 바로는, maxim(격언, 규범, 준칙)이란 용어가 본디 아리스토텔레스의 『수사학』에서 민간에서 두루 쓰는 지혜를 담고 있는 '격언'의 뜻으로 쓰였었다. 그러다가 서구 중세 시대에 그의 철학과 세계관이 숭배되면서 점차 인간이 따르게 되는 상위의 규범 차원으로 뜻이 확장되었다. 최근 칸트 철학의 번역본 백종현 뒤침(2006) 『순수이성 비판 1, 2』(아카넷)에서는 '법칙에 준한다'는 뜻으로 '준칙'이란 말을 썼다. 일반 법칙은 생명이 없는 대상(무생물, 무정물)들의 관계도 지배하겠지만, 그런 모습으로 모든 인간이 인식·판단과정에서 법칙마냥 준수해야 할 내용을 '준칙(準則)'이라고 부른 것이다. 그렇지만 일본에서는 '격언＋법률'을 합쳐서 '격률'이란 왜곡된 용어를 만들었다. 격언은 따라도, 안 따라도 그만이다. 결코 강제성이 없다. 그렇지만 법률을 위배하면 처벌이 뒤따른다. 서로 지위가 다른 두 영역을 억지로 붙여 놓은 '격률(格律)'이란 용어는 잘못된 조어 결과이다. 그렇지만 이를 현재 중고교 교과과정에서도 성찰 없이 무비판적으로 쓰고 있어서 문제가 심각하다.

그롸이스 교수는 maxim(규범)을 언어 사용을 설명하는 최상위 규범의 뜻으로 썼지만, 이 규범은 강제성이 있는 것이 아니라, 즉석에서 상대방이 알아차릴 수 있을 만큼 명시적으로 규범의 어느 한 요소를 위배할 수도 있다(flouting). 화자가 의도적으로 규범을 위배하고 있음을 쉽게 얼굴을 마주보고 있는 청자가 깨닫게 됨으로써, 비로소 반어법을 설명할 수가 있었다. 우리말에서 '못~난~이!'라고 이례적인 어조로 말할 경우에는, 누구나 반어법으로 받아들인다. 따라서 화용 현상을 설명하고자 하는 maxim(규범)은 따를 수도 있고, 일부러 위배할 수도 있는 두 가지 선택지가 전제되어 있음을 고려하는 것이 중요하다. 필자는 이런 이유로 '준칙'보다 즉석에서 작동해야 하는 언어 사용을 설명하기 위하여 '규범'이 오히려 더 나은 번역 용어라고 판단한다.

22) 머카씨(McCarthy, 1998; 김지홍 뒤침, 2010) 『입말, 그리고 담화 중심의 언어교육』(경진출판)에서는 시제 표현도 담화 전개에서 중요한 몫을 맡음(무대 역할과 사건 전개 역할을 맡는 시제들이 짝을 이룸)을 처음으로 밝혔다(60쪽의 〈표1〉). 그뿐만 아니라 주제를 도입하는 기능으로 인용 구문(X *says* …)들의 역할도 중요함을 새롭게 지적한 바 있다. 인용 구문은 이러한 ㉠ 무대 마련 기능 이외에도, ㉡ 초점 부각 기능, ㉢ 매듭짓기 기능, ㉣ 신뢰성 확보 기능까지도 지니고 있다. 이런 기능들은 언어 형식에 다 들어 있는 것이 아니라, 언어 사용 맥락을 상당한 정도로 대상화하여 더 높은 차원에서 분류하고 귀납함으로써 범주처럼 유형화하여 놓을 수 있었던 것이다. 이것들이 모두 다 언어 기제를 이용하여 문장들이나 발화들을 서로 엮이어 이어져 나가는 중요한 '통사 결속 기제'인 셈이며, 담화 전개 방식 중 한 가지이다.

는데, 미시 사회학에서부터 처음으로 거시적 차원에서 담화 전개 유형을 다룬 내용은 65쪽의 (10) 이하를 보기 바람).

담화의 전개는 「낱개의 사건」이 기본 단위가 된다. 이것이 언어학에서는 절(clause) 또는 아리스토텔레스의 『사고 도구』에서는 단언(proposition)의 형식으로 표현된다. 그런데 실세계에서 우리는 일련의 사건 흐름들을 경험하게 된다. 언어 표현 또한 이런 흐름들을 중심으로 하여 절 또는 단언들을 계속 연결시켜 나가는 것이다. 작은 영역의 연결은 언어 기제에 의해서 이뤄지지만, 이것만으로 커다란 사건들의 복합 연결체가 다 끝나는 것은 아니다. 사건들에 대한 작은 연결체가 다시 다른 사건들의 연결체들과 일관성 및 통일성을 유지하면서 더 이어져 나가야 하는 것이다. 이를 거시 차원의 연결 방식으로 말할 수 있겠다. 이런 연결을 가리키는 용어는 학문 영역마다 고유하게 독자적으로 다양하게 써 왔다.[23]

〈표1〉 시제를 이용한 담화 전개 방식

시제 말투		무대를 마련하는 '시제' ⇨	후속 사건의 '시제'
비격식적	과거사건	현재완료(have+P.P.)	단순과거(-ed)
	과거사건	지속성 반복행위(used to)	우연한 과거 사건(would)
	미래사건	현시점 근거 무대(be going to/supposed to)	단순미래(will)
격식적	과거사건	지속성 반복행위(used to)	단순과기(-ed)
	미래사건	예정된 미래(be to, 권위성이 깃듦)	단순미래(will)

23) 자세한 설명은 위도슨(2004; 김지홍 뒤침, 2018) 『텍스트, 상황 맥락, 숨겨진 의도』(경진 출판)에 있는 뒤친이의 해제(441~445쪽)를 참고하기 바란다. 단, 용어 제시의 순서는 자의적이다.

　　① 거시구조(macro-structure),
　　② 정당성 부여(justification),
　　③ 논증 틀(method of argumentation),
　　④ 담화 목적(discoursal aim),
　　⑤ 추론 방식(inferencing),
　　⑥ 주요한 주제(main topic),
　　⑦ 의미 연결(coherence),
　　⑧ 합당성 확보(rationalization),
　　⑨ 삼단논법(syllogism),
　　⑩ 귀납(induction), 연역(deduction), 기억 속의 증거를 덧보탠 추론(abduction),
　　⑪ 의사소통 모형(communicative model),
　　⑫ 담화 추이(discursive transition),

필자는 담화 전개 방식을 임시 매우 간단하게 논설류 덩잇글을 상정하여 풀어 둔다. 담화의 최소 단위는 '낱개 사건'에 대응하는 '문장' 또는 '절'이다. 이것이 사고와 판단의 기본 단위이다(김지홍, 2015, 『언어 산출 과정에 대한 학제적 접근』, 경진출판의 제2장을 보기 바람). 이런 착상은 아주 오래되었는데, 아리스토텔레스의 『사고 도구』에서는 '단언'(참 거짓을 판단하는 언어 표현인데, 77쪽의 각주 29를 보기 바람)이란 말을 썼던 것이다. 간략하게 예시해 주기 위하여, 낱개의 문장과 낱개의 사건이 기본적으로 서로 대응한다고 여기기로 한다. 문장은 다시 문장과 이어져야 한다. 문장과 문장이 이어진 것을 흔히 '문단' 또는 '단락'이라고 부른다. 문장들이 모여서 문단이나 단락을 이루는 과정에서는 명시적인 언어 기제(앞에서 언급된 일곱 가지)를 이용하게 묶어 줄 수 있으며, 그 결과를 작은 주제문(소주제)으로 포장할 수 있다. 그렇지만 단락이 하나가 수립되었다고 하여 모든 일이 끝난 것은 아니다. 이는 작은 영역 또는 미시 차원에 속하는 일이기 때문이다. 다시

---

⑬ 맥락(context),
⑭ 겹쳐 읽기(intertextuality, 서로 얽힌 텍스트 속성),
⑮ 정신 모형(mental model),
⑯ 추리하기(reasoning),
⑰ 동기 찾기(motivation),
⑱ 의도 찾기(intention),
⑲ 증거를 제시한 주장(assertion with evidence followed),
⑳ 덩잇글 기반 형성(text-base forming)
㉑ 원인 속성(causality),
㉒ 토대 마련하기(grounding)

이것들이 오직 좁다란 필자의 독서 범위에만 국한되어 찾아낸 것일 뿐이다. 이밖에도 더 많이 있을 것임에 틀림없다. 여기서 이렇게 많은 용어들이 여러 분야에서 지속적으로 쓰여 왔다는 사실 하나만으로도, 거시구조 영역을 연결하고 일정한 질서를 부여하는 일이 우리들에게 가장 중요하고도 핵심적인 주제였음을 시사받을 수 있다.

필자는 이런 거시구조의 형성 과정을 더 큰 차원에서 인간 정신 작동 방식에 대한 특성을 반영하는 것으로 이해한다. 의식적인 작용 영역(또는 인지 영역)에서 일반적인 특성은 누적되는 경험을 통하여 대상들을 나누고 부류별로 묶어 주는 일이다. 심리학에서는 이를 유형화(patterning)라고 부른다. 유형화는 다시 개인별 통찰력에 따라(또는 기존의 지식 체계에 따라) 고유한 범주를 부여받으면서 더 큰 체계를 수립하는 일을 진행하게 된다. 최소한 이런 정신 작동 방식이 구현되려면, 우리의 제3두뇌(피질)에서는 94쪽의 〈표4〉에서 제시하였듯이, 다섯 층위 이상의 영역들이 동시에 서로 맞물리면서 가동되어야 한다. 그곳의 논의를 보기 바란다.

좀 더 높은 차원에서 단락과 단락도 일관성과 통일성을 유지하면서 이어져야 하는 것이다. 이를 더 큰 영역 또는 거시 차원의 연결이라고 부를 수 있다. 중고교 국어 수업 시간에 소주제문들을 놓고서 상위 차원의 개념을 스스로 확정해 나가면서 더 큰 주제문(대주제)을 확정하는 일이 더 필요한 것이다.

그런데 거시 차원에서 문단과 문단을 이어 주는 방식은, 미시 차원과는 달리 고유한 언어 기제가 없다. 그렇다면 도대체 문단들을 어떻게 이어줄 수 있는 것일까? 이 물음에 대한 답이 몇 가지 차원에서 마련될 수 있겠지만, 궁극적으로는 우리가 늘 경험하고 장기 기억 속에 차곡차곡 챙겨 놓은 삶의 형식이나 생활 세계에 기댈 수밖에 없다. 즉, 일련의 사건 덩어리들이 개인별 가치에 따라 분류되고 범주화됨으로써, 서로 유기적으로 관련되면서 이런 관계들이 장기 기억 속에 깃들어 있다고 가정된다. 이를 미국 심리학자 킨취 교수는 '인출 구조'로 부른다. 이것이 일반적인 정신 작동 방식이라는 점에서 너무 막연해질 수 있기 때문에, 좀 더 제약을 가한 상위 차원의 연결 방식들을 여러 분야에서 논의해 왔다. 아마 가장 많이 들어봤을 개념이 '추리'나 '추론' 또는 '정당성 확보' 따위이다.

학교 수업 현장에서는 형식 단락들을 더 크게 묶은 '의미 단락의 연결'이라고도 불러왔고, 전통적인 수사학에서는 '수사학적 전개 구조'라는 말로 불러 왔다. 최근에는 언어심리학에서 '거시구조(macro-structure)'라는 말을 자주 쓴다. 일부에서는 앞의 통사 결속과 동일한 어근을 지닌 coherence(의미 연결, 개념 연결)란 용어도 쓴다. 미국 심리학 쪽에서는 똑같이 「이어 준다, 연결한다」는 하나의 기능을 하되, 적용 영역의 크기가 서로 다르므로, 각각 전자를 local coherence(지엽적 의미 연결), 후자를 global coherence(전반적 의미 연결)이라고 구별하여 부르기도 한다.24) 어떤 담화 또는 담론이든 간에, 일관되게 이어지고

---

24) '지엽적 의미 연결'에서는 구체적으로 언어 기제들을 이용하게 된다. 그렇지만 '전반적

통일성을 유지하면서 연결되어야 하는 점에서, 담화 또는 담론에 모종의 질서가 깃들도록 하기 위하여, 여러 학문들에서 줄곧 독자적으로 그런 내용과 개념을 다루어 왔다. 그러므로 서로 영향을 주고받음이 없더라도, 동일한 개념을 가리키기 위하여 서로 다른 학문 영역에서 고유하게 나름대로의 스무 개가 넘는 낱말들을 써 왔던 것이다. 설령 학문마다 서로 다른 용어들을 쓴다고 하더라도, 우리의 생태환경 속에서 서로 긴밀하거나 성글게 인간 관계를 맺으면서, 거의 공통된 지향점(또는 사회 공동체 가치)을 지니고서 언어들을 얽고 엮어서 담화를 만들어 낸다. 만일 하나의 담화가 공동체 구성원들 사이에 설득력을 지니고서 공유될 경우에는, 어느 정도 고정되어 있음을 가리키기 위하여 '담화'라는 말보다 따로 '담론'이란 용어를 쓰기도 한다.

페어클럽(Fairclough, 2003; 김지홍 뒤침, 2012) 『담화 분석 방법』(경진 출판: 225쪽)에서는 합당성 확보 전략으로 크게 언어 외적 요인에 기댄 방식 및 언어 내적 요인에 기댄 방식으로 대분하였다. 페어클럽 교수는 언어가 문장 차원을 넘어서서 더 큰 단위로 이어지는 경우를 텍스트(어원은 씨줄과 날줄이 엮이어 옷감이 되는 일)라고 불렀다. 텍스트 외적 방식에서는 다시 신화로 만들어 권위를 확보하거나 전문가를 내세워 권위를 확보하는 방식으로 나누었다. 텍스트 내적 방식에서는 다시 상대방과의 공감(울림)을 일으키는 방식을 쓰거나 도덕적 가치를 제시하여 합의하는 방식으로 나누었다. 따라서 거시구조 영역이 공동체 구성원들에게 울림을 주고 받아들이는 일을 다음과 같이 도표로 제시하였다.

의미 연결'에서는 언어 표면에 보이지 않는 심층 개념들이 작동해야 하므로, 언어 기제의 이용 유무만을 놓고 본다면, 결코 두 영역이 동일한 것이 아니다. 그런 점에서 필자는 이런 용어 사용 방식을 올바른 노선이 아니므로 따르지 않는다.

〈표2〉 거시구조에서 정당성을 확보하는 전략

텍스트 외적 정당성 추구	신화로 만듦	사건 전개와 귀결이 본디 그렇게 예정된 듯이 꾸며 제시한다
	권위 내세움	전문가의 권위나 사회적 관습을 설득 논거로 제시한다
텍스트 내적 정당성 추구	공감 불러일으킴	사건 당사자들의 의도·목표·동기를 드러내어 동의를 얻는다
	도덕적 가치 제시	인간으로서 양심과 윤리에 호소한다

동일한 측면의 거시구조 연결(또는 합당성 확보 방식)을, 논리학에서는 서술 방식을 조금 달리하여 표현한다. 흔히 「의사소통 논리」라는 영역을 새로 개척하였다고 칭송되는 툴민(Toulmin, 1958, 개정판 2003) 『*The Uses of Argument*』(케임브리지대학 출판부)에서는 거시구조를

(9) 「배경 자료 → 입론(논점 수립) → 뒷받침(입증)하기 → 주장 논지」

라는 단계로 진행되며, 이를 의사소통의 「논증 틀」로도 제시한 바 있다. 여기서 뒷받침하는(입증하는) 방식을 놓고서, 앞의 도표(〈표2〉)에 제시된 선택지들이 서로 맞물려 들어갈 수 있다.

그런데 길이와는 무관하게, 짤막한 텍스트나 장황한 텍스트도 하나의 주제 또는 몇 가지 복합 주제를 위해 일관되게 기여를 해야 한다. 이런 측면에서 본다면, 합당한 거시구조를 담고 있는 담화란, 그 담화를 생산한 사용자가 모종의 주제 쪽으로 모아가기 위하여 여러 가지 단계들을 병렬해 놓는 일과 크게 다르지 않음을 알 수 있다. 이는 일련의 덩어리 사건들이 접속되는 형식으로 병렬되다가, 다시 상위 개념으로 내포되는 일로 표현할 수 있다. 여러 가지 다양한 사건들이 연결되면서 최종적으로 하나의 보자기 속에 담기어 묶이는 것이, 곧 그 담화의 주제 또는 표현 목적이라고 말할 수 있는 것이다. 그런데 그런 주제나 목적이 언어 표현으로 명시적으로 나와 있는 경우도 있겠지만, 의도나 목적을 숨기고서 언어 표현들 속에 잠겨 있는 경우도 또한

종종 다반사로 생겨난다.

사회학 분야에서는 사람들 사이에 특정한 관계가 대화를 통해서 이뤄지고 있음에 주목하고서 그 하위 영역을 개척한 바 있다. 인간들끼리 상호작용을 하는 모습에 초점을 맞춘다고 하여 스스로 「상호작용 사회학」으로도 부르기도 한다. 일부에서는 전체 사회의 구조적 기반을 통계 따위의 도구를 다루는 거시 사회학(또는 '사회과학')에 대립시켜 스스로 「미시 사회학」이라고도 불렀다. 인간과 인간이 서로 관계를 맺는 방식은, 한결같이 동서양의 고전에서 늘 지적해 왔듯이 크게 두 가지 경로를 통해서 일어난다. 즉, 행동 및 말로써 이뤄지는 발화이다(말과 행동, 이론과 실천). 이 중에서 1970년대에서부터 서로 주고받는 말들을 분석하면서 대화의 졸가리가 어떻게 전개되는지에 초점을 모아 연구한 적이 있다. 사람들 사이에 나누는 이야기가

(10) 「시작 → 중간 → 끝」

이라는 상식적인 전개 방식을 따른다는 지적이, 대화 분석을 주도한 사회학자 색쓰(Sacks, 1972) "On the Analyzability of Stories by Children" (in Gumperz and Hymes eds., 『Directions in Sociolinguistics』, Rinehart & Winston)에서 언급되었다. 이어 사회언어학을 주도하였던 레이봅 외 (Labov·Waletzky, 1967) "Narrative Analysis: Oral Versions of Personal Experience"(in Helm ed., 『Essays on the Verbal and Visual Arts』, 워싱턴대학 출판부)와 레이봅(1972) "The Transformation of Experience in Narrative Syntax"(in his 『Language in Inner City』, 팬실베니어대학 출판부)에서는 서사 이야기 구조가 전형적으로 다음과 같이 전개된다는 사실을 밝혀내었다.

(11) 「요약된 표제 → 방향 설정 → 사건들의 갈등(꼬임) → 갈등 해결(해소) → 평가 → 마무리」

(abstract → orientation → complicating action → resolution → evaluation → coda)

이 마디들은 임의 부분이 자주 반복되거나 전체 주기가 거듭 순환된다는 특성이 있다. 이런 순환 속성을 드러내기 위하여 마름모꼴을 이용하여 다음과 같이 표시해 줄 수 있다.

(12) 이야기의 전개와 순환 방식

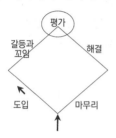

30년이 지난 시점에서도 이렇게 간단한 순환 흐름을 밝힌 가치를 재음미하는 발표도 있었다.25) 「이야기 문법」으로 불려온 이런 논의는

---

25) 쉬글롭(Schegloff, 1997), "서사 이야기 분석 이후의 30년", Paulston & Tucker, 2003, 『Sociolinguistics: The Essental Readings』(Blackwell 재수록됨)를 보기 바란다. 그런데 이런 대화 분석의 흐름은 전산언어학과 심리학에도 스며들어 대화 전개에서 중심 요소가 어떻게 전환되어 나가는지를 다루는 「중심소 추이 이론(Centering Theory)」과 이야기의 인과 연결망 모형으로도 발전해 나갔다. 각각 워커 외 엮음(Walker, Joshi and Prince, 1998), 『Centering Theory in Discourse』(Clarendon Press)와 김소영(1998) "덩이글의 문장 통합: 인과 연결망 모델의 접근", 이정모·이재호 엮음, 『인지 심리학의 제문제 II』(학지사, 255~273쪽)를 읽어 보기 바란다.
그런데 이 논의에서 쓰인 용어 coda(종결마디)를 우리말로는 쉽게 '이야기 마무리하기'로 부를 수 있다. 그렇지만 연구자들에 따라서 중심 기능을 부각시켜 주기 위하여 조금씩 다른 용어들을 써 왔다. 스텐포드 대학 심리학자 클락(Clark, 1996; 김지홍 뒤침, 2009: §.11-2) 『언어사용 밑바닥에 깔린 원리』(경진출판)에서 closing section(매듭짓는 단계)로 불렀다. 인간 관계에서 대화의 역할을 분석한 미시 사회학에서는 특별히 formulation(공식적 형태로 매듭지어 완료하기, 「매듭짓기」)로 부르기도 한다. 일부에서는 이를 summerizing(요약하기)로도 부르지만, 일반적으로 이야기에서는 요약이 필수적으로 요구되지 않는다는 점에서 적절한 용어는 아니다.
비판적 담화분석의 흐름을 이끌고 있는 페어클럽(2001 개정판; 김지홍 뒤침, 2011: §.5-9-2와 §.8-4) 『언어와 권력』(경진출판)에서는 보다 적극적으로 이를 권력을 더 많

담화의 전개 방식에 대한 논의와도 상당 부분이 겹쳐지므로, 현재 담화 영역에서 통합적으로 다 함께 다뤄지고 있다.

한편, 자연언어를 불신하는 케임브리지대학의 분석 철학 흐름에 반기를 들고서, 옥스퍼드대학의 2년 후배 그롸이스(Grice, 1913~1988) 교수와 함께 일상언어 철학의 흐름을 열어 놓은 오스틴(Austin, 1911~1960) 교수는, 항상 낱개의 단언(명제, 77쪽의 각주 29 참고)이 세 가지 층위를 동시에 담고 있음을 깨달았다. 오스틴 교수는 전통적으로 다뤄져 온 서술 단정 형식의 '단언'이, 다양하게 수많은 언어 현상들을 배제해 버리는 오류를 범하였다고 보았다. 언어 그 자체는 사실에 대하여 고정된 정물화가 아니라, 화자와 청자가 역동적으로 참여하는 전개되어 나가는 '행위(행동)'로 보아야 하는 것이다. 심지어 사실에 대한 판정(참과 거짓) 그 자체도, 또한 실천이나 수행처럼 똑같은 행위로서 어떤 사실을 주장하는 행위에 해당하는 것이다. 이를 언어 행위(Speech Act)라는 말로 부르면서, 하버드 대학 초청 강연에서 오스틴 교수는 창의적으로 새로운 주장을 하였다. 설령 실천이나 수행과 관련된 문장이라도, 그 속뜻을 파악한 대화 참여자(화자 및 청자)에 의해서 성실히 말해지고 실천된다면, 분명히 참값이 배당되어야 하고, 또한 늘 그럴 수 있다는 생각을 처음으로 개진했다.

아리스토텔레스의 『사고의 도구』를 이어받은 전통적 논리학에서는, 명령문이나 기원문이나 약속 따위가 사실을 보장해 주지 못한다는 점에서, 참값을 가질 수 없다고 여겼었다. 그렇기 때문에 당연히 단언(명제)의 범위 속에서 다뤄질 수 없는 것으로 배제되어 있었다.

이 가진 쪽에서 그렇지 않은 쪽을 통제하는 속성으로 파악하여, 이를 reformulation(입장을 정리하여 「다시 마무리하기」)로 불렀다. 페어클럽 교수는 담화 전개에서 「다시 마무리하기」의 하위 기능으로 중요하게 다음 네 가지 속성이 깃듦을 거론하였다.

ⓐ 지금까지 진행된 담화 내용에 대한 정리나 평가
ⓑ 여전히 발언권을 지닌 채 간섭하기
ⓒ 상대방에게 명백하게 반응하여 주도록 강요하기(가령, '잘 들었다!', '재밌네!' 따위)
ⓓ 이야깃거리 통제하기

그렇지만 이런 예외적인 문장들조차

「만일 성실하게 말하고 성실하게 이행(수행)한다면, 현실세계에서 완결될 수 있는 사건으로 취급되어 참값을 배당할 수 있음」

을 근거로 하여 따진다면, 충분히 진리값을 배당할 수 있으며, 당연히 그렇게 해야 하는 것이다. 당장 현재 한 시점에서의 참값만이 진리가 아니라, 보다 더 너른 범위에서 참값이 진리를 구성할 수 있기 때문에 관련된 미래 시점에서의 참값도 '성실성 조건'을 토대로 하여 확보될 수 있는 것이다.

오스틴 교수는 언어 행위가 언제나 반드시 다음 세 가지 층위로 동시에 구현된다고 보았다.

(13) 「외현된 언어 표현 → 이면에 깔려 있는 속뜻 → 그 속뜻을 온전히 실천함」
(locution → illocution → perlocution)

만일 이 층위들이 적절히 작동됨으로써 '만족 조건'이 채워진다면, 이런 상태에서 비로소 참값이 배당된다고 보았다. 흔히 이를 전통적인 진·위 판단문(constative)으로부터 새로운 수행문(performative) 차원으로의 전환이라고 부른다. 참·거짓을 따지는 단언문이나 판단문도 일관되게

(14) "나는 [____]을 주장한다"

의 수행문 표상 속에서, 꺾쇠괄호의 밑줄 부분으로 일관되게 환원되는 것이다(이른바 '묵시적 수행문'의 형식임). 그렇다면 우리는 항상 어떤 행위를 하고 있으며, 그 행위는 관련 당사자나 참여자들이 적합하게

반응해 줌으로써 항상 참값처럼 충분히 만족되고 있는 셈이다.

여기서 놓치지 말아야 할 중요한 핵심이 있다. 들리고 보이는 외현적 언어 형식이, 언제나 안 보이고 능동적으로 추측해야 할 「속뜻을 깔고 있다」는 대목이다. 여기서 이렇게 안 보이는 속뜻을 찾는 일 및 담화 전개상 전체 주제나 표현 목적을 찾는 일이 서로 상동성을 지닌 작업으로 포착될 수 있다. 이를 제대로 다루기 위해 오스틴 교수는 두 가지 개념

전제(presupposition) 및 결과론적 함의 관계(entailment, 결과적으로 빚어지는 것)

를 동시에 부각시켰었다. 전제와 결과론적 함의는 서로 다른 용어이기 때문에, 자칫 사람들에게 서로 별개의 것이라는 인상을 심어 주었다. 그렇지만 이것들이 서로 동일한 속성을 공유하고 있기 때문에, 동일한 인식 작용의 결과임을 그라이스 교수가 주장하였다. 그라이스 교수는 속뜻(implicature, 어원은 접혀 있는 안쪽에 들어 있음)이라는 용어를 써서 두 개념이 서로 공통된 속성에 근거하고 있음을 밝혔다. 즉, 이것들이 각각 수식어를 덧붙여

(15가) 언어 형식에 「관습적으로 깃든 속뜻(conventional implicature)」
(15나) 언어 사용 상황에 따라 깃드는 「대화상의 속뜻(conversational implicature)」

으로 하위 구분되는 것이다. 상황에 따라 다소 변동될 수 있겠지만, 대체로 전제는 언어 형식에 관습적으로 깃들어 있는 속뜻에 해당한다. 결과론적 함의나 결과적으로 빚어진 것(귀결된 내용)은 대화 상황에서 즉석에서 깃드는 속뜻과 대응된다. 이런 점이 제대로 부각되지 않았지만, 이는 매우 중요한 전환으로 보인다. 언어 표현에서 안 보이는 것들을 찾아내는 정신 작용(또는 능동적 추론과 인식)이 앞뒤 단계에

서 서로 다른 것이 아니라, 모두 공통되고 동일한 정신 작용임을 포착해 주기 때문이다(706쪽의 비판 참고).

그런데 그롸이스 교수는 왜 이런 생각을 했을까? 앞의 세 가지 층위에서 첫 번째 층위는 외현된 언어 형식을 그대로 근거로써 이용하기 때문에 '자의성'이 배제될 수 있다. 그렇지만 중간 층위와 마지막 층위는 어떻게 제약할 수 있을 것인가? 필자가 이해하는 한, 이 물음이 아마 그롸이스 교수가 고민했던 핵심 논제였을 것으로 본다. 그롸이스 교수는 이 물음에 대한 해답을, 서구 지성사에서 초기에서부터 고민했던 논의에서 해결책을 찾는다. 희랍 시대에 목적론적 행동(행위)을 하는 인간에게서 두 가지 동기를 상정했었다. 인간 행동(행위)의 동기로는 의지(will, willingness)를 상정했고, 생각과 말에는 의도(intention)를 상정했었다. 여기서 후자의 개념은 바로 앞의 세 층위를 작동시켜 주는 열쇠가 되는 것이다. 결국 감정이입이나 울림을 통해서 서로 말을 주고받는 당사자(대화 참여자)들은, 설령 스스로 의식하지 못하더라도, 상대방의 의도를 찾아내면서, 흥부의 마음씨를 가지고서 서로 조율해 주고 있는 것이다. 이것이 바로 그롸이스 교수가 자신이 내세운 원리를 '협동 원리'로 부르는 핵심 내용인 것이다.

여기서 안 보이는 속뜻은 다시 의도를 찾아 나가게 되는 중요한 지표임을 알 수 있고, 궁극적으로 찾아낸 의도가 흔히 중고교의 국어 수업 시간에서 다루는 '큰 주제'를 가리켜 줌을 알 수 있다. 이를 거꾸로 살펴본다면, '큰 주제' 속으로 내포될 수 있도록 하위의 여러 가지 덩어리로 묶인 사건 연결체들이 병렬되어 있는 모습으로 서술해 줄 수 있다.

한 걸음 더 나아가, 그롸이스 교수는 의지 및 의도가 각각 계몽주의 시대에 칸트에게서 「실천 이성 및 순수 이성」으로 화려하게 옷을 갈아입었지만, 결코 두 가지 이성이 있는 것이 아니라, 한 가지 동일한 이성이 서로 다른 영역에 적용된 결과일 뿐이라는 생각에 이르렀다.[26] 이런 발상의 전환은 한자 문명권에서 '돈독한 뜻(篤志)'의 정도에 따라 우리 말과 행동을 동기를 한 가지 틀로 설명하던 방식과도 우연히 일치한다(우리말에 '의지가 박약하다'는 표현이 있으므로, 또한 강약처럼 정도가 아니라 강도로도 파악할 수 있음). 서로 다른 세계에 살면서 전혀 영향을 주고받음이 없었지만, 결과적으로 스스로 내성을 통해서

---

26) 그롸이스(H. P. Grice, 1913~1988) 교수의 타계 뒤에 그의 강연 원고가 유저로 나왔다. 하나는 1991년 『가치에 대한 개념형성(*The Conception of Value*)』이고, 다른 하나는 2001년 『이성의 두 측면(*Aspects of Reason*)』이다(두 권 모두 Clarendon Press). 전자에서는 인간의 가치 체계가 언제나 오직 '죽는다는 사실'을 통찰하기 때문에, 여러 가지 선택지들이 새롭게 선후 관계로 자리 잡을 수밖에 없다고 보는 것이다. 후자에서는 영어의 접속사 and가 등위 접속의 해석뿐만 아니라 동시에 선후 사건 진행 관계로의 해석도 가능한 것이, 언어 형식 차원을 넘어선 상위의 사용 차원에서 대화 규범의 자연스런 적용에 따른 귀결임을 입증했듯이, 이런 논증 방식을 다시 이성이란 대상에 그대로 적용한 것이다. 곧, 오직 우리에게는 한 가지 이성이 있지만, 이것이 사고 영역에 적용되면 순수 이성으로 구현되고, 다시 행동 영역에 적용되면 실천 이성으로 구현된다고 본 것이다.

그런데 과연 한 가지 이성이 적용 영역이 서로 다르다고 주장하는 것만으로 모든 문제가 해결되는 것일까? 생각하고 말하는 일과 직접 행동하고 실천으로 옮기는 일이 결코 기계적으로 동일한 것은 아니다. 우리에게 익숙한 전통과 한문 문화권에서는 말과 행동이 서로 다르다는 점을 일찍부터 자각하였고, 말보다는 행동(실천)에 더 가중치를 두는 일을 줄곧 그대로 이어오고 있다. 아마 『논어』에서 스승인 공자가 낮잠을 자고 있던 제자 재여를 꾸짖는 대목에서 이런 가치관이 더욱 선명히 드러난다. 결국 생각과 말하기는 상대적으로 쉽다. 그렇지만 그 생각이나 말을 실천으로 옮기는 일은 훨씬 어려운 것이다. 『자치통감』을 보면 기원전 174년 가의(賈誼, B.C.200~B.C.168)가 한나라 문제에게 상소를 올리는 대목에서도 명시적으로 사람을 평가하는 기준을 다음처럼 내세웠다.

"사람들이 말하기를 남의 말을 듣는 길은, 반드시 관련된 그 일을 실천하는지 살펴봐야 합니다. 그러면 말만 앞세우는 이들이 감히 망녕되이 말을 하지 못합니다."
(人之言에 曰 聽言之道는 必以其事로 觀之면 則信者가 莫敢妄言하나이다)

이런 민간의 통찰을 염두에 둔다면, 설령 생각(사고)과 말(언어)을 이끌어가는 과정 및 행동이나 실천으로 이끌어가는 절차가 공통의 단계를 거치더라도, 어느 단계에서인가는 서로 다른 영역이나 부서가 있어야 함을 시사받을 수 있다.

필자는 100쪽의 〈표5〉로 제시한 부서 중에서 「재귀의식」의 세 가지 기능 중에서 두 가지가 공통되고, 나머지 하나는 서로 차이를 드러내는 속성으로 판단한다. 즉, 생각이나 의사소통 의도를 마련하는 데에는 재귀의식이 판단하고 결정하는 일만으로 충분할 것이다. 그렇지만 행동이나 실천으로까지 진행하기 위해서는 '평가' 기능이 제대로 작동해야 하는데, 남들이 자신을 평가하듯이 동일한 기준으로 자기 자신을 엄격히 평가하는 일이 곧 행동이나 실천을 보장해 주는 것이라고 본다. 과문하여, 아직 행동이나 실천의 밑바닥 동기와 생각이나 의사소통의 동기를 놓고서 어디까지 공통적이며, 어디에서 서로 달라지는지를 문제로 제기하고, 그 문제를 해결하려는 논의를 접해 보지 못하였다. 그럼에도 우리 정신 작용이 하나로 수렴되어 일관되게 작동한다면, 말과 행동 사이(또는 생각과 실천 사이)에 공통된 속성 및 차이 나는 속성을 심도 있게 탐색해야 할 것으로 굳게 믿는다. 이런 물음에 대해서 필자는 우리 머릿속 재귀의식의 기능들에서 답변을 마련되어야 할 것으로 본다.

도달한 결론이 서로 닮은꼴임을 보여 준다.

　서구에서는 희랍 문화의 영향에 따라 크게 말과 행동(또는 생각과 행동)을 대분해 왔다. 물론, '생각·말·행동'으로 삼분할 수도 있겠지만, 여기서는 편의상 양분되는 듯이 서술한다. 행위(사고 행위까지 포함하므로 내포 범위가 더 넓음)나 행동(몸이나 신체와 관련된 구체적인 동작)과 관련된 영역에서는 그 출발점을 의지(will, willingness)로 보는 경향이 있다. 그렇지만 생각이나 인식 또는 말(언어 사용)과 관련된 영역에서는 또다른 심리적 실체로서 의도(intention)를 상정해 왔다. 우리말의 용법에서는 명백히 나뉘는 것이 아니지만, 다소 불분명하게 섞이어 쓰이는 용어로서 「행위·행동·실천」을 구분해 놓는 것이 편리할 듯하다. 먼저 행위는 '사고 행위'라는 표현이 자연스럽게 쓰이므로, 추상적인 대상을 포함한 사건을 가리킬 수 있음을 알 수 있다. 반면에 행동은 동작을 일으키다는 뜻을 머금고 있으며, 「행동 거지」라는 표현이 행동의 시작점(擧)과 끝점(止)을 가리키며, 이는 그 행동이 반드시 관찰 가능하다는 전제 위에서만 성립하는 것이므로, 외부에서 관찰 가능한 구체적인 신체 행동을 가리켜 줄 수 있다(물론 '행동 지침'이란 이음말이 드러내는 개념이 그 자체로 추상적이므로, 필자의 이런 뜻잡이를 무력하게 만듦도 깨닫고 있음). 그런데 추상적·구체적 구분뿐만 아니라, 개별적·사회적 구분도 다시 도입될 필요가 있다. 이를 위하여 행동은 각 개인의 개별적 사건을 가리킬 수 있고, 실천은 이미 행동 경로가 주어져 있다는 측면에서 사회적으로 관습화된 행동 방식을 가리킬 수 있다. 아직 학계에서 이런 문제 의식이 정식적으로 제기되지는 않은 듯하지만, 인문학의 물음들을 다루려면 반드시 해결해야 할 몇 단계의 논제들이다. 「행위·행동·실천」을 구분해 주더라도 이것으로 끝이 아니다. 다시 이것들을 포괄하는 상의어를 상정해야 하는데, 그럴 경우에 새로운 낱말을 쓰기보다 추상적 사건까지 포함할 수 있는 '행위'를 채택할 수 있을 듯하다. 물론 이는 중의적 사용 때문에 혼란이 촉발될 우려를 포함하고 있다. 이러한 필자의 구분 방식에도 아랑곳하지 않고, 필자가 무의식적으로 이런 구분을 스스로 무너뜨리고 있는 대목들도 있을 듯한데, 필자가 '행위'를 상의어로 상정하고 있기 때문이다.

희랍에서는 또한 우리 인간 자신이 적어도 몇 가지 복합 영역으로 이뤄져 있다고 여겼었는데, 흔히 삼분 영역이 대표적이다. 소략하게 우리나라 초등학교에 걸려 있는 지·덕·체(지식·실천·신체)가 그런 생각을 반영해 준다. 인간의 신체가 미리 전제되어 있어야만, 생각을 하든지 남과의 관계를 실천해 나가든지 비로소 가능해진다. 그렇다면 '체+지'와 '체+덕'이 다시 한 덩이로 되어 양분될 수 있다. 신체 속의 지식을 작동시키는 것을 '의도'로 보고, 신체가 흥부의 마음을 지니고서 남과 선한 관계를 맺을 때 그 관계를 작동시키는 실체를 '의지'로 보았던 것이다(희랍 시절에 '덕'의 문제는 개인에게서 빼어난 능력[탁월함]도 포함하므로 인간 관계의 개념이 더 조정될 필요가 있음). 이것이 계몽주의 시대에 칸트에게서 각각 「실천 이성 및 순수 이성」이란 용어로 새롭게 단장되어, 마치 그런 두 종류의 심리적 실체가 있다는 인상을 주기에 이르렀다. 그렇지만 그라이스 교수에게서는 우리의 마음 작용이 두 갈래가 아니라, 오직 통일된 하나의 마음 작용이라는 생각에 이르렀던 것이다. 이는 어원을 잘 알 수는 없지만 우리말에서 '뜻'이라는 낱말이 통합적이면서도 중의적으로 쓰일 수 있는 특성과도 닮아 있다. 이 점 또한 의도와 의지를 아울러 싸잡는 기능으로서, 우연히 우리말의 특장이 부각될 수 있는 계기가 될 수 있다.

그렇지만 왜 언어를 다루면서 갑자기 엉뚱하게 '의도'(의사소통 의도)를 언급해야 할까? 여기서 바로 언어 차원을 떠나서, 언어의 상위 차원에서 언어 사용을 이끌어가는 실체를 탐색할 경우에, 그 초점은 자연스럽게 텍스트 차원과 담화 차원과 담론 차원으로 이동하게 된다. '실들을 서로 짜얽다'는 어원을 지닌 텍스트는, 날줄과 씨줄로 언어 표현들이 짜얽히는 측면을 비유적으로 잘 나타내 준다. 만일 옷감(textile)이 완성되었을 경우에, 이는 더 이상 실이라고 불리지도 않고, 그 범주가 고작 실에 머무를 수도 없다(새로운 차원에서 새로운 대상이 탄생하였음).

새롭게 매우 다양한 모습의 옷을 만드는 재료(옷감)로서 탄생하였고, 새로운 차원의 「기본 단위」가 생긴 것이다. 그럼에도 불구하고, 언어와 텍스트 사이에 언어 형식들이 공통적이기 때문에, 우리에게는 조금도 「새로운 차원의 대상이 생겨났다」고 느껴지지 않는 것일 뿐이다. 그렇지만 옷감은 자족적인 것이 아니라, 오직 옷을 만들기 위한 재료로서 새로운 삶이 시작된 것일 뿐이다. 이것이 자신의 후기 철학에서 뷧건슈타인(Wittgenstein, 1889~1951)이 사용 맥락을 보도록 권고한 본뜻일 것이다. 간단히 말하여, 언어를 다루는 철학자들은 자신의 통찰력으로써 안 보이는 것을 어떻게 추적하며, 어떤 단계들을 통해 알아낼 수 있을지를 설명해 놓고자 노력했었음을 알 수 있다.

제3장 언어심리학 쪽에서의 접근

　참스키 교수의 인지 혁명의 영향으로 말미암아 심리학(또는 조금 더 넓혀서 인지과학)에서도 행동주의 심리학로부터 인지주의 심리학으로 방향을 전환한 뒤에, 언어라는 도구를 이용하여 의사소통을 하는 과정에서, 우리의 머릿속에서 무슨 일이 어떻게 일어나는지를 놓고서 중요한 주제로 다루어 왔다. 흔히 이를 '언어심리학'이라고 부른다. 정상적인 어른을 대상으로 할 경우에는 크게 언어 산출 과정과[27) 언

---

27) 언어 산출 과정에 대한 종합적인 논의는 김지홍(2015) 『언어 산출 과정에 대한 학제적 접근』(경진출판)을 참고할 수 있다. 전형적으로 산출의 첫 단계는 의사소통 상황에서 누구에게 무엇을 말할지에 대하여 판단하고 결정하는 과정이며, 이에 이어 의사소통 의도가 마련된다. 여기서 우연히 정담을 나누거나 잡담을 할 경우와 의도적으로 일관된 이야기를 할 경우가 크게 구분되어야 할 것이다. 어떤 경우이든지 간에, 임의의 사건을 표현하기 위한 서술 관점을 결정하면서 아울러 관련된 언어 표현을 선택해야 한다. 언어 산출 과정은 비단 임의의 언어 표현을 입밖으로 내보내는 것으로만 끝나지 않는다. 반드시 상대방 청자로부터의 반응을 관찰하고 평가하여, 본디 화자 자신의 의도에 맞는지(수렴하는지) 여부를 확인하고 다음 단계로 넘어가야 한다. 이런 과정이 순환되면서 여러 정보들이 복잡하게 맞물려 들어간다.

　여기에서는 의사소통 의도들이 모든 발화를 뭉뚱그릴 수 있는 포괄적 지위를 점유하고 있으므로, 내포 구성을 이루는 것으로 말할 수 있다. 그렇지만 머릿속에서 일어나는 산출 과정은 오직 내성(내관)에 의해서, 그리고 오직 말실수를 교정한 부분적 자료에

어 처리 과정이 주요한 분야이며, 이에 더하여 언어 습득 및 언어 병리가 부차 분야이다.

여기서는 필자에게 익숙한 미국 심리학자 킨취(Kintsch) 교수의 업적을 중심으로 하여, 이해의 과정(일부 심리학자들은 컴퓨터 용어인 '처리' processing을 더 선호함)이 어떤 단계를 거쳐서 일어나는지를 서술해 놓기로 한다.28) 선결 문제로서 우선 언어 이해의 과정을 다루기 위하여

의해서 해당 단계의 유무와 사실 여부가 확정될 수 있을 뿐이다. 곧바로 어떤 주장을 내세우고, 그 주장에 대한 실증 자료를 제시할 수 없다는 점이 큰 한계이다. 그 대신에 산출 과정에 필수적인 단계들을 놓고서 큰 그림을 상정할 수는 있다. 계속 반복 순환되는 주기 속에서 하나의 주기가

    ㉠ 전-전두엽에 위치한 작업기억에서 '판단·결정 과정'이 일어난 뒤에,
    ㉡ 스스로 의사소통 의도가 분명해진다면(의사소통 의도 수립),
    ㉢ 이어서 한 사건을 서술해 주는 서술 관점을 선택하고(책임질 주체 밝혀 놓기 여부),
    ㉣ 적절한 언어 표현(직접 표현, 간접 표현, 비유 표현)을 구성하여 입밖으로 내보낸 다음,
    ㉤ 즉석에서 상대방의 반응을 관찰하고 본디 의도에 맞는지를 다시 판정하고 나서,
    ㉥ 계속 의사소통을 이어나갈지 새로운 주제로 전환해야 할지를 결정한다.

는 정도까지 말할 수 있을 따름이다. 아직 두뇌를 들여다보는 현재의 기술 수준(기능성 MRI, 양전자 방출 단층 촬영 PET 따위)에서도 여전히 낱개 신경 사이의 물질 정보 교환을 찾아낼 수 없으므로, 신경생리학적 정보조차 일단 전체적으로 모아진 결과들을 해석해 내는 수준에 머물러 있다. 즉, 간접 증거에 다시 간접적인 추정으로 이어져야 하는 것이다. 이런 현실적 어려움이 가중되기 때문에, 복합 구문의 산출에 대해서는 아무도 일언반구 언급해 놓은 것도 없고, 현 단계에서는 언급할 수 있는 부분조차 없다.

두뇌의 작용을 연구하는 일부 연구자들은 우리가 스스로 의식할 수 있는(재귀적 의식으로 불림) 영역보다 오히려 무의식적으로 작용하는 영역(제1뇌와 제2뇌)에서 더 먼저 결정이 일어나고 나서 곧 이어 스스로 의식할 수 있는 영역(제3뇌, 대뇌)으로 정보가 늦게 전달된다고 주장한다. 공포를 느끼는 영역을 연구해 온 르두(LeDoux, 2002; 강봉균 뒤침, 2005)『시냅스와 자아』(소소)에서는 다음과 같이 비유를 들었다. 가령, 우리가 숲속에서 곰을 마주쳤을 때 무의식적인 신체 반응이 먼저 작동하여 무의식적으로 도망을 치게 된다. 그러다가 조금 뒤에 그 정보가 일부 우리의 의식계로 들어오게 되면, 자신이 무슨 일을 당해서 어떻게 반응하고 있었는지를 스스로 깨닫게 된다. 일정한 시간 간격을 두고 무의식적 반응을 불러일으킨 자극이 다시 의식계로 재순환하여 들어 온다는 것이다.

현재 적절한 기술과 탐침 도구들의 잘 갖춰져 있지 않으므로, 무의식(잠재의식)에 있는 작용들을 명시적으로 밝혀내기에는 시기상조일 것이다. 그렇지만 적어도 기억의 실체를 놓고서 무의식적으로 작용하는 기억 및 의식적으로(재귀적으로) 작용하는 기억이 둘 모두 필요함을 누구나 다 인정하고 있다(이 책의 각주 32, 33, 41, 113, 139를 같이 읽어 보기 바람). 백질(white matter)로 된 무의식 영역과 회백질(grey matter)로 된 의식 영역이 서로 주종 관계도 아니지만, 그렇다고 따로 무관한 별개의 영역도 아니다. 먼 미래의 시점에나 가능하겠지만, 각자 고유하면서도 연접부(synapse)를 통해서 서로 긴밀히 관계를 맺는 방식들도 잘 밝혀져야 할 것이다.

28) 심리학 분야에서 언어 산출 과정에서 정상 지위의 학자는 화란(왕립학술원 원장)의

머릿속에서 작동하는 최소 단위를 결정해야 한다. 이른바 아리스토텔레스의 『사고 도구』에서 규정한 '단언(proposition)'[29]이 최소 단위이다. 주어와 술어가 결합된 이 형식은, 실제로 우리 현실세계에서 낱개의 사건과 대응할 수 있다(더 엄격히 말한다면, 결코 일치하지는 않더라도 결과적으로 대응될 가능성이 있음). 단언 또는 문장들의 연결은 또한, 일련의 사건들이 병렬적으로든지 벌려지든 계기적으로 이어져 있든지, 덩어리로 묶일 수 있는 사건들이 일어났음을 표상해 주는 것이다. 언어학에서나 언어 철학에서나 단언(명제)이 곧장 문장이라고 말하지는 않는다.

르펠트(W. Levelt, 1938~) 교수가 있고, 언어 이해 과정에서는 미국 콜로라도 대학의 킨취(W. Kintsch, 1932~) 교수가 있다. 또한 언어 사용에 대한 전반적인 논의로는 스텐포드 대학 클락(H. Clark, 1940~) 교수가 있다. 우연히 한국연구재단에서 학술명저 번역 총서 속에 르펠트 교수와 킨취 교수의 저작들에 대한 공모가 있었는데, 필자가 그런 기회를 얻을 수 있었다. 이 과정에서 개인적으로 심리학에 대한 이해를 더 넓히고 심화시킬 수 있었다. 르펠트(1989; 김지홍 뒤침, 2008)『말하기: 그 의도에서 조음까지 1, 2』(나남)와 킨취(1998; 김지홍·문선모 뒤침, 2010)『이해: 인지 패러다임 1, 2』(나남)를 보기 바란다. 또한 국배판으로 680쪽이나 되는 클락(1996; 김지홍 뒤침, 2009)『언어 사용 밑바닥에 깔린 원리』(경진출판)에서도 독창적인 생각들을 배울 수 있다. 필자는 이 책에서 클락의 착상들을 자주 인용하여 복합 구문의 해석에 적용하였다.

29) 아리스토텔레스의 착상에 대해서는 774쪽의 각주 151도 함께 읽어 보기 바란다. proposition(참·거짓을 따질 수 있는 단정문 형식의 최소 단위)을 일본의 개화기에 서주(西周, 니시 아마네)라는 화란 유학생이 명령문으로 된 표제를 뜻하는 '명제'로 잘못 번역했다. 참·거짓을 서술하고 단정해 주는 최소 언어 형식이므로, '단언'이나 '단정문'으로 번역되어야 옳다. 이런 착상을 제대로 이해하지 못한 상태에서, 당시 일본에서 '군대 명령' 형식이 매우 간단하고 명료함에 꽂혀서, 아마 '명령문 형식의 표제'를 줄여서 '명제'라는 낱말을 만들었을 듯하다. 그렇지만 서술 단정문의 형식을 띠고 주어와 술어가 갖춰져 있어야 하므로 이는 잘못이다.

필자는 현대 사상사에서 2년 선배 뤄쓸(Russell) 교수과 함께 케임브리지대학에 퍼져 있던 신-관념론을 비판하면서 새롭게 분석철학이란 영역을 개척한 무어(Moore, 1953; 김지홍 뒤침, 2019: 10~11쪽 및 626쪽)『철학에서 중요한 몇 가지 문제』(경진출판)에서 '역주'로 자세하게 비판해 두었다. 철학 분야에서뿐만 아니라 일반 학계에서 한자어 번역들이 많다. 그렇지만 매우 생경하고 옳지 않은 한자 용어들을 아무런 비판 없이 맹종하는 경우를 종종 본다. 아마 한자를 제대로 새길 수 없기 때문에 그럴 수도 있다. 그렇지만 잘못된 일본인의 조어들을 그대로 인습하거나 답습한다면, 더 이상 우리 문화 속에 그런 영역이 뿌리를 내릴 수 없을 것이다. 용어 선택에서 더 쉬운 우리말로 재빨리 연상을 할 수 있도록 하는 일이 중요하고도 필요하다. 가령, family resemblance (약한 의미의 유사성)를 축자적으로 번역하여 우리말로 '가족 상사성, 가족끼리 유사성'으로 써 본들, 「미약한 정도이나마 유사성을 포착하여 하나로 묶을 수 있음」을 뜻하는 본디 의도를 잘 드러낼 수가 없다. 무어 교수의 책 번역에서는 필자의 역량이 미치는 범위 속에서 3백 개가 넘는 역주들을 통해서, 그 책 본문에 나오는 용어들을 쉽게 우리말답게 어떻게 고쳐 놓을 수 있는지, 그 근거들을 자세히 적어 두었다.

대신 '절과 유사한 단위(clause-like unit)'라고 규정한다. 이는 전형적으로 '절'이 다수이겠으나, 그렇지 않은 경우까지도 포괄하기 위한 조치이다. 이 책에서 다루게 되는 복합 구문이 언제나 절들을 포함하고 있으므로, 적어도 둘 이상의 단언(명제)이 들어 있는 셈이다.

만일 머릿속에서 이해에 관계되는 최소 단위를 '절' 또는 '단언'으로 확정하였다면, 이제 이것들이 어떻게 누적되고 이어져 나가는지를 다루어야 한다. 단순한 초등 산수에서는 자연수를 대상으로 하여 덧셈과 뺄셈과 곱셈과 나눗셈으로 새로운 숫자를 계산해 나간다. 이해의 과정에서도 절 또는 단언을 대상으로 하여 비슷한 방식의 연산을 해 나간다.30) 이때 '연산(compute)'은 '계산(calculate)'과 다르다. 연산이 충분조건만 고려하는 데 반해서, 계산은 충분조건과 필요조건을 동시에 만족시켜 주어야 한다.31) 그렇다면 계산은 연산의 특수한 경우에 다름 아니다. 연산은 더 쉽게 「입력과 출력으로 이루어진 흐름도」라고

---

30) 자연언어 자료를 느슨하게 기호 논리학의 연산 방식으로 바꾸는 방식에 대한 자세한 사례들은 터너 외(Turner·Greene, 1977; 문선모 뒤침, 1996) 『교재(text)의 명제 분석 요강』(문음사)을 읽어 보기 바란다. 그리고 미시구조로부터 점차 거시구조로 진행해 나가는 과정에 대해서는 킨취 교수와 텍스트 이해 전략을 놓고 공저를 내었던 화란 언어학자 폰대익(van Dijk, 1980; 서종훈 뒤침, 2017) 『거시구조』(경진출판)로부터 구체적인 방식과 자세한 사례들을 읽을 수 있다. 현재 언어학에서는 낱개의 절이 핵어(head)의 투영에 의해서 논항들이 구현되어야 한다고 보며, 각 논항마다 의미역 또는 관계 역할들이 배당되어야 한다고 가정한다. 이것이 기계적으로 이뤄지는지, 어떤 재조정 과정이 매개되어 있는지도 새로운 논의거리가 되겠지만, 단순할수록 실천하기가 쉽다는 점에서 전자 쪽을 지향하는 경우가 흔하다.

31) 자연언어에서 '충분'은 다른 속뜻이 깃들기 때문에, 수학에서 정의하는 방식과 일치하지 않음에 유의하기 바란다. 가장 손쉬운 본보기는, 음과 양의 정수를 다룰 경우에 '$x^2=4$'에서 $\{\pm 2\}$가 해이다. 여기서 이것들 중 어느 하나만 가리킬 경우에 '충분조건을 만족한다'고 말한다. 필요조건은 반드시 둘 모두 다 가리켜야 한다. 따라서 모든 충분조건들을 다 모아 놓아야 필요조건을 만족시키는 것임을 알 수 있다.

자연언어에서는 필요한 한도를 넘는 양을 가리킬 적에 충분하다고 말하기 일쑤이다. 곧, '충분하다'는 말이 어떤 기준보다 넘치는 경우나 남아도는 경우를 의미할 수 있다. 이는 수학적 정의 방식과 아주 다르게 쓰이고 있으며, 심하게 혼란을 일으키는 근원이다. 이를 조정하기 위하여, 다음처럼 서술해 줄 수 있다. 수학에서는 어지간한 조건이라도 어떤 문제를 해결하기에 한 가지 충분한 조건이 된다(충분조건을 만족시키는 해). 그렇지만 어떤 문제를 해결하는 데에 남김없이 모든 조건들을 완벽히 다 모아 놓는 일이 요구된다. 바로 이것이 수학에서 말하는 필요조건인 것이다(필요조건을 만족시키는 해).

말할 수 있다. 이런 흐름 위에서 충분조건만을 통하여 자기 유사성을 무한하게 구현하는 실재로서 최근 새롭게 '망델브로(Mandelbrot)' 집합 또는 기하학적 프랙탈 구조도 등장하게 되었다.

필요·충분조건을 모두 다 고려하는 논리체계는 뤄쓸(Russell, 1937 제2판) 『*The Principles of Mathematics*』(Norton)에서 수학과 관련된 모든 내용을 '공리계'라는 하나의 체계를 통해 연역해 내고자 하면서 그 연역 도출 관계를 가능하게 만들었던 「형식 함의」 관계와 동일한 것이다(그곳에서 인간의 인식 능력으로는 '물질 함의'를 다룰 수 없고, 오직 '형식 함의'만 다룰 수 있을 뿐이라고 전제하였고, 이를 명시적으로 'if~ then' 으로 표현하였음. 163쪽의 각주 46을 보기 바람). 이 용어가 미국 프린스턴 대학의 수학자들에 의해서 연산 관계(compute)란 용어로 표현되었고, 역사적으로 우연히 전산 기계(computer)의 보급에 따라 이를 만들어 낸 낱말로서 compute(연산)란 용어가 보편화되기에 이르렀다.

그런데 1980년대에 들어서면서부터 인간의 정신 작동을 모의하려면 한 방향의 단선적인 연산 작용만으로는 설명하기 힘들고, 대신 동시에 여러 영역들에서 그러한 연산 작용이 일어나면서 필요할 경우에 서로 새로운 연결이 이뤄진다는 가정이 생겨났다. 이른바 병렬 분산 처리(PDP)인데, 흔히 '연결주의' 가정으로 불린다(87쪽의 각주 35를 보기 바람). 킨취 교수는 이런 연산 관계가 우리 머릿속에서 단순히 일직 선으로만 일어나지 않고, 여러 차원에서 다중적으로 일어난다는 연결주의(병렬 처리 과정) 가정을 받아들인다. 마치 그물의 한 교점이 다른 교점과 줄로 연결되어서 펼쳐져 나가듯이, 일단 하나의 단언(명제)이 만든 교점과 다른 단언(명제)이 만든 교점 사이에 연결이 이뤄진 다음에, 추가 누적되는 정보에 의해서 그 연결이 더욱 강화되어 나가든지, 아니면 그대로 있다가 지워지기도 한다고 보았다. 이런 그물 짜임의 모습을 자신의 용어로서 '제약 만족 과정(constrain-satisfaction)'이라고 불렀다.

임의의 이해 과정이 일어나기 위해서는, 주어진 제약을 만족(충족)시켜야, 다음 단계의 이해로 진행해 나가게 된다. 다음 단계에서는 연결 강도가 높은 것들을 모아 놓고서 새롭게 미시구조를 형성해 나가게 된다. 이는 전통적인 교실 수업에서 임의의 해설이나 논설류의 글을 놓고 작은 단락들을 묶고 소주제를 만들어 내는 일에 해당한다. 또한 점차 여러 가지 미시구조들을 모아 다시 더 큰 구조를 만들어야 하겠는데, 다음에 이르게 될 단계를 거시구조의 형성이라고 부른다. 이는 소주제들을 묶고서 전체 덩잇글의 대주제를 수립하는 일에 해당한다.

임의의 자연언어 자료를 단언(명제) 형식으로 재분석하고 나서, 미시구조와 거시구조를 만들어 나갈 수 있는 상위 차원의 정신 작용을, 킨취 교수는 간단히 '추론(inference)'이라고 불렀다. 추론은 두 가지 서로 다른 방향의 작업을 의미한다. 먼저 단언(명제)들을 놓고서 반복되거나 연관성이 작은 정보들을 덜어내는 측면이 일어난다(information reduction). 그렇지만 더 이상 덜어낼 정보가 없을 경우에는, 남아 있는 단언(명제)들을 놓고서 새롭게 정보를 추가하면서 새롭게 한 가지 상위 개념이나 새로운 단언으로 포괄해 주어야 한다(information accretion). 이는 결코 기계적으로 일어나는 것이 아니다. 이해 주체의 배경 지식에 따라서 그 효율성도 달라지므로, 개인 간의 차이가 생기게 마련이다. 미시구조들을 한데 모아 놓는 이런 과정을 거쳐서, 다시 이것들을 새롭게 거시구조로 통합하고 난 뒤에 얻어진 결과물을 '텍스트 기반(text-base)'이라고 부른다.

이러한 일련의 단계를 거쳐서 어떤 덩잇글 또는 텍스트에 대한 토대가 해석 주체에 의해서 능동적으로 재구성된다면, 이제 이것을 우리의 기억 속으로 저장하는 일이 남아 있다. 이는 이미 이해 주체의 머릿속에 감각정보들로 이뤄진 내용을 인출하여 텍스트 기반에 덧붙여 놓는 일을 포함한다. 이미 얻어진 거시구조의 단언(명제)으로 이뤄진 정보 및 새로 불러들인 관련될 만한 감각 정보들을 적합하게 배합해 놓은 결과물을 '상황 모형'이라고 불렀다. 다시 말하여, 이는 임의의 텍스트 또는 덩잇글이 표상해 주는 전체 내용을 「이해 주체의 시각대로 재구성해 놓은 것」이다. 이 상황 모형은 이해 주체의 배경 지식이 얼마나 그리고 어떻게 구축되어 있는지에 따라서, 아주 성글게 만들어질 수도 있고, 아니면 새로운 정보까지 추가되어 더욱 조밀하게 재구성될 수도 있다(이해 능력의 차이가 생겨남).

이 상황 모형이 바로 대뇌 피질에 '인출 구조(retrieval structures)'로서 기억하게 되는 실체이다. 이때 상황 모형을 수립하는 일이 단숨에 한번에 다 끝나는 것이 아니다. 지속적으로 반복 순환되면서 작업기억 속에서 관련된 정보들이 점차 누적되어 나감에 따라, 더욱 상황 모형이 정교하게 가다듬어질 것이다. 인출 구조들이 여러 분야에서 만들어지고, 서로 간에 유기적인 짜임새를 새로 얽어가는 일이 이른바 '지식 체계'를 구축하는 일이다. 어느 나라에서나 학교 교육을 교육을 통하여 연역적인 방식으로 그런 지식 체계 및 관련된 세계관을 공적으로 교육해 주고 있다. 그런데 특정한 분야에서 관련된 인출 구조들을 일관되게 잘 수립해 놓은 경우를 '전문가'라고 부른다. 일부에서는 이를 '지식 구조'라고도 부른다. 우리의 경험이 더 넓어지고 깊어짐에 따라서 또한 다양한 분야에 대하여 이러한 인출 구조들을 잘 얽어서 통일되게 수립해 놓을 경우에, 주위로부터 능력 있는 사람으로 평가받을 것이다. 이는 학습을 통해 훈련될 수 있으며, 제3두뇌에 있는 장기기억의 일부를 신속히 이해를 요구하는 일에 대응할 수 있도록 작업기억으로 전환하여 만들어 두는 일(이를 따로 '장기 작업기억'으로 부름)도 필요하다고 본다.

1960년대에서부터 본격화된 인간 기억의 유형에 대한 연구는 상당한 정도의 성과를 얻으면서 발전해 오고 있다.[32] 작업기억이란 배들

---

32) 기억 연구의 아버지로 기려지는 두 분이 있다. 독일 심리학자 에빙하우스(Ebbinghaus, 1850~1909)와 영국 심리학자 바아틀릿(Bartlett, 1886~1969)인데, 서로 다른 기억 방식을 주장한 바 있다. 에빙하우스는 자극과 반응이 반복되면서 내재화되는 과정을 「자유 연상 기억」이라고 불렀다. 그렇지만 바아틀릿은 이에 반발하여 기존에 갖고 있는 짜여진 기억 자산을 바탕으로 덧붙여 나가는 「재구성 기억」이 머릿속에서 역동적으로 일어난다고 주장하였다. 킨취 교수의 서문을 붙여 재간행된 바아틀릿(1932, 1995 재간) 『역

리(Baddeley, 1986)『작업기억』(옥스퍼드대학 출판부)에서 1960년대에 확정된 단기기억의 기능을 중심으로 새롭게 붙인 것이다.[33] 그런데 이런

동적으로 기억하는 일(*Remembering*)』(케임브리지대학 출판부)을 읽어보기 바란다. 왜 memory(기억)이란 낱말을 쓰지 않았을까? 기억은 강화되기도 하고 희미해지기도 한다. 이런 역동적 측면을 가리키려면 고정적인 기억을 함의하는 memory는 더 이상 적합하지 않다. 대신 새롭게 remember를 중심으로 하여 이를 명사로 만들어 놓을 것이다(접사 -ing는 기억하는 과정을 가리킬 수 있는데, 795쪽의 각주 156에 있는 〈표16〉을 참고하기 바람).

필자는 아마 무의식적인 자율 신경계는 「자유연상 기억」에 의존하겠지만, 의식적으로 인출하는 기억들은 「재구성 기억」으로 설명해야 옳을 것으로 본다. 우리 인간을 기준으로 하여 세 겹 두뇌의 가정에 따라(MacLean, 1990, 『세 겹 두뇌의 진화: 2백만 년 전 대뇌 기능들에서의 역할(*The Triune Brain in Evolution: Role in Paleocerebral Functions*)』, Plenum Press), 제1뇌와 제2뇌에서는 자유 연상 기억의 형태로 기억이 일어날 수 있겠지만, 우리가 스스로 내성하여 느낄 수 있는 제3뇌에서는 아마도 재구성 기억을 이용할 것으로 보인다.

인간이 활용하는 기억의 유형들이 아주 많다. 그렇기 때문에 이를 흔히 「다중 기억 이론」으로 부른다. 우리가 아무런 값도 치르지 않은 채 공짜로 이용하는 기억의 유형들에 대해서는 최초로 앳킨슨 외(Atkinson and Schiffrin, 1968), "Human Memory: A Proposed System and its Control Precesses", in Spence and Spence eds., *The Psychology of Learning and Memory*』(Academic Press)에서 「다중 기억 이론」이 제안된 뒤에, 연산주의를 구현하려는 단원체 가설과 더불어 지금까지도 가장 설득력 있는 가정으로 수용되고 있다. 현재는 주요한 것으로서 「작업기억·장기기억·영구기억·감각기억·생생한 기억」 등 여러 종류의 하위 기억들이 다뤄져 오고 있다.

그런데 1980년대 중반에서부터 크게 부각되고 있는 기억 부서가, 여러 가지 외부자극들을 붙들고 처리하고 결정하는 두뇌 부서(가령, 컴퓨터의 중앙연산 처리 장치 CPU에 비견되는 부서)의 존재 여부에 물음이 꾸준히 추구되어 왔다. 현재 지식으로는 그런 부서가 우리 눈두덩 위쪽의 이마 부분 안쪽인 전-전두 피질(전-전두엽)에 있는 작업기억(working memory)이라고 추정하고 있다. 애초에 이는 정보 처리를 위한 임시저장고(buffer, 완충부서)에서 단기기억(short-term memory)으로도 불렸었다. 그러다가 언어 처리와 감각 처리의 기능을 고려하면서 과감하게 영국 심리학자 배들리(Baddeley, 1986) 『*Working Memory*』(옥스퍼드대학 출판부)에서 「작업기억」으로 이름을 바꿔 불렀는데, 지금도 그의 용어를 따라 쓰고 있다. 그렇지만 필자의 주위에서 두뇌에 관한 신경생리학 전공자로부터 '작업기억' 그 자체가 하나의 가설에 불과하다고 매도하는 의견을 들은 바 있다. 계속 새로운 사실들이 밝혀지는 신경생리학 분야의 눈부신 발전에 따라서 이런 반대 의견이 사실이 될 수도 있을 것이다.

한편, 캐나다 토론토 대학의 털빙(E. Tulving, 1927~) 교수는 우리가 이용하는 기억들을 새롭게 '서술 지식 기억'(명시적 기억)과 '절차 지식 기억'(암묵적 기억)으로 나누고, 다시 서술 지식 기억을 '구체적 사건 기억(episodic memory)'('일화'는 빼어 버려도 될 만큼 시시한 이야기를 가리키므로, 부정확한 번역 용어임)과 '일반화된 의미 기억(semantic memory)'으로 나눈 바 있다. 최근에는 다시 그 기능에 초점을 모아 구체적 사건 기억과 일반화된 의미 기억을 각각 「뒤를 돌아보는 기억」과 「앞날 내다보는 기억」으로도 불렀다. 흥미로운 사실은 '뒤를 돌아보는 기억'을 지니고 있는 존재에게만 「시간」 개념이 생겨난다는 것인데, 그렇지 않을 경우에는 오직 현재의 시간 속에서만 살아갈 뿐이다.

인출 구조들의 폭과 너비가 계속 확장됨에 따라 이를 저장할 수 있어야 하기 때문에, 에릭슨·킨취(Ericsson and Kintsch, 1995) "Long-term Working Memory"(『*Psychological Review*』 제102권 2호: 211~245쪽)에서는 개인별로 편차가 상당히 다를 수 있는 「장기 작업기억」이 틀림없이 제3의 뇌에 자리잡고 있어야 한다고 주장하였다. 더 나아가 이런 인출 구조들이 여러 가지 분야에서 다양하게 들어오게 되고, 이것들을 대상으로 하여 다시 상위 차원의 질서가 부여되어야 하는데, 이는 점차적으로 해석 주체가 자신의 생태 환경에 대한 전체 세계 모형을 형성하는 일로 수렴될 것이다.

이제 이를 간단하게 다음과 같이 표로 정리할 수 있겠는데, 마지막 단계에서 일어나는 일이 이해의 대상이 되는 텍스트 또는 덩잇글을

---

33) 배들리(Baddeley, 1986) 『*Working Memory*』(옥스퍼드대학 출판부)에서는 작업기억을 상정하면서 매우 검소하게 두 가지 부문만을 다루었다. 감각을 처리하는 부서와 언어를 처리하는 부서이다. 그렇지만 작업기억에 대한 연구들이 20년 넘게 발전된 결과를 재평가하면서, 그 역할을 더 확대하여 배들리(2007) 『작업기억·사고·일련의 행동 (*Working Memory, Thought, and Action*)』(옥스퍼드대학 출판부)에서는 사고와 행동까지도 작업기억의 소관 사항으로 다루고 있다. 뿐만 아니라, 인간의 기억에서 매우 중요한 「구체적 사건들에 대한 기억(episodic memory)」이 인간의 사고와 행동을 일으키고 결정하는 데에도 많은 몫을 맡고 있다고 보았다. 배들리 외 엮음(Baddeley, Conway and Agglleton, 2002) 『*Episodic Memory: New Directions in Research*』(옥스퍼드대학 출판부)을 보기 바란다.

그렇지만 아직도 기억의 연구에서는 신경생리학적 기반과 그 작용 사이에 연관성을 명확히 밝혀내지 못하고 있다. 특히 노벨상 수상자들 사이에서도 인신 공격에 가까울 만큼 공방을 벌이면서 실체적 진실에 접근하려고 노력하고 있다. 가령, 「환원주의」를 추구하여 기억을 뉴런 사이에 새로운 연접부를 형성하며 장기강화(LTP)로 보는 크뤽 (F. Crick, 1916~2004) 교수와 캔들(E. Kandel, 1929~) 교수가 있다. 크뤽(1994; 김동광 뒤침, 2015) 『놀라운 가설』(궁리출판)과 캔들(2007; 전대호 뒤침, 2009) 『기억을 찾아서』 (랜덤하우스 코리아)를 보기 바란다. 특히 장기강화에 대해서는 르두(2002; 강봉균 뒤침, 2005: 240~274쪽) 『시냅스와 자아』(소소)에서 자세히 읽을 수 있다.

이와는 달리 뉴런들이 우선 군집을 이루고 나서 군집들끼리 다시 서로 연결되어 있는 상태에서 양 군집 사이에 정보가 고르게 분포하여 안정된 상태를 기억의 발현으로 보아 「통합주의」를 추구하는 에들먼(G. Edelman, 1929~2014) 교수가 있는데, 통합주의를 스스로 '신경계의 진화론'으로도 불렀다(황희숙 뒤침, 2006, 『신경과학과 마음의 세계』, 범양사). 양쪽 사이에서 서로를 비난하면서 어구가 '골상학자'라든지 '동키호테'라는 말도 쓰기도 했지만, 필자는 이런 논전도 아마 우리가 늘 쓰고 있는 「무의식적 기억」과 스스로 자각할 수 있는 「재귀적 기억」 사이에 있는 차이를 반영해 주는 것이 아닐까 의심해 본다.

내포하는 최상위의 단언(전체 주제문)에 속하게 된다. 이는 또한 94쪽에서 〈표4〉로 제시해 놓은 내용과도 서로 일부 겹쳐지게 된다. 다시 말하여, 상위 층위의 개념 후보들을 찾고 나서, 그것들 중에 어느 하나를 선택하고 결정하는 일이 계속 이어져 있기 때문이다. 이런 측면에서, 필자는 텍스트나 덩잇글을 이해하는 방식도 일반적인 우리의 사고 절차를 그대로 투영해 주는 것으로 여기고 있다.

〈표3〉 언어 이해의 처리 과정

층위		대상	저장 장소	작용 방식
덩잇글의 표면 구조		덩잇글 속의 문장들	종이에 쓰인 글자	언어 해석 및 단언문으로 재구성
덩잇글 기반	미시구조	미시 단언 문장과 인출 구조	단기 및 장기 작업기억	인출단서의 활성화 확산
	거시구조	거시 단언 문장과 배경지식	장기 작업기억	안정된 지식 그물조직
덩잇글의 상황 모형		감각인상과 상위인지	장기기억	감각인상과 상위 단언 문장 구성

이 도표에 제시된 층위는 아래로 내려갈수록 더욱 포괄적인 상위 개념이라는 측면에서, 거꾸로 세운 '원뿔의 모습'처럼 이뤄진 내포 구성이라고 말할 수 있다. 접속이나 내포라는 용어가 전혀 씌어 있지 않지만, 실질적으로 최상위 원뿔 꼭짓점이 가장 깊숙이 자리 잡은 내포 개념과 상등하다(최종 꼭지뿔 지점으로 모두 다 수렴됨). 이 최상위 개념을 중심으로 하여 여러 가지 하위 개념들이 병렬되어 있거나, 아니면 다시 하위 내포 방식으로 구현되어 있는 것이다. 언어 이해에 관여하는 단계들이 보여 주는 이런 구성은, 곧바로 우리 사고의 작동 방식을 연상시켜 준다. 즉, 우리 사고의 진행 방식이 내포와 접속의 두 길을 따라 일어나고 있는 것으로 해석할 수 있기 때문이다. 상위 단계들 사이의 반복 순환만을 보인다면, 위 도표를 다시 다음과 같이 표시해 줄 수 있다.

(16) 「표면 구조 ⇄ 덩잇글 기반 ⇄ 상황 모형」
(surface structure ⇄ text-base ⇄ situation model)

이는 위·아래의 계층으로 작동하는 모습을 나란히 병렬적으로 세 가지 영역을 표시해 놓고서 그 영역들끼리 반복 순환하면서 작동하는 모습으로 표시해 놓았다. 이는 외부 자극물(눈으로 지각되는 덩잇글 또는 텍스트)과 머릿속 장기 작업기억 사이를 매개해 주는 작동 방식을 간략히 보여 준다. 가장 왼쪽의 표면 구조가 외부 자극물에 해당한다. 가장 오른쪽에 있는 상황 모형은 장기 기억으로 들어가기 위하여 이해 주체가 능동적으로 추론 과정을 거쳐 재구성해 놓은 내용을 가리켜 주는 것이다.

제4장 사고의 과정을 다루는 인식론 및 인지과학에서의 접근

인류 지성사에서는 우리 머릿속에서 일어나는 사고의 과정을 신경 생리학적의 토대 위에서 직접 다루어 본 일은 없다. 그 대신에 고대 아리스토텔레스 철학에 기댄 중세의 세계관이 새로운 천체적 관찰 사실들로써 허물어지면서, 이와 동시에 대안으로서 새로운 근대 정신을 추구해 나가는 과정에서,34) 우리 인간이 이해할 수 있는 범위와 그

---

34) 필자가 읽어본 바로는 이런 지성사에서의 전환을 가장 분명하게 서술해 주고 있는 책이 뭐솔(1935; 김이선 뒤침, 2011) 『종교와 과학』(동녘)이다. 그런 전환은 우주 천문 관측을 통해 일어났다. 그런데 우주에 여러 종류의 망원경을 쏘아 올린 현재 시점에서 는 이전에 상상도 해 보지 못한 새로운 우주 천문학적 사실들이 발견되고 있으며, 지금 까지 이해하고 있는 지식 체계로는 전혀 제대로 설명하지 못하고 있음을 목도하고 있 다. 이는 새로운 지성사의 전환을 예고해 주는 전조로 해석될 소지가 있다.

　서구 문화와는 달리, 우리에게 잘 알려진 종교는 과학과 서로 상충하는 것이 아니라, 오히려 서로 연합하여 발전할 가능성을 보여 준다. 특히 불교 유식론에서의 주장은 누구나 다 쉽게 접근할 수 있는 영역을 다루는 것이 아니라, 특별히 수련을 거쳐 새롭게 체험하게 되는 정신 세계 내지 인식 그 자체를 다루는 것으로 알려져 있다. 불교에서 정신이 도달하는 단계들이 여럿 제시하고 있기 때문에 오직 하나의 영역만을 상정할 수는 없다. 최근에 남쪽 전승본으로부터 번역·출간(각묵 스님, 전재성 박사 등)되고 있는 초기 불교에 관한 책자들은, 초기 석가모니를 위시하여 일군의 종교 지도자들이

능력에 대하여 간접적으로 물음을 던지는 흐름이 생겨났다. 특히, 데 카르트, 로크, 흄, 라이프니츠 등의 저서들이 그러한 물음들을 진지하 게 던지고 있다.[35] 사고의 과정 그 자체가 학문의 세계에서 온전히

체험하는 내용들을 단계별로 서술해 놓고 있다. 더욱이 단계별로 도달 정도를 가늠할 수 있는 척도까지 제시되어 있다.

그렇지만 누구나 쉽게 그리고 자명하게 받아들일 수 있는 영역을 다루고 있는 것이 아니다. 오직 피나는 수련을 끊임없이 한 뒤에라야 느낄 수 있는 정신 영역을 대상으로 삼고 있는 것이다. 그렇다면 누구에게나 자명한 일반 상식을 추구하는 학문의 영역 속으로는 쉽게 들어올 수 없을 것으로 본다. 개인적 판단으로는 특히 '밀교'로 불리는 특별한 수련들은, 자주 반복됨으로써 쉽게 확인할 수 있는 일반 학문의 영역을 넘어서 있는 내용들로 느껴진다.

35) 미국의 실용주의를 주창하였던 듀이(J. Dewey, 1859~1952)도 사고에 대한 책을 쓴 적이 있지만(1909, 『*How We Think*』, Heath & Co.), 간접적인 방식으로 논리적인 사고 방식 과 사고의 훈련 등이 그 주된 내용을 차지하며, 직접 사고 단계와 절차들에 대해서는 논의를 하지 못하였다. 필자가 보건대, 본격적인 사고 단계 그 자체에 대해서는 두 가지 흐름이 하나로 합쳐지는 1980년대 이후에 와서야 시작되었다고 보는 게 옳다. 첫 번째 흐름은, 앨런 튜링(A. Turing, 1912~1954)의 보편 튜링 기계에 대한 제안에 따라, 연산 주의 방식을 구현하는 컴퓨터 기술의 발달 덕택에 지속적으로 우리 인간의 사고를 기 계가 모의할 수 있음을 증명해 왔다. 그 분은 보편 튜링 기계의 처리 능력이 10^{10}개의 임계 용량(critical size)을 추월할 경우에, 스스로 학습 가능성(learnability)이 생긴다고 여겨졌고, 그렇다면 인간의 능력과 구별이 불가능하다고 보았다. 이런 주장은 컴퓨 터의 연산 처리 방식도 고도로 지능이 높은 인간이 구사하는 상징 능력까지도 구현할 수 있음을 보여 줌으로써 다시 확정되었다. 인간의 상징 능력을 해체하여 구체적인 문제 해결 능력의 차원으로 바꾸어 놓은 뉴얼·싸이먼(Newell and Simon, 1972)『인간의 문제 해결 능력(*Human Problem Solving*)』(Prentice-Hall)에서는, 임의의 문제가 주어졌 을 때 여러 가지 선택지들 중에서 최단 거리의 선택지를 기계가 스스로 선택할 수 있음 을 보여 주었다.

다른 흐름은 살아 있는 인간 두뇌를 탐지할 수 있는 여러 도구들(기능성 자기 영상 촬영술 *f*-MRI와 양전자 방출 단층 사진 촬영술 PET scanning 따위)의 발달과 더불어, 두뇌의 신경생리학적 연구가 본격화되는 흐름이 앞의 흐름과 서로 통합되기에 이르렀 다. 두뇌는 각각 독립된 영역에 고유한 역할들이 주어져 있는데, 이를 단원체(modularity) 작동 방식이라고 부른다. 그렇다면 인간의 사고도 종합적이고 복합적인 영역들의 동시 작동 방식임을 시사받을 수 있으며, 여러 영역의 동시 작동 방식으로써 인간의 사고가 총체적 결과로 발현하는 것이라고 가정할 수 있다. 컴퓨터의 처리 방식과 인간 두뇌 방식 사이에 차이점들을 조정하는 과정에서 컴퓨터도 개별 영역들이 고유하게 작동하 면서 동시에 다른 영역들과도 연결을 강화시키거나 약화시키는 방식으로 구현할 수 있다는 사실이 드러났다. 이를 병렬 분산 처리(Paralell Distributed Processing, PDP)이라 고 부르는데, 간단히 '연결주의 가정'으로 잘 알려져 있다. 이런 접근에 대한 개관으로서 는 하버드 대학 심리학자 핑커(Pinker, 1997; 김한영 뒤침, 2007)『마음은 어떻게 작동하 는가?: 과학이 발견한 인간 마음의 작동 원리와 진화심리학의 관점』(동녘사이언스)을 읽어 보기 바란다.

생물 진화의 여정에서 수많은 단계들을 거치면서, 인간의 두뇌를 중심으로 보면 세 단계의 진화가 일어났다. 머클레인(MacLean, 1990)『세 겹 두뇌의 진화: 2백만 년 전 대뇌 기능들에서의 역할(*The Triune Brain in Evolution: Role in Paleocerebral Functions*)』

논의 대상이 된 것은, 비교적 최근에 와서야 우리 인간이 주위 생태환경을 나누고 이용하는 범주들의 유형을 연구하기 시작하면서부터 본격화되었다.36) 특히 두뇌의 신경생리학적 토대와 작동 방식들을 놓고서 폭발적으로 새로운 지식 체계를 축적해 놓고 있지만, 여전히 인간의 고등 정신을 그대로 모의해 주는 데까지는 도달하지 못하였다. 이를 구분해 주기 위한 비유 표현으로, 높은 수준의 인지와 낮은 수준의 인지로 나누어 부르기도 한다. 높은 수준의 인지는 재귀적 속성을 지녀서 스스로 자신이 어떤 대상을 인지하고 있음을 느낄 수 있는 특징

(Plenum Press)에서는 두뇌를 지닌 생명체들을 새롭게 분류하여 세 단계에 걸쳐 진화되었음을 주장하였다. 등뼈를 지닌 생명체들에게서부터 생겨난 백질(white-matter)의 두뇌는 신진대사의 기능과 욕망·감정 따위의 즉각적인 작용을 한다. 이런 두뇌를 지니기 시작한 생물 종을 중심으로 하여 각각 파충류의 뇌와 원시 젖먹이가 짐승의 뇌라고 불렀다. 그렇지만 화석상의 증거로 진화상 회백질(grey-matter) 두뇌 부서가 새롭게 생겨났다. 이 신생뇌는 흔히 제3의 뇌, 두뇌 피질, 대뇌 등으로 불리는데, 양 반구로 나뉘어져 둘 사이를 뇌량으로 연결하여 정보를 주고받는다. 이 부서는 다시 전-전두 피질(전-전두엽)에 자리잡은 작업기억과도 긴밀하게 작동하면서 종합적으로 우리에게 의식 또는 인식을 만들어 준다. 물론 세 종류의 두뇌는 시냅스(연접부)를 통하여 전체적으로 복잡하게 얽혀 있으며, 또한 우회적으로 우리가 몸속에 지닌 장기들의 반응에 의해서도 영향을 자주 받는다. 이런 점에서 스스로 반응을 하며 작동하는 몸속의 장기들이 gut-brain(내장-두뇌, 장기-두뇌)로도 불린다.

36) 이 영역에 대한 개관은 신현정 교수가 쓴 두 권의 책을 보기 바란다. 참고문헌에 싣지 않을 책자들이므로 전체 서지를 같이 밝혀 둔다. 신현정(2000) 『개념과 범주화』(아카넷)와 신현정(2011) 『개념과 범주적 사고』(학지사)이다. 또한 Taylor(1995 제2판; 조명원·나익주 뒤침, 1997) 『인지언어학이란 무엇인가?: 언어학과 원형 이론』(한국문화사)에서도 동일한 사고 유형이나 인지 방식이 우리가 살아가는 여러 영역들 속에 두루 적용되어 쓰임을 알 수 있다.

영어 논문이지만, 이러한 흐름을 주도하였던 분들을 기념하는 논총들에 있는 글들도 도움이 크다. 롸슈 외 엮음(Rosch and Lloyd, 1978) 『인지와 범주 부여(Cognition and Categorization)』(Lawrence Erlbaum), 케쓸 엮음(Kessel, 1988) 『언어와 언어 연구자들의 발전 결과: 브라운 교수 기념 논총(The Development of Language and Language Researchers: Essays in Honor of Roger Brown)』(Lawrence Erlbaum), 안우경 외 4인 엮음(2005) 『실험실 안팎에서 밝혀진 범주 부여의 연구들(Categorization Inside and Outside the Laboratory)』(미국 심리학회)에 들어 있는 글들이, 사고 및 사고 작동 방식에 대한 연구의 최전선에서 무슨 발견이 얼마나 어떻게 일어났는지를 소상히 알려 준다. 이쪽 분야에 관심을 쏟고자 하는 분들에게 좋은 이정표들이다. 한편, 카네기-멜른 대학의 심리학자 앤더슨 교수는 대담하게

「제3두뇌의 그물짜임은 6개의 층위를 벗어나지 않는다」

고 강하게 주장을 했다. 앤더슨(Anderson, 1998) 『사고의 원자적 구성부문들(The Atomic Components of Thought)』(Lawrence Erlbaum)을 읽어 보기 바란다.

이 있는데, 대체로 언어를 써서 표현할 수 있는 영역과 상당수 겹쳐진다. 그렇지만 낮은 수준의 인지는 언어로 바꿔 표현할 수 있기보다는 두뇌의 작용을 측정하는 방식(전자기파, 신경계에 작용하는 호르몬, 혈류의 증가의 포착 따위)으로 환원하지 않는 한, 제대로 수치화할 수도 없고, 기능을 정확히 붙들어 낼 수도 없다는 한계가 있다.

일단 여기서는 현대에 들어서서 분류화 작용을 다룬 논의들에 초점을 모으기로 한다. 자연언어에서 쓰이는 수많은 명사들이 무질서하게 아무렇게나 있는 것이 아니라, 범주와 분류 방식에 대한 연구의 결과로서, 적어도 기본 층위(또는 종 구분 층위, generic level)에서 위로 두 층위와 아래로 두 층위로 이뤄진 구조로 포괄될 수 있음이 1960년대의 연구 이후로 밝혀져 왔다. 희랍 시대에 아리스토텔레스는 자신의 학문이 모두 '분류학'으로 귀결된다고 여겼지만, 그 분류학은 영역들만 나누었고, 각 영역들 속에 내재된 같은 형상의 층위와 구조들에까지는 채 생각이 미치지 못하였었다.

자연언어에서 아주 간단한 낱말 형태들이 거의 기본 층위에 속한다. 여기서는 인간들의 생활과 관련하여 분류가 요구되는 자연물과 인공물의 사례를 하나씩만 들기로 한다. 가령, 자연물 대상으로서 집짐승의 하나로서 '소'를 들겠고, 인공물 대상으로서 글을 쓰는 도구인 '연필'을 들기로 한다. 이 요소들이 우리의 개념을 마련해 놓은 씨앗이라고 간주되기 때문이다. 이 두 낱말이 모두 기본 층위에 속하며, 종을 나누어 준다는 측면에서 종 구분 층위(generic level)이라고도 부른다. 이 층위에서 어느 언어에서나 아주 안정되게 가장 짤막한 형태로 언어 형식들을 지니고 있음은 잘 입증된 사실이다. 이 기본 층위 아래로 두 층위의 낱말들이 존재한다. 이를 각각 하위 층위(sub-level)의 요소와 차하위 층위(sub-sub-level)의 요소라고 부른다.

하위 층위의 요소들은, 흔히 기본 층위를 그대로 이용하면서 그 범위를 제약하기 위하여 모종의 수식 요소가 덧붙어 있는 방식이 일반적이다. 자연물의 사례는 기본 층위의 형태 '소'에다 접사를 덧붙이거나 합성어 형식으로 나올 수 있다.

(17) '암소, 젖소, 황소, 얼룩소, 싸움소, 부룩소, 물소, …'

따위인데, 하위 층위의 속성이 더 추가됨에 따라 이런 목록도 좀 더 다양하게 나열될 수 있다. 기본 층위의 인공물 '연필'의 경우에도 이런 질서는 동일하게 찾아진다.

(18) '색연필, 몽당연필, 4B연필, 도화연필, 눈썹연필, 샤프연필, …'

이것들이 하위 층위의 낱말로서 대체로 기본 층위의 요소에 수식어를 덧붙여 그 범위와 대상을 한정시켜 주고 있다.

다시, 하위 층위 아래 차–하위 층위에서는 좀 더 우리가 직접 지각하고 체험할 수 있는 개체나 대상들을 놓고서, 구(구절)를 이루거나 이런 구를 줄인 낱말처럼 쓰일 수 있다. 가령 자연물로서 '황소'를 차–하위 층위의 요소로 만들어 본다면, 소유자, 관찰된 장소, 경험된 시간, 관련된 영역 따위가 덧붙여진다. 즉,

(19) '철수네 황소, 방목하는 황소, (들판에서 같이 뛰놀던) 옛날 황소, 식용 황소, …'

따위의 개념이 확정될 수 있다. 이 수준에서는 구체적인 대상 하나하나를 가리킬 수 있다는 점에서 '개별체 차원'이라고 말할 수 있다. 일부에서는 현장 차원을 더 추가해 놓기도 하지만, 언어는 기계적으로 쓰이지 않고, 매우 융통성이 있기 때문에, 필자는 두 개 정도의 하위 차원만으로도 충분할 것이라고 본다. (18)에 제시된 인공물의 경우에도 마찬가지로 다음과 같이 그 범위가 더 좁혀질 수 있다.

(20) '빨간 색연필, 내 몽당연필, 학교 앞 가게 4B연필, 동아 샤프연필, 천연 소재의 눈썹연필, …'

(20)의 형식들은 그대로 모두 구체적인 대상(개별체)들을 가리킬 수 있다. 물론 언어 사용의 융통성이 적용된다면, 이 구절들에 생략이나 단절을 통한 재생성 기제를 적용하여, 더 작은 음절의 형태로 축소하거나, 어느 하나만 대표적으로 내세울 수 있다. 후자 쪽에서는 언어 사용 맥락이 주어진다면 아무런 지장도 없이 어느 한 요소만을 선택한 '빨강, 내 것, 4B, 모나미, 눈썹'만으로도[37] 충분히 서로 간에 소통이 일어날 수 있다. 물론 이것들에 '애용물, 애장품'과 같이 전혀 새로

---

[37] 이런 방식은 야콥슨 교수가 수사학에서 복잡하게 논의되어 오던 비유의 문제를, 소쉬르의 통합관계와 계열관계를 적용하여 간단하게 환유(통합관계의 응용)와 은유(계열관계의 응용)로 정리해 놓은 통찰에 따른다(권재일 엮음, 1989, 『일반 언어학 이론』, 민음사: 제4부의 제11장 '언어학과 시학'). 시내버스에서 하차하기 위하여
  "벨을 누르시오!"
라는 말이 결코 "벨을 올리는 단추를 누르시오!"로 말해지지 않는다. 이는 전체를 하나로 보고서 그 대표 요소를 뽑는 환유 방식이기 때문이다. 국어학을 가르치는 어떤 교수가
  '이쑤시개'
는 잘못된 것이고, 반드시 '이 사이 쑤시개'로 정확히 말해야 옳다고 강변하는 경우를 보았다. 이는 언어 사용의 기제를 깨닫지 못한 까닭인데, 환유의 방식으로 '이'와 '쑤시는 도구'만을 내세워 낱말로 결합시킨 것이다. 어느 언어 관련 학회의 회장이 목소리를 높여서 도로에 세워진
  '사고 다발 지역'
이 잘못된 표현이며, 반드시 '사고 빈발 지역'으로 고쳐져야 한다고 주장하였다. 다발은 누적적 계산 결과를 나타내는 것이고, 빈발은 사고 사이의 간격을 표현하는 것이다. 각각 결과 상태와 진행 과정을 가리킨다. 그렇지만 자연언어는 과정과 결과 사이에 서로 자유롭게 넘나들면서, 언어가 쓰이는 상황 맥락 덕택에 아무런 지장도 없이 소통이 잘 이뤄지고 있다. 그런 주장은 이런 사용 방식을 백안시하거나 깨우치지 못한 주장일 뿐이다.
  "2와 7을 더하여 계산해라!"
에서 '계산'은 진행 과정을 가리키지만,
  "그 계산이 얼마인가?"
라는 말에서는 결과 상태를 가리킨다. 이런 변환이 어휘의 일반적 특징(보편적인 사용 방식)임을 논의한 푸슷욥스키(Pustjovsky, 1995; 김종복·이예식 뒤침, 2002)『생성 어휘론』(박이정)을 보기 바란다.

운 이름을 붙여 줄 수도 있다. 이 또한 적합한 언어 사용 맥락(57쪽의 각주 20에서 보여 준 이른바 'co-text')을 통해서 구성원들 사이에서 '의미 고정 작업'이 함께 수반되어 일어나야 할 것이다.

다시 기본 층위에서 위쪽으로 향하는 상위 차원의 층위가 또한 두 개 정도 설정될 수 있다. 이를 각각 상위 층위(super level)와 포괄 층위 (comprehensive level, 또는 최상위 층위)로 부른다. 그런데 위쪽으로 향하는 층위의 요소들은 아래 층위의 요소와는 달리, 고정된 형태가 있어서 모두가 동일한 요소를 인출하는 것이 아니라, 해당 대상을 묶어가는 사람의 관심과 희망에 따라서 크게 변동한다는 특징이 있다. 이런 사실은 언어 교육과도 관련하여 여러 가지 함의를 지닌다. 기본값으로서 '변동 가능성'이 크기 때문에, 상위 개념으로 묶는 경우에는 반드시 그 동기를 물어봐야 하며, 또한 포괄해 나가는 까닭(동기)을 소홀히 넘겨 버려서는 안 되는 것이다. 다시 말하여, 자연물의 대상인 '소'와 인공물의 대상인 '연필'을 묶어 주는 상위 개념은 오직 하나만으로 고정되어 있지 않은 것이다.

'소'가 집짐승으로도 묶일 수 있고, 네발짐승으로 묶일 수도 있으며, 농사에서 요긴하다는 점에서 농사 도움물로도 묶인다. 외양간에 산다는 점에서 외양간 임자로도 묶이고, 할아버지가 애지중지한다는 점에서 할아버지 친구로도 여길 수 있으며, 농촌에서 재산으로 길러진다는 점에서 재산목록 1호로도 묶일 수 있다. 좀 더 범위를 넓히어 동물로도 묶일 수 있다. 상위 개념을 무엇으로 쓰느냐는, 해당 대상을 어떻게 이용할 것인지에 대한 의도와 동기에 달려 있는 것이다.

인공물의 대상인 '연필'도 마찬가지이다. 연필의 상위 개념을 필기구로 볼 수도 있고, 영희의 학용품으로도 묶을 수 있으며, 공장에서 만들어지므로 공산품이란 개념을 부여할 수도 있다. 상위 개념이라고 하여 꼭 추상적일 필요는 없다. 왜냐하면 「영희의 가방속 물건」이라는 개념으로도 충분히 묶일 수 있기 때문이다.

어떤 상위 개념을 부여하여 기본 층위의 요소를 묶어 주든지 간에,

이 상위 층위의 요소도 다시 마지막으로 모든 것들을 포괄하여 묶어 주는 포괄 층위의 요소를 상정해야 한다. 포괄 층위의 후보도 또한 묶어 주는 사람의 동기와 의도에 따라 크게 변동하게 된다. 가령, 내 주변에 있는 대상(내 주변 대상물)들로도 묶을 수 있고, 생태환경의 구성요소(환경 요소)라고도 말할 수 있으며, 심지어 매우 구체적으로 오늘 우리가 찾아내야 할 대상(우리의 관심 대상)으로도 범주를 부여할 수 있다. 이는 상황에 따라 매우 역동적으로 시시때때로 자주 바뀔 수 있다. 이런 사실은, 어떤 포괄범주를 왜 그렇게 부여하는지에 대하여 비판적으로 바라볼 필요가 있음을 함의해 준다.

인간 사고 작용 중에서 우리가 체험하는 다양한 외부 대상들을 놓고서 아무렇게나 개념을 부여하고 이름을 부르는 것은 아니다. 대신 일정한 기본 층위의 씨앗들을 놓고서 층위별로 나누어 나가거나 포괄해 나간다는 측면을 찾아내었다. 이는 우리의 사고 경향을 밝히는 데에 많은 기여를 한다. 53쪽의 각주 18에서는 현대로 들어서면서 수학이란 분야에서부터 먼저 '무한성'을 다루기 시작하였고, 무한성을 생성해 내는 근본적 속성으로 '반복' 기제를 찾아내었음을 언급하였다. 임의의 요소가 반복되는 방식은 자기 밖에서의 반복과 자기 안에서의 반복 두 길 이외는 없다. 전자는 접속 기제로, 후자는 내포 기제로 불린다. 인간 사고의 범주 부여 방식 및 계층 짜임 방식은 그대로 접속 기제와 내포 기제를 이용하는 일에 다름 아니다. 상위범주와 하위범주를 찾아나가는 일은, 내포 기제를 어떤 방향으로 작동시키는지에 따라 나뉘어진다. 접속 기제는 각 층위의 범주들 중에서 서로 구별이 이뤄지는 형제·자매 요소들을 가리키게 된다. 이런 해석이 가능하다면, 자연언어에서 찾아지는 접속 구문과 내포 구문도 결국 우리의 사고 작용을 그대로 언어 기제에 투영하여 쓰고 있는 결과물에 불과하다고 해석할 수 있다.

이런 점들을 고려하면서 필자는 인간의 사고 과정에서 동시에 여러 층위를 작동시켜야 하는 모습을 제안할 수 있었다(무어, 1957; 김지홍 뒤침, 2019, 『철학에서 중요한 몇 가지 문제』, 경진출판: 265~267쪽의 역주 110을 보기 바람). 이는 서구 지성사에서 귀납법과 연역법 또는 경험주의와 이성주의의 통합이 '정신 작용의 수반 현상'으로서 통합되어야 함을 자각함으로써, 현대 학문에서 추구하는 이른바 '가설-연역 체계'(방법론적 일원론을 보장해 주는 공리계 접근법)가 운용될 수 있는 토대를 드러내어 준다.

다음의 도표 〈표4〉에서 제시된 층위 숫자는 작을수록(1층위, 2층위) 경험에 근거한 귀납법적인 사고 작용을 가리키고, 그 숫자가 높을수록(4층위, 5층위) 이론이나 형이상학(이성)에 근거한 연역론적인 사고 작용을 가리켜 준다. 그럼에도 불구하고 이들은 높은 단계의 이론(또는 형이상학)으로부터 일관되게 정합성을 보장해 준다는 점에서, 전체가 하나의 체계로서 작동한다. 다시 말하여, 마지막 수준이 가리켜 주는 최상위 개념에 의해서, 내포의 방식으로 하위 수준들이 모두 다 포섭되는 것이다. 그렇다면 접속의 방식은 각 층위에서 형제·자매의 관계로 병렬되는 개념들을 가리켜 줄 수 있다.

〈표4〉 동시에 여러 층위가 작동하는 인간 사고의 모형

	층위 이름	역할	작동 속성
1	infinite, contingent facts (무한하고 우연한 사실들)	감각기관＋관찰(우연성, 실험실, 도구)	구체적 대상과 사건
2	relevant data (관련되는 자료들)	관련 사실들 모아놓음(결여 부분 있음)	인과 또는 시계열
3	useful information (유용한 정보 흐름)	모형을 갖추고 일관성을 부여함	일반화 및 간접성
4	systematized knowledge (잘 짜인 지식, 학문체계)	여러 영역을 연결, 통합 세계관을 세움	확장된 가설과 입증
5	brilliant wisdom (미리 내다보는 슬기)	가능세계에 대하여 예측과 검증을 함	추상적이고 보편적

제1층위는 귀납법에 비견될 수 있고, 제5층위는 연연법에 비견될 수 있다. 제1층위는 사실들을 모으는 층위이다. 제2층위는 사실들 중에

서 서로 관련된 자료들을 놓고서 긴밀성 정도로써 뽑아내어, 다시 분류하는 층위이다. 무시하기·선별하기를 통한 이런 분류의 결과로서 여기에서는 결여된 사실들도 새롭게 드러나게 된다.

제3층위에서는 해석 주체가 임의의 사건 전개 모형을 상정하면서, 일관되게 관련 자료들의 시작점과 진행과정과 종결점을 표상해 놓는 일을 진행하게 된다. 따라서 그런 모형이 우리가 경험하는 생태 환경 속의 사건들에 대하여 유용한 정보를 알려 줄 수 있는 것이다. 제4층위는 여러 영역들에서 찾아진 그러한 유용한 정보들을 다시 연결짓고 하나의 지식 체계로 통합해 나가는 일을 한다. 제5층위에서는 아직 경험하지 못하였지만 장차 있을 가능성이 있는 사건이나 사태들까지도 미리 내다보면서 준비를 할 수 있다는 점에서, 우리에게 지혜로운 눈을 마련해 주는 층위이다.

각 층위들은 내포 관계에 의해서 거꾸로 세운 원뿔의 모습으로 존재한다. 각 층위들마다 또한 접속 관계의 모습으로 우리가 쉽게 체험하는 여러 사건과 자료와 정보들이 병렬될 것이다. 이미 앞에서 다섯 층위를 다루면서 상위 층위의 개념이 크게 변동될 수 있음을 보았다. 여기에서도 층위가 올라갈수록 복수의 여러 후보들을 놓고서, 얼마나 적합하게 하위의 요소들을 잘 통합적으로 연결시켜 주는지를 따지면서, 선택 범위를 차츰차츰 좁혀 나가야 한다. 이런 점에서 여러 차례 순환적으로 이런 주기가 반복되면서 「최적값을 찾아 가는 일」이 우리 실제의 사고 모습을 반영한다고 말할 수 있다. 최적값을 결정하는 부서로서, 100쪽의 〈표5〉에서는 우리가 재귀의식으로 느끼게 되는 최상위의 「판단·결정·평가」체계로 이뤄져 있음을 다시 언급할 것이다.

제1층위는 다수 자연언어에 의존해서 일어나지만, 제5층위는 스스로의 내성을 통해 독자적인 개념 체계를 수립해 줌으로써 생겨난다. 제1층위에서부터 제5층위를 거꾸로 세운 원뿔의 모습(여러 영역들을 하위에 포괄해야 하므로 역삼각형보다는 거꾸로 세운 원뿔의 모습이 더 나음)으로 상상할 수도 있다. 이는 흔히 '지식 체계'로도 불려 왔고, 통합된 '세계 모형'으로도 불리며, 최근 들어 새롭게 '생태 환경에 대한 큰 지도'라고도 불린다. 학교 교육은 이런 지식 체계나 세계 모형을 구성할 수 있도록 도움을 주는 것이다. 결코 하루 아침에 이뤄지지 않고, 초등과 중등 혹은 대학 교육에 이르기까지 적어도 일생의 1/4 기간을 쏟아야 한다. 평생 교육의 기치로는 더 오랜 기간이 소요된다고 본다. 만일 사회 속에서 전문인으로 활동하려면, 해당 분야나 목표 영역에서 또 다른 시간을 투입해야 한다. 학교 교육에서는 이미 내세워진 세계 모형이나 지식 체계를 전달해 줄 수 있겠지만, 인류 지성사에서는 그런 모형이나 체계가 늘 안정적으로 고착되어 있는 것이 아니다. 계속 일련의 새로운 사건과 사태들에 의해서 반례로서 작용할 경우에 조금씩 허물어지기도 하고, 또는 전혀 새로운 발상을 요구하기도 하였음을 잘 알고 있다.

먼저 적어도 의식계(재귀적으로 느낄 수 있는 의식세계로서, 제3의 두뇌 피질과 전전두 피질 영역에서 작동됨)로 불리는 부분을 지닌 우리의 두뇌는, 이미 일어난 사건이나 대상들을 가리키는 사실(facts, what has happened)들로 이뤄지는 구체적인 감각 자료(귀납 자료)들을 접하는 일뿐만 아니라, 또한 동시에 우연히 일어나는 사건에 대하여 주의를 기울여 그 대상이나 사건과 관련하여 다른 사실들도 함께 포착해 주어야 한다. 이것이 이른바 경험론 내지 귀납법으로 불리는 첫 단계의 시작점인 것이다. 그렇지만, 여기서 그쳐서는 안 된다. 다시 그런 감각 자료들이 일련의 사건들을 구성해 주는 것으로 상정하여, 서로 관련된 일련의 자료들로 바꾸어 놓음으로써, 임의 대상이 관련된 일련의 한 사건 흐름을 모아 놓아야 한다. 이때 관찰되거나 얻어진 사건들을 시간상의 계기적 사건들로 모을 수도 있고, 복수의 사건들이 하나의 목적을 위해 협동하여 일어나는 것으로 관련성을 부여할 수도 있는 것이다. 이 단계의 관련된 자료들을 모으는 일에서는, 일부 관련 사건들이 중간중간(듬성듬성) 결여되어 있거나 모자라는 사실들이 있는지 여부도 챙기고 살펴보아야 할 것이다.

이렇게 모아진 관련 자료들은 하나의 사건 모형을 중심으로 하여, 유용한 정보의 상태로 재구성해 주어야 한다. 여기서 모형을 상정하는 과정에서 「일반화 작업」이 일어나고, 또한 직접 경험의 단위가 아니더라도 간접적이거나 대행하여 확인할 수 있는 사건들도 함께 상정되어야, 수미상관 또는 앞뒤 일관성이 확보되는 것이다. 이를 「유용한 정보」라고 부를 수 있다. 아마도 우리는 이 수준에서 임의의 대상이 일으키는 일련의 사건들을 자초지종 전개 과정들의 전체적인 모습으로 개별 지도를 그려 두고 있을 듯하다.

수학 기초론에서 밝혀낸 바로는, 임의의 공리계들이 서로 모순됨이 없이 서로 양립할 수 있음에 대한 증명이다.[38] 여기에서 서로 다른 공리계가 우리가 경험하는 낱낱의 사실을 일관되게 그리고 적의하게 설명할 수 있을 경우에, 둘 이상의 공리계가 모순 없이 양립 가능하다(compatible)고 말하게 된다. 두 공리계가 서로 양립할 수 있다면, 양자 중에서 선택할 수 있는 상위 척도는 우리들이 쉽게 이해하고 자각할 수 있는 내용을 반영해 주는지 여부에 달려 있다. 이는 흔히 우아함(elegance)의 척도라고 부른다(560쪽의 易·簡 참고). 다시 말하여, 상위 층위로 진행할 경우에 하위 요소들을 포괄하고 통합할 수 있는 개념들의 후보는 유일하게 한 가지만이 아니라, 적어도 둘 이상이 서로 경합하게 마련이다. 다시 말하여, 기계적인 진행 과정이 아닌 것이다. 이들을 선택하기 위하여 해석 주체는 능동적으로 그리고 적극적으로 더 많은 자료와 정보와 예측 사건들을 대상으로 넓혀 가면서, 각 개념

---

38) 이는 코언(Cohen, 1963a and b) "연속체 가설의 독립성 1, 2"(『미국 국립 과학 학술원 논문집』 제50호, 제51호)로부터 입증되어 확립된 개념이다. 예를 들어, 계산기는 2진법으로 계산(사칙연산)을 실행한다. 그렇지만 인간은 십진법을 이용하여 계산을 실행한다. 비록 두 계산 방식이 서로 다르지만, 그 계산 결과는 동일하다. 따라서 서로 다른 방식의 두 계산 체계가 서로 양립할 수 있는 것이다. 현대 학문을 이끄는 「가설-연역 체계(hypothetic deductive system)」로써 비단 자연과학뿐만 아니라 더 나아가 단 1회적인 역사적 사건까지도 그리고 인문 사회 분야의 여러 영역도 모두 다 설명할 수 있다고 강하게 주장하는 과학철학자가 있다. 대표적으로 헴펠(1965; 전영삼 외 3인 뒤침, 2011) 『과학적 설명의 여러 측면 1, 2』(나남)를 읽어 보기 바란다(508쪽의 각주 114를 참고하기 바람).

의 강인성·용이성을 살펴봐야 하는 것이다.

현재 우리가 잘 짜여진「지식 체계」라고 부르는 학문의 세계는, 유용한 정보들이 영역별로 다시 얽히고 짜이어 우리 생활 세계에서 일어나는 운동과 변화를 포착하고 설명해 주는 일을 한다. 그런 일이 미래 사건들을 예측하고 부합되는 사건을 관찰함으로써 설득력을 지닐 경우에, 해당 학문에 대한 신뢰감이 공동체 구성원들에 의해서 뒷받침된다. 유관 정보 체계들을 하나의 유관한 학문으로 질서를 부여하기 위해서는, 언제 어디에서나 반드시 임의의 가설이나 가정이 제시되어야 하고, 그 가정에 따라 현실세계에서 일어나는 일련의 사건들이 추체험됨으로써 입증 내지 확증 단계가 뒤따라야 한다. 현재 우리가 체험하는 생활 세계(또는 삶의 형식)와 임의 시점의 과거에서 일어난 것으로 알려진 사건들 사이에 공통 기반이 확정되어야「잘 짜여진 지식」(또는 체계적 지식)으로 불리는 학문이 된다. 여기서도 미래의 가능세계에 관한 일까지 다 예측할 수는 없겠지만, 조만간 있을 수 있는 사건들을 대비할 경우에, 우리는 지혜 또는 지성으로 따로 불러 지식과는 또다른 몫을 부여해 주기도 한다.

그런데 이 도표(〈표4〉)에서 우리가 경험하는 임의의 대상이나 사건들은 동시에 어떤 정도의 추상화나 일반화가 일어나든지 간에 복수의 층위가 동시에 가동되면서 우리의 머릿속 그물짜임 속에 재구성되기 마련이다. 일찍이 아동들을 대상으로 하여「인지 발생학」을 개척한 피아제(Piaget, 1896~1980) 교수는 어른들에게서도 이런 인식 전환의 측면들이 일어난다는 사실을 놓고서 새로운 연구 영역을 개척하였다. 이런 선구적 업적은 비단 한 개인의 내부에서 지식 체계 내지 세계 모형의 전환을 설명하는 일뿐만 아니라,39) 또한 전체 인류 지성사에

---

39) 피아제(1974, 1980 영역)『모순 극복에서의 몇 가지 실험(*Experiments in Contradiction*)』과 피아제(1975, 1985 영역)『인지 구조의 안정된 평형 상태(*The Equilibration of Cognitive Structures*)』(모두 University of Chicago Press)에서는 어른들의 머릿속에서 어떻게 그런 전환들이 일어나고, 다시 조정되어 안정된 평형 상태에 이르는지를 논의하고 있다. 이것들이 모두 피아제가 60대 이후에 진행한 연구들임에 주목할 필요가 있다. 이는 마치

서 생태 환경을 설명하는 지식 체계(세계 모형)가 어떻게 바뀌어 왔는지에 대해서도 같은 부류의 전환을 찾아낼 수 있음을 논의하였다. 이를 그대로 우리 현실에 적용한다면, 우리가 이해하는 최종 층위의 지식 체계나 세계 모형도 미래의 어느 시점에서 바라보았을 때, 그 시점에서 구성원들에게 받아들여진 모습과 크든 작든 간에 편차가 있을 것임을 암시받을 수 있다.

필자는 이 방언의 접속 구문과 내포 구문에서 다양한 범주에 걸쳐서 관찰되는 변동들을 설명할 수 있는 근거로서, 해당 자료를 분류하는 개념에 대한 상위 차원의 개념을 제대로 찾아내어야 함을 깨닫게 되었다. 이는 결코 기계적인 작업으로 이뤄지는 것이 아니다. 여러 가지 상위 개념 후보들을 상정하여 적용해 봄으로써, 어떠한 선택이 그러한 변동뿐만 아니라 다른 범주에서 찾아지는 변동 사례들에까지 확대 적용될 수 있는지를 결정해 놓아야 하는 일이다. 이 원고를 마련하는 과정에서 항상 반복되는 물음들과 끊임없이 씨름을 해야 했다. 이런 과정을 누차 체험하면서, 스스로 내 자신이 무슨 작업에 관여하고 있는지를 다시 먼 지점에서 내가 나를 관찰하듯이 골똘히 들여다봐야 했다(재귀의식에 따른 성찰임). 필자는 그 결론으로서 여러 층위에서 동시에 작동되는 사고의 모형에 기대고 있다는 간단한 결론에 이르게 되었다(〈표4〉). 여러 복합 층위들이 동시에 작동하는 방식을 필자가 이해하는 범위에서 단계별로 언어의 산출과 이해를 중심으로 하여 좀 더 명시적으로 그림을 그려놓을 수 있다.

이를 다음처럼 표현할 수 있다. 언어를 매개로 하여 의식적으로 느껴지는 제3두뇌의 작동 방식, 다시 말하여 기억 부서들에 기반하여 일어나는 언어 이해의 방식(지속적인 반복 순환 과정임)을, 마치 계기적

쿤(Kuhn) 교수가 내세운 과학 발전의 모형을 연상시켜 준다. 물리학자와의 공저 피아제·가아씨어(Piaget and Garcia, 1989) 『인지 발생학과 과학의 역사(*Psychogenesis and the history of science*)』(Yale University Press)에서는 인류의 지성사를 놓고서도 한 개인의 내적 전환과 같은 일이 일어난다고 가정하고 이를 입증하고 있어서 눈길을 끈다.

으로 작동하는 양 관련 단계들을 상정해 놓을 수 있다(무어, 1957; 김지홍 뒤침, 2019, 『철학에서 중요한 몇 가지 문제』, 경진출판: 217~219쪽에 걸친 역주 93을 보기 바람). 여기서는 앞의 〈표3〉에서 보였던 언어 이해에 대한 단계별 진행 과정 및 앞의 〈표4〉에서 보였던 다섯 층위의 정신 작동 방식을 통합하고, 감각자료와 언어자료를 모두 다 처리하는 쪽에 맞추어, 두뇌 속의 어떤 기억 부서들이 긴밀히 관련되어 있는지를 놓고서 한 가지 모형으로 만들어 놓았다.

〈표5〉 이해 과정에서 기억 부서들의 유기적 작동 방식

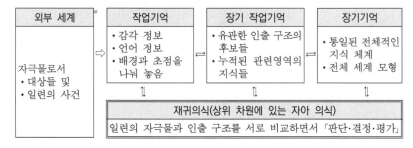

맨 왼쪽에 있는 '외부 세계'로 표시된 직사각형은 우리의 외부에서 끊임없이 들어오는 자극 자료에 해당한다. 그리고 오른쪽에 병렬된 세 가지 작은 직사각형들은 머릿속에서 이해를 가능하게 만들어 주는 단계별 진행 과정을 가리킨다. 이들 세 가지 작은 직사각형 밑에는 다시 길게 가로로 직사각형이 놓여 있다. 이 부서가 바로 위에 표시된 세 가지 단계들마다 각각 현재 처리 과정에 대한 작동이 제대로 일어나고 있으며 다음 단계로 제대로 진행되어 나가는지를 되돌아보는 부서로서, '판단하고 결정하고 평가하는' 중요한 역할을 떠맡고 있다(이 또한 작업기억에서 일어나야 하는 일임). 이것이 재귀적으로 작동하면서, 우리 자신의 생각을 맨 꼭대기에서 이끌어가고 있는 셈이므로, 이름을 우리 의식 속에서 최고의 「헌법 재판소」로 붙일 수 있다. 이것이 최상위 자아인데, 아마 가장 엄격한 자기 수련을 통하여 그 결과로서

얻어지는 것일 듯하다. 이 과정이 비단 언어 자료만을 대상으로 삼지 않고, 다른 감각기관으로 포착하는 감각 자료까지도 포괄하는 것이므로, 여기서는 이 자료들을 모두 가리키기 위하여 「대상과 사건」이란 포괄적 이름을 붙여 놓았다.

이 모형에서 한쪽 끝에 외부 세계에 있는 자극물로서, 대상들과 그 대상들이 일으키는 일련이 사건들이, 우리의 감각기관을 통하여 머릿속에 들어온다. 바아틀릿의 재구성 기억(제3피질)이란 착상을 응용한다면, 낱개로 들어오는 것이 아니라, 자극물을 접함과 동시에 작업기억에서는 관련된 일련의 기억 자료들을 인출하여 사건 흐름을 상정해 놓을 것이다. 상위 부서로서 밑바닥에 그려져 있는 우리의 재귀의식은, 우리가 머릿속에서 작동하는 것으로 스스로 의식하는 모든 내용들을 검사하고 점검하며 비교함으로써, 해당 처리 과정을 진행해 나갈지 수시로 스스로 자문하게 된다. 이는 머릿속 최상위 부서로서 「판단·결정·평가」 절차들로 이뤄지며, 맨 밑바닥의 재귀의식 위에 그려져 있는 오른쪽 세 가지 직사각형들을 작동을 부지불식간에 지휘하게 된다.

외부 세계의 자극물은 한 방향으로만 작동하며, 일방적이다. 그렇지만 나머지 부서들은 모두 수시로 거듭거듭 입력과 출력들을 주고받으면서 자극 자료들을 모두 포괄할 수 있는 개념들을 놓고서 복수의 가정을 내세우면서, 어느 가정이 최적이 될 것인지를 판단하고 결정해야 한다. 이는 부단하게 반복 순환 적용되면서 점차적으로 가다듬어져 나가는 것이며, 최종적인 인식 결과물을 만들어 내게 된다.

재귀의식의 지휘를 받고 있는 (재귀의식 위쪽에 있는) 오른쪽 작은 직사각형 속에 세 가지 부서는, 필자가 킨취 교수의 제안을 그대로 따른 것이다(상위의 재귀의식은 필자가 반드시 필요하다고 판단하여 도입해 놓은 것임). 먼저 양옆으로 작업기억과 장기기억이 있고, 한 가운데에 장기기억을 작업기억으로 바꿔 쓰는 '장기 작업기억'이 있다. 작업기억은 전-전두엽(전-전두 피질)에 위치하고, 장기기억은 제3의 뇌로 불리는 회백질에 위치한다. 일반적으로 알려지기로는, 우리 생명 유지(반사작용, 교감신경 및 부교감신경 체계)와 관련된 기억 내용일수록 원시적인 두뇌인 백질(white-matter)에 들어 있을 개연성이 높다.[40] 장

---

40) 가령, 핑커(Pinker, 1999; 김한영 뒤침, 2009) 『단어와 규칙』(사이언스북스)의 추측에 따라, 일반적 문법 규칙은 제2의 뇌에 무의식적 상태로, 즉 절차지식의 상태로 기억되어 있을 것이다. 그렇지만 명시적으로 저장과 인출이 가능해야 하는 개별 개별 낱말들은 재귀적 점검이 가능해야 하므로, 제3의 뇌에 자리 잡고 있어야 한다. 하나의 낱말도 르펠트(1989; 김지홍 뒤침, 2008) 『말하기: 그 의도에서 조음까지 1, 2』(나남)에서는 형태·소리를 맡는 부서와 통사·의미를 맡는 부서가 나란히 병치되어 있다고 가정하였다. 이들은 전문용어로 각각 통사·의미값 선택(lemma selection)과 형태·소리값 활성화(lexeme activiation)이라고 불린다. 이런 하위 두 부서의 결합을 lexicon(어휘)이라고 한다.

정상적인 어른을 기준으로 하여 머릿속에 몇 개의 낱말이 들어 있는지에 대해서는 크고 작은 추정값들이 지금까지 여럿 제시되어 있다. 5만 개의 머릿속 낱말을 기준으로 할 경우에, 작게는 1만에서부터 크게는 20만 개까지도 제시되어 있다. 왜 추정값들이 크게 변동되는 것일까? 이는 다음과 같이 네 가지 난점이 도사려 있기 때문이다.

㉠ 40만 개의 낱말을 담고 있는 사전을 중심으로 하여, 정상적인 어른들이 어휘 검사를 1시간 동안 받을 수 있도록 표본을 추려내는 과정에서 여러 가지 다양한 통계 기법들이 이용된다.

㉡ 시행을 위해서 검사 참가자들을 표본으로 뽑는 데에도 다시 특정한 통계 방식을 이용해야 하므로 실질적으로 전체 모수를 대표하는 적절한 표본 집단을 찾아낸 검사를 하기가 쉽지 않다. 따라서 반드시 언어학자와 통계 전문가와의 협업이 불가피하다.

㉢ 설령 표준 검사지를 마련하고 시행을 하여 모종의 평균치를 얻더라도, 다시 본디 어휘량을 추정하는 과정에서 그 값들이 변동될 수 있다. 이런 어려움이 일거에 다 해결되었다고 하더라도, 모든 게 다 끝난 것이 아니다.

㉣ 이해 가능한 어휘의 숫자가 산출할 수 있는 어휘의 숫자보다 더 많음이 사실이지만, 이것들을 엄격히 구분하고서 검사를 시행하는 일이 읽고 쓰는 능력이 균질한 사람들을 무작위 표본으로 만들기도 힘들고(층위화된 직업군이나 사회 계층별 접근이 불가피함) 층위화된 표본 검사지들의 균질성도 유지하기가 아주 어렵기 때문에, 그 자체로 어려움이 가중되는 일이다.

이렇게 난점들이 첩첩 쌓여 있기 때문에, 검사 차원을 더 넓혀서 감동을 주는 '문체'를 판단하고 결정하는 일은, 현재의 연구 수준으로는 불가능하다고 볼 수도 있다.

그렇지만 거꾸로, 최상위 주제나 상위 개념들을 나타내는 낱말들을 중심으로 하여, 선호도를 조사하는 우회적이고 간접적인 방법들을 전산 분야에서는 추구해 나가고 있다. 이런 시도가 가능한 것은 바로 부지불식간에 앞의 〈표4〉에 있는 정신 작동 방식을 받아들이기 때문이다. 즉, 제4단계에서 선호되는 일련의 개념 덩어리(상위 개념들의 집합)들이나 제5단계에서 선호되는 지식 체계 또는 세계 모형을 좀 더 구체적인 모습으로 재번역하여 검사하는 기법을 쓰는 것이다. 이런 일이 가능하도록 하는 방식 또는 기제도, 결국은 반복을 구현하는 내포 관계와 접속 관계에 의존하고 있음을 거듭 강조할 필요는 없을 듯하다.

일단 현재의 추정값은 이해와 산출을 통합한 모습으로 개략적인 어휘 숫자들만 어림해서 쓰고 있다. 이 때문에 1만이나 2만에서 어떤 경우에는 20만까지 추정한 경우도 있다. 현재 언어 교육 분야에서 받아들여지는 통계치는 나주·허먼(Nagy and Herman, 1987)의 추정값인데(McKeown and Curtis, 1987, 『*The Nature of Vocabulary Acquisition*』,

---

기 작업기억은 장기기억의 일부를 작업기억으로 바꿔쓰는 영역인데,
학습 및 전문가 훈련을 통하여 점차적으로 누적되고 확대된다.

Lawrence Erlbaum, pp. 19~35에 실려 있음), 고등학교를 졸업한 미국의 성인 기준으로
5만 개의 낱말을 갖고 있다고 보았다(이 통계에 기대어서 앞에서 언급한 핑커 교수는
고유명사들을 덧붙여 6만 개 정도가 될 것으로 보았음). 이런 통계값에 기대면, 초등학
교에 들어갈 시기의 1만 개 낱말에서부터 12년 동안 제도권에 있는 학교 교육을 받으면
서 5만개 낱말로 확장되는 셈이다(물론 산출에 이용할 수 있는 낱말의 숫자는 이해
가능한 낱말 숫자보다 더 적을 수밖에 없겠지만, 현재 산출 가능한 전체 낱말의 범위를
통계적으로 추정하기란 지극히 힘들다). 그렇지만 각 학문의 영역마다 수립된 지식
체계를 동시에 학습하기 때문에, 단순한 낱말의 양에 대한 확장이 아니다. 내포 관계와
접속 관계를 부여하여 범주들을 위계화하면서 자신의 낱말들을 몇 가지 영역에서 통일
되게 몇 겹의 그물처럼 짜 놓는 일도 함께 일어나고 있는 것이다.
  최근에 우리나라에서 구축된 '말뭉치'의 통계에서 빈출 어휘들을 놓고 어떤 범주(품
사)의 낱말들이 어떤 비율을 점유하는지를 언급하기도 한다. 이 통계도 또한 범주 결정
에 대한 문제에서부터 관점에 따라 통계치가 달라질 수 있고, 범주들 간의 변동이 허용
여부의 관점에 따라서도 통계치가 변동될 수 있을 것이다. 그렇지만 대략 학교문법에
서 쓰이는 범주를 이용할 경우에, 대략 명사로 대표되는 체언이 빈출 어휘 통계의 60%
를 차지한다. 그리고 동사와 형용사로 대표되는 용언이 20%를 차지하고, 나머지 범주
들이 남은 20%를 점유하고 있다. 용언의 비율에서는 동사가 3분의 2를 차지하고, 형용
사가 3분의 1을 차지한다. 유현경·남길임(2009: 58쪽의 〈표2-7〉) 『한국어사전 편찬학
개론』(역락)에는 사전에 따라서 통계치가 조금 달라지지만, 국립국어원에서 발간한 『
표준국어대사전』의 50만 표제어들을 품사별로 집계한 통계값이 있다. 주요한 품사로
서 명사가 65%, 동사가 13%, 형용사가 6%, 부사가 4%이다. 홍종선 외 6인(2009: 372
쪽) 『국어사전학 개론』(제이앤씨)에서도 동일한 통계치를 제시하였다.
  이런 통계치들에 힘입어, 비록 막연함이 완전히 제거되어 있지는 않더라도, 비로소
우리 머릿속에 있는 전경에 대하여 하나의 큰 그림을 얻을 수 있게 되었다. 그렇지만
이것이 완벽한 사실이라고 교조적으로 믿어서는 안 될 것이다. 현재 인공지능 시대에
서 기계가 스스로 학습하면서 거대한 자료를 재분류하고 범주를 부여할 수 있음(이른
바 거대 자료의 시대임)을 자각한다면, 또한 이 통계치들도 유의미하게 달라질 수 있음
에 유의해야 될 것이다. 이는 다음 사실에서 교훈을 얻을 수 있다. 생성문법에서 촉발된
언어 습득 연구에서, 주위 환경의 자극 언어(특히 아기를 향한 엄마 말투)가 비록 불충
분하더라도 내재된 언어 능력을 가동시키는 데에 중요한 변수라고 누구도 의심치 않았
었다. 그렇지만 최근에 아동들의 1년 이상 누적된 '거대 자료(빅데이터)'들에 대한 분석
으로 통하여, 아동의 자발적인 표현 동기(의사소통 의도)가 제1 동기로 새롭게 밝혀졌
다. 이런 사실이 시사해 주는 바가 큰 것이다.

제5장 제2부에 대한 요약

여기서는 이 방언의 접속 구문과 내포 구문을 다루기 위하여 필자가 다룰 수 있는 범위에만 국한하여 이론적인 토대를 논의하였다. 이는 작은 영역에서부터 시작하여 더 큰 그리고 더 깊은 영역들을 포함하는데, 각각 통사론, 담화 및 화용론, 언어 심리학, 인간 정신 작용 내지 사고 과정의 특징들이다.

제1장에서는 접속 구문과 내포 구문이 통사론 영역에서 어떻게 다뤄질 수 있는지를 언급하였다. 일원론(monism)을 표상하는 핵 계층 이론(X-bar theory)을 받아들일 경우에, 핵어는 크게 어휘 범주의 핵어와 기능범주의 핵어로 나뉜다. 각 핵어마다 구조를 투영하는데, 이를 논항구조로 부른다. 이분지 약정에 따라 이는 두 층위에서 논항을 하나씩 지닌 전형적 논항구조를 이루며, 이는 (1)의 나뭇가지 모습을 지닌다. 어휘 범주의 핵어는 적어도 세 개의 논항을 품고 있어야 하므로 전형적 논항구조를 또 한 번 반복시켜서 일반화된 논항구조를 얻게 된다. 이는 (8)의 나뭇가지 모습을 지닌다. 논항(argument)이란 용어는 수학기초론을 다지면서 인류 지성사에서 현대(방법론상 일원론 세계)를

열어 놓은 프레게(1879; 전응주 뒤침, 2015)『개념 표기』(EJ북스)에서, 모든 것을 집합(함수) 개념으로 환원한 뒤에 임의의 항이 집합의 구성원에 속하는지 여부를 '따진다'는 뜻으로 붙여진 것이다. 동시대를 살면서 일원론의 토대를 처음 마련했던 칸토어에게서는 원소(element)에 해당한다.

여기서 접속 구문은 이 방언의 언어 사실을 드러내는 (3)과 (4)의 실례에 따라 기능범주의 핵어인 접속사('&'라는 기호를 쓰기로 함)가 전형적 논항구조를 투영하는 모습을 지닌다. 여기서 선행절도 접속사 구절(&P)의 범주가 되고, 후행절도 또한 접속사 구절(&P)의 범주가 된다. 이것이 (1)의 범주 표상에 해당하는 것이다. 그리고 이 표상이 그대로 다시 상위문으로서 'ᄒᆞ다(하다)'라는 핵어가 투영하는 구조 속에 편입되어 들어가는 모습을 지닌다. 공통어에서는 후행절의 접속사와 상위문 핵어 'ᄒᆞ다(하다)'의 어간이 의무적으로 삭제되어야 하는 규칙을 거쳐 표면 형태로 나오게 된다. 이 방언에서도 공통어에서와 같이 삭제되어 나온 사례들도 있으며, 366쪽 이하에서 다룬 이 방언의 자료 (35)가 그러하다. 그렇지만 여전히 47쪽의 예문 (3)과 (4)처럼 그런 삭제가 전혀 일어나지 않은 채 표면구조에 그 모습을 그대로 보여 주기도 한다. 이런 점에서 이 규칙은 수의적으로 적용되고 있음을 알 수 있다.

그렇지만 중요한 점은 (3)과 (4)의 언어적 사실이 표면 구조상으로 접속 구문의 초기 표상을 그대로 보여 준다는 사실이다. 그뿐만 아니라 '-곡 -곡 ᄒᆞ다(-고 -고 하다)'의 구문은 접속 구문의 범주가 무엇이 되어야 할지, 그리고 접속 구문을 어떻게 표상해 주어야 할지에 대해서도 중요한 결정적 단서를 제공해 주는 것이다(905쪽 이하에서 양태 범주임이 주장됨).

내포 구문은 어휘 범주의 핵어가 일반화된 논항구조를 투영함으로써 세 개의 논항이 마련되는데, 여기서 새로 생겨난 제3의 논항에 실현된다. '보다'는 시지각 동사("철수가 영이를 본다")

행위 동사("내 친구가 벌써 사위를 봤다", 맞다)

일정 폭 지속되는 행위 동사("영수가 시험 본다", 치르다)

로서 변동할 뿐만 아니라, 다의어적 관점에서 접근한다면 다시

평가 동사("철수가 영이를 천재로 보다", 간주하다)

추측 동사("비가 오는가 보다", 짐작하다)

따위로도 변동하는 일을 동일한 표상으로써 설명해 줄 수 있게 해 준
다. 그렇다면 제3의 논항을 투영해 주는 어휘범주의 핵어의 부류를
결정해 주어야 한다. 이는 인용구문과 유사 인용구문을 비롯하여, 자
기 생각에 대한 표현 및 남의 의도에 대한 추정 구문을 포함한다. 그뿐
만 아니라 어떤 행위(행동)를 실천하고자 하는 화자의 의지에 대한 구
문 및 감정이입이라는 특이한 마음 작용을 통하여 상대방의 마음가짐
에 대하여 추측하는 구문까지를 포함해야 한다. 내포 구문에 대한 논
의에서 필자는 일단 우리의 정신 작용에서 최상위 부서로 알려진 재
귀의식의 중요한 속성들을 주목하고, 그 중에서 사건 전개 모습에 대
한 '판단'과 관련하여 이 핵어의 범주를 제안하였다(제6부).

제2장에서는 언어가 형식과 내용의 결합체라고 할 때에, 내용에 대
한 논의는 거시언어학의 구성 영역인 담화와 화용론 쪽에서 이뤄져
왔음을 지적하고, 이를 개관하였다. 접속 구문과 내포 구문이 더 확장
된 언어 덩어리를 짜 얽어가는 중요한 언어 형식이라는 점에서, 그
범위를 넓혀서 담화 및 화용 차원의 시각에서 어떻게 접근해 왔는지
를 언급하였다. 비록 하나의 문장 단위 속에 갇혀 있는 미시언어학에
서도 접속 구문과 내포 구문을 다룰 수 있겠지만, 이와는 달리 문장보
다 더 넓은 단위를 대상으로 하여 차원도 인간의 정신 작동까지 포함
해야 하는 더 복잡한 거시언어학에서도, 단위들이 짜얽히는(조직되는)

방식으로 접속 및 내포의 개념을 약간의 변형을 거치면서 계속 유용하게 다루게 된다.

담화가 짜얽히는 방식도 크게 둘로 나뉜다. 언어 형식 또는 기제들을 이용하는 미시구조 형성 영역과 언어 형식이나 기제가 따로 마련되어 있지 않은 거시구조 형성 영역이다. 담화 연구 초기에서부터 '앞뒤 문맥'이 낱말과 문장의 의미를 결정해 줄 뿐만 아니라, 또한 사용 맥락이나 상황 맥락이 더 중요하게 전체 의미를 고정시켜 줌을 밝혀 낸 바 있다. 초기에 미시구조 형성의 다섯 가지 방식(접속사, 생략과 대용 표현, 지시 표현과 낱말 사슬) 이외에도 20세기로 들어오면서 말뭉치를 전산 처리한 덕택에 새롭게 시제 표현이나 특정 어구들의 도입도 미시구조의 전개를 결정해 줌을 깨닫게 되었다.

보다 더 중요한 것은 거시구조이다. 이는 합당성 부여 방식 또는 정당성 확보 전략으로도 불린다. 인간 정신 활동을 다루는 거의 대부분의 영역에서 이런 특성을 다뤄왔기 때문에, 무려 관련된 용어만도 스무 개도 훨씬 더 넘는다(60쪽의 각주 23을 보기 바람). 합당성 내지 정당성을 확보하는 방식은 담화의 뼈대에 해당하는데, 담화 외부에서 도입하는 방식과 담화 내부에서 수립하는 방식으로 대분된다(〈표2〉를 보기 바람).

담화는 정태적인 모습으로 재구성될 수도 있겠지만, 실시간으로 입말을 통해 전개되어 나가기도 한다. 이런 흐름은

'시작 → 중간 → 끝'

의 순환 고리가 반복되어 나선처럼 점차적으로 진행되어 나간다. 여기에 다시 (11)에 제시되어 있듯이, 듣는 사람이나 읽는 사람에게 흥미를 주기 위한 장치로서 사건들의 꼬임(갈등)과 풀림의 기법이 녹아들고, (12)의 그림에서 잘 보여 주듯이 이 전체 고리에 대한 평가 진술이 끝맺는 역할을 떠맡는다. 사교적인 의사소통에서는 이것이 호의적

인 인사말로써 대체될 수도 있다.

화용론에서는 들리고 보이는 것 이면에 깔려 있는 것들을 찾아내고자 하였다. 초기에는 오스틴 교수에 의해서 전제와 함의라는 별개의 용어를 썼었다. 그렇지만 이것들이 다른 것이 아니라는 통찰이 이뤄졌는데, 그롸이스 교수는 각각 「언어 형태에 관습적으로 깃든 속뜻」과 「언어 사용 맥락에서 대화상으로 깃든 속뜻」으로 통일하여 쓰게 되었다. 이런 속뜻은 저절로 마련되는 것이 아니다. 오직 언어 사용자의 의도에 의해 깃들기도 하고 취소되기도 하는 것이다. 그렇다면 의도는 대화를 전개시켜 나가는 뼈대에 해당한다. 이 그림과 담화 구조에서 정당성 확보의 뼈대를 만들어 주는 그림은 서로 정합적으로 하나로 모아진다.

희랍 시대에 인간을 복합 영역의 산물로 간주하면서 소위 '지·덕·체'의 삼원 접근은, 중세 세계관을 부정하는 근세에 들어서서 데카르트에 의해서 신체와 정신으로 이분되고(심신 이원론), 이것이 다시 칸트에 의해 정신이 생각을 위한 순수 이성과 행동을 위한 실천 이성으로 나뉘게 되었다. 희랍 시대에 생각과 행동이 각각 의도와 의지에 의해서 일어난다는 소박한 직관을 그대로 받아들여 칸트는 자신의 용어로 바꾸어 놓은 것이다. 그렇지만 그롸이스 교수는 우리 정신이 일관되게 통일되어 있다면, 두 가지 이성이 따로 물과 기름처럼 있는 것이 아니라, 오직 하나의 이성이 존재하여 작용한다고 보았다. 다만 그 대상이 생각인지 행동인지로 나뉠 뿐이라고 주장한 것이다. 이는 한문권에서 돈독하게 강한 뜻(독지)에 의해서 생각이 행동으로 전환된다는 오랜 직관을, 현대 일상언어 철학에서 되살려 놓은 일에 불과한 것으로 본다. 여기서 이런 통일된 이성이 우리가 경험하여 고정시켜 놓은 믿음체계와 공동체를 움직이는 공공의 약속들을 결합시켜 주는 실체이다. 그럴 뿐만 아니라 의사소통 상황에서 이런 믿음 체계를 가동시켜 상대방과 「왜 어떻게 무엇으로 의사소통을 할지」(의사소통 모형으로 불림)를 놓고서, 스스로 미리 모형을 약식으로 결정한 뒤에, 의

사소통 의도를 만들어 내는 것이다. 이것이 화용의 뼈대이자 동시에 담화의 뼈대를 형성하게 된다.

제3장에서는 언어 심리학에서 담화를 처리하는 방식을 소개하였다. 위와 같이 일이 우리 머릿속에서 어떤 절차를 따라 어떻게 일어날지를 다루었다. 여기서 가장 중요한 것이 머릿속 작용의 기본 단위이다. 이는 절 유사 단위이며, 아리스토텔레스가 단언 서술 형태로 된 최소 형식을 지정한 것과 동일하다(단언문). 이는 내부 구조를 지니기 때문에 언어 기제(미시구조 형성 기제)를 이용하여 낱개의 사건들의 연결체를 만들어 줄 수 있는 것이다. 그뿐만 아니라 합리성 또는 정당성을 부여하면서 더 큰 덩어리로 묶어 나갈 수도 있다. 언어 심리학에서는 이런 일이 우리 다중 기억 종류 중, 특히 작업기억과 장기기억을 이용하여 일어난다고 밝힌 바 있다. 언어 이해에 관련된 세부 진행 과정은 〈표3〉에 제시되어 있다. 여기서 깊이 다루지는 않았지만, 언어 산출에 대한 단계별 진행 과정에 대한 논의는 김지홍(2015) 『언어 산출 과정에 대한 학제적 접근』(경진출판)에서 자세한 내용을 읽을 수 있다.

마지막 제4장에서는 현재 언어 처리와 언어 교육에서 이용할 수 있는 사고 작동 방식에 대한 논의를 하였다. 이는 〈표5〉와 〈표6〉으로 제시되어 있다. 여기서 우리의 정신 작용은 귀납적인 개별 사건들의 표상들을 놓고서 상위 층위로 묶어 가고, 그러는 과정에서 모자란 정보를 더해 놓게 된다. 이 단계는 반드시 어떤 일관된 모형을 둘 이상의 후보로 상정하는 일을 수반한다. 두 가지 모형이 경합할 경우에 새로운 개별 사건들과의 정합성 및 예측 가능성에 따라 선택과 취사가 일어나며, 만일 더 넓은 범위에 적용할 수 있다면 이는 체계화된 지식이나 학문으로 불린다. 여기에 다시 있을 수 있는 가능세계까지 포함할 경우에, 우리는 지혜를 갖춘 세계 모형이라고 말할 수 있다. 현재 필자의 좁은 식견만으로 이해하기에는, 진화주의 관점에서

물질계(인과율에 지배됨)·생명계(본능에 지배됨)·인간계(자유의지에 지

배됨)

의 점진적 진화를 설명해 주면서, 각각의 작동 원리를 「인과율·본능·관습과 자유의지」 정도로 상정하는 후보 이외에, 이와 경합할 만한 주장은 아직 없을 것으로 본다. 자유의지를 지닌 인간의 생각과 행위는, 일차적으로 관습화된 것을 대상화하여 그 속성의 일부를 변경하거나 새로운 것으로 바꿔나가는 방식을 가장 소박하고 전형적인 것으로 간주한다. 이런 점을 흔히 사회적 존재로서 인간을 바라보는 시각으로 부른다. 그렇다면 소쉬르의 언어학의 모형도 지성사의 큰 흐름에서 사회 관계 속에서 개인을 바라보는 시각으로 이해할 수 있다.

제3부 복합 구문에서 관찰되는 전형적인 어미 형태소들과 그 기능의 변동

제**1**장 들머리

필자는 이 방언의 복합 구문에서 찾아지는 형태소들을 다루면서, 수시로 그리고 역동적으로 전형적인 기능들의 변동들을 잦은 빈도로 직접 목격할 수 있었다. 아울러 이와 같이 다양한 변동들을 어떻게 포착해야 할지를 놓고서, 오랜 기간 고민에 휩싸인 바 있다. 이를 언어 내적으로 풀어나가는 방식도 있을 것이고, 언어 외적인 사건들의 연결이나 연속체를 상정하여 그 연속체에 수반된 변동으로 설명하는 방식도 있을 것이다. 언어가 형식과 내용의 자의적 결합물로 상정할 경우에, 전자는 형식이란 영역 속에서 변동하는 길을 추적하거나 모종의 필연성을 찾는 일이다. 그렇지만 후자는 내용(사실은 내용의 범위가 막연함) 영역을 전제로 하여, 이 영역이 바로 형식에 대한 변동까지 초래한다고 여기는 관점이다. 전자는 순수한 통사적 기제를 대상으로 하여 변동 현상을 설명하려는 시도이다. 그렇지만 후자는 화용론의 모형(그롸이스 교수의 대화 규범에 대한 세부 내용 따위)을 전제로 하여, 어떤 화용 규범 내지 언어 사용 방식의 기제를 고려함으로써, 변동 현상에 대한 약한 차원의 합리적 관련성을 추구하는 일이다.

언어가 '상징 체계'라고 정의할 적에, 형식과 내용의 필연적 결합보다는 우연히 자의적이고 사회적으로 받아들여진 결합임을 속뜻으로 깔고 있다. 가령,

(1) "문 닫고 들어와!"

라는 일상적 표현이, 어떻게 해서 모순을 느낌이 없이 자주 쓰이는 것일까? 접속 어미 형태소 '-고'가 시간상의 선후 사건 나열로 이해될 경우에 이는 모순된 표현일 뿐이다. 문을 닫고 나서는 결코 아무도 방안에 들어갈 수 없기 때문이다. 그렇다면 (1)이 시간상으로 전개된 선후 사건으로 이해될 수 없는 것이다. 그럼에도 불구하고 여전히 그대로 쓰이고 있다.

그렇다면, 있는 그대로의 언어 사실을 존중하면서 이를 해석하기 위하여, 언어 내부의 자질이나 기능을 벗어나서 새로운 차원에서 언어 사용 규범을 상정해 놓을 필요가 있다. 가령, 다음처럼 여기는 것이다. 두 가지 사건이 해당 화용 상황에 중요한 핵심 행동으로 부각되고, 공간상의 나열에서 가장 선호되거나 필요하다고 느끼는 사건을 상대방으로 하여금 쉽게 주목을 할 수 있도록, 첫 번째 위치에 놓는다. 만일 이런 '상식'을 대화 규범으로부터 도출한다면, 그리고 이러한 설명 방식에 수긍한다면, 이런 일상적 표현이 모순된다고 선언하는 일 자체가, 곧바로 언어의 상징성을 무시해 버리는 일이다. 언어의 상징성은 가변적인 해석을 밑바닥에 깔고 있기 때문이다. '죽고 살고'의 긴박한 문제가 달려 있는 가장 위험한 상황에서조차

(2) "꼼짝 말고 손 들어!"

라는 관용구를 쓰기 마련이다. 정작 '-고'를 계기적 사건만 연결한다고 볼 경우에, 어떻게 꼼짝하지 않은 채로 두 손을 들 수 있단 말인

가? 그렇지만 우리말 화자들이라면 아무도 이런 표현을 모순되었다고 느끼지 않는다. 다만, 결과 사건과 진행 사건이 선후가 바뀐 것이, 듣는 사람으로 하여금 재빨리 초점 사건을 주목하도록 만들려고, 맨 첫 위치에 끌어 놓았을 뿐임을 넉넉 짐작할 수 있기 때문이다. 이런 방식을 규정할 수 있는 것은, 미시적인 언어 형태소에서 나오는 것이 아니다. 오히려 그런 형태소를 융통성 있게 선택하는 언어 사용에 대한 또다른 차원의 규범인 것이다(91쪽의 각주 37에 적어둔 유사 사례도 보기 바람).

필자는 상위 차원에서 언어 사용 상황을 규제할 수 있는 어떤 상식적인 규범을 상정하는 화용론의 접근법이, 언어만 아니라 우리가 늘 접하는 일상적인 행동거지에까지도 그대로 설명력이 동등하게 유지된다고 본다. 슬프면 눈물이 나겠지만, 슬프지 않으면서도 장례식에서 일부러 슬픈 척 크게 울음소리를 내어야 하는 것이, 오랜 동안 '자잘한 예의'로 규정된 분명한 절차이다. 이는 한 개인의 마음 상태 및 겉으로 표현된 울음소리만의 문제가 아니라, 그 장례에 참여하여 상주를 관찰하는 친지들을 간접적으로 대접하는 핵심이라고 말할 수 있는 것이다. 로빈슨 크루소와 같이 무인도에서 혼자만 살고 있다고 가정한다면, 예의는 아무런 소용도 가치도 없는 것이다. 그렇다면, 또다른 사회 관계의 측면에서 볼 경우에, 예의는 사회 구성원들 사이에 받아들여지고 동일한 마음가짐을 유지하고서 같이 행동하고 있다는 명시적인 확인 방식(즉, 공통된 믿음 체계의 확인)일 수 있는 것이다.

필자는 이하에서 표본 삼아 이 방언의 등위 접속 구문에서 찾아지는 형태소, 종속 접속 구문에서 찾아지는 형태소, 내포 구문에서 찾아지는 형태소를 놓고서 어떻게 변동하는지를 몇 가지 사례로써 보여주고 설명해 나가고자 한다. 잠시 자연 현상의 인과관계 사건들을 젖혀 두기로 한다. 오직 자유 의지(목적)에 의해 일부러 일어나는 인간 관련 사건들에만 초점을 맞추기로 한다. 자유 의지를 지닌 우리가 여러 사건들을 이어가면서, 궁극적인 목표 사건(궁극적 희망 상태)에 도달하려고 하기 때문에, 언제나 일련의 사건들이 주어져 있어야 하고, 일련의 사건들에 대한 연결체들이 서로 이질적이더라도 다시 더 높은 차원의 개념을 지닌 새로운 사건에 의해서 내포되는 것이, 우리가 주변의 생태 환경을 짜얽어 나가는 일반적 방식이다.

여기서 비록 등위 접속 구문을 맨 처음 내세웠지만, 좀 더 높은 차원의 언어 사용 상황을 상정한다면, 종속 접속 구문과 내포 구문이 좀 더 우리가 겪는 일상 사건들을 더 잘 포착해 주는 것이라고 볼 수 있다. 94쪽의 〈표4〉에서 살펴보았듯이, 5층위가 상정된다고 할 경우에, 접속 관계의 사건들은 각 층위마다 형제·자매 항목들로서만 존재할 뿐이다. 차츰 일반화하고 전체적 얼개를 꾸려 나가기 위해서는, 더 낮은 층위에서 더 높은 층위로 진행해 나가야 한다. 이렇게 층위들 사이를 매개해 주는 언어 형식이 두 가지이다. 하나는 종속 접속 구문이며, 대표적인 것이 「연산 관계, 충분조건, 함의 관계, 입출력 흐름, 제약 만족 과정」 따위로 다양하게 불리는

(3) 'if X, then Y'
   (X → Y)

라는 형식이다. 다른 하나는 좀 더 포괄적인 상위 개념으로 하위 층위를 감쌀 수 있는 내포 구문이다. 후자는 특히 무어(1953; 김지홍 뒤침, 2019) 『철학에서 중요한 몇 가지 문제』(경진출판)에 의해서 '믿음의 문제'로 환원된 바 있다(믿음 그 자체는 스스로 객관성을 입증할 수 없는 '자기모순'의 특성을 안고 있으며, 흔히 이를 「무어의 역설」로 부름). 필자가 보건대, 믿음의 문제는 구체적인 언어 형식에서 양태(가능세계까지 포함함) 표현 및 내포문의 형식, 그리고 낱말의 상위 개념으로 표상되는 관계이다.

제2장 등위 접속 구문

§.2-1 비록 남기심 외 3인(2019: §.9-2-2) 『새로 쓴 표준 국어 문법론』(한국문화사)에서는[41] 용어를 '대등적 연결 어미'라고 불러서 필자

---

41) 비록 강제성이나 규범성이 없더라도, 이미 우리에게도 '학교 문법'으로 불릴 수 있는 문법서가 있고, 이에 대한 해설도 계속 증보되어 나왔다. 또한 유현경 외 9인(2018) 『한국어 표준 문법론』(집문당)의 '통사론' 부분 중 「제3장 홑문장과 겹문장」에서 다뤄진 내용도 참고된다. 일단 여기서는 누구든지 쉽게 참조할 수 있는 토대로서 '학교 문법'을 언급할 것이다. 그렇지만 이런 언급이 결코 학교 문법의 모형을 옳은 것으로 받아들임을 의미하지 않는다. 한글 맞춤법의 한계가 낱말이 기본이라고 보았던 시대에 갇혀 있다. 띄어쓰기는 낱말보다 좀 더 큰 어절 단위가 더 옳다. 특히 이 방언에서는 '그 아이, 이 아이, 저 아이'가 마치 한 낱말처럼 응축되어 아주 잦은 빈도로 '가이, 야이, 자이'(표준국어대사전에는 더 줄어든 '걔, 얘, 쟤'가 단독 항목으로 올라 있음)로 쓰인다. 이를 보장해 주려면 낱말 단위로는 불가능한데, 아마 한국어 공통 현상이 아닐까 싶다. 또한 학교 문법도 당시의 한계를 그대로 담고 있다. 다시 말하여, 구 또는 문장이 기본적이라고 여겼던 혼종된 관점을 담고 있다는 점이 이론상의 제약이자 한계이다(순수히 통사론 단위가 기본이라고 보지도 않았고, 구조주의와 생성문법이 혼성되어 있음). 이런 한계들 때문에 실용적인 목적으로 이용될 경우에 설명할 수 없는 언어 현상들이 다수 나오게 된다. 필자의 이 책에서는 언어 사용 또는 담화 전개의 흐름에서 이 방언의 복합 구문들을 바라보고 있다. 따라서 이런 입장의 차이가 뚜렷이 나뉨을 적어 둔다.

아마 담화 전개 흐름을 포괄하는 상위 차원의 개념은, 기억을 기반으로 하여 무엇을 인출하고 무엇을 처리하는지에 대한 논의일 것이다. 아마 먼 시점에서나 희망해 볼 수 있는 내용이다. 이미 노벨상을 받은 분들끼리도 기억의 본질에 대하여 서로 다른

의 용어 사용 방식과는 서로 다르더라도, 그곳에서는 등위 접속 구문에서 관찰되는 전형적인 어미 형태소로 '-고'(공간 나열이나 병렬 기능)와 '-으며'(동시 진행되는 사건의 접속)와 '-으나'(역접 또는 반대 사건이나 기대에 어긋난 사건의 접속)를 예시해 놓았다. 필자는 어떤 관점에서 우리말을 서술하는지에 따라서 범위와 대상들이 달라질 수 있음을 충분히 인정한다. 그렇지만 다른 한편으로 누구나 쉽게 참고할 수 있는 성격을 지닌 출발점을 선택하는 문제와 마주하였을 적에, 여러 논란에도 불구하고, 많은 사람들 사이에서 그나마 무난하게 인정할 수 있는 것이 상당 기간 쓰여 온 학교 문법이다. 이 논의에서는 일단 일상적인 직관을 잘 보여 준다고 여겨, 현행 '학교 문법'이란 얼개 속에서 다뤄진 사례들을 전형적인 어미 형태소로 간주하기로 하겠다.

먼저 공간 나열의 '-고'와 이른바 약모음 또는 매개모음(11쪽의 각주 6 참고)을 표시해 둔 공통어의 형태소 '-으며, -으나'는 이 방언에서 유사한 형식으로 각각

'-곡(-고)', '-으멍(-으면서)', '-마는(-만)'

가정을 따르면서 서로를 공격한 바 있다(83쪽의 각주 33). 크뤽(F. Crick, 1916~2004)이나 켄들(E. Kandel, 1929~) 등에서 전제한 환원주의 가정 및 에들먼(G. Edelman, 1929~2014)에서 전제한 뉴런 덩어리들의 새로운 연결체를 이루어 평형 상태에 도달한 것을 기억의 표상으로 여기는 통합주의 가정이다.

아마도, 환원주의 가정(시냅스 연결 및 장기 강화)은 제1두뇌와 제2두뇌에서 작동하는 방식일 수 있고(무의식적 기억), 통합주의 가정은 제3두뇌의 작용 방식일 수 있다. 이런 대립적 접근 방식이 또한 더 앞선 시기에 기억 연구 아버지로 불리는 두 분에 의해서 서로 다른 기억 방식으로 주장된 바 있다. 각각 전자의 기억 방식은 자극과 반응에서 성공적인 경우를 내재화하는 에빙하우스(Ebbinghaus, 1850~1909)의 '자유연상 기억'으로 구현되고, 후자의 기억 방식은 이를 비판한 바아틀릿(Bartlett, 1886~1969)의 '재구성 기억'으로 구현된다. 그렇지만 우리 두뇌가 세 차례의 진화를 거쳤다는 3겹 두뇌 가설을 받아들인다면, 이런 두 종류의 기억이 통합될 수 있다. '공포'와 관련된 편도체 연구로 이름이 높은 르두(J. LeDoux, 1949~) 교수는 다음처럼 비유한다. 숲속에서 갑자기 곰을 마주쳤을 때에 반응이 먼저 무의식적으로 일어난 뒤에 조금 있다가 동일한 자극이 전-전주엽의 작업기억을 거쳐 제3의 두뇌로 전달되었을 때에 비로소 자신이 처한 상황을 의식적으로 파악하게 되는 것이다.

이라는 어미 형태소가 관찰된다. 여기서는 주로 맨 첫 형태가 변동되는 모습만을 언급하기로 한다. 이 방언의 어미 형태소들은 시상 형태소의 결합에서 서로 차이를 보여 준다. 전형적으로 '-곡(-고)'과 '-으멍(-으면서)'은 시상 형태소가 없는 쪽으로 자주 쓰이지만, '-마는(-만)'은 종결 어미 형태소로서 '-지, -주, -저'에 융합되어 쓰이며(-지마는, -주마는, -저마는; 342쪽의 각주 78 참고), 이것들이 시상 형태소(동사계통은 '-앖- vs. -앗-')42)를 그대로 실현시켜 준다는 점에서 차이가 있

---

42) 이 방언의 시상 형태소는 동사일 경우에 '-앖- vs. -앗-'이 대립하여 쓰이고, 형용사와 계사일 경우에 'ø vs. -앗-'이 대립하여 쓰인다. 종전에는 형태소 분석이 제대로 되어 있지 않은 상태에서 마치 '-암시-'라는 시상 형태소가 있는 듯이 서술되었었다. 그렇지만 이는 엄격히 '-앖-'이라는 형태소와 뒤에 결합된 '으'로 시작되는 종결 어미 부류가 전설화되어 '이'로 된 것에 지나지 않는다. 김지홍(2014)『제주 방언의 통사 기술과 설명: 기본구문의 기능범주 분석』(경진출판)을 보기 바란다. 그렇다면 이 방언에서는 시상 형태소로서 동사가 활용할 경우에 '-앖- vs. -앗-'이 관찰되고, 형용사와 계사가 활용될 경우에 'ø vs. -앗-'이 관찰되는 것이다. 이전까지의 연구에서는 거의 집중적으로 줄기차게 이 형태소의 기능이 무엇인지를 놓고서 다뤄져 왔다고 말할 수 있다. 가령,

　현평효(1974), "제주도 방언의 정도사 어미 연구", 동국대학교 박사논문(현평효, 1985에 재수록됨),
　홍종림(1976), "제주도 방언의 선어말 어미 '-암/엄-, -암시/엄시-, -안/언-, -아시/어시-에 대하여", 『선청 어문』 제7호,
　이남덕(1982), "제주 방언의 동사 종결 어미 변화에 나타난 시상 체계에 대하여", 이화여자대학교 한국문화연구원 『논총』 제40집,
　현평효(1985), 『제주 방언 연구: 논고편』(이우출판사),
　홍종림(1991), "제주 방언의 양태와 상범주 연구", 성균관대학교 박사논문,
　우창현(1998), "제주 방언의 상 연구", 서강대학교 박사논문,
　문숙영(1998), "제주 방언의 시상 형태에 대한 연구", 서울대학교 석사논문,
　우창현(2003), 『상 해석의 이론과 실제』(한국문화사)

의 연구가 이른 시기의 논의에 해당한다. 또한 『형태론』이란 학술지에서 시제 범주로 보려는 시각과 상 범주로 보려는 두 가지 시각이 논쟁의 형식으로 심도 있게 다뤄졌다.

　문숙영(2004), "제주 방언의 현재시제 형태소에 대하여", 『형태론』 제6권 2호,
　이효상(2006), "제주 방언의 '-엄시-'에 대하여: 상 표지인가, 시제 표지인가?", 『형태론』 제8권 1호,
　문숙영(1998), "제주 방언의 '-엄시-'의 범주와 관련된 몇 문제", 『형태론』 제8권 2호

또한 상 범주를 체계화하려는 노력도 계속되는데,

　고영진(2007), "제주도 방언의 형용사에 나타나는 두 가지 '현재 시제'에 대하여", 『한글』 통권 제275호,
　고영진(2008), "제주도 방언의 형태론적 상 범주의 체계화를 위하여", 『한글』 통권 280호,
　정성여(2013), "제주 방언의 '-ㄴ다'와 관련된 어말 형식들의 대립에 대하여", 『방언학』 제17호

에서도 이 방언의 형용사 시제와 동사의 상 문제를 다루었다. 고영진 교수는 특히 '상'이라는 개념을 명확히 해 주고 있으며, 형용사의 경우에 양태상으로 대립되는 '-나

vs. -은다'도 포함하여 다루고 있다. 필자는 개인적으로 '-나 vs. -은다'의 대립이 각각 Kratzer(1989) "Stage-level and Individual-level Predicates"(Carlson and Pelletier 엮음, 1995, 『The Generic Book』, University of Chicago Press 재수록)에서 언급된 무대 충위 술어와 개체 충위 술어에 해당하는 것으로 본다. 고재환 외 5인(2014) 『제주어 표기법 해설』(제주발전연구원)에서 필자가 집필한 부분에서도 상과 시제의 문제를 적어 놓았는데, 그곳의 143쪽 이하 및 168쪽 이하도 같이 읽어 보기 바란다(다만, 당시 '-으크-+이어'에 대한 잘못된 표상이었음을 적어 둔다. 3쪽의 각주 1에서 적어 놓았듯이 현재의 바뀐 생각으로는 응당 공통어에서와 동일한 형상 '-을 것이어'가 융합되고 줄어든 모습일 수밖에 없다고 보고 있으므로, 약모음 '으'의 전설화도 함께 배제되는 것임).

우리말에서 공통적으로 상(또는 시상)과 양태(양상)가 명확하게 구분되지 않은 채 쓰이고 있음을 본다. 이 방언의 연구에서도 그러하다. 필자는 서구의 언어에서처럼 조동사가 고유하게 상을 가리키는 계열과 양태를 가리키는 계열로 나뉘는 경우도 있고, 우리말에서와 같이 불분명한 경우도 있다고 본다. 그렇다면 우리말 현상을 다루기 위하여 이를 재정의할 필요가 있다고 본다. 현재의 생각으로 필자는 양태(또는 양상) 개념이 상위 개념이라고 본다. 양태(양상)는 모든 가능세계에서 어떤

'사건의 전개'에 대한 개관

을 가리킨다. 이는 가능세계에서 상정되는 모든 사건들을 가리킨다. 이 상위 개념 아래 다시 하위 개념으로 시상이 자리잡는다. 시상은 현실세계에서

'사건의 진행'에 대한 지시 내용

일 뿐이다. 즉, 가능세계의 한 원소로서 현실세계에서 관찰할 수 있는 사건을 놓고서 진행 모습을 가리켜 주는 것이다. 그렇다면 인간이 체험할 수 있는 범위 속에서만 진행 여부를 따질 수 있겠는데, 지금 현재 사건의 '시폭'(또는 시제를 가리키려면 '시점')과 이미 지난 (직간접) 체험의 시폭만이 시상의 구성원이라고 본다. 이런 구도를 상정할 적에라야, 양태 형태소들이 하위 개념이 시상의 몫까지 떠맡는 일을 쉽게 설명할 수 있을 것으로 본다.

'상'을 현평효(1985) 『제주도 방언 연구: 논고편』(이우출판사)에서처럼 '동작상'으로 불러야 하는지, 사건 진행 모습(전개 양상)을 줄여 '사건상'으로 불러야 하는지에 대해서도 입장이 분명해져야 할 것이다. 이 두 개념은 자유의지를 지닌 개체로서 인간이 하나의 사건을 일으키는지 여부로써 구분되어야 한다. 동작은 자유의지를 지닌 인간이 일으키는 행동을 가리키게 된다. 이런 측면에서 이 방언의 자연스런 표현으로 자연 현상

"날이 붉았저!"(날이 밝고 있다)

와 같은 발화를 설명할 수 없다. 자연 현상 '날'의 변화는 자연계의 인과율에 따른 일어날 뿐이다. 해 또는 날의 변화는 결코 '동작'이 아닌 것이다. 군대 명령

"동작 그만!"

이란 구호에서 잘 보여 주듯이, 전형적으로 동작은 오직 자유의지를 지닌 인간에게만 적용된다. 따라서 날의 상태가 바뀌는 동기로서, 결코 사람이 지닌 의지나 의도 또는 자유의지를 상정할 수 없으며, 동작의 전개 모습이란 개념 자체가 적용될 수 없다고 매듭지을 수 있다. 따라서 동작상을 구분해 주는 '완료' 여부에 대한 개념도 이 책에서는 더 이상 받아들이지 않는다. 대신 한 사건의 진행 모습을 표시해 주기 위하여 시작점과 종결점이란 두 개념을 쓸 것이다.

여기서 시상이란 합성 개념을 잠깐 언급해 두기로 한다. 시제는 3원 체계의 사건 표상이고, 상은 2원 체계의 사건 표상이다. 시제는 반드시 관찰자와 사건 관련 시점과 기준

시점(발화 시점 이외의 시점)이 들어가 있어야 한다. 시제 논리를 창안하여 오늘날 가능세계 논리학의 형식에 토대를 마련한

프라이어(A. N. Prior, 1957) 『*Time and Modality*』(Clarendon Press)
프라이어(1967) 『*Past, Present and Future*』(Clarendon Press)
프라이어(1968) 『*Papers on Time and Tense*』(Clarendon Press)

에서는 일직선상의 부등호 관계로써 시제를 설명하였다. 그렇지만 상은 전형적으로 관찰자와 사건 전개 모습만 있을 뿐이다. 시제 표상에서는 화자와 관찰자가 일치하지 않을 경우도 생겨나므로, 그 하위 구분이 더욱 복잡해진다. 반면에 상은 관찰자와 화자가 분리되지 않은 경우로서, 발화 시점이 그대로 기준 시점으로 간주된다. 이런 측면에서 좀 더 단순하고 보수적인 표현 방식으로 여겨진다. 현재 언어 유형론에서는 두 종류가 있는 것으로 알려져 있다.

① 상만 있는 언어
② 상과 시제가 모두 있는 언어

상이 없이 오직 시제만 갖고 있는 언어는 아직 보고되지도 찾아지지도 않은 것으로 알려져 있다. 다만, 우리말 형태소 '-겠-'에서와 같이 다시 양태 개념이 시상과 겹쳐질 경우에는 좀 더 복잡한 모습을 띠게 된다. 이를 설명하기 위하여 필자는 양태 개념이 상위 개념이라고 상정한다(381쪽의 〈표7〉과 774쪽 이하의 각주 151을 보기 바람).

이 방언의 시상 체계를 설명하면서 현평효(1974) "제주도 방언의 정동사 어미 연구"(동국대학교 박사논문, 1985에 재수록됨)에서 썼던 '완료·미완료'라는 용어는 자유의지를 지닌 주체가 일으키는 '동작의 완료 여부'와 이음말이 된다. 그렇지만 인과율에 지배되는 자연 현상들까지 포괄하려면 사건 전개 모습을 상정해야 한다. 따라서 이와 어울리는 이음말은, 이것보다는 이 책에서 쓰고 있는 「시작점·종결점」이 더 나은 선택이다. 이 방언의 자료에서 필자는 일단 진행 과정을 표시하는 동사 범주 및 상태를 표시해 주는 형용사와 계사의 범주 상의 차이가 각각 '-앖'과 'ø'로 달리 구현되지만(범주 상으로 조건이 지워진 변이형태라고 불러야 옳겠지만, 구조주의 언어학의 용어로는 이런 개념이 없으므로 오직 형태론적으로 조건이 지워진 변이형태라고만 부르게 됨), 과거 시제나 완료(종결) 시상에서는 모두 '-앗-'으로 실현된다는 점(상태의 종결 상태, 동작의 종결 상태)에서 두루 시제와 상에 걸쳐서 쓰인다고 본다.

더 뒤에서 반증이 제시될 것이지만, 매우 이례적으로 처음 현평효(1974, 1985 재수록) 『제주도 방언 연구: 논고편』(이우출판사)에서 제시되어 온 '-암시- vs. -아시-'라는 형태소의 분석(제2음절 '시'에 '있다'가 녹아 있는 것으로 여겨 '존속상'이라는 개념을 주장했음)은 잘못이며, 더 이상 이를 답습하지 않는다. 만일 존속상을 주장한다면, 앞의 요소는 점적인 시간 존재(시점)를 가리켜야 한다. 이는 결국 상호 모순이나 자가당착일 뿐이다. '상' 그 자체가 일정 시간 폭을 지닌 사건을 가리킬 뿐이기 때문이다.

대신, 필자는 1음절 형태의 대립 '-앖- vs. -앗-'만을 인정한다. 잘못 제2음절로 표시된 '시'에서 첫 자음(onset) 'ㅅ'은 제1음절 형태소(-앖- vs. -앗-)의 받침(offset) 'ㅅ'이 형태소 결합에 따른 음절 재조정이 일어나면서 뒷자리로 옮겨간 것에 불과하다. 그리고 제2음절에서 관찰되는 '이'는 종결 어미가 지닌 약모음 '으'가 전설화된 것으로 본다(필자는 약모음을 '이'로까지 확장하지 않는 입장을 택하는데, 이는 자동적 음운 변동으로 설명해야 하며, 이 방언에서 이런 필수적이거나 수의적인 전설화 현상이 두루 여러 범주들에 걸쳐서 관찰되기 때문임). 종전의 잘못된 2음절 형태소의 존재는, 이 각주에서 각각 1음절 형태소(-앖- vs. -앗-)와 종결 어미의 약모음 '으'가 전설화되어 '이'로 바뀐 것으로 봐야 한다. 특히 시상 형태소의 대립 짝 '-앖-, -앗-'에 결합될 경우에 그러하다. 187쪽의 각주 50에서 전형적으로 이유를 나타내는 형태소 '-으난(-으니

까)'도 이런 시상 선어말 어미 형태소와 결합하는 경우에는 전설화가 일어나서 '-이난 (앖+이난, 앗+이난)'으로 바뀐다.

가령, 어른과 아이 사이에서 들을 수 있는 발화로서, 이 방언에서 수의적으로 교체되는 두 가지 모습을 관찰할 수 있다.

"지금 부름씨 ø 값이냐?" 또는 "지금 부름씨 ø 값냐?"
(어른이 지나가는 아이에게 묻기를, 「네가 지금 심부름을 가고 있느냐?」)

이런 수의적으로 교체되는 발화에서 결코 상의 대립을 찾아낼 수 없다. 단지, 이는 종결 어미를 '-냐?'('는+이+아'[는 것이야]의 융합)로 쓰느냐, 아니면 약모음을 지닌 채 '-으냐?'로 쓰느냐의 차이에 말미암은 작은 변이일 뿐이다. 이것들이 의미 또는 상(동작 상이든 사건 전개상이든 간에)에서의 차이란 전혀 관찰되지도 않는다.

또한 미완료('-앖-'을 '-암-'으로 잘못 분석했음)와 미완료 존속('-앖-+-이'를 '-암 시-'로 잘못 분석했음)으로 규정해 놓은 개념 정의에서도, 서로 구별될 수 없는 것을 편견에 이끌리어 굳이 구분해 놓으려고 하였다. 아마도 이는 '있다'의 어원 '시-'를 반 영한다는 편견을 미리 깔고 있었기 때문에 (그런 집착에 따라) 귀결되었을 것으로 본 다. 왜냐하면 개념상으로 따져 봐도 이 점을 이내 알 수 있다. 엄격히 상에 대한 정의는 점적 시간(시점)이 시제에서 다뤄지는 것과 대립하기 때문이다. '상'은 일정 시간 동안 일어나거나 관찰되는 시폭을 지닌 사건인 것이다. '미완료'(또는 진행 과정)는 그 상태 를 종결점에 이르기 이전까지 그대로 유지하는 것이 전제된다. 만일 예외적인 순간상 만을 제외한다면, 전형적으로 사건의 시작점과 종결점이 분리되어 있음을 요구한다. 이 개념 아래 필요한 하위 개념은 중간에 행위 과정이 중단되었다가 다시 일어나는지 여부일 뿐이다(단속상과 점진적 전개상 사이의 구분임). '완료'를 가리키는 상 또한 그 완결된 사건의 상태가 그대로 유지되는 것일 뿐이다.

그렇지만 상위 차원에서 본다면, 어떤 사건이나 동작의 진행 또는 과정은 시작점과 종결점이 주어져야 하고, 시작점에서부터 종결점 바로 이전까지의 모든 상태를 '미완 료' 상태 또는 '진행 과정'의 상태라고 말할 수 있다(물론 사건이 시작되지 않고 그런 사건을 시작하려고 희망하는 상태도 [-시작점]으로써 표시해 줄 수 있음). 그렇다면 미완료(진행 과정)는 오직 완료 시점(종결점)에 의해서만 서로 변별되고 구별이 이뤄질 따름임을 알 수 있다. 따라서 현평효(1985)에서 '미완료 지속, 완료 지속'이란 개념에서 지속의 상태는 완전히 잉여적이거나 불필요한 것임을 알 수 있다. 결론적으로, '-암시- vs. -아시-'는 엉뚱한 오개념(미완료 vs. 미완료 존속)에 의해서 이 방언의 형태소를 잘못 분석한 오류인 것이다.

고재환 외 5인(2014)『제주어 표기법 해설』(제주발전연구원)에서 필자가 집필한 부분 에서는 본격적으로 '-앖-'과 '-앗-'이라는 형태를 독립시켜야 함을 인식했고, 명시적 으로 그 주장을 적어 놓았었다. 그렇지만 이것이 1음절 형태소임을 제대로 깨닫지 못하 고서, 마치 '-앖-, -암시-'라는 변이형태가 있는 듯이 왜곡해 놓았다(그곳 175쪽 각주 맨 아랫줄). 애매하게 '-앖이-'나 '-앗이-'처럼 기본 형상을 상정했던 것이다. 이는 모두 제2음절에 있는 '이'의 정체를 명확히 파악하지 못한 데에서 말미암았다. 현재로 서는 종결 어미에 붙어 있는 약모음의 존재가 전설화된 것으로 본다. 이런 점에서 과거 의 잘못을 필자는 스스로 크게 반성한다(단, '-으키어'는 좀 더 앞 단락에서 적어 놓았 듯이 계열이 전혀 다른 '-을 것이어'에서 융합되고 줄어든 것이므로, 이 경우의 '이'는 계사임). 순전히 상대적인 척도에 지나지 않겠으나, 이 방언에 전심하는 동안만이라도 지속적으로 스스로에게 반문하면서, 이 방언을 문법 형태소들을 분석하는 필자의 눈이 점차 개선되는 쪽으로 트였음을 또한 적어 둔다.

그리고 '-았-'에 대응할 수 있는 이 방언의 시상 형태소 '-앗-'은 국어사에서 19세기 말에 완성되었다는 겹받침 'ㅆ'의 모습을 아직도 경험하지 않은 채로 쓰이고 있다(쌍형

다. 가령, '-앉지마는, -앗지마는, -앉주마는, -앗주마는, -앉저마는, -앗저마는' 따위이다. 또한 형용사와 계사의 종결 어미에 '-다마는, -이어마는'도 관찰되지만, 여기에서는 특이하게 시상 형태소의 실현이 배제되어 있어 예사롭지 않다. 아마, 오직 지금 현재의 경험 상태만이 가능한 표현이라고 그 특성을 부각시킬 필요가 있다. 다시 말하여, 어간에 사건 종결 시상 형태소 '-앗-(-았-)'이 형용사와 계사에 결합할 수 있음에도 불구하고, 이례적으로 '-마는'과 결합된다면 그 형태소마저 쓰일 수 없는 것이다. 만일 우리말의 후핵성 매개인자를 고려한다면, 이를 지배하는 형태소는 맨 뒤에 있는 '-마는'으로 지정할 수밖에 없다. 더욱이, 이 '-마는' 형태소가 붙지 않았을 경우에, 형용사와 계사가 자유롭게 시상 형태소 'ø'과 '-앗-(-았-)'을 허용해 주기 때문에, 이런 제약의 원인을 '-마는'에 귀속시키는 것이 합리적일 것으로 본다. 그렇다면 두 부류 사이에 즉,

「동사 어간+시상 형태소 '-았-, -앗-'+종결 어미 '-주, -저, -지'+마는」
「형용사와 계사 어간+시상 형태소의 결여+종결 어미 '-어, -다'+마는」

부류들이 서로 상보적 또는 배타적 분포를 보일 가능성을 면밀히 검토해 봐야 할 것이다. 다시 말하여, 이런 문제는 결코 형식이나 구조를 통해서 해결될 수 있는 것이 아니기 때문에, 개념 또는 의미자질을

어간으로 '이시다, 시다, 잇다, 싯다'로 바뀌어 쓰일 수 있는데, "가이 ø 시냐?"[걔가 있느냐]에서는 '시다'가 쓰였으며, 자세한 논의는 658쪽에 제시된 〈표9〉를 보기 바람). 국어사 쪽에서는 이런 변화가 일찍서부터 '-아 있-'의 융합으로 파악되어, 주로 '있다'의 겹받침 변화와 관련하여 논의가 진행됐었는데, 아래의 글들을 참고하시기 바란다.

허 웅(1982), "한국말 때매김법의 걸어온 발자취", 『한글』 통권 178호;
한재영(2002), "16세기 국어의 시제 체계와 변화 양상 연구", 『진단학보』 제93집;
최명옥(2002), "과거시제 어미의 형성과 변화", 『진단학보』 제94집
고광모(2002), "'-겠-'의 형성 과정과 그 의미의 발달", 『국어학』 제39집;
고광모(2004), "과거시제 어미 '-었-'의 형성에 대하여", 『형태론』 제6권 2호;
고광모(2009), "'이시-/잇- 〉 있-, -어시-/-엇- 〉 -었-, -게시-/-겟- 〉 -겠-'의 변화", 『언어학』 제53호;
고광모(2017), "'-겠-'의 발달에 대한 재론", 『언어학』 제79호.

상정하기 위하여 전체적인 양태 개념을 되돌아 봐야 할 듯하다. 가령, 추단하는 일을 놓고서 확실히 사실성을 보장하기 위하여 「즉각적인 확인 가능성」 따위를 전제하는 일이 요구되거나, 현재 직접 경험할 수 있는 일이 필요할 법하다. 이럴 경우에라야 선후행 절의 일상적 결합의 해석과는 다른 새로운 해석 방식을, '-마는' 뒤에 이어지는 단언으로 뒤바꿀(전환해 줄) 수 있을 법하다. 그렇다면 이것이 '-마는'과 결합할 수 있는 종결 어미 전체 범위와 그 결합 면모를 면밀히 확정하고 나서, 그런 어미들에 깃든 양태 속성과 긴밀히 맞물려 있을 양태 자질들을 탐색해 낼 수 있을 것이다. 그렇지만 전체적인 큰 그림을 그려 나가려고 하는 이 책에서는, 정교하게 세부내용에 주력할 시간도 없고, 당장 필자의 머릿속에 정리된 착상이 있지 않으므로, 더 이상 이 문제를 천착해 나갈 수 없다. 다만, 후속 과제로 미뤄 둘 뿐이다.

§.2-2 이 방언에서도 물론 '-으나'의 형태소가 쓰인다. 필자가 모아 둔 자료에서는, 드물지만 이런 역접의 기능을 지닌 사례가 있다(이하의 자료 인용에서 해당 형태소에 밑줄을 그어 놓고, 축자 번역 후보를 방언 자료에 소괄호로 표시해 둔다. 공통어 대역에서는 그 내용을 쉽게 알아차릴 수 있도록 앞뒤 맥락까지도 더하여 함께 적어 놓기로 한다). 이 소절의 모든 어미는 공통어와 동일하며, '개신파' 주장의 결정적 반례들이다.

(4) -으나: "아들(아들)이 나댕기는(나다니는) 드리(나무 다리)ø 박아 주니, 혼 가지는 고마우나 혼 가지는 미안 점이 잇다."
(아들이 어머니가 밖에 나다니도록 내를 건너는 나무다리를 놓아 주니, 한 가지는 고마우나, 다른 한 가지는 미안한 점이 있다. 구비1 임정숙, 남 86세: 144쪽)

'드리(다리)' 뒤에 적힌 'ø'는 이 책에서 문법 형태소가 탈락 또는 생략되었음을 가리키기 위하여 쓰는 기호 약속이다. 즉, '다리를 박다'라는 어구에서 대격 조사 '를'이 입말 상황에서 탈락되거나 생략되었음을 표시해 놓은 것이다. 한국어의 어순을 그대로 보여 주므로, 일반적으로 한국인이라면 어떤 문법 형태소가 들어가야 하는지 누구나 쉽게 보충해 줄 수 있다.

그런데 두 사건이 반대 방향으로 진행됨을 가리키는 역접의 기능보다는, 다수의 사례들이 두 가지 선택지를 나열하는 기능으로 쓰이고 있다. 이른바 '말다'를 동반하거나 반대의 사건을 표현하는 동사를 나열하여 '정·반 항목'(긍정·부정 대립 항목)을 구성해 놓은 형식을 표현해 주는 것이다.

(5) -으나 -으나: "그, 가나 마나라(마나이다). 요만흔 거ø [얼으러] 가 봣자(봤자), 무신(무슨) 소용이 잇냐 말이어."
(그, 가나 마나이다. 요만큼 자그마한 것을 얻으러 가 보아도 무슨 소용이 있겠느냐 말이야. 구비2 양구협, 남 71세: 210쪽)

(6) -으나 -으나: 그 읎는(없는, 가난한) 사름덜이(사람들이) 읏이나 시나(먹을거리가 없거나 있거나) 엿날(옛날) 산으로 강(가서) … 모물(메밀)ø 널리 갈앗어.
(그 없이 사는 가난한 사람들은, 먹을거리가 없거나 있거나 간에 상관없이, 옛날에는 모두가 다 산으로 가서 메밀을 널리 갈았어. 구비2 양구협, 남 71세: 669쪽)

(5)의 '마나'는 '말+으나'라는 기본 형상에서 먼저 '말다'의 어간에 있는 받침소리를 탈락시킨 뒤에, 다시 음절이 재조정됨으로써(자음과 모음의 결합 행렬로 재구성됨으로써) 약모음 '으'가 탈락된 것으로 파악된다. (6)에서는 재산 또는 재력이 '없다, 있다'라는 대립 낱말이 나열되어 있다. 이것이 이음말이나 관용구처럼 쓰이어, 그 뜻은 「없거나 있거나 상관없이 모든 사람들이 다」를 가리킨다. 여기서는 이 방언의 어간 '읏-(없-)'과 '시-(있-)'가 어미 형태소 '-으나'와 결합된다. 약모음('으')이 받침 어간 아래에서 전설화('이')되거나('읏이나') 어간 모

음 아래에서 탈락되어 있다('시나'). 이 방언에서는 특히 '있다'는 '이시다, 시다, 잇다, 싯다'처럼 받침이 있는지 여부에 따라 각각 복수의 어간이 관찰되고(658쪽에서 제시된 〈표9〉를 보기 바람), '없다'는 '읎다, 웃다'가 쓰인다. (6)의 경우에는 '웃다'와 '시다'라는 어형이 실현된 것으로 파악된다.

두 가지 선택지 중에서 어떤 실현 모습을 선택한다고 하더라도, 그 선택지의 표면 형태에 상관없이「두 가지 선택지를 모두 다 포괄한다」는 점에서, 화용적으로 새로운 의미가 깃들게 된다. 다음 사례에서는 이런 모습을 띠고서 마치 하나의 낱말처럼 관용구로도 쓰이는 것을 확인할 수 있다.

> (7) -으나 -으나: "게나 저나(그러나 저러나) ᄒ쓸(조금) 들어나 봐그네(봐서), 못 들르민('듦ㅅ돌'을 들지 못하면) 게나 저나(그러나 저러나) 흡주!"
> (그러나 저러나 간에, 힘 내기를 하는 듦ㅅ돌을 내가 조금 들어나 봐서, 들지 못한다면 그러나 저러나 그렇게 벌을 받도록 합죠!, 구비3 김재현, 남 85세: 248쪽, '듦＋ㅅ＋돌'은 211쪽 각주 53을 보기 바람)

여기서는 쉽게 뚜렷이 알아볼 수 있도록, 두 가지 선택지(-으나 -으나)를 일부러 띄어 써 놓았다. 그렇지만 어형이 변동되지 않을 뿐만 아니라, 뜻이 '어쨌든 간에, 하여간에'처럼 고정되어 있다는 점에서, '게나 저나'를 붙여 써서 한 낱말로 취급할 수도 있다. 더욱이 이것이 그 자체로 내포문의 지위를 지녀서 '상관없다'는 뜻을 지닌 상위문 속에 들어간다는 점에서도 그러하며, '게나저나'(그러나저러나 간에 상관없이)가 또한 독자적으로 발화를 이끌어주는 '문장 부사'(발화 도입 또는 화제 전환의 역할)처럼 구실을 한다는 점에서도 그러하다. 두 가지 선택지라는 기능과는 달리, 그런 선택과 무관하게 임의의 사건이 일어난다는 것이며, 이른바 '방임형'의 기능으로 변동하고 있는 것이다.

두 가지 선택지를 정·반 형식(서로 역방향의 사건 항목)으로 제시하는 일은, 이 방언에서 또한 선택을 표현해 주는 '-든지'에 의해서도 나타난다. 여기에서도 두 가지 선택지에 '상관없이'라는 관용구의 의미(방임형 해석)처럼 쓰이고 있음을 알 수 있다.

(8) -든지 -든지: 이젠 어디 강(가서) ㅈ기(자기) 집을 풀든지(팔든지) 말든지 ㅈ유롭게(자유럽게) 나갓주(나갔지).
(이제는 어디 가서 집을 팔든지 말든지 상관하지 않고, 며느리는 남편을 따라서 자유롭게 집을 나갔지/나섰지. 구비2 양구협, 남 71세: 627쪽)

이 형태소는 더 줄어들어 '-든'으로만 표현될 수도 있다.

(9) -든 -든: 그저 흔 자국(말 발굽의 발자국)마다 돈이든 뭐든 쏟아져 가.
(그저 말이 발굽을 옮기자 발자국을 한 자국씩 옮길 때마다 돈이든 뭐든 상관없이 무엇이나 계속 쏟아져 가/나와. 구비2 양구협, 남 71세: 655쪽)

선택지 형식이 이미 전제되어 있고, 「그렇게 나열된 선택지에 상관없다」는 관용적 의미가 깃들어 있기 때문에, 설령 '-든지'에서 '-든'으로 줄어들더라도 의도된 의미가 전달될 수 있었을 것으로 보인다. 굳이 형태소 '-든지'와 '-으나' 사이의 표면적 차이를 찾는다면, 시상 형태소가 쉽게 허용되는지 여부일 것이다. '-든지'라는 형태소는 이 방언의 시상 형태소 '-앗-'과 결합하여 '-앗든지'의 형태로도 나올 수 있다.

(10) -앗든지: "내가 가서 무슨 뀔(꾀를) 허엿든지(하였든지 간에, 내었든지 간에) 죽여 두고 오겟노라!"
(삼촌인 내가 평양까지 가서 무슨 꾀를 내었든지 간에 평양 감사로 있는 조카를 죽여 두고 오겠노라!, 구비2 양영회, 남 56세: 40쪽)

반면에 '-으나'는 우연히 필자의 자료 모음에서는 '-앗-'이 결합된 '-앗나'를 찾을 수 없었다. 그렇더라도 분명히 가능한 결합 형식이므로, 대신 필자의 개인 말투를 적어 둔다.

(11) -앗나 -앗나: "가이(그 아이) ø 집이(집에) 갓나 말앗나(갔나 말았나) 잘 몰르키어(모르겠어)!"
(걔가 집에 갔는지 말았는지 잘 모르겠어. 단, 필자의 개인 말투임)

여기에서는 상위문 또는 모문 '잘 몰르다(잘 모르다)'가 투영하는 논항으로서 내포문에 실현될 경우에 시상 형태소 '-앗-'이 허용되는 듯하다. 모문에서 관찰되는 '-으키어'는 3쪽 각주 1과 119쪽 각주 42에서 잠깐 언급했듯이 '-을 것이어'의 형상을 기반으로 하여 융합되고 응축되어 버렸기 때문에, 필자도 과거에 '-으크-(-겠-)'가 들어 있는 것으로 착각했었다. 그렇지만 이 책에서는 이런 잘못을 고쳐 적어 둔다. 이런 측면으로 살펴본다면, '-든지'가 관용구처럼 쓰이는 범위와는 차이가 있을 듯하다. 좀 더 큰 자료들을 확보하고서 정규 분포의 통계를 찾아낸다면 그 결론도 힘을 받을 것이다.

소박하게 필자의 직관적 느낌에 의존한다면, '-으나'의 반복 표현을 이용한 것이 관용구 형식에 좀 더 많이 속하게 될 것으로 판단한다. '게나저나'는 굳어진 관용구처럼 한 낱말로 취급할 수 있다. 대립 낱말을 이용한

'죽으나사나, 오나가나, 올리나내리나, 좋으나궂으나, 맑으나흐리나'

도 그러하다. '말다'를 이용하여서 반대 선택지를 표현하는

'하나마나, 보나마나, 오나마나, 먹으나마나, 좋으나마나'

도 그러하다. 여기에서도 결합 강도애 대한 분포가 달라질 경우가 있다. 짧은 부정 형식을 이용한 틀은 상대적으로 필자에게는 반복 어구 표현 규칙을 이용하는 듯이 느껴진다.

'가나 안 가나 간에, 바람 부나 안 부나 간에, 오나 안 오나 간에'

그렇지만 동일하게 방임형의 속뜻을 지니더라도 '그렇든 저렇든, 그렇든지 저렇든지'는 한 낱말과 같이 독자적인 그런 지위를 차지하기보다 이음말(collocation) 또는 빈출 어구 정도의 값을 받을 듯하며, 바로 앞의 짧은 부정 형식을 이용한 방식과도 느낌이 유사하다.

§.2-3 이제 '-곡'이라는 형태소를 중심으로 하여, 이 어미 형태소가 등위 접속 구문에서도 찾아지지만, 또한 다른 범주의 구문들(종속 접속 구문과 종결 어미 실현 위치)에서도 찾아지며, 이에 따라 그 기능도 당연히 달라져 있음을 예증하기로 한다. 등위 접속 구문이란

「한 사건과 다른 사건이 나란히 병렬되거나 나열되는 형식」

을 뜻한다. 그렇기 때문에 '-곡'이란 접속 어미 형태소가 두 번 이상 나오는 경우를 기대할 수 있다. 이 방언에서는 이런 사례들이 아주 흔히 관찰된다. 먼저 5번이나 반복되어 나오는 경우를 보기로 한다.

(11) -곡 -곡 -곡 -곡 -곡: 다른 디(데) 쇠(소)도 아니 잡아먹곡, 그디 주인네 쇠(소)만, 그때는 쇠덜이(소들이) 많앗는데, 믄(모두 다) 잡아먹곡, 무슨 칼도 아니 ᄒᆞ곡, 손으로 쇠(소)를 잡안(잡고서) 둥기엉(당기어서) 그자(그저) 소금도 아니 ᄒᆞ곡, 숢도(삶지도) 아니 ᄒᆞ곡, 그냥 씹어 먹더라ø ᄒᆞ여.
(옛날 힘이 센 「막산이」라는 하인이 다른 곳의 소도 잡아먹지 않고, 그곳 자기 주인네 소만, 그때는 소들이 많았었는데, 모두 다 잡아먹고,

무슨 칼도 쓰지 아니하고, 맨손으로 소를 잡고 당기어서 소가죽을 벗기고 난 뒤에, 그저 소금도 치지 아니하고, 삶지도 아니하고, 날고기를 그냥 씹어 먹더라고 해. 구비3 김택효, 남 85세: 380쪽)

여기에서는 여러 가지 사건들이 파노라마처럼 제시되어 있다. 순수하게 공간 나열의 형식이라면, 순서를 뒤바꾸더라도 의미 해석에 지장이 생겨나지 말아야 하겠지만, 여기서는 영화나 영상을 보듯이 하나하나의 사건이 「일련의 사건 전개 순서대로 나열되고 있음」을 알 수 있다. 우선 다른 사람네 소는 잡아먹지 않고, 자기 주인의 소만 잡아먹었다는 서술 단언이 제시되어 있다. 의미 관계에서 다른 사람네 소와 주인집 소가 서로 대립되고 있으므로, 결과적으로 역접의 형상을 띤다고도 해석할 수 있다.

이어서 잡아먹는 방식을 나열하면서, 도구를 쓰지 않았다는 것과 맨손으로 소가죽을 벗겼다는 것을 사건 진행 순서대로 제시하였다. 여기에서도 칼이라는 도구와 맨손이 서로 대립적으로 제시되어 있다는 점에서, 결과적으로 의미상 역접(이례적이고 비상식적 사건이 이어졌음)의 기능을 하고 있다. 다시, 소고기를 소금도 치지 않았고, 삶지도 않았으며, 날고기째 먹었다는 것을 제시하였다. 이는 맨 마지막 사건을 기본으로 놓고서 앞의 두 사건이 이를 수식해 주는 것으로 여길 수도 있고(한 가지 주장에 이어 그 주장을 입증하는 하위 사건들을 예시해 주는 기능임), 세 가지 선택지들이 서로 나란히 대등한 하위 사건들처럼 제시되어 있다고도 볼 수 있다.

필자의 해석에서는 편의상 사건들의 연결체를 세 도막으로 나눠 놓았다. 그렇지만 (11)을 말하고 있는 화자는, 이 사건 연결체를 모두 전형적인 등위 접속 형태소 '-곡'으로 연결시켜 놓았다. 설령, 등위 접속 구문이 순접 기능뿐만 아니라 역접 기능을 띨 수 있음을 인정하더라도, 적어도 필자가 나눠 놓은 세 개의 도막은, 사건 전개상 선후로 이어져 있는 연결체이다. 시간 흐름에 따른 누적 또는 부가되는 사건이다(선후 시간 관계 접속임). 그렇다면 등위 접속 구문에서 찾아지는 '-곡'이라는 어미 형태소가, 시간 선후 나열의 기능으로도 확장하여 쓰고 있음을 확인할 수 있다. 필자가 모아 분류해 둔 자료(부록)에서는 '-곡' 어미 형태소가 5번이나 반복된 경우는 예외적이지만, 등위 접속 구문의 기능대로 두세 번의 반복은 매우 잦은 빈도로 관찰된다. 따라서 사건 연결에 대한 화자의 덩이별 산출 너비를 가늠할 경우에, 두세 가지 사건을 하나의 덩이 속에 하부 사건으로 포장하여 발화한다고 상정해 볼 수 있다. 이는 설화를 말해 주는 특정한 맥락과 관련해서 그런 특성을 지정해야 할 것이다. 일상생활의 잡담에서도 반드시 그러할 것으로 기대하기는 어려울 듯하다.

(12) -곡 -곡 -곡: 글 두어 시간 … 해그네(해서) 익곡(읽고) 배우곡(배우고) ᄀᆞ르치곡(가르치고) 해 지민(지면) 「점심 ø 먹으레(먹으러) 가라!」
(글 공부를 두어 시간 하고 나서, 읽고 배우고 가르치고 해 지면[해＋지＋으면, 하였으면] 서당 학동들에게 집에 점심을 먹으러 가도록 말하였어. 구비3 김재현, 남 85세: 66쪽)

(13) -곡 -곡: 먹칠 ø 허여네(해서) 놔 두니게(두니＋화용 첨사 '게'), 이슬 ø 맞곡 비 ø 맞곡 허여 가민(해 가면), 먹(墨) ø 벗어(벗겨져) 가민(가면), 흴 건(하얗게 될 것은) 수실(사실)이란 말이어.
(흰말에 먹칠을 해 두니, 그러니까, 이슬을 맞고 비를 맞고 그렇게 해 가면 먹칠이 벗겨져 갈 것이고, 그렇다면 흰말이 본디 색깔로 될 것은 사실이란 말이야. 구비2 양형회, 남 56세: 36쪽)

서로 다른 화자들의 설화 구연 사례로서, (12)에서는 접속 어미 형태소 '-곡'이 3번 반복되어 있고, (13)에서는 2번 반복되어 있음을 확인할 수 있다. 여기에서의 특징은 사건을 가리키는 문장이 접속되어 있다기보다, 오히려 동사들이 접속되어 있는 모습이다(이른바 '구 접속'). (13)에서도 관용구 또는 긴밀한 이음말 형식이 이어져 있는 모습이다.

그러면서도 이 두 가지 사례들이 동일하게 상위문 속에 내포되는 모습을 드러낸다. 내포 구문을 허용해 주는 핵어가 두 사례에서 모두 'ᄒ다(하다)'라는 형식임을 알 수 있다. 이 형식은 김지홍(1982) "제주 방언의 동사구 보문 연구"(한국학대학원 석사논문)에서 처음 주목된 것으로서, 접속 어미들의 변동을 설명해 주는 '교량 형식'으로 논의되었다. 그렇지만 이런 구문의 존재가,

「접속 구문이 일관성 있게 상위 개념 속으로 내포되어 들어가는 필수적 구조임」

을 자각하지도 못했고, 그런 논의를 진전시키지도 못했었다. 만일 이 구문 형식이 기본값 조건으로 상정된다면, (11)의 기본 형상에서도 맨 마지막 절에서 '-곡 ᄒ다(먹곡 ᄒ다, 먹고 하다)'의 표상에서 시상 형태소의 직접 지배를 받음으로써 '-곡 ᄒ-'가 의무적으로 탈락한다는 규칙을 내세울 수도 있을 것이다. 이를 뒷받침시켜 줄 만한 형상이, 이들 등위 접속 구문을 다시 '그렇게 하다'라는 부사어로 받는 사례이며, 362쪽 이하에서 충분히 언어 자료들을 통해서 재론될 것이다.

(14) -곡 -곡 기영 ᄒ다: 저을(겨울) 때 되민(되면) 그디 강(가서) 흔 해 놀곡, 이땐 이디 왕(와서) 놀곡 기영(그렇게) ᄒ는 친구가 잇엇는디…. (겨울 때가 되면 그곳에 가서 한 해 놀고, 따듯한 이때에는 이곳에 와서 놀고 그렇게 하는 친구가 있었는데 …. 구비2 양구협, 남 71세: 630쪽)

(15) -곡 -곡 영 ᄒ다: 경(그렇게) ᄒ당(하다가) 저냑(저녁밥) 먹으레(먹으러) 보내곡, 또 밤글도 강(가서) 익곡(읽고) 영(이렇게) ᄒ는디…. (그렇게 하다가 저녁 먹으러 서당 학동들을 집으로 보내고, 또 야간 학습도 가서 글을 읽고 이렇게 하는데…. 구비3 김재현, 남 85세: 66쪽)

여기서 '기영(그렇게)'에서[43] 지시 대명사 '그'가 가리키는 지시 범위는, 앞에 나온 두 개의 접속 구문이다(「…강 놀곡, …왕 놀곡」). 이것이

43) 이 형태는 자주 쓰이는 부사어로서 '경, 경(그렇게)'으로 더 줄어들 수 있다. 기본 형상이 계사가 활용하는 모습(661쪽 〈표10〉)이며, '그+이+엉[그+이+어서]'으로부터 나온 것이다. 지시 대명사는 '이, 저, 그'가 모두 다 쓰일 수 있다. 이것들은 각각

「영, 정, 경」(이렇게, 저렇게, 그렇게)

으로 줄어들어 쓰인다. 362쪽의 (33)에 적어 놓은 규칙을 보기 바란다.

　공통어에서는 '그러하+게'에서 줄어들었지만, 이 방언에서는 계사와 시상 기능을 띤 접속 어미 형태소 '-앙'이 결합하고 나서 다시 더 줄어든 형식으로 쓰인다(빈출 빈도와 문장 부사로서의 역할이 서로 공모하여 그런 결과가 초래되었을 듯함). 특이하게 이 형태소와 시상 대립을 보이는 '-안(-아서)' 형태와 결합되는 일은 결코 없다. 즉, 결코

「*연, *전, *견」

은 실현되지 않는 것이다. 우연히 대명사 형태 '이, 저, 그'가 음성모음을 지닐 수 있겠지만, 필자는 계사의 어간이 녹아 있기 때문에 이것들이 모두 음성모음을 구현하는 것으로 본다.

　우리말에서 모음조화가 일어나는 조건이 있다. 무차별적으로 모두 모음조화의 영역 속에 들어 있는 것이 아닌 것이다. 김완진(1971) "음운현상과 형태론적 제약"(『학술원 논문집』 제10호) 및 김완진(1979) "모음체계와 모음조화에 대한 반성"(『어학연구』 제14권 2호)에 따르면 「오직 어간과 어미가 결합하는 영역에서만」 일어난다. 이 점은 이 방언에서도 그대로 성립한다. 가령, [+시작점, +종결점]의 시상 의미자질을 지닌 선어말어미 '-앗-(-았-)'에 반말투 종결 어미 '-아'와 결합할 경우에 결코 '*-앗아'로 나오지 않고, 오직 '-앗어'로만 나오는 것이다. 이것이 선어말어미에 결합되었기 때문에 모음조화 적용 조건을 벗어난 측면도 있다. 그렇지만 '-앗-'이란 형태소가 '-아 잇-'으로부터 문법화되면서 발달했다는 국어사의 논의를 고려한다면, 융합 이전의 본디 어간 '잇-(있-)'이 소리값 자질이 여전히 녹아 있다고 볼 수 있을 것이다(595쪽의 각주 130을 보기 바람).

　접속 어미 형태소 '-앙'이 모음조화를 적용받으면, 본디 형태로서 '-아그네, -아그넹에'로도 쓰인다. '-안'의 본디 형태는 '-아네'이다. 서로 대비할 경우에 제2음절에 '그'의 유무가 이 형태소들의 대립을 나눠 놓는다. '-앙'의 비음 받침은 이런 점에서 제2음절의 '그'로부터 기본자질을 물려받았을 것으로 판단된다.

　이런 선택적 결합은 비단 이런 사례만에 그치는 것이 아니다. 공통어에서 동시 사건의 전개를 가리키는 '-으면서'에 대응하는 형태소는 언제나 '-으멍'이다. 그렇지만 '-안'과 융합된 형식으로서

「*-으먼」

은 결코 찾아지지 않는다. 오직 '-앙'과만 융합될 뿐이다. 반대로 이유를 나타내는 '-으니까'는 언제나 '-으난'(본디 형식 '-으나네')으로만 나올 뿐이다. 시상 대립 짝으로서 '-앙'과 융합된 모습으로서

「*-으낭」(만일 줄어들기 이전의 본디 형식으로 제시한다면 「*-으낭그네, *-으낭그넹에」가 될 것임)

는 결코 관찰되지 않는다.

　'-으멍'이나 '-으난'이란 접속 어미 형태소는 이전의 연구에서 독자적으로 존재하고, 분석될 수 없는 듯이 파악되어 왔다. 그렇지만 김지홍(2014) 『제주 방언의 통사 기술과 설명: 기본구문의 기능범주 분석』(경진출판) 이후 김지홍(2016) "제주 방언의 선어말 어미와 종결 어미 체계"(『한글』 통권 제313호)와 김지홍(2017) "Non-canonical Ending Systems in Jeju Korean"(『방언학』 제26호)에서 이 방언의 어미들이 둘 이상 융합된 형식

다시 부사어(문장 부사어의 지위를 지님)로서 해당 절의 첫 머리에 얹혀 있는 형식을 지닌다. 물론 (14)에서는 '그렇게 하는'의 형식을 지녀, 핵어 명사구 「친구」의 관형절 수식어로 실현되어 있다. 그렇지만 (15)에서는 '이렇게 하다'의 형식을 지녀서 후행절로 되거나, 아니면 (화자의 발화가 더 지속되지 않은 채 생략되어 있지만) 다른 절 속에서 부사어의 지위로 다시 얹힐 수 있음을 보여 준다. 논리학에서는 문장 부사가 연산소로 취급되거나, 아니면 부사 그 자체를 술어로 취급하는데(특히 자기모순을 배제하기 위한 조치로서 상항만으로 이뤄진 1계 술어논리를 이용하는 데이뷧슨[Davidson, 1980; 배식한 뒤침, 2012] 『행위와 사건』[한길사]에서는 부사를 1항 술어로 환원하여 & 접속으로 표상함), 이런 변형 또는 번역을 거치지 않은 채 자연언어 그대로의 몫을 인정하는 방식이 가능하다. 지금까지 언급된 언어학의 논의에서는 부사의 지위로서 임의의 절 위에 얹히는 구조로 표상할 길 이외에는 다른 가능성이 없지 않을까 한다. 그 형상은 43쪽과 44쪽에서 제시한 구조로서 (1) 및 (2가)를 보기 바란다(이른바 '참스키 부가'로 불리는 모습임).

들이 일반적임을 밝힌 바 있다. 그렇다면 이런 문법 형태소의 융합이 비단 종결 어미에 국한되지 않고, 접속에 관련된 형태들에서도 관찰될 것임을 기대할 수 있다.

우선 이 책에서는 공통어에서 사건 흐름에서 전환을 드러내어 주는 '-다가'가 이 방언에서는 엄격히 시상 형태소의 대립 "-당 vs. -단"을 보여준다는 사실을 제시할 것이다(제5부의 제4장). 만일 다른 접속 어미 형태소에서도 시상 대립을 보여 주는 경우에, 그 대립은 본디 시상 대립 형태소의 짝을 융합하고 있다고 자연스럽게 가정할 수 있다. 그렇다면 이런 노선에 따라 일부 이 방언의 접속 어미 형태소들도 마찬가지로 그런 시상 형태소가 서로 융합된 사례를 찾을 수 있을 것이다. 특히 여기서 언급된 '-으멍'과 '-으난'이 그러하다. 이것들이 각각 시상 형태소의 대립 짝인 '-앙'과 '-안'을 융합시켜 기능하고 있는 것이다(165쪽 이하를 보기 바람). 이에 대한 입증은 두 측면으로 이뤄질 것이다. 우선 어미들이 지닌 의미자질들의 배합을 중심으로 하여 논의되고, 다시 관련 접속 어미들이 더 큰 융합체(가령, '-으멍서라, -으나네, -거들랑')를 구성하고 있다는 사실을 제시하고, 그 융합체에 대한 분석을 통해서 다시 융합된 형태소일 수밖에 없음을 입증할 것이다. 이 방언을 다루면서 필자는 문법 형태소들의 융합 및 응축 현상이 매우 특징적임을 느낀다. 이를 독립된 주제로 삼아 충분히 큰 분량의 책으로도 논의가 가능할 것으로 판단한다. 이 주제에 대하여 더 논의를 심화시킬 시간적 여유가 없지만, 앞으로 이런 접속 어미의 사례들 말고도, 접속 어미 형태소들의 쓰일 수 있는 범위에 대한 배타적 선택을 놓고서 새로운 사례들을 찾아내고, 그 진면목을 밝히는 일이 더 진행될 필요가 있는 것이다.

§.2-4 그런데 특이하게 앞에서 살펴본 형태소 '-으나'와 '-든지'에서처럼 '-곡'의 경우에도 두 번 반복되면서 선택지 형식을 띠는 사례들도 곧잘 관찰된다.

(16) -곡 -곡: "나 ø 곤건(말하거든, 말하면) 들읍서!" "하~!, 곤건(말하거든) 듣곡 말곡. 잘 굴아 줘!"
("내가 말하면 잘 들으십시오!" "하~!, 자네가 말하면 듣고 말고를 따질 것도 없어. 잘 말해 줘!" 구비3 김재현, 남 85세: 65쪽)

여기서 '듣곡 말곡(아무렴, 잘 듣고말고)'는 그 속뜻이 「귀를 기울여 아주 잘 듣겠다」는 뜻이다. 국립국어원의 『표준국어대사전』에는 하나의 단일한 융합 어미로서 종결 어미 '-고말고'로 등재되어 있다. 어떤 선택을 할지 여부를 따질 겨를도 없다는 뜻이다. 이는 맥락에 따라 의미가 달라지고, 급기야 기능까지 변동할 수 있는 것이다. 여기에서는 선행절과 후행절이 유기적으로 관련되어야 하므로, 두 개의 절이 요구된다는 측면에서 등위 접속 구문을 떠맡는 어미 형태소 '-고'가 다시

「필수적 선행절을 요구하는 종속 접속 구문」

을 허용하는 모습으로 확장되었다고 말할 수 있다. 물론 필자의 지적은 '동음이의'를 허용하는 접근 방식이 아니라, 반드시 '다의어'적 접근 방식이 허용될 경우에라야 가능한 일이다. 두 접근 방식에 대한 우열이나 논증은 이 책에서 다룰 주제는 아니다. 다만 여기서는 일관되게 필자가 다의어적 접근 방식을 따르고 있음만 적어 둔다.

§.2-5 그렇지만 이와 같은 어미 형태소의 변동이 이런 몇몇 경우에만 그치는 것이 아니다. 앞의 (16)에서는 동시에 '-곡' 그 자체가, 종결 어미가 나와야 할 위치에 그대로 머물러 있기 때문에, 국립국어원의

『표준국어대사전』에서 '-고말고'를 종결 어미로 취급했음을 알 수 있다. 이 방언의 자료를 살펴보면, 이와 같이 접속 어미 형태소가 종결 어미 형태소가 나올 위치에서 관찰되는 일이 이례적인 것은 아니다. 잦은 빈도로 아주 흔히 관찰되는 일반적인 현상인 것이다.

> (17) -곡 -곡 -고: 꿩도 물어다 주곡, … 사름(사람)ø 씰(쓸) 만한 것은 ㅂ린(내버린) 거ø 줏어다 주곡. 「거(그거)ø 이상ㅎ다!」고.
> (영리한 개가 꿩도 물어다 주고, 사람이 쓸만한 것으로서 내버린 물건도 주워다 주고 그랬어. 「그거 이상하다!」고 여겼어. 구비2 양구협, 남 71세: 670쪽)

여기에서도 접속 어미 형태소 '-곡'이 두 번 나오며, 이 사건을 평가하는 후속 발화(문장)도 '-고'로만 끝이 난다. 두 번 '-곡'이 관찰되는 앞의 발화(문장)만을 놓고서 보면, 뒤에 있는 '-곡'은 종결 어미가 나올 위치에 있고, 따라서 종결 어미의 몫까지 맡고 있다고 볼 수 있다. 물론 앞에서 살펴본 (14)와 (15)의 모습을 고려하면서, 기본 형상을

「줏어다 주곡 햇어」(주어다 주고 했어)

라고 표시하고서, 예외적으로 상위문의 핵어 '하다'가 생략되는 조건을 마련할 수도 있다. 그렇지만 이런 일이 높은 빈도로 자주 일어날 경우에는, 이미 어미 형태소의 기능이 접속 어미에서 종결 어미로 변화되었다고 간주할 소지도 있는 것이다.

만일 여러 화자들에 의해서 발화가 종결되는 위치에서 이 어미 형태소가 자주 관찰된다면, 이런 현상을 놓고서 동음이의적(동형이의적)으로 접근하거나 다의어적으로 접근할 수 있다. 앞의 접근에서는 접속 구문의 환경에서 관찰되는 것과 종결 어미 위치에서 관찰되는 것을, 비록 같은 소리값을 지닌 형태소라고 하더라도, 구문 환경의 차이

를 들어 다른 형태소로 지정하는 것이다. 반면에 뒤의 접근에서는, 설령 그런 구조적 환경이 다르더라도, 동일한 소리값을 지니는 형태소의 기능(의미자질) 그 자체가 서로 다를 수 없다는 직관에 기초하여, 확장 가능성을 타진하는 것이다.

동음이의적(동형이의적) 접근 방식에서는 서로 다른 구조적 환경을 기반으로 하여 서로 다른 형태소이므로 각각 '-곡¹'과 '-곡²'로 지정하는 것이므로, 매우 처리가 편리하고 또한 쉬워질 수 있다. 그렇지만 이런 접근에서는 대용 표현 '경 ᄒ다(그렇게 하다)'를 이용하여(담화 연결체에서 미시구조를 만들어 주는 언어 기제임) 담화 흐름이 지속되는 일 또한 흔히 관찰될 뿐만 아니라, 잦은 빈도로 '-곡 ᄒ다(-고 하다)'의 종결 형식이 관찰된다는 엄연한 언어 현상을 설명할 길이 없다.

> (18) -곡: 둑(닭)도 산 차(채로) 들아매영(달아매고서) 각(脚, 다리) 떠(뜯어) 먹곡. 허허허허!
> (닭도 산 채로 달아매어 두고서 닭다리를 뜯어 먹고. 하하하하! 구비1 안용인, 남 74세: 179쪽)

이 사례는 분명히 종결 어미 위치에서 '-곡(-고)'가 관찰된다. 그렇지만 이 경우에도

> 「떠 먹곡 ᄒ다」(뜯어 먹고 하다) 또는 「떠 먹곡 경 했어」(뜯어 먹고 그렇게 했어)

라는 형상으로부터 도출될 수 있다. 다음 (19)의 인용에서와 같이, 특히 직접적으로 '-곡 ᄒ다(-고 하다)'로 종결되는 경우들도 빈번하다는 점에서 그러하다. 이는 기능상의 확장 또는 전이 과정에 있는 것으로 파악할 가능성을 열어 주는 것이다. 즉, 문법 형태소들의 동일성을 기반으로 하여 맥락에 따른 확장으로 설명하는 방식으로서, 다의어적

접근에 다름 아니다.

> (19) -곡 ᄒ다: 재물이나 많이 쉬으곡(싣고) 댕기는(다니는) 배엔(배에는)
> 재물을 약탈을 ᄒ곡 ᄒ엿주.
> (재물이나 많이 싣고 다니는 배에는, 해적들이 재물을 약탈을 하고
> 했지. 구비3 양원교, 남 72세: 420쪽)

설령 이 사례에서 관찰되는 '-곡 ᄒ엿주(-고 하였지)'는, 전형적으로
둘 이상의 등위 접속 구문들이, '하다'라는 문법 동사(포괄 동사, 가벼운
동사)를 중심으로 하여 그 속에 내포되는 모습을 보여 준다. 다시 말하
여, 이 구문을 그대로 놓고서 앞의 (18)에 복사하여 기본 형상을 복원
시켜 놓을 경우에

「먹곡 ᄒ엿주」(먹고 하였지)

라고 발화될 수 있으며, 문법성 판단 여부에서 차이가 없다. 이렇게
복원된 모습을 놓고 따질 경우에, 의미 해석에 아무런 차이나 지장이
생겨나지 않는다. 필자의 직관으로 판단한다면, 이렇게 복사된 구문
이 좀 더 자연스럽게 느껴진다.

만일 (18)의 "먹곡"(먹고)과 (19)의 형상을 응용한 "먹곡 ᄒ엿주"(먹
고 하였지)가 동일한 표상에서 수의적인 생략 여부에 의한 차이임이
확실하다면(즉, 사용 맥락에 따른 변이에 불과하다면), 융통성 있는 언어
사용 방식에 대한 접근을 추구할 필요가 있다. 이런 측면에서 필자는
접속 어미 형태소의 구성이, 종결 어미 형태소가 나올 만한 특정한
조건에서 생략이 일어난 뒤에, 종결 어미의 몫을 맡고 있는 것으로
설명하는 편이 온당할 것으로 본다. 다만, 기원이 서로 다른 어미 형태
소로서 '-안¹'과 '-안²'가 서로 구별되어야 하는데, 기본 형상이 달리
상정되어야 하는 자세한 이유는 593쪽 이하에서 다뤄져 있다.

이런 접근 방식은 또한 비단 등위 접속 구문의 어미 형태소뿐만 아니라, 종속 접속 구문의 어미 형태소와 내포 구문의 어미 형태소들도 같은 전이 모습을 보여 준다는 점에서(종속 접속 어미 형태소의 경우는 171쪽 이하를, 내포 구문의 어미 형태소의 경우는 210쪽 이하를 보기 바라며, 다시 각각 제5부 및 제6부에서 다뤄짐), 어미들의 일반화된 질서를 상정할 수 있다. 따라서 그런 질서에 근거하여 어미들이 변동하고 있음을 알 수 있다. 그렇다면 종결 어미로까지 쓰일 수 있는 이런 기능의 변동 또는 변화가, 결코 어미 형태소 '-곡(-고)'에 국한된 개별적 현상이 아니기 때문에, 오히려 상위 차원에서 통합적으로 언어 사용의 맥락에 따라 변동할 수 있도록 허용해 주는 규범을 상정함으로써, 일관되게 설명하는 편이 더욱 설득력이 있을 것으로 본다.

§.2-6 양과 분포 측면에서 가장 압도적인 이 방언의 종속 접속 구문을 놓고서도, 필자는 다시 하위범주로 나누는 선택을 하였다. 필수적 선행절을 요구하는 경우 및 수의적으로 덧얹히는 부가절이 들어 있는 경우로 구분하는 것이다. 개념상으로 하나의 종속 접속 구문이지만, 언어 자료가 가장 풍부하다는 사실 그 자체가, 이 영역을 좀 더 세밀히 나누어 관찰할 필요가 있음을 시사해 준다. 만일 이것들을 둘로 나눈다면, 전자는 조건문을 선행절로 실현한 경우이며, 후행절은 오직 선행절이 구현되거나 실현된 조건에서만 현실세계에서 실현됨을 뜻한다. 이런 점에서 「2항 접속 구문」으로 부를 수 있다. 그러나 후자는 이른바 '방임형' 해석을 받는 경우로서, 선행한 절이 뒤에 이어지는 절에 아무런 제약이나 구속도 부가해 놓지 못하는 경우이다. 따라서 마치 등위 접속 구문에서와 같이 2항 이상의 절들이 계속 덧얹힐 수 있다는 측면에서, 전형적으로 2항만 접속하는 앞의 것과 구분되므로, 이를 종속 구문에서도 「다항 접속 구문」으로 부를 만하다.

필자가 모은 자료에서는 이른바 '방임형'의 해석(통사 쪽에서는 구조적으로 수의적 부가어로서 덧얹히는 일을 '참스키 부가'로 부름)을 받는 관용구 지위의 구문에서도 동일한 소리값을 지닌 형태소 '-곡(-고)'이 관찰된다. 방임형의 해석을 받는 구문은, 특히 수의적 부가절을 지닌 것으로서 2항 이상의 접속절이 여러 차례 계속 부가될 수 있다. 원칙상 다항을 허락하지만, 등위 접속 구문에서 가리키는 병렬 사건들보다는 단번에 이해할 수 있는 범위 이내에서(인지 가능성의 범위 이내에서) 좀 더 적은 수의 부가절이 허용되어야 의사소통에 지장이 덜할 것으로 짐작된다(흔히 작업기억에서 5개에서 7개 정도의 절이 동시에 처리될 수 있다고 보며, 숫자 덩이 처리와 같이 '7±2'로 부름). 그렇다면 동일한 어미 형태소 '-곡(-고)'이 등위 접속 구문에서도 관찰되고, 필수적 선행절을 지닌 종속 접속 구문에서도 관찰되며, 수의적 부가절을 지닌 종속 구문에서도 관찰되고, 종결 어미가 쓰여야 할 구문에서도 관찰되는 셈이다.

다음 인용 (20)의 화자는 앞의 인용 (16)에서와 동일한 분이다. 그렇지만 여기서는 '-곡(-고)'보다 공통어와 동일한 어미 형태소 '-고'를 써서 수의적 부가절을 지닌 종속 접속 구문을 말해 주고 있다. 47쪽에서 이미 지적하였듯이, 이 둘 사이의 관계는 수의적인 교체라고 말할 수 있다.

⑳ -고 -고: "조 블릴(밭에 뿌린 좁씨가 잘 묻히도록 밟을) 시기가 넘어불엇주마는(버렸지만) 넘고 후리고(넘고 말고 간에 상관없이) 요놈으거(요놈의 거) 좁씨나 시민(있으면) 그자(그저) 흔 번 뿌려 봥(봐서) 좋카(좋을까)?"
(비록 파종한 좁씨가 잘 묻히도록 밟아 줄 시기도 이미 다 넘어가 버렸지만, 그 시기가 넘고 말고 간에, 요 좁씨나 어디서 얻을 수 있다면 그저 한 번 더 뿌려 보는 것이 좋지 않을까?, 구비3 김재현, 남 85세: 357쪽)

예문 ⑳에 있는 이음말 또는 관용구 '넘고 후리고(넘고 말고)'는[44] 기본 형상으로서

「넘고 후리고(말고) 여부를 따질 것 없이」 또는 「넘고 후리고(말고) 여부를 따지지 않고서」

와 같은 모습을 상정할 수 있다. 이는 부사절이나 종속절로서 후행문의 부가어로서 덧얹혀 있는 구조이다. 후행절의 범주 &P를 반복함으로써 새롭게 얻어진 동일한 범주의 좌분지 교점 &P 아래에 다시 생긴 자리에 실현되는 것이다. 이런 구성을 처음 참스키 교수가 상정하였으므로, 흔히 '참스키 부가(Chomsky-adjunction)'라고 부른다.

§.2-7 다음 장으로 넘어가기 전에, 이 방언에서 관찰되는 접속 어미 형태소 '-곡'이 수의적으로 '-고'로도 실현되지만, 내포문을 이루는 형상에서는 오직 '-고'라는 어미 형태소만 실현된다는 사실을 지적해 두고자 한다. 이 방언에서도 이른바 부사형 어미로 불리는 '-아, -게, -지, -고'라는 형태소가 사건의 양태에 관한 동사를 대동하여 실현된다. 부정 구문에서 관찰되는 '-지'는 특이하게 '-들'('드+을'의 융합 모습으로서, 이것이 구개음화가 일어난 '-질'도 또한 관찰됨)로도 나

---

44) 국립국어원의 『표준국어대사전』을 보면 '후리다'의 6번째 풀이로서 "그럴 듯한 말로 속여 넘기다"로 적혀 있다. 이런 의미를 고려한다면, 관용어로서 "농사철 기후가 어떠하든지 속는 셈 치고서"라는 의도로 쓰고 있음을 알 수 있다. 그렇다면 좀 더 축자적으로 '넘고 속고 간에'라고 풀이해야 옳을 것이다. 본문의 대역에서는 '넘고 말고'라는 좀 더 일반적인 관용구로 번역해 놓았지만, 두 층위의 관용구가 이어져 있을 가능성도 배제할 수 없다. 즉, "넘고 말고 간에, 믿고 속고 간에"와 같이 중복된 표현을 쓰는 경우이다. 그렇더라도 있는 그대로 표현을 존중하여 '후리다'의 사전 풀이를 고려한다면, 이 맥락에서

「하여간 속는 셈 치고서, 다시 한 번 더 좁씨를 뿌려 보겠다」

는 의도를 담고 있다. 송상조(2007) 『제주말 큰사전』(한국문화사: 726쪽)에서는 '후리다'라는 낱말의 변이 형태로서 '호리다, 홀리다'를 올려 놓았고, 이 말과 관련된 합성어로서 '후림-대'와 '후림대-ᄒᆞ다'가 올라 있다. 그렇지만 이 사전의 같은 쪽에 '후려'를 부사로 올려놓고서 "마구, 이것저것 가리지 않고"로 풀이하였다. 이 부사와 결합된 낱말로서 "후려-굴기다"(후려치다), "후려-돋다"(정신 없이 내달리다), "후려-들다"(허겁지겁 들어오다), "후려-먹다"(닥치는 대로 다 먹다)도 올라 있다. 아마 이 부사는 '후리다(힘껏 내려치다, 갈기다)'에서 의미자질이 나왔을 법한데, '속이다'는 뜻을 지닌 '후리다'와 같은 기반을 지니고 있는지 여부는 필자로서 잘 알 수 없다.

오므로, 이 방언에서는 구개음화가 일어나기 이전의 모습까지도 보여주고 있다(중세국어의 '-디비, 디비'가 이 방언에서 관찰되지 않음도 특이함). 그런데 인용 어미 구문의 실체를 다루면서 김지홍(2019) "제주 방언의 인용 구문과 매개변항"(『한글』 제80권 4호)의 제4장에서는 다음과 같이 이 방언에서 관찰되는 다섯 가지 내포 구문의 형상을 적어 놓았다.

> (21가) -을라고(-을랴고) ᄒ다, -고 싶으다(-고프다), -고 불르다, -고 여기다, -고 말다
>
> (21나) *-을라곡 ᄒ다, *-곡 싶으다(*-곡프다), *-곡 불르다, *-곡 여기다, *-곡 말다

그런데 이 방언에서 '-곡'을 지닌 내포 구문 (21나)는 실현될 수도 없고, 관찰되지도 않는다. 이 외에도 맨 첫 항목 '-을라고 ᄒ다'와 같은 부류로서, 어떤 행위(행동) 의지를 표현하는 '-자고 하다' 구문과 이것이 줄어든 '-자 ᄒ다' 형식을 더 추가할 수 있다.

(21가, 나)의 사실만을 고려한다면, 내포 구문에서는 일단 독자적으로 '-고' 어미 형태소만을 실현시킨다고 말할 수 있다. 다시 말하여, 내포 구문에서는 '-곡'과 '-고'가 결코 접속 구문에서와 같이 서로 교체될 수 없는 것이며, 오직 '-고'라는 형태소만이 실현될 수 있는 것이다. 이런 점이 제6부에서 내포 구문을 다룰 적에 다시 언급되겠지만, 접속 어미 형태소 '-곡(-고)'과 내포 구문에서 찾아지는 '-고'가 동일한 형태소인지 여부에 대해서는 별도의 글에서 다루려고 한다. 여기서는 다만 현재 필자의 생각만을 임시로 적어 둔다. 필자는 접속 어미 형태소 '-곡'을 '-고'와 다른 요소가 융합된 것으로 파악하는데, 292쪽의 (9가, 나)에서 찾아지는 '-악'이라는 요소(부사를 만들어 줌)나 '먹을락'(음식 내기를 가리키며 명사를 만들어 줌)에서 관찰되는 요소(914쪽 이하)를 1차적 검토 대상으로 상정한다. 이런 가정에서는 왜 군이 접속

구문에서만 그런 요소를 덧붙여야 하는지에 초점이 모아져야 한다. 아마도 내포 구문에서는 어휘 범주의 핵어가 투영하는 논항의 지위를 직접 부여받지만, 접속 구문에서는 부가어의 구조를 기반으로 하여 다른 지위를 받고 있기 때문으로 판단한다. 그렇지만 좀 더 깊이 있는 모색이 뒤따라야 탄탄하게 입증이 될 것이며, 별도의 글에서 다루려고 한다.

제3장 필수적 선행절을 요구하는 종속 접속 구문

§.3-1 종속 접속 구문의 사례는 이 방언의 자료에서 압도적이다. 이는 자연 언어의 공통된 특성을 보여 주는 것으로 이해될 수 있다. 종속 접속 구문의 사례가 분량에서뿐만 아니라 유관한 하위범주의 다양성에서도 단연 으뜸이라면, 좀 더 자세히 초점을 맞추기 위하여 다시 나누어 놓을 필요가 있다. 필자는 종속 접속 구문이 필요한 절의 숫자가 제약된 것(2항 접속)과 그렇지 않고 열려 있는 것(다항 접속)으로 나눌 필요가 있다고 본다. 전자의 경우에 절이 반드시 선행절과 후행절로 이뤄져야 하며, 후행절이 성립하기 위하여 필수적이라는 점에서, 이를 2항 접속 구문으로 부른 바 있다. 2항이란 용어는 두 절이 필수적임을 드러내려는 뜻을 담고 있다. 여기서는 조건을 제시하는 '-거든'과 이유를 제시하는 '-으난(-으니까)'으로 예시해 놓았다.

2항이 필수적인 종속 접속 구문은, 등위 접속 구문이 원칙상 접속하는 절의 숫자가 열려 있다는 특성과 대비된다. 대립적으로 이를 구분하기 위하여 등위 접속 구문에서 「다항 접속」이란 용어를 쓴 바 있다. 종속 접속 구문에서도 시간의 흐름에 따라 사건들을 이어 주는 경우에는, 언제나 다항 접속의 형태로 이어져 나가야 한다. 대표적으로 이는 '-앙 vs. -안(-아서)'로 구현되는 경우인데, 이 책의 분량에서 논의할 주제가 아주 많기 때문에, 따로 여러 측면으로 나누어 제4부에서 다뤄진다.

그런데 의미상의 범주가 종속 접속 구문에 속하더라도, 선행절의 존재가 뒤에 이어진 후행절에 아무런 영향을 주지 못하는 경우가 있다. 선행절을 생략해 버리더라도 후행절의 의미를 이해하는 데에 아무런 장애도 없는 것이다. 다시 말하여, 흔히 '방임형'의 해석을 받는 절들이 그러하다(통사적으로는 「수의적 부가어」 지위를 차지하는데, 통사 구조의 표시로는 시간이나 장소를 가리켜 주는 형상과 닮아 있음). 이하에서는 '-을망정, -아도'로 대표 삼아 제시하였다(184쪽 이하를 보기 바람). 다만, 이 경우에 이례적으로 고유한 단일 음절의 형태소는 없다. 오직 복합 형태소의 융합체(언제나 관형형 어미와 '-망정, -지라도' 따위의 다른 요소와 융합되며, '-아도'도 또한 범주 지정이 쉽지 않지만 학교문법에서 보조사로 취급되는 요소가 덧붙어 있음)나 전용된 형태소만이 이런 구문에서 찾아진다. 다른 등위 접속 구문이나 종속 접속 구문에서처럼 전형적으로 고유하게 쓰이는 모종의 단일 형태소가 찾아지지도 않고, 따라서 그렇게 상정할 수도 없는 것이다. 이런 특성 때문에, 접속 구문을 논의할 적에는 부가적인 접속 구문이 전형적인 것으로 취급되기보다는 오히려 부차적인 지위로 다뤄지기 일쑤이다. 다시 말하여, 이러한 절의 지위는 또한 논항을 차지하는 것이 아니라, 오히려 부가어를 스스로 만들면서 임시 접속되는 모습으로 표상해 줄 수 있는 것이다.

그렇다면 접속 구문의 형상에서는 필수적인 절과 그렇지 않은 절 사이에 구조상의 차이를 보여 줄 필요가 있을 것이다. 전형적인 논항 구조에서 필수절은 지정어(명시어) 위치에 나올 수 있다. 그렇지만 수의적인 부가절은 최종 투영 층위를 그대로 복사하여 덧얹어 놓음으로써(참스키 부가 방식) 새로 생긴 부가어 자리에 나오는 것으로 처리할

수 있다. 이런 구도 위에서 만일 종속 접속 구문을 더 자세히 나눌 경우에, 그 하위범주로는 개념상 적어도

2항 접속, 다항 접속, 수의적으로 무한한 부가 접속

이 상정될 수 있겠지만, 종속 구문 형식과 다항 접속과 수의적 부가 접속 사이에는 구조적 구분을 찾을 수 없다. 따라서 종속 접속 구문에서는 오직 2항 접속과 다항 접속(또는 부가어 접속)만을 다루기로 한다. 우선 2항으로 된 종속 접속 구문의 사례와 수의적 부가 접속의 사례만을 다루기로 한다. 가장 분량을 많이 차지한 제5부에서, 다시 이 방언에서 관찰되는 종속 접속 구문의 모든 하위범주들이 주제별로 자세히 다뤄질 것이다.

일반적으로 말하여, 한국어 문법 기술의 측면에서 이런 처리가 아주 이례적이라고 지적될 수 있다. 과문하지만, 아무도 종속 접속 구문의 하위 갈래를 나누어 놓은 적이 없기 때문이다. 오히려 기존의 문법서에서는 정반대의 통합 주장을 가끔 볼 수 있다. 즉, 등위 접속 구문과 종속 접속 구문의 구분도 철회하여, 동일한 범주의 부사절로 취급하려는 노력이다. 이런 흐름과는 정반대의 입장을 내세우기 때문에, 여기서 필자가 접속 구문의 범주를 세분하려는 노력이 평가절하될 수도 있다. 그렇지만 필자는 범주의 설정이 가설 연역적 접근 방식으로 이뤄져야 한다고 본다. 다시 말하여, 개념상의 정의에 따라 연역되어야 하는 것이다.

지금까지 한국어를 기술하는 모형들은 접속 어미 형태소들의 범주 교차 현상에만 주목함으로써, 일반적으로 요구되는 접속 구문의 하위 범주들을 무시하는 일이 계속 답습되어 왔다. 등위 접속 구문에서 찾아지는 어미 형태소가 종속 접속 구문에서뿐만 아니라, 내포 구문에서도 찾아지므로, 오직 하나의 범주만이 있다고 극단적으로 주장한 경우도 있으며(서태룡, 1988, 『국어 활용어미의 형태와 의미』, 국어학회),

등위 접속 구문만 인정하고 종속 접속 구문이나 내포 구문을 한데 모아 부사절로 간주해야 한다는 주장도 있었다(유현경, 1986, "국어 접속문의 통사적 특징에 대하여", 『한글』 통권 제191호). 필자는 이런 접근이 다음처럼 세 가지 측면의 이론적 문제점을 해결해 줄 수 없다고 판단한다. 즉, 접속 구문을 투영해 주는 핵어와 내포 구문을 투영해 주는 핵어가 각각 기능범주의 핵어와 어휘범주의 핵어로 나뉜다는 점이 더 기본적으로 고려되어야 한다. 더 나아가, 부사의 지위를 띤 요소라 하더라도 필수적인 것과 수의적인 것으로 나눠야 할 필요성이 포착할 수 없다. 또한 구조적으로 전체 절을 대상으로 삼는 경우와 일부 동사 구만을 대상으로 삼는 경우(이른바 절 접속 및 구 접속) 사이의 차이도 제대로 다룰 수 없을 것으로 본다.

필자는 수학 기초론에서 다뤄진 개념을 받아들이면서 무한(infinity)을 무정의 용어(undefined terms)로 간주하고, 그 무한을 가능하게 만드는 기제를 반복 함수(recursion)라고 본다. 여기서 임의의 항을 놓고서 구조적으로 반복이 자기 안에서의 반복 및 자기 밖에서의 반복으로 나뉜다. 전자는 언어 표현에서 접속 구문으로, 후자는 내포 구문으로 구현되는 것이다. 그러하더라도 우리가 통일되고 일관된 사고 모형을 추구하는 경우에는, 이를 가능하게 해 주는 사고 작동 방식이 내포 관계를 이용하여 상위범주를 확정하는 길밖에 없다(94쪽의 〈표4〉를 보기 바람).

언어가 반복 기제를 구현할 경우에, 그렇게 반복의 대상이 되는 기제가 무엇일까? 필자는 생성문법에서 찾아낸 전형적 논항구조(핵어의 투영으로 두 개의 논항이 각각 중간 투영 층위와 최종 투영 층위에 자리 잡은 형식)를 반복이 일어나는 최소한의 단위로 받아들인다. 논항구조는 핵어를 중심으로 하여 두 계층이 묶여 있다. 각각 중간 투영을 기준으로 한다면 내부의 자리와 외부의 자리이다. 이를 서로 구분하여 보충어(보어)와 지정어(명시어)로 부른다. 필자는 단일한 평판 구조보다는 두 개의 층위가 유기적으로 얽혀 있는 「핵어 계층 구조」가 보편적으로

인류의 언어 모습에서 찾아지는 여러 제약들을 설명하는 힘이 가장 강력하다고 믿는다.[45]

---

45) 김지홍(2010: 40쪽 이하) 『국어 통사·의미론의 몇 측면: 논항구조 접근』(경진출판)에서
는 임의의 실체가 언제나 긴밀하게 가변 속성의 외적 요소와 불변 속성의 내적 요소가
결합되어 있는 방식으로 표상되며, 우리의 기억을 안팎 속성으로 더욱 정합적으로 만
들어 주는 일반화된 방식이라고 보았다. 좀 더 쉽게 말하여, 임의의 실체나 사건은 항상
「겉 모습」과 「속 내용」으로 짜여 있다는 발상이다. 이는 다음처럼 예시될 수 있다.

XP	XP	XP	XP	XP	XP	XP	XP
가변속성 X'	형식 X'	밖 X'	살 X'	양 X'	자식 X'	받다 X'	학생 X'
불변속성 X	내용 X	안 X	뼈 X	음 X	부모 X	주다 X	교수 X
실체	기호	대상	몸	태극	가족	관계	대학

물론 내적 요소와 외적 요소의 항목들이 이를 묶는 시각이나 관점에 따라서 서로 뒤바
꿀 수도 있다. 가령, '대학'이란 개념을 정의할 경우에 학생을 더 중시하는 쪽에서는
학생이 불변의 내재적 속성이며(가령, 학생이 없다면 폐교가 됨), 이런 조건에서 가변
적이며 외적인 속성으로 교수를 초빙할 수 있다고 볼 수도 있는 것이다. 이와는 반대로
가르치는 주체가 없이는 결코 교육이 일어날 수 없다고 생각할 수도 있다. 어떤 선택을
하든지 그 선택의 이면에는 가치의 개념이 깃들어 있다. 다시 말하여, 이런 개념화 과정
에서 더욱 중요한 요소에 대한 판단과 평가가 사람에 따라 자신의 관점에 비춰서 달리
선택될 수 있는 것이다.
한 마디로 줄여서, 적어도 두 가지 층위가 서로 얽혀 있는 방식은, 상대적으로 불변의
요소들과 가변적인 요소들이 결합함으로써, 하나의 실체와 대상과 상위 개념들이 우리
인식 속에 자리를 잡게 만들어 준다. 이런 질서 위에서라야 비로소 인간의 정신 작용이
안 보이는 실체나 내적 질서를 탐색하고 찾아낼 수 있는 것이다. 필자는 한 문장이나
절이 주어와 술어의 결합으로 되어 있는 이유도 또한 겉 모습으로서 주어와 속 내용으
로서 술어로 표상된다고 본다. 이는 술어를 집합 개념으로 바꿔서 주어를 그 집합의
원소처럼 취급하는 프레게의 방식과는 반대된다. 그럼에도 한 발화를 듣는(이해하는)
사람 입장에서는 선조상(일직선상)으로 맨 처음 지각되는 부분이 겉 모습으로서 파악
되고, 뒤따르는 술어 부분이 속 내용으로 상정될 수 있는 것이다. 좀 더 확장하여 담화
의 전개나 처리에서 배경 정보와 초점 정보를 구분해 놓는 일도 결국 밑바닥에서는
배경 정보를 겉모습으로 여기고 초점 정보를 속 내용으로 파악하여, 더 안에 있는 속
내용에 주의를 쏟는 일이 반복 순환하여 일어난다고 말할 수 있다.
우리가 늘 이용하는 기억 이론에서도 이런 모습을 찾아낼 수 있다. 81쪽의 각주 32에
서 털뷩 교수가 제안한 '뒤를 돌아다보는 기억'이 가능해지려면(영장류들의 제3두뇌에
저장해 놓는 기억 방식임), 두뇌의 기억 단위들이 반드시 현재 자극으로 들어오는 요소
(이것이 겉 모습임)와 이미 경험하여 기억하고 있는 요소(이것이 속 내용임) 사이를
결합해 놓아야, 비로소 현재의 자극을 제대로 분석하고 종합할 수 있는 것이기 때문이
다. 이런 측면에서 본다면, 기억의 단위가 단편적이 아니라, 그 단위 자체가 계층적으로
복합적 구조를 지녀야만 한다. 물론 이런 단위들이 다시 통일된 사건 연결체를 이루기
위하여 접속 구조와 내포 구조로 이뤄진 작은 한 영역 속에 체계적인 그물 짜임 모습으
로 존재해야 할 것이다(사실이 정보로 되고 다시 이것들이 모여서 지식이 확장되며
전체 세계관을 만들게 되는 모형임). 그렇다면 매우 소박하게 이런 얼개를 통해서 외부
세계의 사건들을 인지하고, 다시 우리가 표현하고자 하는 의사소통 방식도 이런 질서
를 따라 내보내는 것이라고 여길 수 있다.

이런 가정을 연장하여, 필수적 종속 접속 구문 및 수의적인 부가 접속 구문의 구분도, 논항구조의 내부에 실현되어야 하는 것과 논항 구조의 외부에 실현되어야 하는 것으로 규정할 수 있다. 그렇다면 복합 구문을 먼저 접속 구문 및 내포 구문을 나누고 나서(핵어의 지위가 각각 기능범주 및 어휘범주임을 반영함), 접속 구문이 다시 하위로 더 나뉜다. 비록 등위 접속과 종속 접속과 수의적 접속과 같이 세 가지 항을 설정할 수 있다고 하더라도, 만일 수의적 부가절은 구조적으로 표상될 수 없고 임시 필요에 따라 융통성 있게 설치된다는 점을 고려하면서 이를 제외한다면, 오직 접속 구문이 등위 접속 구문과 종속 접속 구문으로 나눌 수 있다. 종속 접속 구문도 다시 전형적인 2항 접속 구문과 전형적인 다항 접속 구문으로 다시 나뉘어야 하겠지만, 이를 잠시 논외로 한다면, 결과적으로 복합 구문에서는 주요한 세 가지 하위범주의 구문을 다루게 된다. 등위 접속 구문과 종속 접속 구문과 내포절 구문이다.

이 방언의 자료들로부터 필자가 귀납시켜 복합 구문의 범주를 찾아낸 이 결과는, 핼러데이 외(Halliday and Matthiessen, 2004 제3개정판) 『기능 문법 입문(*An Introduction to Functional Grammar*)』(Hodder Education) 제7장에서 기술해 놓은

등위절(paratax)·종속절(hypotax)·내포절(embedding)

의 삼분 범주와 우연히 대응한다. 페어클럽(2003; 김지홍 뒤침, 2012) 『담화 분석 방법』(경진출판: 225쪽)에서도 절들 사이의 문법 관계를 똑같은 방식으로 파악하고 있다(다만, 번역 용어를 「병렬관계·종속관계·내포관계」로 달리 썼을 뿐임). 이는 또한 자연언어를 쓰는 인간의 사고 모형을 표상해 주는 것으로 파악된다. 그렇지만 필자는 인간 사고 작용에서 통일성과 포괄성을 추구해 나가는 특징이 최종적으로 내포적 사고 방식임을 고려하여, 접속절이라고 하더라도 마침내 상위 차원의

개념으로 내포되어야 함을 더 근본적인 것으로 간주하고 있다. 접속 구문도 언제나 내포 구문의 형상 속에 포괄되어야 하는데, 최종적인 내포 구문의 의사소통 목적이나 의사소통 의도(중고교 교실 수업에서 논술류를 다룰 경우에 언급하는 '대주제')와 서로 긴밀하게 얽혀 있을 것으로 보는 것이다.

§.3-2 이 절에서는 이 방언에서 자주 쓰이는 조건 관계의 종속 접속 어미 및 이유 관계의 종속 접속 어미를 표본으로 내세워 논의를 진행해 나가기로 한다. 전자의 사례로 '-거든' 계열의 어미 형태소들을 들기로 하고, 후자의 사례로 '-으난(-으니까)' 계열의 어미 형태소들을 다루기로 한다. 이 어미 형태소들은 언제나 2항 관계의 접속 구문을 표시해 주기 때문에, 개념상으로 따져 개방적으로 다항 접속을 허용하는 등위 접속 구문을 구성해 주지는 못한다. 수의적인 부가 접속 구문(이른바 '방임형' 해석을 받는 부류)도 개방적으로 다항 접속이 가능하다는 점에서, 2항 접속을 떠맡는 어미 형태소들을 전용하여 쓰지 않는다. 그리고 내포 구문의 경우에는 반드시 내포 구문을 투영해 주는 핵어가 전제되어야 하기 때문에(이곳 193쪽 이하 및 226쪽 이하에서, 그리고 내포 구문을 전문적으로 논의한 제6부에서는 아직 학계에서 아무런 시도가 없음에도 불구하고 당연히 진행되어야 할 주제로서 내포 구문을 투영하는 핵어의 범주를 규명할 뿐만 아니라, 또한 이것이 크게 두 가지 자연 부류로 나뉘어야 함을 논의하였음), 단지 접속 어미 형태소만으로는 내포 구문으로 기능이 옮아가거나 변동될 수 없다. 앞의 제2부에서는 이미 내포 구문을 만들어 주는 핵어와 접속 구문을 보장해 주는 핵어가 각각 어휘범주 및 기능범주에 따로 속함을 언급해 놓았다. 이런 어미 형태소의 전환이나 변이가 일어날 수 없는 것은, 핵어 범주가 서로 다르다는 점에서 개념상 당연한 귀결로 본다.

더구나 일관되고 통일된 사고를 상정할 경우에, 이에 대응할 만한 언어 표상이 내포 구문일 수밖에 없음을 고려한다면(내포 형식이 상위 차원의 것임), 접속 관련 형태소들이 아무렇게나 자의적으로 내포 구문으로 전용될 수 없음을 간접적으로 알 수 있다. 만일 접속 형태소들이 제약 없이 내포 구문에 전용된다면, 그 결과는 아무런 통일성이나 일관성을 확보할 수 없는 모순스런 상황에 이르게 된다. 대신, 내포 구문에서 찾아지는 일부 어미 형태소들도 기능상의 변동을 관찰할 수 있다. 특히 종결 어미 위치에서 종결 형태소처럼 쓰이는 사례를 제시하기로 한다(593쪽 이하에서 다루었음).

먼저 '-거든'을 다루기로 한다. '-거든'이란 종속 접속 구문의 어미 형태소는 흔히 조건을 나타내는 것으로 알려져 있다. 이 방언에서도 그런 기능을 지닌 사례들이 많고, 이 어미 형태소 자체가 몇 가지 변이 형태들을 보여 준다. 여기에는 두 가지 길이 있다. 더 줄어드는 경우와 더 늘어나는 경우이다. 전자는 '-거든'에서 '-건'으로 쓰이는 것이며, 후자는 '을랑'이라는 보조사(또는 후치사)가 융합되어 '-거들랑, -거들랑으네, -거들라그네'로 확장되거나 또는 '에'가 더 붙어서 '-거든에'로 나오는 경우이다(따라서 '-다가'의 상응하는 이 방언의 형태소가 '-다그네 vs. -다네'로 시상 대립을 보이면서 양분되는 현상과는 달리 취급되어야 하는데, 629쪽 이하를 보기 바람). 이밖에도 '에'라는 형태가 더 결합한 경우로서, 이 방언에서 '-마는에'의 결합에서도 찾아지는데, '에'의 지위는 아주 수의적이다. 다시 말하여, 의미 해석에 간여치 않으며(잉여적 형태임), 오직 화자가 자신의 작업기억에서 다음 정보를 신속히 인출하기 위하여 잠시 군말을 덧붙이는 정도로「산출 시간 벌기 전략」의 일환으로 들어갔을 개연성을 상정해 볼 수 있다(클락, 1996; 김지홍 뒤침, 2009, 『언어사용 밑바닥에 깔린 원리』, 경진출판의 §.9-2-2에서는 처음으로 자연스런 의사소통에서 말없는 공백으로서 '휴지'의 가치를 다루었는데, 심리적으로 느끼기에 1초를 기준으로 하여 그 이내와 그 이상의 간격을 서로 구분하면서 전혀 다른 속뜻들을 상정하고 있으며, 1초 이내의 간격에서는 자신의 발언권을 그대로 유지하려는 동기를 비정하였음).

(22) -마는에: "외할으방(외할아범)은 ⋯ 슬짝치기ø 난 외손주마는에, 죽
는 걸 조꼼(조금) 억울히 생각허여 가지고 ø 말랜 흔단 말이어"
(외할아범은 ⋯ 몰래 살짝 외도해서 태어난 외손자이지마는, 죽이는 걸
조금 억울하게 여겨서, 조카를 죽이러 가려는 외삼촌을 보고서 「자기
외손자를 죽이지 말라!」고 한단 말이야. 구비2 양형회, 남 56세: 40쪽).

여기서 관찰되는 형태 '에'를 처격 조사로 간주하여, 마치 앞의 절을
부사의 지위로 바꿔 준다고 보더라도 크게 잘못될 것이 없을 듯하다.
그렇다면 표면 형태로서 관찰되는 형식 '에'는 최소한 두 가지 다른
계열로부터 나오는 것임을 알 수 있다. 하나는 시상 대립을 보여 주는
짝으로서 '-아네 vs. -아그네'(형태상 모두 '-아서'와 대응함)에서 유래되
는 것이고, 다른 하나는 격조사 '에'와 같은 부류로 취급할 만한 경우
이다. 그런데 더 줄어들거나 더 확장된 형태소들이, 특이하게 종결 어
미가 나오는 위치에서는 관찰되지 않는다는 특성이 있다. 이는 더 늘
어나거나 줄어들기 위해서는 해당 형태소가 구현되는 전형적인 언어
환경(접속 구문)을 그 조건으로 설정할 수 있음을 시사해 주는 것이다.

(23) -거든: "너네딜(너희네들)ø 날(나를) 빌엉(빌려서, 의지하고서) 산터
(묏자리)ø 보크거든(보겠거든, 알아보겠거든) 돗(돼지)이나 흔 마리
썩(마리씩) 잡아오라!"
(너희 형제들이 나를 빌려서 죽은 아버지의 묏자리를 알아보겠거든,
각각 돼지나 한 마리씩 잡아오너라! 구비3 김재현, 남 85세: 321쪽)

(23)에서는 조건을 나타내는 선행절이 '-거든'으로 실현되어 있다. 이
어미 형태소는 또한 '-으면'으로 교체될 수도 있다. 즉, "묏자리를 알
아보겠다면, 묏자리를 알아볼 것이라면"처럼 표현될 수도 있다. 만일
이런 경우에 이 방언에서는 오직 '보커민'으로 나올 수도 있다. 여기서
는 '-을 것이다'의 융합·응축 형태 '-으커(-을 것)'가 쓰일 수 있는데,
(23)의 채록에서는 '-으크거든'으로 표기되어 있고, '-으커거든'으로

표기되지 않았다. 미시한 차이로 치부할지도 모르겠으나, 이것들은 각각 공통어에서 '-겠- vs. -을 것이-'의 표상과 대응하는 만큼, 문법 상으로 기본 형상이 달라져야 하는 경우이다(소리값이 유사한 '-으크-' 와 '-으커'는 각각 서로 다른 형상으로부터 나온 것임). 일단, 이 책에서는 채록자의 표기를 존중하는 쪽으로 가닥을 잡으며, 필자의 방언 직관 에 따라 마음대로 '-으커거든(-을 거거든)'으로 고쳐 놓는 일을 삼가기 로 한다.

'-거든'과 '-으민(-으면)' 사이에서는 그 결합의 모습에서 반사실적 (counter-factual) 표현을 허용하는지 여부에서 차이가 있다. 반사실적 상황을 가리키는 '왔었더라면'(일단 '왔었더라고 한다면'에서 응축되었을 가능성을 보류하고, 형태소들의 고유한 결합체라고 판단하는 경우임)이라는 결합 형식에서 보듯이, 이런 일은 전자에서는 불가능한 것이다('*왔었 더거든'에서 보듯이 '더'와 결합이 불가능함). '-거든'은 전형적으로 어간 이나 선어말 어미 뒤에 결합되지만, 유독 선어말 어미 '더'와는 결합할 수 없다. 아마 '-거든'이 가리키는 범위와 '-더-'가 가리키는 범위가 서로 양태상으로 충돌하기 때문일 듯하다. 현재 필자의 좁은 식견으 로서는 [±추체험 가능성] 여부를 상정할 만하다고 본다('-더-'는 화자 쪽에서는 이미 체험하였거나 관찰한 사건을 표시해 주므로, 발화 시점에서 어떤 청자도 그 사건을 추체험할 수 없음을 함의함). 또한 형태소 결합에서 '-으면'이란 종속 접속 형태소가 종결 어미 '-다'와도 결합할 수 있다. 그렇지만 '-거든'은 종결 어미 '-다, -어'(각각 서법에 고유한 종결 어미, 반말투 종결 어미)와 결합한 '*-다거든, *-어거든'이 불가능하다. 이런 점이 형태 결합 구조상 분명한 차이를 보여 준다.

물론 '보겠으면'과 '보겠다면'에서 보듯이, 종결 어미의 유무가 '-으 면'이라는 형태소의 양태적 차이를 보여 준다. 전자는 발화시 기준의 현실세계에서의 조건이고, 후자는 '모든 가능세계에서의 조건'을 지 시하는 것이다. 그렇지만 '-거든'이란 형태소가 직접 종결 어미 뒤에 실현되지 않는다는 특성 및 선어말 어미 '-더-'와 배타적 분포를 보인다는 특성으로부터, 양태상으로 오직 「현실세계에서의 조건이며, 반드시 추체험할 수 있어야 하는 조건」임을 시사받을 수 있다(714쪽의 각주 145 참고). 다시 말해서, 반사실적 가정을 포함하여 모든 가능세계에서 상정되는 조건 형식이 있다면, 이는 기본적으로 종속 접속 어미 '-으민(-으면)'에 의해서 마련된다. 그렇지만 이 조건에 제약을 가하여서, 추가적으로 현실세계로만 고정시켜서, 반드시 「청자가 관련 사건이나 사태를 추체험할 수 있다」는 추가 제약이 도입될 경우에는 '-거든'이 쓰인다고 말할 수 있는 것이다. 발화 현장에서 청자의 추체험 가능성을 보장해 주는 '-거든' 형태소는, 이 형태소와 결합하는 시상 및 양태 형태소 '-앗- vs. -앖-(-았 vs. -고 있-)'과 '-으크-(-겠-)'를 디딤판으로 하여 하위 갈래를 서술해 줄 수 있다. 각각 종결된 사건이나 진행 과정에 있는 사건, 그리고 현장에 남아 있는 간접 증거를 통해서 추정하는 사건들이어야 한다. 이를 만족시켜 주는 선행절이어야 '-거든' 조건문으로 표상될 수 있는 것이다.

그런데 이 어미 형태소 '-거든'은 이 방언에서 더 줄어들거나 더 확장된 모습으로도 자주 쓰이고 있음을 관찰할 수 있다. 다음 예문들은 각각 다른 화자들의 이야기로부터 뽑아 왔는데, 그런 형태소의 변동을 보여 준다.

(24가) -건[줄어듦]: 선생님네 죽건 오탁수(五濁水, 불교 용어) 먹지 맙서!
　　　(조사자 선생님네가 만일 죽거든 저승으로 가면서 이승과 경계 지점에
　　　있는 강의 오탁수를 먹지 마십시오! 구비1 안용인, 남 74세: 140쪽)

(24나) -거든에[늘어남]: "느(너)도 술ø 그립거든에(술이 마시고 싶거든,
　　　그리워지거든) ᄒ 잔ø 먹으라!"
　　　(너도 술을 마시고 싶거든 한 잔 먹으렴! 구비3 김재현, 남 85세: 37쪽)

(24다) -거들랑[늘어남]: 옛말 ᄒ나ø 곧거들랑(말하거든) 그걸랑(그것 +
　　　을랑) 녹음허영 놔 둬 봐!
　　　(내가 옛날 이야기를 하나 말하거든, 그것일랑 녹음해 둬 보게. 구비2
　　　양형회, 남 56세: 34쪽)

(24가)에서는 이야기를 말해 주는 화자가 조사자들을 상대로 하여 이 승과 저승을 갈라놓는 강물(五濁[惡世]水)에 이르러서는 결코 그 물을 마시지 말라고 부탁하고 있다. (24나)에서는 아버지가 날개 달린 채 태어난 아들을 어르면서, 만일 술이 그립거든(이 방언에서 '그립다'를 사람이 아닌 물건을 대상으로 쓰고 있는데 특이한 확장 사례임, 마시고 싶거든) 한 잔 마시도록 권하고 있다. 여기서 '-에'를 탈락시키고서 '-거든'만을 쓰더라도 이해 과정에서 아무런 문제가 생겨나지 않는다. 언어 산출 과정에서 군말처럼 시간 벌기의 기능을 맡고 있거나 강조의 역할을 부여해 줄 수 있다. 만일 이런 화용상의 전략을 염두에 두었을 경우에, 다시 (24다)의 사례와 같이 '-거든'에 다시 '을랑'이 덧붙은 형식까지도 같은 노선에서 설명해 줄 수 있는 장점을 지닌다.

한편, '-을랑'을 놓고서 정연찬(1984) "중세국어의 한 조사 '-으란'에 대하여: 대제격으로 세운다"(『국어학』 제13집)에서는 처음으로 '을+은'(대격+주제격)의 결합으로 봐야 함을 지적하였다. 그렇지만 일부 이 방언의 자료를 놓고서 강정희(1984) "제주 방언의 명사류 어미의 한 종류 '-(이)랑'에 대하여"(『한남 어문학』 제13호)에서는 대격 조사 '을'이 아니라 계사 '이다'임을 주장하였고, 이 계사에 이어져 있는 것을 명사형 어미와 시상과 명사와 관련됨직한 요소(받침 이응을 명사형 어미 '-음'으로 귀속시켰는데, 엄격히 말하여 이것이 생산적인 형식이 아니므로 응당 명사 형성 접미사로 불러야 타당함)들의 결합체로 파악하려고 한 바 있다. 그렇지만 (24)의 복합 형태 '-거들랑'은 결코 계사 어간이 반영된 '*-거딜랑'으로 나올 수 없다. 더욱이 김지홍(2014: 65쪽 이하) 『제주 방언의 통사 기술과 설명: 기본구문의 기능범주 분석』(경진출판)에서 지적하였듯이, 대격 형태 '을'에 다른 형태가 더 덧붙은

「-을라그네, -을랑으네, -을라그넹에」(가령, 2인칭 대명사 '느'와 결합하여 '늘라그네'로 나옴)

뿐만 아니라, 접속 어미 형태소로서 '-고서'에도 같은 형태가 덧붙은 형식으로서

> 「-고설랑, -고설라그네, -고설랑으네, -고설라므네, -고설람」(가령, '그러하고서'가 다시 '그러고설랑', '그러고설라그네' 따위로 됨)

과 같이 복합 형태들이 관찰된다('-아서'에의 경우에 공통어에서처럼 '-아서는'이 이내 관찰되지만, '-을라그네'가 결합된 복합체 '-아설라그네'는 필자의 자료 모음에는 찾아볼 수 없으되, 필자의 직관에 기댄다면 '-아서'와 결합한 '-아설랑, -아설라그네'도 가능할 듯함, 325쪽의 각주 74 참고 바람). 그렇다면 계사가 깃들어 있는 것이 유일한 기본 형식이 아니라, 오직 몇 가지 선택지 중의 하나임을 알 수 있다.

필자는 이런 형상을 놓고서 선업들이 모두 각각 일부만 논의하고 있다고 본다. 따라서 두 가지 선택지를 상정할 수 있을 것으로 본다. 하나는 대격 조사와 계사가 이어져서 활용하는 형식이다(을+계사의 활용). 다른 하나는 접속 어미 형태소 '-고서, -아서'와 대격 조사 '을'과 계사 활용이 하나처럼 융합된 형식이다(고서+을+이랑). 첫 번째 구현 방식으로, 김지홍(2014)『제주 방언의 통사 기술과 설명: 기본구문의 기능범주 분석』(경진출판)에서는 계사가 활용하는 길이 둘이라고 봤었지만, 여기서는 이를 수정하여 661쪽의 〈표10〉에서 세 가지로 제시한다. 첫째, 억양만 달리 하여 여러 서법에 두루 쓰이는 반말투로 활용할 경우에 '이어'(김지홍, 2014에서는 이 종결 어미를 '-어²'로 표시해 놓았음)로 나온다. 둘째, 고유하게 서술 서법에만 쓰일 경우에 '이라'로 쓰인다(김지홍, 2014에서는 '-라¹'로 표시해 놓았음). 그렇다면, '을라그네'에서 대격 조사(을)와 융합되어 있는 계사(밑줄 부분)가 반드시 고유한 서술 서법의 어미(-라¹)로만 실현되어야 한다는 조건을 더 추가해 놓아야 한다. 바로 여기서 계사에 붙은 시상의 선어말 어미 '-앙(-아서)'이 나오는 것이다. 단, 여기서는 개념상으로 보면 이 명사 상당 어구가

사건들 사이의 시간적 추이를 가리키지 않으므로, 시상으로 대립하는 짝 형태소 '-안'과 구분이 무위로 될 것 같다. 이것들을 본디 형태소로 상정하여 볼 경우에, '-을라그네'는 관찰되지만, '*-을라네'는 존재하지 않는다는 사실을 해석해 줄 수 있어야 한다(후술 참고).

그리고「문법 형태소들의 중층성」실현 모습으로서, 시상 대립의 짝인 '-안 vs. -앙'을 선택하지 않은 채, 시상 대립이 없이 쓰이는 공통어 형식 '-고서' 또는 '-아서'를 선택하는 길이 있다(또한 324쪽의 예문 21에 있는 '-으멍서라' 및 637쪽 예문 81의 '-다서[-다가]'에 '-을란'이 더 융합되어 641쪽 예문 83에 있는 '-다설란'도 참고하기 바람). 이것이 다시 '-을랑, -을라그네'와 결합된 복합 형태소로서, '-고설랑, -고설라그네' 따위로 확장되었을 것으로 본다. 대격 조사 '을'과 융합되어 있는 계사 '이라'(고유한 서법에만 구현되는 형태 '-라'로서 661쪽의 〈표10〉을 보기 바람)는 다시 시상 대립을 보이는 접속 어미 형태소 '-안 vs. -앙'(모두 형태 측면에서 '-아서'와 대응함) 중에서 언제나 후자와 결합하여 표면 형태로 실현된다.

그런데 '-안 vs. -앙'(본디 모습은 각각 '-아네 vs. -아그네'임)의 시상 대립은, 기본적으로 명사 부류가 서술어와 결합하는 환경에서 쓰이고 있기 때문에, 개념상 시간 추이를 가리킬 아무런 동기도 찾을 수 없으므로, 시상 적용이 개념상 서로 맞지 않다. 그럼에도 '-앙'의 본디 형태('-아그네')가 대격 조사와 계사가 결합한 형태에 구현되어 오직 '-을라그네'만이 관찰된다. '-안'의 본디 형태('-아네')로 실현되어 나왔을 형식인 '*-을라네'는 존재하지 않는다(단, 그렇다면 '-을란'을 오직 시상 자질의 변동이 없는 채 수의적으로 '-을랑'과 바뀌어 쓰일 수 있는 변이체로 봐야 함). 비록 문법 의식이 이런 세세한 분석 차원에까지 미칠 수는 없겠지만, 만일 이런 탐색이 올바른 노선에 있다면, 이런 치우친 분포를 해석해 주어야 한다. 필자로서는 다음처럼 상정할 수 있다고 본다. '-을라그네'가 구현된(결합된) 어구(주로 명사 부류)나 절(주로 접속 어미 부류)은, 뒤이어진 표현을 위한 배경이나 무대로서 기능을 한다. 이를 드러내 주는 일에 적합하게 어울릴 수 있는 시상 선택지는 [-종결점] 자질의 '-앙'(또는 본디 형태 '-아그네')으로 구현되는 경우이다.

그렇다면 왜 [+종결점] 자질을 품고 있는 '-안'(또는 본디 형태 '-아네')는 불가능한 것일까? 이 물음에 대한 필자의 답변은 다음과 같다. 만일 '-안(-아네)'가 구현된다면, 이 형태소가 결합된 앞의 어구나 절이 이미 완결된 사건을 가리켜 주기 때문에, 전체 사건으로부터 이미 독립되어 자족적으로 행동할 만하다. 그렇지만 양태상으로 가상의 또는 가능세계의 임의 사건을 가리킬 경우에는, 모든 사건을 하나로 묶어서 복합 사건으로 표상해 놓아야만 통일성이 확보된다. 사건 표상에서 일관되게 통일성을 요구하는 이런 개념상의 조건이 완결된 사건으로 표상하는 일을 가로막는 것이다.

다시 인용 사례 (24다)로 돌아가기로 한다. 이는 현실세계에서 이내 문제없이 실현될 수 있는 조건을 가리킨다는 점에서, 필자는 '-거든'이 전형적으로 맡고 있는 기능을 나타내는 것으로 본다. (23)과 (24가)와 (24나)에서 관찰되는 '-거든'은, 종결 어미가 붙어 있는 '-다면'의 형식으로 바꿔놓더라도 크게 의미가 달라지지 않는다. 단, 여기에서도 미세하지만 놓치지 말아야 할 문법 형태소들의 결합 조건이 있다. 일반적으로 '-으면'은 직접 종결 어미 '-다'에 결합할 수 있다('-다면'이란 융합 형태소가 가능함). 그렇지만 '-거든'은 반드시 내포 구문 '-다고 하다, -다ø 하다'의 형상에서 상위문 핵어 동사 '하다'의 어간에 결합한 다음에, 이것을 대상으로 하여 늘 복원 가능한 상태에서 수의적인 축약이 일어남으로써, 마치 종결 어미 뒤에 붙어 있는 양 모습이 달라진 것이다. 그렇다면 융합된 복합 형태소로서 '*-다거든'은 존재하지 않거나 불가능한 형식이다. 국립국어원의 『표준국어대사전』에서도 필자의 직관과 같이 동일한 처리를 보여 준다. 오직 융합된 접속 어미로서 '-다면'만이 표제 항목으로 올라 있다. '*-다거든' 자체는 표제 항목으로 올라 있지도 않다. 짐작하건대 아마도 내포 구문으로서 '-다 하거든'을 기본 형상으로 본 뒤, 발화에서 편의상 수의적 축약

규칙을 적용함으로써 임시 나온 것으로 파악한 듯하다. 그렇다면 이런 형태소의 결합 방식에서도 '-으면'과 '-거든'이 차이를 보이고 있다고 매듭지을 수 있다. 그 광범위한 분포를 기준으로 삼는다면 '-으면'이 좀 더 무표적인 의미자질을 띠고 있다고 여길 수 있는 것이다. 왜냐하면 양태상의 실현 범위가 '-거든'이란 형태소는 더 좁혀져 있기 때문이다.

이제 다시 앞에서 제시한 예문들을 보기로 한다. (24가)에서 '죽건(죽거든)'은 현실세계에서 즉각 찾아지는 사건이 아니라, 먼 미래에 있을 법한 사건을 가리켜 준다. 다시 말하여, 화자는 청자에게 상상 속에서나 가능세계에서 찾아질 법한 사건을 상기하도록 요구하고 있는 것이다. 이런 맥락과는 달리, (24나, 다)에서는 선행절 '술이 그립거든(술을 먹고 싶거든)' 및 '곧거들랑'(말하거든+을랑)의 경우에는 먼 미래에 있거나 가상 세계의 사건을 가리켜 주는 것이 아니다. 당장이라도 현실세계에서 실현될 수 있는 일상사건이기 때문이다. 이런 측면에서 융합된 복합 형태소 '-다면'으로 바꾸어서 '술 그립다면(술 먹고 싶다면)' 및 '옛말 곧는다면(옛날 이야기를 말한다면)'이라고 바꿀 경우에는, '-다면'이 가리킬 수 있는 범위 속에 반사실적 양태까지 포함할 것이다. 반사실적 양태라는 개념은, 그 속뜻이 현실세계에서는 술이 먹고 싶지 않을(지겨울) 가능성 및 옛날 이야기를 말해 주지 않을 가능성까지도 포함하는 것이다. 이런 점에서 융합된 형태소 '-다면'으로 바꾼 '그립다면, 곧는다면'의 경우는, 그 발화 상황이 아주 기묘하게 들린다. 이를 요약하면, 필자의 직관에만 기댈 경우에, 종결 어미 '-다'와 융합되어 복합 형태소 '-다면'으로 쓰임으로써 가장 너른 범위에서 반사실적 양태까지도 담을 수 있는 '-으민, -으문'(-으면)과 비교한다면, 상대적으로 '-거든'이 현실세계에서 곧장 부여되는 직접적 조건을 가리키는 특성이 가장 전형적인 듯이 느껴진다.

그런데 '-거든'이 종결 어미가 나와야 할 위치에서 관찰되는 경우가 허다하다. 공통어에서는 이를 비격식적인 말투의 종결 어미로도 자주 쓰고 있으므로, 종속 접속 구문의 형태소와는 관련이 없다고 여길 수 있다(동형이의 또는 동음이의 접근으로 처리할 수도 있음). 그렇지만 국립국어원 『표준국어대사전』의 풀이(네 가지 항목의 풀이가 있는데 그 중 두 가지에 해당함)에서는

「청자가 모르는 내용을 가르쳐 주거나 앞으로 말할 이야기의 전제를 베풀어 놓는다」

고 적어 놓고 있다. 오스틴(Austin) 교수가 지적한 이른바 언어 표현 이면에 깔려 있는 속뜻을 붙들어 놓은 것이다. 오스틴 교수는 전제(presupposition)와 결과적으로 따라나오는 함의(entailment)를 서로 다른 용어로 불렀었는데, 앞의 풀이는 '전제'에 해당하는 것이다. 전제와 결과적 함의는 그롸이스(Grice) 교수에 의해서 다시 공통 속성으로서 '속뜻'이란 개념으로 확정되었고(69쪽 참고), 동시에 그 하위범주로서 두 가지가 상정되었다. 언어 형태에 관습적으로 깔려 있는 속뜻 그리고 대화상으로 깔려 있는 속뜻이다. 이는 각각 전제 및 결과적 함의로부터 공통된 특성과 구별 속성을 부여해 놓은 것이다.

이와는 달리, '-으민(-으면)'의 경우에 희망이나 바람을 표현하는 내포 구문 형식을 지닐 수 있다('-았으면 좋겠다, -았다면 싶다, -다면 돼' 따위). 이럴 경우에도 단절(생략) 현상으로서 상위문 핵어 동사(좋다, 싶다, 되다)가 생략됨으로써, 오직 이런 내포 구문에 한해서 이런 생략(단절)의 결과로서만 우연히 종결 어미 위치에서 관찰될 수 있다. 이는 「쉽게 복원될 수 있을 때 단절 또는 생략이 일어난다」는 일반적 통사 현상을 그대로 따르는 것으로 판단되며, '-거든'이 종결 어미로서 지정되는 방식과는 서로 거리가 있다('-거든'이 전형적인 내포 구문을 이루지 않고, 오히려 접속 구문에서만 출현하기 때문이며, 접속 구문에서는 미리 후행절을 예측할 수 있는 가능성이 훨씬 낮아짐). 본고에서는 전반적인 복합 구문의 현상을 다루고 있으므로, 세부적으로 이런 전환 과정을 놓

고서 충분히 심도 있게 다뤄나갈 수는 없다. 장차 이런 사실들을 놓고서 논의가 포괄적이면서도 심도 있게 진행될 필요가 있을 것이다.

여기서는 먼저 종결 어미가 쓰일 위치에서 찾아지는 '-거든'의 경우만 제시해 놓기로 한다. 이런 사례 또한 자주 관찰되는 부류이다.

(25) -거든: 그렇게 해 가지고 궁궐에 들어왔거든.
　(임진왜란 때에 이여송이 그렇게 해서 한양 궁궐에 들어왔거든. 구비
　3 김재현, 남 85세: 344쪽)

(26) -거든: 또 혹경(酷刑 또는 酷黥, 담화 전개 흐름에서 가혹한 형벌이나
　가혹하게 야단침으로 해석되며 필자 개인의 판단으로는 후자일 가능
　성이 높을 것으로 봄)만 허연 보내거든.
　(엉뚱한 짓을 한 지아비를 상대로 하여 또 가혹한 형벌만 시행하고서
　집으로 되돌려 보내거든. 구비1 안용인, 남 74세: 166쪽)

'-거든'이 종결 어미가 나올 위치에서 관찰되더라도, 공통어에서 상대적으로 무표적인 지위의 '-다'(격식적 말투)와 '-어'(비격식적 말투)와 비교할 경우에 다른 속뜻이 깔려 있다고 해석하는 것이다. 이러한 속뜻은

「왜 들어왔느냐?, 왜 보내느냐?」

라는 의문이 당연히 청자에게 깃들 것이라고 간주하고서, 이를 미리 조건 형식으로 선행절의 사건처럼 표시해 놓은 것으로 해석하는 입장이다. 필자의 판단으로는 이런 환경에서 '-거든'이 같은 조건 계열의 형태소 '-으면'과 교체되어 쓰일 수 없다. 즉, 이 맥락만을 놓고서 따질 경우에, '*들어왔이민(*들어왔으면)'으로 교체될 수 없는 것이다. 왜냐하면 오직 내포 구문 형식을 띠고서 '-으면 좋겠다'와 같이 바람이나 희망을 나타낼 경우에만, 단절 또는 생략 현상으로서 말 없음 부호 "…"를 덧붙여서

「-으면 …!」

처럼 표상될 수 있다. (25)는 다 끝난 사실을 서술해 주고 있다. 그렇다면 바람이나 희망을 가리키는 이런 해석을 '-거든'이 지닐 수 없다는점에서, 이 형태소들 사이에는 서로 의미자질의 상정에 상당한 차이가 있음을 보여 준다. 따라서 비록 상위 개념으로서 조건이라는 교점아래 하위범주라는 공통점이 있더라도, 그 조건의 구현 방식에서는'-거든'과 '-으면'이 차이가 있을 뿐만 아니라(반사실적 양태까지 후자만 표현할 수 있음), 또한 설령 종결 어미가 나올 위치에서 같은 소리값을 지닌 두 형태소가 모두 관찰될 수 있더라도, 다의어적 접근을 추구할 경우에 '-거든'은 종속 구문을 이끄는 어미 형태소로부터 유래되어야 하지만 '-으면'은 내포 구문을 이끄는 어미 형태소로부터 나와야하는 것임을 매듭지을 수 있다.

§.3-3 다음으로 이유를 나타내는 종속 접속 어미 형태소 '-으난(-으니까)'의 변이 모습들을 살펴보기로 한다. 공통어를 중심으로 하여이와 관련된 논의가 일차적으로 '-으니까'는 '-아서'와 어떤 차이가있는지에 집중하여 다수의 연구자들에 의해서 논의가 이뤄진 바 있다. 그렇지만 필자는 이들 형태소의 논의가 언어 형식의 차원에만 국한되어서는 그 본질이 제대로 밝혀지지 않는다고 본다. 반드시 언어형식 표면에 드러나 있지 않은 속뜻을 찾아내어야 한다(담화 전개 차원에서 다뤄져야 함). 왜냐하면 각 형태소가 품은 속뜻의 차원이 서로 다르기 때문이다.

또한 '원인'과 '이유'라는 단순한 개념에 대해서도 명확히 구분하여쓰지 않는 경우가 허다하다. '원인'과 '이유'가 둘 모두 조건과 그 결과라는 상위 개념에서 나온다. '조건'이 상위 개념인 것이다. 그런데 조건으로 제시된 사건과 시간상의 선후 관계에 의해서 결과 사건이 관찰되었거나 초래되었다면,[46] 이들 두 사건 사이에 필연성을 부여하여

46) 뤄쏠(제2판 1937: 제7장의 §.83) 『The Principles of Mathematics』(Norton & Co.)에서는 인간 사고의 기본 형식이 집합들의 상위 개념인 '클라스(classes)'들 사이에 함의(implication) 관계에서 연역된다고 주장하였다. '클라스 족'(또는 집합족, classes of classes이며 family 라는 낱말을 씀)들 사이의 관계가 수학이고, 우리가 구현할 수 있는 가장 명시적인 사고 표현 형식인 것이다. 뤄쏠 교수는 함의를 다시 형식(formal) 함의와 물질(material, 존재) 함의로 나누었다. 전자는 단언 함수(명제 함수)들을 대상으로 하여 작동하므로, 단언 형식(명제 형식)이란 말뜻이 수식어로 붙어 있다. 그렇지만 후자는 단언(명제)들 사이에 적용되며, 물질 그 자체(또는 존재 그 자체)는 인간의 인식 능력으로 오직 제한적 인 일부만을 다룰 수 있을 뿐이다. 결국, 「물질 함의(존재 함의)는 전체적 범위에서 인간의 인식 능력으로는 제대로 다룰 수 없다」고 판단하여, 자신의 수학 기초론 연역 체계에서 제외해 놓았음을 명시적으로 밝혔다.

오늘날 우주와 사물과 생명체가 「어떻게 존재하게 되었는지」에 대해서는 진화의 측 면에서 많은 것들이 알려져 있다. 즉,

「우주 진화·물질 진화·지구 환경 진화·생명체 진화·두뇌 진화·성대 진화」

등 여러 단계를 거쳐 일어난 존재(대상, 실체)의 방식들을 합리적으로 서술해 놓고 있는 것이다. 그렇지만 그런 대상들이 왜 존재하게 되었거나 현재 존재하는지, 즉, 존재 이유 에 대해서는 우연성이나 종교에서의 절대성 이외에 아무런 답변도 내 놓지 못하고 있 다. 임의 대상을 놓고서 존재가 이뤄지는 방식에 대해서는 현재 시점에서 물질 진화의 관점에서 상당한 정도로 정합적인 모형을 제시해 놓고 있다. 그렇지만 정작 왜 임의 대상이 존재해야 하는지, 즉 「우주 그 존재의 이유」에 대해서는 아무도 모르는 것이다.

이를 뤄쏠 교수가 밝혀낸 모순의 형식 'A∈A'로도 표상할 수 있다. 자신이 자신을 원소로 갖는 순간, 곧바로 모순과 역설이 생겨난다. 그렇다면 이는 결코 허용될 수 없는 형식이다(A∉A). 우리 인간은 오직 'A⊆A'만을 밝혀낼 수 있을 뿐이다. 이는 전체 세계 의 일부에 해당한다.

당시 영국에서 신관념론(옥스퍼드대학의 브뢰들리 교수 및 케임브리지대학의 맥태 거엇 교수)을 배격하고 새롭게 경험론적 토대 위에서 분석철학을 열어나가는 데에 뤄 쏠 교수의 동지였던 무어(1953; 김지홍 뒤침, 2019) 『철학에서 중요한 몇 가지 문제』(경 진출판)에서는 이를 '믿음의 역설'이란 개념으로 변형하여 다루었다. 우리들의 정신은 차츰 경험이 누적되면서 이에 수반되어 단계별로 형성됨을 주장하였다. 그런데 일부 믿음에 대해서는 진리 대응 함수 및 다른 믿음들과의 연관성 검토에 의해서 제한적으 로 다룰 수 있고, 여기에 근거해서 구성원들 사이에서 서로 합의할 수 있다. 그렇지만 부분적 믿음이 의존하고 있는 우리의 전체적 믿음 체계란 결코 온전하게 객관적인 검 증이 허용되지도 않고, 전체인지 여부를 판정하는 일도 숫제 불가능한 것이다. 상대적 인 비교에 의해 '보다 크다, 보다 넓다'라는 단정만이 가능할 뿐이다.

뤄쏠 교수는 「존재 여부만을 다루는 물질 함의가 대상의 내적 관계를 다루게 되는 형식 함의보다 범위가 더 넓다」고 보았다. 이러한 판단을 반영해 주기 위해서, 서로 용어를 달리 썼다. 형식 함의를 'if~ then'으로 표현하고, 존재 함의를 'imply'라는 용어로 써 구분한 것이다. 전자의 주장은 컴퓨터의 연산(computation)이란 용어로 바뀌어서, 모든 분야에 일반화되기 시작하였다. 앨런 튜링(Turing, 1950) "Computing Machinery and Intelligence"(『Mind』 제59권)에서 제안된 인간 생각까지 모의할 수 있는 「보편 튜링 기계」는 스스로 학습 가능한지 여부에 의해서 크게 두 영역으로 나뉜다고 주장했었다. 그렇지만 오늘날 거대한 자료(big data)를 놓고서 병렬 분산 처리하는 「기계 학습」(인공 지능 학습)의 성공적 구현의 결과, 연산 기계와 사람 사이에 정도성의 차이만 보여 줄 뿐이고, 아무런 질적 차이도 보여 주지 않는다. 그렇다면 이미 우리는 연산 기계 자체에다 우리의 판단 결정 평가 방식이 얽매이어 의존하는 시대에 접어든 것이다.

선행 사건을 '원인'이라고 부른다.

그렇지만 만약 뒤따라 나온 결과 사건이 이미 관찰되고 경험되었지만, 아직 무엇이 이 사건을 일으킨 것인지에 대하여 궁금하게 여길 경우가 있다. 그런 선행 사건들을 추정하고 추측하는 일은 우리가 직·간접적으로 경험한 여러 가지 사건들의 연쇄를 장기 기억 속에 붙들어 두고 있기 때문에, 가능한 몇 가지 후보들을 상정하면서 그 인과 관계를 탐구하고 검사해 나갈 수 있다. 만일 그러한 가능한 인과 관계가 확정적이라는 사실을 잘 알고 있는 사람이 있고(그런 확정적인 믿음 체계를 지닌 화자가 있고), 이와는 반대의 상황에 있는 사람(그 사건의 선후 인과 관계를 깨닫지 못함)이 있다고 할 경우에, 확정적 믿음을 지닌 화자가 그렇지 못한 청자에게 두 사건의 선후 관계를 명시적으로 언어로 표현해 줄 수 있다. 바로 이 경우에, 화자가 이미 일어나고 분명해진 결과 사건에 대하여, 확정적인 선행 사건을 청자에게 말해 줄 경우에, 이를 '이유'라고 부른다. 이러한 언어 사용 상황이 적합하게 작동하려면,

「어떤 이유에서 결과 사건이 이미 일어난 것인지」

를 청자가 잘(정확히) 알 수 없거나 애매하게 알거나 잘못된 인과 관계를 붙들어 놓은 경우가 미리 전제되어야 한다. 바로 이런 상황에서, '-으난(-으니까)'이라는 어미 형태소는 청자의 믿음 결여나 애매한 믿음 또는 잘못된 믿음을 상정하고서, 화자가 청자의 믿음을 바로 잡아 주려는 의도를 깔고 있는 것이다(535쪽 이하 참고). 이러한 언어 사용 맥락 자체는, 청자의 믿음 영역과는 무관하게 화자가 전형적으로 계기적인 사건을 시간 순서대로 표현해 주는 경우에 쓰는 접속 어미 형태소 '-아서'와는 근본적으로 다른 것이다.

이유를 드러내는 기능을 지닌 어미 형태소 '-으니(-으니까)'는 전형적으로 2항 접속으로만 나올 수 있다. 만일 3항 접속이 이뤄지는 경우에는 제3항이 오직 강조 내지 좀 더 명시적인 반복의 역할만 지니게

된다(점층적으로 초점을 좁혀 나가는 전략에 따름). 그렇지만 시간상의 계기적 사건이 둘 이상으로 이어져 나갈 경우에 동원되는 '-아서'는, 화자의 사건 분할 방식에 따라서 다항 접속의 모습을 지닐 수 있다. 이 방언에서 우연히 '-으니(-으니까)'가 3항 이상을 이어 놓은 사례도 관찰되는 경우가 있다. 이 경우에는 이 접속 어미 형태소의 기능이 '이유'를 가리키는 것이 아니라, 그 해석에서 마치 '-아서'와 같이 「사건 전개의 배경이나 토대」를 가리키는 쪽으로 기능 전환이 일어났음을 확인할 수 있다.

필자의 좁은 식견으로만 따질 경우에, 공통어를 대상으로 하여 씌어진 많은 수의 글들에서도 이런 중요한 측면이 간과되어 있다. 이는 언어 표현을 순수히 언어 차원으로만 국한짓는 한계를 여실하게 드러낸다. 응당 담화 흐름 및 언어 사용의 차원으로 확대해야 하고, 궁극적으로 인간 정신의 일반적 작동 방식(개념 확장의 방식)도 참고해야 한다고 말할 수 있다.

§.3-4 이 방언에서 이유 표현 구문의 어미 형태소를 '-으난(-으니까)'으로 대표하여 내세웠지만, 이 형태소도 변이 폭이 넓다. 「문법 형태소들의 중층성」 현상을 보여 주는데, 공통어의 모습으로 '-으니'도 자주 쓰이며, 또한 확장된 모습으로 '-으니까'와 '-으니까니, -으니간'도 관찰할 수 있다. 그런데 문제는 '-으난'이 '-으나네' 또는 '-으난에'처럼 확장된 모습을 어떻게 분석할 것인지에 있다. 앞에서 언급하였듯이, '-마는, 거든'이란 형태소에 다시 '에'가 덧붙어 '-마는에(마는+에)'와 '-거든에(거든+에)'로 확장되었다고 서술하였다. 만일 부사적인 형상을 띠도록 만들어 준다는 측면에서 이를 처격 조사 '에'와 공통된 것으로 추정한 것이 올바르다면, 우선 동일한 설명 방식을 여기에도 적용해서 과연 같은 자연 부류인지 여부를 살펴볼 수 있다. 이런 관점에서는 '-으난(-으니까)'에 다시 '에'가 덧붙어서 '-으난에(으난+에)'로 확장되었다고 설명해야 한다. 그렇지만 이런 분석은 이 어미

형태소(-으나네)가 전혀 다른 시상을 지닌 사건들을 전제로 하고 있음을 염두에 둔다면 문제가 된다. 다시 말하여, 그렇게 자연부류로서 '에'가 더 추가되었다고 단정할 수 있는 것은 아니다.

'-거든'은 현실세계 속에서도 곧 또는 가까운 시점에 일어날 사건을 가리킨다. 그렇지만 이유 구문으로 대표되는 어미 형태소 '-으난(-으니까)'은 이미 일어난 사건을 놓고서, 이 사건보다 먼저 일어났어야 하는 선행 사건을 그 이유로 제시하는 역할을 맡는다. 다시 말하여, 청자가 이미 일어난 사건에 대한 (확실한) 선행 사건을 잘 모르거나, 그런 관련이나 연결에서 잘못이 있다고 판단하고서, 화자는

「청자의 잘못된 믿음을 고쳐 주려는 속뜻」

을 담고 있는 것이다. 이런 점은 '이유'라는 개념이 따로 '원인'으로부터 독립적으로 존재하는 근거가 된다.

만일 조건 형태소에서 하위범주를 원인과 이유로 나누어 놓는 필자의 접근 방식이 올바른 것으로 성립된다면, 간단히 '-으난'이란 형태소에 다시 부사를 만들어 주기 위하여 처격 조사와 같은 '에'가 덧붙어 있다고 말할 수 없을 것이다. 왜냐하면 양태적 의미가 이미 더 들어가 있기 때문에, 새로운 분석 방식을 요구하고 있는 것이다. 필자는 일부 이 방언의 접속 구문에서 찾아지는 어미 형태소들(629쪽 이하에서 공통어 형태소 '-다가'에 형태상으로 대응하는 '-단 vs. -당' 어미의 시상 대립을 보기 바람)에서 시상 요소가 융합되어 있는 경우들이 있음에 주목하고 있다. 즉, 시간상의 계기적 사건을 표시해 주는 '-앙 vs. -안'의 시상 대립 형태소들이 접속 어미 형태소와 융합되어 있는 경우를 유념해야 하는 것이다. 이 종속 접속 어미 형태소들은 각각 '-아그네 vs. -아네'에서 줄어든 모습을 보여 준다. 특히 전자는 '-아그네, -앙그네, -아그넹에, -앙그넹에-'와 같이 변동 폭이 좀 더 심하다. 오직 '-아네'는 '-안'으로 줄어드는 길 이외에는 다른 변이 형

태가 없다. 임의의 사건은 언제나 시작점과 종결점을 지녀야 한다는 점에서 이를 사건을 표상하는 시상 자질에 반영해 줄 수 있다. 선어말 어미의 시상 자질에서

[+시작점, +종결점]

의 특성이 일부 배당되는 '-아네, -안'은, 이미 어떤 사건이 다 일어났음을 가리킨다는 점에서([+종결점]만으로도 표상될 수 있으며, 접속 어미는 양태 속성도 띠는데 461쪽 이하를 보기 바람), '-으난(-으니까)'에서 가리켜 주는 사건과 시상 체계에서 서로 정합적으로 일치할 수 있다. 708쪽 이하에서 다시 언급될 것이지만, 현재 필자는 '-으나네'를 '-으니(-으니까)'와 '-아네(-아서)'가 융합되어 있는 것으로 파악한다. '-으니'와 '-아네'가 완전히 하나의 형태소처럼 녹아 있다고 주장하려는 것이다. 이런 주장을 뒷받침해 주는 언어 자료로서 570쪽 이하에서 다뤄지는 잦은 빈도의 복합 형태소

「-안 보난」(-아서 보니까)

을 들 수 있다. 관용화되어 있어서 복합 어구이지만, 마치 하나의 종속 접속 구문의 어미 형태소 쓰인다고도 말할 수 있는 것인데, 이를 본디 형상으로 되돌린다면 '-아네 보나네'의 형상으로서, 이는 서로 시상 자질 [+종결점]을 지닌다는 점에서 이미 두 개의 어미 형태소 사이에 자질이 일치되어 있음을 확인하게 된다.

비단 이런 융합 형식의 접속 어미는 '-안(-아서)'만 이용하는 것이 아니다. 이런 융합 형식의 반대편 결합 모습도 확인할 수 있다. 동시 사건 진행을 표시하는 '-으멍(-으면서)'이라는 어미 형태소에는 '-으며(-으며)'와 '-앙(아서)'이 녹아 있는 것이다(으며＋앙).47) '-앙, -아그네, -앙그네, -아그넹에'로 변동하는 이 형태소에는

[±시작점, -종결점]

이라는 자질이 배당되며, 간단히 '-안'의 자질과 대립시켜 [-종결점]
이란 자질로도 표상해 줄 수 있다(단, 접속 어미는 양태 속성도 띠는데,
461쪽 이하를 보기 바람). 특히 이 어미 형태소가 '-으멍으네, -으멍그
네, -으멍그넹에(-으면서)'로 확장되는 사례까지 관찰할 수 있다는 점
에서, 시상 자질의 짝으로서 '-안 vs. -앙'이 다른 접속 어미 형태소들
과의 융합 가능성을 높여 주며, 이것을 그 일반성에 대한 뒷받침 자료
로 제시할 수 있는 것이다(특히 324쪽의 예문 21에서는 더욱 많은 형태소

---

47) 이런 결합의 모습은 고려가요인 쌍화점에서 관용 어구처럼 쓰인

'이 말이 이 店 밧긔 나명 들명'

을 연상시켜 준다. 그렇다고 하여, 이 방언의 위상이 고려가요의 화자가 살았던 시대를
반영해 준다고 주장하는 것은 아니다. 왜냐하면 이런 주장을 가로막는 첫 장벽이, 현재
남겨진 고려가요(후대의 기록)에서 결코 '-앙 vs. -안(-아서)'과 같은 시상 형태소의
대립을 찾을 수 없기 때문이다. 또한 이 방언에서는 고려가요의 후대 기록이 보여 주는
중모음 '여'로 실현되지 않고, 오직 단모음 '어'로만 쓰이고 있다(-으멍). 만일 이런 결
과만 놓고서 고려가요를 표기한 '-명'과 이 방언의 형태소 '-멍'을 평면적으로 비교할
경우에, 문법 기능을 표시해 줄 수 있는 음소 차원의 거점 요소가 탈락되지 않는 한,
부차 요소로서 반모음 j는 과감하게 음절 재구성 과정에서 의무적으로 탈락된다고 볼
소지도 있다. 그렇지만 결코 문증 자료의 한계 때문에 이를 체계적으로 입증할 수는
없다. 또한 모음조화의 적용 범위가 어간과 어미가 결합되는 경우에만 한정됨을 염두
에 둔다면(133쪽의 각주 43에 있는 김완진, 1971과 1979), 그런 좁은 범위를 벗어나
있는 융합된 형태소 '-앙'이 모음조화의 영향 아래 있어야 한다는 점도 문제가 될 수
있다.

그렇지만 동일한 재구조화 과정이 다른 사례에서도 상정될 수 있다. 만일 '-으난,
-으나네'를 접속 어미 융합체로 파악할 경우에, '으니+안(으니+아서)' 또는 '으니+아
네(으니+아서)'에서도 거점 요소가 존재하는 한, 이 결합으로 생겨나는 반모음 j를 의
무적으로 탈락시키는 일이 일어난다고 여길 법하다. 이렇게 융합된 결과로서, 이 방언
에서는 오직 '-으난, -으나네'와 같이 오직 단모음으로만 말해진다고 간주하는 것이다.
왜냐하면 결코 '*-으냔, *-으냐네'의 모습은 듣지도 못하였고 찾아지지도 않는 것이기
때문이다. 하여간 한국어의 공통된 기반 위에서 상상의 나래를 펴 볼 경우에, 이런 비교
들이 전혀 무관하지는 않을 것으로 본다.

최근 고고학적 보고를 접하면서 여러 생각이 든다. 서귀포시 고산리 지역에서 보고된
인류 발자국 화석은 무려 2만 년이나 되었다고 한다. 이는 농경사회가 일반화되기 이전
의 시기인 것이다. 그렇다면 필자는 아주 막연한 작업 가정에 불과하겠지만, 이 방언의
분화 시기가 개벽신화에 등장하는 세 신인의 시대로부터 원형 언어의 모습을 띠고서
끊임없이 이어져 왔을 것으로 본다. 우리나라에서 기록이 본격적으로 시작된 6세기(가
령, 신라 노래의 기록 시기) 이전에서부터 이미 한국어에 속하는 이 방언이 고유하게
쓰이고 있을 개연성이 무시될 수 없다.

들이 한데 녹아 있으므로 '-으멍+서+을랑'으로 환원될 만한 융합 형태소와 641쪽 이하의 예문 83에서는 '-다가+서+을랑'으로 환원될 만한 융합 형태소가 다뤄져 있음).

이뿐만 아니라, 특이하게 사건의 중단이나 전환을 가리켜 주는 어미 형태소 '-다가'는 이 방언에서 '-앙 vs. -안'이 융합되어 있는 두 가지 모습으로 쓰임을 관찰할 수 있다. 「문법 형태소들의 중층성」 구현 모습이며, 각각 '-당 vs. -단'이다. 특히 전자는

「-당으네, -다그네, -다그넹에」

처럼 변이 모습을 보여 준다. 이는 '-앙(-아서)'의 변이 모습이 그대로 다 완벽히 일치하는 것이다. 이런 변이 범위의 일치는 곧 이것이 '-다+-앙(-다가+-아서)'의 융합체임을 확인할 수 있고, 유표적으로 '-다가서'와 이것이 줄어든 '-다서'라는 형태소의 존재(637쪽과 641쪽의 예문 81과 예문 83을 보기 바람)가 이를 거듭 재확인해 준다. 공통어에서 보여 주는

「먹었다가 vs. 먹다가」(공통어, 먹는 사건이 '다 종결되었음 vs. 종결 없이 중단됨'의 대립)

의 대립 모습을, 그대로 이 방언의 자료에서도 '-앗-'의 실현 유무를 통해서 다음과 같이 두 갈래로 잘 보여 준다.

① -다그네: 「먹었다그네 vs. 먹다그네」(이 방언 자료, 먹는 사건이 '다 종결되었음 vs. 중단되었음'의 대립)
② -다네: 「먹었다네 vs. 먹다네」(위와 같음)

처럼 '-앗-(-았-)'의 유무가 해당 사건을 종결시켰는지, 종결되지 않

은 채 중단되었는지를 그대로 대응 모습으로 보여 주고 있다. 시상 형태소 '-앗(-았-)'의 유무에 의해서, 전자는 해당 사건이 종결된 뒤에 다른 사건으로 옮아간다(종결 후 전이). 그렇지만 후자에서는 그 사건이 채 종결되지 않은 채 다른 사건으로 전이되는 것이다(중단).

이런 모습이 관찰된다면, '-다그네 vs. -다네'의 대립이 왜 존재하는 것인지에 대한 의문이 생길 것이다. 비록 미세한 차이들이지만 좀 더 사건 표상에서의 정밀한 차이들이 관찰되고 난 뒤에 설명이 뒤따라야 할 것이다. 639쪽 이하에서는 '-앗-'의 실현 유무에 따라 별개의 무관한 사건을 서술하는지로 나뉠 가능성을 적어 놓았다. 따로 논증하지는 않겠으나, 여기서는 융합 형태소 '-다그네 vs. -다네'에 대하여 직관적으로 느끼게 되는 필자의 잠정적 판단만 임시로 적어 둔다. ①과 같이 [-종결점] 자질을 지닌 '-앙(-아서)'이 융합된 '-다그네'의 선행절은 더 폭넓은 가능세계를 나타낼 수 있으며, 후행절에서 양태상의 제약을 따로 요구하지 않는다. 이에 반하여 ②와 같이 [+종결점] 시상 자질을 지닌 '-안(-아서)'이 융합된 '-다네'는 후행절에 실현될 수 있는 양태의 폭을 제약시켜 놓을 듯하다.

이상에서 이 방언의 설화 자료를 통해서 '-다네(다가+아서)'의 융합이 흔하게 관찰되고 있음을 제시하였다. 일차적으로 여기서는 이런 시상 어미 형태소를 매개로 한 융합 형태소들의 사례가, 이 방언에서 결코 이례적인 것이 아님을 지적해 둔다. 이는 이런 결합을 놓고서 모종의 일반화 가능성을 추구하도록 해 주는 것이다. 이를 근거로 하여 소리값이 결과적으로 다 같아지더라도, 처격 조사 '에'와 서로 구분되는 형태소로서, '-안'(본디 '-아네' 형태소)과 융합된 결과로서 찾아지는 '네'도 있음을 확인하였다. 필자는 '-으니'가 확장될 경우에 두 가지 길을 택하였다고 본다. (ㄱ) 하나는 공통어에서처럼 '-으니까' 또는 '-으니까니'로 되는 길이다. (ㄴ) 다른 하나는 '-으나네'로 결과되었다고 가정하는 것이다. 물론 왜 접속 어미 형태소의 구현이 중층성을 보여 주는지에 대한 상위 차원이 물음에 답변을 마련해 놓아야 한다. 우선, 주먹구구 방식으로 말한다면, 자주 쓰일수록 다양해질 수 있고, 다양한 쓰임을 위해서 유일한 선택지가 아닌, 복수의 선택지를 도입하였다고 말할 법하다. 핑커(Pinker) 교수가 왜 유독 빈출 낱말에만 변이 형태가 있는 것인지에 대한 상위 차원의 물음에 '지각상의 두드러짐(perceptual salience)'을 보장해 주기 위해서 그렇다고 최초로 답변하였던 점을 고려한 것이다. 둘째, 내포 어미들은 접속 어미들과 달리 행동하여, 「중층성 현상이 없다」는 점에서, 핵어 범주의 차이를 고려해 볼 만하다. 이 방언에서는 일부 접속 어미들이 시상 요소를 융합시켜 쓰이고 있는데, 그 결과 접속 기능 형태소 및 시상 기능 형태소가 중층적으로 관찰되는 것이다.

§.3-5 이제 전형적으로 이유를 나타내는 어미 형태소 '-으난(-으니까)'을 중심으로 하여, 이 어미 형태소의 기능이 변동하는 사례를 살펴보기로 한다. 이 형태소의 변이 모습이 또한 '-으니'나 더 확장된 모습 '-으니까니'와 어미의 제1음절이 전설화된 모습 '-이니(-으니)'로도 나타난다(전설화는 이 경우만이 아니며, 이 방언의 시상 형태소 '-앖-, -앗-'이 요구하는 특정한 속성이 반영되었을 개연성이 있음). 필자는 이 형태소들이 수의적으로 자유롭게 교체될 수 있다고 본다. 그렇지만 선행절과 후행절 사이를 잇는 관계가, 이 절에서 논의되듯이 변동이 일어남을 관찰할 수 있다. 물론 이하에서도 이런 자유로운 교체 사례가 예문 (96, 97)로 제시되겠지만, 다시 688쪽 이하에서 예문 (95, 96, 97, 98)을 중심으로 하여 '-으난, -으니, -으니까'라는 형태소들이 접속절을 계속 이어나가는 경우를 논의할 것이다.

먼저 이 어미 형태소가 전형적으로 이유를 제시하는 기능의 사례 (27)를 제시한다. 그러고 나서 세 종류의 변동 사례를 다룰 것이다. 첫째, 시간상 선후로 이어지는 사건 전개의 기능 또는 후행절이 일어날 배경이나 무대를 제시하는 사례를 살핀다. 둘째, 사건의 배경이나 원인을 가리키는 사례를 살펴본다. 마지막으로, 이 어미 형태소의 범주 전환으로 파악할 수 있는 것으로서, 종결 어미가 쓰일 자리에서 관찰되는 사례를 다룰 것이다.

　이 글에서 필자가 채택한 접근에서는 일차적으로 이런 변동을 마치 다의어적 확장처럼 취급하고 있다(담화 분야에서는 앞뒤 문맥[co-text]과 상황 맥락[context]를 그런 확장이 이뤄지는 경로로 다루는데 57쪽 이하를 보기 바람). 이런 현상에서 접속절에서 찾아지는 기능상의 변동이나 확장은, 어미 형태소의 범주를 그대로 유지한다는 측면에서 크게 문제시되지 않는다. 그렇지만 접속 어미 범주와 전혀 달리, 마치 고유한 종결 어미처럼 관념될 경우, 그리고 마치 처음부터 종결 어미의 한 요소로서 쓰일 경우에는, 더 이상 다의어적 확장 관계가 유지될 수 없다고 선언해야 할 것이다. 그렇지만 이런 선언이 내려지기 전에 이 형태소에서만 그러한가를 되물어야 할 것이다. 만일 이 접속 어미 형태소만이 유일하게 그렇게 범주 전환이 일어난 것이 아니라, 다른 접속 어미 형태소들도 충분히 그러한 전환 가능성을 함께 보여 준다면, 다른 설명 방식도 가능해진다. 단순하게 숫자를 어깨에 덧붙인 상이한 범주 지정(동음 이형 접근)만이 유일한 선택지가 아닌 것이다. 오히려 접속 어미가 종결 어미 환경에 쓰이면서 종결 기능까지 동시에 떠맡는 방식에 대한 어떤 일반성 추구가 더 필요할 것이라고 본다. 필자는 이 가능성을 염두에 두면서 설명을 추가해 나갈 것이다.

　(27) -으난: 소낭(소나무) 어염데레(가장자리48) 쪽으로) 간(가서) 「톡~」

---

48) 어염은 '於廉隅(모서리에)'가 줄어들었거나 이 방언에서 그대로 한자어 '어염(於廉)'을 수용한 낱말이다. 국어사전에서 '염우 바르다(모서리가 바르다, 경우가 바르다)'라는 말을 놓고, 사람의 행동이나 품행이 올바른 것('방정하다'에서 방이 네모 반듯함을 가리킴)을 뜻한다고 풀이해 놓았다. 우리말의 일반적 특징일 것인데, 이 방언에서도 허다하게 한자어(백화 표현까지 포함)에서 나온 관용구들이 많이 쓰인다. 그렇지만 오늘날 국어학자들이 대부분 한문 문헌과는 담을 쌓고 있기 때문에, 그 어원을 추정해 주는 경우가 거의 없다. 이 경우도 한자어임을 깨닫는 이들이 드물 것으로 본다. 이 맥락에서 한자의 기본 뜻(축자 의미)으로서 '어염'은 가장자리 또는 모가 진 모서리(모가 살아 있는 것 또는 모가 서린 것)를 가리키고 있다.

(의태어) ᄒᆞ게 지(자기) 아방(아범)을 부리난(다 늙은 할아버지를 짊어
진 채 지게를 그곳에 부려 놓으니까), 일곱 술(일곱 살) 난 손진(손자
는) ᄯᅩᆯ환(따라서) 갓다네(갔다가) "아바지, 그 지게 무사(왜, 무슨 일
로) 그디 내 비없수과(버리고 있습니까)?"
(소나무 가장자리 쪽으로 가서 '툭~' 하게 자기 아버지를 부려 놓으니
까, 따라갔던 손자가 묻기를 "아버지, 할아버지를 짊어진 채 그 지게
를 왜 거기에다 내 버려 둡니까?" 구비1 허군이, 여 75세: 195쪽)

이 대목은 고려장을 묘사해 주고 있다. 아버지와 할아버지와 손자가
이 사건에 관련된다. 아버지가 지게에 짊어진 다 늙은 할아버지를, 고
려장의 형식으로 숲속에 내 버리는 것을 보고서, 일곱 살의 손자가
자기 아버지에게 그 이유를 따져 묻고 있다. 속뜻으로는 그런 물음에
고려장을 하지 말아야 함이 깃들어 있다. 선행절 사건과 후행절 사건
이 각각 「아버지가 할아버지를 내 버리다」, 「왜 할아버지를 내버리느
냐?」로 표상될 수 있다. 이를 이유가 드러나도록 재구성한다면, 할아
버지를 내 버리지 말아야 하겠는데, 자기 아버지가 할아버지를 산속
에 내 버리기 때문에, 손자가 그런 질문을 하고 있는 것이다. 또한 암
묵적인 화행으로서 할아버지를 내 버리지 말도록 요구하고 있지만,
표면적 관계에만 집중한다면, 일단 이런 측면에서 선행절의 접속 어
미 형태소가 이유를 나타낸다고 서술할 수 있는 것이다.

그런데 다음 사례에서는 이 방언에서 흔히 볼 수 있는 어미의 변이
형태들을 계속 바꿔가며 중층적으로 쓰고 있어서 주목된다.

(28) -으난 -으나네 -으난 -으니: 그 날은 일수(日守, 그날 담당자)ø 보내
난(보내니까), 약속ᄒᆞᆫ 일이나네(일이니까), 「허, 이번으랑(일랑) 가야
될로고(될로구나)!」 가난(가니까) 「죄가 어쩌ᄒᆞ니…」. 게난(그러니까)
ᄆᆞᆫ(모두 다) 약속해연(해서) ᄂᆞ 둔 젭주(것이죠).
(그 날은 대정 군청에서 군수가 담당자를 보내니까, 군수와 당사자인
한효종씨가 서로 약속해 둔 일이니까, 「하, 이번에는 군청에 가야 될
로구나!」라고 생각했어. 당사자가 군청으로 나가니까 군수가 「네 죄

가 어떻게 되어 있으니 (너를 처벌한다)」. 그러니까 모두 다 그를 잡아 가두려고 미리 약속해서 놔 둔 것입죠. 구비3 김재현, 남 85세: 167쪽)

여기서는 세 개의 문장(또는 입말 발화)이 나온다. 상위문 동사를 복원 한다면, "여기다, 둘러대다"가 있고, 마지막 문장에 "놔 두다"가 나온 다. 차례대로 앞에 나온 두 개의 문장(상위문 동사를 각각 '여기다 둘러대 다'로 복원한 문장)이 모두 종속 접속절을 지니고 있다. 또한 이 방언의 종속 접속 어미 형태소 '-으난(-으니까)'이 동일한 화자에게서 아무런 제약이 없이 '-으나네'와 '-으니'로 변동되고 있음도 관찰할 수 있다. 맨 마지막에 있는 문장 부사 '게난'의 경우까지 셀 경우에는, 무려 5회 나 계속 이어지고 있는 것이다.

만일 이런 수의적 변이 형태들을 말하지 않고, 오직 일관되게 본디 형태 '-으나네(-으니까)'로만 발화하였었다면 어떻게 느껴졌을까? 청·화자가 의사소통에 진지하게 참여하고 있고, 화자로서는 그런 분위기를 재미있게 이끌어가야겠다고 느낀다면, 오직 한 가지 어미 형태만을 써서 지루하고 무료하게 느껴지는 일을 막아야 할 것이다. 아마이런 동기 때문에 수의적으로 변동할 수 있는 형태들의 존재 이유가 있을 것이고, 또한 이 화자가 그런 작은 변화를 주면서 해당 이야기를이끌어가고 있다. 현재로서는 필자에게서, 오직 '-으나네(-으니까)'만쓰면서 「기계적인 반복」처럼 느껴지지 않도록(따라서 말하는 능력이 떨어지기 때문에 청자로부터 어색한 말투라고 평가받지 않도록) 하기 위하여, 미세하지만 같은 어미 형태소의 변이체들을 섞어 놓고 있다고 보는일 이외에 다른 설명 방식을 찾아낼 수 없다(438쪽도 보기 바람). 이는아마 무의식적 선택에 해당할 듯하며, 이 방언에서 언어 사용 관례를통해서 그런 변동 폭을 자연스럽게 무의식적으로 익혔을 것으로 본다(영어에서는 「낱말 사슬 형성」으로 불리는데, 후핵 언어인 우리말에서는 「어미 형태소가 서로 변이」를 보이게 됨).

첫 번째 문장에 있는 '-으난(-으니까)'과 '-으나네(-으니까)' 중에서,

오직 두 번째 어미만이 이 형태소의 전형적인 기능으로서 이유를 나타내고 있다. 첫 번째 나오는 어미 '-으난(-으니까)'은 그 기능이 두 가지 사건이 주어져 있을 때에 앞 사건이 뒷사건을 촉발한다는 의미에서, 그 기능이 배경이나 사건 전개의 모습으로 조금 달라져 있음을 알 수 있다. 이런 측면에서 '보내난(보내니까)'을 '보내어서' 또는 '보내자'로도 교체하여 쓸 수도 있을 것이다. 이런 범위의 접속 어미 형태소가 선행절과 후행절이 계기적인 사건들로 표현됨을 보장해 주기 때문이다. 두 번째 문장에서 '가난'(한효종 씨가 일수와 함께 군청에 가니까)이란 선행절이 또한 이유를 나타내고 있다. 속뜻으로 깔려 있는

「왜 그가 군청에서 처벌을 받았는가?」

의 물음에 대한 답변으로서 이유를 드러내고 있다. 달리 말하여, 비록 일수(그날 담당자)가 직접 집으로 찾아오더라도 일부러 만나지 않았었더라면, 또한 같이 군청에 가는 일도 없었을 것이며, 따라서 단지 거드름 핀다는 죄목을 걸어서 억울하게 처벌도 받지 않았을 것임을 뜻한다.

이어서 (28)의 꺾쇠괄호로 표시된 부분에는 종속 접속 어미 '-으니' 뒤에 분명히 후행절이 생략되어 있음을 느끼게 된다. 선행절이 처벌에 대한 사유를 표시하고 있기 때문이다. 그렇지만 본디 채록에서는 여기서 표시해 놓은 말없음 표 '…'가 들어 있지 않다. 그렇다고 하더라도, 필자는 이 문장에서 생략이 일어났고, 결과적으로 마치 종결 어미 위치에 있는 것처럼 되었다고 본다. 마지막 문장에서 '게난(그러니까)'은 마치 문장 부사처럼 굳어져 있는 형태이다. 이런 측면에서 절이나 문장을 다루는 범위 속에 포함시키지 않았다('-으난'의 반복 횟수를 4번만 표시해 놓았음).

그런데 필자가 모아둔 자료(부록)를 보면, 접속 구문의 어미 '-으난(-으니까)'이 세 번 이상 반복되어 나오는 경우도 드물지 않게 관찰된

다. 이는 2항 접속 구문이 아니라, 다항 접속 구문의 형식으로서, 시간 상의 선후 관계를 표상하는 기능을 맡고 있다고 볼 수도 있다. 아니면, 점층법 형태로 선행절의 어미 형태소를 후행절들에서 복사하여, 청자가 사건을 이해하는 데에 같은 유형의 연결체임을 확인시켜 주려는 의도를 담고 있다고 해석할 수도 있다.

> (29) -이난게 -으난 -으난: 이젠 신랑(新郞) ø 춫안(찾아서) 갔이난게(갔으니까+화용 첨사 '게'), 어떵(어쩔 도리 없이) 신랑 마누라난(그곳에 같이 있던 여인이 남편 첩실이니까), 본처 마누라난(자신은 본처이니까), 이제 실런(첩실도 같이 돌아오는 배에 실었어).
> (이제는 자기 남편을 찾아서 먼 섬으로 갔으니까말이야, 드디어 남편과 첩실을 찾아내었어. 어쩔 도리 없이 그곳에 같이 사는 그 여인이 신랑 첩실이니까, 자신은 본처 마누라니까, 이제 그 첩실까지도 같이 배에 싣고서 고향으로 되돌아왔어. 구비1 김순여, 여 57세: 205쪽)

여기서는 '-으난(-으니까)'이 세 번 나온다. 첫 번째 사례는 '-으난'에서 전설음화가 일어나 '-이난'으로 되었고, 다시 여기에 화용 첨사 '게'가 덧붙어 있다(이 첨사에 대해서는 288쪽의 각주 67을 보기 바람). 이 화용 첨사는 해당 항목에 주목하도록 초점을 모아 놓는 역할을 맡고 있다. 영어의 강조 구문 'it ~ that …(바로 -인 것이다)'와 비견될 수 있다. 그 기능은 전형적으로 '이유'를 가리키고 있다. 즉, 어떻게 해서 자기 남편을 찾아내게 되었는지를 말해 주고 있는 것이다. 표면상

「어느 섬으로 가서 드디어 남편을 찾았다」

는 내용은 명시적으로 나와 있지 않다. 대신, 남편의 첩실에 대한 절을 이어 놓음으로써, 후행절이 잉여적으로 쉽게 추론될 수 있는 근거를 마련해 놓았다.

그런데 여기서 두 번째와 세 번째 나온 '-으난(-으니까)'이 대등한

절들을 놓고서 동일하게 이어져 있다. 즉, 다시 만난 남편의 여인 및 자신의 지위를 대등하게 표현하고 있다.

「그쪽 여인이 자기 남편의 첩실이고, 자신이 남편의 본처임」

을 가리키고 있는 것이다. 그렇다면 이는 전체적으로 등위(병렬) 접속 구문으로 표현될 만한 것임을 알 수 있다. 이 두 절에 모두 다 '-으난(-으니까)'이란 종속 접속 어미 형태소를 복사하여 붙여 놓고 있으며, 점층적으로 반복되고 있는 어미 형태소인 셈이다. 만일 이런 해석이 올바르다면, 종속 접속 어미 형태소 '-으난(-으니까)'이 등위(병렬) 접속 구문에까지 확장되어 쓰인다고 무리하게 말할 필요가 없게 된다. 이 구문에서 선행절이 대등한 절을 이끄는 '-고, -으며'로 표상되어 있다가, 후행절에 나오는 이유 어미 형태소 '-으난(-으니까)'에 의해서 (우리말의 후핵성 매개인자는 더 뒤에 있는 요소가 지배력이 더 강할 수 있음을 보장함) 복사되거나 재분배되면서 '-고, -으며'가 결국 '-으난(-으니까)'으로 바뀌었다고 설명할 수 있기 때문이다. 이런 설명은 무리하게 전형적인 종속 접속 어미가 등위(병렬) 접속 구문으로까지 확장된다는 특이성(아마 유일한 예외성)을 상정하지 않아도 되기 때문에, 좀 더 나은 듯이 느껴진다.

만일 종속 접속 어미의 그 실현 범위가 등위(병렬) 접속 구문으로 확장되는 것이 아님을 받아들인다면, 종속 접속 어미의 확장 범위가 어떠한지를 좀 더 살펴볼 필요가 있다. 이 방언 설화 자료에서는 종속 절의 하위범주들 사이에서 변동을 쉽게 관찰할 수 있다. 전형적으로 이유를 표시하는 '-으난(-으니까)' 형태소가 이유의 기능이 아닌 다른 기능까지도 표상하고 있는 사례들인 것이다. 다의어적 접근 방식으로 기능상의 변동을 다루고 있는 필자의 관점에서는, 이런 변동이 모두 다 똑같이 이유의 기능을 맡고 있는 것이 아니다. 다시 말하여, 이런 경우에 기능상으로 변화가 관찰된다. 우선, 어미 형태소 '-으난(-으니까)'이 시간상으로 선후 사건이 계기적으로 일어나면서 하나의 흐름으로 전개되는 모습을 표상해 주는 경우를 보기로 한다.

(30) -으난 -으난 -이난 -으나네: 경(그렇게) ㅎ난(하니까) 춤(참) 말쨋(末次人)[49] 상제(喪制)가 오란(와서) 보난(보니까), 경(그렇게) 햇이난(했

---

49) 이 방언에서는 한자어 '백·중·숙·계(伯仲叔季)'에 대응하는 낱말로서 각각 관형어로서 '큰, 샛, 말잿, 족은(작은)'이 쓰인다. 같은 항렬이 더 배열될 경우에는 '큰말잿, 샛말잿, 족은말잿'과 같이 말차(末次, 끝 차순)로부터 다시 반복된다. 간단히 요약하여, 네 개의 항렬이 크게 '큰·샛'과 '말잿·족은'으로 양분된 뒤에, 만일 다시 더 필요하다면 끝에 있는 항렬인 '말잿'을 다시 반복시켜 '큰 말잿, 샛 말잿'과 같이 더 밑에 있는 항렬을 표시해 주는 방식이다.

여기서 접두사로서 쓰인 '큰, 작은'은 누구나 다 잘 알고 있다(이를 띄어 써 준다면 낱말이 아니라 구(句)가 되며, "키가 크다, 작다"나 "마음 씀씀이가 크다, 작다"라는 뜻까지 가리킬 수 있겠으나, 친족 항렬을 가리킬 경우에는 완벽히 하나의 낱말이므로 '큰, 작은'이 접두사일 뿐이며 관형어는 아님). 그런데 아무도 '샛, 말잿'이 어떤 말에서 나온 것인지를 명시적으로 언급해 놓은 바 없다. 필자는 둘째 아들로서, '샛말퉁이(次+薯童)'라고 불렸었고, 필자의 선친은 네 형제 중에서 세 번째였으므로 '말잿 아버지'였다('말잿, 말쨋'처럼 발음이 수의적으로 변이될 수 있음). 그렇지만 어릴 적부터 무슨 뜻인지 궁금하여 주위 어른들에게 물어보았었지만, 아무도 시원스런 답변을 해 준 적이 없었다.

현재로서 필자는 '샛'이 '사잇'을 줄여 놓은 형태로 본다. '말퉁이'는 신라 노래 서동요에서 보듯이 「마를 파는 아이」를 가리키거나, 아니면 「아직 대소변을 잘 가리지 못하는 어린 아이」의 뜻으로서 똥을 가리키는 '말'(중세 국어를 보면 똥을 누다는 뜻으로 몽골어를 연상시키는 '말 보다'로 썼음)과 아이를 뜻하는 '동이(童+이)'가 합성되어 있을 듯하다. 말퉁이는 전형적으로 아직 결혼하지 않은 사내아이를 가리킨다. 아마 이런 의미자질은 한자어에서 머리를 뿔처럼 모아 묶었다는 뜻에서 붙여진 총각(總角)과 공유되겠지만, '말퉁이'는 집안 식구라는 자질이 더 추가되어야 한다.

'말잿(말쨋, 말쨋)'은 한자어 '末次(끝의 순차)'와 사이시옷(末次人)이 융합되어 있는 형태라고 본다. 이렇게 보는 까닭은, 형제들이 넷 이상으로 늘어날 경우에, 어디에서이든지 간에 늘어난 항렬을 순환시켜 나갈지 결정해야 한다. 이 방언에서는 셋째 아들에서부터 순환 주기를 다시 시작한다. 이때 「끝에 있는 순차」라는 뜻으로 말차(末次)라는 개념을 상정하였을 것이다. 앞에서 항렬 표시를 양대분하였던 것도 이런 가능성을 염두에 둔 것이다. 만일 이에 따라 한자를 쓴다면, 백숙부(아들은 백숙자), 중숙부(아들은 중숙자)이다. 숙숙부라고 중복된 말은 아주 낯설고 대신 계숙부(아들은 계숙자)라고 불렀을 것이다. 이 방언으로는 각각 「큰 말잿 아버지」(이하에서 일부러 어원을 드러내기 위하여 띄어쓰기를 했으며, 아들은 「큰 말잿 아들」), 「샛 말잿 아버지」(아들은 「샛 말잿 아들」), 「족은 말잿 아버지」(아들은 「족은 말잿 아들」)로 부른다.

중국의 경우 『춘추좌전』 소공 26년(기원전 516년) 겨울 10월, 좌구명의 전에 보면 왕자조(또는 자조)가 왕위를 잇는 선왕의 제도를 설명하면서

"또한 오직 백·중·숙·계로써 왕위를 잇도록 하십시오!"

라고 하였고, 『의례』 '사관례'(土의 성인식)에서도 그러하다. 다만, 정실의 항렬에는 '맏 백(伯)'을 썼고, 첩실의 항렬에는 '맏 맹(孟)'을 써서 서로 적·서 사이를 구별했었다.

만일 다섯 명 이상의 형제가 있다면 어떻게 했을까? 명확히 알 수 있는 분명한 자료는 없다. 그렇지만 『춘추좌전』 성공 2년(기원전 589년) 봄, 좌구명의 전에 위나라가 제나라를 공격했을 때

"신축 사람인 대부 중숙 우해가 위나라 손환자를 구해 주어서, 손환자가 이로써 패배를 면하였다."

고 적었다. 중숙(仲叔)이 두 번째 항렬을 가리키는지, 아니면 네 번째 항렬(이 방언에서처럼 백숙 다음의 중숙 항렬)인지를 놓고서, 아무도 명백히 훈고해 놓지 않았다. 아마 '우해(于奚)'는 말뜻이 '여자 몸종으로부터'이므로, 정실이 아니라 그 몸종에게서 태어났음을 알 수 있다.

12권으로 된 『한한 대사전』(제1권 1264쪽)에는 백숙(伯叔)이 '백부와 숙부'라는 뜻으로 쓰거나, 같은 성을 쓰는 모든 아저씨 항렬을 가리키거나(『서경』 여오에 주나라 姬성), 부인이 자기 남편의 형제들을 가리키는 것으로 풀이되어 있다. 이 방언에서 쓰이듯이 아직 '큰 말갯 아버지'와 같이 꾸밈말 형식으로 해석된 것은 찾을 수 없었다. 『한한 대사전』의 1193쪽에서 '중숙'을 복성이라고 풀이한 것은, 춘추에서의 명명 방식을 이해하지 못한 잘못이다. 성은 포괄적 목적으로 쓰는 것이고, 씨는 배타적인 구별 목적으로 쓰였던 것이다. 『춘추좌전』에서 여성은 항상 성을 이름 뒤에 써 놓았고, 남성은 씨를 이름 앞에 붙였다. 신분제 사회에서 신분을 드러내어 주기 위하여 남자는 항상 「신분·지위·봉읍」 중 하나를 먼저 적었는데, 이를 씨(氏)로 불렀다(특이하게 경상도 방언에서는 '할마씨, 아줌씨, 아재씨, 아가씨' 따위에서 보듯이 대우 접미사 '님'처럼 쓰임). 한참 전국 시대로 내려가서야 남성들에게도 성(姓)을 이름 앞에 적는 일이 관행으로 되었으며, 아마 봉건제를 없앤 뒤에 중앙 집권을 이룩했던 진 나라 이후에 부역과 세곡을 거두기 위해서 일반인들에게도 성을 부여하게 되었을 것이다.

공자의 성은 은(송)나라 재상이었던 자가(子嘉)라는 선조의 자(字) '공보(孔父, 키가 큰 분)'에서 따온 것이다. 은(송)나라 국방장관 화보독에게 공보가 살해된 뒤에 그 자식들이 뿔뿔이 다 다른 곳으로 도망쳤다. 좌전에서는 은(송)나라 성씨인 자(子)을 지운 채, 자와 이름인 '공보+가(孔父嘉)'로만 적었고, 공자의 아버지를 '양 땅에 사는 아저씨 흘(叔梁+紇)'로만 적었다(중국 이름은 한 글자로만 썼고, 두 음절의 글자는 이 방인으로 간주했었음). 뒷사람들이 이전의 관용적 이름 '숙량흘'을 고쳐서 '공흘'이라고 불렀지만, 필자가 알고 있기로는 현전 문헌 정보만으로 '자흘'인지, '공흘'인지 여부를 결정해 줄 수 없을 것으로 안다. 그렇더라도 공자가 『예기』에서 스스로 밝혔듯 만일 자신이 은(송)나라 후손임이 분명하다면, 성씨는 마땅히 자(子)라고 봐야 옳을 것이다. 그 말뜻은 임금 또는 제후의 '아들'이다. 귀족들은 씨(氏)를 먼저 내세우고, 이름 또는 자를 불렀었다. 성을 쓴 경우는 귀족의 여성이 시집을 간 경우인데, 전형적인 모습이 여자의 성을 이름 뒤에 접미사처럼 붙여 놓았다. 남성들은 구분 또는 차별적 지위를 내세울 필요가 있었고, 이런 목적으로 씨를 먼저 내세워 놓았다(거주지, 벼슬, 봉읍, 조상의 자 따위가 씨가 됨). 그렇기 때문에 『춘추좌전』을 보면, 가장 세력이 컸던 진(晉)나라에서는 귀족 가문에서 '씨'가 여러 번 뒤바뀌는 경우도 있었다. 이를 성으로 오해하면 잘못이다. 좌전에서는 자신의 자(字)를 '아들 자'로 시작하는 경우가 허다하다(앞의 왕자조 또는 자조에서도 천자의 '첩실 아들'임을 가리킴).

만일 중숙(仲叔)이 네 번째 항렬을 가리키는 것이라면, 이 방언의 항렬 표시 관습이 중국의 풍속과도 이어질 개연성이 있다. 단, 이 방언에서 항렬 표시 낱말에 대한 어원 추정은, 순전히 필자 개인의 모색일 뿐이다. 아직 남들로부터 비판을 들어본 적이 없지만, 이런 낱말의 어원 탐색에 자그만 디딤돌이 되기를 희망해 본다. 이런 생각들을 적어 놓을 만한 마뜩한 지면이 따로 없기 때문에, 군더더기 취급을 받더라도 좀 더 자유롭게 필자의 책에서 각주 형태로 적어 둘 따름이다.

으니까), 채 영장(營葬, 그 핵심인 관[棺])은 묻지 아니흔 때나네(때이니까), "… 이디 영장을 흐쿠과, 말쿠과(하겠습니까, 말겠습니까)?" (그러니까, 참 셋째 상제가 와서 무덤 구덩이를 보니까, 물이 홍건히 고이고 그렇게 했으니까, 아직 채 아버지 관은 묻지 않은 때이니까, 형들한테 "… 여기에 무덤을 쓰겠습니까, 말겠습니까?" 물어 보았어. 구비3 김재현, 남 85세: 231쪽)

여기에서도 같은 종속 접속 어미 '-으난'이 계속 이어져 있다. 첫 번째 경우를 관용구나 한 낱말('경 흐난'의 구적 구성에서부터 더욱 줄어들어 '겨난, 게난'으로도 쓰임)로 봐서 일단 논의에서 제외하더라도, 세 번의 반복이 관찰된다. 두 번째와 세 번째에 나온 '-으난(-으니까)'과 시상 형태소와 결합하면서 전설화된 '-앗이난(-았으니까)'은 점층적 반복 관계로 설명할 수 있다. 만일 '-으난(-으니까)'을 다른 형태소로 대치한다면, 선후 사건의 계기적 연결로서 '보난(보니까)'을 '보자' 또는 '보자마자'로 바꿔쓸 수도 있고, 선행 사건이 후행절의 배경 사건이 될 수 있는 '-는데(와서 살펴보는데)'로도 바꿔 쓸 수 있다.

필자가 모아둔 자료에서는 시간상 사건 전개 과정에서 앞 사건이 뒷사건이 전개될 배경으로 제시되는 경우가, 전형적으로 이유를 제시하는 기능을 제외하고서 빈도가 가장 높다. 이를 후행절의 사건이 일어날 「무대를 제시해 주는 기능」으로 부를 수 있다. 전형적인 이유 표시 기능이, 후행절 사건의 배경이나 무대를 제시하는 역할로 바뀌고 있는 것이다. 그렇지만 마지막에 나온 '때나네(때이니까)'는 후행절에 나오는 '하관(下棺) 여부'를 새롭게 결정할 수 있는 원인의 기능을 품고 있다. 왜냐하면 후행절 사건이 완전히 종결된 것이 아니라, 형들에게 의견을 물어보고 있기 때문이다. 따라서 이 인용 사례에서는 이유나 원인의 의미 기능뿐만 아니라, 배경이나 무대 마련 기능도 동일한 접속 어미 형태소 '-으난(-으니까)'이 떠맡고 있다고 말할 수 있다. 비록 매우 미세한 기능의 변화로만 치부할 수 있더라도, 구조상 종속 접속 구문을 이루는 하위 기능범주들에서 변동을 보이는 것이다. 이렇게 접속 어미 형태소들의 전형적 기능이나 문법상의 의미가 좀 더 다른 모습으로 달라지는 경우가 다수 관찰된다면, 이것들을 함께 놓고서 일반화를 시도할 수 있다. 다시 말하여, 이런 현상을 기능상의 변이를 보여 주는 것으로 취급해야 온당할 것으로 본다('-으난'의 반복 현상과 기능 변이는 다시 684쪽 이하에서 다뤄짐).

마지막으로 종결 어미가 나와야 할 위치에서 동일한 소리값을 지닌 형태소가 관찰되는 사례를 살펴보기로 한다. 필자는 이런 현상이 이 방언에서 일반적임을 근거로 하여, 접속 어미 형태소가 종결 어미가 나오는 위치에 나올 수 있는 환경을 상정한 뒤에, 이를 규칙적으로 변동을 보이는 일로 포착할 수 있음을 논의할 것이다.

(31) -으난: 겨니(그러니) 손오공이어(손오공이라) 흔 놈은 멧(몇) 백 말을, 백 방울ø 주워 먹어 놓난. [조사자의 확인 물음으로 "그 선돌?"] 예, 선도(仙桃)를!
(그러니 손오공이라고 한 놈은 신선 복숭아를 몇 백 말을, 백 방울을 주워서 먹어 놓으니까, 오래 살았다고 해. [조사자의 확인 물음, "그 선돌?"] 예, 선도를! 구비1 안용인, 남 74세: 142쪽)

여기서의 전체 맥락은 삼천갑자를 살았다는 한나라 때 도교 방술가 동방삭(東方朔, B.C.154~B.C.92)과 같은 주인공들이 언급되고 있는 대목이다. 손오공도 또한 신선의 복숭아를 훔쳐 먹고 오래 살았다고 말하고 있다. 따라서 이 맥락의 흐름은 「죽지 않고 오래 살았던 경우」를 아는 대로 서술해 놓고 있는 것이다. 그렇다면 (31)에서도 장수한 손오공을 놓고서, 「왜 손오공이 오래 살았는지」 그 이유를 제시해 주고 있음을 알 수 있다.

그런데 여기서 종결 어미가 나타날 위치에서 아무런 종결 어미도 없이 문장이 끝나고 있는데, '-으난(-으니까)'이 그러하다. 의미상으로만 보면, 이는 두괄식 주장 아래에 도치 형식의 구문으로 해석할 소지가 있다. 맨 뒤에 있는 '선도를(신선 복숭아를)'은, 중간에 조사자의 질문이 끼어 있으며, 잠깐 동안 확인 물음의 간섭에 이어서, 그렇다는 뜻의 메아리 답변으로 나와 있다. 이를 두 가지 측면으로 해석할 수 있다. 하나는 도치되었다고 보는 것이다. 그렇다면 조사자의 확인 물음에 따른 답변 "예!"가 해석될 수 없는 무관한 요소가 되어 버린다. 만일 이를 도치로 보지 않는다면, 그대로 앞의 핵어 동사가 복사되는 일이 주어져 있어야 하겠는데, 곧 바로 이것이 생략되어 있다고 볼 수 있다. 왜냐하면 몇 백 방울이 무엇인지를 더 명확히 말해 줄 필요를 화자가 느꼈을 것이기 때문이다. 그렇다면

"선도(신선 복숭아)를 몇 백 방울 주워 먹어 놓난(놓으니까) 오래 살앗다고 해"

와 같이 복사된 문장에서, 장수한 사례들을 작은 주제로 제시하고 있으므로, 고딕·밑줄이 그어진 잉여 정보들을 단절(생략)시켜서, 오직 한 어절만을 제시한 것으로 볼 수 있다. 다시 말하여, 생략이나 단절이 일어날 수 있는 조건을 명시적으로 서술해 줄 수 있는 것이다. 그런 만큼 이런 조건을 구비한 경우에, 접속 어미 형태소의 확장된 쓰임으로 설명할 수 있다. 더욱이 이렇게 종결 어미 위치에서 관찰되는 경우가 유일무이한 것이 아니라, 일반적인 현상이라는 점에 주목할 필요가 있다.

비록 등위 접속 구문에서 관찰되는 어미 형태소 '-곡(-고)'만큼 종결 어미가 나올 위치에 빈번히 실현되는 것은 아니라고 하더라도, '-으난(-으니까)'은 이렇게 단절(생략)이 가능한 특정한 조건이 갖춰지면, 종결 어미가 복원된 어구가 생략되더라도 '-으난'이 그대로 남아 있기 때문에, 결과적으로 마치 종결 어미처럼 보일 수 있다. 일견 이것이 종결 어미로서의 역할까지 떠맡는 것으로 보일 것이다. 그렇다고

하여, 이것이 접속 어미에서 종결 어미로 범주 자체가 전환된 것이라고 강하게 지정하지 않아도 된다. 왜냐하면 단절이 일어날 수 있는 조건, 다시 말하여 이내 복원할 수 있는 조건이 먼저 적용되어야 하기 때문이다. 단절이 일어나기 이전에는 그대로 그 범주가 접속 어미로 표상되겠지만, 단절이 일어난 뒤에는 결과적으로 종결 어미의 위치가 되어 버리기 때문이다. 이런 설명 방식에서는 접속 어미 형태소라는 범주를 굳이 따로 종결 어미라고 설정하지 않아도 되는 것이다. 필자는 이런 변동을 여전히 접속 어미의 확장된 기능으로 지정하고자 하는 것이다.

여기에서는 또한 전형적으로 이유를 나타내는 어미 형태소가 공통어에서처럼 접속 자질만 지닌 '-으니' 또는 '-으니까'가 쓰일 뿐만 아니라, 이 방언에서 고유하게 시상 요소를 융합시킨 '-으니네' 또는 '-으난'이 나란히 쓰이고 있음을 확인하였다. 필자는 이를 「중층성」을 드러내는 것으로 파악하였다. 일부 다른 접속 어미들에서도 이런 중층적 쓰임이 흔히 관찰된다. 이런 언어 사실을 필자는 화용적 동기로써 설명할 수 있었다.

제4장 선행절이 수의적으로 덧얹히는 부가 접속 구문

§.4-1 수의적으로 덧얹혀서 통사적으로든 의미상으로든 간에, 뒤에 나오는 절에 아무런 제약이나 영향을 주지 못하는 절을 이끌어가는 경우가 있다. 이런 접속 구문의 어미를 흔히 '방임형' 어미라고 이름을 부르기도 한다. 페어클럽(2003; 김지홍, 2012) 『담화 분석 방법』(경진출판: 208쪽)에서는 후행절에 아무런 영향도 끼치지 못한다는 측면에서, 양보(concessive) 관계를 역접(contrastive) 관계와 함께 같은 범주로 묶어 놓고, 이 중 어느 하나를 택하도록 지정해 놓고 있다(contrastive/concessive). 그렇지만 수의적 지위 여부(후행절의 자족성 여부)에서는 양자 사이를 구분할 필요가 있을 것이다. 역접 관계는 선행절과 후행절 사이에서 힘의 충돌 따위를 서술해 주는 것이 일차적이기 때문에, 선행절의 '수의성'이나 후행절의 '자족성'에서 양보 관계나 방임형의 절과는 다르게 포착되는 편이 온당할 듯하다. 그럼에도 불구하고, 페어클럽 교수의 통찰을 뒷받침해 주는 경우로서 이 방언에서 '-마는'이란 형태소가 그런 경우를 보여 주는 듯하다(역접 관계와 방임 관계에서 모두 다 관찰됨).

이 방언에서는 이런 기능을 지닌 어미 형태소가 몇 가지 있지만, 고유하게 한 가지 형태소로 만들어져 있는 것이 아니다. 필자가 모아놓은 자료를 보면, 거의 복합 형태소 또는 융합형으로 쓰이거나 아니면 전형적으로 다른 기능을 지닌 형태소를 양보 관계나 방임 관계로 전용하여 쓰는 경우들이다. 이런 점이 다른 언어에서도 유사할 듯한데, 영어에서는 however와 다른 형용사를 붙여 쓰거나, even if를 쓰기도 하고 although처럼 복합 형태를 쓰기도 한다. 이런 관찰이 성립할 수 있다면, 그 이유로서 아마도 방임형 또는 양보 관계가 부차적인 지위를 지녔기 때문이라고 본다. 이는 마치 긍정 서술 형식을 초기값 조건으로 해서, 다시 부정소를 긍정 서술 형식에 덧붙여 놓음으로써 부정 서술 형식을 얻는 일과 그 지위가 서로 비교될 만하다. 아래에서 이 방언의 사례를 살펴보기로 하겠는데, 공통어의 것과 조금도 차이가 없다. 이전의 연구들은 이런 명백한 언어 사실을 백안시해 왔다.

(32가) -을망정: "어떨망정 어머닐 흔 번 만나게 멘회(面會)만 흔 번(한 번) ᄒ게 허여 주십서!"
(부처님 제자 목련이 부처님께 간청하기를 "어떤 일이 있을망정, 지옥에 있는 제 어머니를 한 번 만나게, 면회만 한 번 할 수 있도록 해 주십시오!" 구비1 안용인, 남 74세: 180쪽)

(32나) -을지라도: 오방(五方) 신장(神將) ø ᄂ리우니(내려보내니), 신선이 조화가 있는다 ᄒ지라도, 옥황이서(玉皇에서) 오방 신장 ø ᄂ려 오니, 문제없이 다 심언(잡고서) 올라갔어(올라갔어).
(옥황상제가 하늘에서 오방을 지키는 신장들을 제주시 오라리 방선문 계곡으로 내려보내니, 몰래 숨어서 선녀들의 목욕하는 것을 훔쳐보던 신선들이 아무리 조화가 있다고 할지라도, 옥황에서 오방 신장이 내려오니까 아무런 문제도 없이 그 신선들을 모두 다 포승줄로 묶고서 다시 옥황으로 올라갔어. 구비1 안용인, 남 74세: 190쪽)

여기에 있는 '-을망정'은 '-을지라도'와도 쉽게 교체될 수 있다. (32

나)에서처럼 이 형식도 이 방언에 쓰이고 있다. 이 방언의 자료에서도 189쪽 이하 예문 (34, 35, 36)의 인용에서 보듯이

「-아도, -이라도」

를 자주 목격하게 된다. 이 접속 어미 형태소는 시상 선어말 어미 '-앖- vs. -앗-'에도 결합할 수 있다(350쪽의 예문 27). 이를 필자는 각각 종결 어미 '-아', 계사의 서술 단정 서법의 활용 어미 '-이라'에 보조사 '도'가 융합된 것으로 파악한다. 이런 형태소 결합의 측면만 놓고서는, 보조사 '도'가 계열 관계로서 '서'와 대치될 수 있다(각각 '-아서, -이라서'). '도'를 지닌 전자의 경우는 방임 또는 양보 관계를 표시해 주지만, '서'를 후자의 경우는 배경 또는 이유를 표시해 준다. 그렇지만, '서'와의 결합에서는 시상 선어말 어미와의 결합이 저지될 뿐만 아니라('*-앖어서') 양태 선어말 어미 '-더-'도 결합될 수 없다('*-더라서').

이것들은 선행하는 절과 상관없이 후행하는 절에 표현된 사건이 독자적(자족적)으로 일어남을 나타낸다. 이런 측면에서 이는 이른바 '방임형' 어미로 귀속된다(이는 의미상 '구속형' 어미와 대립됨). 어떤 방임형 형태소이든지 간에, 단일한 낱개의 형태소가 아니라, 둘 이상이 융합 또는 결합된 모습을 보여 준다. 또한 시상 형태소와 결합되어 있는 형식으로 '-앗던들'도 관찰된다.

(33) -앗던들: 흔 번 생각을 해엿던들, 꼭 어느 것이 그 집이라는 걸 기억을 못 ᄒ거든.
  (아무리 한 번 잘 생각을 해 보았었던들 기억이 너무나 가물가물하기 때문에 꼭 어느 집이 옛날 자신이 찾아가서 물물교환을 했던 곳이라는 걸 기억해 내지 못하거든. 구비3 김재현, 남 85세: 244쪽)

여기에서도 선행절의 의미가 「깊이 생각해 보더라도 아무런 도움도

되지 않는다」는 뜻을 담고 있으므로, 후행절로 표현된 사건에 아무런 제약도 부과하지 못한다. 곧, 수의적인 부가어의 지위를 띠는 것이다.

이 절에서는 종속 접속 어미 형태소가 지닌 전형적인 기능이 바뀌는 사례를 다루고 있다. 수의적인 부가절과 관련해서는, 따로 고유한 어미 형태소가 없으므로, 다른 어미들이 쓰임새가 확장되는 경우를 다뤄야 할 것이다. 설령 선행절이 생략되더라도, 후행절의 실현에 아무런 제약이나 지장이 없는 것이다. 필자가 모아 둔 자료를 보면, 수의적 부가절의 사례로서 '-아도'의 형태가50) 가장 빈번히 쓰인다.

---

50) 보조사 '도'는 굉장히 너른 분포를 보인다. 명사에도 붙지만(299쪽의 각주 71 ㉠), 여기에서처럼 종결 어미에도 붙으며(이 각주의 후반부에서 언급되며, 또한 341쪽 이하를 보기 바람), 또한 접속 어미 형태소에도 붙으며(-을지라도), 또한 부사(그렇지만도)와 보조사 뒤에도 붙는다(만도, 까지도).

곧 논의될 예문 (34, 35, 36)의 공통어 대역에서는 모두 다 '-더-'로 바꾸고 있음에 주목하기 바란다. 이 방언에서는 특이하게도 두 개의 종결 어미가 융합됨으로써 발화 시점에서 더 이전의 시점을 표시해 주게 된다. 특히 어조만 달리하여 모든 서법에 쓰이는 반말투의 종결 어미 '-아'와 결합되는 경우에 이런 융합 형태소의 분포가 가장 두드러진다. 이는 '-아도' 또한 종결 어미를 이용한 구성일 수 있는데, 315쪽의 '-으면서도'처럼 부사어의 융합 가능성이다. 이 현상은 김지홍(2014: §.2-3 및 §.3-4)『제주 방언의 통사 기술과 설명: 기본구문의 기능범주 분석』(경진출판)에서 서술 단정 서법과 의문 서법을 중심으로 하여 처음 관찰되고 기술되었으며, 이런 특이한 현상을 놓고서 어떻게 설명되어야 하는지가 논의된 바 있다. 비전형적인 종결 어미들의 핵심 구성 방식은 김지홍(2017) "Non-canonical Ending Systems in Jeju Korean"(『방언학』 제26호)도 참고하기 바란다.

현평효(1975) "제주도 방언의 정동사 어미 연구"(동국대학교 박사논문)에서는 회상과 관련하여 무려 12개의 형태소(변이 형태)를 주장하면서, 그 하나로서 '-어-'(48쪽에서는 '-아-')도 그러함을 주장하였다. 또한 현평효(1985: 144쪽)『제주도 방언 연구』(이우출판사)에서는 마치 공통어의 '-더-'가 이 방언의 '-어-' 대응하는 듯이 여겨진다. 그렇지만 고영진(1991) "제주도 방언의 회상법의 형태와 관련된 몇 가지 문제: 회상법의 형태소 정립을 위하여"(『갈음 김석득 교수 회갑기념 논문집, 국어의 이해와 인식』, 한국문화사)에서는 그런 주장이 부당함이 면밀하게 그리고 설득력 있게 논박된 바 있다. 직관적으로 봐도, 12개의 변이 형태들에 대한 주장이 아주 이례적이다. 그럴 뿐만 아니라, 관형절도 기본적으로 '-은 vs. -을'을 매개로 하여 복합될 수 있는 형태소(필자는 양태 범주로 봐야 한다고 보며 617쪽의 각주 131에서는 이것들이 [±상태 불변성] 자질로서 대립한다고 주장됨)가 있으며, '-더-, -았-, -겠-'에 의해서 복합 구성체를 이룬다는 엄연한 언어 사실을 고려하지 못한 것이다. (33)을 보기 바람. 만일 면밀하게 이 방언의 관형절의 구성도 함께 나란히 검토했더라면, 결코 그런 잘못된 주장을 하지 않았을 것이다.

가령, 이 방언에서도 공통어처럼 관형절에서 동일하게 '-던, -았던'이 그대로 핵어 명사를 수식하고 있다. 또한 접속 어미로서 '-더니마는(-더니만)', '-앗더니만(-았더니만)'의 복합 형태소도 이 방언의 설화 채록 자료에서 결코 드물지 않게 관찰된다.

㉠ -던: 당신 ø 산(살아 있던) 때에 ᄃ리고(데리고) 댕기던(다니던) 스환인디(사환인데) …

(당신이 살아 있던 때에 데리고 다니던 사환인데 ··· 구비3 김재현, 남 85세: 151쪽)
ⓛ -앗던: 박효(효자 박계곤, 1675~1731)가 사름(사람)이 똑똑해서 잘낳던(잘났던) 모냥(모양)이라.
(박효자가 사람이 똑똑해서 아주 잘났던 모양이야. 구비3 김승두, 남 73세: 112쪽)
ⓒ -더니마는: 하, 그 노루가 뛰어 오더니마는(오더니만) ··· 그 모물 낭(메밀 줄기, 메밀 나무) 속더레(속 쪽으로, 안으로) 「쏙~」(의태어, 재빨리) ᄒ게 기어들어.
(하, 그 노루가 뛰어 오더니만 ··· 그 메밀 줄기 안으로 쑥~ 기어들어 갔어. 구비2 양구협, 남 71세: 669쪽)
ⓔ -앗더니만 -더라 ᄒ여: 기영(그렇게) ᄒ엿더니만, 또 안(문제의 정답을 알고 있는) 사람(사람)이 잇는 모양이니, ··· 겁을 내고 ᄒ더라 ᄒ여.
(중국에서 조선에 곤란한 문제를 내자, 곧장 정답을 그렇게 보냈더니만, 조선에 또 잘 아는 사람이 있는 모양이니, ··· 중국에서 겁을 내더라고 해. 구비2 양구협, 남 71세: 668쪽)

그렇지만 현평효(1985)에서 회상 형태소라고 잘못 주장한 '-어-, -아-'에는 관형형 어미 '-은'이 융합되어 있는 복합 형태소 '*-안, *-언'이라는 실현 모습은 결코 찾아지지 않는다. '-어-'가 진정한 회상 형태소였더라면 앞의 인용 사례에서 보듯이 융합된 복합 형태소 '던'과 같이, 당연히 '*-언'이 쓰여야 할 것이다. 따라서 이런 결여 현상 자체만 놓고 보더라도, 이내 회상 형태소로서 '-아-, -어-'라는 요소가 잘못 지정되었음을 알 수 있다.

이 방언의 종결 서법 환경에서도 회상을 나타내는 형태소 '-더-'는 분명히 자연스런 발화로 쓰이고 있다. 더욱이 특이하게 이 방언에서만 찾아지는 것으로, 이유를 짐작하거나 추정하는 종속 접속 어미 형태소의 융합 형태 '-앗던고라(-았던 때문인지)'의 존재로부터(738쪽의 예문 112나), 이미 '-더-'가 융합 구성에 참여할 만큼 이 방언에서도 오래 전에서부터 엄연히 쓰이고 있었음을 재확인할 수 있다. 이 방언에서만 쓰이는 독특한 이 복합 형태소는 '앗+더+은고라'로 분석되며, 이 방언에서 독자적으로 발달시킨 형태소이다(737쪽 이하에서의 인용 사례들도 참고하기 바람). 그렇다면 결코 '-더-'를 "개신파"라고 주장하거나(23쪽의 각주 13에서 '원칙적으로 사용하지 않는다'는 왜곡된 주장의 출처를 참고하기 바람), 아니면 일부 식자층에만 국한된 사회언어학적 산물이라고 말할 수 없는 것이다.

비슷한 오류 주장으로서, 본문의 인용 예문 (32가)에서 확인되는 '-으시-'라는 대우 형태소를 놓고서 필자는 엄연히 1980년 대 초반에 채록되어 있는 자료들로부터 어휘상의 대우(어머님, 모시다, 잡수다, 드리다, 계시다)와 더불어 부지기수로 모아 놓을 수 있었다. 또한 321쪽의 인용 예문 (20라)에서는 자신을 낮추는 겸사로서 '저'도 쓰고 있다는 사실에도 주목하기 바란다. 그렇다면 실제로 쓰이고 있었던 언어 현실을 도외시하거나 왜곡하는 잘못된 주장은, 언어 연구의 첫 단계인 관찰에서부터 잘못을 저지르는 것이며, 다음에 뒤따르는 기술 단계·설명 단계·예측 단계에로 진입할 수도 없는 것이다.

필자는 '-아도, -어도' 형식을 융합된 구성체로 파악한다. 김지홍(2017) "Non-canonical Ending Systems in Jeju Korean"(『방언학』 제26호)에서는 종결 어미가 두 개가 서로 융합된 모습이 체계적임을 논증하고 있다. 그 전형적 환경이 반말투의 종결 어미 '-아'가 들어 있고, 다시 다른 종결 어미가 융합되어 있는 형식이다(어+으라, 어+은게, 어+고나). 드물게 종결 어미 '-다, -으라, -오'에도 그런 융합 사례가 관찰된다(다+문, 으라+문, 오+읍서).

여기서 특별히 두 차례 반복되는 종결 어미의 실현에 주목해야 한다. 왜냐하면 시상 체계를 「현재 발화 시점에서 더 이전의 시점으로 전환하는 것」이기 때문이다. 이런 해석 방식의 일반성을 문장 종결 환경에서뿐만 아니라 문장 접속 환경에서도 동일하게 찾아냄으로써, 이런 문법 형태소 구성 방식이 이 방언에서 전반적으로 일어난다고 볼

(34) -아도: 그때 돈 천냥(千兩)이민(이면), 탕진 가산 허<u>여도</u>(하더라도), 갚으지 못홀 거 아닙니까?

(옛날 그 당시 돈 1천 냥이면, 아무리 가산을 다 털어 놓더라도, 다 갚지 못할 것 아닙니까? 구비1 안용인, 남 74세: 154쪽)

(35) -아도: 앙이(아니)! 그 멧(몇) 시간을 앚아(앉아) 봐<u>도</u>(보더라도), 할으방(할아범)이 독 부리거든(독살 부리거든, 毒煞 피우거든).

(아니, 그 몇 시간을 앉아서 달래어 보더라도, 할아범이 독살을 부려서 화를 풀지 않거든. 구비2 양구협, 남 71세: 643쪽)

여기에서 '-아도' 어미 형태소가 있는 선행절이 생략될 경우에, 후행절을 해석하는 데 지장이 초래되거나 이상이 생겨나지 않는다. 마치 정도성을 강화하는 수식어가 더 붙든 그렇지 않든 간에, 그 부사어가 꾸며 주는 관련 사건의 발생에는 조금도 간여하지 못하는 일과 한가지이다. 그렇지만 이 어미 형태소는 절 사이의 관계에 따라

「키가 작<u>아도</u> 힘이 세구나!」

에서처럼 전형적으로 역접의 의미를 띤다. 이런 점에서 등위 접속 구문에서 관찰될 법한 어미 형태소이다. 국립국어원의 『표준국어대사전』

수 있다. 그런데 접속 어미 형태소에서는, 원칙적으로 두 차례의 종결 어미 반복을 찾아낼 수 없으므로, 시상 전환을 상정하기 어렵다는 점이 문제이다. '-아도'에서 제2음절의 '도'는 보조사로 쓰이는 '도'와 동일할 것으로 본다. 부정 표현에서 '먹지도'와 같이 결합될 수 있기 때문이다. 그렇지만 어미 뒤에 어미가 융합된 것이 아니라는 점이, 이와 같은 시상 해석에서 걸림돌이 되는 것이다.

일단, 융합 어미 형식의 '-아도'가 이미 어조만 달리 하면서 두루 여러 서법에 쓰일 수 있는 반말투 종결 어미 '-아'가 깃들어 있기 때문에, 여기에서처럼 보조사라든지 다른 형태소('-아서'에서처럼 '서')와 융합될 경우에, 시점 이동이 일어나서 결국 회상의 해석을 갖게 되는 설명 방식이 성립할 가능성만 적어 둔다. '그렇더라도, 그래서'와 같은 표상에서 오직 맨 마지막 음절(도, 서)만 남긴 채 의무적 단절(생략)이 일어남과 동시에, 반말투 종결 어미 '-아'와 융합하는 형상을 염두에 두고 있는 것이다. 그렇다면 글을 달리 하여 앞으로 필자는 융합의 범위를 종결 어미와 종결 어미에서 좀 더 확대하여 다른 범주의 형태소가 결합할 수 있는 추가 조건을 찾아내고, 그런 일이 시상 해석에서 시점을 전환해 주는 모종의 근거가 됨을 입증해 주어야 할 것이다.

에서는 가정이나 양보를 나타내는 어미 형태소로 올려 놓고 있다. 필자의 직관으로는 '-아도'가 반말투 종결 어미 '-아' 및 '그럼에도, 그러하더라도'에서 마지막 음절이 융합된 것으로 느껴진다(342쪽 이하도 보기 바람). 이 복합 형태소 '-아도'가 다음의 사례에서는 선행절과 후행절을 조건과 결과의 형식으로 엮어 준다.

> (36) -아도: ᄒ를(하루) ᄌ녁(저녁)만 줌(잠)ø 아이(아니) 자도, 열흘 굶은 거 이상 사름(사람)이 곤(困)ᄒ는디, "일주일 동안 곡성(哭聲)ø 끊지 말고 울라!"고.
> (하루 저녁만 잠을 제대로 못 자더라도, 열흘 굶은 것 이상으로 사람이 피곤해지는데, 형이 아버지 장례에서 이복 동생들에게 "일주일 동안 울음소리를 끊지 말고 계속해서 울라!"고 요구했어. 구비1 안용인, 남 74세: 128쪽)

여기에서는 「잠을 못 자면 몸이 피곤하다」는 중립적인 조건문에서, 설령 시폭을 하루 저녁으로만 국한시킨다고 하더라도, 몸이 피곤하다는 뜻을 강조하려고 '-도'가 더 붙어 나온 것이다. 그런데 '-아도'가 시상 형태소 '-앗-'을 구현할 경우에 언제나 '-앗어도'로만 실현된다는 점은, 매우 주목할 만한 현상이다(*'-앗아도'는 불가능함).

> (37) -앗어도: 부친ᄁ장은(까지는) 알아지는디(아는데, 알+아+지다), 부친은 이제 살앗어도 백 세가 못 ᄒ고.
> (부친까지는 내가 잘 아는데, 이제 설령 지금까지 살았어도[이미 죽었으므로 반사실성을 반영하면서 정확히 대역한다면 '살았었더라도'] 백 세가 넘지 못하고. 구비3 김재현, 남 85세: 251쪽)

만일 모음조화가 전반적으로 일어나기보다는 오직 어간과 어미가 결합되는 경계 지점에서만 일어난다고 보면(살+앗+어도) 이런 현상이 무시되어 버릴 수 있다. 그렇지만 왜 '-앗-(-았-)'이 '-아도'가 아니라

'-어도'와 결합되어 있는 것일까? 필자는 이 방언의 시상 형태소 '-앗-'도 중세 국어의 자료에서 보여 주듯이 '-아 잇-'으로부터 융합되어 나왔기 때문에, 그 흔적을 그대로 유지한 채 오직 '-어도'만을 구현시키는 것으로 추정한다(이 점은 매우 중요한 사실인데, 공통어 '-았었-'의 결합체에서 왜 뒤의 형태가 언제나 음성 모음만을 지니는지를 명백히 설명해 줄 수 있으며, 312쪽 이하에서 이 방언의 형태소 '-으명[-으면서]'이 '-앙'과 융합되어 있다고 가정할 적에, 왜 '-엉'만 실현되어야 하는지를 놓고서 '이' 또는 반모음 [y]의 존재를 상정하는 데에도 필요함). 존재 동사의 활용이 '잇어도(있더라도, '잇+어+도')'라고 나오는 것에서 알 수 있듯이, 이 방언에서 '잇다(있다)'는 음성 모음의 어미와 결합한다. 설령 '이시다'가 줄어들어 '시다'로 되었다고 여겨도(아니면 '이시다, 시다'를 그대로 쌍형 어간으로도 볼 수 있는데, 658쪽에 제시된 〈표9〉를 보기 바람) 마찬가지로 활용됨을 확인할 수 있다. 즉, '셔도(있더라도, '시+어+도')'로 나오기 때문이다.

만일 이 방언의 시상 형태소 '-앗-'이 그 기원에서 '-아 잇-'으로부터 나온 것이라면, 이와 대립되는 시상 형태소 '-앖-'은 어떻게 표상될 것인가? 이 또한 '-앖어도'로 실현되기 때문에 '잇다(있다)'의 흔적을 엿볼 수 있는 근거는 충분하다. 만일 그렇다면 '-암 잇-'으로 재구성될 수 있겠는데, 여기서 남아 있는 형태소를 과연 어떻게 분석할 수 있을 것인가? 미약하더라도 여전히 생산성을 유지하는 명사형 어미 '-음'은 이미 다른 구성에 참여한다(김지홍, 2014, 『제주 방언의 통사기술과 설명』, 경진출판: §.2-7-3 및 §.3-2-2). 만일 어간에 직접 붙거나 시상 형태소 뒤에 붙는 환경을 고려한다면, 이를 명사형 어미로 볼 수는 없을 듯하다(반말투 종결 어미와 명사 어미가 결합된 '-아+-음'은 후보에서 제외됨). 아직 이에 대한 필자의 생각이 여물지 않았다. 그렇지만 이 방언의 융합 형태소들은 여러 가지 흥미로운 문제들을 제공하고 연구자들의 호기심을 자극한다. 아마 이른 시기에 현재 시상·양태를 맡는 형태소들을 밀치고서 어떤 교체가 일어났을 가능성에서부터, 모든 것을 새로 생각해 봐야 할 듯하다. 더욱 창의적 연구자들이 만일 이런 문제를 다룬다면, 아주 심층에 있는 우리말의 토대에 대한 새로운 지평을 열어갈 수 있을 듯하다.

§.4-2 수의적 부가절에서 관찰되는 어미 형태소들을 살펴보면, 또한 역접 기능을 맡는 형태소로부터 확장되어 쓰이는 경우도 많다. '-되'나 '-지마는'도 전형적으로 역접의 기능을 맡고 있다(341쪽 이하 참고). 이것들이 쓰임이 확대되면서 또한 맥락에 따라서 수의적 부가절의 모습을 띠기도 한다. 그리고 시상 형태소를 지닌 '-앗자' 또한 역접이나 반전의 의미를 띤다(348쪽 이하 참고). 이런 경우를 필자는 역접 기능의 접속 어미 형태소가 방임 또는 양보 관계의 맥락으로 확장되어 있는 것으로 파악할 것이다. 이것들은 뒤에서 관련 논의를 하면서 자세히 예문들과 더불어 다시 논의될 것이다.

이미 등위 접속 구문의 형태소를 다루면서 언급되었지만, 선택지 형식 속에서 '-곡(-고)'이 나열되거나 아니면 '-든지'가 나열된 경우에도, 주로 수의적인 부가절이 떠맡은 '방임형'의 해석이 이뤄지는 경우가 관찰된다. 수의적 부가절만을 전적으로 떠맡는 고유한 형태소가 없기 때문에, 어떤 전형적인 부가절 어미 형태소를 상정함으로써 그 확장 과정이나 변이를 추적해 줄 수 있는 길은 원천적으로 봉쇄되어 있다. 오직 전형적으로 다른 고유한 기능을 떠맡은 접속 어미 형태소가 맥락이 갖추어짐으로써, 수의적 부가절로 해석되거나 종속 접속 구문으로까지 확장되어 쓰인 사례들을 몇 가지 거론하였다. 이런 측면에서, 이 글에서는 고유한 단독 어미 형태소를 갖고 있지 않은 수의적인 부가 접속 구문에 관한 논의는 이 정도로 그치고, 따로 독립시켜 진행하지 않는다.

제5장 발화나 생각(추정)과 관련된 필수적 내포 구문
: 내포 구문 1

§.5-1 가장 쉽게 찾아지는 내포 구문의 사례는 전형적으로 남의 말을 인용하는 인용 구문이다. 이는 공통어에서 '-고 하다' 구문으로 대표된다. 그런데 이 방언에서는 이런 구성 말고도, 명사구를 이용하여

「-이라는 말을 하다, -이라는 말이다」

형식에 대한 반사형 모습으로서, 자주 '-이엔 말 ᄒ다'도 쓰인다. 이는 본디 초기 표상이 계사의 활용 모습 '이어'(이 방언에서 고유한 서술 서법의 종결 어미인데, 210쪽 이하, 그리고 661쪽 이하의 논의를 보기 바람)와 관형형 어미 '-은'이 결합되어 있는 모습이다. 만일 '-은'이 계사 어간에 동화되어 전설화된 '-인'이 결합하면, 중간 매개 과정에서 '이어인' 으로 주어지는 것이다.

「-이어인 말 ø ᄒ다」

다시 이 초기 표상을 반영해 주는 구성이 자주 쓰이자 문법화되면서 변동이 일어나는데, 먼저 상위문의 핵어 명사 '말'이 탈락되고 음절이 줄어든 모습이 나온다. 이것이 전형적으로 '-이엔 ᄒ다'이며, 이것이 줄어든 '-인 ᄒ다'도 쓰이며(강정희 교수는 이 형태를 기본 형상으로 상정했었는데, 215쪽의 각주 54를 보기 바람), 이것이 더 줄어들어 비음 받침으로 된 '-ㄴ ᄒ다'도 관찰되는 것이다. 이 점은 이 방언만의 특색일 수 있다. 지금까지 인용 구문을 논의하면서 마치 후자 형식만 고유한 것처럼 취급됐었지만, 이는 이 방언의 언어 사실을 제대로 반영해 주지 않는다. 김지홍(2019) "제주 방언의 인용구문과 매개변항"(『한글』 제80권 4호, 통권 제326호)에서는 이미 1980년대 이뤄진 입말 채록 자료들에서도 두 가지 형식이 언제나 나란히 쓰이고 있음을 확인하였고, 이 두 가지 형식의 실현이 매개변항(매개인자)으로 설정될 수 있음을 주장하였다. 이는 「문법 형태소들의 중층성」 현상을 보여 준다. 특히 관형형 어미와 핵어 명사의 구성인 '-은 말 ᄒ다(-은 말을 하다)'의 형식을 띠고 있다. 그렇지만 다시 관용적으로 쓰이면서 우연히 핵어 명사 '말'이 생략이 일어나자, 오직 핵어 동사 'ᄒ다'만이 남게 됨으로써, 결국 '-이엔 ø ᄒ다'와 '-인 ø ᄒ다'뿐만 아니라, 관형형 어미가 비음 받침 소리로만 남아 있는 '-ㄴ ø ᄒ다'로까지 실현되는 일이 생겼다. 이런 점이 이 방언의 인용 구문 형태소에서 특이한 점으로 보았다.

비록 김지홍(2019)에서는 이런 설명 방식을 채택했었지만, 인용 구문이 어떤 상위 개념의 하위 갈래로 취급될 가능성을 진지하게 검토하는 데까지는 이르지 못했다. 여기서는 모종의 상위 개념으로부터 하위 갈래로서 인용 구문 및 다른 기능을 하는 구문들이 있을 가능성을 검토하려고 한다. 내포문을 투영하는 핵어들을 일단 자연부류로 나누어 놓고 나서, 다시 상위범주나 상위 개념을 확정해 나가는 일이 중요하기 때문이다. 이 방언의 인용 구문과 유사 인용 구문에 대한 사례들에 대한 자세한 논의는 제6부에서 다시 '내포 구문 1'로 다루게 된다.

인용을 담당하는 동일한 형식이 언제나 배타적으로 남의 말을 인용하는 데에만 쓰이고 있지 않는다는 사실은 어느 언어에서나 공통적으로 잘 알려져 있다. 이러한 현상을 놓고서 페어클럽(2003; 김지홍 뒤침, 2012: §.3-5)『담화 분석 방법』(경진출판)에서는 '서로 얽힌 텍스트 속성(intertextuality)'을 반영하는 것으로서 다음과 같이 네 가지 부류로 나뉜다고 주장하였다. 순수한 인용이 아닌 것도 들어 있기 때문에, 페어클럽 교수는 상위 개념으로서 인용이란 용어보다는 오히려 '보고(reporting)'라는 용어를 쓴다. '보고'가 담고 있는 우리말의 어감이 「상하 관계」를 뜻하고, 어떤 의무성마저 함의한다고 느낄 경우에, 필자는 아마 대등한 관계에서 쓰일 수 있는 '통보'라는 말이 상하 관계에서의 보고를 대신하여 쓰일 수 있을 것으로 본다.

〈표6〉 담화 속에서 인용 구문이 떠맡는 네 가지 기능

보고 방법	설명	실제 사례
① 직접 보고 direct reporting	인용 부호(따옴표)로 되어 있고, 이용된 실제 낱말들이라고 일컬어지는 인용이며, 인용절로 되어 있다.	she said: "He'll be there by now" (그녀는 "그가 지금쯤이면 거기에 있을 거야"라고 말했다).
② 간접 보고 indirect reporting	말해지거나 쓰인 내용에 대한 요약으로, 실제 이용된 낱말들이 아니다. 인용 부호(따옴표)가 없지만, 인용절 형식으로 되어 있다.	She said he'd be there by then (그녀는 그가 그때쯤이면 거기 있을 것으로 말했다). 시제 표현 he'll이 시제 일치를 위해서 간접인용에서 he'd로 바뀌고, 직접인용의 표현 now도 간접인용에서는 then으로 바뀐다.
③ 자유로운 간접 보고 free indirect reporting	직접 및 간접인용의 중간 지점에 있다. 일부 간접인용의 특징인 시제 및 가리키는 표현이 주절과 일치되도록 바뀌는 일도 있지만, 인용 형식으로 주절은 나타나지 않는다.	Mary gazed out of the window. *He would be there by now*. she smiled to herself (메리가 창문 밖을 응시하였다. 그가 지금쯤 거기 있을 것이다. 그녀는 스스로 미소를 지었다). 문학 작품에서 자주 쓰이는 형식이다.
④ 화행 보고 narrative report of speech act	그 내용을 보고하지 않은 채 화행의 종류에 대해서만 언급하여 보고한다.	가령, She made a prediction (그녀는 한 가지 예측을 하였다: 예측 내용은 언급되지 않음).

대화 현장에서 관찰되는 입말 자료들을 놓고서도, 말뭉치 자료를 구축한 뒤에 인용 구문의 형식이 떠맡는 다른 기능들에 주목을 한 업적

이 있다. 머카씨(McCarthy, 1998; 김지홍 뒤침, 2010: 제8장) 『입말, 그리고 담화 중심의 언어교육』(경진출판)에서는 인용이 단순히 남의 말을 인용한다는 겉모습을 벗어나서, 특히 담화를 전개하는 데에 중요한 기능을 지니고 있음을 처음으로 밝혀내었다. 그 중에서도 대화 상황에서 빈번히 쓰이는 기능은 다음과 같다.

(38가) 현재 상황에서 무대를 마련하는 기능
　　　(→ 주제 도입 또는 무대 마련 기능)
(38나) 현재 담화에서 초점을 부각하여 극적으로 생생하게 만드는 기능
　　　(→ 초점 부각 기능)
(38다) 담화에서 언급된 내용을 반복하여 매듭짓는 기능
　　　(→ 매듭짓기 기능)
(38라) 자신의 주장에 대하여 입증을 하는 기능
　　　(→ 신뢰성 입증 기능)

(38)에서 작은 괄호와 함께 화살표(→)로써 다시 적힌 부분은, 머카씨 교수의 주장을 필자가 자주 쓰는 낱말로 바꿔 놓은 것에 불과하다. 영국의 입말 영어 사용 상황에서는 '현장성'(=현재 상황과의 관련성)을 살려 주려는 목적을 지니고 있기 때문에, 인용 형식이 자주 현재 분사의 모습 '-ing'나 「역사적 현재시제」의 모습을 띠고 있다고 설명하였다. 모두 다 생생하게 바로 눈앞에서 사건이 전개되고 있음을 상정해 주는 것이다. 그리고 전형적인 say처럼, 영국에서 30대 이하의 젊은이들에게서는 인용 동사로서 go라는 낱말도 확장하여 자주 쓰고 있음을 지적하였다.

또한 머카씨 교수는 마치 담화의 전개에서 디딤돌을 마련해 놓듯이, 일부러 남의 생각이나 의견도 추정하면서 인용 구문의 형식을 빌려 이를 마치 인용하듯이 쓴다는 사실도 밝혀 놓았다. 특히 이를 비-현실태(irrealis, 단 이 용어의 일반용법과는 달리 실현되지 않았다[unrealised]

는 뜻으로 쓰고 있음)가 담화 속에 녹아들었다(narratised)고 표현하였다. 이는 정확히 〈표6〉에서 '자유로운 간접 보고'라고 부른 범주와 일치한다. 추정을 하기 때문에, 명백히 남의 말에 대한 인용이라고 말할 수 없다. 그럼에도 불구하고, 여전히 인용의 기능에 빗대어서 담화 전개의 목적을 위하여 이용하고 있는 것이다.

(38가)와 (38다)는 담화 전개에서 시작 및 끝 부분에 해당한다. (38나)는 청자로 하여금 화자의 발화에 주목을 하도록 요구하는 기능이다. 과거에 흔히 막연하게 '강조 용법'으로 불렀던 것인데, 심리학에서는 좀 더 그 목적을 명시적으로 드러내어

「주의력의 초점」 또는 「주의력 끌기」

라는 용어를 쓴다. (38라)는 주장 및 근거(입증) 자료가 긴밀히 이어진 형식이다. 담화 전개 방식에서는 흔히

「정당성 확보」 또는 「합당성 부여」

전략으로 부르는데, 이미 64쪽의 〈표2〉로 구현 갈래들을 언급한 바 있다. 즉, 텍스트 외적 정당성 및 내적 정당성의 범주 중에서 (38라)는 전자에 속한다. 그 중에서도 권위를 내세움으로써 청자 쪽에서 더 이상 의심치 못하게 만들고자 하는 대표적 언어 기제인 것이다.

우리말에서도 글말(신문 자료)을 놓고서 일련의 한송화(2013) "인용의 기능과 화자의 태도"(한국문법교육학회 제19차 전국학술대회 논문집) 및 한송화(2014) "인용문과 인용동사의 기능과 사용 양상"(『Foreign Language Education』제21권 1호)에서는 인용 범위에서 벗어난 사용 사례들이 허다함에 주목하고서 그 설명을 시도한 바 있다. 물론 이 책에서 시도하듯이 담화 전개의 더 넓은 시각을 고려한 것은 아니다. 그렇지만 남의 생각이나 화자 자신의 생각 따위는 결코 인용될 수 없음에

도 불구하고, 왜 굳이 인용의 형식을 띠는지에 대하여 나름대로 숙고한 내용을 보여 준다. 가령, 발화 인용을 제외하고서

(39) 사유 인용(상대방 마음의 추정), 발화되지 않은 자기 생각, 인용 내용의 평가, 책임 전가

등과 같은 기술 결과가 제시되어 있다. 그렇지만 만일 인용과 무관한 범주들을 지속적으로 인용 구문의 형식을 이용하고 있다면, 이것이 확대된 모습인지, 아니면 애초부터 그렇게 쓰여 왔는지에 대한 물음을 던져야 하고, 이 물음에 대답을 마련해야 한다. 어떤 방식을 택하든지 상위 차원의 물음과 해결책이 추구되어야 하는 것이다. 그렇지만 담화 전개 전략이라는 개념을 추구하는 일까지는 진행하지 않았다.

서구에서는 말뭉치를 구축하기 시작할 때에서부터, 제일 먼저 인용 구문이 상위 차원에서 다른 개념의 하위범주로 다뤄져야 할 필요성이 꾸준히 제기되어 왔다. 이런 압력 속에서 가장 분명하게 다룰 수 있는 상위 차원의 영역은, 필자의 판단에 담화 전개에 관한 전략이나 방식 밖에는 선택될 것이 없다. 또한 말뭉치의 구축 덕택에 우리말을 놓고서도 비슷한 결론에 도달한 것으로 보인다. 이 또한 거시적으로 담화 전개의 전략을 고려하면서 새롭게 설명되어야 할 것이다.

「그렇지만 그동안 왜 '인용 구문'으로만 불려 왔을까?」

아마도 인용 형식의 전형성(고유성)에 따른 대표적 속성과 그 빈출 빈도에 말미암았을 듯하다. 다시 말하여, 누구에게나 쉽게 남의 발화를 인용하고 있다는 사실이, 더 이상 따질 것도 없이 자명하게 느껴졌기 때문이었을 것이다.

그렇지만 동일한 형식이 내포 구문에서 남의 발화뿐만 아니라, 그렇지 않은 것들까지도 들어 있다는 언어 사실을 어떻게 해석할 것인

지가 지속적으로 인용 구문과 관련하여 제기되어 왔다. 가장 간단한 해결책으로서, 먼저 인용 구문이 있고, 이것이 우연히 더 확장되어 인용이 아닌 대상들까지도 포함하였다고 말하는 길이 있다. 직관적으로 가장 쉽게 이해될 수 있는 방식이다. 그렇지만 거꾸로 인용 구문에 대한 상위 개념이 확정될 수 있다면, 이 개념의 하위 갈래로서 남의 발화를 인용하는 것이라고 말하는 방식도 있다. 내포 구문을 투영해 주는 핵어들에 대한 상위 개념을 적절히 찾아낼 수만 있다면, 후자의 방식이 무리하게 발화 인용과 전혀 무관한 마음작용(추론 작용)까지도 실행한다는 사실을 포착해 줄 개연성이 높다. 이 책에서는 후자의 방식을 시도한다. 앞에서 살펴본 페어클럽 교수의 〈표6〉과 (38)에 제시된 머카씨 교수의 하위 분류를 재구성한다면, 우선

「담화 전개의 목적이나 필요성」

측면에서 모두를 싸안는 상위범주의 후보를 확보할 수 있다. 그렇지만 이 개념은 언어 형식의 어느 하나에 이르기까지 해당되지 않는 것이 없는 너무 범범한 개념이다. 내포 구문만을 투영하는 핵어를 자연부류로 묶고 나서 변별적인 개념을 찾아낸 것이 아니다. 다시 말하여, 이를 범주로 확정하더라도, 임의 발화의 모든 형식에 모두 다 적용될 수 있는 것으로, 배타적으로 인용 구문을 위시한 고유한 일부 범주를 구별해 낼 수는 없는 것이다. 다른 범주들과 구분되지만, 또한 인용 구문 형식을 띠는 고유한 모종의 범주를 찾아 주는 것이 바람직할 것이다.

필자는 대안으로서 발화 및 생각의 표상 부류가 자연부류(내포 구문 1)로서 하나로 묶이고, 다시 행동 목표나 실현 모습의 표상 부류가 또한 자연부류(내포 구문 2)로서 묶일 수 있다고 본다. 이런 착상을 765쪽 이하에서 구체화해 놓을 것이다. 인류 지성사에서 이는 인간이 다른 인간과 소통하기 위한 두 갈래 방식이 말과 행동으로 양분되어 왔

음(두 영역이 서로 겹칠 경우가 허다함)을 염두에 두고 있다. 또한 서구에서 말의 동기 또는 생각의 동기를 의도(intention)로 부르고, 행동이나 실천의 동기를 의지(willingness)로 보았었음을 고려하고 있다(67쪽 이하의 논의 및 71쪽의 각주 26을 보기 바람). 희랍에서부터 다뤄진 두 가지 동기는 칸트에게서 각각 「순수 이성 및 실천 이성」이란 이름표를 지니게 되었지만, 일상언어 철학을 다루면서 그롸이스 교수에 의해서 동일한 하나의 이성에 지나지 않는다는 통찰에까지 이르렀다.

이는 우연히 우리 문화 전통에서 유지되어 온 측면과 정합적으로 서로 맞물리는 결과를 보인다. 필자는 한 부류의 내포 구문과 다른 부류의 내포 구문을 묶어 주는 상위 개념으로 우리말에서 자주 쓰는 「마음가짐」(한자어로는 마음의 태도나 마음 자세)이란 용어를 채택할 것이다. 내포문은 「마음가짐을 표상해 주기 위한 언어 형식」인데, 이 마음가짐이 한쪽에서는 발화와 생각(의사소통 의도나 사고 의도)으로 표상되고, 다른 쪽에서는 행동 목표나 실현 모습으로 표상된다고 상정할 것이다.

인류 지성사에서 이런 개념이 처음 논의된 것은 신관념론을 비판하면서 새롭게 철학의 흐름을 열었던 영국의 분석 철학에서부터이다. 특히 무어(1953; 김지홍 뒤침, 2019)『철학에서 중요한 몇 가지 문제』(경진출판)에서는 믿음의 문제와 관련하여 역설이 생겨남을 자각하였고, 믿음의 문제를 임의의 단언(명제)에 대한 태도(propositional attitude)로 재구성하면서 그런 역설을 벗어날 길을 마련해 놓았다. 우리의 정신 작동을 붙들고서 그 흐름이 진행되어 나가도록 만드는 궁극적인 밑바닥 층위는 「앎(자기 자각)」과 「믿음」이다. 전자는 순간의 작동을 포함하는 매우 역동적 측면이 있고, 그 결과로서 후자를 다루게 된다. 그런데 두 개념 사이를 명확히 구획하기가 힘들고, 그 단계들의 선후도 결정하기가 어렵다. 따라서 일단 결과적으로 양자를 포괄할 수 있다는 측면에서 이것을 '믿음'으로 싸 안기로 한다. 설사 믿음의 내용과 범위가 분명히 개인들 사이에 차이가 난다고 하더라도, 공통적으로 우리는 이 믿음 체계에 따라서 스스로 일련의 사건들을 재귀 의식 속에서 「판단·결정·평가」를 내리게 된다. 이를 토대로 하여, 적어도 대상 사건에 대한 믿음 내용과 그 믿음 내용을 스스로 검사하는 상위 믿음이 요구된다는 정도는 모두 분명히 자각할 수 있다.

그러나 믿음을 대상으로 삼을 경우에 이런 정도까지만 합리적으로 언급할 수 있을 뿐이다. 왜냐하면 두 가지 커다란 장벽이 믿음 속에 깃들어 있기 때문이다. 우리가 모두 지니고 있는 믿음은 그 특성이 다른 것으로 환원될 수도 없을 뿐만 아니라(객관화 및 계량화가 불가능함), 또한 결코 우리 믿음 바깥에서 믿음의 전체를 바라볼 방법도 없다(오직 「A⊆A」의 범위인데, 이런 통찰에 따른 부분 집합으로서의 믿음 체계만 내성하여 포착할 수 있음). 바로 이런 두 가지 믿음에 관한 특성이, '믿음에 대한 역설'(또는 이를 지성사에서 처음 논의한 무어의 이름을 따서 '무어의 역설'로도 부름)을 만들어 낸다.

이 전통은 오늘날에도 그대로 무어 교수의 용어를 받아들여 '단언(명제)에 대한 태도'로 불린다. 또한 believe(믿다)라는 동사처럼 '참·거짓' 값을 확정하도록 대응 관계를 뚜렷하게 붙들 수 없는 경우를, 불투명 맥락(opaque context)을 지닌 동사라고 한다. 설령 우리가 지닌 믿음 그 자체에 이러한 역설의 원천이 도사려 있다고 하더라도, 앞에서 지적하였듯이 우리가 부분 집합으로서의 믿음 체계(「A⊆A」의 범위)를 충분히 언급할 수 있음에 유의하기 바란다.

이런 지성사의 논의를 토대로 한다면, 이 책에서 내포문의 핵어를 지정하기 위하여 상정한 「마음가짐」이란 개념이 더 이상 낯설거나 생경한 용어인 것만은 아니다. 그렇지만 그 전제가, 일정한 시폭을 지니고서 우리의 마음 작용이 지속적으로 일어나야 하며, 그런 일정한 지속성이 마음가짐으로 언급될 수 있다. 이 개념 또한 상위 차원에서는 (그리고 부분 집합의 범위 안에서는) 다시 퍼어스(C. S. Pierce, 1877) "The Fixation of Belief"(Houser and Kloesel 엮음, 『The Essential Peirce I』, 인디애너대학 출판부)에서 주장한 「고정된 믿음 체계」 속으로 들어갈 것이다.

간단히 말하여, 필자는 내포 구문을 투영해 주는 핵어가 어휘 범주의 동사이며, 이 동사의 범주는 우리의 「마음가짐」과 얽혀 있다고 본다. 마음가짐은 그 하위 부류로서 이 구문이 이용되는 문장들을 싸안을 수 있도록 둘로 나뉘는데, 구체적 언어 자료들로 입증할 수 있는 「발화와 생각(추정 포함)」, 그리고 「행동과 실현」이라는 하위범주로 대분되어야 할 것으로 믿는다. 제6부에서는 이 방언의 채록(전사기록)에서 모은 구체적인 사례들을 놓고서 필자의 작업 가정을 입증해 나가는 일을 추구할 것이다.

§.5-2 이 방언의 자료들을 살펴보면 인용 구문 이외에도 내포 구문을 이끌어가는 어미 형태소들이 있다. 이른바 부사형 어미(본고에서의 용어로는 '내포 구문의 어미'임)로 불리는 '-아, -게, -지, -고'들이다. 공통어 자료를 놓고서 김지홍(1992) "부사형 어미 구문과 논항구조에 대한 연구"(서강대학교 박사논문)에서는 이들 구문을 투영해 주는 핵어 동사(상위문 동사)가 내포문이 가리키는 사건에 대한 양태성을 가리키며, '인식·평가·바람·추측' 등의 의미자질을 지녔다고 보았었다. 당시에는 지금처럼 더 넓은 자료들을 검토해 보지 못하였기 때문에, 상위 차원의 통합 개념을 제대로 제시하지 못했었다. 그뿐만 아니라 양태(양상)와 시상 사이에 명확한 구분점도 없이 그 당시에 필자가 접할 수 있었던 지식의 범위의 한계에 그쳤다. 지금은 양태(양상)가 상위 차원의 것으로서 가능세계의 사건을 모두 포함하여

「임의 사건에 대한 전개 모습」(사건에 대한 모든 전개 개요)

을 가리킨다고 여긴다. 이 아래에 다시

「해당 사건의 실제 진행 모습」

이 바로 시상 형태소에 의해서 표시되는 것으로 본다. 양태(양상)는 가장 폭넓게 가능세계에서의 임의 사건에 대한 개요를 가리켜 주므로, 반사실적 상황까지도 표현해 줄 수 있다. 그렇지만 시상은 현실세계를 중심으로 하여 임의 사건의 진행 모습을 가리켜 줄 뿐이다. 이런 측면이 양태(양상) 개념에 대한 하위범주로 자리를 잡게 되는 까닭이다. 필자는 양태(양상)의 개념 아래 두 개의 하위범주를 현실 사태와 반현실 사태로 상정한다. 즉, 시상이 떠맡고 있는 현실세계에서의 발생 여부(더 구체적으로 시작점과 종결점을 표시할 수 있음)와 현실세계에서 결코 발생하지 않았다는 단정(반사실적 단언)이 서로 짝이 될 것으로 본다. 최근 양태의 개념에 '증거태'가 꾸준히 논의되고 있는데, 이는 현실세계에서의 발생 여부라는 교점 아래 다시 차하위범주를 상정하도록 요구하는 것이다. 직접 경험할 수 있는지 여부(직접 증거와 간접 증거)를 다룰 수 있기 때문에, 사건의 전개 모습을 다루는 현실태를 다시 하위범주로 나누어 시상과 증거태로 표상할 수 있을 듯하다. 양태 개념을 확정하고 체계화하는 문제는 여러 학문들 사이에서 논의되어야 할 크고 무거운 주제이다. 필자는 세부적인 논증들을 다루지는 않겠지만, 381쪽의 〈표7〉과 774쪽의 각주 151에서 필자가 나름대로 구상하는 양태 체계를 다룰 것이다.

이 책에서는 내포 구문의 핵어를 「마음가짐」을 표상해 주는 범주로 규정하고, 이를 좀 더 특정하게 개념화하여 '판단'과 관련된 부류의 동사로도 하위범주를 지정할 수 있을 것으로 본다(759쪽 이하의 논의를 참고). 52쪽의 (8)에서 제시하였듯이, 통사적으로 나뭇가지 그림을 그린다면, 부사형 어미 구문(곧, 내포문)은 제3의 논항의 위치를 차지하고 있다고 주장한 바 있다. 이 방언에서도 이런 통사 구조는 그대로 유지된다.

내포 구문은 인용이나 생각(추정)과 관련되어 관찰된다. 그렇지만 이뿐만 아니라 다시 내포문 구성을 보여 주는 어미 형태소가 '의지'나 '목적'의 뜻을 지닌 부류가 있고, 내포문이 반드시 선행되어야 할 조건

임을 표시해 주는 부류가 있다.51) 일단 깊은 논증이 없이 여기서는
이 내포 구문도 「마음가짐」을 표상해 주는 어휘범주의 핵어에 의해서
마련된다고 간주한다. 그런데 앞의 발화 인용이나 생각(추정)과는 다
르게, 행동 목표나 실현 모습에서 그 동기로 상정되는 '의지'와 관련시
킬 수 있다. 행동과 관련된 내포 구문 어미 형태소로는, 같은 의미자질
을 공유하는 어미 형태소들로서

「-으랴고, -을라고」
「-으러, -으레」
「-으자, -으저, -으젠」

등이 있으며, 각각의 어미들 사이에 일부 수의적 형태 변동이 관찰된
다. 사회 공동체에서 관례적으로 또는 관습적으로 일련의 행동을 바
람직한 한 무더기 묶음으로 상정해 놓고서, 만일 구성원들이 그런 경
로를 실천해 나가는 일도 고유 형식이 있다. 이런 어미 형태소들로서
모음조화를 반영하여 양성 모음만 표시한다면

---

51) 과연 관련 요소들로서 여기에 제시된 것들이 전부인 것일까? 다시 말하여, 1980년대에
출간된 구비 문학 대계의 자료가, 「있을 수 있는 모든 형태소들」을 다 보여 주는 것일
까? 258쪽의 각주 61에서 언급했듯이, 필자가 모은 자료에서는 '-으고정 ᄒ다, -으고저
라'의 사례는 없다. 그렇지만 이 질문에는 통계적 추론에 따른 상식적 답변을 제시할
수 있다. 적어도, 이런 채록 자료들이 정규 분포 속에서 주요한 항목들만 중심 부분에
집중되어 있을 개연성이 있는 것이다. 이는 아주 이례적인 요소가 나올 수도 있겠지만,
일상 언어 사용 범위에서 행동 의지와 관련된 구문의 빈도가 높지 않을 것으로 본다.
   물론, 통계가 모수 통계만이 전부가 아니다. 비모수 통계에서는 정규 분포를 보이지
않는 대상들을 다루고 있기 때문이다. 그렇다면 정규 분포의 추정에 기대어 제시한
답변이 반드시 유일한 것일 수는 없다. 그럼에도 불구하고, 아직 한 번도 이 방언 자료
들에 대하여 누적적인 목록을 작성한 토대 위에 논의를 진행해 본 적이 없다는 점에서,
소박하게 필자의 어미 형태소 자료 모음이 나름대로 의미가 있을 것이다. 핵심 문제는
현재 모아진 자료들을 놓고서도 이 방언에서 대립을 보여 주는 모종의 체계를 확보할
수 있는지 여부에 있을 것이다. 이런 측면에서 현재의 누적 자료에서는 내포 구문에서
관찰되는 형태소가 이런 범위 정도로 그친다고 적어 둘 수밖에 없음을 밝힌다. 뒷날
거대 자료(big data)가 구축될 경우에는 상황이 현재 필자가 느끼는 정도와 판이하게
다를 수 있음도 또한 인정한다. 장차 그런 흐름으로 가야만 이 방언에 대한 연구에서
학문적 발전이 이뤄질 것이기 때문이다.

「-아사, -아야」

의 변이 모습이 있다. 다시 여기에다 한정 보조사 '만'을 더 붙여 놓은

「-아사만, -아야만」

과 같이 복합 형태소가 관찰된다. 행위란 낱말이, 추상적 대상(가령, 사고 행위)뿐만 아니라 구체적인 관찰 사건(이미 국어학에서 '행위 동사'나 '행위주 의미역'이라는 전문 용어를 씀)까지 포괄하므로, 불가피하게 상의어로 봐야 할 듯하다. 그렇지만 만일 구체적으로 관찰 가능한 객관적 사건을 가리키기 위하여 우리말에서 「동작 그만!」이란 명령어를 자주 씀을 고려하거나, 「행동 거지」(행동의 시작점과 끝점이며, 이는 관찰 가능하다는 전제를 깔고 있음)라는 이음말을 고려할 경우에, '행동'이 다소 구체적인 신체 행동을 가리킬 수 있을 것으로 본다. 행동과 실천이란 개념도 서로 공통된 기반이 있지만, 흔히 개별적인 측면과 관습화된 사회적 측면을 반영해 주기도 한다. 여기서 필자는 '행동'을 순수히 자유의지에 따른 개인의 개별적 행동의 뜻으로 쓰고 있다. 이와 짝이 되는 '실천'은 물론 그러한 개인의 행위를 포함하지만, 다시 공동체에서 합의한 가치를 반영해 주는 일련의 고정된 행동 방식의 뜻으로 쓰고 있다. 만일 동일한 용어를 써서 '행동'으로 표현한다면, 각각

「개인의 행동 및 규범적 행동」

으로 부를 법하다. 그렇지만 이 책에서는 이들 사이에 서로 다른 측면을 부각하고자 한다. 따라서 서로 다른 낱말을 선택하여 각각 행동과 실천이란 다른 낱말을 쓰고 있다. 즉, 행동이 개인의 자유의지에 의한 선택에 귀속시킬 수 있다. 실천이란 공동체의 가치가 반영된 일련의 행위(행동) 묶음이란 속뜻을 담고 있다. 개인별 행동이 일반화되는 경

우에도 사회적으로 공통된 실천 방식을 형성한다는 점에서, 두 개념 사이에는 엄격한 구별이 주어질 수는 없다. 그렇지만 하나의 개별 행위가 다른 행위와 전개 흐름에서 공통 기반을 형성할 만큼 일반화될 경우, 여기에는 사회 차원의 속성이 들어가 있어야 할 것이다.

필자는 50대에 특히 미시 사회학 쪽의 책들을 읽으면서 영어에서도 마찬가지 어려움을 겪고 있음을 알게 되었다(클락, 1996; 김지홍 뒤침, 2009, 『언어사용 밑바닥에 깔린 원리』, 경진출판: 36쪽의 역주를 보기 바람). 자유의지를 지닌 인간을 대상으로 하여 변화가 관찰되는 사건을 놓고서 여러 측면을 구분해 줄 필요가 있다(뉴튼이 action vs. reaction '작용 : 반작용'이란 용법은, 일단 사물을 대상으로 한다는 점에서 여기서는 논의 대상에서 제외됨). 가령 act(개별 행위 또는 낱개의 행동, 행동이나 행위의 기본 단위)와 action(일련의 행위 또는 시작·중간·끝으로 이어져 있는 행동들)에 대한 구분이 주어져야 한다. 이런 측면에서 미국 쪽에서 기리는 미시 사회학 창시자인 미이드(Mead, 1938) 『인간 행위에 대한 철학적 분석(*The Philosophy of The Act*)』(시카고대학 출판부, 모두 696쪽)의 고전 책자가 act(낱개의 행위 단위)라는 낱말을 채택한 이유를 알 수 있다. 이것이 외부에서 관찰될 수 있도록 객관적 측면을 부각시키기 위하여 behaviour(행동, 접두사 be가 현실세계에서 존재함을 가리킴)를 선호하였지만, 개인의 개별 행위나 행동이 다시 공동체 구성원들에게 받아들여지고 관습화되었을 경우에 다른 용어를 쓴다.

그런데 공동체에서는 임의의 행동들에 대해서 특정한 가치를 부여해 놓는 경우가 허다한데, 도덕적 가치가 스며들어간 행동을 우리말에서는 '행실'이나 '처신'이라고 불렀었다(행실이나 처신이 올바르다, 행실이나 처신이 그르다). 영어에서는 이런 측면을 conduct 또는 deed라는 낱말을 썼던 듯하다. 필자는 무어(1953; 김지홍 뒤침, 2019: 30쪽의 역주 6과 732쪽의 역주 281) 『철학에서 중요한 몇 가지 문제』(경진출판)를 읽으면서, 우리말에서는 영어의 3인칭 활용에서 느낄 수 있는 제3자 또는 객관적 기준을 중심으로 한 낱말이 공백으로 남아 있다는 점을 절실히 느낀 바 있다. 우리말에서는 '이승 vs. 저승(이 生 vs. 저 生: this world vs. here-after world)'의 대립만 드러낼 뿐이지, 이것들을 아우르는 상의어로서 '그승(그 生, the ideal world)'의 개념을 쉽게 생각할 만한 발판은 비어 있는 것이다.

이런 구분이 이 방언에서 찾아지는 이들 어미 형태소에서만 요구되는 것이 아니다. 우리가 실세계의 여러 변화와 사건들을 받아들여 이해하고, 다시 스스로 목표를 정하여 그런 사건을 일으키는 경우에도 이런 구분이 필요하다. 일원론적인 공리계를 상정하면서, 철학자 뤄쓸(Rusell) 교수는 개별 사례(token)와 유형(type)이란 말을 썼고, 논리학자 타아스키(Tarsky) 교수는 대상(object)과 상위 대상(meta)이라는 용어를 썼으며, 수학자 칸토어(Cantor)는 원소(element)와 집합(set)으로 불렀고, 동시대 수학자 프레게(Frege)는 논항(argument)과 함수(function)라는 용어를 썼다. 이것들이 모두 우리 정신 작동의 낮은 층위와 높은 층위를 구분하기 위한 거점 용어들이며, 서로 상대적으로 그 층위들의 양분되거나 좀 더 세분하여 제시해 왔다. 뤄쓸 교수는 수학의 대상을 클라스(class)라고 부른다. 이는 집합에 대한 상위 집합을 가리키며(그의 'if ~ then'으로 표상된 형식 함의가 작동하는 영역임), 이 상위 집합을 다시 최상위 집합으로 부를 경우에 용어를 달리하여 집합족(family of sets)이라고 불렀다.

이런 개념을 반드시 이 방언에다 적용해야 하는 것은 아니다. 그렇지만 이 방언의 사용 방식에 대한 필자의 직관에 기댈 경우에, 내포 구문의 어미 형태소 '-어사, -어야' 따위에 깃들어 있는 필연성이나 강제성 등은, 사회적 합의에 바탕을 둔 실천 행동(공동체의 가치가 깃들어 있는 일련의 행동이나 일련의 행위)에서 도출되는 것으로 해석해야 온당할 듯하다. 이들 어미 형태소에 뒤이어진, 다시 말하여, 이들 내포문을 투영해 주는 핵어 동사는, 부사형 어미 구문들과는 달리 상당한 정도로 수적인 제약을 보여 준다. 의지나 의도를 표상한다고 서술된 내포 어미 형태소 '-을라고'로 대표되는 구문(앞의 용어를 쓴다면

자유의지에 따른 개인별 행동이나 행위)의 경우에, 필자가 모아둔 자료들에서는

　　'하다, 가다, 오다, 나가다, 다니다'

와 같은 핵어 동사가 관찰된다. 맨 첫 동사 '하다'는 행동 목표의 결정 또는 결심을 가리켜 준다는 점에서 일단 제외할 경우에, 나머지 것들은 구체적 동작이나 사건 관련 동사들인데, 각각 의지의 결정 및 그 의지에 따른 실천 행동으로 구분되는 것이다. 필자는 이것들에 어떤 이름표를 붙여 주든 간에 상관없이, 상위 개념으로서 자유의지의 구현으로서의 '개인별 행위나 행동'에 포섭될 수 있다고 판단한다.

　규범적 행동 또는 사회 규범 실천과 관련되는 어미 형태소 '-어사(-어야)'로 표상되는 사례들은 주로 평가와 관련된 동사들과 이어진다 (이를 앞의 하위범주와 구분하기 위하여 공동체 가치라는 자질을 덧붙여 놓을 수 있음). 이들 핵어 동사는

　　'하다, 되다', '쓰다(쓸모가 있다), 맞다, 좋다'

가 있으며 또한 '알다'도 나타난다. 만일 '하다'를 묘사 동사로[52] 볼

---

52) 김지홍(1986) "몇 어형성 접미사에 대하여: 특히 '-이다, -대다, -거리다, -하다, ∅'의 관련을 중심으로"(『백록 어문』 창간호, 제주대학 국어교육과)에서는 상징어 어근의 접미사들을 다루면서, 관련된 의미자질들을 찾아내었다. 그 중 '하다'를 depict(묘사, 그림처럼 그려 주는데, 형용사마냥 어떤 결과 상태를 지시해 줌) 동사로 상정할 수 있다고 보았다. 인용 구문에서 찾아지는 인용 동사는 의미역을 배당할 수 없고, 오직 논항구조만을 투영한다는 점에서 '가벼운 동사'라고 불리고 있다. 문법상으로 관련 활용 요소들이 붙을 수 있도록 해 주기 때문에 그렇게 볼 수 있겠지만(따라서 문법 동사라고도 불림),
　「인용 구문을 투영하는 핵어 동사로서 왜 굳이 '하다'가 선택되었는가?」
라고 묻는다면, 적절히 답변을 할 수 없다. 이른바 계사 '이다'도 문법동사로서 쓰일 수 있는 후보군의 하나이기 때문이다. 더군다나 이 방언에서는 이런 구문에 나오는 'ᄒᆞ다'가 형용사처럼 시상 형태소를 지니지 않은 채 ∅로만 나올 수도 있고, 마치 일반 동사처럼 시상 형태소 '-앖-'을 지니고서 'ᄒᆞ없저(하고 있지)'로도 나올 수 있다. 이와

경우에 '-어야 하다'는 내포 구문의 필수 조건을 서술해 주는 것이며, '-어야 되다'는 반드시 (사회적 규범에 걸맞는) 실천 의지를 포함하는 조건이 갖춰져야 한다. 이런 점에서 '쓰다, 맞다, 좋다'도 그런 조건이 충족된다. 다만, '-어야 알다'는 깨닫게 되는 기준 사건이, 선행된 내포 구문으로 제시되어 있는 형상이므로, 여기에 대한 조정이 필요하다.

그렇다면 내포 구문을 투영해 주는 핵어 동사가 동일한 자연 부류로 묶일 수 있는지가 논의의 핵심 사항이 되어야 함을 알 수 있다. 인용 구문 형식만을 놓고서, 발화 인용이 아닌 사례들을 포괄하기 위하여 '보고'(또는 통보)라는 개념에 의존할 수도 있겠지만, 이 개념의 상의어는 '의사소통'일 수 있기 때문에, 내포 구문에서 찾아지는 범주들을 다른 것들과 구분하면서 아우르기에는 적절치 않다. 사건의 전개 양태뿐만 아니라 인용과 '인식·평가·바람·추측' 따위 개념들을 포괄할 수 있는 상의어나 상위 개념을 찾는 일이 만만치 않다. 일단 필자는 100쪽의 〈표5〉에서 밑바닥을 차지하고 있는 재귀 의식에서 '판단' 이란 개념에다 수식어를 덧붙여 좀 더 범위를 제약하고서(가령, '발화 모방에 대한 판단, 상대방 마음에 대한 판단' 따위) 상의어 내지 상위 차원의 개념으로 내세울 수 있다. 그렇지만 발화와 생각(추정)에 관련될 뿐만 아니라, 또한 여기서 언급한 개인별 행위(행동)를 촉발시키고 관습화된 사회 규범에 따라 일련의 행위(행동)를 실천한다는 측면을 모두 다 감싸안기에는 부족할 듯하다. 이런 점에서 현재로서는 200쪽에서 제안해 놓은 「마음가짐」이란 개념이, 인간이 다른 인간과 소통할 수 있는 두 가지 경로('말과 행위' 또는 '사고와 행동')를 모두 포함시킬 수 있을 것으로 본다. 그렇다면 이 개념이 내포 구문을 이루는 여러 가지 사례들과 긴밀히 얽힐 수 있는지 여부를 따지는 일이 후속 입증 단계로서 남아 있다.

같이 시상 형태소의 실현에서 변동을 보인다는 사실을 포착해 주려면, 어떤 의미 기능이 추가되어야 할 것으로 판단한다. 필자는 이런 측면에서 '하다'의 기능은 한 사건을 그림 그리듯이 묘사해 준다고 볼 수 있을 듯하다. 248쪽의 각주 59도 보기 바란다.

§.5-3 만일 이 일이 필자가 바라는 바대로 결정될 수 있다면, 다음 과제로서 이 내포 구문의 형식도 변동이 관찰되는지를 따지는 일이 다뤄져야 할 것이다. 후자에서는 내포 구문이 접속 구문과 핵어의 범주가 서로 다르기 때문에, 관련 어미 형태소가 접속 구문으로 확장되기는 어려움을 이내 알 수 있다. 매우 이례적이라고 해야겠지만, 이른바 부사형 어미 형태소 '-아'를 매개로 하여 '-아 가지다(-아 갖고)'와 '-아 두다'로 된 형식이, 접속 구문의 사례들에서 관찰된다는 사실을 놓고서, 변이 현상으로 볼지 여부를 물을 수 있다. 그렇지만 이 형식은 늘 고정되어서 마치 한 낱말처럼 굳어져 있음을 전제로 한다면, 부사형 어미 구문을 매개로 한 그 내적 구성 형식이 따로 논의의 대상이 될 수는 없을 것이다. 그렇다면 다른 경우를 찾아야 할 텐데, 대신 종결 어미가 나와야 할 위치에서 관찰되어 종결 어미처럼 쓰이는 경우가 기능의 바뀜으로 제시될 수 있다. 이하에서는 인용 구문에서 관찰되는 어미 형태소들이 종결 어미가 나올 위치에서 관찰된다는 사실과, 의도나 목적을 표시해 주는 어미 형태소들도 그러하다는 사실을 구체적 사례로서 제시하여 매듭짓기로 한다.

이 방언의 인용 형식은 두 종류가 있다. 이 방언에 고유한 인용 형태로 서술되어 온 것으로서

「-이엔 ᄒ다」(-이라고 하다)

뿐만 쓰이는 것이 아니다(이는 계사의 활용 '이어'에 관형형 어미 '-은'이 융합된 기본 형상으로부터 도출되는 것임). 또한 공통어에서 빈출하는 '-다고 하다, -라고 하다'에 대응하는 인용 구문의 형식도 동등한 비율로 쓰인다. 이것이 「문법 형태소들의 중층성」 현상을 드러내 준다. 즉,

「-다고 ᄒ다, -라 ø ᄒ다」

도 그대로 이 방언의 인용 형식으로 쓰인다. 김지홍(2019) "제주 방언의 인용 구문과 매개변항"(『한글』 제80권 4호, 통권 제326호)에서 중요하게 이런 측면이 논의되었다. 이 방언의 연구 초기에서 일부 연구자가 잘못 주장했듯이, 후자의 인용 형식이 결코 공통어에서 영향을 입고, 소수의 사람들에게서만 쓰이는 것이 아니다. 1980년대에 채록된 설화 자료들에서 당시 70대 전후의 화자들이 동등하게 두 갈래의 인용 구문 형식을 발화해 주고 있기 때문이다. 따라서 이는 마땅히 이 방언 자료에 대한 사회언어학적 관점 및 화용 동기와 담화 전개 차원에서 다뤄져야 할 사안이라고 본다.

이 절에서는 논의의 중복을 피하기 위하여 후자의 경우를 놓고서만 언급하기로 한다. 후자의 형태소 결합에서도, 공통어의 형태소 결합 과는 달리 이 방언에서만 독특하게 쓰이는 인용 구문의 형태로서

「-다곤 ᄒ다, -라곤 ᄒ다」

도 관찰된다.[53] 이런 언어 사실은 이 방언에 대한 종전의 "개신파 영

---

[53] 공통어에서 "거기 자주 가곤 하였다."는 인용 구문에 속하지 않는다. 형태소 결합 방식에서, 이는 동사 어간에 결합된 다른 범주의 것이며, 현재 이전에 멀리 있는 시점에 있었던 일을 회고하는 의미를 담고 있다. 필자는 여기에서의 '-고'가 부사형 어미 '-아, -게, -지, -고' 구문과 같은 계열일 것으로 본다. 그렇더라도 왜 유표적으로 보조사와 결합되어야 하는지 그 이유를 설명할 필요가 있음만 지적해 둔다.

이 방언에서는 내포 구문이 명백히 종결 어미 '-다'를 실현시키고 있다. 이를 구별해 주기 위해서 이 방언에서 관찰되는 모습을 '-다곤 ᄒ다'와 같이 써서 앞의 '-곤 하다'와 다른 것임을 명시적으로 드러내고자 한다. 필자가 모아둔 자료에서는 계사가 활용하는 '-라곤 말이어'의 사례가 있다. 이 방언에서 계사의 반말투 활용 형식은 '이라'처럼 실현되며, 고유한 단정 서술 서법에서는 '이어'로 활용할 뿐만 아니라, 또한 '이다'도 관찰되는데, 661쪽의 〈표10〉 설명을 보기 바란다.

㉠ -라곤 말이어: "아, 이거 ø … 사름덜이(사람들이) 힘부기(힘내기) ᄒ는 둚ㅅ돌(들+음+ㅅ+돌)이라"곤 말이어.
(「아, 이것은 사람들이 힘내기를 하는 둚ㅅ돌이야」곤 말이야. 구비3 김재현, 남 85세: 51쪽)

이에 대한 필자의 해결책은, '-다곤 말 ø ᄒ다'를 기본 형상으로 상정해 놓고서, 변동 가능성을 탐색하는 일이다. 이 예문에서 발음상 [뜸똘] 또는 [듬똘]로 나오는 낱말은, 60~70kg이 족히 넘는 바윗돌을 가리킨다. 흔히 한 동네에서 청장년들의 힘 자랑 시합

에서 도구로 쓰인다. '바윗돌을 들다'라는 동사의 어근에 먼저 명사를 만들어 주는 접미사 '-음'이 결합하여 '듦'이 되었다. 다시 합성어를 이루기 위하여 사이시옷이 개재되면서, 뒤의 명사 '돌'을 된소리로 만들었다. 이 방언의 표기에서 어원을 표시하면서 받침을 셋 이상 쓰는 일이 없다. 그렇기 때문에 임시 불가피하게 두 개의 받침만 적어 '듦'으로 쓰고 사이시옷을 표시해 둔다. 만일 관련된 모든 형태소(어원)를 다 표시해 놓는다면, '듌돌'이라고 적을 수 있을 것이다. 공통어 대역에서도 받침을 둘만 허용하기 때문에, 일부러 중간에 사이시옷을 적어 놓았다. 사이시옷의 기능은 구적 상태의 표현을 완벽히 하나의 낱말로 붙여 놓는 역할을 한다. 이 경우에 결코 음운론적 요소가 아니다. 일찍이 유희(1773~1837)가 이런 언어 사실을 중요하게 지적한 바 있는데, 김지홍(2013) "언문지의 텍스트 분석"(『진단학보』 제118호)을 읽어 보기 바란다. 핑커(Pinker) 교수의 지적으로는 규칙적 낱말 결합은 제2의 두뇌(테두리 뇌, 변연계)에서 일어나겠지만, 규칙을 벗어나서 이례적인 변이 모습이나 융합된 요소는 제3의 두뇌(피질)에 저장되어 있다고 추정하였다. 그런 만큼 규칙적 생성 여부는 기억의 주소지에서 크게 달리 취급되어야 할 사항이다.

또한 동일하게 한 낱말로 융합되었음을 표시해 주는 기능이 비단 '사이시옷'뿐만 아니라, 이 방언에서는 '사이 히읗'도 중요하게 합성어(또한 일부 격조사의 결합)에서 관찰된다.

ⓒ 모멀+ㅎ+ㄱ를→'모멀ㅋ를'(메밀가루),
　　돌+ㅎ+장이→'돌챙이'(石工),
　　식게+ㅎ+집→'식게칩'(食䱤祭+家, 제삿집)

앞의 낱말은 각각 메밀가루, 석수(석공), 제삿집을 가리킨다(기일에 제사를 지내는 집을 가리키는데, 국어사전에 등록되어 있지 않은 듯하며, 구글 검색에 올라 있는 국립국어원의 질문과 답변을 보면 합성어가 아닌 구적 낱말로서 '띄어 쓰도록' 조언하였음). 아마 어느 시기에선가 아마 사잇소리가 사이시옷과 사이 히읗이 나란히 서로 다른 하위범주의 형태들을 놓고서 기능했었을 가능성이 있다. 이 방언에서 '식게'는 제사를 가리킨다. 필자는 이 말이 한자에서 유래되었을 것으로 본다(두 가지 가능성이 있음).

(a) 『공자 가어』곡례 자하문 제43에 보면, "孔子食於季氏, 食祭, 主人不辭不食, 亦不飲而餐 … 吾食於少施氏而飽, 少施氏食我以禮, 吾食祭, 作而辭曰 疏食不足祭也…"(공자가 계씨 집에 묵었는데, 제사 음식을 먹을 적에 그 주인 계씨가 예의 차리는 말도 않고 먹도록 권하지도 않았으므로, 공자 또한 마시지 않고 먹기만 하였다. … 내가 소시씨 집에 묵었을 때 배 불리 먹었는데, 소시씨는 나를 예를 갖춰 대접하였다. 내가 그 집의 제사 음식을 먹을 적에 먼저 주인 소시씨가 일어나서 예의를 갖춰 말하기를 「부실한 음식이어서 제사 받들기에 부족합니다」고 말하자 …)와 같이 식제(食祭)라는 말이 나온다. 「제사 음식을 먹다」는 뜻이다. 이 방언에서 쓰는 '식게'의 의미와 완벽히 일치한다. 그렇지만 이런 어원을 상정할 경우에 구개음 'ㅈ'이 어떻게 연구개음 'ㄱ'으로 되는지(제→게) 설명해 주어야 한다. 거꾸로 동화 주체인 폐모음 '이'에 의해서 '게→제'가 일반적인 변화 방향이므로, 이는 쉽지 않은 문제이다. 이 점을 김지홍(2014: 243쪽)의 각주 12) 『제주 방언의 통사 기술과 설명』(경진출판)에서는 등운상의 문제점으로 적어 두었다. '게'의 이중모음이 구개음화를 저지하는 장벽이었을 소지도 있다. 가령, 중세 국어에서 '크+이'가 '킈'로 되었기 때문에, 상향 반모음(on glide의 반모음)이 구개음화를 저지하여, 그 결과 지금도 '키'로만 발음된다. 그렇지만 '게'는 핵어 모음과 하향 반모음(off glide)이 들어 있으므로 중간에서 음운 변화를 저지할 수 없는 점이 문제이다.

(b) 아니면, 제사는 흔히 1년마다 지내므로 '기제사(朞祭祀)' 또는 기일(朞日)로 부르기 일쑤이다(부모 제사를 '부모 기일'로 부름). 한자 어원은 '바로 그 달'이라고 표시되어 있지만, 이 뜻이 확대되어 1년마다 돌아오는 그 날도 되고, 일정한 폭을 지닌 절기의

향"이라는 주장(현평효, 1985: 48쪽, 231쪽, 282쪽 등)을 무력하게 만들어 놓은 반례이다. 공통어의 인용 형식에서는 찾아지지 않지만, 동일한 형식에 다시 융합 또는 복합 형식(관형형 어미 '-은'에서 기원하는 융합체임)을 아주 자연스럽게 자발적으로 쓰고 있는 것이다.

이를 합리적으로 설명할 수 있는 길은 '-이엔 ᄒ다(-이엔 말ø ᄒ다)' 와 '-다고 ᄒ다, -라고 ᄒ다'가 서로 간섭을 일으켜, 관형형 어미 '-은 (-은 말ø 하다)'에서 기원하는 비음 받침 소리가 후자에 융합되었다고 여기는 것이다. 1980년대에 이미 70대 전후의 화자들에게서 '-다곤 ᄒ다, -라곤 ᄒ다'라는 인용 구문의 형식이 자연스럽게 발화 속에 들어 있으므로, 만일 그 분들의 머릿속에 이미 '-다고 ᄒ다, -라고 ᄒ다' 가 들어 있지 않았더라면, 결코 이례적으로 융합된 이런 복합 형식이

뜻으로도 쓰인다. 그렇다면 '기제사'의 줄어든 낱말로 기제(朞祭)가 쓰일 수 있다. 이 낱말이 「식+기제」(한 해마다 돌아오는 제사 음식을 먹다)처럼 합성어를 만든 뒤에, 어원 의식이 결여되면서 다시 2음절로 줄어들었을 가능성('기제'에서 1음절 초성과 2 음절 중성이 결합됨)도 열려 있다. 이런 설명 방식도 그 의미만을 고려한다면 이 방언에서 쓰고 있는 '식게'와 정확히 일치하며, 무리하게 이례적인 음운 변화를 추구하는 방식보다 훨씬 나은 선택일 수 있다. 현재 필자는 이 후자의 가능성에 가중치를 두고 있다.

(c) 이 방언에서는 제사가 끝난 뒤 참여자들이 음복(飮福)을 하는 일로써 대표 삼아 「식게 먹다」라고 표현한다. 더러 이런 이음말에 이끌리어서 '식게'를 식가(食家)로 여긴 이들도 있다. 그렇지만 이는 한자어를 새기지 못한 결과이다. '식가'는 말 그대로 나그네나 길손이 '밥을 먹는 집'을 가리킬 뿐이다. 곧, 이는 음식점이란 말이 되어 버린다. 그렇다면 '식가'는 엉뚱하게 갖다 붙인 민간어원에 불과할 것이다.

강영봉(2007: 112쪽) 『제주어』(국립민속박물관)에서는 '식가(式暇)'(법식 또는 제도로 정하여 관리들에게 부여하던 휴가)라는 말을 '식게'의 어원이라고 주장하여 황당할 뿐이다. 그곳에서 『경국대전』 1행 미만의 인용을 보면, 한자를 두 개씩이나 오자 '가(假)'를 집어넣었고, 113쪽에서 동사로 쓰이는 '기를 혹[畜]'의 뜻도 새기지 못한 채 명사인 '가축 축'으로 읽는 잘못도 저질렀음을 본다. 신뢰성에 큰 문제가 있다. '식'은 3년마다 치렀던 과거 시험이 식년시와 비식년시(별시)로 나뉘었는데, 식가에서와 같이 「법식으로 정해져 있다」는 뜻이다. 법식에서 정해진 휴가는 제도적으로 그 영역이 비단 기제사만이 있는 것이 아니다. 강영봉(2007)에서는 고작 국어사전의 간략한 풀이에나 기대고 있었기 때문에, 전혀 식가의 본질을 파악하지 못했던 것이다. 휴가는 늙은 부모를 모시기 위해서도 정식 휴가를 내어 주었고, 다른 목적의 정규 휴가도 있었다. 중국 당나라에서부터 나온 표현이라고 하는데, 관리들에게 정규적으로 주는 휴가에 '옷을 빨다(澣)' 는 낱말도 쓰였기 때문에, 여기서 10일을 가리키는 상한·하한이란 말이 생겨나기도 했다(조선조에서도 이런 목적의 정규적인 휴가가 주어졌었는데, 성균관이나 사부학당의 유생들에게까지도 이런 휴가가 있었음). 576쪽의 각주 127에서 관련되는 낱말들을 한데 모아 언급해 놓았으므로, 그곳을 참고하기 바란다.

발화될 리가 없었을 것이다. 이런 측면은 뒷세대의 연구자들에게 이 방언에서 함부로 "개신파"의 영향이라고 단정하는 일이, 얼마나 무모한지(이 방언의 자료를 왜곡해 버리는지)를 반성하도록 만든다.

공통어에서 대조 또는 초점(강조)의 뜻을 덧붙여 주는 보조사 '는'이 같이 실현된 '-라고는 하다'가 성립할 수 있다. 이는 보조사의 특성을 반영하여 다른 함의가 깃들어 있다. 이 방언에서도 그러한 실현을 보여 줄 수 있을 듯하다. 그렇지만 대조적인 뜻을 지닌 보조사 '는'이 줄어들었다고 볼 수 없는 사례가 자주 목격된다. 가령, 결코 공통어에서는 찾아지지 않는

「-다곤 말이어」(-다곤 말이야)

와 같은 경우이다. 이는 보조사 '는'을 결합시킨 '*-다고는 말이어'로 표상될 수 없다. 대신 아마도 같은 계열로서 이 방언의 '-단 말이어(-단 말이야)'와 관련되어야 할 듯하다. 김지홍(2019) "제주 방언의 인용 구문과 매개변항"(『한글』 제80권 4호, 통권 제326호)에서는 이것이

'-은 말ø ᄒ다, -은 말이다'

라는 기본 형상으로부터 유래되어 융합된 것임을 논의하였다. 그렇다면 이는 이 방언에서도 고유한 인용 형식으로서 '-다고 ᄒ다'가 사용되는 변이를 명백히 보여 주는 것이며, 「중층적 모습의 문법 형태소들」이 간섭을 받아 특정한 융합 형식으로도 발전하였음을 시사해 준다.

타성적으로 이 방언의 연구자가 자신의 언어 사용 습관과 어긋날 경우에 "개신파"로 지정해 버리는 일에 결정적 반례가 된다. 앞에 언급된 김지홍(2019)에서는 '-다곤'에서 찾아지는 맨 뒤의 형태소를 관형절을 이끄는 '-은'('-은 말ø ᄒ다' 및 '-은 말이다'의 구성)으로 봐야 함을 주장하였다. 이 책에서도 동일한 주장을 할 것이다. 이런 접근

방식에서라야만 이 방언에서 찾아지는 인용 구문의 전체 형상과 유기적으로 맞물릴 것이다. 흔히 어느 하나의 형태소만 이 방언의 고유한 모습('-이엔 ᄒ다')이라고 여기고서,[54] 나머지('-다고 ᄒ다, -다곤 ᄒ다, -라고 ᄒ다, -라곤 ᄒ다' 따위)를 도맷금으로 "개신파"의 영향으로 몰아붙여 공통어 형식의 차용이라고 무모하게 결론지을 수는 없는 일이다. 필자는 특히 초기 토박이 연구자들에게서, 만일 자신의 언어 사용 습관과 일치하지 않는다면(자신이 속한 사회 방언의 사용 방식에 속하지 않는다면), 「모두 싸잡아 외래 요소라고 결론짓는 경우」를 더러 접할 수 있었다(대우를 나타내는 선어말 어미 형태소 '-으시-'의 경우도 또한 그러함). 잘못된 학문 태도이다. 반드시 기본적으로 제주 방언의 자료들

---

54) 강정희(1984, 재수록된 1988의 151쪽)『제주 방언 연구』(한남대학교 출판부)에서 "인용 접미사 '-(이)라고' '-고'가 존재하지 않는다"라고 주장하였다. 그렇지만 이는 이런 자료들이 엄연히 쓰이고 있을 뿐만 아니라 이 방언에서만 독특하게 융합된 모습으로 쓰이는 복합 형식 '-다곤, -라곤, -느냐곤, -으라곤'이 엄연히 존재한다는 언어 사실을 무시해 버린 것이다. 이는 과학적 사고 절차에서 자료들의 관찰 단계와 서술 단계에서 결함을 안고 있는 것이므로 설명 단계로도 들어갈 수 없는 일이다. 이런 왜곡은 그대로 김미진(2019) "제주 방언의 인용 표지 연구"(『영주 어문』 제41집, 제주대학교 국어국문학과)에게까지 답습되어 있다. 이 방언에 오직 하나의 인용 어미 형태소만 있는 것처럼 잘못 서술되어 있는 것이다.
   그렇지만 처음 이런 분포상의 왜곡을 지적하고 시정하면서, 김지홍(2019: 755쪽) "제주 방언의 인용 구문과 매개변항"(『한글』 제80권 4호)에서는 격식 갖춘 말투인지 비격식 말투인지로 구분하는 논의를 전개했었다. 그런데 논문을 쓸 당시에 필자가 '-고 하다'와 짝이 되는 '-이엔 ᄒ다'만을 염두에 두면서 격식성 여부를 다루었었다. 당시 엄연히 이 방언에서 고유하게 쓰이는 '-다곤 말이어'와 '-다곤 ᄒ다'가 이미 채록된 설화 자료에 들어 있음(공통어에서는 결코 관찰될 수 없는 결합 형식임)을 미처 깨닫지 못했던 것이다. 따라서 그 논의에서는 '-고 하다'를 중심으로 한 부류로 모을 수 있는 형식이 고유한 것임을 주장하는 데까지는 이르지 못했었다.
   이제 이 방언에서 말투의 격식성 여부는 이 방언의 종결 어미들의 체계적 대립에서 비롯됨을 깨달을 수 있다. 다시 말하여, 내포문의 종결 어미가 고유한 서법의 것을 쓰는 일(가령, 서술 종결 어미의 '-다고 ᄒ다, -다고 말이다')과 어조를 바꾸면서 두루 여러 서법에 통용하여 쓰는 반말투 종결 어미 '-어'(계사일 경우 '-라')에 근거해야 하는 것이다(219쪽의 각주 55에서 '-다 말이우다 vs. -어 마씀'의 대립도 참고하기 바람). 그렇지만 앞의 논문 김지홍(2019)에서 우리말을 다루는 여느 논의대로 전형적인 인용 구문에서부터 유사 인용 구문으로 확대시키면서 다뤄 나간 논의 방식은 철회한다. 대신, 이 책에서는 인용과 관련된 형식을 싸안는 '상위 개념'들에 대해서 탐구해 나가고 있다. 이는 다시 모든 내포 구문의 핵어를 가리키는 상위 개념(「마음가짐」)을 상정함으로써, 먼저 발화와 생각(추정)을 한쪽으로, 그리고 행동 목표와 실현 모습을 다른 한쪽으로 나누어 놓은 뒤에, 다시 더 세세한 차하위범주로서 앞의 하위범주 아래에다 인용 구문(남의 발화와 문장)과 유사 인용 구문(생각과 추정)으로 따로 나누는 입장이다.

을 풍부하게 모아 놓고서, 그 자료들을 면밀히 귀납적으로 분석하고 종합하면서 신중하게 결론을 내려야 할 것이다. 아래 사례는 공통어의 인용 형식을 그대로 보여 준다.

> (40가) -다고 ᄒ다: "그레면은(그러면은) 너ø 의아바지(계부) 은혜나 갚아라!"ø, "그렇게 ᄒ겟읍니다."고 했어.
> (이복형이 "그러면 나에게 너의 의붓아버지 은혜나 갚아라!"고 말하자, 이복동생이 "그렇게 하겠습니다."고 대답했어, 구비1 안용인, 남 74세: 126쪽)
>
> (40나) -라고 ᄒ다: "아, 그렇지(그렇게 하지) 말라!"고 ᄒ(한) 걸(것을) 왜 해요?
> ("아, 그렇게 하지 말라!"고 말한 것을 자꾸 왜 하는 것이오?, 구비3 김재현, 남 85세: 364쪽)

(40가)에서는 이복 동생의 답변에서 서술 단정문이 내포문으로 들어가 있고, (40나)에서는 명령문 '-으라'가 들어가 있다. 모두 공통어와 똑같은 구성 모습을 보여 준다. 그런데 한 발화 속에 있음에도 아랑곳하지 않고, 동일한 형상의 실현 모습에서 변동이 관찰된다. 다음 예문처럼 내포문 뒤에 결합된 '-고'가 생략되거나(이를 'ø'로 표시함), 인용을 투영하는 '하다'('말ø 하다'의 상위 개념으로 쓰임)가 '말이다'(계사가 구현된 형식)로 바뀌는 것이다.

> (41) ø ᄒ니, -고 말이어. ø 해여도: "봄·여름 어느 절(절기, 계절)을 막론하고, 그 일(논을 만들려고 샘물로부터 물을 끌어들이는 일)만 ᄒ라"ø ᄒ니, 백성이 "농ᄉ(농사) 지을 시간이 없다!"고 말이어. 그러니 백성덜이(백성들이) "농한기가 되거들랑(되거든+을랑) 일(논도랑 조성)을 ᄒ겟소!"ø 해여도, [이씨는] 듣지 않고 권ᄒ는 게여(것이야).
> (종4품 첨정 벼슬을 지내다 서귀포시 강정으로 유배를 온 이씨가 "봄·여름 어느 계절을 막론하고, 논을 만들기 위해서 샘물로부터 도랑을 파서 물을 끌어들이는 일만 하라!"ø 하니까, 백성이 "우리가 부역을

한다면 밭농사를 지을 시간이 없다."고 말이야. 이씨가 부역을 요구하
자 백성들이 "농한기가 되거든 논도랑을 새로 만드는 일을 하겠소!"ø
대답을 했지만, 이씨는 백성들의 요구를 받아들이지 않고 도랑을 파
서 논을 만드는 일을 계속 권하는 거야. 구비3 김재현, 남 85세: 193쪽)

여기에서는 인용된 내포문에 결합되는 '-고'가 생략되어 ø로 두 번
실현되었고, 관련된 상위문 핵어 동사가 'ᄒ다'에서 '말이다'로 바뀌어
있음을 본다. 후자에서는 문법적 구성을 갖춘 '-고 하는 말이다'를 먼
저 기본 표상으로 상정한 뒤에, 다시 잉여성 때문에 중간에 있는 요소
가 생략되었다고 볼 수도 있다. 이런 가정을 뒷받침해 주는 자료들이
실제로 관찰된다.

(42가) -다ø 이거여. -다ø 그 말이어:「그날 상부(喪夫 남편이 죽음)ᄒ여서
    왓다」ø 이거여. 그러니까 그 도부상구(도붓장수, 도붓짐＋상고[商賈])와
    서방질ø ᄒ기 때문에, [도붓상고가] 죽으니, 「상부살(喪夫煞, 남편 죽일
    운수)은 그만 거기서 소멸되고 본 남편은 살앗다」ø 그 말이어.
    (명의로 유명한 진좌수가 말하기를 「그날 남편이 죽자 그 목숨을 구해
    보려고 찾아 왔었다」ø 이것이야. 그러니까 그 도붓짐 장사와 서방질을
    하였기 때문에, 도붓짐 장사가 죽었으니, 진좌수가 자기를 찾아온 아낙
    네에게 대답해 주기를 「남편을 죽일 운수는 그만 도붓짐 장사와 만났을
    때 거기에서 소멸되어 버렸고, 따라서 본 남편은 죽지 않고 여전히 살아
    있다」ø 그 말이야. 구비3 김재현, 남 85세: 252쪽)
(42나) -다ø 영 ᄒ니까: ᄉ또에(사또가 집무하고 있는 관청에) 가 가지고
    (가서) 이 낭(나무) 토막을 받지니(바치니) "내 아덜(아들)은 이렇게 죽
    엇입니다!"ø 영(이렇게) ᄒ니까(말하니까)…
    (제주 목사가 있는 관청에 가서, 바닷물에 떠내려 온「표류 사실이 씌어
    진 나무 도막」을 바치면서 박계곤의 부친이 "왕릉 조성의 부역 명령을
    받고서 백성들을 이끌고 바다를 건너던 내 아들은 이렇게 죽었습니
    다!"ø 이렇게 말하니까…. 구비3 김승두, 남 73세: 115쪽)

(42가)에서는 낫표 '「 」'로 쳐 놓은 내포문이, 직접 발화를 인용하는 것은 아니다. 설화 진행의 흐름에서 그렇게 대화를 추정해 놓은 것이기 때문에, 겹따옴표 대신 낫표를 쳐 놓았다. (42나)에서는 명시적으로 발화를 직접 인용하고 있는 모습을 보여 준다. 모두 다 내포문에 결합되었을 '-고'는 생략(또는 탈락)되어 ø로 표시되어 있다. 그렇지만 여기에 이어져 있는 요소가 모두 대용해 주는 표현으로 나오고 있는데, 각각 다른 표현으로 구현되어 있다.

「이것이다, 그 말이다, 이렇게 말하였다」

와 같이 실현되었고, 아주 분명하게 내포문의 내용을 가리켜 주는 것이다. 설령 문법 범주가 서로 다르다고 하여도, 이것들을 (41)에서 상정된 기본 표상 '-고 하는 말이다'와 서로 겹쳐 놓는다면, 한편으로 관형절과 명사 구성(-은 말)을 취하거나, 다른 한편으로 부사절과 동사 구성(-고 하다)을 취할 수 있음을 알 수 있다. 이 절의 시작 부분에서 '-곤'에 결합된 '-은'은, 대조나 주제를 표시해 주는 보조사 '는'이 아님을 지적하였다. 결코 반대의 함의가 깃들어 있지 않기 때문이다. 대신 그 후보로서 오히려 관형절을 이끄는 어미 형태소(-은)로 간주한 것은, 바로 이런 형상을 고려했기 때문이었다.

(43가) -다 ø 말이어: 기영(그렇게) ᄒ연(해서) 남펜(남편)도 이제 기(氣)가 살앗다 ø 말이어.
(그렇게 해서 남편도 이제 기가 살았다 ø 말이야[살았단 말이야]. 구비2 양구협, 남 71세: 628쪽)

(43나) -라 ø 말이어: 이제는 「증서 내어 놓고 "돈 갚아라!"고 홀 판이라」 ø 말이우다(말입니다).
(이제는 차용 증서 내어 놓고서 "빚을 갚아라!"고 요구할 판이라」 ø 말입니다[판이란 말입니다]. 구비1 안용인, 남 74세: 154쪽)

그런데 (43)으로 가져온 사례들은, 엄격히 말하여 직접 인용과는 관계가 없다. 오히려 영어의 'it ~that …'에 상응될 만한 강조 구문의 형식으로 느껴진다. 그렇지만 여전히 인용 구문의 형식을 그대로 따라 쓰고 있는 것이다. 이런 점에서, 이를 일반적으로 인용 구문의 기능이 바뀐다고 말할 수 있다(더 뒤에서 필자는 인용과 비인용의 상위 개념을 상정하여, 거기로부터 하위범주들로 도출하는 길이 온당하다고 봄).

(43)의 구문 형식은 더 확장되어 이 방언의 비격식투 대우의 모습에서도 관찰된다. 즉, 반말투에다 화용 첨사 '마씀'을 덧붙여 놓는 것이다. 다음 사례는 화용 첨사인지, 강조 구문의 모습인지 결정하는 데 경계 지점에 놓인 것으로 느껴진다.

(44가) -라ø 마씀: 무쇠(鑄鐵) 설꽉(石槨)에 놔 가지고서 띄와 불엇어(띄워 버렸어). 띄우니 그것이 어디 구좌면 서화리(제주시 구좌면 세화리)로 올라온 모양이라ø 마씀.
(무쇠로 만든 석곽[147쪽에선 1음절 '곽'으로만 말했었음]에 불효 자식을 담아 놓고서 바다에다 띄워 보내 버렸어. 그러니 그 석곽이 파도에 밀려서 제주시 구좌면 세화리로 올라온 모양이라ø 말씀이에요. 구비1 안용인, 남 74세: 149쪽)

(44나) -라ø 말이우다: 무쇠 설꽉에 놔 가지고서 띄와 불엇어. 띄우니 그것이 어디 구좌면 서화리로 올라온 모양이라ø 말이우다.
(단, 서로 비교하기 위하여, 필자 자신의 발화를 적어 놓았음)

필자의 직관에는 (44가)를, (43나)의 형상을 따라서 그대로 (44나)처럼 말할 수 있다고 본다. 그렇게 하더라도 아주 자연스럽게 느껴진다. 이런 화용 첨사의 변이가 또한 절과 명사구 사이의 전환을 잘 보여 준다.[55]

---

55) 간략히 다루기 위하여 일단 복잡한 연산소나 양화사 따위를 접어둘 경우에,
  "철수가 영이를 사랑하다"
  라는 절(또는 단언문)을 명사구 표현으로 바꿀 수 있다. 명사절을 이룰 경우에 '-은,

-는, -던, -을 것'이라고 표현하면 시제 요소를 반영한 명사절이다. 더 나아가 진행 과정을 표시해 주는 명사형 어미 형태소 '-기'나 결과 상태를 표시해 주는 '-음'에도 시제 형태소를 반영해 줄 수 있다(이것들이 규칙적으로 생산력을 지니고 있기 때문에 통사론의 범주로서 '어미'의 지위를 얻음). 이를 다시 더 줄여갈 수도 있다.

「철수의 영이 사랑」

이라고 말할 수 있는 것이다. 수학 기초론에서는 이를 처취(A. Church, 1941) 『*The Calculi of Lambda-conversion*』(프린스턴대학 출판부)의 추상화 연산 또는 람다 전환 (lamda conversion)으로 부른다. 이익환(1984) 『현대 의미론』(민음사)에서는 몬테규 내포 논리학을 다루면서 '추출'이란 용어를 썼지만, 무엇을 대상으로 하여 무엇을 추출했는지 명확히 드러낼 수 없을 듯하다(아마 모든 가능세계에서 성립되는 여러 종류의 항들 중에서 언제나 어디에서나 참값만 지니는 항만 뽑아내어 1계 논리 형식으로 표현했다고 해석되어야 옳을 듯함). 다시 말하여, 모두 참값을 지닌 항들로만 논리식이 구성되어 있으므로, '철수의 영이 사랑'에는 이미 참값이 전제되어 있는 것이다. 이를 논리 형식에서는

"$\lambda x[\cdots x \cdots](c)$"

와 같이 표시해 준다. 영어로는 람다 표기를 such that 또는 such as로 풀어 읽게 된다. x의 관계가 다음과 같이 람다 연산자의 구현체인 상항(constant) 'c'에 대하여 항상 성립된다는 뜻이다. 관계를 이루는 두 항을 모두 추상화 연산소로 표기한다면, 자연 언어에서는 "a b 사랑"처럼 표현된다. 상항을 표시해 주는 기호를 아래에서는 각각 우리말 '영이, 철수'로 바꾸어 놓는다.

"$\lambda x \lambda y[L(y, x)]$(영이, 철수)"

이는 선조상(일직선상)으로 다음처럼 읽게 된다.

「$\lambda x \lambda y$: 모든 가능세계에서 추상화 연산소로서 항상 참값으로만 주어진 변항 x, y가 있으며,
 $L(y, x)$: 이 두 항이 L 관계 또는 L 함수를 만족시켜 주는데,
 (영이, 철수): 이는 다음과 같이 언제나 영이와 철수에 대하여 성립한다」

이런 표현이 문장으로 주어진 것과는 다른 측면이 있다. 문장은 일단 단언 형식으로 바뀔 경우에, 대응 함수를 적용하여 참값인지 거짓값인지를 결정해 주어야 한다. 그렇지만 항상 참값을 받는 상항으로 이뤄진 추상화 연산에서는, 본질적으로 참값이 언제나 주어져 있는 것이다. 다시 말하여, 주어와 목적어 사이에 사랑이라는 관계(사랑이라는 함수)가 모든 가능세계에서 늘 참값으로 성립한다고 표현하는 것이다.

초기 분석 철학의 연구에서도 무어 교수는 이런 차이를 깨닫고 있었고, "철수의 영이 사랑"이라는 어구는 주어 위치에 실현됨으로써, "사실이다, 거짓이다, 비극이다, 숭고하다" 따위의 평가 서술어와 결합한다는 점을 인식하고 있었다. 무어(1953; 김지홍 뒤침, 2019) 『철학에서 중요한 몇 가지 문제』(경진출판)의 제13장의 논의와 그곳의 역주 228, 그리고 제16장의 논의와 그곳의 역주 260을 보기 바란다. 또한 최근에 비판적 담화 분석의 논의에서도 이런 통찰을 담화 분석에 이용한다. 특히 페어클럽(2003; 김지홍 뒤침, 2012) 『담화 분석 방법』(경진출판)의 §.8-7의 전반적 논의와 그곳의 역주 16, 그리고 위도슨(2004; 김지홍 뒤침, 2018) 『텍스트, 상황 맥락, 숨겨진 의도』(경진출판)의 제6장과 그곳의 역주 181을 읽어 보기 바란다. 또한 이 책의 276쪽의 각주 64도 함께 참고하기 바란다.

이제 이런 현대 사상에서의 논의가 이 방언에서 관찰되는 현상에까지 적용될 수 있는지를 검토해 보아야 한다. 철학의 영역에서는 참과 거짓을 판단하고 결정해 주는 일이 아주 중차대하며, 무어 교수의 논의에서 처음 '대응 함수'라는 개념을 마련하였던 것이

다. 그렇지만 자연언어의 담화 흐름에서는 단위 요소(사건을 표상해 주는 절)들 사이의 연결 관계에 초점을 모아서 일관성과 통일성을 다루게 된다. 따라서 참값만을 받는 상황이란 개념과 그런 대상이, 담화의 거시구조에서는 초점이 모아지지 않는다. 그렇다면 이 책의 논의에서는 하나의 절이 문장으로도 표상될 수 있고, 명사구로도 표상될 수 있는 정도로만 그 통찰을 활용하게 될 것이다.

일단, "말이우다"라는 계사 활용 형식으로부터 대우를 표시해 주는 명사 형식인 "(말씀) → 마씀"으로 고정되는 과정을 포착해 줄 수 있다. 비록 이런 매개 과정이 단계별로 실증되지 않지만, 누구에게서나 스스로 성찰할 수 있는 공통어의 실현 모습에서 도움을 얻을 수 있다. '말씀'(훈민정음 언해본에서는 '말씀')은 동시에 대우 및 겸양의 의미 자질을 지니는 것으로 서술되어 있지만,

"마음 쓰다, 마음 쓰기, 마음 씀, 마음 씀씀이, 마음씨(쓰+이)"
"글 쓰다, 글 쓰기, 글 씀, 글 씀씀이, 글씨(쓰+이)"
"말 쓰다, 말 쓰기, 말 씀, 말 씀씀이, 말씨(쓰+이)"

와 같은 일반적 파생 절차에 의해 나온 것('말을 씀'의 낱말 파생임)이며, 대우나 겸양은 맥락상 깃들어 있는 속뜻이다. 이는 언어 보편적 절차인 「동사·진행 과정·결과 상태·산출된 결과물」을 표상해 주는 사례이다. 795쪽의 각주 156에 있는 〈표16〉을 보기 바란다. 만일 우리말 조어 방식에 기대면, 이 방언에서 쓰이는 최종 단계의 형태로서 화용 첨사는 낱말 형태에까지 변형이 일어났음을 알 수 있다.

"말이우다 → (말씀) → 마씀, 마씸"

단, 여기서 각 단계에서 결합되는 요소들은 서로 다르다. '말이우다'와 결합되는 내포 구문은 고유한 서법에만 쓰이는 서술 종결 어미 '-다'와 결합함으로써

「-다 말이우다」 또는 「-다고 하는(흔) 말이우다」

가 줄어든 '-단 말이우다'처럼 실현된다. 그렇지만 완전히 화용 첨사로 고정된 '마씀'이 결합할 수 있는 종결 어미는, 어조에 따라 여러 가지 서법에 두루 쓰이는 반말투 종결 어미 '-어'가 전형적으로 결합하며, 이 반말투 어미에 관형형 어미가 덧붙은 '-언'이 또한 화용 첨사 '마씀'과 결합할 수 있다. 따라서 각각 다음처럼 발화할 수 있다.

"비 그쳤어+마씀"(비 그쳤어+요),
"비 그쳔+마씀"(비 그쳤어+요, 비 그쳤다+고+요)

이런 계열들을 서로 비교하면 '-언'으로 발화가 끝날 경우에, 이는 시상을 표시하는 접속 어미 형태소 '-안, -언'과는 무관한 것이며(오직 소리 형식만 유사할 뿐임), '-단 말이우다'에서 찾아지는 비음 받침과 동일한 것(관형형 어미)임을 또다른 측면에서 증거를 새롭게 뒷받침할 수 있다.

김지홍(2014) 『제주 방언의 통사 기술과 설명: 기본구문의 기능범주 분석』(경진출판: §.2-3-1-다)에서는 처음으로

㉠ 이 방언에서 빈출하는 '-안, -언' 종결 어미를 종속 접속의 어미 형태소로 봄은 잘못이며,
㉡ 인용 구문의 형식에서 유래되는 것으로 봐야 함

을 주장하였다. 당시 그곳에서는 여전히 '-안, -언'에 융합되어 있는 비음 받침의 정체를 완벽히 논증하지 못했었다. 그렇지만 이제 안전하게 격식적 말투 '-단 말이우다'와 짝이 되는 비격식투 말투 '-안 마씀'과 서로 대비하면서, 관형형 어미 형태소 '-은'의 존재를 찾아낼 수 있다. '-안, -언' 뒤에 관련된 요소들('-안 말이라', '-안 말이어')이 언제나 단절되어 생략됨으로써, 마치 단일한 종결 어미처럼 굳어지게 되었음을 추정할 수 있는 것이다(김지홍, 2019, "제주 방언의 인용 구문과 매개변항", 『한글』 제80권 4호를 보기 바람). 비격식투에 속한다는 필자의 직관도 또한 융합된 '-안, -언'이 반말투

그렇다면 이 방언에서 '-고'와 관련된 인용 구문을 이끌어가는 기본 표상이 '-고 ᄒ는 말이다' 또는 '-고 ᄒ다'라는 두 가지 선택지가 있고, 여기에서 '-고'가 생략되든지, 아니면 나머지 요소가 생략되든지 두 가지 길로 구현될 수 있음을 알 수 있다. 어떤 것을 따르든지 간에, 더 큰 앞뒤 맥락에서 이 부분이 인용 구문의 형식임을 넉넉하게 깨달을 수 있기 때문에(쉽게 복원할 수 있기 때문에), 생략(단절)이 더 확대되어 나타날 수 있다.

(44가) -다ø여: 전설로 들엇는디(들었는데), 임씨·이씨·지씨 삼인이 동선(同船, 배를 같이 탐)을 ᄒ연(해서) 들어왓다ø여, 제주도 오기를!
    (전설로 들은 말인데, 임씨·이씨·지씨의 세 사람이 배를 같이 타고서 들어왔다ø여, 제주도에 들어오기를! 구비3 김재현, 남 85세: 226쪽)
(44나) -다ø니까니: 이 사름(사람)이 제ᄉ(제사) 보러 여래(서귀포시 상예동·하예동)로 간다ø니까니, 나도 갈 사름(사람)이고 ᄒ니, … 들와왓다(따라왔다)ø 말이어.
    (이 사람이 제사ø 보러 서귀포시 상예동·하예동으로 간다ø니까[하니까], 나도 그 마을에 갈 사람이고 하니, 그래서 여자 귀신이 같이 따라왔다ø 말이야. 구비3 김재현, 남 85세: 316쪽)

이런 생략의 방식도 최소한 세 가지 방식이 관찰된다. 첫째, 인용 구문을 이끌어주는 상위문 동사의 핵어 'ᄒ다(하다)'가 오직 자신의 활용 어미만을 남긴 채 인용 구문의 형태소 어미 '-고'와 함께 생략(단절)되

종결 어미 '-아, -어'에서 나온 것일 수밖에 없다. 만일 격식 갖춘 말투라면, 이에 대응하는 형식이 바로 (46)에서 제시된 '-다고'에 해당할 것이다. 이와 같이 체계적인 대응 짝들의 존재는, 필자의 가정과 추론이 이 형태소들의 본질을 드러내는 노선에서 크게 벗어나지 않았음을 간접적으로 시사해 준다.
    아울러 앞의 책 김지홍(2014: 163쪽 이하)에서 의문으로 남겨둔 존재론적 질문을 놓고서 답변할 수 있는 토대를 제공해 주는 것이다. 곧, 기원상 인용 형식을 빌린 통보에서부터, 수시로 단절 현상이 일어나면서 급기야 화석화된 종결 어미로 굳어진 것이다. 그렇다면 인용 형식을 빌려서 통보해야 할 필요성을 밝히는 일이 융합된 종결 어미 '-안'의 존재 이유와 직결된다고 말할 수 있다. 또한 이 책의 593쪽 이하에서도 이를 '-안²'로 표시하여 논의하고 있다.

는 것이다('-고 ᄒ'의 탈락). (44가)와 (44나)에서 이를 잘 보여 준다. 특히 (44나)의 '-다ø니까니('-다ø니까')'의 경우는 생략(탈락)된 후보가 구적인 낱말인 '말ø ᄒ다(말ø 하다)'라기보다는, 오히려 단일하게 상위 개념으로서 'ᄒ다(하다)'(흔히 문법 동사나 대용사 또는 의미역 배당이 없는 '가벼운 동사'로도 부름)의 어간일 것임을 추정하게 해 준다.

두 번째 방식은, (44나)의 마지막 절 "돌아왔다ø 말이어(따라왔다ø 말이야)"에서 볼 수 있듯이 '-다ø 말이어'이다. (41)에서 보여주는 '-다고 말이다'(또는 그 기본 형상인 '-다고 ᄒ는 말이다')에서 더 줄어든 모습인 셈이다. 핵어로서 '말이다'를 지닌 구문들의 관계를 다음처럼 상정해 볼 수 있을 것이다.

「기본 형상 '-다고 ᄒ는 말이다'에서 ⇨ (41)의 '-다고 말이다' ⇨ (44나)의 '-다ø 말이다'」

마지막 방식은 '-다고'만을 남기고 나머지 요소들을 모두 단절시켜 없앤 사례이다. 이 경우에 다음과 같은 모습을 보여 준다.

(45) -다고. -다고: "우리 아덜(아들)은 죽엇다."고. "내 아덜ø 죽어 가며 혈서로 아, 「지금 불휴(불효를) 알룁니다(아룁니다, 알립니다)」"고. 그 낭(나무) 토막을 어디 가, 수또(제주목사 관청)에 가 받져(바쳤어), 이저 박효(효자 박계곤, 1675~1731)네 아방이(아범이).
("우리 아들은 죽게 되었다."고. "내 아들이 바다를 건너다가 표류하여 죽어 가면서 혈서로 「지금 죽게 생겼으니 불효를 알립니다」"고. 해안에 닿은 그 나무 토막을 어디에 가서, 제주목사 관청에 가서 바쳤어, 효자 박계곤의 아버지가. 구비3 김승두, 남 73세: 115쪽)

만일 이를 (40가) 및 (40나)와 서로 겹쳐 놓을 경우에는, 인용 구문을 투영해 주는 상위문의 핵어인 'ᄒ다'가 생략되거나 탈락되었다고 추론할 수 있다('-다고 하다' ⇨ '-다고 ø'). 여기에서도 인용 형식임을 이

내 알 수 있기 때문에, 「생략이나 탈락이 쉽게 복원할 수 있어야 한다」
는 조건이 적용되어 생략이 일어났다고 말할 수 있다.

그렇지만 본디 형상에 대한 결정으로서, 이런 '-다고 ㅎ다'라는 형
상 이외에도 다른 형상이 초기 표상으로 상정될 수 있다. 만일 (43가)
및 (43나)와 겹쳐 놓을 경우에, 이를 '-다고 ㅎ는 말이다'가 축약된
형태 '-다고 말이다'를 거쳐 다시 뒷부분에 단절이 일어남으로써 '-다
고 ø'로 구현되었다고 말할 소지도 있는 것이다.

이런 선택지들을 한데 통합하기 위하여 발화 인용 동사라는 개념
아래 세 가지 구현 방식을 설정해 놓을 수도 있는데, 각각 다음과 같다.

> 「-다고 <u>말ø</u> ㅎ다」,
> 「-다고 ㅎ다」,
> 「-다고 <u>말이다</u>」

현재의 문법 기술 방식으로는 이것들을 각각 구적 낱말(말ø ㅎ다), 동
사(ㅎ다), 명사 활용(말이다)으로 서술하여, 문법 범주가 엄격히 서로
다르다고 말해 주어야 한다. 그렇지만 생략이나 탈락이 쉽게 그리고
융통성 있게 일어나듯이, 마찬가지로 발화 인용이라는 개념도 문법
범주에 융통성 있는 실현을 허용해 준다고 여길 만하다. 이런 측면에
서 밑줄 그은 요소들은 '자연부류'로서 인용이나 유사 인용(226쪽 이하
의 '실현 모습')을 투영하는 속성으로 한데 묶어 줄 수 있는 것이다.

내포 구문의 어미 형태소가 내포 형식에서만 관찰되는 것이 아니라
다른 범주로 분류될 수 있는 경우에도 관찰된다. 여기에서도 동형이
의(동음이의) 접근 방식 및 다의어 접근 방식이 모두 선택지로 검토되
어야 한다. 이 책에서는 일관되게 어미 형태소의 확장된 기능으로 포
착하려고 한다. 완벽히 범주가 바뀌어 버렸다면 동음이의(동형이의)
관점에서 다른 형태소라고 지정해야 옳을 것이다. 그렇지만 다른 사
례에서와 같이 여전히 변동될 수 있는 타당하고 합리적인 조건들이

찾아질 수 있다면, 다의어 접근 방식으로 변동 가능성을 설명해 줄수 있는 것이다. 앞에서 살펴본 발화 인용의 기능을 하는 (45)의 '-다고' 결합 형태는, 다시 아래의 사례에서와 같이 종결 어미가 나와야할 자리에서 종결 어미처럼 기능이 전환되고 있음을 잘 보여 준다. 그렇지만 발화의 인용과 관련성을 찾을 수 없음에도 불구하고, 다음과 같이 동일한 형식을 이용하는 경우를 자주 접하게 된다.

(46가) -다고.: 그것도 경(그렇게) 허여 나기로(했었기로, 했었기에, '나다' 가 양태 범주로 쓰이며 835쪽 이하 참고) 전설이 느려오랏다고(내려왔다 고). [청중들 웃음.]
(그것도 그렇게 했었기 때문에, 전설이 되어서 내려왔다고. 청중들은 웃음으로 반응함. 구비2 양형회, 남 56세: 27쪽)
(46나) -다고. -자고: 닷줄(튼튼한 배 닻줄)로다 「딱~」(의태어, 단단히) 그 절박(結縛)을 햇다고. 해 가지고(그래 갖고서) [솔잎을] 경(등짐으로 지 고) 가자고(가려고).
(단단한 닻줄로다 단단히 솔잎들을 결박을 했다고. 그런 다음에 솔잎들 을 등짐으로 짊어지고서 집으로 가려고. 구비3 김재현, 남 85세: 210쪽)

(46가)와 (46나)에서 반말투의 종결 어미로 바꾸어 자연스럽게 각각 '느려오랏어(내려왔어)', '절박을 햇어(결박을 했어)'라고 말할 수도 있다. 아니면, 이를 생략된 모습으로 상정하고 (40가)에서와 같이 복원해 놓을 수도 있겠지만('내려왔다고 그래, 햇다고 그래, 가자고 햇어'), 이경우 결코 발화 인용과는 관련이 없다. 각 절이 가리키는 사건 모습을 영상처럼 전달해 주고 있는 것이다. 이런 점을 고려하면, 인용과 무관하게 '-다고'라는 형태소 결합이 또한 종결 어미 형태소처럼 쓰이지만, 이내 복원될 수 있는 맥락에서 종결 어미처럼 해석되는 것으로 여길 수 있다. 필자는 이를 현실세계에서의 「실현 모습」을 그림처럼 묘사해 주는 것으로 본다.

제6장 행동 목표 및 실현 모습과 관련된 필수적 내포 구문

: 내포 구문 2

§.6-1 이 장에서는 화자 자신이 지닌 의지나 의도 또는 행동 목표, 그리고 화자 이외의 상대방이 일으키는 의도적 행동이나 사건에 대한 내재적 동기를 추정하는 일과 관련된 내포문을 다루기로 한다. 물론 국어학의 전문 용어 '행위 동사'(필자에게는 '??행동 동사'란 이음말이 사뭇 어색함)에서 드러나듯이, 행동과 행위가 명확히 구분되는 것은 아니라고 하더라고, 개략적으로 「행위와 행동과 실천」을 구분해 놓는 쪽이 편리하다. 먼저 우리말의 행위와 행동을 구별해 놓기로 한다. 전자는 '사고 행위'라는 이음말이 보여 주듯이, 추상적인 대상까지 가리켜 줄 수 있다는 점에서 더 포괄적인 개념이다(단, 예외적으로 법률 용어로서 '범죄 행위, 음주 가무 행위' 따위는 우연히 부정적 속뜻을 띠게 됨). 이와 달리, 군대 명령 「동작 그만!」에서 보듯이, 동작의 상의어로서 행동은 외부에서 관찰 가능한 일을 가리킬 수 있다. 이런 구분뿐만 아니라 다시 개인을 가리키는 개별적 측면과 사회 공동체의 공공 측면도 나눠 놓을 필요가 생긴다. 이럴 경우에 행동은 각 개인의 개별적 측면으로, 실천은 사회 공동체 규범의 측면으로 구별하여 쓰기로 한다. 실천

이란 낱말이 「이미 행동 또는 행위 경로가 주어져 있음」을 함의하고 있기 때문이다. 여기서 다뤄질 내포 구문의 어미 형태소도 또한 종결 어미의 쓰임새와 같이 전환되고 있음을 살펴보기로 한다.

서구의 지성사는 희랍의 전통을 그대로 물려받고 있다. 희랍 시대에는 「행동과 생각」을 따로 나눠서 생각하였다. 이른바 인간에 대한 '지·덕·체'의 삼분 접근에서, 신체는 행동과 생각에 모두 다 결합되어 있어야 하므로 잠시 접어둔다면, 결과적으로 이분 접근으로 바뀌는 것이다. 희랍 사람들은 행동의 이면에 있는 마음의 작용 원리를 의지(will, willingness)라고 보았고, 생각의 이면에 있는 마음의 작용을 따로 의도(intention)라는 말로 부른 바 있다(다시 하위로 「의사소통 의도」가 자리 잡음). 이를 목표라는 낱말을 쓸 수도 있고, 동기라는 낱말로 대치해 놓을 수도 있다. 이 책에서는 임시로 마치 생각과 말의 밑바닥에는 의도가 도사려 있고, 행동과 실천의 밑바닥에는 의지가 도사려 있는 듯이 써 나갈 것이다. 이런 두 영역의 구분은 칸트에게서 각각 「실천 이성과 순수 이성」이란 낱말로 불리면서, 마치 우리 머릿속에 두 종류의 이성이 있는 양 오해를 사기에 이르렀다.

이런 점을 처음 본격적으로 비판한 것은 옥스퍼드대학에서 일상언어 철학의 흐름을 주도한 그롸이스(Grice, 2001) 『이성의 두 측면(*Aspects of Reason*)』(Clarendon Press)에서이다.56) 만일 우리 인간이 이중 인격이

---

56) 필자가 이해하기로는, 옥스퍼드 철학자 그롸이스(H. P. Grice, 1913~1988) 교수의 전략은 윤리(ethics)의 물음에 직접 칼을 대는 것이 아니라, '이성의 작용과 가치의 물음'으로 환원하여 그 결과로서 윤리학에 접근하는 방식이다. 이는 형이상학적 실체 개념으로서 윤리학을 다루었던 케임브리지대학의 무어(G. E. Moore, 1873~1958) 교수와는 판이하게 다른 접근이다. 자신의 철학 논의를 망라한 그롸이스(Grice, 1988) 『낱말 사용 방식 연구(*Studies in the Way of Words*)』(하버드대학 출판부)를 제외하고서 두 권 모두 사후에 출간되었는데, 그롸이스 교수가 했던 특별 강의들의 원고에 근거하고 있다. 옥스퍼드대학의 후배 스트로슨(P. F. Strawson, 1919~2006) 교수가 완벽히 교정을 하여 제2쇄가 나와 있다.

　그롸이스 교수의 철학은 그뢴디 외 엮음(Grandy·Warner, 1986) 『*Philosophical Grounds of Rationality: Intentions, Categories, Ends*』(Clarendon)에서 개관되고 있다. 첫 글자만 모으면 그 분의 이름 P. Grice가 되며(의도적으로 그런 책 이름을 지었음), 두루 「의미·대화 논리·심리학·형이상학·윤리학」 영역에 걸쳐 19편의 글이 모아져 있다. 그롸이스 교수

아니라, 통일체로서 단일한 하나의 인격이라고 가정할 경우에, 우리의 생각과 행동이 단일한 마음가짐의 작용으로부터 나오며, 이것이 남들이 관찰할 수 있는 행동 영역에 적용될 경우에 '의지'라고 부르고, 자기 자신 혼자만 접속할 수 있는 생각 영역에 적용될 경우에 따로 '의도'로 불렸다고 본 것이다. 이는 서구의 전통과 날카롭게 맞선 창의적 태도인데, 결과적으로 우리 문화의 전통과도 맥이 닿는다. 그라이스(1991)『가치의 개인별 개념 형성(*The Conception of Value*)』(Clarendon Press)에서는 인간이 세워 놓는 가치의 원천이 '죽음'에 대한 성찰로부터 나옴을 갈파한 바 있다. 이는 언어학의 아버지 소쉬르의 대립 체계에서 비록 한 가지 항목만 있더라도 언제나 유무 대립으로 파악하는 일과 서로 상통한다. 현실세계에서 실현된 적이 없는 '나의 죽음'이 언제나 '나의 삶'에 가치를 공급해 주는 일을 한다는 통찰인 것이다.

이런 통합적 접근은 우리말에서 자주 쓰는 '뜻'이라는 낱말을 연상시켜 준다. 가치관 또는 믿음 체계로 부를 만한 「마음가짐」에서 임의의 마음 작용이 일어나고, 이것이 생각과 행동의 밑바닥에 자리잡고 있는 것이다. 중국에서 세워진 유학의 전통에서도

「돈독한 뜻(篤志)」

이라는 표현을 쓰며, 결코 행동과 생각을 따로 나누지 않았다. 여기서 '두텁다'는 수식어(정도를 나타냄)는 마음속으로 '간절하게 바란다'는 말(간절함의 정도)과도 통할 듯하다. 행동에까지 이르려면 불현듯이 드는 생각보다, 바라는 정도가 간절히 더 높아져야 할 것으로 본다. 의도

의 '속뜻 찾아내기' 작업에 신랄한 비판도 나와 있다. 데이뷔스(Davis, 1998)『*Implicature: Intention, convention, and principle in the failure of Gricean theory*』와 데이뷔스(2003)『*Meaning, Expression, and Thought*』(두 권 모두 케임브리지대학 출판부)이다. 앞으로 인간 사고 및 일련의 행동에 대한 통합적인 시각이 더욱 요구될 것으로 전망되는데, 개인적 판단에 필자는 그 디딤판으로서 그라이스 교수의 글들이 여전히 주목을 크게 받을 것으로 본다.

나 의지라는 한자어가 우연히 모두 '의(意)'라는[57] 글자와 합쳐져 있음도, 또한 하나의 마음으로 뭉칠 수 있는 이런 점을 반영한다. 필자는 '의사소통 의도'라는 개념도 또한 우리말에서 '뜻하는 바'의 하위 개념일 뿐이라고 믿는다. 필자는 두 부류의 내포 구문을 투영하는 핵어의 범주를 싸안기 위해서, 「마음가짐」이라는 의미자질을 내세웠다. 이는 추상화된 층위의 개념이므로, 다시 하위범주들로 세분해 놓음으로써, 구체적인 개별 언어 자료와 맞닿을 수 있도록 만들어 놓아야 한다. 이런 측면에서 인간 언어에서 쓰는 내포 구문이 지성사에서 다뤄온 말과 행위(또는 생각과 실천)를 작동시켜, 인간들 사이의 관계를 맺어 주는 '의도'와 '의지'를 반영해 주는 것으로 판단하고 있다. 순수 언어

---

[57] 허신(1세기 즈음)의 『설문해자』를 보면, 이 한자어의 어원은 '음(音)+심(心)'이고, 다시 음(音)은 '언(言)+일(一)'로 이뤄져 있다. '뜻 의(意)'는 말소리로 표현되는 이면의 마음을 가리킨다(말을 듣고 뜻을 알게 됨). 이는 산출 측면의 것이다. 소리(音)와 말(言)이 문채를 이루면서 일관되게 이어져 나감을 뜻한다.

그렇지만 이해라는 다른 측면에서의 뜻도 있다. 이를 '뜻 의(義)'로 쓴다. 이는 '양(羊)+아(我)'로 이뤄져서, 겉으로 드러나 보이는 나의 위엄스런 모습(威己之貌)을 가리킨다. 옛날 신분 사회에서는 겉 차림새가 한 개인의 지위를 구분해 주는 중요한 징표이자 지표가 되었던 것이다. 이는 해석하는 측면에서의 뜻이다. 본디 주나라 때에는 의(宜, 誼)라는 글자가 쓰였지만, 한나라 때 의(義)로 대치되었다. '의의(意義)'라는 한자말은, 결국 산출 측면의 뜻과 이해 측면의 뜻을 서로 합쳐 놓은 것이다. 산출한 뜻을 해석해 내어야 하기 때문에, 한자의 배열에서 그 순서가 결코 바뀔 수 없다.

의지에서 뒷음절의 '뜻 지(志)'는 '지(之)+심(心)'이 결합되어 있다. 이는 마음이 가는 바(마음 작용)를 나타낸다. 이는 실천과 직결되는데, 지향하는 목표대로 실천해 나가기 때문이다. '꾀할 도(圖)'는 미리 계책을 세움이 어렵다(畵計難也)로 풀이하였다. 계획의 전체 범위(에두를 위 또는 나라 국[囗])와 신중히 조금씩 차근차근 세워 나간다(자잘자잘 인색할 비[啚])는 말이 결합된 것이다. 청나라 단옥재는 그림과 지도라는 뜻이 여기에서 파생되었다고 보아, 이에 대한 주석을 덧붙여 놓았다. 우리말을 파생 단계를 고려한다면

'그리다 → 그림 → 지도(특정 형식의 그림)'

이런 확장 과정이 쉽게 이해된다. 그렇지만 '꾀하다'는 행동의 목표와 자주 관련되기 때문에, 아마 「머릿속으로 사건이 전개될 전체 그림을 미리 하나하나 그려본다」는 정도로 파악했던 것이 아닐까 싶다.

최근에 이학근(2012) 주편 『자원(상·중·하)』(천진고적출판사)에서는 갑골 자료까지 포함하여 어원 해석들을 새롭게 하거나 종합하여 도움이 크다. 그런데 앞에서 제시한 어원들을 대부분 그대로 받아들이고 있다. 그 중 '지도 도(圖)'에 대해서만은 조금 다른 주장을 담았다(559쪽). 국토(囗)의 변방(啚)까지 아우르는 '지도'를 첫 번째 뜻으로 본 것이다. 필자로서는 그렇다면 '꾀하다, 시도하다, 기도하다'는 동사를 어떻게 유도할지 궁금하다. 이런 주장보다 오히려 애초의 허신 주장이 자못 일관되게 느껴진다.

학 논의만을 고집하는 분들이라면, 필자의 접근 방식을 비난할 법하다. 그렇지만 뷧건슈타인의 「분석 철학으로부터 일상언어 철학으로의 전환」을 상기할 필요가 있다. 이를 다음처럼 점층적 탐구 단계 또는 하부구조들로의 환원으로 표상해 줄 수 있다(거꾸로 세원 '원뿔').

「언어(말과 글) → 언어 사용 → 의도 → 마음가짐 → 믿음 체계 → 삶의 형식」

좀 더 간단히 층위를 표시해 준다면, 언어의 형식과 내용으로만 양분할 수 있다. 내용의 영역이 언어 사용으로부터 삶의 형식까지를 모두 다 포괄하기 때문에, 이 영역을 대상으로 하여 초점 맞추고 제대로 다루기 위해서는 다른 방식을 채택할 수 있다. 가장 단순하게 삼분 체계를 쓸 수도 있는데, 이는 다음처럼 표시될 수 있다.

「언어 → 언어 사용 → 정신 작동」

순수한 '언어 형식 내지 언어 구조'만을 다루어 온 경우에는, 언어 영역을 벗어난 언어 사용 영역도 순수하지 못한 것으로 매도할 개연성이 있다. 그렇지만 담화 영역의 누적된 연구 결과들에 힘입어, 언어가 담화 내지 담론으로 다뤄져야 함을 명백히 깨달을 수 있기 때문에, 아무리 순수만을 고집하더라도 '언어 사용'의 측면을 무시할 수 없다는 사실을 인정해야 한다. 그런데 이는 정신 작용의 결과이기 때문에 논의의 범위가 좀 더 활짝 열려야 한다. 필자는 언어 사용의 밑바닥에서 작용하는 '의도'(의사소통 의도)의 영역을 중심으로 하여, 어떻게 의도가 마련되는지를 탐구하는 과정에서 기억 방식에 기반하여, 몇 가지 정신 작동의 원리들까지도 모색해 보는 정도를 논의의 범위로 선택하고 있다. 비록 생활 세계 또는 삶의 형식을 다루지는 못하지만, 의도가 마련될 수 있도록 재귀적 의식을 상정하고 '판단·결정·평가' 과정을 중심으로 하여, ㉠ 주어진 임의의 의사소통 상황에서 상대방과의 관계에서 어떤 의사소통 모형을 선택하고, ⓛ 어떤 표현 방식으로 전달해 나갈지를 결정하는 단계는 분명한 정도로 의식하고 있다. 이것이 필자의 개인적 독서 배경과 관련됨을 두말할 것도 없다(김지홍, 2015, 『언어 산출 과정에 대한 학제적 접근』, 경진출판).

그럼에도 불구하고, 최근에 전산 처리된 언어 연구 분야에서는 기본값으로 균형 잡힌 말뭉치를 확보하기 위하여 중요한 물음들을 던졌는데, 그 열쇠는 '생활 세계' 또는 '삶의 형식'을 어떻게 나누고 범주로 만들 것인지에 대한 관점에 달려 있음을 깨닫게 되었다(머카씨, 1998; 김지홍 뒤침, 2010, 『입말, 그리고 담화 중심의 언어교육』, 경진출판). 그렇다면, 연구의 목표와 지향 방식에 따라서 더욱 세분화된 층위들을 다룰 수도 있고, 그렇지 않고 단순하게 언어와 언어 사용만을 논의할 수도 있다. 이는 개별 연구자가 품은 가치 선택의 결과일 수밖에 없다.

§.6-2 이 방언의 자료에서 행동 의지나 행동하려는 목표를 표현하는 형태소로 몇 가지 경우가 관찰된다. 내포문의 지위를 지닌 선행절에는 두 계열의 어미 형태소가 있다.

  (47가) '-으러, -으레'(좀 더 늘어난 형태는 뒤의 '47다'에서 제시됨)
  (47나) '-으저, -으자'(좀 더 늘어난 형태는 뒤의 '47라'에서 제시됨)

이들 어미 형태소가 내포절을 구현한 뒤에, 다시 뒤따르는 상위문(선조적으로는 후행절임)의 핵어에도 다음처럼 두 계열의 동사가 있다.

  (48가) '오다, 가다, 댕기다(다니다), 나가다'
  (48나) 'ᄒ다(하다)'

(48가)는 구체적인 행동을 가리켜 주는 행위 동사이다(단, 필자에게는 '⁇행동 동사'란 표현이 아주 어색하게 느껴지는데, 관찰 불가능한 내면의 인

간 사고까지 포괄하기 때문인지 잘 알 수 없음). 그렇지만 (48나)의 'ᄒ다
(하다)'에 대해서는 어떤 범주로 지정되어야 하는지 생각해 볼 필요가
있다. 여기서 (47가)에 제시된 '-으러, -으레'의 경우는, 목표 사건이
나 목표 지점을 표시해 주기 때문에, 구체적인 행동이나 동작을 가리
켜 주는 (48가)의 동사와 결합한다. 가령, '책을 주는 사건'과 '상대방
이 내게 오는 사건'이 각각 목표 사건과 실천 행위(실천 행동)로 표상되
었을 경우에는 다음과 같이

  (49) "이 책 ø 주레 왓저!"
      (이 책을 너에게 주려고 왔다!)

처럼 쓰인다. 그렇지만 (47나)의 어미 형태소 '-으저'는 필자의 직관에
만 기댈 경우에, 오직 상위문 핵어 동사로서 (48나)의 'ᄒ다(하다)'만을
허용한다. 이는 '생각하다, 마음먹다'는 정도로 이해된다. 만일 필자의
직관이 온당하다면, 이런 점에서 서로 배타적(또는 두 계열이 합쳐져서
하나를 이룬다는 점에서 동전의 앞뒷면처럼 '상보적') 분포를 보인다고 말
할 수 있다. 다시 말하여, 머릿속 생각과 외적으로 관찰할 행동 사이의
구분을 보일 법하다. 즉, '-으저 ᄒ다'는 '-으저 생각ᄒ다'(또는 '-으저
마음먹다')에서 비롯될 듯하지만, '-으자 오다'는 '오는' 행동의 목적이
나 목표를 드러낼 법하다(공통어에서 '-으러 오다'로 쓰이는 경우임).
  필자의 주장이 성립되려면, 중요하게 두 가지 사항이 먼저 옳은 것
으로 입증되어야 한다. 먼저 여기서 서술된 '-으저 vs. -으자'가 수의
적으로 교체되는 것이 아니라 무엇인가 좀 다르다고 가정해 보기로
한다. 이런 쪽에서는 아마 소리값의 차이(음성 모음 vs. 양성 모음)를 이
용하여 음상(音相)에서의 대립을, 각각 생각하는 내용과 행동의 목표
로 대응시킬 수 있다. 그렇지만 수의적으로 교체하는 '-을려고, -을랴
고, -을라고'가 당장 반례가 되므로, '-으저 vs. -으자'가 대립한다는
발상 자체가 잘못된 것일 수도 있다. 필자는 어미 형태소 '-으저 vs.

-으자' 사이의 대립을 분명하게 증명하고 싶지만(각각 생각의 내용 및 행동의 목표를 표상함), 현재로서는 필자의 역량이 미치지 못할 뿐이다. 앞으로 필자에게 여력이 있다면, 이 주제에 대해서도 좀 더 광범위하게 이 방언의 자료들을 모아 놓고서 다룰 수 있기를 희망해 본다.

그렇지만 필자에게 대립되는 듯이 보이는 내포 구문의 어미 형태소들도, 좀 더 늘어난 복합 형태소로도 관찰되는데, 여기에서는 그런 제약이 없는 듯하다. 필자는 복합 형태소들이 기본적으로 초기 표상에서 접속 구문으로부터 도출되어 나오기 때문이라고 판단하는데, 종속 접속 구문으로부터 내포 구문으로의 전환 자체가 매우 이례적인 발상이다.

(47다) 「-으려고, -을라고(-을랴고)」(이런 형태는 더 줄어들면 '47가'처럼 됨)
(47라) 「-으젠, -으자고, -으자곤」(이런 형태는 더 줄어들면 '47나'처럼 됨)

먼저 (47다, 라)의 어미 형태소들에서는 (47가, 나)와 같이 뒤따르는 동사를 구별할 수 있는 속성이 찾아지지 않는다. (47가, 나)에서의 분포상의 제약도 제대로 확정되고 명백함이 아직 입증되지 못했는데, 이런 처지에서 (47다, 라)의 어미 형태소들은 필자의 가정을 더욱 좌절시켜 놓는다. 만일 (47가, 나) 어미 형태소들이 서로 뒤에 오는 동사들의 분포상 차이가 나는 점이 사실일 경우에, 왜 (47다, 라)의 어미 형태소들에서는 그러하지 않을까? 이런 의문에 필자는 아마 초기의 종속 접속 구문 형상에서는 그런 제약이 상정될 수 없기 때문이라고 추측한다. 이 접속 구문에 관련된 어미 형태소들이 수의적으로 탈락될 수 있기 때문에 제약으로 느껴지지 않는 것일 수 있다.

(50가) "아무개가 책 ø 사려고 하여 나갔다."(필자의 개인 발화)

라는 형상에서 밑줄 그은 중간의 '-고 하여'가 탈락 또는 생략됨으로써 "책 사러/사레 나갔다"와 같이 도출될 것이 아닌가 의심해 본다. 만일 이런 설명이 성립한다면, 마찬가지로

(50나) "책 ø 사젠 ᄒ영 나갓주"(아무개가 책을 사고자 하여서 나갔지)

라는 형상에서, 밑줄 그은 중간 요소가 탈락 또는 생략됨으로써, 결과적으로

(50다) "책 사저 나갓주"(아무개가 책을 사자고 나갔지, 책을 사러 나갔지)

정도를 확보할 수 있을 듯하다. 먼저 이런 표면의 모습이 이 방언에서 아무 문제없이 수용된다는 언어 사실이 확인될 필요가 있다. 다시 말하여, 만일 "사저 나갓주"가 문법성 시비에서 벗어날 수 있다면, 이것이 그대로 언어 사실로 인정되어야 한다. 즉, 이는 종속 접속 구문의 모습이 아니라, 초기 형상에서부터 내포 구문이 되어야 하는 것이다.

설령, 초기 표상을 종속 접속 구문(-젠 ᄒ영)을 상정한다고 해도, 내포 구문처럼 도출되기 위하여 반드시 접속 관련 어미 형태소들의 의무적 생략이 일어나야 한다는 사실이, '무위 적용' 사례(쓸데없는 규칙)로써 비판될 수 있다. 만일

'사젠 ᄒ영 → 사저 ø'

와 같은 중간의 매개 과정을 상정한다면, (47나) 어미 형태소들이 (48가)의 핵어 동사에 이어져야 하는 것을 놓고서, 어떤 선택 제약으로 기술한 뒤에 이것이 반드시 철회될 조건을 덧얹혀야 하므로(의무적 생략이 일어남), 이는 결과적으로 아무런 일도 하지 않은 셈이다.

다른 길은, 이런 표면형이 있는 그대로 중요한 언어 규칙을 보장하고 있으므로, 일반 동사의 내포절의 구현에 '-으저'라는 어미 형태소

가 들어 있다고 지정하는 것이다. 이는 애초에서부터 어떤 제약(공기 관계 또는 선택 자질의 제약)이 있다고 주장하는 일과 정반대의 관점이다. 이 관점에서는 필자가 바로 앞에서 '-으저 ᄒ다(-으저 마음먹다, -으저 생각ᄒ다)'가 유표적으로 실현된다는 지적 그 자체가 잘못된 것이다. 결국 '-으저' 또한 제약 없이, 임의의 일반 동사와도 같이 쓰인다고 말하는 것이다. 다시 말하여, '나갓주(나갔지)'에서 「나가다」라는 동사가 내포절로서 「아무개가 책 ø 사저」를 구현하는 것으로 말해야 하는 것이다. 내포절이 행동의 목표를 표상해 주고 상위 동사가 관련된 행동을 나타내는 이상으로 어떤 제약도 없는 셈이다.

필자가 이 책에서 다루는 사례들 중에서, 이는 초기에 접속 구문의 표상에서 의무적인 생략을 거치면서 결과적으로 표면 구조에서 내포 구문의 모습으로 나온 경우가 되며, 매우 이례적이고 유표적이다. 그렇다고 하더라도 (47다, 라)와 같은 접속 구문의 어미 형태소가 의무적 탈락 규칙의 적용을 받아 (47가, 나)와 같은 내포 구문의 형태소로 되었다고 서술하는 일 자체가, 합리적인 학문 진행 절차에서 관찰과 기술의 두 단계 이상을 넘어설 수 없다. 설명과 예측의 단계까지 진행되려면 동일한 부류로 묶을 수 있는 다른 어미 형태소들도 찾아져야 하는 것이다. 일단 여기서는 이런 유표적인 역행 현상(접속 어미 형태소에서 내포 어미 형태소로 줄어듦)의 가능성만을 지적하는 것으로 그친다. 다른 형태소의 사례가 찾아지지 않는 한, 더 이상 이를 일반화하거나 집중적인 논의를 진행하지 못하는 것이다. 따라서 현재 필자의 처리 방식에서는 '-으저 ᄒ다, -으자 오다'가 본디부터 내포 구문으로 표상되어, 각각 생각하는 내용과 행동을 하는 목적을 내포절이 표시해 주는 것으로만 적어둔다(단, 254쪽의 '혼잣말'을 제외할 경우임).

먼저 (47나)의 '-으저'를 보기로 한다. 만일 접속 구문의 기본 형상으로부터 모종의 의무적 생략 규칙을 적용함으로써 나올 수 있는 길을 차단한다면, 이 내포문 어미 형태소는 오직 상위문의 핵어 'ᄒ다(하다)' 동사가 투영하는 구성에서만 나온다고 기술할 수 있다. 다시 말하

여, (48가)에서 보듯이 외부에서 관찰할 수 있는 구체적 행동의 동사

(48가) '오다, 가다, 댕기다(다니다), 나가다'

들과 같이, 외부에서 (객관적으로) 관찰 가능한 사건을 일으키는 동사와
는 서로 어울릴 수 없는 것이다. 그 이유는 뭘까? 아마도 화자가 스스로
직접 접속할 수 있는 「마음가짐」만을 추정하여 묘사할 수 있을 뿐이므
로, 구체적 행동 표현 동사는 배제되는 듯하다. 만일 필자의 직관이
올바르다면, 이런 특성을 소위 '공기 관계' 또는 '선택 제약'으로 서술
해 줄 수 있다. '-으저 ㅎ다'와 관련해서는 특히 이 점을 재귀의식의
표현(아래 예문 51가)이나 감정이입을 통한 상대방 마음가짐의 추정(254
쪽의 예문 53)으로만 쓰인다고 명문화해 놓을 필요가 있는 것이다.

(51가) '밥 ø 먹저 ㅎ난…'
        (내가 밥을 먹자고 하니까…)

(51가)의 경우에 밥을 먹는 일을 의도하는 주체는 화자 자신이다.[58]

---

58) 이 어미 형태소는 곧장 『악학궤범』에 실린 동동의 어구를 연상시켜 준다.
　(ㄱ) 「正月ㅅ 나릿 므른 아으 어져 녹져 ㅎ논데」
　　　(추운 정월 달 냇물은 아아, [마치 의도를 품은 사람마냥] 얼자 녹자 하는구나)
비록 짧막한 어구이지만, 이것을 해석하는 데에는 아주 특정한 관점이 요구된다. 반드
시 '감정 이입'을 적용함으로써, 무생물이지만 냇물의 의도를 붙들어 내는 일이 필요하
기 때문이다(ㅎ논데늑ㅎ는데+자유의지에 따른 의도). 소위 '의도법'의 상위 개념은 '인
간의 자유의지'이며, 이것이 바로 본능으로 움직이는 짐승과는 구분되는 특징이다. 필
자의 판단으로는, 여기서 특히 냇물에「감정이입을 투영하여」 문학적으로 냇물을 사람
처럼 표현하고 있는 것으로 본다. 사밀한 화자 자신의 머릿속을 벗어나서 외부 대상의
마음에 적용된다는 측면에서, '-저 ㅎ다, -으저 ㅎ다'의 경우 이 방언에서 쓰이는 범위
보다 오히려 고려가요의 경우가 더 너른 쓰임새를 보여 주는 것이다. 예를 들면, 가령
'비가 오는' 사건의 전조로서 미리 세찬 '바람이 불' 수 있다. 이 경우에 선행절로서는
'비 오젠, 비 올라고, 비 오자고'는 모두 다 쓰일 수 있다. 그렇지만 다음처럼 '-으저'는
불가능하게 느껴진다.
　(ㄴ) *비 ø 오저 ㅂ름(바람) ø 불없주(불고 있지) (??비 ø 오려 바람 ø 불고 있지)
필자의 직관으로는 주어 실현의 범위만 살펴보면, '-으저 ㅎ다'가 전형적으로 화자 자

이런 측면에서 마치 '-으저 ᄒᆞ다'가 구적 낱말(구적 낱말은 통사 규칙의 적용을 받음)이나 이음말(collocation, 연어)처럼 쓰일 수 있다(아직 완벽히

신과 관련해서만 쓰인다. 일부에서는 감정이입을 통해서 화자 이외의 주어로도 확대되어 쓰이는 듯하다. 그렇지만 이 '으저'와는 달리

'-으젠 ᄒᆞ다',
'-으자 ᄒᆞ다, -으자고 ᄒᆞ다',
'-을라고 ᄒᆞ다'

에서는 분명히 인칭에 어떤 제약도 없이 후행절에는 아무런 주어라도 모두 다 실현되어 나온다. 앞의 (ㄴ)도 '-으저'가 복합 어미 형태소로서 '-으젠'이나 이 인용 구문의 형태소에 수반되는 '-으젠 ᄒᆞ다'의 어구로 교체된다면 문법성이 이내 회복된다.

(ㄴ') 비ø 오젠 ᄇᆞ름ø 불없주 (비가 오려고 바람이 불고 있지)
(ㄴ") 비ø 오젠 ᄒᆞ난 ᄇᆞ름ø 불없주 (비가 오려고 하니까 바람이 불고 있지)

한 사람의 마음 작용에 따른 행동 목표나 의지를 나타내는 어미 형태소들에 모두 약한 모음 '으'를 붙여 놓았다. 이는 다음 발화를 염두에 두고 있기 때문이다.

(ㄷ) "이때꾸지 잇ᄌ(이자) 출령(덧붙여서) 갚으젠 ᄒᆞ면"
    (지금까지 원금의 이자까지 계산해서 갚자고 하면, 구비1 안용인, 남 74세: 155쪽)

필자의 직관에는 '밥 먹젠 ᄒᆞ민(밥을 먹자고 하면)'과 같이 '이자를 갚다'도 자연스럽게

(ㄹ) "이자를 갚젠 ᄒᆞ민"
    (이자를 갚자고 하면)

처럼 약모음이 없는 채로도 발화될 수 있다. 필자의 말투에서는 (ㄹ)이 좀 더 자연스럽게 느껴진다. 아마 연령층이 다른 차이이거나 개개인 사이의 개인 방언의 차이일 수도 있을 것이다. 여기서는 채록된 자료들을 존중하여, '-으저, -으젠, -으자고'처럼 적어 둠을 밝힌다.

또한 필자는 인용 구문의 형상을 '-으젠 ᄒᆞ다(-자고 하다)'로 표기하였다. 그런데 채록된 모습은 '-으젱 ᄒᆞ다(-자고 하다)'로 나와 있다. 받침소리가 'ㄴ'인지 아니면 'ㅇ'인지 서로 다른 것이다. 필자는 채록하신 분이 연구개 비음으로 들었다는 점을 부인하는 것이 아니다. 분명히 그런 소리로 듣고 적어 놓았을 것으로 믿는다.

그렇지만 이는 표면 구조를 반영해 줄 뿐이며, 수의적 교체에 다름 아니다. 인용 구문에서 찾아지는 이런 소리의 미세한 변화가 결코 시상 형태소의 대립 짝을 가리켜 주는 것은 아니다. 여기서 밝히고자 하는 기본 형태소들의 표상을 포착해 주려면 본디 모습을 적어 주는 선택이 뒤따라야 한다. 이 형태소에 융합되어 있는 것은, 김지홍(2019) "제주 방언의 인용 구문과 매개변항"(『한글』제80권 4호, 통권 제326호)에서 입증했듯이, 관형절 어미 형태 '-은'이며, 모음 형태소와 결합할 경우에 재음절화 규칙의 적용을 받아 오직 받침 소리로만 줄어든다. '-은'과 시상 및 양태상의 대립을 보이는 짝은 '-을'이며(617쪽의 각주 131에서 이것들이 [±상태 불변성] 자질로써 대립하는 것으로 주장됨), 이를 토대로 하여 다시 양태의 융합체 '-는'과 '-던'이 나오지만, 이 방언의 인용 구문 형태소에 융합되어 있는 것은 오직 '-은'일 뿐이다. 이 방언에서 명백히 남의 발화에 대한 인용이 아니라 자신의 생각이나 남의 마음가짐을 추정하는 유사 인용 구문에서도 또한 인용 구문의 형상 그대로 그 초기 표상에서 오직 관형형 어미 '-은'만을 담고 있다. 따라서 이것을 표면형의 도출 모습에서 시상 대립 형태소에 이끌리어 '옹'으로 발음하더라도 그 기본 형상에서는 아무런 차이도 찾을 수 없는 것이다. 따라서 형태소를 확정하여 적어 주려는 이 책의 기본 원칙에서는, 당연히 '-은'으로 바꿔 적어 놓는 선택을 할 수밖에 없는 것이다.

하나의 낱말로 굳어진 것은 아님). 일차적으로 이는 화자 자신이 자기의 마음 상태를 가리켜 준다. 이것이 아마 전형적인 쓰임일 듯하다.

그렇지만 이런 용법도 확장이 가능하다. 이차적 쓰임으로서, 확실히 접속이 보장되는 자신의 마음뿐만이 아니라, 또한 남의 마음까지도 「감정이입」을 통하여 추정할 수 있기 때문이다(254쪽의 예문 53을 보기 바람). 그런데 이 경우에도 상위문에 있는 핵어를 'ᄒ다(하다)' 대신에 외부에서 구체적 행동을 객관적으로 관찰할 수 있는 '오다, 가다, 댕기다(다니다), 나가다'를 쓸 수는 없다.

(51나) '*밥ø 먹저 나갔주' (??아무개가 밥을 먹자 ø 나갔지)

이 동사들이 모두 외부세계에서 제3자가 관찰할 수 있는 객관적 행동이나 사건과 관련되어 있기 때문에, 「마음가짐이나 마음속에서 목표하는 상태를 가리키는 일」과는 서로 맞물릴 수 없는 것이다. 따라서 일단 다음처럼 요약할 수 있다. 내포문의 어미 형태소 '-으저'는 오직 자기 자신의 마음가짐이나 상대방의 마음 상태에 대한 추정만이 허용되고(이곳의 예문 51가 및 254쪽의 예문 53을 보기 바람), 외부에서 관찰할 수 있는 구체적 사건들을 표시하는 동사는 배제되는 것이다.

그렇지만 이런 제약이 만일 이 내포문 어미 형태소 '-으저'를 '-으젠(-으자고)'으로 바꾸면 사라져 버린다. 가령,

(51다) "가이ø 밥ø 먹젠 나갓저."
   (걔가 밥을 사 먹자고 밖으로 나갔다)
(51라) "가이ø 밥ø 먹젠 ᄒ연 나갓저."
   (걔가 밥을 사 먹자고 해서/사 먹으려고 해서 밖으로 나갔다)

처럼 쓰이는 것이다. 여기에서 내포 구문으로 제시된 단언(명제) '걔가 밥을 먹다'는, 상위문에 표상된 '걔가 나갔다'라는 사건이나 행동의

목표로 설정되어 있다(단, 두 문장의 주어 중에서 어느 하나는 의무적으로 공범주 형태 'e'가 되어야 하는데, 이런 점이 마치 내포 구문처럼 행동하는 것임). 행동의 목표가 명시적으로 언급되지 않을 수도 있다. 설령, 이런 경우가 있다고 하더라도, 화자는 담화의 진행 과정에서 이런 행동 목표가 또한 해당 사건의 연결체(그리고 그 연결체에 관한 표현)로부터 스스로 추정하고 확인해야 한다. 화자 자신의 의지를 표현하는 (51가)와 제3자의 행동 목표로 내포문이 제시된 (51다)는, 마음에서 세운 계획이 동일한 마음 작용(마음먹는 일)이라는 점에서 모종의 공통기반을 지니고 있다. 그렇지만 다음 의문이 생겨난다. 제3자의 마음가짐을 가리키는 (51다)에서는 비문성이 없이 늘 수용 가능하다. 그렇지만 왜 제3자를 주어로 내세울 경우에, (51나)에서는 비문이 되어 버리는 것일까?

　설령 겉으로 보기에 (51가)와 (51다)의 '-젠'과 '-으저'를 공통적으로 갖고 있다는 점에서 비슷하다고 볼 수 있을지라도, 필자는 서로 다른 표상을 지닌 것으로 본다. (51다)의 기본 표상은 (51라)와 같이 (유사) 인용 구문의 모습('-젠 ᄒᆞ연 나갓저')에서 'ᄒᆞ연(해서)'이 생략되어 나왔다고 본다. (51라)는 전형적으로 행동의 목표('-으자고 하여, -으려고 하여') 및 행동의 실행('나갔다')을 하나의 통합 사건 연결체로서 종속 접속 구문을 실현시키고 있다. 행동의 목표로서 제시된 선행 내포절이,

　ⓐ 일련의 사건을 관찰한 결과로서 추정하여 말한 것이라고 여길 수도 있고,
　ⓑ 또한 밖으로 나간 사람으로부터 그렇게 통보를 받았을 가능성도 있으며,
　ⓒ 다른 간접 증거를 토대로 그런 행동 목표를 추정하고서 그것을 목표로 내세워 말할 수도 있다.

어떤 경로를 거쳤든지 간에, 예문 (51라)는 종속 접속 구문으로 분류된다. 선행절에서 이 방언에서 고유하게 보여 주는 전형적인 인용 구

문의 형상 '-이엔 ᄒ다'를 구현하고 있다는 특징을 보여 준다(215쪽의 각주 54를 보기 바람). 후행절에서 상정되는 주어와 목적어는 선행절에서와 똑같은 것(동지표 논항)이므로, 미시구조 형성 기제로 생략된 것이다(핼러데이 교수가 말한 '통사 결속' cohesion의 한 가지임). 그렇지만 선행절의 내용이 결코 발화 인용이 아니므로, 임시 유사 인용으로 말할 수도 있다. 그럼에도 형식 그 자체가 같다는 점에서, 인용 구문의 범주 아래 귀속시킬 수 있다.

그렇지만 만일 유사 범주들이 이것뿐만이 아니라 다양하게 생각 및 행동 관련 표현들에서도 관찰되므로, 유사라는 관형사를 붙여 예외적 취급을 하는 일보다는, 오히려 고유한 값을 정해 놓는 편이 올바른 접근일 것이다. 그렇다면 그 내용이 관찰된 후행절 행동(행위)의 목표를 나타내는 것이라는 점에 근거하여, 그런 외부 관찰 사건을 일으킨 주체의 행동 동기(목표)를 추정하는 것이라고 말할 수 있다.

비록 공통어의 번역에서 동일한 모습으로 옮겨 놓지 않았다고 하더라도, 이 방언에서는 인용 구문의 형식을 빌린다는 점에서, 현격하게 해당 사건이나 사태를 서술해 주는 관점이, (51가)와 (51다)에서 서로 다르다고 말할 수 있다. (51가)는 화자가 스스로 자신의 마음을 언급하고 있으므로, 재귀의식을 통해서 접속할 수 있는 자명한 영역에 속한다. (51다)는 직·간접적으로 확인할 수 있는 행동 목표를 내포문으로 표시하여(종속 접속 구문에서 도출되었다면 생략이 일어남으로써 내포문처럼 결과됨) 뒤이어진 관찰 사건을 서술해 주고 있다. (51가)의 형식이 「감정이입」 기제를 통하여 다시 제3자에게 적용됨으로써, 마치 자신이 그런 양 표현될 수 있다(254쪽에서 다룬 예문 53도 그런 경우임).

만일 내포 구문과 접속 구문을 구분하지 않은 채 두 사건의 관계를 놓고서 거시적인 관점으로만 본다면, 세 가지 부류

    ㉠ (51가)의 '-으저 ᄒ다(-으자 하다)'

ⓛ (51라) '-으젠 ᄒ연 나갓저(-으자고 하여 나갔다)'
ⓒ 254쪽 예문 (53)의 '-으저 생각ᄒ다(-으자고 생각하다)'

에서 선행한 절(일단 종속절인지 내포절인지 판단을 보류함)은, 모두 다 관찰 가능한 후행절 행동의 목표나 의지를 가리킨다. 이 점에만 초점을 모은다면, 자연스럽게 이 형태소들이 의지를 가리키는 어미 범주로 분류될 수 있다. 그렇지만 이것들을 억지로 하나의 자연부류처럼 묶어 놓는 일만이 능사가 아니다. 고식지계일 수 있기 때문이다. 오히려 다른 범주들로부터 변이가 일어나 본디 기능상으로 조정이 일어난 것으로 설명해 주는 방식이 있다. (51가)의 통사 구조는 254쪽의 (53)의 통사 구조와 비슷하지만, (51라)의 통사 구조와는 구분해야 한다는 언어 사실을 그대로 존중해 주면서, 기능상의 변화를 추구하는 일이, 필자는 우리의 직관을 더 핍진하게 설명해 주는 것으로 본다.

만일 이 세 가지 부류를 하나로만 묶는다면, 이것들 사이에서 다음과 같이 세세하게 차이가 있음을 포착해 줄 수도 없다. 이렇게 차이가 나는 언어 사실은, 문법 구성에 중요한 주춧돌이다. 그렇다면 이를 무시하고 한갓 기능이나 의미자질에 변동이 없는 수의적 변이라고만 지정해야 할 것이다. 이는 문법을 구성하려고 하는 동기를 무기력하게 만들어 버리고, 아무렇게나 언어를 쓴다고 말하는 일처럼 잘못된 관점이다(어미들이 약모음 유무에서도 차이가 남).

(51가)는 화자가 스스로 자명한 자신의 마음가짐을 가리켜 주며, 내포 구문이다. (51다, 라)는 유사 인용 구문의 형식(상대방 마음가짐을 추정하는 형식)을 이용함으로써, 선행한 절과 후행하는 관련 사건을 외부 세계에서 직·간접적으로 확인할 수 있음을 보여 주며, 범주상으로 종속 접속 구문이다. 254쪽에서 (53)으로 제시된 '-으저 생각ᄒ다(-으자고 생각하다)'로 표현된 경우는, 특히 제3자를 대상으로 하여 그 사람의 마음 작용을 추정하는 일을 가리키며, (51가)처럼 내포 구문이다.

(51가)와 (53)에서도 작지만 다시 차이를 찾을 수 있다. 화자가 스스

로 자신의 마음가짐에 접속하는 일은 재귀의식의 작동에 의해서 아주 자명하게 일어난다. 그렇지만 화자가 제3자의 마음가짐이나 마음 작용을 언급하려고 한다면, 오직 「감정이입(empathy)」을 통해서 실행된다. 이는 언제나 확인을 거치지 않은 「불투명함의 영역」을 표현하는 것이다(물론 그런 추정의 근거나 이유가 곧장 관찰 가능한 사건을 함께 같이 제시해 줌으로써 확증되거나 설득력을 지닐 수 있음). 자명한 사실과 불투명한 추정이 동일한 형식에 의해서 구현되고 있음은 이례적으로 보일 것이다. 그렇지만 우리말에서는 양태를 나타내는 선어말 어미 형태소 '-겠-'에 의해서도 찾아진다. 이 양태 형태소 '-겠-'은 화자 자신과 관련되는 경우에는 「의지의 해석」을 띠고, 제3자와 관련되는 경우에 「추측의 해석」을 지닌다. 이는 (51가)와 254쪽의 (53)에서 보여 주는 행태와 나란한 모습이다.

이런 측면을 설명하는 용어가 현대 지성사에서 자주 쓰인다. 과거의 지성사 흐름에서는 「주관성 vs. 객관성」을 대립시켜 서로 갈등 관계로 파악하기 일쑤였다. 계몽주의 시대에 칸트는 아리스토텔레스가 주장했던 생각의 기본 단위가 서로 두 종류로 구분되는 것이었음을 깨우쳤다. 이른바 분석적 단언 및 종합적 단언이다(물론 이것이 언어 형식에 의존하고 있으므로, 콰인 교수는 전체 언어 체계를 파악하지 못한다면 이런 구분도 무위임을 주장하였음).

"모든 대상은 부피를 지닌다" vs. "모든 대상은 무게를 지닌다"

대상(사물)치고 부피가 없는 것은 없다(분석 단언). 만일 그런 것이 있다면 정신적 대상(개념이나 기억 대상)일 뿐이다. 그렇지만 물체의 무게를 서술해 주는 '무겁다, 가볍다'라는 표현에는 절대 기준이 없이, 오직 우리의 경험 지각에 의해서 상식적으로 결정된다(종합 단언). 분석적 단언(명령문으로 된 표제를 줄인 '명제'는 화란에 유학했던 일본인 서주가 오해하여 잘못 만든 낱말임)은, 서술어 속에 주어의 정보가 그대로 깃들어 있다. 그렇지만 종합적 단언은 이런 언어적 분석 이외에도 실세계에서의 경험적 사실이 더 추가되어야 하는 것이다.

그럼에도 경험 지각의 영역에서 여전히 사람들 사이에 서로 교란이 일어날 수 있다. 이런 경우에는 구성원들 사이에 합리적인 조정 과정을 거쳐서 모종의 합의에 이를 필요가 있다. 그 결과, 인간인 너와 내가 서로 합치할 수 있는 부분이 나온다. 흔히 이를 「상호 주관성」의 몫으로 부른다. 이 개념은 나를 벗어나서(흔히 1인칭 관점으로 불림) 너와 합의할 수 있는 기반을 확보할 수 있으며, 더 나아가 제3자까지 포함할 수 있는 장점을 지녔다. 공유된 경험을 통하여 너와 내가 합치될 수 있는 부분을 찾을 수 있다.

그렇지만 다른 한편으로 꿀벌이 보는 시지각과 인간의 맨눈을 통한 시지각 경험에는 공통점과 차이점이 분명히 존재한다. 인간의 눈만으로는 가시광선 영역을 벗어난 빛을 볼 수 있는 신경계가 주어져 있지 않기 때문이다. 「상호 주관성」은 동일한 계통의 감각 및 신경 체계를 지닌 주체들 사이에서만 적용될 뿐이라는 한계도 명백히 담아 놓고 있다. 이를 흔히 서로 공유할 수 있는 '생활 세계'(강수택, 1998, 『일상생활의 패러다임: 현대 사회학의 이해』, 민음사) 또는 '삶의 형식'으로도 표현한다. 그렇다면 생활 세계를 공유한 공동체 구성원들 사이에서는 자기 자신의 마음가짐에 접속할 수 있듯이, 임의의 행동이 외적으로 관찰된다면 거꾸로 그 행동의 동기가 화자 자신의 마음가짐과 비슷할 것이라고 추정할 수 있다. 이것이 「감정이입」의 핵심이다. 현대 지성사의 일부 흐름에서는 외려 「상호 주관성」이란 용어를 선호하는 듯하다(한국현상학회 엮음, 1983, 『현상학이란 무엇인가?』 심설당; 한전숙, 1984, 『현상학의 이해』, 민음사를 참고 바라며, 미국 철학자 Davidson, 2001[김동현 뒤침, 2018], 『주관, 상호주관, 객관』[느린생각]에서도 이 문제를 천착하여 다루고 있음).

필자는 화자가 자신의 마음가짐에 직접 접속하는 (51가)의 경우가 가장 전형적이라고 본다. 그렇다면 254쪽의 (53)에서 보듯이, 제3자의 마음가짐을 감정이입의 형식으로 표현하는 경우에도 왜 동일한 (51가)의 형식을 그대로 쓰는 것일까? 이는 우선적으로 별개의 다른 형식을 만들지 않는다는 전제가 필요하다(진화의 선택지를 설명할 경우에, 이미 있는 것을 고쳐서 새로운 기능을 갖도록 바꿔 간다는 '브뤼콜라주[bricolage, 즉석즉석 짜깁기, 땜질하기]'라는 개념을 따르고 있음). 만일 그러하다면, 만일 제3자의 마음가짐을 언급하기 위하여 유일하게 두 가지 선택지만이 주어진다. 하나는 (53)이고, 다른 하나는 인용 형식을 빌린 (51라)이다(또한 이 종속 접속 구문이 줄어든 것으로 보는 (51다)의 경우임). 그런데 화자 자신의 마음가짐을 언급하기 위해서 (51가)를 이용하였다. 만일 1인칭 시점과 3인칭 시점 사이의 변별성을 확보하면서 동시에 동일한 범주로 묶일 수 있는 마음가짐에 대한 언급을 그대로 이용하려면, 동일한 형식 (51가)를 이용하기보다는 (51다)와 같이 인용 구문 형식의 표상을 줄여 놓은 선택지가 선호될 것이다. 필자는 이런 이유 때문에, 급기야 인용 구문의 형식 (51라)을 이용함으로써 제3자의 마음가짐을 표현하는 방식을 (51다)처럼 확대하여 쓰는 것으로 파악한다. 초기 표상에서나 표면형의 모습에서나 (51가)는 내포 구문이고, (51라)는 종속 접속 구문이다. (51라)에서 이내 복원될 수 있는 요소가 수의적으로 생략된 (51다)도 또한 여전히 종속 접속 구문이다. 각각의 어미 형태소가 전형적 기능이나 의미자질이 그 실현 맥락에 따라서 달라지거나 새롭게 고정되더라도(다의어적 설명 방식이 채택됨), 그 어미 형태소의 문법 범주(접속 또는 내포)는 시종일관 달라지지 말아야 하는 것이다.

현재 필자는 이런 설명이 온당하다고 보기 때문에, 앞에서 역행 현상으로서 접속 구문의 형상으로부터 내포 구문의 모습으로 바뀌는 설명 방식을 채택하지 않았다. 역행 현상이 적용됨을 허용한다면, 두 가지 자기모순이 빠진다. 첫째, 접속 구문이나 내포 구문 사이의 구별을 통한 문법 현상의 설명이 무위로 돌아간다(범주 간의 구분을 포기해 버리는 결과가 됨). 어느 방향으로든지 자유롭게 변환이 일어남을 막을 적절한 방법이 없기 때문이다. 둘째, 본디 내포 구문의 형상이 있고 본디 종속 접속 구문에서 복원 가능성을 기반으로 하여 생략이 일어난 결과, 유사 내포 구문으로 되는 모습 사이를 서로 구분해 줄 필요성이 있다(초기 표상 및 표면형 사이의 범주 표상의 일관성임). 그렇지만 만일 역행 현상을 허용한다면, 범주들 사이에 혼효가 일어나 버리므로, 이런 설명 자체가 성립될 수 없을 것이다.

따라서 간단히 다음과 같이 현재 필자의 관점을 말할 수 있다. 본디 내포 구문과 본디 접속(여기서는 종속 접속) 구문을 달리 표상해 줄 필요가 있다. 단, 후자에서 이내 복원할 수 있다는 화용상의 조건 아래에서 수의적으로 생략이나 단절 현상이 일어난 결과, 우연히 두 개의 동사가 인접하여 관찰되는 유사 내포 구문처럼 보일 수 있다. 그렇더라도 결코 내포 구문이 아니며, 초기 표상에 표시된 종속 접속 구문의 표지는 여전히 일관되게 유지되는 것이다.

§.6-3 상위문의 핵어 동사로서 'ᄒ다(하다)'와 이 핵어와 같이 관찰되는 내포 구문의 어미 형태소들에 대한 분포를 다시 생각해 보기로 한다. 전형적으로 '-으저 ᄒ다'가 구적 낱말 또는 이음말(collocation)처럼 쓰이고 있으며, 화자 자신의 마음가짐을 표상해 준다. 그렇지만 '-으러, -으레'는 'ᄒ다'와 이어지지 않는다('*-으러 ᄒ다, *-으레 ᄒ다'는 관찰되지 않음). 대신 외부에서 관찰 가능한 사건 표시 동사(가다, 오다, 다니다)들과 같이 쓰인다. 이를 필자는 상보적 분포로 파악한다. 동전의 앞뒷면처럼 전체의 하나를 이루어 주는 것인데, 한쪽 면은 생각을 다른 쪽 면은 행동을 나타내는 것이다. '-으저 ᄒ다'는 '-으저 생각ᄒ다'로 쓰일 수 있는데, 내포절은 생각의 내용을 가리켜 준다. '-으러 나가다'는 '-으레 나가다'로 쓰일 수 있는데, 내포절은 행동의 목적(동기)을 나타내는 것이다.

그렇지만 이 두 내포문 어미 형태소들에 다른 요소들이 융합되어 복합 형태소로 나온 경우도 관찰된다. 그런 사례로서 '-으려고, -을라고(-을랴고), -으젠, -으자고, -으자곤'들을 들 수 있다. 그런데 이 복합 어미 형태소들은, 뒤에 나오는 요소(동사)에 그런 구분이 없이(48가, 48나에서 대립적으로 제시한 '호다 vs. 가다' 사이를 따로 구별하여 선택하지 않음) 어떤 동사들과도 매우 자연스럽게 이어지는 것이다.

미리 필자의 현재 생각을 제시해 놓기로 한다. 여기서 아무런 제약도 찾아지지 않는 것들은 모두 종속 접속 구문의 형상으로부터 도출되는 것으로 파악한다. 오직 초기 표상이 내포 구문으로 되어 있을 경우에라야 231쪽의 (48가, 나)에서와 같은 핵어 동사가 구분되는 것이다. (48가)는 행동 범주의 핵어이지만, (48나)는 생각 범주의 핵어이다. 희랍에서는 행동의 동기를 '의지(willingness)'로 여겼고, 생각의 동기를 '의도(intention)'로 봤었는데, 말도 생각과 한 계열에 속하기 때문에, 그 의도에 수식어를 붙여서 의사소통 의도(communicative intention)라고 말하는 것이다. 그렇지만 우리 문화의 전통에서는 의도와 의지를 구분하지 않고, 박약한 또는 얄팍한 뜻(弱志)은 생각이나 말에만 머물고, 도타운 또는 강력한 뜻(篤志)은 행동과 실천으로 구현된다고 보았다. 우리 문화 전통과는 달리, 생각과 행동을 구분하는 일이 이 방언의 내포 구문 어미 형태소들의 대립에서도 찾아진다는 주장은, 일견 '생활 세계'에서 통일성을 결여한 채 서로 충돌할 소지가 있다. 이런 경정은 뒷날 필자가 조정할 수 있는 방식을 찾아내어 대답해 주어야 할 과제이다.

그런데 먼저 여기서 찾아지는 '호다(하다)'가 과연 인용 구문 형식에서 보이는 것과 동일한 것인지 여부가 결정되어야 할 것이다. 왜냐하면 이들 어미가 이끌어가는 내포 구문이 마음가짐이나 행동 또는 실천의 목표와 관련된 것들이며, 결코 발화에 대한 인용은 아니기 때문이다. 만일 인용 구문의 형식에서 관찰되는 '호다(하다)'를 발화에 대한 인용 동사로만 지정할 경우에, 발화 인용과 무관한 사례들이 적잖이 나오며, 이를 '인용' 동사라고 지정할 경우에 자주 반례들이 생겨나는 것이다.

만일 'ᄒ다(하다)' 그 자체가 인용 동사라는 주장을 철회할 경우에, 다른 가능성들이 있다.

'말을 하다, 말ø 하다, 말하다'

따위를 초기 표상으로 하여, 이것이 줄어들어 단일하게 '하다'만 남은 것으로 간주할 수 있는 것이다. 여기서 '말을 하다'는 완벽한 통사 구성체(목적어와 서술어)이고, '말ø 하다'는 구적인 낱말의 지위를 띠며, '말하다'는 접미사를 지닌 하나의 단일 낱말로 지정할 수 있다. 이럴 경우에 끝내 홀로 남아 있는 '하다'의 지위와 범주가 '말을 하다, 말ø 하다, 말하다'와는 서로 다른 채 남아 있을 것이다. 각각 본동사, 문법 동사, 접미사이다. 문법 동사는 의미역 배당과 관련하여 해당 논항에 배당할 의미역을 갖고 있지 않다는 점을 부각하여, '가벼운 동사(light verb)'라고 부르기도 한다. 본동사는 전형적으로 주어 논항과 목적어 논항에 행위주 의미역과 대상 의미역을 배당한다(격 실현 뒤에 의미역 배당이 일어난다고 보면, 각각 주격 논항과 대격 논항으로 부름). 가벼운 동사는 논항만을 투영하여 줄 뿐이다. 접미사는 낱말 형성에만 참여하며, '반짝하다, 반짝반짝하다'와 같이 상징어 어근에 붙은 접미사와 공통된 지반을 갖고 있다.

이런 접근에서는 본동사와 구적 낱말에 참여하는 요소와 접미사가 서로 범주상 다르다는 것이므로, 동음이의(또는 동형이의) 접근을 전제로 하고 있다. 이는 동음이의(동형이의)의 관점에서 설령 어미 활용 방식이 같다고 하더라도, 앞뒤 언어 환경이 다름에 더 무게를 두는 것이다. 문법 범주가 서로 다르다고 판단된다면, 무한히 숫자를 이용하여 지표를 덧붙여 주게 된다. 'ᄒ다$_1$, ᄒ다$_2$, …, ᄒ다$_n$'으로 표시하는 것이다.

그렇지만 이는 사뭇 기계적이며 고식적 처리 방식일 뿐이다. 두 가지 물음에 답변할 수 없기 때문이다. 첫째, 다른 형식이 아니라 왜 군이 '흐다'라는 형식이 선택되는지를 조금도 설명해 줄 수 없다. 둘째, 이런 동음이의(동형이의) 형식들 사이에 직관적으로 느껴지는 유연성을 드러낼 수도 없다. 오히려 반대 방향의 '다의어적' 접근 위에서 여러 가지 시도를 하다가 끝내 동일성 기반을 찾을 수 없을 경우에, 그때에 가서 '동음이의'이거나 '동형이의'라고 선언해도 늦지 않다. 범주 형식을 그대로 놔 두되, 언어 형태가 두 가지 범주에 걸쳐서 쓰이거나 세 가지 범주에 걸쳐서 쓰인다고 설명하는 입장이다. 동일한 소리값의 언어 형태가 다른 범주에 쓰일 경우에는, 또한 그런 범주 사이의 차이에 수반되는 기능상의 변동도 제대로 포착해 줄 수 있어야 할 것이다. 범주 사이를 극대화하여 절대 넘을 수 없는 방벽처럼 완벽히 달리 보는 일은, 문장이 명사구로 줄어들 수 있다는 엄연한 언어 사실을 제대로 포착해 주지 못한다. 219쪽의 각주 55에서는 "철수가 영이를 사랑한다"라는 문장은 1계 함수 관계를 표상해 준다. 이를 "철수의 영이 사랑"이라는 어구로 표현할 경우에, 동일한 형식의 연산을 적용받지만 오직 참값만을 받는 상항으로 표현된다는 차이를 적어 놓았다. 문장에서는 듣는 사람이 사실인지 여부를 따져 봐야 한다. 그렇지만 명사구로 제시될 경우에 진리값이 미리 주어진 것처럼 관념하기 일쑤이다. 동일한 관계 형식을 표상해 주지만, 기능상 진리값을 결정해야 하는 표상인지, 언제나 참값 표상인지에 대한 차이가 수반되어 있는 것이다.

"말을 하다, 말ø 하다, 말하다"와 같이 비슷하게 느껴지는 언어 사실을 놓고서, 유일하게 동음이의(동형이의) 접근 방식으로만 지정해 주어야 하는 것일까? 그렇지 않다. 문법 동사와 접미사 사이에 다의어적인 접근이 불가능한 것은 아니다. 이런 접근에서는 여러 가지 변이들을 통합할 수 있는 「상위 개념의 설정」이 핵심 관건이 된다. '흐다(하다)'가 설사 자신이 투영하는 논항에 적극적으로 의미역이나 의미 관계를 표시해 주는 일반 동사는 아니라고 하더라도, 문법 동사는 관련된 상황이나 사태를 그림을 그려 주듯이 묘사해 준다고 볼 수 있는

것이다.59) 만일 관련 사태나 상황을 상위문 동사 'ㅎ다(하다)'가 그려

59) 이 방언에서는 'ㅎ다(하다)'가 너른 분포에서 관찰되는데, 접속사처럼 쓰이는 경우도
있으므로 대용 형식의 기능을 띠고 있음을 알 수 있다. 그렇지만 내포 구문에서 찾아지
는 'ㅎ다'와 상징어 어근에 접미되는 'ㅎ다' 사이에 어떤 공통 특성을 발견할 수 있다.
필자는 '묘사'의 성격을 띠는 것으로 파악한다(208쪽의 각주 52). 이는 한 사건의 진행
과정을 그려 줄 수도 있고, 그 결과 상태를 그려 줄 수도 있는 것이다. 이럴 경우에
이 방언에서는 상위문의 핵어 동사 'ㅎ다'가 시상 형태소 '-앖- vs. -앗-'을 구현해
줄 수도 있고, 아니면 양태 형태소 '-는다 vs. -은다'를 구현시키기도 한다.
　　필자는 양태와 시상을 다음과 같이 여긴다. 양태 개념이 상위 차원의 것이고, 이 아래
에 시상 개념이 들어 있는 것으로 본다. 양태는 모든 가능세계에서의 사건 개요를 가리
키며, 반사실적 상황까지도 포함하는 것이다. 그렇지만 시상은 현실세계에서 사건의
전개 모습으로 파악하며, 최근에 자주 논의되는 '증거태'도 현실세계의 사건과 관련되
어서만 설정되는 것으로 여긴다(381쪽의 〈표7〉과 774쪽의 각주 151을 보기 바람).
　　이런 층위 구분을 고려하지 않은 채 시상 형태소와 양태 형태소의 구현을 대립시킬
경우에, 이 방언에서 찾아지는 이러한 차이를 크롸저(Kratzer, 1988) "Stage-level and
Individual-level"(Carlson and Pelletier 엮음, 1995, 『The Generic Book』, 시카고대학 출판
부에 재수록)에서 논의된 장면 층위의 서술 및 개체 층위의 서술로 이해할 수 있다.
전자는 화자가 있는 현실세계에서 일어나는 일을 가리켜 주지만, 후자는 있을 수 있는
모든 가능세계에서의 일을 가리켜 준다.
　　이 방언의 형용사 시제와 동사의 상 문제를 다루면서 고영진(2007) "제주도 방언의
형용사에 나타나는 두 가지 '현재 시제'에 대하여"(『한글』통권 제275호) 및 고영진
(2008) "제주도 방언의 형태론적 상 범주의 체계화를 위하여"(『한글』통권 제280호)에
서는 이 방언에서 형용사의 경우에 '-은다'가 수의적으로 '-나'로 변이된다고 보았다
(필자는 이것들을 각각 고유한 서술 서법 종결 어미와 여러 서법에서 관찰되는 반말투
종결 어미의 대립으로 파악함). 김지홍(2014) 『제주 방언의 통사 기술과 설명』(경진출
판: 94쪽의 각주 14)에서는 고재환(2013 개정증보판) 『제주 속담 사전』(민속원)에 언급
된 1,620개의 속담을 검토하였다. 그 중에서 149개가 '-나'로 끝나는데, 이것들이 모두
'-은다'로 바뀔 수 있음을 지적하였다. 그렇지만 거꾸로 '-은다'로 끝나는 속담들이
62개 올라 있으며, 그 중에 결코 '-나'로 바뀔 수 없는 경우들이 관찰된다.
　　(a) "놈(남)의 밥 얻어먹젱 ㅎ민(하면) 배가 큰다(↛'크나'는 불가능함)."
　　　　(고재환, 2013: 122쪽)
　　(b) "사돈 홀 땐 근본을 봐사(봐야) 흔다(↛'ㅎ나'는 불가능함)."
　　　　(고재환, 2013: 207쪽)
　　만일 그렇다면, 이것들이 수의적인 변이가 아닐 가능성이 높다.
　　(c) "이 구들은 둧다."(구들장 놓은 이 방은 지금 현재 따듯하다)
　　(d) "이 구들은 둧나."(구들장 놓은 이 방은 언제나 따듯한 법이다)
　　(e) "이 구들은 둧인다."(구들장 놓은 이 방은 특정 조건에서 원칙적으로 따듯한 법이다)
여기에서 '둧다, 둧이다'의 어간에 결합한 형태소로서 'ø, -느-, -은-'이 찾아진다(단,
'-은-'은 전설화가 일어나 흔히 '-인-'으로 발음됨). ø는 현재 지금의 상태를 가리키며
현재 시점에서 '장면 층위'의 언급이다. 그렇지만 '-느-'와 명령·감탄 서법의 종결 어미
'-아'가 융합되어 있는 '-나'(앞에서 언급한 김지홍, 2014: 359쪽)는 임의의 대상의 변
치 않는 내재적 속성을 가리키며, '개체 층위'의 언급이다. 아무런 다른 조건도 들어가
있지 않은 채, 관련 대상의 내재적 속성을 서술해 주고 있는 것이다.
　　그렇지만 '-은다'로 구현된 진술은 조건 형식이 깃들어 있고, 그 조건이 충족된 위에
서 항상 그렇게 작용함을 가리킬 수 있다. 일단 (a)와 (b)를 놓고 본다면, 각각 '-젱

준다면,

① 그 사태나 상황을 좀 더 구체적으로 표현해 주는 방식이 '발화'일 수도 있고(지각 내용 판단),

② 상대방의 발화가 지닌 상위범주에 대한 지정(화자의 판단·평가가 선행됨)일 수도 있으며,

③ 다시 감정 이입을 통해서 상대방의 마음가짐에 대한 추정일 수 있고(현장의 간접 증거에 근거함),

④ 또한 내가 곧바로 이어서 말해 주고자 하는 나의 생각 그 자체일 수도 있는 것이다.

필자는 다의어적 접근 방식이 좀 더 포괄적이며, 동일한 형식이 지닌 여러 가지 변이 모습들을 포착해 줄 수 있는 융통성 있는 길이라고 생각한다(373쪽 이하도 참고 바람). 이는 이 책에서 계속 일관되게 이 방언의 변이를 설명해 주기 위하여 채택한 관점이다.

이렇게 다의어적으로 접근하는 관점에서는, 공통성과 변별성을 서로 위계적으로 표상해 줄 수 있다. 236쪽의 예문 (51가)에서 화자 자신의 의지를 표현해 주는 내포문의 어미 형태소 '-으저'(단, 필자의 개인 방언에서는 약모음이 없는 형태소 '-저'가 자연스럽지만, 아마 이런 변동이 세대별 차이로 귀속될 듯함)가 있었고, 238쪽 (51라)의 표상으로부터

ᄒᆞ민(-고자 하면)', '-아사(-아야, -을 경우에만)'와 같이 선행절에서 조건을 제시한 다음에, 그 조건이 충족될 경우에라야 언제나 후행절 사건이 일어남을 서술해 주고 있는 것이다.

이런 점을 대립적으로 표현하기 위하여 최근 활발히 논의되고 있는 개념이 추가될 수 있을 듯하다. 한 대상의 내재적 속성을 드러내는 '-나'는 증거태 범주 속에 귀속되지만, 이와는 달리 조건의 형식이 깃들어 있는 '-은다'는 그렇지 않다고 서술할 수 있는 것이다. 이 책에서 상정하듯이, 만일 양태 개념 아래 하위범주로서 현실세계 속에서 일어나는 사건들의 모습을 가리키기 위한 시상 범주와 증거태 범주가 자리잡는다면, '-은다'는 최상위 층위의 양태 형태소의 구현이고, '-나'는 현실세계의 하위범주에 자리 잡은 증거태 범주의 구현인 셈이다. 어쨌거나 이 방언에서 (증거태를 포함하여) 이 양태 및 시상에 관한 주제는 앞으로도 계속 여러 연구자들에 의해서 밝혀져야 할 중요한 영역으로 남아 있다.

화용상의 생략 조건이 적용됨으로써 줄어든 것으로 설명할 수 있는 (51다)가 있었다. 그런데 (51다)가 굳이 왜 인용 구문 형식 (51라)를 기반으로 하는지를 이제 설명해 줄 수 있다. 단, 이때 인용 구문이 궁극적인 것이 아니라, 상위 개념으로부터 몇 가지 하위범주의 하나로서 도출된 것으로 본다. 물론 이 책에서 내포 구문을 표상해 주는 최상위 개념을 「마음가짐」으로 상정해 놓았지만, 이 최상위 개념 아래에 하위 개념으로서 '판단'이 있으며, 이 판단 작용이 그 결과를 표상해 주는 데 'ᄒ다'와 관련될 것으로 본다. 청지각 내용에 대한 판단에 따라 그 판단한 내용을 마치 그림을 보여 주듯이 그려 주는 것이다. 이런 측면에서 'ᄒ다'는 적어도 다음 네 가지 기능을 지니는 것으로 보인다.

(ㄱ) 「상대방 발화에 대한 지각과 판단」이 발화 인용을 가능하게 만들어 주는 것이며,

(ㄴ) 상대방의 발화 그 자체를 판단하고 평가하여 상위범주로도 표현할 수 있다.60)

(ㄷ) 마찬가지로 또 '판단'이라는 상위 개념은 직·간접 증거들을 통하여 상대방 마음가짐도 감정이입을 통하여 추측하고 단정할 수 있다(254쪽에서 언급된 예문 53).

그렇다면 238쪽의 (51라)를 이제 더 이상 부차범주로서 '유사' 인용 구문이라고 부를 필요가 없다. 인용 구문과 형제·자매 항목으로서 동등하게, 직·간접 증거를 토대 삼아 상대방 마음가짐을 추측하여 단정하는 하위범주를 따로 독립시켜 마련할 수 있다. 여기서는 이를 「상대방의 마음가짐에 대한 추정(추단)」으로 부를 것이다. 마지막으로,

---

60) 195쪽의 〈표6〉에서 페어클럽 교수는 네 번째 항목으로 '화행 범주'에 대한 보고로 불렀다. 내포문이 예측·강조·논증 따위의 범주로 분류될 수 있으므로, 이런 평가에 따라서 '예측했다, 강조했다, 논증했다'고 상위 개념을 표현할 수 있는 것이다.

(ㄹ) 스스로 느끼는 내 자신의 마음 작용도 가리킬 수 있다. 상위 차원에서 작동하는 나의 재귀의식이 나의 마음 작용을 내려다보면서 판단하고 결정한 결과로서, 이것이 내 마음의 상태를 가리키는 모습으로 표현될 수 있으며, 현실세계에서의 「실현 모습」이다.

이에 대한 사례인 예문 236쪽의 (51가)와 상대방의 마음가짐에 대한 추정 모습인 254쪽의 예문 (53)이 동일한 형식을 쓰고 있음이 흥미롭다. 이는 공통어에서 양태 표현의 선어말 어미 '-겠-'의 두 가지 기능을 연상시켜 준다. 화자인 '나'와 함께 나올 경우 및 제3자(그 아이)와 함께 나올 경우가, 마치 동전의 앞뒷면이 모여 하나를 이루듯이, 서로 상보적인 질서를 통하여 하나의 동일한 전체 모습을 보여 주고 있는 것이다.

이들 구문에서는 모두 행동이나 실천 목표를 위하여 실행하려는 의지(마음 작용)를 보여 주고 있기 때문에, 뒤따르는 상위문의 핵어 동사에는 시상 형태소 '-앖- vs. -앗-'이 자유롭게 나올 뿐만 아니라(시상 표현의 'ᄒ엾저 vs. ᄒ엿저'), 양태상으로 항상 참값이 됨을 보여 주기 위하여 '-은다'가 결합하여 'ᄒ다'(양태 표현의 '하는 법이다')도 쓰인다(현재 필자는 양태의 개념 아래 하위범주로서 시상 개념이 들어 있다고 봄). 일단 여기에 관여하는 'ᄒ다'(-으려고 하다, -으젠 ᄒ다, -으자고 ᄒ다, -으자곤 ᄒ다)를 동일한 종류의 것으로 파악하고, 이 동사의 갈래를 묘사 동사(depict verb)로 지정하기로 한다(208쪽의 각주 52). 자신 또는 제3자가 지닌 마음의 상태(또는 마음가짐)를 놓고서, 마치 대상을 눈으로 보듯이 그려 주고 있는 것이다.

§.6-4 필자가 모은 자료에서는 '-으젠 ᄒ다(-으자고 하다)'에서 적절한 맥락 아래 종결 어미로의 쓰임새 변동이 관찰된다. 먼저 '-으레'(목표 사건)와 '-으젠'(행동을 실천할 의지)이 나란히 앞뒤로 나오는 경우를 보기로 한다.

(52) -으레, -으젠: 뒷날 아첨(아침)은 괴기(물고기) ø 낚으레(낚으러) 가젠(가자고), 이젠(이제는) 어부덜(어부들)이 내려간(내려가서) 보니까, 배가 믄딱(모두 다) 숨베기(순비기나무) 왓디(밭에) 올라오랏어(올아와 있어).

(뒷날 아침에는 물고기를 낚으러 가자고, 이젠 어부들이 축항[배가 닿을 수 있도록 돌을 쌓아서 조성한 항구이며, '석축+항구'의 줄임말로도 볼 수 있음]에 내려가서 보니까, 자신들의 낚시배가 모두 다 축항 옆에 있는 순비기나무 밭 모래사장에 올려져 있었어. 구비3 김재현, 남 85세: 39쪽)

여기서 '가젠'을 접속 구문의 선행절로 볼지(각각 '낚으러 가다'와 '축항에 내려가다' 선행절과 후행절을 투영함), 아니면 어떤 단절 현상의 결과로서 종결 어미로 쓰인 것('가젠 햇어' → '가젠 ø')으로 볼지를 결정해야 한다. 이들 사이에 '이젠(이제는)'과 같이 장면을 전환시켜 주는 부사어가 '디딤돌'처럼 들어가 있다. 만일 이런 점을 무시한다면, 접속 구문으로 파악하여, 일단 후행절이 '축항에 내려가다'는 사건이 일어나기 위한 행동 목표를 제시해 준다고 말할 수도 있다. 만일 후자의 경우라면, 본디 종속 접속 구문의 형상 '가젠 ᄒ연(가려고 하여서)'으로부터, 'ᄒ다'와 관련된 형식이 화용상 이내 복원될 수 있는 요소로서, 생략 또는 단절됨으로써, '가젠'만 남았다고 말할 수도 있다(261쪽의 예문 56도 참고 바람).

만일 접속 구문으로 간주할 경우에, "낚으레 가젠(낚으러 가자고)"은 각각 최종 목표(물고기를 낚다)와 실천할 행동(축항에 내려가다) 의지를 표현해 주고 있다. 디딤판 역할을 해 주는 부사 '이젠(이제는)'이, 축항에 내려가는 사건이 일어나기 전에 미리 관련된 준비 사항들이 충족되었음을 보여 주므로, 새롭게 전개되는 시간 영역을 문장 부사 '이제'로 지정해 주면서, 장면이 전환됨을 보여 준다고 해석해 볼 수도 있다.

그런데 여기서 '-젠'이 어떻게 분석되어야 할지를 알려 주는 자료가 있다. 동일한 화자가 말하고 있는 발화에서, 동일한 접속 절 속에

'-저'와 함께 관찰되는 것이다.

> (53가) -으저 ø생각ᄒ영 -으젱(→ -으젠) ᄒ당 보민: 「멀리 저디(저곳에)
> 가 보저」ø 생각ᄒ영(생각해서) 걸어가 가민(가면), 두 자국(발자국)만
> 놓젱(→ 놓젠) ᄒ당 보민(놓자고 하다가 보면) 멧(몇) 자국사(발자국이
> 야) 가 지는지(저절로 가게 되는지) ø 볼써(벌써) 가 젓어(저절로 목표
> 지점에 가 있었어). 「이상ᄒ다!」
> (「멀리 저곳에 가 보자」고 생각해서, 차츰 걸어가 가면, 두 발자국만
> 놓자고 하다가 보면, 자신도 모르는 채 저절로 몇 발자국이야 더 나아가
> 게 되는지를 잘 알 수 없을 만큼, 금새 목표 지점에 가서 닿았어. 그래서
> 혼자서 이상하다고 생각했어. 구비 2 양구협, 남 71세: 658쪽)
> (53나) -(으)자 ø 허여서: 이런 밑에서, 「그러면 그렇게 ᄒ자」ø 허여서 그
> 때 멧(몇) 번 허엿다 ø 그 말이 잇어마씀
> (김녕 뱀굴에 사는 구렁이가 제수를 바치지 않으면 비바람을 뿌려서
> 농사를 망치는데, 이런 상황 아래서 「뱀이 처녀 제물을 요구하면 그렇
> 게 하자」 해서 그때 몇 번 처녀를 제물로 바쳤다는 그런 말이 있다는
> 말씀입니다. 구비1 임정숙, 남 86세: 191쪽)

먼저 (53가)를 보기로 한다. '가 보저 ᄒ다(가 보고자 하다, 가 보려고
생각하다)'를 더 명시적으로 '가 보저 생각하다'로 표현하고 있는 것을
관찰할 수 있다(단, 내포문으로 있는 '-저' 구문이 단독으로 발화된 경우도
있는데, 화자가 스스로 자기 마음가짐을 혼자서 말하는 듯이 발화하여, 우연
히 가까이 있는 다른 사람이 그런 '혼잣말'을 듣는 경우임). 두 번째 마주친
'놓젱(→ 놓젠) ᄒ다(천천히 두 발자국만 놓고자 하다, 놓으려고 의도하다)'
에서도 의지나 의도를 표현하고 있으므로, 마찬가지로 '놓젱(→ 놓젠)
생각ᄒ다'로 교체하여 쓸 수 있다. 모두 다 감정이입을 통해서 서술해
주는 주어(제3자) 자신의 마음 작용이나 의지를 가리켜 주기 때문이다.
내가 내 자신의 생각을 바라보는 이른바 재귀적 의식(100쪽의 〈표5〉를
보기 바람)의 작용은, 상대방의 마음가짐에 대해서도 똑같이 작동하고
있음을 보여 준다. 현대 지성사의 일부 영역에서는 이를 너와 내가

공유할 수 있는 「상호 주관성」이란 개념을 더 선호하는데, 지각 기관 및 인지 기관의 공통성을 밑바닥에 깔아두고 있다.

만일 이 두 가지 표현이 모두 동일하게 감정이입을 통해서 서술하는 이야깃속 주인공 자신의 마음 작용(마음가짐)을 가리켜 주고 있는 것이라면, 동전의 앞뒷면이 상보적이듯이 '-으저 생각ᄒ다'와 '-으저 의도ᄒ다'로써 화자 자신의 마음과 감정이입을 통한 제3자의 마음을 서술하는 것이 한 가지 동일한 사건을 구현하는 방식이라고 결론지을 수 있다. 이것이 이례적인 사용 방식이 아님은, 화자 자신의 마음에 대한 언급과 제3자 마음에 대한 언급이, 공통어에서 선어말 어미 형태소 '-겠-'에서도 찾아질 수 있기 때문이다. 자신의 마음가짐에 대한 자명한 언급을 '화자의 의지'로 부르고('혼잣말'로 수행될 수 있음), 감정이입을 통하여 제3자 마음가짐의 내용("철수가 곧 떠나겠구나!")을 '추정, 추측'한다고 말한다. 만일 의지가 없는 무생물과 관련된 사건을 서술하는 경우("그 건물이 곧 쓰러지겠네")에는 미래 사건에 대한 추측이라고 부른다(그렇지만 '-저 ᄒ다'는 배타적으로 오직 의지를 지닌 인간의 행동들과만 관련해서 쓰임). 필자의 이런 판단이 가미되어, (53가)의 공통어 번역에서는 같은 계열의 형식 '-자고'로 옮겨져 있다.

(53나)는 필자가 모은 자료에서 유일한 사례인데, '-자 ᄒ다'의 형식이 약속이나 두 사람 이상 함께 행동하자는 청유의 뜻을 나타내는 경우일 수 있다. 이런 해석에서는 뱀굴에 산다고 여기는 뱀한테 김녕마을 사람들이 처녀를 제물로 바치려는 뜻을 품게 된다. 낫표 뒤에 '허여서'도 채록 주체의 각주2(구비 1: 191쪽)에서 '그렇게 했다'고 풀이하였다. 그렇다면 소리나는 대로 적힌 접속 구문의 형식이 아니라, 시상 형태소 '-앗-'과 어조만 달리하여 여러 서법으로 쓰일 수 있는 반말투 종결 어미 '-어'로 표상해 줄 수도 있다('허엿어' → [허여서]). 만일 이렇게 고쳐 놓는다면 낫표 속에 있는 「그렇게 ᄒ자」는 마을 사람들끼리 약속하는 말로 볼 여지도 있는 것이다. 필자의 자료 모음에서는 '-자'가 시상 선어말 어미 형태소에 붙어서 '-앗자'로 나온 경우가 많

다. 이는 방임형 또는 양보 구문으로 불리는 수의적 종속 접속의 사례이며, 여기서 다루는 「마음가짐」과는 무관하다. 만일 약속이나 청유를 나타내는 내포 구문 어미 형태소라면, 약모음이 없이 '-자, -자 ᄒ다, -자고 ᄒ다'와 같이 곧장 자음으로 시작되어야 할 것이다. 그렇더라도 (53나)를 한 개인의 머릿속 생각을 가리키는 것으로 판정할 경우에, '-으자 ᄒ다'가 쓰이는 것이다. 이는 '-으저 vs. -으자'를 서로 대립하여 파악하려는 필자의 직관에 반례이며 큰 장애 요소가 된다(혼잣말로 발화된 '-으저'와 상대방에게 발화하여 요청하는 '-으자'의 대립). 261쪽 (57)에서 '가자고'라는 종결 형식도 같이 청유형 어미가 인용 구문처럼 내포문을 만들고 나서 상위문 핵어가 화용상의 조건에 따라 생략된 경우이다. 만일 상위 동사 'ᄒ다(하다)'가 고려될 경우에는, 내포 구문은 묘사동사가 그려 주는 내용이 될 것이다.

이와 같이 이 방언에서는 청유를 나타내는 종결 어미 형태소로서 '-자'(공통어에서와 동일하며 약모음이 없이 표기해야 함) 또한 소리 모습이 매우 유사하여 주의할 수밖에 없다. 그뿐만 아니라, 약속이나 같이 행동을 하자는 청유 방식도, 그 마음의 지향하는 상태가 곧 어떤 행동의 전조(또는 원인)로서 전제되므로, 거의 동일한 상위 개념 아래 다뤄질 듯하다. 비록 수의적으로 뒤바뀌는 것은 아니겠으나(혼잣말 vs 상대를 향한 명시적 발화), (53가, 나)에서 관찰되듯이 만일 상위문 동사 'ᄒ다'를 상정할 경우에 내포 구문의 어미 형태소 '-으저'(생각 관련 내용에 붙음)와 행동으로 귀결된 약속이나 청유의 경우에 관찰되는 '-자'와 종종 뒤섞이어 간섭될 수 있을 듯하다. 청유나 약속을 가리키는 '-자고 하다'도 또한 내포 구문이기 때문에 어려움이 한층 더 가중된다.

그렇지만 다음에 제시한 사례에서 '-으자'는 결코 '-으저'로 발음되지 않는다는 점을 주목할 필요가 있다.

(54) -으자ø니: 그때 뭐 [곡식을] 사자ø니 돈이 잇어? 빌어당(곡식을 얻어다가) 먹음뱅이는(먹는 일밖에는).

(그때 뭐 곡식을 사자고 하니, 돈이 있어야지? 처가에 가서 쌀을 빌어다가 먹는 일밖에는 해결책이 없어. 구비3 김재현, 남 85세: 58쪽)

(55) -으자고 말이어: 호종단이가 홍로(서귀포시 동홍동·서홍동)를 오라 가지고(와 가지고, 와서) 물혈(살아 있는 샘물)을 떠 보자고말이어 오란 보니 물혈이 없어.

(호종단이 서귀포시 홍로를 와서 살아있는 샘물의 물줄기를 떠 보(막아 버리)자고말이야 와서 보니 물혈이 없어. 구비3 김재현, 남 85세: 186쪽)

필자의 직관에 기댄다면, (54)는 결코 '*사저니'(*사저고 하니)로 말해질 수 없고, (55는) '*보저고말이어'(*보저고+화용 첨사 '말이야')로 말할 수 없다. '-으저'와 '-으자'가 서로 다르게 느껴지는 필자의 직관은 이런 사례들로부터 말미암는 듯하다. 가장 전형적으로 '-으저'는 「혼잣말 발화」로 쓰일 것으로 판단한다. '-으저 ᄒ다'의 경우에 일차적으로 화자 자신의 마음가짐을 가리키는 데에 쓰이며, 이것이 확대되어 감정이입으로써 상대방이나 제3자의 마음가짐도 표상할 수 있을 듯하다. '-으자'(필자에게는 약모음이 없는 '-자')는 행동의 목표(동기)를 가리켜 주는 것이다. 필자로서는 이를 아마 생각을 표상하는 어미 형태소(-으저 ᄒ다)와 행동의 동기를 표상하는 어미 형태소(-으자)로 이름을 달리 붙일 수 있을 듯하다(후자의 경우에 공통어에서는 '-으러'가 가장 전형적으로 쓰이며, 이 방언에서는 대응 형태로서 '-으레'가 일반적으로 빈출함). 그렇지만 필자의 직관이 이 방언의 언어 사실을 잘 드러내어 주는지 여부가, 더 풍부하게 자료들을 검토하면서 확정되어야 할 것이다. 잠정적으로 이것이 (47나)에서 관련된 어미 형태소 '-으저, -으자'를 서로 달리 나눠놓지 않은 채 한데 제시한 까닭이며, '혼잣말'의 경우를 이례적이고 비전형적인 경우로 치부하기 때문이다.

그런데 이런 제약이 '-으젠 ᄒ다(-으자고 하다)'에서는 완전히 사라진다. 일반적인 의도 표현 형식에 쓰이는 어구로서

「-으자 ᄒ다, -으자고 ᄒ다」 또는
「-으려 ᄒ다, -으려고 ᄒ다(-을라고 ᄒ다)」

에서 아무런 제약도 찾을 수 없다는 점은 '-으젠 ᄒ다'와 동일하다. 이런 구성이 인용문의 형상을 공유하고 있는 것인데, '-으자고, -으려고'에서 복합적인 어미 결합의 모습도 그러하다.

그런데 (54)와 (55)에서는 복합화된 형태소로서 '-으자니, -으자고'에서 '-으자'라는 형태소를 찾아낼 수 있다. '-으자'가 행동의 목표나 동기를 가리켜 주었듯이 복합적인 형태소 '-으자니, -으자고'도 또한 제3자의 행동 목표나 의지가 표현되고 있다. 따라서 화자 자신의 마음가짐을 재귀적 시각으로 표현해 주는 '-으저 ᄒ다(-으저 생각ᄒ다)'로 바뀌어 쓰일 수는 없는 듯하다(적어도 '혼잣말'을 염두에 두는 필자의 직관에는 그러함). 설사 매우 미세한 차이라고 하더라도, 이 방언에서는 소리상 아주 비슷한 내포 구문의 형식이 셋 이상 있으므로, 그 구분에 유의해야 하는 것이다.

첫째, '-으자고 ᄒ다'에서 줄어들었을 '-으자 ø ᄒ다'가 있다(이때의 'ᄒ다'는 '꾀하다[의도하다]'는 의미로 쓰임). 둘째, 결코 '*-으저고 ᄒ다'로 확장될 수 없으며, 고유하게 마치 구적 낱말처럼 '-으저 ᄒ다'로만 쓰이는 것도 있다('혼잣말'에 대한 묘사). 이 두 가지 구성 사이에서, 구조상 첫째 형식에 대응하면서 방언에서 유사 인용 형식처럼 표현된 '-으젠 ᄒ다(-으자고 하다, -으자고 꾀하다[의도하다])'가 있다.[61] 셋째,

---

61) '고'형태가 덧붙을 수 있는지 여부에 따른 이런 대립적 모습은 '-으러, -으레'와 '-으려고, -올라고(-올랴고)'에서도 관찰할 수 있다. 왜냐하면 '*-으러고, *-으레고'의 결합이 저지되며, 반드시 '-으려고, -을려고, -올라고'로만 나와야 하기 때문이다. 'ᄒ다(하다)'라는 동사 및 외부에서 관찰 가능한 행동 구현 동사(오다, 가다, 나가다, 다니다)와 통합되는 모습은 서로 반대의 분포를 보여 준다. 가령, '-으러 오다'가 가능하지만, '*-으저 오다'는 불가능한 것이다. 거꾸로 '*-으러 ᄒ다'는 불가능하지만, 언제나 후자는 '-으저 ᄒ다'로만 쓰일 뿐이다. 또다른 차이는 '-으자고'는 '-으고자'에서 보듯이 앞뒤 형태가 순서를 뒤바꾸더라도 같은 의미를 그대로 지닌다. 그렇지만 이런 형태들의 순서 뒤바꿈은 '-으려고'에서는 일어나지 않는다. 모두 의지나 의도의 범주 아래에 속한 형태들이지만, 왜 이렇게 역상 관계에 놓여 있는지 그 이유를 잘 모르겠다. '-으러,

약속이나 청유의 종결 어미 '-자'가 다시 인용 구문의 형식 속에 구현
되어 '-고'라는 매개 형태소가 탈락되어 버림으로써

-으레'가 나타내는 행동의 목표나 목적은, 자유의지로 행동하는 인간의 고유한 특성이
다. 이는 곧 '의지'나 '의도'의 하위 개념에 속하므로 동일한 부류이다. 그럼에도 왜
각각 고유한 특성을 지니는지 궁금하다.

반면에 이 방언에서 관찰되는 더 확장된 형식인 '-으려고, -을려고, -을라고(-올라
고)'나 또는 '-으자고, -으고자, -으자곤, -젠'은 서로 간에 수의적으로 교체되어 쓰일
듯하다. '-으려고'는 경남 방언에서 '-올라고'라는 대응 형태가 관찰되는데, 이는 내포
구문의 융합체로서의 가능성을 열어 놓으며, '-으자고, -젠' 따위에서 관찰되는 '-고'
나 '-은'도 또한 모두 인용과 관련된 형태라고 본다.

필자가 모은 자료에서는 찾아지지 않지만, 문순덕(2003: 59~73쪽)『제주 방언 문법
연구』(세림)에서는 '-으고정 ᄒ다' 구문을 다루면서 '-으고프다(-고 싶다)'와 수의적으
로 교체되는 듯이 결론을 내렸다. 이는 제주대학교 박물관 엮음(1985)『제주어 사전』
(제주도)의 부록에 실어 놓은 활용 어미 항목의 간단한 해설과 일치하며, 이를 인용
출처로 표시해 놓고 있다(문순덕, 2003: 60쪽). '-으고프다(-고 싶다)'는 바람이나 희망
의 뜻을 품고 있다. 그렇지만 '-으고정 ᄒ다'의 사례는 앞에서 언급한 '-으고자 ᄒ다'와
관련이 있다. 필자는 실천 행위(행동 실행)가 뒤따르는 의지 표현 구문으로 파악한다
(881쪽에서 '-고 말다'와 짝을 이룬 양태 동사로서 다뤄짐). 따라서 '-으고정'에 뒤이어
구체적 사건이나 행동을 나타내는 후속절이 나올 수 있고,

"난 느ø 보고정 오랏저!"(나는 너를 보고자 해서 왔지)

와 같이 쓸 수 있는 것이다. 비록 접속 구문으로 범주가 잘못 지정되었을 뿐만 아니라
그 이전에 나온 글들을 조금도 언급하지 않았지만, 송상조(2011: §.6-2)『제주말에서
때가름소 '-오, -ㄴ'과 씨끝들의 호응』(한국문화사)에서도 '-으고정 ᄒ다'를 바람이나
희망의 범주로 다루고 있다.

그렇지만 이 형태소에 왜 연구개 비음 받침(ㅇ)이 덧붙어 있는 것일까? 네 가지 가능
성이 있다. 이것이

㉠ 접속 어미 형태소 '-앙'과 관련되는 것일지,
㉡ 인용 어미 형태소에서 찾아지는 관형형 어미의 '-은'과 관련되는 것일지,
㉢ 261쪽의 예문 (58)처럼 맨 마지막에 있던 '-은'에 문법의식이 없어진 것일지,
㉣ 제3의 기원에서 유래된 것일지

에 대한 가능성들을 따져 봐야 한다. 필자로서는 현재 ㉢이 제일 가능성이 높다고 본다.
즉, 유사 인용 구문의 형식(-은 하다)에서 의무적 생략 규칙이 '하다'에 적용되어 남은
'-은'만이 융합된 채 있다가 'ㅇ'으로 바뀐 것으로 본다. 나머지 선택지들은 모두 반례
들이 있기 때문에 선택될 수 없지만, 여기서는 소거법을 쓰면서 번다히 증명 과정을
제시함이 없이 오직 필자의 선택지만 적어 둔다.

아직 필자의 자료 모음에서는 찾을 수 없지만, 제주대학교 박물관 엮음(1985의 부록:
500~501쪽)에서는 '-고저라(-고 싶어라)'도 활용 어미 항목으로 올려놓았다. 이 복합
형식을 놓고서 두 가지 가능성을 생각해 볼 수 있다. 첫째, 계사를 이용한 강조 구문으
로서 '-으고저+이라'로 분석되거나 또는 둘째, 감탄 서법의 종결 어미가 융합되어 '-
으고저+-으라'로 분석될 수 있을 듯하다(588쪽의 각주 129를 보기 바람). '-고저라'를
바람 또는 기원의 의미로 본다면 후자의 가능성이 정합적일 듯하다.

「-자고 ᄒ다 → -자ø ᄒ다」

와 같이 혼동을 빚을 수 있는 형상도 분명히 존재한다. 이와 같이 혼동을 일으키는 경우와는 달리, 방임형 또는 양보 접속 구문을 이끌어가는 '-자'도 있다. 이는 반드시 시상 선어말 어미를 선행시켜서 '-앗자'로 구현되기 때문에, 시상 선어말 어미가 나올 수 없는 '-으저 ᄒ다(생각하다)'나 '-으저＋일반동사'나 '-자 ᄒ다'(청유 형식을 지닌 내포 구문)와는 쉽게 구분이 이뤄진다.

만일 행동 의지나 목표 또는 실천 의지나 목표를 표상해 주는 형식이 이 방언에서 서로 두 가지 다른 기본 표상에서 나왔다고 보는 필자의 가정이 옳다면, '-으자고 ᄒ다'에서 생략이 일어나서 줄어든 형식(-으자) 및 '-으저 ᄒ다'에서 다시 계사 활용(반말투 어미로서 '이어')과 관형형 어미(-은)가 융합되어 있는 초기 표상으로부터 유래되는 융합 형식(-으저＋이＋은) '-으젠 ᄒ다'가 화용적 조건에서의 생략 또는 단절 규칙이 적용되어 나온 '-으젠 ø'이 있는 것이다(단, 관형형 어미에는 계사 어간 때문에 전설화됨).

'-으자고 ᄒ다[꾀하다, 의도하다]' → '-으자 ø'
'-으저＋이어＋은 ᄒ다[생각하다]' → '-으젠 ᄒ다' → '-으젠 ø'

이 두 형식이 모두 종결 어미가 기대되는 언어 환경에서도 관찰된다. 이런 경우도 다의어적 관점에서 해당 어미 형태소의 변동으로 처리할 수 있다. 더욱이 이 방언에서 인용 구문 형식으로 자주 쓰이는 관형형 어미 '-은'이 융합되어 있는 모습으로서 '-으자곤 ᄒ다'에서 상위문의 핵어 'ᄒ다'가 단절(생략)되어 있는 '-으자곤'까지도 쓰인다는 점에 주목할 필요가 있다. '-으자곤'이라는 융합 형태가 이 방언에서는 드물지 않게 쓰이고 있기 때문이다.

(56) -으젠 ø: 흐니(그러니) 비를 피흐고 부름(바람)을 피흐젠(피하고자) ø. 이젠(이제는) 비석을 의지허여 가 가지고 「툭~」(의태어, 툭) 앚이니까(앉으니까) 「조만능지묘」라 흔 글이 새겨 잇댄 말입니다.
(그러니 비를 피하고 바람을 피하려고. 이제는 비석을 의지해서 「툭~」 앉으니까 「조만능의 무덤」이라는 글자가 새겨져 있다는 말입니다. 구비1 안용인, 남 74세: 129쪽)

(57) -다고 ø -자고 ø: 닷줄(닻줄)로다 「딱~」(의태어, 단단히) 그 절박(結縛)을 햇다고 ø. 해 가지고(그래서) "정(지고서) 가자!"고 ø.
(배 닻줄로 단단히 「딱~」 결박을 했다고. 그래서 화를 풀 양으로 큰 선물들을 "등짐으로 지고 가자!"고. 구비3 김재현, 남 85세: 210쪽)

(58) -자곤 ø: 상제(喪制) 삼 형제가 「가서 영장(營葬) ø 흐자!」곤 ø(하자고+은 ø). 개광(開壙)홀 께(것이) 아니여(아니야)?
(부친 죽었으므로, 상제 삼 형제가 「가서 영장을 하자!」고 하는 말이야. 무덤 터를 팔 게 아니겠어? 구비3 김재현, 남 85세: 230쪽)

(52)의 예문에서와 같이, (56)에서도 행동 목표를 표시해 주는 종속 접속 구문으로 해석할 소지도 있다. 여기에서도 디딤판 역할을 하는 부사 '이젠(이제는)'이 들어 있다. '비바람을 피하는' 사건과 '비석에 기대는' 사건 사이에 비바람 막을 곳을 찾는 일이 중간에 들어 있어야 하겠는데, '이제'라는 부사에 의해서 중간 매개 사건이 끝났다는 것을 시간상의 전환으로 표시해 주고 있다. 더욱이 (57)에서는 형제처럼 행동하는 형식(-다고, -자고)이 완전히 발화가 종결되는 위치에 자리하고 있다. 이는 청유문 종결 어미 '-자!'가 인용 구문의 형식을 갖추면서 화용상의 조건에서 생략된 것으로 간주된다. 이것이 '-자고 흐다'로부터 단절이 일어난 형식임을 뒷받침해 주는 예문이 바로 (58)이다. "가서 매장(영장)을 하자!"는 것이 명백한 발화의 인용일 수는 없겠지만(대신 삼형제의 마음가짐에 대한 추정) 형제들끼리 관련된 행동을 하도록 권하는 말이므로, (55)에서 보았던 형태소 '-자고'로 볼 수 있다. 211쪽의 각주 53에서 인용한 예문 ㉠에 '-곤 말이어'가 제시되어 있으며,

이는 '-고 ᄒ는 말이어(-고 하는 말이야)'로부터 줄어들었을 것으로 본다. 이런 측면에서 김지홍(2019) "제주 방언의 인용 구문과 매개변항"(『한글』제80권 4호, 통권 제326호)에서는 이것이 관형형 어미 '-은'에 소급되며 '-고+-은'이라는 복합 형태소가 융합된 것임을 주장하였다.

그렇다면 왜 굳이 '-은 말이어(-은 말이다)' 형식을 이용하는 것일까? 이 물음에 필자는 'it ~that …'와 같이 강조 구문의 형식을 빌린 것으로 보았다. 영어에서는 특정 낱말의 이동이 필수적이지만, 의무 이동이 일어나지 않는(무의미한 개념이나 이를 '제자리 이동'으로도 부름) 우리말에서는, 그 대신 어미 형태소들을 융합시키는 선택을 하게 된다. 비록 다른 형태소들이라고 하더라도, 만일 (56)과 (57)과 (58)에서 종결 어미가 나와야 하는 위치에서는 뒤따를 행동의 목표나 의지를 서술해 주는 어미 형태소들이 모두 다 찾아진다. 여기서는 이를 단절 현상으로 설명하든지, 아니면 생략 현상으로 설명하든지 간에, 일단 쉽게 복원될 수 있는 토대 위에서(이를 화용상의 조건에서 일어나는 생략으로 부름) 이것이 내포 구문을 이끌어가는 형태소가 종결 어미의 위치에서 종결 어미처럼 확장된 모습이라고 매듭짓기로 한다.

이 부분에 대한 논의가 어려움에 부닥친 까닭을 스스로 되짚어 본다. 만일 '혼잣말'을 이례적이며 예외적인 것으로 치부하지 않고, 대신 '나와 내 자신' 사이에 주고받는 「내면의 대화가 우연히 입말로 나온 것」으로 간주함으로써 의사소통의 모형을 충족시켜 놓는다면, '-으저'가 단독으로 발화되는 경우를 대화의 모습으로 엿듣듯이 기술해 줄 수도 있다. 이런 대화는 비록 의도된 청자가 아니더라도 부차 참여자 또는 방청자로서 그런 발화를 듣게 되는 경우이다. 이런 모형은 본격적으로 클락(1996; 김지홍 뒤침, 2009) 『언어 사용 밑바닥에 깔린 원리』(경진출판: §.1-2-2)에서 「주된 참여 당사자·부차 참여자·방청자·몰래 엿듣는 사람」으로 다뤄져 있다.

제7장 제3부에 대한 요약

　이 방언에서 관찰되는 접속 구문과 내포 구문의 사례들을 적절하게 해석하고 설명해 주기 위해서는, 하나의 문장을 넘어서서 문장들이 결합되어 복합 사건 연결체를 이루는 과정 및 해당 언어 덩어리가 쓰이는 언어 사용 상황 또는 맥락에 대하여 적극적으로 고려하지 않는다면, 항상 미진한 구석이 남을 수밖에 없음을 지적하면서 이곳의 논의를 시작하였다. 그뿐만 아니라 우리의 정신 작용 또는 마음가짐에 따른 씀씀이가 현재 믿음 체계 고정 과정으로 개념화되며, 비록 자기 모순의 우려가 있더라도 이런 믿음의 체계로까지 과감하게 확대하여 절로 이뤄진 접속 구문과 내포 구문들을 살펴봐야 함도 적어 놓았다.

　제2장에서는 우선 등위 접속 구문에서 관찰되는 어미 형태소 '-곡(-고)'이 여러 가지 범주에 걸쳐서 기능을 확장하면서 쓰이고 있음을 확인하였다. 전형적으로 등위 접속 구문에서 관찰되는 사례 이외에도, §.2-3에서는 사건의 전개 순서에 따라 나열되어서 선후가 뒤바뀔 수 없는 사례와 이것들이 다시 'ᄒ다(하다)'라는 상위문 동사 속에 내포되는 구성을 지적하였다. §.2-4에서는 선택지를 제시하는 형식의

구문으로도 쓰였는데, §.2-6에서는 이런 형식이 굳어져서 마치 수의적 부가절을 지닌 종속 접속 구문으로도 확장될 수 있음을 보았다. 그리고 §.2-5에서는 종결 어미가 실현될 위치에서 관찰되는 사례들을 제시하였다.

이런 확장 또는 전환이 비단 등위 접속 구문의 어미 형태소에만 국한되지 않는다. 다른 접속 구문과 내포 구문의 어미 형태소에서도 관찰되는 현상이다. 따라서 이를 일반화하여 언어 사용에 대한 상위 차원의 설명이 필요함을 지적하였다. 그렇지만 마지막 §.2-7에서는 이 등위 접속 구문의 어미 형태소 '-곡'이 확장될 수 없는 범주가 있음을 밝혔다. 내포 구문에서는 엄연히 '-고'라는 고유한 어미 형태소가 이미 쓰이고 있는데, 제6부 제5장 및 제6장에서 논의되듯이, 이 방언의 설화 자료를 통해서 확인할 수 있다. 그렇기 때문에 형태상으로 매우 닮아 있더라도, 이 형태소가 내포 구문으로까지 그 쓰임새를 확장할 수 없는 것이라고 여길 수 있다. 여기서는 언급하지 않았지만, 내포 구문에서만 관찰되는 어미 형태소 '-고'가 더 기본적인 모습이고, 등위 접속 구문에서 빈출하는 어미 형태소 '-곡'은 명사를 만들어 주는 다른 요소가 더 들어가 있을 가능성이 있다. 이는 제6부 제7장에서 사변적인 모색으로 임시 언급되어 있지만, 다른 글로 따로 다루어야 될 중요한 논제라고 판단한다.

§.3-1에서는 필수적 선행절을 요구하는 종속 구문이 2항 접속의 경우와 개방적인 다항 접속으로 나뉨을 지적하였다. 이와는 달리 수의적인 부가절의 형식으로 덧얹히는 수의적 종속 접속 구문도 있다. 이는 전통문법에서 이른바 방임형이나 양보 구문으로 기술되어 온 경우들에 해당하였다. 가능세계에서 사건 전개의 개관에 대한 '판단' 개념과 연관된 동사가 핵어로서 일반화된 논항구조를 투영할 때, 제3의 논항에 자리 잡는 내포문까지 고려한다면, 이는 우연히 기능문법에서 다루는 절의 삼분 모습(등위절·종속절·내포절)과도 정합적으로 일치한다. 그렇지만 본고에서는 종속절이 2항으로 된 경우와 개방적인 다항 종속절

로 나뉜다는 점을 이 방언의 자료를 통해 더 추가해 놓았다.

§.3-2에서는 이 방언에서 2항으로 된 종속 접속 구문에서 찾아지는 어미 형태소 '-거든'이 더 줄어들거나 '-건'으로 되거나 또는 더 늘어나서 '-거든에'와 '-거들랑'의 모습으로도 쓰임을 확인하였다. 동일하게 조건을 표시해 주는 종속 접속 어미 형태소 '-으민'('-으문, -으면'으로 변동됨)과는 현실세계에서 즉각 찾아지는 직접적인 조건인지 여부에서 대립될 수 있음을 언급하였다. 전자가 오직 현실세계에서의 조건을 직접 언급한다면, 후자는 현실세계 및 모든 가능한 세계에서 적용될 법한 일반적인 조건을 가리킬 수 있는 것이다. 그런데 이 어미 형태소가 종결 어미가 쓰여야 할 자리에 그대로 머물고 있는 경우가 있었다. 국립국어원의 『표준국어대사전』에서는 이런 경우를 놓고서, 청자가 모르는 내용을 가르쳐 주거나 앞으로 계속 말할 이야기에 대한 전제를 베풀어 주는 기능을 지닌다고 풀이하였다. 이런 속뜻을 지닐 경우에, '-거든'은 결코 '-으민(-으면)'과 교체되어 쓰일 수 없다. 후자는 희망이나 기대를 나타내는 내포 구문 형식 「-으면 좋겠다, -으면 싶다」에서 허용하는 핵어 동사가 생략됨으로써, 말 없음 표를 찍을 만큼 매우 제약된 범위에서만 종결 어미로 바뀔 수 있다. 비록 종결 어미 위치에서 관찰되더라도 서로 그 속뜻들이 다름을 알 수 있었다.

§.3-3에서는 '이유'라는 개념에 깃든 속뜻을 다루었는데, 화자와 청자 사이에 서로 믿음에 대한 일정한 간격이 전제되어 있음을 명시적으로 언급하였다. §.3-4에서는 처음으로 '-으난'이란 형태소가 '-으니'와 '-아네'라는 두 가지 어미 형태소 융합되었을 가능성을 타진하였다. 이런 융합 형식이 결코 이례적인 것은 아니다. 이 방언에서는 유사하게 접속 어미 형태소들이 융합되었다고 봐야 할 다른 경우들도 있었다. 여기서는 '-으멍(으며+앙)'의 융합 가능성과 '-다가'가 각각 '-앙 vs. -안'과 융합되어 다시 '-다그넹에 vs. -다네'로 구현되는 모습도 같은 형식의 융합 사례로 제시되었다.

§.3-5에서는 이유를 나타내는 형태소 '-으난(-으니까)' 구문이 전형적으로 2항으로만 이뤄지는 필수적 선행절을 지닌 종속 접속 구문이며, 여기에서도 몇 가지 변동이 일어났음을 알 수 있었다. 2항으로 된 동일한 종류의 종속 접속 구문에서도 이 형태소의 의미(또는 기능)가 시간상 사건 전개의 흐름을 나타내거나 후행절에 대한 배경 또는 무대의 역할을 맡기도 하고(이는 다항 접속으로 전환됨), 원인이라는 의미도 가리킬 수 있었다. 또한 2항 접속이 아니라, 다항 접속의 형태로도 동종의 어미 형태소가 관찰될 수 있었다. 이는 사건의 전개 순서에 따라 단위 사건들을 절로 이어서 서술해 주는 접속 어미 형태소 '-앙 vs. -안'이 보여 주는 다항 접속의 행태를 따르고 있었다. 마지막으로 종결 어미가 나와야 할 위치에서도 '-으난' 형태소가 관찰되었다. 그렇지만 아무렇게나 종결 어미로 전환되는 것이 아니라, 여전히 이유나 근거를 제시한다는 속뜻을 머금고 있음을 확인할 수 있었다.

제4장에서는 담화를 전개하는 방식을 다루었다. 수의적 부가절에서는 이런 접속의 몫을 맡고 있는 고유한 형태소가 없다는 점에 주목할 필요가 있다. 수의적인 만큼 고유한 형태소가 애초부터 만들어져 있을 수 없음을 알 수 있다. 만일 그랬더라면 너무 유표적이고 너무 값비싼 문법 형태였을 것이고, 일반화되고 보편적으로 쉽게 이용할 수도 없었을 것이다. 따라서 부차적이고 지엽적인 존재로서 수의적인 부가절의 모습을 띠는 종속 접속 구문을 일단 괄호 속에 놓아두고 따로 다루지 않았다.

그렇다면 복합 구문의 하위 갈래는 결국 접속과 내포로 나뉜다. 우리말에서 입증되듯이 접속은 고유한 어미 형태소의 존재 유무로써 구분하여, 등위 접속과 종속 접속이 있을 뿐이다. 이는 핼러데이 외 (Halliday and Matthiessen, 2004 제3개정판) 『기능 문법 입문(*An Introduction to Functional Grammar*)』(Hodder Education)에서 언급한 삼분 유형과도 일치하겠지만, 또한 필자의 생각과 다른 측면도 있다. 어떤 덩잇글이나 덩잇말도 상위 차원으로 점차 묶여 나가야 하기 때문에(94쪽의 〈표

4>), 접속보다 내포가 더 기본적인 개념이다. 그리고 접속과 내포는 다시 모두 반복 함수(현실세계에서는 언제나 사건들이 일어나는데, 이를 추상화한다면 '사건 반복'으로 표현할 수 있음)의 구현으로 통합되는데, 현실세계는 사건들로 이뤄져 있는 것이다. 접속에서는 다시 전형적으로 그 하위범주가 등위 접속 및 종속 접속으로 나뉜다. 필자는 시간 흐름에 따른 사건의 전개 방식을 반영해 주는 종속 접속 자체가 더 빈번히 일어나고, 우리의 현장 경험 사건들을 잘 반영해 주는 것으로 본다.

제5장에서는 1980년대에 이뤄진 이 방언의 입말 채록 자료들을 놓고서 '-고 ᄒ다, -고 말이다'로 내세울 수 있는 인용 관련 어미 형태소 구문을 살펴보았는데(내포문의 종결 어미를 살리면 '-다고 ᄒ다, -다고 말이다'), 그 변이 모습도 아주 다양하게 관찰할 수 있었다. 이런 변이의 다양성에 더하여, 특히 공통어의 결합에서는 찾아지지 않는 '-곤 말이어'('-고 하는 말이야'에서 나왔을 것으로 봄)의 존재는, 이 방언에서 이미 아주 오랜 동안 이런 형식이 빈번히 쓰여 왔음을 가정하지 않고서는 결코 합리적 설명이 제시될 수 없다. 종전의 논의에서 언필칭 "개신파의 영향"이라는 주장은, 이 방언의 언어 사실을 왜곡시키는 일에 불과하다. 이런 구문의 형식에서는 '-고'라는 어미 형태소가 생략될 수도 있지만, 또한 '-고'라는 어미 형태소 하나만 남고 나머지는 단절됨으로써 마치 종결 어미처럼 기능이 전환되는 사례도 살필 수 있었다.

제6장에서는 이 방언에서 내포 구문으로 표현되는 부류로서, 행동 목표를 표시하거나 실현 모습을 나타내는 절과 상대방이 일으킬 만한 사건의 동기를 추정하는 절들을 다루었다. 선행한 내포절에서 관찰되는 두 계열의 어미 형태소가 있었다. 하나는 '-으러, -으레'와 이것이 확장된 형식으로서 '-으려고, -을라고(-을랴고)'라는 내포절 어미 형태소들이다. 다른 하나는 '-으저, -으자' 및 이 형태와 유관한 '-으자고, -으젠'이 있었다. 이 절을 투영해 주는 상위문의 핵어 동사는 '하

다'와 '오다, 가다, 나오다, 다니다' 따위가 있었다. 전자는 생각 내용을 그려 주는 「묘사 동사」로 파악하였다. 후자는 구체적 사건이나 행동을 표현해 주는 일반 동사로 지정하였다. 우연하게도 이 방언의 내포 구문의 어미 형태소가 각각 생각 표상과 행동 표상으로 포착할 수 있었지만, 좀 더 숙고를 해야 할 과제로 남겨 둔다.

'-으러, -으레'는 구체적인 행동 표시 동사(오다, 가다, 나가다, 다니다)에 내포되어 이음말처럼 쓰일 수 있다. 그렇지만 '혼잣말'로서 이례적으로 단독으로 발화될 경우를 제외할 경우에, '-으저'는 오직 묘사 동사 'ᄒ다'에만 내포되는 특성이 있었다. 이는 '-으저 ᄒ다'를 '-으저 생각ᄒ다'로 교체할 수 있음을 의미했다. 곧, 행동(행위) 표상 방식과 생각 표상 방식을 나눠 놓을 수 있는 것이다. 전자에서는 내포절이 행동의 목표나 의도를 가리켜 준다('-으자 ᄒ다'와 수의적 교체가 가능함). 후자에서는 생각의 내용을 드러내어 준다('-으자'와는 교체가 불가능함).

그렇지만 이런 제약이 '-으려고, -을라고(-을랴고)'와 '-으젠, -으자고, -으자, -으자곤'에서는 적용되지 않으며, 앞에서 제시한 어떤 동사의 범주에도 제약 없이 자유롭게 내포된다. 이런 현상을 필자는 종속 접속 어미 구문이 초기 표상에 자리잡고 있는 것으로 보았다. 그 종속 접속 구문은 유사 인용 형식을 이용하는 것이다(인용 구문의 형식이 다시 선행절 속에 포함됨). 인용 구문 형식에서 상위문 핵어가 화용상의 조건에서 생략(단절)되는 일이 흔하였는데, 여기에서도 그런 화용상의 생략이 관찰된다. 다시 말하여, 이들 어미 형태소 중에서 '-으젠, -으자고, -으자곤' 따위가 종결 어미가 실현되어야 할 위치에서 관찰되는 것이다. 이를 일관되게 인용 형식의 내포 구문에서 상위문 핵어가 생략(단절)됨으로써 결과적으로 종결 어미처럼 변이되는 것으로 보았다. 이는 규칙에 의해서 유도될 것이므로, 굳이 범주까지 다 전환되었다고 기술할 필요는 없을 듯하다.

내포 구문을 이끄는 어미 형태소 '-아'(이른바 부사형 어미 또는 학교 문법에서 보조적 연결어미)의 경우에, 사건의 양태를 가리키는 다수의 동사 짝들이 있다.

「'-아 가지다 vs. -아 놓다', '-아 두다 vs. -아 버리다', '-아 주다 vs. -아 먹다'」 등

이런 짝들 중 유독 '-아 가지다'와 '-아 두다'는 매우 특이하게 접속 구문의 사례들에서 자주 관찰된다. 이 두 가지 형식이 하나의 관용구로 인식되면서 마치 단일 형태소처럼 쓰임에 따라, 다시 각각 종속 접속 구문에서 '-앙(-아서)'이 쓰일 자리에 '-아 앗엉(-아 갖고)'으로 나오며, 등위 접속 구문에서 '-으멍(-으면서)'이 쓰일 자리에 '-아 둠서(-아 두면서)'로 쓰이기도 한다. 이것들은 831쪽 이하의 관련 항목들에 대한 논의에서 재론된다.

제4부 개방적 등위 접속 구문과 관련 모습들

제1장 들머리

접속의 가장 단순한 형태는 임의의 대상들을 놓고서 일직선상으로 병렬, 또는 병치, 또는 나열하는 방식이다. 이를 대등한 위상(대등한 자격의 지위)임을 가리키기 위하여 이 글에서는 '등위'라는 용어를 쓰고 있다. 그렇지만 임의의 대상이 내적 구조를 지닐 경우에는 그 방식에 변동이 생겨난다.

흔히 대상 또는 개체(개개의 사물이나 물체, 다른 용어들에 대해서는 501쪽의 각주 109 참고)가 있고, 이것들이 서로 긴밀한 관련을 맺을 경우에 사건이나 사태로 부른다. 집합론의 관점에서 현대 학문이 터전을 닦기 이전까지는, 대상이나 사건들을 놓고서 어떻게 관련을 지어 놓을지를 다룰 만한 방법이 없었다. 오직 분류학적 노선을 추구했던 아리스토텔레스의 『사고 도구』에 기대어서, 「특정한 형식」(제약 조건임)을 지닌 것만 우리의 생각이나 사고를 진행하는 도구로서 받아들여졌을 뿐이다.[62] 특정한 형식이라는 조건은 세 가지로 요약된다.

---

62) 서구의 중세 시절에 논리학과 관련하여 유기적으로 연결된 6권의 총서를 모아 놓은

첫째, 서술 단정을 하는 문장 형식을 띠어야 한다(결코 명령문이 아닌데, 일본의 초기 화란 유학생 서주[西周]는, 명령문 형식의 표제, 이를 줄여서 '명제'라고 잘못된 이름을 붙였음).

둘째, 주어와 술어가 결합할 수 있어야 한다.

셋째 '전체 또는 하나', 그리고 '반드시 또는 우연히'와 같은 양화 및 양태 표시가 들어가 있어야 한다.

이런 세 가지 형식을 갖춘 경우에 단언(참값 여부를 단정하는 말)이라고 불렀다. 이들은 사각형의 꼭짓점에 배당되는 네 가지 A·E·I·O 형식으로 나뉜다. 이런 단언들의 연역 관계를 처음으로

「삼단 논법 및 생략된 삼단 논법들」

로 다룬 것이, 지금까지 내려오는 인류 지성사에서 고유한 영역으로서 「논리학」을 출범시킨 아리스토텔레스의 공적이다.

만일 임의의 대상이 특정 조건들을 지닌 것에 국한시킨다면, 대상들을 잇거나 접속하는 경우에도 그 자격을 물을 수 있다. 필자는 그 자격을 서로 동등한 지위(동등한 위상의 자격)를 지닌다는 뜻으로 '등위'라는 말을 쓰고 있으며, 동등한 지위를 지닌 대상들이 접속되는 경우를 「등위 접속 구문」이라고 부르고 있다. '동등하다'라는 말은 '대등하다'는 말보다 좀 더 융통성이 있다. 이른바 생성문법에서 다루는 임의 범주의 완결체 XP를 접속할 수 있기 때문이다. 이 용어에서 동등한 지위는, 하나 이상의 낱말을 대상으로 하여 접속할 수도 있고, 구를 대상으로 삼을 수도 있으며, 절을 놓고서도 동등하게 적용될 수 있다.

것이다. 「범주론」, 「해석론」, 「분석론」 전서·후서, 「변증론」, 「궤변론자 논박」이다. 「분석론」 전·후서를 제외하고서, 4권이 모두 희랍 원전으로부터 우리말로 번역이 출간되어 있다. 우리말 번역서와 영어 번역서를 서로 비교하면서 읽을 수 있다. 774쪽의 각주 151에서는 '양태'(양상)의 개념과 관련하여 『사고 도구』의 핵심 내용을 필자 나름대로 요약해 놓았다. 그곳도 같이 보기 바란다.

그렇지만 이런 범주가 엄격히 구분되는지를 놓고서 의문을 던질 수 있다. 우리가 경험하고 언어로 표현하는 사건이 오직 특정한 범주로만 구현되어야 하는 것이 아니라, 두루 여러 범주들에 걸쳐서 표현될 수 있다는 특징 때문이다. 이런 측면을 범주들 사이의 변이 또는 변동으로 부를 수 있다.

그렇다면 이러한 변동을 다루기 위해서 첫 출발점을 정해 놓을 필요가 있다. 현재 합리적으로 받아들여지고 있는 '가설-연역 체계'에 의한 모형을 따른다면, 임의의 첫 출발점은 현실세계에서 일어나고 있는 낱개의 사건이며, 이 사건을 집합 표상으로 나타낸다.[63] 언어학에서는 「절 유사 단위(clause-like unit)」라고 부르거나, 담화 전개에서

---

63) 계몽주의 시기에 데카르트가 좌표계를 도입하면서 처음으로 기하학이 대수적 표상으로 전환되었다(해석 기하학). 이어 대수의 표상도 논리에 근거하여 도출하려는 시도가 불(Boole, 1854) 『An Investigation of the Laws of Thought on which are Founded the Mathematical Theories of Logic and Probabilities』(Dover)와 같은 창의적 학자에 의해 시도되었다. 특히 현대에 들어서면서 이른바 방법론적 일원론의 바탕 위에 수립된 '수학 기초론'이 생겨났다. 이는 공리 체계(axiomatic systems)에 터전을 두고서 새롭게 「기호 논리」 또는 「상징 논리」로 발전하였다.

일원론에 근거한 '가설-연역 체계'에 대해서는 헴펠(Hempel, 1965; 전영삼 외 3인 뒤침, 2011) 『과학적 설명의 여러 측면 1, 2』(나남)를 읽어 보기 바란다. 특이하게도 헴펠 교수는 자유의지에 의해 일어난 역사적 사건이나 자유의지의 구현 결과인 인문학적인 사건들조차도 자연과학에서 모범으로 삼는 결정론적 해석 모형으로 설명할 수 있다고 주장한다(508쪽의 각주 114를 보기 바람).

최근 타계한 천체물리학자 S. Hawking(1942~2018)이 자신의 특집 방송에서 「인간의 의식은 모든 경우에 먼저 무의식적 결정 과정에 의해서 견인된다」고 말하는 대목이 유독 필자의 눈길을 끌었다. 다시 말하여 87쪽의 각주 35와 506쪽의 각주 113에서 머클레인의 3겹 두뇌 가정을 적어 놓았는데, 여기서 백질로 이뤄진 제1뇌(그 기능이 신진대사로 대표됨)와 제2뇌(그 기능이 욕망과 감정으로 대표됨)가, 먼저 우리가 스스로 의식하기 이전에 그 방향과 내용을 결정론적으로 지정해 놓는다는 것이다. 우리에게서 「자유 의지」에 따른 결정 과정을 포기하고 만일 우리의 판단과 결정과 평가에 언제나 무생물에 적용되듯이 모종의 결정론적 처리가 적용되려면, 아마 그러한 무의식적인 작용들을 고려해야 할 것이다. 그렇지만 여전히 우리 인간의 기억을 모의하는 노벨상 수상자들의 연구에서도 「환원주의」 가정과 「통합주의」 가정이 서로 맞서고 있다(각각 켄들 및 에들먼으로 대표되는데, 83쪽의 각주 33과 117쪽의 각주 41을 보기 바람). 필자는 제3의 뇌(회백질로 이뤄짐)에 해당하는 두뇌 피질의 기억 방식을 모의하려는 후자의 접근에서는 결정론적 해결책으로는 제대로 구명되지 않을 것으로 본다. 왜냐하면 한 개인의 체험이 누적됨에 따라 그리고 그가 지향하는 보람(가치관)에 따라 독자적으로 판단·결정·평가가 이뤄짐으로써, 이것이 바로 사람들 사이에서 찾아지는 편차 및 구별점을 마련해 놓기 때문이다. 이는 일반론적이고 차별성을 인정하지 않는 접근과는 정반대의 대척점에 놓여 있음을 의미한다.

찾아지는 '억양' 단위라고도 부른다. 수학·심리학·철학·인지과학·컴퓨터 영역 등 여러 학문 영역에서는 논리학의 질서를 따르고 있기 때문에, 아리스토텔레스에서부터 쓰이는 '단언'(명제)을 선호하여 쓰고 있다. 생성문법에서는 XP라는 형식 단위(임의 범주의 자족적인 완결 형식)를 써 왔다. 만일 임의의 구절을 가리키는 XP를 받아들일 경우에, 이는 핵어 X의 값에 따라서 명사구로도, 동사구로도 실현될 수 있고, 선어말 어미 구절이나 어말 어미 구절로도 실현될 수 있다.64) 이는

---

64) 참스키 교수가 이끌었던 생성문법이 그 이전의 전통 문법이나 기술 문법과는 판이한 태도가 임의 범주의 구절(XP)의 설정이다. 임의 범주는 모두 두 층위를 지닌 핵어 구조를 지닌다. 명사(N, Noun)는

N, N′, NP

를 투영하여, 전형적인 논항구조(canonical argument structure)로 구현된다. 한 문장은 생성문법에서 종결 어미 또는 어말 어미(C, Complementizer)의 투영으로 표상된다(CP). 이런 터전에서는 오직 임의 단위가 핵어 투영으로 인해, 중간 투영의 핵어와 최종 투영의 핵어를 지닌다는 점만 언급할 뿐이다. 이런 측면에서는 그 핵어가 어휘 범주의 핵어인지 아니면 기능범주의 핵어인지에 대해서도 규정하지 않지만, 만일 좀 더 세부 차원으로 진행한다면 다시 자질들을 배합하여 더 자세한 그림이 얻어진다. 다시 말하여, 구조주의 또는 기술문법에서 상정해 온 형태소 낱말·구·절·문장 따위의 구분이 무의미해진다. 오직 두 가지 계층을 지닌 핵어의 투영만이 논의의 표적이 된다.

그런데 담화 연구에서는 임의의 사건을 표상하는 개념이 언어로 표현되는 방식이 적어도 네 가지 길이 있음을 찾아내었다. 그것이 문장으로도 나올 수 있고, 절로도 나올 수 있으며, 구로도 나올 수 있고, 심지어 낱말로까지 줄어들 수 있는 것이다. 여기서 문장에서 절로 축소되는 과정은 생성문법에서도 아주 자연스런 과정으로 파악하여 충분히 논의된 바 있다. 그렇지만 구(phrase, 구절)로 나오거나 심지어 낱말(word)로만 나오는 경우는, 아직 생성문법에서 심각하게 주목해 보지 못하였다.

대신 현대 학문의 비조로 칭송되는 프레게(1879; 전응주 뒤침, 2015)『개념 표기(개념 문자)』(EJ북스)에서부터 비롯된 「수학 기초론(Foundation of Mathematics)」에서는 개념의 표상 형식들을 다룬다. 여러 가지 형식들 중에서도 특히 참값들로 구성된 세계를 구성할 수 있는 함수의 계산 방식(플라톤의 이데아 세계처럼 순수한 표상 형식의 정수가 됨)을, 미국 프린스턴 대학의 수학자 처취(A. Church, 1941)『추상화 전환에 대한 계산 방법(*The Calculi of Lamda-conversion*)』(Princeton University Press)으로 다룰 수 있음을 밝혀내었다. 이른바 '추상화 연산(abstraction function)' 또는 '람다 연산(λ-function)'인데, 개체(entity)를 대상으로 하므로

$\lambda x \ [\ \cdots \ x \ \cdots \ ] \ (c)$

로 약속하여 쓴다. 추상화 연산자는 변항 x에 관한 것인데, 이 변항은 맨 뒤에 괄호 속에 표시된 상항 c에 의해 그 값이 적용되어 나온다. 이를 자연언어인 영어에서는 대표적인 사례를 거론하는 어구인 'such as ∼' 또는 'such that ∼'으로 읽게 된다(이른바 집합 정의 방식 중 예시 또는 매거법에 해당한다). 필자는 이를 '추상화' 연산으로 부르고 있다. 순수히 개념 작용 측면에서 참값 항목들로써만 추상화해 놓은 것이다. 이익환(1984)『현대 의미론』(민음사)에서는 '람다 추출'이라고 번역하였다. 만일 그럴 경우에

「무엇으로부터 무엇을 추출하였는지(뽑아내었는지)」가 궁금하다. 여기서는 일관되게 모든 가능세계에서 참값만 지니는 대상들을 통한 「추상화 연산 방식」으로 부를 것이다.

담화 연구에서는 왜 동일한 임의의 사건을 문장으로도 표현하고, 절로도 표현하며, 왜 구(구절)로도 표현하고, 낱말로도 표현할지에 대하여 물음을 던지면서, 그 표현 동기들을 본격적으로 탐구해 나가기 시작하였다. 여기서는 이런 전환(변환: conversion, 변형: transformation 등 여러 용어가 쓰일 수 있음) 과정이, 우리의 개념 표상을 중심으로 하여 아주 쉽게 그리고 자연스럽게 일어난다고 가정할 것이다. 가령,

「철수가 영이를 죽였다」

라는 진술이

「철수의 살인」 또는 「그 살인」

으로 표현되었을 경우에, 도대체 뭐가 어떻게 달라지는 것인지(공통점 및 차이점)를 탐구하는 것이다. 필자는 이내 이것이 내포논리에서 익숙히 다뤄온 '추상화 연산 방식'과 밀접하게 관련됨을 깨닫는다. 페어클럽(2003; 김지홍 뒤침, 2012: 322쪽의 역주 16) 『담화 분석 방법』(경진출판) 및 위도슨(2004; 김지홍 뒤침, 2018: 247쪽의 역주 181) 『텍스트, 상황 맥락, 숨겨진 의도』(경진출판)에서는 다음처럼 우리말로 예시를 해 두었다.

"철수가 영이를 사랑했다."

라는 문장이 주어질 경우(임의의 사건이 주어질 경우), 이를 명사 표현으로 바꾸는 선택지는 다양하게 많이 있다. 먼저 이 문장을 그대로 명사로 만들어 줄 수 있다. 여기서는 두 가지 선택지가 있다.

① "철수가 영이를 사랑했다는 것/사실"이다(문장에 새롭게 명사절 형성 요소를 도입함)
② 다음으로 "철수가 영이를 사랑한 사실/것"(문장을 명사절로 바꾸는 형식을 적용함)

후자에서는 문장의 시제 형태소가 관형절 시제로 바뀌었다. 다시 이를 더 줄일 수 있다.

③ "철수가 영이를 사랑했기"
④ "철수가 영이를 사랑했음"

여기에서도 두 가지 후보가 제안될 수 있는데, 모두 임의의 전체 문장 속에서 한 가지 요소로 구현되어야 하는 조건이 덧붙는다. 여기서는 모두 주격 조사나 대격 조사나 처격 조사를 구현할 수 있기 때문에, 명사절의 형식이지만 한 문장의 논항이라는 지위를 부여할 수 있다. 여기서 또다시 시제 형태소를 다음처럼 없애 버릴 수도 있다.

⑤ "철수가 영이를 사랑하기"
⑥ "철수가 영이를 사랑함"

단, 우리말 명사화 어미/접사 '-기 : -음'은, 영어의 명사화 어미/접사 '-ing : -ed'에 대응하며, 각각 과정 진행 해석과 결과 상태 해석에 간여한다(796쪽의 〈표16〉 참고). 여기까지는 모두 명사절이라고 부를 만하다.

그렇지만 문장에서 명사절로 바뀌는 방식은, 이른바 동일한 진리값을 바탕으로 하여 변환된다고만 언급되었을 뿐이다. 왜 동일한 사건을 가리키면서 앞의 일곱 가지 방식으로 표현될 수 있는지에 대한 보다 더 중요한 상위의 물음을 제대로 던져 보지 못하였다. 따라서 합의된 답변 방식이 아직 언어학계에 정설로 제안된 바 없겠지만, 어떻게 답변이 마련되어야 하는지는 그 방향을 쉽게 알 수 있다. 직관적으로 첫째, 이 문장이나 명사절의 핵어인 후행 요소를 중심으로 마련될 수 있다. 둘째, 진리값과 대조시키기 위하여 벤다이어그램(Venn diagram)과 같이 집합론적 표기 방식을 도입해야 함을 제안할 수 있는 것이다(두 가지가 서로 공모해야 함).

여기서는 일단 한 문장이 어떻게 한 낱말로 줄어드는지 그 과정과 방식을 보여 주는

데 더 큰 초점을 모으고 있다. 따라서 좀 더 이 변환(전환, 변형) 과정을 진행해 나가기로 한다. 어느 언어에서이든지, 이 명사절 단계로만 끝나는 것이 아니다. 이런 명사화의 단계를 한층 더 높여갈 수 있다.

⑦ "철수의 영이 사랑"

이런 언어 형식을 놓고서 생성문법에서는 명사절로 부른다. 그렇지만 전통문법에서는 잘못 '명사구'로 지정해야 한다. 이 표현이 엄격히 하나의 사건을 표상하고 있다는 점에서, 그리고 서술 관계를 쉽게 확보하고, 시상 요소 및 서법 요소를 제외하고서 이내 다 복원할 수 있다는 점에서, 이 언어 형식은 당연히 '절'이라고 불려야 한다. 단지 명사들이 이어져 있다고 하여 구(구절)라고 불러서는 안 되는 것이다. 사건 구조는 명사절로 통일하여 부르는 것이 옳은 것이다. 또한 이런 표현도 더욱 추상화한다면 다음 표현들이 모두 다 가능하다.

⑧ "철수의 ___ 사랑"
⑨ "___ 영이 사랑"
⑩ "___ ___ 사랑"
⑪ $\lambda x \lambda y$ [L(y, x)](철수, 영이)

생성문법에서는 밑줄을 그어 놓은 곳에 공범주 요소 'e'(empty category, 음성 실현이 비어 있는 범주이며, 대명사 요소이기 때문에 pro라고도 씀)를 집어넣는다. 기호논리학에서는 참값을 갖고 있는 요소들을 모아 놓았다는 점에서 추상화 연산소를 지닌 λ $x[x]$(c)를 집어넣게 된다. 처취(Church, 1941) 『The Calculi of Lambda-Conversion』(프린스턴대학 출판부)에서 처음 마련된 「오직 참값의 원소들만 모아놓은 집합」을 가리키며, 영어로 읽을 때에는 대표 사례들을 일컫는 「such that~」으로 바꾸어 부른다. 이를 ⑪로 표현할 수 있다. 항상 참값을 갖는 임의의 두 항이 '사랑' 관계에 있으며, 그 두 개의 항에는 각각 오직 상항 '철수'와 '영이'에만 적용된다. 사랑 관계를 표현할 경우에 먼저 동사구(영이 사랑하다)가 수립된 뒤에, 다시 절이나 문장(철수 영이 사랑하다)으로 진행되므로, 대격이나 목적어 항목이 기호 논리 표상에서는 먼저 적혀 있는 것이다. 이를 자연언어로 풀어 말할 경우에는 모든 가능세계에서 참값을 지닌 항이 두 개가 있는데, 이것들이 사랑 관계를 이루는데, 다음과 같이 철수와 영이 사이에 성립한다고 말하는 것이다(219쪽의 각주 55를 보기 바람).

⑩만 대상으로 삼을 경우에, 국어사전에 올라 있는 축자적 의미와 형태가 동일하므로, 무슨 차이가 있을지 궁금할 것이다. 전통문법에서는 이런 물음을 던질 관점도 마련하지 못하였으므로, 아무런 답변도 마련할 길이 없었다. 그러나 생성문법에서는 낱말의 의미자질들이 이 낱말 안에 갖춰져 있는 것으로 상정하므로(이른바 「하위범주화 자질」이 더욱 구체화되어 의미역 구조와 사건구조를 지닌 것으로 상정됨), 구체적 사용 현장에서 그런 자질들이 곧 배당될 수 있다. 비록 아직 생성문법에서 ⑧~⑩들과의 동형 사건 구조를 상정해 놓은 것은 아니지만, 내포 논리에서 다루는 추상화 연산 방식을 채택할 경우에, 언제나 동일 유형의 사건 구조가 머릿속에서 추상적으로 마련되어 있음을 알아차릴 수 있는 것이다.

그렇다면 정작 제기해야 할 물음은 완벽한 문장 "철수가 영이를 사랑했다."를 변형시켜 놓은 ①에서부터 ⑩까지를 동일한 것으로 볼 것인지, 다른 것으로 볼 것인지에 대해서이다. 현재 시점에서 필자가 이해하는 처리 방식은, 이들이 모두 동일한 사건구조를 지니고 있다는 점에서 외연의미(지시의미)가 동일하지만(이들 모두 동일한 진리값을 지님), 각 표현이 다른 만큼 내포의미는 다르게 배당되어야 할 것으로 판단한다. 여기서 들어가야 하는 자질(세부특징)로서 공통적으로 「참값인 양 제시하기」와 「행위(행동) 주체를 숨겨 버리기」 등이 고려되고 있으며, 또한 개별 언어마다 명사화 어미 또는 임의의 완결된 형식들이 동등한 지위로 접속될 수 있음을 의미한다.

　수학 기초론에서 다루는 대상이 집합들의 관계 또는 집합족의 관계임을 받아들일 경우에,[65] 가장 소박하게 필자는 이 단위가 매일 우리가 경험하는 것이 사건들이며, 임의의 사건과 사건들이 이어져 있어서 일련의 사건 연결체와 그런 연결체들의 그물짜임이 우리 머릿속 기억에 표상되어 있다고 본다. 사건을 표현하는 언어적 방식은 희랍 시대에서부터 추구되어 왔던 내적 구조를 지닌 「절 유사 단위」이다(이하에서는 '유사'라는 책임 경감 표현을 지우고서, 소박하게 '절'이라고 부를 것임). 다시 말하여, 절이 내적 구조(주어와 술어로 환원될 수 있는 구조)를 지니기 때문에, 절들 사이에 관련성을 표시해 줄 수 있는 것이다.

　지금까지 밝혀진 담화 연구의 영역에 따르면, 이런 관련성이 미시구조로 표상된다. 이는 크게 동일한 유형의 사건이 반복되는 경우와 다른 사건들로 진행되어 나가는 경우로 나뉜다. 전자는 생략이나 대용 표현을 쓴다. 후자는 가리키는 표현(지시 표현)과 낱말들을 바꾸어 사슬(어휘 사슬)을 만들어 놓는 일로 이뤄진다. 그렇더라도 이런 미시구조들이 다시 거시구조 속에로 들어가야 한다. 그리고 미시구조와 거시구조를 합친 '텍스트-기반'이 장기기억 속으로 저장되기 위하여

접사의 기능에 따라 독자적 요소들도 추가될 수 있다.
　이런 복잡한 논의를 한마디로 줄인다면, 문장은 듣는 즉시 우리들이 참·거짓 여부를 따질 수 있다. 그러나 이를 명사처럼 만들어 표현한 경우에는, 어릴 때부터 익힌 대상 표현이 그러하듯이, 미리 참값으로 주어져 것인 양 착각하게 만들어 놓는다는 점이 속뜻으로 깃들게 되는 것이다.

65) 뤄쓸(1937, 제2판) 『수학의 원리』(Norton & Co.)에서는 우리의 일상체험과 관련하여 유의미하다고 판정된 집합족의 관계를 가리키기 위하여 collection(유의미한 집합족들에 대한 모음)이라는 용어를 쓴 바 있다. 순수하게 수학 영역에서의 논리적 도출관계만 다루는 set의 개념과 구별짓기 위한 고육책이라고 필자는 이해한다. 그곳에서는 또한 존재하는 대상들 사이에 함의를 다루게 되는 material implication(물질 함의)이 우리의 인식 가능 범위에서 다룰 수 없음을 자각하였고, 오직 formal implication(형식 함의)만을 다루기 위해서 'if~ then~'이란 형식을 따로 구분하여 쓰고 있음을 명시해 놓았다. 이런 제약 조건들이 구체적인 삶을 살아나가는 인간과 그 인간의 인식 범위를 적의하게 표상하려는 노력이다. 현대 지성사에서는 「인식 주체의 한계」를 명확히 사고·판단 속에다 집어넣고 있는 것이다.

다른 감각자료의 정보들과도 합쳐져서 상황모형을 형성해야 한다(84쪽의 〈표3〉과 94쪽의 〈표4〉를 보기 바람). 미시구조들이 모여서 거시구조를 만들며(64쪽의 〈표2〉를 보기 바람), 이것이 다시 관련된 감각자료의 정보들을 덧붙여 놓음으로써, 비로소 장기기억에 인출 구조로서 저장될 준비가 끝난 것이다. 그렇다면 이런 이해의 처리 과정을 근거로 하여, 궁극적으로 모든 절들이 다시 상위 개념들로 내포되어 들어간다고 말할 수 있다.

제2장 등위 접속 구문과 관련 사건들의 위상

: 나열·동시 진행·역방향의 접속

　이 방언에서 등위 접속 구문의 사례는 낱말 접속에서부터 구 접속을 거쳐 절을 접속하는 일에 이르기까지 그 범위가 아주 다양하다. 여기서는 생성문법의 일반범주 표상 XP를 받아들여 절을 중심으로 논의하고 있으므로, 절에 대한 접속, 그리고 이 절이 줄어든 것으로 기술해 온 구 접속을 주된 대상으로 하여 논의해 나가기로 한다. 구조주의 문법 또는 기술문법에서 논의한 대로, 임의의 요소는 작은 단위에서부터 큰 단위로 정연하게 확대되어 나가는 것이 아니다. 오히려 거꾸로의 방향으로 진행될 수도 있고, 낱말과 낱말이 결합되거나(가령 '구석구석'이라는 복합어), 낱말이 자신의 상위범주에 있는 요소와 통합 관계(가령 동사구가 목적어와 동사를 품은 경우)를 이루는 개개의 단위에서도 그대로 구조상 등위 접속의 모습을 구현할 수 있다.

　만일 우리가 절에다 초점을 모을 경우에, 편의상 접속 절들 간에 찾아지는 의미 관계를 놓고서 관련된 등위 접속 사례들을 몇 가지로 분류해 왔음을 알 수 있다. 가령,

과 같다. 역방향의 사건은 시간의 흐름 속에서 전개되는 역접과는 다르다. 여기서는 역접으로 서술된 사건뿐만 아니라 상위 개념으로서 같은 시간이나 일정한 시간대에서 서로 반대가 되는 사건들이 동시에 일어날 수 있음을 가리키는 더 넓은 의미로 쓰고 있다. 다시 말하여, 설령 결과적으로 공모 관계에 있다손 치더라도, 동시 사건 진행이 별개의 두 가지 사건으로 일어나는 것을 가리킨다면(두 가지 다른 방향으로 여전히 사건들이 전개될 수 있음), 역방향의 사건 진행은 그 두 가지 사건이 진리값에서 대립하거나 서로 반대의 속성을 지녔음을 뜻한다.

§.2-1 나열의 의미해석을 지니는 경우

§.2-1-1 먼저 어떤 목록에서 일련의 번호를 붙이면서 나열하듯이 사건들이 계속 접속되는 경우가 관찰된다. 일부에서는 이를 공간 나열이라고도 부르기도 하였다. 마치 개별 사건을 무대 위에 하나하나 배치하는 듯한 비유인 것이다. 이는 다음 사례와 같다.

(1) -고 -고 -고 -고: 사위를 ᄒ되, 똘광(딸과) 곹은(같은, 필적하는) 재주가 잇고, 글도 좋고, 얼굴도 좋고, 부재(부자)고 이런 사람이라야 사위를 ᄒ젠(하고자, 하려고) 햇는디.
(사위를 하되, 자기 딸과 같은 재주가 있고, 글도 좋으며, 얼굴도 좋고, 부자이고 하는 이런 자격을 갖춘 사람이라야 사위를 하려고 했는데. 구비3 김택효, 남 85세: 387쪽)

(2) -고 -고 -고 -고: 이젠 뒷날은 행ᄉ홀(行事할) 걸로 봐 가지고, 나졸덜으게(邏卒들에게) 옷은 「착착~」(의태어, 척척~) 푸른옷 입지고(입히고, 구개음화가 일어남), 흰옷 입지고(입히고), 붉은옷 입지고(입히고), 이젠 검은옷 입지고(입히고) 허여 가지고, "이젠 수비(守備)ᄒ영 잇다가

나가(내가) 부르는 대로 늘려들라(날쌔게 달려들라)!"고.

(이제는 다음날 도둑들의 행사가 있을 것으로 여겨서, 박문수 어사가 자신의 나졸들에게 옷을 척척 내어주면서, 푸른옷을 입히고, 흰옷을 입히고, 붉은옷을 입히고, 이제는 검은옷을 입히고 해 가지고서, "이제는 수비를 하면서 머물러 있다가, 내가 자네들을 부르는 대로 날쌔게 달려들어 도둑들을 모두 다 체포하라!"고 말했어. 구비1 안용인, 남 74세: 162쪽)

예문 (1)에서는 사위의 자격을 목록처럼 만들고서, 네 가지 항목을 나열하고 있다. 등위 접속 구문이 관련 항들을 나열하는 데에 개방적이며 제한이 없다는 점에서, 여러 가지 중에서 네 가지는 그런 자격의 요소들을 대표한다고 말할 수 있다. 그 항목들의 중요성은 화자가 판단하는 가중치에 따라 순서가 정해져 있을 것이다. 예문 (2)에서도 나졸들에게 입혀 놓을 다양한 색깔의 옷들을 목록처럼 나열하여 제시해 준다. 여기서 나열되는 항목들이 모두 문장에서 줄어들어 절이 되고, 다시 구가 되었다고 보아, 이를 생략된 것으로 서술해 줄 수도 있다. 그렇지만 보다 더 직접적으로 동사구들끼리 접속되었다고 봤다고 하여 잘못될 것도 없으며(학교문법에서는 첫 번째 예문이 '서술절'끼리 접속이라고 부름), 결과적으로 인위적인 삭제 규칙의 의무적 적용을 상정하지 않게 됨으로써, 오히려 자연스럽고 문법 모형이 더욱 간결해지는 장점이 있다.

이 방언에서는 나열 기능의 접속 어미 형태소가 비단 '-고'뿐만 아니라, 다음의 예문들에서 확인할 수 있듯이 '-곡'도 빈번히 쓰인다(129쪽 이하의 예문들도 참고하기 바람). 이 두 개의 형태소가 수의적으로 서로 뒤섞여 나오는 경우도 일반적이며, 1980년대에 채록된 설화 자료에서는 아주 잦게 관찰된다.

(3) -곡 -곡 -아 앗엉 -곡: 술(밀주, 몰래 담은 술) ø 해 논(놓은) 집이(집에) 강(가서) 조사해 봐그네(봐서), 술 ø 행(해서, 몰래 술을 담고서) 먹

없이민(먹고 있으면), 아 주인을 죽건 죽으랜(죽으면 죽으라고) 두드리곡, 술통도 믄(모두 다) 부수와 불곡(부숴 버리고), 또 남은 건(남은 술은) 지네(자기네) 다 먹어 앚엉(갖고서) 기여나 불곡(나가 버리고).

(조선 말기에 천주교에 의탁하여 신자로 자처한 불량배들이, 민간에서 밀주를 담근 집에 가서 권한도 없으면서 제멋대로 조사를 한 뒤에 밀주를 담가 먹고 있으면, 그 집 주인을 죽도록 때리고, 술통도 다 부숴 버리고, 또 남은 술은 자기네가 다 먹고 나서, 훌쩍 나가 버리고. 구비3 김재현, 남 85세: 365쪽)

(4) -고 -곡 -곡: 거짓말도 ᄒ는 것 닮고, 그자(그저) 후림대(남을 홀리는 꾐, 141쪽의 각주 44 참고)∅ ᄒ곡, 그자(그저) 혀뜩ᄒ(정신 어지러운) 소리나 ᄒ곡 영(이렇게) ᄒ는디…

(거짓말도 하는 것 같고, 그저 남을 홀려 꾀는 짓이나 하고, 그저 정신 어지러운 소리나 하고, 이렇게 하는데… 구비3 김재현, 남 85세: 319쪽)

예문 (3)에서는 일관되게 모두 '-곡'이라는 접속 어미 형태소를 쓰고 있다. 그렇지만 동일한 화자가 예문 (4)에서는 '-고'와 '-곡'이라는 어미 형태소를 서로 뒤섞어 쓰고 있다. 이런 뒤섞임은 다른 화자에게서도 쉽게 찾아진다. 이를 다음 예문 (5)와 (6)에서 다시 확인할 수 있다.

(5) -고 -곡: 스또(사또) 순력(巡歷)이 온댄(온다고) ᄒ민(하면), 진졸(鎭卒)도 많이 따르고 기생도 많이 따르곡 ᄒ민(하면) ᄌ미(滋味)가 잇거든.

(제주 목사가 순력하여 서귀진으로 온다고 한다면, 그 목사 행차에 제주목 진졸도 많이 따르고 관청 기생도 많이 따르고 하면 재미가 있거든. 구비3 양원교, 남 72세: 407쪽)

(6) -곡 -고: 가젱(가자고) ᄒ문(하면), 시일은 바쁘곡(촉박하고) 입을 건 읎고 걱정이라.

(자기 제자의 회갑연에 초대를 받은 황희 정승이, 그 제자의 회갑연에 가자고 하면, 시일은 촉박하고, 입고 갈 옷은 없고, 그래서 걱정이야. 구비2 양구협, 남 71세: 639쪽)

적어도 이들 자료에서는 등위 접속 구문에서 찾아지는 '-고'와 '-곡'

이 수의적으로 교체되고 있다고 말할 수 있다. 하나는 이 방언에서만 찾아지는 접속 어미 형태소 '-곡'이고, 다른 하나는 공통어에서 늘 쓰이고 있는 접속 어미 형태소 '-고'이다. 여기서 제시된 이 방언의 언어 사실은, 이 두 가지 접속 어미 형태소가 서로 교체되어도 의미 해석에 아무런 장애가 발생하지 않는다는 점에서, 수의적 교체라고 말할 수 있다. 그리고 왜 이런 교체가 일어나는지에 대한 물음이 던져질 수 있다. 종전의 연구에서처럼 이른바 "개신파의 영향"을 내세우는 쪽(현평효 1985)에서는 이런 교체 현상을 두고서, 공통어에서 쓰이는 방식(접속 어미 형태소 '-고')이 영향을 미치고 있다고 주장할 수 있다.

그런데 이런 마당 위에서는 두 가지 의문이 제기된다. 하나는 이 방언에서 자주 쓰이는 '-곡'이란 어미 형태소가 분석 불가능한 고유한 것인지, 아니면 복합 형태소인지 여부에 대한 것이다. 후자의 관점에서는 공통어에서 쓰이는 형태소 '-고'에 받침 소리가 덧붙어 있는 셈이다. 그렇다면 자연스럽게 왜 그런 받침 소리 'ㄱ'(내파음)이 덧붙어 있는지에 대한 의문이 뒤따를 것이다. 둘째, 193쪽 이하에서 다뤄진 내포 구문 경우에도 동일한 소리값을 지닌 어미 형태소 '-고'가 찾아진다. 이는 상위문의 핵어에서 투영하는 논항의 위치에 내포절이 실현된 것이므로, 범주상 내포 어미 형태소로 지정해야 한다. 그런데 김지홍(2019) "제주 방언의 인용 구문과 매개변항"(『한글』 제80권 4호, 통권 제326호)에서는 내포문 어미 형태소 '-고'가 결코 '-곡'으로 바뀔 수 없다고 주장하였다. 특히 이는 인용 구문(-고 ᄒ다)과 의지 구문(-을라고 ᄒ다, -으자고 ᄒ다)과 바람 구문(-고 싶으다, '-고프다'로 융합됨)과 기대나 바람에 대한 좌절 구문(-고 말다)에서 찾아진다. 이런 구문에서는 결코 '-곡'이란 어미 형태소와 교체될 수 없다. 이 환경에서는 공통어의 내포 구문에서와 완벽히 동일한 모습의 어미 형태소를 지니고 있는 것이다(이 점은 일부 접속 어미들이 중층성 현상을 구현하지만, 내포 어미들은 단일한 현상만 보인다고 정리됨). 그렇다면 이런 내포 구문의 존재는 이 방언에서 고유하게 '-고'라는 내포 어미 형태소도 이전에서부터 그대로 쓰여 왔음을 실증해 준다. 결코 안일하게 "개신파의 영향"이라고 지정해서는 안 되는 것이며, 그런 주장은 이 방언의 언어 사실을 왜곡해 놓을 따름이다. 그렇다면 이런 현상을 어떻게 다뤄야 할 것인가? 필자는 접속 어미 형태소 '-곡'을 놓고서, 내파음을 덧붙인 복합 형태소(-고+ㄱ)로서 간주해야 함을 주장할 것이다. 이런 모습은 905쪽 이하에서 접속 어미와 내포 어미가 모두 다 양태 범주로 귀속됨을 전제로 한다.

§.2-1-2 만일 이 방언의 내포 구문에서 어미 형태소 '-고'가 이미 쓰이고 있다면, 내포 구문과 접속 구문 사이에 서로 변별성을 유지하기 위해서, 따라서 지각상의 두드러짐을 부각하기 위해서, 접속 구문의 어미 형태소에는 다른 특성이 덧붙을 수 있을 듯하다. 만일 그럴 경우에 복합 형태소로서 '-곡'이 그 후보가 될 수 있다. 그렇지만 왜 굳이 내파음으로서 연구개 자음(내파음 '윽')이 채택되었던 것일까? 만일 전형적으로 어미 형태소 '-곡'이 접속 구문에서만 쓰인다고 가정할 경우에, 이 형식의 연구개 내파음 형태와 관련해서 좀 더 이 방언의 자료를 살펴볼 필요가 있다. 그렇다면 설사 연구개 내파음의 범주가 다른 사례들로부터 찾아지는 경우라고 하더라도, 그런 사례들 간에 과연 연구개 내파음이 원형상으로 동일한 형상일 것인지 여부가 검토될 필요가 있을 것이다.

필자는 370쪽 이하에서 다루게 될 '-곡 -곡 ㅎ다' 형식의 구문에 주목하면서,[66] 이와 매우 유사한 구성을 보여 주는 '-악 -악 ㅎ다'

---

[66] 이 방언에서 이 구문은 김지홍(1982) "제주 방언의 동사구 보문 연구"(한국학대학원 석사논문)와 우창현(2003a, 2003b에 부록으로 재수록됨)『상 해석의 이론과 실제』(한국문화사)에서와 송상조(2011: §.6-4의 18개 항목)『제주말에서 때 가림소 '-ㅇ, -ㄴ'과 씨끝들의 호응』(한국문화사)에서도 서로 독립적으로 이런 현상이 다뤄졌다. 그렇지만 어떤 논의에서도 이 책의 357쪽 이하의 논의에서처럼 그 중요성을 인식하지도 못하였고, 따라서 전체 문법과의 관련성이 부각되지도 못했다.
　　같은 부류의 구문으로서 중세 국어를 대상으로 하여 이런 구문의 형식이 김유권(2012) "15세기 국어의 어미 중첩구성 연구"(『겨레 어문학』 제48집)에서 '어미 중첩 현

상'으로 다뤄진 바 있다. 또한 외국인에게 한국어를 가르치려는 목적으로 현대 한국어에서 찾아지는 자료들을 놓고서 김정남(2007) "동일 어미 반복 구문의 통사와 의미"(『이중 언어학』 제34호)에서는 '동일 어미 반복 구문'으로 다뤄졌고, 서희정(2008) "어미 반복형태의 문법구성화 연구"(『새국어교육』 제79호)에서는 '어미 반복 형태'로 다루어졌다. 국어사 및 공통어의 자료에서 찾아지는 이런 구문도 다시 '하다' 동사로 묶인다는 측면에서 이 방언의 자료들이 보여 주는 내용과 기본적으로 동일한 현상을 지닌다.

그렇다면 중세 국어에서뿐만 아니라, 오늘날 쓰고 있는 공통어에서도 동일한 문법적 현상이 논의된다는 사실 자체가, 한국어 질서 속에서 이런 어미 중출 현상이 오랜 동안 쓰여 왔을 뿐만 아니라, 현재에도 이 방언에서 그대로 쓰이고 있음을 명증해 준다. 다만 이 방언을 연구해 왔거나 연구하는 이들이 오로지 방언 특유 현상에만 매달려서 이 방언에 차별성만을 부각시키는 일에 골몰해 왔음이 유감이다. 그 결과 「전체적인 한국어의 작동 방식을 따로 공부할 필요가 없다」고 여기는 아주 잘못된 풍조마저 있는 듯하여 안타까울 뿐이다.

최근에 너른 시각을 갖추고서 제주 방언을 다루는 연구가 시작되기 전까지는, 이 방언만이 가지는 특수한 것만을 추려 가치를 부여하는 편벽되고 왜곡된 일들을 부지불식간에 저질러 왔다. 마치 외부인이 이 방언의 유표적인 특성만 두드러지게 부각하였던 일의 복사판에 불과하며, 최근에 이 방언이 한국어가 아니라는 해괴한 주장까지 나온 실정이다(18쪽의 각주 9). 이 방언의 설화 채록 자료들을 예문으로 인용하면서 그대로 일부 형태를 조정한다면 이내 공통어의 형상 그대로 이해된다. 즉, 특정 규칙을 적용하여 산출까지 할 수 있을 것이다. 그렇다면 언어 사용에서 일부 매개인자를 더 추가하여 지닌다는 점만 제외하고서는, 그대로 한국어의 질서를 따르고 있음을 알 수 있다.

과거에 중세 국어 자료에 쉽사리 접근할 수 없는 형편에서 현대 국어를 다루었고, 현대 국어를 다룰 수 없는 형편에서 일방적인 도피처로서 방언을 다뤘던 흐름이 있었다. 이에 대한 근거로서 '개인 방언(idiolect)'이란 개념까지 내세웠던 극단적인 「한 갈래」의 기술언어학이 있었다. 그 연장선에서 이 방언을 해괴하게 '제주어'라고도 불렀다.

그렇지만 같은 시대의 기술 언어학자로서 다른 관점을 주장한 경우도 있다. 18쪽의 각주 9에 적어 놓았듯이 하킷(1958: 제38장) 『A Course in Modern Linguistics』(Macmillan)에서는 개인 방언과 지역 방언과 하나의 언어가 어떻게 구분되어야 하는지에 대한 중요한 통찰을 다루고 있다. 따라서 도피처로서 이 방언의 특수성만을 크게 부각하면서 이 방언의 실체인 양 다루었던 잘못은, 결코 후속 세대의 연구에서 답습되어서는 안 된다. 또한 최근에 이 방언의 통사 현상(그리고 담화 층위까지 포함하여)을 학교문법의 얼개에 맞춰 이 방언을 설명하려고 하거나(고동호 외 4인, 2015), 아니면 생성문법의 얼개를 설명하기 위하여 이 방언의 자료를 일부 이용하려고 해도(김공칠, 2011) 한참 이 방언의 실상을 왜곡해 버린다. 이는 남의 나막신에다 내 발을 맞추려고 하는 일에 비유할 수 있다.

이 방언도 엄연히 하나의 체계를 이루고 있으므로, 이 방언의 자료를 엄격히 그리고 자세히 살펴볼 필요가 있는 것이다. 설령 그 형태가 공통어와 공유된 것이라고 해도, 여전히 대립을 이루는 짝 또는 상위범주에서는 달리 지정될 수 있다. 따라서 반드시 거시적으로 전체를 바라보려는 노력이 수반되어야 한다. 필자는 이런 측면에서 공통어로서 한국어 전반을 작동시켜 주는 원리는 이 방언에서도 동일하다고 보는데, 이 원리는 기본적으로 담화 영역을 포괄하면서 거시적으로 설정되어야 할 것으로 본다. 이 점이 '낱말' 차원의 관점에서 출발하는 학교문법의 기술은 이 방언 현상을 제대로 포착해 주지 못한다고 평가한다. 다시 담화 차원까지 넓힌 이 토대 위에서 이 방언에서만 관찰되는 다양한 현상들을 다루기 위하여 지역적(국지적)으로 작동하는 매개인자(매개변항)의 개념을 추가해 놓을 수 있을 것으로 본다.

구문을 찾을 수 있었다.

(7가) -악 -악 ᄒ다: 경ᄒ니까(그러니까) 이리 둥그려(굴려, 뒹굴+리+어)
          뽁(보악) 저리 둥그려(굴려, 뒹굴려) 뽁(보악) 해 봐도원(보아도+화
          용 첨사 '원'[67]), 어디로 혼적도, 터진 혼적도 없고, 득(닭)은 온 챗(온
          전한 채로 된) 득이라(밥상에 내어온 삶은 닭이야).
          (그러니까 잘 삶아서 바친 닭을 이쪽으로 굴려 보고, 저쪽으로 굴려
          보고 해도+원, 어디로 닭 껍질에 터진 흔적도 전혀 없고, 정성 들여
          삶아 온 닭은 온전한 채로 된 닭이야. 구비3 김재현, 남 85세:
          131~132쪽)

(7나) -억 -억 ᄒ다: 이젠(이제는) 안으로 들어완(들어와서) 보니, 앙이!
          ('아니!'의 개인 말투) 동슴(童蔘, 동자삼)을 먹고 잇어. … "먹어 보
          라!"고. 너ø 먹억 나ø 먹억 ᄒ는 게(너 먹고 나 먹고 하는 것이)
          다 먹어 불엇어(버렸어).
          (이제는 그 집 안으로 들어와서 보니까, 아니! 그 집 주인이 혼자서

---

67) 이 방언에서는 해당 발화의 요소들을 놓고서 화자 자신의 평가(기대감·실망감)를 붙여
놓거나 청자와의 관계에서 청자에게 요구하는 내용과 긴밀히 얽혀 있는 일을 「화용
첨사」(또는 학교문법의 용어로는 '보조사')를 써서 표현한다. 언어 사용에서 또는 담화
전개에서 여러 가지 속뜻이 깃들어 있는 형식인데, 이 방언에서는 이런 첨사들이 여러
가지 기능을 지닌 채 다수 관찰된다. 화자는 이런 화용 첨사를 디딤돌처럼 이용하여(화
자 자신의 언어 산출 측면임) 편의상 언어를 조직하는 데에 시간(인출 시간)을 다소
벌어 둘 수 있는데, 이는 화용 첨사뿐만 아니라 같은 어절을 늘 두 번씩 반복하는 경우
에도 이런 설명이 적용된다.
   그런데 청자와의 관계에서 비롯되는 첨사들은 적어도 기능상으로 세 가지 층위로
조직되어 있는데, 김지홍(2014: §.1-5 및 381~386쪽)『제주 방언의 통사 기술과 설명:
기본구문의 기능범주 분석』(경진출판)에서 청자와의 관계에서 이런 층위가 처음 다뤄
졌다. 첫 층위는 청자에게 발화에 주목하도록 요구하는 것이고, 둘째 층위는 발화 내용
을 이내 받아들이도록 재촉하거나 촉구하는 것이며, 셋째 층위에서는 청자로부터 자신
의 발화에 대한 반응으로서 명시적인 확인 또는 동의를 보여 주도록 요구하는 것이다.
   여기에 쓰인 화용 첨사 '원'은 화자가 해당 요소가 뜻밖의 일이거나 기대에서 벗어나
서 실망하거나 낙담을 표시한다는 뜻을 품고 있다. 동일한 발음의 '원'이 또한 관찰되는
데, 이는 부사의 범주이며, '워낙, 원간'의 줄어든 형태로도 쓰인다. 291쪽에 제시된
예문 (8나)에서도 화용 첨사 '게'가 쓰였다(필자는 기원상 '그것이야'에서 비롯될 것으
로 짐작하는데, 영어의 강조 구문 'it~ that~'의 역상 형식임). 이 또한 청자와의 관계를
담고 있으며, 앞의 세 가지 층위에서 어디에서나 다 나타난다. 심지어 이 화용 첨사가
중복될 수도 있는데, '게+게'도 종종 관찰된다. (8나)의 화용 첨사 '게'는 넓은 바지가
펄럭이는 법이다. '그런 것이다'라는 뜻을 담고 있는 듯이 느껴진다. 그렇다면 필자가
제시한 둘째 층위에 실현되어 있는 것으로 해석할 수 있다.

동삼을 먹고 있었어. … 그 주인이 "먹어 보라!"고 권했어. 그러자 너 먹고 나 먹고 하는 것이, 거기 있던 동삼을 모두 다 먹어 버렸어. 구비2 양구협, 남 71세: 661쪽)

(7다) -억 -억 ᄒ다: 개가 그 스방(사방, 근방)이에 오니, 그레(그쪽으로) 내(냄새)를 맡척(맡는 척) 저레(저쪽으로) 내(냄새)를 맡척 ᄒ단(하다가), 쇠질매(소 길마) 우테레(위쪽으로) 우장(雨裝, 우비)을 덮은 거거든(것이거든), 그 스방이(사방에) 간(가서) 개가 막 내(냄새)를 맡아 가니깐 … 개를 [볏틀레 나무막대릴] 앗앙(갖고서) 「탁~」(의성어, 재빨리 부딪혀 나는 소리) 붙치난(손으로 때리듯이 후려치니까) 들아낫주(달아났지).

(샘물 맥을 끊어 버리고자 호종단이 개를 함께 데려왔다. 그 개가 자장샘 근처에 오니까, 말라 버린 샘물이 있는 쪽으로 냄새를 맡고 저쪽으로 냄새를 맡고 하다가, 소 길마 위쪽에 우비를 덮은 것이 있었는데, 드디어 그 근처에 가서 냄새를 맡기 시작하였다. 그렇게 해 가니까 농부가 보습 볏에 끼워진 긴 막대나무를 갖고서 그 개를 '딱~' 내려치니까 개는 달아나 버렸지. 구비3 양원교, 남 72세: 406쪽)

여기서는 일부러 세 분의 다른 화자가 발화한 것을 제시해 놓았다. 필자가 모아 둔 자료(부록)에서는 특히 (7가)의 화자(김재현 옹)가 동일한 형태를 발화한 경우가 다섯 차례나 올라 있다. (7가)와 (7나)에서는 모음조화가 일어나 '-악'과 '-억'이 쓰였음을 알 수 있다. 그런데 (7다)에서는 냄새를 맡다라는 동사에 '-척'이라는 형태가 접미됨으로써, 그 형식이

「-척 -척 ᄒ다(하다)」

라는 반복의 모습을 구현되어 있다. 필자의 직관에 기댈 경우에, 이를 '-악 -악 ᄒ다'로 바꿀 수 있다. 그렇지만 뜻은 후자가 직접 냄새 맡는 일(사건)을 가리키지만, 전자는 소길마를 염두에 두고서 거짓으로 다른 대상의 냄새를 맡는 척하는 일(사건)을 가리킨다. 따라서 수의적

교체가 아니라, 반복 형태가 달라짐으로써 그 의미 또는 기능 자질이 조금 달라짐을 알 수 있다.

국립국어원의 『표준국어대사전』에는 '척하다'를 보조동사로 올려 놓았으며, 만일 '척을 하다'로 쓰일 경우에는 '을'을 기준으로 하여 '척'을 의존 명사(형식명사)로 지정해 놓았다. 후자의 예문으로

"못 이기는 척 자리에 앉다"와 "못 본 척 담뱃전만 피웠다"

가 제시되어 있다. 필자는 일관되게 '척하다'가 동시 사건 전개의 모습으로 활용된 '척하면서'가 줄어들었다고 설명해 주는 편이, 동일한 범주를 그대로 이용하기 때문에 더 나을 것으로 본다. 왜냐하면 이 환경에서는 의존명사로 지정하게 된 동기였던 '척을'이란 격 형태의 활용이, 결코 홀로 나타날 수 없기 때문이다(*못 이기는 척을 자리에 앉다, *못 본 척을 담뱃전만 피웠다). 그 대신 '척을'은, 오직 '척하다'의 활용 형식을 전제로 해서만 구현될 수 있다. 앞의 비문 사례는 '척을 하면서'로 바꿀 경우에 모두 문법성이 회복되는 것이다. 그렇다면 기원적으로 관형형 어미(-은, -는)를 요구하는 형식 명사의 부류임을 알 수 있다. 그렇지만, 다시 접미사 '-하다'와 융합됨으로써 '척하다'가 마치 보조동사처럼 뜻을 추가해 주는 점이 부각될 수 있다.

보조동사로 지정되든 아니면 형식 명사로 지정되든지 간에, 이런 일이 두드러지게 '하다'가 접미사로 쓰이는 낱말들을 놓고서, 일찍이 임홍빈(1979) "용언의 어근 분리 현상에 대하여"(『언어』 제4권 2호)에서부터 '어근 분리 현상'으로 다뤄진 바 있다. 그런데 관형형 어미는 언제나 바로 뒤따르는 명사 부류를 요구하는 일이 일반적이다. 그런데 굳이 '척하다'가 보조동사로 지정된 이유는 무엇일까? 아마, 이 보조동사 '척하다' 앞에 언제나 관형절 어미 형태소 '-은'(형용사 어간의 경우) 또는 '-는'(동사 어간의 경우)이 선행되어 있어야 함에도 불구하고, 이례적으로 관형형 어미를 지닌 절의 본 동사(냄새를 맡다)가 의미 해

석에서 '척하다'와 이어져 있음에 주목하고서, 그 기능을 포착하기를, 선행한 본 동사의 의미를 놓고서 제약하거나 보조해 준다는 측면(여기서는 속이고자 하는 거짓 행위를 함)을 부각시키고자 했기 때문일 것이다. 그렇지만 이 방언의 자료인 (7다)의 '맡척(맡는척)'에서는 마치 어간에 직접 붙어서 마치 어미처럼 실현되어 있다. 이런 점은 매우 특이한 경우이다. 필자의 모어 방언 직관으로는 불가능하게 느껴지지만(말 실수로 느껴짐), 엄연한 언어 사실임을 받아들여야 할 듯하다.

그런데 여기서 찾아지는 연구개 받침 소리 'ㄱ'(내파음으로 실현되므로 '윽'으로 쓸 수 있음)은, 이 방언의 자료에서 두 종류의 범주로부터 관찰되는 듯하다. 하나는 부사들에서 찾아지는 'ㄱ'(윽)이고, 다른 하나는 명사를 만들어 주는 데에서 찾아지는 'ㄱ'(윽)이다. 이 두 경우가 모두 'ᄒ다'라는 동사와 이어질 경우에, 문법 구성상 모두 다 적격하다. 언제나 부사와 동사의 결합, 그리고 명사와 동사의 결합이 되므로, 항상 이것이 우리말의 기본 표상으로 상정되기 때문이다.

필자가 모아둔 자료에서 연구개 내파음으로 끝나는 부사들은 아주 많다. 두 어형이 반복된 것도 있고, 오직 하나의 어형으로 나온 경우도 있으며, 여기에 부사를 만들어 주는 접사가 덧붙어 나온 경우도 있다. 먼저 '달각달각, 들락들락, ᄀ드락ᄀ드락, 벌락벌락'과 같이 의태어로 쓰인 첩어 부사가 있다.

(8가) 달각달각: 낭토막(나무도막)이 허벅(물동이로서 등에 지는 장군 모양의 항아리) 신 디(있는 데) 오랑(와서)「달각달각~」(의성어, 부딪히면서 나는 소리, 달그락달그락!) 다대겨(닿아 부닥뜨려).
(물허벅을 담가서 해안가 샘터에서 물을 긷고 있으니까, 나무도막이 허벅이 놓여 있는 데로 와서「달그락달그락~」맞닿으면서 부닥뜨려. 구비3 김승두, 남 73세: 114쪽)
(8나) 벌락벌락ᄒ다: 옛날 바지가 부리[68] 이만이(이만큼, 이만하게)「벌락

---

68) 앞뒤 맥락을 보면, 바지통의 부풀기(또는 부품)가 아주 평퍼짐하게 넓었기 때문에, 펄럭

벌락~」(의태어, 펄렁펄렁!)ᄒ주게(하지＋화용 첨사 '게', 288쪽의 각주 67 참고). 거(그것) ø 단장ᄒ게(단정하게, 펄럭거리지 않게) 맨듦으로(만들기 위해서) 독(무릎팍) ø 다님(대님)을 묶으는(묶는) 거주(것이지).

(옛날 바지가 부품이 이만큼 '펄렁펄렁~'하지＋게. 그것을 단정하게 만들기 위해서, 무릎팍에 대님을 묶는 것이지. 구비3 김재현, 남 85세: 220쪽)

또한 '프들락, 퍼뜰락, 들그락, 둥글락, 바락'과 같이 낱개의 부사(단독 형태의 부사)도 있다. 또한 이런 형식에 다시 이 부사를 만들어 주는 접사 '-이'가 덧붙어 있는 '거드락이'도 있는 것이다. '거드락'이나 '거드락이'가 여러 음절로 확장됨으로써 큰 느낌을 덧붙여 준다는 어감 측면의 차이를 제외할 경우에는, 이것들이 서로 수의적으로 교체될 수 있다.

> (9가) 퍼뜰락ᄒ다: [힘센 장사였던 한효종을 잡으러 간 사령들이] 짐짓(일부러) 묶으젠(묶으려고) ᄒ당은(하다가＋는) 「퍼뜰락~」(의태어, 갑자기 일이 벌어짐, '퍼뜩~')ᄒ민 둘 ø 「거뜬~」(의태어, 가볍게 거뜬히) … [물리치지]

이거나 너풀대지 않도록, 무릎 쪽에다 끈을 묶었다는 뜻이다. 여기서 '부리'는 필자로서 처음 보는 낱말이다. 채록한 분이 따로 각주도 달아 놓지 않았으므로, 그 분에게는 일상 낱말이었을 것으로 판단된다.

만일 '부리'가 한 낱말일 경우에, 앞뒤 문맥을 고려하면서 이 방언의 사전에서 가장 가까운 낱말을 찾아본다면, 아마도 굵기를 가리키는 '부레기, 부루기, 부룩'이 그 후보이다. 송상조(2007: 355쪽)『제주말 큰사전』(한국문화사)과 제주문화예술재단(2009: 456쪽)『개정 증보 제주어 사전』(제주도)에 모두 표제 항목으로 올라 있다. 이는 '대죽 부레기'(옥수수를 감싼 겉 껍질)에서 알 수 있듯이, 껍질에 싸여 불룩하게 튀어 나온 모습을 가리킨다. 이런 어형들로부터 줄어들어 쓰인 변이 모습일 가능성을 염두에 둔 것이다.

이 경우에 문제는, 같은 화자에게서 과연 '부레기, 부리'를 동시에 쌍형 어형으로 쓰는지 여부가 된다(마치 존재를 나타내는 동사 '이시다, 잇다, 싯다' 따위처럼). 왜냐하면 동일한 화자가『구비 3』의 239쪽에서 '어저귀' 풀로 엮은 밧줄의 굵기를 가리키면서 '부레기'라는 낱말을 쓰고 있기 때문이다. 왜 '부레기가'라고 말하지 않았는가를 물을 수 있다. 이럴 경우에 쌍형 낱말의 가능성 말고는, 필자로서 그 답변이 궁벽해질 수밖에 없다.

(힘센 장사였던 한효종 씨를 잡으러 간 사령들이, 일부러 그를 묶고
자 하다가는 퍼뜩하면 사령 두 사람을 거뜬히 들고 물리쳐 버리지.
구비3 김재현, 남 85세: 163쪽)

(9나) 거드락이: 낭(나무) 우의(위에) 거드락이(의태어, 웅크려서 거들먹스
럽게) 앚이니(앉으니), 구신(鬼神)답거든(귀신답거든), 허허허!
(먼저 당에 도착한 남편이 당 나무 위에 웅크려 '거들먹스럽게' 앉으
니까, 마치 귀신다워 보이거든. 허허허! 구비2 양형회, 남 56세: 31쪽)

여기서는 의태어로서 날개의 부사처럼 쓰이는 경우 및 다시 부사를
만들어 주는 접미사가 덧붙은 경우를 보여 준다. (9가)의 '퍼뜰락(퍼
뜩)'에서도 이미 살펴본 (7)과 (8)의 예문들에서 공통적인 모습 '-악'이
관찰된다. (9나)에서는 '거드락(거들먹)'으로 발화될 수도 있겠지만, 여
기서는 부사를 만들어 주는 접미사 '-이'가 더 붙어 있다. 만일 이런
부사들에서 공통적으로 연구개 내파음 '윽'이 관찰되며, 비록 상징어
(의성어·의태어)이므로 따로 분석이 불가능하더라도, 만일 그 기능 자
질이 곧 이어지는 동사를 꾸며 줌을 고려한다면, 이런 점에서 부사적
인 것으로 간주할 수 있다.

또다른 하나의 범주는 명사를 만들어 주는 접미사로서 연구개 받침
소리 'ㄱ'(윽)이다. 중등학교 시절에 필자는 방과 후에 음식 내기 축구
시합을 하곤 했었다. 당시에는 「먹을락 축구」(음식 내기 축구)라는 말
을 썼다. 지금도 이 낱말이 쓰이는지 잘 알 수 없으나, 송상조(2007:
250쪽)『제주말 큰사전』(한국문화사)에 표제 항목으로 올라 있으므로,
아마 너른 분포를 보임직하다. 공통어에서 명사를 만들어 주는 접미
사 짝으로서 '-음'(결과 상태를 가리킴)과 '-기'(진행 과정을 가리킴)가 있
는데, 이는 후자에 대응한다('-기' → '-윽'). 우리말에서 같은 어원을 지
닌 낱말로서 '동족 목적어'를 지닌 특이한 구문으로서, 구적 낱말의
지위에 있는 다음의 사례들은

'숨쉬기, 뜀뛰기, 잠자기'

결코 접미사의 순서가 뒤바뀌어

'*쉬기숨, *뛰기뜀, *자기잠'

처럼 만들어질 수 없다.69) 그 이유는 '-기'가 한 사건이나 동작의 진행
과정을 표시해 주고, '-음'이 그 사건이나 동작이 완결되어 결과 상태
를 표시해 주기 때문이다. 만일 '-이, -개'와 같이 그 결과 상태로서
나온 산출물(결과물)도 가리키는 접미사가 없을 경우에는, '-음'이 그
몫까지 다 떠맡는다(중세 국어에서 찾아지는 '웃이'는 더 이상 안 쓰이고,
오늘날 대신 '웃음'으로만 그 영역이 확대되어 쓰임).70) 이 접미사들이 배

---

69) 동족 목적어 낱말이나 재귀 대명사를 지녀야 하는 구문에 대해서는 김지홍(2010: 332
쪽과 436~438쪽) 『국어 통사·의미론의 몇 측면: 논항구조 접근』(경진출판)을 보기 바
라며, 그곳에 언급된 영어 문헌들을 참고할 수 있다. 본문의 논의와 관련하여 일단
사건의 진행 과정 및 그 사건의 결과 상태라는 두 가지 특성만 부각시키는 선에서 그치
기로 한다. 특히 레뷘 외(Levin, Song, and Atkins, 1997) "Making Sense of Corpus Data:
A Case Study of Verbs of Sound"(『International Journal of Corpus Linguistics』제2권
1호)에서는 처음으로 동족 목적어 구문이 '결과 상태'를 표시하며, 수식어를 허용할
경우에 오직 그 결과 상태에 대한 감정·태도·평가의 속성을 띤 것만 가능하다고 지적
하였다. 우리말 동족 목적어 구문은 결과 상태를 가리킴과 동시에 그 산출물까지도
가리키게 된다. 따라서 '숨'은 호흡이라는 독립된 낱말의 지위를 얻게 되며, 이를 토대
로 하여 '숨 쉬기'라는 동족 목적어 구문이 만들어진다. 가치 평가가 깃드는 사례도
또한 우리말에서 "떳떳한 삶을 살다"라는 표현에서 확인될 수 있으며, 일부에서 성립될
수 있다(피눈물의 울음 울다, 순진무구한 웃음 웃다 따위).
　결과 상태 구문은 또한 영어에서 itself와 같은 재귀 대명사가 자동사 구문의 확대되면
서 구현될 수 있다. 가령

"The river has frozen *itself*"
(강이 단단히 얼었어)

와 같이 나타나는 경우를 '가짜 목적어'라는 용어로도 부르는데, 반드시 얼음이 두껍게
얼어 있는 결과 상태를 함의하게 된다. 만일 필수적인 논항의 지위를 지닐 경우에 결과
절 구문(resultative)으로 불린다. 결과 상태를 가리키는 이런 구문은, 또한 이른바 동사
가 없이 서술 기능을 하게 되는 '작은 절(small clause)'의 영역에서도 다뤄져 왔다. 영어
의 결과절 모습은 우리말에서 좀 더 범위가 다양하게 실현될 수 있다. 가령, '-도록'이
란 어미 형태소는 의도나 목표를 묘사해 주는 묘사절로서 재귀 대명사 '자기'를 외현
범주로 실현시키거나 공범주 형태로 지닐 수 있다.

70) 796쪽의 〈표16〉을 참고하기 바란다. 우리말의 파생 접미사 '-기, -음, -이/-개'는 소략

타적인(상보적인) 기능 자질을 지니고 있기 때문이다.

우리말의 공통 현상으로서 이 방언에서도 분명히 '-기'가 낱말을 만드는 접미사로도 쓰이고, 또한 문장을 명사절로 만들어 주는 어미 형태소로도 쓰인다. 그렇다면 낱말 파생 접미사로서 '-기'와 '-윽'의 관계는 무엇일지에 대하여 의문이 생겨난다. 그 관계에 대해서 네 가지 가능성이 떠오르는데, 이것들을 다음처럼 제시할 수 있다.

ⓐ 동일한 범주이지만 각각 독립된 의미자질을 지니는 별개의 형태들일까?
ⓑ 서로 겹치는 공통분모(원형 형태)가 일부분이라도 있는 것일까?
ⓒ 기본적인 한 형태로부터 다시 다른 하나로 도출되는 관계에 있는 것일까?
ⓓ '-악ㅎ다'라는 낱말 형성 기제가 먼저 있고, 이것이 다시 어미 형태소로 전이된 것일까?

일단 연구개 내파음 'ㄱ'(받침 기역)을 지닌 형태들이 명사로서 기능하는 경우와 부사로서 기능하는 두 경우가 있음을 주목할 필요가 있다. 만일 이들 중 명사와 관련된 범주를 배제한다면, 마지막 가능성만이 남게 된다. 명사에 속할 가능성과 부사에 속할 가능성, 이 두 가지 중에서, 필자가 370쪽 이하에서 주장하고자 하는 접속 구문의 표상(접속 구문이 궁극적으로 내포 구문 속으로 들어가게 됨)을 염두에 둔다면, 부사로서 기능하는 경우가 더욱 선호될 만한 후보이다. 이런 선택에서의 장점은, 내포 구문의 어미 형태소에서는 연구개 내파음 'ㄱ'(윽)이 찾아지지 않음을 설명해 줄 수 있다. 내포 구문의 형상에서 논항들에는 전형적으로 온전한 문장 또는 명사절(명사구)만 구현될 수 있다. 이것이 마지막 가능성 ⓓ과는 충돌하기 때문이다. 만일 연구개 내파음 'ㄱ'(윽)이 부사를 만들어 주는 범주에 속한다면, 당연히 내포 구문의

하게 영어의 접미사 '-ing, -ed, -er/-or'과 대응한다. 이런 특성은 모든 언어들에서 보편적일 듯하다. 그런 측면에서 우리의 인식 과정에서 요구되는 개념 구조에 말미암을 것으로 판단된다.

논항과는 서로 어긋나는 것임을 말해 줄 수 있다.

이런 점을 유념하면서 부사적 특성을 지닌 형태로서의 작업 가정 ㉣이 추구될 만한 것으로 판단한다. '-악ㅎ다'라는 형태의 원형으로서 내파음 연구개로 표상되는 '-ㄱㅎ다'(-윽ㅎ다)가 주어져 있고, 이것이 쓰임새가 넓어지면서 다시 접속 구문의 어미 '-고'와 결합한 것이 '-곡 ㅎ다'로 나왔을 가능성이 계속 필자의 머릿속을 떠다닌다. 단, 이런 작업 가정에서도 반드시 접속 구문이 상위 층위에서 내포 구문으로 편입될 경우에만 이런 형상이 적용되어야 할 것이다. 이는 상징어에서 어근이 두 번 반복된 뒤에 나오는 형상과 동형 관계에 있다(예문 8에서 '달각달각ø, 벌락벌락ø'에다 '하다' 접미사를 구현하여 '달각달각하다, 벌락벌락하다'라는 형식을 자연스럽게 쓸 수 있음). 다시 말해서, 이는 낱말을 만드는 방식과 통사를 구성해 주는 방식 사이에 평행한 질서를 모색하는 일이다.

가능성이 높은 작업 가정으로 ㉣을 채택할 경우에도, 여전히 접속 구문들을 한데 모아 놓는 일을 하는 핵어 'ㅎ다(하다)'의 정체성에 의문이 제기될 수 있다. 필자는 김지홍(1986) "몇 어형성 접미사에 대하여: 특히 '-이다, -대다, -거리다, -하다, ø'의 관련을 중심으로"(『백록 어문』 창간호, 제주대학교 국어교육과)에서, 상징어에 붙는 접미사 '-ㅎ다'가 묘사 동사의 자질을 띠고 있다고 보았다(208쪽의 각주 52를 보기 바람). 흔히 '하다'가 문법 동사, 의미역을 배당하지 못하는 가벼운 동사, 대동사 따위의 딱지를 붙여 놓지만, 여전히 접속 구문이 보여 주는 사건이나 사태들을 눈앞에서 그림처럼 보여 주는 역할을 하려면 '묘사'의 기능을 담고 있는 동사를 상정해 볼 만하다.

현재로서는 필자가 이런 가정을 확정할 만큼 이 방언의 자료들을 충분히 모아 놓고서 검토하였다고 말할 수 없다. 여기에서 잠시 적어 둔 필자의 생각이 확정적인 것은 아니며, 임시로 낱말 만들기에서 관찰되는 경우 및 통사 현상에서 관찰되는 경우들이 서로 대응할 가능성이 있다는 정도로만 언급해 둔다. 다시 370쪽 이하에서 '-곡 -곡

ㅎ다' 구성을 다루면서, 연구개 내파음(받침 기역)의 문제에 접근하는 필자의 작업 가정을 재론할 것이다. 그렇지만 필자의 작업 가정에 대한 검증 또는 입증 작업이 후속되어야 할 것이다. 이런 일은 현재 수준에서는 필자의 능력을 넘어서 있다. 뒷날 기회가 있다면 좀 더 깊이 다뤄보려고 한다.

§.2-1-3 '-곡' 이외에도 나열을 표시해 주는 접속 어미 형태소가 더 관찰된다. 나열(벌려서 줄을 세움)이란 낱말을, 병치(나란히 놓아 둠) 또는 병렬(나란히 벌려 놓음)로 쓸 수도 있다. 나열이란 말을 쓸 경우에 대상이나 대상이 관련된 사건들이 줄을 서듯이 놓이는 것을 가리킨다. 그런데 이런 나열 항목들이 결과적으로 여러 가지 중에서 하나를 뽑는 선택지가 될 수도 있다. 개념상 나열에서부터 선택이라는 추가 특성이 나오는 것이다. 그리고 그 선택지들이 모두 다 선택되거나, 모두 다 무시되어 하나도 선택되지 않을 수 있다. 특히 후자의 경우에는 '방임형 어미'(양보 관계 구문)의 의미를 띠게 된다. 이는 선행절이 실제로 일어나는지에 상관없이, 후행절이 자족적으로 또는 독립적으로 일어난다는 측면에서, 수의적 접속 구문을 이루게 된다. 나열에서 선택으로 둘 이상이 항목이 선행절에 제시되어 있더라도, 더 이상 후행절에 아무런 구속력이나 통제력이 발휘되지 않는 것이다.

그럴 뿐만 아니라 선택 항목이 우연히 서로 대립되거나 반대되는 두 개의 항목일 경우에는, 나열이란 의미 기능보다 오히려 역접이라는 의미 기능을 띠게 된다. 어미 형태소 그 자체가 이와 같이 다양한 의미 기능(개념들 사이의 변동)을 지닌다고 말할 수는 없다. 접속된 절들에 대한 해석의 결과로서

「나열, 역접, 나열한 항목 중 하나 선택, 선택지의 모든 항 선택, 아무것도 선택 않는 방임」

따위로 받아들이게 되는 것이다. 기능상으로 포착된 이런 변이 모습은, 하나의 접속 어미 형태소가 항상 고유하게 특정한 접속 구문에서만 배타적으로 쓰이는 것이 아님을 잘 드러내어 준다. 오히려 앞뒤 맥락에 따라서 그 의미 기능이 실현 맥락에 맞춰 변동하면서, 전형적으로 상정하였던 의미 기능이, 맥락이 제시하는 해석을 유도하기 위하여 크든 작든 달라질 수 있다는 사실을 보여 주는 것이다.

만일 이것이 언어 사실이라면, 접속 구문을 다루는 일은 가설-연역 체계에 의해서 개념 차원으로 먼저 나무그림(구조)상으로

등위 접속 구문, 종속 접속 구문, 수의적 접속 구문

으로 구분해 놓는 일이, 동시에 접속 어미 형태소의 전형적인 의미 기능의 상정 및 해석 맥락에 대한 변이(확대 또는 축소)로 이뤄져야 함을 깨달을 수 있다. 이런 토대 위에서라야 적합하게 접속 어미 형태소들의 전체 변동 범위를 찾아내고, 다의어 관점에서 변동의 경로를 찾아내는 일을 진행할 수 있기 때문이다.

여기서는 선택 항목들이 나열되는 사례들을 제시하기로 하겠다. 여기서는 무표적인 나열 항들이 먼저 주어지고 나서, 다시 언어 사용 맥락에 의해서 그 항들 중 어느 하나를 뽑거나, 전체를 선택하거나, 아무런 항도 선택하지 않는 일이 추가되는 것으로 파악할 것이다. 선택 항목들의 지위가 대등하다는 점을 고려한다면, 첫째 그 지위를 표시해 주는 등위 접속 어미 형태소들이 모두 동일한 형태를 띠고 있다고 예상해 볼 수 있다. 이 경우에, 특히 370쪽 이하에서 따로 다뤄질 '-곡 -곡 ㅎ다'의 경우에서와 같이, 동일한 종류의 형태소를 반복하여 이용한다는 점에 주목할 필요가 있다. 그렇지만 사건 나열을 가리킨다는 점만 기본값으로 주어져 있기 때문에, 의미 기능상으로 나열 항목이 선택 대상은 아니다. 그렇지만 우연히 나열 항에서 서로 반대되는 내용의 것이 제시되기도 하는데, 이것이 마치 2항 접속의 구문처럼

간주될 수 있다는 특이점도 있다. 둘째, 설령 특정한 등위 접속 어미가
표시되어 있지 않더라도, 동등한 지위의 절이 둘 이상 나열될 수도
있고, 때로 접속 대상이 절이 아니라 명사가[71] 될 수도 있다. 접속

---

71) 의문문은 그대로 나열될 수 있다. 여기서는 절을 대상으로 논의하고 있으므로, 굳이
명사의 사례는 다루지 않는다. 임의의 명사가 서로 다른 절의 구성성분으로서 보조사
'도'에 의해서 다음처럼 나열 또는 병치 항목으로 표현될 수 있다.

　(가) -도 -도: "지레(키)도 휘휘흔(홀쩍 큰) 게(것이), 얼굴도 좋은 할망(할멈)이라, 그 할망
　(할멈)이"
　(홀쩍 키도 큰 것이, 얼굴도 좋은 할머니라, 그 할머니가. 구비3 김재현, 남 85세: 34쪽)

이 예문에서 비록 신체상의 특징으로 키와 얼굴만이 언급되고 있으나, 전형적인 접속
구문의 모습대로 말해진다면, "지레도 휘휘하게 크고 얼굴 생김새도 좋다"라고 말할
수 있다. 그렇지만 선행절에서 "지레도 휘휘한 것이"라고 명사절로 표현하였기 때문에,
접속 구문을 재구성한다면 "-은 것이 좋고, 얼굴도 좋다"처럼 복원될 수 있다. 특히
보조사 '도'를 쓰고 있기 때문에, 이 두 가지 항목만이 아니라 또한 마음씨나 재력 따위
도 계속 나열되거나 병치될 수 있을 것이다. 앞에서 제시하였던 전형적인 표상에서
이야기를 진행하는 과정에서 여러 요인들이 함께 작동하면서 이러한 절이 좀 더 줄어
들었다. 결과적으로 생략 규칙을 적용한다면 "지레도, 얼굴도 좋은 할망이라"와 같이
마치 명사구 접속인 듯이 표현될 수도 있다.

　만일 명사(핵어 층위 X^0의 요소임)를 나열할 경우에는 이 방언에서는 또한 계사 '이
다'의 서술 단정 서법의 활용 형식 '이어'를 그대로 쓰거나(반말투 활용은 '이라'이며,
661쪽의 〈표10〉을 보기 바람) 또는 여기에 다시 종속 접속 어미 형태소 '-앙, -엉'이
융합되어 있는 모습으로서 '이엉'의 형식을 자주 쓴다. 원래 채록에서는 표면 음성 형태
로서 '이여'와 '이영'이라고 썼지만, 여기서는 기본 형상을 드러내기 위하여 각각 '이어'
와 '이엉'으로 고쳐 놓았고, 의존 형태소임을 표시하여 하이픈을 질러 놓았다.

　(나) -이어 -이어: "과연 이번만 살려 주십서! 또 이런 행동ø 아녀것읍니다(아니하겠습니
　다)." 이젠 콥(손톱·발톱의 '톱')이어 발이어 빌어 가지고.
　("제발 이번만 살려 주십시오! 또 다시 이런 행동은 하지 않겠습니다." 이제는 손과
　발(손이다 발이다) 할 것 없이 모두 다 써서 싹싹 빌어 가지고. 구비1 안용인, 남 74세:
　137쪽)

　(다) -이엉 -이엉 -이엉: 산에 간(가서) 남(배 지을 나무)을 비여단(베어다가) 배를 짓언(지
　었어). 씨어멍이영(시어머니와) 메누리엉(며느리와) 씨아방이엉(시아버지와) 이젠(이
　제는) 배를 탄(타고서) 나사난(나서니까), 게난(그러니까) 그 메누리(며느리)가 네(櫓)
　젓으멍 「이여도 싸나, 이여도 싸나!」ø 흔 게(것이) 그거옌(그 노동요라고).
　(산에 가서 나무를 베어다가 배를 만들었어. 시어머니와 며느리와 시아버지가 이제는
　같이 배를 타고 자기 남편을 찾아 나서니까, 그러니까 그 며느리가 노를 저으면서 「어
　어도 사나, 이어도 사나!」라고 넋두리를 한 것이 그 노동요라고 해. 구비1 김순여, 여
　57세: 205쪽)

그런데 이 방언에서는 계사 '이다'가 반말투 종결 어미로 쓰일 경우에는 '이라'로 활용
하며, 청자를 대우하는 화용 첨사 '마씀'이 덧붙게 되는 비격식적 대우 표현이 된다(796
쪽 이하 예문 28과 29와 관련된 논의를 보기 바람). 특히 '이라'에도 종속 접속 어미
'-앙'이 융합되어 '-이랑'으로 쓰인다. 이 경우에는 유표적으로 계사가 지정하는 상태
와 반대되는 상태를 가리켜 주기 위하여 '말다'가 활용되는 형식 '말앙'이 이음말(연어)
또는 관용구처럼 쓰인다. 이 또한 두 가지 선택 항목의 제시 방식을 그대로 따르는
것이다. 이를 '-이랑 말앙'으로도 쓸 수 있지만, 관용구로서의 성격을 두드러지게 하도

구문의 대상들에 대한 범주가 동일하게 하나가 아니라, 서로 다른 범주의 언어 형식도 관찰되는 것이다. 그럼에도 불구하고 필자는 임의의 언어 형식으로 표현되든지 간에, 내재적으로 사건 구조를 공유할 수 있을 것으로 본다. 이런 측면에서 설령 범주가 서로 다르더라도, 이런 부류가 모두 등위 접속이라는 개념 아래 다뤄질 수 있다.

먼저 나열되는 기능을 토대로 하여 선택지로서 다수 항목이 있는 사례, 그리고 두 가지 항목으로 선택지가 언급되어 있는 경우를 보기로 한다.

(10가) -으나 -으나 -으나 -으나: 춤, 미신(迷信)이 어떤 건지, 저 극락세계 ø 가나, 연회(煉獄)더렐(쪽으로+를) 가나, 장성(將相) 부인 ø 되나, 뭐 백만장즈(百萬長者) 부재(富者)가 되나 … 허허허허!
(참, 미신이 무엇인지는 잘 모르겠지만, 환생해서 저 극락세계에 가든지, 연옥쪽으로 가든지, 장성 부인이 되든지, 백만장자 부자가 되든지 하겠지요. 허허허허!, 구비1 안용인, 남 74세: 140쪽)

(10나) -든 -든: 기여주마는(그렇지만) 굴룬(군더더기로서 허튼) 자국이라고 없어. 그저 흔 자국마다 돈이든 뭐든 쏟아져 가.
(그렇지만 그 말 주인은 하는 일마다 허튼 자국이라고는 전혀 없어. 그저 발걸음 한 자국 옮길 때마다 크게 성공해서, 돈이든지 뭐든지 간에 원하는 대로 다 쏟아져 들어와. 구비2 양구협, 남 71세: 655쪽)

(10다) -거나 -앗거나: 저승에 가는디(가는데) 차살(差使를) 잘 사귀어네(사귀어서) 무슨 복을 받거나 돌아왔거나, 무슨 그런 이얘긴(이야기는) 엇어(없어)마씀?
(저승에 가다가 저승차사를 잘 사귀어서 무슨 복을 받거나 이승으로 다시 돌아왔거나 하는, 무슨 그런 이야기는 없어요?, 구비1 안용인 옹에

록 붙여 써서 '-이랑말앙'처럼 쓸 수도 있을 것이다.
　(라) -이랑 말앙: 기영 흐연(그렇게 해서) 간(가서) 놔 뒨(두고서) 왓는디(왔는데), 뭐 즈시(子時)랑 말앙 초즈녁부떠(초저녁부터) 쥐 소리가 「딱~」(의태어) 떨어젼. 쥐 소리가 안 나.
　(그렇게 해서 곳간 안에 가서 고양이를 놔 두고 왔는데, 뭐 밤 12시가 되고 말고 없이 초저녁에서부터 쥐 소릭 「딱~」 깨끗이 없어졌어. 더 이상 쥐 소리가 안 나. 구비2 양구협, 남 71세 628쪽)

게 묻는 조사자 현용준 교수, 45세: 182쪽)

위의 예문들에서는 각각 다른 어미 형태소를 쓰고 있다. 그렇지만 모든 경우에 적어도 둘 이상의 항이 나열되어 있고, 그것이 선택지로서 제시되어 있음을 알 수 있다. 그런데 이런 구문에서도 '-곡 -곡 ᄒ다'처럼 상위문의 형상으로 다시 내포될 수 있음이 흥미롭다(347쪽의 예문 26도 그러함).

(11가) -으나 -으나 ᄒ다: 아귀덜(餓鬼들)이 먹엉(먹고) 가랭(가라고) …
칠월 열나흘날 ᄌ녁(저녁)은 그 백 가짓(백 가지) 종ᄌ(종자, 씨) 곡식이나 풀이나 허여 놔 가지고, 밥이나 떡을 맹글아(만들어) 가지고, 공중에 뿌려 줫댄(줬다는) 말이우다(말씀입니다).
(배고픈 귀신들이 먹고 가라고 … 음력 7월 14일 저녁에는 백 가지 곡식의 씨앗이나 풀이나 해서[써서] 밥이나 떡을 만들어서, 그 귀신들이 먹을 수 있도록 허공에다 뿌려 주었다는 말씀입니다. 구비1 안용인, 남 74세: 182쪽)

(11나) -든지 -든지 ᄒ다: "「아니 ᄒ키옌(할 것이라는)」 말도 못 홀 거고(것이고), 이젠(이제는) 알아서 ᄒ든지 말든지 ᄒ라!"
("이미 나뭇방아를 만들어 달라고 주문을 해 버렸으므로,「주문하지 아니할 것이다」는 대답도 못 할 것이고, 이제는 [나뭇방아를 만드는 값으로 쌀을 석 섬 내 놓고서] 스스로 음식을 하든지 말든지 알아서 하라!" 구비3 정원선, 남 90세: 398쪽)

(11다) -거나 -거나 ᄒ다, -거나 -거나 ᄒ다: 장(5일장) 보레(보러) 가는 사름(사람)도 그레(그쪽으로) 올라오당(올라오다가) 쉬엉(쉬면서) 떡을 먹거나 밥을 먹거나 ᄒ곡, 똑(꼭) 절로(저쪽으로부터) 오는 사름(사람)도 그디서(그곳에서) 쉬엉(쉬면서) 밥을 먹거나 떡을 먹거나 ᄒ곡.
(그 마루턱에 있는 정자나무가 있는데, 오일장을 보러 가는 사람도 그쪽으로 올라오다가 쉬면서 그 나무 아래에서 떡을 먹거나 밥을 먹거나 하고, 꼭 반대편 저쪽으로부터 오는 사람도 그곳에서 쉬면서 밥을 먹거나 떡을 먹거나 하고 그랬어. 구비1 안용인, 남 74세: 213쪽)

더군다나 같은 어미 형태소를 지닌 접속 구문이 대등하게 나열되고, 다시 상위문의 핵어로서 '하다'가 투영하는 내포문의 구조 속에 들어가는 사례도 심심찮게 관찰된다. 다시 말하여, 명사 나열로서 "사과ø, 배ø, 감ø, …"에서 보듯이, 설령 등위 접속을 표시해 주는 격조사 '과, 와'가 전혀 없더라도, 나열 항목들이 다시 하나로 묶이어 상위문의 핵어가 투영하는 구조 속에 들어갈 수 있다. 위의 인용에서는 접속 어미 형태소가 반복되어 실현된 다음에 다시 '흐다'에 의해 내포되는 형식을 보여 준다. (11가)에서 '-으나 -으나 흐다', (11나) '-든지 -든지 흐다' (11다)에서 '-거나 -거나 흐다'가 그러하다. 앞에서 살펴보았던 '-곡 -곡 흐다'와 구성이 동일한 것이다(357쪽 이하 참고).

만일 반복되는 어미 형태소가 대립되거나 반대의 의미를 띤 절을 이끌 경우, 정반대 선택 항목의 의미가 깃들게 됨으로써, 나열보다는 새롭게 역접이라는 의미를 지닐 토대도 마련되는 것이다. 특히 (11나)에서처럼 '흐든지 말든지 흐라'와 같이 '말다'와 같은 낱말과 짝을 이룰 경우에, 관용적인 어구와 같이 대립되는 사건이 선택지로서 제시되며, 맥락에 따라 방임 관계로도 해석된다.

§.2-1-4 나란히 나열되거나 병치된 구문의 모습은 이뿐만이 아니다. 시상 형태소와 확정이나 단정을 하는 서술 종결 어미 '-지'가 결합된 모습으로, '-았지 -았지 -았지'가 나란히 병렬되는 모습도 관찰되며(예문 12가), 부정 구문 '-지도 아니흐고 -지도 아니흐게 흐다'의 모습도 관찰된다(예문 12나, 다). 이것들이 모두 접속절이 나열된다는 특성을 잘 보여 주고 있는 것이다.

> (12가) -앗지 -앗지 -앗지: 쉰 놈(50명)ø 정심(점심)ø 낮이(낮에) 먹엇지,
> 저녁ø 먹엇지, 술 오메기(술 빚는 떡)ø 흔 도고리(통나무를 움쑥 파내
> 어 만든 바구니 모양의 도구) 다 먹엇지, 뒷날 아침은 "야~, 느(너)ø
> 난(나는) 버치켜(부양하기 힘들 것이야)!"

(힘센 하인 막산이가72) 혼자서 이미 50명 분량의 점심을 낮에 다 먹었
지, 저녁도 그렇게 먹었지, 술 빚을 오메기 떡을 한 바구니채 모두 다
먹었지, [그러니까] 새 주인이 뒷날 아침에는 "야~ 너는 내가 먹여 살리
기가 힘들 것이야!"라고 말하면서 하인을 다시 내쫓아 버렸어. 구비3
김재현, 남 85세: 31쪽)

(12나) -도 안 ᄒ고 -도 안 ᄒ고 -은 사람이다: 홀연히 아프도(아프지도)
안 ᄒ고 ᄉ뭇(사뭇, 몹시) 늙도(늙지도) 안 ᄒ고 중년쯤 된 사름인디(사
람인데) 홀연히 죽어.

(홀연히 아프지도 않고, 사뭇 늙지도 않고, 중년쯤 된 사람인데 죽었어.
구비3 김재현, 남 85세: 221쪽)

(12다) -두 아니ᄒ고 -두 아니ᄒ게 하다: 쇠(鐵) 방석을 ᄯ뜻ᄒ게(따듯하

---

72) 필자는 '막산이'라는 고유 명사가 일반적으로 쓰이는 표현에서 나왔다고 본다. '사나이,
사내'라는 낱말이 'ᄉᆞᆫ+아히'가 융합된 형식이 맞다면(이는 곧바로 한자어 장정[壯丁]
에 대응함), 여기에서도 'ᄉᆞᆫ'이라는 낱말 뿌리가 들어 있을 개연성이 높다(강신항, 1980,
『계림유사 '고려방언' 연구』, 성균관대학교 출판부: 66쪽). 그렇다면 '막'은 부사로서
'ᄉᆞᆫ'(몸이 튼튼하고 기운이 팔팔한)을 꾸며 주고 있다. 이것이 관형절 어미 '-은'에 이끌
리어 사람을 가리키는 형식 명사 '이'와 결합될 수 있다. 혹시 달리 만일 'ᄉᆞᆫ'이 '솔다+
은'으로 분석하는 것이 옳다면, '솔다'는 '살다'와 짝이 되어 모음을 바꿈으로써 뜻을
대립시켜 만든 낱말일 수 있다. 전자의 측면에서 필자는 '막산이'가 몸이 튼튼할 뿐만
아니라 기운까지 막 팔팔한 사람이란 뜻을 품고 있을 것으로 본다.
  1980년대의 채록 자료에서도 특이하게 이 방언에서는 일련의 관련 낱말 짝으로서
'주인·남자 하인·여자 하인'이 각각 '한집·장남·하님'이 그대로 쓰였음을 알 수 있다.
조선 시대에는 하인들도 같이 데리고 사는 하인(솔거노비)이 있었고, 따로 독립시켜
농사의 수확물만 바치도록 했던 하인(외거노비)이 있었다. 이런 제도가 또한 제주도에
있었는지 여부는 필자로서 잘 알 수 없다. 제주도에서 하인이란 앞쪽의 솔거 노비들을
뜻하는 것으로 보인다. 한집은 한자어로 상전(上典)으로, 장남은 한자어 장남(臧男)으
로 쓰인다. 상전은 윗사람(上)으로서 모든 일을 도맡다(典)는 뜻이다. 장남은 전쟁의
결과 그 노획물로서 노예를 삼는 장획(臧獲)에서부터 나온 낱말이다(광개토왕의 비문
에서도 그러함). 한집은 아마 '하다, 크다'에서 관형형 어미를 매개로 하여 집이 융합된
형식일 듯하다.
  한편, 황윤석(1729~1791)의 『화음 방언 자해』에서는 상전을 '항것'으로 적어 놓았다.
송상조 엮음(2007)『제주말 큰사전』(한국문화사: 706쪽과 658쪽)을 보면, 이 방언에서
천연두인 마마를 앓고 나서 생긴 마마자국(곰보)를 '한집그르, 한짓그르, 항긋그르, 큰
마누라'로 말하는데, '한집, 한짓, 항긋'이 '여자주인'을 가리킨다고 풀이하였다. 그런
데 '하님'은 '하님년'처럼 쓰이기도 하는데, 어원 의식이 없어지면서 다시 '년'이 덧붙어
있는 모습일 것이다. 그렇지만 이 방언에서 쓰이는 '하님'을 어떻게 분석해야 할지 필자
로서는 오리무중이다. 아마 「계림유사」에 적힌 한음(漢吟)으로 소급될 만한 후보일 듯
하다. 『화음 방언 자해』에서는 「아랫일을 보는 임자」의 뜻으로 '하주(下主, 하+님)'로
여겼다. 이는 '튼실(實)하다, 굳건(健)하다'에서와 같이 한자 요소와 우리말(임자 → 님)
이 결합된 것으로 파악하는 방식이다.

게) 불에 최왕(쪼이어서) 너무 뜨겁두(뜨겁지도) 아니ᄒ고 냉(冷)ᄒ두 (차겁지도) 아니ᄒ게 해영(해서), 앗당(가져다가) 드려야 제주 목사(牧 使)가 거기에 앉아서 정방폭포를 구경ᄒ엿젠(하였다고) ᄒ디(하는데). (쇠로 만든 방석이 따듯해지게 불에 쪼여서 너무 뜨겁지도 않고 차겁지 도 않게 해서, 그 방석을 가져다 드려야, 비로소 제주 목사가 그 방석 위에 앉아서 정방폭포를 구경했었다고 하는데. 구비3 양원교, 남 72세: 407쪽)

(12가)에서는 새 주인이 엄청나게 많이 먹는 하인 막산이를 내쫓게 되는 사건을 말해 주고 있다. 앞의 사건들은 막산이를 내쫓게 된 구체 적인 이유들을 하나하나 나열해 주고 있다. 마지막에 있는 절에서 「더 이상 먹여 줄 여력이 없다」고 선언하는 일이, 속뜻으로 그 즉시 막산 이를 내쫓아 버렸음을 함의하고 있다. 담화 전개의 흐름에서 필자는 이유를 표시해 주는 접속사로서 '그러니까'를 번역에 더 집어넣었다.

(12나)에서는 특이하게 부정 구문의 어미 형태소 '-지'가 명시적으 로 구현되어 있지 않지만, 부정 서술어 '아니ᄒ다'를 파악함에 따라 이내 부정문임을 확인할 수 있다. (12나)에서는 어간 뒤에 부정 구문의 어미 형태소가 붙어 있는 것이 아니라, 보조사 '도'가 직접 연결되어 있다. 이런 부정 구문의 형식은 마치 '-지도 않고서'를 한 단위처럼 취급함으로써, 이 단위가 반복되고 있음을 확인할 수 있다. 이는 또한 바로 앞에서 반복 접속 어미를 중심으로 살펴본 종속 접속 구문의 경우 와 같은 현상으로 파악할 수 있다. 그렇지만 (12다)에서 실증되듯이, 비록 개인 방언의 모습으로 동일한 구문 형상에서 보조사 '도'가 '두'로 발음되고 있으나, 중요하게 두 개의 부정 구문 절이 나열된 다음에, 다시 '-게 ᄒ다'라는 상위문의 핵어 구문 속에 내포된다는 사실을 확인 할 수 있다. 만일 이 사실에 기댄다면, 1차적으로 기본 표상에서는

「-도 안 ᄒ고 -도 안 ᄒ게 해서」

와 같은 형상으로 재구성하거나 보충해 줄 수 있을 것이다.

이 방언에서는 특히 부정 구문의 어미 형태소에는 (13)의 예문들에서처럼 '를'이 더 추가되어 '-들(-디+를)'과 같이 나오는 경우가 적잖이 관찰된다. 여기서 화용상 주의력의 초점을 모으려는 보조사(격조사에서 발달된 것이며, 강조의 기능이라고도 부름) '를'이 융합되어 있음을 알 수 있다. 만일 모음으로 시작하는 '을'이 결합되었다고 한다면, 음절 재구성 규칙이 적용됨에 따라 약모음 '으'가 먼저 탈락됨으로써 언제나 표면형이 '-딜'로 도출되어야 할 것이다. 그렇지만 여기서는 '-딜'이 아니라, 거의 언제나 '-들'로 실현된다는 점에서, 부정 구문의 어미 형태소 '-디(-지)'에 '를'이 결합 모습을 기본 표상으로 상정해야 할 듯하다. 여기서 만일 '를'의 유음 초성이 모음의 속성을 띤다면 '-디'의 모음과 이어짐으로써, '이'와 'ㄹ'이 동시에 재음절화되면서 탈락이 일어난다고 봐야, 남아 있게 되는 'ㄷ+을'로써 '-들'이라는 표면형을 얻을 수 있을 듯하다. 이 방언의 부정 구문의 어미 형태소 '-들(디+를)'에서 확인되듯이, 이는 '-질(-지+를)'과 같이 구개음화가 일어나기 이전의 모습을 보여 준다. 필자는 구개음을 일으킬 모음 '이'가 재음절화 규칙의 적용을 받아 먼저 탈락하였거나, 아마도 '-듸'라는 형태였기 때문에, 구개음화가 일어나지 않았을 것으로 추정한다.

(13가) -들 못ᄒ다: 흙은(굵은, 큰) 바위를 보통 사람(사람)은 들어보들(들어보지를) 못허주게(못하지+화용 첨사 '게')
   (둚ㅅ돌[211쪽의 각주 53]로 불리는 무겁고 큰 바윗덩이를 보통 사람들은 조금도 들어보지를 못하지+게. 구비3 양원교, 남 72세: 416쪽)
(13나) -들 안 ᄒ다. -지 안 ᄒ다: 아니, 경(그렇게) 해도 듣들(듣지를) 안 ᄒ여. "왜 듣지 안 ᄒ느냐?"
   (아니, 마을에서 행패를 부리지 말도록 그렇게 말해도, 조금도 듣지를 않아. "왜 듣지 않는 것이냐?" 구비3 김재현, 남 85세: 334쪽)

(13가)에서와 (13나)에서도 '-들'을 찾을 수 있다. 그리고 (13나)의 예

문에서는 똑같은 환경에서 '-지'라는 부정 구문의 어미 형태소를 쓰고 있음을 관찰할 수 있다. 그렇다면 보조사 '도'가 나온 (12나)와 (12다)를 놓고서도, 생략이 어떻게 해서 일어났을지를 검토해 봐야 할 것이다. 이 방언에서 만일 일부 환경이나마 구개음화가 일어나기 이전의 모습 '-디(-지)'를 보존하고 있다면, (12나)에서 '아프도 안 ㅎ다, 늙도 안 ㅎ다'라는 구절은

「아프<u>디</u>도 안 ㅎ다, 늙<u>디</u>도 안 ㅎ다」

처럼 표상될 수 있을 법하다. 여기서 부정문 어미 형태소 '-디'의 초성이 보조사 '도'의 초성 사이에 무슨 이유인지 몰라도 생략이 일어나야만, 현재 인용된 표면형 '아프도 안 ㅎ다, 늙도 안 ㅎ다'가 나올 것이다. 그렇지만 이런 종류의 생략은 동기도 불분명하거니와, 현실에서도 찾아질 수 없는 불가능한 과정으로 판단된다. 그렇다면 두 가지 대안이 상정될 법하다. 하나는 어간 바로 뒤에 보조사 '도'가 붙는다고 설명하는 방식이다("가도 가도 왕십리"에서처럼 어간에 보조사가 붙지만 이는 부정문이 아니라 점층적 사건 전개를 나타냄). 그렇지 않다면 부정문 어미 형태소가 '-디'보다는 '-ᄃ, -ᄃᆡ' 정도의 소리값을 가졌을 경우에 '-ᄃ(-ᄃᆡ)+도'의 결합에 의해서 유사한 음절의 중복으로 인하여 의무적 탈락이 적용된 것이라고 볼 수 있을 듯하다. (12다)에서는 보조사 '도'가 수의적으로 '두'로 발음됨을 관찰할 수 있다. 간단한 기술 방법은, 부정 구문의 경우에 어간에 직접 보조사 '도'가 결합하거나 아니면 부정문의 어미에다 주의력의 초점을 모으는 보조사 '를'이 결합함으로써('를'의 상정 그 자체도 매우 이례적이므로, 이런 설명 방식에 고민을 더해 놓음) '들'로 융합된다고 적어 둘 수 있다. 그렇지만 왜 그렇게 실현되어야 하는지를 제대로 설명해 줄 수는 없을 듯하다. 만일 보조사 '도'가 결합된 형식만을 대상으로 하여 고식지계로 기술할 경우라면, '-지 아니하다'라는 요소들의 공기 관계(또는 핵어를 중심으로 하면 선택 제약)가 마치

이음말(연어)처럼 굳어지기 때문에, 후핵성 매개인자를 적용함으로써 '아니하다'가 발화되는 한, 이 방언에서 부정 구문의 어미 형태소 '-지'에 상응할 만한 형태소가 이내 복원 가능하다는 측면에서 생략이 일어났다고 말할 수 있다. 이는 표면 현상만을 서술해 놓을 뿐이다. 더욱이 '-들'로 실현되어 있는 경우를 배제해 버렸으므로 더 이상 설명력을 갖출 수도 없다. 오직 궁색하게 일부 경우만을 놓고 고식지계의 서술에 그칠 뿐이다. 현재로서는 필자가 부정 구문의 표면형 '-들'이나 보조사 '도'로 나와 있는 경우를 설명할 수 있는 능력이 없으며, 다만 미해결 과제라고 적어 둘 수밖에 없다(중세국어의 '-디비, -디비'는 이 방언에서 찾아지지 않는데, 이것이 '-듸'로 줄어들 수도 있음).

필자는 '-곡 -곡 ᄒ다'뿐만 아니라, 또한 이 방언에서 '-으나 -으나 ᄒ다', '-든지 -든지 ᄒ다', '-거나 -거나 ᄒ다'와 같이 동일한 구문의 형상이 존재한다는 사실 때문에, 내포 구문이 접속 구문보다 더 상위 개념으로 파악되어야 한다는 결론에 도달할 수 있었다. 접속절은 둘 이상이 나열되어 나갈 수 있는데, 이것이 다시 'ᄒ다(하다)'라는 상위 문 핵어가 투영하는 논항구조에 편입해 들어가는 모습이다. 이것은 94쪽의 〈표4〉로 제시한 다섯 층위가 순환 적용되는 인간의 사고 모형과도 서로 정합적임을 알 수 있다. 더 높은 층위로 갈수록 포괄적인 성격을 지니기 때문에, 자연스럽게 내포 구문의 형상을 띠는 것이다. 이 책에서는 아무리 접속 구문이 여러 항들을 접속해 놓는다고 하더라도, 마치 이 항목들을 보자기로 싸는 일을 하듯이, 내포 구문 속으로 접속절들이 편입되는 일이 가장 근본적이라고 간주하고 있다.

§.2-2 동시 진행 사건을 나타내는 경우

§.2-2-1 공통어에서는 접속절에서 전형적으로 두 가지 이상의 사건이나 또는 두 가지 이상의 행동이 동시에 진행될 경우에 '-으면서'

라는 접속 어미 형태소가 쓰인다. 이 방언에서도 마찬가지이이다. 다만 그 형태소의 구현 모습이 좀 더 다양하다. 이 방언에서는 '-으멍, -으면서, -으며'가 있으며, 매우 특이하게도 여러 형태소들이 융합되어 있는 '-으멍서라(으면서+을랑)'도 실현됨을 관찰할 수 있다. 일단, 이 방언에서 전형적으로 동시 진행 사건을 나타내는 등위 접속 어미 형태소로서 편의상 '-으멍'을 대표로 삼기로 한다.

> (14가) -으멍 -으멍: 아이덜ø 장난ㅎ멍(장난하면서), 곱음자기(숨바꼭질)ø ㅎ멍(하면서) 장난ㅎ는 아이덜을(아이들을) 보고 "아무집 대감 딸(딸)을 어떻게 허엿든지(했든지 간에), 나ø 얼굴ø 보게 허여 달라!"고.
> (아이들이 장난하면서, 숨바꼭질을 하면서 놀고 있었는데, 이항복이 장난하는 그 아이들을 보고서 요청하기를 "아무집 대감의 딸을, 어떻게 했든지 간에, 내가 그 딸의 얼굴을 구경하게 해 달라!"고 했어. 구비2 양형회, 남 56세: 29쪽)
>
> (14나) -으멍 -으멍: 「서마포(細麻布)ø 주켜(줄 거야), 돈 열 냥ø 주켜(줄 거야)」 햇자뭐(했지만+화용 첨사 '뭐'), 주도(주지도) 안 ㅎ멍(하면서) 사름(사람)ø 저들르멍(괴롭게 하면서) ㅎ난원(하니까+화용 첨사 '원') 굴아(말해) 불어사주(버려야지).
> (조방장 부인이 입막음으로 진졸 사령 변인태에게 「세마포를 줄 거야, 돈 열 냥을 줄 거야」 약속했지만, 뭐, 주지도 않으면서 사람을 괴롭히니까, 자신과 통정한 사실을 상관인 서귀진 조방장한테 말해 버려야지. 구비3 김재현, 남 85세: 93쪽)

필자가 모은 자료에서는 '-으멍(-으면서)'이 두 번 반복된 사례가 아주 많다. 그렇지만 세 번의 경우는 찾을 수 없다. 이는 아마 언어 사용상 우연한 제약일 듯하다. 원칙적으로는 동시 사건들이 계속 나열될 수 있다고 본다. (14가)에서는 주인공 이항복이 권율 장군의 딸에게 장가들기 위하여, 그 동네 아이들에게 그 딸의 얼굴을 볼 수 있도록 도움을 요청하는 대목이다. (14가)에서 장난이 상위 개념이고, 숨바꼭질이 하위 항목이라면, 위 예문이 달리 분석될 수도 있다. 그렇지만 놀이가 상위 개념이고, 그 하위 항목에서 칼싸움이나 소꿉놀이와 같이 애들의 장난과 숨바꼭질이 서로 나란히 병렬될 수 있다면, '-으멍'이 동시에 일어나는 여러 사건들이 등위 접속되어 있다고 말할 수 있다.

(14나)에서는 서귀진을 지키는 임무를 도맡은 조방장이 자신의 부인을 모관(제주시)에 있는 집으로 모셔 가도록 진졸(사령) 변인태에게 명령을 했고, 일부러 길을 둘러둘러 가면서 날이 어두워지자 생긴 통정 사건이 이야기 소재로서, 권력층을 골탕 먹이는 부류의 설화이다. 조방장 부인은 자신과 통정한 그 진졸의 입을 막고자 약속을 남발하였다. 그에게 주마고 약속한 세마포와 돈을 주지도 않으면서 갑질을 하는 대목이다. 이 또한 두 가지 해석이 가능하다. 약속을 어기는 일과 괴롭히는 일이 병렬된 두 사건으로도 볼 수 있다. 아니면 약속을 지키지 않는 일이 원인이 되어, 그 결과 진졸이 느끼는 마음의 상태(괴롭힘을 당함)를 서술하는 것으로도 여길 수 있다. 후자의 해석에서는 인과 관계의 사건으로 여기기 때문에, 동시 진행 사건인지 의심이 생길 수 있다. 그러나 다음 예문에서는 동시에 진행되는 사건임을 명백히 알 수 있도록 해 준다.

(15) -으멍: 더러 그 일홈(이름)들을 들으멍(들으면서) 알앗주마는(알았지마는), 이젠(이제는) 다 잊어 불언(버렸어), 오래여(오래 되어) 놓니까(놓으니까).
(더러 그런 이름들을 들으면서 기억하여 알았었지마는, 이제는 그런 이름들을 다 잊어 버렸어, 너무 오래 되어 놓으니까. 구비2 양구협, 남 74세: 636쪽)

여기에서는 듣는 일과 기억하여 아는 일이 표현되어 있다. 우리의 경험에 비춰서 이는 동시에 진행되는 사건임을 알 수 있다(지각이 일어나면서 동시에 인식하게 됨). 동일한 화자에게서 '-으멍'과 '-으면서'가 수의적으로 교체되는 경우도 쉽게 관찰된다.

(16가) -으면서 -으멍: "게므로(그러하기로서니) 강생이(강아지)ø 굳은 (같은) 거ø 안 풀아(팔아) 주느냐?"고ø. 기여니(그러니) 말에 질련(질려서) 홀 수 웃이(할 수 없이) 풀앗어. 풀면서(팔면서) 돈 받으멍(받으면서) "이 친구네 집이(집에) 강(가서) 살라!" ᄒ니 고개ø 「끄닥끄닥~」 (의태어, 끄덕끄덕) ᄒ여.

("그러하기로서니 예삿일로서 강아지 같은 것을 팔아 주지 않을 수 있느냐?"고 반문했어. 그러니 그 말에 답변을 못한 채, 할 수 없이 강아지를 팔아 주었어. 팔면서 돈ø 받으면서 강아지를 보고서 "이 친구네 집에 가서 살렴!" 하고 말하자, 마치 알아들었다는 듯이 강아지가 고개를 끄덕이었어. 구비2 양구협, 남 71세: 670쪽)

(16나) -으면서 -으면서: 그딜(그곳을) 집ø 짓언 살면서, 그디 목장ø ᄒ면서, 부재(富者)로 잘 살앗단(살았다는) 말이 잇는디(있는데).

(그곳에서 집을 짓고 살면서, 그곳에서 목장을 하면서 부자로 잘 살았다는 말이 있는데. 구비2 양구협, 남 71세: 669쪽)

예문 (16가)에서는 '-으면서'와 '-으멍'의 순서를 뒤바꿔서 '풀멍 돈 받으면서'로 써도 지장이 없고, 두 형태들 중 하나로만 통일하여 일관되게 써도 모두 다 수용 가능하다. 강아지를 파는 일과 돈을 받는 일은 개념상 엄격히 선후 사건으로 이어져 있다. 그렇지만 매매가 상위 개념이고 물물교환이나 현금 지급 따위의 수단이 그 하위 개념이다. 그러므로 또한 상위 개념과 하위 개념이 가리키는 사건이 동시에 일어나면서, 해당 매매 사건을 구체적으로 서술해 준다고도 여길 수 있다. 두 가지 형태소가 어떻게 쓰이든지 문법성에 지장이 생겨나지 않는다는 점에서, 이는 수의적 교체를 보여 준다.

필자가 모은 자료에서는 공통어와 동일한 형식인 '-으면서'로 구현되고 있는 사례가 십수 개나 된다. 그렇지만 이 방언에 빈출하는 '-으멍 ᄒ다'에 상응할 만한 「??-으면서 ᄒ다」 구성은 실현되기 어려울 듯하다. 이는 319쪽 이하에서 논의될 것인데, 아마 이 방언의 특이한 구성에 참여하는 어미 형태소로서 오직 이 방언의 '고유 형식'만 요구하기 때문일 가능성이 있다. 이런 측면으로 본다면, '-으면서'는 공통어의 어미 형태소가 들어와 쓰인다고(따라서 소위 "개신파"의 영향이라고) 볼 개연성이 있다. 그렇지만 324쪽의 예문 (21)에서와 같이

「-으멍서라, -으멍설랑, -으멍설라므네」('-으멍+서+을랑'의 형상으로부터 나옴, 325쪽 참고)

라는 이 방언의 복합 형태소에서 여전히 '서'의 존재가 확인되기 때문에, 그런 단정은 방언의 이런 실상을 왜곡해 버릴 소지가 있다. 그렇다면 좀 더 이 방언의 언어 사실을 충실히 관찰한 뒤에 주장해야 될 것이다. 같은 화자가 (16나)에서는 오직 '-으면서'라는 어미 형태소만 두 번 쓰고 있다. 부자로 살았다는 사실을 구성해 주는 하위 요소로서 두 가지 사건을 동시에 나열해 주고 있다. 화자가 스스로 그 중요성(가중치) 판단에 따라, 집을 짓는 일과 방목하는 일이 앞뒤로 제시되어 있다.

수의적으로 교체될 수 있는 형태의 후보로서, 이밖에도 비록 드문 사례이지만 (17)에서와 같이 '-으며'가 관찰된다.

(17) -으며: "제숙(祭需)을 백쇠(흰소)를 가져 가지고 개토젤(開土祭를) 지내야 되겠다!"ø 호니, 쇠(소) 백 머리(마리)가 어디 이시며말이우다양(있으며+말입니다+요)? 그것이, 그것이 아니랏입주게(아니었읍지요+화용 첨사 '게').
(무덤 자리를 잡는 지관이 "흰소로 제수를 써서 개토제를 지내야 되겠다!"고 하니, 어려운 그 집안 형편에 소가 백 마리씩이나 어디에 있으며+말입니다+요? 그렇게 감당할 형편, 그것이 아니었읍지요+게! 구비1 안용인, 남 74세: 211쪽)

이 예문에서는 '-으며'가 이어 주는 후행 접속절이 명시되어 있지 않다. 그렇지만 무덤을 쓰기 위해 개토제를 지내어야 한다는 지관의 제

안을 그대로 받아들인다는 전제가 깔려 있다. 어려운 집안 살림에 소박한 개토제조차 지낼 수도 없을 텐데, 그렇기는커녕 흰소 1백 마리를 제수로 어떻게 마련할 수 있겠느냐는 속뜻이 깔려 있다. 다시 말하여, '-으며' 뒤에

"없는 살림에 개토제를 어떻게 크게 지내겠는가?"

라는 반문이 깃들어 있는 것이다. 이런 반문을 포괄하면서 뒤이어진 문장에서 「집안 형편이 개토제 제수를 마련할 능력이 없다」는 뜻으로 "아니었어."라고 서술해 주고 있다. 그런 점에서 담화 전개상 선행절의 정보와 후행절의 정보는 계속 이어져 있는 것이라고 해석할 수 있다. 그렇다면 이런 사례들을 놓고서, 이 방언에서 전형적으로 동시 사건이 진행됨을 보여 주는 등위 접속 어미 형태소 '-으멍'이 수의적 변이형태로서 '-으면서, -으며'로도 나올 수 있음을 알 수 있다.

§.2-2-2 만일 '-으멍(-으면서)'의 전형적인 의미 기능 또는 의미자질을 '동시 사건 진행'으로 못박아 버린다면, 다음 예문들에서 관찰할 수 있듯이 다른 기능을 지닌 경우를 처리할 수 없고, 동음이의 형태소라고 치부해야 한다. '계기적으로 이어진 사건'이나 '배경 사건과 초점 사건의 연결'과 같이 종속 접속의 범주를 구현하는 사례 또는 '반대의 역접 사건'들이 이어지는 경우에도 '-으멍'이란 어미 형태소를 관찰할 수 있다. 이때, 이런 접속절에서 관찰되는 동일한 소리값의 '-으멍'을 별개의 형태소로 지정해야 하는 것이다.

그렇지만 이 책에서는 동음이의 또는 동형이의 접근 방식을 택하기보다, 오히려 다의어적인 접근 방식을 추구하고 있다. 동일한 소리값의 어미 형태소가 접속절에서 관찰되며 또한 그 기본 의미가 공유될 수 있다는 직관을 반영하고자 하는 것이다. 담화 연구에서는 이를 앞뒤 문맥(co-text)에 따른 의미 고정 방식으로 부르며(57쪽의 각주 20),

또한 이를 언어 처리 과정에서 장기 기억에 저장해 둔 배경 지식 또는 관련된 인출 구조(retrieval structure)에서 작업기억으로 끌어온 맥락 정보(con-text)를 이용하는 추론 방식과 서로 구분해 놓기도 한다. 후자인 추론에서는 언어의 표면구조에 명시되지 않은 정보들을 동원한다는 점이, 전자인 앞뒤 문맥과 서로 다른 1차적 구분 방식이다.

결과적으로 보면, 앞뒤 문맥에서 의미를 고정시키는 동기는 결국 배경 지식이나 관련된 인출 구조일 수밖에 없기 때문에, 짤막한 언어 표현일수록 두 층위 사이의 구분이 모호해지는 경우가 다수 생겨난다 (57쪽의 각주 20에서 예문 Ⓐ '최순실이 모 기관에 손을 내밀다'를 해석하는 경우에도 그러함). 이런 점을 유의하면서, 언어심리학에서는 각각 '미시 구조'와 '거시구조'라는 용어로써 정보 인출과 추론 범위의 정도성만 표시해 주기도 한다. 필자도 미시 차원과 거시 차원을 서로 구별해 주는 접근 방식이 더 낫다고 판단한다.

(18가) -으멍[동시] -으멍[계기]: 술 오메기(술을 빚기 위해 차조 반죽으로 고리처럼 둥글게 만든 떡) ø 솖으멍(삶으면서), 큰 솥, 대말 치(大斗鍹)에 솖으멍 큰 ᄀ렛도고리(맷돌+ㅅ+도고리, 통나무나 큰돌의 가운데를 움푹 파낸 뒤 그 위에 맷돌을 얹어서 돌릴 수 있게 해 주는 큰 용기)에 퍼 놓아그네(놓아서) 식혀사(식혀야) [그런 다음에 누룩과] 섞으는(섞는) 거주게(것이지+화용 첨사 '게').

(술을 빚기 위해서 먼저 오메기 떡을 둥글게 만들고 난 뒤에, 그 떡들을 물에 삶으면서, 큰 솥에다 삶으면서, 다 삶은 떡을 큰 맷돌 도고리에 퍼 놓아 식힌 다음에, 그 오메기 떡을 누룩과 함께 섞는 것이지+게. 구비3 김재현, 남 85세: 31쪽)

(18나) -으멍[동시] -으멍[배경 사건과 초점 사건]: 몽둥이 죄연(집어서, 쥐어서) 돌아댕기멍(밭 안을 돌아다니면서) 조끔(조금) 더디(더디게) ᄒ는(일하는) 사름은(사람에게는) "속히 ᄒ라, 속히 ᄒ라!" ᄒ멍, 그자(그저) 묶음도 속히, 빔(벰)도 속히.

(조 수확하는 밭 주인이 몽둥이를 잡고서 밭을 돌아다니면서, 조금 더딘 삯일꾼들에게는 "빨리 하라, 빨리 하라!"고 재촉하면서, 그저 베어둔

조를 묶음도 속히, 조를 베기도 속히 했어. 구비3 김재현, 남 85세: 276~277쪽)

이 예문들은 모두 다 같은 화자의 발화로부터 가져왔다. (18가)에서는 술 빚는 차조 떡을 만들면서(원문의 첫 번째 '삶다'는 떡을 만드는 일이 전제되어야 하므로, 공통어 번역에서는 각각의 단계를 더 집어넣었음) 동시에 이를 큰 솥에 넣고 삶는 일이 제시되었고, 다 삶은 뒤에 떡을 식히는 일이 뒤이어져 있다. 그렇지만 분명히 이런 계기적인 선후 사건의 표현에서도 '-으멍(-으면서)'이 관찰되는 것이다. (18나)에서는 삯일꾼들에게 조를 수확하는 일을 빨리 하도록 독려하는 사건이, 밭을 이리저리 다니면서 속히 하도록 재촉하는 일로 표현되어 있다. 이런 배경에서 다시 베어둔 조를 뭇으로 묶기도 재빨리, 조를 베는 일도 재빨리 했다고 말하고 있으므로, 이를 배경 사건과 초점 사건으로 서술해 줄 소지도 있다.

그런데 같은 화자가 다음 예문에서처럼 서로 반대되거나 역접으로 여길 만한 사건들도 '-으면서도'로 접속시켜 주고 있는데, 보조사 '도' 형태가 그런 속뜻을 더 분명히 부각시켜 준다.

(18다) -으면서도: 유(柳) 버버리(벙어리)도 그런 모양인디(모양인데), 말은 굴음(말하기)은 굴으면서도(말하면서도) 가능성 ø 없는 말을 ᄒ고. (벙어리인 유씨도 그런 모양인데, 아주 서툴게 말을 하기는 하면서도 남들이 알아들을 가능성이 전혀 없는 말을 하고. 구비3 김재원, 남 85세: 326쪽)

여기서는 역접을 표시해 주는 어미 형태소 '-되(-으되)'로 바꿔써도 지장이 없으며, 오히려 선·후행절 사이에 역접 관계가 더욱 뚜렷해진다. 이런 역접 관계의 환경에서 '-으면서도'를 쓰고 있는데, 역접의 관계를 분명히 추가해 놓는다면

「-으면서 그럼에도」(→ '으면서+도')[187쪽 각주 50의 '-아도' 참고]

와 같이 나타낼 수 있다. 이런 온전한 모습에서 보조사 '도'만 잔류한 듯이 표상해 줄 수 있다. 이런 형상에서는 '-으면서'에 덧붙어 있는 보조사 '도'가 사건의 전환(역방향의 전개)에 기여를 하고 있는 것이다.

필자가 모아둔 자료들에서는 우연히 '-으멍도'의 사례는 전혀 찾을 수 없다. 그렇지만 앞에서 살펴본 (16)에서 '-으멍'과 '-으면서'가 수의적으로 교체됨이 사실이라면, '-으면서도'가 가능한 만큼, 충분히 '-으멍도'라는 복합 어미 형태소가 나타날 수 있을 것으로 판단한다. 필자의 모어 직관으로는

"거기 가멍도 그 주인을 촟아 보도 안 ᄒᆞ여"
(그곳에 가면서도 그 주인을 찾아 보지도 안 해)

와 같은 발화에 거부감이 들지 않는다.

단, 319쪽 이하에서 논의될 '-으멍 ᄒᆞ다'의 구성이 응당 수의적인 형태소의 교체라면, 공통어 형식인 '-으면서 ᄒᆞ다'도 또한 이 방언에서 관찰될 수 있어야 한다. 그렇지만 그 가능성은 낮을 것으로 판단된다. 아마도 이 방언의 특이한 구문 형성에는, 전형적으로 이 방언의 어미 형태소를 이용하는 것이 자연스럽고, 공통어와 공유되는 어미 형태소로까지는 확장이 저지되는 것일 수 있다(곧, 언어 사용의 관습에 관련될 것으로 해석함). 만일 '-으멍'과 '-으면서'가 완벽히 수의적으로 교체되는 어미 형태소였더라면, 이런 저지 현상이 결코 생겨날 수 없어야 하기 때문이다.

그렇지만 방언 형태소와 공통어 공유 형식의 구분이 그렇게 간단치가 않다. 왜냐하면 이 방언에서 특이하게 융합된 형식을 관찰할 수 있기 때문이다(324쪽의 예문 21).

'-으멍서라'
(-으멍+서+을랑)

여기서 이 방언의 고유한 형식 '-으멍'에 '-서'(의존형식)라는 형식이 덧붙어 있고, 다시 정연찬(1984) "중세국어의 한 조사 '-으란'에 대하여: 대제격으로 세운다"(『국어학』 제13집)에서 '대제격'으로 규정된 강조 보조사 '을랑(을+는)'이 있기 때문이다. 이 논의를 이어 또한 강정희(1984) "제주 방언의 명사류 어미의 한 종류 '-(이)랑'에 대하여"(『한남 어문학』 제13호)에서는 계사의 형상이 처음으로 지적되었다. 이 방언의 자료를 충실히 고려한다면, 필자로서도 '을'과 계사가 활용 형식일 가능성이 높을 듯하다.

그렇지만 '-을랑, -이랑'을 바로 앞서 나온 '-서'를 어떻게 보아야 할 것인가? 이와 관련하여 유연성이 확보될 수 있는 다른 형태소와의 결합이 추구될 수 없다면, 가장 가능성이 높은 후보로서 '-으면서'에 들어 있는 '서'와 관련될 가능성이 검토되어야 할 것이기 때문이다. 다시 말하여, '-서'가 소위 "개신파"의 영향으로 최근 들어와 쓰이는 것일까? 아니면, 본디 이 방언의 접속 어미 형태소들에서도 쓰였던 것일까? 필자는 이 방언에서만 독특하게 쓰여 온 접속 어미 형태소들에서 '-서'가 엄연히 존재함을 관찰할 수 있었다. 이 경우에도 공통어에서 찾아지는 '-서'와 관련될 개연성이 아주 높다(328쪽의 예문 22 이하를 보기 바람).

'-아 둠서'
(-아 두면서)

이 형식은 다시 더 줄어들어 화자에 따라 다음과 같이 쓰이기도 한다.

'-아두서'

(-아 두고서, -아 두면서)

그렇다면 관용구처럼 쓰이는 이들 형태소의 사례에서도 '서'가 관찰
된다면, 접속 구문을 이끌어주는 어미 형태소들로부터 공유 속성을
추정할 수 있다. 여기에 필자가 제시한 대로,

「-아 두면서 → -아 둠서 → -아두서」

로 줄어든 것이라면, '-으면서'와 '-으멍'이 동시에 이 방언에서 생생
하게 기능을 하고 있다고 해석할 수도 있다. 그렇지만 현재 필자가
모아둔 자료에서는 '-아 두면서'의 용례는 찾을 수 없다. '-아 둠서'는
더욱 줄어든 형식 '-아두서'보다 현저히 많은 사례가 관찰된다. 또한
공통어에서 사건 중단이나 전환의 의미를 띠는 종속 접속 어미 형태
소 '-다가'는 이 방언에서 '-단 vs. -당'으로 시상 대립을 품고 있는
경우가 있고, 또한 빈번하게 이런 시상 대립을 반영해 주지 않은 채
'-다서'라는 모습으로도 발화하는 경우가 잦다. 필자의 자료 모음에서
는 거의 30회나 된다(635쪽 이하에서 다루는 인용 예문들을 보기 바람).
'-다서(-다가)'라는 어미 형태소는 오직 이 방언에서만 관찰되는 고유
한 모습이다. 641쪽 이하의 예문 (83가, 나)에서는 여기에 다시 화용적
기능을 하는 '-을랑'에 덧붙은 '-다설랑'이나 '-다설란'도 관찰된다.
이 방언의 고유한 복합 형식이다. 이런 복합 형식으로서 '-아서'에도
동일하게 '-아설랑'이나 '-아설란'이 관찰된다. 이런 고유한 복합 형
식들의 존재는 "개신파"나 "차용"과는 거리가 멀다.

그렇다면 아마도 이런 접속 어미 형태소들에서 찾아지는 '-서'가
동일하게 자연부류를 형성하고 있는 개연성이 높을 듯하다. 일단 이
방언에서 접속 구문의 어미 형태소 중에 복합 형태소로서 '-서'를 지
니는 경우를 명확히 찾을 수 있다는 점에서, 동일하게 접속 구문의
복합 어미 형태소 '-으멍서라(-으면서+을랑)'를 분석할 경우에도 같은

종류의 '-서'로 지정해 줄 만하며, 친연성(affinity)이 있다고 판단된다. 따라서 이런 사례들은 특이하게 복합 형태소의 융합 형식 '-서'의 존재가, 단순하게 공통어 어미 형태소의 차용(종전의 일부 연구에서 면밀하게 이 방언의 언어 사실을 고려하지도 않은 채, 무책임하게 "개신파"로 지정해 버림)이라고 지정하는 데에 큰 걸림돌이 되는 것이다. 이런 차용 가능성을 부정한다면, 당연히 '-서'라는 소리값을 지닌 융합 형태를 이 방언에서도 모종의 접속 기능을 지니고서 이전에서부터 써온 것으로 봐야 온당할 것이다.

그렇지만 중세 국어에서 알려 주듯이 '시-(있다)'와 관련되는 것으로 지정할 경우에, 왜 그런 의미가 이런 복합 어미 형태소의 구성에 꼭 들어가 있어야 할지 필연성을 모색하기가 쉽지 않다. 그럼에도 막연한 상태에서 필자에게 떠오르는 착상은, 접속 어미 형태소들에서 관찰되는 '-서'를 「무대 마련 기능」으로 파악하는 것이다. 즉, '-서'를 대동한 선행절이, 후행절을 위하여 무대의 역할을 떠맡는 것이다. 이런 무대 마련 기능이나 의미자질이, 원시 융합 어미 형태소(fused archi-morpheme)로서 한국어 전반에 걸쳐 검토될 필요가 있을 듯하다. 그렇지만 이 또한 현재 필자의 능력 밖에 있으므로, 어떤 결론도 내릴 수 없는 미해결의 과제로 돌릴 수밖에 없다.

이상에서 이 방언의 자료를 통해서 등위 접속 어미 형태소 '-으멍'이 지닌 의미자질이 선·후행절의 의미 관계에 따라서 전형적인 '동시 사건 진행'을 나타낼 수 있을 뿐만 아니라, 또한 종속 접속 어미 형태소들에서와 같이 '계기적 사건'이나 '배경 사건과 초점 사건'도 표시해 줄 수 있고, 전혀 반대의 사태를 품고 있는 역접의 의미 기능도 지닐 수 있음을 확인하였다. 필자는 이런 형태소가 아무렇게나 다양한 의미 기능을 지니는 것이 아니라, 전형적인 기본 의미자질이 주어진 다음에, 다시 앞뒤 문맥과 추론 맥락에 따라서 그 의미 기능이 변동되어 나가는 것으로 파악한다. 여기서 특히 변동되거나 변이되는 기능들을 포착하기 위하여, 필자는 언어 사용 규칙을 적용하여 도출해야 한다는 그롸이스 교수의 설명 방식을 받아들이고 있다.

§.2-2-3 이미 이 방언의 자료를 통해서 전형적인 등위 접속 구문으로서 '-곡' 형태소가 중첩된 뒤에 다시 'ㅎ다'에 의해 내포되는 경우를 살펴보았다. 전형적으로 동시 사건을 표시해 주는 어미 형태소 '-으멍'에서도, 그리고 선택지를 가리키는 '-거나, -든지'에서도, 동일한 경우를 관찰할 수 있었다. 이 접속 어미 형태소들이 'ㅎ다(하다)'를 매개로 하여 다시 내포 구문 속으로 편입된다. 이는 접속 구문의 지위를 다시 내포 구문의 지위로 바뀌는 기제가 된다. '-으멍 ㅎ다'(또는 '-으멍 말멍 ㅎ다')라는 형상이 엄연히 언어 사실로 존재하기 때문에, 이렇게 접속 구문이 내포 구문으로 편입되는 형식의 일반성을 뒷받침해 준다. 뿐만 아니라 접속 구문의 어미 형태소 '-으멍'도 두 가지 항목의 선택지 제시 형식으로도 쓰인다. 특히 두 항목 사이에 의미 대립이 구현되는 경우에 그러하다. 이는 또한 286쪽 이하에서 논의된 '-곡'의 경우에서와 동일한 특징이기도 하다.

먼저, 등위 접속 어미 형태소 '-으멍'이 다시 핵어로서 'ㅎ다' 동사가 투영하는 내포문 속에 자리 잡는 사례를 보기로 한다.

(19가) -으멍 ㅎ다: "어떤 놈이 시방(時方, 지금) 물코(물꼬)를 막앖이니(막고 있느냐)?" 웅성거리멍 ㅎ난(웅성거리면서 하니까, 웅성대니까) [고씨 대각(大脚, 힘 장사)이 청년들을] 잡안(잡았어).
(마을 청년들이 몰려들어서 "어떤 놈이 시방 논들의 물꼬를 막고 있는 것이냐?"고 웅성대면서 하니까[웅성대니까], 힘센 고씨는 그 청년들 몇 놈을 손으로 움켜 잡았어. 구비3 김택효, 남 85세: 382쪽)

(19나) -으멍 ㅎ다: 이젠 조반 ø 해영(해서) 먹으난(먹으니까), "가게!(가자!)" ㅎ멍 ㅎ난(말하면서 하니까, 말하니까), 요놈 ø 것덜이 절박(結縛)해여 보젠(보자고) 「더듬머뭇, 더듬머뭇!」(의태어, 더듬대며 머뭇거리다 그침) "느네덜(너희들) 날(나를) 묶으젠(묶자고) 햄다?(함이냐?)" "예!"
(이제는 조반을 차리고서 조반을 다 먹으니까, "가자!"고 말하면서 하니

까[말하니까], 관청에서 나온 사령들이 한효종씨를 결박해 보려고 더듬 대다가 머뭇머뭇 멈추었다. 그러자 "너희들이 나를 포승줄로 묶으려고 함이냐?"고 묻자, 사령들이 "예!" 하고 대답했어. 구비3 김재현, 남 85세: 163쪽)

(19다) -으멍 ᄒ다: 물이 팔(의태어) 끓으는 디(곳에) 「들어가라!」고 허여 서, 두드리 태작(打作, 도리깨질)ᄒ멍 ᄒ는 [하면서 하는, 해 대는] 화탕 지옥(火湯地獄)이 있고.
(물이 팔팔 끓는 데에 「들어가라!」고 해서, 저승 감옥 간수들이 두드려 대면서 타작하면서 하는[타작해 대는] 화탕 지옥이 있고. 구비1 안용인, 남 74세: 181쪽)

(19)에서는 일부러 한 개인의 말투가 아님을 보여 주기 위하여, 서로 다른 화자들로부터 나온 사례를 제시해 놓았다. 공통어로 대역해 놓 은 '하면서 하다'는 아마 수용되기 어려울 듯하다. 이런 복합 형태는 중언부언 또는 췌언처럼 느껴질 것이다. 대신 하나의 단일한 어휘로 서 각각

(19가)의 '하니까', (19나)의 '하니까', (19다)의 '하는'

처럼, 한 번의 쓰임만으로 충분히 의사소통이 가능하다. 그럼에도 불 구하고, 왜 굳이 이 방언의 사례에서는 '-으멍 ᄒ다'의 구문을 외현시 켜 놓는 것일까? 필자는 등위 접속 구문의 형상을 그대로 이들 접속 어미가 보존해 주고 있다(살아 있는 규칙으로 작동하고 있다)는 쪽으로 이 물음의 답변을 제시할 것이다. 이것이 357쪽의 제3장에서 관련 형 상들을 놓고서 다뤄질 주제이다.

등위 접속 어미 형태소가 기본적으로 개방적 접속(다항 접속)을 허 용해야 하겠지만, 특이하게 2항으로 이뤄진 선택지 모습을 띠는 경우 도 있다. 만일 2항 선택지가 「정·반 형식」으로 고정될 경우에는 관용 구적인 성격을 지닌다. 이런 경우에 대립 낱말을 묶어서 한 덩이로

구현될 수도 있다. 또한 이런 선택지 형식의 선택 결과는, 개별 항목이 될 수도 있고, 전체 선택지일 수도 있다. 후자는 다시 앞뒤 문맥에 의해서 모든 항목이 선택되든지, 아니면 모든 항목이 거부되든지 하는 두 갈래의 길로 나뉜다. 결과적으로 선택항을 하나 뽑는 경우 및 선택항을 모두 다 받아들이는 경우에는, 접속절을 하나하나 대등하게 그대로 유지할 수 있다. 그렇지만 선택항을 아무런 것도 받아들이지 않는 경우는, 선택지 항목과 전혀 상관없이 후행절의 사건이 일어난다는 해석이 깃들기 때문에, 본디 등위 접속 구문에서 변동이 일어나서 수의적인 종속 접속 구문 내지 수의적 부사절로 그 지위가 바뀌어 버린다. 이런 변동 또는 변이는 언어 형태소에 깔려 있는 구조적 측면이라기보다, 오히려 언어 사용으로 인해 새롭게 그 환경이 만들어지면서 해석의 결과로서 파생되어 나오는 것으로 파악한다. 이제 2항이 접속되어 있는 사례를 살펴보기로 한다.

(20가) -으멍 -으멍: 권력ø 잇곡 재산ø 잇는 사름(사람)만, 이젠 누울리멍(누르면서) 누울리멍(누르면서) 돌아댕겼입주(돌아다녔읍지요).
(박문수 어사가 권력 있고 재산 있는 사람들만 대상으로 하여, 이제는 그들의 갑질을 누르면서 누르면서 돌아다녔습지요. 구비1 안용인, 남 74세: 163쪽)

(20나) -으멍 말멍 ᄒ다: 아, 그 호랭이가 … 아을(아이를) 질롸낫다(길렀었다, 835쪽 '-아 나다' 구문 참고)ø ᄒ는디, 그거원(그것이+화용 첨사 '원') 말이 되멍 말멍 ᄒ는(되거나 말거나 상관없이 하는) 말이주마는.
(아, 그 호랑이가 아기를 물어다가 … 아기를 길렀다고 하는데, 그것이 말이 되든지 말든지 상관없이 옛날 이야기로 하는 말이지마는. 구비 2 양구협, 남 71세: 644쪽)

(20다) -으멍 말멍 ᄒ다: 오래멍 말멍 햇일(오래면서 말면서 상관없이 했을) 테주(터이지).
(자신이 죽을 날을 미리 알았던 그런 사건이, 오래거나 말거나 상관없이 최근에 실제로 있었을 테지. 구비3 김재현, 남 85세: 232쪽)

(20라) -으멍 말멍: "이상흔 일이멍 말멍(일이면서 말면서 상관없이), 저,

저의 애비(아비: 겸칭 표현) 제사가 당(當到)해서, 그자(그저) [형제가 다툰 일이] 잇어낫읍니다(있었습니다, 835쪽 '-아 나다' 구문 참고)." ("이상한 일이거나 말거나 상관없이, 저, 저의 선친 제사가 당도해서, 그저 우리 형제끼리 반목하는 바람에 서로 다툰 일이 있었습니다." 구비3 김재현, 남 85세: 143쪽)

(20가)에서는 같은 낱말을 써서 점층법의 형식을 구현하고 있다. 박문수 어사가 권력가와 재산가들이 힘없는 백성들에게 갑질을 못하도록 막는 일(누르는 일)을 계속 돌아다니면서 했음을 말하고 있다. 그렇지만 나머지 예문들에서는, 반대되는 낱말로써 대립 항을 만든 다음에, 다시 (19)의 예문들처럼 'ᄒ다(하다)'의 내포문으로 묶든지, 아니면 명시적인 상위문 핵어의 표지가 없이 쓰이고 있다.

　(20나)와 (20다)는 비록 서로 다른 화자의 발화이지만, '-으멍 말멍 ᄒ다'라는 구문을 쓰고 있음을 보여 준다. 공통어 번역에서는

　'되든지 말든지 상관없이, 오래거나 말거나 상관없이'

처럼 속뜻을 덧붙여 놓았다. 공통어에서 두 가지 대립되는 선택 항목을 표시해 주는 전형적 구문이기 때문이다. 이는 선행절에 나온 사건이 어떠한 것이든지 간에, 후행절의 사건이 일어나는 데에 아무런 조건도 되지 못함을 뜻한다. (20다)에서 양태 표현의 구문 '-을 터이다'로 실현된 '-으멍 -으멍 ᄒ다'는, (20라)에서 상위문의 핵어 'ᄒ다'가 없이 나온 '-으멍 -으멍'과 동일한 뜻을 지닌다. (20라)의 후행절에서 가리켜 주는 사건(제사 때 형제끼리 다툰 일)이 그 앞에 제시된 조건과 무관하게 일어났음을 뜻한다. 결과적으로 본다면, (20나)와 (20다)와 (20라)는 수의적인 종속 접속 구문(방임형 또는 양보의 의미를 띔)으로 분류해도 좋을 만큼, 후행절 사건을 표현하는 데에 거의 아무런 영향력도 끼치지 못하고 있다. 등위 접속 구문 어미 형태소로서 '동시 사건

나열'의 의미자질을 지닌다고 하더라도, 그런 대등한 전형적 지위의 사례들도 다수 있지만, 다시 언어 사용에서 두 가지 대립 항목으로 제시되는 경우에, 그런 사건들이 일어나더라도 뒤에 이어지는 후행절의 성립 조건에 아무런 관련성도 없음을 표시해 주기도 하는 것이다.

이런 언어 사실은 이들 어미 형태소가 특정한 형식의 구문을 선택하는 것이 아님을 명시적으로 보여 준다. 지금까지 공통어의 연구들에서 다수 시행되어 왔듯이, 어미 형태소만을 중심으로 하여, 접속 구문의 형상을 찾아내려는 시도는, 이런 언어 사용의 변동 현상을 고려치 못한다면 원천적으로 성공할 수 없는 것이다. 대신, 다양한 어미 형태소들의 의미 기능이 언어 사용과 관련하여 몇 가지 접속 구문의 구조들에서 쓰일 수 있는 범위(전형적 쓰임 vs. 확대된 쓰임)를 결정하는 쪽으로 이뤄져야 할 것이다.

§.2-2-4 이 소절에서는 동시 진행되는 사건을 표시해 주는 구문으로 해석되지만, 이 방언에서 매우 특이한 사례들로서 아주 유표적인 융합 어미의 구성체를 살펴보기로 한다. '-으멍서라'(-으면서+을+계사의 활용)와 '-아 두다'가 활용하는 모습의 융합 형태소이다. 필자의 자료 모음에서는 비록 전자가 아주 적은 사례를 보여 주지만, 후자는[73] 빈번히 쓰일 뿐만 아니라 여러 가지 활용 형식을 그대로 보여

---

73) 특히 후자는 이른바 부사형 어미(이 책에서는 「내포문을 이끄는 어미」로 부르고, 학교 문법에서는 보조적 연결어미로 부름) '-아'를 매개로 하여 선행 동사에 대해 양태 표현을 해 주는 형식 '-아 두다'의 활용 형식이다. 종속 접속 구문에서도 또한 '-아 갖고(-아 가지다)'라는 활용 형식도 빈번히 쓰인다(827쪽 이하 참고). 따라서 내포 구문의 형식이 등위 접속 구문으로 확장되어 쓰이는 사례에 속한다. '-아'와 같이 나오는 양태 동사들은 정연히 짝을 이루고 있으며, 결코 부정 요소 '아니, 못'에 의하여 부정될 수 없다(부정 연산소보다 더 높은 계층에서 작용하고 있기 때문임). 가령,

「-아 가다 vs. 오다」, 「-아 가지다 vs. 두다」, 「-아 보다 vs. 지다」, 「-아 있다 vs. ø」

들이 모두 가능세계에서 임의의 사건을 선행한 동사가 표상하고 있으며, 그 사건과 관련하여 전개 모습이나 그 결과 상태를 평가하면서 손익 따위도 표현해 줄 수 있는 것이다. 결국 이들 구문에 나온 동사의 사건을 놓고서 모든 가능세계에서 있을 수 있는 사건 개요를 표시해 주고 있는 것이므로, 더 큰 차원에서 가능세계에서의 사건 양태를 가리켜 주는 것이다(김지홍, 1984, "A Study of Korean Implicative Verbs", 『탐라문화』

준다. 이것들이 모두 동시 진행되는 사건을 가리킨다는 점에서 '-으면 서'와 관련되어 있다. 먼저 전자의 경우를 제시하기로 한다.

(21) -으멍서라: 이틀 밤인가 자단(잠을 자다가) 깨어나멍서라(깨어나면서 +을랑) [자신의 겨드랑이를] 영(이렇게) 문직아(만져) 보난(보니까) 펜펜이라(아무런 것도 없어).
(이틀 밤인가 내리 자다가 깨어나면서는 양쪽의 겨드랑이를 이렇게 만져 보니까, 자신한테 있던 날개가 흔적도 없이 펜펜[扁平]이야. 구비 3 김재현, 남 85세: 37쪽)

이는 이 지방 아기 장수 설화의 한 대목이다. 장차 반역으로 인해서 삼족이 멸족을 당할 일을 걱정한 부모가, 미리 아들이 지닌 겨드랑이

제3호, 제주대학교 탐라문화연구소).

필자의 분석 및 접근, 그리고 용어 정의 내용들이 아주 많이 다르지만, 송상조(2011: 176쪽)『제주말에서 때가림소 '-ㅇ, -ㄴ'과 씨끝들의 호응』(한국문화사)을 보면 '-으멍 서라'에 대한 자료를 저자 자신의 언어 사용 사례로서 두 가지(ㄱ, ㄴ)를 제시해 놓았다.

ㄱ. "철순 이레 왕 밥을 먹으멍서라 그레 둘려갈 거여"
(철수는 이쪽으로 와서 밥을 먹으면서/먹자마자 그 쪽으로 달려갈 것이야)
ㄴ. "철순 집의 완 밥을 먹으멍서라 그레 둘려가아라"
(철수는 집에 와서 밥을 먹으면서/먹자마자 그쪽으로 달려가더구나)

이 두 가지 사례에 대한 그 분의 결론을 뒤이어 제시해 놓았다. 「-으면서+을+계사의 활용」으로 분석될 수 있는 복합 형태소 '-으멍서라'를 '-자마자'로 대응시켜 놓은 점도 문제가 되겠지만, 이 복합 형태소에 대한 탐구는 전혀 시도되지도 않았다. 그 책에서 오직 받침 소리 이응(ㅇ)과 시상 형태소에만 관심을 모아 '호응한다, 호응하지 않는다' 는 결론을 내리려고 할 뿐이기 때문이다. 형태소 분석 방법을 논외로 한다면, 필자는 송상조 엮음(2007)『제주말 큰사전』(한국문화사)에서 지속적으로 도움을 받고 있음을 밝혀 그 분의 은혜를 적어 둔다. 그렇지만 이 방언의 접속 어미 형태소를 다룬 송상조 (2011)에서는 시상이나 동작상에 대한 정의도 명확히 서술되어 있지 않고, 큰 차원에서 시상의 해석을 위한 규칙도 찾아볼 수 없다. 따라서 시상 범주와 동작상 범주와 양태 범주가 불분명한 채 혼용되고 있을 뿐이다. 더욱이 필자의 판단에 여섯 가지 점에서 중대한 결함이 들어 있으며, 이를 413쪽의 각주 85에 적어 놓았다. 만일 그분의 주장을 놓고서 필자에게 익숙한 용어들로 바꾸어 제시해 본다면 결론은 다음과 같다.

「'-으멍서라'가 시상 형태소와 결합할 수 없지만, 이 절의 후행절에 있는 시상 어미들과 호응한다」

그런데 접속 구문의 어미 형태소치고, 후행절의 종결 어미에 지배를 받지 않는 것이 있을지 의아스럽다. 필자가 줄곧 내세워 온 작업 가정은 접속 구문들의 내포문 편입이 며, 이런 편입 과정에서는 내포문에 실현된 모든 시상과 양태가 선행절 접속 어미의 유표적 의미자질을 제외한다면 그대로 지배 범위 속에 놓여 있을 것이기 때문이다.

날개를 없애 버리는 일을 서술해 놓고 있다. 아들이

'깨어나면서 자신의 겨드랑이를 만져 보니까'

를 표현해 주는데, 여기에서 쓰인 '-으멍서라'는 여러 요소들이 융합된 복합 형태이다. 그렇지만 '-으멍'만 쓰더라도 전후 사건의 연결에 지장을 초래하는 것은 결코 아니다. 그렇다면, 덧붙은 형태들은 화용상의 몫을 상정할 수 있겠는데, ㉠ 청자에게 주의를 모으도록 하는 역할을 맡거나 또는 ㉡ 화자가 다음 발언을 준비하기 위한 디딤돌이 되는 것이다. 이전에는 막연히 '강조'라는 용어를 썼지만, 적어도 클락 (1996; 김지홍 뒤침, 2009)『언어사용 밑바닥에 깔린 원리』(경진출판)를 고려한다면, 담화 전개 흐름에서는 화자 쪽에서 산출 과정에 도움을 얻는 것인지, 아니면 청자 쪽에서 이해에 도움을 보태어 주는 것인지를 구분해 줄 필요가 있다.

그렇다면 '-으멍'에서 분리될 수 있는 의존적 요소 '-서라'를 놓고서 그 정체를 물을 수 있다. 156쪽과 311쪽에서 잠깐 언급되었지만, '-서라'는 다른 모습으로도 실현되는데, '-설랑네, -설라그네, -설람(-설라므네)' 따위이다. 이런 변이 모습을 보면서, 당장 다른 요소가 더 융합되어 있음을 알 수 있다. 여기서 '-설랑으네'를 기본으로 하여, 순음으로 변화가 일어난 뒤에 음절 재조정을 거친 '-설라므네' 또는 이것이 줄어든 '-설람'은, 음운론상으로 변화를 설명할 수 있는 수의적 형태이므로 이를 논의에서 제외할 수 있다. 그렇다면 종속 접속 어미 형태소 '-앙'이 '-아그네, -앙으네, -아그네'처럼 변동하고 있을 가능성을 추구할 수 있다. 이제 '-으멍'에 융합되어 있는 이 복합 형태소가 다음과 같은 표상을 지니는 것으로 제시될 수 있다.[74]

---

74) '으란(을+는)'을 놓고서 대격과 주제격의 융합으로 파악한 논의는 정연찬(1984) "중세 국어의 한 조사 '-으란'에 대하여: 대제격으로 세운다"(『국어학』 제13집)를 보기 바란다. 또한 이 방언의 자료를 놓고서 강정희(1984) "제주 방언의 명사류 어미의 한 종류

「-서+을+랑, -서+을+랑으네, -서+을+라그네」

여기서 관찰되는 의존 형태소로서 '-서'의 존재가 과연 "개신파"의 영
향으로 볼 수 있을지 의문이 간다. 오직 이 방언에서만 관찰되는 복합

'-(이)랑'에 대하여"(『한남 어문학』 제13호)에서는 기본적으로 계사의 형상을 지님을
주장하였다. 일단 필자는 두 계열의 가능성을 염두에 둔다. 대제격으로의 가능성과 대
격 조사와 계사의 활용 형식으로서의 가능성이다. 송상조(2007: 815쪽)『제주말 큰사전』
(한국문화사)에서는 '-아설란'을 표제 항목으로 올려놓고, 공통어의 '-아서＋는'에 대
응한다고 적어 놓았고, '-올란'에 대해서는 같은 책 915쪽에서 '올랑'으로 표제 항목을
삼고서 '일랑, 이랑'으로 대응시켜 놓았다.

또한 이 방언에서 이런 복합 형태소를 놓고서, 다시 강정희(1994) "방언 분화에 의한
형태 분화: 제주 방언의 '이랑'과 문헌어의 '으란'을 중심으로"(『이화 어문논집』 제13
호)에서 '-이랑'을 대표 형태소로 제시하여 다뤄졌다. 그렇지만 김지홍(2014: 48쪽의
각주 9 및 §.1-4-1)『제주 방언의 통사 기술과 설명: 기본구문의 기능범주 분석』(경진
출판)에서 지적되었듯이, 이 방언의 경우에 '-올랑으네, -올랑그넹에'로도 늘어날 수
있다. 이는 정연찬(1984)에서 지적한 대격 '올'의 존재를 뒷받침할 뿐만 아니라, 또한
계사가 종속 접속 어미로 활용하는 모습 '-앙'을 연상시켜 준다. 이미 47쪽의 예문 (4)
에 '-거들랑'에서도 이 형태소가 융합되어 있음을 볼 수 있었고, 154쪽의 예문 (24다)에
도 '-거들랑'이 관찰된다. 아래 예문 ①과 ②에서도 '-앗다설란'에서 동일한 의존 형태
소('-올란, -올랑')가 융합되어 있음을 확인할 수 있다(641쪽의 예문 83도 보기 바람).

① -앗다설란 -앗어 -다서: 이 사름(사람)은 어 아무 ᄌ본(자본)도 없는 사름이고, 집이(집
에) 들어왔다설란(들어왔＋다서＋올란) 어 생활난(생계난)으로 그 집이(집에) 갓어(갔
어). 그냥 막 무ᄌ본에(자본 없이) 그자(그저) 츰(참), 얻어먹고 살았다고. 이제는 멧(몇)
해 살다서(살다가) 고향엘 가게 되니까 "나는 가겠소!" ø, "어서 잘 가라!"고.
(이 사람은 아무 돈도 없는 사람이고, 그런 사람에 집에 들어왔다가는 혼자 생계를 꾸릴
수 없어서 얻어먹고려고 그 집에 갔어. 그냥 아무 돈도 없이 그저 참 거저 얻어먹고
살았다고 그래. 이제는 몇 해 그 집에서 살다가 고향에 돌아가게 되니까, "나는 고향으로
돌아가겠소!"라고 인사하자, 그 주인이 "어서 잘 가라!"고 대답했다고 해. 구비3 김재현,
남 85세: 292~293쪽)

② -앗다설란 -앗주: 우리나라에 사름(사람)이 잇나(있나) 없나, 요것을 검사ᄒ레(하러) 왓
다설란(왔＋다서＋올란) 유 버버리(벙어리)ø 죽여 뒁(두고서) 가젠(가자고) ᄒ단(하다
가) 제가(자기가) 죽을 뻔햇주(뻔했지).
(일본 첩자가 우리나라에 훌륭한 사람이 있나 없나, 요것을 검사하러 왔다가, 유성룡의
아우인 유 벙어리를 죽여 두고서 자기 나라로 돌아가려고 하다가, 오히려 자기가 죽을
뻔했지. 구비3 김재현, 남 85세: 325쪽)

이런 점들에 근거하면, 이 방언에서 적어도 두 계열의 융합이 상정될 수 있을 듯하다.
하나는 대격 조사와 주제를 나타내는 보조사의 결합이다. 다른 하나는 종속 접속 어미
'-앙'이 활용을 보장할 수 있도록 어떤 동사 어근과 관련된 형식인데, 이 방언에서 계사의
반말투 활용 형식이 '이라'이므로 이와 유사한 구성을 취할 법한 방식이다. 만일 이것들이
서로 다른 두 계열이 아니라 하나로 귀결되어야 한다면, 어느 하나로부터 연역되어
나오는 것인지 여부에 대해서도 심도 있는 논의가 이어져야 할 것이다. 다시 말하여,
필자는 영어의 'it~ that ~'이라는 강조 구문이 임의의 요소를 계사 구문으로 표상해
주는 것임에 주목한다면, 보조사 '는'과 계사의 활용 형식이 동일한 목적을 위하여 상보적
으로 공모할 가능성(중층성 모습)을 염두에 두고 있다. 712쪽 설명도 보기 바람.

형태소이기 때문이다. 미리 이 방언의 화자들의 머릿속에 '-서'라는 요소가 들어 있지 않았더라면, 이런 특이한 복합 형태의 구성은 불가능을 것이다('-아서, -고서'도 또한 '-아설랑, -고설랑'으로 쓰임).

비록 '있다(시-)'와 관련짓는 일 이외에 이 의존 형태소의 기원을 추적하기 쉽지 않음에도 불구하고, 이 형태가 담화 전개상 선행절이 후행절을 위한 무대 마련의 기능을 맡고 있음을 짐작할 수 있다. 이는 전적으로 결과론적인 해석이다. 또한 왜 굳이 '-서'라는 의존 요소가 이런 복합 형태소 구성에 들어가 있어야 하는지 그 필연성을 현재 필자의 능력으로는 찾아낼 수 없다('-서'가 없이 '??-으멍을랑'로 쓰이더라도 여전히 무대 마련의 기능이 맡을 수 있을 듯이 느껴지지만, 채록 자료에서 이런 복합 형식은 결코 찾아지지 않음).

문법 요소를 기술하는 차원에서는 분명히 배타적으로 접속 어미 형태소(복합 형식)들에서만 찾아지는 '-서'가 자연부류임(특히 동시 진행 사건을 배경 무대로 만들어 주는 접속 어미 구성에서 요구되는 형식임)을 고려한다면, 공통어 어미 형태소 '-으면서'에서 찾을 수 있는 '-서'와 관련되거나, 이 방언에서 관찰되는 대응형 '-으멍서'에서 보이는 '-서'와 관련될 수 있다. 또한 이 방언에서만 찾아지는 고유한 복합 형식들 속에서 '-서'가 들어가 있다는 측면에서, 결코 "개신파"라고 지정해서는 안 된다. 대신 이 방언에서 고유하게 쓰이는 복합 형태소를 이루기 위해서는, 일찍부터 이 의존 형태 '-서'를 써 왔을 것으로 보는 편이 온당하다(그렇다면 이를 한국어에서 공통적으로 나눠 갖는 '원시 융합 어미 형태소'로 부를 만함). 다만, 이 방언에서는 '-서(-으멍서)'를 대치할 수 있는 의존 요소 '-그네(-으멍그네)'로도 나올 수 있으므로, 이것들이 서로 나란히 「중층성」의 선택지로 상정되어야 할 것이다('-다가'에 대응하는 형태로서 이 방언에서 '-다서'가 쓰일 뿐만 아니라, 또한 시상 대립 짝 형태소가 녹아 있는 '-당 vs. -단'도 「중층성」 선택지임). '-으멍설랑'과 '-으멍으네'의 선태지인 것이다.

만일 "개신파"의 영향이라는 주장이 옳다면, 오직 공통어와 동일한 유형의 접속 어미 복합 형태소 '-으면서'만 찾아져야 할 것이다. 이는 이 방언의 언어 사실과 부합하지 않는다. 이 방언에서만 고유하게 찾아지는 복합 형태소 속에 '-서'가 들어 있을 뿐만 아니라(-으멍서), 또 한 다른 접속 어미의 복합 형태소들('-다서'나 '-둠서, -두서'나 '-아설랑'이나 '-고설랑'이나 계사 '이다'가 접속 어미를 지닌 '이라서' 따위)에서도 찾아지기 때문이다. 따라서 개신파 영향으로 보는 일은 첫 단계인 관찰 조건도 충족시켜 주지 못하는 잘못을 범했던 것이다. 일부 연구에서 이 방언을 서술하면서 줄곧 써 온 "개신파" 주장은, 결국 설명 단계는 고사하고, 올바른 언어 사실의 기술 단계로도 진행해 나갈 수 없으며, 이 방언의 언어 사실을 왜곡했음을 알 수 있다.

이 방언의 고유한 복합 어미 형태소에 대한 사례들은 다음과 같다. 이 형식이 일반적이며 화자에 따라 다양하게 변이 모습이 관찰됨을 실증하기 위하여, 서로 다른 화자의 발화를 하나씩 제시하기로 한다.

(22가) -아 둠서: 도폭(道袍)을 맨들안(만들어) 입언(입었어). 그디(그곳에) 들어앚아 둠서(들어앉아 두면서), 대감보고 야단ᄒ니, 대감(大監)이 오란(와서) 보니, 그디서(그곳에서) 이젠(이제는) "어떤 일입니까?" ᄒ연(하였어).
(문이 잠겨 버린 보물 창고 속에 갇혀 있으면서도 종이로 도포를 만들어서 그 옷을 입었어. 거기에 들어앉아 있으면서 큰 소리로 대감 이름을 부르면서 야단을 치니, 그 대감이 창고로 와서 보고는, 보물 창고 속에서 이제는 "어떤 일입니까?"라고 물었어. 구비2 양구협, 남 71세: 635쪽)

(22나) -아 두서: 이제 밤낮(밤낮)을 ᅌᅵ(요렇게) 앚아 두서(앉아 두고 있면서) 보니, ᄒ를(하루) 처냑(저녁)은 어떤 이쁜 여즈(여자)가 와 가지고, "사또(使道)님, … 우리 ø 노는 디(데) ᄒ 번 오랑(와서) 놀아 주십서!" (이제 밤낮을 이렇게 앉아 있으면서 살펴보니, 하루 저녁은 어떤 예쁜 여자가 와 가지고, "사또님, … 우리가 놀고 있는 곳에 한 번 와서 같이 놀아 주십시오!" 구비2 양형회, 남 56세: 38쪽)

(22가)에서의 화자는 '-아 둠서'를 쓰고 있지만 (22나)에서의 화자는 '-아 두서'를 쓰고 있다. 이는 개인별 선호에 따른 것으로 보인다. 이런 변이는 더 큰 복합 형식들로부터 탈락이 일어나 더 줄어들었다고 보는 쪽이 더 나은 설명 방식일 수 있다. 필자는 ㉠ '-아 두면서'로부터 단절 또는 탈락이 일어나면서 '-아 둠서'를 거쳐 '-아 두서'로 나오는 것으로 설명하거나(앞의 예문 21에서처럼 만일 공통어 복합 형태소 '-으면서'에서 대응하는 방언 형태소 '-으멍서'를 상정하여 '-아 두멍서'로부터 유도한다면 의무적으로 연구개 비음 '응'이 순수한 비음 '음'으로 바뀌는 유표적인 음운규칙을 설정해야 할 것임), 아니면 ㉡ '-아 두서'를 다른 형식인 '-아 두고서'로부터 나오는 것으로 설명하는 길이 상정될 만하다고 본다. 앞의 선택지 ㉠에서는 왜 '-면서'에서 굳이 '-연'만이 탈락 또는 단절되는지 그 동기를 마련해 놓기가 쉽지 않다. 만일 이 책에서 주장하듯이 '-으멍'이 복합 형태소로서 시상 자질 [-종결점]의 '-앙'이 융합되어 있음이 사실이라면, 오직 음성 모음의 '-엉'만이 결합된다는 측면에서, 그 조건을 만족시켜 주는 계사 어간이 깃들어 있을 가능성이 있다(이런 추정에서 현재 필자는 '-음+이엉 → -으멍 → -으멍' 정도를 상정하고 있는데, 335쪽에서 다시 논의됨). 비록 서로 간에 분석이나 형태소 확정 방식에서는 서로 일치하지 않음에도 불구하고, 각주 73에서 언급한 송상조(2011)에서는 이 방언에서 자연스럽게 쓰이는 복합 형태소로 '-으멍서라'를 다루고 있음도 또한 주목할 만하다.

다음 (23)에서는 또다른 화자 '-아 두서'를 선호한다.

(23) -아 두서: 위협을 줘 가 가지고 멀리 곱아(숨어) 두서「윽, 윽, 그끅~」(심승의 울음소리) 흐는 소리를 흔댄(한단) 말이우다(말입니다).
   (한 밤중에 들판에 홀로 남아 있는 자기 상관의 부인에게 위협을 주려고, 변인태 자신은 멀리 숲속에 숨어서[숨어 두고서] 사나운 짐승 소리를 내면서「윽, 윽, 그끅~」하는 소리를 낸단 말입니다. 구비1 안용인, 남 74세: 132쪽)

그렇지만 다음의 (24)에서의 화자는 '-아 둠서'를 자주 쓰면서도(11회), 여전히 다른 활용 형식인 '-아 두어그네(-아 두어서)'와 '-아 두고'의 형식도 같이 쓰고 있음을 관찰할 수 있다. '-아 둠서, -아 두서, -아 두어그네, -아 두고'라는 형태들 사이에서는 따로 어떤 선택 제약을 찾을 수 없을 듯하다. (24)에서 제시된 표제 형식을 아무렇게나 서로 바꿔 쓰더라도 의미 해석에 지장이 초래되지 않는 것이다. 이런 점에서 필자는 이것들을 수의적 변이 현상으로 파악하고 있다.

(24가) -아 둠서: "느네(너희)도 아니 심엉(잡아) 가면은 욕ø 듣곡." 심엉(잡고서) 사 둠서(서 두다+으면서), 「억~」(의성어, 크게 힘쓸 때 내는 소리) ㅎ면 …
("너희들도 관가에 나를 잡아가지 않으면 상관에게 욕을 듣고." 그러니 셋이서 함께 천제연 못에 빠져 죽으려고, 사령 두 명의 뒷덜미를 잡은 채로 함께 절벽에 서 있으면서 힘을 「악~」 쓰면, 모두 다 떨어져 죽게 되었어. 구비3 김재현, 남 85세: 164쪽)

(24나) -아 두어그네(-아 두어서): 넙작(넙적)흔 돌이 광중(壙中, 무덤 구덩이)에 나타나니까, 이 돌을 일뤄 뒈그네(일으켜 없애고서, 일루다+아 두다+아그네) 팔 겐가(것인가), 돌 우이(위에) 그대로 영장(營葬)을 홀 겐가(것인가), 이래서 의논이 갈렷다고.
(무덤 구덩이를 파자 거기에서 넙적한 바윗돌이 나오니까, 이 바윗돌을 일으켜 없애고서 계속 구덩이를 팔 것인가, 그 바윗돌 위에다 그대로 무덤을 쓸 것인가 여부를 놓고서, 형제들 사이에 의논이 나뉘었다고 해. 구비3 김재현, 남 85세: 230쪽)

(24다) -아 두고: 집의(집에) 와 가지고, 쇠(소)는 정제(부엌) 목(입구)에 오랑(와서) 「딱~」(의태어, 단단히) 매어 두고, 안에 들어강(들어가서) 안으로 문ø 「딱~」(의태어, 단단히) 즌간(잠갔어).
(집에 와 가지고서, 소는 부엌 입구에 와서 단단히 매어 두고, 집안에 들어간 뒤에 안으로 단단히 문을 잠갔어. 구비3 김재현, 남 85세: 67쪽)

만일 '-아 두다'와 관련된 예문들이 모두 다 이러한 활용 형식을 보여 주고 있다면, 여기서 복합 형태소 속에서 관찰할 수 있는 '-서'는 공통어에서 관찰되는 형식과 동일할 것으로 보는 것이 온당한 설명일 듯하다. 다만, '-아 두서'는 두 가지 가능성이 추구될 수 있다. 하나는 (22가, 24가)의 '-아 둠서'에서 줄어든 것일 수 있는데, 이 또한 다른 복합 형식('-아 두면서' 또는 '-아 두멍서')으로부터 줄어든 결과로 봐야 할 것이다. 다른 하나는 (24다)의 '-아 두고'에 다시 '-서'가 덧붙어 있는 형식이 전제되고 나서, 바로 이 '-아 두고서'로부터 줄어든 것일 수 있다. 그런데 후자의 설명은 이 방언의 접속 어미 복합 형태들에서 '-서'가 아주 활발히 쓰이고 있음(일반적 현상임)을 전제로 할 경우에 자연스럽게 채택될 수 있다. 이는 일부 접속 어미의 복합 형태소들에서만 관찰된다는 점에서, 이 방언의 접속 어미 형태소에 모두 다 적용되는 일반적 현상이라고 말할 수는 없다. 따라서 현재로서 필자는 전자의 설명 방식을 따르는 쪽을 선호한다. 즉, 두 가지 방식으로 이런 부류의 복합 형태소가 융합되어 있는 것이다. 먼저

'-아 두면서(-아 두멍서) → -아 둠서 → -아 두서'

로 줄어드는 길이 있다. 또한

'-아 두고, -아 두고서'

가 동시에 수의적 변이 형태로서 쓰이면서, 이것이 줄어든 '-아 두서'가 나올 수 있는 것이다. 단, 이런 변이 형식들에 대한 선택이 의미 해석에서 아무런 차이도 일으키지 않는다는 전제가 성립되어야 한다. 굳이 차이를 찾는다면 공통어 형식과 유사할수록 격식성이 더 느껴질 개연성이 추구될 만하다.

§.2-2-5 이 소절에서는 미리 제3부의 169쪽 이하에서 언급해 두었

듯이, 이 형태소가 대표적인 종속 접속 어미 형태소로서 사건 진행을
표시해 주는 시상 자질 [-종결점]을 품고 있는

  '-앙, -앙으네(-아서)'

와 융합되어 있을 가능성을 검토해 봐야 한다(-다+-앙). 이 방언에서
는 일찍부터 종속 접속 어미 형태소가 시상의 대립을 보임이 잘 알려
져 있었는데, 순차 접속 구문이 빈출하는 모습으로서 '-안 vs. -앙'으
로 나타낼 수 있다. 이는 각각 그 본디 형태가

  '-아네 vs. -아그네(-아그넹에)'

처럼 표시할 수 있지만, 줄어든 '-안 vs. -앙'으로 쓰이는 빈도가 가장
높으므로, 이를 대표 형태소로 삼을 수 있다.

  사건의 전개 흐름과 관련해서 김지홍(2014)『제주 방언의 통사 기술
과 설명: 기본구문의 기능범주 분석』(경진출판)과 김지홍(2016) "제주
방언의 선어말어미와 종결 어미 체계"(『한글』통권 제313호)에서는 현
실세계에서 관찰할 수 있는 사건의 전개 모습을 보여 주는 이 어미
형태소의 의미 대립 자질을

  [±시작점, ±종결점]

으로 표상할 수 있다고 주장하였다. '-앙'이 [±시작점, -종결점]이지
만, '-안'은 [+시작점,+종결점]의 특성을 지닌다. 양태 해석을 수용하
기 위하여 좀 더 가다듬어 표상하면 어미 형태소 '-앙'이 [-종결점]이지
만, '-안'은 [+종결점]의 자질로 대립시킬 수 있다. 이 형태소들은 각각
수의적 변이형태를 지니고 있다. [-종결점] 자질을 지닌 것으로서

'-앙, -아그네, -앙그네, -앙으네, -아그넹에, -앙으넹에, -앙그넹에'

들이 있으며, 빈출도에서 압도적인 '-앙'으로 대표 형태소를 삼는다. 물론 일곱 가지 변이형태들이 서로 도출될 수 있는 관계를 상정할 수 있는데, '-아그네'를 중심으로 더 줄어드는 길과 증가되어 더 늘어나는 길로 설명할 수 있다(409쪽 이하의 논의를 참고하기 바람). 왜 이런 방식을 채택하는지는 이와 대립 자질을 지닌 짝 형태소로부터 그 근거를 찾을 수 있다. 왜냐하면 [+종결점]의 자질을 지닌 것으로 두 가지 변이형태가 있을 뿐이기 때문이다. 즉,

'-안, -아네'

로 실현된다. 이 두 가지 형식에서는 '-아네'로부터 줄어든 '-안'을 유도할 수 있다. 그렇지만 여기에서도 빈출도에서 압도적인 '-안'을 대표 형태소로 삼는다. 시상 자질에서 대립되는 짝 형태소와 구분되는 형상을 표상한다면, '-아네'의 짝으로서 '-아그네'를 선택하게 되는 것이다. 여기에서 줄어드는 길과 증가되어 늘어나는 길로 설명해 주는 것이 필자가 일곱 가지의 변이형태를 유도하기 위한 선택이다. 전자의 변이 모습이 일곱 가지로서 아주 다양한 데 반하여, 후자의 변이 모습은 오직 두 가지 형식이 있을 뿐이다. 왜 그렇게 다른 변이 모습을 보여 주는 것일까? 이는 현실적 언어 사용 요구에서 그 이유를 찾아야 할 듯하다. 우리의 일상 경험에서 이미 사건이 다 일어나서 끝나 버린 영역보다는, 그렇지 않고 현재 진행되고 있으면서 미래로 이어질 그 전개 모습을 확인할 수 있는 영역이 훨씬 더 넓다는 점에서, 사건 연결 모습이 더 다양해질 가능성을 타진하는 것이다. 그렇지만 이 또한 결과가 먼저 주어지고 난 뒤에 해석하는 일에 불과하다. 결코 필연성으로부터 도출되는 추론은 아닌 것이다.

여기서 '-으멍'에서 관찰되는 의미자질이 선행절의 사건과 후행절

의 사건이 동시에 진행됨을 가리키고 있으므로, 아직 해당 사건이 종결되어 있지 않다는 특성을 공유한다. 이런 개념상의 정합성이 '-으멍'이라는 형태소가 복합 형태로서 [-종결점] 자질을 지닌 '-앙'과 융합될 가능성의 기반이 된다. 반면에, 이미 일어난 사건에 대하여 그 이유를 나타내는 종속 접속 어미 형태소 '-으난(-으니까)'에서는 [+종결점] 자질의 '-안'이 복합 형식으로서 융합될 수 있다. 이 방언에서는 접속 어미 형태소들에서 일부 이런 융합 형식이 관찰되는 것이 특징이다. 공통어에서 사건의 전환을 표시해 주는 어미 형태소 '-다가'는 각각 이 방언에서 시상 자질에서 대립을 보여 주는 '-앙'과 융합된 변이형태가 그대로

'-당, -다그네, -당으네, -당그네, -다그넹에, -당으넹에, -당그넹에'

로서 쓰이고 있다. 또한 '-안'과 융합된 변이형태로서

'-단, -다네'

가 빈출됨을 관찰할 수 있다. 융합된 변이 형태들의 모습에서도 분명하게 동일성을 확인할 수 있다. 이처럼 같은 모습을 지니는 변이 형태들을 놓고서 '-앙 vs. -안'과의 융합임을 가정하는 일 이외에는, 달리 그런 유사성을 설명할 길이 없을 것이다. 그렇지만 또한 공통어의 '-다가'라는 형태가 시상 형태소와 융합되지 않은 채, 새롭게 '-서'를 수반하고서 '-다서'로 나오는 경우도 비일비재하다. 이 방언에서만 쓰이는 접속 어미의 복합 형태소 '-다서'에서 관찰되는 '-서'가, "개신파"로서 공통어에 영향을 입었을 리 만무하다. 공통어에는 그런 복합 형태소가 존재하지 않기 때문이다. '-다서'와 관련하여 필자가 모아둔 자료(부록)의 양을 보면 무려 A4 용지 2쪽 이상에 걸쳐 있다.

만일 '-으멍'이 종속 접속 어미 '-앙'과 융합된 형식이라면, '-앙'이

보여 주는 변이 모습들을 그대로 반영해 놓은 복합 형태들로서

'-으멍으네, -으멍그네, -으멍그녱에, -으멍으녱에, -으머그녱에'

와 같은 모습들도 찾을 수 있을 것으로 기대된다. 필자가 모아 둔 자료에서는 '-으멍'만이 관찰되고, 기대된 이런 변이 모습은 찾을 수 없다. 그렇지만 이 방언에 대한 필자의 직관으로는, 수의적으로 그런 변이가 주어져도 문법성 판정에 장애가 초래되지 않을 것으로 느껴진다. 채록된 자료에서는 찾아지지 않더라도, 여전히 필자에게는 '-으멍, -으멍으네' 따위의 변동이 자연스럽게 느껴지는 것이다.

그런데 더 중요한 의문이 생겨난다. '-으멍'이 융합된 형태소라면 왜 하필 '-앙'이 아니라 '-엉'으로만 실현되는 것일까? 이 방언에서는 결코 '*-으망'과 같은 형식은 나올 수도 없고, 결코 찾아지지도 않는다. 왜 그러는 것일까?

필자는 '-으멍(-으면서)'에서 반모음 '이[y]'의 흔적이 녹아 있기 때문에, 이 흔적에 결합되려면 언제나 음성 모음 '-엉'만이 허용되었을 것으로 추정한다.[75] 그렇지만 어떻게 하여 반모음 '이'가 들어 있다고

---

[75] 흔히 과거 또는 완료 시상 형태소 '-았-'의 중가 형식이 언제나 '-았었-'으로만 나올 뿐, 결코 '*-았았-'으로 구현되지 않음에 주목할 필요가 있다. 초기 연구에서는 두 번째 '-었-'이 모음조화를 따르지 않으므로, '-았었-'을 더 이상 분석할 수 없는 하나의 형태소처럼 취급한 적이 있다(남기심, 1978, "'-았었-'의 쓰임에 대하여", 『한글』통권 제162호). 그렇지만 모음조화가 일어나는 영역이 배타적으로 어간과 어미가 결합하는 지점에서만 관찰됨을 찾아냄으로써(133쪽의 각주 43에서 언급한 김완진 1971과 1979), 두 번째 '-었-'이 모음조화를 보일 필요가 없음을 깨닫게 되었다.

그렇지만 필자는 '-았-'이 기원이 '-아 잇-'으로부터 나왔다는 국어사의 결론에 기대어서, '있다'의 어근이 시상 형태소 '-았-' 속에 그대로 녹아 있기 때문에, 자연스럽게 두 번째 중가되는 '-았-'은 어근 '잇-'에 이끌리어 음성 모음 '-었-'으로 실현되어야 함을 깨닫는다(지금도 "있었다"라고 말할 뿐, "*있았다"라고 말하지 않음). 융합됨으로써 비록 명시적인 표면 음성형을 지니지 못하더라도, 여전히 이 형태소의 형성에 관여한 흔적을 보존하고 있었다고 보는 것이다. 이 방언에서도 모음조화를 지키지 않고 음성 모음의 형식으로만 구현되는 것들에도 똑같은 질서를 적용시킬 수 있을 것으로 본다. 이는 반드시 '있다'의 어근에만이 적용되는 것이 아니라, 또한 계사 '이다'의 어근도 동시에 그 후보로서 살펴보아야 함을 말해 준다. 아마 계사 어근이 여러 문법 형태소의 복합 형태 속에 관찰된다는 점이 이 방언의 특징이 될 수도 있을 듯하다.

추정할 수 있는 것일까? 공통어의 형태 '-으면서'에서는 반모음의 실재를 쉽게 알아차릴 수 있다. 그렇지만 이 방언에서는 단모음 밖에 없다. 그렇지만 만일 공통어 형태와 이 방언의 형태가 동일한 질서를 따르고 있다면, 기원상으로 이 형태소가 만들어질 수 있는 형상을 가정해 볼 수 있을 것이다.

먼저 이 동시 진행의 어미 형태 속에는 명사를 만들어 주는 접미사 '-음'과 계사가 들어 있는 활용 형식이 상정된다(661쪽의 〈표10〉). 한 사건의 상태를 표시해 주는 접미사 '-음'과 이를 현실세계의 「실현 모습」으로 지정하여 주는 계사의 구성이다. 그런데 이 방언에서는 계사가 서술 단정 서법으로 '이어'로 활용하고, 어조만 바꾸면서 여러 서법에 두루 쓰이는 반말투 활용으로서 '이라'로 쓰인다. 특히 어미들의 융합 구성을 이끌어가는 요소는 반말투 어미가 두드러지다(김지홍, 2017, "Non-canonical Ending Systems in Jeju Korean", 『방언학』 제26호). 만일 반말투 형식이라고 본다면 '-음이라'로 표상되고, 고유한 서술 단정 서법의 활용일 경우에는 '-음이어'로 나온다.

그런데 이 형식이 다시 종속 접속 어미와 융합되기 위해서는 두 가지 방식이 있다. 종결 어미를 그대로 유지하는 방식 및 오직 어간만을 대상으로 삼는 방식이 있다. 전자의 융합에서는 특히 사건 발생의 기준점이 이동하는 특성이 있다. 가령, 회상의 융합 형식인 '-엇어라'('-았었어'에 다시 두 가지 방식으로 융합이 일어나는데, 감탄·명령 서법의 종결 어미 '으라'가 융합되었거나 또는 계사의 활용 형식이 '이라'가 융합되는데, 여기서는 후자로 파악됨)의 경우가 그러하다. 그렇지만 동시 사건 진행을 표시하기 위해서는 사건 발생 기준점이 이동해서는 안 된다. 그렇다면 첫 번째 방식은 채택될 수 없다. 오직 두 번째 방식만 남게 된다. 이를 '-음+이-'로 표시한다면, 여기에 다시 자연스런 결합으로서 종속 접속 어미 '-앙'이 음성모음으로 실현될 수 있다. 이를 '-음+이엉'으로 표시하고, 음절 재구조화가 진행된 모습을 '-으미영'으로 쓴다면, 여기에서 모음 '이'와 반모음 [y]가 동시에 탈락되어야 비로소 2음절로 된 '-으멍'이 나올 수 있음을 알 수 있다(고려가요에서처럼 모두 반모음으로 합쳐질 경우도 있겠는데, 이는 168쪽의 각주 47에서처럼 '-으명'으로 도출될 것임).

만일 이런 기본 형상에서 어원 의식이 없어지면서 문법화(화석화)가 일어나는 일이, 동시에 음절 축소(3음절에서 2음절로)에 수반되었다고 가정할 경우에, 여기서 모음 '이'가 탈락할 때에 반모음도 동반 탈락하는 중간 과정이 있어야 한다. 이 방언의 기본 형상에서는 '-음이엉'으로 배열될 것이다. 만일 이를 놓고서 관용화되고 문법화 과정이 진행된다면, 융합 과정이 음절 축소를 거치면서 동시에 모음과 반모음이 동반 탈락됨으로써, 그리고 계기적으로 음절이 재조정된 결과, 마침내 '-으멍'으로 고정되었을 가능성이 있다. 현재 필자로서는 이런 가상의 단계들을 실증할 만한 언어 자료를 제시할 수 없다. 다만, '-으멍'을 융합된 형식으로 간주하였을 때, 가장 그럴 듯한 후보로서 종속 접속 어미 '-앙'을 상정하게 된다는 점만이 비교적 분명할 따름이다. 왜냐하면 동시 사건 진행을 표시하는 어미 형태소 '-으멍'의 의미자질과 종속 접속 어미 형태소 '-앙'의 시상 의미자질 [-종결점]이 서로 정합적이라는 공통점이 있기 때문이다. 동시 사건 진행을 서술해 주려면, 어느 사건도 종결점에 도달해서는 안 된다는 논리적 필연성이 이런 배합을 가능하게 만들었을 듯하다.

그렇지만 공통어에서 쓰이는 '-으면서'는 어떻게 융합되었던 것일까? 이를 추적하기 위해서는 이 어미 형태소에 대응하는 중세 국어에서의 형태소 '-으며셔'를 살펴볼 필요가 있다(필자가 중세 국어 자료에 익숙지 않기 때문에, 고려가요에서의 '-으명'과 관련되는지 여부는 일단 여기서 차치해 둠). 이 형태소가 복합된 결과라면, 아마 '-으며'와 '셔'로 나눌 수 있을 것이다. '-으며'는 지금도 공통어에서 쓰는 것과 관련될 듯하며, '셔'는 계사 '이다'보다는 오히려 존재사인 '있다, 이시다'와 관련되어 있다고 본다. 이 점은 제주 방언의 기본 형상과 다른 점이다. 만일 이런 분석이 가능하다면, 이들은 각각 '-음이어'와 '이셔'가 융합된 것으로 간주할 수 있다('-음이어+-이셔' → '으미어ø셔' → '-으며셔').
전자는 해당 상태가 계사에 의해서 지정되어 있고, 후자는 그 상태가
현실세계에 주어져 있음을 가리킬 수 있다.

그렇다고 하더라도, 비음 받침 소리(ㄴ)의 존재를 어떻게 이끌어낼
수 있을 것인가? '있다'에 선행할 수 있는 문법 형식으로 미루어 보면,
형식 명사이거나 아니면 부사형 어미이다. 부사형 어미(내포문 어미)가
관련 사건에 대한 가능세계에서의 사건 전개에 대한 개관을 표상해
준다는 점에서, 항상 한 사건이 종결되거나 완결되어서는 안 된다. 그
러므로 이 가능성을 제외한다면, 남아 있는 선택지로서 형식 명사 내
지 명사형 구문의 가능성을 추구해 봐야 한다.

이런 측면에서 필자에게는 사이시옷 형식이 머릿속을 맴돈다. 만일
이런 결합이 혹시 중세 국어 자료에서 찾아질 수 있다면,76) 사이시옷
이 선행한 명사를 만들어 주는 형태 '-음'의 비음 소리에 동화되어
'ㄴ'으로 되었을 개연성이 있다. 물론 이는 작업 가정에 불과하다. 단
지 주장만 되었을 뿐, 문헌 자료에서 논증하는 일 그 자체가 현재 필자
로서는 역량이 부족하여 불가능하기 때문이다. 구체적인 언어 사실로
써 직간접적으로 입증되어야 비로소 경쟁하는 이론 후보가 될 수 있
는 것이다.

---

76) 중세 국어에 대해서는 필자의 지식이 전무하다. 다만, 고영근(2010: 101쪽) 『제3판 표준
중세국어 문법론』(집문당)에 제시된 예문으로서
　　"生곳 이시면 老死苦惱ㅣ 좃ᄂ니"
　　(태어남만 있다면, 늙고 죽는 괴로움이 따라는 것임, 월인석보 2: 22a)
이현희(1994) 『중세국어 구문 연구』(신구문화사: 161쪽)에 28ㄷ)으로 제시된 예문으로서
　　"如來ᄅᆯ 恭敬供養ᄒ리옷 잇거든, 우리둘히 이 사ᄅᆷᄋᆯ 衛護ᄒᆞ야"
　　(여래를 공경하여 공양할 사람만 있다면, 우리들이 이 사람을 호위하여. 석보상절 9: 40)
와 같이 사이시옷과 관련된 구문들을 염두에 두고 있다. 여기서 '곳, 옷'은 사건을 한정
해 주는 보조사로 설명된다.

§.2-3 역방향 또는 두 가지 선택지의 의미해석을 지니는 경우

§.2-3-1 여기서는 흔히 '역접'으로 불려온 경우를 다루기로 한다. 역접은 사건 그 자체가 서로 대립적이거나 반대의 방향(역방향)을 가리킨다는 점에서, 작용하는 힘 차원에서 서로 대등하다는 전제가 깔려 있으며, 그 중에서 후행절의 사건이 담화 전개상 복합 사건 연결체와 유의미하게 관련됨을 보여 준다. 만일 두 개의 사건이 대립된 듯이 제시될 경우에는, 그 해석이 두 가지 선택 항목을 제시한다는 의미가 깃들게 된다. 만일 선택지만 셋 이상 주어질 경우에는, 282쪽 이하에서 다룬 의미자질로서 '나열'의 해석을 배당하게 된다. 이런 측면에서 역접 또는 역방향의 사건들에 접속이란 개념을 '나열'이나 '동시 진행'과 대등하게 따로 설정하지 않고, 상위 개념인 나열의 하위 항목으로 규정하여 다룰 수도 있다. 그렇지만 여기서는 역방향 사건의 접속이나 두 항목의 선택지를 제시해 주는 접속 어미 형태소들도 독립된 범주를 이룰 만큼 풍부한 숫자가 되므로, 편의상

나열·동시 진행·역접

과 같이 서로 대등한 개념으로 다룬다. 이 역접 관련 형태소의 부류는 앞에서 다뤘던 사례들과는 달리, 공통어의 형태들과 대부분 일치한다는 점도 특이하다.[77] 먼저 그 형태소들을 제시하면,

---

77) 이런 현상에 대하여 아직 아무도 주목한 적이 없다. 설사 이런 현상이 주목을 받지 못하였더라도, 그렇다고 하여 이런 현상이 무의미하다는 뜻은 결코 아니다. 오히려 필자로서는 언어 체계상으로 중요한 분포상의 특징이라고 본다. 현재로서는 이를 해석하는 데에는 사변적 추론에 그칠 수밖에 없다. 변이 형태가 많을수록 쓰일 곳과 쓰임새가 많았을 가능성을 생각해 보는 것이다. 필자는 두 가지 가능성을 상정할 수 있을 것으로 본다. 첫째, 긍정 서술 형식과 부정 서술 형식 중 전자가 우리가 경험하는 복합 사건들과 다수 일치할 듯하다. 만일 사용 빈도가 많으면 많을수록 변이가 일어날 가능성이 높아진다. 그러한 변이가 잦게 쓰이면서 고정 비율이 높아질수록 해당 언어의 형태소에 대한 고유성이 증가한다.

둘째, 빈출 동사들의 불규칙 활용과 관련해서, 특히 하버드 대학 심리학자 핑커(1999;

'-으나, -마는, -되, -은디(-은데)'

가 있고, 보조사 '도'를 지닌

'-아도, -고도'와 '-을지라도'

가 있으며, 314쪽의 예문 (18다)에서도 '-으면서도'를 살펴본 바 있다. 그리고 방임형 또는 양보 관계의 의미를 지녀서 수의적 부가절의 구조를 지닌 접속 어미 형태소 '-앗자(-았자, -았더라도)'가 있다. 만일 선택지 형식의 두 가지 절이 있고, 이 절들이 '-거나'에 의해서 이끌릴 경우에, 다시 이 선택지가 상위문의 핵어 동사 'ᄒ다(하다)'에 의해 내포되는 형식으로

'-거나 -거나 ᄒ다'

도 관찰된다(301쪽의 예문 11). 같은 계열로 간주될 만한 것으로서, 관

김한영 뒤침, 2009) 『단어와 규칙』(사이언스북스)에서는 어느 언어에서나 빈출 동사가 언제나 불규칙 활용을 할 수밖에 없음을 지적하였다. 불규칙 활용 형태가 의사소통의 전략으로서 채택된 셈이다. 다시 말하여, 형태를 달리함으로써 청자에게 '지각상의 두드러짐'을 보장해 준다고 보았다. 어느 언어에서나 불규칙 활용의 존재하는 이유를 지금껏 아무도 설명해 준 바가 없었다. 이는 처음으로 「지각상의 용이성」을 촉진해 주는 전략으로 파악하여 설명한 탁월한 견해이다. 이로써 미국 기술언어학에서 찾아낸 변이 형태소의 존재(변이 조건이 음운론적이거나 형태론적임) 이유까지 말끔히 설명해 줄 수 있다.

만일 지각적 두드러짐을 높여 준다는 개념에 기댄다면, 아마 이 방언에서 '-앙'이 구현해 주는 다수의 변이 모습이 그러할 수 있다. 그렇지만 이런 존재에 대한 설명만으로는, 왜 유독 이 방언의 역접 관련 형태소들에서만 공통어의 형태소들과 차이가 거의 없는 것인지에 대한 새로운 차원의 물음에 만족스러운 답변을 이끌어낼 수 없을 듯하다. 역접 관련 접속 어미 형태소는 사건 전개 방향이 서로 반대라는 측면에서 그 의미자질 속에 이미 '지각상의 현저성(두드러짐)'이 깃들어 있으므로, 변이 형태를 만들어 내지 않는다고 말해야 하는 것일까? 핑커 교수의 제안은 활용 형태에서 불규칙성을 설명하기 위한 개념이기 때문에, 접속 어미의 의미를 고려한 귀납적·경험적 토대를 지니지 못한다. 여전히 접속 어미 형태소들의 분포가 왜 이런 차이를 보여 주는지는 앞으로 적절한 설명을 기다리고 있는 것이다.

런 내포 구문이 다른 접속 어미 형태소가 없는 채 단지 의문문의 형식만을 지니고서 병렬된 뒤에, 이것이 상위문 핵어 'ᄒ다(하다)'가 투영하는 논항으로 실현되어 있는

'-은가 -은가 ᄒ다'

의 형식도 관찰된다. 따라서 상위문 핵어인 'ᄒ다'가 투영하는 논항 속에 절 또는 의문문 형식이 내포되는 이런 구성은, 등위 접속 구문에서 관찰되는 일반적인 통사 형상이라고 결론지을 수 있다.

그렇지만 만일 2항 대립을 보여 주는 관용적 형식으로서 '말다'를 쓰는 경우도, 두 선택지 사이에 행위(행동) 진행과 행위(행동) 금지라는 대립적 의미 때문에, 역접의 관계를 찾아낼 수 있다. 이런 부류로서 만일

'-을 듯 말 듯 하다', '-이랑 말앙(상관없이)'

이 쓰이고 있다면, 이들 선택지가 모두 다 선택되거나, 아니면 모두 다 거절되는 경우가 맥락에 따라 주어지기도 한다. 이렇게 해석되는 구문은 특히 수의적 종속 접속을 이루는 부가절에서 빈번히 관찰된다. 이런 현상은 설령 임의의 접속 어미 형태소가 전형적으로 등위절을 이끌고 있는 경우에 나온다고 하더라도, 그 맥락에 따라서 필수적인 절이 아니라 오히려 수의적인 부가절의 지위로 바뀌고 있음을 보여 주는 것이다. 이를 포착하기 위해서는 다의어적 접근으로서, 전형적인 기본 형상을 상정한 뒤에 다시 맥락이 더 추가됨으로써 필수적 지위의 절이 수의적 부가절의 지위로 바뀐다고 설명하는 방식을 제안해 볼 수 있다.

§.2-3-2 이 방언에서 사건들의 역방향 관계를 표시해 주는 등위

접속 어미 형태소들은, 우선 시상 형태소와 자주 결합되는 부류와 그렇지 않은 부류로 나눌 수 있다. 원칙적으로 행동이나 상태 변화를 가리키기 위해서는 관련된 사건의 진행과 종결에 따라 시상 형태소가 자유롭게 결합되어야 한다. 그렇지만 필자가 모아 놓은 사례들에서는 우연히 두 갈래의 경향을 찾을 수 있었다. 시상 형태소가 늘 주어져 있어야 하는 부류 및 그렇지 않은 부류로 대분할 수 있는 것이다.

전자는 대표적으로 '-앗자(-았자, -았어도)'가 있고, 또한 '-저, -주: -지'와78) 같은 종결 어미에 '-마는'이 결합되어 만들어진 것(가령, '-앉

---

78) 김지홍(2014) 『제주 방언의 통사 기술과 설명: 기본구문의 기능범주 분석』(경진출판: 79쪽, 118쪽, §.2-2-4-나)에서는 이 방언에서만 쓰이는 종결 어미 '-저'와 '-주'가 서로 의미자질도 다르고, 또한 고유한 서법 어미로 기능하는지, 아니면 여러 서법에 두루 쓰이는 반말투의 통용 어미로 쓰이는지 여부에서도 현격히 차이가 남을 지적하였다. 이것들이 서로 다른 계열로 발달해 있는 사례인 것이다. 이는 공통어에서와 동일하게 행동하는 종결 어미 '-지'에 의해서 묶일 수 있다는 측면에서는 「중층성」 모습이며, '-아서 : -안 vs. -앙'과 평행한 현상이다. 그리고 정보 흐름의 측면에서 방향이 반대가 된다는 점에서 설령 동전의 앞뒷면처럼 배타적(상보적) 분포를 보인다 하더라도, 각각 독자적인 형식으로 발달한 뒤에라도, 여전히 '-지'와 공통 기반을 지닌다고 보는 편이 온당할 듯하다. 전환을 표시하는 접속 어미 '-다서 : -단, -당'이나 유사 인용을 표시하는 내포 어미 '-은, -고 : -곤'에서 찾아지는 상보적 분포도 기능이 동일하다는 측면에서 「중층성」을 표상하는 것으로 본다.

종결 어미 '-저'의 경우에는 화자가 해당 사실을 미리 경험하였거나 강한 확신을 지니고 있기 때문에(형용사 활용에서 현재 사건을 가리키는 ø[무표지]와는 결합하지 않으며, 언제나 동사에는 '-앉저, -앗저'로만 구현되고, 형용사는 '-앗저'로만 구현되고, 시상 형태소 결합이 불가능한 의도 또는 예정 사건을 표시하는 '-저'와는 동음이의 형태소임), 청자와의 정보 간격을 채워 주거나 고쳐 주려는 의도를 깔고 있다. 이를 「사실성에 대한 확정 통보」 기능으로 부를 수 있다. 달리 말하여, 만일 종결 어미 '-저'를 쓴다면, 미래 사건을 가리킬 수도 없고, 현재 다른 곳에서 일어나고 있을 사건을 추정할 수도 없는 것이다. 반드시 화자 자신이 미리 해당 사건에 대하여 직접적으로든 간접적으로든 경험하고 있는 사건을 가리켜 주어야 한다. 참값을 지닌 올바른 정보가 화자에게서 청자에게로 흘러간다고 말할 수 있다(화자 → 청자, 강한 단정을 청자에게 통보). 이것이 양태 속성상 '-주'와 대립되는 측면이다.

그렇지만 종결 어미 '-주'는 화자가 확신이 없는 채로 해당 사건을 추정하거나 미래에 있을 가능 사건을 언급한다. 이런 측면에서 언제나 '잘 알고 있을 것으로 믿는 청자'가 전제되며, 그런 청자에게 화자가 추정하는 해당 사건을 확인 또는 동의해 주도록 요청하는 의미자질을 속뜻으로 담고 있다. 양태 속성상 앞의 '-저'와는 정반대의 상황이 속뜻으로 깔려 있는 것이다. 올바른 정보가 청자에게서부터 화자인 나에게로 흘러오는 셈이다(청자 → 화자, 청자에게 동의를 요청).

그런데 '-주'는 이것만이 아니라, 상대방에게 부드럽게 표현하여 거부감을 줄이려는 '책임 완화 표현'의 형식으로도 쓰인다. 이 또한 청자를 중심으로 정보가 흘러든다는 점에서, 화자가 청자에게 확인을 요청(동의해 주도록 요청)하는 형식이 되며, 긴장감이

나 속박감을 벗겨 준다는 속뜻이 깔려 있다. 만일 계사 '이다'를 이용한다면, 두 가지 표현이 모두 다 가능한데, 다음처럼 대립적인 속뜻을 찾아낼 수 있다.

ⓐ "나가 주인이주"(내가 주인이지)
ⓑ "나가 주인이다"(내가 주인이다)

ⓐ '주인이주'의 경우는 '정보의 원천으로 간주된' 청자에게서 해당 사태를 놓고서 동의하여 주도록 요구하는 방식을 취하고 있다(청자에게서 동의나 허가를 요구함). 그렇지만 ⓑ '주인이다'의 경우는, 청자에게 해당 사태에 대한 정보가 전혀 없거나 왜곡된 정보를 지니고 있을 경우에, 새로운 정보를 사실로서 통보해 주는 형식이다. 이런 대립적 특성 때문에 해당 청자에게서 정보나 동의를 요청하는 일이 종결 어미 '-주'에서는 기본값처럼 빈번히 일어난다. 다시 말하여, 종결 어미 '-주'가 자주 화용 첨사를 덧붙여서 발화하게 되는 이유가 된다(-주+이, -주+게, -주+마씀).

'-지'는 공통어에서 쓰이는 환경과 이 방언에서 쓰이는 방식이 거의 비슷할 것으로 판단된다. 이 방언에서만 쓰이는 종결 어미 '-저'(이미 종결된 사건에 대한 사실성 확정 통보)와 '-주'(청자에게 확인 동의 요구)는, 공통어로 대역될 경우에 모두 '-지'로 옮겨 놓았다. 그럼에도 '-지'가 이 방언의 두 종류 고유 종결 어미로도 이내 교체될 수 있다. 만일 종결 어미 '-지'가 시상 형태소 '-앗'(-았)과 결합하여 있다면, '-저'로 교체될 수 있다. 그렇지 않고 어간에 직접 결합되거나 양태에 관련된 '-을 터이다, -는 것이다'와 결합되어 있다면 '-주'로 교체될 수 있다. '-앗주'도 관찰되지만, 다시 화용 첨사가 더 추가되어 '-앗주이, -앗쥐, -앗주게, -앗주기'로 쓰인다는 점에서, 여전히 「청자로부터의 상호작용이나 반응을 요구하고 있음」을 알 수 있다.

비록 공통어에서 하나의 형태소 '-지'로만 쓰이고 있지만, 이 방언의 종결 어미로서는 더욱 세분된 모습으로 '-저 vs. -주'도 함께 쓰이고 있는 것이다. 접속 구문의 어미에서도 그 사례가 쉽게 찾아진다. 공통어의 종속 접속 어미 형태소 '-아서'는 이 방언에서 시상 요소를 머금고서 각각 '-앙 vs. -안'으로 구별되어 쓰이기 때문이다. 간단히 말하여, 공통어에서는 아직 분화되지 않은 모습으로 쓰이지만, 이 방언에서는 중층적으로 그 형태소뿐만 아니라, 또한 분화된 고유한 형태소들도 같이 쓰이고 있는 것이다. '-다가, -다서'와 '-당 vs. -단'도 그러하다. 이를 「문법 형태소의 중층성」 모습으로 부르고 있다. 본문에서 번다하게 따로 다루지 않을 것이므로, 여기서 각각 '-앇저마는'과 '-앗주마는'과 '-앗지마는'의 사례를 하나씩 아래에 적어 둔다.

㉠ -앗저마는: 막 펭지(평지)를 맨들아(만들어) 가는디(가는데), 그냥 군 산(군더더기 산)이 그냥 막 녹아대어(없어져) 가는 거주게(것이지+화용 첨사 '게'). "야, 요거 ø 혼재(혼자)도 저런 일을 해엾저마는…" 흔참(한참) 보다가 오라(와) 붙엇주(버렸지).
(막 평지를 만들어 가는데, 그냥 군더더기 야산들이 그냥 막 없어져 가는 것이지+게. "야, 요게 혼자서도 저런 일을 하고 있지만…" 한참 구경하다가 와 버렸지. 구비3 김재현, 남 85세: 30쪽)

㉡ -앗주마는: 물(말) 하나 ø 걸려(줄을 걸고서 끌고) 갈 때에는 봣주마는(봤지만), 경(그렇게) 주세히(자세히) 인식을 못해여 가지고 ᄒᆞ니까(못하니까) … 멧 백 수(몇 백 마리) ø 잇다(있다).
(말 하나를 걸려 끌고 갈 적에는 한 마리씩 자세히 봤지만, 전체 말의 숫자가 너무 많아서 그렇게 자세히 인식을 못하니까 … 몇 백 마리가 있다. 구비3 김재현, 남 85세: 259쪽)

㉢ -앗지마는: [혼인을] 부잿집이(부자집에) 가긴 갓지마는(갔지만), 그 메누리(며느리) ø 간 후에는 방애(방아)를 짛는(찧는) 디도(데에도) 다섯콜(다섯 명이 둘러서서 차례로 찧는 방아)도 새(사이, 간격)만 맞아 가거든.
(혼인을 부자집에 가기는 했지만, 그 며느리가 시집을 간 후에는 그 시댁에서 방아를 찧는 일에도 설령 다섯 명이 찧더라도 찧는 간격이 서로 아주 잘 맞았거든. 구비1 안용인, 남 74세: 203쪽)

저마는, -앗저마는')들이 있으며, 회상의 양태를 지닌 '-더-'나 '-앗더-' 와 결합된 '-(앗)더니마는(-았더니마는)'이 있다. 계사 '이다'의 서술 단정 서법의 활용 '이어'에도 '-마는'이 결합하여 '-이어마는'으로 실현된다. 비록 필자가 모은 자료에서는 찾아볼 수 없더라도, 아마 형용사 어간(가령, '곱다, 예쁘다' 따위)에도 현재 상태와 관련된 시상 ø(무표지)가 구현되어, '곱다마는'이 나올 수 있을 것으로 본다(119쪽의 각주 42와 249쪽의 각주 59를 보기 바람). 또한 '-마는'이란 형태소에는 '-마는+에'의 결합도 관찰된다.[79]

만일 온전한 종결 어미 뒤에 융합되는 것이 '-마는'의 전형적인 구성이라면, '-앗더니마는'은 예외에 속한다. 그럼에도, '-마는'이 덧붙지 않은 채 '-앗더니'만으로도 충분히 접속절을 구성할 수 있다는 점에서, 종결 어미에 덧붙은 결합체와는 차이를 보인다. 이런 언어 사실을 서술하는 방식은 두 가지 정도가 있을 듯하다. 첫째, 이 두 형식을 통합하여 기술하는 방법은 종결 어미나 접속 어미가 주어진 뒤에, '흐지만(그렇지만)'과 같은 접속사가 융합된 형상으로부터 탈락이나 단절이 의무적으로 일어났다고 보는 길이다. 둘째, 보조사 '도'와 같이 취급하는 방식이다. 이 경우에 이 방언의 자료에서는 '-아도, -앗어도'(189쪽 이하)가 관찰된다. 이것들이 모두 반말투 종결 어미 '-아'로 취급될 수 있다. 그렇다면 이 종결 어미 '-아'에 보조사 '도'가 덧붙어서 다시 접속 어미 형태소(-아도, -앗어도)처럼 행동하는 것이다.

또한 인용 구문의 형식에서 찾아지는 '-젠'에도 '-저'가 녹아 있는데, 시상 형태소와 반드시 결합하는 부류(-앗저) 및 어간에 직접 결합하는 부류(-저)는 서로 동음이의 형태소이다(622쪽의 각주 133을 보기 바람).

79) '에'는 부사 지위의 어절에 붙는 부사격 조사라고 볼 수 있을 듯하다. 필자가 모은 자료에서는 한 가지 사례가 있다.

　①-주마는에: 슬짝치기(남 모르게 '살짝' 외도하여) 난(태어난) 외손(外孫)이주마는에, 죽는(죽이는) 걸 조곰(조금) 억울히 생각허야 가지고 「말랜」(외손자를 죽이지 말라고) 흔단(한단) 말이어(말이야)."
　(살짝 외도하여 태어난 외손이지만, 장차 반역을 꾀하여 집안을 망쳐 버릴 당사자로서 그 외손을 죽이는 일을 조금 억울하게 여겨서, 「제발 죽이지 말라!」고 애원한단 말이야. 구비2 양형회, 남 56세: 40쪽)

또한 추정을 나타내는 복합 형태소 '-을지라'에 보조사 '도'가 결합된 모습으로서 '-을지라도'를 추가할 수 있다. 이는 복합 형태소의 쓰임새는 역접 관계뿐만 아니라 방임 관계까지도 아우르게 된다. 이 방언에서 현재 '-을지라'는 단독으로 종결 어미 환경에서 쓰이지 않는다. 그렇지만 중세국어 자료에까지 범위를 넓힌다면, 구개음화가 일어나기 이전의 형태인 '-을디라'의 모습으로도 자주 쓰였었던 듯하다. 보조사 '도'는 명사에 직접 붙기도 하고, 종결 어미에 융합되기도 하므로 아주 특이하지만, 이 방식은 우리말에서 보조사가 구현되는 방식을 자연스럽게 그대로 준수하고 있다는 점에서, 임의 요소를 덧붙였다가 의무적으로 탈락시켜야 하는 앞의 인위적 해결 방식보다 더 나은 선택일 듯하다.

시상 형태소가 결합되지 않는 부류는 다음과 같다. 비록 공통어에서 시상 형태소가 자유롭게 결합됨에도 불구하고, 필자가 모은 이 방언의 자료를 볼 경우에 직접 동사 어간에만 결합되는 특성이 엿보인다. 대표적으로 '-되'와 '-으나'의 경우가 그러하다. 만일 '-거나'를 조건이나 미래의 양태를 표시해 주는 '-거-'와 '-으나'의 융합된 형태소로 본다면, 시상과 양태가 통합된 상위범주를 상정하여 앞의 범주에 귀속시킬 소지도 있다. 이 방언에 '-으나'는 특징적으로 2항 대립의 모습으로서 선택지를 제시하는 구문을 구현해 준다.

§.2-3-3 먼저 시상 형태소가 결합되지 않고, 어간에 직접 이어진 사례들로부터 다루기로 한다. 이 방언 자료에서와는 달리 공통어의 경우에는 시상 형태소의 결합이 자유롭다는 점이 서로의 특징을 보이는 매개인자로 설정될 필요가 있을 것이다.

(25가) -되: "단작(당장) 너 ø 모가지(목) ø 칠 거로되(것이로되) 살려 준다. 살려 주어 가는디(가는데) 백사슴(흰사슴)이 되어 가지고 백록담을 직(守直)허여라!"

(옥황상제가 말하기를 "당장 너의 목을 칠 것이로되, 사정을 봐서 살려 준다. 살려 주어 하늘 아래의 세상으로 가는데, 흰사슴이 되어 가지고 백록담을 지키도록 하여라!" 구비 1 안용인, 남 74세: 190쪽)

(25나) -으나 -으나: 원래 또 사냥을 ᄒᆞ는 사름(사람)인데 … 총 ø 매고 산길로 가다서(가다가) 대돗(큰 멧돼지)을 하나 맞히나, 노루를 하나 맞히나, 어떤 쫌(크기)이건 꼭 하나ø 맞혀 가지고 [처가 제사의 제수로] 경(짊어지고) 갓어(갔어).

(원래 또 사냥을 전업하는 사람인데, … 총을 매고 산길로 가다가 큰 멧돼지를 하나 맞추거나 노루를 하나 맞추거나, 어떤 크키가 되었든지 간에 짐승을 꼭 하나 맞춰 가지고 그것을 처가 제사에 쓸 제수로 짊어지고서 처가로 갔어. 구비3 김재현, 남 85세: 257쪽)

(25다) -으나 -으나: 그 읎는(없이 사는) 사름덜이(사람들이) 읏이나 시나(양식이 있으나 없으나, 있든지 없든지 상관없이) 엿날(옛날) 산으로 강(가서), 이 해벤ᄀ(해변가) 말앙(말고) 산으로 강으네(가서), 모물(메밀)ø 널리 갈앗어(갈았어).

(그 없이 사는 가난한 사람들은, 양식이 없으나 있으나 간에 상관없이 그 옛날에는 산으로 가서, 이 해변가 말고 화전밭을 일구려고 산으로 가서, 메밀을 널리 갈았었지. 구비2 양구협, 남 71세: 669쪽)

(25가)에서는 제주시 오라동 방선문 계곡에 내려와서 목욕을 하던 선녀들을 몰래 훔쳐본 못된 신선들을 처단하는 대목을 말해 준다. 응당 몰래 훔쳐본 그들의 목을 베어야 할 것이지만, 그럼에도 불구하고 백록담을 지키면서 속죄할 수 있도록 살려 준다는 후행절이 이어져 있다. 이는 전형적인 역접 관계이다. (25나)에서는 들짐승을 쏘아 맞추는 선택지가 나열되어 있다. 비록 반대의 사건이 접속되어 있는 것은 아니지만, 언제나 크기가 가지런한 들짐승을 한 마리 쏘아서 제사에 쓸 제수로 처가에 갖고 갔다는 것이다. 접속 어미 형태상으로 이런 형식이 그대로 유지되고, 서로 대립되는 낱말 짝이 선택지로 제시되어 있다.

(25다)에서는 '있다, 없다'의 대립 낱말이 관용구로서 쓰이며, 그런

선택에 관계없이 누구나 다 한라산 중턱에 가서 화전밭을 일구었다는 말을 하고 있다. 서로 반대의 낱말이므로, 낱말 차원으로만 본다면 역접 관계를 이루고 있다. 그렇지만 뒤에 이어진 후행절이 일어나는 데에 선행절은 아무런 기여도 못한다는 점에서, 다시 새로운 차원에서 (25다)는 '방임형'의 해석을 지닌다. 접속 어미 형태들에서는 아무런 변화도 없지만, 전체 접속절의 의미 해석 결과로서 더 이상 필수적인 절이 아니라, 수의적인 부가절로 바뀌어 버린 셈이다. 이런 특징이 자주 쓰이면서 관용적인 지위를 얻게 되자, 반복된 문장 부사의 형식으로서

'게나저나'(그러나저러나, 아무튼 간에),
'이러나저러나'(이렇든저렇든 간에 관계없이),
'그러나저러나'(그렇든저렇든 간에 상관없이)

와 같이 한 낱말로 등재할 수 있는 고정된 표현까지도 만들어냈다.

(26가) -거나 -거나 ᄒ곡: 장(5일장) 보레(보러) 가는 사름(사람)도 그레(그쪽으로) 올라오당(올라오다가) 쉬엉(쉬어서, 쉬면서) 떡을 먹거나 밥을 먹거나 ᄒ곡, 똑(꼭) 절로(저기로부터) 오는 사름(사람)도 그디서(그곳 정자 나무 아래에서) 쉬엉(쉬어서, 쉬면서) 밥을 먹거나 떡을 먹거나 ᄒ곡.
(오일장을 보러 가는 사람들도 그쪽으로 올라오다가 정자 나무 아래에서 쉬면서 떡을 먹거나 밥을 먹고, 꼭 반대쪽의 저기로부터 오는 사람도 그 나무 아래에서 쉬면서 밥을 먹거나 떡을 먹었어. 구비1 안용인, 남 74세: 213쪽)

(26나) -으나 -으나 ᄒ난: 그 할으방(할아범)이 다시 그 물(놋그릇에 담은 지장샘 물)을 아마도 그디(원래 자리인 그곳에) 부어 부나(버리나) 어떵 ᄒ나(어떤 방식으로 샘물을 본디 모습으로 되돌리나) ᄒ난(ᄒ니까) [샘신령의 혈맥이 끊기지 않고] 살앗주(살아났지).
(지장샘 옆에서 농사를 짓던 그 할아범이 다시 놋그릇에 숨겨둔 지장샘

물을 원래 자리에 부어 버리나 어떤 방식으로든 샘물을 되돌리니까 겨우 지장샘 신령이 살아났지. 구비3 김재현, 남 85세: 191쪽)

(26)에서는 등위 접속 구문(-거나 -거나, -으나 -으나)이 다시 핵어 'ᄒ 다'가 투영하는 논항 속으로 내포되는 모습을 보여 준다. 공통어 대역 에서는 보다 자연스럽게 후행절의 접속 어미가 탈락 또는 생략되어 있는 모습으로 옮겨 놓았다. 비록 이 방언에서는 동일한 접속 어미가 반복되어 그대로 머물러 있지만, 공통어에서는 맨 뒤에 있는 접속 어 미를 의무적으로 탈락시키는 규칙이 상정되어야 하기 때문이다. 이상 에서 살펴본 인용 자료에서는, 시상 형태소의 결합이 저지되는 만큼, 현실세계에서 사건 진행 여부가 제시되지 않는다는 측면에서, 등위 접속 구문에서 제시된 선택지가 택일 형식으로 보존될 가능성을 좀 더 높여 준다고 볼 수도 있다.

§.2-3-4 이제 시상 형태소 '-앖- vs. -앗-'이 결합되어 있는 역접 관계의 접속 구문을 살펴보기로 하겠는데, 여기에서도 접속 구문의 지위가 변동되고 있음을 관찰할 수 있다. 즉, 등위 접속 구문의 지위, 종속 접속 구문의 지위, 수의적 부가절의 지위로 달라지는 것이다. 이 런 변동을 보인다는 것은 전체적인 해석의 결과로서 도달한 귀결이 다. 결코 이를 접속 어미 형태소 그 자체만으로 결정할 수 없는 것이 다. 이런 점도 또한 다의어적 접근을 옹호하는 언어 현상을 뒷받침해 주는 것이다. 선행절과 후행절 사이에 있는 해석이 주어지기 이전에 미리 접속 어미 형태소만으로 그런 접속절들 사이의 위계가 결정될 수 없음을 뜻하기 때문이다.

여기서는 거꾸로 수의적 부가절 구성에도 참여하는 어미 형태소들 로서 '-앗자(-았자, -았더라도)'와 '-앗어도(-았더라도)'와 '-앗더니마 는(-았더니만)'을 먼저 살펴본다. 그런 다음 사건의 배경을 제시하는 종속 접속 어미 형태소 '-은디, -는디(-은데, -는데)'로써 대립되는 사건을 표시하는 경우를 다루기로 한다. '-앗으나, -앗지만'과 같은 시상 구현 접속 어미들이, 선행절과 후행절에 대등하게 <u>역접 관계를 보여 주는 등위 접속의 사례는, 공통어의 경우와 크게 다르지 않다.</u> 선행절과 후행절이 보여 주는 사건들의 인과성에 대한 해석 관점에 따라서 역접 관계로 읽을 수도 있고, 양보 또는 방임 관계로도 읽을 수 있는 것이다. 여기서는 역접 관계를 명시하는 등위 접속 사례는 따로 거론하지 않는다.

그런데 이런 구문의 지위를 놓고서 반대 방향의 확장으로 서술할 가능성도 있다. 다시 말하여, 전형적으로 수의적 부가절을 투영하는 어미 형태소가 있고, 이것이 종속 접속 구문으로도 확장되며, 다시 정 반대의 사건들을 접속해 주는 등위 접속 구문으로까지 확장되는 것으로 규정하는 일이다. 이런 역방향의 확장 방식은, 우선 전형적인 접속 어미 형태소들의 분포를 검토함으로써 저지된다. 수의적인 부가절을 투영하는 접속 어미들의 수적 제한이 현저하기 때문이다.

둘째, 수의적 부가절에서 관찰되는 어미 형태소들이 관용적 용법으로 쓰여 마치 한 낱말처럼 취급되기 마련이다. 만일 관용화되거나 화석화가 일어나서 한 낱말로 줄어드는 길이 분명히 실재한다면, 거꾸로 관용적이거나 화석으로 굳지 못하도록 미리 막아 주어야만 종속 접속 구문으로도 그리고 등위 접속 구문으로도 확장될 수 있을 것이다. 이런 두 요구 조건을 동시에 수용하는 일은 자기모순을 빚을 뿐이다. 따라서 이런 역방향의 접근은 고려 대상에서 제외하는 것이다.

이런 관점에서 비록 아래에서 먼저 수의적 부가절의 모습을 먼저 제시하여 언급하더라도, 이것이 기본적으로 다의어적 확장 방식을 따른다면 등위 접속 구문에서 종속 접속 구문으로, 그리고 다시 수의적 부가절 구문으로 변동될 가능성이 있고, 다시 종속 접속 구문에서 관찰되는 어미 형태소가 수의적 부가절 구문으로 변동되고 있음을 전제하는 것이다. 다만, 내포 구문으로의 확장도 동일한 차원에 다뤄져야 하는지는 따로 논의해야 한다. 왜냐하면, 첫째, 결코 접속 구문에서 찾아지지 않는 고유한 내포 구문의 어미 형태소가 있으며, 둘째, '-고'와 같이 내포 구문과 접속 구문에서 동일한 소리값을 갖는 형태소의 경우는 이 책에서 「내포 구문의 어미 형태소가 다시 접속 구문의 어미 형태소로 특정한 모습을 융합시켜서 전용된 것」으로 설명하려고 하기 때문이다.

편의상 수의적 부가절로 해석되는 사례들로부터 먼저 논의를 시작해 나가기로 한다.

(27가) -앗자: 「영감(令監, 도깨비 귀신)이나 대접ㅎ민(하면) ㅎ꼼(조금) 내 ∅ 펜안(편안)히 살앙(살아서, 살다가) 죽어질런가(죽어지려는가)?」 ∅ ㅎ여서(해서) 대죽 오메기(수수떡) ∅ ㅎ곡(만들고) 대죽 범벅을 허여(해서) [도깨비 당에] 간(갔어). 그 도깨비 ∅ 모신 디(데) 간(가서), 닷쉐(닷새)를 데껏자(던져 보았자, 공양하느라고 계속 던져 보았어도) 아니 오라(와), 아니 오라(와)!

(도깨비 귀신 영감이나 대접하면 조금 내가 편안히 살다가 죽어지려는가 싶어서, 대죽으로 수수떡과 범벅을 만들고 도깨비 당에 갔어. 도깨비 귀신 모신 곳에 가서 닷새를 제수를 바치면서 던져 봤지만, 귀신은 아니 와, 아니 와! 구비1 안용인, 남 74세: 171쪽)

(27나) -앗어도: 부친은 이제 살앗어도(살았더라도, 살았다고 하더라도) 백 세가 못 ㅎ고(되고).

(그 사람의 부친은 이제 살았더라도 나이가 1백 세가 넘지 못해. 구비3 김재현, 남 85세: 251쪽)

(27다) -앗더니마는: 이젠 [황희 정승이] 죽엇젱(죽었다고) 소문 ∅ 낫이니(났으니까) 기영(그렇게) ㅎ엿더니만(하였더니만, 골탕 먹이고자 곤란한 문제를 보내었더니만), 또 안(알고 있는) 사름(사람)이 잇는(있는, 있던) 모양이니, 황정승 대신이 조선에 또 잇다고(있다고), 죽어도 또 잇다고 겁을 내고 ㅎ더라 ㅎ여.

(이젠 황희 정승이 죽었다고 중국에까지 소문이 났으니까, 다시 해결 곤란한 문제를 조선에 그렇게 보내었더니만, 그 정답을 알고 있는 사람이 또 있는 모양이니, 황 정승을 이을 만한 대신이 있다고 중국 사람들은 겁을 내더라고 해. 구비2 양구협, 남 71세: 668쪽)

(27가)에서는 도깨비 귀신을 부르려고 흠향할 음식을 던지는 사건과 이런 기대와 달리 도깨비 귀신이 전혀 나타나지 않았다는 두 사건이 접속되어 있다. 앞의 사건이 뒷사건에 아무런 영향도 미치지 못하는 것이다. (27나)에서는 특정한 사람의 부친이 지금까지 살아 있다고 가정하더라도, 연세가 그리 많지 않다는 서술이 접속되어 있다. 기대와는 달리 연세가 높은 분이 아니라는 뜻이다. 이를 종속 접속 구문처럼 해석하여 '살아 있다면'과 같이 그 지위를 지정해 줄 수 있다. 아니면 '살아 있더라도'와 같이 수의적 부가절의 지위로도 해석할 수 있는 것이다. (27다)에서는 유능한 황희 정승이 죽었지만, 여전히 어려운 문제를 풀 수 있는 탁월한 신하가 조선에 있다는 말을 하고 있다. 이 또한 역접 관계(등위 접속 구문의 하위 개념)로 보든지 양보 관계(수의적인 부가 접속절을 가리킴)로 보든지, 두 사건의 관계는 해석 방식에 달려 있을 것이다. 황희가 죽어서 더 이상 조정에는 없음에도 아랑곳하지 않고, 조선에서 어려운 문제를 잘 해결해서 답신을 했다고 볼 경우에, 선행절을 수의적인 부가절로서 간주하는 셈이다. 만일 이런 접속절들 사이의 관계가 기댓값과 달리 반대의 사실을 서술한다고 볼 경우에는, 이것들이 서로 역방향의 사건(역접 관계)이라고 말할 수 있다. 그렇지만 다른 한편으로 선행절이 후행절을 성립시키는 데에 아무런 작용도 하지 않는다는 측면으로만 본다면, 수의적 부가절(양보 관계)로도 취급할 수 있다. 이는 해석 주체의 관점에서 전체 맥락을 재구성할 적에, 해당 사건들에 어떤 지위를 배당하는지에 따라 달라지는 것이다. 필자는 접속 어미 형태소들의 변이 모습을 엄연한 언어 사실로 인정하는 관점을 따르고 있기 때문에, (27)의 사례들을 전형적으로 수의적인 부가절을 이끄는 어미 형태소들로만 여기지 않고, 역접 관계를 보여 주는 등위 접속 구문의 형상으로도 쓰일 수 있다고 해석한다. 다시 말하여 가중치를 대립 관계에 모을 것인지, 아니면 양보나 방임 관계에 모을 것인지에 따라 구문의 지위가 다르게 규정되는 것이다. 결코 접속 어미 형태소 그 자체에 고유하게 결정적 열쇠가 들어가 있

는 것은 아니라고 여긴다. 오히려 전형적 접속 구문의 특정 유형에서 빈출하는 접속 어미 형태소 및 두 사건 사이의 적합한 해석 방식이 서로 공모함으로써, 최종적으로 관련 절들의 상호 관계에 대한 결정이 판가름나는 것이다.

전형적으로 종속 접속 구문에서 자주 관찰되는 어미 형태소 '-은디(-은데)'와 '-는디(-는데)'는 선행절이 후행절 사건이 일어나는 배경을 제시해 주는 의미자질을 지니고 있다. 이런 측면에서 전형적으로 「배경 사건을 제시」해 주는 어미 형태소로 규정된다. 그렇지만 일부의 경우에 선행절과 후행절이 반대되거나 역방향의 사건으로 해석될 수 있다. 접속 어미 형태소 '-은디(-은데)'와 '-는디(-는데)'는 각각 형용사 어간과 동사 어간에도 덧붙어 활용될 수 있다. 형용사 '곱다'에서 '고운디(고운데)'와 동사 '먹다'에서 '먹는디(먹는데)'가 그러하다. 만일 행동(행위)이나 사건이 종결됨을 가리키는 시상 형태소 '-앗-'과 결합할 경우에는 '-앗인디(-았는데)'('고왔인디'에서는 '-은디'가 기원적으로 '-앗-'의 형성에 융합됐을 법한 '잇-'에 이끌리어 전설음으로 바뀌면서 '-인디'가 됨)와 '-앗는디(-았는데)'('먹엇는디')와 같이, 두 형식이 모두 다 결합하는 듯하다. 각각 '-앗-+-은디'와 '-앗-+-는디'로 표상될 수 있겠지만, 만일 오직 동사 어간만이 '-느-'를 요구한다고 보면, 이런 결합으로부터 '-는디'가 '-느-+-은디'로 분석될 가능성을 열어 준다. 공통어에서 오직 '-았는데'만이 수용 가능한 결합인 것과는 차이가 나는 것이다.

그리고 어미 형태소 '-은디'는 계사 어간과 결합하여 '인디'로 쓰이며(앞에서 '-은디'가 전설음으로 바뀐 '-인디'와는 서로 계보가 다른 형식임), 양태를 표상해 주는 형식 명사 구성으로서 '것이다, 터이다'와 통합되어 '-은/-을 것인디 → -은/-을 건디' 또는 '-을 터인디 → -을 텐디'의 복합 형태소로 자주 쓰이고 있다. 그리고 대용 표현 '그러하다'에 대응하는 낱말 'ᄒᆞ다'의 어간에, 이 접속 어미 형태소가 활용 형식으로서 붙어서 'ᄒᆞᆫ디(그런데, 그러한데)'가 나올 수 있다. 이 방언에서는 이 형식이 굳어져서 '흔디' 그 자체로서 역접 접속사 '그런데'처럼 쓰이고 있다. 이 사례들은 각각 다음과 같다.

(28가) -을 건디: "아, [묏자리의 형상이 책에] 잇이난(있으니까) 그린 겝주 (것입지요)!" 영(이렇게) 골아(말해) 불엇이민(버렸으면) 좋을 건디(좋았을 것인데), 저 아니, 그 「잇이난 그렷수댄」(묏자리의 실물이 있으니까 있는 그대로 그렸습니다고) 흔(한) 접주게(것입지요＋화용 첨사 '게') ("아, 묏자리 형상이 책에 있으니까 그 묏자리 형세를 그린 것입지요!" 이렇게 말해 버렸으면 좋을 것인데, 저 아니, 그 「묏자리 실물이 있으니까 있는 대로 그렸습니다」고 한 것입죠＋게. 구비3 김재현, 남 85세: 185쪽)

(28나) -을 텐디: 즈녁(저녁밥)을 즈기네(자기네)만 먹으멍(먹으면서), 게도(그래도) 「즈녁(저녁밥)이라도 곹이(같이) 먹으라!」고 허여야 될 텐디(터인데), 「몽니(못된 마음보)는 하여칸(하여간, 하여튼) 나쁜 놈이다!」 (저녁밥을 자기네끼리만 먹으면서, 그래도 당연히 먼저 손님한테 「저녁밥이라도 같이 먹으라!」고 권해야 됐을 터인데, 「못된 심보[마음보]는 어떻게 평가하든 간에 상관없이, 하여간 나쁜 놈이다!」 구비1 안용인, 남 74세: 165쪽)

(28다) 흔디: 그 뒷해에 그 그물이 엇어졌다(파도에 쓸려 없어졌다)고 ᄒ네, 한동이(제주시 구좌읍 한동리에). 흔디(그런데) 마ᄇ름(마파람, 남풍) 주제(기상 사건을 세는 수량사)가 쳐 가지고(몰아쳐서) 멜(멸치)이 듬뿍(듬뿍) 쌓엿댄(들어와 쌓였댄) 말이어.
(그 다음해에는 파도에 쓸려 그 그물이 없어져 버렸다고 하네, 한동리에서는. 그런데 마파람이 한 번 세차게 몰아치자, 멸치가 듬뿍 갯가 쪽으로 밀려 쌓였단 말이야. 구비1 안용인, 남 74세: 169쪽)

(28가)에서는 묏자리 형국을 있는 도참서대로 그렸다고 임금에게 아뢰었으면 좋았을 것인데, 그렇게 변명하지 못했음을 말해 주고 있다. 이를 역접 관계의 사건으로 해석한다면 등위 접속 구문을 투영한다고 말할 수 있다. 만일 이를 최선의 해결 방식이 있음에도 불구하고 그 방식을 고려함이 없이 다른 사건이 일어났다고 본다면, 수의적 부가

절로도 볼 수 있다. (28나)에서는 자기 집을 찾아온 손님에게 저녁 식사를 권유하는 말을 한 마디도 않은 채, 자기네 식구들만 저녁밥을 먹는 일을 서술해 주고 있다. 이 또한 수의적인 부가절로 해석하느냐 아니면 역적 관계의 등위절로 해석하느냐가 관점에 따라 갈릴 수 있다. 여기에서 '-을 터인데'는 응당 그렇게 해야 하지만 그렇게 하지 않았음을 그 속뜻으로 깔아 놓고 있다. 설령 표면상으로는 이런 대립 사건들이 언어로 명시되어 있는 것은 아니더라도, 담화 전개를 처리해 나가는 과정에서 관련된 속뜻들이 부각될 수 있다. 이런 측면에서 살펴본다면, 반대 방향의 사건을 접속하는 것으로도 규정할 수 있을 것이다. 따라서 접속 어미 형태소 그 자체가 특정한 구문의 지위를 투영하고 결정하는 것이 아니며, 오직 선행절과 후행절의 관계를 해석한 결과에 따라서, 절들 사이의 지위를 결정할 수 있음을 확인할 수 있다.

(28다)에서는 이 방언에서 완전히 접속사처럼 굳은말로 쓰는 경우를 보여 준다. 공통어에서는 주로 지시 대명사를 동반하여, 지시 표현 '그러하다'가 활용되는 형식을 쓴다. 이와는 달리, 이 방언에서는 'ᄒᆞ다'라는 동사가 대동사처럼 행동하여 'ᄒᆞᆫ디(그런데)'로 쓰일 수도 있고, 지시 대명사를 이용하여 계사 구문의 형식 '그것이다'의 활용 모습

'그거+이+은디(→ 그겐디 → 겐디)'

가 응축된 '겐디(그런데)'로 쓰일 수도 있다. 필자의 직관으로는 두 항목이 화자의 선호에 따라 수시로 달라지는 수의적 형식들로 느껴진다.

'-는디(-는데)'의 사례는 다음과 같다. 시상 선어말 어미 형태소 '-앗-'과 결합할 경우에는 이 방언의 자료에서는 '-는디'와 '-은디'(전설음으로 바뀐 '-인디')가 모두 관찰된다는 점이 특이하다.

(29가) -는디 -인디: 어떤 주막집에 술ø 푸는 집이 잇는디(있는데), 얼굴
　　도 곱고 그만ᄒᄆᆞᆫ(그만하면) 번번ᄒᆫ 사름인디(사람인데), 술장실(술 장
　　사를) ᄒᆞ고 잇어(있어).
　　(어떤 주막집에 술을 파는 집이 있었는데, 주모가 얼굴도 곱고 그만하
　　면 번번한 외모를 갖춘 사람인데, 술장사를 하고 있어. 구비2 양구협,
　　남 71세: 568쪽)

(29나) -앗는디: 엊치냑(엊저녁)은 ᄇᆞ름(바람)도 아니 불고 아무 것도 안
　　햇는디원(했는데+화용 첨사 '원') 배덜이(배들이) ᄆᆞᆫ딱(모두 다) 숨베기
　　(순비기나무) 왓 우이(밭 위에) 올라오란(올라왔어).
　　(엊저녁에는 바람도 전혀 불지 않고 아무런 일도 없었는데+원, 고기잡
　　이 나갈 배들이 모두 다 모래사장 위쪽 순비기나무 밭 위에다 올려져
　　있어. 구비3 김재현, 남 85세: 29쪽)

(29다) -앗는디 -앗인디: 엿날에 엄판스(嚴判書)가 잇어 낫는디(있었었는
　　데, 835쪽 '-어 나다' 구문 참고), 엄판스가 판스로 살면서 홀 때엔 풍부
　　히 살앗인디(살았는데), 직장을 놔 부난(버리니까) 그 사름(사람)ø 역
　　시 살아볼 수가 엇이니(없으니)…
　　(옛날에 엄판사가 있었는데, 엄판사가 판사로 살 때는 풍부하게 살았었
　　는데, 직장을 그만둬 버리니까 그 사람도 역시 넉넉하게 생활을 해 볼
　　수 없으니… 구비2 양구협, 남 71세: 645쪽)

(29가)에서는 '있다'라는 존재 동사가 접속 어미 '-는디'와 결합한 활
용 모습을 보여 준다. 존재 동사는 적어도 이 방언에서 '잇다' 말고도
'이시다, 싯다, 시다'도 같이 쓰여서 4개의 쌍형 낱말로 간주된다(활용
형식에 따라 하위범주가 이뤄지는데, 658쪽의 〈표9〉를 보기 바람). 만일 받
침이 없는 어간이 활용된다면, 필자의 직관으로는 '-은디'와 결합하여
'잇인디, 신디'처럼 활용될 듯하다. (29가)에서는 주모가 얼굴이 곱기
때문에, 좋은 데 혼처가 있었을 것이지만, 그런 기대와는 거꾸로 술을
팔고 있다는 말을 하고 있다. 반대의 기댓값을 이어 주는 이런 해석은
역접 관계로 귀속시킬 수 있다. 그렇지만 이 절의 관계에 대한 해석을
"고운 얼굴을 지녔음에도 불구하고"로 본다면, 다시 수의적 부가절(양

보 관계나 방임 관계)로 지정할 수도 있다. (29나)에서는 고기잡이배들이 부두(축항, 석축 항구)에 묶여 있어야 하나, 모두 다 모래사장 위의 밭에 옮겨져 있는 사건을 서술하고 있다. 두 절 사이의 관계를 역접 관계로 지정할지(전혀 바람도 불지 않았지만), 아니면 양보 관계로 지정할지(바람이 불었는지 여부에 전혀 상관없이)가 해석 주체가 부여하는 가중치에 따라 변동될 것 같다. 여기에서 사건이 다 끝났음을 표시해 주는 시상 선어말어미 형태소 '-앗-'이 '-는디'와 결합되어 있다. 동일한 환경이지만 (29다)의 화자는 시상 선어말어미 형태소 '-앗-'을 '-는디'에 결합하기도 하고, 또한 '-은디'에 결합하기도 한다. 단, '-은디'에서 전설음으로 동화된 '-인디'로 바뀌어야 하는데, 동화 주체는 기원상 이 시상 형태소가 '-아 잇-'으로부터 융합되었을 것이라는 측면에서, '-앗' 속에 녹아 있는 '잇-(있-)'의 전설음 자질에 의해 견인되었을 것으로 본다. 만일 같은 화자에게서 '-앗는디, -앗인디'가 아무런 환경의 변화가 없는 채 계속 관찰된다면, 이것들이 수의적 변동의 모습을 띠고 있다고 안전하게 말할 수 있다. 공통어에서는 '-았는데'의 결합만 허용한다는 점에서, 이 방언의 고유한 결합 방식인 '-앗인디'가 필자에게는 좀 더 의고적인 듯이 느껴진다.

제3장 등위 접속 항들을 묶어 내포 구문으로 만들어 주는 특이한 형식

§.3-1 이 방언에서는 등위 접속 구문에서 특이한 형식이 관찰된다.[80] 등위 접속 구문이 나열되다가 다시 전체적으로 상위문의 핵어인 'ᄒ다'가 투영하는 논항으로 내포되는 형식이다(301쪽의 예문 11, 347쪽의 예문 26도 그러함). 등위 접속 구문을 이용하는 사건들의 관계를 놓고서 세 가지 의미 표상이 가능하다. 나열 관계·동시 진행 관계·

---

80) 김지홍(1982) "제주 방언의 동사구 보문 연구"(한국학중앙연구원 한국학대학원 석사논문)에서 처음으로 이 구문의 존재를 지적한 바 있고, '우향(오른쪽으로의) 흡입' 구조로 기술하였었다. 현재 이 책에서는 핵 계층 모형에 따라 후핵 언어로 분류되는 한국어에서는 항상 오른쪽이 핵어가 위치할 자리이므로, 'ᄒ다'를 「상위문의 핵어」라고 부르고 있다. 그렇지만 당시에는 이 구문이 지닌 중요한 의미를 깨닫지 못하였다. 오직 접속 어미가 '-아서'에서 '-고'로 바뀌는 중간 과정으로서, 그런 특이한 구문의 존재가 매개 역할을 하는 것으로만 치부했었다.

담화 전개 차원의 시각으로 본다면, 이 구문이 접속 형식을 내포 형식으로 바꾸어 주는 중요한 몫을 맡고 있는 것이다. 다시 말하여, 담화 전개가 일관성을 유지하기 위해서는 특정한 주제나 의도 아래 연역 구조를 유지해야 하는데, 최상위 단계로 진전해 나가기 위한 중요한 언어 기제로 보려는 것이다. 개념상으로 본다면, 이는 94쪽의 〈표4〉에서 제시한 다섯 개 층위가 동시에 작동해야 하는 인간 사고의 모형에서, 상위 층위로 포섭되거나 내포되는 것을 의미한다. 또한 그곳 64쪽의 〈표2〉와 84쪽의 〈표3〉에 제시된 담화 전개 방식을 빌려 표현한다면, 문장들이 미시구조 속으로 편입되어 들어가고, 미시구조들이 다시 거시구조 속으로 편입되는 역할을 그대로 모의해 주는 셈이다.

역방향의 진행이다. 이들 세 가지 관계에서 가지런히 이런 구문 형상이 관찰된다는 언어 사실은, 적어도 이 방언에서 이 형식이 일반적임을 보여 준다. 세 가지 의미 관계에서 제시되었던 사례들을 다시 (30)으로 가져왔는데, 본디 각각 예문 (5)와 (20나)와 (26나)이다.

(30가) 나열 관계[-고 -곡 ᄒ다]: ᄉ또(사또) 순력(巡歷)이 온댄(온다고) ᄒ민(하면), 진졸(鎭卒)도 많이 따르고 기생도 많이 따르곡 ᄒ민(하면) ᄌ미(滋味)가 잇거든.
(제주 목사가 순력의 일로 서귀진에 온다고 하면, 목사 행차에 진졸도 많이 따르고 기생도 많이 따르면 재미가 있거든. 구비3 양원교, 남 72세: 407쪽)

(30나) 동시 진행[-으멍 말멍 ᄒ다]: 아, 그 호랭이가 … 아을(아이를) 질롸 낫다(길렀었다) ø ᄒ는디, 그거원(그것이+화용 첨사 '원') 말이 되멍 말멍 ᄒ는(되거나 말거나 상관없이 하는) 말이주마는.
(아, 그 호랑이가 아기를 물어다가 … 아기를 길렀었다고 하는데, 그것이말이야 말이 되든지 말든지 상관없이 옛날 이야기로 하는 말이지마는. 구비2 양구협, 남 71세: 644쪽)

(30다) 역방향 [-으나 -으나 ᄒ다]: 그 할으방(할아범)이 다시 그 물(놋그릇에 담은 지장샘 물)을 아마도 그디(원래 샘물 자리인 그곳에) 부어 부나(버리나) 어떵ᄒ나(어떤 방식으로 하나) ᄒ난(ᄒ니까) [지장샘 신령이] 살앗주.
(지장샘 옆에서 밭을 갈던 그 할아범이 다시 놋그릇에 숨겨둔 지장샘 물을 원래 샘물 자리에 부어 버리나 어떤 방식으로든 샘물을 되돌리니까 겨우 지장샘 신령이 살아났지. 구비3 김재현, 남 85세: 191쪽)

모두 등위 접속 구문으로서 두 개의 절이 나란히 동일한 접속 어미 형태소(-고 -곡, -으멍 -으멍, -으나 -으나)까지 구현시키고 있다. 그런데 이 구문이 다시 'ᄒ다(하다)'가 투영하는 논항구조에서 내포문으로 표상되어 있는 것이다(-고 -곡 ᄒ다, -으멍 -으멍 ᄒ다, -으나 -으나 ᄒ다). 이런 구성은 말고도, 접속 어미 형태소가 따로 붙지 않은 채 의문문 종결 어미들이 이끄는 구문들이 'ᄒ다'의 내포문으로 나오는 일도 있으며(31가), 사건의 양태를 표현해 주는 '-을 듯'이 대립 낱말 형식과 더불어 상위문 핵어 'ᄒ다'에 내포되는 형식도 있다(31나). 학교 문법에서는 '듯하다'를 보조 용언으로 취급하여 한 낱말처럼 취급하지만, 그런 경우 이외에도, 앞에서 보인 다른 사례들과 같이 그 구성이 상위문 핵어 'ᄒ다'의 내포문의 지위(-을 듯 말 듯)를 차지하고 있음을 알 수 있다(물론 '-을 듯하거나 말듯하다'로부터 도출할 가능성도 있지만, 여기서는 다만 나란히 접속절이 나열되는 경우만을 다루고 있음).

(31가) -은가 -은가 ᄒ다: 술을 취ᄒ게 멕여(먹여) 가지고, 몽탕(모탕) 위에 늘개(날개)를 놓아 가지고, 끌로 쯔사 붉인가(찍어 버림인가, 쪼아 버림인가) 끊어 붉인가(끊어 버림인가) ᄒ엿는데…
(겨드랑이에 날개가 달린 자기 아들한테 술을 취ᄒ도록 먹여 놓고서, 아들이 잠이 들자 모탕 위에다 겨드랑이 날개를 놓고서는 끌로 찍어 버림인가, 끊어 버림인가 하였는데… 구비3 양원교, 남 72세: 419쪽)

(31나) -을 듯 말 듯 ᄒ다: 경(그렇게) ᄒ멍(하면서) [스님이 불길한 예언을] 들어질 듯 말 듯 ᄒ멍 나가 가니(나가고 있으려니), 아, 그런 말을 ᄒ니까니, 이 부인네가 끔짝해(깜짝 놀라서) [스님에게] 돌아갓어(달려갔어)
(그렇게 하면서 시주를 청하러 온 스님이 박대당하자 불길한 예언을 주위에서 들을 수 있을 듯 말 듯이 중얼대면서 밖으로 나가고 있으려니, 아 스님이 그런 불길한 소리를 하니까, 이 부인네가 깜짝 놀라서 스님한테 다시 확인하려고 달려갔어. 구비3 김재현, 남 85세: 81)

그런데 필자가 모은 접속 어미 형태소들의 자료에서는 '-곡 -곡 ᄒ다'가 숫자에서 압도적이다. 그럴 뿐만 아니라 오직 하나의 절만 있을 경우에도 접속 어미 형태소가 상위문의 핵어 'ᄒ다'에 내포되어 있는 사례도 자주 관찰된다. 만일 접속 어미 형태들을 오직 어미 범주로만 간주하고서 이를 좀 더 추상적으로 살펴본다면, 이는 내포문이 'ᄒ다'

의 논항으로 들어 있는 인용 구문의 구조(-라고 하다)와도 같은 계열을 이루는 것이다. 다만, 인용문이 등위 접속 구문으로 대치되어 있는 형상인 것이며, 더욱이 (32)에서는 등위 접속 구문이 두 개의 절 이상 병치되어 있지 않고 오직 하나의 절만을 구현하고 있는 셈이다.

(32가) -곡 ᄒ다: 천막(天幕)ø 걸으민(걸으면) 걸어 두곡 ᄒ영(걸어 두고서), 츤츤히(천천히) ᄒ쏠(조금) 긴 말 굴으크라(말하겠어)!
(마당에 있는 천막을 걸으면, 걸어 두고서, 그러고 나서 천천히 조금 긴 이야기를 말해 주겠어. 구비2 양형회, 남 56세: 35쪽)

(32나) -곡 ᄒ젠 ᄒ난: 서로 ᄂ려그네(내려서) 인ᄉ호곡 ᄒ젠(인사하고 하려고, 인사하려고) ᄒ난(하니까) … 그만 ᄆᆞᆯ에(말에서) 낙마ᄒ연(낙마하였어).
(서로 말에서 내려서 인사를 나누려고 하니까 …서둘다가 그만 말에서 떨어졌어. 구비3 김재현, 남 85세: 140쪽)

여기서는 두 개의 절이 등위 접속 구문을 이루는 것이 아니라, 마치 어미 형태소들의 재결합하는 중간 단계를 예증해 주듯이 하나의 절만을 구현하고 있다. 그렇지만 (30가)에서 보여 준 형상과 동일하게, 등위 접속 어미 형태소 '-곡'이 나온 뒤 바로 'ᄒ다(하다)'가 통합 관계를 이루고 있는 모습을 보여 준다. 공통어의 대역에서는 불필요한 형태소 결합 모습이지만, 이 방언의 채록 자료에서는 이렇게 통합된 어미들의 모습이 허다하다는 점에 눈길이 간다.

따라서 이 절에서는 주로 '-곡'과 관련된 구성을 대표적 표본으로 삼고서, 왜 이 방언의 접속 구문이 이런 형상을 지니는지에 대하여 필자가 이해하는 범위 안에서 논의를 진행해 나가기로 한다. 필자의 설명 방식이 옳다거나 유일한 것임을 주장하려는 것은 결코 아니다. 이는 다음의 세 가지 목적을 품고 있다.

첫째, 한국어의 일반 질서와는 달리 이 방언에서 관찰되는 특징적이거나 유표적인 언어 사실을 있는 그대로 드러낸다.

둘째, 그 구성의 일반성을 확인한다.

셋째, 왜 한국어의 공통된 구성과는 차이가 나는 이례적 구성을 이 방언에서 쓰고 있는지에 대한 설명을 모색한다.

여러 방언들 및 국어사 자료들을 한데 모아 놓고(이른바 방대한 자료들 [big data]을 구축하고), 한국어의 변화에 관여했거나 현재 관여하고 있는 크고 작은 매개인자(매개변수)들을 찾아내려고 할 경우에, 하위 집단의 자료가 품고 있는 독특한 구조와 구성들은 매우 중요한 몫을 지닐 것이다. 아직 장기간에 걸쳐 진행되어야 할 이런 거대한 작업이 유기적으로 이뤄진 바는 없다(범위를 좁혀 말하면, 적어도 이 방언의 자료를 놓고서는 그러하다). 그렇지만 필자는 하위 집단의 언어 자료에서 특이한 구성이 일반적으로 자주 쓰이는 경우들을 특정하는 일이, 한국어 전반의 기본적인 표상 내지 심층 구조를 파악하는 데에 필수적인 선행 단계일 것으로 본다. 이 방언의 자료와 그 해석 과정에서 상정되는 몇 가지 이론이, 다른 하위 집단의 언어 사실들을 설명하려는 이론과 서로 경합할 수 있다. 이런 과정에서 변증법적인 발전을 이루거나, 새로운 차원에서 깊이 파묻혀 있던 언어 작동 방식을 발견할 수 있을 것으로 본다.

필자는 이 구성이 최근 수십 년 동안 다뤄진 소위 '문법화' 영역의 중요한 사례로 본다. 그런 문법화가 일어나는 중간 과정으로서, 문법 요소(접속 어미 형태소)들 사이의 전이가 생겨나는 매개 과정을 생생하게 보여 주는 것으로 여기는 것이다. 변화는 아무렇게나 그리고 자동적으로 일어나는 것이 아니다. 크든 작든, 이런 과정의 밑바닥에서는 하나의 동기나 의도에 의해서 점차적으로 일관되게 내포된 모습을 표현해 주려는 단초가 작동하고 있을 것이다. 궁극적으로는 담화의 전개가 미시구조와 거시구조를 거치면서 최종적으로 일관되고 통일되게 짜이기 위해서는 94쪽의 〈표4〉에서 제3단계와 제4단계에서 일어나는 작동 방식을 반영해 주어야 하는 것이다.

§.3-2 이 방언에서는 상위문 핵어 'ᄒ다'가 투영하는 논항으로 등위 접속 구문이 자리잡은 모습이 대표적으로 '-곡 -곡 ᄒ다'의 구성을 보여 주며, 부록의 설화 채록 자료에서 빈출되고 있음을 확인할 수 있다. 그런 만큼 또한 이에 대한 변이들도 관찰된다. 대표적인 변이 모습이 등위 접속 구문을 다시 되받기 위하여, 부사 형식 '영(이렇게)'이나 '기영(그렇게)'를 쓰는 것이다. 공통어에서는 '이러하다'의 활용 형식을 쓰고 있지만(-어하다), 이 방언에서는 지시 대명사 '이'가 계사 구문의 활용 형식을[81] 이용한다(-이영). 기본 표상에서 지시 대명사 '이'가 계사 구문의 종속 접속 구문 어미 형태소로 구현된 다음에, 다시 한 음절로 응축된 결과이다(133쪽의 각주 43도 참고 바람).

(33) 접속 부사 '영(이렇게)', '정(저렇게)', '경(그렇게)'의 기본 표상과 응축 현상
지시 대명사 '이, 저, 그'와 계사 '이다'의 접속 어미 활용 형식 '-엉'에서({이, 저, 그}+이+엉), 계사 어간이 반모음화 및 음절 재구조화를 거쳐 '이+영, 저+영, 그+영(이영, 저영, 기영)'이라는 중간 단계의 형식이 도출되며, 다시 1음절로 응축이 일어나서 '영, 정, 경'으로 쓰인다(단, 치음 속에 반모음이 깃들어 있으므로, 한글 맞춤법의 규정에 따라 '졍'으로 쓰지 않고 '정'으로 표기함). 이런 응축을 가능하게 만드

---

81) 이 방언에서 계사는 고유한 서술 단정 서법은 '이어' 및 '이다'로 쓰이고, 어조를 달리하여 여러 서법에 쓰이는 반말투로서 '이라'로 활용된다. 따라서 계사가 종결 어미로 활용하는 형식은 모두 세 가지이다(661쪽의 〈표10〉). 이 방언에서는 고유한 서법에서만 관찰되는 종결 어미인지, 어조만 달리하여 여러 서법에 두루 다 쓰이는 반말투 종결 어미인지를 구분할 필요가 있다. 왜냐하면 특징적으로 이 방언에서 종결 어미 뒤에 다시 종결 어미가 융합되는 경우가 잦은데, 그런 융합된 형식을 재분석할 경우에 반말투 종결 어미 형식을 놓고서 융합되어 있는 경우가 두드러지기 때문이다. 이런 관찰이 올바르다면, 왜 그런 분포의 차이를 보이는 것인지를 의문이 떠오른다. 그 답변을 모색하는 과정에서 아마도 두루 여러 서법에서 쓰이는 종결 어미가 더 깊은 층위에 자리 잡고 있을 가능성이 우선 검토되어야 할 듯하다. 좀 더 자세한 논의는 김지홍(2014) 『제주 방언의 통사 기술과 설명: 기본구문의 기능범주 분석』(경진출판: 127쪽 이하의 §.2-2-4 및 146쪽 이하의 §.2-3)을 읽어 보기 바란다.

는 동기는, 개개의 형태소 보존 형상으로부터 담화(화용) 표지의 몫으로 바뀜으로써, 더 이상 개별 형태소의 고유 기능이 유지되지 못하는 데에서 찾을 수 있다. 다시 말하여, 지시 대명사와 계사의 활용 형식이 각각 고유한 지시 의미(외연의미)를 그대로 유지하지 못한 채, 그 몫이 문장(발화)들 사이를 이어주는 담화 표지로서만 기능하기 때문에, 더 이상 각각의 형태를 보존하는 기본 형상의 효력이 상실되자, 하나의 덩이처럼 응축되는 길을 걷게 되며, 결국 1음절로까지도 줄어들 수 있다.

이 방언에서는 지시 대명사에 계사가 구현되므로, '게난(그러니까)', '게도(그래도)', '게므로, 게므로사(그럼으로, 그럼으로야)'와 같이 또다른 응축 형식의 부사도 만들어 낸다. 모두 '그+이어'에 접속 어미 형태소로서 '-으난, -도, -음으로, -음으로사'가 결합된 뒤에 다시 음절 재조정이 일어난 결과이다. 공통어에서 '그래, 맞아!'라는 답변이 이 방언에서는 '게, 맞아!'처럼 1음절로 실현된다. 또한 경상 방언에서도 관찰되는 이런 응축 현상이, 필자로서는 형태소가 각각 고유하게 몫을 그대로 유지하는 기본 형상으로부터 전이가 일어나서, 담화 층위의 몫을 떠맡는 방식으로 새롭게 그 범주(담화 표지)가 바뀌기 때문이라고 본다. 담화 표지로 발달할 경우에는 그 표지의 내적 구조가 중요해지는 것이 아니라, 그보다는 앞뒤 담화 연결에서 매개해 주는 역할만이 제1의 중요성을 띠는 것이다. 이런 기능 변화(담화 표지로 기능)가 급기야 응축을 작동시키는 힘이 된다고 여기는 것이다. 이하에서는 응축된 모습을 보여 주기 위하여, '영ㅎ다, 기영ㅎ다, 경ㅎ다'와 같이 응당한 덩어리로 붙여 써 주어야 일관된 처리 방식이 될 것이다. 그렇지만 지금까지 이 방언의 연구에서 착종과 실패의 핵심 요인이, 형태소 분석에 엄격하지 못했기 때문임을 반성하면서, 오히려 개개의 형태소를 드러내어 주는 일이 더욱 시급하다는 필자의 신념을 반영하여 "일부러 띄어 써 놓았음"을 덧붙여 적어 둔다.

(34가) -곡 -곡 **영** ㅎ다: 경(그렇게) ㅎ당(하다가) 저냑(저녁밥) 먹으레(먹
　　으러) 보내곡, 또 밤글(야간 학습)도 강(가서) 익읽곡(읽고) **영(이렇게)**
　　ㅎ는디.
　　(그렇게 하다가 서당의 학동들을 저녁밥 먹도록 집으로 보내고, 또 다
　　시 밤글도 가서 읽고 이렇게 하는데. 구비3 김재현, 남 85세: 66쪽)

(34나) -곡 -곡 **기영** ㅎ다: 저을(겨울) 때 되민(되면) 그디(그곳에) 강(가
　　서) ㅎ 해(한 해) 놀곡(놀고), 이 땐 이디(이곳에) 왕(와서) 놀곡 **기영(그**
　　렇게) ㅎ는 친구가 잇엇는디 … 의리가 상ㅎ게 되언.
　　(겨울 때가 되면 그곳에 가서 한 해를 보내며 놀고, 이때에는 이곳에
　　와서 놀고 그렇게 하는 친구가 있었는데 … 잘 놀다가 서로 간에 의리
　　가 상하게 되었어. 구비2 양구협, 남 71세: 630쪽)

(34다) -곡 **이렇게** ㅎ다: 왜배ø 들어서 망불(봉수대 불, 멸＋ㅅ＋불)을 안
　　싸면은(켜면＋은) 옷 앞섭(앞섶) 끊어가 가지고 벌ø 받곡(받고) **이렇게**
　　홀 땝주게(때입죠＋화용 첨사 '게').
　　(왜구들의 배가 연안에 들어와도 제때에 해당 봉수대에서 보고하기 위
　　해 불을 켜지 못하면, 담당 군사들의 옷 앞섶을 끊어 버리는 처벌을
　　받고, 이렇게 할 때입죠, 그렇지요. 구비1 안용인, 남 74세: 133쪽)

(34라) -고 **그렇게** 허다: 그 시대는 아바지(아버지) 쉬염(수염)ø 훑은 것도
　　큰 불효의 ㅈ식(자식)이라고 허여 가지고, 죽여도 불고(버리고) **그렇게**
　　허여 낫입니다(835쪽 '-어 나다' 구문 참고).
　　(윤리 강상이 아주 엄격하였던 그 시대는 아버지 수염을 훑은 일조차
　　큰 불효의 자식이라고 여겨서, 심지어 그 자식을 죽여 버리고 그렇게까
　　지도 했었습니다. 구비1 안용인, 남 74세: 156쪽)

이들 예문에서는 등위 접속 구문이 둘 이상 나열되다가 이것들을 모
두 다 모아 놓은 방식으로 '영(이렇게), 기영(그렇게), 이렇게'와 같은
대용 표현을 부사어로 이용하고 있다. 만일 앞에서 보았던 (30)의 구
문과 여기서 다루고 있는 (34) 구문이 동일한 목적을 지닌 형상이라고
본다면, 동일한 접속문들의 지위가 부사어의 지위를 지니는 것으로
간주할 수 있다. 다시 말하여, 이는 명백히 「앞의 접속 구문들이 'ㅎ다'
에 부사의 지위로서 얹혀 있음」을 보여 주는 것이다. 물론 이런 부사

들이 삭제되었다고 해도, 이 문장을 해석하는 데에 지장이 생겨나는 것은 아니다. 그럴 경우에는 곧장 단일한 절만 지닌 (32)의 형상으로 바뀌게 되며, 그러하더라도 의미 해석에 차이가 생겨나는 것은 아니다. 이때 지시 부사어들이 부사의 범주(수의적 실현임)를 지니지만, (32)에서는 그런 부사어들이 없이 선행절의 접속 구문이 필수적 논항이라는 특성 때문에, 서로 범주상의 차이가 있다고 여길 수 있다.[82] 뿐만 아니라, 다항이든 2항이든 상관없이, (34)를 발화하는 화자들에게서 등위 접속 구문이 담화 전개 방식에서 다시 후행절의 부사적 지위로 파악되고 있음도 드러내어 주는 실증 자료이다. 물론 비록 담화 표지로서 작동하는 이들 지시 부사가 의무적으로 실현되어야 하는 것이 아니기 때문에, 이 구문이 췌언 또는 쓸 데 없는 중언부언으로 치부될 소지도 있다. 그렇지만 그럼에도 담화 전개의 흐름에서 등위 접속 구문이 뒤에 있는 절들과 어떠한 관계로 이어질 것인지에 대하여 이 방언을 쓰는 토박이들의 직관을 잘 보여 주는 것이다. 이른바 다시 쓰기(rewriting) 방식으로 선후 절(문장)들 사이의 지위나 위계를 드러

---

82) 임의의 논항이 절이나 문장으로, 그리고 명사구로 실현될 수 있음은 219쪽의 각주 55 및 276쪽의 각주 64에서 이미 길게 설명해 놓았다. 생성문법에서는 핵 계층 구조의 형식으로 이런 특징을 XP(임의 핵어의 최종 투영 구절)처럼 표상한다. 동일한 진리값을 지닌 채 표면상 명사구나 낱개의 명사로도 줄어들 수 있는 것이다. 그렇지만 어말어미 구절(CP)과 명사 구절(DP 또는 NP) 사이에 중요한 차이가 있다는 사실은, 통사론에서 형식만 다루기 때문에 전혀 주목해 보지 못했다. 이 점이 분석 철학에서뿐만 아니라 (무어, 1953; 김지홍 뒤침, 2019, 『철학에서 중요한 몇 가지 문제』, 경진출판: 604쪽의 역주 228), 최근의 담화 연구에서도 크게 주목을 받은 바 있다(페어클럽, 2003; 김지홍 뒤침, 2012, 『담화 분석 방법』, 경진출판: §.8-7 및 그곳의 역주 16을 보기 바람). 문장이나 절로 표현될수록 청자가 해당 단언에 대하여 참인지 여부를 따지는 일을 무의식적으로 진행해 나간다. 그렇지만 한 낱말의 명사나 명사구로 표현될 경우에는 언제나 주어 또는 목적어 자리를 차지하기 때문에, 이미 참값으로 주어져 있고 더 이상 따질 것 없이 당연히 존재하는 사건으로 관념하게 된다.

　여기서 필자는 담화 표지의 역할을 떠맡은 지시 부사를 이용한 (34) 구문의 형상과 그렇지 않은 (32) 구문의 형상을 동일한 전개 방식에 대한 변이 모습으로, 다시 말하여, 사용만 다르게 표현해 놓았다고 파악한다. (34) 구문은 담화 표지인 지시 부사를 이용하여 뚜렷이 전후 관계를 반복해 주는 효과를 드러냄으로써, 청자들에게서는 좀 더 명시적으로 앞뒤 사건의 관계를 파악할 수 있다. 그렇다면 결과적으로 강조하는 효과(상대방 쪽에서 주의력을 기울이는 효과)가 더 주어진다고 해석할 수 있는 것이다.

낸다고 해석할 수 있기 때문이다.

§.3-3 그런데 필자가 이런 구문을 놓고서 문법화의 진행 과정이나 전이 과정으로 보려는 까닭이 있다. 왜냐하면 공통어에서 보여 주는 방식대로 '-곡 -곡 ᄒᆞ다'의 표상에서 밑줄 그어진 뒤의 '-곡 ᄒᆞ-'가 탈락해 버리는 사례들도 계속 관찰할 수 있기 때문이다. 공통어에서는 이런 일이 의무적으로 일어난다(의무적 삭제 규칙). 그렇지만 이 방언의 자료에서는 이런 탈락이 수의적임을 보여 준다. 동일한 화자에게서도 그런 탈락이 일어날 수도 있고, 그렇지 않고 그대로 유지될 수도 있음을 관찰할 수 있기 때문이다. 이런 구문의 수의적인 변이 모습은 동일한 화자의 머릿속에서 일어나는 변동을 보여 주는 것으로 해석할 수 있다. 만약 필자의 이런 판단이 올바르다면, 기본 표상을 상정하고 나서, 이것들에 대한 탈락 규칙을 수의적으로 적용하는 경우가 이 방언의 현재 상태인 것이고, 의무적인 탈락 규칙이 적용된 결과가 공통어의 표상을 만들어 낼 수 있는 것이다. 이 소절에서는 특히 이것이 수의적 탈락 현상임을 드러내는 자료들을 다루기로 한다.

(35가) -곡 대답ᄒᆞ다: 이젠 [도깨비 귀신을] 대접허여 뒌(두었어). 조끔(조금) 잇이니(있으니까) "이젠 [제수를] 져당(짊어져다가) 갈라당(갈라다가, 나눠서) 먹어라!" 허허! ᄌᆞ기(자기)가 ᄀᆞᆯ곡(말하고) ᄌᆞ기가 대답ᄒᆞ는 거라.
(동네 무당이 도깨비를 모시는 신당에 가서 멸치잡이를 도와 주는 도깨비 귀신에게 공양상을 차려서 이젠 잘 대접해 두었어. 조금 있으니까 혼자서 도깨비 귀신인 양 소리를 내면서, "이제는 제수를 짊어지고 가서 동네 사람들끼리 나눠 먹어라!" 허허! 무당이 자기가 혼자서 말하고 자기가 혼자서 대답하는 거야. 구비1 안용인, 남 74세: 169쪽)

(35나) -곡 먹엇주: [삶은 닭을] ᄂᆞ시(조금도, 전혀) ᄒᆞᆫ 점(한 점) 주지 아니 ᄒᆞ곡 [자기 혼자서] 다 먹엇주.
(삶은 닭을 전혀 한 점 주지도 않고 변인태가 자기 혼자서만 다 먹었지.

구비3 김재현, 남 85세: 132쪽)

(35다) -고 준단 말이어: 그 놈(그 메밀떡)을 지(자기)도 먹고 남펜(남편)을
준단 말이어.
(부인이 그 메밀떡을 자기도 먹고 자기 남편도 준단 말이야. 구비2 양구
협, 남 71세: 626쪽)

(35라) -고 원통 안 ᄒ다: 주민들이 압박 안 받고 원통 안 ᄒ 이가 원(워낙,
전혀) 없엇거든. 게니원(그러니+화용 첨사 '원') 첨(참), 구름ᄀᆞᆫ이(같이)
모여들엇거든.
(구한말 시기에 제주도에서 천주교 신자들이 외국 신부의 치외법권을
빙자해서 멋대로 행패를 부리니까, 주민들이 압박 안 받고 원통치 않은
이가 워낙 없엇거든. 그러니까말이야 천주교 신자들을 잡는 난리가 났
을 때에, 참말로 그런 원한을 갚으려고 구름같이 백성들이 스스로 모여
들었었거든. 구비3 양원교, 남 72세: 421쪽)

여기에서는 이런 현상이 일반적임으로 보여 주기 위하여, 모두 각기
다른 화자들이 말한 것을 가져왔다. 후행절에 있는 접속 어미가 삭제
규칙의 적용을 받은 사례이며, 특히 나열 또는 병렬되는 접속문을 말
해 주고 있으므로, '-곡 -곡 ᄒ다'의 구성으로 바꿔 놓더라도 해석에
아무런 지장도 생겨나지 않는다. 해당 대목만을 다시 아래처럼 써 놓
더라도 해석상 차이나 변동이 생겨나지 않는다. 곧, 후행절에서 '-고
하-'가 삭제된 결과로서 (35)의 표면형이 나오는 것이다.

(35가') 자기가 말하고 자기가 대답하고 하는 거야
　　　→ 자기가 말하고 자기가 대답하는 거야('-고 하-'의 탈락)
(35나') 한 점도 주지 않고 혼자서 다 먹고 하였지
　　　→ 한 점도 주지 않고 혼자서 다 먹었지('-고 하-'의 탈락)
(35다') 떡을 자기도 먹고 자기 남편을 주고 한다
　　　→ 떡을 자기도 먹고 자기 남편을 준다('-고 하-'의 탈락)
(35라') 압박을 받지 않고 원통치 않고 한 이가 없어

→ 압박을 받지 않고 원통치 않은 이가 없어('-고 하-'의 탈락)

화살표 왼쪽에 기본 표상으로 바꾸어 놓은 예문들이 있고, 오른쪽에 '-고 하-'의 탈락 규칙을 적용받은 예문들이 있다. 만일 이들 사이에 차이가 있다면, 어감상의 차이 정도를 상정할 수 있다. '-고, -고 하다'에서는 「반복되는 사건」을 일반화해 놓은 어감이 있으며, 탈락 규칙이 적용된 사례는 「1회적 사건」인 듯이 느껴진다. 아마도 동일한 형상의 선행절과 후행절이 나열되어 있다는 사실에 말미암아, 그런 접속어미의 반복에 대한 함의가 '반복적 사건'을 표상해 주는 데에 어울리기 때문일 듯하다. 단, 필자가 느끼는 어감상의 차이는, 동일한 화자에게서 '-고 하-' 탈락 규칙이 의무적으로 적용될 경우에 한정되어야 한다는 전제가 깔려 있다.

그렇더라도 동일한 화자들의 발화에서 이런 탈락 규칙을 결코 의무적으로 적용하는 것이 아니다. 더군다나 접속 구문이 아닌 사례에서도 군더더기처럼 '-고 ᄒ-'를 그대로 노출시켜 발화하고 있음을 관찰할 수 있는데, 다음 사례들이 그러하다. 일부러 앞의 (35) 예문들과 각각 비교될 수 있도록, 화자들의 순서를 그대로 제시하여 맞춰 놓았다. 필자가 모아둔 자료가 자못 풍부하기 때문에, 이런 짝 맞춤 예문들이 제시될 수 있는 것이다. 이는 우연히 예외적인 현상이라기보다는, 오히려 이 방언에서 일반적인 현상이라고 봐야 온당함을 드러낸다.

(36가) -곡 ᄒ여 가지고: 중국에 건너오랑(건너와서), 이젠 큰 배 ø 빌곡 허여 가지고(빌려서) 이묘(移墓)를 허여 올랴고(오려고).
(중국에 건너와서, 이제는 큰 배를 빌려서 묘를 옮겨 오려고 했어. 구비 1 안용인, 남 74세: 130쪽)

(36나) -고 ᄒ나네: 나만 오라네(와서) 일 ø ᄒ젠(하려고, 하자고) ᄒ단(하다가) 긔자(그저) 나만이고 ᄒ나네(혼자 나뿐이니까) 일도 아니 ᄒ고 누엇어(누웠어)
(너른 밭에 나 혼자만 와서 일을 하려고 하다가, 그저 나 혼자뿐이니까

일도 않고 누워 있었어. 구비3 김재현, 남 85세: 29쪽)

(36다) -고 ᄒ문 -고 그래서: 제ᄌ덜(제자들)이 「쌍놈의 ᄌ석(자식)!」 ᄒ여
놓고 ᄒ문(해 놓으면), 대답홀 ᄌ를(겨를, 여유)도 읎고 그래서 내 불엇
는디(버렸는데).
(서당의 학생들이 「천한 상민의 자식!」 욕하면, 그렇게 차별하는 갑질
발언에 대답할 여유도 없어서 그냥 내버려 두었어. 구비2 양구협, 남
71세: 168쪽)

(36라) -곡 ᄒ다: 배에 재물이나 많이 쉬으곡(싣고서) 댕기는(다니는) 배엔
재물을 약탈을 ᄒ곡 ᄒ엿주.
(배에 귀한 재물이나 많이 싣고 다니는 배에는 바다 도적[해적]들이 그
재물을 약탈했었지. 구비3 양원교, 남 72세: 420쪽)

(36)의 예문들에서는, 선행절과 접속되어 있지 않음에도 불구하고, 여
전히 등위 접속 구문의 형상인 '-고 ᄒ-(-고 하다)'를 구현시키고 있다.
등위 접속 구문이 아님에도 불구하고, 마치 디딤판처럼 등위 접속 구
문의 그런 형상을 그대로 쓰고 있는 것이다. 낱개의 절에도 등위 접속
구문의 어미 형상을 그대로 쓰고 있다는 언어 사실은, '-고 ᄒ-(-고
하다)'의 지위가 안정되지 않은 채 변동의 상태에 있음을 시사해 준다.
설령 이를 변동 상태로 파악하는 필자의 서술이나 설명이 잘못이라고
하더라도, 적어도 필자가 주목하는 이 방언의 언어 자료가 드러내어
주는 이런 빈출 사실들은, 어떤 연구자라도 중요하게 다뤄야 할 통사
형상이다. 또한 좁다란 범위에 국한된 이 방언의 논의를 넘어서서, 만
일 통시태와 공시태를 아우르는 한국어 전반의 방대한 자료 모음(big
data)이 구축될 경우(범시태 자료)에, 이런 특이한 구문의 실례들을 포
착하고 설명하는 이론이나 언어학 모형은, 통시태와 공시태를 아울러
한국어의 변동 현상을 놓고서 임의의 원리를 포착하고 매개인자(매개
변수)를 지정하는 데에도 중요한 지표가 될 것으로 기대한다.

제**4**장 '-곡 -곡 ᄒ다' 구문에서 접속 어미 및 'ᄒ다'의 범주와 관련된 의문

§.4-1 이 장의 논의를 끝맺기 전에, 비록 아직 사색 단계에 불과한 것이지만, 필자의 머릿속을 맴돌고 있는 의문점을 두어 가지 적어 두려고 한다. 지금까지 논의에서 '-곡 -곡 ᄒ다(-고 -고 하다)'라는 구성은, 공기 관계로 부르든, 선택 제약으로 부르든, 아니면 이음말 관계로 지정하든지 간에, 결국 하나의 단일체가 되는 셈이다. 만일 단일체로 간주한다면, 이 단일체를 투영해 줄 핵어가 기능범주의 것이든, 어휘범주의 것이든 있어야 한다. 이런 접근에서는 후핵성 매개인자를 적용함으로써, 결과적으로 새로 'ᄒ다'에 의해 단일체로 묶였다고 봐야 한다. 그렇다면 'ᄒ다(하다)'의 범주가 결정되어야 한다. 한국어에서 '하다'는 실사(어휘범주)에서부터 허사(기능범주)를 거쳐 접미사 지위에 이르기까지 광범위한 분포를 지니며, 그 활용 모습도 다양하게 관찰된다. 일단 하나의 단일체로 볼 경우에, '-곡 -곡 ᄒ다'가 다음 단계에서 어떤 위상으로 담화 속에 존재할지를 물어 볼 수 있다. 필자는 다음 세 가지 선택지 중에서 한 가지 방식으로 존재할 것으로 본다.

첫째, 등위 접속절들을 머금은 채 '흐다'가 종결 어미를 구현하여 문장이 완전히 끝난다.

둘째, 다시 후행절을 수식하면서 부가어로 덧얹힐 수 있다.

셋째, 그렇지 않으면, 후행절의 핵어인 일반 동사가 투영하는 내포문 논항으로 구현된다.

첫 번째 방식은 다시 단일한 핵어가 활용상 시상·양태·서법을 모두 다 실현시키므로, 여느 문장과 다를 것이 없다. 그렇지만 두 번째와 세 번째 방식은 선행절들만을 놓고서 서로 통사적 지배 범위와 영향력이 달라질 수 있음을 시사해 준다. 부가어일수록 직접 관할하면서 지배하는 것이 아니기 때문에, 통사상 수의적 지위의 부가어를 전형적인 논항과는 달리 표상해야 주어야 할 필요성이 대두한다. 두 번째 형상과 문장 부사어의 통사적 지위는 공통 기반을 나누어 갖고 있을 것으로 본다. 세 번째 형상은 다시 인용 구문83) 및 종속 접속 구문의

---

83) 인용 구문 형식이 발화 인용과 무관하게 화자 자신의 생각이나 남의 생각에 대한 추정 또는 평가를 가리킬 수 있음은 일찍부터 지적된 바 있다. 59쪽의 각주 22와 195쪽의 〈표6〉과 그곳에서 언급한 한송화(2013, 2014)를 보기 바란다. 박재연(2012) "인용 동사의 의미론적 분류 방법"(『한국어 의미학』 제39호)의 논의도, 인용과 무관함에도 인용 구문 형식을 쓰고 있는 관련된 범주들을 놓고서 개념상으로 통일된 모습을 갖출 수 있도록 모색한 글이다.

필자는 이 책에서 인용 구문뿐만 아니라 전반적으로 내포 구문을 투영해 주는 핵어로서 동사들이 묶일 수 있는 범주를 두 가지로 본다. 마음가짐 및 실현 모습이며, 전자에서 발화 인용이 하위범주로 주어지는 것으로 논의할 것이다. 따라서 인용 구문을 전형적인 통사 현상이라고 여기는 것이 아니라, 모든 내포 구문을 투영하는 통사 형상이 1차적인 것으로 파악한다. 설령 남의 발화를 인용하는 구문이라고 하더라도, 만일 전형적으로 남의 발화를 인용하는 경우에, 이를 표시해 주는 동사를 '말하다'로 대표하기로 한다. 그렇다면 발화 인용 구문이 '-라고 말하다'라는 직접 인용 형식 및 '-임을 말하다'라는 간접 인용 형식(요약이나 평가의 속뜻을 담음)이 상정될 수 있다. 이런 통사 형상의 구조적 차이가 인용 대상의 직접성이나 간접성을 더 세분해 주는 차하위범주를 결정해 주는지 여부도 고민해 봐야 한다(-라고 vs. -임을).

785쪽 이하에서 언급되겠지만, 필자는 인용 어미 형태소 간의 차이보다는 개념상의 구분이 더 우선된다고 생각한다. 임의의 발화가 내부적으로 이용될 경우에 원발화의 요소들이 복사될 수 있으며, 이를 직접 인용으로 부를 수 있다. 그렇지만, 외부 대상으로서 이용될 경우에는 그 발화의 요점을 「재구성하여 언급」하거나 「해당 발화에 대한 평가」가 주어질 수 있는데, 이를 간접 인용으로 부를 것이다. 다시 말하여, 발화의 지각 내용에 대한 묘사(원래 발화의 요소들을 복사)의 경우에는 직접 인용으로, 상대방의

지위들과도 관련하여, 서로 그 공통점과 차이점들이 같이 논의되어야 할 것이다.

다음으로 다뤄야 할 물음이, 등위 접속 구문을 내포문으로 만들어 주는 상위문의 핵어 '흐다'의 세부 범주에 대한 것이다. 이 동사는 어떤 범주에 속할 것인가? 이 방언에서 문장의 맨 앞에 놓이는 문장 접속 부사들은 크게 형식상 두 갈래로 나뉘어 만들어진다. 하나는 지시 대명사 '이, 저, 그'가 없이 '흐다'를 매개로 하여 활용되는 경우이다. 다른 하나는 이미 362쪽의 (33)에서 언급하였듯이, 지시 대명사가 계사 구문을 이용하여 음절 재구조화를 거친 뒤에 매우 응축된 모습으로 쓰인다. 여기서 '흐다(하다)'를 이용한 접속 부사들은 지시 대명사를 따로 요구하지 않는다는 점에서, 대용 표현의 역할을 맡고 있음을 알 수 있다. 그렇지만 '-곡 -곡 흐다(-고 -고 하다)'의 구문에서 찾아지는 '흐다'는 결코 대용 표현의 기능을 맡고 있지 않다. 왜냐하면 등위 접속 구문을 자신이 투영하는 논항으로 받아들이기 위해서는, 핵어로서 논항 구조를 투영할 수 있어야 하기 때문이다. 또한 문장(발화)이 종결되는 위치에서 접속 어미 형태소 '-곡'이 변이된 모습도 찾아지는데, 생략이 이내 복원될 수 있는 환경에서 종결 어미로 쓰이는 경우를 제외하고서는, 접속 어미 그 자체가 종결의 능력을 지닌다고 여길 수도 없다. 따라서 대용사로서의 가능성은 더욱 없는 셈이다.

생성문법에서는 그 구조만 투영해 주고, 각 논항에 의미 역할을 부여할 수 없다는 측면을 흔히 '가벼운 동사'라고 불러 왔다(그림쇼[Grimshaw], 1990; 김희숙·이재관 뒤침, 1999, 『논항 구조론』, 한신문화사). 가벼운 동사

발화에 대한 기능과 평가에 대한 범주를 새롭게 지정하는 경우에 간접 인용으로 파악하는 것이다. 한 대상이 있을 때에 내부적인 측면을 다룰 수도 있고, 그 대상의 외부적 측면을 다룰 수도 있는 것이다. 전자는 직접 인용으로 구현되고, 후자는 간접 인용으로 구현되는 것이며, 이것들이 모두 인용 구문으로 다뤄질 수 있다. 더욱 중요한 것은 인용 구문도 자족적이지 않고, 내포 구문의 하위범주로서만 존재한다는 점이다. 인용의 현상과 관련하여 만일 이런 두 갈래의 기능을 상정한다면, 이전까지 인용 구문으로 다뤄져 온 부류는 오직 작은 갈래에 국한되었던 것이며, 따라서 이를 바탕으로 하여 내포 구문의 전반적 모습으로까지 확장시켜 나가는 일은 불가능한 것임을 깨달을 수 있다.

는 비단 do에만 그치는 것이 아니다(do-support). 제킨도프 교수와 라어슨 교수 사이에서 평평한 통사 구조 및 계층적 통사 구조를 놓고서, 어떤 것이 더 기본적인 형상인지에 대한 논전이 벌어졌을 때에, 라어슨 교수에 의해서 순수히 논항 자리만 만들어 주기 위하여 도입됨으로써 (개념상의 요구를 충족시켜 주는 것) 외각(껍질) 구조를 투영해 주는 소리 값 없는 동사 v도 중요한 자매 항이 된다(Larson, 1988, "On the Double Object Construction"; 1990; "Double Object Revisited"; 각각 『*Linguistic Inquiry*』 제19권 3호와 제21권 4호에 실려 있음).

필자는 제6부에서 이 방언의 내포 구문을 전반적으로 다루면서, 두 부류로 나눌 수 있다고 판단하였다. 이는 결국 인간의 모든 행위를 「말과 행동(행위), 또는 사고와 행동, 또는 이론과 실천」으로 파악하던 지성사의 전통과 맞닿아 있다. 다시 말하여, 한편으로 발화와 마음가짐을 표상해 주는 부류 및 다른 한편으로 행동과 실현 모습을 표상해 주는 부류이다. 이런 두 부류들을 다시 하위범주로 나눠서 점차 구체적인 자료들을 도출하는 방식을 취하는 것이다. 또한 202쪽 이하 및 245쪽 이하에서는 다의어적 관점에 따라서 '흐다(하다)'를 중심으로 하여, 이 핵어가 이끌어가는 관련 사건을 그림처럼 그려 보여 준다는 측면에서, 묘사 동사의 속성을 찾아낼 수 있었다. 이 또한 상위 차원에서는 '판단 양태 동사'로 묶일 수 있을 것으로 보았다. '흐다(하다)'가 허용하는 내포문의 하위범주로서 250쪽에서 네 가지를 제시하였는데, 이를 아래에서 ㉠~㉣로 옮겨 놓는다.

㉠ 발화에 대한 지각 내용과 그 판단
  (→ 발화의 직접 인용이며, 발화의 내재적 내용을 가리킴),
㉡ 상대방 발화의 기능(역할)에 대한 판단과 그 발화의 상위범주 지정
  (→ 발화의 외재적 접근이며, 그 범주를 재구성하고 평가하여 언급함),
㉢ 이용 가능한 간접 증거를 통하여 상대방의 마음가짐을 감정이입하여 판단함으로써 의도와 동기를 추정

(→ 상대방 마음가짐을 추정),

ⓔ 스스로 내성하면서 곧바로 화자 자신이 말해 주고자 하는 생각 그 자체
에 대한 판단

(→ 화자 자신의 생각이나 계획을 제시)

㉠과 ㉡은 195쪽의 〈표6〉에서 각각 ①과 나머지 ②~④에 해당한다.
그런데 ㉢과 ㉣이 우리말 양태 선어말 어미 형태소 '-겠-'의 양면성(추
측과 의도)처럼, 그리고 '-으려고 하다' 또는 '-으고자 하다' 구문이 보
여 주는 양면성(추측과 의도)처럼, 서로 상보적으로 작동한다. 만일 '히
다(하다)'가 묘사 동사에 귀속된다면, ㉠과 ㉡은 발화를 직·간접적으로
묘사하고 있는 것이고, ㉢과 ㉣은 「사람의 마음가짐을 불투명하게 또
는 투명하게 묘사」하고 있는 셈이다. 여기서 '불투명'하다는 말은 추
정이나 추측이란 낱말을 달리 쓴 것에 지나지 않는다.

  그렇지만 왜 내 자신의 마음가짐을 마치 「남의 말을 인용하듯이」
말해 주는 것일까? 이는 일부 담화 표현의 연구에서 자주 지적되듯이,
화자 쪽에서 「책임 경감 또는 추궁 대비」의 모습으로 작동한다고 설
명할 수 있다. 편견스럽게 「내 자신의 자기 중심적 세계관을 주장」하
는 것이 아니라, 「화자 생각의 완벽성」을 함의하는 듯한 거부감을 없
애거나 누그러뜨리고서, 대신 상대방이 간섭하여 서로 긴밀히 관계하
고 공유할 수 있는 디딤판이나 토대를 제시해 주려는 한 가지 전략인
것이다.[84) 이는 상대방이 개입할 수 있도록 열어 놓는 언어 표현이라

---

84) 우리말 습관에서 찾는다면, 내 자신이 할 일을 다른 사람에게 말하면서 '-을 것 같다'는
어구를 쓴다. 가령, 손자와 할아버지의 관계에서, 손자가 내일 떠날 비행기 표를 구매했
으며, 자신의 할아버지에게 출국할 일을 말하는 경우를 상정하기로 한다. 이때 손자가
  "내일 떠나야 될 것 같아요!"
라고 말할 수 있다. 결코 단정적 표현을 쓰는 것이 아니라, 오히려 개연적인 표현을
쓰는 법이다. 이는 표면적으로 할아버지가 손자에게 좀 더 머물다가 떠나도록 「간섭할
수 있는 듯이」 표현해 놓은 것이다. 상대방이 나의 결정에 간여하여 뒤바꿀 수 있다면,
결과적으로 할아버지를 우회적으로 손자 자신보다 지위 및 권력이 높은 사람으로 대접
해 준 것이다. 사회적 관계에서 단정적인 표현이 지닌 배타성(비타협성)을 피하는 일이
윤활유로서 서로의 감정을 부드럽게 해 주는 것이다.

는 점에서, 서로 협력하는 사회 관계를 부드럽게 만들면서 그 관계를 두텁게 엮어 짜 나가는 실천 방식인 것이다.

아직 생각이 여문 것은 아니지만, 잠정적으로 필자는 특이하게 등위 접속 구문에서도 찾아지는 '흐다'가 여전히 동일하게 「묘사 동사 (depict verb)」의 범주에 속할 수 있을 것으로 본다(208쪽의 각주 52를 보기 바람). 이런 토대 위에서 다항 접속의 내포절들은 사건 범위를 나타내고 있으므로

ⓐ 그 사건의 범위에 대한 묘사를 하고 있고,

마찬가지로 내 생각을 마치 남의 말을 인용하듯이 표현할 수도 있다. 이는 자기 중심적인 개인 의견을 상대방에게 강요하는 일을 피하고, 여러 많은 의견들 중에 한 가지일 뿐임을 함의하면서, 청자에게 선택권을 이양함으로써, 결과적으로 상대방을 간접 또는 우회 대우하는 방식이다. 이런 측면의 사회 관계를 언어 표현이 어떻게 바꾸어 놓는지를 다루는 분야가, 시카고대학 사회학자들로부터 시작된 이른바 '상호작용 사회학' 또는 '미시 사회학'이다. 현재 고프먼(E. Goffman, 1922~1983) 교수의 책들 중 세 권이 번역되어 있다. 고프먼 교수의 영어 문체는 아주 까다로운데, 일반 영어 지식 수준만으로 접근하여 이해할 수 없다(영어가 까다롭고 어렵다는 사실을 직접 체험할 수 있음). 필자는 『상호작용 의례』도 여러 번 시도하다가 중도에서 멈추었었다. 진수미 교수의 번역에 힘입어 비로소 전체를 통독할 수 있었고, 이를 밝혀 그 분의 헌신에 깊이 감사드린다.

  고프먼(1959; 김병서 뒤침, 1987) 『자아 표현과 인상 관리』(경문사),
  고프먼(1964; 김용환 뒤침, 1995) 『오점: 장애의 사회 심리학』(강원대학교 출판부),
  고프먼(1964; 윤선길·정기현 뒤침, 2009) 『스티그마』(한신대학교 출판부),
  고프먼(1967; 진수미 뒤침, 2013) 『상호작용 의례』(아카넷)

미시 사회학의 발전에 중요한 기여를 한 다음 저서도 조속히 번역되어 한국 독자들의 식견을 높여 줄 필요가 있다.

  고프먼(1974) 『Frame Analysis: An Essay on the Organization of Experience』
        (Northeastern University Press, 586쪽)
  고프먼(1981) 『Forms of Talk』(University of Pennsylvania Press, 335쪽)

그리고 초기에 비유적으로 울타리 표현(hedge)이란 낱말로 번역되었는데, 테일러(Taylor, 1995; 조명원·나익주 뒤침, 1997) 『인지 언어학이란 무엇인가?』(한국문화사: §.4-4)를 보기 바란다. 필자는 이를 '책임 경감 표현'(페어클럽, 2003; 김지홍 뒤침, 2012 『담화 분석 방법』, 경진출판: §.5-7 및 §.10-5)이나 '추궁 대비 표현'으로 부른다(페어클럽, 2001; 김지홍 뒤침, 2011, 『언어와 권력』, 경진출판: §.5-5 및 §.10-5). 그렇지만 그런 언어 표현에 깃들어 있는 중요한 사회 관계의 작동 방식을 놓고서 힘을 얻으려는 독자는, 고프먼 교수의 통찰만큼 깊이 있게 부각되어 있는 논의가 드물기 때문에, 모름지기 그 분의 저서들을 직접 읽어 보는 것이 제일 좋은 방법일 것이다.

관용화되어 마치 2항 접속의 선택지 형식을 띠는 것으로 해석될 경우에는

　ⓑ 선택 내용에 대하여 묘사를 해 준다(접속 사건의 범위를 묘사함)

고 볼 수 있다. 물론 통사 구조상 접속절들을 다 묶어 주기 때문에, '보따리' 역할을 하는 '포괄 동사'라고도 부를 수도 있다. 그렇지만 '포괄'이란 말뜻이 모든 동사를 포괄한다는 오해를 빚을 수 있으므로, 차라리 「보따리 동사」로 부르거나 '멱 함수'처럼 현학적인 한자어를 써서 「멱(冪) 동사」로도 부를 만하다(『서전 대전』의 머릿권에 「도량형을 규율하는 그림」 속에 있는 '사각형과 원의 셈 방법'을 보면 1백 촌의 방척 밖에 그려진 원주를 '멱'으로 불렀음을 알 수 있음). 통사적으로 따질 경우에 보따리 동사(포괄 동사)의 역할은 동사가 활용하는 데에 반드시 갖춰야 하는 문법 요소들이 깃드는 자리를 마련해 놓는 것이다. 만일 산술에서 쓰는 분수와 분모라는 개념을 빌린다면, 포괄 동사(보따리 동사)는 공통 분모인 셈이며, 여기에다 전체 사건을 표상해 주는 선어말 어미와 종결 어미(어말 어미)가 나오는 것으로 비유할 수 있다(공통적으로 선어말 어미와 종결 어미를 공유함). 그렇지만 탈락이나 생략이 필수적이어야 하는 구문의 경우와 상치된다는 측면에서는, 보따리의 역할이 고작 전이 과정(매개 과정)에서나 적용되어야 한다는 한계가 있다. 묘사의 측면은 묘사 동사로서 도입된 핵어 'ᄒ다(하다)'가 탈락되더라도, 여전히 언어 그 자체에 묘사의 기능이 간접적으로 내재되어 있다는 측면에서 그런 자가당착이나 모순이 빚어지지는 않을 것으로 본다.

　§.4-2 접속 구문이 다시 내포문으로 안기는 이 구문의 형상은 접속 어미들의 범주를 결정하는 데에도 매우 중요한 역할을 한다. 만일 모든 접속 구성이 동일한 형상을 준수하며, 이것이 대표적으로 '-곡 -곡

ᄒ다'를 기반으로 하여 도출된다고 상정하기로 한다. 그렇다면 접속 어미의 지위가 곧바로 내포문 구성 속으로 들어가게 된다. 이를 기본 형상으로 하여서 만일 뒤에 있는 '-곡 ᄒ-'가 생략된다면, '선행절-곡 후행절-'에서 활용 형식으로서 선어말 어미와 종결 어미가 구현된다. 이런 점은 접속문 형태소가 포괄 동사를 매개로 하여 내포 구문의 기본 형상이 만들어진 뒤에, 후행절의 접속 어미와 보따리 동사(포괄 동사) 'ᄒ-'가 탈락됨으로써 그대로 후행절처럼 전환되는 것이다. 매우 단순한 일인 듯하지만, 접속 구문이 어떻게 내포 구문 속으로 들어가며, 그 구성이 다시 어떻게 하나의 단순한 후행절처럼 실현되는지를 보여 준다는 점에서 주목할 필요가 있는 중요한 구문 구성이다. 이 방언의 실제 사례들을 다루면서 필자가 이런 점을 처음으로 깨닫게 되었는데, 전체 문법 체계 속에서 접속 어미와 내포 어미가 융합된 뒤에 탈락이 일어나서 어떻게 마치 하나의 범주처럼 나타나는지를 보여 주고 있다. 다시 말하여, 기본 표상이

'선행절-곡, 후행절-곡 ᄒ-'

로 상정되고, 맨 뒤에 있는 핵어 'ᄒ다'가 활용 형식(선어말 어미와 종결 어미)을 지니게 된다. 그런데 융합되면서(-곡ᄒ-) 후행절에서 변화가 일어나 그 융합 요소가 탈락된다면, 오직 남아 있는 모습은

'선행절-곡, 후행절-'

로 바뀌게 된다. 이 후행절에 활용 형식(선어말 어미와 종결 어미)이 구현되는 것이다. 만일 이렇게 뒤바뀐 모습만 고려한다면, 선어말 어미와 종결 어미가 선행절에까지도 영향을 미치게 된다는 사실을 설명해 내는 일이 쉽지 않다. 그렇지만 기본 형상이 '선행절-곡, 후행절-곡 ᄒ다'의 내포 구문으로부터 비롯됨을 염두에 둔다면, 설사 내포 구문

의 증거인 관련 요소들이 탈락된다고 하더라도, 구조적으로는 여전히 내포 구문의 형상이 유지됨으로써, 선어말 어미와 종결 어미가 선행절과 후행절을 지배하는 모습을 그대로 유지하게 된다. 이 사실은 <u>왜 선어말 어미와 종결 어미가 선행절에까지도 영향력(지배력)을 지니는지</u>를 구조적으로 설명하기 위하여 그 자체로서 아주 중요한 것이다. 그 지배력은 핵어가 투영하는 논항의 위치에 자리잡고 있기 때문이다. 만일 후행절의 '-곡 ㅎ-'가 탈락되어 버린 형상만을 대상으로 삼는다면, 이런 접속 구문이 부가어 지위를 차지하는지 아니면 논항 지위에 있는지를 결정할 수 있는 직접적 증거가 없다. 그렇지만 이 방언에서 찾아지는 접속 구문의 형상이 언제나 '-곡 -곡 ㅎ다'라는 내포 구문으로부터 마련되기 때문에, 그 구조적 특성이 두말할 것도 없이 논항으로 결정되는 것이며, 이른바 c-command(구성성분에 대한 통제)로써 그 지배력을 설명할 수 있게 된다. 물론 필자가 제시한 이 형상은 선행절에 고유한 시상 형태소와 양태 형태소가 깃들어 있지 않은 무표적인 모습을 전제로 한 것이다. 반대로, 만일 선행절에도 이미 선어말 어미가 구현되어 있을 경우에는, 선후행절 사이에 의존성이나 지배력이 유지되지 않도록 동일 범주의 문법 형태소 의미자질끼리 서로 '방벽'으로서 구실을 지니도록 약정해 주어야 할 것이다.

과문하지만 한국어를 다루는 연구에서, 아직 아무도 이런 데에 주목하지 않았다. 따라서 접속 어미나 내포 어미는 그대로 개별적인 분류로서 더 이상 다른 조치가 필요치 않다고 여기는 수준에 머물고 있을 따름이다. 그렇지만 분류학이 만능이 아니다. 다시 재구성 과정을 거쳐서 통일된 하나의 체계를 만들어 나갈 필요가 있다. 이런 과정에서 접속 어미의 범주 및 내포 어미의 범주를 어떻게 어디에 귀속시켜야 할지에 대하여 중요한 문제가 대두된다. 이 방언에서 실증되는 '-곡 -곡 ㅎ다'로 대표되는 구문의 형상은, 접속 어미가 내포문의 형식을 빌림으로써, 비로소 한 문장의 구성원(내포문의 핵어가 투영하는 논항)으로서 자격을 얻게 됨을 시사해 준다. 그렇다면 접속문의 어미가 내포문의 모습을 거쳐 융합된 뒤 탈락되는 동안에, 잠시 접속 어미라는 자격을 잃은 채 대신 내포문의 자격을 새로 얻는다고 봐야 할 것이다. 바로 이 지점이 접속 어미이든지 내포 어미이든지 상관없이 복합 구문을 만들어 주는 관련 어미 형태소가 마치 하나의 범주처럼 묶이는 것으로 본다. 그 결과로서 하나의 핵어 동사가 투영하는 논항 지위를 점유한 형식이 되는 것이다. 접속 구문이든지 내포 구문이든지 상관없이 모두 다 임의의 어휘 범주 핵어가 투영하는 논항이 되는 것이다.

§.4-3 필자는 기능범주의 핵어들이 종결 어미의 자질 [±C]와 시상 선어말 어미의 자질 [±I]의 배합에 따라 네 가지 경우가 나온다고 보았다(김지홍, 2010, 『국어 통사·의미론의 몇 측면: 논항구조 접근』, 경진출판: 제6장). 앞뒤로 이어지는 선조적 배열 순서에서 제일 먼저 나오는 선어말 어미는

선어말 어미: [+I, −C] (시상 선어말 어미 자질을 지니지만, 종결 어미 자질은 지니지 않음)

의 자질로 표상된다. 그리고 맨 마지막 종결 위치를 차지하는 종결 어미는

종결 어미: [−I, +C] (시상 선어말 어미 자질을 지니지 못하지만, 종결 어미 자질을 지님)

의 속성을 지닌다. 그렇다면 자질 배합에서 나머지 두 가지 자질이 남는다. 각각 [+I, +C] 자질과 [−I, −C] 자질이다. 필자는 전자의 경우가 접속 어미들을 표상하는 것이고,

접속 어미: [+I, +C] (시상 선어말 어미 자질도 지니며, 또한 종결 어미

자질도 지님)

후자의 경우는 명사구를 투영하는 기능범주로서 D에 배당할 수 있을 것으로 본다.

대상의 범위 결정과 관련된 기능범주: [-I, -C] (시상 자질도 종결 자질도 지니지 못함)

물론 시상 선어말 어미와 양태 선어말 어미가 분명히 두 갈래의 형태소들로 대립하고 있다면, [±I] 자질을 더 나누어 [±T, ±M]으로 번다하게 세분할 수도 있다. 그렇지만 이는 자질들의 겹침뿐만 아니라, 또한 무위 적용의 결과를 초래할 수 있다. 이런 측면에서, 언어 사실에 최적화될 수 있도록 자질의 숫자를 제약해 두는 것이, 문법 이론 구성에서 한 가지 지혜가 될 듯하다. 비록 생성문법에서 기능범주 구분 자질을 [±I](inflection)으로 지정하였지만, 이 방언의 자료를 해석한 결과로서 얻어진 구분 자질은, 오히려 양태 개념을 중심으로 재구성되는 것이 바람직함을 드러낸다. 이는 이 책에서 초점 모으는 내용과는 거리가 있는 논제이기 때문에 더 깊이 다루지는 않는다.

이 방언을 다루면서 이 책에서는 양태 개념이 더 높은 층위의 상위 차원 요소이고, 이 요소 아래에 하위범주로서 시상이 자리잡는 것으로 파악하고 있다. 다시 말하여, 모든 사건을 다 포괄할 수 있는 가능세계를 양태 개념으로 보고, 이 아래 하위 개념으로 현실세계와 반현실세계(반사실성)를 대립시킨다. 그리고 다시 현실세계의 차하위범주로서 시상 관련 사건 및 증거태 관련 사건을 표상해 주는 방식이다. 724쪽의 각주 151에서 양태 개념에 대한 아리스토텔레스의 논의를 언급하면서 다시 다뤄지겠지만, 필자가 염두에 두고 있는 그림을 소략하게 제시해 놓기로 한다. 먼저 상위 차원의 양태 개념(가능세계에서 있을 수 있는 모든 사건의 전개에 대한 개관)을 상정하여, 하위범주로서 현실세계의 사건 진행 모습을 가리켜 주는 시상(그림자 바탕의 글자칸)을 다음과 같이 표시해 줄 수 있다.

〈표7〉 양태와 시상 개념에 대한 통합 표상

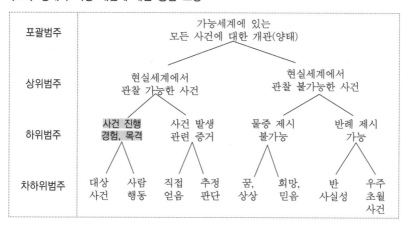

최상위범주(포괄층위)로부터 현실세계에서 관찰할 수 있는지 여부로 써 하위범주로서 두 가지 양태가 나뉜다. 여기서는 〈표7〉에 있는 네 가지 층위를 임시로 각각 「포괄범주·상위범주·하위범주·차하위범주」로 부르기로 한다. 상위범주에서 전자를 실현태(realis)로 부르고, 후자를 비실현태(irrealis)라고 부를 수도 있다. 여기서는 말하는 사람을 중심으로 하여 서술하고 있으므로, 관찰 가능한지 여부를 그 자질로 내세우고 있다. 화자에게 관찰 가능한 사건은 또한 청자에게도 관찰될 가능성이 높아진다. 왜냐하면 의사소통의 밑바닥에는 언제나 감정 이입(empathy)이 작동하는데, 이는 공유된 사건 흐름을 전제하지 않고서는 일어날 수 없기 때문이다. 이와 대립되는 비실현태는 현실세계에서 당장 관찰 불가능한 사건을 가리킨다.

상위범주에서 다시 하위범주로 진행하여, 관찰 가능한 사건을 사건의 전개(더 좁혀서 '진행') 모습으로 다룰 수 있다. 여기서는 시상 관련 요소와 증거 관련 요소로 나눌 수 있다. 전자는 전형적으로 시상 형태

소로 표상되는 사건을 스스로 체험하거나, 직접 목격하는 경우를 말한다. 이 책에서는

[±시작점, ±종결점]

이라는 사건 전개 관련 의미자질로부터 일부를 물려받은 [-시작점]과 [+종결점]의 자질을, 이 방언의 복합 구문에 관련된 접속 어미의 시상 모습(각각 '-앙 vs. -안')으로 비정해 놓고, 복합 구문의 해석 모습들을 다루고 있다. 수정된 이런 자질은 후행절에 구현될 특정 양태 형태소의 해석을 선행절에까지 미칠 수 있도록 해 준다. 만일 단순한 기본 문형에서는 시상을 표시해 주는 선어말 어미 형태소들의 대립 모습은 각각 다음과 같다.

'-앖- vs. -앗-'은 시상 의미자질이 [±시작점, -종결점] 및 [+시작점, ±종결점]으로 대립한다.

이것이 기본 구문에서 보여 주는 시상 대립 자질의 가장 전형적 모습인 것이다. 그런데 복합 구문에서는 「양태의 해석을 보장」해 주기 위하여, 그 자질의 일부만 선택하여 쓰는 것으로 설명할 것이다.

하위범주의 대립 짝으로서 '사건 발생에 관련된 증거'가 제시되어 있는데, 이 방언에서는 대표적으로 '-더- vs. -으크-(-더- vs. -겠-)'를 내세울 수 있다. '-더-'는 직접 사건 정보를 체험하거나 얻은 경우에 쓰이지만, '-으크-(-겠-)'는 아직 해당 사건을 직접 체험하지도 목격하지도 못하였으므로, 현재 상황에서 얻을 수 있는 관련된 간접 자료들을 놓고서 추정하는 일을 가리켜 준다. 좀 더 세부적으로 들어간다면, 이 하위범주에도 다 미세한 차이들을 부각시켜 주기 위하여 차하위범주를 다시 차차하위범주로 나눌 소지가 있다. 가령, 예정 사건을 나타내는 '-을 것이다'라는 복합 형태가, 이 방언에서는 분석하기 힘

든 '-으키-'(-을 것이-)로까지 융합되어 나온다. 만일 예정된 사건까지 함께 다루려면 차하위범주가 좀 더 세세하게 나뉘어야 할 것이다.

사건 진행을 스스로 겪거나 또는 그런 사건의 진행을 목격하는 일이 시상 형태소로 표시될 수 있는데, 공통어를 포함하여 이 방언에서도 일단 이 정도에서 충분히 형태소들의 대립을 구별해 줄 수 있다. 그렇지만 비록 제한된 범위이겠지만 내포 구문에서

'-으레(-으러)': "철수가 친구ø 만나레 나갓어"(철수가 친구를 만나러 나 갔어)
'-으젠(-으려고)': "나무가 쓰러지젠 ᄒ였저"(나무가 막 쓰러지려고 한다)

을 구분해 주기 위해서는, 의도를 지닌 사람과 관련된 행동인지, 아니면 인과율에 의해서 변화가 일어나는 사물과 관련된 사건인지를 구분해 놓을 필요가 있다. 이런 경우를 고려하여 다시 차하위범주를 설정해 놓은 것이다.

상위범주의 짝이 되는 '현실세계에서 관찰 불가능한 사건'의 경우도 나란히 하위범주와 차하위범주로 나뉠 수 있다. 하위범주에는 관찰 불가능한 까닭을 물증으로 제시해 주기가 힘들거나, 그럴 필요가 없는 사건들을 가리킨다. 이는 꿈이나 공상 또는 상상의 사건들을 가리킬 수도 있고, 한 개인이 바라고 있는 희망 사건 또는 사실로서 입증되지 않지만 증거와 무관하게 여전히 꿋꿋이 믿고 있는 사건들을 가리킬 수 있다. 이것들을 각각 차하위범주로 나눌 수 있다. 또한 하위범주로서 반례 제시가 가능한 사건들은, 이른바 반사실적 사건을 포함하여, 인간의 상상을 초월하는 전대미문의 사건들이 생겨날 가능성까지 열어 놓을 수 있다. 현재 상태로서는 공집합이라고 말할 수 있겠으나, 아무도 경험하거나 상상해 보지 못한 그런 사건들이 이런 체계에서는 그 속에 포함될 법하다.

§.4-4 이제 다시 접속 어미가 시상 선어말 어미의 특징도 띠고, 뿐만 아니라 종결 어미의 특징도 띤다는 점을 다루기로 한다. 이는 이 방언의 언어 사실로써 뒷받침 증거를 쉽게 찾을 수 있다. 만일 양태 선어말 어미를 시상 자질의 상위범주로 간주할 경우에, 이 방언에서 접속 어미가 시상 선어말 어미 자질을 근거로 하여 양태성까지 표상해 주는 경우가 대표적이다. 그뿐만 아니라 접속 어미가 특이한 환경에서는 종결 어미처럼 쓰이기도 한다. 이 방언에서 찾을 수 있는 이런 언어 사실이, 접속 어미들이 지닐 만한

접속 어미 범주를 구성하는 자질: [+I+C] (시상 기능뿐만 아니라, 종결 기능도 지님)

를 분명히 증명해 준다. 그렇더라도 접속 어미의 세부 표상에 대한 탐구가 과제로 남아 있고, 내포 구문을 이끌어가는 어미에 대한 범주의 문제도 다뤄야 한다. 필자는 제6부에서 내포 구문의 두 부류를 나눌 것이다. 하나는 발화와 마음가짐의 부류이고, 다른 하나는 행동과 실현 모습에 관한 부류이다. 따라서 이들 두 가지 부류에 따라, 내포 구문을 이끄는 내포 어미의 형태소를 제시하고 나서, 그 범주를 다루는데

「내포 어미가 양태 범주에 귀속된다」

고 주장할 것이다. 여기서 '양태'는 〈표7〉에서 제시한 위계에서 상위범주와 하위범주를 포괄하거나 그 중간 매개 층위로 상정될 만한 모종의 층위를 가리킨다. 현재 필자가 지닌 사고의 수준에서는, 내포 구문을 이끄는 어미들의 기능을 「현실세계에서 관찰 불가능한 사건을, 현실세계에서 관찰 가능한 사건으로 표상해 주는 전환 기능」을 품고 있는 것으로 파악한다. 다시 말하여, 현실세계에서 관찰 가능한 사건을 중심으로 서술한다면, 이를 좀 더 확장하여 「더 넓은 가능세계 사

건들로 표상해 주는 일」을 맡고 있는 셈이다. 그 까닭에 내포 구문이 관찰되는 사건들은 '마음가짐'이나 '의지'와 관련되어 있어야 하는 것이다. 이것이 현실세계에서 확인되고 입증되기 위해서는 반드시 장차 일어날 사건을 예비해야 하는 셈이다. 단, 필자가 내포 구문을 하위범주로 분류하는 방식에는 동서양의 인류 지성사에서 쉽게 찾아지는

'사고와 행동, 이론과 실천, 말과 행위(행동), 계획과 실행'

따위의 이분법이 일차적으로 영향을 주고 있다. 여전히 개인과 사회의 접점을 드러내는

'믿음과 관습, 나와 제3자, 주관성과 객관성, 파롤과 랑그, 자유와 책임, 1인칭과 3인칭'

따위도 간접적이며 복합적으로 반영될 개연성이 있다. 그렇지만 이 방언의 복합 구문을 논의하고 있는 현재 단계로서는, 직접 간여하는 것으로 느껴지지 않음만 적어 둔다.

따라서 〈표7〉에 제시된 층위를 고려하면, 사건들을 표상해 주는 접속 어미들도 당연히 양태 범주에 귀속될 수밖에 없다(905쪽 이하 참고). 이 방언에서 명시적으로 일부 시상 의미자질을 지니고서 대립을 보이는 종속 접속 구문의 어미 '-안 vs. -앙(-아서)'도 항상 사건 전개에 대한 개관을 지시해 주기 위한 양태 해석이 깃들게 된다. 이는 선어말 어미 '-앗- vs. -없-(-았- vs. -고 있-)'의 시상 의미자질 중에서 오직 일부 자질만 공유함으로써, 결과적으로 후행절 사건이 표시해 주는 양태의 해석을 항상 받아들이는 통로가 됨을 논의할 것이다. 즉, 각각 [+종결점]의 자질과 [-시작점]의 자질만 지니고 있는 것이다.

"산 우이 구름 ø 보난, 지금 거긴 큰 비 ø 내렸이키어"

(산 위에 낀 구름을 보니까, 지금 거기에는 큰 비가 내리고 있을 거야: 내리
+없+으키[-을 거이-]+어, 필자가 만든 예문)

여기서는 선행절이 '-으난(-으니까)'에 의해 이끌어지고, 후행절에서
시상 형태소 '-앖'이 다시 양태를 나타내는 '-으키-(-을 것이-)'(김지
홍, 2014, 『제주 방언의 통사 기술과 설명』, 경진출판: 137~139쪽과 282쪽에
서 이것이 계사 구문으로 파악되어야 함만 지적했을 뿐이지, '-을 것이다'의
융합체임을 깨닫지는 못했음)가 나와 있고, 마지막으로 계사를 서술
단정 서법으로만 종결시켜 주는 고유 서법 종결 어미 '-어'가 실현된
모습을 보여 준다(따라서 반말투 종결 어미 뒤에 붙는 화용 첨사 '마씀'이
이 종결 어미 뒤에는 붙을 수 없음). 167쪽 이하 및 723쪽 이하에서는
이유를 나타내는 '-으난(-으니까)'이란 복합 형태소에도 '-안(-아서)'
이라는 종속 접속 어미가 융합되어 있다고 주장하였다. 논의를 간단
히 하기 위하여, 일단 이 주장을 받아들이면, 선행절은 [+종결점]의
시상 의미자질을 띠게 된다. 이는 후행절의 양태 형태소로부터 지배
를 막는 '방벽'으로 작용한다. 왜냐하면 선행절의 시상 자질과 후행절
의 시상 자질이 서로 충돌하기 때문이다. 후행절에는 [±시작점, -종
결점]의 시상 의미자질을 띤 '-앖-'이 있고, 이어서 사건의 양태를 표
시해 주는 '-을 것이-'가 이어져 있다. 「청자도 장차 확인 가능한 사건
임」을 표시해 주는 이 양태가, 접속 어미의 시상 자질과 후행절 선어
말 어미의 시상 자질이 서로 어긋나기 때문에, 동일한 양태 해석이
선행절에까지 영향을 주지 못하는 것이다. 535쪽 이하에서 필자는 '이
유'의 개념이 언제나 이미 일어난 사건을 놓고서 청자가 잘못 파악하
거나 전혀 모르는 상태에서, 「화자가 청자에게 그 원인을 고쳐 말해
주거나 또는 새롭게 전달해 주는 속뜻」을 지닌다고 서술해 놓았다.
이런 기능이 더 확장되어 「청자의 믿음을 교정한다」는 측면에서 강한
어조를 띤 표현을 만들어 낼 수 있다. 다시 말하여, 이유 구문에서 선
행절은 이미 일어난 사건에 속하는 것이다. 이는 '-앖이키어(-고 있을

것이야’에서 「청자가 확인 가능한 사건임」을 표상해 주는 양태 의미가, 더 이상 선행절에까지 지배력을 발휘할 수 없음을 의미한다. 이런 측면에서 앞의 선행절에 있는 종속 접속 어미 ‘-안’의 양태 해석은, 발화 시점을 중심으로 하여

「더 이상 청자가 관련 사건을 추체험할 수 없음」

정도를 가리킨다고 말하거나, 또는 후행절의 ‘-으키어(-을 것이야)’라는 양태 표현의 지배력이 그곳까지 미치지 못한다고 서술해 줄 수 있다. 그렇지만 만일 종속 접속 어미 짝 ‘-앙(-아서)’이 실현되어 있을 경우에는

“노동복으로 댕이당(다니다가) 오랑(와서) 남펜(남편) 의복이영(의복과) 씨아방(시부) 의복이영(의복과) ᄀᆞ지고(갖고서) 나갈 판이라”
(허름하게 노동복으로 다니다가 집으로 찾아올 사돈네를 만날 때에는, 집에 돌아오면서 미리 갈아입힐 남편 외출복과 시부 외출복을 갖고서 나갈 판국이야: 435쪽의 예문 (5가)를 가져 왔음)

‘-앙’(원문에서는 줄어들기 이전의 본디 형태소 ‘-앙으네’가 쓰였음)이 [-시작점]이란 의미자질을 품고 있으므로, 후행절의 시상 형태소나 양태 형태소(-을 판이다)가 지배력을 발휘하여, 전체 해석에 통일성과 일관성이 깃들게 된다. 접속 어미 형태소 ‘-앙’은

「아무런 시작점도 주어져 있지 않기 때문에, 가능세계에 있는 임의의 사건을 표상한다」

그렇다면 선행절은 후행절에 표시되는 양태 형태소에 의해 민감히 영향을 입음으로써, 동일한 양태 속성의 사건 연결체를 가리켜 준다. 다

시 말하여, '집으로 돌아오다'는 사건은 후행절 사건 '집밖으로 나가다'라는 사건의 시상 표상 및 양태 표상에 영향을 입는 것이다. 후행절 사건이 진행 여부가 시상 형태소에 의해 표시될 수 있겠지만, 여기서는 관형형 어미 '-을'을 지닌 양태 형태소 '-을 판이다'에 의해서 미래 사건을 가리키게 됨으로써, 우연히 그 실현이 배제되어 있을 뿐이다. '-앖-'이 구현되어 '-앖일 판이다(-고 있을 판이다)'로 발화될 수도 있겠는데, 그렇다면 현장에서 일어나고 있는 사건을 직접 눈으로 바라보고 있는 느낌을 더해 준다.

§.4-5 비록 서로 시상을 나타내는 같은 계열의 자연부류로 묶일 수 있더라도, 필자는 이 방언에서 이 측면이 시상 선어말 어미와 종속 접속 구문의 어미가 서로 간에 차이를 보여 주는 점이라고 본다. 종속 접속 구문의 시상 의미자질에는 양태 해석이 스며들도록 보장해 주기 위해서, 반드시 기본 구문에서 관찰되는 시상 선어말 어미 자질과 다른 차별성을 지녀야 할 것이다. 달리 말하여, 기본 구문에서 시상 형태소와 양태 형태소가 한데 묶여 있는 형태처럼 기능하기 위해서, 복합 구문인 접속 구문의 어미 형태소 대립에서는 전형적인 시상 의미자질 중에서 어느 하나만을 이용함으로써, 양태 해석이 자연스럽게 깃들게 되도록 조치해야 하는 것이다.

접속 구문의 어미들이 시상 대립을 보이든지 그렇지 않든지 간에, 접속 구문의 어미 형태소들도 상위 차원에서 양태 범주에 속하기 때문에(905쪽 이하에서 재론됨), 무표적으로 조건을 나타내는 종속 접속 구문의 어미 '-으면'이 종결 어미 '-다'의 결합을 허용함으로써, 반사실적 가정을 가리키면서 가능세계에 관한 중요한 양태 해석을 도출할 수 있게 된다. 그렇다면 접속 어미들은 두 가지 양태 영역인 가능세계에서의 사건('-으면'으로 대표됨)과 현실세계에서의 사건('-안 vs. -앙'으로 대표됨)을 가리켜 줌을 알 수 있다. 전자의 경우, 부사어 '설령, 설사, 만일'이라는 담화 표지에 수반된다면, 전형적으로 가능세계에서 표상되는 사건을 가리키게 되며, 몇 가지 추가 조건을 덧붙여서 반사실성(현실세계의 사실과 반대되는 속성)까지 표현할 수 있는 것이다(필자는 종결 어미 '-다'의 유무와 '-았었더라'는 형식을 염두에 두고 있음). 일부의 다른 접속 어미들은 발화 시점을 기준으로 하여, 현실세계에서 관찰되고 추체험될 수 있는 사건들과 관련된다고 말할 수 있다.

다시, 905쪽 이하의 논의처럼 만일 접속 구문을 이끄는 어미와 내포 구문을 이끄는 어미가 동일하게 양태 범주의 일원이라는 주장이 올바르다면, 왜 접속 구성이든 내포 구성이든 간에 이들 선행절이 후행절이나 상위 모문절과 결합하게 되는지를 정합적으로 설명해 주는 장점이 있다. 한 언어의 자족적 단위는 전형적으로 양태 범주와 서법의 범주(또는 서술 종결 범주)가 함께 표상되어 있어야 하기 때문이다. 일부 접속 어미 부류는 명백히 양태적 해석을 품고 있어야 하므로, 비록 하위범주에서는 세세하게 나뉘더라도, 모든 접속 어미 형태소들이 최상위범주로서 〈표7〉에서와 같이 양태에 귀속되어야 하는 것이다. 필자는 시상 형태소 또한 양태 범주의 하위 개념으로 파악하고 있다. 그렇다면 전체적 모형에서 바라볼 경우에, 서로 정합적인 이런 특성이 또한 접속 어미와 내포 어미를 양태 범주에 귀속해 놓도록 뒷받침해 주는 간접 증거로 채택될 수 있다.

제5장 제4부에 대한 요약

여기서는 구조적으로 개방되어 있어서 동등한 지위의 항목이 계속 나열될 수 있는 구문을 다루었다. 이를 '등위 접속 구문'으로 부르고, 하위 부류로서 세 가지를 다루었다. 사건 나열의 기능을 갖는 부류와 동시 사건 진행의 부류와 역방향이나 선택지 모습의 사건 항목들이다.

제2장 1절에서는 등위 접속 구문으로 나오는 예문들이 지니는 어미 형태소가 몇 가지 있지만, 같은 어미 형태소를 그대로 반복하여 중첩된 모습을 제시함으로써, 마치 선택 항목의 나열로 이해할 수 있는 바탕이 마련됨을 알 수 있었다. 더 나아가 여기서 두 가지 선택 항목이 서로 반대되는 내용을 표시해 준다면, 그 선택 항목에 상관없이 모든 경우를 다 가리키거나 또는 그런 선택이 아무런 영향도 끼치지 못한다는 '방임형'의 뜻도 품을 수 있음을 확인하였다.

이런 측면에서 '-곡 -곡 ㅎ다'와 같은 구문 형식이 설령 여러 항목들을 나열해 주는 듯이 보일지라도, 이 절에서 다뤄진 예문들을 다 포괄해 놓기 위해서는 상위 차원의 개념을 추구해 볼 수 있다. 이런 흐름에서는 새롭게 동등한 선택 항목을 나열하는 일로부터도 등위 접속의 형식이 도출될 수 있음을 시사받을 수 있다. 다시 말하여, 전형적인 의미 기능이 무표적으로 끝없는 나열이나 병치라고 상정하기보다는, 좀 더 유표적으로 유한한 선택 항목의 나열이나 병치로 상정함으로써 두 가지 장점을 얻을 수 있다. ㉠ 선택지들의 형식까지도 등위 접속을 그대로 구현해야 하며, ㉡ 무한 나열을 막고서 모종의 선택 결과로서 다시 상위문의 핵어 속으로 내포될 수 있음을 보여 주려는 것이다. 이런 노선이 다시 제3장에서 논의되었다.

제2장 2절에서는 동시 진행 사건을 표시해 주는 전형적인 등위 접속 어미 형태소 '-으멍'을 중심으로 하여 또한 '-으면서, -으며'도 관찰되며, 또한 유표적으로 '-으멍서라'도 쓰임을 확인하였다. 특히 독특하게 몇 형식이 융합되어 있는 '-으멍서라(-으면서+을랑)'를 도출하려면 '-으면서'라는 형식 자체가 이 방언에서 이미 쓰이고 있음을 전제하지 않으면 불가능함도 지적하였다. 그런데 동시 진행 사건을 나타내어 주는 의미 기능이, 앞뒤 문맥이나 이 어미 형태소가 쓰이는 맥락에 따라서, 계기적인 사건들을 표시해 주거나 배경 사건을 제시한 뒤에 초점 사건을 이어주는 용도로도 확장됨을 알 수 있다. 만일 보조사 '도'가 결합되어 '-으멍도, -으멍서도, -으면서도'처럼 쓰일 경우에는 역접 사건을 이어 줄 수 있었다. 이렇게 확장되는 측면은 초기값 의미자질에 다시 언어 사용의 규범을 적용하면서 도출해야 한다는 사실을 함의한다. 이 어미 형태소는 구조적으로 다시 핵어 동사 'ᄒ다 (하다)'가 투영하는 내포 구문으로도 실현되었다. 또한 '-으멍 말멍(-으면서 말면서)'과 같이 두 가지 대립 사건의 제시로써 수의적인 부가절의 모습도 띨 수 있었다.

동시 진행 사건을 표시해 주는 어미 형태소로서 복합적인 형식도 자주 쓰였다. 이른바 부사형 어미 구문(이 책에서는 '내포 어미 구문'으로 다뤄짐) '-아 두다'가 활용되는 경우이다. 이는 '-아 둠서, -아 두서, -아 두고, -아 두어그네'처럼 활용되었다. 여기에서 찾아지는 형태로서 '서'는 '-으멍'이 확장되어 청자에게 주목하도록 요구하는 형태인

'-으멍서라(-으면서+을랑)'에 들어 있는 형태와 친연 관계에 있을 것으로 판단된다. 따라서 '-으면서'라는 형식을 단순히 공통어의 차용으로만 간주할 경우에 난점이 있음도 지적하였다. 이 방언의 특이하고 고유한 융합 형태소에 '-서'가 이미 쓰이고 있기 때문이다.

마지막으로 '-으멍'이 융합된 복합 형태소의 가능성을 모색해 보았다. 접속 어미 형태소들 중에서 이유를 나타내는 '-으난(-으니까)'과 사건 전환을 나타내는 '-당 vs. -단(-다가)'의 경우에도 복합 형식으로서의 가능성이 있었기 때문이다. 그렇지만 아직 작업 가정의 수준에 머물렀을 뿐이다. 실증할 수 있는 자료들이 더 확보될 필요가 있기 때문이다. 이 가정에서는 상태를 표시해 주는 명사 파생 접미사 '-음'이 계사 어간과 결합된 채 다시 종속 접속 어미 '-앙'과 융합될 가능성을 언급하였다. 만일 공통어의 형태소 '-으면서'도 융합된 결과라면, '-으며'와 사이시옷과 같은 요소와 '있다'의 활용 형식이 융합되었을 개연성만 적어 놓았다. 그렇지만 사변적 모색 단계에 불과하다.

제2장 3절에서는 등위 접속 구문이 표상하는 의미자질로서 나열과 동시 진행만을 상정할 경우에, 이런 사건들의 방향이 서로 반대로 일어나는 모습을 쉽게 포착해 줄 수 없다는 점을 지적하였다. 전통적으로 이는 역접의 관계로 불려 왔는데, 흔히 방향이 거꾸로인 두 가지 사건이 제시되어 있다. 여기서는 등위 접속 구문의 의미자질을 삼분 체계로 상정하였다. 그런데 이 방언에서 역방향의 사건에 관여하는 접속 어미 형태소들이 특이하게 「공통어에서 쓰는 것과 크게 다르지 않다」는 점에 주목하였다. 이는 대체로 사건들에 대한 긍정 서술 형태가 우리의 일상 경험을 언어로 표현하는 데에 큰 몫을 차지하고, 부정 서술 또는 역방향의 대립 서술 방식은 상대적으로 제한적이기 때문에, 이런 점을 반영하는 것으로 해석하였다. 역방향의 사건들이 '말다'를 대표로 하여 하나의 낱말로 응축되기도 하고("믿거나 말거나" 따위), 지시 대명사와 계사를 이용하여 한 항목("게나저나")처럼 표상된다. 이럴 경우에 반대되는 두 가지 선택지가 하나의 관용구처럼 쓰이기도 하며,

심지어 수식을 맡는 부사어의 지위로 뒤바뀌어 나타나기도 한다.

이 방언의 역방향 사건들에 대한 접속 어미 형태소들은 두 가지 차원에서 하위 분류될 수 있다. 첫째, 시상 형태소와 결합이 자유로운 부류 및 그렇지 않은 부류로 나뉜다. '-앗자(-았자)', '-앖주 vs. -앗주(-고 있지 vs. -았지)', '-앗저(-았지)', '-앖지 vs. -앗지(-고 있지 vs. -았지)'가 시상 형태소와 결합된 사례들이다. 또한 '-은디(-은데)'와 '-는디(-는데)'도 그러하다. 다만, 특이하게 '-앗-'과 결합할 경우에는 공통어와 달리 전설화가 일어나면서(-인디) '-앗인디(-았는데)'가 보수적 형식으로 관찰되었다. 이는 국어사에서 '-앗'의 기원이 '-아 잇-'으로부터 나왔다는 주장을 뒷받침해 주는 듯하다.

시상 형태소와 결합되지 않은 부류로서 '-되', '-으나', '-거나'가 있다. 이것들도 또한 시상 형태소의 결합이 불가능한 것은 아니겠지만, 채록된 자료들을 살펴보면 전형적으로 시상 형태소가 없는 경우로만 관찰되었다. 왜 그러는 것일까? 필자는 이 접속 어미 형태소들이 이 방언에서 자주 쓰이는 등위 접속 구문의 전형적인 형상을 그대로 따르기 때문으로 해석하였다. 다시 말하여, '-거나 -거나 ᄒ다' 또는 '-으나 -으나 ᄒ다'의 기본 형상에서, 시상 따위 문법 형태소는 상위문의 핵어인 'ᄒ다'에 의해 표시될 수 있는 것이다. 이런 점에서 시상 형태소가 결합이 저지되는 것이 아니라, 간접적인 방식으로서 상위문 핵어의 지배에 의해서 시상이 표시되고 있는 것임을 알 수 있었다.

둘째, 고유하게 어간 뒤에 접속 어미 형태소가 결합되는 부류가 전형적인 것이겠지만, 또한 다른 융합 구성을 취하는 경우도 있다. 가령, 단독으로 종결될 수 있는 어미 형태소인 '-어', '-다'에, 보조사 '도'나 '마는'가 덧붙은 '-어도, -다마는'이 있다. 수의적으로 문장 부사어로 환원된 모습과 교체될 수 있기 때문이다. '마는'은 또한 '-지, -저, -주'에도 융합된다('-지마는, -지도' 따위). 또한 접속 어미 형태소('-앗더니') 뒤에도 융합되어 '-앗더니마는'으로도 쓰인다. '마는'은 또한 '마는+에'와 같은 융합도 관찰된다. 이는 후행절에 덧얹히는 부사어로서의 지위를 표상해 주는 것으로 볼 수 있다.

제3장에서는 이 방언의 언어 자료에서 가장 잦은 빈도로 관찰되는 특이한 등위 접속 구문의 형상을 '-곡(-고)' 어미 형태소를 중심으로 하여 살펴보았다. '-곡 -곡 ᄒ다' 또는 '-곡 ᄒ다'의 구성이다. 등위 접속 구문에서는 의미자질상 하위범주로 「나열·동시 진행·역방향의 사건」들로 나누었는데, 이들 하위범주에서 모두 같은 구문의 형상이 관찰되었다. 그뿐만 아니라 내포문이 의문 종결 어미로 끝날 경우에는, 따로 접속 어미 형태소가 없이 나열될 수 있었다. 이런 의문문들의 접속도 상위문의 핵어 'ᄒ다(하다)'가 투영하는 논항으로 자리 잡고 있었다. 모두 다 동일한 구문 형상인 것이다. 이런 구성은 설령 두 절들 사이의 접속이라고 말할 수 없는 경우에로까지 확대되어, 단일한 절에서 쓰인 '-곡 ᄒ다'의 구성까지도 찾아낼 수 있었다.

이 방언의 토박이 화자들도 공식적인 의사소통 상황에서 공적이고 격식 갖춘 말투를 쓰게 된다. 이는 의무 교육을 통해 가르쳐지며 이른바 표준어로 불리는 공통어에 해당한다. 공통어에서 관련된 구성은 '-곡 -곡 ᄒ다(-고 -고 ᄒ다)'에서, 의무적으로 후행절의 '-곡 ᄒ-(-고 하-)'를 탈락시키게 된다. 그 결과 마치 '-곡(-고)'을 중심으로 하여 선행절과 후행절이 접속되면서, 후행절의 동사가 지닌 활용 형태들을 공유하거나 배분받는 형식으로 쓰인다. 이 방언에서도 이런 '-곡 ᄒ-(-고 하-)'의 탈락 규칙을 적용함으로써, 공통어의 표면 구조와 대응하는 사례들도 관찰할 수 있었다. 더구나 이런 탈락 규칙을 적용한 표면 구조를 발화한 화자들은 동일하게 모두 다 이 탈락 규칙을 적용하지 않은 채 '-곡 -곡 ᄒ다(-고 -고 하다)'라는 발화도 산출하였다. 수의적 규칙임을 실증해 주는 것이다. 이런 점을 고려한다면 '-곡 -곡 ᄒ다(-고 -고 하다)'의 매개를 통한 후행절의 형상 및 '-곡'만으로 후행절로 접속되는 구성이 수의적으로 서로 교체되어 쓰이는 것이라고 말할 수 있다. 필자는 이런 변동을 놓고서 문법화의 과정 또는 전이 단계로 해석할 수 있을 것으로 보았다. 그렇다면 이런 구성 또는 유사한 구성이 통시태·공시태를 통한 한국어의 전반적 자료들에서도 관찰되는지 찾아보아야 할 과제가 다음 단계로 남아 있는 셈이다.

제4장에서는 접속 구문을 내포 구문의 논항으로 만들어 주는 핵어 'ᄒ다(하다)'의 범주에 대한 물음, 그리고 접속 어미의 범주가 무엇인지에 대한 물음을 다루었다. 공통어에서 문법 요소들을 구현시켜 주는 '하다'와 관련하여 「대동사(pro-verb, 본동사를 대신하는 동사), 형식동사, 문법동사, 의미역을 배당해 주지 않는 가벼운 동사」 등의 제안이 있어 왔다. 결과적으로 본다면 이것들이 공통 분모를 지니고 있겠지만, 그 명칭에 따라서 강조해 주는 측면이 각각 다를 듯하다.

제4장 1절에서는 대용 성격의 대동사는 다른 분포와 관련하여 가능성이 배제되었다. 필자는 상징어 어근에서 관찰되는 '하다'가 「묘사 동사의 성격」을 지닌다는 측면이 부각될 필요가 있을 것으로 본다. 이는 그림을 그리듯 임의의 대상이나 장면을 서술해 준다는 의미를 지니지만, 이를 기반으로 하여 「장면 묘사·대상 묘사·발화 묘사·접속 사건(사건 범위) 묘사·판단 묘사」 따위로 확장될 수 있을 것이다. 또한 이 동사가 내포 구문을 투영해 준다는 점에서 '가벼운 동사'로 지정되어야 할 것으로 보았다. 이 동사의 하위 구성원으로는 생성문법에서 명백히 외각(껍질) 구조를 보장해 주는 소리값이 없는 동사 v도 개념 상의 요구에 따라 상정되어 왔다. 이런 특징은 내포 구문을 투영해 주는 'ᄒ다(하다)' 동사가 복원 가능성을 전제로 하여 탈락되는 특성과도 맞물릴 수 있을 것으로 본다. 달리 보면, 'ᄒ다(하다)' 동사가 접속 구문들을 보따리로 다 감싸안은 모습을 보여 준다는 점에서 '보따리' 동사(포괄 동사)라고 부를 수도 있겠지만, 이는 탈락 현상과 서로 맞물릴 수 없으므로, 잠정적인 조치를 위한 비유적 표현일 수밖에 없다.

제4장 2절에서는 '선행절-곡, 후행절-곡 ᄒ다'의 구문에서 후행절의 '-곡 ᄒ-'의 탈락이나 생략이 일어나서 '선행절-곡 후행절-'로 바뀐 형상의 중요성을 언급하였다. 만일 선행절과 후행절에 시상과 양태 형태소가 없이 무표적인 사건을 표상해 놓은 경우에, 어떤 경우에

는 후행절에서 관찰되는 시상 및 양태 형태소의 지배력(영향력)이 선행절에까지 뻗어 있는데, 이를 설명해 주는 구조적 형상이 확보될 수 있다. 다시 말하여, 수의적인 부가어의 지위에 있는 것이 아니라, 논항으로 자리를 잡고 있기 때문에, 핵어의 직접 지배가 가능해진다. 핵어 'ᄒᆞ다'의 활용 형식들도 이런 형상 속에서 그대로 선행절에까지 그 지배력이 미치는 셈이다.

제4장 3절에서는 접속 어미가 시상 선어말 어미 기능도 하지만, 또한 종결 어미의 기능도 떠맡을 수 있다는 측면에서, [+I, +C]라는 기능 자질을 부여할 수 있음을 보았다. 결과적으로 이는 서술 측면에 불과한 자질이지만, 이 방언의 사례들로서 이런 기능들이 다수 증거 자료가 확보된다는 점도 다시 한 번 주목할 만하다. 좀 더 논란거리에 속하는 것이지만, 필자는 양태와 시상이란 개념을 이 방언의 현상을 설명하기 위하여 재정의할 필요를 느꼈다. 이는 〈표7〉에서와 같이 제시되었다(다시 774쪽의 각주 151에서도 역사적 발달 모습과 함께 언급되었음). 여기서 양태 그 자체가 상위 개념으로 규정되었는데, 가능세계에서 모든 사건들에 대한 개관을 가리켜 준다. 필자의 편의대로 네 가지 층위를 점유하는 그림을 제시하였다. 이를 각각 「포괄범주·상위범주·하위범주·차하위범주」로 불렀다. 상위범주는 현실세계에서 관찰 가능한지 여부로써 서로 구분되었다. 전자에서는 하위범주로 「사건 전개 모습」을 가리켜 주는 시상 형태소가 자리잡고, 또한 사건 발생에 관련된 증거를 표시해 주는 증거 양태가 대립하고 있다. 현실세계에서 관찰 불가능한 사건을 가리키는 양태는, 다시 물증 제시가 불가능한 사건 및 반례들이 제시될 수 있는 사건이 서로 대립하였다. 차하위범주 및 이를 더 세세하게 나눌 만한 차차하위범주들도 상정될 수 있는데, 이 방언의 실제 자료들을 구분해 주기 위해서 도입될 수 있는 것이다.

제4장 4절에서는 크게 내포 구문들을 마음가짐 및 의지로 대분할 경우에, 이 구문이 표상하는 양태는 〈표7〉의 상위범주에서 「현실세계

에서 관찰될 수 없는 사건으로부터 현실세계에서 관찰될 수 있는 사건을 잇는 역할을 떠맡고 있다」고 보았다. 물론 상위 층위와 하위 층위 사이의 중간 매개 층위를 상정해 볼 가능성도 있겠지만, 필자는 내포 구문의 어미 형태소들의 범주 지정에 관심이 있으며, 이런 점에서 중간 층위에 대한 모색은 보류되었다. 그렇다면 이런 내포 구문을 이끌어주는 어미 형태소는 어떤 범주에 속하는 것일까? 〈표7〉에서의 가능성은 오직 '양태' 범주에 속함을 말해 준다. 그렇다면 복합 구문에서 짝으로 대립할 수 있는 접속 어미의 범주는 무엇일까?

필자는 두 종류의 접속 어미 부류를 나누어 놓았다. 접속 어미가 양태 속성을 지닐 경우가 있고, 따로 양태 해석에 대한 지침이 따로 없이 후행절의 양태 해석에 의존하는 경우가 있었다. 종속 접속 구문을 투영하는 어미 형태소 '-으난(-으니까)'과 '-으면'은 그 자체에 양태적 자질이 녹아 있다고 보았다. 그렇지만 '-앙(-아서)'의 경우에는 후행절에 구현된 시상 및 양태 자질이 그대로 선행절에 이르기까지 영향을 미쳐서 일관되거나 복합 사건으로서의 통일된 해석을 보장해 주었다. 이런 측면에서 시상 대립을 보여 주는 접속 구문의 어미 형태소는, 그 시상 의미자질이 기본 구문에 나타나는 시상 선어말 어미와는 달리, 그 의미자질 중 일부만 지니고 있다고 봐야 함을 결론지었다. 그렇다고 하더라도 두 부류를 묶어 주는 상위 개념은, 결국 양태 범주일 수밖에 없다(905쪽 이하에서 재론됨). 따라서 내포 구문의 어미 형태소도 그러하고, 접속 구문의 어미 형태소도 결국 양태 범주의 일원임을 매듭지을 수 있었다. 이런 결론은 다시 정합적으로 임의의 언어가 최종적인 포장지로서 사건 전개를 개관해 주는 양태 범주 및 문장(발화)을 종결하는 서법으로 구성된다는 보편적 사실과도 맞물려 들어간다.

제5부 필수적 종속 접속 구문
: 다항 접속 및 2항 접속

제**1**장 들머리

전형적인 등위 접속 어미 형태소와 전형적인 종속 접속 어미 형태소를 놓고서 평면적으로 형태소의 수적 비교만 할 경우에, 후자가 전자의 서너 곱절이나 된다. 이는 직관적으로 언어 표현이 그 자체로 자유의지를 지닌 인간이 실행해 나가는 사건의 전개 및 그 추이에 더 초점이 맞춰져 있음을 함의한다. 만일 종속 접속 어미 형태소들이 수적으로 다양하게 나오는 경우에, 그 대상들을 놓고서 어떻게 하위범주를 부여하고 위계화할 수 있을지가 문제로 제기된다. 어미 형태소 하나하나의 의미자질이나 기능을 찾아내면서 지루하게 서술(기술)할 수도 있을 것이다. 그렇지만 전체적으로 한 눈에 신속하고 간단히 알아보려면 다른 방법을 추구할 필요가 있다. 이는 분류 및 범주 부여를 시도하는 것으로서, 우리 정신 작동 방식의 제1 특장으로 간주되는 것이기도 하다.

여기서는 종속 접속 구문을 크게 개념상 필수적인 경우 및 수의적인 경우로 나눈다. 필수적인 경우는 후행절을 중심으로 볼 때 반드시 선행절이 있어야 함을 가리킨다. 그렇지 않고, 후행절의 실현에 선행절이 아무런 제약이나 구속이 찾아지지 않을 경우, 수의적 종속 접속 구문으로 부르기로 한다. 수의적인 경우는 흔히 선후행절 사이에 방임 또는 양보 관계로 서술되어 온 것들도 있고, 다시 임의로 덧붙여 놓을 수 있는 부가절을 포함하게 된다. 필수적인 종속 접속 구문에는 고유하고 특정한 어미 형태소가 있다. 그렇지만 수의적인 경우에는 고유한 어미 형태소가 있다기보다는, 오히려 여러 가지 형태들을 복합하거나 융합시켜서 어미 형태소로 이용한다. 이런 차이점들이 필수적 종속 접속 구문 및 수의적 종속 접속 구문을 나누도록 하는 동기가 된다.

제5부에서는 필수적인 종속 접속 구문을 다룬다. 수의적인 종속 접속 구문은 184쪽 이하의 제3부 제4장에서 논의되었다. 필자가 모아둔 접속 어미 자료를 보면, 부가절로 얹히는 <u>수의적 종속 접속 구문을 이끌어가는 고유한 어미 형태소</u>(수의적 종속 접속을 위해 처음부터 만들어진 단일한 고유 어미 형태소)는 없는 듯하다. 이런 측면에서, 현재로서는 수의적 종속 접속 구문을 놓고서 이미 간략히 논의된 184쪽 이하의 서술 내용 외에는 필자가 따로 언급하지 않기로 한다. 그 혹 이런 어미 부류들이 복합 또는 융합 동기와 그 과정들에 대하여 다룰 만하다고 여길 수 있겠지만, 이 방언의 복합 구문을 전체적으로 서술해 놓으려는 목적에 충실하기 위하여, 이런 작은 주제를 일단 이 책에서는 따로 다루지 않는다.

종속 접속 구문은 사건의 전개 또는 사건의 추이를 언어로 표현해 주는 것이므로, 일차적으로 그런 전개나 추이를 낱낱이 따라가면서 언어 형식으로 표현할 수 있다. 용어 사용에서 '전개'와 '추이'가 다소 전개 의도에 초점이 모아지는지, 아니면 변화되는 측면의 관찰에 초점이 있는지 여부로써 구분될 법하다. 그렇지만 이런 세세한 구분보다 복합 사건의 '전개' 또는 '흐름'이란 낱말로써 통합적으로 쓰기로 한다. 하나의 흐름으로서 여러 개별 사건들이 접속되는 경우를, 다항으로 이뤄진 종속 접속 구문으로 부르기로 한다(제3장에서부터 제5장까지). 물론 '이항 vs. 다항'이란 대립에서 당연히 다항이 2항보다 더 많아야 하겠지만, 이는 접속 어미의 속성을 고려하여 구분해 놓은 것이다. 즉, 편의상 3항 이상의 접속 구문을 이끌 수 있는 어미 형태소를 '다항 접속 구문의 어미'로 부르기로 한다. 이에 짝이 되는 2항 접속 구문의 어미는 필수적인 '선행절'로 구현되는 형태이다. 다항 접속 구문에서는 다시

㉠ 순차적인 사건 전개의 차하위 개념이 있고,
㉡ 사건의 전개 방향에 변화가 일어나거나 사건이 전환되는 경우가 있고,
㉢ 배경 사건과 초점 사건이 지속적으로 그리고 점층 방식으로 이어져 나
   갈 수 있다.

아주 쉽게 비유하여, 이를 영화관에서 영화를 보듯이, 사건들이 계속 이어져 나가는 방식이라고 말할 수 있다.

그렇지만 하나의 사건과 다른 사건이 뒤따라 일어날 경우에, 이를 관련된 두 가지 사건에만 집중하여 언어로 표현해 줄 수 있다. 이를 흔히 「조건과 결과」 관계라고 말할 수 있다. 선행절이 조건이 되고, 후행절이 결과가 된다. 물론 두 개의 사건이 반드시 조건 및 결과로서 실세계에 주어져 있을 수도 있으며, 사건 존재 자체에 초점 맞추기보다는 외려 관찰 경험의 선후 관계에 따라 언어로 표상하는 두 가지 선택지가 있다.

만일 좀 더 깊이 들어가면, 시간 그 자체가 선후 관계에 대한 하위 도출 개념이다. 또한 아인슈타인의 관점에 따르면 공간과 시간이 서로 구분되는 것이 아니라, 하나의 개념이므로, 여기에 따른 문제들도 고려할 수 있다. 그렇지만 매우 소박하게 우리가 서로 공유하는 직관이나 상식에 따라, 공간을 배경 사건과 초점 사건으로 구분하는 인지적 특징이 이미 우리 인식에 주어져 있으며, 초점 사건의 상태 변화에 따라 시공 좌표계에서 방향을 지닌 길이로 표시할 수 있음(tensor, vector, norm 따위)을 무정의 용어(undefined terms)처럼 받아들이기로 한다. 그렇

다면 이렇게 인식된 사건들이 장기 기억에 인출 구조로 저장되어 더 큰 지식 체계 속에 편입되어 있고, 필요할 경우에 그런 개별(낱개)의 사건들이 언어 표현(이른바 주어와 술어의 결합체인 단언 형식)으로 옷을 입고 발화되거나 글로 씌어짐을 따름 정리로서 내세우기로 한다.

필자가 알고 있기로는 「조건과 결과」 관계의 뿌리가, 뤄쓸(1937) 『*The Principles of Mathematics*』(Norton)에서 형식 함의(formal implication)이다. 거기에서는 인간 정신으로 도저히 제약하여 다룰 수 없는 관계도 언급하였는데, 흔히 물질 존재의 함의(material implication)를 뜻한다(존재의 필연성이란 주제는 현재에도 합리적으로 다룰 수 없는 대상임). 이 함의와 구분하기 위하여 숫제 함의라는 용어를 버리고서 'if~ then~'(입력과 출력)으로 바꿔쓴 바 있다(if an input is given, then an output comes out). 다른 이들은 이 개념을 compute(연산하다)라는 용어로 바꿔쓰기도 하고(연산하는 기계로서 컴퓨터가 조어된 근거임), 수학에서 집합들 사이에서 엄격히 정의되는 충분조건(sufficient condition)으로 부르기도 하며(78쪽의 각주 31 참고), 이런 조건들을 모아 놓은 입출력 흐름도(flow chart)로 부르기도 하였다. 언어 자료를 도출하기 위해서 참스키 교수는 자신의 초기 모형에서 '구절 구조 규칙'으로도 불렀다. 인간 사고 작용의 단계를 표시해 주기 위하여 'X → Y'라는 형식으로 표상하기도 한다. 한편 심리학적 측면에서 여러 가지 연산이 동시에 다발적으로 일어나면서 그물짜임을 만들게 되며, 그런 그물짜임이 지속적으로 관련 자료들의 투입에 의해서 강화되면서 우리의 기억 방식을 형성해 준다는 논의가, 병렬 분산 처리 또는 연결주의라는 이름으로 불리기 시작하였다. 연결주의 관점에서 언어 이해의 과정을 표상하는 킨취 교수는 임의의 그물짜임과 그물짜임의 새로운 연결을 강화시켜 주는 방식을 제약 만족(constraint-satisfaction) 과정이라고도 불렀다(킨취, 1998; 김지홍·문선모 뒤침, 2010, 『이해: 인지 패러다임 I~II』, 나남).

학문 분야마다 독특하게 다양한 용어가 여러 가지로 쓰일 만큼 「조건과 결과」 관계는 우리 사고 과정에 가장 일반적으로 이용되는 방식으로 보인다. 결국 이는 같은 층위에서 관찰되고 경험되는 사건들을 선별 과정을 거친 뒤에 연접하여 놓는 것이다. 이것만이 유일한 것은 아니다. 심리학에서는 흔히 인간 의식의 작동을 「분류하기 및 범주 부여」로 대표한다(신현정, 2000, 『개념과 범주화』, 아카넷). 이는 94쪽의 〈표4〉에서 제시한 다섯 층위의 인간 정신 작동 모형의 층위들 간의 관련성을 포착해 준다. 그렇다면, 몇 층위의 동시 작동 방식을 상정하든지 간에, 각 층위마다 그 속에서 우리 정신이 작동하는 방식을 대표적으로 「조건과 결과」 관계로 내세울 수 있을 듯하다.

그런데 「조건과 결과」 관계를 포장하기 위하여 어떤 용어를 채택하든지에 상관없이, 이 형식이 성립하는지를 「판단하고 결정하고 평가하는 일」은 이들 용어 자체에는 들어 있지 않음에 주목할 필요가 있다. 이는 상위 차원의 몫이다. 왜냐하면, 반드시 그런 형식 층위의 표상 및 실제세계에서 우리가 직·간접적으로 체험하여 장기기억에 붙들고 있는 일련의 복합 사건 연결체들을 작업기억 속에 한데 놓고서, 그런 관계가 성립하는지 여부를 「판단·결정·평가」해 주어야 하기 때문이다(100쪽의 〈표5〉에서 밑바닥에 자리잡은 '재귀의식'을 참고하기 바람). 더러 이런 구분을 놓고서 대상(여기서는 함의 관계임)과 인식(여기서는 함의 관계에 대한 참값 확정임)으로 따로 불러서 구분한 적도 있다. 그렇지만 대상 자체가 재귀적인 감각자료(흔히 qualia로 불리는 것)로 주어지기 때문에, 객관적 대상과는 질적으로 다르다. 따라서 이를 「판단·결정·평가를 하는 재귀의식」이라는 부서로 독립시켜 놓아야만 재귀적으로 작동하는 감각자료와 추상적 자료, 그리고 이들 자료 사이의 관계 맺음을 놓고서 상위 차원에서 다룰 수 있게 된다.

이 책에서는 이 방언의 복합 구문을 만들어 주는 언어 형태(특히 문법 형태소)를 다루고 있다. 여기서 접속 구문은 둘 이상의 사건이 보여 주는 관계를 다루게 된다. 그런 관계를 해석하고 실세계에서 어떤 일련의 복합 사건들을 가리키는지를 결정하는 일도 또한 우리의 재귀의식(전전두 피질에 자리잡은 작업기억의 중요한 역할 중 한 가지임)에서 중요하게 작동하는 「판단·결정·평가」의 몫이다. 다시 말하여 단순히 언어를 형식과 내용의 결합체로 규정할 경우에, 형식과 내용의 결합에 대한 일관되고 적정한 속성과 유의미한 해석이 최종적으로 도출되어야 한다. 그렇지만 이런 도출의 과정이 결코 아무렇게나 저절로 이뤄지는 것이 아니다. 반드시 재귀의식으로서 「판단·결정·평가」 작업이 부지불식간에 진행됨으로써, 최종적으로 그런 결과가 나오게 된다. 이것이 다시 기존 우리의 믿음 체계를 그대로 유지하거나 변경하는 일로 이어지는 것이다. 이 책에서는 언어의 형식과 내용의 결합 그 자체에만 몰입하는 것이 아니라, 그런 결합에 대한 상위 차원의 판단과 결정과 평가가 반드시 고려되어야 함을 의식하고 있다. 이는 담화 층위에서 미시구조와 거시구조를 거쳐서, 이것들('텍스트 토대' 또는 '텍스트 기반'으로 불림)이 우리의 일상적 경험 사실들과 정합적으로 맞물리도록 하기 위하여 가다듬어지거나 변경되는 상위 차원의 조정 과정에 유의하고 있다.

그런데 「조건과 결과」 관계가 오직 유일하게 존재하는 단 하나의 개념이 아니다(포괄 층위의 개념으로 파악될 수 있는데, 일반적 인간의 사고 및 수학에서 채택된 사고 따위를 모두 포괄하게 됨). 여기에서도 다양한 하위 관계들이 상정될 수 있기 때문이다. 첫째, 이들 사건 자체의 양태 속성에 따라서, 조건과 결과가 가정의 상태로 제시될 수도 있고, 현실에서 체험 가능한 방식으로 제시될 수도 있으며, 기억에서 체험을 되살리어 과거의 사건 연접으로부터 찾아내서 서술할 수도 있다. 둘째, 두 사건 사이의 긴밀도에 따라서, 가장 강력한 원인과 결과의 관계로부터 시작하여, 이유와 관찰된 사건 관계(결과가 이미 일어났고, 그 결과를 일으킨 사건을 찾아 언급하는 관계), 우연하게 접한 사건들의 연접 관계, 중간 매개 사건의 은닉 관계, 사건 자체에는 아랑곳하지 않은 채 관찰 경험의 선후 관계 따위를 상정해 볼 수 있는 것이다.

그런데 「조건과 결과」를 표현하는 형식에서 결과절(후행절)이 이미 일어난 사건일 경우에, 그 결과절을 일으키는 원인 사건을 가리켜 주어야 할 필요가 생겨난다. 이때 청자와 화자 사이에서, 청자가 해당되는 원인 사건에 대하여 무지하거나 잘못 억측하거나 정보가 불분명한 경우도 있다. 이럴 경우에 원인 사건과 결과 사건에 대하여 분명히 잘 알고 있고 확신에 차 있는 화자는, 청자한테 그 원인 사건을 언어로 표현해 줄 수 있다. 이를 흔히 '이유'라고 말한다. 이유는 전형적으로 일어난 결과 사건을 놓고서 거꾸로 가능한 원인들에 대하여 언급하는 경우를 가리킨다. 상대적으로 조건과 결과가 일반성과 개연성을 띤 사건을 다 포괄하는 반면에, 이유와 결과는 개체성(개별 사건)과 필연성을 띠므로 아주 강한 주장으로 해석된다.

이유를 가리키는 절이 화자 쪽에서 확신이나 필연성을 전제로 한 반면에, 우리는 많은 직접·간접 경험들을 장기 기억 속에 '인출 구조'로 저장해 놓고 있기 때문에, 언제나 있을 수 있는 원인들에 대해서도 추정을 하거나 짐작을 하게 마련이다. 이를 위한 언어 표현도 당연히 따로 마련되어 있다. 이 방언의 언어 자료들에서도 그러할 것이다. 필자의 설명 방식도 이런 배경 지식을 이용할 것이다. 그렇지만 이 방언을 바라보는 눈이 뚜렷이 세워져 있지 않기 때문에, 이런 측면이 불분명한 채 덮여 있었을 뿐이다. 만일 독자적인 언어 형식을 갖추지 못했을 경우에는, 「이가 없으면 잇몸으로 씹는다」고 하듯이, 일반적으로 조건과 결과 표현에 수식어로 추정의 정도를 덧얹혀 놓을 수도 있다. 상징 체계로서의 언어는 융통성이 또한 그 생명력의 뿌리이기 때문이다.

제2장 다항의 종속 접속

: 순차적 사건 전개·사건의 전환·사건의 배경 제시

개방적으로 여러 항목들이 이어질 수 있는 다항의 종속 접속 구문으로서, 하위범주를 적어도 다음의 세 가지 정도 상정할 수 있다. 이것만이 전부라는 것은 아니다. 오직 필자가 모아 둔 접속 어미 형태소의 자료들만 놓고서, 필자가 판단하는 최적의 분류를 진행한 다음에 다시 세 가지 범주로 구분해 놓은 것에 지나지 않음을 밝혀 둔다.

(1) 순차적인 사건 전개 또는 사건 추이를 나타내는 경우(제3장),
(2) 사건 전개의 방향에서 서로 어긋나거나 전환이 이뤄지는 경우(제4장),
(3) 특정 사건이 일어나기 위하여 배경 사건으로서 미리 제시되는 경우(제5장)

시간 선상에서 사건 전개 또는 추이를 나타내는 순차 접속 구문으로서, 공통어에서 대표적으로 '-아서'가 있고, 입말투로서 '-아 갖고'도 자주 쓰인다(이 방언에서도 '-아 가지고'라는 동일 계열의 형태소가 관찰됨). 이런 접속 어미 형태소는 전형적적으로 순차적 사건 전개를 나타내지만, 또한 설명을 베풀어 주는 구절에서도, 방법·수단·이유를 가리켜 주는 구절에서도 관찰된다. 필자는 이런 해석의 결과를 놓고서, 전형적인 기능을 상정한 뒤에, 사건 사이를 관련지어 주는 맥락이 달라지면서 그 전형적 기능도 같이 변이가 수반된다고 서술해 놓고자 한다. 이미 이런 의미자질이나 기능상의 전이는 맥락에 따른 변이 현상임을, 등위 접속 구문의 사례에서도 결론지은 바 있다. 이 방언에서도 거의 동일한 현상을 관찰할 수 있으며, 어미 형태소들뿐만 아니라 의미자질이나 기능상의 변이도 똑같이 관찰된다.

다만, '-아서'의 경우에는 공통어와 동일한 형태소로서 '-아서'도 쓰이지만('-을랑'을 덧붙인 '-아설랑'도 쓰임), 다시 시상의 의미자질로 대립하는 짝 형태소 '-안 vs. -앙'으로 나뉘어 쓰이는 경우도 허다하다. 이런 현상은 종속 접속절의 선행절(특히 '-안'이 이끄는 절) 그 자체에다 독자적인 시상 운용소(Operator)를 설정해 놓아야 할 중요한 특징이 된다(이 어미 형태소는 후행절의 양태 해석에도 전혀 영향을 받지 않기 때문임). '-안 vs. -앙'이란 형태소는 변이 형태들이 관찰된다. 전자의 경우는 오직 두 가지 수의적 변이 형태(-안, -아네)만을 갖고 있다. 그렇지만 후자의 경우는 적어도 일곱 가지 이상의 변이 형태(-아그네, -앙그네, -앙으네, -아그넹에, -앙그넹에, -앙으넹에, -앙)를 지닌다.

이런 변이 형태의 수적 차이도 우연하고 자의적인 것은 아닐 듯하다. 필시 사용 빈도를 촉발하는 원인에 있을 것인데, 아마도 쓰임새가 많을수록 그 모양새도 달라지는 일이 일어났을 법하다. 필자는 '-앙'이라는 종속 접속 어미 형태소의 경우에, 쓰이는 폭이 '-안'보다 훨씬 더 넓기 때문에 그랬다고 판단한다. 이미 살펴보았던 381쪽의 〈표7〉에 기댄다면, 동일한 종속 접속 어미 형태소이지만 [+종결점] 자질을 지닌 '-안'은 오직 하위범주 층위에서 일부 '사건 진행 경험과 목격'을 지시하기 위한 쓰임새밖에 지니지 못한다. 그렇지만 접속 구문에서 후행절에 있는 시상 선어말 어미 및 양태 선어말 어미에 의해 지배되고 영향을 받는 다른 짝으로서 [-시작점] 자질을 지닌 접속 어미 '-앙'은, 그런 범위의 한계가 찾아지지 않는다. 현실세계와 가능세계를 아우른 더 너른 범위에서 쓰일 수 있다는 사실은 '-안'보다 더 많이 쓰임을 함의해 준다. 다시 말하여, 동일 계열의 종속 접속 어미 형태소이지만, '-앙'은 가능세계의 사건을 나타내는 구문에서도 쓰여야 하므로, 상대적으로 사건을 표상해 주는 범위에서 이미 종결된 사건에 대해서만 언급하는 '-안'의 영역보다도 훨씬 더 넓은 영역을 맡을 수밖에 없다. 즉, 우리의 장기기억에 저장해 둔 사건 연결체들을 작업기억으로 인출하면서 가능세계에서나 일어날 법한 복합 사건 연결체들까지도 '보편적 진리'의 척도로 표상해 줄 수 있는 것이다. 시상 대립의 짝을 이룬 한 계열의 형태소이지만, 언급 가능한 너비를 놓고서 이런 차이가 변이 형태들의 다양성에까지 영향을 주었을 것으로 판단한다.

(2)의 부류로 대표되는 접속 어미 형태소는 공통어에서 '-다가'를 들 수 있다. '-다가'라는 어미 형태소가 이 방언에서 쓰이는 모습으로서 특이하게 시상 대립을 보이는 접속 어미 형태소 '-안 vs. -앙'이 융합되어 있는 모습을 보여 주는데, 「중층성」모습이다.

'-단 vs. -당'

이것들의 변이체도 또한 앞에서 제시한 '-안 vs. -앙'의 변이체들을 따라 동일한 모습을 보여 주는 것이다. 이는 형태소의 변이체가 그대로 녹아 있음을 전제로 하지 않는다면, 설명될 길을 찾을 수 없다. 그뿐만이 아니다. 또다른 변이체들로 관찰된다. '-다가, -다'가 쓰일 뿐만 아니라, 공통어에서는 결코 찾아지지 않는 '-다서'도 쓰이며, 이것이 다시 대격 조사(주의력을 모으는 보조사)와 계사의 활용형식을 대동한 '을+이랑'과 결합된 '-다설랑'까지 쓰이고 있다. 또한 '-당은, -당이라도'와 같이 보조사와 계사의 활용 형식까지 관찰된다. 이런 측면에서 '-다가'는 이 방언에서 변이체가 수적으로 가장 많은 종속 접속 어미 형태소이다. 그런 만큼 이 접속 어미 형태소는 전형적인 기능에서 다의어적으로 더 많은 기능 전이 모습을 보여 줄 것이라고 예상해 볼 만하다. 즉, 사건의 전개 방향에서 전환을 표상해 주는 전형적 기능에서부터, 다시 여섯 가지 남짓의 기능으로 달라질 수 있다. 즉,

ⓐ 배경 제시 기능, ⓑ 이유 표상 기능, ⓒ 조건 표시 기능, ⓓ 장소 이동 표시 기능, ⓔ 길항 작용으로 부를 법한 반대 또는 억제 방향의 사건 표시 기능, ⓕ 사건의 중도 단절(사건 중지) 표시 기능

따위를 들어볼 수 있다. 그럴 뿐만 아니라 특이하게 주제 보조사 '는'에 덧붙어서 '는다가'로도 쓰이기도 한다(필자의 학부 시절에 입말 문학을 전공하는 어느 교수의 발화에서 마치 개인 방언처럼 잦은 빈도로 '는다가' 형식을 썼던 일이 새롭게 기억나는데, 대격 조사에도 덧붙어서 '을다가'처럼 쓸 수 있으며, 도구격 조사에도 덧붙어 '-로다가'처럼 쓰임. 그 역할은 아마 재빨리 다음 낱말을 산출해야 하는 촉급한 언어 산출 과정에서 공백을 채우는 디딤판 구실의 화용적 특징도 있을 듯함).

'는다가': 스체(死體)는다가 아무 못에 던져 버렸습니다고.
("죽은 시체는 아무 못에다 던져 버렸습니다."고 말했어. 구비1 안용인, 남 74세: 160쪽)

이런 특이한 분포는 '-다가'라는 형식이 공통어로부터 개신파로 들어온 뒤에 최근에 쓰이는 것이라고 주장하는 일에 대해 명백히 결정적 반례가 된다. 매우 특이하게 '-다가'라는 형태소가 이 방언에서는 또한 '-다서'로도 쓰이며, 이것이 다시 '을+이랑'과 융합된 '-다설란, -다설랑'까지도 관찰된다(629쪽 이하에서 다뤄짐). 이는 전적으로 절의 접속에서만 관찰된다. 여기 제시된 '-다가'처럼 명사 어구 뒤에서 보조사로 쓰이는 경우는 결코 찾을 수 없다.

(3)의 부류로 예시할 수 있는 종속 접속 어미 형태소로서, 후행절에서 일어날 사건을 위해 배경을 제시해 주는 경우는 아주 많다. 전형적

으로 배경 사건을 제시하는 접속 어미 형태소들은 '-은디, -는디(-은데, -는데)'가 있다. 이는 관형형 어미와 형식 명사가 융합된 형상을 띠고 있다. 그런데 다른 기능을 맡던 어미 형태소들이 다의어적으로 기능이 확장되어 (3)의 부류를 보여 주는 사례를 제시할 수도 있다. 앞에서 언급한 '-아서'도 또한 이 방언에서도 쓰이는 맥락에 따라서 배경이나 설명을 제시하는 역할을 한다(이 책에서는 확장된 기능으로 서술함). 전형적으로 이유의 의미자질로 배정되는 '-으니' 접속 어미 형태소도 또한 이 방언에서도 배경 제시 또는 설명의 몫을 떠맡을 수 있다(이 방언과 공통어 어미 형태소가 서로 동일함). 마찬가지로 '-자, -자말자'라는 어미 형태소도 맥락에 따라서 선행절이 배경 사건으로 해석될 수 있다.

이러한 기능상의 전환이나 변이 모습은, 전형적으로 (3)의 부류를 대표하는 것으로 내세운 접속 어미 '-은디' 형태소도, 또한 맥락에 따라 사건이 반전되는 경우에 관찰되기도 한다. 접속 어미 형태소들이 설령 전형적인 기능을 부여받았다고 하더라도, 이렇듯이 맥락에 따라서 기능상으로 변이나 전환이 관찰되는 일이 항다반사이다.

이 책에서는 전형적인 접속 어미 형태소들을 대표 형식으로 삼아서, 관련 논의를 진행해 나가고자 한다. 상대적으로 부차적인 접속 어미 형태소들에 대해서는 간략히 설명해 놓는 정도로만 그치고자 한다. 이하 제3장에서부터 제5장까지는, 각각 (1)의 부류로부터 (3)의 부류를 다루고 있다. 그러므로 응당 제2장의 하위 장들로 배치되어야 그 위계가 일관적이다. 그렇지만 분량이 아주 많기 때문에, 불가피하게 마치 대등한 양 독립시켜 놓았을 뿐임을 적어둔다.

이 방언에서는 「문법 형태소들의 중층성」 모습으로 접속 역할만 떠맡은 '-아서, -아설랑'과 '-다가, -다서, -다설랑' 따위의 어미들뿐만 아니라, 동시에 시상·양태 몫을 맡은 '-안 vs. -앙'과 '-단 vs. -당' 따위도 서로 교체되면서 자유롭게 쓰이고 있다.

제3장 순차적 사건 전개를 표시하는 전형적인 접속 어미의 짝 '-안 vs. -앙', 그리고 '-아서, -아설랑'

: 문법 형태소의 중층성

§.3-0 이 방언에서는 일찍서부터 특이하게 '-안 vs. -앙' 형태소들의 대립이 주목된 바 있다. 이숭녕(1957, 1978년 재간행)『제주도 방언의 형태론적 연구』(탑출판사: 86쪽 이하)와 박용후(1960)『제주 방언 연구』(동원사: 437쪽 이하, 최근 1988년 재간된『제주 방언 연구: 고찰편』과학사에는 83쪽인데, 원래 책자와 내용이 조금 다름)와 김지홍(1982) "제주 방언의 동사구 보문 연구"(한국학대학원 석사논문)에서도 이 주제를 다뤘었다. 최근 들어 송상조(2011)『제주말에서 때가림소 '-ㅇ, -ㄴ'과 씨끝들의 호응』(한국문화사)에서도[85] 이 주제를 놓고서 평면적(선조적)

---

85) 송상조(2011)에서는 여기서 다뤄지는 접속 어미 형태소들을 다루고 있다. 일부러 너무 낯설게 만들어 놓은 그 책의 제목을, 필자가 익숙한 용어로 바꿔 놓는다면,

「선행절의 종속 접속 어미 '-안 vs. -앙'과 후행절의 종결 어미 사이에서의 일치 관계」

정도가 된다. 이미 필자는 송상조(2007)『제주말 큰사전』(한국문화사)을 많이 인용하였고, 이 글을 쓰는 데에도 자주 참고한 바 있다. 필자와의 사적 관계 때문에, 송상조(2011)을 놓고서 필자 나름대로 비판적 검토한 내용을 미리 그분에게 보내어 필자가 다시 고칠 수 있는 기회를 갖고자 하여 통화를 한 바 있다. 그런데 그 분은 서로 다른 이론과 학문 방식이 각자 고유하게 존중되어야 한다고 말씀하면서, 미리 필자의 이 원고를 보내어 드리려는 것을 허락하지 않았다. 아울러 송상조(2011)을 증보하는 일을

내년에 출간할 예정으로 진행하고 있음도 알려 주었다. 이런 사적인 관계를 접어두고서, 여기서는 그 책을 읽으면서 심각한 결함으로 생각되는 측면을 몇 가지 적어 둔다.

여기서 언급한 방법론 및 자료 제시를 중심으로 한 여섯 가지 측면의 비판이, 아마 그 책에 대한 공식적인 첫 번째 반응일 것으로 생각된다. 이 방언을 놓고서 필자가 출간한 책도 아직 아무에게도 비판을 받은 적도 없고, 서평도 나온 바가 없다. 오직 적막강산처럼 느껴질 뿐이다. 그런데 당연한 수순으로서 선업을 검토하는 일은, 오직 순전히 좁은 식견과 편견에 갇혀 있는 필자의 관점으로만 살펴본 소략한 서평이 될 뿐이다. 다만, 이 방언의 연구에 대한 발전을 위하여 우연히 부정적인 측면으로 서술되어 있다. 이 점에 대해서 송상조 선생의 너른 양해를 구한다. 다른 연구자들도 또한 그 책에 대해서뿐만 아니라, 또한 본고에서 필자가 지적한 비판 내용에 대해서까지도, 신랄하게 그들 나름대로의 재평가를 할 수 있다. 그런 과정을 통해서 이 방언의 연구가 괄목할 만큼 진전을 이뤄나갈 것이다. 본고에서 필자가 발견한 또는 밝혀내었다는 내용들도 또한 필자의 편견이나 왜곡된 시각의 결과물에 불과하며, 휴지조각 취급도 못 받을 수 있음을 또한 잘 깨닫고 있다.

고동호 외 6인(2014)『제주방언 연구의 어제와 내일』(제주발전연구원)에서 1백 년 동안의 업적들을 놓고서 전반적으로 비판적으로 개관하고 있다. 그런데 송상조(2011)에서는 '특이하게도' 선업들에 대한 검토가 두어 가지를 제외하면 배제되어 있다. 이 점이 이전에 이뤄진 관련 영역의 선업이 참고될 만하지 않음을 의미하는 것인지는 잘 모르겠다. 그렇지만 선업 자체를 전혀 다루지 않는 일은 「최초의 연구임」을 함의한다. 그렇지만 여느 학문에서도 「집단 지성의 지혜를 발전시켜 나가는 사회적 기획」이라는 측면에서, 선업을 다루지 않는 방식은 학문에서 채택하는 방식은 아닌 것으로 생각된다.

① 그 책에서는 기본적으로 통사의 기본 단위인 문법 형태소에 대한 인식이 없다. 가장 초보적이면서도 간과될 수 없는 중차대한 결함이다. 그 책의 제목에 내세운 '-오, -ㄴ'이 결코 통사의 기본 단위가 될 수 없다. 조어법이나 낱말 형성에서는 혹 그런 음소 차원의 형태를 극단적으로 상정할 법하다. 고영근(1993)『우리말의 총체 서술과 문법 체계』(일지사)에서 논의한 '단어 형성소'가 그러하지만 통사 논의에서는 일반적으로 결코 그런 단위가 존재하지 않는다(내파음 음소 대립으로 부를 만함).

이와는 달리, 필자는 '-안 vs. -앙'의 시상 대립 짝을 내세워야 옳다고 본다. 또는 이 짝이 줄어들기 이전의 본디 형태인 '-아녜 vs. -아그넹에'를 상정할 수도 있겠지만, 쓰이는 빈출도를 반영한다면 '-안 vs. -앙'만으로도 충분히 대표 형태소를 삼을 수 있을 것이다.

통사 영역의 기본 단위로서 형태소에 대한 인식이 제대로 갖춰져 있지 않기 때문에, 지속적으로 형태소 분석 방법을 놓고서도 문제가 이어진다. 가령, 스스로 문제 의식을 조금도 제기함이 없이 편한 대로 형태소들을 자의적으로 뭉쳐 한 덩어리째 제시하거나, 반대로 음소('-오, -ㄴ') 단위로 갈라놓았다. 어디까지 분석하여 개별 단위로 확정해야 하는지에 대한 인식이 들어 있지 않은 것이다.

이렇게 기본 통사 단위에 대한 초보적 단계의 분석이 결여되어 있기 때문에, 어떻게 해서 선행절과 후행절 사이에서 접속 어미 또는 선어말 어미 형태소가 호응되는지를 명시적으로 파악할 수단이 없다. 단지, 거기에서 호응된다고 주장하면, 그대로 그 말을 믿어야 할 뿐이다. 이런 점이 마치 광복 이후에 주먹구구로 진행된 초창기의 연구를 보는 느낌을 지울 수 없게 만든다.

② 그 책에서는 통사의 기본 영역에 대한 지식이나 이해가 반영되지 않았다. 따라서 접속문과 내포문에 대한 구분도 제대로 이뤄져 있지 않고 서로 뒤섞어 놓았을 뿐이다. 오직 '-오'이나 '-ㄴ'만 발견된다면, 어떤 언어 환경이든지 상관없이 모두 함께 동일한 것으로 다루고 있는 것이다. 범주 혼용의 오류이다. 이는 통사 범주들을 명확히 구분해

야 한다는 의식이 결여되어 있기 때문에 빚어진 심각한 오류이다. 언어 구조를 논의하는 통사론에서는, 앞뒤 언어 환경을 명백히 고려하면서 당연히 유사 형태들을 따로 구분해 놓아야 옳다. 통사는 단어보다 더 작은 단위인 '사(辭)'가 주인 노릇을 한다(기능 범주의 핵어임). 그렇다면 「통어」(단어를 거느림)가 아니라, 「통사」가 되어야 하는 것이다(어휘가 지닌 선택 제약을 제외한다면, 결코 어휘범주를 다루는 것이 아님). 통사론의 논의에서 핵심적인 이런 기본 전제들이 그 책의 논의에서는 충분히 반영되지 않은 듯하다.

이런 점과 관련해서 1980년대의 언어학계 수준이 주로 단순히 복합 구문을 배제한 문법 요소들이 논의되어 왔었기 때문에, 접속문과 내포문에 대한 명확한 구획이나 구분 방식이 잘 알려져 있지도 않았다. 김지홍(1982) "제주 방언의 동사구 보문 연구"(한국학대학원 석사논문)에서도 이 두 영역에 대한 구분 의식이 없이 씌어졌었다. 그렇지만 당시로부터 이미 40년에 걸친 발전에 힘입어, 현재 언어학계에서는 핵어의 범주에서부터 두 영역이 다름을 잘 알고 있다. 접속문은 기능범주의 핵어가 구조를 투영한다. 그렇지만 내포문은 필자의 용어로 「발화와 마음가짐」 및 「행동 목표와 실현 모습」이라는 두 부류 속에 속한 동사의 핵어에 의해서 논항구조가 투영된다. 각각 기능범주의 핵어와 어휘범주의 핵어에 의해서 투영되는 것이다.

③ 통사는 구조를 통하여 각 형태들의 의미자질이 실현되는 방식을 드러내야 한다. 그렇지만 그 책에서는 층위가 서로 다른 '구조'에 대한 인식은 없고, 오직 평면적으로 '호응'이란 용어만 쓰고 있다. 반드시 통사의 구조를 염두에 두면서 계층적 차이에 따라 일어나는 통사 행태의 변화 및 구별에 주의할 필요가 있다. 그렇지만 그런 의식은 찾아지지 않는다(언어 구조는 계층성의 구현물에 불과함). 이와는 달리, 여기서 필자는 계층적 특성을 보여 주는 구조적 지배 또는 자질 일치의 개념, 그리고 시점 이동이 의무적인 서구 언어에서와 같이 이런 지배나 자질 일치를 막는 운용소나 연산자(operator)의 개념을 상정할 수 있다고 본다. 본고에서 필자는 두 가지 자질만으로도 '±' 배합 관계를 적용함으로써 네 가지 자질 집합을 얻을 수 있었다. 이것으로 충분히 이 방언의 접속 어미 시상에 관한 운용소의 설정과 해석을 도출할 수 있음을 논의할 것이다(465쪽의 17을 보기 바람).

④ 더욱 심각한 결함은 이 방언의 문법을 '규범적으로' 결정하여 그 자료를 제시하고 있다. 그렇지만 결코 그 자료들은 일차적으로 한 개인의 언어 직관을 벗어나지 않는다. 통사론의 진행 절차는, 관찰 단계에 이어서 언어 환경에 대한 기술(서술) 단계가 이어져야 하며, 그 결과들을 놓고 분류와 범주화 작업이 진행되어야 한다. 이 과정에서 설명을 위한 여러 가지 이론의 후보들을 상정하여 그 강건성들을 따져 보아야 한다. 귀납화 과정과 가설 연역 접근 방식이 서로 만나는 중요한 지점이다(508쪽의 각주 114를 보기 바람). 생성문법에서는 자신의 직관적 언어 자료를 놓고서 문법 특징을 수립해 나가는 일을 해 왔었는데, 문법성의 정도에 대한 시비가 늘 수반되어 있었다. 이 책에서 필자는 그런 문법성 시비를 벗어나는 방편으로 이미 채록되어 있는 설화 자료들을 중심으로 하여 복합 구문의 논의를 해 오고 있다.

그렇다면 그 책에서 보여 주는 규범성은 한 개인의 내성을 통한 자신의 언어 표현을 놓고서 관찰 단계만 일부 만족시킬 뿐이다. 그렇다면 과학철학에서 언급하는 합리적 학문의 전개 단계를 네 개 정도로 파악하였을 때(상태 변화가 전제되면 임의의 사건을 먼저 관찰하고 나서 초기 조건과 뒤따르는 조건들을 기술 또는 서술해 주어야 하며, 일련의 사건 흐름을 일으키는 동기를 중심으로 설명하고 난 뒤에 그 설명이 올바름을 검증해 주기 위하여 예측의 단계로 진행해야 함), 다음 단계인 기술(서술) 단계로도 올바르게 진행해 나가지 못하였다고 말할 수 있다. 예를 들어, 종속 접속 어미 '-앙'이 조건문 어미 형태소 '-으민(-으면)'과 호응한다고 주장했지만,

(가) 차 탕 강 지금 그디 도착햇이민, 그 사름덜 만낫이키어!
　(차를 타고 가서 지금 거기 도착했으면, 그 사름들을 만났을 것이다!)
(나) 그때 그 책 돌려 줬다민, 가이가 지금 그 책 가경 잇일 테주!
　(그때 그 책을 돌려 줬다면, 걔가 지금 그 책을 갖고 있을 테지!)

에서 보듯이, 조건문 어미 형태소가 '-았으면, -았다면'과 같이, 현재 시점에서 사건이 완료(종결, 완성)되었다는 조건의 두 가지 형식을 모두 다 허용한다는 엄연한 언어 사실도 제대로 드러내 주지 못한다. 또한 후행절에서 양태 표현이 '-았을 것이다, -을 터이지'로 변동한다는 사실도 제대로 밝혀 주지 못한다.

이와는 달리, 이런 자가변의 쳇바퀴를 벗어나는 수단으로서, 필자는 기본적으로 1980년대의 입말 문학 채록 자료들을 놓고서 복합 구문의 접속 및 내포 사례들을 모아 놓았다. 이렇게 모아진 자료들을 중심으로 하여 담화 전개 차원에서 필자 나름의 해석 모형을 추구하고 있다. 이는 필자의 접근 방식에서 자료 확보에서 전환을 반영해 준다. 김지홍(2014)『제주 방언의 통사 기술과 설명: 기본구문의 기능범주 분석』(경진출판)에서는 언어 자료들을 필자의 직관에만 의존하여 만들어 낸 뒤에 그 자료를 논의했었다. 현재 이 책에서 필자가 이 방언의 자료를 논의하는 방식은 수년 전 필자가 취했던 방식과는 아주 다른 것이다. 자가변의 쳇바퀴를 벗어나는 중요한 방편으로, 이미 채록된 설화 자료들, 그것도 1980년대에 70대 전후의 화자들이 썼던 언어 자료를 논의의 대상으로 삼고 있는 것이다.

또한 김지홍(2019) "제주 방언의 인용 구문과 매개변항"(『한글』 제80권 4호, 통권 326호)에서의 결론과 같이, 인용 구문에서 관찰되는 인용문 어미가 「-은 말이다」를 표상해 주는 관형형 어미 '-은'일 수밖에 없음이 사실이라면, 이 방언의 인용 구문 어미는 결코 '-엥, -엔'으로 대립하지도 않고 변동할 수도 없다. 이 관형형 어미의 짝은 '-을'이기 때문인데, 이 짝은 인용 구문 형상에 참여하지 않는다. 그럼에도 규범적으로 자신의 결론을 계속 확대하여, 그 책에서는 인용 구문의 어미 형태소들에서도 '-ㅇ, -ㄴ'이 대립한다고 주장하고 있다. 만일 관형형 어미 '-은'에서 비롯된 것이라는 필자의 결론이 옳다면, 그런 변동은 타당하지도 않고 받아들일 수 없는 주장에 불과하다.

⑤ 중요한 용어들에 대한 정의도 없다. 따라서 독자들이 모두 다 저자의 생각을 지지하는 듯이 여긴 채, 오직 자신의 직관을 서술하는 데 골몰하고 있을 뿐이다. 문법 형태소의 확립에 관심이 전혀 없기 때문에(어미 형태소들을 놓고서 분석적 접근을 취해야 할지, 통합적 접근을 취해야 할지를 스스로 결정해야 함에도 불구하고, 사전에 미리 이뤄져야 할 이런 결정 문제를 전혀 자각하지 못했음), 인용 조사나 인용 어미에 대한 결정도 없을 뿐만 아니라 현실법 등의 용어도 이미 다 알려져 자명한 듯이 쓰고 있다. 명백한 정의 없이 상식인 양, 또는 모두 다 합의하는 양 여러 가지 용어를 쓰고 있지만, 불분명한 채로 용어 남발의 혐의가 짙다.

동작상이란 용어는 '-앖- vs. -앗-'을 가리킨다고 하였는데(현평효, 1974, "제주도 방언의 정동사 어미 연구", 동국대학교 박사논문, 51쪽에 있는 용어를 받아들였음), 이를 진행상(또는 미완료상)과 완료상이라고 풀이하였다. 그렇지만 '-ㅇ, -ㄴ'에도 똑같이 각각 '미완료, 완료'의 의미자질을 부여하면서, 왜 동일한 용어를 쓰지 않고, 괴벽스럽게 '때소'(때 가림소의 준말)라는 용어를 쓰는지 의아스럽다. 이런 자의적 용어 사용을 놓고서 아무런 설명도 없고 변호도 없다. 따라서 용어상의 통일성이나 일관된 사용이 제대로 이뤄지지 않았음을 알 수 있다. 필자가 만일 이를 통일하여 서술해 본다면, 각각 다음처럼 표현할 수 있다.

「종결 어미와 결합된 선어말 어미의 동작상 형태소와 접속 어미에서 찾아지는 동작상 형태소」

그렇지만 여기에서도 두 가지 문제가 들어 있다. 첫째, 다음 사례에서와 같이 결코 동작을 할 수 없는 무생물(무정물)의 경우에도, '-앖- vs. -앗-'이 그대로 실현되기 때문에,

이를 동작상이라고 부를 수 없는 것이다.

(다) "낟ø 붉앉저! vs. 얼음ø 다 녹앗저!"
　　(날이 밝고 있다 vs. 얼음이 다 녹았다)

'날'과 '얼음'은 스스로 행동하거나 동작을 할 수 없다. 무생물이기 때문이다. 행동이 적용되는 대상은 본능을 지닌 생물 중에서도 특히 동물이어야 한다. 이와는 달리, 군대의 제식 훈련에서 쓰는 "동작 그만!"이란 구호가 잘 보여 주듯이, 동작은 동물 중에서도 자유의지를 지닌 주체만이 의도적으로 할 수 있다. 그렇다면 위 예문은 '동작상'을 가리켜 주는 것이 아니라, 오히려 대상의 변화를 표현해 주는 '시상'의 형태일 뿐이다(471쪽의 각주 98을 읽어 보기 바람). 이는 현평효(1974, 1985에 재수록됨) 『제주도 방언 연구: 논고편』(이우출판사)에서 놓쳐 버린 결함이지만, 아무런 자각이 없이 이를 그대로 따라 쓰고 있는 것이다. 그렇다면 이 방언에서 찾아지는 선어말 어미 '-앖- vs. -앗-'의 대립 짝은 단지 자유의지를 지니고 언어를 이해하는 인간들의 동작을 가리킬 뿐만이 아니라, 또한 더 넓게 공통어에서 다뤄지는 '시상' 개념을 반영해 줄 뿐이다. 이는 [±완료]의 동작상 자질이 다른 용어로 바뀌어야 함을 뜻한다. 필자는 한 사건이 일반적으로 일정 폭을 지닌다는 사실에 기반하여, 그 사건의 시작점 여부와 종결점 여부를 시상의 의미자질로 상정한다. 다만, 이른바 '순간상'으로 다뤄진 사건은 예외적으로 시작점과 종결점이 동일하다는 조건을 따로 달고 처리할 수 있을 것이다.

송상조(2011: 51쪽)에서 오직 "제주말에는 시상을 나타내는 동작상과 때가림소가 있다."는 진술이 있고, 그책의 89쪽에서 이것이 잠정적이라는 점만("정확한 이름을 붙이기는 시간이 더 필요하다") 적어 놓았다. 그렇지만 정작 시상 개념 아래 동작상이 있고 때소가 설정되어야 하는 것인지, 이것들이 서로 동일한 개념인지 여부를 놓고서, 분명한 정의나 명시적인 언급도 없다. 다만, 모두가 다 명확히 알고 있을 것으로 전제할 뿐이다. 학문 논의 전개에서 모두가 다 자명하게 알고 있는 전제를 놓고서 잘못 지정하였을 뿐만 아니라, 또한 그런 전제(흔히 무정의 용어로 된 공리 체계에 해당함)에 대해서도 제대로 드러내지 못한 것에 불과하다.

둘째, 선어말 어미 중 특정 형태소의 짝이 동작상을 표시한다면, 접속 어미 중 특정 형태소 짝도 같은 층위의 문법 형태소인지 질문을 던져야 한다. 그렇지만 하나는 동작상으로, 다른 하나는 때소라고 부름으로써, 다른 이름을 썼기 때문에 결코 모든 것이 해결되는 것은 아니다. 저자의 희망 및 논증은 서로 별개의 문제인 것이다. 그렇지만 저자의 희망이 곧 논증이 끝났음을 뜻하는 것으로 여기는 것 같다. 이런 형태소들을 다루는 필자의 접근 방식은, 양태라는 상위 개념 아래 다시 시상이라는 하위 개념을 표상해 주는 것이다. 이는 381쪽의 〈표7〉로 제시한 바 있다.

더 나아가, 필자는 '시상'이란 개념이 종결 어미 앞에서 관찰되는 선어말 어미 형태소 '-앖- vs. -앗-'의 대립에서뿐만 아니라, 또한 여기서 다루는 종속 접속의 어미 형태소 '-앙 vs. -안'에서도 대립을 보여 주고 있으므로 동일하게 적용된다고 본다. 다만, 후행절의 양태 속성까지 접속 어미 형태가 띨 수 있으려면, 시상 의미자질이 조금 조정될 필요가 있다. 가령, 종속 접속 어미 형태소 '-앙'은 보편적 진리를 언급하는 속담 표현에서도 관찰되며, 모든 가능세계의 사건을 가리키게 된다. 이런 측면에서 현실세계의 사건 진행에 대하여 표상해 주는 '-앖-'보다도, 사건 언급의 범위가 더 넓다. 필자는 이 점을 포착하기 위하여 [-시작점]이란 자질만 비정해 놓았다. 다시 말하여, 반드시 양태에 대한 해석까지도 보장해 놓는 조치가 있어야 하는데, 이것이 「아직 임의의 사건이 시작되지는 않았지만, 일단 그 사건이 일어날 경우에」라는 해석을 유도하게 되는 것이다.

⑥ 645쪽이나 되는 그 책은 이 방언의 연구 업적들 중에서도 분량면에서 단연 선두 자리에 있다. 그렇지만 그 서술 방식이 자신의 직관에 따라 한두 가지 사례를 제시하여 규범적으로 진술하고 주장만 할 뿐이다. 이 방언이 지닐 법한 어떤 문법 체계를 가정하

면서, 일반화와 추상화의 시도가 거의 없다. 다시 말하여, 이론적 얼개에 대한 가정이 전무하므로(작업 가정도 상정되지 않았고, 가설 연역 체계에 대한 인식도 없음), 그 책에서는 일반화 과정이 진행될 수 없었던 것이다. 통사 구성 단위의 짜임을 놓고서도 그러한데, 구조적인 접근으로 설명이 이뤄져야 한다는 의식도 찾아지지 않는다.

이런 점에서, 만일 이 방언의 모어 직관을 가진 이들로서, 그 책의 주장을 다시 재구성하여 해독하지 않는다면, 번다하고 읽어 나가기가 아주 난삽하다. 그 결과 쉽게 정리되지 않는 느낌에 휩싸이게 된다. 사례별로 규범적 주장을 하고, 이를 낮은 차원의 도표로써 정리하여 끝을 냄으로써, 모든 것이 완성된 것은 아니다. 오히려 첫 단계의 귀납 과정만을 시도했을 뿐이므로, 그렇게 제시된 도표들을 놓고서 여러 차례 반복 순환 과정을 거치면서 수정하거나 폐기하거나 새로운 대안을 마련하면서, 좀 더 높은 차원에서 일반성과 추상성을 찾아내었어야 옳다. 따라서 그런 도표에서 결여된 정보들을 놓고서 그 까닭을 추상화하여 새로운 질서를 찾아내지도 못한 채, 아주 낮은 차원의 귀납화 과정에만 만족하고 말았던 것이다(94쪽의 〈표4〉에서 제2단계를 넘기 못함).

이 방언의 직관을 지니지 못한 독자들의 경우에는, 아마 상형 문자 해독만큼이나 난해하게 여겨질 법하다. 솔직히 말하여, 본고에서 주장하는 결론들을 염두에 두면서, 필자의 그런 주장을 먼저 송상조(2011)에서 서술해 놓았는지를 검토하고 선업으로 밝혀 놓고자 하여, 그 책을 몇 번씩이나 읽어 보았었다. 그렇지만 아직도 「어미들끼리 호응된다」는 막연한 진술 이외에는, 그 속의 내용을 쉽게 파악하지 못하고 있다. 이것이 필자의 독해 능력에만 기인할 듯하지는 않다. 더구나 6개 장으로 나뉘어 논의가 진행되었지만, 중간에 장이 바뀔 적마다 요약도 들어 있지 않다. 마무리에서도 저자의 지금까지 주장을 요약해 놓지도 않았다. 필자는 이를 「의도적 회피」라고 진단한다. 아마 그 책의 저자가 스스로 상위 차원에서 일반적 또는 추상적 진술(문법 체계에 대한 상위 진술)들을 거의 만들지 못했기 때문이었을 것이다. 따라서 각 장마다 무엇이 중요한지 여부를 제대로 가늠할 수도 없었고, 그 결과 요약 과정을 이내 진행할 수도 없었던 것이다. 결과적으로 학문에서의 생명인 상위 차원의 일관된 문법 체계나 얼개를 스스로 구성해 놓지 못하였고, 다른 방언이나 한국어 일반에 적용하려고 해도, 그 수단(디딤판)이 전혀 없는 것이다.

그렇지만 미리 그런 추상적 문법 틀(작업 가정들을 제기하여 계속 수정이나 확장이나 폐기하여 새로운 가정을 세우는 일)이 없이 어떻게 해서 645쪽이나 되는 분량의 논의를 할 수 있었을까? 이런 의문에 대한 해답은 이 방언의 이전 업적들에서 찾아진다. 박용후(1960)『제주 방언 연구』(동원사)의 자료, 현용준(1980)『제주도 무속 자료 사전』(신구문화사)의 부록 '조사 및 어미 일람표', 현평효(1985)『제주도 방언 연구』(이우출판사)의 부록 '격어미 및 활용어미'가 모두 문법 형태소들에 대한 1차 나열 자료들이다. 이미 그 목록이 사전 항목처럼 배열되어 있었고, 이를 확장하여 송상조 엮음(2007)『제주말 큰사전』(한국문화사)에서는 제2부(1. 씨끝과 토)로 실어 두었기 때문이다. 엄격하게 이론적 분석을 거치지 않은 채 개별 문법 형태소 항목들이 목록으로 정리되어 있었기 때문에, 심지어 낮은 차원의 일반화나 추상화가 진행되지 않고서도, 그리고 상위 차원의 문법 체계에 대한 진술이 없이도, 자료 나열의 숲을 지나가면서, 사례별로 평설을 붙여 놓을 수 있었던 것이다.

필자는 이 방언의 복합 구문에 관련된 문법 형태소들을 다루면서도 해결하지 못하는 여러 가지 문제점들을 마주쳤었고, 그럴 때마다 해결되지 않은 문제로 적어 놓았다. 이런 시각과는 달리, 송상조(2011)에서는 독자들이 아무 어려움 없이 본문을 다 읽고 충실히 그리고 전부 이해할 수 있었을 것으로 여겼던 것이 아닌가 싶다. 이는 송상조 엮음(2007)『제주말 큰사전』(한국문화사)의 편찬에서와 거의 같은 방식으로 보인다. 그렇다면 간단히 규범적으로 지정하는 것만으로 충분하며, 더 이상 논증될 필요 없이 충위의 호응 관계를 드러내고자 하였다. 김지홍(2014)『제주 방언의 통사 기술과 설명: 기본구문의 기능범주 분석』(경진출판: 부록 1)에서는 접속 구문과 관련해서 접속 어미 형태소 '-안'이 시상뿐만 아니라, 「양태상으로 청자가 해당 사건을 추체험할 수 없다」는 점과 「후행절로부터 시상 해석을 막아 주는 방벽이 됨」에 대해서도 언급한 바 있다. 이 접속 어미 형태소에 대한 논의가 가장 분량이 많기 때문에, 이하에서는 불가피하게 4개의 하위 절들로 나눠 진행하기로 한다.

먼저 §.3-1에서 '-안 vs. -앙' 형태소들의 변이 모습들을 제시하고 나서, 기본 형태소를 확정짓기로 한다. 여기서는 같은 계열로서 공통어의 형태소와 동일한 '-아서'('-아설랑'으로도 쓰임)를 다룬다. 또한 기능이나 의미자질이 공유되는 '-아 갖고'도 함께 언급될 것이며, '-앗더니'라는 활용 형식의 형태소도 같이 다뤄질 것이다.

§.3-2에서는 시상 및 양태 해석에서 이들 접속 어미 형태소 '-안 vs. -앙'의 대립 모습을 논의할 것이다. 특히, '-앙'이 보편적 진리를 서술해 주는 속담 표현에서도 줄곧 사용된다는 특성이, 양태성(가능세계에 있는 모든 사건을 가리킴)의 단초를 품게 된다. 같은 계열의 시상 대립을 표시해 주되, 추가적으로 양태성도 담고 있는 것이다. 이를 위하여 선어말 어미 '-앖-'이 지닌 시상의 의미자질 중에서 일부 자질을 선택하여 '-앙'에 [-시작점]이란 속성만을 비정해 놓을 것이다. 이는 「가능세계에 있는 임의의 사건이 아직 현실세계에서 시작되지는 않았, 일단 그 사건이 일어날 경우에」라는 해석을 품게 된다. 이와 짝이 되는 접속 어미 형태소 '-안'은 [+종결점]이란 속성만 갖는다. 이는 현실세계에서 이미 임의의 사건이 다 끝났음을 가리켜 주며, 이런 측면에서 양태성(가능세계의 모든 사건을 가리킴)을 띠지 못한다.

모든 것이 다 끝난 것으로 여겼을지도 모를 일이다.
　이상에서 필자가 서로 중복되는 영역의 선업을 놓고서 억측과 사견으로서 비판적 생각을 몇 가지 적었지만, 오로지 필자의 편견에서 나온 것일 뿐이다. 그 책에서 저자의 직관을 반영해 놓은 예문들은, 저자의 헌신적 열정만큼 이후에 뒷사람의 연구들에서도 계속 긴밀히 활용될 수 있기를 희망해 본다.

§.3-3에서는 이 접속 어미 형태소들의 기본 의미나 그 의미자질이 순차적인 사건 전개로 표상할 수 있겠지만, 선행절과 후행절의 접속되는 맥락에 따라서 또한 전형적인 의미자질도 변동이 생겨남을 보여주는 사례를 다루기로 한다. §.3-3-1에서는 전형적 의미자질로 상정된 순차적 사건 전개의 기능을 다루고, §.3-3-2에서는 이유나 목적의 의미 해석을 지니는 경우를 다룬다. §.3-3-3에서는 수단이나 방법의 해석을 받는 사례들을 다루는데, 두 개의 동사가 일상경험에서 긴밀히 결합된다면 한 가지 복합 사건을 이루는 해석을 받기도 한다. §.3-3-4에서는 선행절이 후행절 사건에 대한 배경으로 해석되는 경우를 다룬다. 이는 전형적으로 제5장에서 다뤄질 '–은디' 부류가 떠맡는 기능이다. 설령 이들 접속 어미 형태소가 서로 느슨하게 교체될 수 있고, 그렇게 쓰이더라도, 청자나 독자가 사건의 흐름이나 전개를 이해하는 데에 큰 장애나 지장이 일어나지는 않는다. §.3-3-5에서는 두 개의 절이 통합되었다기보다는 오히려 동사들끼리 이어져서 관용구처럼 쓰이는 경우를 다룬다. 특히 '–안 vs. –앙'과 '보다, 잇다(있다)'의 동사가 통합되어 있는 경우이다. 이 구성은 내포 구문을 이끄는 어미 형태소 '–아'에서도 관찰되는데, 내포 구문과의 차이점이 다뤄질 것이다.

마지막으로 §.3-4에서는 문장이 종결될 위치에서 관찰되는 '–안'에 대하여 다루기로 한다. 이는 동일한 종속 접속 어미 형태소 '–안'이 아님이 먼저 지적된다. 그러고 나서 '–안'의 정체가 내포 구문 중에서 인용을 떠맡는 형상으로서 이 방언에서 어조만 달리 하면서 여러 서법에 두루 쓰이는 반말투 종결 어미 '–아'와 여기에 관형형 어미 '–은'이 융합되어 있는 형식임이 논증된다. 이 주장은 김지홍(2019) "제주 방언의 인용 구문과 매개변항"(『한글』 제80권 4호)에서 처음 제시된 것이다. 그렇다면 이 주장이 올바른 것임을 이 책에서 다시 입증하는 셈이다. §.3-5에서는 제3장의 논의를 요약해 놓기로 한다.

§.3-1 '-안 vs. -앙' 형태소들의 변이 모습과 기본 형태소의 확정

이 방언의 접속 어미 형태소들 중에서 공통어의 접속 어미 행태와 가장 두드러지게 다른 것이, 제4부에서 다룬 것으로 시상 형태소를 회피하는 '-곡('-고')'이 있고, 시상 형태가 녹아 있는 '-안 vs. -앙'처럼 짝을 이룬 형태소가 있다.[86] 이 방언에서 공통어의 접속 어미 형태소

---

86) 현평효(1974, 1985에 재수록됨) 『제주도 방언 연구: 논고편』(이우출판사)에서는 이 방언에서 관찰되는 선어말 어미 '-앖- vs. -앗-'의 대립을 가리키기 위하여 처음 '동작상'이란 용어를 썼다. 그런데 이 방언에서 이런 선어말 어미 형태소가 반드시 상태가 바뀌는 동사에만 결합되는 것도 아니고(형용사와 계사에도 결합함), 또한 의지를 지닌 사람에게만 배타적으로 적용되는 것도 아니다. 따라서 '동작상'은 오히려 공통어에서 쓰는 '시상'이란 개념보다 일반성이 없다고 판단된다(김지홍, 2014, 『제주 방언의 통사 기술과 설명: 기본구문의 기능범주 분석』, 경진출판: 92쪽, 322쪽, 514쪽 참고).

그리고 동작상을 구분해 주는 자질 또한, 완료됨과 아직 완료되지 않음(완료 vs. 미완료)만으로는, 이 접속 어미 형태소가 나타나는 환경을 다 설명해 줄 수 없다. 반드시 한 사건의 시작점(기점)에 대한 표시도 중요하게 고려되어야 한다. 김지홍(1982) "제주 방언의 동사구 보문 연구"(한국학대학원 석사논문)에서는 한 사건의 기점(on-set)을 나타내는 의미자질 [±착수]도 또한, 종점(off-set)을 나타내는 [±완료]와 더불어 이들 시상 형태소의 구분에 함께 포함되어야 함을 논의하였다.

이 책에서는 이 착상을 그대로 따르지만, 사물 내적 요인이 자동적으로 가동되어 일어나는 변화들까지도 모두 다 포괄하고자 하므로, 선어말 어미의 대립 시상 의미자질을 다음과 같이 쓰기로 한다.

[±시작점, ±종결점]

사물의 내재적 속성으로 일어나는 변화이든, 아니면 자유 의지를 지닌 주체가 일부러 일으키는 변화이든 간에, 사건은 상태 변화들로 이뤄진다. 그 변화는 시작점(기점)이 있고, 중간 진행 과정을 거쳐, 마지막으로 종결점(종점)에서 다 끝나게 된다. 예외적으로 순간상(가령 '알다' 동사 따위)으로 기술되는 사례는, 조건을 덧붙여서 시작점과 종결점이 동일하다고 서술해 줄 수 있다.

그런데 종속 접속 어미 '-앙 vs. -안'의 대립 짝에서 시상을 나타내는 의미자질이 관찰된다. 사건의 전개 흐름을 가리켜 줄 뿐만 아니다. 또한 「청자에게서 체험할 수 있는지 여부」에 관하여 속뜻을 품는 양태성의 의미도 결과적으로 함께 지니게 된다. 따라서 접속 어미의 절들 사이 관계를 해석해 주기 위하여, 선어말 어미의 시상 의미자질이 조정될 필요가 있는데, 시상뿐만 아니라 양태성까지 지니도록 해 주어야 한다. 가령, [+종결점]으로 표상되는 '-안'은 청자가 더 이상 해당 사건을 추체험할 수 없다는 속뜻을 지닌다. 그렇지만 [-시작점]으로 표상되는 '-앙'은 청자가 원하기만 한다면 언제든지 경험하거나 체험해 볼 수 있다는 속뜻을 지니는데, 모든 가능세계에서 일어날 수 있는 모든 사건을 가리킬 수 있다. 이런 여러 특징들을 반영해 주기 위하여 필자는 381쪽의 〈표7〉에서 양태성을 상위 개념(가능세계의 사건)으로, 시상을 하위 개념(현실세계에서 관찰할 수 있는 사건)으로 제시한 바 있다. 이 점이 선어말 어미 시상 형태소 '-앖- vs. -앗-'과 접속 어미 형태소 '-앙 vs. -안'이 차이가 나는 점이다(461쪽 이하를 보기 바람). 선어말 시상 형태소는 따로 독립된 양태 형태소와 결합될 수 있겠지만,

'-아서'와 형태상 유사한 요소가 '-안 vs. -앙'이며, 특히 이 형태소들은
시상의 요소가 융합되어 있다는 점이 두드러진 차이점이다.[87] 여기서
'시상'이란 개념은 관찰자 겸 화자가 서술하는 사건의 '시작점(기점)'과

접속 어미의 시상 형태소는 양태성까지 함의할 수 있도록 조정되어야 하는 것이다.
또한 이런 측면에서 필자는 접속 구문의 어미이든 내포 구문의 어미인든 간에 모두
다 양태 범주로 귀속되어야 함을 주장하였다(905쪽 이하).

이 방언에서 종결 어미 앞에 나오는 이른바 시상 선어말 어미 형태소도 명백히 확정될
필요가 있다. 필자는 단 하나의 대립 짝 '-앖- vs. -앗-'만 있을 뿐이라고 본다. 현평효
(1974, 1985 재수록)에서 잘못 주장되었듯이, 결코 '-암시- vs. -아시-'가 이 방언에서
따로 있는 것이 아니다. 형태소를 잘못 분석한 결과에서 오판한 것이다. '-앖-+이 vs.
-앗-+이'에서 관찰되는 것은 어말 어미 앞에 있는 약모음 '으'가 전설화된 것에 불과하
며, 결코 '-시'라는 형태소를 분석해 낼 수 없는 것이다. 따라서 '상(aspect)'이란 개념을
갈고서 미완료나 완료라는 정의하는 일 그 자체가, 그런 상태가 계속 이어짐을 함의한다
(완료 상태의 지속, 미완료 상태의 지속). 왜냐하면 시점 간의 대소 관계 따위를 비교함
으로써 지정되는 시제와는 달리(119쪽의 각주 42에서 프라이어 교수의 연구를 보기
바람), 일정한 시간의 폭을 전제로 하여 정의되는 상(aspect) 또는 시상(tense-aspect)은,
시점을 표상하는 것이 아니라, 반드시 일정 시간 이상 지속됨을 가리켜 준다.

따라서 상을 현평효(1985 재수록)에서처럼 동작상으로 부르든, 아니면 김지홍(2014)
에서처럼 시상으로 부르든 간에, 일정 정도의「시폭」이 전제되어 있는 것이다. 그렇다
면 형태소 분석을 찰못한 결과 마치 '있다'에서 기원하는 '-시'가 따로 있는 듯이 오판
하여, 이를 '존속상'으로 파악함으로써 엉뚱하게 '완료 존속상, 미완료 존속상'(각각 현
평효 1985 재수록, 183쪽과 185쪽)'이라고 규정하는 것은 자가당착이거나 자기모순인
것이다. 존속(그 상태가 존재하여 그대로 지속됨)은 '완료, 미완료'가 상이 아니라, 점적
인 시간(시점)을 전제로 하여야 성립될 수 있는 것이다. 이는 '완료, 미완료'를 상이
아닌 시점으로 잘못 지정해 버리는 것이므로 자가당착에 다름 아니다. 따라서 일정
시간 폭에 걸쳐 있는 '상'을 다루는 경우에, 결코 '존속'(상태 존재와 그 상태의 지속)
따위를 붙일 수 없음을 잘 알 수 있다(482쪽의 각주 102도 참고하기 바람).

87) 김중수(2018) "'-어서'와 결합한 시제 선어말 어미의 문법성과 교육적 함의"(『문법 교육』
제34호)에 서술된 연구사를 보면, 권재일(1985)『국어의 복합문 구성 연구』(집문당),
남기심(1996)『국어 문법의 탐구: 국어 통사론의 문제 1』(태학사), 구본관 외 4인(2015)
『한국어 문법 총론 I』(집문당), 남기심·고영근(2016, 제4판)『표준 국어 문법론』(박이
정) 등에서 '-었-, -겠-, -더-'가 '-어서'와 결합되지 않는다고 보았다. '-았-'과 '-겠-'
에 대해서는 연구자에 따라 정반대의 모습으로 '-어서'와 결합된다고 보는 주장도 있
다. 또한 '-았-'과 '-겠-'이 모두 다 결합하는 '-어서'를 놓고서 김민영(2009) "한국어
접속문의 시제 해석"(『한국어학』 제43권)에서는 시간 선후 관계가 아니라, 인과 관계의
기능을 떠맡는 것으로 주장하였다.

이 책에서는 모음조화에 따른 어미 형태소들이 있을 경우에 양성 모음으로 대표하여
적고 있다. 따라서 '-아서'로 통일하기로 한다. 만일 접속 어미 '-아서' 형태가 시상
또는 양태 요소를 허용할 수 있음이 사실이라면, 이는 공통어에서 일어나는 변화라고
판단된다. 그 변화를 이끌어나가는 데에는 '-으니까'라는 접속 어미의 통사 행태가 영
향을 주는 것이 아닐까 의심해 본다. 일단 여기서는 이 방언의 고유한 측면을 부각시키
기 위하여, 접속 어미 '-아서' 형태에는 시상이나 양태 요소가 선접되지 않는다는 주장
을 받아들이기로 한다.

'종결점(종점)'에 관련된 표현이다. 이는 사건 발생 시점과 관찰 시점과 발화 시점이 모두 도입됨으로써 복잡한 3분 체계를 이루는 시제로까지는 발달되지 않은 상태의 시간 표현 방식이다(김지홍, 2014, 『제주 방언의 통사 기술과 설명: 기본구문의 기능범주 분석』, 경진출판: 163쪽 이하).

특히, 여기서는 종속 접속 구문의 어미 형태소에서도 시상이 관여하고 있기 때문에, 종결 어미 앞에서 실현되는 선어말 어미 시상 형태소의 의미자질을 좀 더 제약할 필요가 있다(접속 구문 어미에서 양태성 해석이 보장되도록 조절할 필요가 있음). §.3-2에서 다시 논의되겠지만, 보편적 진리를 가리키는 속담 따위에서 관찰되는 접속 어미 형태소 '-앙'의 양태성을 보장해 주려면(종결 어미 앞에서 실현되는 '느' 계통과 같은 양태임), 시상 의미자질에서 [-시작점]이 중요한 기능을 한다. 이는 381쪽에 제시된 〈표7〉에서 '가능세계의 사건'이라고 표현된다(가능세계의 하위개념으로 현실세계가 있는 것이지만, 만일 일직선상으로 서로 대립시킨다면, 가능세계의 사건은 현실세계에서 직·간접적으로 관찰할 수 있는 사건과 구별됨). 이 자질은 임의의 사건이 아직 시작되지는 않았지만, 언제든지 관찰 가능한 사건을 가리켜 주는 것으로 상정하는 것이다. 따라서 관찰 시점이 함의하는 「직접 두 눈으로 확인하는 사건」에만 국한하기보다, 기억에 있는 임의의 사건 연결체를 발화 현재 시점에서 작업기억으로 인출함으로써, 모두 현재 시점처럼 작동할 수 있도록 이용하는 것이다.

접속 어미 '-앙'과 짝이 되는 '-안'은 [+종결점]의 의미자질을 지니고 있다. 이 또한 양태 해석을 부여받는다. 이 접속 어미에 이끌리는 선행절의 사건은 현실세계에서 이미 다 끝나 버렸고, 따라서 청자로서는 그 사건의 존재(발생) 확인 여부를 따로 수행치 못함을 뜻한다. '-앙'이 장차 관련 사건이 청자에게 관찰될 수 있는 가능세계의 사건이지만, '-안'은 현실세계에서 이미 다 일어나 그 사건이 끝나 버렸기 때문에, 청자로서는 더 이상 관찰될 수도 없고, 더 이상 확인할 길도 없는 것이다. 이런 점을 필자는 '-앙 vs. -안'이라는 접속 어미 형태소가 지닌 양태적 속성으로 파악한다.

필자가 1980년대에 채록된 이 방언의 설화 자료들로부터 뽑은 접속 구문 어미 형태소들의 목록을 놓고서 인상적으로만 살펴본다면, '-안'과 '-앙'이 모두 A4 용지 8쪽에 걸쳐 있다. 이는 이 방언의 화자들이 잦은 빈도로 이 접속 어미 형태소를 쓰고 있음을 시사해 준다. 그런데 이들 접속 어미는 또한 각각 변이 형태들을 지니고 있다. 관찰자가 대상이 되는 사건을 관찰하고, 그 사건을 언어로 표현할 적에, 해당 사건의 종결점에까지 아직 다다르지 않을 경우에 쓰이는 접속 어미 '-앙'은

'-앙, -아그네, -앙그네, -앙으네, -앙으녕에, -아그네그네, -아그녕에, -앙그녕에'

와 같이 다수의 변이 형태를 지니고 있다. 이것들이 모두 수의적인 교체 관계에 있다(양태성 해석을 보장받기 위한 조치로서, 시상의 일부 의미자질 [-시작점]을 지님). 반면에, 해당 사건이 '종결점'을 지났음을 가리키는 접속 어미 '-안'은 유일하게 '-아네'로 교체되는 수의적 변이 형태만 지니고 있다(양태성 해석을 보장받기 위해서 시상의 일부 의미자질 [+종결점]을 지님).

'-안, -아네'

'-앙'은 적어도 변이 형태로서 일곱 가지 이상이나 있지만, 반면에 '-안'은 오직 단 하나의 변이 형태만 지니고 있다. 또한 공통어에서와 같이 시상의 자질이 들어 있지 않은 '-아서'도 필자의 목록에서 A4 용지 1쪽 반을 차지하고 있으며, '-아 가지고'의 형태도 4쪽을 차지하고 있다. '-안 vs. -앙'과 대립하여 「중층성」을 보여 주는 것이다.

여기서 시상 자질이 없이 쓰이는 '-아서'가 결코 공통어와의 접촉

에서 생겨난 "개신파"로만 치부할 수 없다(현평효, 1985에서 전가의 보도처럼 쓰이는데 48쪽, 231쪽, 282쪽, 450쪽 등을 보기 바람). 왜냐하면 중단을 나타내는 접속 어미 형태소 '-다가'와 수의적으로 교체되며 엄연히 이 방언에서만 관찰되는 접속 어미 형태소 '-다서'의 존재도 있기 때문이다. '-다가'도 '-당 vs. -단'처럼 시상 의미를 띤 형태소를 융합시켜 놓을 수 있다. 그렇다면 만일 '-아서'와 '-다서'에 「-서」가 융합되어 있듯이, 그렇다면 '-앙 vs. -안'이란 형태소도 그 자체로 융합되었을 개연성을 추구할 수 있다. 그 방식은 아마 '-아'에 '-앙 vs. -안'이 융합될 가능성을 검토해 봐야 할 것이다. 이때 '-아'는 소위 '부사형 어미'로 불리는 내포 구문의 어미 형태소와의 관련성을 숙고해 봐야 한다. 마치 이 방언에서 고유하게 쓰이는 내포 구문 어미 '-고'(김지홍, 2019, "제주 방언의 인용 구문과 매개변항", 『한글』제80권 4호, 788쪽을 보기 바람)에서 모종의 형태가 융합되어 접속 구문의 어미 '-곡'이 나왔을 가능성이 있듯이, 내포 구문의 어미 '-아'에도 모종의 형태소 융합이 일어나서 접속 구문으로 될 가능성이 심도 있게 검토되어야 한다. 아직 필자의 머릿속에서 정리가 안 되어 있으므로, 이 책에서는 이런 문제 의식만 적어 놓고 지나기로 한다.

'-아서'와 '-아 가지고'도 '-안 vs. -앙'과 수의적으로 교체될 수 있겠지만, 아마 사회언어학적으로 상대방과의 사회적 거리감 및 심리적 거리감 따위를 고려하면서 말투의 차이에 주목할 필요가 있을 듯하며 (21쪽의 각주 11 참고), 담화 전개 과정에서 미시구조를 얽는 기제도 고려되어야 할 것이다. 그렇다면 비격식적인 일상 대화 속에서의 빈도 측면으로 일단 후자의 형태소(-아서, -아설랑, -아 가지고)를 제외한다고 하더라도, 무엇을 이들 접속 구문의 어미 형태소에 대한 기본적인 모습으로 지정해야 할 것인가?

일단 이것들이 조건이 없이 화자의 기분에 따라서 자의적으로 생성되는 변이 형태임을 전제로 한다면(여기에 대해서는 §.3-3에서 논의될 것임), 먼저 수의적으로 교체되는 '-안'과 '-아네'만을 놓고서 따질 적에, 두 가지 선택지가 있음을 알 수 있다. 음절이 더 많은 것과 음절이 더 적은 것이다. 하나는 음절이 더 많은 형태소로부터 음절이 더 적은 형태소로 줄어드는 방향이다. 다른 하나는, 정반대의 방향으로 음소 첨가라는 과정을 생각해 볼 수 있다.

만일 첨가의 선택지를 받아들인다면, 우선 '-안'에서 '-아네'가 도출되기 위하여 먼저 '-에'가 첨가되어야 한다. 그리고 나서 다시 재음절화를 거친 다음에 '-아네'가 만들어진다. 단, 여기서 덧붙여지는 '-에'가, '-앙'의 변이 형태들에서 관찰되는 '-에'와 시상에서 대립을 보여 줄 수 있어야 할 것이다. 그렇지만, 음성상 완벽히 동일하므로, 시상에서의 대립 기능보다는 오히려 「동일한 기능을 지닌다」고 보아야 더 온당하다. 이런 측면으로 따진다면, 변이 형태인 이들 어미 형태소 '-안, -아네'를 첨가 현상으로 설명하는 방식은 내재적인 난점을 지니고 있음을 알 수 있다. 그렇다면 두 가지 선택지 중에서 소거법을 적용하여 남은 것이 '줄어들기 현상'으로 처리하는 일이다. 즉, '-아네'를 기본으로 삼고서 제2음절에서 모음이 탈락되면서 재음절화가 일어나면, 표면형이 '-안'으로 나온다고 설명하는 길이다.

'-앙'과 관련된 변이 형태들도 마찬가지일 것이다. 덧붙이기 현상(첨가)보다는 줄어들기 현상(축소)으로 다뤄져야만, 시상 대립의 제약을 갖춰서, 여러 가지 변이 모습들을 도출해 낼 수 있는 것이다. 그런데

'-아그네그네, -아그넹에, -앙그넹에, -앙으넹에, -앙그네, -앙으네 -아그네'

중에서 무엇을 기본 표상의 형태소(본디 형태소)로 지정해야 할 것인지를 놓고 쉽게 결정하기 힘들다. 이 접속 어미들에서 만일 음절 초두의 아음 'ㄱ'과 음절 말미에 비음 'ㅇ'(받침 이응이 있는 '앙'과 '넹')이 자동적인 음운 변화(자음동화)에 속하는 것으로 보아 배제시킬 수 있다면, 앞에서 밑줄 그은 형태소들을 일단 제외할 수 있다. 그렇다면 받침 이응

이 없는 변이 형태로서 '-아그네그네, -아그네'를 찾아낼 수 있다.

이제 이 두 가지 변이 형태들을 놓고서 기본 형상의 모습을 논의할 수 있다. 김지홍(2014) 『제주 방언의 통사 기술과 설명: 기본구문의 기능범주 분석』(경진출판: 부록1, 특히 504~506쪽에 걸쳐 있는 각주 116)에서는 김완진(1975) "음운론적 유인에 의한 형태소 중가에 대하여"(『국어학』 제3호)에서 제시된 중가 현상의 설명 방식을 받아들여, 이 방언의 '-아그네그네'도 형태소의 중가 모습으로 설명할 수 있음을 논의하였다. 만일 '-아그네그네'가 형태소의 중가 모습이라면, 다음과 같이 세 가지 선택지가 상정될 수 있다.

첫째, '-아'를 중심으로 하여 '-그네'가 두 번 중첩되어 있다.
둘째, '-아그네'와 '-그네'가 결합되어 있다.
셋째, '-아그네'와 '-아그네'가 중가되면서 두 번째 형태의 모음이 탈락되었다.

여기서 둘째 가능성은 순수히 중가된 모습이 아니라는 점에서, 이질적인 두 형태소일 가능성이 있기 때문에 배제되어야 한다. 그렇다면 첫째 가능성과 셋째 가능성이 논의의 표적이 될 것이다. 필자는 여기서 셋째 가능성을 먼저 검토하여 소거법으로 배제하기로 한다.

그렇지만 왜 그런 선택을 해야 하는지를 논증하기 위하여, 남은 가능성을 배제할 수밖에 없는 이유를 먼저 언급하기로 한다.

첫째 가능성은 이 형태소와 대립을 보이는 '-안, -아네'와 관련지을 경우에, 공통된 제1음절의 '-아'를 제외한다면, 결국 시상 대립이 결국 '그네'와 '네'에 의해 일어나고 있다고 봐야 할 것이다. 그렇다면 평면적으로 '그네'와 '네'를 대립시킬 경우에, 공통적인 '네'를 중심으로 하여 소쉬르에서 제안한 유무 대립의 모습을 띠고 있음을 알 수 있다. 즉, '그'와 'ø'(영 형태소)의 대립인 것이다.

그런데 이러한 유무 대립을 구현시키기 위해서는 기본값 의미자질이 상정되어야 한다. 어느 하나이든지 기본값으로 바탕이 되는 시상을 언제나 구현해 놓아야 하는 것이다(가령, -아그네 vs. -아ø네). 그 후보는 '그'가 될 수도 있고, 영 형태소(ø)가 될 수도 있다. 그렇지만 유표성의 관점에서 보면 '그'보다도 영 형태소(ø)가 기본값을 갖고 있을 개연성이 높다(마치 삶과 죽음의 유무 대립에서 후자가 더 기본값이듯이). 이는 '-아네'(-아ø네)가 기본값 시상 형태소임을 함의한다. 다시 말하여, 뜻밖에도 의미자질 [+종결점]을 지닌 형상이 언제나 기본값으로 주어져 있어야 하는 것이다.

그렇지만 이는 우리 직관이나 언어 사실과도 맞지 않다. 시제 중심의 언어에서 발화 시점을 전제로 하는 현재 시제도 그러하거니와, 관찰자 시점을 전제로 하는 경우에도 관찰자가 직접 목격할 수 있는 현재 진행 사건(아직 종결되지 않은 채 진행 중인 사건)이 오히려 개념상 더 우선적인 모습으로 선호될 법하기 때문이다. 좀 더 언어 사실을 들어 본다면, 어느 언어에서나 그러하듯이, 형용사가 원형대로 실현되는 경우(무표적인 실현임)에, 현재 상태에서부터 영속적 미래까지 가리킬 수 있다.[88] 형용사의 이런 측면을 근거로 판단해 보면, 유무 대립 방식을 응용하여 영(ø) 형태소를 상정한 '-아네'([+종결점])를 기본 시상 형태소로 지정하는 데에 서로 충돌됨을 알 수 있다.

세 번째 가능성은 김지홍(2014) 『제주 방언의 통사 기술과 설명: 기본구문의 기능범주 분석』(경진출판: 505쪽)에서 상정했었던 기본 표상

---

[88] 자연 언어의 표상과 논리적 표상(특히 양태 또는 양상 논리, 내포 논리)과의 정합적 관계를 꾸준히 다뤄온 크랏저(Kratzer, 1988) "Stage-level and Individual-level"(Carlson and Pelletier 엮음, 1995, 『The Generic Book』, 시카고대학 출판부에 재수록)에서는 처음으로 임의의 술어가 현재 관찰되고 있는 시점에서 일시적인 상태를 나타낼 수도 있고(무대 층위의 술어), 또한 동시에 맥락에 따라 한 개체의 내재적인 영구적 속성(개체 층위의 술어)을 가리킬 수도 있음을 지적하였다. 여기서 현재 상태와 영속적 미래는, 각각 무대 층위의 일시적 상태와 개체 층위의 영구적 속성을 염두에 두고 사용하고 있다. 다시 말하여, 주어진 현재와 앞으로 주어질 미래가 언어 표상에서 더 기본적이며 기본값임을 전제로 하는 것이다. 반면에 장기 기억 속의 관련 사건을 인출해야 하는 과거 시점에 일어난 일은 상대적으로 좀 더 유표적이 되는 셈이다. 이것은 [+종결점] 자질의 '-아네'를 기본 표상으로 상정될 수 없게 만든다.

의 중가 모습이다. 그렇지만 '-아그네'가 그대로 중가된다면,

'-아그네아그네'

로 나와야 할 것이다. 실제 이 형태가 결코 관찰되지 않는다. 이는 '아그네'의 중가 형태를 고려한 인위적 형상일 뿐이다. 대신 오직 중간에 '아'가 전혀 없는 모습의 변이형태 '-아그네그네'가 쓰일 수 있는데(필자의 직관에는 수용 가능한 형식임), 결과적으로 이는 첫째 가능성을 가리켜 준다. 이는 실제로 채록 자료에서 관찰할 수 있는 '-아그넹에'나 '-앙그넹에'를 도출할 수 있는 기본 형상이 된다(후술).

만일 '-아그네+아그네'가 본디 형상이라면, '-아그넹에'라는 중가 형태소는 ㉠ 유표적으로 중간에 있는 '아'란 음절이 탈락되어야 하고, 다시 ㉡ 음절 탈락과 더불어 중간의 초성 어금닛소리가 받침 이응으로 줄어든 모습이다. 그렇지만 이런 음운 규칙은 이 방언에서 관찰되지 않는다. 이 점이 이런 중가 모습을 상정하는 일에 발목을 잡는다. 모두 이례적인 조건을 적용해야 하기 때문이다. 그렇지만 엉뚱하게 형태소의 융합 형성 과정이라는 특이한 영역에서만 심리학상 「가장 지각상 두드러진 두 요소만 유지하면서」[89] 그런 변동이 일어난다고 특별히 이례적 조건을 달 수 있을 법하다. 이런 유표적인 형상에서 「두드러진 요소만 제외하고서 탈락이나 삭제가 의무적으로 일어나야 한다」는 이례적 조건을 내세우는 방식인 것이다. 그렇다면 '그네'가

---

89) 지각 심리학에서 시작점과 종결점에 주의력이 모아지는 현상을 '욕조 효과(bath-tub effect)'로 부른다. 흔히 중세 시대 유럽에서 들고 옮기기 편하도록 목욕용 욕조가 양끝의 꼭지를 두드러지게 치올린 모습을 닮았다는 뜻에서 붙여진 이름이다. 개별 음절들이 고유한 의미자질을 갖고 있지 않기 때문에, 3음절로 형식이 두 번 나올 경우에, 중간 지점에 초점이 모아지지 않는다는 뜻에서 '아'가 탈락될 수 있음을 나타낼 수 있다. 이런 측면에서 '아' 탈락의 문제를 해결할 수 있다 손치더라도, 다시 이런 중가 형태소가 자주 쓰임에 따라 오직 1음절의 '-앙'으로 귀결될 운명임을 고려한다면, 융합된 중간의 매개 형식은 엄격히 각 음절마다 소리값을 그대로 고정해 놓기가 힘들 것이라고 여길 법하다. 실제 언어 자료를 통해서 직접 검증되기가 아주 어려운 변화 과정인 셈이다.

두드러진 요소이고 이것만을 중가시키는 것으로 지정하는 셈이다. 그렇지만 이는 그 즉시 중가 형식의 가정을 저지해 버리며, 결과적으로 첫째 가능성과 겹쳐 버린다.

첫째 가능성은 '-아'를 놓고서 「-그네」가 중가되면서 융합된 모습이다. 이를 다음처럼 나타낼 수 있다.

'-아그네그네'

필자의 접속 어미 목록에서는 이것이 좀 더 줄어든 '-아그넹에'가 있으며, 현재로서는 이것이 가장 긴 형식이다. '-아그네그네'가 필자의 자료 모음에는 없지만, 필자의 모어 방언 직관으로는 수용될 수 있는 최대 형식이다.

그렇지만 현실에서 관찰될 수 있는 것은 '-아그넹에'이다. 다시 말하여, 뒤에 있는 '-그네'의 초성 자음이 앞의 음절에 받침 이응을 먼저 복제한 뒤에(-아그넹그네) 다시 뒤에 있는 '그'가 탈락하고 동시에 비음 소리값을 지닌 마지막 음절의 초성 니은도 탈락함으로써 '-아그넹에'가 도출되는 것이다. 이는 채록 자료에서 '-아그넹에'가 동시에 '-앙그넹에'로도 쓰임이 실증됨으로써, 이를 근거로 하여 '-아그네그네'에서 줄어들 수 있는 중간 단계로 '-아그넹그네'를 상정할 수 있게 해 준다. 여기서도 단일한 시상 의미자질이 두 가지 형식으로 표상되어 있기 때문에, 지각상의 두드러짐(또는 청자에게 주목하게 요구하는 기능) 이외에는, 여러 음절들을 길게 늘여 놓아야 할 동기가 없음이 「축약(무의미한 소리 연결체가 탈락)의 전조」로 해석해야 할 것이다. 그렇다면 단계별로 동화와 탈락 과정을 생각해 볼 수 있다.

-아그네그네 → -아그넹그네 → -아그넹네 → -아그넹에

먼저, '-아그네그네'로부터 시작하여, 이런 중가 형태가 오직 하나의

시상 의미자질만 지니고 있으므로, 변별적인 소리값만 남기고서 축약이 일어날 수 있다고 전제한다면, '그'가 받침 이응 소리로 복제되어 '-아그넹그네'가 나온다. 여기서 '-아그넹에'까지 도출되려면, 동시에 두 단계의 탈락이 같이 일어나야 한다. 우선 뒤의 형태에서 축약이 진행되는데, '-아그넹'에 덧붙은 '-그네'에서 초성 기역이 탈락됨과 음절 재조정 과정에서 '그'에 남아 있는 '으'도 탈락함으로써, 동시에 '-아그넹'의 받침 이응 소리가 서로 비음 자질을 공유하고 있는 마지막 음절의 초성 니은 소리까지도 탈락시킬 수 있다. 그 결과 마지막으로 '-아그넹에'가 나온다. 이 형태는 설화 자료에서 자주 접할 수 있고, 또한 '-앙그넹에'와 같은 변이체도 관찰된다.

첫째 가능성을 지지해 주는 이 도출 과정은, '-아서'가 복합 형태소이며 「-서」가 융합되었을 가능성에 대한 또다른 함의를 지닌다. 중단 의미 기능의 접속 어미 '-다가'도 이 방언에서는 특이하게 '-다서'와 '-다서＋을랑(-다설랑)'으로도 쓰인다. 그럴 뿐만 아니라 공통어 '-으면서'와 대응하는 '-으멍'도 매우 특이하게 '-으멍서라(-으멍＋서＋을랑)'로도 쓰이는 것이다. 그렇다면, 만일 공통어의 접속 어미 '-아서'가 복합 형태소이며 '-아'와 「-서」의 융합이라고 가정한다면, 그리고 '-아서, -고서, -다서, -다설랑, -으멍서라, -둠서, -두서'와 계사 '이다'의 접속 어미로 활용되는 '이라서'에서 관찰되는 「-서」가 같은 계열의 것이라면, '-아서'와 대응하는 형태인 '-아그네그네'에서도 '-아'에다 「-그네」가 두 번 중가된 모습임을 상정해 볼 수 있는 것이다. 이때에 「-서」는 시상의 표시를 할 수 없으며, 단지 접속의 기능만 표시해 주겠지만, 우연히 「-그네」는 이 방언에서 '-아네'의 「-네」와 대립을 보임으로써, 시상 의미자질의 짝으로 쓰이고 있다고 말할 수 있는 것이다.

그렇다면, 일단 첫째 가능성을 가장 추구할 만한 것으로 보고 있지만, 아직 논증하기에는 필자가 확보한 자료와 역량이 부족하다. 만일 복합 형태소로서 이런 접속 어미 융합 현상을 좀 더 추구하면서 다른 유관 자료들이 확보된다면, 접속 어미가 단일 형태소로서 있는 경우와 복합 형태소로서 융합된 것을 좀 더 명확히 구분해 줌으로써, 이전에 다루지 못한 논제가 부각될 개연성이 있을 듯하다.

그런데 이밖에도 이 방언의 어미 형태소들은 더 긴 음절로부터 줄어드는 경우가 다수 관찰된다. '-아그네'의 축소 모습과도 핍진하다. 이미 151쪽에서 조건을 나타내는 '-거든에'는 '-거든'을 거쳐 다시 1음절의 '-건'으로 줄어들므로, '-거든'을 중심으로 하여 늘어나는 경우와 줄어드는 경우로 서술해 줄 수 있다(900쪽 이하를 보기 바람). 공통어의 '-다가'는 중간 전개 과정에서 임의 사건이 전환되거나 중단됨을 표시해 준다. 이와 짝이 되는 이 방언의 형태소는 '-다그네, -다그넹에, -당그네, -당으네'도 또한 1음절로 된 '-당'으로 줄어들며, '-다네'가 '-단'으로 줄어든다(단, 또한 '-다가'의 「-다」에 「-서, -을란」이 더불은 '-다서, -다설란'도 같이 쓰임). 공통어에서 이유를 나타내는 '-으니'는 165쪽에서 논의되었듯이, 이 방언에서 '-으나네'로 쓰이지만 또한 이것도 줄어들어 '-으난'으로도 쓰인다. 동시 사건 진행을 표상하는 '-으면서'는 전형적으로 이 방언에서 '-으멍'으로 쓰이는데, 이 또한 '-으멍서라, -으멍설랑'으로 늘어날 수 있다. 여기에서 관찰되는 「-서」와 「-을랑」도 아주 특이하다(323쪽의 각주 73과 325쪽의 각주 74를 보기 바람). 또한 '-고설랑'과 '-아설랑'의 복합 형태소도 관찰된다.

이제 변이를 보이는 형태소들에 대하여 가닥을 잡는다면, 일단 이를 다음처럼 서술해 줄 수 있다. 이 방언에서 시상을 표시해 주는 형태소는 짝을 이루고 있다. 하나는 '-아그네그네'에 기반을 두고서 도출 가능한 형태로서 현실적으로 관찰되는 중가 형태의 모습

'-아그넹에, -앙그넹에'

가 있다. 이는 음절이 늘어나 있는 만큼 「청자로 하여금 주목하도록 강조하는 역할」을 하며, 동시에 「화자가 후행절을 산출하기 위한 시간을 벌기 위한 디딤돌로 이용」할 수도 있다. 중가 형태소의 동기는

동시에 청자 쪽과 화자 쪽에서 찾아질 수 있을 것이며, 이런 점에서 순수히 화용상의 목적으로 이용되는 것으로 볼 수 있다. 이것만 있는 것이 아니다. 증가되지 않은 형태소로서 기본 형태소 '-아그네'가 쓰일 뿐만 아니라, 이에 기반을 둔

'-앙그네, -앙으네'

가 동화된 모습으로 관찰된다. 마지막으로 3음절이 단순히 1음절로 줄어든

'-앙'

이 수의적인 변이 형태로 쓰인다. '-앙'은 방언의 설화 자료에서 가장 잦은 빈도로 관찰된다. 사용 빈도의 측면에서는 '-앙'이 가장 두드러지므로, 이들 수의적 변이 형태에서 대표 자격을 갖는 것(대표 형태소)으로 제시할 수 있다.

 이 형태소와 시상 대립을 보이는 대립 짝은 기본 표상이 '-아네'의 모습으로 쓰인다. 그렇지만 이것이 줄어든 '-안'의 빈도(A4 용지 6쪽)와는 비교되지 않을 정도로, 본디 형태소 '-아네'가 일부 자료(A4 용지 1쪽 분량임)에서만 관찰된다. 따라서 앞의 형태소 '-앙'과 시상 대립을 보여 주는 '-안'을 대표 자격(대표 형태소)으로 제시하게 되는 것이다. 필시 일상생활의 발화에서 이들 형태소들의 잦은 사용 빈도는, 아마 점차 긴 형식들을 「최소한도의 변별적인 형식으로만 줄어들도록 하는 압력으로 작용」하였을 것으로 판단된다. 여기서 필자가 수의적이라고 말하는 이유는, 이 방언의 설화 자료에서 변이 형태들이 서로 교체되어 쓰이는 사례들이 많으며, 그런 교체를 구별해 줄 만한 특정한 제약을 찾을 수 없기 때문이다.

 아래에서 먼저 '-앙'의 변이 형태들이 교체되는 모습을 살펴보기로

한다(단, 모음조화를 보이는 형태는 양성 모음으로써, 음운론적 조건의 변이 형태뿐만 아니라 '하다, 이다'의 형태와 관련된 형태론적 변이 모습 'ᄒᆞ영, 이영, 이랑'까지도 포괄하여 대표 형식으로 써 둠).

(1) -앙그넹에: 요「괴내기」라고90) ᄒᆞᆫ 디 있지 아니ᄒᆞᆸ네까? 저「가수콧」으로91)「삥~」(의태어) ᄒᆞ게 돕니다. 불 ø 싸 앚엉그넹에(불 ø 켜 갖고서) 돌아.
(여기 가까운 곳에「괴내기」라고 하는 곳이 있지 않습니까? 도깨비 불이 저「가수콧」으로부터 원 모양으로「빙~」한 바퀴 돕니다. 불을 켜 갖고서(켜 놓고서) 돌아. 구비1 안용인, 남 74세: 175쪽)

(2) -아그넹에: "어린 아이 옷이나 가그넹에(가서) 맹글든지(만들든지) 주문허여 옵서!"고 햇어.
("어린 아이 옷이나 가서 만들든지, 주문해 오십시오!"라고 했어. 구비1 안용인, 남 74세: 122쪽)

(3) -아그네: 이젠 막 잔치를 허여그네(해서) 도독질(도둑질) 허여 가젠(가려고, 가자고) ᄒᆞ는 판입주.
(이제는 막 잔치를 해서, 도둑질을 하려고 하는 판국입지요. 구비1 안용인, 남 74세: 162쪽)

(1)에서부터 (3)의 자료는 모두 한 분의 언어 사용 모습을 보여 준다.

---

90) 제주시 구좌읍 김녕리의 어느 바위굴에 있는 신당(shrine, 귀신 모신 곳) 이름이다. '괴'는 이 방언에서 동음 이의어로서 ㉠ 바위굴(cave), ㉡ 고양이(cat,『계림유사』의 제95항 '鬼尼')를 가리킨다. 여기서는 전자의 뜻이다.

91) 제주시 구좌읍 김녕리 해안 가장자리의 장소이다. 그렇다면 갓(edge)과 '코지, 고지'가 관형격조사 '의'를 매개로 하여 구를 이룬 다음에, 특정한 지명으로 불리면서 차츰 어원 의식이 약해짐과 동시에 한 낱말처럼 됨으로써 변화를 겪었을 것이다. 즉,「갓의 코지」이라는 어구가 하나의 고유 지명으로 불리면서 어원 의식이 엷어지고 '갓의콧'에서 관형격조사의 단모음화가 진행되면, '가스콧'일 나올 수 있다(이를 채록자는 '가수콧'으로 적었음). 해안가에 길게 돌출한 곳을 가리키는 '곶(headland)'은 송상조(2007: 645쪽)『제주말 큰사전』(한국문화사)을 보면, '코지'만 올라 있고, '고지'와 이것들이 줄어든 '콧, 곳'은 올라 있지 않다. 비록 중화된 환경이지만 받침 시옷과 받침 지읒은 모음 격어미가 덧붙을 경우에 분명히 구분되므로, 반드시 서로 구별되어야 한다. 이 발화 다음에 이어져 있는 것으로서 474쪽의 예문 (20)을 보면, '코지'를 의도하였으며, 해안가의 곳을 가리켜 준다는 결론을 뒷받침해 준다.

1980년대 당시 74세의 안용인 옹으로부터 채록된 것이다. 여기서 증가된 뒤에 다시 줄어든 '-아그넹에' 및 기본 형상으로서의 '-아그네'가 쓰인 경우를 잘 보여 준다. 다른 화자이지만 특히 (1)과 같이 오고 가거나 이동하는 동일한 상황을 말해 주고 있는 (4)의 사례가 있다. 그런데 여기서는 모두 1음절로 줄어든 접속어미 '-앙'으로 표현되어 있다.

(4) -앙 -앙: 저을(겨울) 때 ø 되민(되면) 그디 강(가서) 흔 해 놀곡, 이 땐 이디 왕(와서) 놀곡 기영(그렇게) ᄒ는 친구가 잇엇는디(있었는데), 아니, 놀면은 춤 서로 다정흔 끼리 의리(義理)가 상(傷)ᄒ게 되언.
(겨울 때가 되면, 그곳으로 가서 한 해를 보내며 놀고, 이때가 되면 여기 와서 한 해를 보내며 놀고 그렇게 하는 친구가 있었는데, 아니, 같이 놀면은 참 서로 다정하게 끼리끼리 지내는 의리가 손상받게 되었어. 구비2 양구협, 남 71세: 630쪽)

(4)에서는 '-앙'이란 형태를 쓰고 있지만, 다시 (5가)와 (5나)에서는 동일한 화자가 줄어들기 이전의 형태로서 '-앙으네' 또는 '-아그네'를 그대로 쓰고 있다. 이런 사례는 이것들이 수의적 변이에 지나지 않음을 잘 보여 준다.

(5가) -앙으네 -앙으네: 어디 강으네(가서) 동슴(童蔘) ø ᄒ레(캐러) 댕이멍(다니면서), 노동복(勞動服)으로 댕이당(다니다가) 오랑으네(와서), 사둔(査頓) ø 대ᄒ기가 곤란ᄒ카 부댄(곤란할까 봐서), 의복(衣服)을 흔 벌 가지고, 남펜(男便) 의복이엉 씨아방(媤父) 의복이엉 ᄀ지고 나갈 판이라.
(어디 가서, 동삼을 캐러 다니면서, 작업복으로 다니다가도 집에 왔을 경우에 마침 찾아온 사돈을 면대하기가 곤란할까 봐, 돌아올 때 미리 입힐 의복을 한 벌 갖고서, 남편 외출복과 시어른 외출복을 갖고 나갈 판국이야. 구비2 양구협, 남 71세: 650쪽)

(5나) -아그네: "저 노인 ø 심어그네(붙잡아서) 감옥에, 감옥도 좀 낫은(나은) 옥방(獄房)이 잇이난(있으니까), 죄인이라고 해서, 질에(길 한복

판에서) 어른다고(얼쩡거린다고)92) 추례(상하의 차례)ø 몰르고(모르고서) 얼럾이난(얼쩡거리며 벽제하는 길 앞을 가로막고 있으니까), 심어당(붙잡아다가) 아무 옥방더레(쪽으로) 넣어 두라!"고.
("저 노인을 붙잡아서 감옥에 가두되, 감옥도 더 나은 방이 있으니까, 거기에 가두되, 죄목은 고관이 행차하는 벽제[辟除, '게 물렀거라!'] 길 한복판에서 얼쩡대면서 피하지도 않은 채 불경죄를 짓고, 상하의 차례도 모른 채 얼쩡거리고 있으니까, 그 노인을 붙잡아다가 아무 옥방속에다 가두어 놓아라!"고 명령했어. 구비2 양구협, 남 71세: 624쪽)

이들 예시를 통하여 본디 형태소 '-아그네'가 중가된 뒤에 줄어든 형태로 쓰이거나 또는 완전히 1음절로 줄어든 모습으로 쓰이고 있으며, 이것들이 변이 형태임을 확인할 수 있다. 또한 이것들이 바뀌어 쓰인다고 하더라도 의미 해석상에 아무런 차이가 찾아지지 않는다는 점에서, 수의적 변이 형태임을 알 수 있다. 만일 「형태가 다르면 그만큼 내용이나 기능면에서도 다를 것이다」고 가정한다면, 필자로서는 굳이 화용상의 기능을 거론할 수 있을 것으로 본다. 청자 쪽에 주의력의 초점을 끌 수도 있고, 화자 쪽에서 산출의 압박감을 약간이라도 벗기 위한 디딤판 역할을 할 수도 있을 것이다. 그렇지만 이것이 중요하게 의미 해석에 차이를 유발하는 것은 아니다.

다음은 이 형태소와 시상의 의미자질에서 대립을 보이는 종속 접속 어미로서 본디 모습인 '-아네'와 이것이 1음절로 줄어든 '-안'을 살펴보기로 한다.

(6) -안 -아네: 배 짓언(짓고) 나가네(나가서), [제주섬에서 배를 타고 이어도 쪽으로] 갈 땐 곱게 가고.

---

92) 옛날 신분제 사회에서는 벼슬아치가 행차하는 길 앞을 미리 시종들이 나서서 걸리적거리지 못하게 길 비우는 일을 했었다. 옛날에는 벽제(辟除 또는 闢除)한다고 말했었다 ("게 물렀거라!, 거기 길 앞에 있는 이들은 잠시 물러서 있어라!"). 여기서 인용된 대목은 일반 백성들이 벽제해야 함에도 아랑곳없이, 길 한복판에서 얼쩡거리면서 행차길을 막고 있으니까, 그 노인을 죄인으로 취급하여 처벌한다는 뜻이 담겨 있다.

(배를 새로 짓고 바깥 바다로 나가서, 이어도 쪽으로 갈 때는 물결 치지 않고 곱게 갔고. 구비1 김순여, 여 57세: 205쪽)

(7) -아네 -아네: 신랑(新郎) 가네(가서) 아니 와네(와서), 식게(제사, 212쪽의 각주 53에서 (b)를 보기 바람) 멩질(名節) ø 허여 줄 사름(사람)도 원(전혀) 엇으난(없으니까), 그 ᄆᆞ을에서 젤(祭를) 지내여 준댄(준다고), 그 사름네. … 이제도 지내엾젠(지내고 있다고).
(신랑이 집을 떠나 가서, 집으로 안 돌아와서, 제사와 명절을 해 줄 사람도 전혀 없으니까, 그 마을 사람들이 대신해서 제사를 지내어 준다고, 그 사람 조상들 영혼을 위해서. 지금까지도 대신 제사를 지내고 있다고 해. 구비1 김순여, 여 57세: 206쪽)

(8) -안 -안: 모감지(목) ø 심언(붙잡고서) 화산(중국 華山)에다 「탁~」(의태어) 박은 것이, 모가지(목)만 내밀안(내밀고서) 오백 년을 살앗이니(살았으니), 거(그거) 구신(鬼神) ø 아니우꽈?(아닙니까?)
(부처님이 손오공의 목을 붙들고서 화산에다 「탁~」 박은 것이, 손오공이 겨우 목만 내밀고서 오백 년이나 살았으니까, 부처님은 그런 능력을 지녔으니 그거 귀신이 아닙니까? 구비1 안용인, 남 74세: 142쪽)

'-아네'는 많은 사람들에 의해서 적잖이 쓰이고 있음을 보여 주기 위해, 일부러 두 가지 사례를 들었다. 그러고 나서 (8)에서 줄어든 형식 '-안'의 사례를 제시하였다. 이 어미 형태소들은 모두 공통어에서 '-아서'나 '-고서'로 대역되어 있다. (6)의 화자는 '-안'과 '-아네'가 수의적으로 교체되면서 쓰임을 보여 준다. (7)의 화자는 일관되게 '-아네'만을 쓰고 있다. 반면에 (8)에서는 '-안'만 일관되게 쓰고 있다. 이런 다양한 예시를 제시하는 이유는, '-아네'로 쓰든 '-안'으로 쓰든 간에, 이것들이 서로 수의적 교체 관계에 있는 것임을 보여 주려고 하기 때문이다. 동일한 화자가 아무런 제약도 없이 '-안'과 '-아네'를 교체하여 발화하고 있다는 사실이, 더욱 이들 사이의 수의적 교체 관계를 잘 보여 준다.

(9) -안 -아네 -안 -안: 경(그렇게) ᄒᆞ나네(하니까) 지게에 젼(지고) 가네

(가서) 어디 소낭(소나무) 어염데레(가 쪽으로, 172쪽 각주 48) 간 「톡~」(의태어) ᄒ게 지(자기) 아방(아범)을 부리난(부려 놓으니까), 일곱 슬(살) 난(났던) 손진(손자는) ᄯᅳᆯ환(따라서) 갓다네(갔다가), "아바지, 그 지게 무사(왜) 그디 내비없수과(내버려 두고 있습니까)?"
(옛 풍습에 고려장을 그렇게 하므로, 늙은 아버지를 지게에 지고서 특정 장소로 가서, 어디 소나무 옆쪽으로 가서, 늙은 자기 아버지를 「톡~」 지게에서 부려 놓으니까, 일곱 살 났던 손자는 자기 아버지를 따라서 같이 갔다가, "아버지, 그 지게를 왜 거기에 내버려 둡니까?" 구비1 허군이, 여 75세: 195쪽)

(10) -아네 -안 -안: 아이ø 곤는(말하는) 말엔, 아들(아들)ø 곤는 말엔 성가시어네(성가셔서), 그냥 반(半) 묻언(묻었어), 야개(목)만 내물앗단(내밀었다가), ᄒ뭇(사뭇) 흑(흙)은 눈ø 떠 부난(버리니까) 못 덮언(덮었어). 구비1 허군이, 여 75세: 196쪽
(자기 아들이 하는 말 때문에, 아들이 하는 말에는 성가시게 느끼어서, 그냥 반만 묻었어. 목만 내밀었다가 사뭇 흙은, 눈을 뜨고 있으니까 흙으로 덮어 버리지를 못했어)

(9)에서는 '-안, -아네, -안 -안'으로 여러 사건이 접속되어 있다. 공통어의 대역에서 각각 '지고서, 가서, 가서, 따라서'로 번역해 놓았다. 비록 본디 형태인 '-아네'와 줄어든 형태 '-안'이 서로 뒤섞여 쓰이고 있지만, 일관되게 '-안'으로만 쓸 수도 있고, 거꾸로 '-아네'로만 쓸 수도 있다. 또한 (9)에서처럼 서로 뒤섞어 쓸 수도 있다. 모두가 이 접속 어미가 실현된 선행절 사건이 이미 [+종결점]을 지녔음(다 끝이 났음)을 가리키면서, 이 사건을 뒤에 나오는 후행절에 이어 주고 있는 것이다. 이들 중 어떤 형태를 선택할 것인지를 결정하는 외적 요인을 찾을 수 없다. 다만 그 선택은 화자의 마음대로 결정되는 것으로 보인다. 174쪽에서 적어 두었듯이, 화자는 듣는 사람에게 지루함을 피하기 위해 본디 형태와 준 형태를 뒤섞어 쓸 가능성도 있다.

(10)에서는 사건들이 '-아네, -안, -안'으로 접속되어 있다. 여기서도 두 개의 변이 형태소가 수의적으로 교체되는 듯이 보인다. 그런데

마지막 형태소 '-안'은 특별히 주목할 필요가 있다. 앞의 (9)에서는 '가네'가 다시 '간'으로 복사되어 발화되고 있으므로, 분명히 '-아네'와 그 줄어든 형태 '-안'임을 거듭 확인할 수 있다. 그렇지만 (10)에서 종결 어미가 나올 자리에서 관찰되는 '-안'은, 종속 접속 어미 형태소가 종결 어미로 바뀌어 쓰이는 것인지 여부에 대하여 의문이 제기될 수 있다. 왜냐하면 줄어들기 이전의 본디 형식으로 바꿔쓸 수 없기 때문이다.

'못 닦언 ↛ *못 닦어네'

김지홍(2014)『제주 방언의 통사 기술과 설명: 기본구문의 기능범주 분석』(경진출판: §.2-3-1-다)에서는 이 어미 형태소가 어조에 따라 여러 서법으로 쓰이는 반말투의 종결 어미 '-어'와 인용 구문을 이끄는 관형절 어미 '-은'이 융합되어 있음을 처음 밝히고, 다시 김지홍(2019) "제주 방언의 인용 구문과 매개변항"(『한글』 제80권 4호, 통권 326호)에서 그 사실을 입증한 바 있다. 또한 이 책의 593쪽에서 '-안'라는 형태소로 서로 구별하여 적고서, 재론될 것이다.

이 책의 223쪽 이하에서는 같은 범주의 형태이지만, 이미 종결 어미 전용된 형태 '-다고'('-다고 말하다'의 생략 형식)를 논의하였다. 260쪽에서도 의도형 어미 형태소가 내포 구문의 모습으로 쓰이면서 단절 현상이 일어난 '-으젠'과 '-으자고'와 '-으자곤'도 다룬 바 있다. 필자가 판단하건대, 특히 이 형태소의 정체에 관련된 문제는 지금까지 여러 논의들에서 제대로 이런 사실을 포착해 보지 못한 만큼, 아주 중요하다고 본다. 이와 관련하여 좀 뒤에 있는 593쪽에서 다시 '-안'이라는 융합 형태소의 정체를 논의할 것이다. 일단 생략 또는 단절되기 이전의 '상위문 핵어'를 복원할 경우에는 '말이어(말이야)' 또는 '말ø 하다(말ø하다)'가 최우선 후보가 된다.

그렇지만 이런 판단이 간단히 기계적으로 적용되는 것이 아니다.

왜냐하면 면밀하게 이웃해 있는 언어 환경과 비교되기 이전에는, 필자가 주장하는 앞뒤 언어 환경이 명백해지지 않은 경우도 더러 관찰되기 때문이다.

> (11) -안 -지 못ᄒ연 하는 동안: ᄒ 번은 나라에서 ᄌ격(제대로운 자격과 능력을 갖춘 사람)ø 구ᄒ지 못ᄒ연(못했어 또는 못해서). ᄌ격 ø 구ᄒ지 못ᄒ연(못해서) ᄒ는 통안에('통에' 또는 '동안에'의 발음 실수일 듯함) 「엄판ᄉ가가(嚴判書인가+가) [죽지 않고 지금도] 살앗다」는 소문을 들은 우젠(後+적에는, 뒤에는), ᄉ방(사방)에 촛아네(찾아서, 찾고서) 다시 이젠 [그 분을] 모시레(모셔 가려고) 왔어(왔어).
> (한 번은 나라에서 제대로 자격을 갖춘 사람을 구하지 못하였어. 능력과 자격을 갖춘 대신을 구하지 못하는[못해 하는] 동안에, 「옛날부터 이름났던 엄판사인지가 아직도 살아 있다」는 소문을 들은 뒤에는, 나라에서 사방에다 사람을 풀어 찾고서, 다시 이제는 마침내 그 엄판서 있는 곳에 모시어 가려고 왔어. 구비2 양구협, 남 71세: 651쪽)

(11)에서는 '못ᄒ연('못했어' 또는 '못 하여서')'가 두 번 나오고 있다. 처음 나온 경우는 홀로 그 문장만으로 종결될 수 있다는 측면에서, 반말투 어미 '-어'와 관형형 어미 '-은'이 융합된 인용 구문 형식이, 종결 어미로 바뀐 모습으로 판단된다. 그렇지만 두 번째 나온 것은 그런 사건을 다시 관형절(ᄒ는 통안)로 만들기 위하여 특이하게 내포문의 구성(-안 ᄒ다)을 보여 주고 있다. 만일 첫 번째 문장의 일부 'ᄌ격 ø 구하지 못ᄒ연(자격자를 구하지 못해서)'을 다시 두 번째 문장으로 그대로 반복 발화되고 있다면, 그런 조건에서는 접속 어미 형태소라고 볼 수도 있다. 이런 '-안'이란 형태는, 다시 다음 사건을 언급할 적에는 '-아네(촛아네, 찾아서)'로 말해지고 있다.

'촛아네 왔어'
(찾아서 왔어)

는 수의적으로 '춫안 왓어(찾아서 왔어)'로도 발화될 수 있다. 이들 표현 사이에서는 의미자질에서 어떤 차이도 찾을 수 없다(단, 174쪽과 438쪽에서 적어 두었듯이, 화용상의 동기나 문체 전개상의 변화 추구 따위는 잠시 논외로 함). 필자는 이 방언의 설화 자료에서 이런 접속 어미 사례들이 전적으로 수의적 교체를 보이는 것으로 판단하고 있다. 이들 '-아네, -안' 중에서 사용상 빈출도가 높은 '-안'을 [+종결점]을 표시해 주는 접속 구문의 대표 형태로 내세웠다. 이것이 그 짝인 '-앙'과 시상 모습 및 양태 해석에서 차이를 보여 준다.

그렇지만 설화 채록 자료들에서는 줄곧 공통어와 공통된 모습의 '-아서'도 자주 쓰고 있음을 목격하게 된다. 여기서 만일 이를 복합 형태로 간주하여 '-아'에 「-서」가 융합되어 있는 모습으로 다룰 수 있다면 (아마 '있다'에서 기원할 것이므로 선행 사건의 존재를 이미 주어진 배경 사건 제시의 모습으로 바꿔 놓는 기능을 할 법함), 이 방언에서 찾아지는 분석 가능한 토대를 덧붙여 놓을 수 있다. 특이하게도 중단이나 전환을 가리키는 '-다가'를 왜 유독 이 방언에서만 '-다서'로, 그리고 이를 더욱 늘여 놓은 '-다설란'으로 말할까? 그리고 동시 진행을 가리키는 '-으면서'가 이 방언에서 왜 유독 '-으멍서'로 말하기도 하고 '-으멍서라, -으멍설란'으로도 발화한다. 더 나아가, '-아 두면서'라는 내포 구문의 복합 형태소를 줄여서 '-아둠서, -아두서'로도 발화한다. '-아서'도 '-아설랑'으로 쓰듯이, '-고'도 '-고설랑'으로 쓴다. 만일 '-을랑'을 제외할 경우 공통의 '-서'를 찾을 수 있다. 이들 복합 형태들에서 찾아지는 「-서」가 외롭게 '-아서'에만 있는 것이 아니라, 일정하게 접속 어미 형태소들에서 모종의 기능을 하고 있을 것으로 간주할 만하다. 그렇다면 복합 형식에 대한 논의의 토대를 찾아낼 수 있는 것이다. 다시 말하여, '-아서'라는 형태가 더 이상 현평효(1985)『제주도 방언 연구: 논고편』(이우출판사: 282쪽)에서처럼 "개신파의 언어"로만 무리하게 치부할 수 없는 것이다. 그 이유가 공통어에서는 찾아볼 수 없는 이 방언의 복합 형태소들에서 「-서」의 모습을 찾아낼 수 있기 때문이

다. 틀림없이 일반 사람들이 독자적으로 「–서」의 형태를 자각하고 있었기 때문에,

> 「–다서, –다설란, –고서, –고설란, –으멍서, –으멍설란, –아 둠서, –아 두서」 및 「계사 '이다'가 접속 어미 형태소와 결합할 경우에 '이라서'로 되거나 이것이 줄어든 '이라'」로 쓰인다(551쪽의 예문 47을 보기 바람).

이 복합 형식의 구성체에 대한 논의는, 이런 가능한 일군의 복합 형태소의 존재만을 제시해 놓은 채, 일단 추가 논의를 유보해 둔다. 단, 계사와 접속 어미 형태소의 결합에 대해서만 비록 완벽하지 않더라도 잠시 필자의 현재 생각을 적어 놓음으로써, 계사 활용 방식에 대한 논의의 시작점을 마련해 두고자 한다. 작업 가정으로서 필자는 시상과 양태가 깃든 접속 어미 계열 및 순수히 절만 잇는 접속 어미 계열이 모두 다 이 방언에서 구현된다고 본다. 이를 「문법 형태소의 중층성」 실현 모습으로 파악하는 것이다. 특히 역접 관계의 접속 어미나 수의적 부가절 어미들에서는 이런 중층성 모습이 전혀 나타나지 않고, 공통어에서와 같은 어미들만 쓴다는 사실을 중시한다.

김지홍(2014)『제주 방언의 통사 기술과 설명: 기본구문의 기능범주 분석』(경진출판: 223쪽의 도표4)과 김지홍(2016) "제주 방언 선어말어미와 종결 어미 체계"(『한글』 통권 제313호: 147쪽의 도표3)에 밝혀 놓은 바로는, 계사의 경우 종결 어미로 활용될 경우에 고유한 서술 단정 서법에서는 '이어'와 '이다'로 나오지만, 어조만 달리하여 여러 서법에 두루 쓰이는 반말투에서는 '이라'로 나온다. 필자는 659쪽에서 〈표10〉으로 계사 활용 모습을 정리해 놓았다. 그렇다면 계사가 접속 어미 형태소와 결합한 모습 '이라서'나 '이라사만(이라야만)'을 놓고서는, 두루 여러 서법에 쓰이는 반말투 종결 어미가 구현된 것임을 추정할 수 있다. 그런데 계사가 '이다, 이어, 이라'로 활용한다면, 접속 어미 환경에서는 왜 일부 모습이 저지되는 것일까?

김지홍(2017) "제주 방언의 비전형적 종결 어미의 체계에 대하여"(『방언학』 제26호: 248쪽의 도표6)에서는 비전형적 종결 어미의 융합이, 기본적으로 「여러 서법에 두루 쓰이는 반말투 종결 어미를 매개로 하여 가장 활발히 일어남」을 지적하였다. 일반 동사에서는 반말투 종결 어미 '-어'가 구현되고, 계사에서는 반말투 종결 어미가 '-라'로 구현된다(서로 상보적 분포를 이루고 있음). 만일 이를 받아들인다면, 접속 어미 형태소와 결합된 '이라서'나 '이라사만(이라야만)'을 놓고서, '-서'나 '-사만(-야만)'이 융합되기 이전의 것은, 반말투의 종결 어미 활용임을 추정할 수 있게 해 준다. 또한 '-이랑 말앙'과 같이 관용적인 용법에서 [±시작점] 자질의 접속 어미 '-앙'을 관찰할 수 있다. [+종결점] 자질의 '-안'은 결합이 불가능하다. '*-이란말안'은 관찰되지 않는다.

　그런데 계사가 접속 어미와 결합될 경우에 공통어에서는 '이어서'와 '이라서'가 둘 모두 다 가능한 형식이다. 그렇지만 이 방언의 자료를 보면 아마 유일하게 후자만이 가능한 형식으로 판단된다. 여기에도 이유가 있다. 기원적으로 계사를 이용한 문법화 형태이지만, 이 방언에서 이미 조사로서 쓰이는 '이엉'이 있다(나열격 및 여동격이며, 여기에서도 짝이 되는 '-안'이 결합된 '*이언'은 결코 관찰되지 않음). 가령, 명사들을 나열해 주거나("씨어멍이영, 메누리영, 씨아방이영…" 구비1 김순여, 여 57세: 205쪽), 아니면 동반 개체를 함께 표시해 주는 기능("나영 굳이 글라!", 나와 같이 가자: 필자가 쓰는 말)으로 쓰이고 있는 것이다. 이미 조사의 지위(나열격 및 여동격)로 굳어진 '이엉'과 기능을 분담하기 위하여, 오직 '이라서'만이 쓰일 개연성이 있다. 공통어에서는 여동격 또는 나열격의 모습으로 오직 '이랑'만이 쓰이고 있음도 매우 특이하다(계사가 접속 어미를 결합시키면 '이라서, 이어서'가 모두 가능하지만, 격조사로 될 경우 '이랑'만 가능할 뿐, '*이엉'은 불가능한데, 이 방언에서는 '이엉'이 가능함은 554쪽의 예문 51을 보기 바람). 이 방언에서 쓰이는 격형태 '이엉'의 거울 모습의 역상일 가능성을 추구해 볼 만하다(거꾸로 이 방언에서는 격조사 형태로 '이엉'만이 가능하고 '이랑 말앙'을 제외하고 단독으로 쓰인 '*이랑'은 불가능함).

그리고 이 방언에서 가장 빈번히 쓰이는 종속 접속 어미의 짝 '-앙 vs. -안'에서는 오직 [±시작점]의 의미자질을 지닌 '-앙'만이 유일하게 관용구 형식으로만 쓰일 뿐이다. 가령, '이랑 말앙'("ᄌ시[子時]랑 말 앙" 구비2 양구협, 남 71세: 628쪽이며, 선택지 형식의 구문이 관용화되었으므로 붙여 써야 옳겠지만, 분석의 목적을 달성하기 위하여 일부러 띄어 써 놓았음)만이 관찰될 뿐이다. 결코 [+종결점] 의미자질을 지닌 '-안'이 결합되어 있는 모습으로서 '*이란 말안'은 나올 수 없다. 이 사실도 매우 중요한 측면을 시사해 준다.

필자는 계사가 범주상 형용사에 속한다고 본다. 그런데 어떤 시상 형태소라도 허용해 주는 형용사와는 달리, 계사는 특이하게 현실세계에서 지정된 속성이나 관찰되는 상태만 가리킬 수 있다. 필자는 이런 계사의 특수한 속성이, 짝을 이룬 접속 어미 형태소와 결합할 경우에 '-안'이 저지되는 동기로 파악하는 것이다. 짝을 이룬 접속 어미 형태소에서 오직 한 쪽만 선택된다는 사실은, 시상 의미자질 자체가 무의미함을 뜻할 수 있다. 바로 이런 시상 표현에서의 제약이, 시상을 표시하지 않으면서 절들을 접속해 주는 형태소로서 시상에 중립적인 '-서'가 융합되도록 요구하는 것으로 본다. 결국, 이 방언에서는 시상·양태에 대한 의미자질을 대립적으로 구현하는 접속 어미 형태소들만 있는 것이 아니다. 그런 시상 대립이 구현되지 못하는 환경에서는 「시상 의미자질과 무관하게 절들 사이의 접속만 가리켜 주는(선행절이 배경 사건이 되고, 후행절이 초점 사건이 되도록 만들어 주는) 형태소가 애초에서부터 있어야 하는 것」이다. 이는 안이하게 '-아서'를 공통어의 영향으로 비롯된 "개신파"라는 주장에 결정적 반례가 된다. 만일 '-서'가 융합되어 있는 복합 형태소들도 본디 이 방언에서 좁다란 실현 영역에서나마 고유하게 있었던 것임을 받아들인다면, 그런 형태소들의 존재 이유에 대하여 답변을 마련해 주어야 할 것이다. 필자는 일관되게 「사회언어학의 말투 바꾸기·화용 동기·담화 전개 전략」 차원에서 찾아져야 함을 주장하였다(21쪽의 각주 11과 449쪽의 각주 93도 보기 바람).

'-아서'라는 형태소는 시상 의미자질의 표시가 없이 그대로 선행절의 사건을 후행절의 사건에 이어주는 역할을 맡는다. 필자가 모아둔 자료에서는 적어도 30건 이상의 예문에서 '-아서'를 쓰고 있다. 상대적 비율로는 크지 않더라도 분명히 1980년대 당시의 70대 전후 모어 화자의 언어 사용 사실을 반영해 주는 것으로 본다. 이 형태소에 '-을랑'이 덧붙은 '-아설랑'도 쓰일 수 있다. 등위 접속 어미 '-고'에도 '-고설랑'처럼 복합 형태로 되면 순차 접속을 가리키게 된다. '-아서' 형태소는 이미 공통어를 대상으로 이뤄진 많은 논의에서 잘 다뤄져 있듯이,

「순차적 접속과 배경 사건 제시와 도구나 수단 또는 이유」

등의 다양한 해석을 받게 된다(개인적으로는 우리말에서 '-아서'가 시상 형태소의 허용 여부에서 「이유 구문」으로 전환된다고 보는 데에 동감한다. 이유 관계가 이미 일어난 사건을 놓고서 청자의 인식 내용을 채워 주거나 고쳐 준다는 측면에서도, 시상 형태소가 들어 있는 '-았어서'는 개념상으로도 정합적이라고 보는 것이다). 이런 해석은 결과적으로 해석자가 추론을 한 결과를 반영해 준다. 만일 다의어적 관점에서 이런 다양한 기능들을 설명해 주려고 한다면, 이 또한 제3부 제2장에서 논의된 등위 접속 구문의 어미 형태소 '-곡(-고)'에서처럼, 기본적인 의미 표상을 상정해 놓을 필요가 있다.

다음의 사례는 이 방언으로 설화를 말해 주고 있는 화자들이 '-앙' 또는 '-안'이 나올 자리에 시상 의미자질이 들어 있지 않은 공통어의 접속 어미 '-아서'를 쓰고 있는 경우를 그대로 잘 보여 준다. 현재 필자의 생각에는, 시상 의미자질이 들어간 형태소 및 그렇지 않고 종속 접속 기능만 맡은 형태소의 차이 때문에, 이들이 서로 수의적 교체라고 말하기보다, 말투상의 차이(가령, '-아서'와 '-읍니다'의 상호 호응 따

위를 설명해 줄 수 있는 「공식적으로 격식을 갖춰 대우해 주는 말투」)를 유발해 주는 요소로 파악하는 것이 더 나을 것으로 본다.

(12) -아서: 돗(豚) ø 잡아서 제(祭) ø 지내는 당(堂)은, 거(그거) 구좌면(舊左面)뿐입니다.
(돼지 고기를 제수로 바치려고 해서 돼지를 잡고 제사를 지내는 신당은 제주도에서 구좌면에 있는 것뿐입니다. 구비1 안용인, 남 74세: 146쪽)

(13) -아 가지고 -아서 -아 가지고: 올라오라(올라와) 가지고, 이제는 산 우으로 이제는 올라가고, 활 ø 메고(매고) 이젠 허여서 올라가는디(올라가는데), 어머니는 혼이 나 가 가지고 한라산 우으로 다 올르고(오르고), 조식(자식) 스형제(사형제) 데려서, 아바지는 혼비백산허여 불고.
(올라와서, 이제는 산 위쪽으로 이제는 올라가고, 이제는 활을 매고서 올라가는데, 어머니는 혼이 몸밖으로 나가 버려서, 한라산 위쪽으로 모두 다 오르는데, 자식 네 형제를 함께 데리고서 올랐어. 그러자 아버지는 넋이 나가서 혼비백산해 버렸어. 구비1 안용인, 남 74세: 150쪽)

여기서 관찰되는 '-아서'는 정확히 공통어에서 쓰이는 접속 어미 '-아서'와 동일하다. 시상의 의미자질이 들어 있지 않은 것이다. 공통어에서 확인되는 의미자질도 그대로 찾아진다. (12)에서는 당 또는 당신(堂神, 도깨비)에게 제사를 지낼 때에 "무엇을 쓰느냐?"에 대한 물음을 놓고서, "돼지 고기로써 제수를 쓴다."라고 대답할 수 있기 때문에, 도구나 수단으로 해석이 이뤄진다. (13)에서는 (12)와 같은 화자이지만, '-아서'라는 형태소 이외에도 다시 '-아 가지고'라는 형태도 쓰고 있다. 여기서 접속 어미 형태소 '-아서'가 두 번 쓰였는데, 모두 수단이나 방법의 해석을 받는다. 산으로 올라갔는데, "어떻게 올라갔느냐?"에 대한 대답으로 "활을 매고서"라고 말할 수 있고, 어머니가 한라산에 올랐는데, "어떻게 올라갔느냐?"에 대한 대답으로 "자식 네 명을 데리고서"라고 말할 수 있는 것이다. 또한 '-아 가지고'는 후행절의 사건에 대한 배경이나 해당 상태의 지속이라고 해석될 수 있다. 각각 올라온 상태에서 그리고 혼이 나간 채로 후행절의 사건이 일어나고 있기 때문이다.

그런데 이 화자는 신속히 산출해 주어야, 이야기 맛을 놓쳐 버리지 않음을 잘 깨닫고 있다. 그러므로 그런 산출상의 중압감을 해소하면서 공백으로 될 시간을 없애기 위하여, 그리고 자신의 산출 시간을 확보하는 방편으로, '이제, 이제는, 이젠' 따위를 디딤판처럼 자주 이용한다. 아마 '이제는'이라는 어구의 의미가 현장성을 표현해 주는 몫을 하기 때문에, 현장성을 강조하면서 디딤판의 군말로도 이용되는 것으로 짐작된다(필자가 어렸을 때 기억으로는 '딱~'이란 군말을 붙이지 않으면 말을 잇지 못하는 친구가 있었는데, 별명이 '딱딱이'로 불렸으며, 초등학교 시절 교장 선생님은 운동장에서 훈시를 할 때마다 일본어 군말 '애또'가 덧붙어서 '애또 교장'으로 불렸었음). 그렇다면 '이젠'을 빼어 버려도 전체 발화에서는 이해에 지장이 생겨나지 않는다. (13)에서 이를 "활 메고(매고) 이젠 허여서 올라간다"에서 알 수 있다. 만일 '이젠'이란 디딤판 역할의 군말을 빼어 버리면 "활ø 매고 허여서 올라간다"로 재구성할 수 있다. 이는 '-곡 ᄒ다(-고 하다)'에서 이미 다뤄진 구성체이며, 복원 가능성을 전제로 하여 '-고 하-'가 수의적으로 생략될 수 있는 것이다. 그렇다면 "활ø 매어서 올라간다"처럼 도출된다. 간단하고 짤막한 모습이 아니라, 여러 군더더기 표현들이 들어 있는 것이 「입말다움」의 특성이다. 자세한 논의는 머카씨(1998; 김지홍 뒤침, 2012)『입말, 그리고 담화 중심의 언어교육』(경진출판: 제2장)을 참고하기 바란다. 그렇지만 글말을 다루는 쪽에서는 이를 '우설법'이나 '만연체' 따위로 표현해 온 바 있다.

그런데 '-아서'의 접속 관계에 대한 기능을 포착하는 일이, 언제나 명백히 일도양단으로 나뉘는 것이 아니다. 그 관계를 해석하는 배경 지식과 사건 모형들에 따라 서로 다른 기능을 비정할 수 있기 때문이다. 이런 측면은 공통어에서든지, 이 방언의 실제 자료이든지, 어디에서나 쉽게 관찰될 수 있다. 이 방언의 자료를 더 살펴보기로 한다.

(14가) -아서: 아서라(빼앗다의 '앗-'에 융합된 종결 어미 '-어라'가 통합
된 감탄사임), 우리 어머님ø 발ø 실리와서(시려서) 큰 고통을 받게
되었구나!
(그만 두어라, 우리 어머님이 발이 시려서 큰 고통을 받게 되었구나!
구비1 임정숙, 남 86세: 144쪽)

(14나) -아서 -아서: 아, 이, 이거 배남(배나무) 우(위)에 올라가서 시름ø
쉬자고, 배남 우에 올라가서 이젠 잇이난(있으니까), 개가 「쿵쿵~」(의
성어) 쥬으는디(짖는데) 시관(試官)의 집 배남(배나무)이라.
(아, 이, 이거 배나무 위에 올라가서 시름을 잠시 놓으려고, 배나무
위에 올라가서, 이제는 거기에 있으니까, 그 집의 개가 알아차리고서
「쿵쿵~」 짖어대는데, 마침 과거 시험을 주관하는 시관의 집에 있는
배나무였어. 구비2 양구협, 남 71세: 620쪽)

(14가)에서는 고통 받는 이유가 한밤에 차가운 강물을 건너면서 젖은
발이 시리기 때문이란 점에서, 이유의 기능을 지닌 것으로 해석된다.
이 경우에는 쉽게 합의될 수 있다. 그렇지만 (14나)에서 제시된 사건
은 두 가지이다. 하나는 나뭇가지 위에 올라간 사건과 다른 하나는
개가 짖어대는 사건이다. 이를 인과관계의 하위 개념인 이유로 해석
할 수도 있다. 수상한 사람이 배나무 위에 올라갔기 때문에 개가 짖는
것이다. 그렇지만 곧 이어질 좀 더 큰 사건을 위한 토대로도 해석될
수 있다. 왜냐하면 한밤에 개 짖는 소리에, 밖에 누가 왔는지를 알아보
려고 그 집 딸들이 차례차례 나와서 살펴보게 되기 때문이다. 그렇다
면 배나무 위에 올라간 사건이 딸들이 내다보는 사건을 위한 배경 사
건으로도 해석될 수 있다. 두 사건을 접속하면서, 모두 공통어에서 찾
아지는 의미자질(이유, 배경, 수단, 방법 따위)을 그대로 모두 다 쓴다는
점에서, 공통어의 형태소와 똑같은 것임을 알 수 있다.
그런데 이들 화자는 계속 이어지는 사건들을 접속하면서, 왜 굳이

이 방언에서 시상 대립을 보여 주는 접속 구문의 어미 형태소들을 쓰지 않고서, 굳이 공통어와 동일한 형태소를 쓰고 있는 것일까? 이것들도 수의적인 교체 형태소에 지나지 않을 것인가? 만일 시상 대립의 모습이 전형적이라면, 공통어에서와 같이 시상 대립이 없이 중화된 '-아서' 형태소를 쓰는 일은 서로 모순되거나 크게 차이를 보이는 언어 사용 방식이다. 이것이 "개신파의 언어"를 그대로 모방한 것에 지나지 않는 것일까?

필자는 이를 수의적 교체 모습으로 보지 않고, 두 계열의 접속 어미가 모두 다 기능을 지니고 있는 것으로 보는 관점을 취한다. 즉, 339쪽 이하에서 밝혔듯이 역접 관계나 수의적 부가절을 이끄는 어미 형태소들이 공통어의 것들과 차이가 없다는 사실이 중요하다. 그렇다면 순접 관계의 어미 형태소들에서 당연하게 「중층성」 모습의 두 계열로 된 접속 어미들도 모두 다 기능과 몫을 지녔다고 봐야 올바른 태도일 것이다. 이런 측면에서 「문법 형태소들의 중층성」 모습을 화용 동기와 담화 전개 전략과 더불어, 이 경우 격식성에 차이를 둔 말투상의 변이(register or code-switching, 말투의 뒤바뀜)로 파악한다.93) 이런 말투의 변이를 보

---

93) 말투가 달라지는 것은 언어 상황에 따라 거기에 적합한 어투와 표현을 선택하기 때문이다. 가령, 우리 문화에서 9시 뉴스나 공식적인 연설은 '글말다운 입말'이다. 반대로 전자기기를 이용하여 카톡이나 페이스북 따위처럼 '입말다운 글말'도 있다. 이들은 주어진 상황에 따른 말투를 바꾸어 놓는 것이다. 전통적으로 이를 style(문체)의 차이로 불러왔다. 현대 언어학에서는 연구자에 따라 각각 다른 용어들을 쓴다. 핼러데이(Halliday, 1985) 『*Spoken and Written Language*』(옥스퍼드대학 출판부)에서는 register(머릿속에 등록된 복수의 말투, 언어 투식)의 차이로 불렀다. 영국 사회의 언어관습들을 계층별로 구분하였던 버언스타인(Bernstein, 1959) "A public language: some sociological implications of a linguistic form"(『*British Journal of Sociology*』 제10호)에서는 code(언어 부호/기호)의 차이로 불렀다. 지금도 사회언어학에서는 code-switching(상황별 언어 부호 바꾸기)으로 부르거나 variation(변이 모습, 변이체)로도 부른다(Bonvillain, 2002; 한국 사회언어학회 엮음, 『문화와 의사소통의 사회언어학』, 한국문화사). 최근 입말·글말의 언어 보편적 현상을 다룬 바이버(Biber, 1988) 『*Variation Across Speech and Writing*』(케임브리지대학 출판부)에서는 말투 변이(register variation) 또는 variety(언어 변이체 또는 언어 표현의 다양성)의 실현으로 불렀다.

혼히 우리말에서 '말투가 공손하다, 명령조로 딱딱하다, 다정한 말투' 따위의 표현을 쓴다. 입말의 경우에 register(머릿속에 등록되어 있는 복수의 말투)는 우리말 표현에서 정확히 '말투'나 '어투(語套)'에 해당하며, 한 걸음 더 나아가 언어 사용의 품위나 품격

까지도 담을 수도 있는 것이다.

그런데 핼러데이(1985: 제3장)를 보면, 이 용어의 출처로서 입말의 '실사 어휘 밀집도 (lexical density)'를 다룬 유뤄(Ure, 1971) 이외에 두 편의 연구 업적을 언급하였다. 머릿 속에 등록된 복수의 말투를 가리키는 'register'('등록하다'의 파생 명사임)를 일본에서 는 '사용역'으로 잘못 번역했다. 이 개념은 비단 사용 영역에만 국한되는 것이 아니다. 역동적으로 바뀌는 언어 상황에 맞추어 알맞게 낱말과 표현을 바꾸려는 동기뿐만 아니 라(아래 ⓛ과 관련됨), 임의 표현에 대하여 평가하는 일(아래 ⓒ과 관련됨)까지도 모두 다 포함하기 때문이다.

본디 영어교육학을 전공하는 이맹성 교수와 황적륜 교수가 이를 화계(話階, speech level)로 쓴 적이 있었다. 이 용어를 국어학 전공자들이 받아들였는데, 엄경옥(2002) "현 대국어 청자대우법 화계에 대한 고찰"(『어문론집』 제30권)과 임지룡(2015) "청자 대우 법의 화계와 해석"(『언어과학 연구』 제72권)에서 그러하다. 그렇지만 일관성을 요구하 는 글말 영역을 제외할 경우에, 청자를 대우해 주는 말투가 처음에서부터 끝까지 일관 되게 고정된 것이 아니라, 대우 등급이 높은 수준에서 시작하여 일부 변동하다가 다시 원래 수준으로 되돌아갈 수 있다(가령 중고교 수업 시간에서의 말투를 상기하기 바람). 또한 한 명의 화자가 여러 상황에 따라 동시에 여러 가지 말투를 구사하는 것이 핵심이 다. 말투의 가변성이 초점이 되는 것이다. 화계란 용어가 사적인 말투나 공식적인 말투 를 구분해 줄 수는 있겠지만, 입말 전개 과정에서 다소 변동하는 대우 등급의 표현을 포착하는 데에는 마뜩하지 않을 듯하다. 필자의 판단에는 우리말에서 '말투'가 가장 적합한 후보인데, '입말 및 글말'을 모두 다 아울러 가리키기 위해서 '언어 투식'으로 부를 수도 있다.

핼러데이 교수는 말투(register)가 세 가지 차원에 의해 바뀌는 것으로 논의하였다. 핵심은 한 사람의 머릿속에서 '여러 가지 말투'가 동시에 공존하며 언어를 쓰는 상황에 따라 적의하게 선택하여 쓴다는 점이다(이 점이 언어 변이체로서 방언과 말투가 서로 구분되는 대목임). 이는 이중언어 따위의 다중언어 구사 방식과는 크게 다르다. 세 가 지 말투 결정 요인은 주제 영역(field)·전달 격식(tenor)·구현 양식(mode)에 의해 결정된 다고 보았다.

ⓐ 주제 영역은 현재 무엇이 다뤄지고 있는지에 관한 관습적·사회제도적 현장과 관련된다.
ⓛ 전달 격식은 담화 상황에 누가 참여하는지를 구별해 주는 참여자들 간의 관계를 가리킨다.
ⓒ 구현 양식은 어떤 역할의 어떤 기능의 언어 표현들이 쓰이고 있는지를 의미한다.

간단히 말하여, 언어 투식이란 언어 사용 상황이 바뀜에 따라 거기에 맞춰 적합하게 달라지는 언어 변이체이며, 이런 점에서 기능상으로 달라지는 언어 변이체라고도 불 렀다.

필자는 말투 변이를 다루기 위하여 좀 더 간단한 모형을 선호한다. 즉, 공식성 여부와 격식성 여부가 말투를 구획하는 두 가지 축으로 파악한다. 공식성은 그 전제가 구성원 들에게 모두 동등하게 유지되는 심리적 거리감을 반영해 주며, 그 언어 사용에 매우 신중한 선택을 해야 한다는 점이 뒤따라 나온다. 왜냐하면 공식적 발언에서 실수나 잘못은 관련 당사자의 신뢰감에 결정타를 날리기 때문이다. 동등한 심리적 거리감을 유지하기 위하여 사적 언어 사용과는 다른 형식이 채택될 수 있으며, 이를 격식적 표현 으로 부른다. 이런 격식성은 더러 입말 투식과 글말 투식으로도 겹쳐지기도 한다. 사적 인 관계에서는 이전 발언의 취소와 사과 따위가 그들 사이의 인간 관계나 신뢰성에 아무런 지장을 초래하지 않는 점에서 크게 대조가 된다. 머카씨(1998; 김지홍 뒤침, 2010) 『입말, 그리고 담화 중심의 언어교육』(경진출판: 100쪽의 〈표2〉)에서는 사적 관 계의 언어 사용에서 애매하게 표현(거시기·머시기 표현)할 뿐만 아니라, 언제나 얼굴 표정과 손짓과 몸짓이 수반된다는 점을 강조하면서, 손으로 가리키는 표현의 빈도와 이는 밑바닥의 동기는 이 설화를 말해 주는 상황에서 찾아져야 한다. 대학 교수로서 한 개인에게서 설화를 조사한다고 하는 상황이, 그 자체로 설화를 말해 주려는 사람에게 어떤 격식을 요구하는 것으로 받아들일 수 있는 것이다. 격식 갖춘 상황에서는 보다 더 유식함을 맞춰 주기 위하여, 조사자들에게 한자 표현을 동원하는 경우도 있고, 공통어의 말투를 격식 말투로 섞어 쓰면서, 자신이 말하고 있는 설화가 비단 자신이 만들어 낸 것이 아니라, 일반적이고 두루 널리 공인된 이야기임을 부지불식간에 증명하고자 의도할 수도 있는 것이다.

그렇지만 '-아 가지고'는 공식적인 말투라기보다 오히려 격식 없이 쓰는 입말 형태로 보인다. 필자가 모아 놓은 자료(A4 용지 4쪽 분량)에서는 주로 74세의 안용인 옹이 발화한 경우가 대다수이다(71회 이상). 그리고 85세의 김재현 옹의 경우가 11회이며, 56세의 양형회 씨가 4회이다. 안용인 옹은 젊은 시절 경상도 지역에 살았던 경험이 있다고 조사자가 적어 놓았다. 그러므로 방언 간의 영향을 고려해 볼 수도 있을 듯하다.

그럼에도 불구하고, 여전히 다른 화자들도 '-아 가지고' 형태를 쓴다는 점을 설명해 주기 위해서는 다른 해결책이 있어야 할 것이다. 이 책의 316쪽에서 이 방언에서만 특이하게 관찰되는 '-아 둠서, -아 두서(-아 두면서)'라는 접속 어미 형태소도 이른바 부사형 어미(여기서는 '내포문 어미'로 부르게 됨) '-아'에 양태를 표현해 주는 동사(학교 문법의 보조동사)가 들어 있는 형식이다. 마치 짝이 되듯이 '-아 가지고'와 '-아 둠서'가 어엿이 이 방언의 자료로서 존재하고 있는 것이다. 단, '-아 가지고'는 '-아 갖고'로도 줄어들 수 있는데, 이 경우에 다시 「-서」가 추가되면서 '-아 갖고서'로도 쓰일 수 있을 듯하다. 만일 '-

실사 어휘 밀집도를 중심으로 영국 입말 말뭉치를 분석한 바 있다. 사회언어학적 분석의 틀은 단 한 번만 쓰이는 특성이 아니다. 또한 이 방언의 대우 표현 등급을 4분 체계로 결정하는 데에 긴요하게 작동한다. 좀 더 자세한 논의는 김지홍(2016) "제주 방언의 선어말어미와 종결 어미 체계"(『한글』 통권 제313호: §.2-4)를 읽어보기 바란다.

아 갖고서'에만 초점 모을 경우에, 일련의 복합 형태소 구성 방식이 「-서」에 의해 자연 부류로 모아질 개연성이 있다. 그렇지만 아쉽게도 필자의 자료 모음에서는 '-아 가지고서'를 보여 주는 자료는 없다(필자의 언어 사용 방식에서는 아무런 장애도 없이 수의적으로 '-아 갖고'와 '-아 갖고서'가 변동될 듯이 느껴짐). 직관적으로 이 「-서」라는 형태가 선행절의 사건을 배경 제시 기능으로 만들어 주는 듯하며, 이 배경 위에서 후행절의 사건들이 전개되어 나가는 듯하다. 그렇지만 필자는 아직 「-서」라는 형태가 필수적인지 여부를 놓고서(문법 형태소 결합 층위인지 화용상의 요구 층위인지)도 명확한 판단에 이르지 못하였고, 전반적으로 이런 현상들을 놓고서 그럴 듯하게 설명해 줄 모형을 지니고 있지 않다.

또 하나 추가해 두어야 할 복합 형태가 있다. '-앗더니'와 같이 시상 형태소 및 양태 형태소가 같이 들어 있는 특이한 활용 형식이다. 필자가 모은 어미 형태소들의 자료에서는 5번 나타난다. 모두 후행절에서 기대와는 어긋나거나 다른 방향으로 일어나는 후속 사건을 전개하는 데에, 미리 선행절에서 배경으로 주어진 사건을 가리키는 경우이다. 좀 더 엄격히 그 기능을 드러낸다면, 배경 사건에서 기대와는 다른 역행 사건이 일어나는 것이므로 역접 관계에서도 다룰 수 있을 듯하다. 그렇지만 이 형태소도 '-았-'이 이 방언에서 아직 겹받침이 없는 '-앗-'의 상태로 쓰인다는 점을 제외한다면, 공통어의 형식과 별반 다른 게 없다. 이미 339쪽 이하에서도 언급되었듯이, <u>역방향 사건의 어미 형태소들이 거의 공통어의 것과 동일하였다.</u> 이 복합 형식도 시상 형태소와 양태 형태소가 결합되어 있으므로, 당연히 재분석될 수 있을 것으로 본다. 그럴 경우에 중세 국어에서 '-ᄒ시니'로 종결되는 문장을 형식 명사 '이'를 이용한 구문으로 파악한 이현희(1994) 『중세 국어 구문 연구』(신구문화사)를 응용해 볼 수 있다. 즉, 「-앗-+-더-+-은#이」(았던 것)에 상응할 만한 것으로 표상될 법하다. 그렇지만 '이'로 지정되는 형식 명사 구성이, 어떻게 후행절에 부가될지(그것도 역접의 의미를 지니면서 얹혀짐)에 대한 설명이 정합적으로 찾아져야 한다. 또한 왜 이 복합 형식만은 필수적으로 항상 시상 형태소와 양태 형태소를 구현해 놓아야 하는지를 풀어나가는 일도 쉽지 않을 듯하다.

(15가) -앗더니: "조선도 거(그거) 하가소이(낮추어 우습게, 下可笑히) 알 앗더니, 인물ø 나는 디라(곳이다)!"고 기영(그렇게) 허엿다고.
("조선도 그것 우습게 알았더니 인물이 나는 곳이다!"고 그렇게 말했다고 해. 구비2 양형회, 남 56세: 28쪽)

(15나) -앗더니: "제가 산(살아 있었던) 때에 밧(밭)을 흔 드르(들, 들판) 장만해 뒨(뒤서) 갓더니(타계하였더니), 아 요놈덜(자식놈들)이 밧(밭)을 ᄃ투와 가지고(다투어서) 싸와서(싸워서) 유혈이 낭자ᄒ고, ᄒ니까 니 그렇게 뒛입니다."
("제가 살아 있었던 때에 밭을 한 들판 마련해 두고서 죽었더니, 아, 요놈의 자식들이 밭을 놓고 서로 다퉈 가지고, 죽기살기로 싸워서 서로 유혈이 낭자했고, 그런 상황이 되니까 저승 영혼인 내가 제삿밥도 얻어 먹지 못하고 그렇게 되었습니다." 구비3 김재현, 남 85세: 143쪽)

필자는 최근 2011년에 증보편으로 발간된 이 방언의 구비문학 대계에서 말투 또는 문체상의 차이를 확연히 다르게 느낀다.[94] 이는 우선

---

94) 증편 작업의 결과로서 현재 세 권이 나와 있다. 조사자는 허남춘·강정식·강소전·송정 희이다. 2014년 제9권 4호가 나왔고, 2017년 제9권 5호와 제9권 6호가 나왔다. 최근 채록 작업이 이뤄졌기 때문에, 녹음 내용과 채록을 동시에 듣고 볼 수 있는 일이 가능하다. 이 점이 컴퓨터 고급 프로그램을 이용하는 도구 발전의 최대 강점일 것이다.
　　이 책에서는 1980년대에 채록된 세 권의 설화 자료들만을 대상으로 삼았다. 필자에게 좀 더 여유가 주어진다면, 비록 녹음 자료가 없더라도 순서상 더 앞선 초기 발간물들 및 『제주 설화 집성(1)』을 자료 구축 범위에 포함시키고 싶다. 초기 발간물들에는 명백히 조사자의 개인 말투와 선호도가 반영되어 있을 것으로 짐작된다. 그럼에도 불구하고, 그런 조사자들의 언어 의식도 이 방언을 구사하는 토박이 직관을 반영한다는 측면에서 검토의 대상이 될 수 있을 것으로 판단한다.
　　현재로서는 시간과 능력의 제한으로 말미암아, 초기 자료들뿐만 아니라, 증편되어 나온 방대한 자료들도 검토해 볼 여유를 갖지 못했다. 현재로서는 이 책의 전반적 논의 내용이 많아짐에 따라(본문이 973쪽 분량임), 현재 필자는 이 책 속에서 서로 모순되게 진술한 대목들이 있지 않을지부터 걱정이 앞선다. 3년 저술 기간 동안에도 이 방언의 형태소 확정과 그 내용을 설명하는 필자의 생각이 조금씩 꾸준히 바뀌어 왔기 때문이다. 저술 출간 가능 판정을 받은 뒤에도, 현재 일관성을 유지할 수 있도록 초고를 계속

이 책을 마무리 지은 다음에, 좀 더 여유를 두고서 차분히 대조 방식으로 다루어야 할 과제이겠지만, 필자가 그런 일까지 다 완수할 수 있을지 기약할 수 없다. 표준어 교육과 방송 매체의 영향에 따라 시간상으로 자연스럽게 바뀌는 방언 변화 모습뿐만 아니라, 또한 필자는 적어도 말투의 격식성을 높이고 낮추는 데 관련된 「조사자 신분에 대한 의식」(상대방을 대우해 주어야 한다는 중압감)이 변수로 작동하면서, 설화를 채록하는 과정에서 무시하지 못할 변수가 되지 않을까 의심해 보는 것이다.

고쳐 나가고 있는 것이다. 하여간 필자의 능력과 시간의 한계 때문에 더 없이 소중한 자료들이 이 책의 논의에서 언급되지 못하였다. 이는 결국 뒷연구자들의 몫이다. 이는 또한 자료 가공의 절차와 방법과도 긴밀하게 관련되어 있다. 제주도 의회에서 예산이 지급되는 '제주연구원'(이전에는 '제주발전연구원')이란 공적 기관에서 몇 단계의 연구 촉진 자료 구축 사업을 장기간에 걸쳐 실천해 준다면 더없이 바람직할 것이다.

그렇지만 그 기관도 불안정하게 계속 외부의 바람을 타고 있다. 원장이 새롭게 바뀌면 또한 관련 직무를 맡은 분들이 바뀌어 버리는 것이다. 필자가 참여했던 「방언 표기 방법」을 주도한 분도 그 직무에서 배제되어 있다. 최근 제주대학교 국어문화원에서는 새롭게 「방언 표기 방법」을 놓고서 작업을 해 오고 있다. 그렇지만 필자는 이 책에서 계속 이 방언의 형태소 분석과 확정이 지금도 왕초보 단계에 머물러 있음을 밝혀 왔다. 실제로 잘못된 형태소와 그 배열들을 여러 군데에서 지적해 놓았다. 만일 표기 방법 결정에 형태소 분석과 확정이 중요하다면, 반드시 형태소 분석 작업을 해 본 연구자라야만 비로소 그 일을 할 수 있을 것이다. 2013~2014년 당시 이미 이 방언에 대한 연구 책자를 발간한 너다섯 분이 참여했었는데, 그분들 중 몇 분이나 새로운 표기 방법의 논의에 참여하고 있는지도 궁금하다. 2014년 그 표기법을 고시하면서 동시에 제주발전 연구원에서 발간한 『제주어 표기법 해설』(262쪽의 분량임)에 필자도 참가하여 통사 영역을 놓고서 집필하였는데, 필자의 집필 부분이 제일 많다. 2014년에 필자도 또한 570쪽이 넘는 이 방언의 연구 책자를 발간하였음에도 불구하고, 새로운 표기법에 대해서는 한 번 토론자로 초대되어 토론문만 8쪽을 전자편지로 보낸 바 있다. 사적으로 우연히 일본 동지사 대학 고영진 교수와도 통화를 한 적이 있는데, 그 분도 역시 이 방언의 형태소에 대한 분석과 확정의 중요성을 제일 큰 과제로 여기고 있었음을 확인하였다.

새로운 표기법이 얼마나 달라질지는 잘 모르겠지만, 한글 맞춤법의 정신을 올바로 구현하는 한, 이 방언의 형태소 확정 결과를 제외하고서는 결코 크게 달라질 수가 없을 것으로 판단한다. 그렇다면 예산을 불필요한 데 그렇게 낭비할 것이 아니라, 그보다는 오히려 여러 사람들이 이 방언의 실상을 이해하고 연구를 촉진해 주기 위해서, 누리집 따위 공식 경로를 통해서 누구나 이 방언 자료를 편리하게 접속할 수 있도록 가공해 주는 일이 더욱 더 시급히 요청된다. 착상이 전환되어야만 이 방언의 연구가 진작되는 것이다. 이 방언이 지금도 바뀌고 있지만 조만간에 더 많이 변화할 것이 예상된다면, 모름지기 제주연구원을 이끄는 분이 「진지하게 토대 연구를 뒷받침해 주는 가치관」을 정립해 놓음으로써, 그런 공적 기관에서 꾸준히 이 방언의 연구를 실질적으로 뒷받침해 주는 일이 필요한 것이다.

이상에서 필자는 이 방언에서 시상에서의 대립을 보여 주는 두 계열의 형태소가 있음을 서술하였다. 다시 '-읍니다(-습니다)'라는 종결 어미와 어울릴 법하게 격식성을 더 높여 주기 위하여 이 두 계열의 접속 어미 형태소보다 공통어의 접속 어미와 동일한 형태 '-아서'를 쓸 수 있을 듯이 서술해 놓았다. 단, 이를 '개신파'로 모순스럽게 지정해 버려서는 안 된다는 점을 이 방언의 언어 사실들로 제시해 놓았다. 대신, 「문법 형태소의 중층성」 모습으로 파악하고 있는 그대로의 언어 사실을 서술해 줘야 올바른 것이다. 가령,

「-다서, -다설란, -고서, -고설란, -으멍서, -으멍서라, -아 둠서, -아두서」
「이 책의 원고를 수정하는 과정에서 처음 깨달은 중요한 현상인데, 계사 '이다'가 접속 어미와 결합할 경우에는 이유를 나타내는 '이라서, 이라' 및 강한 제약 조건을 드러내는 '이라사만(이라야만)'이 관찰된다. 전형적으로 시상의 대립을 보여 주는 종속 접속 어미 '-안 vs. -앙'과는 결합은, 예외적으로 유일한 관용구인 '이랑말앙'을 제외할 경우에 원천적으로 저지된다. 따라서 계사 구문은 시상 대립이 없이 절들 사이의 접속을 맡고 있는 '-서'를 요구하며(순차성의 자질을 부여하든지, 배경 사건과 초점 사건으로 만들어 주는 자질을 부여할 수 있음), 그 결과 이 방언의 자료에서 '이라서'가 쓰이고 있는 것이다(551쪽의 예문 47). 공통어에서는 '이라서'와 '이어서'가 모두 다 쓰이고 있지만, 이 방언에서는 계사를 매개로 하여 만들어진 격조사 '이엉'이 이미 쓰이고 있으므로, 기능의 분화상 오직 '-이라서'만 쓰일 뿐이다」

전자의 형태 결합들은 결코 공통어에서 대응될 만한 형태를 찾을 수 없다. 그럴 뿐만 아니라 후자에서 계사 '이다'가 종속 접속 어미와 결합할 경우에는 저지 현상이 관찰된다. 따라서 이런 언어 사실들을 있는 그대로 받아들일 필요가 있다. 고유하게 이 방언에서만 쓰이는 융합된 복합 형식들이 있다는 사실 및 계사와 결합될 경우에 '-안 vs. -앙'이 저지되는 현상이 있다는 사실이다. 여기에 제시된 '-서'가 모

두 기원적으로 '있다'에서 나왔을 것인데, 필자는 문법화 과정에 참여함으로써 그 결과 순차적 사건 전개를 표시해 주거나 선행절을 배경이나 무대로 만들어 주는 기능을 맡고 있다고 본다. 이 방언의 자료에서는 분명히 '-아' 형태소(부사형 어미이지만, 이 책에서는 '내포 구문의 어미'로 부르는데 827쪽 이하를 보기 바람)도 있고, 또한 이하에서 제시한 접속 구문 사례들에서처럼 '-아서'도 분명히 잦은 빈도로 관찰된다.

만일 필자의 작업가정과 같이 '-서'가 모두 동일하게 '있다'에 기원을 두고서 문법화 과정을 거친 결과물이라면, 융합된 다른 복합 형식들이 이 방언에서만 고유하게 쓰이듯이, 마찬가지로 '-아서'도 융합된 복합 형식으로서 이 방언의 중요한 어미 형태소로 봐야 옳을 것이다. 만일 그러하다면 중요한 다음 질문에 대답을 해야 한다.

「이 방언에서는 시상이나 양태 해석을 품고 있는 접속 어미 형태소의 짝 '-안 vs. -앙(-아서)'이 있다. 그렇다면 이 방언에서 왜 굳이 시상과 양태 해석에서 중립적인(후행절 모문에 지배를 받아서 해석을 받는) '-아서'가 존재해야 하는 것일까? 달리 말하여, 시상과 양태를 표시해 주지 못하는 중립적 접속 어미 형태소 '-아서'가 필요한 이유가 무엇일까?」

필자는 청·화자 사이에 심리적 거리를 균등하게 지니고서 격식을 갖춘 공적인 화행에서 '-아서'가 쓰일 것으로 본다. 접속 구문을 이용할 경우에, 화자의 '-아서' 사용 빈도가 격식적이며 공식적인 화행에 대한 중요한 지표로 작용하는 것이다(전부 또는 전무의 판정이 아니라 정도성에 따른 상대적 징표임). 사회언어학적 모형이 비단 이 접속 어미 형태소의 실현 여부에서만 유효한 것이 아니다. 또한 필자는 이 방언에서

① 행위 주체(행동 주체)를 대우해 주는 현상을 놓고서도,

② 인용 구문에서 관찰되는 변이(-이엔 vs. -라고)를 놓고서도(특히 화용 첨사로 발달되고 있는 '말이어[말이야]'의 경우에도 마찬가지로 '-단 말이어[-댄 말이어]'와 '-다고 말이어[-다 ø 말이어]'가 나란히 관찰됨도 흥미로운 변이 사실임),

③ 조건절 어미 형태소에서 '-으민(-으문) vs. -으면'을 놓고서도,

④ 어휘적 대우를 반영해 주는 변이(아방 vs. 아바지)를 놓고서도(29쪽의 각주 15, 216쪽의 예문 40가, 364쪽의 예문 34라, 446쪽의 예문 13 등에 있는 '아바지'를 보기 바람)

똑같이 이런 모형이 적용되어야 함을 주장해 왔다. 아직은 아무도 이 방언의 이런 언어 사실에 주목한 바도 없으므로, 현재 홀로 외롭게 이런 모형의 적용이 중요하다는 점을 주장하고 있는 셈이다. 「문법 형태소의 중층성」 모습도 오직 접속 어미의 일부 영역에서만 관찰된다는 사실도 이 책에서 처음으로 부각되었을 뿐이다. 그렇지만 필자가 염두에 두고 있는 이런 접근이 이 방언의 언어 사용 현상을 엄격히 점검하고 관찰함으로써, 그런 구분에 대한 필요성이 공감대를 이루는 일이 선행되어야 한다. 그런 다음에 이 방언을 연구하는 학문 공동체에서 공식적으로 심도 있게 논의되어야 할 것이다.

필자는 이 책에서 원칙적으로 이미 채록된 입말 자료를 이용하는 결정을 내렸다. 그렇기 때문에 필자의 모어 방언 직관을 먼저 서술하는 것이 아니다. 헴펠 등에서 제시된 과학적 접근 단계들을(508쪽의 각주 114 참고) 좀 더 엄격히 적용하여

「관찰 → 서술(기술) → 설명 → 예측」

이라는 단계별 구분을 해 놓을 수 있는 여유와 장점을 지닌다. 이런 측면에서 '관찰 단계'와 '서술(기술) 단계'를 진행하는 동안에, 이미 1980년대 초반에 적어도 60대 이상의 모어 방언 화자들에게서 사회언

어학적 설명·화용 동기·담화 전개 전략 등을 요구하는 그런 징후들을 분명히 관찰하였다. 이것이 이 방언의 언어 사용 사실이며 현상인 것이다. 그렇다면 그런 현상을 설명하려는 모형을 탐색하고 모색할 필요가 있다. 이것이 설명 단계에서 이뤄져야 할 여러 가지 관련 작업인 것이다. 여기서 그 후보를 사회언어학 변이·화용 동기·담화 전개 모형으로 제안하고 있다. 이런 점에서 필자의 모어 방언 직관에 파묻혀서 그 직관을 중심으로 길게 논의한 김지홍(2014)『제주 방언의 통사 기술과 설명: 기본구문의 기능범주 분석』(경진출판)에서보다는 좀 더 진일보한 접근을 하고 있다고 자평한다.

이 방언에서 짝인 되는 시상 형태소 계열에서는 기본 표상으로서 '-아그네 vs. -아네(-아서)'가 이분 대립(양항 대립)을 보이고 있다. 그렇지만 실제 사용의 빈도상 빈출도가 가장 높은 것으로서 각각 '-앙 vs. -안'으로 대표될 수 있다. '-아그네'는 중가된(겹쳐진) 모습의 형태로서 '-아그넹에'가 관찰된다. 그렇지만 '-아네'는 중가된 모습을 보여 주지 않는다. 왜 한 쪽의 대립 형태소만이 굳이 중가된 모습을 보이는 것일까?

필자가 모아 놓은 자료들로부터 이를 제약하는 언어 환경은 찾아낼 수가 없다(이것이 오로지 필자 개인의 편견과 한계로 비판받을 수도 있음). 따라서 여기서는 중가 현상이 화용상의 몫을 지녀, ㉠ 청자로 하여금 현재 상황(현재 진행되고 있는 사건 그 자체)에 초점 모으도록 하는 기능이나 또는 ㉡ 화자 자신으로 하여금 산출 중압감을 조금이라도 덜어 주는 정도를 상정할 수밖에 없다. 이 책을 쓰면서 일관되게 필자는 중가된 형태도 수의적이며, 단독으로 쓰인 형태도 수의적으로 더 줄어들어 1음절로 바뀌기 때문에, 이들 변이 형태 사이에 두드러진 차별성을 부각시킬 길이 없다고 판단하고 있는 것이다.

이들 시상 대립 형태소들과 같이 행동하는 다른 접속 어미들도 '-다그네(당으네) vs. -다네'의 짝을 찾을 수 있고, '-으멍서(-으면서)'와 '-으나네(-으니까)'에서 보듯이 다른 형태소들과도 융합된 경우가 있음을 331쪽 이하에서 언급해 두었다. 이것이 '-안 vs. -앙'의 대립 속성이 다른 접속 어미 형태소들과 융합한 결과로서 도출된 것인지, 아니면 동일 부류의 접속 어미들이 원래부터 그렇게 시상 모습으로 존재했었는지를 놓고서도, 또다른 탐구 과제로 다루어야 할 것이다. 필자는 이 의문을 풀어줄 첫 번째 단서로서 융합이 일어난 복합 형식들에 주목한 바 있다. 가령, '-으멍(-으면서)'을 명사 형성 접미사 '-음'과 계사 '이다'의 어간과 여기에 접속 어미 형태소 '-앙'(계사 어간의 흔적에 이끌림으로써 항상 모음조화를 반영한 '-엉'만 선택됨)이 결합되었다고 본다.

그런데 문법화를 보여 주는 이런 융합(재구성) 과정에서는 '-앙'이 지닌 의미자질이 그대로 반영되는 것이 아니라, 상위 차원의 문법화에 대한 지향점에 따라 '-앙'의 의미자질에서도 수정이나 변화가 생겨나야 한다고 보았다. 다시 말하여, '-앙'이 지닌 의미자질 [±시작점]에서 '-으멍'에서는 [+시작점]의 의미자질로 변동하면서, 동시에 '-으멍'이 시상 선어말 어미 '-앖-'과 달리 '양태 해석'까지 품어야 하는 것으로 설명하였다. 따라서 기계적으로 의미자질들이 승계되거나 머물러 있는 것이 아니다. 문법화 과정에서 적극적으로 재구성이 일어나면서 주어진 의미자질들을 놓고서도 변동이 생겨나는 것으로 파악한 것이다. 이런 접근에 따라 융합된 모습으로서 복합 형식을 상정할 경우에는, 크든 작든 간에 본디 의미자질들에 대한 수정이 수반되는 모형이 상정되어야 함을 시사받을 수 있다.

그렇지만 이런 모형이 사실을 그대로 보여 줄 뿐만 아니라, 새로운 융합 형식에 대하여 예측 가능성도 찾아내면서, 엄격히 가장 그럴 듯한 후보임을 입증해 놓지는 못하였다. 필자가 염두에 두고 있는 작업 가정만을 서술해 놓았을 따름이다. 아마 필자가 미리 이런 편견에 사로잡혀 있었기 때문에, 거꾸로 필자의 작업가정에서 상정된 모형을 위배할 뿐 아니라 반박 가능한 언어 자료가 눈에 띄지 않았을 수도 있다.

342쪽의 각주 78에서 공통어의 종결 어미 '-지'가 특이하게도 이 방언에서는 분화된 모습으로 '-저, -주'로 양태상 서로 구별되어 쓰일 뿐만 아니라, 또한 공통어와 같이 '-지'로도 쓰이고 있음을 언급하였다(단, 설사 '-저'와 '-주'가 배타적 분포를 보이더라도 기능상의 현저한 대립으로 말미암아 독자적인 개별 형식으로 정착되었을 가능성이 있음). 이것도 또한 시상 대립을 보여 주는 접속 어미 형태소들이 있음에도 불구하고, '-아서'라는 같은 접속 기능의 형태소가 쓰이는 언어 사실과 나란하다. 종결 어미 형태소 '-저, -주'도 이 방언에서만 관찰되는 독자적인 분화의 또다른 사례가 되지만, 여전히 공통어에서처럼 통합된 종결 어미 형태소 '-지'도 관찰되는 것이다.

그럴 뿐만 아니라 내포 구문의 어미인 (유사) 인용 구문에서도 이를 투영해 주는 핵어의 차이(명사 '말' 및 동사 '말하다')로 말미암아 각각 '-은'과 '-고'라는 내포 어미를 선택하며(또한 아주 잦은 빈도로 관찰되는 형식으로서 문법화 과정에 있는 사례로서 '-단 말이어 vs. -다고 말이어'를 들 수 있는데, 전자는 '-댄 말이어'의 변이 모습으로도 쓰이고, 후자는 '-고'가 생략된 변이 모습 '-다ø 말이어'로도 쓰임), 우연히 이런 선택지가 '-곤'과 같이 융합될 경우도 있다(김지홍, 2019, "제주 방언의 인용 구문과 매개변항", 『한글』 제80권 4호). 그렇다면 한 가지 영역에만 국한되지 않고, 접속 어미와 내포 어미와 종결 어미 영역들에서도 고루 이런 현상이 관찰된다는 점이, 먼저 연구자들 사이에서 첫 출발점으로 합의되어야 한다. 이런 언어 사실을 이 책에서는 「문법 형태소들의 중층성」 모습으로 부르고 있다. 그리고 나서 이런 변동을 어떻게 어떤 모형을 상정하면서 해석하고 설명할 것인지를 다양한 길로 모색해 나가야 할 것으로 믿는다.

§.3-2 '-안 vs. -앙': 시상 및 양태 해석을 위한 의미자질의 모색

§.3-2-1 다양한 의미자질의 갈래 및 도출 관계의 성립 여부

필자가 모아 놓은 이 방언의 설화 자료 속에서 필수적 종속 접속 구문에서 관찰되는 접속 어미 '-앙'으로 이어지는 사건들의 사례와 '-안'으로 계속 이어지는 사건들의 사례를 살펴보기로 한다.

(16) -앙 -앙 -앙으네 -앗어. -아서 -앙 -는디: 그 읎는(없이 사는, 가난 한) 사름덜(사람들)이 웃이나 시나(먹을거리가 있으나 없으나, 있든 없든 간에) 옛날(옛날) 산으로 강(가서), 이 해벤ㄱ(海邊가) 말앙(말 고), 산으로 강으네(가서), 모물(메밀) 널리 같앗어. [메밀을] 비어서 (베어서) 물류왕(말려서) 장만ᄒ는디(하는데), 하, 그 노루가 뛰어오더 니마는 … 그 모물낭(메밀나무, 메밀 줄기) 속더레(속안 쪽으로) 「쏙~」 (의태어) ᄒ게 기어들어.
(그 가난하게 아무 재산 없이 사는 사람들이 없든 있는 간에 옛날에는 산으로 가서, 이 해안가 말고, 산으로 가서, 메밀을 널리 갈았었어. 그 메밀을 베어 말리고서 한 해 곡식을 장만하는데, 하, 갑자기 그 노루가 뛰어 들어오더니마는 … 메밀 대줄기를 쌓아 놓은 단 속으로 「쏙~」 기어들어 숨었어. 구비2 양구협, 남 71세: 669쪽)

(16)의 사례에서는 '-앙(-아서)'을 매개로 하여 최소한 네 가지 일련의 사건을 표상하는 절들이 접속되고 있다.

「강(가서), 말앙(말고), 강으네(가서)」

라는 세 가지 사건이 결국 메밀을 '갈았어'로 일단락된다. 그러고 나서, 다시 세 가지 일련의 사건이 이어져 있다.

「비어서(베어서) 물류왕(말려서), 장만ᄒ는디(장만하는데)」

메밀을 장만하는 사건이 배경이 되어 반전이 일어난다. 노루가 메밀 짚단 속으로 기어들어 가는 사건이다. 만일 접속 어미 '-앙(-아서)'이 선행절과 후행절 사이에서 어떤 시상 차원의 동화 또는 통일성을 요구했었더라면(앞서 나온 형태소가 뒤따르는 형태소들에 시상 자질 일치를 요구했었더라면), '메밀 밭을 갈고 있다'(일련의 사건이 아직 끝이 안 남)라는 현재 진행의 모습을 띠었었을 법하다. 그렇지만 실제 자료는 '메밀 밭을 다 갈았다'(일련의 사건이 다 끝이 남)라고 말함으로써, 후행절이 완결된 사건임을 표현해 주고 있다.

그렇다면 접속 구문들 사이에서 시상 해석이 투명하여, 최종 후행절의 시상 요소가 선행절들에도 성분 통어 관계를 통해서 지배 관계(또는 시상 해석에서의 일치 관계)가 성립됨으로써, 상위문의 시상 자질이 그 아래 요소들로 스며들어, 선행절과 후행절 사이에서 동일한 시상 해석이 이뤄지는지 여부를 논의할 수 있다. 단, 여기서 상위문과 후행절은 선조적 배열에서 서로 일치한다는 전제가 성립되어야 한다.

만일 상하 교점을 통한 이런 지배 관계가 성립되지 않는다면, 시상 요소는 자족적인 방벽을 이루어서, 절 경계 내부에서만 지배가 이뤄진다고 상정해 볼 수도 있다. 이를 위해서 언어의 기본 형상에서 선행절의 시상 해석을 자족적으로 보장해 주려면, 절이나 단언(또는 명제)을 묶어 주는 연산자 또는 운용소를 장착해 주는 일이 필요하다. 이런 현상은 짝이 되는 종속 접속 어미 형태소 '-안(-아서)'에 대해서도 동일하게 성립될 것으로 기대된다. 그렇지만 일차적으로 어떤 방식으로 시상 자질들이 표시되고 해석되는지를 실제 자료들을 대상으로 하여 따져 보아야 할 것이다.

필자는 종속 접속 어미 형태소 '-안(-아서)'이 연속적으로 이어져 있는 사례들을 살핀 뒤에, 이 방언의 언어 현상을 설명하기 위하여, 이 방언의 자료들을 놓고서 접속 구문들의 시상 해석과 관련하여 두 가지 조건이 필요함을 논의할 것이다. 다시 말하여, 이 방언의 접속 구문들과 맨 뒤에 나오는 후행절의 시상 관계를 재구성할 적에, 사건

의 완료를 드러내는 선어말 어미 '-앗-(-았-)'의 시상 의미자질

[+시작점,+종결점]

을 향하여 특정한 한 방향으로만 시상 자질들이 동화되고 일치되어 나감을 논의할 것이다. 이는 중요한 언어 사실에 대한 해석이다. 이런 해석을 보장해 주기 위하여 두 가지 조치를 취할 수 있다. 하나는 지배 관계를 구조적으로 보여 주고서, 언제나 지배하는 임의 자질에 의해서 시상 해석이 이뤄진다고 보는 것이다. 다른 하나는 그런 지배 관계를 막는 방벽으로서 시상 운용소나 또는 연산소를 절 앞에 설치해 놓음으로써, 시상 해석에 대한 독자성을 확보하는 방식이다.

첫 번째 방식은 지배 관계를 보여 주는 형상이나 구조를 확보하는 일이 선행되어야 한다. 즉, 45쪽의 (2나)의 구조인 것이다. 이런 지배 관계 속에서 맨 뒤에 있는 후행절 시상 자질의 속성을 중심으로, 오직 완료 내지 완결 지점을 향하여 시상 해석에서 선행절들을 대상으로 하여 시상 의미자질에서 동화 내지 일치가 일어난다고 볼 수 있다. 이는 시제 중심의 일부 서구 언어에서처럼, 기준점(두 가지로서 발화시 및 사건시가 상정됨)들에 따라 덩달아 시점이 더욱 선행하여 이동해야 하는 경우(시점 이동의 언어)들과는 아주 다르다. 다시 말하여, 이 방언에서 만일 후행절에 있는 시상 의미자질이 [±시작점, −종결점]일 경우(가령, 선어말 어미 형태소 '-앐-'의 경우)에는, 지배 관계 속에서 동화의 영향력을 더 이상 발휘하지 못한다(선행절에 있는 종속 접속 어미 형태소 '-안'의 시상 해석에, 결코 후행절의 시상 선어말 어미 '-앐-'의 자질이 영향을 미치지 못함).

오직 임의의 사건이 완결 지점을 향하여 완벽히 일어나서 해당 사건이 종결점이 있는 경우에라야만(가령, [+종결점]의 시상 의미자질을 지닌 선어말 어미 형태소 '-앗-'경우에라야만), 이보다 선행한 절들의 시상 자질에 동화(일치)의 영향력이 발휘되는 것이다. 다시 말하여, 시상

선어말 어미가 오직 [+시작점,+종결점]의 의미자질을 지니고 있을 경우(가령, '-앗-')에라야만 동화주95)가 될 수 있다. 이 동화주가 바로 앞서 나온 선행절의 [-종결점] 시상 자질(이는 접속 어미 형태소 '-앙'의 경우에 해당함)을 동화시켜 [+종결점]의 해석이 이뤄지도록 만들어 주는 것이다. 이런 형상이 지배 관계를 통하여 후행절에 있는 동화주가 선행절에 있는 목표를 통제(지배)하고서, 동화되고 일치된 시상 해석이 일어나는 방식이 된다. 즉, 후행절에 있는 동화주로서 시제 선어말 어미 '-앗-'에 의해서 선행절의 접속 어미 형태소 '-앙'이 똑같이 [+종결점]을 지닌 사건으로 해석이 이뤄지는 것이다.

---

95) 현재 '동화주'라는 용어는 임시 방편으로 쓰는 것이다. 만일 이렇게 내포 구조를 통한 지배 관계가 가능할 경우에, 네 가지 방식이 상정된다. 필자는 시상 선어말 어미 짝 '-앗- vs. -앖-'이 [±시작점, ±종결점]의 대립 자질을 지니고 있지만, 접속 어미 형태소의 짝은 선행절이 양태 해석이 보장될 수 있도록 하기 위하여, 이들 자질의 일부만을 대립적으로 갖고 있는 것으로 논의하고 있다. 즉, 시상 선어말 어미 '-앗-(-앗-)'은 [+시작점,+종결점]의 의미자질을 지니지만, 짝이 되는 '-앖-'은 [±시작점, -종결점]의 의미자질을 지닌다. 그렇지만 접속 어미 형태소 짝 '-안 vs. -앙'이 각각 [+종결점]과 [±시작점]으로 대립하고 있는 것이다. 그리고 이 방언의 자료를 근거로 하여 접속 구문이 결국 내포 구문의 형상 속으로 편입되는 것으로 파악되므로, 후행절은 편의상 상위 차원의 상위절로도 부를 것이다. 다시 말하여 일직선의 구조가 아니라, 계층을 달리하여 표상되는 구조이므로, 각각 선행절은 하위절에, 후행절을 상위절에 해당하는 것이다.

ㄱ 상위절(후행절)에 있는 시상을 표시하는 선어말 어미가 [+시작점,+종결점]을 지닌 경우에 한해서, 이 의미자질이 하위절(선행절)에 있는 종속 접속 어미 '-앙'의 [-종결점]의 시상 의미자질을 동화 또는 일치시켜 놓음으로써, 전체 문장의 시상 해석이 동일하게 [+종결점]의 사건들로 이뤄지는 것을 가리켜 주기 위한 것이다. 이것이 한 방향으로만 일어나는 시상 의미자질의 동화 또는 일치 현상이다.

ㄴ 시상 표시 선어말 어미 '-앗-'이 [+시작점,+종결점]을 지니고서 그대로 있더라도, 하위절(선행절)의 종속 접속 어미 형태소가 동일한 시상 의미자질 [+종결점]을 지닌 '-안'이 나올 경우에, 이미 시상 해석에서 의미자질들이 일치되어 있다. 그러므로 지배 관계로서 하위절(선행절)의 시상 의미자질을 바꾸는 일은 일어나지 않는다. 점검 과정에서 시상 의미자질이 일치가 확인되므로 아무런 변화도 일어나지 않는 것이다.

ㄷ 만일 상위절(후행절)의 선어말 어미가 [±시작점, -종결점]을 지닌 '-앖-'의 경우에는, 설령 구조적으로 지배가 일어날 수 있더라도, 시상 해석에서 아무런 동화 내지 일치 현상이 일어나지 않는다. 이른바 무위 적용(vacuous application)의 경우이다. 따라서 하위절(선행절)에 [+종결점]이란 시상 의미자질을 지닌 접속 어미 형태소 '-안'은 그대로 이미 일어난 사건으로 해석을 받게 되는 것이다. 따라서 선행절에는 이미 일어난 사건이 표상되고, 후행절에는 아직 끝나지 않은 사건이 표상되는 것이다.

ㄹ 여전히 상위절(후행절)에 무위 적용이 일어나는 선어말 어미 '-앖-' [±시작점, -종결점] 이 있고, 하위절(선행절)에 [±시작점]의 의미자질을 지닌 종속 접속 어미 형태소 '-앙'이 나오는 경우에도 무위 적용이 그대로 유지된다. 여기서는 아직도 시작되지 않은 사건을 언급할 수도 있고, 설령 시작점은 지니지만 아직 종결점에 도달하지 않은 일련의 사건을 가리켜 줄 수도 있는 것이다.

그렇지만 거꾸로의 상황으로서, 후행절에 시상 선어말 어미 '-앖-'
이 같은 구조 속에서 동화주의 위치를 점유하고 있을 경우에는, 이
동화주가 지닌 시상 의미자질 [-종결점]이 선행절의 접속 어미 '-안'
에는 아무런 영향을 줄 수 없다. 따라서 접속 어미 '-안'이 지닌 시상
의미자질 [+종결점]이 그대로 유지되며, 이것이 선행절 사건이 이미
다 끝이 났음을 깨닫게 해 준다. 필자는 이를 동화주 자질의 무위 적용
(vacuous application)의 경우라고 부르고자 한다.

(17) 종속 접속 어미 형태소의 짝 '-앙 vs. -안'에 대한 시상 해석 조건(양태
해석도 포함됨)

이 방언의 종속 접속 어미 '-앙'과 '-안'의 시상 해석은 다음 조건들을
만족할 경우에 이뤄진다.
㉠ 상위절(후행절)의 시상 관련 선어말 형태소 '-앗- vs. -앖-'에 의해서
구조적으로 지배 관계를 형성할 수 있어야 한다. 접속 구문의 형상은
궁극적으로 370쪽 이하의 결론처럼 내포 구문의 표상 속으로 편입되
는 것이다. 이때 내포문에는 시상 선어말 어미가 나올 수 있다.
㉡ 이런 지배 조건 아래, 오직 상위절(후행절)의 시상 관련 형태소가 [+
시작점,+종결점]의 의미자질을 지닌 '-앗-(-앖-)'이 있을 경우에만,
시상 의미자질에서 동화가 일어난다. 즉, [+종결점]으로 일치되도록,
하위절(선행절)에서 비록 '-앙'이라는 접속 어미가 [±시작점]을 지니
더라도, 그런 지배 관계에 의해서 전체적으로 [+종결점]을 지닌 사
건으로 해석된다.
㉢ 앞의 두 번째 조건에서, 하위절(선행절)의 접속 어미 형태소가 시상
의미자질 [+종결점]을 지닌 '-안'으로 나올 경우에는, 점검 과정에서
[+종결점]이라는 자질 동일성이 확인되므로, 따로 시상 해석에서 변
화가 일어나지 않는다.
㉣ 만일 상위절(후행절)의 시상 선어말 형태소가 [±시작점, -종결점]의
의미자질을 지닌 '-앖-(-고 있-)'이 나올 경우에는 하위절(선행절)의
시상 해석에 무위 적용이 일어난다. 따라서 아무런 영향도 받지 않은

채 하위절(선행절)에서는 고유한 접속 어미 의미자질이 그대로 보존
된다. 만일 하위절(선행절)에 '-안'이 있을 경우에는 [+종결점]의 해
석을 받지만, 하위절에 '-앙'이 있을 경우에는 [±시작점]의 해석을
받는다. 후자는 선행절 사건이 시작점이 주어져 있을 수도 있고, 그렇
지 않은 경우도 있다.

만일 이 방언에서 양상 또는 양태96) 형태소들의 층위가 따로 주어져
야 한다고 가정한다면(가령, 공통어 '-겠-'에 대응하는 '-으크-'나 공통어
와 공통된 형태소 '-더-'가 고유한 층위를 점유한다면), 하위절(선행절)의
양태 해석도 이 조건에 따라 지배 관계의 토대 위에서 이뤄질 것이다.
이 책에서는 이 방언의 접속 어미 형태소들이 양태적인 해석을 받는
다는 점에 주목하고, 접속 구문의 어미가 양태 범주에 속한다고 주장
하였다(내포 구문의 어미도 또한 그러함을 905쪽 이하에서 입증함). 그리고

---

96) 국어학에서는 이미 시상이란 용어를 쓰고 있기 때문에, 가급적 '모양 상(相)'이란 한자어
를 피하여 '양태'란 용어를 쓰고 있다. 논리학과 철학에서는 시상 그 자체가 크게 중요성
이 부각되지 않는다. 대신, 오히려 가능세계를 먼저 다루기 때문에, '양상'이란 말을
쓰고 있다. 서구 언어에서 주로 '시제'와 '상'을 독립된 범주로 다루기 때문에, 용어들
사이에 충돌을 걱정할 필요가 없다. 그렇지만 우리말의 경우에는 하나의 형태소로써
시제와 상과 양태를 표현하는 일이 있다. 그렇다면 서로 겹치고 중복될 수 있기 때문에,
시상을 먼저 묶는다면, 다시 사건의 가능성과 필연성, 행동의 허락(허용)과 의무 따위를
다룰 수 있도록 하기 위하여 '양상' 대신 '양태'로 쓰는 것으로 필자는 이해하고 있다.
그렇지만 이 책에서 필자는 이 방언의 시상 및 양태에 대한 해석을 유도하기 위해서
는 양태가 더 상위 차원의 개념이고, 하위에 시상이 있는 것으로 파악하고 있다.
참고로 '모양 태(態)'와 '모양 상(相)'은 비록 한자의 어원에서 그리고 이음말(연어)의
사용 범위에서 다소 다른 듯하다. 그렇지만 우리말 새길 경우에 한자어에 근거한 '모양
(模樣, 비슷한 모습)'이란 낱말로 새기고 있다. 국어사전에 모습의 어원을 표시해 놓지
못했지만, 모습도 또한 한자어 '모습[貌襲]'에서 유래한다. 사람의 얼굴을 가리킬 적에
는 '상호, 관상'이란 말을 쓴다. 그렇지만 전체적인 모습을 가리킬 적에는 '자태'라고
말한다. 자주 쓰는 '상태(狀態)'란 말도 전체적인 모양과 모습을 가리킬 수 있다. 서로
상(相) 또는 얼굴 상(相)은 본디 「나무를 보고 재목인지 여부를 눈여겨 판정한다」는
뜻이 들어가 있다. 대상에 대한 실물 판정인 셈이다. 이 책에서는 국어학의 전통대로
'양태'라는 용어를 따라 쓰기로 한다. 다만, 이 방언의 언어 사실(더 나아가 우리말 현
상)을 설명해 주기 위하여 좁은 의미의 양태 개념을 벗어날 필요가 있다. 필자는 「모든
가능세계에서의 사건 전개에 대한 개관」을 양태라고 본다. 대신 「현실세계에서 사건
진행 여부에 대한 표상」을 시상이라고 본다. 이를 381쪽의 〈표7〉로 제시하였다. 또한
774쪽의 각주 151도 참고하기 바란다.

접속 어미 형태소 짝 '-안 vs. -앙'도 양태적 해석을 받을 수 있도록(다시 말하여, 상위절의 양태 형태소에 지배를 받아서 동일한 양태 해석이 가능해지도록) 선어말 어미 형태소의 시상 의미자질의 일부만을 비정해 놓았다. 즉, '-안'은 [+종결점]의 의미자질을 지니며, 그 자체로 양태상 「청자가 더 이상 선행절로 표상된 관련 사건을 체험하거나 확인할 수 없다」는 속뜻이 깔려 있다. 이와는 달리, [±시작점]의 의미자질을 지닌 '-앙'은 내포 구문으로 편입됨으로써, 후행절이 상위절이 되며, 따라서 상위절에 있는 양태 형태소(가령 '-으크-', '-더-', '-을 것' 따위)에 의해 지배됨으로써, 상위절의 양태 해석이 곧바로 선행절에까지 미치게 된다.

그런데 (17)에서 제시한 네 가지 조건을 따로 서술해 놓을 수도 있다. 선행절의 지위를 먼저 인정하면서, 이른바 '방벽'의 역할을 하는 시상 운용소 내지 시상 연산자를 설치해 주는 방식이다. 이 경우에는 [+종결점]의 시상 의미를 지닌 종속 접속 어미 '-안'에 대해서만 방벽이 작동하도록 보장해 주어야 한다. [±시작점]을 지닌 '-앙'에 대해서는 그런 운용소나 연산자가 있다고 하더라도, 무위 적용이 일어나서 방벽의 역할을 할 수 없도록 해 주어야 한다. 이를 위해서는, 유표적으로 [+종결점]을 지닌 절에 대해서만 방벽을 설치해 놓는 일을 시행할 수 있다. 가령 'OP$_{ta}$'라고 표시된 시상 운용소나 시상 연산소(tense-aspect OPerator)를 언제나 선행절 앞에 설치해 놓되, 단서 조항으로서 [+종결점]의 시상 의미자질을 지닌 절만을 고유하게 묶어 주도록 함으로써, 독자적인 시상 해석이 가능해지는 것이다. 이렇게 유표적으로 설치되는 운용소 또는 연산자도, 결과적으로 앞의 시상 해석 조건의 귀결점과 동일한 내용을 지니도록 조건을 부여해 놓는 것이다. 그렇다면 굳이 왜 이렇게 번다한 방식이 필요한 것일까?

필자는 이런 시상 운용소 또는 시상 연산자의 존재는 서구 언어에서 상위문(또는 모문)의 시상 해석에 따라 시점이 이동해 갈 수 있도록 보장해 주려면(대표적인 시상뿐만 아니라 대명사와 양태[양상]까지도 최종 후행문과 일치되도록 바뀌어야 함) 반드시 오직 선행절을 묶어 주는 연산자를 통해서만 그런 시점 이동이 가능해질 것으로 믿는다. 각 절마다 고유하게 장착된 운용소 또는 연산자가 시점 이동을 보장해 주는 디딤돌 역할을 하는 것이다. 선행절의 운용소가 발화 시점에 얽매어 있는 것이 아니라, 최종 후행절의 사건 시점에 얽매어 있도록 함으로써 (그렇게 지배 관계를 표상해 줌으로써), 무리 없이 시점 이동이 일어날 수 있는 것이다.

그렇지만 한국어는 각 절들 사이에서는 그런 시점 이동이 일어나지도 않는다. 비유적으로 말하여, 한국어(또는 러시아어)는 불투명한 재질로 된 잔들을 겹겹이 포개어 놓은 경우로 비유할 수 있으므로, 각 절마다 고유한 시상 해석이 보장된다. 그렇지만 시점 이동이 일어나야 하는 영어나 불어 따위의 언어에서는 투명한 유리잔들이 겹겹이 내포되어 있는 비유를 쓸 수 있으며, 맨 바깥쪽에 있는 유리잔의 색깔에 따라 그 안에 들어 있는 잔들이 모두 동일한 색깔로 보이는 것이다. 그런데 이 시상 의미자질을 지닌 접속 구문의 어미 형태소들은, 시상만 지니는 것이 아니라, 또한 양태 속성까지도 품고 있다. 설령 시상에 대한 유표적 처리 방식이 성공한다고 하더라도, 양태에 대한 함의는 어떻게 표상할 수 있을까? 아마 시상 해석이든지 양태 해석이든지 따로 취급하는 일보다는, 오히려 동일하게 같은 모습에서 유도해 주는 것이 더 나은 선택지로 보인다.

필자의 판단을 결론적으로 제시한다면, 시점 이동이 필수적이지 않은 우리말에서는 각 절마다 시상 해석에 관련된 운용소나 연산자를 따로 설치하지 않고, (17)의 조건만으로도 충분히 모순 없이 소기의 시상 해석을 얻어낼 수 있다고 본다. 따라서 여기서는 (17)을 상정하여, 맨 뒤에 위치한 최종 후행절의 시상 및 양태 형태소들이 구조적으로 지배 관계를 형성하고서, 그 의미자질들을 자신이 지배하는 다른 절들에 부과하여 동화 내지 일치를 일으키는 것으로 가정한다. 이런 관점에서 계속 논의를 진행하기로 한다.

그런 지배 관계에서 상위절(후행절)의 시상 의미자질이 선행절(하위절)을 지배하지 못하는 경우가 접속 구문의 어미 형태소로서 [+종결점]의 의미자질을 지닌 '-안'이다. 따라서 먼저 '-안'이 실현되어 있는지 여부만 주목하고서, 선행절(하위절)의 해석을 먼저 결정하고 나면, 나머지 형상에서의 시상 및 양태에 대한 해석이 일관되게 후행절(상위절)의 지배 형태소에 의해 부여되는 것으로 파악할 수 있다. 필자는 '-안'이란 접속 어미 형태소가 실현될 경우에, 이 어미 형태소에 비정된 [+종결점] 의미자질로 말미암아, 고유하게 시상 및 양태 해석이 진행되는 것으로 파악한다. 다시 말하여, 선행절(하위절)에 있는 사건이 이미 다 종결되어 버렸기 때문에, 「청자가 더 이상 직접 체험 또는 추체험할 수 없다」는 점이 양태 해석으로 지정된다. 반면에, 이에 짝이 되는 접속 어미 형태소 '-앙'은 [±시작점] 의미자질을 지니고 있는데, 뒤에 이어지는 후행절(상위절)의 시상 및 양태 형태소에 의해 지배됨으로써, 전체적으로 한 가지 시상 및 양태 해석을 받게 되는 것이다.

§.3-2-2 [±시작점] 의미자질의 접속 어미 '-앙'이 연속 실현된 경우

이제 직접 이 방언의 사용 실례들을 놓고서 이런 시상 및 양태 해석이 어떻게 진행되는지를 좀 더 자세히 다뤄나가기로 한다. 먼저 접속절들이 접속 어미 형태소 '-앙'에 의해 이어져 있는 경우를 제시하고 나서, §.3-2-3에서 다시 '-안'에 의해 접속된 자료들을 다루기로 한다.

(18가) -앙 -앙 -으라고 햇이민 -겟읍니까: "그러문 저 마당에라도 앚앙(앉아서) 책 ø ᄒ나 빌려 주엉(주어서) 익으랭(읽으라고) 햇이민(했으면) 어떻겟읍니까?" ø ᄒ니, "아, 거 좋다!"고 선생은 찬성ᄒ다ø 말이어. ("그러면 신분이 천한 주인공 아이에게 저 서당 마당에라도 앉아서, 그에게 책을 한 권 빌려 주고서, 그것을 읽으라고 했으면 어떻겠습니까? (좋겠습니다)"라고 말하자, 서당 훈장은 "아, 그거 좋은 생각이다!"라고 찬성한단 말이야. 구비1 양구협, 남 71세: 619쪽)

(18나) -앙 -앙 -겟다: "또 흔 번 저승엘(저승에를) 들어강(들어가서) 환생을 제대로 허영(하여서) 나와야 되겟다!"고.
("또 한 번 저승에 들어가서 환생을 제대로 해서 다시 나와야 되겠다!"고 생각했어. 구비1 안용인, 남 74세: 137쪽)

(19) -앙 -앙 -앙 -앗어: 송구영신ᄒ는[97] 포구(浦口)를, 지금 화북(제주시 화북동) 포구를 송구영신ᄒ는 포구라 허영(해서), 글로(그리로) 풍선(돛배, 風船) ø 허영(이용해서) 탕(타고서) 도임(到任)허엿어(하였어). 들어올 적에도 그 포구로 들어오곡, 나갈 적에도 글로(그리로) 나가는디.
(제주 목사들이 임기가 차서 서로 교체될 적에는 인계·인수의 사무가 집행되는 포구가 있었는데, 지금 제주시 화북 포구를 송구영신하는 포구라고 해서, 그 포구로부터 돛단배를 마련해서 그것을 타고서 도임(到任, 이임으로 말해야 옳음)했었어. 제주 목사로 들어올 적에도 그 화북 포구로 들어오고, 임기가 차서 떠나갈 적에도 그 포구를 통해 나가는데. 구비1 안용인, 남 74세: 207쪽)

앞의 예문들은 모두 동일한 화자에게서 가져온 것이다. (18가, 나)에서는 각각 후행절이 명령문 서법의 '-으라'를 지니고('앉아서, 주어서, 읽으라'), 또한 의도적으로 사건을 일으키려는 양태 형태소 '-겟-(-겠-)'을 지니고 있다('들어가서, 제대로 해서, 나와야 되겠다'). 공통어와 동일한 양태 형태소가 쓰임이 확인된다. 자료의 표기에서 홑시옷 받침을 쓴 것은 이 방언에서 아직 쌍시옷 받침으로 바뀌기 이전의 모습('있-'이 아니라 '잇-')을 유지하고 있다고 판단하였기 때문에, 일부러 홑시옷 받침을 써 놓았다(119쪽의 각주 42 후반부를 보기 바람). 이 형태소

---

97) 이 화자는 특별히 제주 목사가 체임하는 때를 송구영신(送舊迎新, 옛 목사를 보내고 새 목사를 맞음)으로 부르고 있다. 조선조 때에는 대궐에 하례를 위해 바치는 이 지방 특산물이 의무적으로 같은 시기에 보내졌었다. 필자의 좁은 지식으로는, 아마 목사의 체임 시기도 겸해서 그렇게 정례화되었을 가능성이 있을 법하다. '목'이란 용어는 중국 고대에 9개로 나눈 큰 땅덩어리(九州)의 우두머리 관리를 가리켰다. 조선조 때에는 전국 20여 지역에 정3품 관리를 목사로, 종5품 관리를 판관으로 함께 파견했었다. 전라도의 경우 광주목·나주목·제주목이 있었다. 목사는 '목에 파견된 사신'을 가리킨다(본디 심부름 보낼 '시'로 읽었는데[자치통감에서는 '使使, 사시'라는 어구가 자주 나옴], 조선조에서는 잘못 읽어서 오직 '사'로만 고정되었던 듯함. '사신'이 잘못된 발음이고, 응당 '시신'으로 읽어야 한다고 주장할 경우에, 아마 「또라이」 취급을 받을 듯함).

'-겟-(-겠-)'을 "개신파의 언어"라고 안일하게 처리하기보다는, 오히려 필자는 「사회언어학적 방식으로 일어나는 사용 변이」로 파악하고 있다. 다시 말하여, 임의 발화의 [±공식성, ±격식성, ±사회적 거리, ±심리적 거리] 따위의 복합적 자질상 이 방언에서만 관찰되는 '-으크-(-겠-)'와 쓰임새가 나뉘는 것이다(+값이 누적될수록 '-겟-'이 선택되고, 모두 - 값을 지닐 경우에 '-으크-'가 쓰임). 이것들이 모두 미래에 일어날 사건이다. 특히 (18가)의 '했으면 좋겠다'라는 조건절은, 희망 사항을 표현하고 있다(완결되기를 희망함).

이 책에서 접속 구문의 어미 형태소 '-앙'에 비정된 의미자질 [±시작점]에서 후행절(상위절)의 의도를 표현해 주는 양태 형태소 '-겟-(-겠-)'에 지배를 받음으로써, 전체 절들의 사건이 아직 일어나지 않은 것임을 알 수 있다. 따라서 사건의 기점과 관련하여 [-시작점]이라는 해석이 적용됨으로써(± → -), 선행절의 사건 또한 아직 일어나지는 않았지만 장차 일어날 사건임을 가리키게 되는 것이다. (18나)에서도 비록 인용 구문의 형식 '-겟다고(-겠다고)'를 빌어 발화를 끝맺었지만, 현실세계에서 아직 일어나지 않거나 또는 가능세계의 사건을 가리키기 위하여, 종속 접속 어미 '-앙'이 들어가 있음을 확인할 수 있다. 모두 다 자유의지를 지닌 인간에 의해서 일련의 목적을 향하여 일어나는 일련의 복합 사건이다.[98]

---

98) 임의의 사건은 인과율(causality)에 지배를 받는 물질계의 사건이 있고, 본능(instinct)이나 욕구(desire)에 의해 일어나는 생명계의 사건이 있으며, 자유의지(free will)에 의해 설정된 목표나 의지에 따라 일어나는 인간 세계의 사건이 있다. 최근 유행하는 용어를 쓴다면 사물의 내재적 속성이 원인이 되어서 자동적으로 일어나는 사건을 ergative(사물의 내재적 원인으로 사건이 일어나는 동사, 대상에 깃든 내재적 원인의 사건 발생 동사)라고 부른다. 이는 만일 본능을 자연계에 인과관계에 의한 것으로 볼 경우, 물질계와 생명계의 관련 사건들을 가리켜 줄 수 있다. 그렇지만 인간의 자유 의지가 원인이 되어 어떤 목적을 지니고서 일어나는 사건을 반대로 unergative(자유의지에 의해서 주체가 스스로 정한 목표를 지향하여 사건이 일어나는 동사, 주체가 지닌 의지적 원인의 사건 동사)라고 부른다. 전자의 경우에는 사건의 시작(상태 변화의 시작)을 가리키고, 후자의 경우에는 의지나 의도의 측면을 부각시켜 주기 위하여 사건의 '착수'라고 말할 수 있는 것이다.

옛날 표현에는 살아 있는지 여부를, 반응을 할 수 있는 '정(情)'의 유무로써 구분하여,

그런데 맨 뒤의 있는 최종 후행절(결국 내포 구문 속에 편입되어 있는 형상이므로 상위절에 해당함)의 선어말 어미 시상 형태가 '-앗-'으로 실현된 (19)에서는 이 선어말 어미가 앞의 접속 어미 형태들을 지배하고 있다. 이는 몇 가지 사건이 여러 개의 절로 나뉘어 접속되어 있다. 옛날에는

'돛단배를 마련해서, 타고서, 도임을 했었어'

로 이어져 있는 것이다. 여기서는 비록 '-앙'으로 인해 두 개의 절이 접속되어 있지만([±시작점] 자질), 후행절(상위절)은 [+시작점, +종결점] 자질을 지닌 시상 선어말 어미 '-앗-'이 들어 있는 「도임햇어」로

각각 무정물과 유정물로 표현했었다(임의 자극에 대한 반사작용으로서 내부로부터 모종의 것이 발현되는 일이 있고 없음에 대한 구분이며, 情은 어원상 '生'이 발음과 뜻을 겸하여 표시하며, 5행에 근거한 '丹'과 '心'이 뜻을 나타냄). 외부 자극에 대한 능동적 반응 방식(반사 작용)을 서로 '감·정'으로 표현하여 외부 접촉과 내부 발현으로 묶어 놓은 것이다. 오늘날에는 이를 두 측면으로 보는 것이 아니라 오직 내부 발현만 가리키는 한 덩이 감정으로만 파악하는 듯하다. 오늘날에는 생명체 또는 생물을 한 부류로 나누고, 다른 쪽을 무생물로 부른다.

여기서 중요한 것은 서구 지성사의 뿌리를 이루는 희랍 문명에서부터 생명체 중에서도 인간만이 두드러진 특성에 주목하였었다. 이른바 '두 발 짐승'(불행하게도 닭까지도 포함됨)이나 '날개 없는' 두 발 짐승으로 표현하는 것을 외연적 정의 방식으로 부른다. 그 대상의 속성을 언급하는 방식은 아리스토텔레스에 의해서 목적(telos)라는 개념으로 정식화되었다. 오직 인간만이 목적을 지닌 행동을 하기 때문이다. 달리 말하여, 더 폭넓게 표현한다면 우주 속에서 오직 인간만이 자신의 삶에 대한 목적을 결정하는 '가치관'을 추구해 나가는 존재인 것이다.

그런데 서구 지성사의 뿌리를 고려함이 없이 ergative를 '능격(능력 있는 격)'이라고 번역하였는데(고영근, 1986, "능격성과 국어의 통사 구조", 『한글』 통권 제192호), 그렇다면 un-ergative를 '비-능격'이라고 말할 것인가? 잘못된 번역 용어이다. 살아 있는 사람이나 동물이 아니라, '추상적 개념인 격(格, '이르다, 품격'의 뜻)이 능력을 가졌다」고 말하는 것은 우리말 질서가 아니다. 만일 격이 지니고 있는 속성을 가리킬 경우, '기능'을 지닌다고 말할 뿐이다. 우리말에서도 이런 개념을 다룬 경우가 있다. 타동사 구문(철수가 쓰레기를 불 태웠다)을 결과 상태만 표현한 경우(쓰레기가 불 탔다)까지도 같이 논의되고 있어서 혼란이 가중되고 있다.

1980년대에 언어학에서는 inchoative(기동상, 저절로 일어나는 사건 모습)이란 용어도 쓴 적이 있다. 이것이 ergative(내재된 원인에 의해 저절로 일어나는 사건 모습)와 외연이 서로 일치한다. 좀 더 자세한 논의는 위도슨(2005; 김지홍 뒤침, 2018) 『텍스트, 상황 맥락, 숨겨진 의도』(경진출판: 101쪽의 역주 93, 286쪽의 역주 198과 456쪽의 뒤친이 해제에 있는 각주 27)를 읽어 보기 바란다.

실현되어 있다. 이는 (17)의 시상 해석 조건에 따라서, 후행절(상위절)의 사건이 이미 다 끝나 있을 뿐만 아니라, 선행절의 사건도 지배를 통한 일치 현상에 의해서 [±시작점] 자질은, 뒤에 나온 상위절의 선어말 어미에 의해 지배됨으로써, 선행절도 이미 시작된 사건임을 가리키게 된다. 즉, 선어말 어미 '-앗-'의 [+시작점,+종결점]의 자질에 동화되어 '-앙'도 또한 [+시작점]으로 선택되는 것이다. 공통어 대역에서는 이미 누구든 경험할 수 없는 아주 먼 옛날 일을 말하고 있으므로, 일부러 더 이상 추체험할 수 없다는 속뜻을 덧붙여 놓기 위하여 「도임했었어」로 번역해 놓았다. 공통어의 '-었었-'은 각각 「사건 종결·추체험 불가능」의 자질들을 품고 있다.

이렇게 앞뒤로 이어진 절들 사이에서, 시상을 표상해 주는 형태소가 각각 접속 어미 '-앙'과 선어말 어미 '-앗-'이 나와 있을 경우에, 일직선의 모습으로만 본다면 평면적으로 이것들 사이의 시상 의미자질이 충돌한다고 여길 법하다. 필자는 이를 피하고, 종속 접속 어미들이 지닌 양태성의 해석을 보장해 주기 위하여, 종속 접속 어미의 의미자질을 [±시작점]으로 배당해 놓았다. 이것이 선어말 어미 '-앗-'의 의미자질에 의해 지배 구조를 통하여 일치가 이뤄짐으로써, [+시작점]의 의미를 받게 되는 것이다.

바로 앞에서 (17)로 서술해 놓았듯이, 필자는 두 가지 조건을 중심으로(ⓐ 지배 관계를 토대로 하여 ⓑ 오직 상위 차원에 자리잡은 후행절이 사건 완료의 시상을 지닐 경우에만 시상 자질 사이의 동화나 일치가 일어남), 이 구문은 전체적으로 후행절(상위절)의 '종결된 사건' 해석에 따라, 선행절(하위절)의 시상 의미자질도 동화(일치)가 일어난다. 이로써 전체적으로는 통일되게 이미 종결된 하나의 복합 사건 연결체로 해석되는 것이다. 지배 관계의 바탕 위에서, 접속된 여러 사건들을 오직 종결된 사건으로만 여기는 해석 지침이 적용된다. 이에 따라 전체 시상에 대하여 유의미하게 일관된 해석을 이끌어주고 있는 것이다.

(20) -앙 -앙 -앙 -읍주: 「가수콧」(434쪽의 각주 91 참고)으로 동쪽으로
나강(나가서) [그 지점의 모양새를 가리켜 주는 손짓과 더불어] 이렇
게 나온 디, 글로(그리로) 그레(그쪽으로) 「삥~」(둥근 모양을 가리키
는 의태어) 흐게 돌앙(돌아서), ᄆᆞᆯ을(마을) 흔 번 돌아 앚엉(돌아 갖고
서) 강(가서), 그디 강(가서) 「폭~」(갑작스럽게 사르라드는 모습의 의
태어) 없어져 부는(버리는) 겁주.
(한밤중에 푸르스름한 색깔을 띤 도깨비 불이 가수콧으로부터 동쪽으
로 나가서, 이렇게 곶처럼 뾰죽이 나온 데, 그리고 그쪽으로 원둘레처
럼 「빙~」 돌아서, 마을을 외곽으로 한 번 다 돌고 난 뒤에, 그 도깨비
신당으로 가서, 그곳으로 간 뒤에 그 도깨비 불이 갑자기 「싹~」 없어
져 버리는 것입죠. 구비1 안용인, 남 74세: 177쪽)

(20)에서는 이미 보았던 434쪽의 예문 (1)과 동일한 상황을 다시 말해
주고 있다. (1)에서는 한밤중에 도깨비 불이 원 둘레를 돌듯이 마을의
외곽을 도는 대목만이 인용되어 있었다. 여기서는 그 도깨불이 마을
을 원 둘레처럼 두루 한 바퀴를 돌고 난 뒤에, 도깨비 신당에 이르면,
마치 자신의 역할을 다하였다는 듯이, 그 불이 갑자기 사려져 버린다
는 「일반적인 사실」을 말해 주고 있다('사라져 버리는 것이다'에서 관형
절 어미 '-는'의 실현이 그러함). 그런 측면에서 사건을 표상해 주는 핵어
로서 동사가

「나강(나가서), 돌앙(돌아서), 강(가서), 강(가서)」

과 같이 네 가지 사건을 접속해 주기 위하여 네 번이나 접속 어미 '-앙
(아서)'을 쓰고 있다. 이 책에서는 [±시작점]이라는 의미자질을 비정
해 놓았다. 그렇다면 앞에 나온 선행절들이 모두 맨 뒤에 있는 후행절
(내포 구문을 이루는 상위절에 해당함)에 있는 선어말 어미와 양태 어미
에 의해서 지배된다. 다시 말해, '-는 겁주(-는 것입죠)'가 지닌 자질에
의해서 동화가 일어난다. 여기서 관형형 어미 '-는'이 양태적인 모습

을 지니는데, 형식 명사 '것'에 이어져 있다. 이는 일반적인 사실을 표상해 주고 있다.

만일 관형형 어미가 '-은 vs. -을'이 기본값 형태로 간주될 경우에 (617쪽의 각주 131에서 [±상태 불변성] 자질로써 대립한다고 봤음), 다시 여기에 '-느- vs. -더-'가 '-은'과 융합되어 있는 모습으로 '-는 vs. -던'이 도출될 수 있다. 필자는 이때 '-느-'가 청자로 하여금 마음만 먹는다면 언제나 현실세계에서 경험(체험)할 수 있는 사건임을 표상해 준다는 점에서, 또한 양태적 속성을 지니는 것으로 파악한다. 더욱이 형식 명사 구성이 동사의 활용 방식과 비교할 경우에, 이미 진리값이 깃들어 있다는 함의가 깔려 있으므로, '-는 것이다'라는 구문이 일반 사실이나 보편적 진리를 표현하는 데에 이용될 수 있다(219쪽의 각주 55 및 276쪽의 각주 64를 참고하기 바람).

(20)의 예문은 보편적인 사건을 표현한다는 점에서 가능세계의 사건 을 가리킨다고 볼 수 있다. 즉, [-시작점]의 의미자질을 지니면서, 추상 적인 사건을 서술해 주는 모습으로 파악하는 것이다. 여기서는 맨 뒤에 위치한 최종 후행절(내포 구문 모습에서는 상위절임)의 시상 의미자질이 '거+ø+읍주(것+이다+읍지요)'로 재분석할 수 있다. 형식 명사가 계 사의 형식으로 표현된 이런 형상에서는 형식 명사에 선행한 관형형 어미가 양태를 표시해 주며, '-는 것'이 모든 가능세계 사건을 가리켜 준다. 그렇기 때문에 (17)의 시상 해석 조건에 따라서 적극적인 영향을 미칠 수 있는 동화주가 될 수 없으며, 가능세계에서 누구나 경험할 수 있는 보편적인 복합 사건의 연결을 가리켜 줄 뿐이다. 이는 언제 어디에서나 성립될 수 있는(과거에도 현재에도 미래에도 우연하게 발생할 수 있는) 일반적이고 쉽게 경험 가능한 사건 연결체를 표상해 주고 있는 셈이다. 이런 점에서 전체 사건의 연결체는 일관되게 모두 가능세계에 서 일어날 법한 [-시작점, -종결점]의 시상 의미자질을 갖게 된다. 또한 특별한 양태 표시 형태가 없이 기본값으로 주어진다는 점에서, 양태 해석상 그런 사건이 우연히 일어날 경우에는, 누구에게나 보편적으로

동등하게 관찰될 수 있는 사건 연결체임을 가리키고 있다.

이런 경우에 현실세계에서 아직 시작도 되지 않은 사건이 어떻게 존재할 수 있을지에 대한 의문이 제기될 수 있다. 필자는 이미 장기기억 속에 저장하고 있는 임의의 사건이, 앞으로 우연히 현실세계에서 일어나는 경우라고 해석한다. 여기서 이는 접속 어미 형태소 '-앙'에 양태의 해석이 깃들게 해 준다. 이미 유사한 사건을 직접적·간접적으로 체험하여 우리 기억 속에 담아 놓았기 때문에, 그런 부류의 사건이 현실세계에서 우연히 다시 일어날 수 있음이 함의될 수 있는 것이다. 아직 시작도 되지 않은 사건이란, 불가지 사건도 아니고, 아주 특수한 사건도 아니다. 다만 우리가 장기기억 속에 저장해 둔 일련의 직접·간접 체험 내용들을 작업기억에 인출하여 처리할 수 있는 가상 사건을 가리켜 주기 때문이다. 필자는 이것이 이른바 보편적 진리를 가리키는 진술로 지시해 온 내용으로 파악한다. 조금 전문 용어를 쓴다면 「상호주관적인 사건 체험」을 표상해 주는 방식인 것이다. 특히 이 방언의 자료에서는 이런 보편적인 진술을 담고 있는 사례들로서 속담이나 경구에서 이내 그런 모습과 마주칠 수 있다.

> (21가) -앙 -나: 담배통 ø 상퉁이(상투)에 꽂아 뒁(두고서) 사을(사흘) 춫나(찾는 법이다)
> (담뱃대를 자기 상투에 꽂아 두고서 사흘씩이나 찾는 법이다. 고재환, 2013 개정증보판: 143쪽)
> (21나) -앙 -앙 -은다: 벤(무거운) 짐은 갈랑(갈라서, 나눠서) 져도, 빙(병)은 못 갈랑(갈라서, 나눠서) 진다.
> (무거운 짐은 남과 나눠서 짊어질 수 있어도 병은 그럴 수 없다. 고재환, 2013 개정증보판: 277쪽)

(21가, 나)에서는 속담이나 경구를 가져왔다. 모두 다 일반적인 진리 또는 보편적 속성을 지닌 사건을 가리키고 있다. 이런 측면에서 현실세계에서 일어나고 있거나 현재 관찰 가능한 사건은 아니다. 후행절

의 종결 어미는 각각 '-아'와 '-다'이다(각각 어조를 달리하여 두루 여러 서법에 쓰이는 반말투 종결 어미 및 고유하게 서술 서법에서만 쓰이는 종결 어미임). 이 종결 어미들이 양태를 가리켜 주는 형태들과 융합되어 있으며, 각각 '-나'와 '-은다'처럼 실현되었다.99) 오늘날에는 있을 수 있는 세계(가능세계)를 도입하여 모든 가능세계(possible worlds)에서 다 참값을 지닌 사건을 '보편적 진리'로 규정한다. 이를 위하여 직접 체험하거나 추체험이 보장되는 현실세계의 사건 이외에도, 우리의 일반적 체험이나 경험을 되살려 생각해 봄으로써 있을 수 있는 사건들로 이뤄진 세계를 다룰 수 있다. 이런 가능세계를 다루는 분야를 양상 논리학 또는 양태 논리학으로 부른다. 필자는 양태와 관련된 속성이 접속 어미 형태소 '-앙'에 깃들 수 있는 근거가, 바로 (17)에 있는 시상 해석 조건을 그대로 적용함으로써, 양태 형태소('-느-'로 대표됨)에도 동일하게 작동하는 것으로 본다. 이 점이 바로 종결 어미의 앞에 나오는 선어말 어미 '-앖-'과 시상 의미자질에서 접속 어미 '-앙'이 차이를 보여 주는 지점일 것이다. [±시작점] 의미자질이 비정된 '-앙'은, 후

---

99) 이 방언에서 찾아지는 '-나'와 '-은다'를 다룬 고영진(2007) "제주도 방언의 형용사에 나타나는 두 가지 '현재 시제'에 대하여"(『한글』통권 제275호) 및 고영진(2008) "제주도 방언의 형태론적 상 범주의 체계화를 위하여"(『한글』통권 제280호)를 보기 바란다. 거기에서 이전까지의 논의들을 종합적으로 검토하면서 자세히 논의한 바 있는데, '-느-'에서 말미암는 [항상성] 의미자질을 상정하였다. 249쪽의 각주 59에서 언급하였듯이, 필자는 이 자질을 가능세계에서 언제나 참값이 된다는 양태 자질로 받아들인다. 그럴 뿐만 아니라, 어느 언어에서나 대상의 내부 속성이나 영구 특성을 언급할 경우에는 크랏저(1988), "Stage-level and Individual-level"(Carlson and Pelletier 엮음, 1995, 『The Generic Book』, 시카고대학 출판부에 재수록됨)에서 논의된 개체 층위의 서술 방식으로 파악했다. 이 또한 결과적으로 모든 가능세계에서 참값이 됨을 보장해 준다. 좀 더 자세한 논의는 김지홍(2014) 『제주 방언의 통사 기술과 설명: 기본구문의 기능범주 분석』(경진출판: 84쪽 이하)을 보기 바란다.

만일 이 방언에서 형용사 어간에 서술 서법에서 똑같이 '-나'와 '-은다'가 관찰됨이 사실이라면, 필자는 이것들이 수의적 변이 관계가 아니라, 서로 다른 어조를 써서 여러 서법에 쓸 수 있는 반말투 종결 어미 '-어'와 고유하게 서술 서법에서만 쓰이는 종결 어미 '-다'의 구분으로 나눌 수 있을 것으로 본다. 앞의 책 김지홍(2014: §.2-2-2 및 §.2-2-4)에서 논의된 두루 서법 종결 어미 '-아' 및 고유 서법의 종결 어미 '-다'의 교체로 파악할 수 있는 것이다. 김지홍(2016) "제주 방언의 선어말어미와 종결 어미 체계"(『한글』통권 제313호)에 있는 〈도표2〉와 〈도표3〉과 〈도표4〉도 같이 참고하기 바란다.

행절(상위절)의 양태 형태소에 지배됨으로써 가능세계의 사건을 표시해 주기 위하여 [−시작점]의 자질로 구현될 수 있다. 바로 이것이 보편적 진리를 가리키는 표현에서 후행절(상위절)의 ㄴ양태 형태소와 일치될 수 있는 디딤돌이 된다. 그렇지만 후행절(상휘절)의 선어말 어미 '−앖−'이 [+시작점, −종결점]의 의미자질을 띨 경우에는, 이 선어말 어미 형태소가 이끌고 있는 해당 절이 현실세계(무대 층위)에서 이미 시작되어 있는 사건이어야 한다. 필자는 특히 이 형태소가 조건문 형식(−으면)을 지배하고 있을 경우에, 온당한 해석 지침이 마련되기 위해서는, 519쪽의 각주 117에서 언급한 층렬을 도입하여 층렬 간의 이동이 일어나야 한다고 판단한다.

이런 시상 의미자질에 대한 해석들을 다루면서, 필자가 염두에 두고 있는 바는 「개체 : 집합」 사이의 대립, 또는 「개별성 : 일반성」 사이의 대립, 「대상 : 전체」 사이의 대립이다.100) 시상 표현도 궁극적으로

---

100) 아리스토텔레스로부터 기원하는 고전 논리학은 이른바 시제가 없는 단언문(proposition, 명제)들을 놓고서 참과 거짓을 가리고 나서 다시 이런 단언문들의 결합된 모습의 일관된 도출 속성을 다룬다(중세 시기에 6권의 총서로 묶인 것 중 소위 『사고 도구(Organon)』로 불린 책). 아리스토텔레스에게는 하나의 단언문이 개체로 표현되거나 전체로 표현되며, 그 단언 형식이 긍정되거나 부정됨으로써, 결과적으로 네 가지 선택지만 주어져 있었다. 이를 단언(명제) 대립 사각형으로 부르며, 각 모서리를 A·E·I·O로 약칭하였다. 이런 모습의 논리학이 현대에 와서 뤄쑬(Russell)과 스트로슨(Strawson) 사이에 'The king of France is bald(현재 프랑스 국왕이 대머리이다)'라는 문장을 해석하면서, 시제를 도입하는 계기를 만들었다(두 논문이 모두 정대현 엮음, 1987, 『지칭』, 문학과지성사에 들어 있음). 그런 단언문을 진술(statement)이라고 따로 불러, 시제를 다루지 않는 고전 논리학의 단언문과 구분한다.

그런데 새로운 논리학에서는 시제를 과연 어떻게 다룰 수 있을 것인가? 「시제 논리학의 아버지」로 칭송되는 프롸이어(A. N. Prior, 1914~1969) 교수는 시제를 다루는 방식이 부등식 연산(보다 크다 '〈', 보다 작다 '〉')에 지나지 않음을 처음 깨닫고서, 이를 수학 기초론을 열어 놓은 프레게의 단언 형식을 중심으로 하여, 기본값으로 언제나 1항 연산자로 주어져 있다고 보았다(119쪽의 각주 42에 있는 세 권의 출처를 참고하기 바람).

시제 중심 언어에서는 부등식 '〈 또는 〉'으로 표시되는 시점들 사이의 비교가 가능할 것이다(단, 부등호가 성립되지 않는 경우에는 등호관계로 됨). 점적인 존재가 이산 수학(discrete mathematics)의 기본 바탕인 자연수와 1 : 1 대응관계에 있기 때문이다. 그렇지만 이 방언에서는 시간 표현이 결코 시점으로 표시되는 것이 아니다. 대신 어떤 폭을 지닌 사건의 시간 지속체가 관찰자에게 경험되는 일 그 자체가 핵심이 되어야 하는 것이다. 그렇다면 사건과 관련된 시간 표상의 변수는

하나의 사건이 어디에 어떻게 위치하는지를 표상해 주는 일이다. 필자는 개별성과 일반성과 전체적인 필연성을 구분해 두고자 한다. 앞의 두 개는 우연성의 토대에서 표상된다. 개별성은 단일하게 점적 존재로서 표상되고, 일반성은 점들이 모여 일정한 폭을 지닌 존재로서 표상할 수 있는 것이다. 필연성은 전체를 대상으로 하며, 누구에게나 체험된다는 특성을 지녀야 한다. 우연성은 체험 가능성에서 높고 낮은 정도로써 하위 구분하여 표시될 수 있다. 그렇지만 필연성은 100% 체험 가능해야 하는 것이다. 이를 자연수의 분포로 비유해 볼 수 있다. 모든 자연수는 필연성에 다름 아니다. 그렇지만 이 자연수에서 새로운 집합을 마음대로 뽑을 수 있다. 짝수의 집합, 솟수의 집합, 인접 솟수들의 합산 집합 따위이다. 이런 집합이 일반성을 나타낸다. 그렇지만 자연수 하나하나는 개별성에 필적한다.

만일 시간과 공간이 직교하는 어떤 좌표계를 설정할 경우에, 특정 사건이 특정 시간과 특정 공간의 교차 지점에 위치하고 있다면, 임의의 사건이 우연히 실재 일어났다고 말할 수 있다(우연한 사태의 경험 가능한 실재성임). 이는 「개체의 해석, 대상의 해석, 개별성의 해석」을 받는다. 그렇지만 우연히 임의의 사건이 가능태(가능세계의 구성원)로서 일정한 범위의 시간 대역과 공간 대역의 교차 영역에 분포할 수도 있다(일정한 폭을 지닌 영역에서 우연히 경험할 가능성이 높은 확률임). 이는 일반성의 해석을 받는다.

여전히 다른 가능성도 있다. 전체 시간과 전체 공간에 걸쳐 항상 필연적으로 분포하는 무한한 대상들이 상정될 수 있는 것이다. 이는 필연성의 해석을 받으며, 모든 가능세계를 다루게 된다(필연적 사태로

ⓞ (화자나 청자에게) 관찰되고 경험될 수 있는지 여부,
ⓛ 그 사건이 시작되고 진행되며 완결되었는지 여부

가 핵심이 되어야 할 것이다. 이런 개념적 요구를 만족시켜 줄 수 있을 법한 상위 개념을, 필자는 소박하게 「개체와 전체」, 「대상과 집합」, 「부분 집합과 전체 집합」 따위로 변환시켜서 찾아져야 할 것으로 믿는다.

서의 무한한 보편성임). 필자는 인간 언어에서 표상되는 시상 체계도 본질적으로 우연한 실재성(폭의 분포 및 점의 분포) 및 무한한 보편성의 두 축으로 이어진 실선 사이에서 여러 가지 매듭으로 사건을 분할해 나가는 방식이라고 믿는다. 즉, 양태(양상)의 개념 속에 다시 시상과 시제가 하위 개념으로 표상되는 방식이다. 여기서 양태는 최상위 개념으로서 모든 가능세계에서 사건의 전개에 대한 개관을 표상해 준다. 시상은 그 세계 중에서 하위에 있는 현실세계에서 관찰될 수 있는 사건의 진행을 표시하는 몫을 맡고 있다(381쪽의 〈표7〉과 774쪽의 각주 151을 보기 바람). 시제는 다시 차원이 더 복잡해지는데, 점적인 표상 위에서 사건의 위치와 관찰자(화자 및 청자로 또 분화됨)의 시점과 발화에서의 기준 시점(화자가 있는 곳의 현재 시점이거나 따로 발화 속에 제시된 시점으로 분화됨)이 모두 화자의 머릿속에 표상되어 있어야 할 것이다. 필자는 이 방언의 자료를 해석하는 데에 시상의 개념만으로도 충분할 것으로 판단하고 있다.

§.3-2-3 [+종결점] 의미자질의 접속 어미 '-안'이 연속 실현된 경우

접속 어미 '-안'의 반복된 실현을 놓고서, 앞에서 제시된 (17)이 어떻게 적용되어 유의미한 해석이 도출되는지를 살펴보기로 하겠다. '-안'이 반복되면서 시상 형태소들이 일치되는 경우도 있고, 그렇지 않고서 절마다 시상 형태소의 모습이 다른 경우도 관찰된다.

(22) -안 -안 -안 -안 -으니 -앗주: 북군(북제주군)에서는 물 ø 타 앗언 (타 갖고서, 타서) 물로(말을) 탄(타서) 막 중간 숫지(미상, [??]사잇땅 또는 험한 땅) 들리단(달리다가) 물에서 ᄂ련(내려서) 걸언(걸어서) 가니, 지경(地境, 땅 면적)을 많이 먹어 불엇주, 북군에서 남군보단. (제주 삼읍의 경계를 정할 적에, 북제주군에서는 더 넓은 땅을 차지하려고 더욱 적극적이었는데, 말을 타고서, 말을 타서, 막 중간에 있는 삿지를 달리다가, 말에서 내린 뒤에 걸어서 가니, 읍의 경계를 멀리까

지 확대하여 땅의 면적을 많이 차지해 버렸지. 구비1 안용인, 남 74세: 183쪽)

(23) -안 -안 -고 -앗어: 그 아이는 걸언(걸어서) 몰(말)ø 이껸(이끌고서) 가고, [훈장은] 몰 우희선(위에서는) [길을 막아선 도둑을] 봣어. (그 아이는 걸어서 말을 이끌고서 가고, 서당 훈장은 말 위에 타 있는 채 앞길을 가로막고 서 있는 도둑을 보았어. 구비2 양구협, 남 71세: 631쪽)

(22)에서는 동일한 접속 어미 형태소 '-안'이 반복되면서 여러 절들을 접속해 주고 있다. 각 절마다 하나의 사건을 가리켜 주는데,

「앗언(갖고서),[101] 탄(타서), ㄴ련(내려서), 걸언(걸어서) 가다」

와 같이 다섯 가지 사건이 시간 전개 흐름대로 순차적으로 하나의 목

---

101) 양태 표현과 관련해서, 이 방언에서는 일어날 수 있는 가능세계의 사건을 표상하기 위하여, 부사형 어미(내포 구문의 어미) '-아'에 '가지다 vs. 두다'라는 대립 짝을 이루게 된다. 전자는 선행절 사건이 후행절 사건을 일으키는 도구나 방법이 되지만, 후자는 선행절 사건이 일단락되어 유보된 뒤 후행절의 사건을 일으키기 위한 배경 사건으로 전환됨을 나타내는데(이를 '배우 vs. 무대' 또는 '진행 수단 vs. 배경 사건'으로 대립시킬 수 있음), 이는 831쪽 이하의 내포 구문에서 다뤄진다. '앗다'어 어간은 두 가지 표상으로부터 도출되어 나온다. 하나는 공통어의 '앉다(to sit, 坐)'라는 동사가 이 방언에서는 '앗다'로도 쓰인다. 공통어의 '가지다, 갖다(to keep, to have, 持)'도 또한 이 방언에서는 초성이 탈락하여 '앗다'로 쓰인다(공통어에서는 '빼앗다'도 '빼다+갖다'로 이뤄져 있으나 똑같이 초성이 탈락한 측면에서 같이 행동함). 따라서 동일한 음성형이 어디에서 기원한 것인지를 따져 살펴볼 필요가 있다.
  이 두 어형을 가장 손쉽게 구분하는 방법은 활용 어미를 확인하는 것이다. '앉다(to sit)'에는 양성 모음의 어미가 결합되어 각각 '앗앙, 앗안'으로 실현된다. 반면에 '갖다, 가지다(to keep, to have)'의 활용에서는 음성 모음의 어미가 결합하여 각각 '앗엉, 앗언'으로 실현된다. 왜냐하면 '가지다'의 두 번째 음절에 있는 모음이, 비록 흔적만 남기더라도 반모음으로 녹아 있기 때문에, 이것이 음성 모음 '-엉 vs. -언'이 결합하도록 만들어 놓는 것이다. 이런 경우가 공통적으로 이 방언의 형태소 결합 자료에서 이미 몇 가지 지적된 바 있다. 335쪽의 각주 75에서도 언급하였고, 350쪽의 (27나) 예문 '-앗어도'에서 실증된다. 시상 선어말 어미 형태소 '-앗-(-았-)'에 양성 모음 '-아도'가 결합하여 도출될 만한 '*-앗아도'가 불가능한 이유도, 이 형태소에 녹아 있는 흔적 때문이다. '-앗-(-았-)'이 '-아 잇-'으로부터 말미암은 융합형이기 때문에, 비록 '있다'의 어근까지 표현 형태에서 사라져 없어졌지만, 여전히 그 녹아 있는 흔적으로 음성 모음만을 요구하기 때문에 그러한 것이다.

표를 위해 접속되어 있다. 모두 다 '고을의 면적을 넓히고자 군 사이 경계 지점을 더 확대'하려는 목적에 이바지하는 하위 사건들이다. (23)에서도

「걸언(걸어서), 이껀(이끌고서), 가다」

라는 일련의 사건이 있고, 다시 병렬된 사건으로서 '보는' 사건이 있다. 이 두 사건 흐름은 맨 뒤에 나온 후행절에 구현된 선어말 어미 '-앗-(-았-)'에 의해서 일관된 시상 해석을 받고 있다. 이 선어말 어미는 '-앖-'과 대립하는 짝으로서, 접속 어미의 시상 의미자질처럼 동일하게 사건의 「시작 여부」([±시작점])와 사건의 「종결 여부」([±종결점])에 의해 시상의 의미자질을 배당받는다.102) 종속 접속 구문의 어미

---

102) 좀 더 자세한 논의는 이 방언에서 시상을 표시해 주는 형태소들을 놓고서 다룬 김지홍 (2014) 『제주 방언의 통사 기술과 설명: 기본구문의 기능범주 분석』(경진출판: §.2-2), 그리고 고재환 외(2014) 『제주어 표기법 해설』(제주발전연구원: 143쪽 이하 및 162쪽 이하)에서 필자가 집필한 부분을 읽어 보기 바란다. 필자는 이 방언에서 상 및 시제가 구분없이 공존하고 있다고 본다(기준 시점을 따로 도입하는 시제 체계로 발달되지 않은 모습임). 이를 포괄하는 상위 개념으로 「시상」이라는 용어를 쓰고 있다. 이 시상을 표현하는 데에 기준이 되는 요소는 관찰자 겸 화자라고 판단한다. 필자가 직관적으로 느끼는 바로는, 너와 내가 공동으로 인정하는 객관적인 제3의 기준점(가령 발화 시점과 사건 시점의 구분 따위)은 이 방언에서 두드러진 역할을 맡고 있지 않을 것으로 본다.
현평효(1985) 『제주도 방언 연구: 논고편』(이우출판사)에서 쓴 '동작상'이란 용어도 문제가 있다. 선어말 어미 형태소 짝인 '-앖- vs. -앗-'이 인간의 행동이나 동작이 아닌 사건에도 쓰이기 때문이다. 따라서 바람이 불거나 눈이 녹는 일처럼 자연계의 대상이 저절로 진행되어 일어나는 사건을 놓고서도 아무런 제약 없이 쓰일 수 있는 것이다. 이런 점에서 '동작'이라는 말이 잘못된 선택임을 알 수 있다. 또한 그 의미자질을 구별해 주는 '완료, 미완료'도 받아들이지 않는다. 대신 이 책에서는 '시상'이란 용어를 쓰고 있으며, 시상이란 개념을 표상해 주는 의미자질로서 '시작점, 종결점'을 쓰고 있다(471쪽의 각주 98을 참고 바람).
앞에서 언급한 고재환 외(2014)에서 올바른 시상 형태소가 밝혀지기 이전까지는, 앞의 현평표(1985)에서 잘못 분석된 '-암시- vs. -아시-'라는 형태소를 고쳐 놓으려는 노력이 없이 잘못을 그대로 답습했었다. 그렇지만 중요한 언어 사실로서, 이 방언에서도 공통어에서와 같이 어조만 달리하여 여러 서법에서 두루 쓰이는 반말투 종결 어미 '-어'가 '-암시- vs. -아시-'에 결합됨으로써 기대되는 '*-암셔 vs. *-아셔'라는 결합 형식은 결코 찾을 수 없다. 이는 '-암시- vs. -아시-'라는 형태소의 설정이 잘못되었음을 의미한다. 또한 아마 「시」라는 소리에 이끌리어 '있다'와 관련하여 상정된 '존속상' (지속상)이란 개념도, 반드시 점적인 시간 존재를 전제로 하여 성립된다. 이 방언에서

'-안'은 특이하게 양태적인 함의도 깔려 있다. 이런 양태 해석이 가능하도록 만들어 주기 위하여, 이 책에서는 [+종결점]의 의미자질을 비정해 놓았다. 여기서 이 접속 어미가 품고 있는 양태적 모습은 「현실 세계에서 선행절 사건을 청자가 더 이상 추체험할 수 없다」는 속뜻이다. 이는 짝이 되는 접속 어미 '-앙'이 청자에게 추체험할 수 있는 가능성을 열어 놓는 일과 대립된다. '-안'의 의미자질은 최종 후행절(접속절이 내포 구문에 편입되므로 후행절은 상위절이 됨)에 구현된 선어말 어미 형태소 '-앗-'이 표상하는 [+시작점, +종결점]의 시상 의미자질과 서로 잘 일치하고 있다. 따라서 새롭게 따로 지배 관계에 의한 동화를 다룰 필요가 없어진다. 즉, 결과적으로 동일한 시간·공간 좌표계에서 일어난 일련의 연속 사건을 가리키고 있는 것이다.

(24가) -안 -안^2 -안^2: [모래 구덩이를 다 채운 뒤 굴려온 큰 바위를 그 위에] 놘(놓아서) 내 불언^2(내 버렸어). 이젠 ᄆᆞ음(마음) 놓안^2(놓았어). (같이 과거 시험을 보러 가던 주인공을 모래 구덩이에 파 묻고 모래를 다 덮은 뒤에는 다른 데에서 굴려온 큰 바위를 그 위에 놓아 두고서 내 버렸어. 그러고 나서 이제는 과거 시험에서 뛰어난 경쟁자 때문에 걱정되었던 마음을 푹 놓았어. 구비2 양구협, 남 71세: 620쪽)

(24나) -안 -안 -안 -안 -앗수게: 옛날 씨집(시집) 가고 장개(장가) 간예(가서+화용 첨사 '예'), 허여 뒨(장가 가 두고서), 서방은 무연도(채록자의 각주에서 無人島로 보았으나, 사람이 살 수 없는 무인도는 내용상

는 시폭을 지닌 상은 있으되, 시점을 표시해 주는 형태소가 없다는 점도 개념상 자가당착이 된다.

앞의 김지홍(2014: 제3장)에서는 이 방언에서도 공통어에서처럼 어조만 달리하여 두루 여러 서법에 걸쳐 쓰이고 있는 반말투의 종결 어미 '-어'가 실재함이 확정되자, 곧장 여기서 남아 있는 시상 형태소가 '*-암시- vs. *-아시-'가 아니라 1음절로 이뤄진 '-앖- vs. -앗-'임을 밝혀낼 수 있었다. 여기에 잘못 붙어 있었던 'ㅣ'는 종결 어미에 붙어 있는 약모음 '으'가 전설화되어 나온 결과였다. '-앗-'에는 '있다'에서 유래된 지속(또는 존속)의 의미자질이 그대로 다 녹아 있으며, 결코 따로 '존속상'이라는 개념을 중언부언 덧붙일 필요가 없다. 공통어에서는 국어사에서 일어난 변화를 반영하여 '-았-'으로 쓰고 있지만, 이 방언에서는 자체적으로 아직 그런 변화가 일어나지 않았으므로, '-앗-'으로 쓰고 있다. 119쪽 이하의 각주 42 및 421쪽의 각주 86을 같이 읽어 보기 바란다.

모순이므로, 아마 연고가 없는 섬인 無緣島일 가능성이 있음)엘 족은각
실, 족은마누랄 정허연예(정해서+화용 첨사 '예'), 그 무연도엘 간(가
서) 이젠 살렴(살림)을 살앗수게(살았습니다).
(옛날에는 시집 장가를 가요, 그렇게 장가를 가 두고서, 서방은 집을
나가서 무연도에서 작은 각시를, 작은 첩실을 정했어요. 그러자 본처가
그 무연도에를 찾아 가서, 이제는 살림을 같이 살았습니다. 구비1 김순
여, 여 57세: 204쪽)

(24가)에서는 '-안'이 세 번 나오지만, 뒤에 나오는 '-안²'는 같은 부류
의 것이 아니다(593쪽 이하에서 논의됨). 이는 내포 구문의 형식(인용
형식)이 종결 어미처럼 전성된 경우이다. 따라서 구별이 쉽도록 어깨
부호로써 숫자 2를 덧붙여 놓았다. 소리 형식이 동일하고 실현 위치
또한 활용 어미의 자리에 있기 때문에, 이것들 사이에서는 크게 혼동
이 일어날 수 있다.[103] 그렇지만 가장 손쉬운 판별 방법은, 줄어들기

---

103) 부끄러운 고백을 적어 둔다. 김지홍(2019) "제주 방언의 인용 구문과 매개변항"(『한글』
제80권 4호, 통권 제326호)를 쓰면서, 필자는 이전에 지녔던 시각이 잘못임을 터득하기
이전까지는, 이 두 형태소를 놓고서 막연히 구분되는 정도로만 여기고 있었을 뿐이다
(219쪽의 각주 55). 이 두 형태 사이가 완벽히 다른 구성임을 명백하게 입증해 놓지
못했었다. 2018년 2월에 탑재했던 이 과제의 제2년차 보고서를 다시 읽으면서, 그 당시
에도 일부 사례에서 필자가 예의 주의하지 못한 채 잘못 해석했음을 확인하였다. 이런
이유로 필자는 다시 이 책 593쪽 이하에서 따로 §.3-4를 내세워서, 이 현상을 좀 더
자세히 논의해 놓았다.
  결국 이 방언의 진면목에 대한 논의도, 개별 현상들에 대하여 면밀하게 검토하고 따
져 본 뒤에라야, 그리고 서로 신뢰하는 연구자들끼리 밀접하게 토론을 거치면서 어떤
합의점을 도출한 뒤에라야, 비로소 도달할 수 있을 것임을 느낀다. 여느 분야도 그러려
니와, 아직 아무도 가 보지 않은 처녀림과도 같은 이 방언의 연구에서 새로운 길을
내는 일도 또한 엄청난 인내와 숙고를 요구하는 것이다. 이는 한 사람의 연구자에 의해
서 달성되는 것이 아니다. 온갖 심혈을 쏟는 여러 연구자들에 의해서 서로 교류하면서
「집단 지성의 힘」으로 성취되는 길이 있을 뿐이다.
  일전에 언어 철학을 다룬 참스키(2006) 『New Horizons in the Study of Language and
Mind』(케임브리지대학 출판부)들을 읽으면서 science-forming capacity(학문 형성 능력)
이란 개념을, 단순히 한 개인의 능력으로 잘못 간주했었다. 그런 왜곡된 이해 위에서,
참스키 교수의 언어 철학에 대한 논문도 쓴 적이 있었다. 지금 와서 생각하면 참으로
부끄러운 일이다. 이것이 한 개인의 능력이 아니라, 「집단 지성의 학문 형성 능력」을
가리키는 것이기 때문이다. 그렇지만 이런 잘못된 이해 방식을 스스로 고칠 수 있는
중요한 전환점이 필자에게 있었다. 경상대학교에서 과학철학 전공자(정병훈)·물리학자
(윤석주)·심리학자(조선희)와 함께 2년 넘게 툴민(Toulmin, 1972) 『Human Understanding:
The Collective Use and Evolution of Concepts』(프뤼스턴대학 출판부, 520쪽의 방대한

분량이며 하버드대학의 쿤의 책과 대립됨)를 찬찬히 번역하면서 서로 윤독할 기회를 가졌던 것이다. 그러는 과정에서 툴민 교수의 책에서 부제로 내세운 집단 지성 능력의 Collective Use(집단에서 공유하는 이용 방식)를 새롭게 바라보도록 하는 '집단 지성'에 대하여 생각해 볼 수 있었다.

예를 들어, 우리는 분자 생물학의 지식을 의무 교육에서 배웠기 때문에 자명하다고 느낀다. 염기 서열의 배열로써 지구 위 모든 생명 현상의 일관된 진화 과정에 대한 큰 지도도 얻을 수 있다. 그렇지만 이런 참된 지식을, 희랍 시대로 거슬러 올라가서, 소크라테스와 플라톤과 아리스토텔레스에게 이를 진리라고 설파할 수 있을까? 설령 그런 지식을 옮겨 주는 말은 할 수 있을지라도, 그 현인들의 머릿속에서 현재 알려진 지식의 실체에 대해서는 조금이라도 이해할 수가 없을 것이다. 왜냐하면 초신성 폭발로 화학 원소 주기율에 따라 탄소를 매개로 하는 유기물이 만들어지고 나서, 다시 산소를 이용하는 호기성 세포의 존재도 알아야 하며, 신체의 대칭구조를 만들어 내고, 선캄브리아 시기에 식물로부터 얻은 로돕신 단백질의 발현으로 간단한 홑눈이 생겨난 뒤에 피식·포식의 전장터가 됨으로써 진화론적 압력으로 등뼈가 생겨났으며, 두뇌의 발달까지 일어나도록 하는 관련된 여러 분야의 배경 지식들이 필요할 것이다. 그렇지만 관련 영역에 대한 초보 지식조차 그들에게는 전무하기 때문이다.

아무리 현인들이라고 한들, 현대 사회에서 보통 교육에서 자명하다고 가르쳐 주는 생태 환경에 대한 초보 지식을 받아들일 바탕조차 전혀 마련되어 있지 않다. 그들에게서 자명한 것으로 치부하는 상식과 우리 시대에 당연한 것으로 여기는 상식 사이에는 크든 작든 질적인 차이가 있기 때문이다. '상식'이란 포장지 속의 내용이나 층위들이 판연히 달라져 있는 것이다. 이런 점에서 「집단 지성(collective intelligence)이란 개념이 사회문화적으로 작동하는 것」이라고 말할 수 있다. 현재 우리 지식의 토대를 벗어나서, 모종의 이질적인 진리(가령, ET에게서 통용되는 진리)를 아무리 아름다운 목소리로 말한다손 치더라도, 우리한테는 여전히 '쇠귀에 경 읽기에 불과할 것'임도 넉넉 유추하고 짐작할 만하다.

거시적으로 보아서 언어학의 상위 개념인 인문학은 인류 지성사를 이해해야 하고, 이에 대한 공부는 계몽주의 시기에 선구자들의 업적을 읽는 일로부터 시작하는 것이 지름길로 판단한다. 이전에 부지불식간에 깊숙이 깔려 있었던 서구 문화의 오류와 편견들을 그 선구자들이 새롭게 명시적으로 드러내어 반발하고, 새롭게 대안을 제시해 주는 일들을 지속적으로 일구어 왔기 때문이다. 한문으로 씌어진 지식 체계는, 서구 지성사에서 근대 시기와 같은 파천황의 전환(몰락을 동반한 새로운 탄생)을 경험해 보지 못했다. 따라서 여전히 진나라 시황이 폭정에 반면 질서였던 한나라 '훈고학'(동중서 건의)의 전통이 청산될 수 없었고, 아주 소박한 부족 국가 시대(삼황 오제)에로 복고하는 왜곡된 가치관이 널려 있었다. 일부에서는 이 일이 당연시되거나 강요되었었다. 노나라의 공구도 어지러운 춘추 시대를 벗어나고자 주공을 사모하고 그의 이상을 구현하려던 복고적 인물이었을 뿐이다. 희랍의 아리스토텔레스에 비견될 만큼, 남송의 주희는 자신이 흡수할 수 있는 지식들을 일관된 체계로 서술해 놓을 수 있었던 몇 안 되는 천재였다. 동시에 자신의 세운 원칙과 어긋나는 질서에 대해서는 이단으로 공격하면서, 자신을 정통으로 자리 매김을 하였다. (이런 태도는 불행하게 조선조 지식인들에게서 여러 차례 사화를 일으키는 도화선이 되었음.)

그럼에도 불구하고 주희의 작업 결과는 잘못된 선택이었고, 역사 속에서 「역기능」으로만 작동하였으며, 마침내 근세로 오면서 당시 만연한 부정부패와 맞물리면서 중국이란 나라가 몰락하는 계기로 작용하였다. 우리 역사도 또한 중국에만 눈길을 주고 있었기 때문에 그런 몰락의 길을 걸었었다. 그렇다면 2020년을 살고 있는 한국 사회의 지식인은 어떤 선택을 해야 하는 것일까?

근대 이후의 서구 지성사에서는 창조를 위한 기존 지식 체계의 파괴와 부정이 매우 「순기능」을 하고 있다. 이를 필자는 분석 철학을 열어 놓은 무어(1953; 김지홍 뒤침, 2019) 『철학에서 중요한 몇 가지 문제』(경진출판)를 통해서 확인할 수 있었다. 우리가 세워 놓아야 할 학문 영역의 목표와 삶의 가치는 미래 지향적이어야 한다. 이는 복고풍의 훈고적 '아류' 학문(복사된 내용)은 더 이상 존재할 이유가 없음을 의미한다. 창의적인 생각은 전체 지식 체계에 스스로 접근할 수 있는 바탕 위에서만 가능하다. 이는 연구자의 능력별로 젊은 시절 짧은 기간에 완성되기도 하고, 또한 나이가 들 때까지 오래 시간이 걸리는 일이기도 하다. 국어학 분야의 전반적인 흐름에서 스스로 이론을 만들어 내면서 학문을 해 나가려는 노력이 어느 때보다도 더욱 절실하다고 생각한다.

필자는 33년의 교수 생활을 정리할 시기를 마주하고서야, 뒤늦게 전체적인 모습을 통일된 생각으로 적어 놓아야 함을 절박하게 느꼈다. 잘난 척, 다 아는 척 적어 놓은 필자의 제주 방언에 대한 이 논의도, 또한 만일 뒷연구자들에게 창의적인 생각을 열어 줄 똥오줌의 거름 역할만이라도 할 수 있다면, 지금 논의의 존재 이유와 가치가 충분할 것으로 본다. 늘 남의 이론이나 베끼는 노예 생활을 반복할 수는 없다. 우리 말을 놓고 우리 생각을 찾아나가는 일에, 과감히 여러 가지 학문적 전제와 가정들을 내세워서 복합 구문의 실상을 드러내려는 시도를 해야 하는 것이다. 아무리 무모하게 보이더라도, 만일 더 깊은 층위들에 대해서도 함께 맞물려 다루어야 한다는 자각을 이 방언의 후속 연구자들에게서 이끌어낼 수만 있다면, 필자로서 할 수 있는 일로서는 더 없이 바람직스런 결과일 것이다. 뛰어난 몇 사람의 글들을 예외로 한다면, 이 방언 연구를 필자는 매우 초라하게 생각한다. 일반 언어학에 대한 이해도 없이, 정통 국어학 영역 발전 내용들을 제대로 파악하지도 못한 채, 마지막 도피처로서 이 방언의 특이점만을 다루는 경향이 이어져 왔다. 이 방언의 독자적 형태소는 오직 접속문의 일부에서만 발견될 뿐이다. 역접 관계나 수의적 부가절에서는 그대로 공통어 형태소와 동일하며, 내포문에서도 철저히 그러하다. '개신파' 운운하는 주장은 엄연히 이런 언어 사실을 의도적으로 왜곡했다. 그런 주장은 이면에 이 방언의 특이성을 강조해야만 자신의 연구가 더욱 대접받을 것이라는 부당한 동기에 근거할 듯하다. 결국 필자는 그런 흐름이 이 방언 연구에 몰락을 자초해 왔다고 믿기 때문이다.

결코 제주 방언의 복합 구문에 대한 논의는 한낱 순수히 통사론 층위나 형태론 층위에만 그칠 수 없다. 순수 언어학 쪽의 논의에서는 이 책의 논의가 이단적이고 이질적이다. 필자는 소쉬르의 한계가 언어의 형식에만 집중했기 때문에, 언어 내용의 섬부한 영역을 제대로 다룰 수 없는 것이 큰 한계라고 평가한다. 언어 내용은 다시 서로 공유할 수 있는 우리 삶의 모습들로부터 연역되어 나올 수 있다. 내용에 눈길을 돌릴 경우에, 안 보이는 것들을 다룰 수밖에 없다. 전체 설화 자료를 일관되게 통일성을 부여해 주려면 안 보이는 주요 변수로서 상황 맥락과 사건 전개 모형을 상정해 놓아야 하기 때문이다. 이 점이 필자가 「담화 전개 질서와 정신 작동 방식」에 기대어 이 방언의 복합 구문을 다루고 있는 직접적인 동기가 된다.

이 책에서는 번다할 만큼 각주의 숫자와 분량이 많다고 이 보고서를 놓고서 최종 출판 여부를 심사한 분의 지적이 있었다. 그 지적에 고마운 말씀을 드린다. 그렇지만 애초에 생각을 그대로 고수하기로 하였다. 필자가 달아둔 많은 분량의 각주 내용은 따로 그런 대목들에 대하여 독립적으로 기고하거나 출판할 만한 기회를 찾기가 거의 어렵다. 그렇기 때문에 필자의 저서를 출간을 할 수 있는 이번 드문 기회에 평시 이 방언의 개별 사항들을 놓고서 필자의 생각을 충분히 적어 놓고자 하였다. 또한 언어학이 인류 지성사의 흐름 속으로 맞물려야 올바른 식견을 얻을 확률이 높아진다는 소박한 믿음에서, 배경지식의 확장도 역시 불가피한 측면이 있다. 만일 인류 지성사의 활동이 모두 우리 두뇌 부서의 작용에 대한 결과물이라면, 그리고 그 두뇌 작용이 일관된 이전의 본디 형태소인 '-아네'를 대신 써 보면서, 문장 성립 여부를 알아보는 일이다. 그렇다면, '-안²(-어+은)'가 들어 있는 내포문에서는 [+종결점]을 가리켜 주는 시상 형태소가 없는 것이다. 오직 반말투의 종결 어미 '-아'에 의해서 문장이 끝나고 있음을 알 수 있다(593쪽 이하를 참고 바람). 그럼에도 어떻게 해당 절에 표상된 사건이 이미 일어났고, 이미 다 끝났음을 가리키는 해석이 유도되는 것일까?

§.3-2-4 접속 어미 '-안¹' 및 문장 종결 위치에서 관찰되는 '-안²'

일단 종속 접속 구문의 어미 형태소 '-아네'가 줄어든 '-안'을 서로 구분하기 위하여 어깨부호를 숫자를 붙여 나타낼 수 있다('-안¹'). 비록 이와 표면 음성형이 동일하지만 앞뒤 환경이 다르며, 그 기능 또한 구별되어야 하는 형태소를 구분해 주기 위하여, 여기서는 '-안²'로 표시해 놓기로 한다. 이곳의 논의가 종속 접속 어미 형태소이므로, '-안¹'에는 어깨부호로 숫자를 붙이지 않은 채 '-안'으로만 써 나가도 혼동이 빚어지지 않을 듯하다. 그렇다면, 서로 구분할 목적으로 인용 구문의 형상에서 생략이 일어남으로써 종결 어미처럼 쓰인 '-안'만을 놓고서 '-안²'로 표시해 놓기로 한다. 이에 대해서는 다시 593쪽 이하에서 좀 더 자세히 논의될 것이다.

앞에서 제기된 의문에 대하여, 필자는 담화 전개 흐름에 기대어 답변을 마련할 수 있다고 본다. 선행절에서 접속 어미 형태소 '-안'이 나와 있을 경우에, 이는 선행절의 사건이 [+종결점]의 해석을 지닐 디딤판이 이미 주어져 있는 것이다. 이런 터 다지기가, 이 이야기의 시작에서부터 '옛날'이라는 시간 부사가 주어져 있기 때문에 아주 자

흐름을 따르고 있다면, 이 방언의 자잘한 복합 구문의 자료들도 또한 그런 질서를 그대로 반영해 줄 것으로 기대된다. 만일 이런 전제가 올바르다면, 표층에서 심층에 이르기까지 우리 인간의 정신작용에 대한 통찰을 이 방언의 복합 구문 자료를 해석하는 데에 충분히 고려해 주는 것이 필요할 것으로 판단하는 것이다.

연스럽게 일어난다. 또한 (24가)의 대목에 바로 이어지는 다음 발화 (25)에서는 "돌풍이 모래를 깨끗이 다 날려 버렸지"라고 표현해 줌으로써, 그런 시상 해석이 일관되게 유지될 수 있도록 보장해 주고 있다.

> (25) -은 거지. -아 가지고 -아 불엇주: 그 놈이 이젠 멀리 갈 만ㅎ니, 아
> 참!, 하늘이 도와 준 거지. 큰 돌풍이 그 ㅅ방이(사방에) 불어 가지고
> 몰래(모래)를 「쑥~」(의태어, 깨끗이) 불려 불엇주(버렸지).
> (주인공과 같이 과거 시험을 보러 가려던 놈이, 주인공을 구덩이 속에
> 파묻고 모래로 덮은 다음에, 멀리 그곳에서 벗어날 만하니까, 마침
> 하늘이 도와 준 것이지. 큰 돌풍이 그 사방에 불어서 구덩이를 덮고
> 있던 모래를 깨끗이 다 날려 버렸지. 구비2 양구협, 남 71세: 620쪽)

설령 맥락에 기대어서, 이미 이 복합 사건 연결체가 가리키는 것이 종결된 과거 사건임을 알았다고 하더라도, 여전히 왜 시상 형태소를 안 썼던 것일까에 대한 의문이 남아 있다. 잠정적으로, 필자는 이 질문에는 「생생한 현장성을 보장하는 효과」를 주려는 것이라고 답변을 제시할 수 있다. 일관되게 선어말 어미 '-앗-(-았-)'을 실현시켜 주는 일도 통일성을 보장해 준다는 측면에서 선택될 수 있다. 그렇지만 이미 이야기가 언급하는 상황이 지금 시점으로부터 멀리 떨어져 있는 과거 시점에서 일어나고 있는 것이다. 그 과거 시점의 무대에서 매번 선어말 어미 시상 형태소를 개재하지 않는다면, 바로 눈앞에서 보고 있듯이 사건의 전개와 추이를 서술해 줄 수 있는 것이다. 이런 특징을 지닌 담화 전개 방식은 언어 보편적이다. 특히, 소설의 사건 전개 방식으로 널리 채택되는 기법으로 알려져 있다.104)

---

104) 온전히 시간·공간의 지표를 언어로 표현해 줌으로써, 이른바 「사건의 무대」가 지정되어 있다면, 독자들도 소설을 읽어 나감에 따라 그 약속을 받아들여서 해당 무대 앞으로 다가가게 된다. 따라서 바로 눈앞에서 사건이 벌어지고 있는 듯이 현재 시점의 표현들을 그대로 이용하게 되는 것이다. 이런 특성은 이미 클락(1996; 김지홍 뒤침, 2009) 『언어사용 밑바닥에 깔린 원리』(경진출판: '제12장 층렬 도입하기')에서 자세하게 밝혀져 있다. 이런 무대들 사이의 전환을 보장해 주는 원형 사건은 「어린 시절의 소꿉놀이」

(24나)의 화자는 남을 높여 주는 화용 첨사 '예(요)'를 자주 쓰고 있다. 상대방과 부드러운 관계를 돈독하게 다지려는 화용 전략의 일환이다. 만일 이 화용 첨사 '예(요)'를 절의 마무리 짓는 부분에 나온다고 여긴다면, 적어도 세 개의 분절로 나뉘어야 한다. 그렇지만 이 화용 첨사의 출현은, 어떤 어절이든지 간에 관계없이 만일 자립할 수 있다면 임의 범주(XP 범주)에 접미될 수 있다고 본다. 가령,

"옛날예 씨집 가고예 장개 간예…"(483쪽 (24나)의 응용)

에서와 같이, 하나의 절 단위 속에서도 다시 '옛날예, 가고예'에서 보듯이 두 번씩이나 같은 화용 첨사가 구현될 수 있는 것이다. 이렇게 화용 첨사가 계속 붙는 경우에, 부정적 측면으로, 언어 능력 수준이 낮은 사람처럼 취급받을 우려도 있겠지만, 구조적으로 모든 자립 어절이 동일한 화용 첨사를 지닐 수 있는 것이다(어절마다 각각 화용 첨가가 붙어 있는 실제 사례는 514쪽의 예문 32를 보기 바람).

한 담화를 분절해 나가는 일은 화용 첨사뿐만 아니라, 췌이프(Chafe, 1994; 김병원·성기철 뒤침, 2006) 『담화와 의식과 시간: 언어 의식론』(한국문화사: 제5장)의 억양 단위, 그리고 클락(1996; 김지홍 뒤침, 2009) 『언

이다. 클락 교수는 이런 점을 명시적으로 드러내기 위하여 '묵시적 대응 함수'를 상정하였고, 이 함수가 작동할 수 있도록 세 가지 원리를 연속적으로 가동시킨다. 각각

「층렬화된 의미의 원리·상상의 원리·식별의 원리」

이다. 묵시적 대응 함수는 언제나 독자(청자)가 숨을 쉬고 있는 현실세계의 "현장 층렬"의 토대 위에서 일어나게 된다. 인터넷 서핑에서도 여러 가상 공간들을 활보하며 뛰어들어갈 수 있다. 그럼에도 불구하고, 최종적으로 기반을 두고 있는 '컴퓨터 끄기' 작업은 결국 언제나 현장 층렬(현실세계)에서만 가능한 것이다. 이런 현장 층렬 위에 소설 속에서 도입되는 무대로서 「소설 속 층렬」이 세워진다. 다시 소설 속 층렬에서도 임의의 주인공이 자신의 옛날 일을 회고하여 말해 줄 수 있다. 그럴 경우에 「소설 무대 속의 새로운 현장 층렬」이 되는 셈이다. 이런 층렬들의 도입은 일상적으로 일어나는 반어법의 해석뿐만 아니라, 비꼬기, 얼레리꼴레리 놀려대기, '인사치레' 의사소통과 같은 표현들의 해석에서도 아주 중요한 역할을 맡고 있음을 클락 교수는 자세히 논증하고 있다. 과거에 일어난 사건을 가리키면서, 인용 구문을 이끌어가는 상위 동사 'ᄒ여(하여)'로 언급하는 이유를 설명해 놓은 519쪽의 각주 117도 같이 참고하기 바란다.

어사용 밑바닥에 깔린 원리』(경진출판: 제9장)의 휴지 단위도 다 함께 고려되어야 하는 변인이다. 따라서 복합적인 차원들이 아주 긴밀히 공모하고 있으므로, 그 결정이 간단치 않다. 만일 이런 측면을 고려한다면, 논의를 쉽게 전개하기 위하여 일단 세 개의 분절로 되었을 가능성을 여기서는 유보해 두기로 한다(세 개의 분절 가능성을 확증하려면, 더욱 주의를 하면서 해당 녹음 파일을 들어봐야 할 것임). 그렇다면 여기에 제시된 사건은, 적어도 네 가지 절로 표현되어 있다. 이것들이 모두 '-안'을 이용하여 접속되어 있으며, 절의 핵어로서 동사만을 적을 경우에 다음과 같다.

「간(가서), 뒨(두어서), 정허연(정해서), 간(가서)」

이들 선행절은 모두 마지막 후행절(내포 구문의 형상을 지니므로 상위절이 됨)에서 '살앗수게(살았습니다)'로 마무리되었다. 여기에 [+시작점, +종결점]을 나타내는 시상 선어말 어미 '-앗-(-았-)'이 실현되어 있다. 그런데 앞에 있는 절들에서 모두 동일하게 [+종결점]의 시상 의미자질을 지닌 접속 어미가 쓰이고 있다. 따라서 동일한 자질을 지닌 시상 해석이 이뤄질 수 있으며, 일치가 요구되는 형상이 아니라는 점에서, 더 이상 선행하는 절들을 놓고서 영향을 미칠 대상이 없는 셈이다. 만일 시공간 좌표계를 만들어 놓고서, 좌표계의 눈금이 모두 증가하는 방향을 순방향 벡터(원점에서부터 한쪽 방향으로 증가되어 나감)라고 부른다면, 이 접속절들이 모두 현재 청자와 화자가 함께 있는 시공간의 좌표계에서 원점으로부터 더 멀리 떨어져 있는 벡터를 지시한다고 말할 수 있다. (24나)에서는 동일한 시상 의미자질을 지닌 선어말 어미 '-앗-(-았-)'이 본래의 몫을 맡고 있다.

(26) -안 -안 -은 생이라. -안 -안²: 남(나무)을 간(가서), 어디 고지(덤불숲), 선흘(제주시 조천읍 善屹里) 고지(덤불숲) ø 간(가서), 남(나무)을

비여단(베어다가), 어디 그디도(그곳에도) 남(나무)ø 비는(베는) 디가 신 생이라(있는 모양이야, 있는 상[相]이야). 산에 간(가서) 남(나무)을 비여단(베어다가) 배를 짓언(지었어).
(나무를 가서, 어느 덤불숲에, 조천면 선흘리에 있는 덤불숲에 가서, 땔나무를 베어다가, 어디 그곳에도 땔나무를 베는 곳이 있었던 모양이지, 산에 가서 나무를 베어다가 배를 지었어. 구비1 김순여, 여 57세: 204~205쪽)

(26)에서도 최소한 네 개의 절로 나뉘어 표현된 일련의 사건들이 있다. 먼저 두 개의 사건이 접속 어미 '-안'으로 이어져 있으며, '~인 모양[상]이야'로 매듭지어졌다. 나중에 있는 절에서는 하나의 사건이 '-안'으로 이어져 있다.

「간(가서), 간(가서), 간(가서), 베어다가」

맨 마지막 절에 있는 '-안'는 (24)의 예문에서 언급해 놓은 대로 내포 구문(이 구문의 하위범주로서 인용 구문)을 이끌고 있는 형식으로서, 종결 어미로 전성된 모습을 보여 준다(593쪽 이하 참고).

(27) -은 -앙 -느냐?: [고려장하려고 할아버지를 짊어지고 온 지게를 놓고서] "내 불주(버리지). 할으버지 져 와 난 지겔(지게를) 집이(집에) 정(지고서) 가느냐?" 흐난, "거(그거) 아이(아니) 됩네댄(됩니다고)".
(고려장을 하려고 아버지가 할아버지를 짊어지고 왔었던 지게를 손자가 다시 짊어지려고 하자 "거기에다 내 버리지, 할아버지를 지고 왔던 지게를, 손자인 네가 왜 굳이 집에 지고 가려고 하느냐?"고 아들에게 물었다. 그러자 아버지에게 "그 지게를 내버려 둔 채 집으로 돌아가면 안 됩니다. 일후에 내 아버지를 등짐으로 져다가 내버릴 지게이니까 말입니다!"고 대답했어. 구비1 허군이, 여 75세: 195쪽)

그런데 (27)에서는 앞에서 살펴본 사례들과 유형이 좀 다르다. 먼저 관형절 어미 '-은'이 '-어 나다(져 와 나다, 져 왔었다)'라는 내포 구문을 거느리고 있고(835쪽 이하 참고), 다시 종속 접속 어미 '-앙(경, 짊어져 서)'이 나오며, 최종 후행절이 양태 형태소를 지닌 '가느냐?'의 모습으로 표현되어 있다. 필자가 지배 관계의 형상 위에 다시 시상 해석 조건 내지 지침을 (17)로 언급하게 된 까닭이, 바로 이런 사례를 염두에 두고서 그 해석 방식을 설명해 주기 위한 조치였다. (27)에서는 선행절이 '-아 나다(-았었다)'라는 내포 구문에 의해서 한 사건이 온전히 다 끝이 났다. 그 사건이 일어났던 관련 '시·공간' 좌표계로부터 관찰자가 완전히 벗어나 있음을 가리키고 있다(공통어로 '-았었-'과 대응함). 관형절로 이뤄진 '져 와 난(져 왔었던)'은

> 아버지가 「어떤 지게를 져 와 낫다」(어떤 지게를 지고 왔었다)
> 손자가 「그 지게를 지고 가다」(그 지게를 지고 가다)

라는 두 사건에서, 공통된 요소인 '지게'를 중심으로 하여 하나의 절로 통합되어 있는 것이다. 외견상 이는 접속 구문이 아니라, 관형절을 지닌 복합 구문이다. 그렇게 명칭을 달리 부름으로써 모든 일이 다 해결되는 것은 아니다. 전통 문법에서는 이름을 달리 부르는 것 이상 아무런 설명도 없고, 어떤 관련성도 포착하려고 하지 않는다. 그렇지만 관형절을 지니든, 접속절을 지니든, 두 사건이 복합적으로 연결되어 일련의 사건 연결체를 만들어 놓는다는 점은 동일하다. 왜냐하면 임의의 사건이 문장으로 나올 수도 있고, 또한 명사구나 명사로도 표상될 수 있음이 다른 학문에서부터 잘 알려져 있었기 때문이다(219쪽의 각주 55 및 276쪽의 각주 64를 보기 바람). 이를 받아들인다면, 선행 사건은 관형절을 지닌 명사의 형식을 지녔고, 후행 사건은 그 명사가 다시 목적어로 들어가 있는 것이다.

이런 방식의 짜임에 대한 자각은, 일찍이 분석철학을 열어 놓은 뤄쓸(Russell, 1872~1970)이 정관사 '*the*'(철학 쪽에서는 '확정 표현[definite expression]'으로 부름)를 분석하면서, 존재성과 유일성에 대한 주장이 깃들어 있음을 확정하고 난 뒤에, 이를 *iota operator*(확정 양태 연산소)로 부른 사례에서도 배울 수 있다(또한 Lyons, 1999; 엄정호 뒤침, 2020, 『한정성』, 한국문화사를 참고하기 바람). 또한 행동하는 지성인으로서 뤄쓸을 늘 존경해 오던 참스키 교수에 의해서도 1960년대 이후 줄곧 생성 및 변형의 개념으로 포착할 수 있는 친숙한 언어 접근 방식이다(참스키, 2003; 장영준 뒤침, 2011, 『촘스키, 러셀을 말하다』, 시대의 창). 동사를 매개로 하여 접속되든지, 아니면 명사를 기반으로 하여 얹혀 접속되든지, 아니면 다른 미시구조 형성에 관한 언어 기제(56쪽 이하에서 미시구조를 형성하는 일곱 가지 언어 기제를 보기 바람)를 이용하든지 여부와 상관없이, 현실세계에서는 엄연히 두 개의 사건이 존재하는 것이다. 그것들이 연합하여 일련의 사건 흐름을 만들어 가는 것이다. 담화 분야에서는 임의의 사건이 동사를 매개로 하여 절로 표현될 수도 있고, 명사 구성을 도입하여 명사구로도 표현될 수 있다. 이들 표현 방식 사이에는 서로 다른 동기 또는 내포의미들이 깃들게 됨을 지속적으로 논의해 왔다.

이런 측면으로 보면, (27)의 후행절 '그 지게를 지고 가느냐?'에서 청자가 곧장 체험하거나 관찰할 수 있는 「현재 사건의 양태」를 가리키는 선어말 어미 '-느-'는, (17)의 시상 해석 조건에 따라 사건의 종결점을 가리키는 의미자질과 무관하므로, 선행한 사건들의 해석에 아무런 영향을 끼칠 수가 없다. 다만 관형절 '-은'이 이끌고 있는 의미자질이 선행 사건이 이미 완결되어 있음을 가리킨다. 가령, 동사 '하다'가 "한 일 vs. 할 일"로 표현될 경우에 '-은 vs. -을'이 양태상의 대립을 찾을 수 있다. 전자는 이미 일어난 일을 가리키는 것이다(617쪽의 각주 131에서 [±상태 불변성] 자질로써 대립된다고 보았는데, [+상태 불변성]을 가리키는 '-은'이 정합적으로 작동하기 위해서 이미 관련 사건이 끝나서 그 결과와 상태가 주어져 있다는 전제가 깔림). 이 방언의 표현 방식으로는 내포 구문 '-아 나다(-았었다)'의 구성에 의해서, 이미 그 사건이 일어나

서 다 끝났음을 표시해 주고 나서, 청자와 화자가 공유하는

〈 시간 × 공간 〉

특정한 좌표계로부터 시간 흐름을 거슬러 있는 역방향의 벡터로서 멀리 떨어져 있음을 뜻한다. 그리고 선행절(하위절)에서는 종속 접속 어미 '-앙'이 [±시작점]의 의미자질을 지니고 있는데, 후행절(상위절)에서 누구든 마음만 먹는다면 「해당 사건이 현재 경험 가능함」을 나타내는 양태 형태소 '-느-'에 의해 지배 관계에 놓여 있다. 이는 모든 가능세계에 적용될 수 있는 [±시작점]의 해석에 특정한 지침이 주어지는 계기가 된다. 다시 말하여, 만일 관련된 해당 사건을 경험하고자 한다면, [+시작점]의 해석이 유도되는 것이다. 모든 가능세계의 사건이 잠재적으로만 있는 것이 아니다. 우연히 현실세계에서 다시 '지게를 져 가는 일'로 실현된다. 이는 청자(단, 설화에서 상정된 무대 속에 참여하고 있는 청자로서, 이런 층렬상의 변화는 각주 104와 각주 117을 참고 바람)에게도 관찰되고 추체험할 수 있는 사건임을 가리켜 준다.

　이런 특징을 반영해 주기 위해서는, 후행절(상위절)에서 시상 형태소 및 양태 형태소의 의미자질이 지배 관계를 통해서 선행절(하위절)에 있는 사건에까지 그 해석에 영향을 미칠 수 있어야 한다. 이를 보장하려면 접속 어미의 의미자질이 선어말 어미의 의미자질과 똑같이 설정되어서는 불가능하다. 만일 그렇게 된다면 오직 선행절(하위절)의 시상 자질과 후행절(상위절)의 시상 자질만이 표상될 뿐이기 때문이다(둘 모두 시상 층위 형태소가 될 뿐임). 이 책에서는 접속 어미의 양태 해석을 보장해 주는 방편으로, 선어말 어미의 시상 의미자질 중 단 하나의 의미자질만을 표상해 놓았다. 시상 해석을 이끌어가는 지배 관계에서 마찬가지로, 후행절(상위절)의 양태 형태소의 해석도 선행절(하위절)에까지 똑같은 지배 관계 속에서 양태 해석이 일어나도록 동화 또는 일치가 일어난다고 설명하고 있다. 다시 말하여, [±시작점]의 의미자질을

지닌 접속 어미 형태소 '-앙(-아서)'에, (27)에서처럼 후행절(상위절)에 있는 양태 형태소 '-느-'가 지배 관계 속에서 동화를 요구할 경우에는, 기본값으로 배당된 의미자질에서 그 동화가 일어남으로써 [+시작점] 의미자질로 바뀌는 것이다(동화나 일치의 결과로서 '±'에서 '+'로 고정됨). 자기 아버지가 할아버지를 고려장을 하려고(죽게 내버려 두려고) 지게에다 할아버지를 지고서 산으로 온 다음에, 할아버지와 지게를 내버려 둔 채 내려가려고 하였다. 그렇지만 손자는 뒷날 고려장을 위해서, 다시 그 지게를 지고서 집으로 가려고 하였다. 이는 반드시 충렬화된 무대 위에서 파악되어야 하는 일이다. 그 손자가 관련된 일을 시작하였으나, 아직 끝나지는 않은 상태이다. 단, '청자에게서의 추체험 가능성'은 결코 현실세계에 있는 현장에서 확인할 수 있는 사건이 아니다. 오직 「충렬화된 무대 속」에서 이 설화를 듣고 있는 청중들이 몰입해 들어감으로써, 그런 추체험이 일어난다는 점에 유의해야 한다. 81쪽의 각주 32에 언급된 심리학자 털빙 교수의 용어를 빌리면(Tulving and LeParge, 2001, "Where in the Brain Is the Awareness of One's Past?"; 쉑터 외 엮음, 한국 신경인지기능 연구회 뒤침, 2004, 『뇌와 기억, 그리고 신념의 형성』, 시그마프레스), 제3두뇌(피질)에 저장되는 "뒤를 돌아보는 기억"이 이런 추체험을 가능하게 만드는 토대가 되는 것이다. 이런 설화 충렬의 무대 속에서, 다시 아버지는 자기 아들에게 왜 그 지게를 지고 집으로 가고 있는지 그 까닭을 묻고 있는 것이다. 이 발화는 화용적으로 「그렇게 하지 말라」는 금지의 속뜻이 깃들어 있다.

(28) -안 -아서 -아 놓고: 들어오시라고 ㅎ엿(하여서) 이젠 안터레(방 안쪽으로) 청해다 놓고는, … 좋은 방에 앚져서(앉혀서) 흘끗(아주 배부르게) 멕여(먹여) 놓고.
(손님에게 방으로 들어오시라고 해서, 이제는 방 안쪽으로 청해 놓고는 … 따뜻하고 좋은 방에 앉혀서, 흡족하게 대접해 놨어. 구비2 양구협, 남 71세: 627쪽)

(28)에서는 적어도 세 가지 사건을 드러내는 절들이 이어져 있다. 그런데 이 방언의 전형적인 접속 어미 '-안'(본디 형태인 '-아네'와 서로 교체될 수 있음)과 공통어의 접속 어미 '-아서', 그리고 이 방언에서 특이하게 접속 어미 형태소 '-고'가 종결 어미 자리에 나오는 경우를 보여 준다. 이제 절을 투영하는 핵어로서 동사들만 다음처럼 표시할 수 있다.

「말ᄒ연(말해서), 앚져서(앉혀서, 앉힌 다음에), 멕여 놓고(먹여 놓고, 대접했어)」

만일 이 사건 연결체를 통일되게 같은 접속 어미를 써서 다음처럼 말할 수도 있다.

'말ᄒ연(말해서), 앚젼(앉혀서), 멕여 놧어(먹여 놓았어)'

이 경우에 모두 [+종결점]이라는 의미자질을 지닌 접속 어미 '-안'과 선어말 어미 '-앗-'에 의해 세 가지 사건이 순차적으로 접속되어 있는 모습이다. 그렇지만 (28)에서는 일련의 사건 연결체를 마지막으로 '-고'라는 형태로 매듭을 짓고 있다. 그렇지만 이는 '-고 하다'고 쉽게 복원될 수 있다. (28)의 맥락에서는

'-고 ᄒ엿어(-고 하였어)'

가 일차적 후보이다. 여기에서 '-앗어'(시상 선어말 어미 '-앗-'과 반말투 종결 어미 '-어'의 결합체)로 끝났다면, 복원된 최종 절(후행절이면서 동시에 상위절임)의 선어말 어미 '-앗-'의 시상 의미자질은 [+시작점,+종결점]이다. 즉, 임의의 어떤 사건의 전개가 시작점과 종결점을 모두 지나서 이미 다 끝났음을 의미한다. 후행절(상위절)에 있는 선어말 어

미 시상 형태소 '-앗-'의 의미자질은 (17)에 제시한 접속절의 시상 의미 해석 조건에 따라, 내포 구문을 형성해 주는 방식으로 맨 뒤에 위치한 후행절(상위절)의 의미자질대로 동화가 일어나야 한다.

이런 과정에서 공통어의 접속 어미 '-아서'를 지닌 두 번째 접속절에는, 시상의 해석을 위해서(그리고 통일된 양태 해석을 보장해 주기 위하여) 동일한 자질이 내재적으로 표시되거나 동화가 일어난다.105) 이 방언의 설화 채록 자료에서 관찰되는 이 공통어 형태소 '-아서'에 대해서는, 이미 §.3-1의 예문 (12)~(15)에서 격식을 갖춘 말투 쪽으로의 변이로 논의한 바 있다(446쪽 이하). 여기서는 방언 형태소와 공통어 형태소를 서로 뒤섞어 쓰고 있는 것이다.106) 그리고 다시 첫 번째 접속절에는 이미 [+종결점] 의미자질을 지닌 '-안'이 실현되어 있으므로, 전체적으로 최소한 세 가지 절에 의해 접속된 일련의 사건이 일관되고 동일하게 시상 해석이 보장되고 있으며, 따라서 시상 표상에서 서로 일치하는 것으로 적합하게 해석이 이뤄지는 것이다.

---

105) 1980년대에 채록된 이 방언의 설화 자료에서는 결코 종속 접속 구문에 나타나는 어미 '-아서'는 시상 또는 양태 형태소와 결합하지 않는다. 이런 점에서 이 방언의 자료가 보수적인 언어 현상을 보여 주는 것으로 판단된다. 최근에 공통어에서 일부 그렇지 않은 현상들이 관찰된다. 422쪽 이하의 각주 87에 언급되어 있는 두 부류의 업적들을 참고하기 바란다. 대체로 선행절이 원인을 가리킬 경우에 시상 선어말 어미 '-았-'이 결합할 수 있는 듯이 서술되어 있다. 어떤 형상을 지니든지, 필자는 접속 어미 형태소들이 양태 해석을 받기 위해서는 시상 범주에 속하는 것이 아니라, 동등하게 양태 범주에 속해야 할 것으로 믿는다. 이 책에서는 접속 어미 형태소뿐만 아니라, 내포 구문의 어미 형태소들도 양태 범주에 속한다고 주장하였다. 905쪽 이하의 논의를 보기 바란다.

106) 담화 전개에서 말투의 변이가 관찰될 수 있다. 특히 격식적인 말투라 하더라도, 중간 중간 비격식적 말투가 뒤섞이면서 사회적 거리와 관련하여 친밀감을 더욱 도탑게 만들 수 있다. 그렇지만 전체적인 담화의 말투를 따질 경우에는, 이른바 '욕조 효과'를 고려하면서(429쪽의 각주 89를 보기 바람), 맨 처음 도입될 경우의 말투와 마지막 끝냄 무렵의 말투가 동일하다면, 전체적으로 동종의 말투로 담화를 진행한 것으로 머릿속에 잔상이 남게 된다. 중등학교의 교실 수업은 마치 9시 뉴스처럼 공식적이고 격식 갖춘 담화 현장이다. 그렇지만 9시 뉴스에서는 언제나 '-습니다' 말투를 쓰는 것에 비하여, 수업 시작 부분과 수업 마무리 부분을 제외한다면 중간 중간 두 사람 사이 너와 나가 대화하듯이 비격식 말투가 뒤섞일 수도 있다. 공적인 제도에 의해서 마련되고 실행되는 교실 수업의 형식이 언제나 그러하듯이, 첫 시작점과 마지막 끝점은 9시 뉴스 말투로 환원되며, 이로써 전체적으로 공식성과 격식성이라는 속성을 지닌다고 서로 믿게 된다. 설사 첫 시작점과 마지막 끝점이 인사말뿐이라고 해도, 아마 학생들에게는 그런 인상이 남을 것으로 본다.

§.3-3 종속 접속 어미 '-안 vs. -앙'이 지닌 기능과 그 기능의 변동

이 접속 어미 형태소 '-안 vs. -앙'의 기능이나 접속 의미자질은 기본값으로서 ① 순차적 사건 전개를 나타낼 수 있다. 이것이 기본값으로 주어질 만한 전형적인 기능이자, 접속 자질인 셈이다. 그렇지만 맥락이 갖춰지고 사건 전개 모형이 확정됨에 따라서 또한 의미자질이나 기능도 변이가 일어난다. 이 방언에서는 ② 이유 또는 목적, ③ 수단 또는 방법, ④ 후행절 사건의 배경 제시, ⑤ 관용구마냥 쓰이는 동사 두 개의 연결체가 통합된 환경이 관찰된다. 이 절에서는 될 수 있는 대로 간략히, 각각의 의미자질을 보여 주는 사례들을 놓고서, 필자가 모아 놓은 자료를 이용하여 다루어 나가기로 한다.

§.3-3-1 순차적 사건 전개의 기능(전형적 기능)

순차적 사건 전개(또는 접속이나 연결)이란 시간상으로 둘 이상의 사건이 서로 이어지면서 진행되어 나가는 것을 말한다. 여기서 둘 이상의 사건은 전형적으로 절의 형식으로 표상된다.107) 이 절들 사이의 관계

---

107) 절(clause)은 기본적으로 인간의 「사고 단위」에 해당한다. 아리스토텔레스의 『사고 도구』에서 진위 판단을 위한 최소 형식으로서 「주어와 동사가 결합한 모습」을 proposition (최소 단언문, 명제)으로 정의된 이래, 줄곧 이 용어가 2천 년도 넘게 인류 지성사에서 써 오고 있는 것이다. 이는 실세계에서 관찰되는 「낱개의 사건」을 반영해 주는 개념적 등가물이다. 이를 「절 유사 단위(clause-like unit)」라고도 부른다. 임의의 절은 자연 언어에서 문장으로도 나올 수 있고, 추상화 연산소를 장착한 명사구 또는 한 낱말로도 표현될 수 있다.

그런데 왜 주어와 술어가 결합되어 있는 형식을 최소 단위로 상정하는 것일까? 이는 우리가 경험하는 사건이 언제나 일련의 복합 사건들로 이뤄져 있음을 전제로 한다. 그 사건들의 연결 관계와 전개 모습을 드러내어 주는 가장 값싼 방식이, 한 사건의 내부구조를 주어와 술어로 표상하는 일이다. 담화 구조에서는 미시구조를 형성해 주는 기계가 사건들의 연결 관계를 떠맡고 있다. 만일 주어가 동일할 경우에, 해당 주체가 의도를 갖고서 일련의 하위 사건들을 이어나가고 있음을 드러내어 주는 것이다. 가령, 우리말에서 연속해서

"철수가 학교에 왔다. 중앙도서관으로 갔다. 영이를 찾았다."

라고 말할 경우에, 일련의 하위사건들에 대한 전개로 파악한다. 그렇기 때문에 중앙도

를 매개해 주는 것이 바로 이 접속 어미의 몫이다. 필자는 특히 자유의
지를 지닌 인간이 일부러 목표 사건에 도달하기 위하여 일련의 하위
사건들을 일으키는 경우에, 우리가 관찰하고 경험하는 것이 일련의
사건 연속물들로 이뤄진 복합 사건이므로, 어느 언어에서이든지 항상
사건과 사건을 언어로 표상해 주려는 일이 보편적이라고 믿고 있다.

만일 접속 어미 형태소가 없이 낱개의 사건을 언어로 표현하였다고
한다면, 매우 번다하게 각각의 사건들이 제시됨으로써, 해당 사건들을
일관되게 줄거리 잡고 재구성하는 일에 어려움이 생겨났을 것이다.
하나의 사건과 다른 사건의 관계 맺음 및 연관성 부여 방식이 유일하
게 고정되어 있지 않기 때문에, 단순한 문장이나 발화로 표현된 낱개
의 사건들을 묶어 재구성할 수 있는 방식은, 기하급수적으로 늘어날
것이다. 이는 간단하고 쉽게 이해될 수 있는 길을 막아 버리며, 의사소
통을 통해서 인간들이 관계를 맺을 수 없는 결과를 초래할 것이다.

그렇다면 이와 같이 바람직하지 못한 결과를 초래하지 않기 위한
조치가 필요하다. 단순한 해결 방식 중 한 가지는, 낱개로 된 사건들의
관계를 화자가 일련의 복합 사건으로 묶어놓고, 접속 어미를 이용하
여 제시해 줌으로써, 상대방 청자(독자)로 하여금 일정한 재구성 방향

서관에 간 주체와 영이를 찾은 주체는 모두 공범주 대명사(e)로 표시될 법한 '철수'임을
의심치 않는 것이다. 우리말에서는 같은 주어가 일으키는 사건을 가리키기 위하여, 공
범주 대명사를 쓰지만, 영어에서는 소리값이 있는 대명사 he를 써야 하는 것이다.
　만일 초기 구석기를 이용했던 네안데르탈 인류들이 감탄사와 같이 내부 구조를 지니
지 못한 덩어리진 표현을 썼다면, 앞의 덩어리와 뒤의 덩어리가 어떻게 이어져 있는지
를 표시해 줄 방법이 전혀 없는 것이다. 그렇다면 임의 언어 표현은 기본값으로서 임의
의 사건에 대한 내부 구조를 드러내어 주는 방식을 지니고 있어야 한다. 그 방식은
흔히 수사학에서 6하 원칙으로 말해졌던 것 중에서 '왜'만 제외한 모습으로 다룰 수
있다. 다만, 청자와 화자가 동시에 한 공간에서 말을 주고받을 경우에 '언제, 어디서'는
잉여 정보라는 점에서 생략이 잦다. 그러므로 결국 '누가 무엇을 어떻게'가 임의 사건을
표상해 주는 핵심 요소임을 알 수 있다. 언어학에서는 '누가'를 대상에 영향을 끼치는지
여부로써 「행위주(행동주) 의미역과 「경험주」 의미역으로 더 자세히 나누고 있다. 「어
떻게」는 언어에 따라서 다양한 매개인자들을 띤다. 좀 더 자세한 논의는 김지홍(2015)
『언어 산출 과정에 대한 학제적 접근』(경진출판)을 읽어 보기 바란다. 췌이프(1994;
김병원·성기철 뒤침, 2006) 『담화와 의식과 시간: 언어 의식론』(한국문화사)에서는 사
고 단위를 지정하면서 독특하게 '억양 단위(intonational unit)'이라는 용어를 썼다.

을 깨닫게 할 수 있는 토대로 이용하는 일이다. 필자는 이것이 어느 언어에서나 공통적으로 접속 관련 언어 형태소의 범주를 지니는 근본적 동기라고 본다. 우리말과는 달리, 독자적인 접속사 또는 접속 형식을 지닌 영어에서는 훨씬 수적으로 제한된 항목을 이용하고 있지만, 이를 대상으로 하여 다시 인공언어(수학, 산술)에서 채택한 사칙 연산에 준한 상위 분류를 시도하는 일도 있다(가령, 핼러데이 외, 2004, 『*An Introduction to Functional Grammar*』, Hodder Education 따위에서 그러함). 그렇지만 인간의 언어에서는 언제나 반어법이 성립되는 만큼, 반드시 사칙 연산과 동일한 접속 방식을 자연 언어가 품고 있다고 강하게 주장할 수는 없을 것이다. 외연의미만 있는 게 아니라, 자연언어는 풍부하게 내포의미도 지니고 있기 때문이다.

그럼에도 불구하고, 접속 기능을 상위 차원에서 재분류하는 일이 여전히 가능하다. 페어클럽(Fairclough, 2003; 김지홍 뒤침, 2012)『담화 분석 방법』(경진출판: 208쪽)에서는 접속 기능이나 의미 관계를 여섯 가지 상위범주로 재구성하여 제시한 바 있다.

「인과 관계, 조건 관계, 시간 관계, 순접 관계, 부연 관계, 역접(양보) 관계」

필자는 이런 상위범주가 또한 자연언어에서 보편적으로 관찰되는 접속절들 사이의 기능이나 의미 관계를 포착하고 설명하는 데 도움을 줄 것으로 본다. 한편, 뤄쓸(1937, 제2판)『수학의 원리』(Norton)에서는 모든 수학적 관계를 놓고서 집합족들(a family of classes) 사이에서 찾아지는 논리적 함의 관계(if ~ then ~)로부터 엄격하게 도출된다고 본다. 아주 강한 입장을 견지하고 있지만, 자연언어에서 상식적으로 쓰고 있는 관계(내포의미)들을 다 표상해 주지는 못할 것으로 본다.

만일 그 대상이나 그 대상과 관련된 사건이 너무나 복잡하고 다양한 경우라면, 슬기롭게 그것들을 분할하고 나서, 더 작은 사건들의 복합물로서 그런 사건 연속물들을 명확히 표상해 놓을 수 있다. 이 과정에서 마치 대상들을 공간 속에 나열하듯이, 사건들을 공간 배치 방식으로 나열할 수도 있고, 한 사건의 계기적 전개 방식을 시간 흐름을 따라가면서 서술해 줄 수도 있다. 전자는 이 방언에서 전형적으로 '-곡(-고)'이 맡고 있지만, 후자는 전형적으로 바로 이 절에서 다루려고 하는 '-안 vs. -앙'이 맡고 있는 것이다.108)

마치 개체 또는 대상처럼109) 사건들을 공간상으로 배열할 경우에

---

108) 이 방언과는 달리, 공통어에서는 접속 어미 '-고'가 시상 및 양태 형태소를 허용하고 있으므로, 순차적 사건 전개에도 또한 '-고'가 간여하고 있다고 서술할 수 있다. 공통어의 접속 어미 '-고'는 사건의 공간 나열뿐만 아니라, 또한 순차적 사건 전개에도 간여하고 있는 셈이다. 이런 현상은 범언어적이다. 이를 그롸이스(1975, 1989에 재수록) 『Studies in the Way of Words(낱말 사용 방식 연구)』(하버드대학 출판부)에서 칸트의 착상을 받아들여 「대화 규범」이라는 언어 사용 차원을 새롭게 추가함으로써, 그런 변동을 적절하게 해석하는 전기를 마련해 놓았다.

만일 보수적으로 공통어에서 '-아서'가 시상 및 양태 형태소와 결합하지 않는다면, '-아서'는 계기적 사건을 이어 주므로, 순차적 사건 전개의 하위 개념으로 자리 잡고 있다고 말할 수 있다. 이 책에서는 '순차적 사건 전개'를 상위 개념으로 보고, 다시 이 개념의 하위 갈래로서 '계기적 사건'이란 용어를 쓰기로 한다. 그 구분은 낱개의 사건들 사이에 휴지나 간격이 허용되는지 여부이다. 오직 계기적으로 일어나는 사건이라야만 그런 휴지나 간격이 들어 있지 않은 것이다. 순차적 사건 전개라는 말은, 흔히 역사 분야에서는 어느 정도 간격을 두고 있다는 의미로 '사건 추이'로 부르기도 한다. 어떤 용어를 썼든지 간에, 상위 개념이 더 넓은 영역을 아우르기 위하여, 일정하든지 여부에 관계없이 어떤 휴지 상태나 간격들이 포함된 것을 상위 개념으로 지정하기로 한다.

109) 적어도 학술 용어로서 동일한 외연의미를 지니지만, 여러 가지 용어들이 연구자의 선호에 따라 달리 채택되어 왔다.

individual(더 나눌 수 없는 개별체), object(대상), thing(사물, 것), particular(개별자), singleton(단일자)

만일 감각의 대상물과 추상적 대상물의 구분을 도입할 경우에, 이 후보들은 수적으로 더욱 많이 늘어난다. 필자는 사적으로 개체나 대상이란 용어를 선호한다. 이것이 만일 상태의 변화에 관여하거나 참여할 경우에는 event(사건, 사태, 사상)라고 부르게 된다 (필자는 '사건'으로 부를 것임).

희랍 시대에는 분류학 그 자체가 가장 궁극적인 학문의 밑바닥으로 치부되어 왔다. 따라서 더 이상 나뉠 수 없는 존재들에 대하여 먼저 규명할 필요가 있었고, 곧 이어 그것들을 보따리로 묶어 놓고서 그 보따리 이름을 붙여 놓고자 하였다. 이것이 아리스토텔레스의 범주론 또는 범주학의 핵심 속성이다. 오늘날에도 여전히 우리 정신 작용의 핵심을 분석과 범주화로 내세우기도 한다(현대 심리학의 논의는 신현정, 2000, 『개념과 범주화』, 아카넷을 참고하기 바람).

그렇지만 현대로 들어서면서 독일 수학자 칸토어(Cantor, 1845~1918)가 인간이 할 수 있는 모든 사고는 집합론으로 표상된다는 주장을 하였다. 이를 받아들이면, 개체와 사건이 별개의 것이 아니라, 동일한 하나의 질서 위에 묶이는 관계이다. 이것이 바로 현대 학문에서 추구하는 방법론적 일원론(methodological monism)이 출발 지점이다. 이때 사건은 집합에 대응하고, 개체는 그 집합이 품고 있는 원소에 대응하는 것이다.

는, 선후 관계에 대한 지정이 굳이 필요하지 않다는 점에서, 그 사건이 온전히 다 끝났는지 여부를 따지지 않아도 된다. 그렇지만 시간상의 흐름을 따라가면서 둘 이상의 사건 연결체를 서술해 줄 경우에는, 선행 사건이 끝나고 난 뒤에 후행 사건이 이어 일어났는지 여부가 중요해진다. 이를 선후 사건 연결 또는 순차적 사건 접속이라고 말할 수

이런 질서 위에서는 집합들 사이의 관계만 다루게 된다. 곧, 사건과 사건의 관계들을 다루므로, 우리가 경험할 수 있는 일련의 사건들과 사건들의 복합체를 다루는 것이다. 바로 이 시점이 처음으로 수학 기초론이란 영역이 인류 지성사의 밑바닥에서 터 다지기 작업에 성공한 순간이다. 집합 관계는 하느님이 부여한 것이 아니다. 가령, 5명의 학생이 있다면, 이것을 놓고서 묶어 줄 수 있는 집합의 숫자는 무한하다. 성별로도, 외모로도, 출신지별로도, 안경을 쓰는지 여부로도, 성격 검사 결과로도, 지능 지수로도, 특정 과목 선호도로도, 그 밖의 다른 기준으로도 계속 나눌 수 있는 것이다. 그렇지만 유의미한 집합 관계는 한 가지 집합에서 다른 집합 관계를 도출하거나 파악할 수 있는 것에만 국한되어야 한다.

수학에서는 엄격히 「재귀성·대칭성·추이성」을 상정하여 집합들 사이의 필요·충분조건을 다루게 된다(78쪽의 각주 31 참고). 그렇지만 자연언어에서는 다소 느슨하면서도 갈래가 좀 더 풍부한 관계들과 범주들을 쓰고 있다. 그 범주 속에서도 외연의미의 특성과 내포의미의 특성을 품고 있기 때문에, 범주들 사이의 변이나 전환도 같이 다뤄 주어야 한다.

자연 언어에서도 원칙적으로 유사한 질서를 따른다. 집합은 사건을 표상하며, 사건은 언어에서 최소 단위인 절(clause)에 해당한다(498쪽 각주 107을 보기 바람). 그렇다면 집합 하나만으로는 의미가 없듯이, 절도 하나만으로는 의미가 없다. 반드시 다른 절과 관련성을 지녀야 한다. 그 관련성을 자연 언어에서는 접속 어미 형태소들로 표시해 왔다. 절들 사이의 관련성, 사건들 사이의 관련성은 대체로 담화 연구 분야에서 미시 영역과 거시 영역들로 나뉘어 다뤄져 왔다. 인간의 체험과 사고에서 비롯되는 이런 공통적 측면 때문에, 자명성을 생명으로 하는 현대 기호 논리학의 도구로써 자연언어가 표상해 주는 관계를 재구성하여 적합하게 번역해 놓고자 하는 시도가 지속되어 있다.

이런 전환의 출발점에 독일 수학자 프레게(Frege, 1848~1925)가 있다. 그는 따로 함수와 논항이란 용어를 썼다. 아리스토텔레스의 이원론 사고(주어와 술어로 양립된 접근)를 비판하면서, 서술어 속에 주어가 들어가 있는 일원론의 형상으로 환원해 놓았다(집합 관계에 근거한 현대 술어 논리의 출발임). 언어학자 참스키 교수는 함수와 논항을 고유하게 핵어(head)와 논항(argument)으로 달리 부른다. '논항'이란 용어는 프레게에게서 임의의 항이 관련된 함수 관계를 충족시켜 주는지 여부를 따져야 한다는 속뜻을 지니고 있다.

그렇다면 이런 방법론적 일원론의 질서 위에서 현대 학문은 유의미한 집합들의 관계만을 다루게 된다. 이를 '집합족'이라고 부른다. 뤄쑬(1937, 제2판)에서와 같이 그런 유의미한 집합들을 모아 놓은 것을 가리키기 위하여 새로운 용어를 도입하여 따로 'class'(유의미한 관계들을 품은 집합들 또는 '집합의 집합')라고 부르는 경우도 있다. 가설-연역 체계(508쪽의 각주 114 참고)에서 정합적으로 무정의 용어(undefined terms)를 선택할 경우에, '클라스'(유의미한 관계를 품은 상위 집합이며, 번역하지 않은 채 그냥 외래어로 쓰는 경우가 허다함)가 가장 먼저 그 후보가 될 것이다. 그런 집합이 도입될 경우에 그 집합에 대한 특정한 속성도 함께 덧붙여 주어야 한다.

있다(순접 관계로 줄여 부르기도 함). 즉, 일직선이나 단선적인 시간 축에서 사건들의 이어짐으로 서술되는 것이며, 이것이 전형적으로 아주 간단한 사건 연결인 것이다. 한 사건이 끝나고 나서, 바로 그 사건 때문에 다른 「관련 사건」이 일어나는 경우이다. 어느 언어에서나 우리 실생활에서 흔히 체험하는 이런 관련 사건들의 접속이나 연결을 언어 형태로 표상해 줄 필요가 있다. 이것이 이 방언에서 순차적 사건 전개를 떠맡고 있는 접속 형태소 '-앙 vs. -안(-아서)'가 존재하는 당위성이나 필요성에 해당한다.

물론 두 가지 사건만 놓고서도 이것들 사이의 관련성이 다양하고 복잡하겠지만, 언어 형태소로만 따질 경우에는 가장 다기다양한 모습이 단연 순차 접속 관계에서 찾아진다. 서로 다른 힘 또는 영향력을 지닌 맞선 사건들을, 역행 사건 접속 또는 역접 사건으로 불린다. 접속 어미 목록을 작성한 결과로만 살펴본다면, 접속 어미 형태소의 숫자나 다양성이 앞의 순차 접속에 훨씬 미치지 못한다. 순차 사건이나 역행 사건 접속 이외에도, 선후 사건처럼 보일지라도 선행 사건이 후행 사건과 관련이 없는 경우가 있다. 흔히 「까마귀 날자 배 떨어지는 경우」인 것이다. 무관한 이런 사건을 표시해 주기 위한 언어 형태소도 따로 존재한다. 또한 기대상 관련됨 직한 두 사건 사이라고 하더라도, 아무런 영향이나 연관도 일어나지 않음을 표시해 줄 수 있다. 흔히 양보절 또는 방임 관계로 기술되는 접속 어미 형태소들이 떠맡은 몫이다. 낱개의 사건은 반드시 다른 사건과 관련되면서 일련의 사건 연결체를 이루며, 그런 일련의 사건들이 한 덩어리처럼 취급되면, 「복합 사건 연결체」가 된다. 그런데 복합 사건 연결에 대한 판단과 판정은 따로 언어 형태소에 의존하지 않고, 좀 더 차원이 높은 우리의 정신 작동 수준에서 복잡한 삶의 경험들을 고려하면서 내려지는 것이다.

그런데 둘 이상의 사건이 이어지거나 관찰되는 방식은, 간단히 순차 사건의 접속만 있는 것이 아니다. 적어도 두 가지 사건이 어느 것도 아직 끝나지 않은 채 서로 시간을 공유하면서, 또는 시간상 서로 겹쳐서 일어날 경우가 있다. 동시에 일어나거나 관찰되는 사건들을 서술해 주기 위하여, 이 방언에서는 접속 어미가 '-으멍(-으면서)'으로 따로 존재한다(307쪽 이하의 제4부 §.2-2 참고).

동시 사건의 전개를 표상해 주는 접속 어미 '-으멍(-으면서)'과 대조될 경우에, 순차적 사건 접속을 표시해 주는 '-앙(-아서)'은 [±시작점]의 시상 의미자질에 바탕을 둔 해석 때문에, 선행절의 사건이 아직 시작되어 있지 않음도 가리킬 수 있다(이를 가능세계의 일에 대한 단언 사건 또는 명제 사건으로 부를 수 있음). 그렇지만 현실세계에서 일어나고 있는 사건과 관련되어 있는 '-으멍(-으면서)'의 경우, 이를 표상해 주기 위하여

[+시작점, -종결점]

의 의미자질을 배당하게 되며, 이를 바탕으로 하여 시상 해석이 이뤄진다. 비록 이 책에서는 접속 어미 형태소가(그리고 내포 구문의 어미 형태소가) 모두 다 양태 범주에 속함을 주장하겠지만, 서로 구별해 주는 차원에서 '-으멍(-으면서)'이 지닌 이런 자질이, 오직 [±시작점]의 의미자질을 지닌 순차 접속 어미 형태소 '-앙(-아서)'과 서로 다르다고 서술할 수 있다.110) 이는 전형적으로 「현실세계에서 청자가 직접 체험할 수 있다」는 전제가 깔려 있음을 반영해 준다. 이 책에서는 다시

---

110) 공통어에서는 '-았으면서, -았으면서도', 그리고 '-고 있으면서, -고 있으면서도'와 같은 통합 관계(결합체)가 가능하다. 그렇지만 '-으면서'와 대응하는 이 방언의 '-으멍'의 경우에는 필자가 모은 설화 자료에 국한하여 살펴보면, 모두 다 동사 어간에 직접 붙어 있으며, 시상 선어말 어미와 결합된 것들은 찾아볼 수 없다. 그런데 이것이 우연한 현상일까? 필자는 오히려 구조적 차이를 반영해 주는 것으로 파악한다. 왜냐하면 이 어미 형태소도 '-곡 ㅎ다'와 동일한 형상으로서 '-으멍 ㅎ다'를 구성할 수 있는데(319 쪽 이하의 예문 19 및 20을 보기 바람), 이런 구문에서 상위문 핵어 'ㅎ다(하다)'에다 시상 형태소(-앖- vs. -앗-)를 구현해 줄 수 있기 때문이다. 그렇다면 결과적으로 동일하게 선어말 어미 시상 형태소를 찾을 수 있겠지만, 그 구현 방식이 공통어에서와 이 방언이 서로 다른 구조 형상을 이용한다고 말할 수 있다. 시상 선어말 어미 형태소는 이 방언에서는 '-으멍 ㅎ엿어, -으멍 ㅎ없어'와 같이 상위문의 핵어 'ㅎ다'에다 구현되고 있다. 이는 이 방언을 공통어로부터 구분해 주는 매개인자로 반영되어야 할 것이다.

'-으명(-으면서)'에 융합된 형태로서 '-앙'이 깃들어 있음을 주장할 것이지만(적어도 세 가지 요소가 융합되어 있는데, 명사 형성 접미사 '-음'+계사 어간+접속 어미 '-엉'), 이런 융합 과정에서 기계적인 의미자질이 전이가 일어나는 것이 아니라, 새로 융합됨으로써 그 새로운 융합 형태소에 맞춰서 의미자질이 새롭게 조정되거나 복합 형태소로서 가다듬어진 의미자질이 배당되는 것으로 파악한다. 시작점 여부의 표시만 제외한다면, '-으명'이 지닌 이런 의미자질은, 종결 어미의 바로 앞서 나오는 소위 '시상 선어말 어미'111) '-앖-'의 의미자질과 동질의 것이다. 그렇지만 '-으명'은 현실세계에서 선행절과 후행절에 표상되어 있는 두 가지 사건이 동시에 일어나고 있다는 양태적 해석까지 동반하고 있다는 점에서, 따로 양태 선어말 어미 형태소를 지녀야 하는 선어말 어미와 차이를 보인다.

그런데 우리가 관찰하고 경험하는 사건은 그 원인 또는 동기의 측면에서 크게 두 가지로 나뉜다. 하나는 자연계의 인과율에 따라 저절로 일어나는 사건이 있다. 해가 뜨고, 구름이 떠나가고, 지구 중력에 의해서 돌이 굴러떨어지는 등의 사건이다. 이런 자연계의 사건들은 사건에 관계된 대상(또는 개체)이 그 자체의 내재적 속성으로 말미암아, 상태가 변화하고 일련의 사건 전개 과정을 따르게 되는 것이다. 이를 최근 논의에서는 ergativity(대상 그 자체의 내재적 속성이 원인이 되어 일어나는 사건 또는 상태 변화의 속성이며, 자연 속성에 말미암은 사건 동사임)라고 부른다. 이와는 반대로 반드시 자유의지를 지닌 주체가

---

111) '선어말 어미'이라는 용어는 '어말 어미'를 바탕으로 하여 만들어진 것이다. 여기서는 문장이나 발화의 종결에 관련되므로 학교문법에서 쓰는 '어말 어미'를 '종결 어미'라고 부르고 있다. 이 또한 필요할 경우에 입말과 글말의 구분을 추가하여 '발화 종결 어미'와 '문장 종결 어미'로 구분해 줄 수도 있겠지만, 이 논의에서는 더 이상 수행 갈래를 명시해 놓을 긴박한 필요성을 느끼지 못하며, '종결 어미'로 충분하다고 본다. 그렇다면 당연히 '종결 어미'에 선행하는 어미를, '선종결 어미'라고 불러야 일관적일 것이다. 그럼에도 이는 학계의 관례적 용법에서 어긋나므로 쉽게 받아들여질 것 같지 않고, 관용적인 '선어말 어미'를 그대로 쓸 수밖에 없다. 이런 측면에서 「소위」라는 어구를 더 추가해 놓은 것인데, 과거 「낱말 중심 언어관」을 보여 준다.

어떤 목표를 향하여 일련의 사건을 일부러 일으키는 일이 있다. 인간이 의도적으로 일으키는 사건들로서, 이는 앞의 용어에 부정 접두사를 붙여 un-ergativity(앞의 속성이 없음을 가리키려고 만들었는데, 의도적으로 일으킨 사건 변화의 속성이므로, 의도적 사건 구현 동사임)라고 부르거나 intentionality(의도적 사건 속성)라고 부른다.

두 갈래에는 다시 모두 하위 갈래의 사건들로 나뉘는데, 서구 언어에서는 전자에서 middle voice(중간태)로 불리는 형식들을 따로 설정하는 일도 있다.112) 중간태는 언제나 대상의 내재적 속성에 따른 상태 변화를 가리키므로, 보편적 속성을 표상해 주기 위하여 관련된 전체 대상을 모두 다 가리켜 준다는 특성이 있다. 인간이 일부러 일으키는 의도적 사건들의 하위 분류는 아주 복잡하고 얼기설기 너무나 다양하게 뒤엉켜 있다. 필자가 공부해 온 담화 분석 영역에서는, 아직 미시 사회학에서 논의되는 수준이나 심리학에서 논의되는 수준들도 채 따라가지 못하고 있는 실정이다. 특히 인간 행동의 밑바닥에 잠재하고 있는 것으로 보이는 「무의식적(잠재의식) 결정 과정」도 인간의 의도적 행동을 다루려는 작업에 좌절감을 안겨 주는 큰 복병으로 등장하고 있다.113) 그렇지만 현재 중요하게 논의되는 담화 분석 영역에서는,

112) 이런 흐름은 다음 책들을 읽어 보기 바란다. 페어클럽(2003; 김지홍 뒤침, 2012) 『담화 분석 방법』(경진출판: 제3부와 제4부), 페어클럽(2001; 김지홍 뒤침, 2011) 『언어와 권력』(경진출판: 제5장과 제6장), 위도슨(2005; 김지홍 뒤침, 2018) 『텍스트, 상황 맥락, 숨겨진 의도』(경진출판: 제7장 2절).

113) 필자가 이해하고 있는 두뇌 작용으로서 인간의 정신 작용을 다루려는 영역에서는, 적어도 네 가지 서로 다른 층위를 설명해 주어야 한다. 먼저 등뼈를 갖추기 이전에, 유기체가 섭생을 하기 위하여 신경계가 소화와 배설을 담당하는 기관에서부터 생겨났다. 이런 신경계를 비유하여 창자 두뇌(gut brain)라고 부르는데, 오늘날에도 소화기 계통의 작용이 유기적으로 또한 우리 대뇌 피질에도 영향을 미치는 것으로 알려져 있다. 5만년 전후 선캄브리아 시기에 일어난 변화로서, 바다 속에서 광합성을 하며 살아가는 바닷말의 '로돕신' 단백질을 섭취한 무척추 개체에서부터 눈이 생겨나면서, 비로소 피식자와 포식자의 부류가 나타났으며, 재빠르게 움직이기 위하여 진화적 압력으로 척추가 생겨났다. 그러다가 뭍으로 올라오면서부터 척추 속의 신경계들이 스스로 통일된 행동을 조정하기 위하여 뇌간이 생겨났다.

매클레인(1990) 『*The Triune Brain in Evolution*』(Plenum Press)의 「세 겹 두뇌」 주장에 따르면, 원시 파충류의 뇌가 신진대사 기능을 위하여 뇌간을 중심으로 자리잡고(제1

뇌), 다시 원시 포유류의 뇌가 욕망과 감정 등의 기능을 위해 제1뇌를 감싸고 발달한다 (제2뇌, 테두리 뇌, 일본에서는 변연계로 번역). 제1뇌와 제2뇌는 백질(white matter)로 이뤄져 있고, 생존을 보장하는 자극과 반응을 내재화하여 기억 다발을 구축한 「자유 연상 기억(free association)」이 작동하는 영역이다. 이 토대 위에서 적어도 250만년 이전 부터 다시 신 포유류의 뇌가 발달하는데, 인간의 두뇌를 중심으로 하여 '대뇌 반구'라고 부르는 회백질(grey matter)로 이뤄진 제3의 뇌가 갖춰진다. 이는 추상적인 연산 능력이 발휘되는 영역으로 기억 방식도 영국 심리학자 Bartlett(1886~1969)이 주장하는 「재구 성 기억(reconstruction)」이 작동하는 영역이다.

현재 유전자 염색체를 비교하는 연구에서는, 대뇌 세포 분화를 떠맡는 고유한 스위치 들이 오직 우리 인간의 유전자 발현에 관련하고 있으며, 적절한 성장 시계와 맞춰서 제때에 켜져 있어야 함을 발견하였다. 또한 침팬지와 비교할 경우에 인간은 공통적으 로 아래 턱뼈를 움직이는 근육들과 관련된 몇 개의 유전자들이 짝이 없이 결여되어 있음으로써, 두개골의 봉합이 사춘기 이후에까지 늦춰짐으로써, 이것이 구조적으로 대 뇌 피질이 위치할 공간이 확보된다는 사실도 깨닫게 되었다.

그런데 「창자 두뇌, 제1두뇌, 제2두뇌, 제3두뇌」 사이에 일관된 연결망이 갖춰져 있겠 지만, 아직 그 세세한 작동 방식은 명시적으로 드러나 있지 않다. 현재로서는 관행상 막연하게 제3두뇌의 작용을 의식계라고 부르고, 그 이전에 생겨난 두뇌의 작용을 무의 식계(또는 잠재 의식계)라고 구분하여 부른다. 일부에서는 제2두뇌의 욕망 감정 따위 가 우리들의 판단 결정 체계에 큰 영향력을 지닌 것으로 보며, 원시 두뇌에서 자동적인 결정 과정이 시차를 두고 의식계 속에 흘러들어가서 동일한 결정을 유도하는 것으로 설명하는 일도 있다(의식적 주체적 결정은 허상에 불과하다고 여김). 일부(미국 hhmi janelia 연구소 등)에서는 제3의 뇌와 창자 두뇌 사이의 연결 관계를 신경생리학적으로 탐구하기도 한다. 그렇지만 엄청나게 많은 변수와 복잡한 신경 작동 방식이 깃들어 있어서, 대형 연구소의 집단 연구에 의해 아주 작은 일단만 드러날 수 있을 정도이다.

최근에 진화언어학 또는 생리언어학(biolinguisitcs, 자칫 생물언어학으로 번역하면 '생 물이 언어를 지닌 듯' 오도될 우려가 있음)이란 용어가 쓰인다. 말소리가 자음과 모음으 로 나뉘는 분절음도 성대 하강의 결과에 의해 생겨났다. 특히 일련의 필립 리버먼(Philip Lieberman, 1934~) 교수의 저작들에서 5만 년 전후로 성대 하강이 일어남으로써, 구강 및 비강 공명실의 차이에 의해서 가장 기본적인 모음 '아, 이, 우'가 생겨났다고 본다. 구석기 인류인 네안데르탈인에게서 그런 성대 하강의 증거(하악골의 접합 각도에 의한 간접 추정임)가 없으므로, 분절음을 말할 수 없을 것으로 보았다. 자음은 날숨을 방해시 켜 놓음으로써 모음에 얹히는 것이다. 로먼 야콥슨(1981) "Why Mama and Papa?"(재수 록 『Selected Writings: Phonological Studies』, Mouton)에서 첫 출발을 알린 아동들의 자음 발달 단계에 대한 연구들에 힘입어, 생리학적으로 빠른 발달을 보이는 것들과 늦게 발달 되는 것들도 잘 알려져 있다. 리버먼 교수의 여러 저작 중에서 리버먼(2006)『Toward an Evolutionary Biology of Language』(하버드대학 출판부)를 참고하기 바라며, 그 중 리버먼(1991; 김형엽 뒤침, 2013)『언어의 탄생』(글로벌콘텐츠)이 현재 유일한 번역이 다. 언어 발달에 대해서는 이승복·이희란(2012)『아이와 함께하는 신기한 언어 발달: 아이의 말과 언어발달 과정의 관찰 기록』(학지사)과 성현란 외 6인(2001)『인지 발달』 (학지사)이 좋은 안내서이다.

인간의 생각과 말과 행동은 인간이 마음을 먹는 일(작심하는 일)에 의해서 일어난다. 우리의 생각(또한 말을 포함함)과 행동에 대한 열쇠가 되는 부서를 흔히 「판단·결정·평 가 체계」라고 부른다. 심리학자로서 노벨 경제학상을 받은 카느먼 외(Kahneman et als., 1982; 이영애 뒤침, 2001)『불확실한 상황에서의 판단』(아카넷)에서는 원시적 체계(체 계1)에서 무의식적인 판단 결정(주먹구구 결정)이 이뤄지고, 보다 의식적인 수준에서

「언어 표현과 낱말 선택에 대한 밑바닥의 동기가, 전체 주제나 의사소통 의도와 맞물려 있음」

을 의식하기 때문에, 「한 절의 표상 방식 자체가 의도를 드러내는 한, 서로 이어질 개연성이 아주 높다」는 사실만을 이구동성으로 모두 다 받아들인다. 자연현상으로 일어나는 사건은 자초지종 시간별 변화를 기록하고 그것을 언어로 표현해 주면 그만이다. 기계적이고 물리적 변화일 뿐인 만큼, 그 물리적 변화를 일으키는 원리 및 주요 변인과 부차 변인을 파악한다면 일견 단순하다고도 말할 수 있다.114)

합리적으로 신중하게 판단 결정이 내려지기도 하는데, 후자를 체계2로 불렀다. 그렇지만 인간의 행동은 체계1에 의해 일어나는 경우가 많고, 합리적이고 의식적이며 신중한 판단 결정은 뒷전으로 밀려나기 일쑤라고 보았다. 주먹구구 결정(heuristics)을 이영애 교수는 '추단법'이라고 번역했지만, 자칫 「추론＋판단」으로 곡해될 소지(거꾸로 신중한 의사결정이 되어 버림)가 있으므로, 다른 용어로 고쳐야 할 것이다. 의식적인 판단 결정 체계는 재귀적으로 작동하는데, 특히 100쪽의 〈표5〉를 참고하기 바란다.

114) 헴펠(C. G. Hempel, 1965; 전영삼·이영의·최원배 뒤침, 2011) 『과학적 설명의 여러 측면 1, 2』(나남)에 따르면, 과학적 사고는 다음의 네 가지 단계를 반복적으로 순환하면서 진행된다.

「관찰 → 서술(기술) → 설명 → 예측(또는 실험실 검증)」

여기서 자연계의 현상 내지 무의지 사건(초기 상태로부터의 변화)은 관찰과 기술의 수준에 해당한다. 그렇지만 여러 가지 사건들을 하나의 원리에 의해 통합적으로 설명하고 미래 사태를 예측해 주기 위해서는 반드시 연역적인 가설을 내세워야 한다. 그럴 적에라야 비로소 전체 현상이 통일되게 부각될 수 있는 것이다. 이때 전체 연역적인 가설이란 통일된 세계에 대한 모형(간단히 세계 모형)을 의미하는 것이다. 필자가 94쪽의 〈표4〉에서 제시해 둔 인간 정신의 작동에 대한 다섯 층위도 이런 점을 드러내 주기 위한 것이다. 가설-연역 체계(a hypothetic-deductive system)는 가장 추상화된 단계(제4단계 또는 제5단계)의 정신 작동 모습을 가리킨다.

만일 현실세계에서 인과율에 의해 일어나는 무의지 사건들을 관찰하고 기술하는 데에는, 미시 세계의 양자 현상처럼 엄청 많은 변수들이 깃들어 있지 않은 영역을 놓고서, 인간의 감각 경험에 직접적이며 덜 복잡한 일련의 사건들을 대상으로 삼는다면, 시간별 변화를 기록하고 이를 되돌아보면서 무엇이 원인이고 무엇이 결과인지를 기계적으로 표상할 수 있을 것으로 본다.

그런데 자유 의지를 지닌 인간이 관여된 사건(언어 표현을 포함함)이라면 첫 관찰 단계에서부터 관찰자를 방해하거나 속이기 위한 거짓된 사건이 제시될 수도 있다(사기꾼이나 거짓말쟁이들의 경우). 이런 측면에서는 그런 사건을 곧이곧대로 한 방향으로만 서술해 나갈 수 없을 것이다. 이런 어려움을 이겨내는 길이란, 필자가 이해하기로는 감정 이입(empathy)을 통해 상대방의 마음을 짐작하고 그 의도를 추론하면서, 동시에 현재 관찰된 사건과의 거리를 판단해 주는 것이다. 이를 그롸이스(1913~1988) 교수는 '상식적 접근'으로 부른 바 있다(H. P. Grice, 1988, 『Studies in the Way of Words』, 하버 그렇지만 인간이 일으키는 사건들은 복합적으로 여러 층위의 동기들이 밑바닥에 깔려 있으므로, 무엇이 첫째 동기이고, 무엇이 그 동기를 다른 동기로 바꾸는 계기가 되었으며, 그 일을 진행해 나가는 과정에서 어떤 변화와 굴곡이 생겼는지를 하나하나 추적할 수 없다. 인간의 두뇌 속 작용 방식에 대한 관찰과 해석이 현재 우리 지식으로는 차단되어 있기 때문이다. 그럴 뿐만 아니라 또한 처음 관찰되는 사건 아래 도사려 있는 의도도 또한 언제든지 관찰자의 추정을 벗어날 개연성이 항상 존재한다. 그렇다면 오직 이해 주체가 스스로 전체 사건의 흐름을 놓고 재구성하여 일정한 추론을 할 도리밖에 없다. 이를 흔히 '능동적' 또는 '적극적'이라는 수식어를 덧붙여서 「능동적 이해 과정」으로 부른다. 이런 이유 때문에 의지가 없는 자연계 사물이나 대상이 보여 주는 변화 및 자유의지를 지닌 인간이 일부러 일으키는 사건(변화)들에는 뚜렷한 구분을 지어 놓는 것이 편리한 방식이다. 인문 분야에서는 특히 인간의 믿음체계에서 발현되는 말과 행동의 목적이나 동기를 붙들어 냄으로써, 이러한 실상을 더욱 잘 드러낼 수 있다고 본다.

아래에서는 이 방언의 접속 어미 '-앙 vs. -안'이 접속해 주는 사건들을 놓고서 순차적 사건 전개라고 말할 수 있는 사례들을 살펴보기로 한다. 순차적 사건 전개의 기능을 맡은 선행절의 '-앙 vs. -안' 접속 어미를, 공통어에서 자주 쓰이는 어미 '-고 나서' 또는 '-고 그러고

드대학 출판부). 아마도 우리가 이런 경험을 누적적으로 실천해 오고 있는데, 바로 언어 사용을 통하여 상대방의 속마음을 읽고서 협동하며 맞춰 주는 일이 동시에 수반되기 때문이다.

협동하여 상호조율해 나가는 일을 본격적으로 다룬 논의는 클락(1996; 김지홍 뒤침, 2009) 『언어사용 밑바닥에 깔린 원리』(경진출판)와 자신의 논문들을 모은 클락(1992) 『*Arenas of Language Use*』(시카고대학 출판부)를 읽어 보기 바란다. arena는 로마 시대에 원형 극장 한가운데다 모래를 깐 '경기장'(노예 전사들에게는 결투장)을 뜻한다. 의사소통에서 즉석에서 상대방의 전략까지 꿰뚫어 봐야 한다는 뜻에서, 적극적 의미의 낱말을 쓴 것으로 판단된다. 그렇다면 우리말로 「언어 사용의 '씨름판'」 정도로 번역하면 어떨까 싶다. 심리학자답게 곳곳에서 계량적 근거들을 제시하면서 과학적 모형으로서의 의사소통을 다루고 있으므로, 인문학 전공자들로서는 중요하게 방법론을 배울 수 있다.

나서'와 쉽게 교체될 수 있는 경우이다. 그렇지만 그렇게 바꿔 쓸 수 있는 경우에라도, 선행절과 후행절의 관계가 배경이나 무대가 주어진 뒤에 일어나는 사건을 표시할 수도 있고, 후행절의 사건을 일으키려는 목적을 위하여 선행절에 있는 사건이 주어지는 경우(이유 구문의 하위 갈래)로도 해석되는 경우가 있다. 이런 변동들 때문에, 모든 사례를 필연적으로 순차적 사건 전개의 기능이라고만 지정할 수 없는 경우를 종종 마주치게 된다. 우선 순차적인 사건 접속을 살펴본 뒤에, 어떤 사건 전개 모형을 적용하느냐에 따라서, 둘 이상의 기능을 지닌 것으로 해석될 수 있는 사례들을 다뤄 나가기로 한다.

(29) -앙 -앙 -겟다고: "또 흔 번 저승엘(저승에를) 들어강(들어가서) 환생(還生)을 제대로 허영(하고서) 나와야 되겟다!"고.
(목련 존자는 "또 한 번 저승에 들어가서, 어머니의 환생을 제대로 하고 나서, 다시 어머니와 함께 이승으로 나와야 되겠다!"고 생각했어. 구비1 안용인, 남 74세: 137쪽)

(30) -앙 -앙 -으라!: 가민(가면) 술(酒) 흔 일원에치(一圓어치) 내영(내어서) 대접흐여 뒁(두고서) "거짓말 하여라!"
(거짓말 하기 시합을 하려고 그 부자집으로 찾아가면, 손님 대접으로 아주 다랍게 술 1원어치 정도만 내어서 그 손님을 대접해 둔 뒤에, 주인이 손님에게 "거짓말을 해 보아라!"라고 요구를 해. 구비1 안용인, 남 74세: 153쪽)

(29)에서는 세 가지 사건이 순차적으로 접속되어 있다. 동사를 중심으로 하여 어구로 표현한다면 다음과 같다.

「저승에 들어가다, 제대로 몸을 바꾸다, 이승으로 다시 나오다」

이 사건들이 '-앙(-아서)'으로 이어져 있다. 대화상으로는 최종 후행절(이승으로 다시 나오다)이 일련의 사건을 놓고서 애초에 의도된 목적이나 결과를 표시해 주고 있다. 모두 의도를 지닌 주체에 의해 일어나는 일련의 순차적 사건 연결이다. 마치 영화의 영상을 돌리듯이, 한 사건 한 사건 서로 이어져 있는 것이다. 뒤의 사건은 결코 순서가 앞의 사건과 서로 뒤바뀔 수는 없다.

여기서 '-앙'은 기본값으로 [±시작점]이라는 의미자질을 지니고 있다(접속 어미 형태소가 또한 양태 해석까지도 담고 있음). 그런데 최종 후행절에서는 화자와 주체가 동일하므로, 양태 형태소 '-겟-(-겠-)'이 그 주체의 의도나 의지를 가리킨다. 이들 일련의 사건들은 주체가 그럴 마음만 먹었고, 아직 실천을 하지 않은 상태임을 알 수 있다. 그렇기 때문에 앞에서 제시한 시상 또는 양태 해석의 조건을 서술해 놓은 (17)에 따라, 맨 뒤에 있는 양태 선어말 어미 형태소 '-겟-'에 지배를 받음으로써, [-시작점]의 해석이 이뤄지면서 이것이 가능세계에 속한 사건 연결체임을 가리켜 주게 된다. 특히, 아직 행동으로 실천하지 않은 목련 존자 자신의 계획이나 의도를 표현해 주는 것이다.

(30)에서는 '거짓말 하기' 시합을 묘사하고 있다. 이 시합을 주관하는 어느 부자가 자신을 찾아온 시합 참여자에게 접대하는 일을 일련의 사건으로 서술해 주고 있는 것이다. 시합 참여자가 그 부자가 사는 집(시합장)으로 가면, 아주 다랍게 술 한 잔만 내어 놓고서 그 손님을 대접해 준 뒤에, 그 손님에게 시합에 참여하도록 명령하는 것이다. 여기서도 '-앙'이

「X가 Y에게 술 한 잔 내어 주다, X가 그것으로 대접을 삼다, 거짓말을 해 보라」

로 표현된 일련의 사건을 접속시켜 주고 있다. 그런데 술을 내어 주는 일과 이를 손님 대접으로 여기는 일은 순차적인 것이 아니다. 오히려 수단·방법의 기능을 하거나(술 한 잔으로써 대접하다) 또는 '손님 대접'이라는 동일 사건의 범주 아래, 다시 세부 갈래를 선택하여 어떤 방식

으로 대접하는지로써 이 발화를 재분석할 수 있는 것이다. 또는 이와는 달리 두 사건이

「손님을 대접하려고[목적] 술을 한 잔 내어 주다[실행]」

와 같이 목표 사건이 제시되고, 그 목표를 향한 실천 행위(실천 수행)가 복합 사건으로서 하나처럼 묶일 수도 있다. 이 복합 사건에 뒤이어서 순차적으로 주인이 손님에게 '거짓말을 해 보라'는 요구가 이어져 있는 것이다. 수단이나 방법, 그리고 목표 따위는, 느슨하지만 경우에 따라서는 별개의 것이라기보다 서로 비슷한 유형으로 간주될 수도 있다.

이렇게 선행절과 후행절에 표시된 사건들에 대한 해석은, 고유하게 접속 어미 형태소 '-앙(-아서)'이 모두 다 갖고 있는 것이 아니다. 오히려 두 사건을 묶어 주는 사건 모형이나 세계 모형에 의해서 재구성됨으로써, 어떤 한 가지 방식으로 채택되고 결정되는 것이다. 이런 점에서 전형적인 순차 사건 접속(연결)은 가장 밑바닥에 있는 기본값 자질 정도로만 치부되며, 다시 어떤 사건 전개 모형을 적용하는지에 따라서 최종적인 사건 관련성이 결정된다고 여길 수 있다. 이를 이 책에서는 다의어적 접근 방식으로 표방하고 있다.

(31) -앙 -으난 -아서 -는디 -아 불어: 마당에 앗앙(앉아서) 익으랭(읽으라고) ᄒ난(하니까), 지꺼져서(기꺼워져서, 기쁜 마음이 되어서) 익어(읽어) 가는디, 뭐, ᄒᆞᆫ 번 글아준(말해준) 건 다 알어 불어(버려). (서당 훈장이 주인공 아이보고 서당에 있는 책을 내어주면서 말하기를, "서당 마당에 앉아서 읽어 보라!"고 하니까, 아이가 기쁜 마음이 되어서 그 책을 읽어 가는데, 한 번 말해 준 것은 다 이해하고 암기해 버려. 구비2 양구협, 남 71세: 619쪽)

(31)에서는 '주인공이 서당 마당에 자리를 잡고 앉다'와 서당 훈장이 주인공에게 '책을 읽으라' 하는 두 사건(좌정 및 명령)이 있고, 이 사건

들이 접속 어미 '-앙(-아서)'에 의해 순차적으로 이어져 있다. 이 발화 시점 당시에 이 주인공이 서당 마당에 앉았는지 여부는 알 수 없다. '-앙'이 [±시작점]의 의미자질을 지니므로, 후행절의 명령 서법 종결 어미 '-으라'(당시 현재 시점에서 상대방에게 특정 행위를 실천하도록 요구함)에 의해 지배됨으로써, 최종적으로 그 시상 해석이 이뤄져야 하기 때문이다. 현재 상황에서 명령 서법은 행위 실천에 대한 요구일 뿐이다. 그렇다면 그 행위가 시작되었는지 여부는 언어 표현에 따로 표시되어 있지 않다. 따라서 여기서 주인공이 서당 마당에 앉는 사건에 대한 전형적인 해석은, 후행절의 명령 서법과 호응되도록 하기 위하여, 실천 행동(실행)이 채 일어나지 않은 모습 [-시작점]의 시상 해석이 이뤄질 법하다.

비록 여기서 두 사건이 순차적이라고 언급하였지만, 해석자의 관점에 따라서는 후행절의 사건에 초점이 맞춰지고, 선행절은 그 사건을 수행하기 위한 전제라고 판단할 수도 있다. 책을 읽는 후행절 사건이 목표가 되고, 서당 마당에 자리 잡고 앉는 선행절 사건이 먼저 이뤄져야 한다. 이런 측면에서 본다면, 후행절이 일어나기 위한 수단이나 방법으로 해석될 수도 있다. 이런 해석에서는 순차적 사건이 접속되었다고 말하기보다, 오히려 선행절(자리 잡고 앉는 사건)이 후행절(책을 읽는 사건)을 이루기 위한 「전제 사건」이 되는 것이다. 만일 두 사건이 인과율에 의해 항상 관찰되는 일련의 사건이라면, 굳이 다른 관련성을 모색할 필요가 없다(주인공이 책을 읽는 일이 서당 훈장 바로 앞에서 일어날 수도 있고, 마당에 선 채로 일어날 수도 있겠지만, 인과율이 적용될 경우에 이런 하위 갈래들이 원천적으로 차단됨). 이런 사건 관련성에 대한 변동 모습은 오직 자유 의지를 지닌 인간과 관련한 사건들에만 적용됨으로써 해석이 유도되어 나올 것으로 본다.

그렇지만 설사 수단이나 방법의 해석을 받는다손 치더라도, 겉으로 드러나는 것은 시간 흐름에 따른 순차적 전개를 가리키므로, 선행절과 후행절의 순서는 서로 뒤바뀔 수 없음을 알 수 있다. 그렇지만 후행

절에 가중치가 주어짐으로써 후행절 사건의 전제로서 선행절의 사건
이 제시되는 경우에는, 반드시 순차적 사건으로만 해석되는 것은 아
니다. 흔히 인간의 외부 자극물에 대한 처리는

「배경과 초점」 또는 「무대 제시와 배우 활동」

의 모습으로 이뤄진다. 여기서 배경이나 무대 제시에 관련된 정보는
'무시하기' 전략을 적용한다(특히 시지각 처리 과정에서 무시하기의 중요
성은 핑커, 1997[김한영 뒤침, 2007], 『마음은 어떻게 작동하는가?』, 동녘사이
언스의 제4장을 읽어 보기 바람). 대신 초점이나 배우 활동에는 주의력의
초점이 모아져 있다. 그렇다면, 설령 일반 사람들에게 순차적 사건 전
개의 모습으로 관찰되더라도, 선행절이 수단이나 방법이 되는 사건으
로 해석되는 일은, 이처럼 관점에 따라 변동할 수 있는 것이다. 이런
중의적 해석은, 이하에서 제시되는 발화 사례들에서도 항다반사 성립
하는 것임을 확인할 수 있다.

> (32) -앙게 -앙게 -앗주게: 엿날(옛날) 집 ⌀ 짓는 것사게(것이야+화용 첨
> 사 '게') 돌만 담(벽담) 다왕게(쌓아 올려서+화용 첨사 '게') 비만 막
> 앙게(막아서+화용 첨사 '게') 살앗주게(살았었지+화용 첨사 '게').
> (옛날에는 집을 짓고 사는 것이야 아주 간단한데, 돌로만 벽담을 쌓아
> 지붕을 올리고서, 하늘에서 내리는 비만 막고서 살았었지. 구비2 양구
> 협, 남 71세: 655쪽)

(32)에서는 집을 짓는 일반적인 사건을 순차적으로 언급하고 있다. 화
용 첨사 '게'가 어절마다 끼어들어 있다(이런 첨사의 잦은 이용은 화자의
산출 편이성 측면 및 청자의 주의력 측면으로 나눠서 살펴볼 수 있는데, 288
쪽의 각주 67을 보기 바람). 이 첨사를 통하여

① 청자에게 주목하도록 요구하면서 제대로 귀 기울이는지를 점검하며,

② 동시에 화자는 후속 발화 산출을 위한 임시 디딤판으로서 신속히 산출해야 할 압박감을 상쇄하면서 잠시 쉴 여유를 지닌다.

전체적으로 옛 시절에는 집을 짓는 일이야 아주 간단하고 쉬웠음을 전제로 깔고서, 왜 그러한지를 풀어서 설명해 주고 있다. 먼저, 화산섬 제주에서 아주 흔한 돌로 벽담을 쌓아 올리고 나서, 그 다음 사건이 접속되어 있다. 그 사건이 명시적으로 언급되지는 않았다. 그렇지만 하늘로부터 쏟아지는 비를 막기 위해서 필요한 것이며, 우리의 일상 경험을 통해 추론해 보면, 상식적으로 지붕을 덮는 일임을 알 수 있다. 이런 뒤에라야 비로소 하늘로부터 내리는 비를 막을 수 있기 때문이다. 그렇다면

「담을 답다(쌓아 올리다),115) 지붕을 덮다, 비를 피하도록 막다」

라는 세 가지 사건이 순차적으로 전개되어 있음을 알 수 있다. 여기서 중간에 지붕을 덮는 사건은 맨 뒤의 사건 속에 스며들어가 있다. 결국, '답다(쌓아 올리다)'와 '막다'가 표상하는 두 가지 사건이 순차적 전개 방식으로 제시되어 있고, 이들 사이에 접속 어미 형태소 '-앙(-아서)'이 들어가 있는 것이다. 이들 복합 사건 연결체는 다시 맨 마지막에 있는 후행절의 동사 '살다(거주하다)'에 접속된다. 비록 시상 형태소가

---

115) '답다' 또는 '다우다'(쌍형 어간 형태로서, 마치 「자연음운론」 관점에서 공통어에서 '하다'의 어간으로 '하-, 해-, 하여-'를 설정해 주는 일과 유사함)라는 낱말은, 이 방언에서 '믈다(허물다)'나 '믈아지다(무너지다, 허물어지다)'와 대립 짝이다. 그러므로 쌓는 일과 함께 중력의 반대 방향인 수직축으로 차츰 그 높이가 올라가야 한다. 전형적인 이음말이 '담을 답다'이며, 반대말이 '담을 믈다' 또는 '담이 믈아지다'이다(여기서 '-아지다'는 결과 상태를 가리키게 되며, 피동의 뜻이 없는데, 841쪽 이하를 보기 바람). 공통어에서는 '허물다'로서 '헐다'와 합성되어 있다. 소리값의 측면으로만 볼 경우, 필자는 공통어에서 머리를 '땋아 올리다'라는 표현에서 '땋다'가 같은 어원을 지니고 있는 것이 아닐까 의심해 본다. 이런 직관을 반영하여 공통어 대역에서는 '쌓다'보다는 '쌓아 올리다'라는 복합 동사의 모습으로 적어 놓았다.

'살앗주(살았지, 거주했지)'로만 나와 있어도, 맨 처음 나온 절의 시간 부사 '옛날' 때문에, 이를 디딤판으로 하여 현재 사건과는 한참 동떨어져서 더 이상 그 흔적조차도 경험해 볼 수 없는 사건임을 이내 추론할 수 있다(이 방언에서는 '-아 나다' 보조동사를 이용한 '살아낫주'로 표현됨). 그러므로 공통어 대역에서 필자는 일부러 '-았었-'으로 적어 두었다. 선행한 '-았-'은 사건이 끝남을 지시하고, 뒤이어진 '-었-'(이것이 늘 음성 모음 '-었-'으로 되는 이유는 기원적으로 '-아 잇-'에 있는 '있다'의 어간 모음에 이끌리기 때문이며, 이 방언에서도 이런 현상들이 여전히 관찰됨) 은 이미 끝나 버려 재확인 가능성이 없지만, 상식적 추론 방식에 따라 증거태 부재의 모습을 맡고 있다. 여기서 종결 어미 '-주'는 추정의 의미자질을 띠고서, 청자에게 확인을 요청하는 속뜻까지 지닌다.116) 이 또한 확정적인 주장의 양태를 지녀서 청자에게 통보해 주는 속뜻을 담고 있기 때문에, 결코 미래 사건의 서술에서는 나타날 수 없는

---

116) 342쪽의 각주 78에서 길게 적어 놓았듯이, '-주'는 반말투 종결 어미 '-어'처럼 여러 서법에 걸쳐서 억양을 동반하여 두루 쓰인다. 그렇지만 '-저'는 언제나 서술 단정문의 서법에서만 쓰인다. 현평효(1985)에서는 동일하게 모두 처음 'ㅈ'을 초성으로 갖고 있기 때문에, 피상적으로 '-주'와 '-저'를 동일한 범주의 종결 어미로 잘못 지정하였다. 그렇지만 계보가 다른 이 두 종결 어미는 형태들의 결합 모습에서도 서로 차이가 나고, 또한 화용상으로 깃든 속뜻에서도 서로 현격히 달라진다. 필자는 설사 상보적 또는 배타적 분포를 보이더라도, 정보 흐름의 측면에서 정반대 방향을 가리킨다(기능이 다르다)는 측면에서, 독자적으로 개별 형식으로 발달한 형식으로 판단하고 있다. 이는 기능이 동일하면서도 형태만이 달리 배타적 분포를 지니는 다른 경우(접속 어미는 '-단, -당, -다서, -다가'를 들 수 있고, 내포 어미는 유사 인용 형식에서 핵어 명사 '말'을 꾸며 주는 '-은'과 핵어 동사 '말하다'를 꾸며 주는 '-고'를 들 수 있음)와는 차원을 달리하여 취급될 필요가 있다.

우연히 공통어에서는 '-저'와 '-주'처럼 분화되지 않은 채 모두 통합적으로 '-지'로 쓰고 있다. 이는 공통어의 '-아서'가 이 방언에서는 시상 의미자질의 대립을 보여 주면서 '-앙 vs. -안'으로 구분하는 일(또한 '-당 vs. -단'의 대립, '-으명'에서 '-앙'의 융합, '-으난'에서 '-안'의 융합도 그러함)과 매우 닮아 있다. 모두 「문법 형태소의 중층성」모습이다. 이렇게 분화된 쓰임새가 이 방언의 발달 과정을 보여 주는 것이다.

자세한 논의는 김지홍(2016) "제주 방언의 선어말어미와 종결 어미 체계"(『한글』통권 제313호: 148쪽 이하의 각주 22)에서 '-주'와 '-저'를 서로 대비해 놓은 도표(두 범주의 여섯 가지 항목에서 서로 차이가 남)를 참고하기 바란다. 이에 대한 세부적인 논증은 김지홍(2014) 『제주 방언의 통사 기술과 설명: 기본구문의 기능범주 분석』(경진출판)에서 다섯 군데에 걸쳐 베풀어져 있는데, 그 책의 ① 79쪽 이하, ② 116쪽 이하, ③ 140쪽 이하, ④ 209쪽 이하, ⑤ 392쪽 이하를 보기 바란다.

'-저'와는 크게 차이가 나는 것이다('-주'와 '-저'를 혼동해서는 안 됨).

그렇다면 시상 및 양태의 해석을 결정해 주는 조건 (17)에 따라서, 전체 사건이 이미 확인할 흔적조차 없으므로, 더 이상 아무도 다시 경험할(추체험할) 수 없고, 다만 간접 증거에 의해 추론될 수 있다는 양태의 의미가 선행절들 사이에 스며듦으로써, 동화 또는 일치가 일어난다. 접속 어미들의 무표적(unmarked) 의미자질(음의 부호 '-'를 지닌 자질)은 '살앗주＋게'(이를 필자는 '살아낫주＋게'의 줄임 표현으로 간주하고 있음)에 따른 지배 구조에서, 동화 또는 일치가 일어남으로써 모두 일관되게 공통어의 '-았었-'의 시상 형태소(-았-) 및 양태 형태소(-었-)가 가리켜 주는 「단절된 먼 과거의 어느 시공간에 자리한 복합 사건」을 지시해 주는 것이다.

이제, 접속 어미 '-앙'과 짝을 이루고 있는 대립 형태소 '-안'의 경우는 어떠할 것인가? 이 경우에도 사건들 사이의 관계가 순차적 사건 전개로 파악되는 것이 기본적이다.

(33) -안 -안 -는 게라: [풀 뜯어 먹던 소를] 이레(이쪽으로) 흔 머리(마리) 경(그렇게, 말뚝의 줄로 그렇게) 해여(하여, 묶어) 뒨(두고서), 또다른 쇠(소)도 간(가서) 저레(저쪽으로) 묶으는 게라(것이야).
(풀 뜯어 먹던 소를 이쪽으로 한 마리를 그렇게 말뚝의 줄로 묶어 두고서, 또다른 소도 가서 저쪽으로 묶는 것이야. 구비3 김재현, 남 85세: 155쪽)

(33)에서는 한밤중에 소를 줄로 묶어 두는 두 개의 사건이 차례대로 접속되어 있다. 이런 접속이

「해여 뒨」(해 두고서, 묶어 두고서), 「간」(다른 곳으로 가서)

으로 표현되어 있다. 순차적 사건 전개이지만, 휴지나 시간 간격이 따

로 개입되지 않았다는 점에서 '계기적 사건'으로 부를 수도 있다. 이를 결정하는 데에는 단순히 언어 표현만으로는 불가능하다. 반드시 추가 변인으로서, 현실세계에 대한 우리의 경험 지식들에 비춰 해당 맥락을 재구성하고 난 뒤에, 그 사건들이 계기적인지 일정한 공백이 있는 것인지(서로 거리가 멀리 떨어져 있다거나, 설령 가깝더라도 우연히 중간에 담배를 피우는 사건 따위가 들어갈 수 있음) 여부에 대한 결정이 내려지는 것이다. 여기서는 일련의 사건들이 뒤에 서술될 사건의 배경으로 제시되어 있다는 점에서, 계기적 사건으로 말해도 큰 잘못이 없다.

(34) -안 -는디 -아: [그 집으로] 들어간(중의적임) 이젠 서로 글을 꼬누는디(서로 견주어 겨루는데) 비등(比等)ᄒ여, 시관(試官)의 딸광!
(나뭇가지에 올라 있던 주인공은 그 집의 작은딸이 자신에게 나무 위에서 내려오도록 요구하자, 내려온 다음에 그 집으로 들어갔어[들어가서]. 이제는 주인공과 작은딸이 서로 글을 견주는데, 서로 비등해, 과거 시험을 주관할 시관의 딸과! 구비2 양구협, 남 71세: 622쪽)

(34)에서는 과거 시험을 보러 가던 주인공이, 우연히 그때 과거 시험을 주관하던 시관의 집으로 들어가서, 시관의 막내딸과 문장을 겨루는 대목을 말해 주고 있다. 그 결과, 실력이 서로 비슷하였다. 이 일련의 사건도 또한, 행위 주체(행동 주체, 즉, 주인공)의 자유 의지에 따라 일어난 사건들을 서술해 주고 있다. 이 사건들은 시간 흐름에 따라 순차적으로 진행됨을 알 수 있다. 여기서는 한 사건이 다 끝났음을 표시해 주는 [+종결점] 자질을 지닌 접속 어미 형태소 '-안(-아서)'이 선행절에 표시되어 있다. 즉, 시관 집으로 들어간 사건은 이미 다 끝난 것이다 (따라서 이를 '-안²'로 볼 수도 있음). 이 사건에 이어진 글재주 겨루기 사건으로서, 후행절에서는 '-는디(-는데)'가 실현되어 있고, 마지막으로 겨룬 결과를 평가하는 절로서 '서로 비슷하다'라는 표현이 나와 있다. 2음절로 된 종속 접속 구문의 어미 '-는디(-는데)'는, 전설 모음

'이'로 바뀐 종속 구문 어미 '-인디(-은데)'와 짝으로 대립하는 형태소 이다. 여기서 형태소 '-느-'가 융합되어 있지만 '-는디(-는데)'는 현실 에서 확인 가능함을 나타내는 양태적 기능을 맡고 있다. 필자는 그 기능이 후행절의 사건에 대한 배경 사건을 마련해 놓는 역할을 한다고 본다(654쪽 이하에서 이 형태소들이 다뤄짐). 이들 짝은 양태의 의미자질 로서 담화 속에 있는 무대 현장에서 당시에 「확인 가능성」 여부로써 서로 대립하는 것으로 본다. 다시 말하여, 글재주를 서로 겨루는 그 당시 현장 상황(담화 속의 현장 무대)이라는 배경에서, 그 결과를 '비슷하 다'고 평가해 주고 있는 것이다.

그런데, 왜 처음 나온 절에서는 이미 사건이 다 끝났음을 말해 주는 접속 어미 형태소 '-안(-아서)'을 쓰면서, 뒤에서는 반말투 종결 어미 '-아'를 써서 마치 현재의 일인 듯이 서술해 주고 있는 것일까? 이는 담화상의 서술 기법에 속한다. 모든 것을 만일 현재와 동떨어진 과거 에 일어난 일로 말한다면, 현장에서 막 일어나고 있는 일을 현장에서 중계해 주는 듯한 긴장감이 사뭇 떨어질 수 있다. 긴장감이 떨어지는 일을 막기 위하여, 현재 그 상황이 바로 눈앞에서 일어나고 있는 듯이 서술해 주고 있는 것이다.117) 만일 클락 교수의 용어를 쓴다면, 이 설

---

117) 488쪽의 각주 104에 언급했듯이, 클락(1996; 김지홍 뒤침, 2009) 『언어사용 밑바닥에 깔린 원리』(경진출판: 제12장)에서는 처음으로 '층렬 도입하기'라는 개념과 함께 역동적 인 무대 이동이 논의되었다. 이런 특징은 언어 습득 기간에 누구나 반드시 겪게 되는 소꿉장난 또는 소꿉놀이로부터 비롯되어 나온다. 흔히 행동주의 심리학에서는 마음 이론(theory of mind)으로도 부른다. 설령 아무리 복잡한 층렬(layers) 관계라고 해도, 소꿉놀이의 원형을 반복적으로 설정하여 몇 가지 상이한 개념들을 만들어 줌으로써 이내 설명이 가능하게 된다. 가령, 멜뷜(H. Melvill)의 소설 『모비딕(*Moby Dick*)』에서는 첫 문장이 다음처럼 시작된다.

"나를 이슈메일로 부르게!"
(*Call me Ishmael!*)

만일 어느 독자가 이 소설책을 도서관에서 읽고 있다면, 그 도서관은 제1의 현실 층렬 (현실 세계)에 속한다. 그 현실 세계를 바탕으로 하여, 소설에서 묘사되고 있는 제2의 소설 속 층렬(소설 속의 현장 세계)이 있다. 그리고 또다시 그 소설 속에서 주인공이 언급해 주고 있는 가상의 제3층렬(소설 속에서 지난 사건이 벌어지고 있는 상황 속의 무대 또는 관련된 현장 세계)이 도입된다.

층렬들의 누적되는 이런 모습을 다음처럼 그려 줄 수 있다. 밑에 있을수록 현실 세계

화가 이끌어가는 상상의 세계 속에 있는 현장 상황(담화 속의 무대)에, 화자와 청자가 모두 들어가 있는 셈이다. 우리가 모두 다 숨을 쉬고 있는 2020년 가을 어느 날 '현실세계(reality)'로부터, 설화 속에서 무대를 마련해 놓은 '현장 세계(scene)'를 향하여, 몰입하면 몰입하는 정도만큼, 청자에게는 흥미와 긴장이 더욱 높아지는 것이다. 이를 부추기는 언어 형태소가, 담화 내지 설화 속 사건을 서술해 주면서 마치 눈앞에서 벌어지는 일처럼 아무런 시상 선어말 어미 형태소가 없이 반말투 종결 어미 'ㅎ여(해)'를 쓰는 것이다.

에 의존하게 되고(현실 세계), 위의 세계일수록 담화나 설화가 이끌어가는 상상의 그리고 개념상의 세계(현장 세계)에 의존한다.

〈표8〉 담화 속에서 전개되는 복합 층렬들의 관계

→ 제3층렬(주인공이 경험한 과거 사건의 무대)

→ 제2층렬(소설 속에 도입된 현장 세계)

→ 제1층렬(현실 세계에 있는 도서관)

여기서 밑바닥에 있는 가장 짙은 회색이 제1층렬이고(현실 세계), 중간 색깔이 제2층렬이며(소설 속의 현장 세계), 가장 밝은 색깔이 제3층렬을 나타낸다(그 소설의 현장 세계 속에서 주인공이 과거에 경험을 하는 사건이 일어나는 또다른 무대). 이런 층렬은 화자와 청자와의 공유된 믿음에 따라 더 많이 늘어나면서 도입될 수도 있다.

그럼에도 불구하고 이야기가 이끌어 가는 「상상의 원리」(묵시적 대응 함수를 도입함)와 「현실 식별의 원리」가 서로 공모하면서, 제일 밑바닥에 있는 제1 현실 층렬로 아주 쉽게 되돌아올 수 있다. 클락 교수는 그 까닭을 「의미·상상·식별」의 세 차원으로 포착하여 설명해 준다.

제1층렬에서 제2층렬의 사건이나 제3층렬의 사건을 서술해 주려면 반드시 사건이 다 끝났음을 표시하는 시상 형태소를 갖고 있어야 한다. 이런 거리감은 점차 청자로부터 주의력과 긴장감을 떨어뜨리는 결과를 빚는다. 그렇지만 담화 기법상, 화자와 청자가 제1층렬의 현실 세계를 벗어나서, 모두 다 함께 더 위에 있는 현장 세계로 들어간다면, 비로소 눈앞에서 펼쳐지는 사건을 중계하듯이, 담화 전개에서 그 당시 현재와 관련된 일을 말할 수 있게 된다. 이렇게 전혀 다른 비현실 세계에 있는 일을 눈앞에서 보듯이 주고받음에도 불구하고, 화자이든 청자이든 모두 다 현장 세계와 현실 세계를 식별함으로써, 본디 제1층렬(현실 세계로서 현재 독자가 책을 읽고 있는 도서관)로 이내 되돌아올 수 있는 것이다.

여기서 서로 다른 층렬에 대한 구분은 「가능세계」를 나타내는 양태 구문의 경우에 중요성이 매우 커진다. 이 책에서는 발화 상황에서 화자와 마주하고 있는 청자의 '추체험 가능성'과 관련된 요소를 양태의 자질로 포함시켜야 함을 주장한다. 이 방언 자료들을 해석하기 위하여 654쪽 이하에서, 그리고 702쪽 이하에서 다시 층렬의 중요성이 명백히 드러나는데, 그곳의 논의도 같이 참고하기 바란다.

(35) -안 -으니 -아 불거든: [저승] 문을 「탁~」(의태어, 갑작스런 동작)
올아(열어) 주거든. 들어가니 저 아귀, 축생, 저 뼉다귀(뼈다귀)ㅎ고 가
죽(살가죽) 뱆이(밖에) 아이(아니) 남은 것덜(것들)이 와장창(의태어,
왕창) 나오란(나와서) "살려 줍서, 살려 줍서!" 허여 가니, 사재덜(使者
들, 저승 차사들)이 몽둥이로 패(패고) 두드리멍(두드리면서) 앗아다
(가져다가) 「탁탁~」(의성어, 문 닫는 소리) 가두와 불거든(버리거든).
(목련 존자가 여섯 고리가 달린 지팡이로 저승의 문을 두드리자 문을
「턱~」 열어 주거든. 저승에 들어가자 저 아귀와 축생, 저 뼈다구와 살
가죽 밖에 남지 않은 사람들이 왕창 쏟아져 나와서, 목련 존자에게 "살
려 주십시오, 살려 주십시오!" 간청을 해 가니까, 저승을 지키던 차사
들이 몽둥이로 그들을 패고 두드리면서 한 사람씩 가져다가(들어다가)
감옥 속에다 「탁탁~」 가둬 버리거든. 구비1 안용인, 남 74세: 181쪽)

(35)에서는 '-안(-아서)'을 매개로 하여 앙상한 죄인들이 쏟아져 나오
는 일과 목련 존자에게 저승으로부터 구출해 달라는 요구들이 이어져
있다. 이것이 배경 사건이 되어, 소요가 일어나자, 저승을 지키는 사자
들이 그 죄인들을 몽둥이로 때리면서 다시 감옥 속에 가둬 버리는 일
이 이어져 있다. 그런데 앞에서는 분명히 접속 어미 형태소 '-안(-아
서)'을 써서 두 사건을 이어 주었지만, 뒤에 있는 배경 사건이 '-으니(-
으니까)'로 제시되어 있고(무질서하게 쏟아져 나온 일들을 처벌하고 있다
면 '원인'으로도 해석할 수 있음), 그 배경에서 일어난 초점 사건에서는,
입말에서 자주 쓰는 비격식투의 종결 어미 '-거든'이 아무런 시상 표
지나 양태 표지도 없이 끝나고 있다(현재 일어나고 있는 일처럼 서술해
주고 있음).

(35)에 있는 사건들은 모두 설화 속에서 목련 존자가 저승에 갇혀
있을 자신의 어머니를 뵈러 가면서 일어난 것들이며, 이를 차례차례
서술해 주고 있다. 그렇다면 모두 다 끝나 버린 사건들을 말해 주는
것이겠지만, 여기서는 맨 마지막 후행절에 시상 형태소도 양태 형태소
도 전혀 없이, 왜 하필 그대로 종결 어미 '-거든'만 나온 것일까? 여기

에서도 청자에게 생생한 현장감을 전달해 주기 위해서, 화자가 마치 눈앞에서 일어나고 있는 듯이 언어 표현을 쓰고 있는 것이다. 설화에서는 이미 일어난 사건이라고 하더라도, 눈앞에서 일어나고 있는 일처럼 현장성을 생생히 전달해 주기 위한 기법이 다음처럼 몇 가지 있다.

① 두 사람이 서로 생생하게 대화를 나누듯이, 직접 현장 대화를 통하여 전개하거나,
② 완료 시상 형태소가 없이 현재 눈 앞에서 일어나고 있는 사건처럼 서술해 준다.

여기서는 뒤의 선택지를 이용하고 있는 것이다. 앞 단락에서도 이를 구분하기 위하여, 화자와 청자가 다 같이 숨을 쉬고 있는 '현실세계'가 있고, 다시 담화 또는 설화를 통해서 도입되는 '현장 세계'가 다뤄졌다. 생생함과 긴장감으로 높여 주기 위하여 둘이서 서로 얼굴을 마주 보면서 대화하듯이 표현하는 전자를 선택하지 않고, 여기서는 후자가 선택되어 있다. 다음 (36)에서는 전자를 선택하여 청자로 하여금 현장성을 더욱 생생히 느낄 수 있게 해 준다(각주 117에 언급된 소설 『모비 딕』에서도 그러함).

(36) -안²-안 -안² -으라!: 「아, 이 할으방(할아범) ø 구신(鬼神)ㅎ고 말ㅎ는 할으방이 있다!」 옹(이렇게) 생각허연(하였어). [신당에서 쓴 제수를] 짊어젼(짊어지고) 오란(왔어). "할으방, 구신ㅎ고 …" [상대의 말을 가로막는 시늉을 하면서] "속솜ㅎ라(조용하라)! 말ㅎ지 말라!"
(지켜보던 청년이 「아, 이 할아범, 귀신하고 서로 대화하는 할아범이 있구나!」 이렇게 생각했어. 그 할아범이 도깨비 신당에서 썼던 제수를 등에 짊어지고 다시 마을로 돌아왔어. 그 청년이 "할아범, 귀신하고 …"라면서 사실 여부를 물으려고 하자마자, "입을 다물고 조용히 있어라! 말을 하지 말아라!" 하면서 가로막아 버렸어. 구비1 안용인, 남 74세: 169쪽)

(36)에서는 한 사건이 다 끝났음을 표시하는 시상 접속 어미 '-안(-아서)'이 있으며, 다 쓴 제수를 짊어지는 일과 마을로 돌아오는 일을 접속해 준다. 그런데 앞뒤로 모두 내포 구문의 어미(인용 구문 형식의 '-안²')가 종결 어미처럼 쓰인 사례가 두 번 나와 있다. 첫 문장은 도깨비 신당의 일을 관찰하는 젊은이의 생각이다. 두 번째 문장은 다 쓴 제수를 짊어지고서 다시 마을로 돌아온 박수 할아범의 일이다. 만일 '짊어 젼(짊어지고)'과 '오란(왔어)' 사이를 별도로 서로 분리 가능한 두 개의 사건(제사 지낸 음식을 짊어진 다음에 다시 마을로 돌아옴)으로 보지 않고, 복합적인 하나의 사건으로 이해한다면, '짊어젼 오란'(다 쓴 제수를 짊어 진 채로 왔어)에서 선행절은 수단이나 방법의 해석을 받을 수 있다. 즉, "오는데, 어떻게 왔느냐?"라는 질문을 던졌을 때, 이에 대답을 하는 방식이다. 그렇다면 선행절은 후행절 사건이 일어나도록 만들어 주는 수단이나 방법으로 해석되는 것이다.

어떤 해석을 선택할지 여부는, 다시 전체적인 맥락(또는 이 설화 속 사건들이 이어져서 나오게 될 최종 목적이나 주제)에 따라 결정되는 것이 므로, 이렇게 불분명하게 서로 해석이 겹치는 일도 나올 수 있는 것이 다. 이어서 동네 젊은이가 그 박수 할아범에게 도깨비 귀신과 감응할 수 있는 그의 능력에 감탄하면서 확인하려고 말을 걸었다. 그렇지만 박수 할아범은 싸늘하게 아무런 말도 하지 못하도록 막고 있다(명령형 서법 어미로 된 "말라!"). 이들 대화는 분명히 설화 속에 설정된 무대(구 좌읍의 어느 도깨비 신당과 그 신당이 있는 마을)에서 이미 일어난 사건들 을 표현해 주고 있다. 그럼에도 불구하고, 현재 바로 눈앞에서 서로 대화하는 사건인 양 표현되고 있다(①의 표현 방식을 선택하였음).

이런 일련의 사건 뒤에, 그 동네 청년이 몰래 목격하였던 일을 놓고 서 당사자인 박수 할아범에게 직접 확인하려고 질문을 던진다. 여기 서는 현장성 및 긴장감(청자에게 계속 주목하도록 요구함)을 돋보이려는 목적으로, 동네 청년과 무당 사이에 오가는 대화를, 직접 인용 형식을 채택하여 말해 주고 있다. 비록 동네 청년의 발화가 중간에서 가로막

혀 끊겼지만, 필자가 생략된 부분을 임의대로 복원해 본다면,

　　"서로 말을 ㅎ였수과?"
　　(귀신과 서로 말을 나누십니까?)

라는 의문문을 써서 자신의 목격 현장을 확인하거나, 또는

　　"말을 ㅎ였구나예!"
　　(말을 나누고 있구나+화용 첨사 예!)

라고 할 수 있다. 모두 다 박수 할아범의 놀라운 능력에 감탄하였다는
뜻을 담을 수 있다. 도깨비 신당에 제사를 드린 박수는 이 말을 가로막
으면서

　　"속솜ㅎ라!"118)
　　(잠자코 있고, 떠들지 말라)

고 한다. 이런 대화는 비록 앞선 선행절들에서 [+종결점]의 시상 의미자
질을 지닌 접속 어미 '-안(-아서)'을 써서 이미 다 끝난 사건을 제시하였
더라도, 그 다음 이어지는 사건의 현장성을 높이고, 긴장과 재미를 이끌
어내기 위하여, 설화 속 무대 위에서 「두 사람 사이에 직접 주고받는
대화 형식의 기법」으로 전환하여 계속 이야기를 전개해 나가는 셈이다.

---

118) 어원상 속(內)과 '숨 쉬다'의 숨(氣息)이 결합된 뒤에 모음조화에 의해 '숨'이 양성 모음
　　'솜'으로 바뀌어 있는 모습이다. '속+숨'이 낱말 내부에서 모음들 사이에 동화가 일어
　　남으로써 '속솜'이 된 것이다. '속솜하라!'는 숨조차 밖으로 내쉬지 말라는 뜻이겠지만,
　　잠자코 조용히 있으라는 요구이다. 이와 대립하여 겉으로 숨결을 느낄 수 있는 숨은,
　　'겉숨'이 될 법하다. 그렇지만 이런 낱말을 이 방언사전에서 찾을 수 없다. 관련 낱말로
　　서 '숨소리'가 올라 있고, 숨결은 '숨절'로 올라 있을 뿐이다. 숨이 언제나 날숨과 들숨
　　으로 이뤄지므로, 굳이 '겉'을 붙여 놓지 않더라도, 곧 기본값으로 겉으로 확인할 수
　　있음을 전제하고 있기 때문일 듯하다.

다음에 있는 사례들은 접속 어미 '-안 vs. -앙(-아서)'이, 같은 절 내에 나왔음에도 불구하고, 여러 가지 다른 기능으로 해석될 수 있음을 보여 준다.

(37) -앙 -안 -아서 -앗어: 막걸리ø 막 허여다 낳(놔서), 선소리(先唱)ø 흐는 사름은 높은 드들(시렁) 우이(위에) 올라 앗안(앉아서) 선소리만 흐면은(하면은) 그걸로 허여서 힘을 내엿어(내었어).
(고된 농사일을 할 때에는, 막걸리를 막 해다 놓고서, 선창하는 사람이 높은 시렁 위에 올라 앉아서 선창만 하면은, 구성진 그 선창으로 말미암아 저절로 흥이 나서, 모든 일꾼들이 다 힘을 내었어. 구비1 안용인, 남 74세: 164쪽)

(37)에는 같은 부류의 종속 접속 어미가 '-앙, -안, -아서(-아서)'로 실현되어 있다. 첫 번째 '-앙(-아서)'은 순차적 사건 전개의 기능이라고 말할 수도 있고, 후행절에서 일어날 사건에 대한 배경 또는 무대의 역할을 할 수도 있다. 두 번째 '-안(-아서)'도 중의적인 기능을 지니는데, 순차적 사건 전개의 기능뿐만 아니라, 또한 선창하는 방법으로도 해석될 수가 있다. 세 번째 '-아서'는 마지막 후행절 '힘을 내다'의 이유나 원인을 나타낸다. 이런 몇 가지 사건들 사이의 관련성이 모두 있을 수 있는(또는 가능한 해석) 후보들이다. 복수의 해석이 가능할 경우에 어떤 후보가 최적인지 결정도, 또한 상위 차원에서 스스로 전체 의사소통을 되짚어 보거나 재검토하면서 내려질 것이다. 다시 말하여, 전체적인 복합 사건 연결체들을 스스로 머릿속에서 능동적으로 임의의 모형 아래 관련 사건들을 재구성해 놓음으로써 그 결과로서 얻어지는 것이다.

설령 얕은 수준의 이해에서는 모어 화자들 사이에 모종의 공통 기반을 찾아낼 수는 있겠지만, 이것만이 의사소통에서 주력해야 할 목표가 아니다. 좀 더 깊은 수준의 처리를 지향해 나갈 경우에(흔히 겹쳐 읽기로서 능력에 따라 '서로 얽힌 텍스트 속성'을 찾아낼 경우에) 결국 상대방의 마음을 읽어 내는 일이 더 중요한 것이다. 담화 영역에서는 서로 다른 용어를 써서 구분해 주고 있다. 미시 수준의 처리와 거시 수준의 처리로도 부르고, 1차적 이해와 2차적 이해로 구분하기도 하며, 숫제 이해(understanding)와 해석(interpretation)으로 서로 다른 낱말을 쓰는 경우도 있다. 어디에 어느 수준 정도에 초점을 맞춰야 할지는 미리 결정될 수도 없고, 개인별로 판단하고 결정하는 것이다. 아마도 이것이 개인별 이해 정도의 차이를 빚는 요소일 것이다. 주의력이 분산되어 있는 참여자에게는, 미시 수준의 처리 또는 1차적 이해도 온전하게 일관성을 유지하면서 일어나지 않을 개연성도 있다.

이상의 주장을 간단히 말한다면, 접속 구문의 해석은 일직선 또는 선조적 방식으로 이해를 진행하면서 해당 접속 어미 형태소를 만나자마자 즉석에서 결정되는 것이 아니다. 이런 이유로 84쪽의 〈표3〉에 제시되어 있는 이해의 단계별 과정은, 끝없이 해당 덩잇글이나 덩잇말의 의도 또는 주제를 정교하게 가다듬어 나가도록 지속적으로 반복 순환되어 일어나는 일로 파악된다.

> (38) -안 -느냐? -아서 -안 -은다. -아서 -읍니다: "너 왜 이디 오란(와서) 노느냐?", "나 글 익는(읽는) 거 듣고 싶어서 완(와서) 논다." 그러니 선생보고 "글 익는(읽는) 거 듣고퍼서 놉니다."[라고 보고하였어]
> (서당 학동들이 주인공 아이에게 "너는 왜 여기에 와서 노느냐?"고 묻자, 주인공이 대답하기를 "나는 글 읽는 것을 듣고 싶어서 여기 와서 논다."고 했어. 그러니 서당 훈장에게 보고하기를 "그 아이는 글 읽는 거 듣고퍼서 여기서 놉니다."라고 했어. 구비2 양구협, 남 71세: 619쪽)

(38)에서도 종속 접속 어미가 '-안, -아서, -안, -아서'로 실현되어 있음을 확인할 수 있다. 그렇지만 그 기능은 좀 다양하게 나타난다. 첫 번째 나온 '-안'은 '오다'와 '놀다'에 의해서 표상된 두 사건을 순차적으로 이어준다고 볼 경우에, 이는 순차적 사건 전개의 기능을 지니고 있다. 그러나 주인공 아이가 일부러 글을 배우고자 하는 마음에서 늘

서당 마당으로 가서 놀고 있는 것이므로, 오는 사건이 오히려 후행절 사건을 위하여 주어져 있는 배경으로 기능한다고도 말할 수 있다. 두 번째 나온 '-아서'는 후행절 사건 '완 놀다(와서 놀다)'의 목적이나 또는 이유의 기능으로 해석될 수 있다.

세 번째 '완(와서)'은 첫 번째 '오란(와서)'을 줄인 형태이다. 이 방언에서는 계사 '이다'와 이동동사 '오다'에서 유음 속성이 출현한다(특이하게 '위하다'는 낱말의 고유 형태는 공통어에서 완전히 사라져 버렸지만, 이 방언에서는 접속 구문의 어미 '-앙 vs. -안'만 결합된 모습으로서 "울엉 vs. 울언"처럼 쓰이며, 화석화된 "울엇이"[우두커니, 목적 없이, 하염없이]도 있으므로, 여기에서도 유음 받침을 찾아낼 수 있음). 계사의 경우에는 유음의 존재가 고유한 서법의 종결 어미와 두루 여러 서법에 쓰이는 종결 어미를 구별해 주는 징표가 된다. 즉, 전자는 '이어'로 활용하고 후자는 '이라'로 활용하는 것이다(김지홍, 2016, "제주 방언의 선어말어미와 종결 어미 체계", 『한글』 통권 313호를 보기 바람). 그렇지만 '오다'의 경우에는 이런 구분이 없이 수의적인 듯하다. '오다'가 접속 어미 형태소 '-안'과 결합할 경우에 "오란"으로도 나올 수 있고, 또한 "완"으로도 나올 수 있는 것이다(짝이 되는 접속 어미 '-앙'과 결합하면 '오랑, 왕'으로 나오며, 내포 구문의 하나인 부사형 어미 '-아'와 결합하면 '오라, 와'로 실현됨). 이것이 접속 어미가 실현되는 환경이기 때문에, 종결 어미에서 찾아지는 그런 서법 상의 구별(고유 서법 활용 vs. 어조만 달리하여 두루 여러 서법에 쓰이는 반말투 활용)이 더 이상 적용될 수 없다. 이 기능 또한 첫 번째와 같이 중의적으로 해석될 수 있다. 순차적 사건 전개의 기능으로도 해석될 뿐만 아니라, 그리고 배경의 기능으로도 해석될 수 있는 것이다. 이 선택은 해석 주체가 어떤 복합 사건 연결체를 상정하는지에 따라 달라지는 것이다.

그리고 맨 마지막에 나온 '-아서'가 붙은 '듣고퍼서(듣고파서)'는 희망하는 마음가짐을 가리켜 주는 보조 형용사 구문 '-고 싶다'로부터 줄어들어 '-고프다(듣고프다)'처럼 쓰이는데(881쪽 이하 참고), 여기에

다 접속 어미 형태소가 결합된 것이다. 모음조화가 지켜지지 않은 채 '-어서'로 실현된 것은 본디 '싶다'에 있는 어간 모음이 탈락된 뒤에도 영향을 주는 듯이 느껴진다. 그렇다면 선행절과 후행절의 사건 관련 성에 대한 해석은, 선행절 사건이 일련의 복합 사건이 도달하게 되는 최종 목표라는 점에서, 그 기능도 또한 목적 관계 또는 이유 관계를 나타내는 것으로 말할 수 있다.

(39) -안 -안², -아 가지고 -앗어. -아 앗언 -는디 -안 보니 -안². -아 가지고 -아 가지고 -안²: 겨니(그러니) 남군서(남제주군에서) 그때는 차(車)도 엇인(없는) 때고(시절이고), 중산촌(中山間村)으로 걸언① 오 란²(걸어서 왔어). 이젠 첩(妾) 각시 집이(집에) 오라(와) 가지고② 네 귀(집 네 귀퉁이)에 불을 질러 불엇어(버렸어). … 허여 두고, 이제는 걸어 앗언③(걸어 갖고서, 걸어서) 오는디(오는데), 오란 보니④ 네 귀 (집 네 귀퉁이)에 불 ø 질런²(질렀어). 불 난 거 ø 보니, 「… 이상스럽 다」고 허여 가지고⑤, 이젠 타는 물을 타 가지고⑥, 돌런²(달렸어). (그러니 남제주군 쪽에서는 그 당시 자동차도 없는 시절이었고, 중산 간 마을을 거쳐서 걸어서① 왔어. 이제 첩 각시 집에 와서② 그 집 네 귀퉁이에다 불을 질러 버렸어.… 한편 주인공은 그렇게 해 두고서, 이제는 걸어서③ 오는데, 와서 보니④ 누군가가 자신의 집 네 귀퉁이에 불을 질러 버렸거든. 그런데 불이 난 형상을 보니, 「… 이상스럽다」고 여겨서⑤, 이제는 늘 타는 말을 타고서⑥ 제주시 쪽으로 달렸어. 구비1 안용인, 남 74세: 176쪽)

여러 사건들이 접속되어 있는 다소 긴 사례이다. 특히 (39)에는 이 책 에서 다루고 있는 '-앙 vs. -안(-아서)'에 속하는 접속 어미의 네 가지 범주의 기능이 모두 다 나와 있다(순차적 사건 전개, 이유나 목적, 수단이 나 방법, 배경). 편의상 동그라미 숫자를 아랫첨자로 붙이고서 앞에서 부터 나열하면 다음과 같다.

「-안①, -아 가지고②, -아 앗언③, -안 보니④, -아 가지고⑤, -아 가지고⑥」

여기에서 시상을 나타내는 접속 어미 형태소 '-안(-아서)' 및 그렇지 않은 '-아 가지고'(또한 변이 형태로서 '-아 앚언')가 사건들을 접속해 주고 있음을 확인할 수 있다(「중층성」 모습). 이는 의도적 말투 변이에 속하는 모습들이다(말투 바뀜은 449쪽의 각주 93 참고).

그런데 (39)에서도 동일한 소리값을 지닌 '-안'이 서로 구분되어야 한다. 하나는 시상을 표시한 종속 접속 어미 형태소 '-안(-아서)'이다. 그렇지만 다른 하나는 반말투 종결 어미 '-아'에 관형형 어미 '-은'이 융합된 내포 구문(인용문) 형상의 것으로서, 공통어에서 '-았어'로 번역되어 있다(김지홍, 2019, "제주 방언의 인용 구문과 매개변항", 『한글』 제80권 4호, 통권 제326호를 참고하기 바람). 여기서는 이를 구분해 주기 위하여 (39)에서는 숫자 2를 윗첨자로 덧붙여 '-안'로 표시해 놓았다. 만일 이것들을 제외한다면, 나머지 모두 여섯 가지 사례에서 다양한 기능이 구현되어 있음을 알 수 있다. 다시 말하여, 이들 접속 어미 형태소의 사건 관련성 표시 기능이 한 가지로 고정되어 있지 않으며, 따라서 자동적으로 결정될 수 없음을 알 수 있다. 오직 선행절과 후행절 사이의 관계를 해석 주체가 일련의 복합 사건 연결체를 어떤 모형으로 부여해 주는지에 따라서 다양하게 달라질 뿐이다. 여기서 이런 사건 관련성을 해석해 주는 임의의 모형은 <u>언어 표현에 들어 있지 않다</u>. 오직 해석 주체의 장기기억 속에 저장해 둔 관련될 만한 인출 구조를 작업기억에 끌어들임으로써 작동하게 되는 것이다. 필자는 이를 다음처럼 매우 소략한 모습으로 표시해 놓는데, 뒤쪽으로 갈수록 더 심층의 그리고 더 전면적인 관련성을 지니게 된다(다시 538쪽 이하에서는 모든 기하학의 단위들을 도출해 주는 '원뿔'을 끌어들여서 다중 구조로서 꼭짓점과 밑바닥으로 언급하게 됨).

언어(또는 담화) 해석의 토대: 「언어 → 언어 사용 → 정신 작용 → 삶의 형식(생활 세계)」

만일 단순히 언어를 형식과 내용의 결합체라고 말할 경우, 맨 앞의 '언어'가 언어 형식을 가리키고, 나머지 세 가지 영역이 언어 내용으로 묶일 수 있다. 그렇지만 내용 영역이 너무 방대해져 버리고 불균형이 우심해져 버리기 때문에, 현실적으로 언어 사용의 실태를 면밀히 그리고 전체적으로 드러내기에는 한계가 있을 수밖에 없다. 담화 영역에서는 미시 차원과 거시 차원으로 나누고, 다시 거시 차원과 감각 자료들을 한데 얽어서 '상황 모형'을 만든다. 이를 장기기억 속에 저장하되, 필요할 경우에 언제든지 쓸 수 있음을 가리키기 위하여 '인출 구조(retrieval structures)'라는 용어를 쓴다(킨취, 1998; 김지홍·문선모 뒤침, 2010, 『이해: 인지 패러다임 1~2』, 나남을 읽어 보기 바람).

첫 번째에 나온 '걸언(걸어서)'과 '오다'의 관계는 흔히 수단·방법의 기능을 지닌 것으로 말해진다. 그렇지만 하나의 낱말처럼 '걸어오다'로도 융합될 수 있다(553쪽의 각주 122 참고). 두 번째 '오라 가지고(와 가지고, 와서)'와 '불ø 지르다'의 관계는 전형적으로 순차적 사건 전개로 볼 수 있다. 특정 장소에 진입하는 사건과 방화 사건은 순서가 뒤바뀔 수 없는 것이기 때문이다. 공통어에서는 순차적인 사건을 표시해 주는 복합 접속 어미 '-고 나서'로 교체될 수 있다. 세 번째 '걸어 앗언(걸어 가지고, 걸어서)'과 '오다'의 관계는 첫 번째와 같이 수단·방법의 기능을 맡고 있다. 네 번째 '오란 보니(와서 살펴보니)'와 '불ø 지르다'의 관계는 순차적 사건 전개라고 말할 수도 있다. 그렇지만 또한 다른 사건 관련성도 상정할 수 있다. 만일 집에 도착하여 살펴본 결과, 집에 불이 났음을 알게 되는 것으로 해석한다면, 선행절이 또한 배경 사건으로 읽히며, 후행절이 초점 사건이 될 수 있는 것이다.

이렇게 사건들의 관련에 대한 해석이 변동되는 것은, 어떤 기능이 옳으냐를 증명하는 문제가 아니다. 복수의 후보가 주어져 있을 경우에, 최적의 사건 관련성을 찾아내는 일이 관건인 것이다. 전체적인 담화 흐름에서 가장 적합하게 어울리는 해석을 고려하면서 선택하는 일은, 다시 말하여, 최적의 사건 접속 방식, 그리고 그런 방식에 대한 선택은, 임의의 세계 모형을 상정하고, 그 세계 속에서 일어나는 사건들 사이의 관계를 재구성해 주는 사람의 고유한 몫이다. 이를 제2부 제2장에서는 거시구조를 만들어 나가는 추론 과정으로 언급하였다. 주로 언어 표현으로 드러나 있지 않은 상위 개념(포괄 개념)을 찾아나가는 일을 가리켜 주는데, 60쪽의 각주 23에 지적되어 있듯이 학문 영역마다 고유하게 다른 용어들을 써 왔음을 확인할 수 있다(스무 개가 훨씬 더 넘음).

그럼에도 불구하고, 이들 다양한 기능을 찾아내는 일의 밑바닥에서는 공통되게 '순차적 사건 전개'의 기능이 깔려 있어야 함을 알 수 있다. 심지어 '수단·방법'의 기능이 고정됨으로써, 마치 하나의 낱말처럼 융합된 모습을 보이면서 하나의 동작이라고 말하게 되더라도(이를 붙여 써서 '걸어오다, 타고가다, 살펴보다' 등으로 말할 수 있음), 만일 그 사건의 속내를 분석할 경우에는 개념상 순서나 차례가 정해질 수 있기 때문에, 여전히 순차적인 사건의 기본 표상은 유지되고 있음을 확인할 수 있다. 이런 바탕 위에서 다시 다른 자질이 덧붙음으로써, 다양하게 몇 갈래의 해석으로 더 나아갈 수 있는 것이다.

다섯 번째 '이상하게 여긴 일'과 '말 타고 달린 일'도 두 가지로 해석될 수 있다. 만일 이것이 순차적인 전개 방식이라면, 판단하고 추정하는 일이 먼저 진행된 뒤에, 이에 따른 행동이 이어지는 것이다. 그렇지만 "왜 말 타고 달렸는가?"라고 물을 적에, 이에 대한 이유나 원인으로서

"여느 실화와 다른 고의적 방화이며, 자신한테 큰 위협을 느꼈기 때문이다."

라고 대답한다면, 다시 이는 순차적 사건 전개의 기능보다 오히려 이유나 원인으로서의 기능을 띤다고 말할 수 있다. 만일 선행절 속에 '위협을 벗어나다'는 속뜻을 중시한다면, '말 타고 달린 사건'이 위협을 벗어나려는 사건이며, 그렇다면 선행절의 속뜻으로 인해 목적의 기능을

지닌 것으로 해석할 가능성도 배제할 수 없다. 마지막으로 여섯 번째 나온 '-아 가지고(-아서)'의 접속절은, 앞에서 보았던 사례들과 동일하게, 달리는 사건의 '수단·방법'으로 기능하고 있음을 알 수 있다.

　이상에서 서로 짝이 되는 종속 접속 구문의 어미 형태소 '-안 vs. -앙(-아서)'이 기본적으로 순차적인 사건 관련성 또는 계기적 사건을 표현해 주는 것임을 확인하였다. 그렇지만 두 사건 사이의 관련성을 해석하는 상위 차원의 사건 모형에 따라서 그 기능이 중의적으로 해석될 수 있음도 확인하였다. 이제 작은 절을 바꾸어서, 같은 종속 접속 어미 형태소가 순차적 사건 접속을 가리키기보다는, 오히려 후행절 사건이 일어난 이유를 말해주거나 더 뒤에 일어날 목표를 표시해 주는 사례를 다루기로 한다. 이 책에서는 또한 553쪽에서 동일한 종속 접속 어미 형태소가 수단이나 방법을 가리켜 주는 전형적인 사례들을 다룰 뿐만 아니라, 559쪽에서는 선행절이 배경 사건이 되는 전형적인 사례를 다룬다. 만일 동일한 종속 접속 어미 형태소의 기능이 적어도 이 책에서 논의되는 네 가지 범주의 기능들을 표시해 주고 있다면, 자칫 접속 어미 형태소에 대하여 혼란을 일으킬 수도 있다. 필자는 순차적 사건을 표시해 주는 것을 가장 전형적인 기능으로 상정한다. 대신 두 사건의 관련성이 해석 주체가 적용하는 복합 사건 연결체의 모형에 따라서 앞뒤 문맥(co-text)과 상황 맥락(context) 정보가 주어지면서 특정한 기능으로 귀결되는 것으로 파악하며(제2부의 제2장을 참고하기 바람), 이를 다의어적 접근에 비유할 수 있다.

§.3-3-2 이유 또는 목적 표현 기능(이하 모두 '확장된 기능'으로 서술함)

　이미 162쪽 이하에서 언급하였듯이, 이유라는 개념은 그 상위 개념이 인과 관계이며, 인과 관계의 상위 개념은 조건 관계이다. 이 조건 관계는 사고를 전개하는 가장 근원적인 표상으로서 여러 분야에서 각각 다른 용어를 쓰고 있다. 뤄쓸(1903; 1937 수정판) 『수학의 원리』 (Norton)에서는 물질 함의(material implication)가 대상의 존재 자체들 사이에 성립하는 관계를 다루어야 하기 때문에, 우리 인간의 지성으로서는 적의하게 제약하여 다룰 수 없다고 여겼다. 임의의 물질이 입력되어 임의의 다른 물질이 출력으로 나오는 형태인 물질 함의에 대해서는, 현재 수준의 인간이 지닌 능력(지성)으로서는 제대로 판단하고 추론할 수 없음을 못박고 있다. 유한한 우리 인간에게 존재 그 자체는 우연성으로 치부될 뿐이기 때문이다(상상의 세계에서나 가능한 일로서, 만일 히드라처럼 유전자 복제 열쇠인 텔로미어가 닳지 않은 채 항상 그대로 있다면, 몇 천 광년을 죽지도 않은 채 살아가면서 우주의 존재 그 자체를 필연성의 범위 속에서 다룰 가능성이 있다. 그렇지만 인간이 만일 죽지 않고서 영원히 살아갈 수 있다면, 더욱 심각한 사태가 빚어진다. 즉, 인간의 의지를 작동시켜 생각하고 행동하게 만들어 주는 '믿음 체계'나 '가치 체계'가 더 이상 필요 없게 됨은 물론, 사회를 유지해 주는 공공의 가치가 더 이상 수립될 수도 없기 때문에 그야말로 대혼란 그 자체에 직면하게 될 것이다).

그렇지만 우리의 정신 작용으로 내부 속성을 분석하고 종합 판단함으로써 개연성과 필연성을 확보할 수 있는 형식 함의(formal implication)는 사고 도출 과정을 적절히 제약할 수 있다고 보았다. 그런 제약된 형식을 표상하기 위하여, 뤄쓸 교수는 따로 'if ~ then ~'이란 형식을 쓰자고 제안한 바 있다. 수학 기초론에서는 이를 'computation(연산)'으로 부르고(반면에 필요·충분조건이 동시에 모두 다 만족되어야만 계산 [calculation]이라고 달리 부름), 전산학에서는 '입출력 장치'라 부르며, 집합론에서는 'sufficient condition(충분조건)'이라고 부른다(78쪽의 각주 31을 참고하기 바람). 언어학자 참스키 교수는 직접 뤄쓸 교수의 저작을 언급하지는 않았지만, 초기의 '구절 구조 규칙(phrase-structure rules)'도 이런 연산의 한 갈래에 불과하다. 이미 일상어가 되어 버린 컴퓨터라는 낱말도 「이런 형식 조건문을 수행하는 기계 장치」를 가리키는 말에 지나지 않는다. 또한 입력과 출력 사이에 모종의 연관이 주어져 있다는 뜻에서, 일부에서는 연관성 함의(relevance implication)라는 용어로도 부른다(Sperber and Wilson, 1986; 김태옥·이현호 뒤침, 1993, 『인지적 화용론』, 한신문화사: Wilson and Sperber, 2012, 『의미 및 연관성[*Meaning and Relevance*]』, 케임브리지대학 출판부를 보기 바람).

한편 이런 단선적이고 1차원의 대수적 증가만을 보여 주는 연산주의를 벗어나서, 1980년대 중후반에서부터 우리 두뇌의 작동 방식을 놓고서 여러 두뇌 부서에서 동시에 작동하는 모습을 상정하면서 연결주의(connectionism)로 모의하려는 시도가 생겨났다. 이른바 병렬 분산 처리 접근 방식인데, Rumelhart, McClelland(1986)『병렬 분산 처리(*Parallel Distributed Processing*)』(MIT Press, 2 volume set)이다. 전산학·인지과학·심리학 쪽에서는 활성화 확산 이론, 그물 짜임 이론, 제약 만족 규칙 등으로도 부른다. 킨취(1998; 김지홍·문선모 뒤침, 2010)『이해: 인지 패러다임 1~2』(나남)도 이러한 연결주의에 근거하여 인간의 언어 이해를 다루고 있다. 그런데 연산주의와 연결주의라는 이런 두 가지 작동 방식이 모두 다 우리 정신 모형을 설명하는 데에 도움이 된다고 보는 통합 방향의 주장이 핑커·밀러 엮음(Pinker and Mehler, 1988)『연결주의와 상징체계(*Connectionism and Symbols*)』및 마커스(Marcus, 2001)『대수적 표상으로서의 정신(*The Algrbraic Mind*)』(두 권 모두 MIT Press 발행)이다. 개인적으로 필자는 자유연상 및 재구성으로 대표되는 두 종류의 기억이 모두 우리 두뇌 작용에 근거하듯이, 세 겹의 진화를 거친 인간의 두뇌에서 백질로 된 원시 두뇌일수록 연산주의의 처리에 적합하고, 회백질로 된 신생뇌일수록 연결주의의 처리에 걸맞을 개연성이 높다고 본다.

한 공동체 사회에서 누구나 입력 조건(전건)과 출력 조건(후건) 사이에 필연성과 보편성을 인정할 적에 흔히 '인과 관계'라고 불린다. 물론 이런 인과 관계도 계몽주의 철학자 데이빗 흄(David Hume, 1711~1776)의 주장에 따르면,119) 우리의 공통된 경험에 근거한 추론적 성격으로 약화되어 버린다.

이 절의 제목이 '이유 또는 목적'으로 제시되어 있다. 이것들의 내포 의미가 서로 조금씩 다르기 때문에, 불가피하게 그런 형식을 취한 것이다. 필자는 조건 관계(함의 관계, 입출력 관계, 연산 관계, 충분조건 관계)가 가장 기본적이고, 여기서 입력과 출력 사이에 가능성과 일반성이 높은 연결을 원인과 결과, 다시 말하여 '인과 관계'로 본다. 상식적으로 인과 관계는 자연 세계를 작동시키는 궁극적 원리라고 본다. 그런데 절 제목으로 붙인 '이유'와 '목적'은 모두 인과 관계의 하위 개념이다. 그럼에도 불구하고 이유가 원인에 비하여 더욱 특수한 적용 조건들을 몇 가지 더 품고 있다. 필자는 '이유'와 '원인' 사이에 다음처럼 구분이 이뤄질 수 있다고 본다. 이유(reason)는 다음 세 가지 사항이 전제로서 더 추가되어야 한다.

① 결과로서 이미 발생한 사건을 놓고, 청자와 화자 사이에 경험이 완료되어야 한다.

즉, 결과 사건에 대한 공유 또는 동일한 체험이 전제되는 것이다. 그리고

---

119) Hume(1748) 『*An Inquiry concerning Human Understanding*』은 경험주의 시각에서 '인간의 이해 능력에 대한 한계'를 탐구한 책이다. 이 제목이 직접적으로 로크(1690; 정병훈 외 뒤침, 2014) 『인간 지성론 1~2』(한길사)의 영향을 받고 있다. 그럼에도 불구하고 일본 번역에서는 『인간 오성론』이라는 말을 써서, 마치 어떤 특정한 속성(오성)이 우리에게 있는 것처럼 착각하게 만든다. 그 책에서는 결코 특수한 능력처럼 비치는 오성을 다룬 것이 절대 아니다. 단지, 우리 인간의 이해 능력을 다루고 있다. 우리가 어디까지 이해할 수 있는지를 알 수 있다는 측면에서, 결과적으로 우리 인간 인식의 한계에 대해서도 함의를 지니게 된다. 왜냐하면 무엇을 알 수 있고 무엇을 알 수 없는지를 명시적으로 밝히기 때문이다.

흄은 누구나 자명하다고 믿는 인과율조차 경험주의의 근거 위에서 생겨난 믿음 체계에 불과하다고 보았다. 또한 그런 인과율조차 단지 하나의 사건 연결체를 놓고 경험함으로써 성립될 수 없음을 잘 깨닫고 있었다. 오직 여러 사건들의 연결체에서 관련된 인과율이 집합적으로 확인될 수 있어야만, 비로소 그런 인과 관계를 공동체 사회 구성원들이 공유할 수 있으며, 그 결과 상식으로 자리잡게 되는 것이다. 이렇게 경험주의 한계에 대한 흄의 성찰 덕택에 그의 책을 읽고서 칸트는 비로소 '독단의 잠'에서 자신을 깨어나게 만들었다고 극찬한 바 있다(칸트, 1783, 『과학으로서 스스로를 보여 줄 미래의 형이상학에 관한 서설』의 서문에 들어 있음).

②그 사건을 일으킨 원인에 대하여 「청자에게 정보가 전혀 없거나, 아니면 잘못된 원인을 상정하여 믿고 있는 것」으로 화자가 스스로 판단하고 평가해야 한다.

이런 상황에서 화자는 선의를 갖고서 청자에게 그런 잘못된 연결을 바로잡아 주려고 해야 하는 것이다. 즉,

③화자는 청자의 믿음 체계에서 그런 비부합 상태나 정보 결여를 고쳐 주거나 채워 주려는 의도를 지니고 있어야 한다.

화자의 믿음 쪽에서만 바라본다면, 이 경우에 자신이 파악한 필연적으로 고유한 원인 사건을 그러한 청자에게 언어로 전달해 주는 일이, 바로 '이유'에 의해 수반된다.

그렇지만 이런 전제들을 제대로 명백히 드러내어 논의되는 일은 드물다. 그 까닭은 '-으니까'로 대표되는 이유 접속 어미 형태소를 논의하는 경우에, 선행절과 후행절의 관계만을 언급할 뿐이지, 결코 「청자의 믿음에 대한 화자 자신의 판단」에 관한 것을 다루지 않기 때문이다. 과도하게 언어 형식에만 몰입한 결과로서 빚어진 것이다. 표면에 나온 언어 형식은 중요한 단서가 될 수 있겠지만, 임의의 사건 서술 관점을 선택한 뒤에 직접 표현이든지 간접 표현이든지(우회적 표현 및 비유적 표현) 간에 관련된 언어 형식들을 선택하고, 알려진 정보와 알려지지 않은 정보를 가늠하면서 최종적인 표면 형식을 결정하는 머릿속 과정에 대해서는 아무런 언급도 해 줄 수 없다. 그런 점에서 분명한 한계를 지닌다. '이유' 구문으로 표상하기 위해서는, 먼저 의사소통 참여자들에 대한 믿음 상태를 가늠하는 일(위에서 언급한 세 가지 전제)이 좀 더 중요한 몫을 차지한다. 담화 전개 관점에서 복합 구문을 다루고 있는 이 책에서는, 언어 형식에 드러나 있지 않은 내용들도 중요하게 언어 사용을 이끌어가는 변수로 받아들인다. 따라서 언어 형식의

밑바닥에 자리잡은 판단이나 믿음의 내용도, 이 방언의 복합 구문에 관련된 어미 형태소들에 대한 설명에서 중요한 몫을 차지하며, 이를 합리적인 절차를 통해서 적극적으로 논의해야 한다고 판단한다.

목적(telos)이란 개념은, 비록 아리스토텔레스의 목적론적 세계관(우주관)에서 신이 지배하는 우주를 설명하기 위하여 본격적으로 다뤄진 용어이지만, 여기서 필자는 데카르트의 『정감론』에서 다룬 용어를 받아들여,

「자유 의지(free will)를 지닌 인간들만이 스스로 고유하게 자신의 믿음체계(가치관)와 의도에 따라 특정한 목적을 정하고 자신의 생각과 행동을 실천해 나간다」

고 간주할 것이다. 한 개인이 적어도 세 사람 이상 그런 가치관과 의도를 공유한다면, 사회를 움직이는 이념이 생겨난다. 이를 '공동체의 가치'로 부르기도 하는데, 전통적으로는 한 개인의 '양심'이라고 불러왔다(무인도에서 혼자 살아가는 로빈슨 크루소에게서는 '양심' 그 자체가 아무런 문제로 부각되지도 않으며, 오직 생존 관련 변수들만이 주요 문제가 될 뿐임). 한 개인의 가치가 궁극적으로 공동체의 가치와 크든 작든 서로 영향을 주고받게 되며, 한 사회의 정체성에 따라 양자 사이에 가중치(또는 비중)가 조금 달라질 수 있다. 어느 사회에서나 교육은 개인의 자아 실현 및 사람들 사이의 사회화 과정이라는 두 가지 축을 가늠하여 구현시키는 목적을 지니게 마련이다. 그런데 두 사람은 사회를 이루기보다 세력이나 권력이 큰 사람 속에 포함되어 버리기 일쑤이다(더 큰 자아의 개념임). 그렇기 때문에 최소한도의 사회를 구성하는 개체를 세 명 이상이라고 본다. 중간에 심판관 역할을 하고, 객관적으로 입증해 줄 수 있는 제3의 존재가 필요한 것이다.

우리가 생활하는 공동체 사회는 미시 사회학에서 다루는 상호작용 인간관계 및 거시 사회학에서 다루는 정치·경제 원리 등에 의해서 아

주 복잡 다단하게 작동할 것이다. 여기에서는 다만 인문학적인 세계관으로 대표하여, 이 우주는 삼원 세계로 나뉜다고 가정할 것이다. 물질들로 이뤄진 자연계는 인과율(causality)의 지배를 받는다. 그 물질계속에서 살아가고 있는 생명계는 본능(instincts)에 의해서 지배된다. 마지막으로 인간이 살고 있는 인간계는 최종적으로 자유 의지(free will)에 의해 행동과 생각과 말을 하게 된다고 가정할 것이다. 자유 의지는 한 개인에게서 아무렇게나 작동하는 것이 아니라, 습관처럼 반복 적용되면서 믿음 고정(fixation of beliefs) 과정을 거침으로써 한 개인의 상정한 보람이나 가치 체계로 귀결될 것이므로, 인문학에서는 궁극적으로 결국 한 개인의 믿음 체계 및 개인들 사이에서 공유되는 믿음 체계에 관하여 다룰 수밖에 없다. 희랍 사람들이 모든 기하학 단위를 이끌어낼 수 있었으므로 가장 선호했던 원뿔을 필자도 빌려 써서 이를 상정할 경우에, 적어도 다음의 네 가지 영역들이 맨 위쪽 꼭짓점에서부터 밑바닥에까지 차례로 채워질 수 있다(529쪽 참고).

「언어 표면 형식 → 언어 사용 동기 → 정신 작동 방식 → 삶의 형식(생활세계)에 대한 체험」

여기서 더 심층의 영역인 정신 작동 방식 및 생활 세계에 대한 체험이 한 개념으로 묶이는데, 이것이 바로 한 개인이 고정시킨 믿음 체계(a belief system)인 것이며, 이것은 크든 작든 재귀적으로 작동하는 특성을 띤다. 100쪽의 〈표5〉에서 밑바닥에 설정되어 있는 '재귀의식'을 보기 바라며, 〈표5〉와 관련지을 경우에 재귀의식의 윗부분에 있는 세 가지 기억 부서로서 '작업기억·장기 작업기억·장기기억'은 언어 사용 동기와 믿음 체계가 맞물려 작동하는 방식을 가리켜 줄 수 있다. 그런데 60대 중반에서 필자의 개인적 경험을 되돌아보면, 믿음 체계가 한꺼번에 달라지지는 않았지만, 서서히 그리고 특정한 계기를 통해서 그 체계가 바뀌는 분명한 경험을 하였다. 필자로서는 특히 50대가 그런 전환이 일어나는 시기였다. 만일 이런 개인 체험이 사실이라면, 이는 붙박이처럼 유일하게 믿음 체계를 고정해 주는 일만 있는 것이 아니라, 기존의 믿음 체계도 점차 바뀌거나 달라질 수 있는 길도 여전히 열어 놓아야 함을 의미한다.

이 절에서는 특히 이 방언의 자료들에서 종속 접속 어미 '-앙 vs. -안'에 이끌리는 선행절이, 후행절을 위한 목적 또는 목표를[120] 표상하게 되는 경우를 다루기로 한다. 선행절이 이유의 해석으로 기능을 하든지, 또는 목표의 해석을 받든지 간에, 이것들은 상위 개념으로서 인과 관계 아래 포섭되고, 다시 인과 관계는 조건 관계 또는 형식 함의 관계라는 최상위 개념 아래 모두 포괄된다.

먼저 이 방언에서 시상을 표시해 주는 종속 접속 어미 짝 '-앙 vs. -안(-아서)' 또는 격식 갖춘 형식으로서 '-아서'의 선행절이, 이유의 해석을 받는 경우부터 다뤄나가기로 한다. 이 방언에서는 공통어와 동일한 형태소 '-아서'도 분명히 자주 쓰인다. 이런 분명한 언어 사실을 도외시한 채로, 의무 교육이나 대중 매체에 따른 개신파의 침입 현상으로 안일하게 설명하는 경우도 있었다. 그렇지만 만일 그런 개신파의 영향으로만 주장할 경우에는 ⓐ이 방언에서만 쓰이는 융합된 복합 형태소에서 관찰되는 형태소 '-서'의 존재를 설명할 길이 없다. 왜냐하면 이 방언에서 독자적으로 발달시켜 쓰고 있는 사례들이기 때문이다. ⓑ또한 역방향 사건 전개나 수의적 부가절을 이루는 어미 형태소들이(또한 내포문 어미 형태소들도) 거의 <u>공통어의 것과 동일하다는</u>

---

120) 한자어이지만 목적은 눈으로 보는 일(눈 目, 동사로는 '눈으로 겨냥하다')과 화살로 쏘아 맞힐 과녁(과녁 的, 가죽으로 만든 표적인 '貫革'이 과녁의 출처이며, 『설문해자』에서는 주역의 설쾌전을 인용하여 밝게 빛나는 흰색[白]의 말 이마[顙]로 풀이했음)으로 이뤄져 있다. 그런데 화살을 쏠 적에 과녁이 너무 멀다면, 맞힐 과녁을 두드러지게 가리켜 주기 위하여 과녁의 주변에다 깃발 같은 푯대(標ㅅ대)를 세워 둔다. 그 깃발은 물론 화살을 쏜 뒤에 과녁에 잘 맞았는지 여부를 신호해 주는 수단으로도 이용되었다. 그렇다면 목표는 눈여겨보는 일과 활로 쏘아 맞힐 과녁을 표시해 주는 '깃발 푯대'로 이뤄진 글자이다. 축자적으로 볼 경우에, 목적보다 목표가 좀 더 넓은 영역을 가리켜 줄 수 있음을 알 수 있다. 그렇지만 목적과 목표 사이에서 이러한 구분이 가능하다고 하더라도, 실제 쓰임에서는 아무런 차이도 없이 서로 수의적으로 교체되어 쓰일 듯하다.

분명한 언어 사실도 백안시해 버리는 오류로 빠진다. 독자적인 고유 형태에서 찾아지는 '-서'는

「-다서, -으멍서, -으멍서라, -아설랑, -고서, -고설랑, -아 둠서, -아 두서」
「계사가 접속 어미와 결합할 경우에 오직 절들 사이를 접속해 주는 역할을 떠맡는데 이를 위해 이 방언에서 '이라서'가 쓰임」

따위이다. 여기에서 찾아지는 '-서'가 모두 기원적으로 "있다"의 문법화에 근거할 개연성이 아주 높다. 다음 사례에서 찾아지는 '-아서'에서도 또한 동일한 문법화 방식을 찾을 수 있을 것으로 본다. 마땅히 철저히 논증하는 절차를 밟아야 하겠지만, 전체 지도를 개관해 놓으려는 이 책의 본디 목적으로부터 벗어나 샛길로 빠질 수 있다. 잠정적으로 여기서는 일단 '-아서'라는 접속 어미의 쓰임이 언어사회학적인 변이 모형(누구에게나 공통되게 일정한 간격으로 심리적 거리감을 유지시켜 주는 「격식성·공식성」의 정도를 드러내 주는 지표 형태소임)으로 설명될 수 있다고 간주할 것이다.

(40가) -아그네 -라고 해서 -으난 -으라고: "저 노인 ø 심어그네(잡아서) 감옥에, 감옥도 좀 낫은(나은, 자신의 부친을 모실 만큼 괜찮은) 옥방(獄房)이 잇이난(있으니까), 죄인이라고 해서, 질에(길 한복판에서) 어른다고(얼쩡거린다고), 츠례(상하의 차례) ø 몰르고(모른 채) 얼럾이난(얼쩡대고 있으니까), 심어당(붙잡아다가) 아무 옥방더레(쪽으로) 넣어 두라!"고.
("저 노인을 붙잡아서 감옥에, 감옥도 형편이 좀 나은 옥방이 있으니까, 죄인이라고 해서, 벽제하는 길에서 얼쩡댄다고, 위아래 차례도 모른 채 얼쩡대고 있으니까, 붙잡아다가 아무 옥방 속에 가두어 두라!"고 명령했어. 구비2 양구협, 남 71세: 624쪽)

(40가)에서 서술되고 있는 사건은 네 가지가 접속된 모습으로 재구성

할 수 있다. 이는 다시 다음처럼 두 가지 사건씩 하위 사건군으로 묶일 수 있다.

「노인을 붙잡다, 벽제하는 길에서 얼쩡대다」, 「죄인이다, 옥에 가두다」

앞의 두 가지 사건도 결과와 이유를 나타내지만, 이를 자세히 풀이하여, 다시 각각 이유와 결과로 재서술해 놓고 있다. 만일 일반 사람이

「왜 노인을 옥에 가두느냐?」

라고 질문을 던질 경우에, 벽제(辟除, 고관의 행차 길을 열기 위하여 방해물을 치움)하는 길에서 얼쩡대고 있던 「죄인이기 때문이다」라고 대답할 수 있다(앞 예문에서 고딕·밑줄이 이유를 표시함). 이 설화를 듣고 있는 청자들이 「왜 불쌍한 노인을 가두는지 그 이유가 궁금해질 것」으로 판단을 내리고서, 설화를 말해 주는 주체가 여기서 미리 '죄인이라고 해서'임을 표현해 주고 있다. 물론 벼슬아치의 가마가 다니는 길에서 평민들이 길을 비켜서거나 길 한편에서 엎드려 있어야 했다는 옛날 풍습이 의심 없이 받아들여진 '신분사회'의 바탕 위에서만 이 이야기가 전달되고 수긍될 것이다.

> (40나) -아네 -아네 -으난 -은댄: 신랑(新郞) ø 가네(가서) 아니 **와네**(와서), 식게(212쪽에서 '食器祭' 참고) 멩질(名節) 허여 줄 사름(사람)도 원(전혀) 엇으난(없으니까), 그 ᄆᆞ을(마을)에서 젤(祭를) 지내어 준댄(준다고), 그 사름네(사람네). … 하도 불쌍ᄒᆞ난(불쌍하니까) 젤(제를) 지내어 줫젠(줬다고), 옛날도양(옛날도＋화용 첨사 '양')! 이제도 지내없젠(지내고 있다고).
> (신랑이 집을 떠나가서 아니 돌아오자, 그 집의 제사와 명절을 지내어 줄 사람도 전혀 없으니까, 그 마을에서 대신 제사를 지내어 준다고, 그 사람네 제사를. … 하도 불쌍하니까 제사를 지내어 줬다고, 옛날에도요!

이제도 그 제사를 마을에서 지내어 주고 있다고 해. 구비1 김순여, 여 57세: 206쪽)

(40나)에서는 동일하게 '-안'의 기본 형상인 '-아네'(여기서 '에' 탈락이 일어나면서 음절 재구성이 일어나면 '-안'으로 됨)가 두 번 쓰이고 있지만, 각각의 기능은 다르다. 여기서는

> 「남편이 집을 떠나다, 돌아오지 않다, 제사를 못 지내다, 대신 마을에서 제사를 지내어 주다」

라는 네 가지 사건이 접속되어 있다. 후행절에서는 「왜 제사와 명절을 지내지 못하느냐?」라고 물을 적에,

> 「집을 떠나간 남편이 돌아오지 않아서 제사의 제관이 없기 때문이다.」

라고 대답할 수 있다. 맨 처음 나온 선행절의 '-아네(-아서)'는 앞 절에서 다뤘던 기능을 지니며, 순차적 사건 진행을 표시해 준다. 그렇지만 이 절과 이어진 다음 절에서 고딕·밑줄이 그어져 있는 '-아네(-아서)'는, 더 뒤에 나올 후행절에 대한 이유를 표시해 주고 있다. 이를 더욱 풀어 주고자 하여 반복되는 다음 절에서는, 접속 어미 형태소를 '-으난(-으니까)'으로 바꿔 놓음으로써, 이런 이유와 결과 사건을 명백히 해 놓고 있다. 당시 세계관에서는 저승이 음의 세계이고, 이승에서 남자는 양의 속성을 지니므로 남성 제관을 소위 '음양 조화'로 관념했었는데

> 「제사를 주관할 남자가 없으니까」

라는 이유절이 제시되어 있다. 당연히 그 결과절은 '제사를 못 지냈다'가 된다. 그렇지만 이런 부정적 결과를 해결하고 극복하는 처방을 하

거나 처치해 주는 후행절이 '마을에서 공동 제사를 지낸다'처럼 접속되어 있는 것이다.

(40나)에서 보듯이, 동일한 접속 어미 형태 '-아네(-아서)'가 두 번 이어지고 있다. 그렇지만 자동적으로 그리고 기계적으로 접속절의 의미관계를 결정지을 수는 없다. 오직 결과적으로 선·후행절 사이의 관계를 재구성함으로써 순차적 사건 전개 또는 이유 제시 따위로 의미가 고정되는 것이다. 이런 해석 절차를 포착하는 방식으로 적어도 두 가지를 상정할 수 있다.

하나는 기본 의미자질을 상정하고, 여기에 추가 조건이 덧붙었을 경우에 관련된 의미자질을 도출할 수 있도록 해 주는 것이다. 이른바 자질들이 더 추가됨으로써 이에 따라 의미 해석도 결정되는 모습이다. 다른 방식은 '또는'이란 선택 접속 형식으로 가능한 의미 해석을 병치해 두는 것이다. 물론 '또는'으로 제시되는 항목 중에서 빈도가 높은 것이 먼저 제시되어야 한다. 즉, 「순차적 사건 전개의 해석 또는 이유의 해석을 받는다」고 서술하는 방식이다.

이들 제시 방식은 각각 장단점이 있다. 전자는 엄격한 제약을 보여 줄 수 있는 장점이 있지만, '-아네(-아서)'로 실현될 수 있는 의미 해석 방식이 미리 결정되어야 하므로, 변이 또는 변동 폭이 아주 좁아질 수밖에 없다. 후자는 상보적인 측면으로 장단점을 동시에 지닌다. '또는'이란 접속은 개방되어 있으므로, 의미 해석에서 변이 또는 변동이 무한히 늘어나도 그런 새로운 의미 해석을 언제든지 추가해 놓을 수 있다. 반면에 엄격한 제약을 통해서 의미 해석의 위계를 드러내 주거나 확보할 수 없다는 단점이 있다.

만일 공통어에서 '-아서'를 중심으로 하여 서술되어 온 네 가지 의미 자질(순차적 사건 전개·이유·수단·배경 제시)만이 유일한 것이었다면, 전자의 방식을 추구해 볼 수도 있을 듯하다. 이런 관점에서는 네 가지 개념들의 위계화가 될 수 있을지가 관건이다. 필자의 직관으로는 순차적 사건 전개(계기적 사건 접속)의 해석이 나머지 세 가지 의미를 도출할 수 있겠지만, 나머지 개념들 사이에서는 필연적인 도출을 유도하기가 쉽지 않을 듯하다. 다시 말하여, 이들 사이에 '또는'으로 세 가지 선택지를 품은 도출 방식만이 가능성이 제일 높을 것으로 파악한다.

> (41) 종속 접속 어미 '-안 vs. -앙'이 지닌 네 가지 의미 해석에 대한 도출 가능성
> 순차적 사건 전개 → 선행절이 배경 사건이 되거나 또는
> 순차적 사건 전개 → 선행절이 수단이 되거나 또는
> 순차적 사건 전개 → 선행절이 이유가 됨.

여기서 시간이 앞뒤로 흐르고, 관련 사건이 또한 순차적으로 전개된다고 하는 전제 위에서, 선행절이 배경 사건이 되거나 수단이 되는 해석은 서로 밀접히 관련된다(순방향을 따름). 그렇지만 이유의 해석은 이미 일어난 후행절의 사건을 역으로 재추적하여 청자에게 알려 주는 형식이므로(후행절이 이미 일어났음을 전제하므로, 결과적으로 역방향이 상정되어야 함), 앞의 해석에서 도출되는 것이 아니라, 서로 병치되는 의미 해석으로 파악되어야 옳을 것이다. 그렇다면, '또는'을 이용하여 해석 가능성을 병치해 놓는 방식이, 전자와 더불어 함께 이용해 볼 만한 선택지일 수 있다(필자는 이런 처리 방식을 무어, 1953; 김지홍 뒤침, 2019, 『철학에서 중요한 몇 가지 문제』, 경진출판으로부터 배웠음).

> (42) -앙 -올런가? -아서 -안² -안 -아² -아 -앗어: 「영감(令監, 도깨비)이나 대접ᄒ민(하면) ᄒ꼼(조금) 내 펜안(便安)히 살앙(살아서, 살다가) 죽어질런가?」 ᄒ여서(여겨서), 대죽 오매기 ᄒ곡(수수떡과) 대죽 범벅을 ᄒ여 간²(갔어). 그 도깨비 ø 모신 디 간(가서), 닷쇄(닷새)를 데꼈자(던졌어도) 아니 오라²(와, 왔어). **아니 오라**(와서), 기냥(그냥) 치와대겨 불엇어(걷어치워 버렸어).
> (「도깨비 영감이나 잘 대접해 주면, 조금 내가 편안히 살다가 죽게 될 건가?」여겨서, 대죽 수수떡과 대죽 범벅을 제수로 만들어 도깨비 신당에 갔어. 그 도깨비 귀신을 모신 신당에 가서, 닷새 동안을 떡을

허공에 던지면서 빌어 보았지만, 도깨비 귀신은 아니 와. 아니 와서, 그냥 걷어치워 버렸어. 구비1 안용인, 남 74세: 171쪽)

(42)에서는 도깨비에게 제물을 바쳐 넉넉하게 살아보려는 주인공 박수 무당이 등장한다. 낫표 속에 들어 있는 생각은 아직 현실세계에서 일어나지 않았지만(-앙 -을런가?), 가능세계에서 순차적으로 일어나거나 계기적인 사건을 표시해 준다. 그런 생각을 지니고서 그 박수 무당이 제수로 떡을 많이 만들고서, 도깨비 신당에 가서 닷새 동안이나 떡을 허공에 던지면서 빌었다. 그렇지만 아무런 감응도 없자, 제수도 모두 다 던져 버리고 돌아왔다는 짤막한 이야기이다.

여기서 동일한 형태소가 두 번 나온 경우를 관찰할 수 있다. '-안², -안'과 '-아², -아'이다. 서로 구별해 주기 위해서 일부러 윗첨자로 숫자 '2'를 붙였는데, 이것들은 모두 종결 어미로 쓰이는 것이다. 그렇지만 다른 형태는 모두 '-아서'와 대응한다. 종결 어미처럼 쓰인 '-안²'은 결코 '-아네'로 복원되거나 교체되지 않는다. 그렇지만 접속 어미 형태소로 쓰인 것은 언제나 '-아네'와 수의적으로 교체되며, 의미 해석에 아무런 이상도 생겨나지 않는다. 또한 반말투 종결 어미 '-아²'와 구분되는 '-아'는 '-아서'가 줄어든 것(중요한 주목 대상의 형태임)으로서, '오라서 → 오라(와서 → 와)'로 실현된 것이다. 비록 '-안²'와 '-아²'(간², 오라²)에 시상 형태소가 결합된 것은 아니지만, 전체 담화의 시상 형태소가 지배 관계를 통해서 서로 동화되고 일치되어야 하기 때문에, 각각 '갔어, 왔어'로 번역될 수 있다.

고딕·밑줄이 그어진 '아니 오다'는 선행절로 표시된 사건 및 '치와 대기다[치우다+대기다](걷어치우다)'는 후행절로 표시된 두 사건은, "왜 걷어치워 버렸나?"에 대한 물음에 그 이유를 제시해 주는 것으로 해석된다. 「발복(發福)을 도와 줄 도깨비가 안 왔기 때문」인 것이다. 동일한 접속 어미 형태소가 순차적 사건 전개를 표현해 주기도 하고, 선행절과 후행절의 관련성에 대한 해석의 결과로서 이유의 기능도 띠게 되는 것이다. 이 또한 두 사건에 대한 해석의 결과로서 그런 의미자질을 재구성하여 배당하는 것이다. 결코 접속 어미 형태소가 자동적으로 그리고 기계적으로 그런 의미자질을 배당하는 것은 아니다. 이른바 담화 처리 과정에서 앞뒤 문맥(co-text)에 대한 정보가 결정된 다음에, 다시 전체 맥락(context)에 의해서 두 사건 사이의 관련성을 지정해 놓은 것이다. 여기서 좀 더 중요한 것은, 거시적 차원에서의 전체 맥락 또는 사건 전개 모형이다. 후자는 기본적으로 언어 처리를 하는 주체가 스스로 능동적으로 자신의 지식 체계로부터 인출하여, 일관된 흐름을 부여해 놓아야 한다.

앞의 (40가)에서는 큰 길에서 얼쩡대고 있는 사건이 원인이 되어, 결국 옥에 갇히는 결과 사건이 뒤따르고 있다. 이 이야기를 해 주고 있는 화자는 다시 이를 정리하여(부연 설명의 형식을 띠고서) 결과 사건에 대한 인과 추론이 더욱 명시적으로 표상되도록, 접속 어미를 '-아네'(-아서: "아니 와네")로부터 '-으난'(-으니까: "엇이난")으로 바꾸어 표현해 줌으로써, 이유의 모습으로 명백히 제시되어 있음을 알 수 있다.

'죄인이라고 해서(죄인이라고 해서)' → '츠례 ø 몰르고 얼렀이난(상하차례를 모른 채 얼쩡거리니까)'

이렇게 무의식적으로 다시 서술해 주는 모습에서 관찰되는 서로 다른 접속 어미 형태소들은, 각각 그 화자의 머릿속에 「각 형태소의 전형적인 의미자질 또는 쓰임 방식이 고정되어 있음」을 드러내어 준다. '-아서'가 저절로 이유의 해석을 띠는 것이었다면, 부연 설명의 후속 발화에서 굳이 '-으난(-으니까)'으로 바꾸어 놓을 필요가 없었을 것이다. 그렇지만 부연 설명에서는 더욱 명시적으로 선행 사건과 후행 사건의 관련성을 드러내기 위하여, '-아서'를 바꾸고서 다른 접속 어미 '-으난(-으니까)'을 선택하고 있는 것이다. 이는 그 화자의 머릿속에 '-으난(-으니까)'의 전형적 의미자질(이유를 표상함) 및 '-아서'의 전형적 의미자질(순차적 사건 전개를 표상함)이 서로 다르게 표상되어 있음을 시사해 준다. 필자는 이런 측면에서 접속 어미 형태소들에 전형적인 의미자질이 미리 기본값으로 주어져 있어야 할 것으로 판단한다.

(40나)에서도 제사를 주관하는 남편(제관)이 집을 떠난 사건이 원인이 되어, 그 집안 조상들에게 제사를 지내지 못한 결과 사건이 나왔다. 그렇지만 마을에서 공동 제사를 지내어 주는 대안 사건에 대하여, 청자가 궁금하게 여길 것으로 보고서, 더욱 분명히 그 결과를 초래한 사건을 이유를 표현하는 선행절로서 제시해 주고 있는 것이다.

'아니 와네(안 와서)' → '엇으난(없으니까)' → '불쌍ᄒ난(불쌍하니까)'

(42)에서도 겉으로 관찰될 법한 순차적 사건 흐름으로 '도깨비 귀신이 안 오다' 및 '빌기를 그만두다'가 접속되어 있다. 그렇지만 내재적으로는 "왜 빌기를 그만두었는가?"에 대한 이유절로서 "안 왔기 때문"이라고 말할 수 있는 것이다. 만일 (42)의 화자가 이렇게 풀어 주는 발화를 하였더라면, 고딕·밑줄이 그어진 '아니 오라(안 와서)'를 "아니 오난(안 오니까)"로 바꾸어 줌으로써, 부연 설명이 더욱 더 이유와 결과 관계임을 드러내었을 법하다.

그런데 동일한 통사 형식이지만 선행절이 후행절을 위한 목적이나 목표 사건을 나타낼 수 있는 경우도 있다. 종속 접속 어미 '-안 vs. -앙(-아서)'이 선행절과 후행절의 관계를 전체 맥락에 따라 재해석함으로써, 이미 일어난 결과 사건에 대한 이유의 해석보다는, 오히려 후행절이 완수됨과 동시에 장차 도달하게 될 목적으로서 기능하는 것이다.

(43) -아그넹에: "어린 아이 옷이나 가그넹에 맹글든지 주문허여 옵서!"고 햇어.
　　　(며느리가 시아버지보고 "어린아이 옷이나 가서 직접 만들든지 주문

해 오십시오!"라고 말했어. 구비1 안용인, 남 74세: 122쪽)

(43)에서는 핵어 동사 '가다, 오다'에 의해 가리켜지는 두 가지 사건이, 접속 어미 '-앙(-아서)'의 본디 형상인 '-아그넹에(-아서)'로 이어져 있다. 이 두 가지 접속 사건은 다시 이 방언에서 청유의 종결 어미 '-읍서(-으십시오)'에 의해 지배를 받는다(후핵성 매개인자의 적용뿐만 아니라, '-곡 -곡 ᄒᆞ다' 구문을 따름으로써, 후행절이 상위절이 됨). 이는 중세 국어에서 '-읍쇼셔'와 비교될 수 있을 법하며, 현재 쓰고 있는 공통어에서 '-으십시오'로 옮겨 적을 수 있다. 그런데 이런 두 사건의 관계에서, 시아버지가 왜 밖으로 나가는지를 묻는다면,

「며느리가 부탁한 아기 옷을 마련하려는 목적으로 나간다」

고 말할 수 있다. 물론 며느리 부탁 때문에 밖으로 나갔다고 간접적으로 말할 수도 있겠지만, 더욱 직접적인 목적은 '아기옷을 마련'하는 일이다. 단, 여기서 후행절은 아직 이미 끝난 사건이 아니다. 오히려 아직 시작조차 되지 않은 사건이다. 따라서 여기서는 이미 일어난 후행절의 사건에 대한 이유를 가리키는 것이 아니다. 오히려 선행절은 후행절 사건이 일어나기 위한 목적이나 목표 사건으로 해석되어야 옳다.

(44) -안 -으니 -는디 -앗어: 혈을 츳안(찾아서) 그리로 가니, 밧(밭)ø 가는디(갈고 있는데), [샘물 정령인] 어떤 노인 할으방(할아범)이 왔어 (왔어).
(살아 있는 물길을 다 끊어 버리고자 하여, 고종달[胡宗旦]이 제주도 샘의 맥을 찾아다니면서 지장샘이 있는 그곳으로 가니, 마침 농부가 밭을 갈고 있었는데, 지장샘 정령의 화신인 어떤 노인이 자신을 숨겨 달라고 부탁하려고 밭을 갈던 그 농부에게로 먼저 왔어. 구비2 양구협, 남 71세: 653쪽)

(44)의 예문에서도 '혈을 찾다, 그쪽으로 가다'라는 두 사건이 '-안'을 매개로 하여 선행절과 후행절로 접속되어 있다. 여기서 '혈'은 소리값이 다 같지만, 무덤 음혈(陰穴)에서 나온 구멍으로 간주할 수도 있고, 사람의 혈맥(血脈)에서 유추되어 쓰인 수맥(水脈, 샘솟는 물길의 맥)으로 간주할 수도 있다. 아마 이곳에서 전승되어 온 삼성혈(三姓穴)을 염두에 둔다면, 혈맥보다는 오히려 구멍 혈(穴)을 쓰는 것이 일관된 처리 방식이 될 것으로 본다. 이 대목에서 중국에서 온 지관

「고종달(역사 기록에서는 胡宗旦)이 왜 그곳으로 갔느냐?」

라고 물을 수 있다. 이에 대한 답변으로

「제주도에서 살아 있는 수맥들을 모두 다 찾아서 끊으려는 목적으로」

라고 대답할 수 있다. 이 두 개의 사건만 놓고 볼 적에, 선행절 '찾다' 구문은 순차적 사건 흐름에서 먼저 일어난 사건이라고 볼 수도 있다.[121] 그렇지만 이는 후행절 사건이 실천되는 동안에, 항상 목표가 되고 있는 것(따라서 두 사건이 동시에 겹쳐서 진행됨)이므로, 오히려 목적절 또는 목표절로 파악할 수도 있다. 의도적인 행동이 항상 모종의 목표를 향하여 여러 단계에 걸쳐 일어난다는 점에서, 이런 하위 구성 방식도 지지될 수 있는 것이다. 이 두 가지 해석 사이의 결정은 결국 전체 맥락에 대한 이해 주체의 사건 재구성 방식에 달려 있는 것이다. 결코 '-안(-아서)'이라는 접속 어미 형태소가 저절로 기계적으로 결정하는 것이 아니다.

---

121) 순차적 사건 흐름으로 해석할 경우에는 "수맥의 핵심인 샘물을 찾으려는 목표를 세우다" 및 "샘물들을 찾아 나서다"라는 두 가지 사건으로 볼 수 있다. 목표가 세워지고 나서, 그런 다음에 실천이나 행동이 일어나는 것으로서, 목표 설정 사건과 실행 사건이 접속되어 있는 모습이다.

(45가) -안 -앗어. -안 -으니까 -앖어: 그길(그곳을) 촛안(찾아서) 들어갓
어(들어갔어). 간(가서) 보니까, 칼을 굴앖어(갈고 있어).
(그곳을 찾아서 들어갔어. 가서 보니까 날카롭게 칼을 갈고 있어. 구비1
안용인, 남 74세: 161쪽)

(45나) -안 -앗는고?: "어, 거(그거) 오래만일세! 어떻게 허연(해서) 왓는
고?(왔는가?)" 구신(鬼神)ᄒ고 서로 말ᄒ고 주는 접주게(것입죠+화용
첨사 '게'), 도깨비ᄒ고.
("어, 거기 오랫만일세. 어떻게 해서 여기 왔는가?" 박수 무당이 도깨비
하고 서로 말하고 나서, 제수를 대접해 주는 것입죠게, 도깨비하고. 구
비1 안용인, 남 74세: 169쪽)

(45가)에서는 선행절('찾다')과 후행절('들어가다')을 접속 어미 '-안(-
아서)'이 이어주고 있다. 앞에서 살펴본 사례와 같이, 여기서도 선행절
이 후행절의 목적을 표현해 주고 있다. 그곳에 들어가는 과정이 끝날
때까지, 동시에 그곳을 찾는 사건이 일어나야 하기 때문이다. 동일한
화자가 말한 예문 (45나)에서는 「어떻게 해서 왔는가?」라는 짧막한
접속 구문이 최소한 세 가지 의미 해석을 지닌다(기능을 띤다)는 점에
서 중의적이다.

① 이를 "무슨 목적으로 여기 왔는가?"로 해석한다면, 선행절은 목적절이
된다.
② 그렇지만 이 표현을 단순히 "왜 여기 왔는가?"로 받아들인다면, '어떻게
해서'가 이유의 해석을 받을 수 있다.
③ 비록 직접적으로 이 예문의 해석과 맞닿지는 않더라도, 선행절이 수단
이나 방법을 나타내는 것으로 해석될 수도 있다. '걸어서 오다, 가마 타
고서 오다'라는 뜻으로 쓰일 경우이다.

이런 세 가지 선택지를 놓고서 결정하려면, 좁은 미시구조를 벗어나
서 좀 더 큰 영역의 전체 맥락을 살펴보고 난 뒤에, 제일 돋보이게
일관성을 보장해 주는 것이 무엇인지를 따져야 한다. 이것이 담화 처

리에서 항상 문장과 문장을 연결하여 나오는 미시구조뿐만 아니라, 또한 미시구조와 미시구조를 연결하여 귀결되는 거시구조를 수립해야 하는 근거인 것이다(62쪽 이하를 보기 바람). 거시구조는 다시 생활 세계에 대한 경험들을 모아 놓은 '고정된 믿음 체계'에 의해 뒷받침되는 것이다.

(46) -아 가지고 -앗읍니다: "겨니(그러니) 그 난리(亂離)를 막기 위허여 가지고 이 따(땅)에 왔읍니다."
(그러니 그 난리를 막기 위해서 일부러 이 땅에 왔습니다. 구비1 안용인, 남 74세: 148~149쪽)

(46)에서는 이 화자가 쓰는 고빈도의 말투로서 '-아 가지고(-아서)'라는 복합 접속 어미가 실현된 경우를 보여 준다(아마 개인 말투로 지정할 수도 있을 듯함). 여기에서도 선행절은 후행절이 실천되는 동안 계속 함께 주어져 있어야 한다는 측면에서, 다시 말하여 후행절이 선행절을 목표로 하여 실행된다는 점에서, 목적절로 해석될 수 있다.

(47가) -이라(이라서): ᄒ지마는(그렇지마는) 각시(아내)가 ᄒᆞᆫ 일이라, 해여 볼 도리가 읎다(없다) ø 말이어(말이야).
(그렇지마는 아내가 한 일이라서, 달리 어찌해 볼 도리가 없단 말이야. 구비2 양구협, 남 71세: 626쪽)

(47나) -이라(이라서): 그저 기영(그렇게) 허여도 큰 어른이라, 뭐 그자(그저) 들어 심상(尋常), 말아 심상! 기여서(그래서) 그자(그저) ᄒᆞᆫ는디(하는데) 시(詩)를 읊엇단 말이어.
(그저 그렇게 하더라도, 이항복이란 분은 아주 큰 어른이라서, 대단하다는 얘기를 들어도 뭐 그저 심상히 여기고, 듣지 않아도 심상히 여겨! 그래서 그저 지내는데 한 번은 한시를 읊었단 말이야. 구비2 양형회, 남 5세: 27쪽)

(47)에서는 명사에 결합된 계사 '이다'가 접속 어미 형태소를 지니는

경우를 보여 준다. 여기에서는 우연히 '-서'가 단절되어 각각 '-이라' ('-이라서' → '-이라', 중요한 주목거리임)로만 나와 있다. 선행절과 후행절의 관계는 이유에 의해 접속으로도 여길 수 있고, 설명의 역할을 하고 있다고 말할 수도 있다. 후행절에 제시된 사건이 이미 일어난 것이므로, 선행절에서 표상된 것은 그런 결과 상태에 대한 이유일 수도 있고, 설명을 미리 제시해 주는 것으로도 여길 수 있다. 그렇다면 계사가 순차적 사건을 표상해 주는 종속 접속 어미 '-아서'로 활용을 할 경우에, 고정된 기능을 '-이라'가 어느 하나로만 떠맡고 있다고 말하기가 어렵다. (47가)와 (47나)는 이유나 설명의 관계로 파악하게 되는 첫 시발점이, 후행절의 시상 해석이 이미 옛날 일어나서 다 끝난 일이기 때문에 그러하다. 만일 후행절이 아직 일어나지 않은 사건을 표상한다면, 당연히 순차적 사건 전개의 해석을 띨 수 있다.

  접속 어미의 기능을 결정하는 일은, 결코 이미 고정되어 있는 단순한 작업이 아니다. 선행절과 후행절 사이에 성립할 수 있는 여러 가지 관계를 살펴본 뒤에, 해석 주체가 재구성해 놓은 두 사건의 관계에서 가장 그럴 듯한 기능을 내세워야 하는 것이므로, 언어 형태 속에 들어 있다고 말하는 편보다, 오히려 대화상으로 깃드는 것으로 파악하는 것이 더 합리적이다. 이런 측면이 언어 사용 규범(또는 화용 규범)을 상정하도록 만드는 근거가 된다. (46)의 접속 어미 '-안'의 중의적 해석 가능성을 놓고서, 그 선택을 결정해 주는 것이 전체 맥락을 일관되게 엮어 주는 거시구조임을 지적하였다. 그런데 거시구조 그 자체가 한 담화의 합당성·합리성을 확보해 주는 방편이라는 점에서(64쪽의 〈표2〉와 60쪽의 각주 23을 보기 바람), 결과적으로 화용 규범의 작동 방식과 오십보 백보이다. 화용 규범의 상위 차원에서 작용하는 원리는 일차적으로 청·화자 사이의 협동이지만, 그 협동의 결과는 서로 일치된 일관된 해석을 보장해 주는 것이기 때문이다. 거시구조의 도출은 미시구조를 전제로 하고, 화용 규범의 작동은 우리 정신 작용을 전제로 하기 때문에 첫 출발점은 다르다. 그렇다고 하더라도, 서로 같은 영역에서 만나고 있으며(특히 언어 표현에 들어 있지 않은 안 보이는 정보들을 합리적으로 탐색해 내는 영역에서 그러함), 우리가 매일 관련된 의사소통 모습을 드러내는 데에 교집합 영역이 상당히 크므로, 서로 간에 긴밀히 의존하면서 전체 화용의 본질을 드러내어야 하는 것임을 알 수 있다.

§.3-3-3 수단 또는 방법을 나타내는 기능(확장된 기능)

공통어에서 접속 어미 '-아서'의 기능을 설명할 적에, '수단·방법'의 기능을 배당하는 경우가 있다. 이 방언의 설화 자료에서도 접속 어미 '-안 vs. -앙'이 실현된 사례에서 자주 이런 기능이 관찰된다. 필자의 직관으로는, 선행절이 수단이나 방법의 해석을 받는 경우에 다시 다른 일이 수반된다. 선행절의 동사와 후행절의 동사가 서로 합쳐져서 하나의 복합 사건을 이루어 융합된 동사(conflated verb)로[122] 되기 쉬운 것이다.

(48) -아 앚언 -안 보니 -안²: 허여 두고, 이제는 걸어 앚언(걸어 갖고서, 걸어서) 오는디(오는데), 오란 보니 네 귀(집 네 귀퉁이)에 불 질런². (그렇게 해 두고, 이제는 걸어서 오는데, 와서 보니까, 집 네 귀퉁이에다 불을 질렀어. 구비1 안용인, 남 74세: 176쪽)

(49) -안 -아 불고 -안 -아 불고 -아 뒌 -앗어: 스체(死體)가 잇이니(있으

---

122) 동사들이 융합되는 방식은 처음 해일·카이저(Hale and Keyser, 2002. 오래 전부터 원고본으로 통용되었음) 『*Prolegomenon to a Theory of Argument Structure*(논항구조 이론 서설)』(MIT Press)에서 논의되었다. 이어서 두 권의 총서 탤미(Talmy, 2000) 『*Toward a Cognitive Semantics*(인지 의미론 쪽으로) I, II』(MIT Press)에서 어휘화 방식에 따라서 언어의 유형을 나눌 수 있는 기준으로서 깊이 있게 다뤄진 개념이다. 자세한 개관은 김지홍(2010) 『국어 통사·의미론의 몇 측면: 논항구조 접근』(경진출판: 제9장)을 읽어 보기 바란다. 각 언어마다 어휘로 표상되는 방식은 '어휘화 유형(lexicalization pattern)'이라고 불리며, 이를 중심으로 하여 같은 어족에 속하더라고 더 세세하게 하위 언어들로 나뉠 수 있다. 탤미 교수는 특히 이동 동사의 여러 요소들이 한 낱말로 융합되는 방식에 주목하여, 인도 유럽 어족의 하위 갈래들을 구분해 놓은 바 있다.

니), 이젠 계집년도 목ø 베연(베어서) 죽여 불고(버리고), 그 중놈도 목ø 베연(베어서) 죽여 불고(버리고) 허여 뒨(두고서) 「휘딱~」(의태어, 홀쩍) 떠낫어(떠났어).

(죽은 시체가 있으니, 이제는 계집년도 목을 베어서 죽어 버리고, 그 중놈도 목을 베어서 죽어 버리고, 그렇게 해 두고서 홀쩍 떠나 버렸어. 구비1 안용인, 남 74세: 160쪽)

(48)에서는 걷는 일을 지속하는 사건이 '걸어 앚언(걸어 갖고서, 걸어서)'(481쪽의 각주 101을 보기 바람)이라는 복합 표현과 더불어 '오다'라는 동사에 덧얹힐 수 있다. 공통어에서도 마치 하나의 구적 낱말처럼 '걸어오다' 또는 '걸어서오다'로 쓰일 수 있다(융합된 모습으로 모두 다 일부러 붙여 써 놓았음). '-아 갖다'는 831쪽 이하에서 사건에 대한 양태(가능세계에서의 사건 전개 모습)를 표상해 주는 내포 구문으로 논의될 것이다. (49)에서도 '목을 베다'와 '죽이다'가 한데 합쳐져서 하나의 복합 동사 '목베어죽이다(붙여 써 놓음)'처럼 쓰일 수도 있다. 이들 예문에서 모두 다, 오는 방법이나 수단을 나타내고, 죽이는 방법이나 수단을 나타내고 있다. 이것들이 관용적으로 쓰이어 하나의 복합 개념을 형성한다면, 띄어 쓰지 않은 채 마치 한 낱말처럼 붙여 쓸 수도 있을 것이다.

(50) -안 -아네 -고: 배 짓언(짓고서, 만들고서) 나가네(나가서) [북쪽으로] 갈 땐(때는) 곱게 가고.
(새로 배를 만들고 바다로 나가서, 제주도에서 이어도 쪽을 향하여 북쪽으로 갈 때에는 풍랑 없이 곱게 갔어. 구비1 김순여, 여 57세: 205쪽)

(51) -안 -안 -아 간단 말이어: 가마ø 태완(태우고) 오란(와서) 그 뚤이영(딸이랑) 사둔(查頓)이영(이랑) 그 가마에 믄(모두 다) 실러(싣고서) 간단 말이어, 부재(富者)라 놓니까니(부자이라서).
(가마 태우고서 와서, 그 딸이랑 사돈이랑 그 가마에 모두 다 싣고서 간단 말이야, 부자가 되어 놓으니까. 구비2 양구협, 남 71세: 648쪽)

(50)과 (51)에서도 동일한 모습을 관찰할 수 있다. 여기에서도 '배를 지어서(만들고서) 나가다'(또는 좀 더 빈출하는 표현으로 '배ø 탕 나가다 [배를 타고서 나가다]')와 '가마를 태워 오다'도 복합 동사처럼 쓰일 개연성이 있다. 배를 타고서 먼 바다로 나가려고 하는데, 그 방법으로 배를 짓는 일이 선행되었다. 모두 다 사돈 집으로 데려오려고 하는데, 그런 일이 가마를 수단으로 하여 거기 태우고 오는 일로 이뤄진다. 선행절을 수단이라고 말할 수도 있고, 방법(방식)으로도 부를 수 있다.

(52) -안 -안²: 이젠 그 앞이서(앞에서) 「삭삭~」(의태어, 쓱삭쓱삭) 회(膾)ø 천(쳐서) 먹언²(먹었어). 「아, 이런 신선의 놀음ø ᄒ여난(했었던, 835쪽 참고) 걸 몰라서, 잘몬ᄒ여졌다!」고(잘못해졌다고).
(이제는 그 앞에서 거침없이 「쓱싹~」 물고기 회를 쳐서 그걸 다 먹었어. 「아, 이런 신선 놀음을 했었던 것을 몰라서, 잘못했구나!」고 생각했어. 구비2 양구협, 남 71세: 629쪽)

(53) -안 -앗어: 「하, 이놈ø 나쁜 놈이라」 허였는디(여겼었는데), 해가 떨어질 무렵에는 큰 암툭(암탉)이 득(닭)을 수백 머리(마리) 몰안(몰고서, 몰아서) 들어왔어(들어왔어).
(「하, 이놈은 나쁜 놈이다!」 여겼었는데, 해가 떨어질 저녁 무렵에는 큰 암탉이 닭들을 수백 마리 몰고서 집으로 들어왔어. 구비1 안용인: 164쪽)

(52)와 (53)에서도 관용적 쓰임의 빈도에 따라 '회ø 쳐 먹다'와 '몰아 오다'라는 낱말들이 하나의 융합 동사(conflated verb, 복합 동사)로 만들어질 수 있다('회쳐 먹다, 회쳐먹다', '몰아오다'). 먹는 방법이나 수단, 그리고 오는 방식(방법)이 한데 융합되어, 마치 단일한 하나의 동사처럼 쓰일 수 있는 것이다. 만일 이것이 생산적으로 일어날 경우에 이음말(연어) 형태를 띤 구적 동사(phrasal verb)로 불리기도 한다. 현행 맞춤법에서 '-아하다, -아지다'를 붙여 써 놓도록 한 규정에서 보듯이, 이 방언에서도 이른바 부사형 어미(본고에서는 '내포 구문의 어미 형태소'로

부름) '-아'를123) 매개로 하여 두 개의 동사가 통합체가 되는 이런 경

123) 여기서는 한 사건의 양태를 가리켜 주는 구문에서 내포문을 이끄는 내포 구문의 어미 형태소로 본다. 905쪽 이하에서는 이들 어미 형태소가 양태 범주로 귀속됨을 논의하였다. 가령, '-아'에 선행한 동사는 가능세계에서 일어날 수 있는 임의의 사건을 가리켜 준다(가능세계에서의 사건 전개에 대한 개관). 그렇지만 잠정적으로 여기서는 내포문을 투영하는 동사의 상위범주를 '판단'이란 개념과 관련하여 지정해 주고 있다. 즉, 가능세계에서 일어날 수 있는 사건을 놓고서 그 위상(진행 과정 및 결과 상태) 따위를 판단하고 결정한 다음에 그 내용을 뒤따르는 동사로써 표현해 주고 있는 것이다. 특이하게 뒤따르는 동사는 판단 범주와 관련되어 있기 때문에(100쪽에 있는 〈표5〉에서 '재귀의식'에서 일어나는 정신 활동이며, 「판단·결정·평가」로 대표됨) 결코 부정소 '아니, 못'에 영향을 받지 않는다. 그런 부정소에 영향을 받으려면 그 즉시 자신의 판단에 대한 상위 층위의 판단이 있어야만 가능한데, 곧바로 이는 자기모순의 형식으로 끌려들어가기 때문이다. 판단 결정 형식은, 비유하여 최상위의 '헌법 재판소'에 해당하며, 더 이상 헌법 재판소를 놓고서 새롭게 판결을 내릴 「헌법-헌법 재판소」 또는 「헌법 재판소 제곱」이란 자기모순을 저지르지 않고서는 결코 존재할 수 없는 것이다.

'-아 하다'는 지금도 생산적으로 낱말들을 만들어 내고 있으므로, 접미사처럼 주장하는 것은 잘못이다(민현식, 2011, 수정판 제4쇄, 『국어 정서법 연구』, 태학사: 217쪽). 다만, 아직까지 그 규칙성을 정확히 포착하지 못하였기 때문에, 생산성이 제약된 것으로 착각하고 있는 것에 불과하다. 이 구문의 실체를 처음으로 밝힌 김지홍(2015) 『언어 산출과정에 대한 학제적 접근』(경진출판: §.2-3)을 읽어 보기 바란다.

가령, 감정 또는 감각에 관한 동사는 언제나 주관적인 것이며, 화자인 나 자신에 대한 일이다. 따라서 여기에 경험주 의미역이 배당된다. 만일 이를 '느낌' 동사로 묶는다면, 느낌 동사는 크게 내부 느낌 동사(덥다, 슬프다)가 있고, 외부 대상에 대한 느낌 동사와 서로 대립 짝을 이룬다(뜨겁다, 서럽다). 내부 느낌 동사는 경험주 의미역을 받는 논항 하나만으로 그 구문이 충족된다. 이때 접사로서 양순음이 흔히 내파음(ㅂ)으로 되거나 외파음(브)을 지니는데(-읍다 vs. -브다), '어근+하다'를 제외해야 한다는 단서가 붙는다. 이 경험주 의미역이 주어 논항에 배당되며, 언제나 그 경험주는 화자인 내 자신이다.

그렇지만 외부 대상에 대한 느낌을 나타낼 경우에는 경험주와 대상 의미역이 필요하다. 흔히 낱말 구성상 '-겁 -덥 -럽' 따위의 접사가 들어 있으며, 압도적으로 '어근+하다'의 구성을 띠기도 한다. 이 구문은 형용사와 같이 자극 대상물(대격 논항이며, 대상역을 받게 됨)이 공범주로 나오는 주어 위치를 점유하거나(따라서 대격 논항이 비-대격으로 실현되는 비-대격 동사 구문이 됨), 경험주 의미역을 배당받게 되는 논항이 억제되고, 대격 논항이 주어 자리를 점유하고 있다. 그렇기 때문에 우리말의 구조에서는 대신 부가어 모습의 여격 형태(나에게는, 나는)를 띨 수 있다. 이것이 주격으로 나오는지 여격으로 나오는지 대격으로 나오는지는 언어마다 차이를 보여 주는 매개인자가 된다.

그런데 이것이 다시 감정이입을 통하여 다른 사람의 감정이나 감각을 가리키기 위해서 쓰일 수 있다. 이 경우에는 반드시 '-아 하다'를 써야 한다(모음조화 변이형태에서 양성 모음을 대표로 내세움). 각각 '더워하다, 뜨거워하다' 그리고 '슬퍼하다, 서러워하다'로 쓰인다. '썰렁하다'는 화자 자신의 느낌을 표현한다. 그렇지만 감정이입을 통해 제3자인 영이의 느낌을 묘사해 주려면,

「영이가 썰렁해 한다.」

에서처럼 '-아 하다' 구문을 이용해야 한다. '어정쩡하다'도 마찬가지이다. 이는 화자가 경험 주체일 경우에 쓰인다. 그렇지만 감정 이입을 통해서 제3자인 철수의 느낌을 묘사해 주려면,

「철수가 어정쩡해 한다.」

향을 종종 띤다.

그런데 여기서 중요한 점은, 왜 그런 복합 동사가 형성되는지에 대한 상위의 물음에, 어떻게 대답할지에 있다. 필자의 생각은 새로운 낱말이 만들어지는 과정을 그대로 반영해 줄 것으로 본다. 새로운 낱말은 아무렇게나 만들어지지 않는다. 반드시 언어 공동체 구성원들 사이에서 늘 자주 접하는 특정한 「공유 사건 경험이 주어져야 하는 것」이다. 가령, 우리 사회가 전문화되고 더욱 복잡해지면서, 새로운 낱말들이 세대별로 직업별로 계층을 이루는 하위 사회별로 계속 만들어지고 있다. 한 사회에서 공통 경험이 공유되거나 추체험된다면, 새로운 낱말을 만들어 낼 요구가 증가한다고 말할 수 있다.

필자는 우리나라가 국제 구제 금융(IMF)을 받을 시기에 우연히 1년간 외국에서 연구년을 보낸 적이 있었다. 1년 뒤에 귀국하자, 새로운 낱말로서 '아우성(아름다운 우리의 성)'(구성애라는 분이 맡았던 텔레비전 프로그램)과 '왕따(왕 따돌림)'라는 낱말을 듣게 되었다. 전자는 그 프로그램 담당자가 더 이상 대중매체에 등장하지 않자, 곧 사라져 버렸다. 그렇지만 후자는 여전히 지금도 중요한 낱말로 쓰이고 있다. 이 낱말이 만들어지기 전에는 그런 집단 괴롭힘이나 소외 현상이 없었던 것일까? 물론, 아니다. 전통적으로 '업신여기다'(이 방언에서는 「업수이 여기다」라고도 함)를 중심으로 하여, '깔보다, 무시하다, 백안시하다'라는 낱말이 엄연히 있었고, 지금도 계속 쓰인다. 그렇지만 그런 괴롭힘이나 따돌림 현상이 청소년들 사이에서 집단적으로 지속적으로 일어나서 심각한 사회 문제로 되지는 않았었다. 그러므로 우리 문화에서는 오직 개인과 개인 사이의 관계를 묘사하는 정도의 낱말로만 그대로 써 왔던 것이다. 그렇지만 오늘날 새로운 소통의 수단으로써 대중 매

와 같이 '-아 하다' 구문을 이용하는 것이다. '느낌' 범주에 속하는 동사들이라면 모두 다 이런 대립 표현을 구현할 수 있는 것이다. 그렇지만 여태 이런 질서를 명확히 포착해 내지 못하였기 때문에, 마치 생산성이 약화된 접미사로 여기고자 했던 것이다. 그렇지만 규칙적으로 새로운 낱말을 만들어 낼 수 있으므로, 접미사로 규정하는 일은 잘못임을 알 수 있다.

체의 힘으로 말미암아 집단 괴롭힘과 따돌림 현상이 크게 사회 문제로 부각되었다. 현재에도 우리가 고쳐 나가야 할 사회 병리 현상으로 순위가 높다. 따라서 필자는 이런 사회적 필요성이 새로 만들어 낸 낱말 '왕따(왕-따돌림)'의 파급 및 유지에 필수적 요인이라고 본다.

여기서 필자는 두 개의 동사가 하나의 복합 개념을 표상하기 위하여 융합되거나 합성될 경우, 반드시

① 공동체 생활에서 구성원들이 쉽게 공유할 수 있으며,
② 그 복합 개념에 상응하는 사건들이 빈도 있게 자주 경험될 수 있어야 함

을 필수 조건으로 여긴다. 이런 점에서 가령 자동차가 아주 많아진 오늘날 우리 사회에서는, 공동체 구성원들 사이에서 차를 "끌고 가다, 몰고 가다, 싣고 가다" 따위도 수단과 방법과 관련된 낱말들이 '가다'와 이음말 관계를 이루어 규칙적인 통사 구성으로 다뤄지기보다는, 오히려 마치 단일한 하나의 낱말처럼 될 소지가 많다고 본다. 그렇게 한 낱말의 지위로 굳어진다면 더 이상 띄어 쓰지 않을 뿐만 아니라(끌고가다, 몰고가다, 싣고가다), 또한 한 낱말의 내부에서는 어원 의식의 실종과 더불어 음운 변이 현상이 촉발될 것으로 판단된다. 이 방언에서는 한자어 궐지후(厥之後, 그 사건 이후)가 시간 표현 명사 '적' 또는 처격 조사가 융합된 '적에 → 제'와 결합되고,

'궐지후적에' → '궐지후제' → '글지후제'

로까지 변화된 일을 단적인 그런 사례로 제시할 수 있다. 한문 공부에 익숙지 않은 경우에는, 도대체 '글지후제'라는 말이 무슨 뜻인지 도무지 분석할 수도 없을 뿐만 아니라,[124] 더 나아가 막연히 한 덩어리로

---

124) 강정희(2005) 『제주 방언 형태 변화 연구』(역락: 제8장)에서는 '其之後'로 보았다. 그렇

된 시간 부사라고만 서술해 놓기도 하였다.

§.3-3-4 후행절의 사건이 일어나기 위한 배경 사건을 제시하는 기능 (확장된 기능)

비록 공통어의 접속 어미 '-아서'를 놓고서, 선행절이 '배경'의 기능을 갖고 있다고 논의한 경우는 많지 않다. 그렇지만 순차적 사건 전개에서 선행절이 무대의 기능을 맡고 있을 경우, 이를 순차적 사건으로 부르기보다 오히려 '배경 사건'이라고 부르는 것이 좀 더 구체적인 모습을 드러내 줄 수 있다. 무대에서 배우들이 사건을 일으키는 것이므로, 배경 사건이 주어진다면, 이를 토대로 하여 새로운 사건이 전개될 수 있기 때문이다. 배경의 기능을 한다고 말하는 것이, 이 종속 접속 어미의 내재적이고 본질적 기능은 아니다. 기본적으로 주어져 있

지만 그런 어구는 한문에서 찾아지지 않는다. 한문으로 쓰려면 오직 '기후(其後)'라고만 써야 옳다. 기(其) 자체가 동시에 'it, its'의 뜻을 품고 있기 때문이다. 우리말로 예를 들어 차이를 보인다면, '그 뒤'와 '그의 뒤'를 들 수 있는데, 이것들은 서로 다른 뜻을 지닌다. [__]지후(之後)라는 언어 환경에서 밑줄에 들어가서 결합 가능한 후보로는 궐(厥)밖에 없다. 영어로 바꿔 말해 주면 더욱 이해하기 쉽다. 기(其)와 궐(厥)은 각각 'it과 the event'의 구분을 나타내거나, 또는 'this와 this event' 사이에 차이를 나타낸다. 기(其)는 순수한 대명사이지만, 궐(厥)은 '그 사건'을 가리켜 주는 복합 대명사 용법이 전형적이다. 단, 필자가 독서 체험으로는, 『상서』(또는 『서경』)에서 하(夏)나라 문장에서 이것들이 서로 구분되지 않은 채 교체되고 있었지만, 이것이 좀 더 뒤로 내려가서 주(周)나라 시대로 들어가면서 서로 구분되었을 것으로 볼 만하다.

지(之)는 ① 명사를 꾸밈말로 만들어 주거나 ② 자동사·타동사 겸용 글자가 타동 구문임을 표시해 주기 위하여 목적어 it을 가리키는 방식으로 쓰이거나 ③ 도치 구문의 원래 자리를 표시해 주는 역할이 있다. ④ 그렇지만 매우 특이하게도 『자치통감』에서는 his의 뜻으로 '之'(그의)가 쓰인 용례도 있는데, 이례적이기 때문에 독자들의 혼동을 막기 위하여 반드시 주석이 달려 있게 마련이다.

결론적으로, 역사적 사건을 서술하는 문헌에서는 궐지후(厥之後)라는 표현이 자주 나오며, 이야기를 열어 나가는 담화 표지로서의 역할도 맡는다. 이 방언에서 '글지후제'도 또한 정확히 그런 기능을 띤다. 아마 '궐지후 적에'라는 혼합 표현이 더 이상 어원 의식이 없어지면서 마치 한 낱말처럼 동화된 뒤에 굳어졌을 것으로 본다. 이 방언에서 한자어에 근거한 조어이지만 어원 의식이 없어진 경우들을 종종 마주칠 수 있다(576쪽의 각주 127 참고). 필자는 오랜 기간 경상대학교 허권수 교수의 『자치통감』 강독을 들으면서 '챙피하다, 창피하다'는 말이 한자어임을 깨닫고는 놀란 적이 있으며, 또한 '구실'이나 '핑계'도 모두 한자어에서 나왔음을 확인할 수 있었다.

는 순차적 사건 전개의 기능을 중심으로 하여, 해석 주체가 다시 선행절과 후행절 사이에 관찰되는 관계를 특정하여, 결과적으로 붙여 놓은 것이다.

필자는 배경 및 초점이란 개념을 전체 형상(gestalt) 심리학에서 배울 수 있었다. 우리에게 주어지는 외부 정보들이 언제나 동등하게 수용되는 것이 아니라, 반드시 무시하기가 적용되는 배경 정보와 주의 기울이기가 적용되는 초점 정보로 나뉘게 된다. 이는 모든 정보들이 결집되는 제2뇌의 시상하부(외부자극 정보들에 대한 선별 거름 장치이므로, '시상'은 잘못 조어된 것임)에서 일어나는 일이다. 그런 만큼 언어 현상을 설명하는 데에 매우 근본적인 개념이다. 현재 정보 구조를 다루는 분야에서 기본값 개념으로 취급된다. 최근 Féry & Ishihara 엮음(2016) 『정보 구조에 대한 옥스퍼드 소백과(*The Oxford Handbook of Information Structure*)』(옥스퍼드대학 출판부) 및 Krifka & Musan 엮음(2012) 『정보구조의 표현 방식(*The Expression of Information Structure*)』(De Gruyter Mouton) 이 나와 있다. 아직 필자는 정보 구조 이론에 대하여 잘 알지 못한다. 그렇더라도 정보 구조가 머릿속 표상 방식을 다루는 것인지, 아니면 산출 과정을 규제해 주는 것인지가 좀 더 분명히 구분될 필요가 있다(언어 형식 부서를 공통적으로 이용하더라도, 언어 이해 과정과 언어 산출 과정이 별개의 두뇌 부서들을 이용하고 있는데, 자세한 논의는 김지홍, 2015, 『언어 산출 과정에 대한 학제적 접근』, 경진출판을 보기 바람).

언어 산출 과정은 언어를 쓰는 일이 반쪽에 해당한다. 일상언어 철학의 혜안을 열어 놓은 업적들에서는 언어 이해와 언어 산출을 설명하기 위하여 「상식적 접근」을 옹호해 왔다. 왜냐하면 아무런 훈련이나 교육을 받지 않더라도 언어는 누구에게나 당연히 그리고 쉽게 이용되는 실체이기 때문이다. 중국 춘추 시대에 『주역』을 풀이하여 얽어 놓은 글(공자의 계사전)에서는, 상식적 접근을 이(易)와 간(簡)으로 설명하였다. 현재 우리말에서는 「간단할뿐더러 또한 쉽다」를 별개의 개념으로 받아들이기보다 '간이하다(쉽다)'는 하나의 개념으로만 파악하는 경향이 있다. 쉽고 간단한(이·간) 원리는 중국 전국 시대에 「적용 원리가 한두 가지에 지나지 않는다」는 수약(守約, 주어와 술어 구조로서, 「지킴이 간단하다」로 번역함)으로 발전하였는데, 이는 실천을 전제로 한 개념이었다. 비록 일상언어 철학에서는 「상식」이라는 말을 썼지만, 누구나 쉽게 적용하여 실천한다는 뜻을 담고 있으므로, 이·간 또는 수약이라는 원칙과 다르지 않다. 이런 측면에서 필자는 전체 형상 심리학에서 처음 찾아낸 한 가지 정신 작동 방식인 「배경 vs. 초점」이란 개념은 적용 범위가 아주 넓은 것으로 판단한다. 이 개념이 한 층위에서만 작동하는 것이 아니라, 무한성을 보장해 주는 반복(recursion, 일본에서는 '회귀'로 번역) 원리를 적용함으로써,

[배경 [배경 초점 …]]

초점 영역에 거듭 반복이 일어나면서 더 심층적 형상이 도출될 수 있다. 일단, 두 번 반복된 형상을 놓고서, 이를 평면적(선조적) 모습과 대응시켜 줄 수 있다. 이럴 경우에 각각 '배경, 초점, 서술(제시)'로 표시할 수 있다. 이는 각각

「주제, 서술 대상, 서술 내용」

처럼 파악할 수 있으며, 단순한 문장만을 대상으로 할 경우에 다음처럼 나올 수 있다.

"나에게는, 영이가, 제일 예쁘다!"
"철수는, 현재의 상황을, 우리가 패배했다고 본다"

그런데 이는 일직선의 표상에서 시간의 흐름대로 정보 내용을 위계화한 것이므로, 후핵성 매개인자를 지닌 우리말의 표상과는 직접 1 : 1

관계를 유지할 수 없다. 경우에 따라서는 더 뒤에 나오는 요소가, 오히려 더욱 핵심적인 정보를 품을 경우가 있는 것이다. 문법 형태소들의 통합 관계를 다룰 적에는, 특히 부착어 또는 교착어 질서에 따라서 어디까지가 더 영향력이 큰 상위 차원의 형태이고, 어느 부분부터가 화용 차원의 또다른 영역을 나타내는지를 구분해 줄 필요가 있다. 이런 구분이 이 방언의 형태소 분석과 확립에서도 매번 제기되는 질문에 해당된다. 다시 말하여, 문법 형태소들 중에서 단일한 경우를 제외한다면 융합된 복합 형식들을 다루게 된다. 이는 줄어들기 이전의 본디 형상의 모습이 상정되어야 하고, 다시 화용상 의사소통의 효율성 측면에서 도입되는 보조사·화용 첨사·격조사(특히 처격 조사 '에') 따위를 구분해 줄 필요가 있는 것이다.

비록 정보 구조 이론을 직접 다룬 것은 아니더라도, '주제'라는 개념을 놓고서 가장 폭넓게 통사적 관련성을 논의하면서, 주제의 개념을 정립한 임홍빈(2007) 『한국어의 주제와 통사 분석: 주제 개념의 새로운 전개』(서울대학교 출판부)로부터 많은 것을 배울 수 있었다. 아직 9백 쪽이 훨씬 넘는 방대한 업적을 제대로 다 이해하지는 못하였다. 그렇지만 개인적으로 드는 의문이 있다.

「대조적 제시 '은', 배타적 제시 '가', 문제성 제시 '를'」

이라는 개념이 평면적인지, 아니면 계층적인지 여부도 또다른 논제일 수 있다. 소쉬르에 의해서 기본적 표상으로 간주되었던 평면적(선조적) 구조는, 참스키 교수의 접근 방식에서는 모두 계층적인 모습으로 표상되는 것이다. 그렇다면 우리말에서 평면적으로 이해되어 온 '-은 -가, -를'(보조사, 주격 조사, 대격 조사)로 대표될 수 있는 3원 제시 방식이, 각각 한 문장(발화)의 기본값의 정보 구조를 표상하는지에 대한 의문이 뒤따른다.

만일 이런 주장을 발전시킨다면, 통사는 결국 '제시 방식'의 하위 구분이 엮어진 형식일 것이며, 이는 현재 깊이 논의되고 있는 '정보 구조 이론'과 이름만 다를 뿐이라고 판단된다. 그렇다면 결국 이 모형도 통사 영역을 떠난 개념이 될 수밖에 없다. 필자로서는 이것이 일부 인간 정신 작동 방식과 맞닿아 있다는 측면에서 바람직할뿐더러, 오히려 당연한 변증법적 귀결이라고 본다. 필자의 추정이 올바른 길에 있다면, 임홍빈 교수가 통사 차원으로 주제를 모아 놓은 방식은, 이 방언에서 문법 형태소들 중에서 융합된 복합 형식이 형태론적 차원과 화용(담화) 차원의 형태가 통합 관계에 참여하고 있다는 사실을 말끔히 설명해 주기 어렵다. 이는 오히려 역발상을 요구한다. 임의의 일반적인 정신 작동 방식을 상정해 놓고서, 이로부터 화용 차원과 통사 차원을 연역하거나 도출해 나가는 일이다.

이런 전환은 아직 국어학계에서 잘 받아들여지지 않을 것으로 판단된다. 그렇지만 중요하게 타산지석으로 삼을 모형이 있다. 참스키 교수는 적어도 세 단계에 걸쳐서 자신의 언어학 모형을 발전시켜 왔다. 각 단계마다 우리말을 다루는 여러 연구자들에 의해서, 이전에 문제로 삼지도 못한 많은 논제들이 새롭게 드러나는 데에도 크게 기여해 왔다. 그런데 초기의 통사 중심의 생성문법은, 마지막 발전 단계에서 통사 차원이 다른 인지 영역들과의 '접합면 정보'들로 환원되어 버림으로써, 결국 통사 차원은 다른 인지 영역들 사이에서 매개 영역으로서의 역할만 갖게 되었다. 그럼에도 불구하고, 설령 고유한 통사 영역이 축소되거나 사라졌다고 하더라도, 이것이 실패를 의미하지 않는다. 만일 언어 기호가 형식과 내용의 비자연적(상징적·사회적·자의적) 결합이라는 현대 언어학의 통찰에 기댄다면, 형식만을 다루어 오다가 비로소 내용을 다룰 단계에 이른 것이다. 언어 기호가 기대는 형식은, 그 어머니가 내용인 셈이다. 그 내용은 여러 관련 인지 영역들의 총체로 표상되는 것이다.

필자는 언어학을 새롭게 현대 학문으로 정립시킨 소쉬르의 공적이, 언어 형식을 전체적으로 대립 체계로 파악하는 착상을 제시해 준 것이라고 본다. 그렇지만 이와 긴밀히 관련된 내용을 최소한으로 줄이고 배제시켜 버림으로써(단지 대립적인 의미나 기능만을 고려하였음), 달리 말하여 인류 지성사의 문제 의식과 주제들로부터 언어학을 단절시켜 놓음으로써(물 위에 떠 있는 부평초가 연상됨), 그의 장점이 또한 다른 한편으로 치명적인 단점이 되어 버렸다고 평가한다. 이런 측면에서, 내용을 좀 더 분명하게 세분 영역으로 나누고서 형식으로서의 통사를 관련시켜 주는 새로운 차원은, 개인적인 필자의 기준으로 바라본다면, 바람직할 뿐만 아니라, 변증법적으로 당연히 귀결되어야 하는 목표 지점인 것이다.

생성문법의 착상을 만들어 내고 이 흐름을 주도해 온 참스키 교수는, 초기에서부터 언어 철학과 지성사에 관련된 책자들을 꾸준히 발간해 왔다. 초기의 데카르트 언어학 및 지배 결속 이론으로 전환한 50대의 철학인 언어 지식에 대한 논의는, 오래 전에 이환묵 교수와 이선우 교수에 의해 번역된 바 있다. 아직 60대 이후의 언어 철학은 번역되어 있지 않지만(Chomsky, 2000: 705쪽의 각주 143을 보기 바람), 7편의 원고가 실린 그 내용은 인류 지성사에서 제기되는 문제뿐만 아니라, 근대를 열어 놓은 거장들이 품었던 언어 사상, 그리고 현대 철학에서 크게 부각된 논제들에 이르기까지, 큰 지도 속에 모두 포함시켜 다루고 있다. 필자는 이런 측면에서 최근 나온 그 분의 책자들을 가장 모범적인 인문학(지성사) 논의라고 평가한다. 필자가 변증법적 발전의 귀결이라는 표현은 참스키 교수의 모형을 염두에 둔 표현이다.

이 방언의 설화 자료에서는 '배경'을 표시해 주는 역할을 맡는 어구로서 특별히 '-안 보다(-아서 살펴보다)'라는 복합 형태를 쓰고 있다. 이는 570쪽 이하에서 다른 관용 구문인 '-안 잇다(-아서 있다)'와 함께 논의될 것이다.

(54) -아서 -앗느냐?: "절간의(에) 가서 뭣을 배왓느냐?" 하니, "지리(地理)를 공부ᄒ고 왔읍니다!"

("절간에 가서 무엇을 배웠느냐?"고 물으니, "도참서인 지리를 공부하고 왔습니다!" 구비1 안용인, 남 74세: 126쪽)

(54)에서는 선행절에 주인공이 절간으로 간 사건이 있는데, 이것이 배경 또는 무대로 해석된다. 이 무대 위에서 "무엇을 배우다"라는 후행절 사건이 진행된다. 주인공은 절간에 간 사건을 무대로 하여, 그 무대에서 일어나는 활동이 명당(明堂, 주나라 용어임)을 점치는 도참예언 공부를 하는 것이다. 비록 이 선행절이 배경이나 무대의 기능을 부여받는다고 하더라도, 이유의 구문으로 해석될 가능성을 전적으로 배제해 버리는 것은 아니다. 만일 전체적으로 「절에 가서 지리 공부를 하다」라는 사건을 재구성한다면,

  "왜 주인공이 지리 공부를 했느냐?"

라는 질문을 던질 경우에, "그 절에 특정한 도사가 있었기 때문"이라고 대답하거나, 또는 "절에 갔기 때문"이라고 대답할 수도 있음을 고려하는 것이다.

  (55) -아서 -으니까 -으니 -으니: 커서 ㅇ남은(여남은, 열에 또 다시 남은 몇) 슬(살) 되니까, 서당에 댕겨 가니(다녀가니), 어떵(어떻게) 그 말이 비탄(悲歎)ᄒ니…
  (아이가 커서, 열 남짓의 나이가 되니까, 다른 애들은 서당에 다녀 가니, 어떻게 그 말이 슬프고 탄식할 만하니… 구비1 안용인, 남 74세: 124쪽)

여전히 (55)에서는 주인공이 다 자랐다는 선행절('커서')과 열 살이 넘었다라는 서술이 후행절('열+남은 살')로 접속되어 있다. 여기서 '커서(다 자라서)'로 지시되는 기간의 범위를, 청소년 기간으로 잡을지, 아니면 특정 나이를 넘을 경우를 가리킬지 결정되어야 하겠지만, 어느 경

우이든 큰 문제가 되지는 않는다. 나이에 대한 더 너른 범위가 일단 배경으로 주어지고, 이 설화를 말해 주는 주체는 다시 여기서 열 살이 훨씬 넘었기 때문에, 당시 사회의 통념으로는 입신양명하기 위해서 서당에 가서 글을 읽어야 한다는 뜻을 말하려고 한다. 상대적으로 너른 범위(가령, 10살부터 30살)를 배경으로 하여, 특정한 단계를 지정해 주는 셈이며, 따라서 선행절이 배경이 된다고 해석할 수 있다.

그렇지만 주인공이 "왜 청소년이 되었다고 말하는가?"라고 물을 적에, 스스로 사회에 나가서 출세하려면 '글공부를 해야 하기 때문'이라고 대답할 수 있다. 출세가 전제될 경우에, 청소년 나이가 되면 글공부를 해야 한다(복합 개념임). 이런 점에서 선행절은 원인이나 이유 구문으로도 해석할 소지가 있다("출세 준비를 위한 청소년 시기가 되니까"). 이런 해석에서는 첫 번째 선행절 '아이가 크다(다 자라다)'와 이어지는 후행절 '여남은 살 되다'를, 서로 풀어 말해 주는「부연 설명의 절」로 간주할 수 있다. 이러한 해석은 다시 후행절에 나온 접속 어미 '-으니까'에 의해서도 재확인되는 것이다. 제시 사건(성장함)과 풀이 사건(10살+몇 살)이 같은 부류의 것으로서 부연 설명해 해당하므로, 만일 이것들을 묶어서 하나의 사건이라고 여긴다면, '10여 세가 되니까'에서 확인할 수 있듯이, '이유' 구문으로 제시되고, 이것이 다시 더 뒤에 있는 후행절과 접속되어 있는 것이다.

필자가 모아 둔 자료를 살펴보면, 배경이나 무대의 기능을 맡는 경우에 '-안 보난, -안 보니, -안 보니까(-아서 보니까)'라는 복합 형태로 고정되어 있는 경우가 많다. 여기서 '보다'는 '살펴보다'라는 낱말의 상의어이다. 살펴본 결과가 후행절로 이어진다는 측면에서, 언제나 살펴보는 일이「후행절의 배경 또는 후행절 사건이 일어날 무대」의 성격을 띠게 된다. 이 복합 형태(-아서 보니까)의 접속 형식에 어미로서 결합된 '-으난(-으니까)'은, 전형적으로 이유 구문으로 해석되는데, 이 방언에서 사뭇 잦게 나오는 편이다. 이는 이유의 해석뿐만 아니라, 또한 사건 전개의 해석도 떠맡고 있다. '-으난(-으니까)' 형태가 여러 차례 복사되듯이 반복된 사례들이 723쪽 이하에서 다뤄져 있다. 어미들의 「중층성」 모습도 놓치지 말아야 한다.

아래 인용된 사례에서는 이유의 해석보다는, 오히려 후속 사건 전개의 기능을 맡고 있는 것으로 보는 쪽이 좀 더 온당하다. 선행절과 후행절 사이의 관련성은 결코 옳고 그름의 문제가 아니다. 어떤 사건 전개 모형을 염두에 두고 해석하는지에 따라서, 크든 작든 그 관련성에 대한 지정이 달라지는 것이다. 그렇다면 최종적인 이야기 주제(또는 화자의 표현하려는 근본 의도)에 비춰 보아, 개별 사건들에 대한 관련성이 어떻게 부여되는 것이 더 정합적인지 그 정도에 따라서 선택됨을 알 수 있는 것이다. 다시 말하여, 거시구조나 합당성 도출의 정도에 비춰서 상대적으로 선택지를 결정할 따름이다.

(56) ‑안 보니 ‑아서 ‑고: 그디(그곳에) 오란(와서) 보니 묘덜(墓들)이 너미(너무) 만허여서(많아서)125) 못 씨고(못 쓰고), 그 알로(아래로) 느려오면은(내려오면은) 폭남(팽나무)이 큰 폭남이 있어낫읍니다(있었습니다, ‘‑어+나다’는 835쪽 참고).
(그곳에 와서 살펴보니, 묘들이 너무 많아서 빈 자리가 없으므로 못 쓰고, 그 아래로 내려오면은 팽나무가 큰 팽나무가 있었습니다. 구비1 안용인, 남 74세: 150쪽)

(56)에서 인용된 예문의 배경은, 주인공이 아버지 묏자리를 찾고자 하여, 스스로 여기저기 다니면서 묻을 만한 자리를 알아보고 있는 대목

---

125) ‘많다’는 이 방언에서 자주 ‘만ᄒ다’의 모습으로 관찰된다. 또는 중세 국어에서 쓰였던 ‘하다(多)’도 자주 쓰인다. 그런데 유창돈(1964) 『이조어 사전』(연세대학교 출판부)을 보면, ‘:만ᄒ·다’(성조는 상+평+거)의 표제자 및 ‘:많다’(성조는 상+거)의 표제자가 올라 있다. 성조 차이를 본다면, 두 낱말이 각각 고유한 형식처럼 판단된다(만ᄒ다 ↔ 많다). 필자에게는 이 방언의 어휘 ‘만ᄒ다’가 기본 표상으로 쓰이는 듯이 느껴진다. 이럴 경우에, 한자어 어근으로서 ‘가득할 만(:滿)’이 상성이기 때문에(일만 만[:萬]은 거성임), ‘滿ᄒ다’와 관련되었을 법하다. 다시 말하여 한자 어근 만(滿)에 ‘하다’ 접미사가 붙은 형식일 가능성이 있는 것이다. 같은 형용사 계열의 조어로서는, 마음 씀씀이가 너그럽지 않고 ‘박(薄)하다’, 물건이 ‘귀(貴)하다’, 지내기가 ‘편(便)하다’, 집안이 폭삭 ‘망(亡)하다’ 따위가 떠오른다.

이다. 그리고 어떤 곳을 특정하여 와서 살펴보았다. 그런데 그곳에는 이미 다른 무덤들이 너무 많이 있었고 더 이상 빈 자리가 없었다. 그래서 다시 그곳을 포기하고, 더 아래로 내려와서는 마침 팽나무가 있던 옆 자리를 찾아내었던 것이다.

이 예문에서 '-안 보니(-아서 살펴보니까)'는 무덤이 이미 너무 많이 있었다고 판단하는 후행절의 근거가 되고 있다. 이 근거가 또한 상위 개념으로서 「다른 묏자리를 찾자는 판단의 배경」을 상정할 수 있으므로, 선행절은 배경으로서의 역할을 맡고 있다고 말할 수 있다. 다시 말하여, 선행절(와서 살펴보는 일)은 관찰 사건이고, 후행절(무덤이 너무 많다)은 그 결과로서 다른 묏자리를 찾아야 되겠다고 판단을 내린 것이다. 이것이 이유가 되어서 주인공은 다른 곳을 물색하려고 떠난다. 마침 그 아래로 내려와서 큰 팽나무가 있는 자리를 찾아내는 것이다. 따라서 중의적 해석이 허용된다. ① 후행절이 일어나도록 하는 배경을 제시해 준다고 보거나, 또는 ② 후행절 사건의 이유 또는 근거를 제시해 준다고 말할 수 있다. 이 해석들 사이의 결정은 전체적으로 일관되게 재구성한 사건 모형에 따라 이뤄질 것이다. 이런 사건 모형은 해석 주체 또는 재구성 주체의 고유한 몫이 된다.

(57) -아서 -안 -안 -아 두니 -아서 보난 -아젓다ø 말이어: 술ø 추(醉)흔 아방(아범)을 모시고 와서 집에 완(와서) 눅전(눕히어) 놔 두니, 「앙이!('아니!'의 개인 말투), 술ø 깨어서 보난(보니까) 집에 와젓다(와졌다, 와 있다)」ø 말이어(말이야).
(술 취한 아버지를 모시고 와서, 집에 와서, 눕혀 놓아 두니, 「아니, 황정승은 술에서 깨어 살펴보니까, 자기 집에 와 있다」ø 말이야. 구비2 양구협, 남 71세: 643쪽)

(57)에서도 크게 두 가지 계열로 이뤄진 일련의 사건들이 서술되고 있다. 하나는 술 취한 황희 정승을 아들이 집에 모시고 온 다음에 이부자리에 눕혀 드린 일이다. 여기에서도 사건들의 하위 구분으로서 아

들과 황희 정승 사이에서 일어나는 일들로서

「모시고 와서, 집에 완(와서), 눅전(눕히어) 그대로 놓아 두다」

라는 절들이 차례로 접속되어 있다. 첫 번째 '모시고 오다, 집에 오다'
는 반복되면서 그 사건을 자세히 풀어주는 부연 설명의 관계에 있다.
'와서, 완(와서)'이 둘 모두 순차적인 사건 전개에서 선행 사건을 보여
준다(아버지를 모시고 집에 온 다음에). 이 사건에 이어져 있는 사건은
아버지 황희 정승을 이부자리에 눕혀 드리고서 그대로 쉬도록 한 일
이다. 여기까지는 중층적 모습의 어미 '-아서, -안(-아서)'이 모두 순
차적 사건 전개에 관여하고 있다.
  이런 일련의 사건들은 다시 '놔 두니(놓아 두니까)'를 이용하여 다른
후행절 사건과 접속되어 있다(여기서 '-으니'는 이유의 해석을 받기보다
는 후속 사건의 전개 모습을 드러내는 느슨한 해석을 지님). 이는 황희 정승
이 술에서 깨어나서 살펴보니, 자신도 모르게 이미 자신의 집에 와
있음을 깨닫는 일이다. 여기서 '-아서 보난(-아서 보니까)'이라는 복합
형태의 접속 어미를 관찰할 수 있다. 바로 앞의 사건들에서 살폈던
'놔 두니(놓아 두니)'에서처럼 '-으난(-으니까)'도 후속 사건의 전개 모
습을 보여 주는 역할을 맡고 있다. 즉, 선행절 사건(술에서 깨어남)은
배경으로서의 해석을 받는 것이다. 술에서 깨어나는 사건 및 자신의
어디에 있는지를 언급하는 사건으로서, 황희 정승이 술에서 깨어나서
주위를 살펴보는 일은, 먼저 잠자리에서 일어나 있어야 하는데, 이것
이 배경 사건으로서 주어져 있는 것이다. 그렇다면 이상을 요약하여,
'-안 보다(-아서 살펴보다)'가 어떤 모습으로 활용하든지 '-아서 보니
까'로 번역할 수 있는 경우는, 이미 복합 형태로 관용구처럼 굳어져
쓰인다고 말할 수 있다(붙여 써서 '-아서보니까'). 이 접속 어미는 선행
절이 곧 이어질 후행절에 대한 배경이 되거나 또는 무대를 제시하는
데, 이 배경이나 무대 위에서 후행절 사건이 전개된다고 말할 수 있다.

§.3-3-5 두 개의 동사가 이어진 관용적 구성: '보다'와 '잇다(있다)'의 경우

이 방언에서 종속 접속 구문을 투영하는 어미 형태소 '-앙 vs. -안'을 살필 적에, 특이하게 눈에 띠는 복합 구문들이 있다. 이것들이 모두 다 마치 이음말처럼 '보다(살펴보다)'와 '잇다(있다)'와 통합되어 쓰이는 것이다. 전자에서는 '-앙 보민(-아서 보면)'도 가능하겠지만, 거의 압도적으로 이유를 나타내는 어미 '-으난(-으니까)'과 결합한 형식 '-안 보난(-아서 살펴보니까)'이 대부분을 차지한다(붙여 써서, '-안보난'). 그 까닭은 165쪽 이하에서 지적하였듯이 이미 '-으난'이 본디 모습이 '-으나네'이며, 이것이 '-안, -아네'를 융합하여 품고 있기 때문에(으니+아네), 자연스럽게 '-안 보난'의 복합 형식은 시상을 표시하는 측면에서, 그리고 일관된 시상 해석의 측면에서, 서로 정합적으로 일치하는 것이다.

여기서 '보다(살펴보다)'와 '잇다(있다)'라는 동사와의 결합도 하나의 특성인데, 공통어에서는 이 동사들이 모두 다 이른바 '보조동사 구문'에서 관찰되는 것이다. 이들 접속 어미의 복합 형식이 활용되는 방법도 일정하게 제한적이라는 사실은, 이 복합 형식의 기원에 대하여 몇 가지 시사점을 드러낸다. 현재 필자가 모아 둔 자료에서 '-안 보다' 형태는 29회 관찰된다. 모두 '-안 보난(-아서 보니까)'의 구성이다.126)

---

126) '-안 보난(-아서 보니까)'과 결합되는 동사는 12개이다.

　　「하다, 가다, 오다, 나오다, 들어가다, 깨어나다, 앉다, 데려오다, 땅 일구다, 애 낳다, 들다」

이것들은 모두 특정 시점에서 종결이 됨과 동시에 후행 사건을 서술해 주는 것이므로, 점적인 사건을 나타낸다. 그런데 필자가 모은 자료들을 보면, 또한 '-단 보난'(-다가 살펴보니까)의 구성도 23회 있는데(두 경우를 합치면 모두 52건의 사례가 있는 것임), 이 형태와 결합하는 동사는

　　「하다, 가다, 오다, 다니다, 먹다, 찾다, 밭 갈다, 있다, 기뻐하다」

이다. 일부 앞의 동사와 중복되는 것들이 있지만, 이 동사들은 시폭이 있는 사건 전개 과정('있다, 기뻐하다'는 상태 지속)이 전제되며, 중간 지점이나 또는 끝 지점에서 다른 사건으로 전환됨을 나타낸다. 이와 시상 짝이 되는 '-당 보민'(-다가 살펴보면)은 오직 1회이다(ᄒ당 보민[하다가 보면]). 이것들에 대해서는 629쪽에서 다뤄질 것이다.

이에 반해, '-앙 보다' 형태는 오직 3회인데, '영(이렇게)'이라는 부사를 제외하면 2회이다('을앙 보라![열어서 보렴], 강 보면은[가서 보면은]'). '-앙 보다'는 조건문으로 활용하거나 명령형으로 활용한다. 이는 명령 서법에 지배를 받음으로써, 선행절 사건이 [±시작점]에서 [+시작점]으로 선택됨을 가리켜 준다. 시상 의미자질의 일치 현상을 그대로 잘 보여 주고 있다. 이것들이 모두 관련 사건들이 진행된 다음에, 곧장 다른 사건이 서술된다는 점에서, 이들 선행 사건은 배경 사건으로 해석될 수 있을 것이다.

그렇지만 비록 상대적으로 드물기 때문에 쉽게 눈에 뜨이지 않지만, '-앙 잇다 vs. -안 잇다(-아서 있다)'의 복합 접속 어미 형태가 여전히 문장을 종결 짓는 경우에, 그 활용에서 특정한 제약을 찾아낼 수 없이, 모든 서법과 어울려 활용이 이뤄진다. 그렇지만 이 복합 형태가 접속 어미와 이어질 경우에는 특히 '-다가, -는데, -으니'들과만 결합하는 특징이 있다. '-안 보난(-아서 살펴보니까)'은 관용구처럼 굳어진 정도가 더 높아서, 마치 하나의 접속 어미처럼 취급될 수도 있겠으나 ('-안보난'으로 붙여 쓸 수 있음), 이와는 달리 상대적으로

'-앙 잇다 vs. -안 잇다(-아서 있다)'

는 양태적 특성을 드러내는 내포문 형식을 어느 정도 유지하고 있는 것으로 판단한다. 이는 어떤 상태가 지속되고 있음을 드러내는 양태 동사 '있다'가 투영하는 구조 속에, 내포문으로서 '-앙 vs. -안'이 들어 있다고 볼 수 있는 것이다(결국 835쪽 이하에서 다뤄진 내포 구문 형식 '-아 있다'와 같은 계열로 취급될 수 있음). 상대적인 정도성이지만, 쓰임 방식이 한쪽으로 쏠려 있는 '-안 보난(-아서 보니까)'은 하나의 복합 형태소처럼 굳어져 있다(관용구로 지정하여 '-안보난'처럼 붙여 쓸 수 있음)고 판정될 수 있다(대립 짝인 '-앙 보난'은 매우 드물게 관찰됨). 그리고 '-앙 잇다 vs. -안 잇다(-아서 있다)'는 앞에 있는 어미가 이끌고 있는

사건의 상태가 그대로 유지된다는 양태의 의미를 띠고 있다. 이런 점에서 835쪽 이하에서 논의된 온전한 내포 구문의 형식 '-아 잇다(-아 있다)'와 비교될 수 있다. '-앙 잇다'의 활용 어미의 서법은

ㄱ 명령형 '-으라'이거나
ㄴ 반말투 종결 어미 '-아'이거나(단, 모음조화 형태는 양성 모음으로 대표 삼음)
ㄷ 의도를 나타내는 '-저'이다

는 점에서, [-종결점] 의미자질의 시상이 일치됨을 알 수 있다. 그렇지만

(a) 이 구문이 순수한 내포 구문 '-아 잇다'가 전체적으로 시상이 일치되게 재조정됨으로써 나온 결과인지,
(b) 그런 내포 구문과 관련 없이 독자적으로 내포 구문이 접속 구문의 시상 형태소를 요구한 것인지

여부에 대한 의문이 남는다. 이에 대해서는 필자로서 아무런 결론도 갖고 있지 않다. 계속 앞으로 더 많은 자료를 축적하여 신중히 결론을 내릴 필요가 있다. 일단, 현재 필자의 능력으로서는 해결치 못한 과제로 남겨 둔다. 단, 905쪽 이하에서는 접속 어미의 범주와 내포 어미의 범주가 공통적으로 '양태'에 귀속됨을 논의하였는데, 만일 같은 범주의 구성원이라면 서로 교체될 가능성이 높아질 수밖에 없다는 점만 적어 둔다(아래 58의 예문에서 '-안 보난'과 '-아 보난'은 문법성에 관계없이 쉽게 교체될 수 있는데, 개인적인 느낌으로는 전자일수록 두 사건 사이에 벌어진 시간이 있는 듯하고, 후자일수록 두 사건이 함께 일어난 듯함).

먼저 '-안 보난(-아서 보니까, -아서 살펴보니까)'의 사례부터 제시하고 나서, 중층성 모습인 '-안 보니(-아서 보니까)'를 제시한다.

(58가) -으난 -안 보난게 -안 보난 일은 어떵ᄒ연디?: "게난(그러니까) 간
(가서) 보난게(보니까+화용 첨사 '게'), 점심 ø 가젼(갖고) 간 보난(가서
보니까), 사름(사람)은 가지 아니ᄒ연(않아서) 늬(너) 혼자만 잇어랜(있
었다고) 핸게(하던데), 정심(점심)은 어떵ᄒ고(어떻게 하고), 일은 어떵
ᄒ연디(어떻게 하였니)?"
("그러니까 집 하인이 주인의 명령에 따라 논에 가서 보니까, 삯일꾼들
을 먹일 점심을 갖고 가서 보니까, 오마고 약속한 삯일꾼들은 논에 가지
도 않았고, 힘센 종 막산이 너 혼자서만 논에 있더라고 했는데, 점심은
어떻게 했고, 논일은 어떻게 했느냐?"라고 주인이 막산이에게 물었어.
구비3 김재현, 남 85세: 30쪽)

(58나) -안 보난 -고 ᄒ니 어떨 거라?: 아바지 ø 둘아완(데려와서) 보난,
아닌 것 아니라 흥상(恒常) 괴기(물고기)만 낚으단(낚던) 양지(얼굴)고,
손이 덩드렁(홍두깨 막대) 닮고 ᄒ니, 어떨 거라?
(남편이 자기 아버지를 집으로 데려와서 보니까, 아닌 게 아니라, 항상
물고기만 낚던 얼굴이고, 일하던 손이 홍두깨 막대를 닮고 하니, 며느리
의 눈에는 어떨 거야? 구비2 양구협, 남 71세: 626쪽)

(58다) -안 보난 -이라: 누이 ø 배일(밸) 때는 아방(아범)이 아들인가부댄
(아들인가 싶다고) 쇠(소) 열두 마리를 잡아 먹엿는디, 난(낳아서) 보난
(보니까) 딸이라.
(어머니가 누이를 배었을 때에 아들인가 싶어서 아버지가 소를 열두
마리씩 잡아 먹였는데, 낳아서 보니까 딸이야. 구비3 김택효, 남 85세:
381쪽)

세 분의 서로 다른 화자가 모두 '-안 보난(-아서 살펴보니까)'을 쓰고
있는데, 여기서는 모두 선행절을 배경 또는 무대로 지정해 주는 역할
을 맡고 있다. 이런 배경 또는 무대 위에서 후행절의 사건이 논의되는
것이다. 배경으로 해석될 경우에는 선행절과 후행절의 사건 주체가
동일한 사람이겠으나, 무대로 해석될 경우에는 선후행절의 사건 주체
가 다른 사람일 경우에 주어진다. (58나)의 경우에 남편이 자신의 아
버지를 집으로 모시고 왔고, 며느리가 그 시아버지를 평가하고 있는
사건을 서술해 주고 있다. 따라서 이 경우에는 선행절이 무대로서 해

석되는 것이다. 그 이외에는 모두 선후행절에 동일한 주체가 사건을 일으키고 있으므로, 선행 사건이 후행 사건에 대한 배경이 된다고 말할 수 있다. 그런데 필자에게는 사적으로 이 구문이 기대치에 관하여 역방향의 사건으로 느껴진다. 즉, 필자에게는

(59가) 「-안 보난(-아서 살펴보니까) 결과적으로 후행절의 사건이 기대와 달리」 또는
(59나) 「-안 보난(-아서 살펴보니까) 결과적으로 아니나 다를까 예상한 대로」

라는 두 가지 해독 지침이 머릿속을 맴돌고 있는 느낌이 든다. 이런 지침은 후행절이 부정적이거나 나쁜 결과를 초래할 사건이 일어남을 함의해 준다. 소위 사건의 꼬임이나 얽힘(갈등)으로 들어가는 전형적인 소설의 구성 방식(발단 → 갈등 → 해결 → 마무리)을 연상케 해 주는 것이다. 이런 측면에서 (58가, 나, 다)는 모두 설화 속 주인공의 기댓값을 위배하는 사건들이 후행절에 자리하고 있다.

그런데 만일 이때 시상 형태소를 본디 형태소로 되돌릴 경우에 '-안 보나네'는 자연스럽고 부드러운 느낌이 들지만, 잘못된 형상은 아니더라도 '-아네 보나네'는 다소 장황하다는 인상을 준다(이런 인상 때문에 화자의 언어 사용 능력이 낮다는 부정적 평가를 받을 수 있음). 오히려 다음의 화자와 같이 '-안 보니(-아서 보니)'로 접속 어미의 반복을 피한 경우가 자연스럽게 수용될 수 있다(중층성 모습의 동기임).

(60가) -안 보니: 예, 한로산(漢拏山)으로 내려오라(내려와) 가지고, 그디 앚안 보니(앉아서 살펴보니), 지형(묏자리 형세)이 좌정(坐定)홀 지형이 못 되댄 말이우다.
   (예, 한라산으로 내려와서, 그곳에 앉아서 살펴보니, 그곳 지형이 무덤을 좌정할 곳이 못 된단 말입니다. 구비1 안용인, 남 74세: 150쪽)
(60나) -안 -는고 ᄒ니까 -안 봐도 -고: 글로(그리고, 그곳으로) 내려오란

(내려와서) 어딜 내려오는고 ᄒ니까, [손으로 방향을 가리켜 주면서] 이 여기 가면 고살미(제주시 구좌읍 서김녕리 묘산악[猫山岳], 괴살뫼)라고 흔(하는) 오름(얕은 산)이 있습니다. 고살미 오란 봐도(와서 봐도) 앚일(묏자리로서 앉을) 디 살(양택으로서 거주할) 디 못 씨고(쓰겠고). (그리로 내려와서 어디를 내려오는가 하니, 여기 이 근처에 가면 고살미라고 하는 작은 산이 있습니다. 고살미에 와서 살펴봐도, 그곳이 음택도 양택도 못 쓰겠어. 구비1 안용인, 남 74세: 150쪽)

(60다) -안 보니 -앗는디 -댄 말이우다. -안 보니 -고 -안 보니 -으니: 그 나라에 공주가 삼 형제(세 자매의 뜻임) 있는디, 큰똘이 간 보니(가서 살펴보니) 몰래판(모래사장)에 곽속(槨屬, 곽 종류)이 올라 오랏는디(왔는데), 옥(玉) 퉁수(洞簫)를 불고 잇댄(있단) 말이우다. 샛똘(둘쨋딸)이 간 보니 그렇고, 족은똘도 간 보니 그러니…
(그 나라에 공주가 세 자매가 있었는데, 큰딸이 가서 살펴보니 모래판에 곽이 올라왔는데, 어떤 아이가 거기에 앉아서 옥통소를 불고 있단 말입니다. 둘째딸이 가서 살펴보니 그러하고, 작은딸도 가서 살펴보니 그러하니… 구비1 안용인, 남 74세: 148쪽)

(60가, 나, 다)는 동일한 화자가 말해 준 이야기이다. 여기서는 모두 '-안 보니(-아서 보니, -아서 살펴보니)'라는 복합 형태의 접속 어미가 각각 '앉다, 오다, 가다'의 활용에 실현되어 있다. 여기서 살펴보는 일(또는 관찰 사건)은, 곧 이어진 후행절 사건에 대하여 배경으로서의 몫을 한다. (59)에 서술해 놓았듯이, 여기에서도 사건이 꼬여 일어나는 소위 '갈등 단계'로서 역할을 한다. '-안 보니(-아서 보니까)'라는 복합 형태의 접속 어미가, 청자로 하여금 곧 무슨 사건이 벌어질지 궁금히 여기도록 만들어 놓는 것이다.

이 복합 형태의 접속 어미와 결합될 수 있는 후행절 동사는, 어떤 사건이라도 모두 다 일어날 수 있도록 보장해 주기 위해서 아무런 제약도 없다. 그뿐만 아니라 후행절의 활용 형식에도 제약이 있어선 안 됨을 이내 알 수 있다.

(61) -안 보니 -이라!: 싀수(洗手) 시기고 흐연(시키고서), 내여 놘(내 놓고)
보니 아주 기남즈(奇男子)라!
(세수를 시키고서, 새롭게 내어 놓고서 살펴보니 아주 기특하게 잘생
긴 남자야! 구비2 양구협, 남 71세: 622쪽)

(62) -안 보니까 -앖거든: 이젠 두 번찬(番次는) 들어간 보니까, 극락세곌
가 가지고, 이젠 꽃 화환을 씨고(쓰고) 좋은 옷을 입고 춤을 췄거든.
(이제는 목련 존자가 두 번째로 들어가서 살펴보니까, 그곳이 극락세
계였고, 그곳에 들어갔는데, 이제는 그곳 구성원들이 꽃 화환을 머리
에 쓰고 좋은 옷을 입고서 춤을 추고 있거든. 구비1 안용인, 남 74세:
182쪽)

(63) -안 보난 -이난 -이난 여우라: 집이(집에) 오란(와서) 보난(보니까)
정(정낭, 정살낭, 梃＋나무)[127] 늬(네) 개 굳작(곧게 세워) 낫이난(놓

---

[127] 제주에서는 흔히 집의 출입구에 세운 두 돌기둥 사이를 서너 개의 곧고 긴 나무를
가로질러 집에 아무도 없음을 나타낸다. 이를 정낭[梃＋나무]이나 정살낭[梃＋살＋나
무]로 부르며, 이를 줄여서 '정(梃, '곧고 긴 나무' 정)'이라고도 한다. '살'은 '화살, 부챗
살, 우산ㅅ살, 창ㅅ살'에서 보듯이 일부러 곧고 길게 뻗도록 가다듬은 뼈대 나무를 가리
킨다. 이 방언에서도 여느 방언 낱말들처럼 한자어가 곳곳에 깃들어 있지만(백화 낱말
만이 있는 것이 아니며, 분명히 원나라 지배 기간 동안의 차용도 있었을 듯함), 최근에
한문을 읽을 필요도 없고 그런 기회도 거의 드물기 때문에, 우리말 낱말들을 다뤄야
하는 국어학 전문가들에게조차 관련 배경지식이 아주 빈약하다. 그래서 우스꽝스럽
게 한자어를 순수 우리말이라고 엉터리로 지정하는 경우도 관찰된다.
가령, 진지는 「지대(支待)를 올리다(進)」는 한자말인데, 어휘론 책을 집필한 국어학
전공자조차 순수한 우리말이라고 서슴없이 주장하였다. '지대'는 중앙 관리가 지방에
파견될 적에 지방 관서에서 전담하던 숙식과 말(이동 수단)을 포괄하는 낱말이다. 지금
도 절간에서 '지대방'이라는 낱말이 남아 있다. 여기서 음식이 대표로 되어 진지(進支)
라는 낱말이 되었지만, 어원 의식이 사라진 지 오래다. 진(進)은 이두 표현 나으리(進賜)
에도 쓰였고, 한문에서 높임말로서 올리다(奉獻, 奉上)는 뜻으로도 쓰였다. 이는 오직
옛 사람들이 읽었던 한문 책자들을 차례대로 읽어야만 터득할 수 있을 뿐이다.
'이끼 야(也)'는 '입곁(口訣)'(글을 읽을 때 어구의 '곁'에다 붙여 놓는 토씨)이 변해
버린 것이고('비결'이란, 즉 토씨를 붙여야만 어구가 제대로 해석되기 때문임), '늘 어
(於)'(이 어조사는 '에, 에서, 에게' 및 '를'로 번역되는데, 우리말 질서와 다른 유표적
특징 '를'을 새김으로 내세웠던 듯함. 오늘날에는 처격과 대격이 교체되면서 '부분 vs.
전체' 해석을 유도되는데, "벽에 칠 하다 vs. 벽을 칠하다"는 의미 대립 방식이 밝혀졌
음)는 대격 조사 '를'이 변한 것임을 제대로 알려 줄 사람도 없는 실정이다. 가르쳐
줄 사람이 주변에 없었기 때문에, 부끄럽게도 필자는 젊은 시절에 이끼(입곁의 바뀐
말)를 태(笞)로 곡해했었다. 늘 잦은 빈도로 나온다는 뜻으로 '늘' 어(於)로 착각했었다.
핑계란 말도 빙계(憑計)에서 나왔고, 범을 가리키는 호랑이도 범 호(虎)와 승냥이 랑(狼)
의 복합어가 문헌 속에 그대로 쓰인다면, 한문에 익숙지 않은 이들이 과연 얼마나 믿을
수 있을까?
이 방언에서 영장(營葬, 장례를 지냄)이나 천리(遷禮, 무덤을 다른 곳으로 옮기는 의

례로서 遷葬之禮의 줄임말임)는 쉽게 수긍할 만하다(172쪽의 각주 48에 있는 '어염'도 그러함). 그렇지만 남을 속이려는 위선자들을 놓고서 「구능(군늉) 박아졌다」(군흉이 박혀 있다)는 말을 쓴다. 이것이 군흉(群凶, 간사스런 여러 흉계)을 소리값대로 쓴 것이라면 믿을 사람이 있을까? 이 방언에서는 거지를 '개와시'나 '동냥바치'라고 부르는데, 과연 빌어먹을 개(丐)와 바치(→ 와시, 원나라 낱말)가 결합된 것이며, 탁발승이 양식을 구하러 다닐 때에 요령을 흔들던 풍습인 동령(動鈴)과 바치가 결합된 것임을 알고 있는 경우가 얼마나 있을까? '거의 다'라는 뜻을 지닌 거진(擧盡)이, 점차 어원 의식이 사라지면서 소리값이 바뀌는데, 이 방언에서는 '거줌, 거진, 건줌'(관용적으로 필자는 어릴 적에 '거즘 다'로 썼었음)으로까지 변했다면 과연 이를 믿을 것인가? 알게 모르게 모두 다 한자 문화권 속에서 오랜 동안 생활해 오면서 자리잡은 흔적들이다. 필자가 모든 것을 한자와 결부시키려는 것은 결코 아니다. 소위 오랜 동안 이 문화권에서도 "먹물 든 이들"(식자층)이 한문을 읽어 왔고, 그들이 썼을 법한 경우를 상정할 필요가 있다는 정도를 주장하려는 것이다.

그런데 이 방언의 개관할 적에 배경지식의 결여 문제는 더욱 심각하다. 무지함으로 말미암아 제멋대로 왜곡해 놓기 때문이다. 강영봉(2007) 『제주어』(국립민속박물관: 111쪽 이하)에서는 다음처럼 잘못된 주장들을 적어 놓았다.

(ㄱ) 식게를 식가라고 주장했는데, 식가(式暇)는 고위직 관료들에게 법제에 의해서 주는 정식 휴가이다. 기제사뿐만 아니라 휴가를 여러 영역에 걸쳐 내어 주도록 되어 있었다. 그런데, 정확한 의미도 알지 못했으므로 '겨를 가(暇)'를 '임시 가(假)'로 두 번씩 잘못 적어 놓았다. 당나라 시대에는 「관리들에게 옷을 빨아 입을 기회를 준다」는 뜻으로 '빨 한(澣)'을 썼었다. 여기서 열흘을 뜻하는 '상한, 하한'이란 말이 나온 것이다. 문학적 표현이지만, 옷을 빨아 입을 수 있는 겨를(열흘 전후임)을 법식에 따라 내어 주는 일이, 제사라는 뜻과 관련될 턱도 없다. 제사는 기제사라는 말에서 알 수 있듯이, 1년 단위로 돌아오는 일이기 때문이다. 기(期, 朞)가 1년 단위로 돌아오는 바로 그 달을 가리키는 말이다.

(ㄴ) '허멩이 문서'를 「허명(許溟) 목사의 문서」라고 하면서 근거로서 김석익의 『탐라기년』에 있는 민간어원을 들이대었다. 그렇지만 가짜 문서라는 뜻을 지닌 허명(虛名)이란 낱말이 한나라 시절의 기록에 명백히 나와 있다.

(ㄷ) 간단한 문서를 가리키는 패자(牌子)를 놓고서도, 황당하게 쓸모가 없어졌다는 폐지(廢止)로 억측했다. 간략한 문서(패에 붙여 놓을 만큼 간단한 형태의 문서)가 어떻게 '폐지된다'는 말과 동등하게 취급될 수 있을지 아연할 수밖에 없다.

(ㄹ) 또한 '골총'을 고총(古塚, 오래된 무덤)이라고 주장하였다. 그렇다면 조선 때 무덤인가? 조선 때 무덤들은 지금도 잘 보존되는 경우가 아주 많으며, 필자의 집안에서는 오래된 중시조 무덤을 예장(禮葬)이라고 부른다. 심지어 고려 때의 무덤도 아주 오래 되었지만, 후손들이 계속 잘 돌보기 때문에 여전히 몇 년 전에 조성한 무덤처럼 보이는 경우도 많다(가령, 고려 전기의 고조기 무덤). 오래된 무덤이라고 모두 폐기되어 덤불숲처럼 되는 것은 결코 아니다. 이는 자손을 끊어 버리는 골용이 무성한 무덤을 가리키는 골총(荊塚)일 가능성이 높다. 좀 더 아래에서 필자의 설명을 베풀어 놓았다.

(ㅁ) 이 방언에서는 조문 가는 일을 '고렴(顧殮) 값저!'(시신의 염습 돌아보러 간다)라고 말한다. 염습(각각 주검의 사지[刅]가 '흐트러지지 않도록 다 묶는다[殮], 죽은 이가 하늘로 올라가기[殯] 전에 마지막으로 가장 좋은 옷[衤]을 '입힌다'는 뜻이며, 습은 옷을 세는 수량사로도 쓰임)은 죽은 이를 묻기 전에 실행해야 할 중요한 일이다. 주검에 옷을 몇 차례 입히면서 사지가 흐트러지지 않게 잘 묶고 나서 다시 입관과 동시에 시신이 움직이지 않도록 잘 고정시키면서 몇 겹 이불을 덮는다. 이를 각각 소렴과 대렴으로 부른다. 염습 그 자체가 죽은 이의 관이 장지로 가기 전에 이뤄져야 하는 중요한 전단계 일이었던 것이다. 이런 이유로 옛날부터 「염습하는 일을 돌아본다」는 뜻으로 '고렴'이란 말을 썼었다. 필자의 선고도 "고렴 값저!"라는 말을 곧잘 썼던 것으로 기억한다.

오늘날처럼 '조문'이나 '문상'이란 말은 거의 쓴 적이 없었던 듯하다. 이런 사실을 전혀 모른 채, 고렴이란 말이 몽골 말 '친척끼리 모이는 행사'를 가리키는 'quri'를 빌려왔고, 잔치를 가리키는 '잔채 후림'에서 이를 차용 관계를 확증할 수 있다고 주장하였다. 사람 죽은 일 및 잔치 벌이는 일은 정반대의 것이다. 오직 사람들이 모이는 것만을 빼면, 극단적으로 서로 피하고 금기시해야 할 일들에 해당한다. 어떻게 엉뚱하게도 혼인 잔치와 죽은 이를 보내는 상사가 동일할 것인가?

필자는 '식게'가 『공자 가어』의 식제(食祭) 구성을 준수하는 '식기제(食朞祭)'에서 줄어들었을 가능성이 높다고 본다(212쪽의 각주 53에서 b를 보기 바람). '허멩이'는 명백히 『자치통감』 B.C.67년 봄 3월 조항에 '거짓 문서'나 '위조 문서'를 「허명(虛名)」으로 불렀다(허명 문서가 '허멩이 문서'로 변했음). 그리고 관공서에서 발급한 간단한 문서인 '패즈(牌子)'는 통상적으로 이 방언의 제2음절에서 전설화가 일어나서 '패지, 페지'로 발음된다. 동일한 소리값 변화가 '손즈(孫子) → 손지', 그리고 양념장인 '종즈(鍾子) → 종지'에서도 그대로 관찰된다. 비록 음성 환경이 똑같지만, '차즈(次子)'와 '제즈(弟子)'에서는 '*차지, *제지'라고 말하지 않으며(582쪽의 예문 66과 665쪽의 예문 90가), 씨앗을 가리키는 '종즈(種子)'에서도 '*종지'라고 말하지 않는다(619쪽의 예문 74). 그렇다면 이는 단순한 소리 값 변화가 아니라 의미 차원에서 자식 또는 씨앗이라는 뜻을 벗어나서, 오직 도구나 작은 대상을 가리키는 기능적 접미사로 바뀐 경우에만 소리값 변화가 적용되어야 함을 보여 주는 듯하다.

691쪽의 예문 (96가)는 '골총'의 용례를 보여 준다. 필자는 아직 '골총'에 상응한 한자어가 쓰인 사례를 명시적으로 찾아내지는 못하였다. 그러나 골총에서 '골'은 자손이 끊겨 무덤이 마치 곶자왈(덤불숲)처럼 가시나무와 덩굴이 무성히 얽혀 있는 채 버려져 있다는 뜻이다(더 이상 돌보지 않고 버려진 무덤). 이런 의미에서 '자식 대를 끊게 하는 풀줄기 골(骨)'과 어우러져 있을 듯하다. 출처는 『서경』 우공에도 나오는 파총산을 놓고서, 『산해경』(권2, 서산경)에서 다음처럼 언급한 바 있다.

"有草焉, 其葉如蕙, 其本如桔梗, 黑華而不實, 名曰骨蓉, 食之使人無子"
(파총산[嶓冢山]에서 널리 자라는 풀이 있다. 이파리가 난초의 일종인 혜초와 같고, 그 밑동 줄기는 질경이와 같다. 검은 꽃이 피지만 열매는 맺지 않는다. 이를 '골용'이라고 부른다. 사람들에게 이를 먹이면 자식이 끊기게 된다)

여기서 '자식이 끊긴다'는 표현이 이 방언의 용법과 의미상 서로 일치한다. 특히 이 방언에서는 「소분 즈손(掃墳子孫)」이란 낱말을 쓴다. 조상 무덤을 돌보기 위한 남자 자손이란 뜻이다. 다만, 다른 점은 골용이 고유한 식물명이므로, 제주도에서 자라는 식물들 중에 과연 '골용'이 있을지 여부이다. 이를 판정할 만한 지식이 필자에게는 전무하다. 그렇지만 상징적으로 「골용이란 풀이 나는 무덤(骨塚)」이란 뜻이, 버려진 그 무덤에 「골용과 같이 자식을 끊게 만드는 풀이 무성히 자라고 있다」는 정도의 해석을 보장해 준다. 이런 측면에서 필자로서는 골총에 대한 가장 그럴 듯한 어원 후보로 내세울 만하다.

어원 풀이에서 무책임하게 사실을 왜곡시키고 농단하는 문제를 과연 해결할 수 있을까? 그런 일이 가능하다면 어떤 길이 있을까? 어원 풀이를 자연스러운 활동이며, 일반 사람들에게 항상 궁금증을 불러일으키므로, 이런 일을 인위적으로 아무도 막을 수 없다. 그렇지만 학문적 접근에서는 그런 풀이를 자의적으로 아무렇게나 봐 둘 것이 아니라, 여러 가지 가능한 선택 후보들 중에서 배제할 것들을 골라냄으로써(소거법을 적용함), 그 가능성을 높여가는 일이 필요하다. 이는 근년까지도 우리 문화에 많은 영향력을 끼쳐 온 한문 문화를 제대로 익히는 일이 그 가능성을 높이는 첫 단추이다. 그렇다면 국어학자 스스로 한문 공부를 장기간 꾸준히 해 나가거나, 아니면 젊은 분들이 그런 공부를 계속 해 나갈 수 있도록 제도적으로 보장하는 길밖에 없다. 후자는 현재 달성하

왔으니까) … 정 안네(정낭 안쪽 마당에) 가난(가니까), 사능캐(사냥
개) 두 개가 잇단(있다가), 「확확~」(급한 동작을 가리키는 의태어) 클
런(몸을 묶은 끈을 풀어서) 내 부난(내 버리니까, 내 버리자), 이젠,
그자(그저 마구) [여우한테] 돌려들멍(달려들며서) 물어 잦히난(젖히
니까) 여우라.
(한밤중에 집에 도착해서 살펴보니까, 대문 역할을 하는 정살나무가
곧게 세워져 있으므로, 굳이 말에서 내릴 필요도 없이 그대로 집안
마당으로 들어가니까, 집을 지키던 사냥개를 두 마리 있다가, 이좌수
가 자신의 몸과 변신한 여인을 함께 묶어 둔 끈을 급히 풀자마자, 이
제는 개들이 마구 그 여인에게 달려들면서 물어 젖혔는데, 나중에 살
펴보니까 본색이 여우야. 구비3 김재현, 남 85세: 51쪽)

여기서는 이 복합 형태의 접속 어미가 '-안 보난, -안 보니, -안 보니까
(-아서 살펴보니)'와 같이 「중층성」을 보이는 사실을 잘 보여 준다. 이것
이 있는 그대로의 언어 사실이다. 이것을 모두 '-으난'으로 써 놓을
수는 없다. 그렇다면 담화 전개 전략을 전혀 모르는 기계적인 로보트

기 쉽지 않다. 따라서 전자의 길이 개인적으로 실천할 만한 확실한 선택지이다. 필자의
경험으로는 이런 일이 적어도 20년 이상 더 걸리며, 「자기 자신과의 갈등을 이겨내야
하는 참으로 지루하고도 힘든 고난의 길」이다.
　한참 늦었으나 필자는 개인적으로 「스스로 바스락거려야 함」을 깨닫고서, 십 수년
전에 꾸준히 경상대 한문학과 동료 교수들의 한문 경전과 역사 서적 강독에 적극 참여
해 왔다. 고마운 뜻을 같이 적어 둔다. 이상필 교수의 『춘추좌전』과 『주역 전의 대전』의
강독에서 진나라 이전의 한문(선진 한문)이 언제나 한 글자씩 독립시켜 새겨야 함을
터득할 수 있었다. 허권수 교수의 『자치통감』 강독에서 부지불식간에 쓰는 다수의 한
자어들을 직접 접할 수 있었다(한심, 물고, 부락, 복도, 종용[조용, 상대의 뜻을 따라
그대로 다 받아들임], 장승, 귀향, 창피, 문법, 사표 따위). 또한 귀화한 남흉노 왕에게
내린 김(金)씨 성의 유래도 잘 알 수 있었다(『삼국유사』의 '알지' 따위도 흉노 날말임).
유감없이 창작성이 발휘된 『춘추좌전』은 4권으로 된 양백준 주석본이 나와 있고, 모택
동이 즐겨 읽었었다는 『자치통감』은 20권으로 된 용조조·고힐강 등이 표점을 찍은 책
이 발간되어 있다. 아주 다행스럽게도, 옛날 독서 범위는 제한되어 있고, 단계별로 점차
적으로 수행되었다. 그렇기 때문에 광막하게 열려 있는 현대 학문과는 판이하게, 누구
이든지 간에 만일 돈독하게 뜻을 낸다면, 충실히 옛사람들의 기본적인 독서 범위들을
따라갈 수 있다. 더구나 청나라 때에 완원(1764~1849) 등에 의해 교정되어 나온 『13경
주소』가, 모두 자세히 표점이 찍히어 26책의 총서로 발간되어 있다. 또한 「동양고전
종합DB」에 그 주소본 중에서 일부의 번역이 올라와 있어서(http://db.cyberseodang.or.
kr), 돈독한 뜻을 품은 이들이 힘을 얻을 수 있다.

언어가 되었을 것이다. 그뿐만 아니라 후행절에서 명령형 서법이나 시상 형태소를 지닌 종결 모습이나, 계속 수의적으로 접속 어미 '-으난 (-으니까)'이 이어지는 모습도 잘 보여 준다. 이는 비록 유표적으로 구성된 선행절의 복합 형식의 접속 어미이지만, 후행절에 아무런 제약도 부과하지 않는 모습을 잘 보여 주는 실제 사례이다. 이 형태와 결합된 동사가 선행절에 각각 '내어 놓다, 들어가다, 집에 오다'이고, 뒤에 나오는 후행절의 동사를 보면, 각각 '기이한 남자이다, 춤 추다, 놓다'이다. 이들 동사를 선택하는 데에 어떤 제약도 들어 있지 않은 것이다.

그런데 다음 (63)과 (64)에서는 '-앙 보다'와 '-아 보다'를 관찰할 수 있다. 전자에서는 짝을 이룬 접속 어미 형태를 확인할 수 있다. 그러나 '-아 보다'의 경우에는 이것이 고유한 것인지, 아니면 '-앙 보다 vs. -안 보다'와 관련된 것인지를 따져볼 필요가 있다.

> (64) -앙 보면은 -을 거라: "그 집인(집에는) 강(가서) 보면은 월계(月溪) 진좌순(秦國泰[1680~1745] 유향 좌수는) 못 만날 거고, 그 무슨 대소상(大小祥) 출렀일 거라"고.
> (월계 진좌수가 이미 죽어 버렸으므로, "그 집에 가서 보면은, 죽은 사람인 월계 진좌수는 만나지 못할 것이고, 대신 그 무슨 대소상을 차리고 있을 것이다."고 대답했어. 구비2 양구협, 남 71세: 616쪽)
>
> (65) -아 보니 -앗댄 말이어: 할망(할멈)이 가 보니 이제는 ᄌ기(自己) 쇠(소) 잡아먹은 건 좋주마는(좋지마는), 남의 쇠ᄁ지(소까지) 심어다가 (잡아다가) 가죽 벳겨(벗겨) 가지고 구언(구어서) 먹어 불엇댄(버렸단) 말이어.
> (할멈[백주부인]이 새참을 갖고서 할아범이 일하는 밭에 가서 보니, 할아범이 하도 배가 고팠는지, 이제는 자기 소를 잡아먹은 것은 괜찮다고 하더라도, 남의 소까지도 잡아다가 가죽을 벗겨서 불에 구워서 다 먹어 버렸단 말이야. 구비1 안용인, 남 74세: 147쪽)

앞에서 살핀 '-안 보난(-아서 보니까)' 용법과는 다르게, (64)에서는 조건문의 접속 어미를 지녀 '-앙 보면(-아서 보면)'으로 실현되어 있다. 선행절이 가리키는 사건은, 아버지 병을 고치기 위한 약방문을 받으려고, 당시 명의로 소문이 났던 진좌수를 집으로 찾아가는 일이다. 이 사건은 채 끝나지 않은 것이다. 인용된 대목은 사실 진좌수의 혼령과 그를 찾아가는 길손이 중간 길에서 서로 만나 나누는 대화 부분이다. 길손은 아버지 약 처방을 위해 진좌수가 죽은 줄도 모른 채, 그냥 진좌수의 집을 찾아가고 있는 것이다. 이 점이 [-종결점]을 나타내 주는 접속 어미 '-앙'에 의해 가리켜지고 있다.

그런데 (65)에서는 소위 부사형 어미 '-아'(본고에서는 이를 '내포문 어미'로 규정함)를 이용한 '-아 보니(-아서 살펴보니)'로 채록되어 있다. 이것이 만일 채록자의 오류이거나 발화자의 말 실수가 아니라면, 매우 특이하게도 아무런 시상 요소를 매개로 하지 않은 채 '-아 보다'라는 모습을 보여 준다. 일단 이를 놓고서 두 가지 처리 방식을 상정할 수 있다. 하나는 고유한 것으로 보는 일이고, 다른 하나는 접속 형태소로부터 도출된 것으로 보는 일이다. 후자의 경우라면, 접속 형태소가 마치 하나의 형태소처럼 굳어지는 중간 단계로 평가할 수도 있을 법하다. 이 책에서는 이른바 부사형 어미 '-아'에 의해 이끌리는 내포 구문으로 간주하고 있다(827쪽 이하 참고). 따라서 이 경우에 '-안 보니'로도 또는 '-앙 보니'로도 바꿀 수 없는 고유한 형상이 된다. 이것들은 서로 복합 사건을 놓고서 각자 다른 해석을 지니게 된다. 비록 내포문 어미도 또한 접속 어미처럼 양태 범주에 속하지만(905쪽 참고), 사건을 표상하는 방법이 서로 다르다. 접속 어미 구문은 별개의 두 사건을 접속해 주는 것이다. 필자는 '그런 뒤, 그런 다음'이라는 부사를 덧붙일 수 있다고 본다. 그렇지만 내포 어미 구문은 단일한 하나의 사건을 표상해 주는데, 가능세계에 있는 사건이다. 단일한 사건이 두 개의 동사에 의해 표상되는 일은 그 사건의 내부 또는 속내를 지정해 주는 일에 다름 아니다. 접속 어미는 모든 가능세계에서 범위가 더욱 좁혀진 구체적 현실세계를 대상으로 하여, 관찰 가능한 사건인지를 표상해 준다. 이와는 달리 내포 어미는 오직 가능세계에 있는 사건 전개에 대한 표상만을 드러내어 줄 뿐이다. 우리말은 후핵성의 매개인자를 따라 더 뒤에 나오는 요소가 핵어의 속성을 지닌다. 그렇다면 '-아 보다'에서 소위 보조동사로 서술된 요소가 핵어이며(내포문을 투영하는 핵어), 그 의미는 시각적 과정이 아니라 판단과 평가라는 속성을 띠게 된다.

(65)에서 후행절에 나온 시상 선어말 어미 '-앗-'은, 복합 구문의 시상 및 양태 해석을 위한 (17)의 지배 조건에 따라, 결국은 모든 절에 대한 시상 해석을 다 [+종결점]을 지닌 사건으로 표상해 준다. 그 결과로서, 전체 담화는 과거에 이미 다 일어났고 끝나 버린 일련의 사건임을 알 수 있게 해 준다. 다시 말하여, '-아 보다'가 가능세계의 사건을 표상하더라도, 상위 차원의 후행절에 나온 시상 선어말 어미에 지배를 받음으로써, 일관되게 현실세계에 있는 복합 사건으로 해석이 부여되는 것이다. 이런 모습은, 바로 다음에 다룰 내포 어미를 지닌 '-아 잇다(-아 있다)' 구문의 경우에도 평행하게 접속 어미를 띤 '-안 잇다 vs. -앙 잇다(-아서 있다)'가 관찰된다. 그렇다면 이전에 전혀 주목받지 못했더라도 이것들이 다 함께 고려되면서 신중하게 다뤄져야할 것이다. 여기서는 일단 내포 구문의 어미 '-아'와 접속 구문의 어미 '-안 vs. -앙'이 비슷한 환경에서 관찰되더라도, 따로 기본표상이 설정되어야 함('-아 보다'는 내포 구문임)만을 지적해 둔다.

다음으로 시상의 대립쌍인 '-안 vs. -앙' 접속 어미가 상태 지속을 나타내는 '잇다'와 복합 구성체를 이룬 사례를 살펴보기로 한다. 모두 『구비1』에 있는 동일한 화자의 사례들이다. 먼저 시상에서 일치가 뚜렷이 나타나는 '-안 잇다'를 살펴보기로 한다.

(66) -안 잇는디 -앗어. -으니까 -아 가지고 -앙 -겟읍니다 ᄒᆞ니 -앙 -으라곤: 「아이고 이거, 우리 어머니는 저싱(저승)ø 가면은 금수지옥(禽獸地獄)으로 들어갈 거이다」ø ᄒᆞᆫ 것을 「딱~」(의태어, 정확히) 알안

잇는디, 어머니가 돌아갓어. 돌아가니 이제는 석가모니 ø 제일 제즈(第一弟子)니까, 이제 가서 석가모니에게 가 가지고, "어머니를 ᄒᆞᆫ 번 가서 베영(뵙고서) 오겟읍니다." ø ᄒᆞ니, "강(가서) 베영 오라!"곤.
(목련 존자가 생각하기를 「아이고 이거 큰일이다, 우리 어머니는 저승에 가면은 짐승들만 있는 금수지옥에 들어갈 것이다」라는 점을 잘 알고 있었는데, 어머니가 그만 돌아가셨어. 돌아가시니, 이제는 목련 존자가 석가모니의 제일 제자이니까, 이제 가서, 석가모니에게 가서, "어머니를 한 번 저승에 가서 뵙고 오겠습니다."라고 말하자, "가서 뵙고 오너라!"고 대답했어. 구비1 안용인, 남 74세: 180쪽)

(67) -안 잇다가 -앗어: 목욕을 ᄒᆞ니, 홀 때는 곱안 잇다가(숨어 있다가) 옷을 곱져(숨겨) 불엇어(버렸어).
(선녀들이 백록담에 내려와서 목욕을 하니, 토정 선생은 선녀들이 목욕을 하는 동안 숨어 있다가, 몰래 선녀 옷을 감춰 버렸어. 구비1 안용인, 남 74세: 186쪽)

여기서 관찰되는 '알안 잇다(알고 있다, 또는 알아서 있다)'와 '곱안 잇다(숨어 있다, 또는 숨어서 있다)'의 사례는 공통어의 형식과 대조할 때 차이가 난다. 이 방언에서는 접속 구문의 형상을 보여 주고 있지만, 이와는 달리 공통어에서는 내포문 구성으로 실현되고 있는 것이다. 그 구성 또한 하위로 다시 나뉜다. 아마도 동사의 의미자질 때문에 내포 구문의 어미 형태소가 '-고 vs. -아'처럼 구분이 되는 듯하다. '알다'는 순간에 상태가 바뀌는 경우(순간점을 중심으로 한 인지 상태의 변화)이지만, '숨다'는 어느 정도 시간 폭이 깃들어 있는 사건(시폭 진행의 사건)을 가리킨다. 순간점에 따른 변화를 가리키는 이런 상태는, 그 상태가 순간적으로 끝난 시점에서만 바뀐 상태 그대로 지속될 수 있다. 필자는 이런 순간점을 중심으로 한 인지 상태 변화의 부류(깨닫다, 보다, 여기다, 생각하다, [모르다] 따위)가 '-고 있다'라는 구문을 구현하는 것으로 파악한다. 만일 알아야 할 대상이 광범위하게 아주 많다면, 따라서 그 범위의 대상들을 모두 다 알게 되는 시점이 시폭을 지니어 멀리 떨어져 있다면, 필자의 직관으로는 점점 잘 '알아 가고 있다'라고 말할 수 있을 듯하다(알다 vs. 알아 가다).

그렇지만 이 방언에서는 그런 동사 의미자질에 대한 구분을 하지 않은 채, 모두 일관되게 '-안(-아서)'으로만 실현되어 있다. 여기서 접속 어미 형태소를 지닌 복합 구성 형식의 '잇다(있다)'는 존재사로서의 의미보다는 오히려 선행하는 사건이 지속되는 상태를 가리킨다는 점에서, 양태 범주의 역할(관련 사건의 지속성을 표상함)을 떠맡고 있다. 이는 소위 보조동사(이 책에서는 내포 구문을 투영하는 핵어 동사) 구문에서 찾아지는 '있다'와 같은 부류에 속하는 것이다.

일단 (66, 67)에서는 이 방언에서 접속 구문의 어미 '-안(-아서)'으로 구현된 사례가, 공통어에서는 내포 구문의 어미 '-아 vs. -고'로 쓰임을 주목해 둘 필요가 있다. 그럼에도 바로 이어진 동사가 선행 사건의 지속성을 표시해 주는 '잇다(있다)'라는 점에서, 공통성을 공유하고 있다. 이것이 중요한 언어 사실로서 주목받을 필요가 있다. 임의의 구문을 투영하는 핵어가 공통적이라면, 그 핵어가 투영하는 논항의 위치에 결국 내포 구문의 어미 형태소 '-아 vs. -고'뿐만 아니라, 또한 접속 구문의 어미 형태소 '-안(-아서)'도 허용되는 방식을 상정해야 하기 때문이다. 물론 905쪽 이하에서는 접속 구문의 어미와 내포 구문의 어미가 공통적으로 양태 범주에 속한다고 논의하지만, 세부적으로 서로 그 기능상 차이가 있음도 상정하고 있다. 접속 구문은 일련의 사건 발생이 순차적일 경우에 두 가지 사건이 '그 뒤에, 그런 다음에'이라는 수의적인 부사를 동반할 수 있는 것이다. 두 가지 사건이 각각 관찰될 수 있는 것이다. 이런 점에서 '있다'는 공범주 논항으로 대명사(empty pronoun) 'e'가 상정되고, 소리값이 없는 이 대명사(pro)는 「해당 사건의 상태」를 가리켜 준다고 볼 수 있다. 즉,

'[… -안]$_i$ pro$_i$ 있다'

와 같이 표상해 볼 만하다. 이는 공범주 대명사의 남발로 비판될 소지가 있다(이례적인 표상 방식임). 필자는 이런 압력이 공통어에서와 같이 내포 구문의 표상으로 바꾸는 계기가 될 수 있을 것으로 본다. 다시 말하여, 내포 구문을 투영하는 핵어가 공통적인데, 그 논항 속에 하나는 접속 어미 형태소로, 다른 하나는 내포 구문의 형태소로 구현되어 있다면, 후자 쪽으로만 선택되는 것이 일관된 것이다. 공통어에서는 내포 구문의 형상만(-아 있다 vs. -고 있다)을 보여 준다. 그렇지만 이 방언에서는 내포 구문의 형상(589쪽의 예문 70을 보기 바람) 및 접속 구문의 형상도 모두 다 함께 보여 준다. 이 두 가지 선택지 중에서 접속 어미 형태소로 실현되는 모습이 유표적이라는 측면에서, 이런 유표성을 전형적인 모습으로 바꾸어 놓으려는 통일성 또는 일관성의 압력이 주어지지 않을까 의심해 본다. 그런 압력은 문법 형태소의 선택에 변화까지 일으켜서, 장차 공통어에서와 같은 내포 구문의 형상으로만 고정될 것이 아닐까 예측해 보는 것이다(사실상 이는 또한 이 책에서 접속 구문이 결국 내포 구문의 형상 속으로 편입된다고 보는 필자의 작업 가정에 기반하고 있음).

그렇지만 비록 두 개의 동사를 쓰고 있지만, 접속 구문의 표상과는 달리, 내포 구문에서는 오직 하나의 사건만이 표상될 뿐이다. 이는 단일한 사건만을 관찰할 수 있는 것이다. 두 개의 동사 중에서, 하나(이른바 '보조동사')는 가능세계에서 해당 사건의 내적 구조(내부에서의 전개 모습)를 개관해 줄 뿐이다. 여기서는 유표적인 공범주 형태소를 도입할 필요도 없다. 그대로 내포 구문이 가능세계에서 일어날 수 있는 단일한 하나의 사건인 것이다. 이 사건이 내포 구문을 투영하는 핵어 동사 '잇다(있다)'에 의해서 해당 사건에 대한 양태성이 표시되고 있는 것이다. 이런 측면에서, 접속 구문의 형상을 보여 주고 있는 이 방언의 자료는, 통일성 또는 일관성(내포 구문 형상의 일관성)을 결여하고 있다는 점에서, 문법 변화의 앞 단계를 드러내어 주는 것으로 간주할 수 있다.

그런데, '-안 잇다(-아서 있다)'의 형상은 다음 사례에서 보듯이 시상 및 양태에서 대립하는 짝인 '-앙 잇다(-아서 있다)'로도 실현됨을 관찰할 수 있다. 이는 「여전히 규칙성이 유지되고 있음」을 깨닫게 해 준다. 더욱이 589쪽 (70)의 사례는 소위 부사형 어미 구문(본고에서는 내포 구문으로 규정함)의 모습인 '-아 있다'로도 실현됨이 엄연한 언어 사실이다. 내포 구문의 모습과 접속 구문의 모습이 결과적으로 동일한 사건을 표상해 주는 사례이다. 필자로서는 이를 문법 변화가 일어날 수 있는 예비 단계의 상태로 파악하고 있으며, 이런 두 가지 선택지가 아주 특이하게 느껴진다.

> (68) -앙 잇이라!: 그 신부가 "가마를 내리왕(내려두고서) 잇이라!(있으라!)"고 허여 두고, 허허!
> (그 신부가 신행길에서 가마를 타고 가다가, 가마를 든 하인들에게 "가마를 멈추고서 바닥에 내려놓고 있으라!"고 해 두었어, 허허! 구비 1 안용인, 남 74세: 209쪽)

(68)에서는 '내리다'에 사역 접사가 덧붙어 '내리우다'가 나왔고[128] 뒤따르는 동사 '잇다(있다)'에는 명령 서법의 종결 어미 '-이라'(어간 모음에

---

128) '내리다'는 자동사로 쓰여서 "철수가 내리다, 비가 내리다"처럼 구현된다. 그렇지만 '내리우다'는 "나를 내리우라!"처럼 발화된다. 이는 "나를 내리도록 해 달라"는 뜻이 된다. 이때 '우'는 그런 결과 상태에까지 이르는 작용 또는 힘을 나타내어 준다. 나이가 든 사람들에게서는 관용적으로

「날 내리와 도라!」(나를 내리도록 해 달라!)

는 표현이 자주 관찰된다. 가마는 가마꾼들에 의해서 들린 상태에서 바닥으로 내려진 상태로 만들 수 있다. 두 가지 상태가 이어지는 모습을 '우'라는 사역 접미사가 표시하고 있다. 만일 행동을 촉발하는 의도까지 고려한다면, 또한 "내가 내리고 싶으니, 가마를 내리우라!"라고 말할 수 있는 것이다. 좀 특이하게 느껴질 수도 있겠지만, 모든 사건이 자유의지를 지닌 사람들에 의해서 일어나는 것이므로, 가마를 타고 있는 분의 의도가 행동을 일으키는 매개 주체로서 가마꾼들에게까지 전달됨으로써, 다른 변수가 없는 한, 시작점에 있는 본디 그 의도(가마에서 내리려는 의지)가 스스로 타고 있는 가마를 조정할 수 있는 것이다. 공통어에서는 사역과 피동의 모습이 때로 동일한 접미사에 의해서 표상될 수 있지만, 이 방언에서는 자동적으로 일어나는 변화나 결과 상태를 가리킬 수 있는 '-아 지다' 구문을 써서 "내리와지다"(내려진 상태에 이르다: 내리+우+-아 지다)로 말하게 된다. 아마 낱말 파생 방식도 이 방언에서만 작동하는 모습이 충분히 비중 있게 다뤄져야 할 것이다.

동화된 '-으라'의 전설 모음화임)가 실현되어 있다. 이런 환경에서는 '내리다, 내리우다'라는 관련 사건의 시상은, 후행절에 나온 명령형 어미 '-이라(-으라)'에 의해 지배됨으로써, '-앙'이 지닌 [±시작점]의 의미자질 중에서 전체적인 관련 사건이 아직 시작되지 않았음을 표상하게 되므로, [-시작점]으로 동화(일치)됨을 알 수 있다. (68)을 공통어로 옮길 경우에, 이 방언의 '-앙 잇다(-아서 있다)'는 내포 구문의 형상 '-고 있다, -고서 있다'에 대응할 수 있다. 해당 낱말도 '내리우다'가 '내려두다, 내려놓다'로 바뀌어야 할 것이다. 그렇다면 앞에서 보았던 '알다, 깨닫다, 여기다, 보다, [모르다]'에서와 같은 구문을 구현하고 있음을 알 수 있다. '내려두다, 내려놓다'는 동사는 "모자를 쓰고 있다"라는 낱말처럼 중의성을 띤다. 이런 중의성이 처음 양인석(1978) "Pragmatics of Going-Coming Compound Verbs in Korean"(김진우 엮음, 『Papers in Korean Linguistics』, Hornbeam Press)에서 지적된 바 있다. 첫째, 시폭이 있는 진행 과정을 가리킬 수도 있다. 내려두려는 의도로부터 내려둔 상태에 이르기까지를 가리킬 수 있는 것이다. 이는 "아주 천천히 모자를 쓰고 있다"와 같이 부사를 동반하여 표현될 수 있다. 그렇지만 또한 특정한 순간 시점에서 상태 변화가 일어났음도 가리킬 수 있다. 이는 "집안에서도 모자를 계속 쓰고 있다"라는 표현으로 알 수 있다. 모자를 쓴 결과 상태가 지속되는 것이다. 그렇다면 "내려놓다, 내려두다"가 지닐 수 있는 중의적인 해석 중에서, 아마 일정한 폭이 있어서 사건의 시작점과 종결점 사이에 일정한 과정이 진행되는 사건으로 파악한 것이 아니라, 오히려 특정 시점에 상태가 순식간에 바뀐다고 보기 때문에, '-고 있다, -고서 있다'로 번역되는 것으로 설명될 법하다.

(69) -앙 잇어라! -안 잇이니 -는 거라: 이제는 그 도깨비가 와서 말ᄒ기를 "아무 방향으로 창고를 짓엉(지어서) 잇어라!" 창고, 창고! 창골(창고를) 짓언(지어서) 잇이니, ᄒ 메칠(며칠) 후에는 창고에 물건을 ᄀ득ᄀ득 앗아당(가져다가) 막 쌔여(쌓이어, 쌓아) 부는(버리는) 거라, 도깨

비 놈이, 허허허허!

(이제는 그 도깨비가 와서 말하기를, "아무 방향으로 창고를 지어 두고 있어라!" 창고, 창고! 창고를 지어 두고 있으니, 한 며칠 뒤에는 그 창고에 물건을 가득가득 다른 곳에서 가져다가 막 쌓이도록 해 버리는 것이야, 도깨비 놈이, 허허허허! 구비1 안용인, 남 74세: 174쪽)

(69)에서는 이런 측면이 두드러지게 잘 드러나 있다. 첫째 문장에서는 현장을 공유한 당사자에게 명령을 하는 것이다. 그러므로 [±시작점]의 의미자질을 지닌 접속 어미를 써서 '-앙 잇어라(-아서 있어라)'라고 말한다. 여기서 '-어라'는 두 개의 종결 어미가 융합되어 있는 것이다. 먼저 어조만 달리 하면서 여러 서법에 두루 쓰일 수 있는 반말투의 종결 어미 '-아'가 있고, 여기에 다시 고유한 명령·감탄 서법에서 쓰이는 종결 어미가 융합되면서 '-어+-으라'가 마치 단일한 하나의 종결 어미처럼 되어 '-어라'로 쓰이고 있는 것이다.129) 그렇지만 다시 창고를 짓는 일이 다 끝난 상태를 가리키기 위하여, 두 번째 문장에서는 '-안 잇이니(-아서 있으니)'로 시상자질이 바뀌어 있음을 관찰할 수 있

---

129) 이 방언에서도 공통어와 마찬가지로 반말투의 종결 어미 '-아'(모음조화 형태 '-어')가 그대로 쓰이고 있음은 김지홍(2014)『제주 방언의 통사 기술과 설명: 기본구문의 기능 범주 분석』(경진출판)에서 처음 밝혀졌다. 필자의 이런 주장이 사실이라면 이전까지 이 방언의 통사 연구에서는 관련 형태소들의 체계를 엄격히 찾아내어 확정하는 초보 단계도 충실히 이뤄지지 않았음을 뜻한다. 이는 이전의 통사 관련 연구를 덥석 받아들여서는 안 된다는 사실을 시사해 주는 매우 심각한 결함이다. 그런 분석이 오류로 귀결될 수밖에 없었던 이유는, 이전에 이 방언의 시상 형태소를 잘못 분석하였기 때문이며, 결과적으로 선어말 어미와 종결 어미에 대한 체계적 결합을 밝혀낼 수 없었던 것이다 (119쪽의 각주 42를 보기 바람). 어조만을 달리하여 여러 서법에 두루 쓰이는 반말투 종결 어미 '-아'의 존재는 이 방언에서 또다른 중요한 몫을 맡고 있다. 이 어미는 특히 다시 종결 어미가 덧붙어서 융합된 형식을 만드는 데에 중요한 역할을 하는 것이다. 융합된 복합 형식의 종결 어미 '-아라'는 최소한 두 가지 형상으로부터 나오는 듯하다. 먼저 전체적으로 해당 문장의 서법을 결정한 뒤에, 결과적으로 어떻게 분석되어야 할지를 결정해야 한다. 하나는 반말투 종결 어미 '-아'에 감탄이나 명령 서법에서만 쓰이는 종결 어미 '-으라'가 융합된 것이다. 다른 하나는 반말투 종결 어미 '-아'에 계사가 반말투로 활용하는 '이라'에서 어간이 생략된 채 덧붙은 융합 형식이다. 이에 대한 자세한 논의는 김지홍(2014: 제2장의 3절 및 제3장 4절)과 김지홍(2017, 영문) "제주 방언의 비전형적 종결 어미 체계에 대하여"(『방언학』제26호: 248쪽의 〈표 6〉)를 읽어 보기 바란다.

다. 단, 여기서 '-이니(-으니)'는 '-으니까'의 첫 모음이 전설 모음으로 바뀐 것인데, '있다'의 어간 형태소에 동화된 결과임을 알 수 있다. 담화 속의 사건 전개의 흐름에서 분명히 이 이야기를 말해 주고 있는 이 화자는, 창고를 짓는 사건이 다 끝났음을 확실히 인식하고 나서, 앞선 문장(또는 발화)에서 표상되었던 시상 구별 접속 어미를 '-앙(-아서)'으로부터 '-안(-아서)'으로 바꿔 쓰고 있음을 관찰할 수 있다. 공통어의 번역에서는 이 방언의 이런 시상 구분이 전혀 반영되어 있지 않다. '-아서'라는 형태소가 시상과 무관하게 중립적 형상을 띤다. 오직 선행절과 후행절의 접속 관계만을 나타내어 주기 때문이다. 다음 사례에서는 유사한 부류의 사건이, 내포 구문의 어미로 실현되고 있음을 본다.

(70) -아 잇언²: 유서(遺書) 모양으로 딱(의태어, 확실히) 맹글아(만들어) 놔 가지고 가져 잇언².
(유서처럼 딱 만들어 놓고서, 갖고 있었어. 구비1 안용인, 남 74세: 154쪽)

(70)은 (66)~(69)를 말했던 동일한 화자의 발화 사례이다. 다시 말하여, 이 화자의 머릿속에서는 접속 어미 구문의 형상도 생산적 규칙으로 들어 있고, 내포 어미 구문의 형상도 생산적으로 들어 있다고 볼 수 있는 것이다. (70)에서 '가져 잇다(갖고 있다)'는 소위 부사형 어미 '-아 있다' 구문(이 책에서는 내포 어미 구문)의 모습을 취하고 있다. 필자의 직관으로만 판단할 경우에, (70)은 (66)~(69)의 사례에서와 같이 '가젼 잇다'(공통어에서는 '*가져서 있다'는 불가능하며, 오직 '갖고 있다'라고만 말해야 함)라고 말해도 충분히 받아들일 수 있을 것으로 본다. 만일 '가져 잇다(갖고 있다)'를 '가젼 잇다(갖고서 있다)'로 교체할 수 있다면, 먼저 이것들이 수의적 교체 관계인지를 따져 봐야 한다. 또한 만일 수의적 교체가 아니라면, 두 구문의 형상이 어떻게 다른 내용을 표상하는지를 논의해야 한다. 그렇지 않고 수의적 교체라고 본다면, 여기

에 있는 '가져 잇다'는 접속 구문의 형상으로부터 줄어들거나 탈락된 모습으로 지정할 수 있을 것이다. 우리말을 다룰 경우에, 임의로 늘여 나가는 일은, 만일 선택지의 범위를 엄격히 제약하는 일이 불가능할 경우에는 자의성의 결과를 배제하지 못하기 때문에, 반대 방향의 변화만 허용하는 일이 일반적이다.

그렇지만 앞에서도 지적하였듯이, 엄연히 이 방언의 언어 사실로서 접속 구문의 어미를 지니고 있는 구문도, 언제나 내포 구문의 어미로도 실현됨이 관찰된다. 다시 말하여, 접속 구문의 어미 '-안 vs. -앙(-아서)'을 지닌 구성

「-안 보다 vs. -앙 보다」, 「-안 있다 vs. -앙 잇다」

가 모두 부사형 어미 구문(이 책에서는 내포 어미 구문)의 구성으로도 나오고 있는 것이다.

「-아 보다」, 「-아 잇다」

여기에 제시한 사례는 일부러 동일한 화자의 발화들을 이용하였다. 접속 어미 구성과 내포 어미 구성이 모두 생산적으로 쓰이고 있음을 보여 주고자 하였기 때문이다. 단, 이른바 부사형 어미(-아, -게, -지, -고) 구문을 이 책에서는 내포 구문 형식을 요구하는 양태 표현 동사의 투영으로 간주한다(상위범주의 개념으로 「가능세계에서 상정되는 사건의 존재 및 그 전개에 대한 개관」을 보여 주는데, 381쪽의 〈표7〉과 774쪽의 각주 151을 보기 바람). 이런 두 가지 형식이 의미 차이가 현격히 나는지 여부에서도, 연구자의 관점에 따라서 다른 판단을 내릴 듯하다. 달리 말하여, 「같다, 다르다」의 두 가지 선택지만을 상정할 수도 있지만, 이 책에서 주장하는 바와 같이 「같지만 차이가 있다」고 판단할 수도 있다(외연의미 및 내포의미의 값들임).

필자는 905쪽 이하에서 접속 구문의 어미와 내포 구문의 어미가 모두 양태 범주에 속한다고 논의할 것이다. 어미들의 범주 귀속에서는 동일한 것이다. 더욱이 여기서 다뤄지고 있는 소위 보조동사 '보다, 있다'들이 모두 가능세계에서 사건의 전개 모습을 가리켜 준다는 점에서, 또한 양태 속성의 동사로 지정될 수 있다는 점에서도 공통적이다(어미 및 동사가 서로 동질의 속성을 공유하고 있음). 이런 공통적 기반 위에서는 접속 구문의 어미를 지닌 형상으로부터 내포 구문의 어미를 지닌 형상이 도출될 수 있는지를 다뤄나갈 수 있다.

그렇지만 필자는 이런 도출 관계가 불가능하다고 본다. 첫째, 기능 범주의 핵어가 논항구조를 투영하는 접속 구문 및 어휘범주의 핵어가 논항구조를 투영하는 내포 구문 사이에서는 사건을 표상하는 방식에서 서로 다르기 때문이다(초기 표상이 서로 다름). 둘째, 접속 구문이 표상하는 사건의 모습 및 내포 구문이 표상하는 사건의 모습이 서로 다르다. 셋째, 이 책에서 처음 주장하듯이, 만일 이 방언에서 '-안 vs. -앙(-아서)'의 형태소가 다시 다른 접속 구문의 어미들의 융합에도 깃들어 있음이 사실이라면, '-단 vs. -당(-다가)'과 '-으난(으니까)'과 '-으멍(-으면서)'에도 동일하게 대립적으로 내포 구문의 어미가 관찰될 수 있을 법하다. 그렇지만 순수히 필자의 개인적 직관에만 기댈 경우에, '-다 보다, -다가 보다' 정도(이를 접속 어미의 축약으로 간주할 수 있는데, 그렇다면 제외될 필요가 없음)를 제외하고서는, 이런 기대가 충족될 수 없다. 전형적으로 '-안 vs. -앙(-아서)'만이 대립적으로 내포 구문의 어미 '-아'를 보여 주고 있기 때문이다.

두 부류의 구문이 어떻게 다른 것일까? 접속 구문에서는 전형적으로 순차적 사건을 접속할 경우에, 사건들 사이에 어떤 공백이나 중간 단절 시점이 상정될 수 있기 때문에, 수의적으로 '그 뒤에, 그런 다음에'라는 부사를 후행절의 머리에 덧얹혀 놓을 수 있다. 다시 말하여, 현실세계에서 객관적으로 두 사건을 각각 관찰하거나 경험할 수 있는 것이다. 그렇지만 내포 구문에서는 비록 두 개의 동사를 관찰할 수 있더라도,

오직 단일한 한 가지 사건만을 표상해 준다. 가능세계에서 상정되는 하나의 단일 사건인 것이다. 따라서 각각 따로 관찰될 수 있는 별개의 두 가지 사건이 아니다. 오직 한 가지 해당 사건이 가능세계 속에서 그 내적인 모습에서 어떻게 전개될지를 개관해 주는 것이다. 필자가 좀 더 앞에서 접속 어미의 형상과 관련하여 사건의 양태를 나타내어 주는 '보다, 있다' 동사는 공범주 형태의 대명사(선행절 사건을 가리킴)가 상정될 만하다고 봤던 이유도, 순차적인 일련의 사건을 표상할 경우에 두 사건 사이의 공백이나 틈새를 수의적으로 상정할 수 있다는 점('그 뒤에, 그런 다음에'를 집어넣을 수 있음)을 고려하였던 것이다.

필자가 비록 접속 어미 구문과 내포 어미 구문을 이루는 두 가지 유형을 주목하고, 이것들이 일부 범주상 공통된 특성(양태 범주)이 있지만, 사건을 표상하고 해석하는 방식에서 서로 다름을 주장하였다. 그런데 양태 속성의 동사들 사이에서도 생산성에서 약간의 차이가 관찰된다. '보다'가 들어가 있는 복합 구성체는 고정된 정도가 상당히 진행되어, 마치 하나의 복합 형식처럼 취급할 만한 사례들이 있었다. 또한 그 기능도 선행절 사건이 배경이나 무대가 되어, 여기서 후행절 사건을 관찰한다는 일반 자질로 모아질 수 있었다. 그러나 '잇다(있다)'가 들어가 있는 복합 구성체는 상대적으로 훨씬 더 자유롭게 활용 형식(-안 vs. -앙)들을 모두 다 구현하고 있으므로, 고정된 정도라는 측면에서는 상대적으로 미약하다고 말해야 옳다. 기능도 앞뒤 맥락에 따라 좀 더 변동 폭이 넓게 배정되어야 한다. 그렇다고 하여, 이것이 아주 자유로운 어휘 형식인 것도 아니다. 양태 속성을 지니고 있으므로, 잠정적으로 여기서는 사건의 종결 여부에 관계없이 어떤 사건을 놓고서「그 상태가 꾸준히 지속된다」(그리고 그 상태가 배경으로 작용함)는 개념을 표상해 주는 것이다. 이 방언에서는 공통어의 선택지와는 달리, 접속 어미도 이런 구문에서 선택지의 범위로 들어가 있다는 점에서, 일단 아주 독특한 형태의 매개인자라고 매듭을 지어두기로 한다. 필자는 접속 어미 구문도 궁극적으로는 내포 구문의 형상 속으로 편입되어 들어간다는 언어 사실('-곡 -곡 ㅎ다' 따위)을 고려하기 때문에, 이 방언의 두 가지 선택지가 공통어에서와 같이 장차 내포 어미의 형상으로 변화될 수 있을 것으로 내다보았다. 그렇지만 이 두 가지 선택지를 허용하는 이 방언의 언어 사실을 놓고서, 어떤 관점에서 파악하고 설명할 수 있는지에 따라, 이 책에서 상정하고 있는

「접속 구문 → 내포 구문」

으로 편입됨으로써(제4부의 제3장과 제4장의 논의를 보기 바람) 전체적인 일관성이 확보된다고 여기는 '작업 가정'이 허물어질 수 있음도 또한 잘 깨닫고 있다. 다시 말하여, 만일 접속 어미 구문이 기본 형상이며, 여기서 '수의적으로' 축소 또는 탈락 현상이 일어남으로써 내포 구문의 모습이 도출될 수 있음이 입증된다면(「-안 잇다 vs. -앙 잇다」→「-아 잇다」), 「'ㅎ다(하다)' 동사를 매개로 하여 구조적 형상을 투영함으로써 접속 구문들을 싸안는 형상이 필수적」이라고 보는 필자의 작업 가정을 무위로 만들어 버릴 것이다. 거꾸로, 그런 수의적 축소 또는 탈락 현상을 입증할 수 있다면, 문법 체계에서 더 이상 접속 구문이나 내포 구문을 구별해 줄 수 있는 동기가 무너져 버린다. 그 결과 「자의성을 제약할 도구」를 아무런 것도 지니지 못할 것이다. 이는 더 이상 문법이 아니라, 질서 없이 '반문법적인 혼란 상태'에 다름 아니다.

§.3-4 문장이 종결되는 위치에서 관찰되는 '-안²'의 정체

136쪽 이하에서는 등위 접속 구문을 투영하는 접속 어미 '-곡' 또는 '-고'가, 그곳의 예문 (17)과 (18)에서 잘 보여 주듯이, 발화의 종결 위치에 실현되어 종결 어미로 뒤바뀜을 논의하였다. 223쪽 이하에서는 또한 그곳의 예문 (45)와 (46)에서 잘 보여 주듯이, 인용 구문의

내포 어미가 문장 종결 위치에 실현되어 있는 경우를 지적하였다. 이런 현상은 이곳 제5부에서도, 특히 시상의 의미자질 [+종결점]을 지닌 접속 어미 '-안'과 동일한 모습의 '-안²'가 관찰되었기 때문에(219쪽의 각주 55와 484쪽의 각주 103을 보기 바람), 접속 어미에서도 그러한 것이 아닐지 의문이 생겨날 수 있다. 만일 그랬다면, 동등하게 왜 같은 계열의 짝인 '-앙'에 대해서는 종결 어미가 나와야 할 자리에서는 관찰되지 않는 것인지에 대하여 대답해 줄 수 있어야 한다.

필자는 이 원고를 쓰면서 스스로 이전에 부분적으로 잘못을 저질렀었다는 사실을 깨닫는다. 그마만큼 주의를 쏟지 않는 한, 간과되기 쉬운 구문인 것이다. 현재로서는 접속 어미 '-안'과 내포 구문의 어미의 단절 형식 '-안²'가 문장의 종결 위치에 실현되어 있을 때, 서로를 구분하는 주먹구구 방식(편법)이, 접속 어미의 본디 형태소인 '-아네'로 교체시킨 다음에 문법성을 판정하는 길밖에 없다. '-안²'라는 형태는 김지홍(2019) "제주 방언의 인용 구문과 매개변항"(『한글』 제80권 4호, 통권 제326호: §.2-4와 §.2-5)에서, 명백히 인용 구문 형식이 보여 주는 '단절 현상'으로 밝혀낸 바 있다. 이 형태는 공통어로 번역될 경우에 거의 언제나 시상 형태소가 반말투 종결 어미로 활용되는 '-았어'로 옮겨 놓았다. 그렇지만 이 형태 자체에 [+종결점]이라는 시상 의미자질이 들어 있는 것이 아니다. 오직 시상 해석 조건 (17)을 적용한 결과, 전체 담화 표상 사건에 의해서 일어난 일치 현상에 의한 것이다. 단, 담화에서 현장감 또는 생생함을 더 높여서, 청자 또는 청중들로 하여금 더욱 해당 담화에 몰입할 수 있도록 해 주는 언어 기제가 언제나 쓰일 수 있다. 519쪽의 각주 117에 언급된 이른바 「상상의 원리」와 「현실 식별의 원리」가 긴밀하게 공모하는 것이다. 자세한 논의는 클락(1996; 김지홍 뒤침, 2009)『언어사용 밑바닥에 깔린 원리』(경진출판)를 읽어 보기 바란다.

대체로 이 방언의 설화 채록 자료에서는 문법 형태소의 분석에 주력하기보다는, 오히려 들리는 바대로 표면 음성형의 모습만 그대로 적은 경우가 많다. 따라서 문장이나 발화가 종결될 위치에 있는 잘못된 표기 '-아서'는, 언제나 기본 형상이 '-앗어(-았어)'를 가리킨다. 이 방언에서는 아직 된소리 'ㅆ' 받침을 경험하지 않은 상태로 있는데, [+시작점,+종결점]의 시상 의미자질을 표시하는 선어말 어미 '-앗-(-았-)'이 있다(모음조화 형태는 양성모음으로 형태소를 적었음). 이 선어말 어미에 다시 어조만 달리하여 여러 서법에 두루 쓰이는 반말투 종결 어미 '-아'(모음조화를 보임)가 결합한다. 그렇지만 '*-앗아'로 나오는 것이 아니라, '-앗어'에서와 같이, '-앗-'에 이어진 종결 어미가 왜 모음조화를 지키지 않는지에 대해서 의문이 제기될 수 있다. 여기에 대해서는 두 가지 단계의 답변이 함께 주어져야 한다. 하나는 133쪽의 각주 43에 적어 놓았듯이, 김완진(1972, 1975)에서 처음 지적된 대로 모음조화는 어간과 어미 사이에서만 일어난다는 사실이고, 다른 하나는 119쪽의 각주 42 후반부와 335쪽의 각주 75에 적어 놓았듯이 국어사에서 밝혀낸 대로 '-앗-'이 '-아 잇-(-아 있-)'으로부터 발달되었다는 사실이다. 이 두 가지 사실은 서로 맞물려 있다. 이 방언에서 시상을 나타내는 선어말 어미 '-앗-'에는 '있다'의 어간이 녹아 있으므로, 여전히 이 어간이 부지불식간에 반말투 종결 어미를 음성 모음 '-어'로 선택한 것으로 판단한다. 그 결과가 '-앗어'이다(현행 맞춤법이 형태·음소주의에 근거하고 있으므로, 이 방언의 표기도 또한 마땅히 그렇게 해야 함).130) 그럼에도 불구하고, 여전히 화용 상황이 생략이 잦고 또한 도

---

130) 공통어에서 쓰이는 '-았었-'도 단일한 형태(남기심, 1972, "현대국어 시제에 관한 문제" 및 1978, "-았었-의 쓰임에 대하여", 이 두 논문이 모두 남기심, 1996, 『국어 문법의 탐구: 국어 통사론의 문제 1』, 태학사에 재수록됨)가 아니라, 중가 형식임을 곧 깨달을 수 있다. 이 방언에 적용되는 설명 방식이 두 번째 나온 '었'에 그대로 적용되는 것이다 (첫 번째 '-았-'에 녹아 있는 어간이 뒤의 형태를 음성모음으로 선택했음). 따라서 형태소의 중가 모습은 교착어 질서를 그대로 반영하는 것이며, 결코 분석 불가능한 것이 아님을 알 수 있다.

그렇지만, 이런 중가 형식에 따라 기능이 달라졌음에 유의해야 한다. 시상이 무의미하게 반복될 리는 없다. 공통어에서 가능한 복합 형태소들을 살펴보면, '-았었-'의 층위를 고려하는 데에 '-았겠-'도 대립 짝으로서 고려될 수 있다. 관형형 어미 '-은 vs. -을'과도 결합하여 복합 형태소를 이룰 수 있다(뒤의 각주 131에서는 이 관형형 어미가 서로

치로써 강조 구문을 자주 쓸 수 있기 때문에, 사실상 이런 편법도 애매
해질 경우가 있음을 인정한다.

먼저 이렇게 판단이 오락가락 혼동될 수 있는 사례에서부터 시작하

[±상태 불변성]의 자질로 대립하는 것으로 주장됨). 이럴 경우 규칙적으로 일정하게
확장되는데, '-은'의 경우는 '-던 vs. -는; -았던 vs. -았는; -았었던 vs. -았었는'처럼
복합 형식을 구현한다. '-을'의 경우에도 '-았을 vs. -겠을; -았었을 vs. -았겠을'처럼
확장된 복합 형식을 만들 수 있다(이런 복합 형식의 해석은 각주 131를 보기 바람).
'-았었-'에서 이런 형태소 중가가, 각각 시상 층위와 양태 층위로 역할과 기능이 서로
달라졌을 뿐이다. 후자의 형태에는 아무도 해당 사건에 대하여 더 이상 추체험할 수
없다는 양태적 의미가 들어 있는 것이다. "꽃이 피었다."는 꽃이 핀 상태가 완료되어
계속 유지되고 있다. 이런 점에서 누구나 추체험하여 그 사실 여부를 확인할 수 있다
('추체험'이란 용어는 후썰의 현상학에서 빌려 왔는데, 필자는 이 방언의 언어 사실을
설명하는 데에 '추체험 가능성'이란 개념이 요구된다고 봄). 그렇지만 '-었-'이 중가된
형식을 지닌 "꽃이 피었었다."에서는 시든 꽃잎만 간접적으로 남아 있거나 작은 열매가
맺혀 있을 뿐, 더 이상 꽃이 핀 상태를 아무도 추체험할 수 없는 것이다. "꽃이 피었겠
다."는 표현에서는 꽃이 다 피어 있는 상태를 화자가 이용할 수 있는 간접 증거나 일부
단서를 통해서 추측하고 있음을 나타내어 준다.

「추체험 가능성 여부」는 최근에 증거 제시 양태 또는 증거태(evidentiality)에 의해서
다뤄지고 있다. 증거태는 언어 형식과 관련되지만, 추체험 가능성은 인간 경험과 관련
되는 상위 개념이며 보다 더 궁극적인 개념이다. 이 양태에 대해서는 일상적 담화 분
석을 주도했던 윌리스 췌이프(W. Chafe, 1927~2019) 교수가 오랜 기간의 연구계획에
따라 남미 언어들을 분석하면서 처음 밝혀낸 것이다. 췌이프(2018) 『*Thought Based
Linguistics: How Languages Turn Thoughts into Sounds*』(케임브리지대학 출판부: 제18
장)에서 명쾌한 개관을 읽을 수 있다. 아이켄발드(Aikenvald, 2004) 『*Evidentiality*』(옥
스퍼드대학 출판부)에 이어서, 소백과 사전 형태로 36편의 논문을 모아 놓은 아이켄발
드엮음(2018) 『*Oxford Handbook of Evidentiality*』(옥스퍼드대학 출판부)도 참고할 수
있다. 후자에서 한국어 자료는 손호민 교수가 집필하였다. '-더-, -느-'와 그 융합 형
식 '-네, -데, -더라', 그리고 인용 형식들을 다루었고, 증거와 관련 없다고 보아 '-겠-'
등은 제외되었다(추정에는 간접 증거가 동원되더라고 명시적 증거는 아님). 양태의 개
념은 좀 더 확장될 필요가 있다. 381쪽의 〈표7〉, 그리고 774쪽의 각주 151을 읽어 보기
바란다. 우리말의 양태에 대한 전반적인 논의로는, 인식 양태와 행위 양태를 양분한
바탕 위에서 다시 대화 참여자 지향 수행 속성과 주어 지향 서술 속성을 추가하여 다
룬 박재연(2006) 『한국어 양태 어미 연구』(태학사)가 있다. 김원필 외 18인(2008) 『언어
유형론 3: 시제와 상, 양상, 조동사, 수동태』(월인)도 참고된다. 이런 논의들이 첫 토대
업적들에 속할 듯하다.

필자는 이 방언의 현상을 설명하려고 노력하면서, 시상 층위와 다수 혼용된다는 점에
서, 비록 명확한 구현 층위가 따로 마련되어 있는 것은 아니더라도, 양태의 개념이 매우
중요한 것임을 절실히 느끼게 된다. 고영진(2007) "제주도 방언의 형용사에 나타나는
두 가지 '현재 시제'에 대하여"(『한글』통권 제275호) 및 고영진(2008) "제주도 방언의
형태론적 상 범주의 체계화를 위하여"(『한글』통권 제280호)에서 이 방언의 자료들 중
현재 시제나 상의 개념으로 설명해 놓은 부분들이 있다. 필자로서는 그런 대목이 양태의
개념으로 다시 설명해 놓는 편이 더 나을 것이라고 판단하고 있다(119쪽의 각주 42와
249쪽의 각주 59, 그리고 477쪽의 각주 99와 892쪽의 각주 170을 보기 바람).

기로 한다. '-안(-아서)'의 기본 형상인 '-아네(-아서)'의 실현이 종결 어미 위치로 간주될 환경에서부터 살펴보기로 한다.

(71) -아네 -라고 잇읍니다: 또 그로 후에 어멍을 열녀(烈女 旌門)ø 해
     와네('와서') 열녀라고 잇읍니다.
     (또 그로부터 뒤에, 어머니를 열녀로서 정문을 받아 와서, 열녀라고
     있습니다. 구비1 임정숙, 남 84세: 145쪽)

(72) -아네 -안²: 그뿐 허여네(하여서) (목련 존자가 지옥에서 어머니를)
     만나 가지고 이제 완²(왔어). 석가모니에게 오라 가 가지고(와 갓고서)
     애걸복걸(哀乞伏乞)을 허엿어.
     (지옥 속으로 들어가서 다른 일은 하지 않은 채 그저 들여다보는 일만
     하면서, 목련 존자가 짐승만 사는 지옥에서 어머니를 만난 뒤에, 이제
     는 이승으로 돌아왔다. 다시 석가모니에게 와서 어머니를 저승으로부
     터 구해 달라고 애걸복걸하면서 빌었어. 구비1 안용인, 남 74세: 182쪽)

(71)에서 '-아네(-아서)'가 중의적으로 해석될 수 있다. 왜냐하면 뒤에 나온 후행절이 '열녀가 있다'는 사실을 제시하고 있기 때문에, 선행절이 열녀 정문을 받아서 기쁘다는 말인지, 아니면 그 결과 열녀각이 세워져 있다는 것인지 분명치가 않다. 선행절에 곧 이어진 후행절(기쁘다 따위)이 생략되었다고 본다면, 이는 분명히 문장 종결 위치에서 '-아네'가 실현된 것이다(만일 이것이 사실이라면 어떻게 융합 형태소 '-아+-은'에서 관형형 어미 '-은'이 '-아+-네'로 실현되는지를 설명해 줘야 하는데, 아마도 이를 합리적으로 설명할 길은 없을 것으로 봄). 그렇지만 선행절이 배경 사건이 되어서 후행절에서 열녀각이 세워지는 사건으로 이어진다면, 이는 접속 어미 '-아서'로도 풀이될 수 있다. 당시에 관가에서 열녀라는 정문(그 집 문을 붉은 색으로 아주 다르게 드러내어 줌으로써 그 집이 특별한 집임을 누구나 쉽게 알 수 있도록 하는 일)을 받아 왔기 때문에, 지금도 열녀 정려각이 있음을 말해 주는 것이다.

이런 중의적 해석은 (72)에서도 가능하다. 긴 호흡으로 (72)를 단일

한 문장으로 파악할 수도 있고, 이와는 달리 짤막하게 나누어 두 개의 문장으로도 여길 수 있는 것이다. 만일 긴 호흡으로 파악하여, 접속절들이 이어져 있다고 본다면, 밑줄 친 '-안'은 '-아네'로 바꿔쓸 수 있을 것이며, 당연히 목련 존자가 스승인 석가모니에게 왔다는 뜻으로 해석될 것이다. 그렇지만 필자는, 저승에서 이승으로 나오는 일이 먼저 있어야 하고, 이승에서 다시 스승에게 갈 수 있기 때문에, '완(왔어 또는 와서)'과 '석가무니에게 오라 가 가지고(석가모니에게 와서)'를 부연 설명으로 보지 않는다. 대신 일련의 사건을 전개하는 과정에서 두 가지 사건을 표상하는 것으로 파악한다. '완'은 저승에서 이승으로 돌아온 사건을 가리키고, 이 사건에 계기적으로 일어난 사건을 스승을 찾아간 사건으로 보는 것이다. 따라서 이런 사건들의 재구성 방식에 의존하여 (72)를 두 개의 발화로 보며, 이런 측면에서 (72)의 '완(왔어)'을

'*와네(와서)'

로 환원할 수 없다고 판단하는 것이다. 이런 판단 결정 과정을 스스로 반성해 보면, 단순히 언어 차원을 넘어서서 담화의 일관성 내지 정당성 부여의 차원에서 여러 사건들의 연결을 「재구성한 결과」가 중요한 변인으로 간여하고 있음을 스스로 느낄 수 있다.

만일 (72)에서 '완(왔어)'로만 판정하는 필자의 주장이 옳다면, 다시 어떻게 해서 이 형식이 시상 의미자질을 획득하게 되었는지에 대해서 의문이 제기될 수 있다. 최소한 직관적으로 '-은 vs. -을'이 각각 [+종결점]의 사건과 [−시작점]의 사건을 가리키는 듯이 느껴지기 때문이다(이는 [±상태 불변성] 자질이 선결 조건으로, 사건이 끝난 최종 결과 상태와 사건이 아직 시작되지 않은 초기 상태를 요구하기 때문으로 설명할 수 있음). 필자는 '-안'이 [+종결점] 사건의 해석을 지니게 되는 것을, 이 형식이 동사 '오다' 어간 '오-'와 반말투 종결 어미 '-아'가 결합되어 있고, 여기에 다시 관형형 어미 '-은'이 융합되어 있기 때문으로 파악

한다. 이 관형형 어미는 후행 명사를 요구한다는 조건 이외에도, 양태상 '-은 vs. -을'이 [±상태 불변성]이란 의미자질로 서로 대립하고 있는데, '-은'이 상태가 더 이상 변하지 않으려면, 선결 조건으로 「해당 사건이 이미 다 끝나서 결과 상태에 멎어 있음이 주어져 있어야 함」을 요구한다(617쪽의 각주 131을 보기 바람). '-던 vs. -는'이라는 융합된 복합 형식과는 달리, '-은'만을 단독으로 지닐 경우에, 종결 어미 '-아' (모음조화 형태에서 양성모음을 대표로 삼음)와 관형형 어미가 융합된 복합 형식은 시상의 해석에서 특이한 성격을 띤다. 즉, 해당 사건에 대한 해석이 이미 다 끝났음을 함의하기 때문이다. 대립적으로 '-았을 vs. -겠을'이나 '-았었을 vs. -았겠을'과 같이 융합된 복합 형식을 제외하고서, '-을'만 단독으로 나올 경우를 살펴본다면, 이 관형형 어미의 시상 해석도 특이한 성격을 띤다. 해당 사건에 대한 해석이 아직 일어나지 않았음을 함의하기 때문이다. '-을'의 경우에는 관련 사건의 상태가 달라져야 한다는 자질로부터, 임의의 사건이 일어나지 않은 상태에서 일어나는 상태로 바뀜을 유추해 낼 수 있다.

이미 617쪽의 각주 131에서는 양태 범주에 속한 관형형 어미 '-은'이 [+상태 불변성]이라는 자질을 지닌 것으로 상정됐다. 그렇지만 이 자질이 어떻게 임의 사건이 다 종결되어 있음을 가리킬 수 있는 것일까? 필자는 상태가 항상 불변하게 유지되려면, 해당 사건이 결코 일어나지 않거나, 아니면 해당 사건이 이미 다 끝이 나서 결과 상태에 그대로 멈추어 있는 두 가지 선택지만이 있다고 본다. 그런데 전자의 가능성은 현실세계에서의 일과는 무관할 수밖에 없으므로, 우리 일상생활의 사건을 해석하는 선택지에서 자연스럽게 제거될 수 있다. 그렇다면 선결 조건으로서 임의 사건의 상태가 결코 달라지지 않을 수 있는 방식은, 오직 「그 사건이 다 끝이 나서 결과 상태에 도달하여 멎어 있다」는 속뜻을 품게 된다. 이와 대립하는 짝인 '-을'은 [-상태 불변성]의 자질을 지닌다. 이는 언제든지 현재 관찰되는 상태가 바뀌게 되는 것임을 뜻한다. 이 자질이 적용되기 위한 선결 조건으로서, 현재 발화 시점에서 언급된 임의의 사건이 관찰되지 않을 경우에, 이 상태가 바뀌어 관찰될 수 있는 모습으로 바뀌어야 하는 것이다. 이것이 바로 앞으로 일어나게 될 사건을 표상해 줄 수 있는 것이다.

김지홍(2014)『제주 방언의 통사 기술과 설명: 기본구문의 기능범주 분석』(경진출판: §.2-3과 §.3-4와 §.4-3)에서 각각 종결 서법의 융합 형식, 의문 서법의 융합 형식, 감탄·명령 서법의 융합 형식을 다루었다. 이들 중에서 반말투 종결 어미와 융합되어 있는 복합 형식은 두 번씩 종결되었다는 측면에서, 시상의 의미해석이 달라졌다고 보았다. 맨 뒤에 나온 종결 어미의 기능이 현재 발화 시점에서 이뤄진다고 볼 경우에, 바로 앞선 종결 어미에도 똑같이 현재 발화 시점에서 종결됨을 보장해 주기 위한 방식이, 이미 앞선 사건을 가리키는 기능을 지니게 되는 것으로 파악하였다. 이를 김지홍(2017) "Non-canical Ending Systems in Jeju Korean"(『방언학』 제26호: 249쪽)에서는 「더 앞선 시간으로의 전환(shift to a prior time zone)」이라고 표현한 바 있다. 현재 필자의 식견으로서는, 이런 시간 전환이 일어나는 까닭을 이런 종결 어미의 융합 형식 이외에는 달리 찾을 길이 없다. 잠정적으로, 두 가지 종결 어미의 융합 형식이 동시에 시간상의 전환을 일으켜서, 더 앞선 시점을 가리킨다고 적어 두기로 한다.

또한 필자는 시상이나 양태의 해석도 일관되게 담화 전개의 흐름 속에서 파악하는 것이 필수적이라고 본다. (72)에서 두 번째 발화에서 '허엿어(했어)'를 보면, 분명하게 시상 선어말 어미 '-앗-(-았-)'이 구현되어 있음을 확인하게 된다. 따라서 일관된 그리고 통일된 사건 모형이나 세계 모형을 전달해 주면서, 담화가 쉴 새 없이 지속적으로 이어지고 있다는 가정 위에서, (72)의 담화를 일관되게 해석해 줘야 할 것이다. 465쪽의 (17)에서 서술해 놓은 시상(양태도 포함) 해석 조건이 적용된다면, 최종 후행절에 드러난 선어말어미 '-앗-(-았-)'의 시상 의미자질을 중심으로 하여 동화 내지 일치가 이뤄져야 하는 것이다. 이는 시상 해석에서 [+상태 불변성]이란 양태 자질이 해석될 수 있는 선결 조건으로서, 해당 사건의 상태가 변하지 않으려면, 오직 「그 사건이 다 끝이 나서 결과 상태에 멈추어 있음」을 요구한다. 이것이 관형형 어미 '-은'이 구현된 사건이 종결되었다는 느낌을 간접적으로 전달해 주는 것이다. 또한 시상 선어말 어미 '-앗-'의 [+시작점,+종결점]이 라는 의미자질이 관형형 어미 '-은'의 해석에도 영향을 주어 동화 또는 일치가 일어나는데, 시상 요구 자질과 양태 선결 자질이 서로 충돌할 소지가 없기 때문에, 모든 사건을 다 끝난 상태로 해석이 이뤄지도록 보장해 주는 것이다. 만일 관형형 어미 '-은'이 아니라, 관형형 어미 '-을'이 구현되어 있었더라면, 이 형태소가 지닌 양태성 의미자질과 서로 충돌됨을 명시적으로 보여 줄 수 있다. 관형형 어미 '-을'은 [-상 태 불변성]의 자질로 표상되므로, 이는 현재 관찰의 상태를 기준으로 하여 새로운 상태로 바뀔 사건을 가리키게 된다. 이는 앞으로 일어날 사건을 의미하며, 결과적으로 상위 교점에서 관형형 어미가 이끄는 절을 지배하고 있는 시상 선어말 어미 '-앗-'이 [+시작점,+종결점] 자질과 서로 충돌이 일어나게 된다. 이런 이유로 일관되고 통일된 시상 해석이 일어날 수 없는 것이다. 이미 다 끝나 버린 사건을 놓고서(시상 선어말 어미 '-앗-'에 의한 사건 해석), 관형절의 사건이 장차 일어날 사건 이라고 표상하는 일은, 자가당착이나 자기모순이 될 뿐이다.

'완(왔어)'을 인용 구문의 단절 형식으로 지정하는 데에는 또다른 간 접 증거가 있다. 만일 이것이 접속 어미 '-안'('-아네'로 소급됨)이었다 면, 응당 의미자질에서 그 짝이 되는 '-앙'도 또한 문장 종결의 위치에 서 관찰될 것으로 기대된다. 그럴 경우에 반드시 수의적으로 본디 형 태인 '-아그넹에'로 교체가 자유롭게 일어나야 한다. 그렇지만 이런 일은 결코 일어나지 않는다. '-아네'가 줄어들어 1음절로 쓰이는 '-안 (-아서)'의 경우에만, 소리값이 같다는 점에서, 우연히 결과적으로 반 말투 종결 어미 '-아'에 관형형 어미 '-은'이 융합되어 있는 형식과 동일해 보일 따름인 것이다.

철저히 형태·음소주의에 입각해서 이 방언의 자료를 표기하지 않고, 느슨하게 들리는 대로만 표기하려고 했고, 또한 채록자 자신의 편견이 가미되어 인용 구문의 단절 형식에서도 '-앙'으로 표기한 경우도 볼 수 있다. 그렇지만 설사 그런 경우에라도, 결코 본디 형태인 '-아그넹에'로 교체될 수 있는 것은 아니다. 오직 부주의하게 그렇게 표기되었을 따름이다. 본디 형태소로 환원해 보는 이런 '간편 검사법'을 깨닫지 못했기 때문에, 송상조(2011)『제주말에서 때가림소 '-ㅇ, -ㄴ'과 씨끝들의 호응』(한국문화사)에서는 전적으로 이런 실수를 반복하면서 인용 구문에서도 마치 '-안 vs. -앙'이 대립되는 듯이 잘못 주장하였다. 그 실수의 원인은 또한 결코 이 방언 통사의 기본 형태소로 설정할 수 없는 '-ㄴ vs. -ㅇ'을 잘못 기본 형태로 잡았었기 때문이기도 하다. 이런 음소 차원의 대립을 상정한다면, 결과적으로 본디 형태소 '-아네 vs. -아그네'로 환원하는 길을, 원천적으로 연구자 스스로가 차단해 버리고 있는 것이다. 그런 음소는 오직 융합되어 줄어든 문법 형태소들의 경우에만 관찰될 수 있는 표면 층위의 것일 따름이다. 이런 잘못된 연구 시각은 이런 오류를 저지르지 못하도록 막을 수 없었던 근본 원인이었다.

일견 종결 어미가 나올 만한 위치에, 특이하게 다음과 같이 '-잉(-이라고)'이 관찰되는 사례를 619쪽의 예문 (74가, 나)에서 볼 수 있다. 명령형 종결 어미 '-으라'에 '-인, -잉'이 융합되어 '-으랜, -으랭'으로 표기된 형식인 것이다. 이는 인용 구문 '-인 ᄒ다(-이라고 하다)'에서 파생된 것으로, 기본 형상은 계사 어간의 활용 및 관형형 어미 '-은'이 결합된 형상을 보여 준다. 김지홍(2014)『제주 방언의 통사 기술과 설명: 기본구문의 기능범주 분석』(경진출판: 211쪽 이하)에서는 이 방언의 계사 '이다'가 서술서법의 종결 어미로 활용하여 '이어'가 되고, 여기에 명사를 꾸며 주는 관형형 어미 '-은'(계사 어간의 영향으로 전설화된 '-인')이 결합된 형상을 반영해 주는 것이다. 그렇지만 공통어에서는 계사의 활용이 서술 단정 서법으로 구현되고('이다'와 '이라'), 그리고 다시 상위문 동사가 구성한 어절 '하다, 말하다'를 꾸며 주므로, 관형형 어미 '-은' 대신에 내포 구문(소위 인용 구문)의 어미 '-고'라는 어미를 선택하였다. 공통어의 인용 구문 어미 '이라고'는 이런 형상을 반영해 준다.

그렇지만 이 방언의 인용 구문 어미 '-이엔'은 다른 선택지를 반영해 주기 때문에, 단지 겉모습만 서로 다른 듯이 보일 뿐이다. 215쪽의 각주 54에 적어 놓았듯이, 이 방언에서 '-고'가 쓰이지 않는다는 주장이 있었다. 그렇지만 이 방언에서만 독특하게 관찰되는 융합 형식 '-곤'(-고+-은; -다곤, -라곤, -으냐곤, -으라곤)이 엄연히 존재하기 때문에 반박될 수밖에 없다. 그런 주장은 이 방언의 자료들에 대한 관찰 단계 및 서술 단계에서 자료를 자의적으로 무시해 버리는 오류를 저질렀던 것이다. 특이하게도 또한 이 방언에서만 쓰는 유표적인 경우로서, 내포 구문의(느슨하게 '유사 인용 구문'의) 형식 '-다고'에 다시 관형형 어미 '-은'이 융합되어 있는 유표적 실현의 모습 '-다곤'이 여러 화자들에 의해서 쓰이고 있음을 관찰할 수 있다. (73가)~(73사)에서는 1980년 초반 채록 당시에 56세에서부터 85세에 이르기까지 다양한 화자들의 발화에서 이런 복합 형식을 쓰고 있음을 잘 보여 준다. 관형형 어미 '-은'은 기본 표상에서 바로 인접한 핵어 '말'을 꾸미지만, 문법화됨에 따라 핵어 명사가 없이도 마치 관용구처럼 쓰이고 있다. 이는 결코 공통어에서는 관찰되지 않는 특이한 분포인 것이다. 내포문의 종결 어미는 비단 서술 종결만이 아니라, 고유하게 특정 서법에 속한 종결 어미들이 그러하다. 서술 단정 서법만이 아니라, 또한 의문 서법(-으냐곤)이나 명령 서법(-으라곤)에서도 자유롭게 나오는 것이다. 그렇다면 이런 현상은 '-고 하다'라는 구문이 또한 이 방언의 화자들 머릿속에 실재하여 쓰이고 있음을 전제로 해야만, 비로소 이 방언에서만 쓰이는 특이한 이런 구성을 설명할 수 있는 것이다. 공통어의 '-고 하다'를 기반으로 하여 도출될 수 있는 융합된 독특한 복합 형식이 있고, 그 형식이 오직 이 방언에서만 관찰된다면, 이미 이 방언의 화자들에게서 생산성 있게 쓰이고 있는 것임을 전제로 한다. (73)에서는 여러 서법의 어미에 '-곤'이 구현된 사례를 예시해 놓았다. 일부 화자는 메아리처럼 반복하면서 '-곤'을 '-고'로 바꿔 놓기도 하는데, 아무런 변화가 없는 수의적 변이체에 불과하며, 더욱 더 동일한 형상임을 확증할 수 있는 중요한 증거가 된다.

(73가) -다곤 해서 -다고 ᄒ여: 괴길(물고기를) 먹고 싶다곤 해서 괴길 사렐(사러를) 갓다고 ᄒ여.
(물고기를 먹고 싶다고 해서, 물고기를 사러 갔다고 해. 구비3 김재현, 남 85세: 39쪽)

(73나) -느냐곤 -다곤 해서: "너ø 여기를 어디로 알아서 와서 준소리(잔소리)ø ᄒ느냐?"곤. "…중놈이 와서 지랄했다."곤 해서 야단을 맞으니, 그대로 권제(勸紙, 시주)도 안 받고 나가는 거라.
("너가 여기를 어디로 알아서 와서 잔소리를 하느냐?"고. … 중놈이 와서 지랄하고 있다."고 하면서 야단을 치자, 시주도 받지 않은 채 스님은 나가 버리는 거야. 구비3 김재현, 남 85세: 81쪽)

(73다) -다곤 -다고: 새각씨가 어제 저녁에 해산이 허엿다곤. 해산햇다고.
(새색씨가 어제 저녁에 해산을 했다고. 해산했다고. 구비1 안용인, 남 74세: 122쪽)

(73라) -다ø ᄒ니 -라곤: "어머니를 흔 번 가서 베영(뵙고서) 오겠습니다."ø ᄒ니, "강(가서) 베영 오라!"곤.
(목련 존자가 "지옥으로 가서 어머니를 한 번 뵙고서 오겠습니다."ø ᄒ니, 부처가 대답하기를 "가서 뵙고서 오라"고! 구비1 안용인, 남 74세: 180쪽)

(73마) -라고 -라곤: "이걸(이것을, 발복할 혈지를) 의지해서 … 이 아래에 집을 짓엉(짓고, 지어서) 살라!"고. … 살라곤.
(지장샘 신령이 보답으로 말하기를, 발복할 이 혈지를 의지해서 이 아래에다 집을 짓고 살라고! … 살라고! 구비2 양구협, 남 71세: 654쪽)

(73바) -다곤: "…사름마다 와서 죽으니, 「거(그거) 이상ᄒ다!」 내가 이것(죽는 이유)을 알아 본다!"곤.
(평양 감사로 부임한 사람마다 오는 대로 죽자, '그게 이상하다!' 주인공인 내가 그 이유를 알아본다고 했어. 구비2 양형회, 남 56세: 38쪽)

(73사) -라곤 해서: 사흘째 바찌레(바치러) 가니 「나이가 너무 많은 거라」 곤 해서 안 받거든.
(전라 감영에다 공납하는 소를 끌고서 사흘이나 바치러 갔었지만, 뇌물을 받으려 하는 관리들은 소의 나이가 너무 많은 것이라고 해서 공납하는 소를 안 받거든. 구비3 양원교, 남 72세: 412쪽)

김지홍(2019) "제주 방언의 인용 구문과 매개변항"(『한글』 제80권 4호, 통권 제326호)에서 밝혀낸 중요한 언어 사실은, 이 방언에서도 인용 구문 부류에서 공통어에서처럼 '-고'도 구현하고 있을 뿐만 아니라, 또한 무표지로서 'ø'도 잦은 빈도로 쓰인다는 점이다. 만일 무표지(ø)를 '-고'의 생략으로 간주하여, 인용과 관련된 사례들의 사용 빈도를 따질 경우에는, '-고'의 빈도가 현격하게 높아질 것임에 틀림없다. 그렇지만 이 방언의 연구에서 오직 '-이엔 [말] ᄒ다' 유형에만 골몰하고 있어서, 아직도 중요한 이런 측면에 주목한 논의는 없다. 이 방언의 설화 채록 자료에서 잘 보여 주듯이, 공통어와 동일한

「-라고 ᄒ다, -다고 ᄒ다」

유형을 쓰고 있을 뿐만 아니라, 이 방언에서는 또다른 선택지로서

「-이라는 말을 ᄒ다, -이란 말ø ᄒ다」

유형도 빈번하게 쓰고 있는 것이다. 후자의 경우에 필자는

「-이엔 (말) ᄒ다」

를 기본 표상으로 상정하고 있다. 그렇다면 이 방언에서만 관찰되는 관형형 어미 '-은'을 지닌 인용 구문 부류의 형상도, 결코 한국어의

질서를 벗어나 있는 것이 아님을 확인할 수 있다. 관형형 어미는 늘 뒤따르는 핵어 명사와 이음말 관계를 유지하기 때문이다. 다만, 관용적으로 쓰이면서 융합된 형식처럼 문법화됨으로써, 핵어 명사가 없이도 동일한 기능을 유지해 오고 있는 것이다. 여기서는 좀 더 '-이엔(말) ᄒᆞ다'의 형상을 놓고서 그 변이 모습인 '-인 ᄒᆞ다'를 다루기로 한다(790쪽의 각주 155에서 기본 형상이 이와는 다르게 상정된 경우를 언급했음). 앞의 사례 (73가)~(73사)에서는 특히 공통어와 공유하는 '-라고 ᄒᆞ다(하다)'를 기반으로 하여, 다시 관형형 어미 '-은'이 융합되면서 '-라곤 ᄒᆞ다'라는 특이한 형식으로 쓰인 것이다. 이 경우에도 비록 핵어 명사가 생략되어 있지만 「-라고 하는 말을 하다」로 복원될 만한 형상을 품고 있는 것이다.

　동일한 구현 사례가 인용 구성으로부터 화용 첨사 쪽으로 문법화되고 있는 부류에서도 나란히 찾아진다. 이것이 문법화 과정을 겪는 형식이므로(219쪽의 각주 55에서 후반부 논의를 보기 바람) 전형적으로 상위문의 핵어 동사로 기능하는 일과는 일정한 거리가 있다. 따라서 비록 여기서 따로 자세히 다루지는 않겠으나, 내포절이 종결 어미 '-다'로 끝날 경우에, 이 내포문이 인용되는 형식은 「문법 형태소의 중층성」모습을 그대로 잘 보여 준다. 이것이 거의 문법화 과정을 겪고 있는 '말이어'(물론 이를 화용상의 강세 첨사로 취급할 수 있으며, 그렇다면 응당 붙여 써 주어야 하겠으나, 이 책에서는 이 방언의 문법 형태소를 분석하고 확정하는 일이 제1 목적 중 하나이므로 일부러 띄어 써 놓고 있음)를 지닌 채 쓰이는 경우가 아주 허다한데, 이는

　　「-댄 말이어(-단 말이어) vs. -다고 말이어(-다ø 말이어)」

라는 중층적인 모습의 실현을 그대로 아주 잘 보여 준다. 다음과 같은 사례가 아주 높은 빈도로 쉽게 관찰되는 것들이다.

(73아) -댄 말이우다: 말을 못 ᄒ고 몸이 누추허여 노니(놓으니), 인간 사름(사람)이 상대를 아니 허여 준댄 말이우다.

(말을 하지 못하고 몸의 치장도 누추하게 보이니, 사람들이 아무도 그를 상대하지 않는단 말입니다. 구비1 안용인, 남 74세: 135쪽)

(73자) -단 말이어: 그 놈(메밀떡)을 지도(자기도) 먹고 남펜(男便)을 준단 말이어. 느시(끝끝내) 안(아니) 말 홀 수가 잇어(있겠어)?

(그 메밀떡을 구워서 자기도 먹고 자기 남편도 갖다 준단 말이야. 그러니 척을 지듯이 끝끝내 부부끼리 말을 안 할 수가 있겠어? 구비2 양구협, 남 71세: 626쪽)

(73차) -다고 말이어: [제수로 쓸 은어를] 질렁(찔러서, 은어를 작살로 잡아서) 오당(오다가) 또 누게가(누구가) 군소리ᄒ면은, 그 사름(사람) ø 줘 불여(버려). 부정ᄒ다고 말이어(부정 탔다고 말이야).

(서귀포시 강정마을의 강정천에서 제수로 쓰려는 은어를 작살로 잡고서 돌아오다가 또 누군가가 그 제수를 보고서 군소리를 하면, 그 물고기를 그 사람한테 줘 버려. 제수로 쓰기에는 이미 부정하다고 말이야. 구비3 김재현, 남 85세: 195쪽

(73카) -다 ø 말이어: 발 돌아가는 대로 나갓다 ø 말이어. 산중으로 산중으로 막 나가는디, 부자칩(부자+집)이 있는디 …

(집을 나서서 발이 가는 대로 나갔단 말이야. 산속으로 산속으로 막 나가다 보니 문득 부자집이 있었는데… 구비2 양구협, 남 71세: 627쪽)

변이 모습도 관찰된다. '-댄 말이어'가 (73자)에서 보여 주듯이 '-단 말이어'로도 나온다. '-댄 말이어'의 용례는 261쪽의 예문 (56), 574쪽의 예문 (60가, 다)와 580쪽의 예문 (65), 621쪽 이하의 예문 (75)와 (76), 682쪽의 예문 (92나)도 보기 바란다. '-단 말이어'의 용례는 151쪽의 예문 (22), 367쪽의 예문 (35다), 551쪽의 예문 (47나)와 554쪽의 예문 (51)을 보기 바란다. 또한 (73차)의 '-다고 말이어'도 (73카)에서 보여 주듯이 '-고'가 생략됨으로써 '-다 ø 말이어'처럼 나타난다. 필자로서는 생략된 형식이 보다 더 잦다는 인상을 받는다. 이런 예문들을 제5부에서만 찾더라도 469쪽의 예문 (18가), 568쪽의 예문 (57),

648쪽의 예문 (86나), 711쪽의 예문 (99나) 등이다.

문법 형태소의 이런 중층적 기원을 설명할 수 있는 유일한 길은 '말하다' 부류의 핵어 동사가 계사를 지니고서 실현된 모습이 '말이어'인데, 이것이 두 가지 범주로 파악되었다고 보는 것이다. 이를 명사를 꾸며 주는 것으로 파악하였다면 관형형 어미 '-은'이 요구되는 것이다. 이는 '-은 말#이어'의 표상을 지닌 것으로, 계사가 명사절(-은 말)에 구현되어 있는 형식이므로 '[-은 말]+이어'로 표상할 수 있다. 만일 이를 동사(서술절) '말이어'로 파악하였다면, 당연히 내포 어미 '-고'를 요구하게 된다(-고 말이어).

관형형 어미 '-은'을 선택한 이 방언의 내포 구문(이른바 유사 인용구문) 어미가 완전히 문법 형태소로 쓰이기 시작하면서 변화가 일어났을 법한 길을 최소한 두 가지 이상 상정할 수 있다.

첫째, '-으켜(-을 거야)'라는 형식을 설명하는 한 가지 방식처럼, 형식명사 '거'와 계사의 어간 '이'가 각각 최소한의 형태만 남기어 '기'로 될 경우를 생각해 볼 수 있다(경상도 방언에서 "먹을 끼야, 곧 올 끼야"에서 보듯이 '거야'가 "기야"로 될 가능성을 염두에 둠). 다시 말하여 '-인'을 계사 어간 '이'와 관형형 어미 '-은'이 가장 최소한의 형태로 줄어들어 1음절로 융합되는 방식을 상정할 만하다.

「계사 '이다'의 어간 이+-은 → -이 은 → -인」

융합된 복합 형태를 만들 경우에, 본디 문법 형태소가 낱개 음소로 줄어들면서 1음절로 융합되는 방식은, 현재 필자가 제시할 수 있는 경우로서, 오직 '-을 기어(-을 거야)'와 '-인 ᄒ다(이라는 말을 하다)'에 불과하다. 후자가 아직 입증되지 않았으므로, 결국은 하나('-으키어')밖에 없는 셈이다. 그렇다면 곧장 계사 어간과 관형형 어미가 융합됨으로써 '-인'이 나왔다고 아주 강한 어조로 주장하기에는 주저된다. 더군다나 결정적인 한계가 있다. 이 융합 형식이 「시간상의 전환」을 꾀할 수 있도록 보장해 주려면 반드시 종결 어미가 실현되어 있어야한다. 이 방언에서 계사는 고유한 서술단정의 서법으로는 '이어' 또는'이다'로 활용하고(각각 입말투와 글말투 또는 비격식투와 격식투의 형태소로 상정될 수 있음), 어조만 달리하여 여러 서법에 두루 쓰이는 반말투로는 '이라'로 활용한다. 이 방언에서 관찰되는 반말투는 계사의 활용모습(-라)과 일반동사의 활용모습(-아)은 서로 상보적이다. 마치 동전의 앞뒷면처럼 '-라'와 '-아'가 하나의 개념을 표상해 주는데, 일반동사가 반말투 종결 어미로 활용될 경우에는 항상 '-어'로 나오기 때문이다("해, 가, 먹어" 따위). 그렇지만 종결 어미가 없이 계사 어간만을상정하는 방식으로는, 그런 시간상의 전환을 결코 유도할 수는 없는것이다. 그렇다면 다른 길을 모색해 보아야 한다(이는 계사 어간에 동화됨으로써 관형형 어미 '-은'이 전설 모음의 '-인'으로 되었을 개연성을 탐색하도록 만드는데, 후술 세 번째 경우를 보기 바람).

둘째, 종결 어미를 고려하면서 다음과 같은 과정도 추정해 볼 만하다. 여기서는 융합된 복합 형식에 「시간상의 전환」이 가능해지도록종결 어미를 실현한 다음에, 관형형 어미가 융합된 모습을 보여 준다.단, 관형형 어미 '-은'이 계사 어간에 동화되어 전설화를 거치면 '-인'으로 바뀐다고 생각할 수도 있다. 이는 또다른 경로의 변이를 보여주며(두 번째 경우), 유독 1음절 '-인'으로 변이를 보여 주는 제3의 경우도 생각해 볼 수 있다(후술될 세 번째 경우). 여기서는 순서상 첫 번째의경우를 언급하기로 한다.

첫 번째 경우: 「'이어'+-은 → -이언 → -이연 → -이엔 → -인」
두 번째 경우: 「'이어'+-은 → '이어+-인' → -이여인 → -이에인
           → -이엔 → -인」

먼저 계사의 활용은 이 방언에서 적어도 세 가지 선택지가 있다. 661쪽의 〈표10〉처럼 '이다, 이어, 이라'이다. 여기서 대우 화용 첨사 "마

씀"을 덧붙여 놓을 수 있는 형식은 오직 "이라맊씀"뿐이다. 그러므로 이것이 계사의 활용에서 반말투 종결 어미임을 확인할 수 있다. 그렇지만 (유사) 인용과 관련된 형상에서 상정해 놓은 계사의 활용 모습은 '이어'이다. 이는 서술 단정의 서법에서만 쓰이는 종결 어미이다.

왜 반말투 종결 어미가 상정되지 못하는 것일까? 고유하게 명령 서법에서 쓰이는 종결 어미 '-으라'가 인용 구문에 참여할 수 있다. '-으라'는 결과적으로 이것(이라)과 동일한 소리값(라)을 지니고 있으므로, 충돌을 피하는 방편으로 '이라'의 선택이 보류되고, 대신 '이어'를 선택한 것으로 필자는 파악한다. 이런 충돌 회피의 목적으로 계사의 활용에서는 고유한 서술서법의 종결 어미(이어)를 차용한 것이지만, 여전히 그 기능은 반말투의 종결 어미처럼 이용될 수 있다고 여길 수 있다.

그런데 계사의 활용이 고유한 서술단정 서법으로서 '이다, 이어'가 모두 다 가능하다. 설령, 명령형 서법과의 충돌을 회피하기 위하여 대안을 선택한다고 하더라도, 왜 '이어'를 선택한 것일까? 필자는 '이다, 이어'가 모두 서술단정의 서법에서 종결 어미로 쓰이는 것이지만, 이들 사이에는 격식성이나 공식성에서 차이가 날 것으로 본다. 비록 고유한 글말 문화가 이 방언의 역사에서는 찾을 수 없지만, 그런 몫을 상정할 경우에는 응당 공통어에서와 같이 '이다'가 선택될 것이다. '이다'는 글말투에서 선택될 수 있는 만큼, 특정한 청자를 상대로 하여 서술되는 것이 아니라, 「가능한 모든 청자를 대상으로 하여 서술되는 특징」이 있을 것으로 생각된다. 이른바 일기 또는 신문의 기사 제목에서 절대문의 형식으로 '-다'를 쓰는 경우가 특히 그러한데(임홍빈, 1983, "국어의 절대문에 대하여", 『진단학보』 제56호), 이 방언에서 계사가 '이다'로 활용될 경우에는 불특정한 청자를 모두 대상으로 삼는 것으로 상정할 수 있다(물론 이런 특성으로 인하여 여러 가지 함의가 수반될 수 있음). 그럴 경우에, 특정한 청자를 상대로 하여 고유한 서술단정의 종결을 하는 '이어'는, 모든 청자를 대상으로 서술단정하는 '이다'보다는 상대적으로 격식성과 공식성의 정도 측면에서 반말투 종결 어미와 가까운 거리에 있을 것으로 본다. 그렇다면 계사의 세 가지 활용 모습 중에서 명령 서법의 종결 어미와 충돌을 피하여 계사가 선택할 수 있는 종결 어미의 형태는 '이다'보다는 '이어'가 될 수밖에 없을 듯하다.

일단 이 방언에서 인용과 관련된 기본 표상이 '-이엔 (말) ᄒ다(이라는 말을 하다)'가 상정되고, 이것의 변이 모습으로서 '-엔, -인, -ㄴ'이라는 형식들도 관찰된다는 언어 사실을 전제로 해서(비음 받침 '-ㄴ'은 604쪽의 사례 73들에서 '-곤[-고+-은]'을 보기 바람), 이런 변이 모습들이 도출되는 과정을 거꾸로 설명해 나가기로 한다. 여기서 공통적으로 공유하는 비음 받침 소리는 관형형 어미 '-은'으로부터 나오는 것이다. 이는 핵어 명사 "말"과 이음말로서 상정되어야 하는 것이다. 즉, "-은 말을 하다" 또는 "-은 말이다"의 형식을 품고 있는 것이다(김지홍, 2019, "제주 방언의 인용 구문과 매개변항", 『한글』 제80권 4호). 일단 받침 소리를 제외하여 그 변화 과정을 추론해 보기로 한다. 여기서 인용 형식의 기본 표상 '-이엔 (말) ᄒ다'를 도출하기 위한 계사의 활용 방식은 소리값이 '-이엔'과 아주 가까운 거리에 있는 '이어'가 선택될 수밖에 없다. 필자는 명령형 서법의 어미를 인용할 경우에 이미 '-으라'가 쓰이고 있으므로, 같은 소리값의 반말투 종결 어미(이라)가 선택되는 일이 회피되고, 대신 고유한 서술단정 서법의 종결 어미 '이다, 이어' 중에서 상대적으로 반말 투식에 어울릴 법한 후자 '이어'가 선택됨으로써, 여전히 반말투의 종결 어미처럼 기능을 맡고 있을 것으로 파악하였다.

계사의 활용 모습 '이어'에서 순행 동화가 일어나 2음절이 1음절의 중모음(이어 → 여)으로 되고, 그 다음에 2음절에서 이중모음이 단모음화(여 → 에)가 일어났을 것이다. 그런 뒤에, 다시 중간 개모음(에)에서 폐모음(이)으로 되면서 급기야 '-인'으로까지 나왔을 것이다. 그렇지만 설령 이런 변화를 상정하더라도 문제가 있다. 즉, 중간 개모음(에)에서 폐모음(이)으로 바뀌는 동기를 합리적으로 찾아낼 수 없다는 점이 한계이다. '-인' 자체를 기본 형상으로 볼지 여부가 선결되어야 한다. '-인'이 기본 형상이라면, 필자는 관형형 어미 '-은'이 계사 어간에 동화되어 전설화되어 '-인'으로 상정될 개연성도 추구될 만하다고 본다. 만일 이런 경로를 채택한다면, 더 앞에서 두 번째 경우로 상정했던 변화가 된다.

　　두 번째 경우: 「'이어'+-은→'이어+-인'→-이여인→-이엔→(-인)」

여기서 먼저 계사 어간에 동화되어 관형형 어미가 '-인'으로 전설화된 모습으로부터 융합되거나 줄어드는 과정을 생각해 볼 수 있다. 계사의 활용 형식에서 '이어'가 '이여'로 되는 일은 순방향의 동화로서 아주 자연스럽다. 이 복합 형식이 문법화되면서 어원 의식이 상실됨에 따라 '-이여인'이 좀 더 줄어들 수 있다. 그 결과 2음절의 '-이엔' 또는 '-이옌'이 나오게 된다. 필자는 문법 형태소의 확정에 초점을 모으므로 두 후보 중에서 '-이엔'으로 적어 놓았다. 그렇지만 '-이옌'에서 1음절의 '-인'으로 줄어들 수 있을까? 필자의 발음 습관으로 본다면 '-옌'이라는 1음절로 줄어들 수는 있겠지만, '-인'으로 줄어들지는 않는다. 그렇다면, '-인'으로 변이되는 경로를 설명해 주기 위해서 또다른 방식이 추구되어야 한다. 필자는 설령 '고식지계'로 매도될 소지도 있겠지만, 세 번째 경로를 생각해 볼 수 있을 듯하다.

　　세 번째 경우: 「'이어'+-은→'(이ø)+-인'→ø-인」

여기에서는 계사의 활용 모습이, 관형형 어미 '-은'을 동화시켜 놓고 전설화된 '-인'으로 만든 뒤에 그 흔적만 남긴 채 탈락되거나 생략되는 방식을 검토해 보는 것이다. 이런 문법화 사례가 몇 가지 있기 때문이다. 가령, '-을까?'라는 의문 종결 어미가 '-으카?'로 나오는데, 유음 받침이 이어진 초성을 유기음으로 바꾼 다음에 그 흔적만 남긴 채 탈락된 경우이다. "먹어낫어라(먹었었더라)"의 결합체에서 동사 '먹다'의 어간과 내포 어미 구문 '-아 나다' 형식이 완전히 문법화된 '먹어나'를 제외할 경우에, 시상 선어말 어미 '-앗'에 반드시 음성 모음으로 결합되는 종결 어미의 융합 형식 '-어라('-어+으라', 또는 '어+라')'도 그런 경우이다. 시상 선어말 어미가 기원적으로 '-아 잇-'에서 나왔다면, '-앗-(-았-)'이란 융합 형식이 되었겠지만, 여전히 존재 동사의 어간이 뒤따르는 어미를 모음조화로써 선택하고 있음을 본다(공통어에서 '-았었-'의 결합도 같은 방식으로 설명될 수 있음).

만일 세 번째 경우에서, 마지막 남은 1음절의 '-인'은 계사 어간에 동화되어 관형형 어미가 전설화된 다음에, 계사 활용 모습은 그 흔적만을 남긴 채 탈락된 것으로 설명하는 길이 추구될 수 있다. 물론 이런 변화 과정은 문법화가 아주 진행되어 마치 하나의 단일 형태처럼 융합되는 일을 전제로 한다. 그렇지만 계사의 활용 모습 '이어'가 송두리째 탈락되거나 생략되는 일이 의아스럽게 느껴질 수도 있겠지만, 유사 인용 구문이 몇 단계에 걸쳐 문법화가 진행될 경우에, 상위문의 핵어 동사까지도 생략됨으로써, 유사 인용 구문의 어미가 마치 종결 어미가 쓰이는 환경에서와 같이 종결 어미처럼 전환되는 경우가 있기 때문에, 결코 이례적인 것은 아니다. 이런 가능성은 '이어+-은'이라는 초기 표상에서, 음운 규칙들이 계기적으로 적용되어 자연스런 음운 변화로 '-인'을 유도할 수 없다면, 필자로서는 마지막 의지처로서 문법 형태소들의 결합 및 문법화 과정을 상정해 보는 것이다. 이와는 달리 좀 더 앞에서 '-인'의 폐모음(이)이 계사 어간이며, 이 어간에 직접 관형형 어미가 결합되었을 가능성도 생각해 보았었다. 그렇지만 결정적으로 융합 형식에서 반드시 종결 어미가 들어가 있어야 시점 이동이 가능하다는 점에서, 이 가능성은 채택될 수 없었다.

만일 이 설명 방식이 올바른 경로에 있다면, 유사 인용 형식과 관련해서도, 문법 형식이 「두 가지 차원에서 중층성을 보여 준다」고 말할 수 있다. 하나는 '-고 (말) 한다'와 '-이엔 (말) 한다'로 나뉘는 것이다.

다시 후자의 경우에 문법화 과정이 여러 단계에 걸쳐 일어남으로써 계사의 활용 형식 '이어'가 탈락된 '-인 ᄒᆞ다'로까지 발달된 것이다(아래 ㉡에서 적었듯이, 조건 접속 어미 '-으민[-으면]'과 '-으문[-으면]'의 대립도 계사의 활용 형식의 유무로 설명될 수 있는데, 708쪽 각주 144 참고). 마지막 개연성으로서, 세 번째 경우마저 받아들여지지 않을 경우에, '-이엔 ᄒᆞ다'에서 변이 모습 '-인 ᄒᆞ다'가 도출되는 자연스런 방식에 대한 경로는, 현재로서 해결할 수 없는 난문제임을 적어 둔다.

그렇지만 만일 이런 개연성이 조금이라도 설득력을 지닌다면, 다시 이것도 이 방언에서 문법 형식이 보여 주는 중중성 현상이 된다. 매우 특이하게 「문법 형태소들의 중층성」 현상은 복합 구문을 다루면서 처음으로 발견한 것이다. 접속 어미 범주에서 몇 가지 변이체들을 목격하면서, 이 현상이 이 방언의 중요한 특징으로 지정할 만한 언어 사실임을 깨달았다. 가령, 접속 어미 범주에 속하는 부류들을 놓고서는

㉠ 사건 전이를 나타내는 접속 어미 '-단 vs. -당(-다가)'에 이 방언에서만 독특하게 관찰되는 '-다서, -다설란(-다가)'('-다서+을란'의 복합체)이 있다.

㉡ 조건 접속 어미 '-으민(-으면)'에서도 도저히 자연스런 음운 변화를 설명할 수 없는 독특한 형식 '-으문(-으면)'도 같이 관찰된다. 필자는 이 조건 접속 어미가 몇 요소들이 융합된 복합 형식으로 간주한다. 그 중 계사의 활용 형식 '이어'가 들어 있는지 탈락하는지 여부에 의해서, 이것들이 서로 나뉘는 것으로 파악한다. 각각 '-음+이어+-은'과 '-음+ø+-은'의 표상인 것이다.

㉢ 배경을 제시해 주는 접속 어미 '-은디'가 시상 선어말 어미와 결합할 경우에 '-앗는디'로 쓰이기도 하지만 동시에 해당 접속 어미가 전설화된 채 결합된 '-앗인디'도 빈도 높게 관찰된다. '-은디'와 '-는디'의 두 형식이 동시에 쓰이는 것이다. 형태소 '-느-'의 유무로써 대립하는 듯이 보이지만, 필자의 직관으로는 이것들이 의미 차이가 없이 거의 수의적으로 교체되는 듯하다.

㉣ 사건의 동시 진행을 가리키는 접속 어미가 '-으멍(-으면서)'으로 쓰인

다. 그렇지만 이 방언에서만 독특하게 쓰이는 '-으멍서, -으멍서라, -으멍설란(-으면서+을란)'도 관찰된다. 특히 '-으멍서'는 공통어 '-으면서'와 1:1 반사형처럼 대응될 수 있겠지만, 이 방언에서만 쓰이는 독특한 접속 어미이다. 화용적 보조사로서 '을란'이 덧붙어 있는 형상에서, 다시 탈락이 일어나서 '-으멍서라'와 같은 융합된 복합 형식이 드물지 않게 관찰된다.

㉢ 대표적인 순차 접속 어미도 시상 및 양태 자질로 대립하는 '-안 vs, -앙'이 쓰일 뿐만 아니라, 또한 이런 자질이 중화된 채 오직 접속의 기능만을 떠 맡은 '-아서, -아설란(-아서+을란)'도 엄연히 독자적인 이 방언의 접속 어미로 쓰이고 있다. 백걸음 양보하여, 만일 '-아서'가 "개신파의 영향"임이 틀림없다면, 어떻게 이 방언에서만 독특하게 관찰되는 '-아설란, -아설랑'이 존재하는 것일까? 역방향 사건들의 접속과 수의적 부가절에 관한 어미들은 거의 대다수가 공통어의 것과 동일하다. 내포 어미들도 거의 그러하다. 이 사실은 필자가 집필 과정에서 처음으로 찾아낸 중요한 언어 사실이다. 일부 연구에서처럼 "개신파"를 들먹이는 일은, 이 방언의 언어 자료도 제대로 드러내지 못할뿐더러, 이 방언의 실상을 아주 왜곡시켜 버리는 잘못된 주장일 따름이다.

㉣ 내포 구문의 유사 인용 어미도 '-이라는 말이다, -이라는 말 ø ㅎ다'의 형식과 '-이라고 ㅎ다'는 형식이 나란히 중층적으로 쓰이며(제6부 제3장의 논의 및 790쪽의 각주 155를 보기 바람), 양태 선어말 어미 '-으크-(-겠-)'도 배경 사건을 가리키는 종속 접속 어미 '-은디'와 결합하여 '-으큰디(-겠는데)'로 쓰인다. 그렇지만 동시에 '-겟-(-겠-)'으로도 실현되어 '-는디'와 통합되어 '-겟는디(-겠는데)'와 같이 쓰이기도 한다.

만일 종결 어미들까지 범위를 넓혀서 중층성의 시각으로 그 대상들을 찾아내어 다루게 된다면, 그 숫자가 현격히 더 늘어날 것임을 불문가지이다. 가령, 이 방언에서 독자적으로 발달시킨 종결 어미 '-저'와 '-주'는 실현 환경이 크게 차이가 난다. 그렇지만 다른 한편으로 공통어에서 쓰이는 종결 어미 '-지'도 두 범주를 아울러 수의적으로 교체되어 쓰임도 특이한 현상이다(342쪽의 각주 78을 보기 바람).

만일 필자가 관찰한 언어 사실이 명백하다면, 이를 확대하여 공통어의 접속 어미 형식도 복합 구성체임을 상정해 볼 수 있을 것이다. 가령, '-아서'는 비록 더 이상 분석 불가능한 것으로 여기지만, 기실 '-아'와 '-서'의 융합된 모습일 가능성을 검토해 보아야 하며, '-고서' 도 또한 '-고'와 '-서'의 융합일 수 있다. 물론 '-서'의 존재를 서태룡 (1988)『국어 활용어미의 형태와 의미』(태학사: 제6장)에서 '있다'의 문 법화임을 주장한 바 있으므로, 새로울 것도 없다. 그렇지만 이 형식과 결합된 '-아'와 '-고'는 어디에서 나왔을까? 이 방언의 현상들에 기댄 다면, 내포 어미(부사형 어미) '-아'와 '-고'에서부터 나왔을 듯하다. 905쪽 이하에서는 접속 어미와 내포 어미가 모두 다 양태 범주에 속하 는 형태소라고 주장을 하였다. 그럴 뿐만 아니라 사건이 병렬됨을 가 리키는 접속 어미 '-곡'이 복합 형식으로 이뤄졌을 가능성을 추구하였 다. 내포 어미 '-고'를 기반으로 하여 명사를 만들어 주는 '-ㄱ'(가령, 내파음 기역[윽]은 이 방언에서 생산적으로 낱말을 만들어 내는데, 음식 내기 축구를 '먹을락 축구'라고 부르며, 달리기 내기라면 '돌릴락'으로 부르며, 숨 바꼭질은 '곱을락'이라고 부름)이 융합되었을 가능성이 있다고 보았다 (이 주장은 916쪽 이하에서 사변적 모색 단계로서 언급되어 있지만, 원고를 달리하여 다시 따로 논의될 필요가 있음).

이 방언의 채록 자료들을 면밀히 들여다볼수록 필자는 새로운 현상 과 중요한 언어 사실들이 계속 부각되고 있음을 체감한다. 거꾸로, 이 런 사실들은 지금까지 이 방언이 얼마나 연구가 겉핥기로 엉성하게 연구되어 있었는지를 여실히 드러내 주는 것이다. 이런 중층성 사례 들이 쌓일수록 엄연히 이 방언의 확고한 언어 사실로 확립될 것이다. 이는 겉보기와는 달리, 이 방언이 간단치 않게 복잡한 질서들이 한데 웅크려 있음(여태 그렇게 무의식적으로 사람들에 의해 쓰여 왔음)을 웅변 해 주고 있는 것이다. 그리고 이런 중층성의 범위들이 충분히 그리고 적합하게 모두 다 찾아진 뒤에, 이것들을 놓고서 적의한 해석을 시도 하는 일이 뒤따라야 한다. 일부 접속문 형태소가 중층성이 현저하고, 다른 접속 형태소는 공통어의 것과 동일하다. 내포문 어미들도 거의 그러하다. 이런 차이 또는 비대칭성도 언어 사실에 토대를 두고서, 문제 의식을 공유하는 연구 집단에 의해 이뤄져야 할 것이다.

'-인'이 화자에 따라 수의적으로 '-잉'으로 발음할 수도 있다. 그렇지만 이것들이 인용의 속성상 결코 시상 의미자질을 놓고서 서로 대립할 수 없는 환경임을 분명히 알 수 있다(제6부에서 재론됨). 관형형 어미 '-은 vs. -을'은 양태상으로 대립을 보인다.131) 다시 '-은'이 융합된

---

131) 양태(또는 양상)에 대한 뜻잡이가 불분명하고 막연해질 수 있다. 필자는 관형형 어미 '-은 vs. -을'과 관련하여 이 어미가 언제나 명사 핵어를 요구한다는 사실을 중심으로 양태적 의미를 규정한다. 먼저 기본 전제가 합의될 필요가 있다. 임의의 사건은 문장으로도 표현될 수 있고, 또한 명사 부류로도 표현될 수 있는 것이다(276쪽의 각주 64를 읽어 보기 바람). 수학 기초론에서, 그리고 술어 논리에서는 이런 구현 방식의 공통점을 임의의 형식이 언제나 참값을 지니게 되는 것으로 강력한 조건을 부여함으로써, 추상화 연산소를 정의하여 논리 연산에서 쓰고 있다. 그렇지만 분석 철학에서뿐만 아니라(무어, 1953; 김지홍 뒤침, 2019, 『철학에서 중요한 몇 가지 문제』, 경진출판: 604쪽의 역주 228에서 치좀 교수의 서평 참고), 최근의 담화 분석에서도 문장으로 표현될 경우와 명사 부류로 표현될 경우에, 그 속뜻이 서로 다르다는 사실이 새롭게 부각됨으로써 주목을 끌고 있다. 그렇지만 아직 아무도 그 까닭을 명확히 구명하지는 못했다. 최소한, 추상화 연산 방식과 명사 표현의 관련성조차 명백히 드러내어 그 동일성이 주장되지 못한 상태인 것이다.

필자는 명사구로 표현될 경우에 항상 참값이 보장된다는 사실을, 한 문장 속에 들어 있는 필수 요소로서 한 사건이 구성되기 위하여 명사가 필요하다는 구조적 특성 때문에 그러하다고 파악한다. 한 문장을 집에 비유한다면, 동사는 집의 뼈대이다. 미리 이 뼈대에 대한 결정으로 말미암아 단층집도 2층집도 빌딩도 텐트도 세울 수 있는 것이다. 그렇지만 뼈대를 세우는 일에 앞서서 먼저 주어져 있는 벽돌들이 있다는 전제가 깃들고, 이런 전제가 모두에게 만족됨으로써 비로소 가능해진다. 먼저 주어져 있다는 사실이, 이미「언제나 어디에서나 참값을 받음」을 의미한다. 이것이 필자가 이해하는 '추상화 연산'(λ-operation)의 핵심 내용이다. 한 문장에서 핵어인 동사는 참·거짓 판단을 받아야 하는 심사 대상물이다. 그렇지만 그 핵어가 거느리는 논항들은 먼저 참값으로 주어져 있다고 전제해야만, 비로소 핵어 동사가 표상하는 낱개의 사건에 대한 진리값 판단이 일어날 수 있는 것이다.

필자는 관형형 어미 '-은 vs. -을'이 형식 명사에 덧붙힘으로써 결과적으로 명사 부류로 분류할 수 있다고 본다. 그렇다면 참값을 보장받을 수 있고, 모든 가능세계에서 언제나 참값을 지닌 소위 '추상화 연산'의 대상들인 것이다. 바로 이 점이 양태적인 속성을 지니는 토대가 된다. 필자는 '-은 vs. -을'의 대립을 기본적으로「이미 해당 사태 또는 결과 상태가 끝나 버려 바뀔 수 없음」및「장차 해당 사태가 일어나는 쪽으로 바뀔 수 있음」으로 본다. 즉, '-은'은「결과 상태 불변성」을 가리키지만, '-을'은「장차 상태가 변화할 예정임」을 가리키는 것이다. 이를 [±상태 불변성]이란 자질로 대립시켜 표시해 줄 수 있다.

여기서 [+상태 불변성]이란 양태를 지닌 '-은'이 융합되어 있는 '-던 vs. -는'은, 각각 화자 중심으로 볼 때에 해당 사건을 체험하였거나 관찰하였음을 나타내는 '-더-'가 결합되고, 해당 사건이 시작됨을 나타내는 '-느-'가 결합되어 있다. '-더-'는 화자를 중심으로 체험하였거나 관찰한 사건이 [+종결점]에 이미 이르렀음을 나타낸다(따라서

'-는(느+은) vs. -던(더+은)'과 '-을'이 융합된 '-았을 vs. -겠을'이 있다. 좀 더 복잡하게 융합되는 경우도 있다. '-았었는 vs. -았겠는'(이음말로서 형식명사 '바'가 선호됨)뿐만 아니라, 또한 '-았었을 vs. -았겠을'(이음말로서 형식명사 '것'이 선호됨)도 쓰일 수 있다. 만일 '-인'과 시상에서 대립(더 엄격히 말하여 관형형 어미의 '양태 속성'에서의 대립임)을 보인다면, 응당 '*-일'이 상정되어야 할 것이다. 그렇지만 이 방언에서 이런 형식은 결코 찾아지지 않는다. 만일 시상의 짝으로서 '-인 vs. *-잉'처럼 대립을 보임이 사실임을 인정한다면, 당연히 본디 형태소 '*-이네 vs. *-이그네'처럼 되돌려 놓을 수도 있어야 한다. 그렇지만 이런 형식이 관찰되지도 않을 뿐만 아니라, 이론상 이런 환원은 원천적으로 봉쇄되어 있다. 접속 구문의 어미 형태소가 아니라, 내포 구문의 어미 형태소이기 때문이다. 이와 같이 여러 가지 모순점들 때문에, 필자는 '-잉'을 한낱 수의적인 변이체에 불과하다고 단정하는 것이다.

이제 비록 잘못 표기되었지만, 문장이나 발화가 종결될 위치에서

발화 시점에서 보면, 청자에게는 그 사건을 관찰하거나 체험할 수 없음). 여기에 '-은'이 융합됨으로써 각각 이미 화자가 체험하였거나 관찰한 사건이 과거 시점에 멀리 떨어져 있으며, 그런 상태가 바뀔 수 없음을 가리켜 준다. 반면에 '-느-'는 해당 사건이 [+시작점]에 이르렀음을 나타낸다. '-던'과는 달리 '-는'은 시작점에 있는 해당 사건의 상태가 바뀔 수 없으므로, 언제든지 누구나 관찰하고 체험할 수 있는 상태가 언제나 바뀜 없이 지속됨을 가리킬 수 있다. 이것이 아마 항상성 또는 영원한 진리 속성의 개념과 동일할 듯하다. 다시, '-던'은 하위 형태소로서 '-았던 vs. ø던'(각각 완결된 사건 및 사건 중단을 표시)의 대립이 있다. '-는'도 마찬가지로 '-았는 vs. ø는'(각각 완결된 사건에 대한 추체험 및 시작된 사건에 대한 추체험을 표시하는데, 전자는 '-았는 바'라는 핵어 명사가 가장 선호됨)을 쓴다.

다시 [-상태 불변성]의 양태 자질을 지닌 '-을'과 결합된 복합 형태소로서 '-았을 vs. -겠을'이 있다. 전자에서는 '-았-'이 해당 사건이 다 끝난 결과 상태를 나타내므로, 그런 결과 상태를 목표로 하여 해당 사건의 상태가 바뀔 예정이며, 대화 참여자들이 그런 결과 상태를 관찰하거나 체험하게 됨을 함의한다. '-겠을'에서 '-겠-'은 이 경우에 추측의 뜻으로 쓰이고 있으므로, 추측의 대상인 관련 사건이 일어나는지 여부를 가리켜 주며, 대화 참여자들한테 그 사건이 확인할 수 있는 모습으로 바뀔 예정임을 가리킨다. 여기에 더 추가되어 '-았었을 vs. -았겠을'의 복합 형태 구성(앞의 각주 130 참고)도 가능하다. 이 형태와 어울리는 핵어 명사로서 '것'이 선호될 법하다. 모두 시상 형태소를 놓고서 양태 형태소들이 이어져 있는 경우이다. 필자는 이런 복합 형태소들도 모두 다 형태소에 배당된 자질들의 배합에 의해서 추가적인 개념이나 의미가 도출되어 나올 것으로 본다.

'-앙'과 유사한 형태들을 적어 놓은 사례들을 검토하기로 한다. 명령형 종결 어미 '-으라'에 내포 구문의 형식(더 쉽게 말하여 '유사 인용'의 형식)인 '-인' 또는 '-잉'이 융합되어 있는 모습이다. 설령 강정희(1988) 『제주 방언 연구』(한남대학교 출판부)에서와 같이 인용 형식의 기본 표상을 '-인'으로 상정하더라도, '-잉'은 결코 시상 자질에 변화를 초래하지 않는 수의적 변이체에 불과하다. 개념상으로만 따져 봐도 「인용 그 자체가 시상과 무관한 영역임」을 이내 알 수 있다. 과거 인용·현재 인용·미래 인용이라는 개념이 전혀 불가능할 뿐만 아니라, 인용되는 내포문(발화 내용)은 항상 이미 들었으므로, 언제나 현재 발화 이전의 특정 시점에 고정되어 있는 것이다.

(74가) -고랭: 똘(딸)이 싓인디(셋인데), 할망(할멈)도 똑(꼭) 봉급 타단(타다가) 놔 뒷단(뒀다가), 엿날(옛날), 다 먹어지니, 어디 강(가서) 어디 심바람(심부름)도 좀 ᄒ여 줭(줘서) ᄒᆞᆫ 때(한 끼니) 얻어먹엉 오곡(얻어먹고서 오고), 똘덜토(딸들도) 내어 놔서(집밖으로 나가서) 어디 강(가서) 남으(남의) 일 ø 줭(남의 일을 해 주고서) 얻어먹곡, 할으방(할아범)은 기영(그렇게) 해 나고랭(했었다고, "[[해 # 나+고라]+이엔] ᄒ여").
(정승집에 딸이 셋이나 있는데, 정승 부인도 옛날 꼭 녹봉을 타다가 놔 두면서 먹다가 그 녹봉이 다 떨어지니, 어디 가서 심부름도 좀 해 주고서 한 끼니 얻어먹고 오고, 딸들도 밖으로 나가서 어디 가서 남의 일을 해 주고서 얻어 먹었어. 정승 할아범은 그렇게 했었다고 해. 구비2 양구협, 남 71세: 645쪽)

(74나) -엉 가랭: ᄒ니(그러니) 백 가짓 종ᄌ(種子) 그 곡식을 허여 가 가지고(추수해 갖고서), 밥을 지으나 떡을 지어 가지고, 인간에 뿌려 주라고! 아귀덜(餓鬼들, 배고픈 귀신들)이 먹엉 가랭(먹고 가라고).
(그러니 도깨비가 박수 무당에게 다음처럼 요구했어. 백 가지 종자 곡식을 추수해서, 밥을 짓든 떡을 짓든 간에 음식으로 만들어서, [tᵢ] 인간이 사는 이승에 뿌려 주라고, [아귀들이 먹고서 저승으로 돌아가라고].: 도치 구문임. 구비1 안용인, 남 74세: 182쪽)

(74가)과 (74나)에서 종결 어미가 실현될 위치에서 모두 '-랭(-라고)'
이 관찰된다. 이는 내포문으로 있는 인용된 형식이 '해 나고라(했었도
다)'와 '가라(가거라)'로 되어 있다. '해 나다'는 소위 부사형 어미 구문
으로서 '하다, 나다'가 내포 구문의 어미 '-아'를 매개로 하여 문법화
되어 있는 모습이며(했었다), 835쪽 이하에서 다뤄져 있다. 여기에 이
방언의 인용 구문의 어미 형식 '-이엔(-이라고)'이 변이체 '-인'으로
깃들어 있는 형식이다. 다시 말하여,

「해 나고라132)+-이엔 또는 -인」(했었도다+이라고)

「가라+-이엔 또는 -인」(가거라+이라고)

---

132) 이 방언에서 특이하게 아음 계열의 형태 '고' 또는 '구'가 다소 너른 분포에서 관찰된
다. 먼저 공통어에서 감탄 종결 어미 '-구나'를 재분석하여 얻을 법한 '구'가 있다(아무
도 독립된 형태로 보지 않는데, 그 까닭은 대립된 짝을 찾지 못했기 때문임). 이것이
이 방언에서는 종결 어미 '-고나(-앉고나, -앗고나, ø고나)'로 대응한다. 참고로 마지
막 음절에 있는 '-나'는 양태 형태소 '-느-'와 관련될 가능성이 있으며, '-네'와 의문
서법의 '-느냐?'들과 함께 논의되어 왔다(477쪽의 각주 99 참고). 그런데 이동 동사와
관련해서 '고'가 종결 어미로 쓰인 '-고라(-앉고라, -앗고라)'도 있고 그 변이 모습인
'-과라(-앉과라, -앗과라)'도 있다. 이것이 융합 형식으로 [-고아+으라]로 재분석될
지, 아니면 [-과+이라]로 재분석될지는 더 깊이 고민해 봐야겠지만, 계사 어간이 상정
되어야 하는 후자의 결합은 매우 이례적이므로, 전자의 분석 가능성이 더 옳을 듯하다.
만일 전자의 경우라면 '고'가 반말투 종결 어미로 일차 종결된 다음에 다시 감탄까지
표현할 수 있는 명령형 종결 어미가 융합되었다고 분석할 개연성이 있다.
  그렇지만 이것과 관련성이 아주 미약한 것들도 관찰된다. 주로 추측을 나타내는 접속
어미 형태 '-은고라, -는고라(-은지, -는지)'가 있고(737쪽 이하 참고), 또한 이보다는
좀 더 확신을 지닌 추정을 가리키기 위해서 '-쿠대(-기에, -길래)'도 쓰인다. '-쿠대'는
변이 모습을 지녀서 '-고대, -과대'로도 나온다(실제 일상생활에서는 들어 보지 못하였
고, 필자로서는 오직 설화 채록을 읽으면서 접해 본 형식들임). 설화 채록에서는 여기
서 관찰되는 '고' 또는 '구'를 과도하게 아래 아 'ᄀ'로 적은 경우들이 있다. 국어사에서
잘 밝혀져 있듯이 아래 아 'ᄋ' 발음은 강세가 자동적으로 얹히는 제1음절에서는 가능
하지만 2음절부터는 이미 다른 발음으로 바뀐다는 지적을 반영한다면, 이것이 과도
교정의 결과일 것으로 짐작된다.
  그렇다면 정작 '고' 또는 '구'가 독립될 수 있는지(대립 짝 형태를 찾지 못한다면 불가
능함), 그렇지 않다면 어떤 배열 속에서 의존적으로 실현되는지를 결정해 주어야 할
것이다. 이런 과정에서도 감탄을 나타내는 '-앉고나(-고 있구나)'에서 보듯이, 현장성
또는 현실태에서의 직접 지각으로 상정될 요소와 추정의 환경에서 나오는 '고'가 서로
동일한 것인지 여부가 분명해져야 할 것이다(형태소 결합 내지 배열이 다름에 주목할
필요가 있음). 하지만 복잡한 여러 영역들이 한데 모아져 있으므로 아직 필자는 이에
대하여 아무런 결론도 내리지 못하고 있다.

의 형상에서 문법 형태소들이 융합되고 줄어듦으로써,

'해 나고랜, 해 나고랭'
'가랜, 가랭'

으로 나온 것이다. 이 인용 구문을 투영하는 핵어는 인용 동사이다.
이 방언에서는 흔히 'ᄒᆞ다(하다)', 'ᄀᆞᆮ다(말하다)'로 상정되며, 때에 따라
'말이어(말이야)'와 대우 형식인 '말이우다(말입니다)' 따위도 관찰된다.
상위문의 핵어 동사는 거의 언제나 쉽게 복원될 수 있기 때문에, 복원
가능성을 전제로 생략되는 경우가 허다하다.

(75) ─은댄 말이어: 속히 가고 싶으되(싶되) 걷지 못ᄒᆞ니, 쇠(소) 몰앙(몰고
서, 몰아서) 가는디(가는데), 매는 혼자뱃긔(혼자밖에) 두드려맞질 못
ᄒᆞ댄 말이어.
(빨리 가고 싶지만, 나이가 어려서 제대로 걷지를 못하니, 소를 몰고
서 가는데, 늦게 도착했다는 죄명으로 매는 혼자서만 두드려 맞을 수
밖에 없단 말이야. 구비1 안용인, 남 74세: 136쪽)

(76) ─댄 말입니다. ─댄 말이우다: 그 사름덜(사람들)은 망 직ᄒᆞ는(망보는,
ᄆᆞᆯ 수직하는) 사람이 만ᄒᆞ댄 말입니다(각주 125 참고). 「큰일 낫다!」
고. 다 헐어젼(흩어져서) 도망허여 불엇댄(버렸다는) 말이우다.
(당시 그 사람들은, 군역으로서 바다 멀리까지 망을 보면서 봉수대를
지키는 사람이 많았단 말입니다. 왜적이 쳐들어오자 「큰일 났다!」고
겁을 먹고서, 다 흩어져 도망가 버렸단 말입니다. 구비1 안용인, 남
74세: 134쪽)

(77) ─앗젱 ─앗젠 허연게양? ─앗젠 ᄒᆞ데다: ᄀᆞᆺ(갓) 일혼만 나 가민(가면), 고
려장ø ᄒᆞᆫ(했던) 시대ø 셔 낫젱(있었다고, 있었지라고), 김녕도 허여 낫
젠(했었다고, 했었지라고) 허연게양(했어라고＋1차 화용 첨사 '게'＋2
차 화용 첨사 '양', [했어라고 그래요])? [조사자의 재확인 질문에] 예,
고려장을 허여 낫젠(했었다고, 했었지라고) ᄒᆞ데다(합디다).
(갓 일혼 살만 되어 가면, 고려장을 하던 시절이 있었다고, 제주시 구좌
읍 김녕리에서도 고려장을 했었다고 하던데요? [조사자가 재확인 질문

을 하자] 예, 고려장을 했었다고 합디다. 구비1 김순여, 여 57세: 196쪽)

여기서는 다양한 형식을 보여 주기 위해서, 인용 동사로서 각각 (75)에서 '말이어(말이야)', (76)에서 '말이우다(말입니다)', '말입니다', (77)에서 Ø, '허연게양(했어라고+게+양, 했어라고 그래요)', '홉데다(합디다)'를 제시하였다. (75)와 (76)에서는 내포문으로서 인용 형식이 관형형 어미 '-은'을 지니고서 뒤에 나온 핵어 명사 '말'에 덧얹혀짐을 명시적으로 잘 보여 준다. 이 핵어 명사에 얹힐 수 있는 방식은, 우리말의 질서에서 오직 관형형 어미 '-은'밖에 없다. 이런 핵어 명사의 출현은, 명백히 문법성을 구현해 주기 때문에, 결코 바로 앞의 관형형 어미에 자음접변 ('-은' → '-응')을 일으켜 놓지 않는다. 어원 의식이 제대로 지속적으로 작동하는 것이다. 따라서 일관되게 '-은'으로만 실현되어 있는 것이다.

그렇지만 이런 측면에서 완벽히 동일한 구성을 갖추고 있지만, (77)에서는 핵어 명사가 없이 실현되어 있고, 또한 '-응'으로도 소리값의 변동이 관찰된다. 그럼에도 불구하고 이 구성에서는 「이런 핵어 명사의 존재가 언제나 복원 가능하므로 쉽게 생략되어 있다」고 추론할 수 있다. 이런 생략 모습이 관용구처럼 되면서 문법화의 길(어원 의식이 없어짐)을 걷는다면, 핵어 명사 '말' 그 자체가 굳이 복원될 필요가 생겨나지 않을 것이다. (77)은 맨 처음 '-앗젱(-았지라고, -았다고)'이 관찰되는데,133) 이것이 부연 설명 형식으로 반복되면서 다시 '-앗젠 허

---

133) 이 방언에서는 종결 어미가 나오는 위치에서 '-저, -주 : -지'가 관찰된다. 이 중 '-저'와 '-주'는 이 방언에서 독자적으로 분화시켜 쓰는 형태이다. 이런 언어 사실에 대해서는 김지홍(2014)『제주 방언의 통사 기술과 설명: 기본구문의 기능범주 분석』(경진출판: §.2-2-4-나)에서 처음 지적된 바 있다. 또한 342쪽의 각주 78에서도 그리고 516쪽의 각주 116에서도 조금 길게 그 사례들을 제시하면서 풀이해 놓았다. 공통어에서는 '-지'라는 형태를 단독으로 쓰고 있다. 이 방언에서는 「중층성」 모습으로 모두 다 설화 자료에서 관찰된다. 그렇다면 이 방언에서는 공통어의 단일 형태소 개념이 양태적 특성에서 다시 분화가 일어나, 청자와 화자가 지니는 정보 상태를 중심으로 하여 서로 다른 하위 영역에서 쓰여 왔음을 알 수 있다. 대립적으로 의미자질을 표현한다면 '-저'는 당연히 화자 쪽에서 청자 쪽으로 정보가 흘러들어갈 수 있도록 해당 사건에 대한 화자의 강한 확신에서부터 선택된다. 따라서 관련된 해당 사건은 미래 사건도 안 되고, 추정된 사건도 후보가 될 수 없다. 오직 화자 자신이 이미 경험한 사건(직접·간접 경험

연게양(-았지라고 했어라고 그래요, -았다고 그래요)'으로 고쳐져 있다. 그리고 전체적인 담화 전개에서 다시 '-앗젠 흡데다(-았지라고 합디다, -다고 합디다)'로 발화된다.

「-앗젱, -앗젠 허연게양, -앗젠 흡데다」

이는 세 가지 사례가 기본적으로 동일한 형상 「-앗젠 말 ㅎ다」(-았지라는 말 하다)에서 말미암고 있음을 잘 드러내어 준다. 인용 구문 부류의 형식에서, 관형형 어미 '-은'이 바로 뒤의 핵어 명사와 함께 쓰이고 있더라도, 관용화되고 문법화 과정을 겪을 수 있다. 즉,

  (ㄱ) 이 형상에서 핵어 명사('말, 말씀'으로 대표됨)가 없어짐으로써,
  (ㄴ) 'ㅎ다(하다)'라는 동사가 '말하다'의 상위 동사로 작동함으로써,
  (ㄷ) 그리고 이 두 가지 사실이 공모한 뒤에 점차 문법 의식(또는 기본 형상에 대한 의식)이 희미해지는 일이 함께 수반됨으로써

「-앗젠 말 ㅎ다」(-았지라는 말 하다)가 「-앗젠 ㅎ다」(-았지라고 하다)로도 쓰이고, 심지어 뒤의 핵어 동사마저 생략되어 「-앗젠」(-았지라고)으로도 쓰일 수 있는 것이다. 여기서는 「-앗젠」(-았지라고)이 '-앗젱(-았지라고)'으로도 발음될 수 있음을 잘 보여 준다.

만일 이런 추정이 잘못이라면, 동일한 문맥에서 (77)의 화자가 먼저 '-앗젱(-았지라고)'으로 발음하고 나서, 왜 '-앗젠(-았지라고)'으로 두 번씩이나 고쳐 발음하는지를 설명해 줄 길이 없다. 수의적 교체인 것

사건)만을 대상으로 할 뿐이다. 반면에 '-주'는 거꾸로의 관계가 성립되는데, 화자가 청자에게 자신의 믿음을 재확인 또는 확신시켜 주도록 요구하는 측면이 있다. 그렇기 때문에 화자가 막연히 추정하거나 미심쩍은 사건을 다시 한 번 확인받으려는 동기에서 선택되는 것이다. 양태상으로 이런 점들이 대립되며, 결코 이런 특성이 서로 혼동되어서는 안 된다. 본문에서 다뤄진 '-젠'은 '-저'에 다시 인용 구문의 형식으로서 계사 어간이 관형형 어미 '-은'을 융합되면서 전설화된 '-인'이 깃들어 있다.

이다. 이를 적어 놓은 채록 주체도 인용 구문의 기본 형상을 정확히 알지 못하였으므로, 접속 어미 형태소 '-안 vs. -앙'의 대립에 이끌리어, '-젱'과 '-젠'으로 달리 적어 놓은 것에 불과하다.

필자의 주장을 백 걸음 양보하여, 만일 이 자료에서 '-젱(-지라고, -다고)'이 접속 어미 형태소 '-앙'으로부터 나왔고, '-젠(-지라고, -다고)'이 접속 어미 형태소 '-안'으로부터 나왔더라면, 비록 수의적이더라도 반드시 본디 형태로도 바꿔쓸 수 있어야 한다. 즉, '-아그넹에'와 '-아네'로 바꿔쓸 수 있어야 하는 것이다. 그렇지만 이렇게 바꿔쓸 경우에는 이내 비문으로 되어 버린다. '*-젱으넹에'도 없을 뿐만 아니라, 또한 '*-제네 허연게양'과 '*-제네 흡데다'도 불가능한 형식이다. 결코 엄격히 시상 의미자질에서 대립을 보여 주는 '-아그넹에'가 '-아네'로 바뀔 수 없는 것이다. 만일 (77)의 자료를 그렇게 해석한다면, 「동일한 사건을 서술해 주면서 시상 의미자질의 대립이 취소된 채 무질서하게 바뀌었다」고 아주 잘못된 주장을 해야 한다. (77)의 화자는 이 방언의 문법 의식을 정연히 반영하여 접속 구문의 어미들을 쓰고 있다. 그렇다면 (77)에서처럼 '-젱'과 '-젠'을 다 함께 적어 놓은 것은, 명백히 이것들이 수의적 변화체에 불과하다는 언어 사실을 잘 드러내어 주는 결정적 사례이다. 따라서 여기서 관찰된 (유사) 인용 구문과 관련된 형태소 '-잉' 또는 '-인'은, 접속 어미 구문과는 무관한 형식으로서 시상의 대립을 보여 주는 것이 아님을 잘 알 수 있다.

이하에서는 다시 '-아네'가 줄어든 형식 '-안' 및 인용 구문의 단절된 형식 '-안²'이 동시에 나옴으로써, 자주 혼동을 빚는 사례를 살펴보기로 한다. 이런 경우는 설화 채록본에서 아주 쉽게 접할 수 있다.

(78) -안 -안 -안²: 그 상(밥상) 물려 뒌(물려 두고서) 제우(겨우) ᄒ연(갈 무리하고 나서) 완²(왔어).
(그 밥상을 물려 두고서, 겨우 갈무리를 하고 나서 집으로 왔어. 구비2 양구협, 남 71세: 646쪽)

(79) -안 -안²: 펜지만 「툭~」흐게 들이쳐 뒨(두고서) 가 불언²(버렸어), 뭔
(무슨) 애기도 않고.
(편지만 「툭~」 집안으로 들이쳐 두고서 가 버렸어, 아무런 까닭도 얘
기하지 않은 채. 구비2 양구협, 남 71세: 639쪽)

(78)에서는 동일한 음성 형식의 '-안(-아서, -았어)'을 볼 수 있는데,
세 번씩이나 나와 있다. 이미 이것들을 구분하기 위한 간편법으로서,
필자는 본디 형태로 환원해 주는 일을 제안하였다. 여기서는 처음 두
개의 '-안(-아서)'만이 종속 접속 어미 형태소로서 '-아네'로 바뀌어
쓰이더라도 문법성에 지장이 없다. 이 간편 구별법은, 이 방언의 모어
직관을 전제로 하여 시행되는 결과적 판정일 뿐이다. 이를 물리적으
로 객관화하여 접속과 동시에 판정할 수 있는 기계적 방법이란 아직
찾아질 수 없음이 유감스럽다. 그렇지만 마지막 종결 어미 위치에 나
와 있는 '-안²'은 이런 교체가 불가능하다. 따라서 인용 구문 형식이
종결 어미로 전성된 것임을 알 수 있다.

(79)에서는 도치된 문장 "뭔 애기도 않고"(무슨 애기도 하지 않고)가
비록 맨 뒤에 덧붙어 있지만, 여전히 첫 번째는 접속 어미 '-안(-아서)'
이다. 두 번째 관찰되는 '-안²(-았어)'는 인용 구문 형식이 단절되면서
종결 어미로 전성된 것임을 알 수 있다. 오직 전자만이 본디 형식인
'-아네'로 교체해 놓아도 문법성이 유지되기 때문이다.

이상에서 종속 접속 구문을 투영하는 기능범주의 핵어로서 시상의
의미자질이 깃들어 있는 '-안(-아서)' 어미를 놓고서, 이것과 자주 혼
동될 수 있는 또다른 인용 구문 부류의 단절 형식 '-안²'에 대하여 서
로 어떻게 구분되는지를 살펴보았다. 가장 간단한 구별 방식으로, 오
직 종속 접속 어미만이 항상 수의적으로 '-아네'로 바뀌어 쓸 수 있었
다. 그렇지만 인용 구문의 단절 형식 '-안²'은 결코 이런 일이 가능하
지 않았다. 이는 이 방언의 모어 직관을 지녀야만 쉽게 실행될 수 있는

일이다.

분명하게 이런 구분이 주어져야 함을, 필자는 또한 종속 접속 어미의 짝인 '-앙'이 문장이 종결하는 위치에서 관찰되지 않는다는 사실을 간접 증거로 제시하였다. 비록 일부에서 '-젠(-지라는, -지라고)'을 '-젱(-지라는, -지라고)'처럼 표기해 놓았더라도, 동일한 화자가 부연 설명하는 과정에서 '-젱'을 다시 '-젠'으로 바꿔 말하고 있다는 객관적인 언어 사실도 함께 제시해 놓았다. 이는 동일한 언어 환경에서 쓰이는 「수의적 변이체」임을 잘 보여 주는 것이다. 일부 잘못된 주장처럼 인용 구문의 단절 형식에서도 시상 의미자질이 대립된다면, 결코 이렇게 수의적으로 '-젱(-지라는, -지라고)'이 '-젠(-지라는, -지라고)'으로 바뀔 수 없는 것이다. 이런 경우로부터 얻어내는 매우 중요한 교훈이 있다. 즉, 이를 간과해 버리기 쉬운 이유가, 이 방언의 문법 연구에서 기본적 형상들을 백안시해 버리기 때문임을 알 수 있다. 이 방언은 문법 형태소의 분석 및 확정에서 1백 년 연구사를 지녔다고 하더라도, 여전히 왕초보 단계에 있을 뿐임을 느낀다.

필자는 이 방언의 모어 화자로서, 이 방언의 진면목이 체계적으로 제대로 드러나기를 간절히 희망하고 있다. 더 이상 외국 학자들이 이 방언을 한국어가 아니라고 호도하는 일이 없어야 한다. 여기서 제시한 필자의 설명 방법은, 먼저 그런 현상과 언어 사실에 주목하도록 한 뒤에, 필자의 머릿속에서 그런 변화를 설명하기 위해 이모저모 사변을 짜 낸 결과일 뿐이다. 이 관점이 결코 곧장 타당하거나 유일한 설명 모형이 될 수는 없다. 먼저 제시된 필자의 모형이 여러 가지 비판과 도전에 응전하면서 더 가다듬어져야 하므로, 일차적으로 그런 풍파의 과정을 겪도록 필자의 생각을 글로 써서 내놓는 것이다. 그렇지만 이 방언에 이런 언어 현상이 있는지조차 제대로 문제로 부각되지 않은 상황에서, 학문 공동체의 공론화를 기대하기가 쉽지 않다.

이 방언의 복합 구문에 대한 전체적인 조감은, 비록 1백 년 연구사를 내걸지만, 한 번도 제대로 이뤄진 바 없다. 필자는 복합 구문을 다루는 과정에서, 일부 접속 구문 영역에서 「문법 형태소의 중층성」 모습을 포착하였고, 다른 접속 구문에서는 여전히 「공통어와 동일한 형태소들을 그대로 쓰고 있다」는 사실도 처음 찾아내었다. 내포 구문에서도 일부 형태소를 제외하고서, 모두 다 공통어의 형태소들을 그대로 규칙적으로 쓰고 있는 것이다. 이것이 이 방언의 분명한 언어 사실이다. 따라서 이전 연구로서

「한평효(1985)에서 비롯되는 '개신파' 또는 '차용'이란 접근 자체가 이 방언의 실상을 왜곡해 버렸음」

을 분명히 못박을 수 있었다. 이 방언은 결코 '외국어'도 아니며, 독립된 '제주어'일 수도 없다. 여러 다른 방언들마냥 몇 가지 매개인자들을 지님으로써 다양하게 살아 숨쉬는 「방언다움」이 발현되고 있을 뿐이다.

만일 이 문제가 학문 공동체의 공동 문제로 부각된다면, 더욱 많은 설명 방법과 해결책들이 제시될 수 있고, 그러한 다양한 선택지 중에서 가장 그럴 듯하게 적합한 모형만이 살아남을 것이다. 이런 과정이 결국 이 방언뿐만 아니라 일반적인 학문의 발전을 반영해 줄 것임은 불 보듯 뻔하다. 이런 점에서 공통어의 현상과 대조하는 일도 이 주장을 일반화하기 위하여 후속 과제로서 진행되어야 할 필요가 있다.

여느 방언의 연구에서처럼 이 방언 연구의 환경도 아주 열악하다. 현재 몇 사람밖에 안 되지만, 이 방언 연구자들의 배경 지식도 결코 가지런하지 않다. 이런 점이 문제 의식을 공유하여 공동으로 해결책을 추구할 수 없게 만드는 또다른 큰 걸림돌이다. 일부 이 방언의 연구들에서는 전체적인 체계를 살펴보기보다는, 오직 유별나고 특수한 것에만 가치를 두고 과대 포장을 해 놓는 일을 해 왔다. 이는 전체를 대상으로 하여 언어를 다뤄야 한다는 현대 언어학의 창시자 소쉬르의 생각조차 제대로 이해하지 못한 결과이다. 필자에게는 아인슈타인이 썼던

"가려워야 긁는다!"(itch, then scratch!)

라는 경구가 떠오른다. 필자는 이를 이론이나 가정이 있어야만 비로소 문제가 드러난다는 뜻으로 이해한다.

첫 단계의 초기 조건으로서, 필자가 느끼는 이런 문제 의식을 공유할 수 있는 학문 공동체가 형성되지 않았다는 점에 절망스러움을 느낀다. 그럼에도 불구하고, 평생 이 방언의 모어 화자로 살면서 이 방언을 내성하며 방언의 실상을 다룰 수 있다는 사실 하나만으로도, 이 방언 속에서 자란 필자가 느끼는 자그마한 자부심이다. 이 방언에 대한 연구는 무주공산처럼 제대로 진행되어 온 분야가 아주 작기 때문이다. 범위를 크게 좁혀서 이 방언의 통사 영역은, 아직 공개적인 학문의 토론 마당을 열어 보지도 못하였기 때문에, 필자가 혼자서 억측으로 모든 것을 농단하였을 가능성마저 배제할 수 없다. 이 논의가 아주 잘못되었음을 느끼고서 제대로 고쳐 놓도록 혹시 다른 눈 밝은 분들을 분발시키고 자극할 수 있다면, 이 책을 쓰는 필자의 몫은 다 이룬 셈이다. 이런 측면에서 「학문이 집단 지성의 작업이 되어야 함」은 더 이상 강조할 필요가 없다(484쪽의 각주 103에서 집단 지성의 '학문 형성 능력'을 보기 바람).

제4장 사건 전개 흐름에서의 사건 전환을 나타내는 경우
: '-단 vs. -당', 그리고 '-다가, -다서, -다설랑'

§.4-1 상대적으로 분량을 많이 차지한 접속 어미 '-안 vs. -앙'의 논의를 막 마무리 지었다. 그렇지만 이 형태소는 융합 형태로서 다시 등장한다. 이제 이들 형태가 융합되어 있는 종속 접속 어미 형태인 '-단 vs. -당'을 다룰 차례가 되었다. 일단 이 두 가지 접속 어미 형태만을 놓고서 시상의 대립으로 다룬 논의는 강정희(1988)『제주 방언 연구』(한남대학교 출판부: 제3장)에서 처음 이뤄졌다. '-단 vs. -당'이나 '-안 vs. -앙'의 시상 대립이 나란히 병렬되어 있는 듯이 서술되었다. 그런데 이 두 가지 형태만 있는 것이 아니라, 또한 이 형태를 중심으로 한데 묶을 수 있는 다른 형태들의 변이가 우심하다. 공통어와 동일한 형식인 '-다가'뿐만 아니라 이것이 줄어든 '-다ø'는 물론, 또한 독특하게 이 방언에서만 관찰되는 '-다서'와도 종종 마주치게 된다(필자의 자료 모음에서는 30회에 달함). 여기에 다시 '-을랑'이 융합되어 있는 '-다설란, -다설랑'에 이르기까지 이 방언의 언어 자료는 다양한 변이를 보여 준다. 이 방언에서 관찰되는 '-다서, -다설란, -다설랑'의 복합 형태소가 주목을 끈다. 여기서 찾아지는 '-서'는 또한 이 방언에서만

고유하게 찾아지는

「-고설랑, -아설랑, -아 둠서, -아 두서」

라는 복합 형태소들도 있다(물론 공통어와 동일한 형식 '-고서, 계사의
접속 어미 활용 이라서'들도 그대로 쓰임). 이런 언어 사실은 '-서'가 엄
연히 이 방언에서도 중요한 기능을 하면서 쓰여 왔고, 현재도 쓰이고
있음을 증명해 주는 것이다. 현평효(1985)『제주도 방언 연구: 논고편
』(이우출판사)에서 즐겨 썼던 '개신파'의 영향으로는 전혀 설명할 수
없는 존재인 것이다. 잘못된 그러한 주장은 뒷날의 연구자들에게까
지 인습되어, 역기능으로 이어졌다. 이 방언을 다루는 일부 연구들
중에서, 여전히 자기 자신의 직관과 어울리지 않을 경우에, 일차적으
로 '개신파의 영향'이라고 무책임하게 말해 버린다(23쪽의 각주 13을
보기 바람). 결국 이 방언의 언어 사실과 그 사용의 진실을 덮어 버리
는 수가 왕왕 있었다. 이런 태도는 일련의 과학적 사고를 진행하는
여러 단계 중에서 관찰 단계와 서술 단계를 충족시켜 주지 못한다.
결국 이 방언의 연구를 가로막아 버린다는 점에서 심히 유감스런 일
이 아닐 수 없다.

  그런데 '-다가' 계열의 접속 어미 형태소가 제일 다양한 변이체를
지니고 있다. 이것이 모두 다 이 방언에서 쓰이고 있다는 점이 주목
을 끄는 중요한 언어 사실이다. 이는 '-단 vs. -당'이란 시상 대립의
접속 어미 형태소 말고도 시상 대립이 없는 모습으로도 빈번히 쓰이
고 있으므로, 단지 '-안 vs. -앙'과는 병렬적인 것(동형의 것)이 아님을
시사해 준다. 만일 두 계열이 병렬적으로(동형의 모습으로) 존재했었
더라면, 응당 그 형태소의 변이 모습들도 서로 동일한 범위를 구현해
놓았을 것이기 때문이다. 중층성 모습을 보여 주더라도, 두 계열의
접속 어미가 보여 주는 변이 모습이 다르다. 이 방언에서는 '-단 vs.
-당'이 가장 넓은 범위로 변이체를 보여 주는 것이다. 그렇다면 다른

길을 모색해 봐야 할 것이다.

필자는 우연히 일부 변이체에서 순차적 접속 어미 형태소가 융합되어 있는 복합 형식이 이 방언에서 쓰이는 경우를, 가장 그럴 듯한 가능성으로 추구한다(다시 말하여, 접속 어미 형태소의 대표 자격을 부여해 줄 수 있음). '-다가'라는 접속 어미 형태소는 '-다ø'로 줄어들 수도 있고, 수의적으로 여기서 '-서'가 덧붙어서 '-다서'로도 쓰일 수 있다. 여기서 '-다ø'와 '-다서'가 모두 다른 형태와 결합함으로써 다시 복합 형식으로 만들어져 쓰일 수 있다. 즉,

(ㄱ) 만일 '-다ø'에 순차적 접속 어미 형태소의 시상 대립 모습이 덧붙는다면, '-다ø+-안 vs. -다ø+-앙'으로 표상되는 기본 형상에서 음절 재구조화가 진행됨으로써, 문법상 시상(양태)의 대립을 구현할 수 있는 형식으로 '-단 vs -당'이 나올 수 있다고 본다.

(ㄴ) 이와는 달리, 또한 '-다서'에 화용적인 동기로 말미암아 '-을랑, -을라그네, -을란'이라는 융합 형식(주제 역할의 대격 조사 을+계사의 활용 형식인 '이랑, 이랑으네, 이란'이 한 덩어리로 융합됨, 325쪽의 각주 74 참고)이 더 덧붙을 수 있다. 그 결과로서 '-다서+을랑'이 융합됨으로써, '-다설랑'이 나오며, 수의적으로 그 변이체로서 계사의 활용 형식이 '이랑으네'로 교체될 수 있다(-다설랑으네). 특이하게, 격조사와 결합된 '-다가'도 찾아지는데, 대격에 '-를다가', 도구격에 '-으로다가'도 있으며, 보조사에도 '-는다가'처럼 통합된 모습이 관찰된다.

단, (ㄴ)에서 시상 대립을 보이는 '이란'의 경우는, 본디 형식 '이라네'로 환원 불가능하다는 점에 근거하여, 이 경우에는 시상 대립을 보여 주지 못하는 것으로 파악하며(오직 '을+이랑으네'만 결합함), '-을랑'과 '-을란'은 수의적 교체에 불과하다. 전환(또는 중단) 접속 어미 '-다가' 계열의 변이체들을 놓고서, 만일 이들 복합 형식이 발달하는 두 가지 경로에 대한 필자의 추정이 옳다면, 매우 복잡하게 많은 변이체를 지니는 듯한 전환 접속 어미 형태소들도, 결국 '-다가'를 밑천으로 하여

나온 생략 형태 '-다ø'를 놓고서 만들어지고 있다는 점에 주목해야한다(만일 생략된 형식을 기본 형태로 본다면, 모두 '-가, -서'가 결합하는 선택지가 있고, 후자에서 다시 유무 대립의 모습으로 '을랑'이 결합하는 선택지가 발달 경로로 상정될 가능성도 있겠지만, 이는 필자의 주장이 수용된 뒤에 다시 추구하더라도 결코 늦지 않음). 이는 이 방언에서 비록 다른 접속어미의 모습을 지닌 경우라 하더라도, 그 기본 표상에서는 한국어와 동일한 기반을 유지하고 있음을 시사해 주는 것이다. 이 전환(또는 중단) 접속 어미 '-다ø' 형태가 (ㄱ) 시상 형태소의 대립 모습을 보여주는 순차적 접속 어미 형태와 융합하여 복합 형식을 만들거나 (ㄴ) 아니면 시상 표시가 없이 중립적인 모습을 유지하면서, 화용적 동기를 지닌 다른 융합 형식이 덧붙는 두 갈래의 발달 경로를 따른다고 정리된다. 이것이 「문법 형태소의 중층성」 모습이다.

만일 필자는 이런 설명 방식이 옳다면, 이 모형이 순차적 접속 어미 형태소의 대립 모습 '-안 vs. -앙(-아서)'에도 적용될 가능성이 모색될 수 있다. 왜냐하면 여기에서도 같은 위상의 변이체를 관찰할 수 있기 때문이다. 즉, 시상에 중립적인 '-아서'가 분명히 이 방언의 설화 채록 자료에 부지기수로 등장하지만('-아설랑'도 쓰임), 지금까지 이를 일단 논외로 젖혀 두고서, 전형적으로 마치 시상 대립을 보여주는 짝 형태소로서만 쓰인다고 서술해 온 것이다(필자가 이 책 집필 이전의 시점에서도 이런 태도를 지녔었지만, 전환 접속 어미 형태의 다양한 변이체들을 합리적으로 도출하는 길을 모색해 나가면서, 현재 시점에서는 앞선 필자의 태도를 스스로 고쳐 나가고 있음을 자각함). 전환 접속 어미 형태소의 생략된 모습 '-다ø'를 놓고서 두 갈래의 발달 경로가 상정되었듯이, 여기에서도 순차적 접속 어미 형태소(-아서)의 생략된 모습 '-아ø'를 놓고서 동일한 두 갈래의 발달 경로를 상정해 놓을 개연성이 높기 때문이다.

우연히 이 방언에서는 유일하게 하나의 선택지만 지닌 공통어와는 달리, 이런 두 가지 이상의 선택지를 품고 있는 경우가 몇 가지 부류가 있다. 가령, 종결 어미가 공통어에서 쓰이는 '-지'가 이 방언에서는 '-주'와 '-저'로 나뉘는데, 서로 배타적인 분포를 보여 준다(결국, '-지'를 포함하여 세 가지 선택지가 모두 쓰이는 것인데, 342쪽의 각주 78과 516쪽의 각주 116과 617쪽의 각주 131을 보기 바람). 이는 내포 구문의 어미에서도 그러하다. 김지홍(2019) "제주 방언의 인용 구문과 매개변항"(『한글』 제80권 4호)에서 지적하였듯이, 이 방언에서는 유사 인용 구문의 어미가 '두 가지 선택지로 나뉜 매개인자'를 품고 있다.

(ㄱ) 내포문의 하위범주인 (유사) 인용구문이 '말을 하다'는 핵어(특히 명사 '말')에 의해서 투영될 경우에는, 내포 구문이 관형형 어미 '-은'을 지니게 된다.
(ㄴ) 그렇지 않고 '말하다'라는 동사에 의해 투영될 경우에는, 공통어에서와 같이 내포 어미 '-고'를 지녀서 '-고 말하다' 또는 '-고 하다'처럼 쓰이고 있다.

더욱이 604쪽 이하에서 살펴보았던 사례 (73가)~(73사)에서 확인하였듯이(211쪽과 215쪽의 각주 53과 54도 보기 바람), 이 방언에서만 유일하게 관찰되는 '-곤'이라는 유표적인 복합 형식도 있다. 이는 두 가지 선택지가 동시에 적용되었다('-고+-은'이 융합되어 있음)고 해석되는 길 이외에는 달리 설명할 길이 없다. 이 방언에서 아주 유표적으로 '-곤'이 쓰인다는 언어 사실을 놓고서, 유연성을 확보하는 설명 방식이 추구될 수 있다. 만일 이 방언에서 이미 '-고'라는 내포 구문의 어미가 규칙적으로 쓰이고 있지 않았더라면, 이렇게 융합된 복합 형식은 결코 만들어질 수 없었을 것이며, 이는 결국 안일하게 '개신파'에 기댄 무리한 주장을 결정적으로 반증하는 사례가 되는 것이다. 내포 어미에 대한 이 두 가지 선택지('-은'과 '-고') 중에서, 오직 후자만이 공통어와 공유된 선택지이다. 그렇지만 이 방언에서는 다른 선택지도 발달시켜 줄곧 써 오고 있음을 알 수 있다. 그렇다면 어미의 모든 범주

(접속 어미·내포 어미·종결 어미)에서 찾아지는 이런 선택지의 수적 확장은, 이 방언을 독특하게 만들어 주는 측면이 된다. 이는 응당 매개인자(매개변항)로 상정될 수 있는 것이다.

만일 이를 수용할 경우에 부각될 가장 어려운 문제가 뒤따르게 된다. 접속 어미 형태소에서 왜 유독 이 방언에서만 시상(접속 어미는 양태 범주에 속하므로 '양태'를 괄호 속에 덧붙여 놓았음) 대립을 분화시켜 놓았을지에 대한 의문이다. 공통어에서는 하나의 문장(절보다 더 큰 범주임)을 대상으로 하여, 시상 및 양태 형태소들을 구현시키는 거시적 방식을 쓰고 있다. 그렇지만 이 방언에서는 각각의 절을 대상으로 하여 시상 및 양태 형태소를 구현시켜 주므로, 상대적으로 미시적인 방식을 쓰고 있는 셈이다. 거시적 차원에서는 「간결한 통합 처리」가 그 동기로서 작동할 것이고, 미시적 차원에서는 「명시적인 단계별 전개」가 그 동기로서 작동할 법하다. 그렇다면 이런 차이점을 방언 분화의 상위 매개인자(매개변항)로 상정할 수 있다. 이때 이것이 과연 통사 차원에서만 다뤄져야 하는 것인지, 아니면 화용(사용 전략) 및 담화(명시적 전개 모습 확보) 차원에서 다뤄져야 하는 것인지에 대한 의문도, 새로운 차원에서 주요 논제가 될 수 있다. 만일 후자를 선택한다면, 한국어에서는 방언의 분화가 언어 사용 모습(담화 전개 차원)에서도 달라져야 함을 시사해 주기 때문이다. 비록 접속 어미 형태소들의 복합 형식이라는 매우 작은 범위에서 제기된 문제이지만, 이 문제를 어떻게 취급하느냐에 따라(만일 이를 매개인자를 설정하는 차원에서 따진다면), 그 영향력이나 파급 효과는 아주 클 법한 심층 논제로 발전하는 것이다.

§.4-2 먼저 필자가 모아 놓은 자료들로부터 이 형태소의 변이 모습들을 제시해 놓기로 하겠다. 공통어에서처럼 동일한 배열이나 결합을 보여 주는 실례를 검토한 뒤에, 이 방언에서만 독특하게 쓰이고 있는 경우를 차례대로 다루어 나가기로 한다. 이어서 이런 접속 어미 부류들의 접속 의미 또는 기능에서의 변이들을 다룰 것이다.

(80가) -다가: 샛뜰(둘째딸, 178쪽 각주 49 참고) 아기 ø 영(이렇게) ㅂ래보
다가(바라다보다가, 바라보다가) "아무 것도 읊읍니다(없습니다)."
(둘째딸 아기가 이렇게 집 밖을 바라다보다가 대답하기를 "이상한 것은
아무런 것도 없습니다." 구비2 양구협, 남 71세: 621쪽)

(80나) -아다가: 겨니(그러니) 그까짓 거ø 문제ø 아니라(아니야). 심어다
가(붙잡아다가) 그 놈ø 멧(몇) 번 들이 차 가난(가니까) 바른 말ø 흐는
거라(거야)
(그러니 그까짓 것이 문제가 아니야. 붙잡아다가 그놈을 몇 번 들어 걸
어차 가니까 비로소 바른 말을 하는 거야. 구비1 안용인, 남 74세: 남
56세: 41쪽)

(80다) -앗다가 -아다서: "그 수풀, 언덕 밑으로 어떤 처녀가 나와서 저흐
고(저와) 몸을 실려(싣다, 붙이다) 가지고, 제(자기) 입을 내게 대고 흐
면서, 구슬을 제(자기) 입에 물었다가 내 입더레(입쪽으로) 놓고, 수츠
(여러 차례) 그러다서(그러다가) 최후에는 구슬을 자기가 물고 도망갑
네다."
(서당 훈장이 서당에 늦게 오는 까닭을 묻자 어린 학동 진좌수는 사실
대로 대답하였다. "그 수풀 언덕 밑으로 어떤 처녀가 나와서 저와 몸을
붙여서 자기 입을 나에게 대고 하면서, 구슬을 자기 입에 물었다가 나의
입쪽으로 놓고, 여러 차례 그렇게 하다가 최후에는 그 구슬을 자기가
물고서 도망가 버립니다." 구비3 김재현, 남 85세: 74쪽)

(80)에서는 공통어와 동일한 전환 접속 어미 '-다가'가 이 방언에서도
그대로 쓰이고 있음을 잘 보여 준다. 이 형태소는 다시 '-아다가'('다그
다'라는 동사와 아마도 내포 어미 '-아' 구문 형식이 결합된 뒤, 어원을 알
수 없을 만큼 아주 관용화되어 버린 듯함)와 시상 선어말 어미 형태소 '-
앗-(-았-)'과 결합한 '-앗다가(-았다가)'를 보여 준다. 다만, 이것들 사
이에서는 「사건 전개가 다 끝나지 않은 채 중간에서 전환되는지, 아니
면 다 끝이 난 뒤에 전환되는지」의 차이가 있다. 오직 어간에 직접
붙은 '-다가'만이 사건이 채 끝나기도 전에 다른 사건으로 전환이 일
어남을 보여 준다(중도 전환). 이와는 달리 '-어 다가'와 '-앗다가'는

해당 절의 사건이 전체적으로 취급되어 전환되거나, 아니면 그 사건이 다 끝이 난 다음에 다른 사건으로 바뀜을 나타내고 있다. 이것들은 모두 공통어의 쓰임과 다를 바 없는 사례들이다.

(80다)에서는 같은 화자의 발화 속에서 '-앗다가'도 쓰이며, 또한 '-아다서'도 뒤섞여 있다. 그렇지만 만일 '그러다서(그러다가)'를 '그랬다가'로 바꾸어 버리면 상황이 달라진다. '-아다가'는 뒤에 나오는 동사의 사건과 함께 「전체적으로 단일한 하나의 복합 사건을 만들어 주는 기능」이 있다(구슬을 주고받고 하다가 도망감). 그렇지만 '-았다가'는 선행절의 사건이 후행절의 사건과 복합적으로 이어져서 하나의 단일한 복합 사건을 만들어 낼 수는 없다. 오직 선행절의 사건이 종결된 뒤에야 전환되어, 다시 다른 사건이 일어났음만을 표상해 주고 있다. '-았다가'에서는 선행절 사건이 종결된 다음에, 어떤 사건으로 전환될지를 전혀 예측할 수 없는 것이다. 이 점이 '-아'(사건 전체 표상)와 '-앗-'(사건 종결 표상)이 드러내는 미세한 차이점이라고 말할 수 있다. 이제 만일 담화의 흐름을 종합적으로 재구성한다면, 모두 여우와 함께 서당 학동(진좌수)이 구슬을 입에 물면서 서로 주고받기 놀이를 어느 정도의 시간 폭으로 진행한 뒤에, 문득 여우가 도망가 버리는 사건이 접속되어 있다.

그런데 이 방언에서만 찾아지는 고유한 형식의 것들도 적어도 네 가지 이상의 변이 모습을 보여 준다. 이런 측면에서 '-다가' 부류의 형태는, 변이 모습의 수량 측면에서 가히 단연 1위를 차지한다고 말할 수 있다(앞의 소절에서는 시상과 양태를 반영해 주는 선택지와 중립적인 선택지로 대분되는데, 후자는 화용적 동기로 더 확장된다고 정리해 놓았음). 만일 이런 지적이 옳다면, 응당 왜 그런 다양한 변이 모습을 띠는지에 대해서도 모색하고 설명을 덧붙여 주어야 할 것이다. 필자는 순차적 사건을 접속하는 어미 형태소가 후행절에 대한 예측을 허용한다는 점에서 의미 전개 과정의 제약이 상정될 수 있겠지만, 여기서 중단이나 전환을 가리키는 접속 어미는 후행절에 대한 예측 가능성의 정도가,

'-앗-(-았-)'이라는 시상 선어말 어미를 지닐 경우에 현격히 낮아진다. 이렇게 예측을 할 수 없게 만드는 사건이 이어진다는 점이, 이 융합 형태소의 변이 모습을 좀 더 다양하게 허용할 수 있으며, 화용상의 전개 방식에서 그 범주도 보조사 '-을랑'뿐만 아니라 '은'까지도 덧붙어 있는 모습을 보여 주는 토대가 아닐까 의심해 본다. 다시 말하여, '-다가' 계열의 형식이 결과적으로 선택지의 너른 범위를 보여 준다는 언어 사실 및 이 접속 어미의 기능이 후행절에 대한 사건을 미리 예측하기 어렵다는 특성이 서로 공모하고 있을 것으로 본다.

(81가) -다서 -단 -앗인가?: ᄒ난(그러니까) ᄒ 사름(한 사람)이 듣다서(듣다가), 「강훈장이 댕기단(다니다가) 어디 간(가서) 장난이나 햇인가?」 [일동 웃음]
(낯선 사람이 다가와서 문득 훈장 강태종의 집을 물으니까, 그러니까 한 사람이 듣다가 생각하기를 「강태종 훈장이 밖에 다니다가 어디 가서 외도하는 장난이나 했는가?」 하고 의심했어. 일동 웃음. 구비3 김재원, 남 85세: 149쪽)

(81나) -다네 -아졋저!: "기영 저영(그렇게 저렇게) 오다네(오다가) 그만 그년덜(그 기생들) 쏨씨(솜씨)에 들어네(빠져들어서) 기자(그저) 난잡(亂雜)ᄒ게 놀아졋저(놀아졌지, 이 방언의 '-아지다'는 피동의 의미뿐만 아니라 또한 결과 상태를 표현해 주는데, 841쪽 이하 참고)!"
(그리저리 오다가 그만 기생들 솜씨에 흠뻑 빠져들어서, 나도 모르게 그저 기생들과 난잡하게 놀아졌구나! 구비2 양형회, 남 56세: 43쪽)

(81)에서는 다시 '-다서'를 보여 주는데, 이것이 뒤에서 수의적으로 '-단'의 모습으로 교체된 것도 보여 준다. 이때 '-단'은 생각을 인용한 후행절에서 시상 선어말 어미 '-앗-(-았-)'과 시상 의미자질에서 일치를 보여 준다. 이런 측면은 전환 접속의 기능을 하는 '-단'이, 시상을 품은 '-안' 어미가 융합되었을 가능성을 시사해 준다. 이는 (81나)에서 보듯이 이 형태소가 마음대로 본디 모습인 '-다네'로도 교체될 수 있

다는 사실에 의해서도 뒷받침된다. '-안'이 본디 형태소가 '-아네'로 환원되는 것처럼, 만일 이것이 융합된 복합 형태소라면, 당연히 '-단'도 또한 본디 형태소 '-다네'로 환원될 것임을 예상할 수 있다. (81나)는 그런 기대를 직접 언어 사실로 보여 주고 있다. 여기에서는 선행절(오다네)에 시상 선어말 어미 '-앗-'이 나와 있지 않으므로, 전환 어미의 형태가 이끄는 선행절 사건이 다 끝나지 않은 채, 중간에서 전환이 일어났음을 가리켜 준다. 만일 '오랏다네, 왔다네(왔다가)'로 쓰였더라면, 오는 사건이 목표점까지 일어나서 다 끝났고, 그 뒤에 사건이 전환됨을 나타냈을 것이다. 그렇다면 '-앗-'이 없이 나온 이런 경우에, 만일 선행절의 사건에 초점을 두면 이를 전개 도중의 「사건 중단」이라고 말할 수 있다. 그렇지만 여기에서는 후행절 사건을 염두에 두고 있기 때문에 완결 뒤의 「사건 전환」이라고 표현하고 있다.

그뿐만이 아니다. 이것이 시상 형태소와 융합되어 있음을 보여 주는 다른 증거로서, '-안 vs. -앙(-아서)' 짝이 모두 이 전환 접속 어미와 결합된 복합 형태소를 보여 준다. '-안(-아서)'과 시상 대립 짝을 이루는 어미 '-앙(-아서)'도 또한 융합 구성에 참여할 수 있다. (82가)~(82다)에서는 '-앙(-아서)'의 융합되어 있는 모습을 보여 준다. 여기서도 그 본디 형태소인 '-아그넹에, -아그네(-아서)'가 그대로 융합됨으로써, '-당(-다가)'뿐만 아니라 또한 '-다그넹에', '-다그네(-다가)'를 쓰고 있음을 실증적으로 잘 보여 주고 있다.

(82가) -당 -당 -읍니다: 아니, 이디(이곳에) 모신 집덜(집들)ø 가당(가다가) 오당(오다가) 이렇게 많이 흡니다.
(아니, 그러니까 도깨비 귀신에게는 국수를 바치는데, 여기서 도깨비를 받들고 모신 집들에서는 가다가 오다가 제수를 이렇게 많이 마련해 놓습니다. 구비1 안용인, 남 74세: 175쪽)
(82나) -다그넹에 -은다고: "저건 어떤 돗(돼지)이냐?" ø 흐니, "새끼덜(들)을 산에 강(가서) 멕이다그넹에(먹이다가) 어둑으면(어두워지면) 다 들어온다."고.

("저건 어떤 돼지냐?" 하고 묻자, 대답하기를 "새끼들을 산으로 데리고 가서 먹이를 찾아 먹이다가, 문득 날이 어두워지면 다시 새끼들을 다 몰고서 들어온다."고 말했어. 구비1 안용인, 남 74세: 165쪽)

(82다) -다그네 -앗입주: 그, 저, 바당물(바닷물) ø 질어다그네(길어다가) 춘물(짠물, 소금물)이라고 썻입주.

(옛날에는 김치 포기를 절이려고 해서, 그, 저, 바닷물을 길어다가, 짠물 이라고 하여 그 바닷물을 썼읍죠. 구비3 김승두, 남 73세: 113쪽)

여기서 (82가)와 (82나)는 동사 어간에 직접 전환 접속의 어미 형태소 가 붙어 있으므로 크게 문제될 것은 없다. 이 시상 어미 형태소는 후행 절의 시상 선어말 어미 형태소가 어떤 것이라도 이내 일치가 일어나 게 되므로, 요구 사항이 따로 없기 때문이다. 후행절의 시상은 각각 '-읍니다, -은다고'라는 어미로 나와 있다. 그렇지만 (82다)에서는 '-아다그네(-아다가)'(모음조화 형태 중 양성 모음을 대표로 내세움)를 매개 로 하여, 후행절에 [+시작점,+종결점] 자질의 시상 선어말 어미 '-앗 -(-았-)'이 나타나 있다. '-아다그네(-아다가)'의 형식은, 전체 사건을 표상해 주는 내포문 어미 '-아'의 의미자질로 말미암아(827쪽 이하에서 내포문 어미 '-아'를 보기 바람) '허벅'이란 물동이에다 물을 긷는 일이 전체적으로 다 이뤄진다는 속뜻이 들어 있다. "물을 길어다 쓰다"라는 복합 구문 형식이, 일차적으로 '물 긷는 사건과 물을 쓰는 사건'이 하 나의 단일한 사건처럼 취급되어 한 가지 해석을 받는다. 이 사건이 다시 시상 선어말 어미 '-앗-(-았-)'에 의해서, 이미 옛날에 일어난 일임을 가리켜 주는 것이다. 그렇다면 (82다)의 선행절과 후행절이 각 각 독립되어 있는 별개의 사건들이 아니라, 오히려 서로 맞물려 있는 단일한 하나의 사건을 구성하고, 마치 단일한 사건처럼 취급된다는 측면에서, 시상 일치의 요구를 면제받는 것으로 서술해 주어야 할 것 이다.

이런 점은 시상 선어말 어미 '-앗-(-았-)'을 대동하여 나온 '-앗다그네'와 의미 해석에서 현격히 차이를 확인할 수 있다는 점에서 그러하다. 따라서 만일 (82다)를 대상으로 하여 전환 접속 어미에 '-앗-'을 더 집어넣고서(사건 완결 뒤 전환)

"바당물 ∅ 질엇다그네"(바닷물을 길었다가)

로 바꾸어 놓는다면, 이는 서로 어울려 한 가지 사건으로 엮일 수 있는 단일 사건이 되는 것이 아니라, 서로 예측할 수 없는 별개의 사건들이 서술되어 접속됨으로써 일련의 복잡한 사건들이 진행된다는 느낌을 준다. 가령

"바닷물을 길었다가 도로 쏟아 버렸다든가", "바닷물을 길었다가 남들에게 조롱을 받았다든가"

하는 중간 사건도, 일련의 복잡한 사건 전개 과정에서 임의대로 충분히 상정할 수 있는 것이다. 이는 단일한 하나의 사건처럼 뭉쳐지지 않는 사건이다(상례대로 예측 가능하므로 단일한 하나의 사건처럼 묶여 있는 경우는 아님). 따라서 '-앗-(-았-)'이 들어가 있는 '질엇다그네(길었다가)'는 선행절과 후행절의 사건들에 대한 전개 경로를 미리 아무도 예측할 수 없다. 오직 선행절의 사건이 종결된 뒤에 우연히 일어난 다른 사건(전환 사건)이란 점만이, 이 형태소의 기능으로서 다른 사건을 담고 있는 「사건 전환의 몫」을 맡고 있는 것으로 보인다(169쪽 이하를 보기 바람).

그런데 필자가 모은 자료에서는 같은 화자로부터 나온 '-앗다설란'도 관찰된다. 모두 '오다' 동사와 결합되어 있다. 따라서 [+종결점] 의미자질을 띤 시상 선어말 어미 '-앗-(-았-)'이 들어 있다는 점에서, '-았다그네(-았다가)'와 같이 선행절의 사건이 모두 다 끝난 뒤에 일어난 「사건 전환」을 의미한다.

(83가) -앗다설란 -앗어. -다서 -겟소: 이 사름(사람)은 어 아무 즈본(자본)도 없는 사름이고, 집이(집에) 들어왓다설란(들어왔다가는) 어, 생활난으로 그 집이(집에) 갓어(갔어). 그냥 막 무즈본에(자본 없이) 그자(그저) 춤(참) 얻어먹고 살앗다고. 이제는 멧(몇) 해 살다서(살다가) 고향엘 가게 되니까 "나는 가겟소!", "어서 잘 가라!"고.
(이 사람은 어, 아무 자본도 없는 사람이고, 집에 들어왔다가는 어, 생활난[생활고]으로 그 집에 갔어. 그냥 막, 무자본에 그저 참 얻어먹고만 살았다고 해. 이제는 몇 해 살다가 고향에를 가게 되니까 "나는 가겠소!"라고 말하자, 혼쾌하게 "어서 잘 가라!"고 대답했어. 구비3 김재현, 남 85세: 292~293쪽)

(83나) -앗다설란 -단 -앗어: 우리나라에 사름(사람)이 잇나 없나, 요것을 검사ᄒ레(하러) 왓다설란(왔다가는) 유 버버리(벙어리) ø 죽여 뒹(두고서) 가젠(가자고) ᄒ단(하다가) 제가 죽을 뻔햇주(뻔했지).
(우리나라에 인물이 있는지 없는지, 요것을 알아보러 왔다가는, 유 벙어리를 죽여 두고서 되돌아가려고 하다가, 오히려 자기가 죽을 뻔했지. 구비3 김재현, 남 85세: 325쪽)

이는 '-다서'라는 형태에 다시 다른 형태소가 융합되어 있다. 필자는 '-다가'에 변이체로 '-다서'가 상정되어야 하고, 여기에 대격 조사와 계사에 순차적 사건 접속 어미가 서로 융합된 '-을랑, -을라그네'가 결합하여 복합 형태소를 만들어 놓은 것으로 본다(325쪽의 각주 74를 보기 바람). 여기서 화용 목적을 위한 복합 형식 '-을랑'('-을란'은 수의적 교체임)은 또한

㉠ 조건 접속 어미 '-거든'과도 융합되어 '-거들랑, -거들라그네[-거든+을랑]'로도 쓰이며,

㉡ 동시 사건 진행의 접속 어미 '-으멍설랑, -으멍서라[-으면서+을랑]'도 쓰이며(후자 형식에는 탈락이 일어남),

㉢ 순차 사건 접속으로 특히 배경 사건을 표시해 주는 접속 어미 '-아 가지고설랑[-아 가지고서+을랑]'과

㉣ 앞과 동일한 기능의 '-아 둠설랑, -아둠서라[-아 두면서+을랑]'에서도

관찰된다(후자 형식에는 탈락이 일어남).

ⓜ 순차 접속 어미 '-아서, -고서'에도 덧붙어서 '-아설랑, -아설라그네, -고설랑, -고설라그네'로도 쓰이고 있다.

이는 결코 '-다설랑'이 단 하나만의 유표적인 사례가 아니며, 화용상의 동기에서 말미암을 개연성 때문에, 비록 미약하지만 어느 정도의 생산성을 띠고 있는 구성체임을 알 수 있다. 필자는 문법적 요구나 필요성 때문에 이런 복합 형식이 쓰인 것이라기보다, 화용상의 역할 때문에 도입되었을 것으로 추정한다. 아마도 ⓐ 상대방에게서 주목의 초점이 되도록 강조하려는 목적으로, 또는 ⓑ 짤막한 순간일지언정 말하는 사람이 발화 준비를 위한 시간을 벌 목적으로, '-을랑, -을라그네'이라는 형태를 더 덧붙여 놓은 형식을 쓰고 있을 것으로 본다. 단, '*-을라네'는 관찰되지 않으므로 대표 형식을 '-을랑'으로 쓰고 있다.

그런데 '-다서'에서는 이미 시상·양태 해석을 벗어나서 중립적으로 사건만을 접속해 놓는 '-서' 형태가 들어가 있으므로, 여기에 다시 융합되어 있는 추가 형태들에서는 더 이상 시상이나 양태 자질이 효력이 없으며(무위적용됨), 오직 화자가 화용상의 전략으로 「발화 준비 시간 벌기 및 청자에게 주의를 기울이도록 요구하기」의 기능만을 맡고 있을 것으로 추정한다. '-다설랑, -다설라그네'에서도 시상을 표시해 주는 선어말 어미가 구현될 수 있고(-앗다설랑, -앗다설라그네), 그렇지 않을 수도 있다(-다설랑, -다설라그네). 후자의 경우에는 전체 문장이 지니게 될(특히 후행절에 구현될) 시상 의미자질의 일치 또는 동화 조건을 점검 받아야 할 것이다. 그런데 (83가, 나)에서는 이미 [+종결점]의 의미자질을 지닌 시상 선어말 어미 '-앗-(-았-)'이 들어가서 '-앗다설란'('-앗다설랑'과 수의적으로 교체함)으로 활용되고 있다. 이미 선행절의 사건이 시상 해석을 고유하게 품고 있으므로, 홀로 독립된 사건을 표상해 주고 있는 것이다. 그렇기 때문에 선후행절의 사건 전개에 따른 담화 표상에서 관련된 시상 해석은 아무런 장애도 생겨나지 않음을 알 수 있다.

§.4-3 그런데 이런 사건 전환의 기능을 맡은 접속 어미가, 느닷없이 조건의 의미자질 및 방임의 의미자질을 지닐 수도 있다. 이 책에서는 접속 어미들을 놓고서 전형적인 기능이 점차 확장되어 나가는 경우를 일반적인 틀로 간주하고 있다. 따라서 결코 '-당(-다가)'이 기능 변화가 이례적이라고 말할 수 없다. 만일 '-당(-다가)'에 주제를 나타내는 보조사 '은'이 결합되어서 '-당은(-다가는)'으로 쓰일 경우에는 특이하게 조건문으로서의 기능을 맡는다. 또한 계사의 방임형 활용을 융합해 놓음으로써 생겨난 복합 형식 '-당이라도(-다가라도)'가 관찰된다. 일찍이 조건을 나타내는 2항 종속 접속 어미 '-으면'과 주제 보조사 '은' 사이에 서로 관련성이 있는데, 특히 '-으면'을 '-으며'와 '은'이 융합된 구성으로 재구성할 수 있다는 주장들이 있었다.134) 이를 오직 '-당은(-다가는)'에 적용할 경우에만 쉽게 주제 보조사의 결합을 확인할 수 있다. 그렇지만 동시에 접속 어미 '-당(-다가)'이 계사가 활

---

134) 필자는 박승윤(1986) "담화의 기능상으로 본 국어의 주제"(『언어』 제11권 1호), 구현정(1989) "조건의 의미에 관한 인지적 접근"(상명여자대학교 『어문학 연구』 제7호), 김정란(2010) "한국어 주제문과 조건문의 분석과 표상"(『언어 과학』 제17권 2호)을 읽어 볼 수 있었다. 조건문 표지가 한정성이나 대조성, 그리고 대상성을 지니기 때문에 이런 속성이 주제와 공유되는 측면이 있다는 주장이다(그 출처로는 Haiman, 1978을 언급하는데, 필자는 직접 보지 못했음). 이런 주장을 받아들여 우리말에서 '-으면'이란 종속 접속 어미를 '-으며+은'으로 재분석함으로써 그 분석의 타당성을 높이고자 하였다. 필자는 이런 주장에 가타부타 간여할 뜻은 없다. 그렇지만 이 방언에서는 '-으면은'도 엄연히 쓰이고 있다. 만일 그와 같은 재구성 분석을 그대로 받아들인다면, 결국 '-으면은'의 경우에 주제 보조사가 두 번씩이나 쓰인 셈이다. 왜 굳이 주제 보조사 '은'이 두 번씩 쓰일지에 대하여 의문이 생겨난다. 필자의 직관으로는 합리적인 설명이 가능할 것 같지 않다.

특히 동일한 형태 '-다가'를 이용하여 복합 형식을 구성하는 일이 '은'만 있는 것이 아니라, 계사가 활용하면서 보조사를 지닌 '-이라도'도 동시에 존재하기 때문에, 특정하게 조건 형식과 주제 형식만 하나로 묶을 수 없을 듯하다. 방임형의 기능은 조건을 다 무위로 돌려버린다. 하나는 조건으로 모아놓고, 다른 하나는 조건을 다 폐기해 버리는 셈이다. 다만, 이 방언에서 전환을 나타내는 종속 접속 어미 '-다가'가, 주제의 보조사 '은'을 지닌 복합 형식 '-당은(-다가는)'과 계사가 활용하면서 보조사 '도'를 지닌 복합 형식 '-당이라도(-다가라도)'가 우연히 조건 형성 및 조건 무위화(방임)의 의미자질을 띤다는 사실을 지적해 놓고자 할 뿐이다. 여기서 시상 대립의 짝인 '-단(-다가)'은 보조사와 결합되지 않는다. 그런 측면에서 따진다면 오직 [-시작점]의 시상 의미자질만이 주제 보조사와 결합하면서 아직 일어나지 않은 사건을 조건으로 만들어 주거나 또는 그런 조건이 아무런 힘도 없이 무위로 돌아감을 만들어 주는 듯하다.

용하면서 보조사 '도'를 결합시켜 놓은 복합 형식 '-당이라도(-다가+이라도)'를 설명하도록 요구받는다면, 그런 주장이 설득력을 잃게 된다. 그렇다면, 보조사들(는, 도)이 결합된다는 것 이상 아무런 것도 서술해 줄 수 없는 것이다.

먼저 전환의 접속 어미 '-당(-다가)'이 조건을 표상하는 환경에서 관찰되는 경우를 본 뒤에, 다시 이것이 주제 보조사 '은'과 결합된 형식을 살펴보기로 한다.

> (84가) -앗당: 「하, 이 사름(사람) ø 낫당(내버려 뒀다가) 큰일 ø 나켜(날 것이야)!」
> (혼자서 「하, 이 사람을 그대로 내버려 뒀다가 큰 일[사건]이 날 것이야!」 라고 생각했어. 구비3 김재현, 남 85세: 35쪽)
>
> (84나) -앗당: "…굳이(같이) 누윗수다(눴습니다) 댓수다(어쨌습니다) 햇당(했다가), 늬(너) ø 죽곡 나 ø 죽곡 흔다!"
> (서귀진 조방장 부인이 진졸 변인태에게 경고하기를, 만일 "…같이 누었습니다 어쨌습니다 말했다가는, 너 죽고 나 죽고 한다!" 구비3 김재현, 남 85세: 92쪽)

(84가, 나)에서는 모두 시상 선어말 어미 '-앗-(-았-)'이 실현되어 있으므로, 선행절 사건이 다 끝났다는 뜻이다. 그러나 각각 후행절에서는 곧 일어날 사건을 가리키는 양태 표현 형태소 '-으키-'('-을 것이다'를 나타내는 '-을 거이'로부터 융합된 복합 형식이며, 3쪽의 각주 1과 119쪽의 각주 42를 보기 바람)와 일반적 진리나 사실을 표현해 주는 양태 표현 형태소 '-은다'를 구현하고 있다. 지배 관계를 통해서 시상의 일치(동화) 조건이 적용됨으로써, 후행절에 실현된 양태를 중심으로 하여 통일된 해석이 이뤄져야 한다. 선행절에서 '-당(-다가)'이 품고 있는 '-앙(-아서)'의 [±시작점] 의미자질에서 후행절의 양태 형태소(-을 것, -은다)에 의해서 일치(동화)가 일어남으로써, 그 자질에서 [-시작점]의 값으로 고정된다. 그 결과 전체적으로 해당 사건들이 아직 일어나지

않았음을 표상해 줄 수 있다(가능세계에서 일어날 수 있는 사건에 해당함). 비록 해당 사건이 아직 시작되지 않았지만, 선행절에서의 선어말 어미 '-앗-(-았-)'의 구현에 따라, 이 선어말 어미가 지닌 [+시작점, +종결점]의 의미자질이 해석에 반영됨으로써, 결국 「해당 사건이 일어나서 다 끝이 난다면」이라는 해석이 가능하다. 이것이 전환을 나타내는 접속 어미 '-당(-다가)'과 통합되어 있으므로, 해당 사건이 다 끝난 뒤에 전환이 일어남을 알 수 있다. 이는 두 개의 사건을 놓고서 이들을 일련의 사건 발생으로 파악할 수 있게 만들어 준다. 다시 말하여, 바로 그런 일련의 사건이 해석의 모형으로 주어짐에 따라서, 선행절 사건과 후행절 사건이 서로 마치 조건의 해석과 그 조건이 실행된 결과 일어날 사건처럼 해석되는 것이다. 이렇게 몇 가지 추가 조건들이 부가됨으로써, 전형적으로 사건 중단이나 사건 전환을 나타내는 접속 어미가 다시 조건절을 지녀, 후행절이 마치 그 결과절인 듯이 파악될 수 있는 것이다.

(85가) -당은 -으민: 경ᄒ난(그러니까) 그 말 ø 들어사줘(들어야지+화용 첨사 '이'). 짐짓(일부러) 묶으젠 ᄒ당은(묶으려고 하다가+는) 「퍼뜰락~」 (의태어, 순식간에 퍼뜩~) ᄒ민, 둘 ø 「거뜬~」(의태어, 가볍게) ⋯ (그러니까 힘이 센 한효종이 자신을 결박하지 말라고 하는 대로, 그 사람의 말을 다 들어 주어야지. 그 사람의 뜻을 어기면서 일부러 그 사람을 묶으려고 하다가는, 퍼뜩하면 그 사람을 붙잡으러 간 사령 둘쯤은, 혼자서 거뜬히 눕혀 버리거든. 구비3 김재현, 남 85세: 163쪽)

(85나) -앗당은 -으면은: 경(그렇게) ᄒ니(하니까) 배를 족은(작은, 좁은) 자리에 앉엿당은(앉혔다가는), 잘못ᄒ면은 ᄂ리우질(썰물 때에 바닷물이 있는 쪽으로 내려놓지를) 못해그네(못해서) 괴길(물고기를) 낚으레 (낚으러) 못 가주게(가지+화용 첨사 '게'). (덕판배가 아주 무거우니, 그러니 만일 배를 축항[석축 항구]의 작은[좁은] 자리에 정박시켰다가는, 잘못하면 썰물 때에 바닷물 쪽으로 그 배를 내려놓지를 못해서, 물고기를 낚으러 가지 못하지, 그래! 구비3 김재현, 남 85세: 38쪽)

동일한 화자의 발화인데, (85)에서는 모두 '-당(-다가)'에 다시 보조사 '은'을 더 붙어 있음을 본다. 또한 두 발화에서 모두 다 부연 설명의 형식으로 조건문 접속 어미 '-으면'도 바로 뒤따라 이어진다. (85나)에서는 그런 보조사가 '-당은(-다가는)'에도 들어 있고, 곧 이어져 있는 '-으면'에도 보조사가 붙어서 '-으면은'으로 구현되었는데, 계속하여 해당 사건들을 초점으로 부각시켜 주고 있는 것이다. 여기서 '-당은(-다가는)'이 조건을 표시해 주는 기능으로 확장되어 있다는 점에서 '-당은(-다가는)'을 조건 접속 어미 '-으면'으로 바꿀 수도 있다. '-당은, -으면은'을 똑같은 접속 어미로 바꾸어 '-으면은, -으면은'으로도 쓸 수 있는 것이다.

물론 이것이 문법성에 위배되지는 않겠지만, 화용적인 담화 전개 방식에서 바람직스런 선택지는 아니다. 후핵성을 지닌 우리말에서는 문법 형태소들을 그대로 복사하여 쓰는 일보다, 조금씩 달리 바꿔 쓰는 방식이 선호된다. 영어와 같은 언어에서는 같은 낱말을 반복하기 않고 다른 낱말로 바꿔씀으로써, 단조로움을 없애고 내용을 풍부하게 해 준다. 미시구조를 다루는 담화 분야에서는 이를 「어휘 사슬의 형성 (lexical chaining)」이라고 부른다. 한문에서도 그러하다. 페어클럽(1980; 김지홍 뒤침, 2015) 『담화와 사회 변화』(경진출판: 172쪽 역주 113을 보기 바람)를 보기 바란다. 한문에서는 「문상피이(文相避耳)·변문(變文)·피복(避複)」 등의 원칙으로 불렀었다. 글말투로서 담화를 전개해 나갈 경우에 아주 중요한 원칙이다. 호이(Hoey, 1991) 『텍스트 전개에서 낱말들의 몇 가지 유형(*Patterns of Lexis in Text*)』(옥스퍼드대학 출판부)이 이런 측면에서 탁월한 업적이며, 머카씨(McCarthy, 1990; 김지홍 뒤침, 2003) 『옥스포드 언어교육 지침서: 어휘』(범문사: 제7장)도 좋은 참고서이다. 그런데 우리말에서는 낱말을 바꾸는 것이 아니라, 그 영역의 문법 형태소들을 바꾸는 일로 달리 적용된다. 따라서 '-으면, -으면'의 동일한 반복 구현보다 오히려 '-당은, -으면'과 같은 형태소의 변동이, 더 자연스럽게 그리고 바람직스런 것으로 수용되는 것이다.

(85가)에서는 선행절에 시상 선어말 어미 '-앗-(-았-)'이 없다. 그렇지만 (85나)에서는 '-앗-(-았-)'이 들어가 있다. 각각 선행절 사건이 다 끝났는지 여부를 구분해 주고 있다. 만일 이 구조에만 초점을 맞출 경우에, (85가)는 '-당은(-다가는)'이 이끌고 있는 선행절 사건에서 전환이 일어나되, 「기대와 달리 잘못 진행된다면」이라는 속뜻이 깃들법하다. 이런 측면에서 보조사 '은'은 '전환이 일어나는 일' 그 자체를 강조하여 주는 듯하다. 그런데 (85나)에서는 시상 선어말 어미 '-앗-(-았-)'을 구현해 놓고 있다. 이는 선행절로 나온 해당 사건이 다 끝났음을 가리키게 되며, 그런 종결된 상태로서 다른 사건으로 전환됨을 나타내게 된다. 그렇다면 (85나)의 '-당은(-다가는)'이 조건의 해석을 띨 경우에, 해당 사건의 종결을 표시해 주는 시상 선어말 어미의 여부는 필수적이거나 의무적인 것은 아님을 알 수 있다.

이번에는 '-당(-다가)'이 이끄는 선행절 사건이 후행절에 아무런 제약도 부과하지 못하므로(선행절 사건과 상관없이), 온전히 수의적인 부가적 지위를 갖는 경우를 살펴보기로 한다. 여기에서도 '-당(-다가)'에 다른 요소가 덧붙어서 융합된 복합 형식으로서 두 가지가 쓰이고 있다. 계사의 활용과 보조사 '도'가 쓰이거나, 계사가 없이 직접 '-당(-다가)'에 보조사가 붙는 것이다. 전자의 선택지는 공통어에서 결코 찾아지지 않는 결합 방식이다. 공통어에서는 오직 후자의 선택지만이 가능하다.

(86가) -앗당이라도: 그자(그저) 밧디(밭에) 갓당이라도(갔다가도) 소를 ㄱ꾸나(치나, 가꾸나) 어떵ᄒ젠(어떻게 하려고) ᄒ민(하면), 꼭 그 동산(童山)엘 강(가서) 역부러(일부러)135) [묏자리 주변을 눈여겨] 보는디(보는

---

135) 이 구성도 특이한데, 한자어(일 役)와 우리말 '부러'가 합쳐진 경우이다. 役+부러(일부러). 일부에서는 '역부로, 역불로'라고도 발음한다(단절된 형식 '역불'도 쓰임). '역불로'는 앞뒤 순음 자질의 환경에서 수의적으로 리을이 거듭 나온 듯하다. '도로, 매우, 너무'와 같이 현재로서는 더 이상 파생에 간여치 못하는 화석화된 접미사 '오, 우'로도 분석될 수도 있다. 필자가 살고 있는 진주에서도 가끔 '역부러'라는 부사를 들을 수 있었다.

데) …

(그저 밭에 갔다가도 소를 치나 무슨 일을 하려고 하면, 꼭 그 동산에 가서 일부러 묏자리를 눈여겨 살펴보는데… 구비3 김재현, 남 85세: 227쪽)

(86나) -당도: 기영 해서(그래서) 이젠 오래 잇당도 아니 갈 형펜이고(오래 머물러 있지도 않을 형편이고), 성질은 원래부터 아니까, 어디 가서 오래 잇질 안ᄒ니까 … 먹음직흔 음식ø ᄒ연 싸서 보내엇다ø 말이어.

(그래서 이제는 있다가도 오래 가지 않을 형편이고, 그 사람의 성격을 원래부터 잘 아니까, 어디 가서 오래 있지 않으니까 … 먹음직스런 음식을 하고서 싸서 함께 들려 보냈다 말이야. 구비2 양구협, 남 71세: 642쪽)

(86가)에서는 복합 형식의 접속 어미 '-당이라도(-다가+이라도)'가 다시 조건을 나타내는 접속 어미 '-으면'으로 부연 설명되어 있다. 선행절에서 어떤 사건이 서술되든지에 관계없이, 여기서는 후행절에 있는

우리나라 일부 지역(강원·전남·경남)에서 여전히 쓰고 있는 형식인 듯하다.

그런데 '역'과 '부러' 사이의 관계는 무엇일까? 같은 계열의 어간이 반복된 것인지 여부를 검토해 볼 수 있다. 가령, 공통어에서 '튼실하다, 굳건하다'에서 보여 주는 '튼+實', '굳+健'(또는 처갓집 유형)처럼 같은 의미가 반복된 형식인지 여부를 보는 것이다. 유창돈(1977 제3판)『이조어 사전』(연세대학교 출판부: 394쪽)을 보면, '부·러(故)'라는 형태가 15세기 문헌에도 나온다. 그렇다면 같은 계열의 어근이 반복된 것이 아님을 알 수 있다. 필자의 직관적 판단으로는 '일부러'를 바탕으로 하여 쓰이는 환경이 더욱 특수하게 발달된 것일 듯하다. 그렇지만『표준국어대사전』에서는 '부러'를 '실없이 거짓으로' 풀이하였고, '일부러'와 뜻을 달리 잡았다. '일부러'에서 줄어든 형식으로 여기지 않은 듯하다. 어원상 필자는 '일 삼다'와 '일 부러, 역 부러'가 어떤 관련이 있을 듯하지만, 명시적으로 어떻게 드러낼지는 잘 알 수 없다.

동산(童山)도 특이한 경우이다. B.C.132년『자치통감』'山不童, 澤不涸'에서 민둥산 뜻으로 쓰였지만, 동시에 작다는 뜻의 「아이 산」이다. 누리집을 통해서『표준국어대사전』을 찾아 보면 '초목이 없는 황폐한 산'으로 풀이하였는데, 정확히 우리말 '민둥산(민+동산)'과 일치한다. 필자는 대머리 독(禿)을 쓴 독산(禿山)의 표기도 본 일이 있는데, '동산'과 관련성은 잘 알 수 없다. 중국 사전에도 '동산'을 국어사전에서와 같이 풀이해 놓았는데(不生草木的山), 「아기 머리 숱이 듬성하다」는 뜻이 아닐까 의심해 본다. 여기에 인용된 설화에서는 '동산'이 황폐한 상태의 산을 함의하는 것이 아니다. 묏자리로 쓸 만한 장소이므로, 작은 규모의 야트막한 산을 가리켜 준다. 흔히 제주에서 '오름, 오롬'으로 불리는 기생화산들도 포함할 듯하다. 비록 울창한 숲이 들어서지는 않았지만, 여전히 떼(떼잔디, 이 방언에서 '테, 테역')나 풀들은 잘 자라고 있는 상태이다. 만일 동산이 황폐한 상태의 산이었다면, 애초에 묏자리로 간주하지도 않았을 것이다. 같은 한자의 뿌리를 담고 있지만, 방언들 사이에 서로 내포의미가 달라져 있는 사례가 될 듯하다.

사건(묏자리를 살펴보는 사건)이 핵심이 된다. 다시 말하여, 선행절의 사건이 어떤 목적을 지니든지 간에 상관없이, 후행절의 사건이 유일하게 중요한 목적으로 일어난다는 뜻이다. 이런 해석에서는 선행절은 이른바 방임형(양보 구문)의 기능을 하고 있다. 그렇다면 수의적인 부가절 지위를 지닌다고 말할 수 있다.

(86나)에서는 도치가 일어났다. '있다가도'는 '오래 아니 갈 형편이다'보다 앞에 나와야 일관된 해석이 이뤄진다. 이런 말실수를 화자가 스스로 자각하였기 때문에 「그 사람이 어디 가서는 오래 머물러 있지 않는다」는 부연 설명을 다시 추가해 놓았다. 르펠트(1989; 김지홍 뒤침, 2008)『말하기: 그 의도에서 조음까지 2』(나남: 제12장)에서 소위 「스스로 점검하면서 고쳐 나가기」 원리가 적용된 것이다. 따라서 일관되게 고쳐진 결과, 주인공이 남의 집에 오래 머물러 있다면 혹시 음식 대접이라도 받을 확률이 높겠지만, 결코 남에게 폐를 끼칠 성격이 아님을 알고 있으므로, 밖에 나가 있는 동안에 굶을 것이라고 보아, 따로 미리 집에서 점심을 만들고서 그 주인공에게 들려 보낸다는 말이다. 여기서는 (86가)의 '-당이라도(-다가+도)'를 쓰는 것이 아니라, 곧장 접속어미 '-당(-다가)'에다 보조사 '도'를 붙여 놓았다. 결과적으로 '-당도(-다가+도)'는 공통어의 배열과 동일한 모습을 보여 준다. 필자는 (86가)의 '-당이라도(-다가+이라도)' 구성으로부터 생략 현상을 거쳐, 언제나 (86나)의 '-당도(-다가+도)'를 도출할 수 있다는 측면에서, 그리고 방임형(또는 양보 구문) 형식이 선행절의 사건과 후행절 사건 사이에 연결이 단절되어 있음을 표시해 주어야 한다는 측면에서, 기본값의 구문 형상으로서 (86가)를 지정하는 것이 옳을 듯하다. 다시 말하여, 방임형 또는 양보 구문은 '-당(-다가)'과 방임 관계를 나타내는 부사어 '그렇더라도, 그렇다 하더라도'를 도입하여 재구성할 수 있을 것으로 본다. 여기서도 새로 도입된 부사에서 계사의 구성체를 확인할 수 있다. 그렇다면 (86가)와 (86나)의 두 가지 선택지가 나란히 병렬되어 있기보다는, 하나에서 다른 하나가 도출될 수 있는 것이다. 즉, (86

가)의 '-당이라도(-다가+도)'의 형식이 먼저 주어지고 나서, 이 형식에 생략 현상이 일어남으로써 '-당도(-다가+도)'처럼 쓰일 수 있을 것으로 본다.

§.4-4 사건의 전개 흐름에서 반전을 표시해 주는 접속 어미는 '-다가' 부류 이외에도, 역접 사건을 이어 주는 접속 어미 '-으되'와 '-주마는(-지마는)'이 선행절 사건과 후행절 사건 사이에 임의의 반전을 표시해 주는 데에 확대되어 쓰일 수 있다. 또한 전형적으로 무대를 제시해 주는 접속 어미 '-은디(-은데)'도 또한 쓰임이 유사하게 확장될 수 있다. 후행절의 사건이 결과적으로 따질 경우에 선행절의 사건과 반대로 진행되는 사건이라는 측면에서, 반전의 해석이나 또는 두 사건이 서로 무관하다는 방임 관계의 해석을 지닐 수 있게 된다. 이것들도 역시 전체 사용 맥락에 의해서 특정 조건이 더 추가됨으로써, 접속 어미의 기능이 확장되는 경우로 간주할 수 있다. 여기서는 그런 실례들만을 하나씩 제시하여 두기로 한다. 접속 어미 형태소들이 공통어의 것을 그대로 쓰거나, 약간의 차이를 반영한 부류들임도 놓치지 말아야 할 중요한 언어 사실이다.

> (87가) -으되: 속히 가고 싶으되(싶되), 걷지 못ᄒ니, 쇠(소) ø 몰앙(몰고서) 가는디(가는데, 가더라도), 매는 혼자뱃긔(혼자만, 혼자밖에) 두드려 맞질 못ᄒ댄(못한단) 말이어. ᄆᆞᆷ은(마음으로는) 걷고 싶으되(싶되), 걷질 못허여.
> (속히 가고 싶되, 자신의 희망과는 반대로 제대로 걷지 못하니까, 소를 몰고 가더라도 늦게 도착한 죄로, 매는 자기 혼자서만 두드려 맞게 되었단 말이야. 그렇게 억울하게 매를 맞고 싶지는 않단 말이야. 마음으로는 ᄅ리 걷고 싶되, 제대로 걷지를 못해. 구비1 안용인, 남 74세: 136쪽)
> (87나) -주마는: 글재(글자) 쓰진(쓰지는) 못ᄒ주마는(못하지마는), 익는(읽는) 것은 그대로 다 나와 불어(버려), 워낙 재주가 좋앗어.
> (글자조차 쓰지 못하지마는, 쓰는 일과는 달리, 책 내용을 모두 암기한

덕택에, 읽는 일은 글자를 보지도 않은 채, 그대로 입밖으로 술술 그 내용들이 다 나와 버려. 워낙 재주가 좋았어. 구비2 양구협, 남 71세: 618~619쪽)

(87다) -은디: 그 전윈(前에는) 쌍놈의 즈석(자식)이라고 해서, 눈알(눈 아래)로 보지도 아년디(않았는데), 그 다음부떠는(부터는) 그것도 은혜라고 ᄒ여서, 아주 아까와(귀해) 뵈어서(보이어서), 「저놈으 아일(아이를) 어떵 친굴(親舊를) ᄒ여야 홀 건디」ø 흔 ᄆ음을 다 ᄒ연(하였어).
(그 전에는 쌍놈의 자식이라고 하여 눈 아래로 쳐다보지도 않았었는데, 그에게서 선물을 받은 다음부터는 그런 작은 선물이라도 은혜로 여기며 그런 신분 배경을 따지지 않은 채 그가 아주 부자로 보였기 때문에 서당의 학동들이 모두 다 「저놈의 아이를 어떻게 친구로 만들어야 할 것인데」라고 하는 마음을 가졌어. 구비2 양구협, 남 71세: 618쪽)

(87가, 나, 다)에서는 서로 다른 접속 어미들이 선행절과 후행절을 이어 놓고 있다. 그렇지만 앞뒤로 접속되어 있는 사건들의 관계가 반전 관계이거나, 또는 서로 무관하다는 의미에서 방임 관계라고 말할 수 있다. 이들 접속 어미도 각각 전형적으로 떠맡은 의미 기능이 있겠지만(역접이나 무대 제시), 전체적인 맥락을 고려하면서 추가 조건들이 덧붙여짐으로써 반전의 기능이나 방임의 기능으로 확대되어 쓰고 있음을 알 수 있다. (87다)에서는 '-앗-+-느-+-은디'가 결합되어 있지만, 이 환경에서는 '-은디'와 수의적으로 교체되어 '-앗인디'로도 쓰일 수 있다(669쪽 이하 참고).

이상에서 두 사건 사이에 중단 또는 전환을 표시해 주는 접속 어미 형태소('-다가' 계열)가 이 방언에서는 순차 접속 어미가 녹아들어 있는 복합 형식 '-단 vs. -당'으로 쓰이고 있음을 확인하였다. 이 접속 어미는 이 방언에서 변이체를 가장 많이 보여 준다. 시상 요소가 들어 있지 않은 채 중립적 형식으로서 공통어와 동일한 모습의 '-다가'(이것이 줄어든 '-다')뿐만 아니라, 이 방언에서만 특이하게 관찰되는 '-다서'('다가+서'에서 말미암을 듯함)를 쓴다. 이를 토대로 하여 또한 화용적 동기를 띠면서 좀 더 확장된 '-다설랑'까지 쓰임을 확인할 수 있었다. '-다가'는 보조사나 격조사에도 덧붙는데, 가령 '-은다가, -으로다가, -을다가'와 같이 매우 유표적인 결합도 관찰된다. 그렇다면 이런 유표적인 복합 형식의 존재에 기대어서, 공통어로부터 '개신파'의 영향 때문에 쓰는 것일 리가 없음을 결론지을 수 있다. 만일 개신파로서 광복 이후에 들여와서 쓰는 것이었다면, 반드시 일정 기간 걸쳐 그대로 복사된 모습으로 쓰일 것임을 전제해야 한다. 그렇지만 결코 복사된 모습이 아니라, 해당 문법 형태소 자체가 엄연히 이 방언에서만 독자적으로 발달한 모습으로 쓰인다는 언어 사실 자체가, 이미 더 앞선 시기에 공통어와 공유된 형태소가 일정한 규칙 체계로서 이 방언에서 쓰이고 있었음을 드러내어 주는 것이다. 접속 어미 형태소들 중 일부는 「문법 형태소의 중층성」 모습을 보여 주지만, 다른 일부는 공통어의 어미와 동일하게 쓰고 있다는 엄연한 언어 사실을 백안시함은 반언어적이며, 언어 연구로서의 자격이 제대로 갖춰져 있지 않다.

시상의 요소가 융합된 접속 어미의 복합 형식은 이것만이 아니라, 이유 접속 어미(-으난)에서도 그리고 동시 진행의 접속 어미(-으멍)에서도 찾아진다. 그런 만큼 융합된 이런 복합 접속 어미 형식이 이 방언의 문법 형태소 형성에서 일반적으로 쓰이고 있으며, 그렇게 반복 적용되는 만큼 경제성 측면에서 효과를 거두고 있는 것이다(소수의 형태소가 값싸게 반복 이용됨).

그런데 사건 전환을 표시해 주는 접속 어미의 기능이 담화 맥락에서 추가 조건들이 덧붙음으로써, 다시 다른 기능으로 확대되는 것을 확인할 수 있었다. 그런 추가 조건에서는 특정한 형태가 선택될 수도 있고, 그렇지 않은 채 우리 머릿속에 있는 일련의 사건 전개 모형을 적용함으로써 그런 확대된 기능으로 해석될 수도 있다. 필자는 양자가 모두 함께 공모하여 기능 확장이 일어나는 것으로 본다. 전자에서는 주로 보조사 '은'과 '도'가 이용되었는데, 각각 조건 제시 및 방임 관계로 확장되었다. 이는 소위 다의어적 접근 모형으로서 전형적인 모습과 확대된 모습으로 나누어 추구하는 방식이다. 방임(또는 양보) 관계를 표시해 주는 접속 어미로서, 역접 접속 어미들도 추가 조건이 덧붙음으로써 기능 확장이 일어날 수 있음을 '-은디(-은데)', '-으되', '-주마는(-지마는)'의 경우로써 예시해 놓았다.

제5장 사건의 배경 제시 기능을 떠맡은 접속 어미

: '-은디(-은데)', '-자', '-으니'

§.5-1 여기서는 선행절의 사건이 후행절 사건이 일어나는 데에 배경으로 제시되는 경우를 놓고서, 세 가지 부류의 접속 어미들에 대하여 다루기로 한다. 이 형태소들은 거의 공통어의 것과 동일하다. 그렇다고 하여, 이것들을 '개신파'이니, '차용'이니 주장할 수 없음은, 언어 자체가 언제나 전체 체계로서 작동한다는 측면에서 불문가지이다.

'-은디(-은데)', '-자', '-으니'

부류들이다. 여기서 선행절과 후행절의 사건들을 일으키는 주체가 동일한 사람일 수도 있고, 전혀 다른 사람이거나 자연계의 사건일 수도 있다. 전자의 경우에는, 후행절 사건의 전개가 동일한 화자에 의해서 관찰되는 경우를 나타낼 수 있다. 후자의 경우는 서로 사건을 일으키는 주체가 다르기 때문에, 어떤 영향을 미칠 수 없다는 측면에서 선행절의 사건이 무대를 마련해 놓는 경우로 비유할 수 있다.

먼저 종속 접속 어미 '-은디(-은데)'를 살펴보기로 한다. 필자가 모은 자료들에서 35회가 있다. 이 중에서 명사(일반 명사 및 형식 명사)와 계사 '이다'를 붙여 활용하는 사례가 19회로서 많은 부분을 차지하고 있다. 이런 특성은, 인물이나 무대를 지정해 놓는 일로서, 전형적으로 다음 사건이 일어나게 될 무대를 제시하는 것으로 간주할 수 있다.

> (88가) -인디: 지애집(기와집)이 대으숫(대여섯) 거리(채)이고 흔(한) 큰 부잰디(부자인데) 그딜 들어가 가지고 "넘어가는 나그네 ø, 주인 ø 흐로처 녁(하룻저녁) 빌립서!" 이렇게 흐니, "저 ᄉ당(사당) 칸에 들라!"고.
> (기와집이 대여섯 채나 되는 큰 부자집인데, 그곳을 들어가서 "넘어가 는 나그네에게 주인은 잠 잘 자리를 하룻저녁 빌려 주십시오!" 이렇게 말하니, "저 사당 칸에 들어가서 머물라!"고. 구비1 안용인, 남 74세: 164쪽)
>
> (88나) -인디: "난(나는) 월계 진좌순디(좌수 진국태인데) 너 ø 모친 벵(병) 으로 값지?" "예, 그럽니다!" 그랬어.
> ("나는 월계 진국태[月溪 秦國泰 1680~1745] 좌수인데, 너는 지금 모친 병 때문에 진좌수를 만나러 가고 있지?" "예, 그러합니다!" 그랬어. 구 비2 양구협, 남 71세: 615~616쪽)

(88)에서는 선행절 사건이 모두 후행절의 사건을 위한 무대를 제시해 주는 기능을 한다. 계사가 아니라, 존재사 '있다'를 써서 표현할 수도 있다(큰 부자가 있다). 만일 그럴 경우에 이 방언에서는 '있다'가 어간이 둘 이상이나 되는 쌍형어(네 가지 쌍형 낱말임)로서

「이시다, 잇다, 시다, 싯다」

가 공존하여 쓰이고 있는 것으로 알려져 있다(중세 국어를 대상으로 하 여 존재사가 쌍형으로 쓰임은 이숭녕, 1981 개정판,『중세 국어 문법』, 을유문 화사, 210쪽에서 지적되었고, 이숭녕, 1957, 1978 재간,『제주도 방언의 형태 론적 연구』, 탑출판사, 23쪽 이하에서 처음으로 '이시다, 시다'가 지적되었음).

현평표(1985) 『제주도 방언 연구: 논고편』(이우출판사: 183쪽 이하)에서 는 두 가지 어간만 다뤘다. 아마도 소위 '완료 지속상'을 수립하기 위 한 필요성 때문에 「이시다, 시다」만을 논의했을 것으로 본다. 그렇지 만 처음으로 강근보(1972) "제주도 방언 「잇다」 활용고"(제주대학교 『논 문집』 제4집)에서 네 가지 어간이 있음이 지적되었는데, 그 논문의 8쪽 과 9쪽에서 '시다'와 '싯다'를 음운론적으로 교체되는 변이형태로 봤 다. 사적으로 필자는 아주 이른 시기임에도 불구하고 이런 주제를 다 뤘다는 사실에 크게 울림을 받는다. 또한 문순덕(2003) 『제주 방언 문 법 연구』(세림: 10쪽)와 김지홍(2014) 『제주 방언의 통사 기술과 설명: 기본구문의 기능범주 분석』(경진출판: 255쪽 이하와 320쪽)에서도 네 가 지 어간이 있음을 확인하였다.

만일 이것들이 모두 다 수의적 교체를 보이는 관계라면, 이들 중 임의의 후보를 선택할 수 있을 것이다(그렇지만 형태 결합으로 따질 경우 에 하위범주로 나눠야 할 근거가 있으며, 상보적인 어간 이형태라고 봐야 옳 을 듯함). 아래 (89가, 나)에서처럼 '잇는디(있는데)'와 '이신디(있는데)' 로 나온다. 각각 '잇다'와 '이시다'라는 어간이 활용되는 모습으로, '- 는디, -은디'와 통합되어 있다. 또한 어간 '시다'도 '신디'로 활용할 수 있으며, 다음 (89다, 라)에서 확인할 수 있다.

(89가) 잇는디: 간(가서) 보니 그디[황희 정승댁]는 식솔덜(食率들, 식구들) 이 잇는디, 빈곤ᄒ게 살았더라(살고 있더라) ø ᄒ여. 사는디 춤(참) 때거 리(먹을거리) ø 옷이(없이) 사는디, "정승님 계신 때에 무신(무슨) 남긴 말이나 없입니까?" ᄒ니, 대번(곧장, 對番) 「이영(이렇게) ᄀᆞᆮ더라(말하 더라)」 ø ᄒ여.
(돌아가신 황희 정승댁에 가 보니, 그곳은 식구들이 있었는데, 빈곤하게 살고 있더라 해. 사는데, 참말로 세 끼니 먹을 것도 없이 사는데, "정승 님 살아 계신 때에 무슨 말이나 남긴 게 없습니까?" 하고 묻자, 곧장 「이렇게 말하더라」고 대답해. 구비2 양구협, 남 71세: 667쪽)
(89나) 이신디: 하도 ᄉᆞ정(事情)ᄒᆞ여서 물으니, 그런 게 아니고, 김정싱(金

政丞)ø 메누리가 이신디, 미인(美人)이라고.

(길손이 하도 통사정을 하면서 김정승 댁내 사정을 물으니, 그런 게 아
니고, 김정승의 며느리가 있는데 미인이라고 말해 줬어. 구비1 안용인,
남 74세: 160쪽)

(89다) 신디: 장모영 믄(모두 다) 신디(있는데), 뚤(딸)도 있고, 가시어멍(丈
母, 각시＋어멍)도 싯고 흔디(있고 한데)…

(장모랑 모두 다 있는데, 딸도 있고, 장모도 있고 한데… 구비2 양형회,
남 56세: 30쪽)

(89라) 신디: ᄌ식(자식)이 꼭 그 연령ø 된 사름이 신디(있는데), [당신의
뚤을 내 아들에게] 줮이민(줬으면) 좋암직ᄒ댕(좋음직하다고) 흔단 말
이어(말한단 말이야).

(자기 자식이 꼭 같은 연령이 된 아들이 있는데, 당신의 딸을 내 아들에
게 줬으면 좋음직하다고 말한단 말이야. 구비2 양구협, 남 71세: 646쪽)

그렇지만 만일 '싯다'가 활용할 경우에, 받침 어간인 '잇는디'의 결합
을 고려한다면 '*싯는디'가 도출될 만한 형식일 듯하다. 그런데 이것
이 필자 개인의 모어 직관으로는 허용되지 않을 듯하다. 그런데 왜
이것이 저지되는 것일까? 잘 알 수는 없지만, 현재 국어학에서 거둔
성과를 적용해 보면, 네 가지 쌍형 어간이 통사 행태가 꼭 동일한 것은
아님을 알 수 있다. 가령, 마치 동사처럼 명령형 어미와 결합되는 경우
를 통해서, 해당 어간의 의미 속성을 엿볼 수 있는 것이다. 이런 측면
에서 동사적인 용법(존재 사건의 지속 동기에 초점이 있음) 및 순수히 형
용사 용법(대상 상태의 묘사에 초점이 있음) 사이를 서로 구분할 필요가
있을 듯하다. 먼저 '-으라!'를 결합시켜 보고, 다음으로 반말투 종결
어미와 융합된 복합 형식 '-어라(-어+-으라)'(이 경우에 '-으라'는 명령·
감탄 서법의 종결 어미이며, 다른 형식은 588쪽의 각주 129를 보기 바람)를
결합시켜 보면, 특이하게 그 결과를 다음처럼 얻을 수 있다.

〈표9〉 활용 어미로써 구분 가능한 '있다'의 하위범주

어간	단일한 명령형 '-으라'	융합된 명령형 '-어라'	접속 어미 '-은데, -는데'의 결합
이시다	이시라!	*이셔라!	이신디(-은디) vs. *이시는디
시다	시라!	*셔라!	신디(-은디) vs. *시는디
잇다	*잇으라!	잇어라!	*잇인디 vs. 잇는디(-는디)
싯다	*싯으라!	*싯어라	*싯인디 vs. 싯는디(-는디)

여기서 주목할 점은 두 가지이다. 단일형 명령 어미 및 융합되어 있는 복합 형식의 어미가 서로 상보적인 분포를 보인다는 사실, 그리고 '싯다' 어간의 경우는 결코 동사처럼 쓰일 수 없다는 사실이다. 순수한 상태만 묘사하고 있으므로, 오직 형용사와 동일한 부류인 것이다. 필자는 접속 어미 형태소와 결합될 경우에 '-는디(-는데)'를 요구하는 '잇다'가, 마치 동사와 같이 의도적인 동기가 있는 상태를 지속하는 데에 간여할 수 있음을 보여 주는 것으로 파악한다(신선경, 2002, 『'있다'의 어휘 의미와 통사』, 태학사에서는 이를 '사건적 존재 구문'이란 용어를 씀). 이와 대척점에 있는 것이 접속 어미가 결합되지도 않고, 명령형 어미가 붙지도 않는 '싯다'이다. 그렇다면 형용사 용법만을 지닌 '없다'라는 낱말 짝이 '싯다'가 되는 것임을 알 수 있다. 신선경(2002)에서는 이런 경우를 '비대격성 구문'으로 불렀다. 본디 초기 표상에서 대상역을 부여받는 관찰 대상이므로, 응당 표면구조에서 대격을 받아야 하겠지만, 표면 구조에서는 언제나 주격으로 나오는 것이다. 여기서 더 추가해 놓은 언어 사실은 835쪽 이하에서 판단을 나타내는 양태 범주의 동사를 다뤘는데, 내포 어미 '-아'와 통합된 양태 동사로는 오직 '-아 잇다(-아 있다)'만이 쓰인다는 점이다(*-아 이시다, *-아 시다, *-아 싯다).

이제 대립적으로 이런 분포를 서술할 수 있다. 이 방언에서는 동사처럼, 존재하는 사건을 발생하도록 의도하고, 실제 실행하는 모습처럼 쓰이는 '잇다'가 있고(가령, "나는 미리 거기에 가 있겠다"), 순수히 형용사처럼 대상의 상태만을 묘사하는 '싯다'가 있는 것이다. 더 나아가,

만일 '이시다'에서 수의적으로 '시다'를 도출할 수 있다면, 위의 네 가지 쌍형 어간이 세 가지로 줄어들 수 있다. 엉뚱하다고 여길 수 있겠지만, 여기서 '이시다'가 중가 형식일 개연성을 추구해 볼 수도 있다. '잇-＋싯-'(음절 재구조화가 이뤄지면 '이쎘다')이거나 '싯-＋잇-'(음절 재구조화가 이뤄지면 '시싯다')이거나 '잇-＋잇-'(음절 재구조화가 이뤄지면 '이싯다')이거나 '싯-＋싯-'(음절 재구조화가 이뤄지면 '시쎘다')을 상정할 수 있을 것이다. 이 중에서 '이시다'와 관련될 가능성이 있는 것은 세 번째 후보 '이싯다'가 있겠지만, 받침이 있다는 사실 자체가 가장 큰 걸림돌이 된다. 이것이 결국 동사로서 기능하는 것 및 순수하게 형용사로 기능하는 것 사이에 어느 정도 일정한 거리를 두어야 함을 시사해 준다. 여기 있는 받침 소리는, 근대 국어에서 된소리(경음)로 발달한다(119쪽의 각주 42 참고). 공통어에서는 비록 동일한 '있다' 형태를 쓰고 있지만, 무엇과 관련하여 어떻게 활용하는지를 놓고서, 순수한 형용사 용법 및 동사에 수렴되는 용법으로 대분할 수 있는 것이다. 유현경 외 9인(2018)『한국어 표준 문법』(집문당: 265쪽)에서는 이런 특성이 '중간적인 모습'으로 지적되어 있다. 그렇다면, '이시다(시다)'는 아마 두 축 사이에서 대상 상태의 묘사를 가리키는 형용사에 토대를 두겠지만, 다른 한편으로 존재 사건을 지속하려는 의도까지 가리킬 수 있는 혼합된 모습으로 설명할 수 있을 듯하다.

'-은디'는 지시 표현의 대명사과 결합하여 문장을 접속하는 부사로도 쓰인다. 즉,

「기연디, 그연디, 견디, 겐디」(그런데)

따위로 나오는 것이다. 이는 지시 대명사 '그'와 계사의 활용 형식 '이어'와 접속 어미 형태소 '-은디'가 결합된 뒤에, 마치 한 낱말로 굳은 표현처럼 쓰이는 것이다. 여기에서 계사의 종결 어미는 603쪽 이하에서 내포 구문(유사 인용 구문)의 어미 '-이엔'을 다루면서 살펴보았던

고유한 서술 서법의 종결 어미임에 주목할 필요가 있다. 그곳에서는 고유한 명령 서법의 종결 어미 '-으라'와 서로 의미상 충돌이 일어나므로, 불가피하게 계사가 반말투 형식 '이라'를 쓰지 못하고 다만 '이어'로 활용하였다고 서술해 놓았었다. 그렇지만 여기에서도 그런 충돌이 빚어지는 환경일 것일까? 앞뒤 맥락을 고려하면 명령형 종결 어미와 충돌될 환경은 아니다. 그렇다면, 왜 이 구절에서 반말투 종결 어미 '이라'는 나오지 않은 것일까?

필자는 종결 어미가 두 번 반복됨으로써 융합된 복합 형태소를 이룬 경우에 특이하게 「시점이 이동된다」는 사실을 지적하였었다. 그런데 부사를 만들어 가는 환경에서는 시점과 긴밀한 관련성이 없다. 그런 점에서 필자는 계사의 반말투 종결 어미 활용 모습 '이라'가 이 경우에는 요구되지 않는 것으로 본다. 이런 추정은 같은 범주의 문장 부사로 쓰이는 '흔디(한데)'에 의해서도 뒷받침된다. 왜냐하면 이 형식은 대용사로서의 '하다'의 어간 'ㅎ-'에 직접 접속 어미 '-은디(-은데)'가 결합되어 있기 때문이다. 이는 접속 부사에 아무런 시점 이동도 불필요함을 나타내어 주는 것으로 해석된다. 이런 측면에서 어조만 달리하여 두루 여러 서법에 쓰이는 반말투 종결 어미 '이라'가 굳이 요구될 필요가 없음을 가리켜 준다. 대신, '하다'의 어간 'ㅎ-' 및 지시 대명사 '그'가 계사를 이용하여 활용된 형식 '기여(그+이어)'(고유한 서술단정 서법의 종결 어미)가, 거의 등가물처럼 쓰이고 있음을 추정할 수 있다.

그렇다면 이런 등가 관계를 표상해 주는 종결 어미로서, 고유한 서술단정 서법의 종결 어미로서 활용하는 경우가 두 가지가 있었다. 각각 '이다'와 '이어'이다(결과적으로 '이라'를 추가한다면, 계사의 종결 어미 활용은 세 갈래가 있음). 그런데 이 두 선택지 중에서, 왜 굳이 '이어'만이 선택되어야 하는 것일까? 답변을 마련하기가 쉽지 않은 대목이다. 필자는 말투의 속성을 기반으로 하여, 잠정적으로 다음과 같이 생각해 본다(단, 이 방언의 대우 체계를 논의하면서 채택했듯이 [±공식적] 자질은 [±심리적 거리]로도 표상될 수 있음).

<표10> 두 계층으로 나타낸 계사의 활용 모습

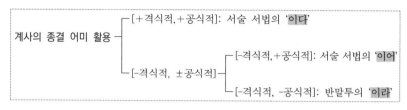

계사의 종결 어미 활용 ─ [+격식적,+공식적]: 서술 서법의 '이다'

└ [-격식적, ±공식적] ─ [-격식적,+공식적]: 서술 서법의 '이어'

└ [-격식적, -공식적]: 반말투의 '이라'

필자는 이들 세 가지 활용 모습에서, 먼저 격식적이고 공식적인 말투 '이다' 및 그렇지 않은 말투('이어, 이라')가 나뉠 듯하다. 다시 후자에서 는 하위범주로 고유한 서술단정 서법의 활용 '이어'와 어조를 달리하 여 여러 서법에서 두루 쓰이는 반말투 어미 '이라'로 나뉜다고 상정할 수 있다. 상대적으로 만일 그 선택지가 오직 '이라'와 '이어'만 주어져 있을 경우라면, 시상에서와 같이 시점 이동이 일어나는 반말투 종결 어미보다는 오히려 서술단정 서법의 종결 어미가 선택될 것임을 예측 할 수 있을 것이다. 그렇지만 '그연디, 기연디, 견디(그런데, 그러한데)' 따위에서 보듯이, 왜 '이다'가 선택되지 않고, '이어'가 선택된 것일 까?(지시 대명사 '그'가 압도적으로 많이 쓰이는 까닭은 곧 이어 다음 단락에 서 다루기로 함). 만일 필자가 제시한 도표를 따른다면, 격식적이고 공 식적이기 때문에, 모든 참여자들에게 동일한 심리적 거리를 유지하게 되는 '이다'가 강한 단언이나 주장의 속뜻을 품고 있다는 점에서, 그 함의는 해당 진술이 멈추는 것과 상등한 효과를 지닐 듯하다(해당 진 술이 참임을 주장하면서, 동시에 청자의 수긍이나 긍정적 반응까지 확인하고 점검하는 효과인데, 필자는 이를 [+격식성,+공식성]의 자질들로부터 도출 하여 얻을 수 있는 기반으로 간주함). 그렇다면, 청자 반응에 대한 효력을 고려할 필요가 없는 채, 상대적으로 격식 없이도 해당 지시내용이나 언급 대상에 대하여 일정한 심리적 거리를 유지할 수 있는 후보로서 '이어'가 선택되었을 것으로 본다.

그렇지만 현재 제시한 삼분 대립을 두 계층을 지닌 이분 대립으로 재구성한 모습은, 결과적으로 마련해 놓은 것에 지나지 않는다. 이런 측면에서 결코 필연적인 결과를 낳으며, 적극적인 예측력을 지닌다고 말할 수는 없다. 왜냐하면 이미 관찰되는 복합 형식들을 분석한 결론 (그+이어+은디)에 따라서, 거꾸로 그 가능성을 엮어 본 것이기 때문이다. 현재 필자로서는 이런 해석 가능성 이외에 다른 방식의 설명을 내세울 수 없다. 필자의 추론 또는 추정이 잘못으로 비판받더라도, 즉시 대안으로서 왜 문장 부사를 만들어 가는 과정에서, 계사의 세 가지 종결 어미 형식 중에서 유독 '이어'만이 복합 형식에 참여하는지를 말끔하게 설명해 줄 필요가 있다.

이런 삼분 대립을 두 층위의 이분 대립 모습으로 표상하는 일이 유일한 사례일 것인가? 필자는 이렇게 두 층위의 이분 대립으로 포착해 주어야 하는 또다른 대표적인 사례가 우리말 지시 대명사의 경우도 그러하다고 본다. 초기에 일본 문법의 영향(최현배, 1955 고친판, 『우리말본』, 정음사) 때문에, 지시 대명사의 대립 관계를 지금도 학교문법에서는 '이, 그, 저'로 잘못 서술해 놓고 있다. 남기심 외 3인(2019 전면 개정판) 『표준 국어 문법론』(한국문화사: §.3-1-2-2)과 유현경 외 9인 (2018) 『한국어 표준 문법』(집문당: §.3-2-2-2)을 보기 바란다. 소위 '근칭, 중칭, 원칭'(또는 화자 지배 범위와 청자 지배 범위를 상정한다면, 중칭이 애매한 중간 영역을 가리킨다고 함)을 받아들인다면, 결코 이 방언과 한국어에서 문장 부사의 복합 형식에 '그'가 빈번히 도입되는지를 설명할 길이 없다. 이는 지시 대명사를 구분해 주는 방식이 달리 표상되어야 함을 시사해 준다. 일본어 문법의 설명처럼, 결코 우리말에서는 두 기준 사이에 어중간한 '중간 영역'이 있는 게 아니다.

우리말에서 쓰이는 '이, 저, 그'는 우선 화자를 중심으로 기준점을 내세운 '이, 저'가 구분되어야 한다. 상대적으로 매우 간단한 기준이다. 다시 이것들이 상위 층위에서 복합 기준을 쓰는 '그'와 대립한다. '이, 저'를 화자 기준점으로 묶고 나서, 다시 청자 및 담화 전개상의 복합 기준이 도입됨으로써 '그'의 지시 영역이 확정되는 것이다. 후자에서는 첫째 청자와 정보를 공유하는 영역이 될 수도 있고(정보 공유 속성), 둘째, 담화 전개상으로 미리 앞선 담화의 선행 요소를 가리키든지, 화자가 곧 말해 줄 후행 담화 속에 들어갈 임의 요소를 가리켜 주는 것이다. 이 둘째 하위 영역에서 쓰이는 지시 대명사 '그'가, 바로 문장 부사에 들어 있는 '그'인 것이다(대용적 자질). 간단하게 말하여, 우선 '이, 저'가 대립하고, 다시 이것과 다른 차원에서 새롭게 대립하는 '그'가 있다. 그 속성들을 표시하면 다음처럼 나타낼 수 있다.

〈표11〉 두 계층으로 나타낸 지시 대명사의 대립 모습

여기서 [-단일 기준]이란 자질은 '복합 기준이 적용됨'을 뜻한다. 지시 대명사 '그'는 최소한 그 하위 쓰임새를 다음과 같이 세부 자질로 구분할 수 있다. [+화자 관련성]의 자질 및 아래와 같이 두 갈래의 복합 기준으로 상정되는 자질들이 동시에 작동하면서 쓰이고 있다. 즉, 화자와 청자가 공유하는 정보(화자인 나와 청자인 너가 익숙히 잘 알고 있는 임의의 대상)를 가리키기 위하여 쓰일 수도 있고, 아니면 화자의 머릿속에서 전개되었거나 전개될 담화 속의 임의 요소(선행 대용사와 후행 대용사로 다시 나눌 수 있음)를 가리키기 위해서 쓰일 수도 있는 것이다.

지시 대명사 '그'의 하위 자질

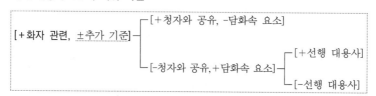

아직 우리말 습득 연구(어린이 언어 습득)에서 이런 점에 착안하여 진행된 심층 연구가 없기 때문에, 필자가 상정한 모형을 강하게 진술하는 일이 보류될 수밖에 없다. 그런데 김영주 외 8인(1997) 『언어학 이론과 한국어 의미·통사 구조 습득 I』(민음사)에 번역되어 실린 오그뢰디 교수 논문의 각주 5가 눈길을 끈다. 영어와 한국어에서 모두 here(여기)나 there(저기)가 일찍 습득되는데, 이를 '위치 지시사'로 부르고(필자는 단일 기준이 적용되는 형식으로 부름), 이와는 달리 '지정 지시사'로 부른 요소('그'를 품은 형식으로 필자의 복합 기준이 적용되는 형식임)는 객체 대상 및 화자와의 관계를 고려하므로, 습득에서 더 늦을 것으로 추정한 바 있는데, '더욱 면밀히 연구되어야 한다'는 단서를 덧붙여 놓았다. 필자 또한 지시 대명사의 쓰임도 복합 기준이 작용해야 하는 것이므로, 응당 우리말 습득에서 '이, 저'보다도 '그'가 좀 더 늦게 습득되고 이용될 것으로 기대된다. 왜냐하면 우리말 지시 대명사들의 경우도 두 층위로 이뤄진 이분 대립 형식을 보여 준다는 필자의 주장이 옳다면, 단일 기준이 적용되는 영역(화자 중심의 기준점)으로서 '이, 저'가 먼저 습득에서 관찰될 것으로 짐작된다. 복합 기준이 적용되는 영역으로서 '그'가 중층의 인지 작동으로 인해서 좀 더 늦게 습득될 것으로 기대되기 때문이다.

그렇지만 문장 부사로 쓰이는 형식을 살펴본다면, 담화 속에서의 전개 방식과 관련된다는 측면에서, 지시 대명사 '그'를 매개로 하여 융합된 복합 형식이 숫자상 압도적임을 관찰할 수 있다. 즉, 담화 전개상 선행 요소 또는 후행 요소를 가리키는 기능을 품고 있기 때문이다. '이, 저'도 문장 부사를 만드는 데에 차단되는 것이 아니라, 참여할 수 있다. 그럴 경우에는 화자 중심의 기준점이 적용되기 때문에, 공간상 또는 시간상으로 화자 중심에서 가깝거나, 아니면 심리적으로 거리가 멀리 떨어져 있는(경원하는) 대상을 가리킬 수 있다. 아직 면밀히 분석해 본 것은 아니지만, 순차적인 담화 전개 흐름이 기본적이라면, 응당 관련 지시 대명사의 자질이 필자가 제시한 자질 위계의 도표를 따라서

[+화자 관련성, -청자와의 공유 정보, +담화속 요소, +선행 대용사]

로 작용할 것임을 기대할 수 있다. 자질들의 위계를 고려하여 이를 더욱 간단하게 '담화 속에서 선행 요소를 대용'하는 역할(기능, 몫)이라고 말할 수 있다. 이 방언의 경우에는 또한 이런 지시 대명사를 매개로 하지 않은 채, 홀로 'ㅎ다'가 직접 '대용사'로서 기능하는 일도 자주 관찰된다. 즉, 'ㅎ디(그런데)'의 모습으로도 쓰이는 사례인 것이다. 다음에 제시된 사례들은 이 방언의 설화 자료에서 자주 관찰되는 문장 부사를 보여 주고 있다.

(90가) 그연디: 그연디(그런데) 기영(그렇게, 그처럼 어렵게) 살고 또 아덜(아들)은 그렇게 궁(곤궁)ㅎ여 놓니, 남으(남의) 논밧(논밭)이나 갈아 가지고 입구입(입+구입, 겨우 밥벌이나 함)을 ㅎ는디(하는데), ㅎ를은(하루는) 황정승 제ᄌ(제자)가 회홀년(회혼년) 잔칠(잔치를) ㅎ게 되엇어. (그런데 남은 식구들이 그렇게 어렵게 살고, 또 황희 정승의 아들은 그렇게 곤궁하기 때문에, 품팔이로 남의 농사를 지어 주고서 얻은 쌀로 겨우 입에 풀칠이나 하는데, 하루는 황희 정승의 제자가 회혼 잔치를 하게 되었어. 구비2 양구협, 남 71세: 639쪽)

(90나) 기연디: 기연디(그런데) 꼭 똘루와(따라) 가켄(가겠다고).
(그런데 꼭 따라 가겠다고 해. 구비2 양구협, 남 71세: 631쪽)

(90다) 견디: 견디(그런데) 외손(외손자)이 어디 가네(가서) 뭘 들러사(들고서야, 들러+사) 오랏인디(왔는지), 까망ㅎ(검은) 먹가라(墨+가라) 가라물(黑馬)을 눔신디(남에게) 폴아 먹언(팔아 버리고서) 놔 뒷는디(뒀는데)…
(그런데 외손자가 어디 가서 뭘 들고서야 왔는지, 할아버지가 키우던 흑마를 남에게 팔아 버렸는데… 구비2 양형회, 남 56세: 36쪽)

(90라) ㅎ디: ㅎ디(그런데) 마브름(마파람, 남풍) 주제(눈·비·바람 등을 헤아리는 수량사, 한 차례)가 쳐 가지고, 멜(멸치)이 듬뿍(듬뿍) 쌓엿댄(갯가에 쌓였단) 말이어(말이야).
(그런데 마파람이 한 번 크게 불어서, 썰물로 갯가에서 고립된 웅덩이에 멸치들이 듬뿍 쌓였단 말이야. 구비 1 안용인, 남 74세: 169쪽)

그런데 이 '-은디'가 시상을 표현하는 선어말 어미 '-앗-'과도 결합하고 양태를 나타내는 선어말 어미 '-느-'와도 결합하며, 또한 이 두 형태가 결합된 '-앗느-'(아무도 시상 및 양태 형태소가 융합된 단일한 형식을 결코 상정하지 않으므로, 이는 잠정적으로 부착어 또는 교착어의 특징에 따라 규칙적 통합 관계로서 실현되는 것으로 상정함에 불과함)에도 활용 모습으로 나타난다. 시상 선어말 어미 '-앗-'이 없이 쓰이는 '-는디(-는데)'와 시상 선어말 어미 '-앗'이 반드시 선행되는 '-앗는디(-았는데)'가 관찰된다. 물론 이런 형태소 결합 환경을 좀 더 확대하여 가능한 통합 관계로서 '-겟는디, -앗겟는디, -앗엇겟는디' 따위도 가능하다. 단, 여기서 공통어와 거의 유사한 형식을 개신파로 보기보다는, 이 방언의 세 가지 범주(화용 차원·담화 차원·사회언어학적 차원)의 중층성 현상을 반영해 주는 것으로 설명해 주어야 할 듯하다.

필자가 관찰한 자료들은, 두 가지 선택지를 그대로 보여 준다. 이를 이 방언 「문법 형태소의 중층성」으로 부를 만하다('-앗는디'와 '-앗인디'가 모두 관찰됨). 가령, 공통어의 표상과 1:1 대응을 반영해 주는 형식도 있고, 이 방언에서 고유하게 발달시킨 형태소를 이용한 방식도 똑같이 관찰되는 것이다. 가령, ㉠ 공통어의 표상에서와 동일하게 시상 선어말 어미 '-앗-'(또는 양태 선어말 어미 '-겟-')과 접속 어미 '-은디' 사이에는 '-느-'라는 형태가 필수적인 듯하다. 이때 시상 선어말 어미 뒤에 항상 나온다는 점에서, 그리고 양태 선어말 어미 '-겟-'에 결합한다는 점에서, '-느-'가 양태 요소임을 알 수 있다. 가능세계에 있는 임의의 사건이 앞으로 현장에서 또는 실세계에서 일어나며 직접 목격이나 관찰이 가능함을 가리켜 주는 것이다. 필자는 이를 청자에게서의 '추체험 가능성'(추후 그 사건이 일어날 경우에 현장에서 목격할 수 있음)이라고 보았다. ㉡ 그렇지만 다른 한편으로, 또한 '-앗-'이 직접 '-은디'와 통합될 수도 있다. 이 경우에는 전설화가 일어나서 '-앗인디'로 쓰인다. 이 또한 중층적 실현이다.

심지어 '해야 하겠지'를 줄여 놓은 "-야겟지"는 통합체가, 이 방언의 모습을 띠면 '-사겟주(-야겠지)'로 구현된다. 현용준(1980) 『제주도 무속자료 사전』(신구문화사: 902쪽)의 부록에 있는 「조사 및 어미 일람표」를 보면, '-겟수다(-겠습니다)'와 부녀자 말투 '-겟순?(-겠어요?)'이 올라 있다. 남녀 사이의 말투 구분으로서 대표적인 것이 감탄사이다. 가령, '어머머!'는 여성에게서, '아이쿠!'는 남성에게서 관찰되는 것이 상례일 듯하다. 여기서 부녀자 말투도 이런 맥락에서 이해될 법하다. '-겟-'을 제외하고 남는 '-순?'이 분석 가능한지 여부에서도 필자로서는 결정할 능력이 없다. 그렇지만, 유사 인용 구문의 모습에 기대어 '-겟소'와 관형형 어미 '-은'의 결합으로 볼 경우에는, 의미상 「'-겟소?'라는 말을 한다」로 상정해 볼 만하다. 송상조(2007) 『제주말 큰사전』(한국문화사: 제2부 '씨끝과 토')에서도 독립 항목으로 '-겟-'을 내세웠고, 명백히 여기에 이 방언의 고유한 대우 형태소 '-수-'가 통합될 수 있다고 적어 놓았다. 이 또한 '-겟-'과 이 방언의 고유한 활용 방식(-수-)이 통합되어 있는 것이다. 공통어와 닮지 않은 통합 관계를 보여 주는 언어 사실은, 해당 형태소가 규칙적으로 쓰이고 있음을 전제로 한다. 즉, 「공통어의 활용 모습을 모방한 것」이라는 안일한 주장에 대한 결정적인 반례들이다(소위 '개신파의 영향'일 수는 없는 것임). 오직 '-겟-' 형태가 이미 화자들의 머릿속에 자리잡고 있다고 가정해야만 비로소 이런 통합 모습의 구현을 설명해 줄 수 있기 때문이다.

또한 '-겠-'을 이 방언에서 고유하게 발달시킨 '-으크-(-겠-)'로도 구현시켜 줄 수 있다. 이 경우에는 "해사크라"(해야겠어)로 도출된다. 필자의 직관으로는 이런 두 갈래의 구현 방식이 항상 관찰된다. 이를 「문법 형태소의 중층성」 모습으로 부를 법하다. 이 현상을 놓고서 필자는 일부의 영역에서는 사회언어학적 말투 변이로 포착할 수 있음을 언급한 바 있다. 그렇지만 '-은디(-는데)'와 '-는디(-는데)'의 경우에는 그런 접근이 불가능하며, 오히려 형태론적으로 제약된 변이형태로 서술해 주는 편이 온당할 것으로 판단된다.

그런데 주의할 대목도 있다. 이 방언의 독특한 통합체로서 '-앗인디

(-았는데)'는 소리값에서 완벽히 동일하지만, 전혀 다른 의미를 지니는 '-앗인디(-았는지)'라는 형식도 관찰되기 때문이다. 이는 거의 이음말(연어) 형태로서 기본 형식이 '-았는지 모르겠다'의 모습으로 나온다 (684쪽의 예문 93을 보기 바람). 따라서 이런 이음말(연어)이, 제약이 없이 이 방언에서 '-은디, -앗인디, -앗는디'로 관찰되는 복합 요소와는 동일한 부류의 것이 아님을 알 수 있다. 또한 설명이나 해설의 의미를 지닌 동사 어간에 결합한 '-건댄, -건대는'도 관찰되지만(가령, '의심ᄒ 건댄, 알건대는' 따위), '-은디'와 소리값뿐만 아니라 그 융합된 형식도 다른 것으로 보인다. 필자가 모은 자료에서 2회 관찰되지만, 논의를 번다하게 확대해 놓지 않으려고 하기 때문에, 여기서는 이를 따로 다루지 않겠다.

(91가) -는데 -는디: "저의 집이(집에) 이러이러ᄒ 벵(병)이 잇는디, 환자 ø 잇는디, 「… 문 지두리(지도리)를 싼(톱으로 썰어 내고서) 솖아(삶아) 멕이니(먹이니까) 순산(아기 순산)을 잘 햇다」 ø 해서는(해서＋그래서는) 저도 그래 햇더니, 「안 됩니다!」"고.
("제 집에 이러이러한 병이 있는데, 환자[임산부]가 있는데, 「문 기둥의 나무를 썰어 내어 물에 삶고 나서 그 물을 먹였더니 아기를 순산했다」는 말을 듣고서는 저도 그렇게 했더니, 기대와는 달리 「아직도 아기가 나오지 않습니다!」"고. 구비3 김재현, 남 85세: 76쪽)

(91나) -앗는디 -더라 하는디: 그때 영천(경북 영천 출신) 목수(제주목의 목사 이형상)라고 ᄒ던가 어느 목수가 온 때에, 걸(그것을) 알아 가지고 [김녕사굴의 뱀을] 쏘아 불엇다고(버렸다고). 쏘앗는디(쏘았는데), 쏘아 둰(두고서) 기냥(그냥) 삼문(옛날 제주성의 삼대문) 제주시 삼문 안에 들어가니, 등꽝(등뼈)이 선뜻ᄒ더라(싸늘한 기운이 느껴지더라) 하는디 (하는데), 그때 그놈(뱀)의 피가 등에 가 묻엇더라고, 피가, 그놈의 피가!
(그때 경상북도 영천 출신의 이형상 목사라고 하던가, 어느 목사가 부임해 온 때에 김녕 뱀굴에 사는 뱀이 해마다 처녀 제물을 먹는 것을 알고서, 그 뱀을 화살로 쏘아 죽여 버렸다고 해. 쏘았는데, 쏘아 두고서 그냥 제주성의 삼대문, 제주시 삼대문 안으로 들어가니, 자신의 등판이 갑자

기 싸늘한 기운이 느껴지더라고 하는데, 그때 그 뱀의 피가 튀겨 등에 가서 묻었더라고 해. 피가, 그 뱀의 피가! 구비1 임정숙, 남 86세: 192쪽)

(91가)에서는 '-는데'가 곧장 부연 설명이 이뤄지면서, 이 방언의 변이 모습 '-는디(-는데)'로 바뀌었다. 동일한 환경을 그대로 반복 부연한다는 점에서, 이는 아무런 의미 차이도 없이 교체되어 쓰이는 수의적 변이체임을 알려 준다.

그렇지만 문장 부사를 구성하는 데에서 살펴봤던 '-은디'가 이 방언에서 '-앗-'과 결합할 경우에 오직 '-앗는디(-았는데)'만 있는 것이 아니라, '-느-'가 없이 통합체를 이룬 형상 '-앗+-은디'으로서 '-앗인디'로 엄연히 쓰이고 있음을 알 수 있다. 접속 어미가 '-앗-(-았-)'이 단일 형태로 융합되기 이전에 지녔을 '-아 잇-'의 영향(존재 동사 어간)으로 '-은디(-은데)'에 전설화가 일어남으로써 '-인디'로 된 것이다. 그 결과 '-앗인디(-았는데)'로 채록되어 있는 것이다. 다음 사례에서는 차례대로 '-은디, -인디, -앗인디, -앗는디'들을 확인할 수 있다.

(91다) -은디 -앗는고 ᄒ니 -입주게: 겨난(그러니까) 환생(還生)허엿어. 환생ᄒᆞ디(환생하였는데) 것(그것)이 뭣(무엇)으로 환생허엿는고 ᄒ니, 임백호(白湖 林悌, 1549~1587)라고 ᄒ(하는) 그 문장(대 문장가)입주게! (입지요+화용 첨사 '게')
(그러니까 환생을 했어. 환생하였는데, 그것이 무엇으로 환생하였는가 하니, 임제라는 대 문장가입죠+화용 첨사 '게'! 구비1 안용인, 남 74세: 137쪽)

(91라) -인디 -이라고: 하도 ᄉᆞ정(事情)허여서 물으니, 그런 게 아니고 김정싱(金政丞) ø 메누리(며느리)가 잇인디(있는데), 미인이라고.
(하도 통사정을 하면서 며느리 감을 소개해 주도록 간청하자, 그런 게 아니고 김정승의 며느리가 있는데, 아주 미인이라고 해. 구비1 안용인, 남 74세: 160쪽)

(91마) -앗인디 -는디: (황희 정승이) 돌아갓인디(타계했는데), [문상을] 간(가서) 보니, 그디(황정승 댁)는 식솔덜(식구들)이 잇는디(있는데) 빈

곤흥게 살았더라(살고 있더라) ø 흥여(해).

(황희 정승이 돌아갔는데, 문상을 가서 보니까, 그 댁에서는 식구들이 많이 있는데, 빈곤하게 살고 있더라고 해. 구비2 양구협, 남 71세: 667쪽)

(91바) -앗는디 -으니 -더라 허여: 견디(그런데) 외손(외손자)이 … 까망흔 (검은) 먹가라(墨+가라) 가라믈(黑馬)을 눔신디(남에게) 포아 먹언(팔아 버리고서) 놔 뒀는디(뒀었는데), 그놈의 믈(말)이 츠츠(차츰) 이슬에영 (이슬에랑) 비에영(비에랑) 발아(빛이 바래어) 가니(가니까), [말의 털색 이] 허영허여(하얗게 되어) 가더라 허여. 허허허허!

(그런데 외손자가 … 할아버지가 키우던 흑마를 남에게 팔아 버렸었는 데, 그놈의 말이 이슬과 비를 맞게 되자, 차츰차츰 먹색이 탈색되어 털빛 이 하얗게 되어 가더라고 해. 허허허허! 구비2 양형회, 남 56세: 36쪽)

(91사) -는디 -앗인디 -으니 -는디 -안²: 윗날(옛날)은 과거(科擧) ø 보는 디 시관(試官)이라고 잇엇인디(있었는데), 상시관(上試官)·중시관(中試 官) 이처록(이처럼). 흔(한) 집에 보니 배남(배나무)이 있는디(있는데), 배가 잘 열려 있는 배남(배나무 가지)에 올라앗안.

(옛날에는 과거 시험을 보는데, 그 시험을 주관하는 시관이라고 있었는 데, 상시관·중시관 이처럼, 어떤 집에 보니까 배나무가 있었는데, 주인 공이 배가 잘 열려 있는 배나무 가지 위에 올라가서 앉았어. 구비2 양구 협, 남 71세: 620쪽)

(91다)에서 만일 '환생흔디'를 공통어로 옮길 경우에 '환생하였는데' 로 바뀐다. (91라)와 (91마)는 '있다'라는 존재 동사가 두 화자에게서 각각 '잇인디(있-+-은데)'와 '잇는디(있-+-는데)'로 달리 쓰임을 보여 준다. 전자에서는 '-은디'가 어간에 동화됨으로써 전설화되어 '-인디' 로 나왔으며, 후자에서는 '-느-'라는 양태 요소가 더 들어가 있다. 이 두 가지 실현 모습이 서로 다른 것일까?

필자의 직관으로만 판단할 경우에, 이것들이 '-느-'의 유무와 상관 없이 수의적인 교체 관계에 있는 듯하다. (91바)와 (91사)에서는 동일 한 화자가 각각 '-앗는디(-았는데)'와 '-앗인디(-았-+-은데)'로 발화 하였음을 확인할 수 있다. 비록 시상 선어말 어미 '-앗-'에 통합되는 접속 어미가 각각 '-는디'와 '-은디(전설화된 '-인디')'로 나와 있지만, (91라)와 (91마)에서처럼 '-느-'의 유무와 상관없이 서로 수의적 교체를 보여 주는 듯하다. 다만, (91바)에서 시상 선어말 어미와 통합된 모습을 보여 주는 '-앗는디'는 공통어로 옮길 경우에, 말에 먹칠을 하여 팔았던 사건과 그 먹칠이 비에 벗겨지는 사건 사이에 엄연한 시간 공백이 들어 있다는 점에서 '-았었는데'로 쓰는 편이 더 옳을 듯하다. 그렇지만 여기서 중요한 의문이 생긴다. 접속 구문의 사건을 이어주는 어미들이 다음처럼 대립을 보인다(물론 그런 대립 모습이 이뿐만 아니라, 또한 후술될 '-겟는디'와 '-으큰디', '-야겟는디'와 '-사큰디'에서도 관찰되므로, 규칙적인 현상임을 알 수 있음).

「-은디, -앗인디」 vs. 「-는디, -앗는디」(-는데, -았는데)

이것들이 차이가 있는 것일까? 그러하다면, 과연 어떤 차이가 있는 것일까? 다시 말하여, '-느-'라는 형태의 유무가 이것들을 동일한 범주로 묶이지 못하도록 저지하는 것일까? 동일한 존재 동사가 접속 어미를 지니고서 실현된 (91라)의 '잇인디(있는데)'와 (91마)의 '잇는데'가 대립되고, 시상 선어말 어미 '-앗-(-았-)'과 통합되어 있는 (91바)의 '-앗는디(-았는데)'와 (91사)의 '-앗인디(-았-+-은디)'는, '-느-'의 유무가 다른 만큼 그 의미와 기능에서도 서로 다른 것일까?

형태소의 유무 또는 형태소의 계열체 대립에 따라, 복합적인 의미나 어감이 크든 작든 달라진다고 가정할 경우에는, '-느-'가 더 들어가 있는 요소를 그렇지 않은 요소와 대비하면서, 크게는 의미의 차이, 작게는 기능이나 어감의 차이를 상정해 볼 수 있다(이는 형태 결합상으로 제약된 변이형태라고 지정하지 않을 경우임). 사적으로 필자의 직관적 판단에만 충실한다면, (91라)와 (91마)의 '잇인디, 잇는디'가 수의적으로 교체될 수 있다는 측면에서, 그리고 (91바)와 (91사)의 '-앗는디, -앗인디'가 또한 수의적으로 교체될 수 있다는 측면에서, 아무리 차이를 찾는다고 하더라도 오직 작은 범위에서만 유효할 것이라고 본다. 필자의 판단은 이 방언의 자료는 공통어 '-겠-'에 대응하는 반사형 '-겟-'뿐만 아니라 이 방언에서 고유하게 발달시킨 '-으크-'에서도 이런 변이를 찾아낼 수 있기 때문에('-겟는디'와 '-으큰디'가 동시에 관찰되며 필자는 이를 또한 중층적 실현 모습으로 파악함), '-는디'와 '-은디'가 각각 독립된 별개의 형태라고 서술해 놓기보다는, 오히려 「형태 결합상으로 제약된 변이형태」라고 부를 법하다(과거 구조주의 언어학에서는 변이형태를 음운론적으로 제약된 부류와 형태론적으로 제약된 변이형태 두 종류만 논의했었는데, 후자를 형태 결합 관계로까지 확대함). 그렇다면 이런 변이형태로의 지정은, 또한 필자가 수의적 교체 관계라고 느끼는 대목을 다시 상보관계(동전 앞뒷면)로 뒷받침해 주는 보강 자료가 될 수 있다.

양태를 나타내는 선어말 어미 '-느-'는 마치 사건이 발화 시점 현재 바로 눈 앞에서 진행되어 일어나고 있는 듯이 표상해 준다. 이런 측면에서 청자에게서의 확인 가능성(추체험 가능 양태)을 보장해 준다고 말했던 것이다. 만일 '-는디'를 '-느-+-은디'의 융합으로 간주한다면, 접속 어미 '-은디'를 제외할 경우에 남아 있는 형태는, 시상 범주와 통합된다는 측면에서, 양태 범주에 속할 가능성이 높다. 필자는 잠정적으로 접속 어미 '-은디(-은데)'가 결과 상태가 지속됨으로써 「선행절이 배경 사건으로 해석된다」고 파악한다. 따라서 양태 형태소 '-느-'가 더 들어가 있는 '-는데'는 선행절이 나타나는 해당 사건에 대해서 청자로서의 추체험 가능성을 가리키므로, 해당 사건이 다 끝나지 않았을 경우에는 진행되는 사건을 추체험할 수 있으며, 시상 선어말 어미 '-앗-(-았-)'과 융합한 경우에는 해당 사건이 다 끝났음을 추체험하여 확인할 수 있는 셈이다. [+시작점, +종결점]의 자질을 지닌 시상 선어말 어미 '-앗-(-앗인디)'과 결합한 양태 선어말 어미 '-느-'가 융합된 모습으로, '-앗느-(-앗는디)'를 상정할 수 있을 것이다('-앗느-'가 함께 같이 탈락하는 경우는 678쪽 참고). 그런데, 지금까지 공통어에서 전형적으로 접속 어미를 '-는데'로 파악했기 때문에, 시상 선어말 어미와 양태 선어말 어미의 통합 모습을 설정하지 않았다. 그렇지만 교착어 또는 부착어의 질서에 따라서 이분 대립이나 유무 대립의 모습으로 문법 형태소들이 계속 일직선의 통합 관계를 이뤄나간다고 가정할 경우에는, 응당 시상 형태소와 양태 형태소의 통합체를 상정하는 일이 우리말의 질서와 모순되지 않는다(자연스러운 통합 관계의 구현 방식임). 만일 시상 형태소와 양태 형태소의 통합 관계를 인정한다면, 아무도 설정하지 않은 이런 통합체(-앗느-)를 어떻게 봐야 할 것인가?(676쪽 참고) '-느-'는 또한 '-겟는디(-겠는데)'에서도 관찰된다(단, 이를 '-겟-+-느-+-은디'의 융합으로 간주할 경우임). 이것이 다시 통합 관계를 이룬 '-앗겟는디(-았겠는데)'와 '-앗엇겟는디(-았었겠는데)'에서도 동일한 '-느-'라는 양태 형태소가 관찰되는 것이다. 공통어의 통합 형식에 1 : 1로 대응하는 반사형식도, 분명히 1980년대 초반에 채록된 설화 자료에서 찾아진다.

그렇다고 하여, 유일하게 이것만이 쓰이는 것도 아니다. 이 방언에서 고유하게 발달시켜 써 온 양태 형태소로서 '-으크-(-겠-)'가 있기 때문이다. 이 형태소에 대해서는 김지홍(1992) "{-겠-}에 대응하는 {-으크-}에 대하여: 특히 분석 오류의 시정과 분포 확립을 중심으로 하여"(『현용준 박사 화갑기념 제주도 언어 민속 논총』, 제주문화)를 참고할 수 있다(좀 더 심층적인 후속 논의가 필요함). 시상 선어말 어미 '-앗-'과 통합되는 환경을 살펴보면, 공통어에서 찾아지는 형태의 반사형인 '-겟-'도 관찰될 뿐만 아니라, 또한 계열체로서 이 방언에서 독자적으로 발달시킨 '-으크-'로도 쓰임을 알 수 있다(이 영역에서 문법 형태소들의 중층적 실현 모습은 아마 형태상으로 제약된 변이형태로 서술할 만함). 다만, 몇 가지 변화가 생겼음을 알 수 있다. '-으크-(-겠-)'가 시상 선어말 어미 '-앗-(-았-)'과 결합할 경우에, 첫 모음이 전설화된다. 즉, '-앗-+-으크-'의 형상에서 '-앗이크-'로 동화되는 것이다(동화의 주체는 기원상 시상 선어말 어미 속에 녹아 있는 '잇-' 때문으로 판단됨). 여기에 통합되는 접속 어미는, 공통어에서와는 다르게 언제나 '-은디'만이 선택된다. 결과적으로 '-앗이큰디(-았겠는데)'로 쓰이게 되는 것이다. '-겟-'과 통합되는 경우에는 '-는디'가 결합하였지만, '-으크-'와 통합될 경우에는 '-은디'가 결합하는 점이 흥미롭다. 구조주의 언어학에서 설정된 두 종류의 변이형태에 관한 개념을 확장한다면, 이것이 소위 「형태 결합상 제약된 변이형태」라고 말할 법하다. 만일 이렇게 지정하는 것이 올바르다면, 이는 기능이나 의미 측면에서 공통된 기반을 지니고 있음을 함의한다. 또한 이런 변동이 이것 하나에만 국한되는 것은 아니다. 이 방언의 자료에서 이미 '잇다(있다)'라는 존재 동사에서도 관찰한 바 있다. 이 어간이 '잇인디, 잇는디'로 두 가지 변이 모습을 관찰할 수 있었던 것이다. 우선 필자는 수의적 교체 관계처럼 느껴진다고 언급하면서도, 한국어의 부착어 또는 교착어의 질서를 따라서 '-느-'의 유무를 관찰할 수 있기 때문에, 만일 이로 말미암는 차이가 상정될 수 있더라도, 아주 작은 범위에서의 차이만 상정될 수 있을 것으로 보았던 것이다.

비록 유무 대립을 보여 주는 '-느-'의 출현 여부가 '-는디(-느-+-은데)'와 '-은디(ø+-은데)'로 구분해 주는 지표가 되겠지만, 그럼에도 불구하고 필자는 왜 이런 두 형식이 수의적 교체되는 것으로 느껴지는지를 설명해 줄 수 있어야 한다고 본다. 이에 대한 답변을 잠정적으로 다음처럼 제시해 둔다. '-는디'는 임의 사건의 진행 과정에 초점을 모으고 있지만, '-은디'는 결과 상태에 초점을 모은다. 진행 과정을 가리키는 것은, 궁극적으로 해당 사건이 끝나는 지점에 이를 수밖에 없다는 점에서, 결과 상태가 진행 과정을 포함할 수 있다. 필자가 작은 범위의 변동이라고 표현한 대목은, 바로 임의 사건의 진행 과정을 가리키는지, 아니면 그 사건의 결과 상태를 가리키는지를 구분해 줄 수 있음을 염두에 두었던 것이다. 그렇더라도 이것이 별개의 다른 사건을 가리키는 것이 아니므로, 진행 과정이 결과 상태를 목표점으로 하여 이뤄진다는 점에서, 결과 상태에 대한 표현으로서 두 선택지를 포괄할 수 있다고 보는 것이다.

만일 종결 어미와 통합될 경우에는 융합된 종결 어미 '-어라'(-어+계사 어간이 생략된 모습의 반말투 종결 어미 '-라')가 선택되어 '-앗이크+-어라'라는 초기 형상에서 여러 과정을 거친 결과 '-앗이커라(-았겠더라)'로 쓰인다. 단, 융합 형식의 종결 어미 '-어라'는 시점 이동을 전제로 하므로, 공통어에서는 '-더라'로 대응시켜 놓았다. 그런데 이는 소리값이 매우 유사하며 「예정 사건」을 가리키는 '-앗이키어(-았겠을 거야)'와 혼동되어서는 안 된다. 이 방언에서 의도 및 추측의 양태를 표현해 주는 '-으크-(-겠-)'는 단일한 형태소이다. 그렇지만 예정 사건을 표시해 주는 '-으키-(-을 것이-, -을 거이-)'는 관형형 어미와 형식명사와 계사가 한데 융합되어, 마치 단일 형식처럼 줄어들어 버린 것이다. 소리값이 다른 만큼 이것들 사이를 엄격히 잘 구분해 놓을 필요가 있다.

공통어에서 관찰되는 '-았었겠는데'라는 통합 형식에서 '-았었-'의 결합은 이 방언에서 직접 대응하는 반사 형식 '*-앗엇-'은 결코 찾을 수 없다. 그렇지만 다른 방식을 이용하고 있음을 알 수 있다. 내포 구문을 이룬 '-아 나다'(형태소 분석을 뚜렷이 해 놓기 위하여 형태마다 띄어 써 놓음)가 문법화된 형식 '-아나-'를 이용하는 것이다. 그렇다면 기본 형상으로서 상정되는

「-아 나-+-앗-+-으크-」

에서 도출 과정 동안 동화(-으크- → -이크-)와 재음절화(나-+-앗- → 낫-)를 거침으로써, '-아 낫이크-'를 얻을 수 있다. 이것이 다시 접속 어미 '-은디' 또는 종결 어미 '-어라'와 통합된다면, 각각 '-아 낫이큰디(-았었겠는데)'와 '-아 낫이커라(-았었겠더라)'와 같은 통합 형식을 갖추게 된다. 물론 중층적인 구현체로서 공통어의 형상(-았는데, -았겠더라)과 닮은 '-아 낫는디(-았었는데)'와 '-아 낫겟더라(-았었겠더라)'도

또한 수용 가능한 형식임은 두말할 것도 없다.

필자는 공통어의 반사 형식인 '-앗겟는디(-았겠는데)'에서 관찰되는 양태 형태소 '-느-'와 관련해서, 만일 시상 형태소와 양태 형태소가 '-앗느-'(일반적으로 '-는데'를 분석하지 않고 단일 형태소로 간주하기 때문에, 이런 통합체를 상정하지 않겠지만, 부착어의 특징상 규칙적으로 시상 및 양태 형태소가 융합됨을 따라서, 680쪽 자료를 근거로 상정된 것일 뿐임)처럼 융합될 경우에, 선행절 사건이 이미 다 끝났지만, 그 사건이 다 끝났는지 여부를 직접 청자가 확인할 수 있다는 의미를 담고 있을 것으로 본다. 즉, 「이미 다 끝난 사건을 놓고서 그 종결 상태에 대한 증거를 추체험할 수 있다」는 점이 '-느-'가 지닌 양태의 의미로 담겨 있는 것이다. 그렇지만 이는 설화로 말해진 가능세계에서의 사건들뿐이다. 어떻게 하여 청자의 눈앞에서 그런 흔적들을 확인할 수 있다는 것일까?

다시 519쪽의 각주 117에서 언급한 '층렬'의 논의로 되돌아가야, 이 물음에 대해서 적합한 답변이 모색될 수 있다. 이는 또한 708쪽 이하에서 조건을 나타내는 종속 접속 구문에서도 꼭 필요한 개념이다. 여러 층렬에서 세워지는 무대의 원형이 「소꿉놀이」(이 방언에서는 '소곱장난'으로 부름)였음을 상기할 필요가 있다. 꼬마들이 소꿉놀이를 하면서 엄마도 되고 아빠도 된다. 감정이입을 통해서 서로 엄마의 인격과 아빠의 인격으로 바뀜으로써, 그리고 엄마처럼 그리고 아빠처럼 말하고 행동함으로써, 비로소 소꿉놀이가 진지하게 진행되어 나가는 것이다. 이를 행동주의 심리학자들은 '마음의 문제'라고 부른다. 타인의 관점에서 그 사람의 마음을 빤히 드려다 보듯이 여기는 것이다. 비록 이렇게 층렬들의 누적이 이뤄지더라도, 여전히 해당 무대 위에서 주인공들이 무슨 말을 하고 어떻게 행동할지를 놓고서(필요할 경우에 언제든지 다시 현실세계로 되돌아오는 일을 놓고서), 관련된 의사소통 모형을 참고하면서 능대능소하게 대응할 수 있는 것이다(아래 단락에서 언급되었듯이, 세 가지 차원이 동시에 공모하면서 작동해야 함).

설화를 말해 주는 화자와 조사자와 몇 사람의 청중은, 맨 밑바닥에 있는 제1층렬인 현실 층렬에서 1979년 4월 9일 현재(녹음 시점) 제주시 구좌읍 김녕리 임정숙 옹의 댁에서, 임옹을 둘러앉아 옛 이야기를 듣고 있다. 그 이야기 속에서 제2층렬인 18세기 제주목 좌면('구좌'는 옛 좌면에서 비롯된 이름)에 있는 김녕 뱀굴(김녕사굴)이 무대로 등장한다. 이야기에 몰입된 조사자 및 청중들은 이제 제2층렬의 관객 구성원이 되어, 그 무대에서 일어나는 사건들을 눈앞에서 보고 있다. 다시 이제 이 층렬 위에 다시 제3층렬이 덧얹혀진다. 그 이야기 속의 주인공인 제주 목사가 백성들을 보호하기 위하여, 처녀를 희생으로 받는 이무기를 화살로 쏘아 죽이고 나서, 그 뱀의 저주를 피하기 위해서 급히 제주목 관아로 되돌아가는 사건이 전개되고 있는 것이다. 바로 이런 제3의 층렬 위에서, 관련 사건이 생생하게 눈앞에서 보듯이 전개되고 있는 것이다. '-느-'는 가상의 그런 무대 위에서, 관객으로서의 청자들이 「관련 사건을 직접 확인하고 있다」는 속뜻을 깔고 있다. 또한 '-앗느-'가 결합된 복합 형태도 「뱀을 죽인 결과 상태를 그 청자들이 추체험하여 확인할 수 있는 듯이」 말하고 있는 셈이다.

이런 대답이 자칫 공허해질 수 있다. 이는 적어도 세 가지 차원이 동시에 공모하고 있기 때문이다. 이런 복합 차원으로부터 생겨나는 역동성에 주목하지 못하면, 공허한 이야기가 될 뿐인 것이다. 그렇다면 해당 설화를 들으면서 참여자(관련 당사자)들은 부지불식간에

① 언어 형태의 의미 차원과
② 이야기가 이끌어가는 상상 차원과
③ 이야기가 현실과 유리될 수 있다는 식별의 차원

들을 긴밀히 서로 함께 작동시키면서, 복합적인 인지작용을 진행해 나가고 있는 것이다. 접속 어미들이 통합체에 표상된 것들은, 이런 복합 인지 작용의 결과이다.136) 다시 말해서, 이야기 속 사건들을 현실 세계의 사건으로 혼동한다면, 오직 현실세계의 제1층렬에서 아무런

것도 추체험할 수도, 확인도 할 수 없는 것이다. 그런데 서로 다른 층 렬들이 누적되어 나갈 때에, 그 층렬들을 기억하면서 사건들에 일관 성을 부여해 주는 일에 문제가 생길 수 있다. 이런 일이 비단 필자의 설명을 읽어가는 독자에게만 국한되지 않는다. 이런 이야기를 말해 주는 화자에게서도, 충실히 설화 속 무대와 그 무대 위에서 수시로 바뀌어 가는 새로운 가설 무대를 추적해 나가는 과정에서, 뜻하지 않 은 실수가 생기게 마련이다.

필자는 바로 이런 점을 '-앗는디(-았는데)'를 써야 마땅할 법한 환경 에서, 아무런 까닭도 없이 '-앗느-'가 탈락되어 '-은디'만이 남은 형 태로 발화되었다. 이처럼 (91다)와 같은 사례들을 적잖이 찾아낼 수 있다. '-앗는디(-았는데)'가 '-앗인디(-았-+-은데)'로 바뀐 것이 아니 라, 숫제 시상 선어말 어미 '-앗-'까지도 탈락되거나 생략된 형식을 쓰고 있는 것이다. 만일 '-앗는디(-았는데)'와 '-앗인디(-았는데)'만 관 찰된다면, 이것들을 수의적으로 교체되는 것으로 지정하는 데에 지장 이 없었을 것이다. 그렇지만 시상 선어말 어미 '-앗-'이 없이 표현된

---

136) 클락(1999; 김지홍 뒤침, 2009) 『언어사용 밑바닥에 깔린 원리』(경진출판: 제12장)를 읽어 보기 바란다. 이런 세 가지 차원의 층렬들이 동시에 작동하는 방식은 설화와 같은 가능세계의 일들만을 대상으로 하는 것이 아니다. 일상생활에서 자주 접하는

「반어법, 얼레리꼴레리 놀려대기, 빈말의 인사치레로서 상대방 초대하기, 상대방과 일정한 거리 두기」

따위에서 쓰이는 표현들도 이런 복합 인지 원리에 의해서 작동되는 것이다. 그런데 언어 심리학 연구에서 잘 알려진 가정 중 하나가 전-전두엽에 있는 작업기억 용량의 제한에 따른 '억제 기제 가설'이다. 전-전두엽에 있는 작업기억에서는 문장 또는 발화 의 단위가 대략 5개에서 7개까지 동시에 처리된다고 가정한다. 그렇지만 이해력이 뛰 어난 사람과 그렇지 않은 사람들 사이의 차이는 현재 자극으로 들어오는 새로운 언어 단위와 비부합되거나 불일치되는 내용들을 빨리 지워 버리고서, 새롭게 장기 기억에서 관련 내용을 인출해 놓아야 한다. 그렇지 못할 경우에 과부하가 일어나서 더 이상 이해 과정이 진행되지 않는다는 것이다. 억제 기제 가설은 김선주(1998) "글 이해 능력의 개인차: 억제기제 효율성 가설을 중심으로"(이정모·이재호 엮음, 『인지 심리학의 제문 제 II: 언어와 인지』, 학지사: 제12장으로 실림)를 읽어보기 바란다.

현재 언어 이해의 과정에서는 「장기 작업기억」이 전-전두엽의 작업기억의 용량 제약 을 해소하는 역할을 한다. 특히 장기 작업기억은 장기 기억의 일부를 장기 작업기억으로 바꾸고서 관련된 영역들에 대한 인출 구조들을 저장해 두다가 신속하게 작업기억에 끌어들여 언어 이해를 돕는 것으로 주장된다. 이에 대해서는 두 권으로 분권된 킨취 (1998; 김지홍·문선모 뒤침, 2010) 『이해: 인지 패러다임 I, II』(나남)을 읽어보기 바란다.

경우도 관찰된다. 그러므로 이를 수의적 교체라고 말한다면, 시상 선어말 어미의 기능을 무위로 돌려 버리는 일에 다름 아니고, 자가당착 내지 자기모순의 서술을 하는 셈이다. 필자는 '-은디(-은데)'와 '-는디(-는데)'를 수의적 교체로 파악하지만, 시상 선어말 어미 '-앗-'이 그런 수의적 교체 범위 속에 들어갈 수는 없다고 본다.

이런 현상이 다음 사례들에서도 관찰된다. 그렇다면 다른 설명 방식을 추구해 봐야 하는 것이다. 필자는 임의 사건을 놓고서, 오직 결과 상태만 표시해 놓고 있다고 본다. 그렇지만 여러 화자에게서 관찰되는 '-은디(-은데)' 형식을 놓고서, 만일 시상과 양태를 드러내는 '-앗는디(-았는데)'로 고쳐 놓는다면, 그 결과 절들 사이의 관계가 좀 더 분명해짐을 알 수 있다. 이는 다수의 화자에게서 간편한 방식으로 '-앗인디(-았는데)'를 대신하여, '-은디(-은데)'로 쓰고 있을 가능성을 시사해 준다. 시상 선어말 어미의 유무에 무관하게, 이것들이 모두 다 선행절이 후행절에 대한 배경 사건을 표시해 준다는 측면에서, 시상 선어말 어미가 나오기도 하고, 그렇지 않기도 하는 변동을 설명할 수 있을 것으로 본다. 곧 후술되듯이 이는 통사 차원의 방식 및 담화 전개 차원의 방식이 긴밀히 공모함으로써, 결과적으로 시상 선어말 어미가 들어 있는 해석을 유도하는 모형이 상정될 수 있는 것이다.

(91아) -은디 -안²: 산방(서귀포시 안덕면 사계리의 산방산 지역)에 들어 오니까, 날은 어두운디(어두워졌는데) 어떤 지집아이(계집애)가 질(길, 길 복판)에 나산²(나섰어).

(산방산 지역에 들어오니까, 날은 어두워졌는데, 어떤 계집애가 길 한 복판에 나서서 있어. 구비3 김재현, 남 85세: 48쪽)

(19자) -안 -은디 -낫다 ᄒ여: 어디 먼 디서 월계 진좌수(진국태 유향좌수)ø 죽은 줄도 모르고 촛안(찾아서) 온디(왔는데), 흥상(恒常) 백멜(白馬를) 탄(타고서) 댕겨낫다(다녔었다)ø ᄒ여, 그 월계 진좌수가.

(어디 먼 곳에서부터 유향좌수 월계 진국태가 죽은 줄도 모른 채 찾아 왔는데, 진좌수는 항상 백마를 타고 다녔었다고 해. 구비2 양구협, 남

71세: 615쪽)

(91차) -으난 -은디: 거(그거) 네를(櫓 노 젓는 일을) 버쳐 가난(힘이 부쳐 가니까), 갈 땐 곱게 간디(갔었는데), 그 섬에.
(그 상황이 노를 젓는 힘이 부쳐 가니까, 그 섬으로 갈 때에는 곱게 갔었는데, 그 섬에. 구비1 김순여, 여 57세: 205쪽)

(91카) -으니 -은디 -으니 -앗댄 말이어: [선녀 옷] 곱져 부니(숨겨 버리니), 다른 선녀덜(仙女들)은 다 [하늘로] 올라간디(올라갔는데), 옷을 잃어 부니(버리니) … 올라가질 못ㅎ엿댄 말이어(못했단 말이야).
(몰래 선녀 옷을 숨겨 버리니, 다른 선녀들은 모두 다 하늘로 올라갔는데, 옷을 잃어 버리니 그 선녀는 올라가지를 못했단 말이야. 구비1 안용인, 남 74세: 186쪽)

여러 화자들이 이렇게 시상 선어말 어미 '-앗-'이 탈락 또는 축약된 형식을 종종 쓰고 있다는 것은, 아무렇게나 자의적으로 그런 변동이 일어나는 것이 아니라, 규칙적인 현상으로 일어남을 시사해 준다. 필자는 이를 ㉠ 통사상의 변동 과정(생략 또는 축소)으로 설명할 수도 있고, ㉡ 담화상의 전략으로도 설명할 수 있을 것으로 판단한다(결과적으로 서로 공모하는 것으로 설명됨). 전자의 방식(㉠)에서는 먼저 담화 전개에서 후행절에 표시된 시상 및 양태 형태소가 지배 관계를 통하여 일치(동화)를 구현해 주는 해석 규칙을 고려해야 한다. 그렇다면 전체적인 복합 사건 연결체의 흐름에서 시상 및 양태 표시를 최종 후행절로 미룬 채, 선행절에서는 접속 어미의 기능만이 도드라지게 선택될 수 있는 것이다. 통사적으로 이런 구조적 지배가 이뤄지는 환경 아래에서 '-앗느-'가 탈락되거나 ø로 줄어들 수 있다고 설명하는 것이다. 후자의 방식(㉡)에서는 현실 층렬을 기반으로 하여 담화 전개에서 도입되는 추가 층렬들이 덧얹힌다고 가정한다. 복잡한 무대 위의 다시 새로운 무대 설정을 언어 형식으로 표시해 주어야 함에도 불구하고, 화자와 청중이 모두 다 함께 새로운 층렬 속으로 들어가 있다고 봄으로써, 그런 형식들의 표시를 취소한 채, 오직 간단히 제2층렬의 무대로서만 서술해 줄 수 있는 것이다. ㉠ 통사적인 변동 과정과 ㉡ 담화 전개에서 충렬을 간단히 표상하는 방안이, 서로 긴밀히 맞물려 함께 작용할 수 있는 것으로 파악할 수도 있다.

먼저, 담화 측면을 좀 더 자세히 설명하기로 한다. 원칙적으로 새롭게 도입될 경우마다 각 충렬들 사이의 위계를 언어 형식으로 표시해 주어야 마땅하다. 가령, 제3층렬의 무대에다 다시 제4의 층렬을 내세워 회상 형식의 이야기를 서술해 줄 수도 있다. 흔히 회고담으로도 부르기도 하고 문학에서는 「액자 형식의 이야기」로도 부른다. 그렇지만 이렇게 층렬들이 누적될수록 층렬들 사이의 무대를 정확히 붙들기 위하여 인지적 부담감이 늘어난다. 그렇다면 청자의 주의력이 어느 층렬의 무대에서 해당 사건이 일어나는지를 구별하는 데에 동원되어야 한다. 이는 거꾸로 이야기가 담고 있는 흥미로움에 주목하지 못하도록 방해해 버린다. 만일 이런 누적된 층렬에 설치된 무대들이 글말로 씌어 있을 경우에는, 찬찬히 재귀적인 반성을 통해서 정확히 어느 층렬의 무대인지 메모를 하면서 놓치지 않을 수도 있다. 그렇지만 이야기 상황과 흐름에 따라 즉석즉석 처리해야 하는 입말 상황에서는, 층렬이 복잡해질수록 처리가 더디거나 어려워진다. 결국 언어 처리에 이용하는 작업기억의 용량 한계로 말미암아 화자의 복잡한 층렬들의 무대를 하나하나 따라가기가 어렵게 된다. 이를 방지하고 청자들로 하여금 이야기의 흥미로움(갈등 증폭과 반전 또는 해소 따위)에 집중하도록 하려면, 전략상 가능한 대로 임의의 이야기에서 동원되는 층렬들의 무대가 단순하면 단순할수록 도움이 된다. 이를 화자와 청중들이 모두 다 같이 「상상의 원리」(묵시적 대응 함수로서, 677쪽에서 세 가지 차원 중 ②항으로 언급되었음)를 작동시켜서 새로운 층렬 속에 들어가 있다고 가정함으로써, 가급적 단순히 무대들을 설치하는 셈이 된다. 이를 담화 전개에서 「단순한 처리 원리」로 부를 만하다.

다음으로, 이를 통사적인 변동 과정으로 설명할 수 있다. '-앗는디(-았는데)'를 쓰는 쪽이 규범적일 수 있겠지만, 이 방언의 서로 다른 화자들이 간편 무대 설정의 방편으로, 오직 '-은디(-은데)'만을 쓰고 있음에 주목하기 바란다. 이 현상은 화자가 만일 가능한 대로 단순히 무대들을 설치해 놓은 방식을 전략적으로 채택하고 있는 것이라면, 그런 동기에 따라 자연스럽게 언어 형태소의 배열도 생략이 일어남으로써(담화 작용 원리와 통사 규칙이 공모함으로써), 간단한 형태소만으로 통합 관계를 유지할 수 있다고 보는 것이다. (92)에서 이를 확인할 수 있다. 맨 뒤에 있는 최종 후행절에서 일련의 사건이 이미 다 일어났고 끝이 났음을 가리켜 주는 형태소를 확인할 수 있는 것이다. (92가)에서는 '-안²(-았어)', (92나)에서는 '-앗단 말이어(-았단 말이야)'이다.

(92가) '-앗는디'가 모두 '-은디, -은디'로 표현되며, '-안²'으로 끝이 남: 그 옛날(옛날) 섹유(석유) 지름불(기름불) 싼디(켰었는데), 어두룩ᄒ디(어두침침하였는데), 큰 상이(상에) 음식을 츠려(차려) 논디(놓았는데), 배 ø ᄀ득아도(가득차도) 믇(못) 먹엄직ᄒ게 무겁게 수두룩(의태어, 아주 잔뜩) 들러오란(들러왔어).
(그 옛날에는 호롱불에 기름을 붓고 그 불을 켰었는데, 그 불을 켜도 어두침침하기는 마찬가지였는데, 사돈집에서 큰 상에다 음식을 차려 놓았는데, 아무리 큰 배를 지녔어도 다 못 먹을 만큼, 상이 무겁게 음식들을 그릇에 잔뜩 담고서 들어왔어. 구비2 양구협, 71세: 646쪽)

(92나) '앗는디'가 '-은디'로 표현되며, '-앗단 말이어'로 끝이 남: 그 아이 덜(아이들)이 [새색씨] 신을 앗언(갖고서) 돌아나 불연(달아나 버렸어). [조사자: "새각시 신을?"] 응! 돌아난디(달아났는데) 「어딜 강(가서) 놓은고(놓았는고)?」 ᄒ니, 오성 부원군(이항복 1556~1618) ø 산(서 있는) 딜(데를) 간(가서) 「탁~」(의태어, 갑자기) 놧댄 말이어(놨단 말이야).
(일부러 짝을 맺어 주기 위하여 그 아이들이 새색씨 신발을 훔쳐 갖고서 달아나 벼렸어. [조사자인 현용준 교수의 반문: "새색씨 신발을?"] 응! 달아났는데, 「어디에 가서 놓았는고?」 하니, 오성 부원군이 서 있는 데를 가서 그 신발을 털썩 놓았단 말이야. 구비2 양형회, 남 56세: 29~30쪽)

공통어의 대역에서는 선행절에 있는 '-은디'를 모두 다 '-았는데'로 옮겨 놓았다. 그렇지만 이 방언에서는 이들이 서로 다른 화자임에도 불구하고, '-앗는디(-았는데)'로 말해야 할 접속 어미의 통합 형식을, 마치 서로 약속한 듯이, 모두 다 간편하게 오직 '-은디(-은데)'로만 쓰고 있다. 필자는 규범 문법을 옹호하는 사람이 아니다. 만일 그랬더라면 '-은디(-은데)'는 잘못된 접속 어미이고, 공통어에서와 같이 '-앗는디(-았는데)'로 고쳐 쓰도록 말했을 것이다. 그렇지만 본고에서는 1979년에서부터 채록된 입말 문학(구비문학)의 자료들을 있는 그대로, 엄연한 이 방언의 언어 사실로서 받아들이고, 그 언어 현상을 기술하며, 또한 변동이 관찰될 경우에 그런 변동이 일어날 만한 이유를 찾아보려는 태도를 계속 견지하고 있다. 이런 관점에서 통사적인 변동 과정으로서의 해석 가능성을 모색하는 것이다.

다른 한편으로, 필자가 이해하는 담화 전개에 관련된 지식으로도 이런 변동을 설명할 수 있을 것으로 본다. 설화를 말해 주는 화자가 층렬들의 탑 쌓기 무대를 복잡하게 구별하여 말해 주기보다는, 모든 것이 옛날 이야기로 귀착된다는 점에서, 간편하게 접속 절들 사이에 성립하는 지배 관계에 의해서, 시상(양태) 해석 원칙을 적용함에 따라, 선행절에 나올 법한 선어말 어미로서 시상 형태소와 양태 형태소들을 생략해 놓음으로써, 각 형태마다 요구할 법한 「무대 설정 요구」들을 가급적 줄여 놓으려는 것으로 파악한다. 물론 이런 간편한 방식으로의 교체가, 청자에게서 해당 발화에 대한 이해를 방해하거나 곡해하는 단서가 되어서는 곤란하다. 다만, 제일 밑바닥에 있는 현실 층렬과 설화에서 도입되는 이야기 속 무대인 제2층렬만으로, 그리고 그 설화의 무대인 제2층렬 속에서 설화 주인공이 활약한 또다른 무대인 제3층렬이 다시 설정되더라고, 이 층렬의 도입을 명시적인 언어 표지로 구별해 놓지 않은 채, 화자도 그리고 이를 이해하게 될 청자도 「관련 항목들을 어려움 없이 이해한다」는 전제가 만족되어야만, 이런 설명이 정당성을 획득한다. 이런 설명이 '-앗는디'가 '-은디'로 교체되어 나오는 언어 사실을 놓고서, 오직 필자의 식견에만 국한하여, 그 동기로 제안할 수 있는 후보일 뿐이다. 이것이 결코 유일한 설명 방식인 것이 아님은 두말할 것도 없다.

접속 어미 '-은디'와 관련해서 종결 어미에서도 같은 소리 형식이 관찰된다. 공통어에서는 이미 구개음화가 진행되어 '-은지'로 바뀌어 있으므로 혼동되지 않겠지만, 이 방언에서는 아직도 구개음화 이전의 단계에서 쓰는 형식을 보여 준다.

(93) -앗인디 [모르지]: 알아져도(알고 있더라도) 몰르켄(모를 것이라고) 햇앗인디(했었는지) 알도(알지도) 못ᄒ주게(못하지+화용 첨사 '게') (그가 다 알고 있더라도, 일부러 모를 것이라고 말했었는지 여부는 알지 못하지. 안 그래? 구비3 김재현, 남 85세: 245쪽)

(93)에서는 '-앗는디'와 아주 비슷하게 보이겠지만, 전혀 성격이 다른 '-앗인디(-았는지)'이다. 만일 구개음화가 허용될 가능성 여부를 고려한다면, 앞에서의 '-은디'에는 '-은듸, -은듸'와 같은 형상이 상정됨으로써 구개음으로 동화되지 못하도록 모종의 방벽이 주어져 있음을 짐작할 수 있다. 바로 뒤에 상위문의 핵어로서 '알지 못하다(모르다)'가 나온다는 점에서, 이는 내포 구문임을 확인할 수 있다. 이는 '-았는지 모르겠다' 또는 '-았었는지 여부를 모르겠다'와 같은 이음말 형식으로 재구성할 수 있다. 따라서 배경 사건을 제시해 주는 '-은디' 계열의 접속 어미와는 같은 부류의 것이 아님을 확인할 수 있다.

§.5-2 선행절을 이용하여 배경을 제시해 주는 역할을 하는 접속 어미에는, 전형적으로 다른 접속 의미를 지니지만, 전체 맥락을 재구성함에 따라서 새롭게 배경이나 무대를 제시해 주는 기능으로 바뀌는 경우들이 있다. 전형적으로 계기적으로 이어지는 사건을 나타내는 접속 어미 '-자 말자(-자마자)'(이 책에서는 우선 지금까지 이 방언의 연구에서 가장 허무한 부분인 「문법 형태소를 분석하고 확정하는 일」을 1차 목표로

삼고 있으므로, 일부러 이 방언 형태들의 통합 관계를 놓고서 일부러 띄어써 놓았음)가 선행절과 후행절의 사건들이 계기적으로 일어남을 드러낼 뿐만 아니라, 또한 전체 맥락의 관점에서 해당 사건들을 재구성할 경우에, 선행절의 사건이 「무대를 마련해 주는 기능」을 지녔다고 여길 만한 경우도 관찰된다. 또한 전형적으로 이유를 표상한다는 '-으난, -으나네(-으니까)'의 경우도, 전체 맥락의 관점에서 복합 사건들의 위상을 재구성함에 따라, 또한 선행절이 배경이나 무대를 제시해 주는 역할을 한다. 이 경우에도 기능이 확장되는 사례가 되는 것이다.

먼저, 전형적으로 계기적 사건을 접속해 주는 '-자 말자(-자마자)'가 배경 제시나 무대 마련의 기능을 맡는 사례를 살펴보기로 한다.

(94가) -자 말자: 그 아으(아이) ø 곧 데리고 오자 말자, 아 그 호랭이가 「퍼짝~」(의태어, 번쩍) 왔어. 퍼짝~ 왔는디, 도야지(돼지) 지르는(기르는) 디(데를, 곳을) 손ø ᄀ르치니(가리켜 주니), 그 도야질 물어간(물고갔어).
(그 아이를 곧 데리고 오자마자, 아 그 호랑이가 번쩍 순식간에 집으로 왔어. 번쩍 순식간에 왔는데, 돼지 치는 우리를 손으로 가리켜 주니까, 그곳의 돼지를 물고 갔어. 구비2 양구협, 남 71세: 644쪽)

(94나) -자마자: 가 : 이(그 아이)는 공부시길(시킬) 흔(限, 즈음)이 되자마자, 그저 댓 설쯤(댓 살쯤) 되나마나 홀 때 모양인디(인데), 칠수장(七所場)137) 목ᄌ(牧子)가 봄이(봄에) 「곡석(곡식)을 풉센(파십시오라고)」해서 왔어.
(그 아이는 공부를 시켜야 할 시기가 되자마자, 그저 대여섯 살쯤이 되나마나 할 때 모양인데, 칠소장에서 마소를 방목하는 책임을 맡은 목자가 봄에 곡식을 물물교역으로 바꿔 가려고 해서 집으로 왔어. 구비3

---

137) 조선조 때에 말을 방목하려고 나라에서 제주 섬의 중산간 지대에다 설치했던 10개소의 방목장이 있었다. 김봉옥(2013)『제주 통사』(제주발전연구원)를 보면, 제7 소의 방목장을 가리키는 칠소장(七所場)은 현재 서귀포시 중문면 색달리 일대이다. 또한 방목하는 말들을 관리하고 새끼를 치는 일까지 모든 일을 전담하던 신분의 직업인을 '목자'라고 불렀다. 특히 이 신분의 직업인들이 해마다 공마를 바쳐야 했고, 그런 과정에서 605쪽의 예문(73사)에서와 같이 중간의 하급 관리(색리나 아전으로 불리는 지방직 공무원)들에게 가렴주구를 심하게 당하면서 매우 어려운 생활을 했었다. 또한 엄격한 신분제 사회에서, 사회적으로 천대받고 낙인까지 찍히는 질곡의 삶을 살았었다.

김재현, 남 85세: 57쪽)

현실세계에서는 선행절 사건과 후행절 사건이 계기적으로 일어나는 경우가 거의 없겠지만, 이야기의 전개에서는 긴박감과 흥미를 높여 주기 위하여 마치 운명처럼 계기적으로 일어나는 듯이 서술해 줄 수 있다. (94가)에서도 손자를 데려오자마자, 운명적으로 그 아이를 키울 범이 불현듯이 나타났고, 할아범은 자신이 치는 돼지를 범에게 물어 가도록 손으로 가리켜 주었다. 그런데 손자를 집으로 데려온 사건 및 범이 불현듯 나타난 사건이, 마치 무대 위에서 새로운 사건이 일어나는 듯이 서술되어 있다. (94나)에서도 공부를 시킬 나이가 되자마자 운명적으로 어떤 목자가 곡식을 바꿔가려고 주인공의 집을 찾아왔다. 전형적으로 설화의 전개 구조에서는 「주인공의 능력이 대단함」을 서술해 주는 방편으로, 언제나 주어진 운명처럼 주인공은 집밖으로 떠나가야 한다. 집밖에서 고난을 겪는 것이 갈등과 긴장이 계속 커져 가고 높아지는 설화의 짜임새이다. 이런 맥락에서는 계기적 사건을 가리켜 주는 '-자 말자(-자마자)'가 앞으로 일어날 사건이 전개될 무대를 마련하는 일로서 선행절을 말해 주고 있는 것이다.

전형적으로 2항으로 이뤄지며, 이유를 나타내는 종속 접속 어미 '-으나네(-으니까)'도, 또한 전체 맥락상으로 관련 사건들을 재구성할 경우에, 선행절을 배경 제시 또는 무대 마련의 기능으로 간주할 수 있는 경우들이 있다(162쪽 이하 및 723쪽 이하를 보기 바람). 필자가 모아 놓은 자료에서는 공통어의 이유를 나타내는 접속 어미 '-으니까'에서 더 줄어든 형식 '-으니'가 최고 빈도로 관찰된다.[138] 이는 순차적 사건

---

138) 평면적으로 비교하는 것이 왜곡을 자초할 가능성을 배제할 수 없더라도, 궁금증을 해소하기 위하여, 주먹구구식으로만 얼핏 살펴볼 수도 있다. 필자의 자료에서 첫 접속 어미 항목으로 올라 있는 것만을 비교할 경우에, '-으니' A4 용지 9쪽을 차지하고, '-으니까, -으니까니'가 6쪽을 차지하며, '-으난, -으나네'가 5쪽을 차지한다. 그럼에도 불구하고 (96나)에 제시된 사례에서처럼 수의적으로 이런 변이형태들이 서로 뒤섞여 나오고 있음을 고려한다면, 꼭 이런 비율과 일치하지는 않을 것이다. 간단히 어림짐작으

전개를 나타내거나 선행절을 배경 사건으로 만들어 주거나 설명을 제시하는 경우로 해석되는 경우가 또한 많다. 이런 세 가지 선택지는 엄격히 구분되지 않은 채 서로서로 넘나들 수 있다. 이런 점이 화자에게서는 융통성 있는 종속 접속 의미로 인식되어

「-으니, -으니, -으니, …」

처럼 동일한 접속 어미를 이용해서, 계속 절들의 접속을 확장해 나가는 일이 가능해지는 것이다. 만일 이유를 나타내는 2항의 종속 접속 어미로만 간주했다면, '-아서'와 같이 다항을 접속해 주는 일이 생겨나지 않았을 것이다. 2항 종속 접속이 어느 지점에서인가는 다항 종속 접속도 허용해 주는 어미로 변화가 일어난 것이다. 이를 무한성을 허용해 주는 반복 함수를 도입하여, 2항 접속 속에 어느 절에다 계속 2항 접속의 내포 구조를 도입하는 방식으로도 처리해 줄 수 있겠지만(이는 언어의 계층성을 더 기본 표상으로 가정할 경우가 됨), 이와는 달리 일직선의 전개 과정을 상정한다면 그대로 다항 접속처럼 변환된다고 여길 수도 있는 것이다. 현재 수학 기초론에서 밝혀진 바로는, 둘 이상의 공리계가 서로 모순 없이 공존할 수 있으며, 따라서 진리의 잣대가 '서로 양립할 수 있음' 또는 '서로 공존할 수 있음'을 가리키는 compatability (양립 가능성)를 수용하는 것이다. 가령, 일반적인 사칙 연산소를, 한 가지 복합적인 개념을 품은 쉐퍼 막대 기호(Sheffer stroke) '∥'로도 남김 없이 모두 다 도출할 수 있는 것이다.

생성문법 쪽에서 엄격히 제약된 구조의 표상으로 도약하는 계기를 촉발한 「이중 대격 구문의 처리 방식」이, 바로 이런 경우를 잘 반영해

로 말한다면, 이 방언에서는 「공통어와 동일한 접속 어미 형태를 쓰는 비율이 훨씬 더 높음」을 함의한다. 또한 같은 발화 속에서라도 화자는 수시로 공통어 형태 '-으니, -으니까'와 이 방언의 고유한 형태 '-으나네, -으난'이 교체하면서 절들을 이어가는 경우를 자주 보게 된다. 이런 현상도 또한 공통어와 동일한 형식을 한낱 개신파의 영향으로만 볼 수 없음을 강력히 반증해 주는 언어 사용의 실제 용례들이다.

준다. 생성문법의 전문 학술지를 통해서 이분지 약정을 따라야 하는지 여부에서, 제킨도프 교수와 라어슨 교수 사이에 서로 현격히 다른 접근 방식을 옹호하면서 논쟁을 벌인 적이 있다. Larson(1988) "On the Double Object Construction"(『*Linguistic Inquiry*』제19권 3호)과 Jackendoff (1990) "On Larson's Treatment of the Double Object Construction"(『*Linguistic Inquiry*』제21권 3호)과 Larson(1990) "Double Objects Revisited(『*Linguistic Inquiry*』제21권 4호)를 보기 바란다. 비록 라어슨 교수의 구조(v가 투영하는 껍질 구조)가 생성문법의 주류로 채택되었지만, 그렇다고 하더라도 일직선 표상의 제킨도프 교수의 방식이 잘못된 것만도 아니다. 왜냐하면 일반 사람들의 직관적 표상을 간편하게 반영해 주는 장점이 있다. 일직선의 표상 방식은 line(선)을 놓고서 조어된 것이기 때문에, 때로 '선조적(linear, 일직선의 직선상의)' 표상으로도 번역된다. 현대에 와서 언어학을 일으킨 소쉬르의 생각도 시간상 입말 자료의 선후 배열이 기본적이라고 보았기 때문에, 언어 구조에서도 일직선의 표상만 상정했었던 것이다. 그렇지만 소리값이 없는 껍질 동사를 상정함으로써, 계층성의 표상을 확립해 놓은 라어슨 교수의 방식은, 기계적인 연산 처리 방식을 좀 더 직접적으로 표상해 내는 장점이 있다.

비유적으로 이 상황을 다음처럼 말할 수 있다. 우리들에게는 십진법이 편리하지만, 컴퓨터 연산에서는 모두 다 이진법으로 처리하고 있다. 설사 중간의 연산 진행 과정이 다르다고 하더라도, 서로의 계산 결과가 결코 다르거나 모순되는 것은 아니다. "서로 양립 가능한 것"이라는 점에서(97쪽의 각주 38), 어떤 진법으로 계산을 진행하든지 간에, 모두 다 수용 가능한 처리 방식일 따름이다. 일부에서는 우리 인간의 지각 편이성에 맞추어 선별 기준으로써 다시 "우아한 표상"을 더 선호하여 제시하기도 한다(『주역』계사의 '간·이' 원칙).

(95가) -으니 -으니 -으니 -으니 해야겠다고: "이거 큰일 낫다(났다). 나라의(에) 범죄를 홀 거이니(것이니) 우리는 다 죽게 될 것이니, 이건 아마

산형(묏자리) 때문인 것이니, 이 산(묘)은 천리(이장, 576쪽의 각주 127
에서 '천묘지례'를 줄인 '천리'를 보기 바람)를 해야겠다!"고.
("이거 큰일 났다. 나라에 반역 범죄를 저지를 것이니, 우리가 멸문을
당해 다 죽게 될 것이니, 이것은 아마 묏자리 때문인 것이니, 이 묘는
이장을 해야겠다!"고. 구비3 김택효, 남 85세: 389쪽)

(95나) -으니 -으니까 -으니 -으니 -으니 -읍니다고: 옮을, 곡성(哭聲)을
ᄆ차(끝마쳐) 가지고 절을 ᄒ니, 중놈의 아이가 나에게 어머니라고 ᄒ
니까, "절 몰르겟읍니까?" ø ᄒ니, "몰르겟다!"고 ᄒ니, "십년 전의(전
에) 저의 머리를 깎아 준 예가 잇지 아녑니까(않습니까)?" ø ᄒ니, "잇
다!" ø ᄒ니, "내가 그 ᄌ식입니다!"고.
(옮을, 울음소리를 끝마치고서 절을 ᄒ니, 중이 데리고 살던 아이가 자
신에게 어머니라고 부르자 의아스러웠어. 다시 그 젊은이가 "저를 모르
겠습니까?"라고 물었는데 "모르겠다!"고 대답했어. 그러자 "십년 전에
제 머리를 깎아 준 예가 있지 않습니까?"라고 반문하자, "있다!"고 하니,
"내가 바로 그때 머리를 깎아 주신 그 자식입니다!"고 말했어. 구비1
안용인, 남 74세: 125쪽)

(95)에서의 화자들은 마치 '-으니(-으니까)'라는 접속 어미가 없었더
라면 마치 말을 이어나가지 못할 듯이, 계속 동일한 접속 어미들로써
사건들을 하나하나 전개해 나가고 있다. (95가)에서는 네 번이나 반복
되어 있고, (95나)에서는 다섯 번이나 반복되어 있다. 아마 산출 전략
으로서 계속 점층적으로 인과 관계로써 얽어 나가려고 하다 보니, 일
부에서는 부득이 순차적 사건 전개로도 해석이 이뤄질 수밖에 없다.
여기서 앞뒤의 절들을 이어 주고 있는 '-으니' 또는 '-으니까'를 모두
다 이유의 기능을 지닌다고 말할 수는 없다. 순차적으로 사건들이 전
개되다가, 「기억을 되살려 확인하는 과정에서 서로가 일치하니까, 비
로소 자신의 아들임을 알게 된다」는 일을 말해 주고 있는 것이다.
　전체 맥락상 일련의 복합 사건들의 전개를 재구성해 본다면,139) (95

---

139) 비록 명시적으로 기억 방식에 대한 연구로서 영국 심리학자 바아틀릿(Bartlett, 1886~

가)는 반역죄를 저질러서 3족(부족·모족·처족)이 멸문당하는 일을 당하는 사건이 전후로 이어지고, 다시 이런 일이 일어나지 않도록 하는 처방이 주어진다. 그 처방의 내용은 조상의 묏자리가 반역죄를 저지를 운명이라고 여겼기 때문에, 반드시 그 무덤을 이장해야겠다고 결심한다. 이 뒤쪽의 사건 연결에서는 분명히 이유의 해석이 주어져 있다. (95나)에서는 어느 젊은이가 절을 하고 나서, 어머니라고 불렀다. 그렇지만 알아보지 못하자, 기억을 서로 간에 맞추려고 한다. 어린 자식을 절간에 맡길 적에, 그 아이의 머리를 깎아 준 적이 있느냐고 묻자, 그런 일을 했다고 대답했다. 그러자 드디어 내가 바로 그 아이였다고 말하고 있는 것이다. 이런 이야기를 들으면서 청자(청중)의 머릿속에서는 전체 맥락 속에서 개별 사건들의 관계에 대하여 재구성하는 일이 일어난다. 그런 다음에 다시 접속된 절들을 하나의 상위 개념으로 묶어나가게 된다. 이야기를 듣는 도중이지만, 이런 반복 순환 처리가 부단히 몇 갈래로 일어나고 있는 것이다(제2부의 제3장과 그곳에 언급된 문헌들을 보기 바람).

1969)을 다루지는 않았지만, 독일 심리학자 에빙하우스(Ebbinghaus, 1850~1909)에서 제안한 '자유 연상 기억'(자극과 반응의 결과가 긍정적으로 누적되면서 기억이 일어남)과 대립되는 기억으로서 '재구성 기억'이 언어 처리에서 중요하다(81쪽과 82쪽의 각주 32와 33, 그리고 117쪽의 각주 41을 보기 바람).

「자유 연상 기억(free association)」은 주로 제1뇌와 제2뇌에서 무의식적인 신체 반응과 작용을 일으킨다. 그렇지만 「재구성 기억(reconstruction)」은 제3뇌에 깃들고 고유하게 우리가 지닌 언어에 많이 의존한다. 이해의 과정에서는 미리 머릿속 장기 기억에 보관하고 있는 지식 체계의 그물짜임을 인출하여 새로운 이야기들의 처리와 가공을 주도해 나가므로, 원래 이야기에 없던 내용들도 언제나 그 이야기의 재구성 과정 속에 같이 들어가게 된다. 이런 일들이 작업기억에서 일어나고 있는 것이다. 따라서 언어 이해에서는 말해지는 대로 또는 씌어진 대로 언어 처리가 일어나는 것이라, 능동적으로 판단·결정·평가를 곁들여 그 사건들을 재구성하면서 자신의 언어로 바꾸는 일이 진행되는 것이다.

이런 과정은 전체적인 맥락을 복수의 후보로 상정해 놓는 일에 의해서 주도되는 것이다. 그렇다면 이런 능동적인 언어 이해의 과정이, 한 개인에게서 창의적 사고의 첫 단추가 됨을 자각할 수 있다. 이해가 빠르고 더딘 차이는, 결국 이런 전체 맥락을 빨리 상정할 수 있는지 여부에 의해서 생겨나는 것임을 알 수 있다. 현재 제도권 교육에서 놓치고 있는 중요한 핵심점이, 언어 사용에서 이런 능동적 재구성 과정을 중시하고 훈련시켜 주는 일이다. 전문 분야로서 국어교육에서조차도 이런 발상을 기대할 수 없는 것이 현행 교육에서의 한계이다.

(96가) -으니까 -으난 -으니 -더라고: 그 골총(자손이 끊겨 버려진 무덤, 578쪽의 각주 127) 구신(귀신)이 수만 명이 들어서 그러니까,「아, 이렇구나!」ø 허여서(여겨서) [새벽에] 동이 언뜩(얼핏) 터질까 말까 허여서 배를 띄우난(띄우니), 저길 곧(갓, 겨우) 가니 대풍이 불더라고.

(꿈에서 그 골총 귀신들이 수만 명 들어서 제주 목사에게 빨리 제주를 떠나라고 조언해 주니까「아, 이렇구나!」라고 여겨서, 새벽에 동이 얼핏 틀까 말까 하자 일찍 배를 띄우니, 제주 바다를 갓 넘어가자마자 뒤쪽에서 큰 바람이 불더라고 해. 구비1 임정숙, 남 86세: 193쪽)

(96나) -으니까 -으니까 -으난 -으난 -지 못ᄒ연: [힘센 종 막산이가] 배가 워낙 커 가지고 [주린] 배를 채우질 못ᄒ니까 소도 잡아먹고, [주변에서] 하간 거(많은 것)ø 시기를 해 가니까, 질루지(기르지, 먹이지) 못ᄒ난(못하니까), 대정「배염바리140) 집」이엔 ᄒ 디(이라고 한 곳에) 폴

---

140) 거인이었고 50명 분의 점심을 먹는 막산이라는 하인에 대한 얘기는 제주 설화 속에서 단골 식단처럼 자주 나온다. 303쪽의 각주 72에 '막산이'에 대한 어원을 추정해 두었다. 서귀포시 대정읍에 있는「배염바리 집」도 아마 일반 명사로 생각된다. 다른 설화에서는 서귀포시 안덕면 창천리에 있는 집이라고 한 경우도 있다. 제주도의 토속 신앙에서는「구렁이가 재물을 갖다 준다」고 믿어서, 구렁이를 모시는 집들이 더러 있었다고 한다. '배염바리 집'은 그런 구렁이를 모셔서 부자가 되었을 법하다.

오창명(1998)『제주도 오름과 마을 이름』(제주대학교 출판부: 502쪽)에는 창천리 '뱀바리동'에서 일부 '바리'를 민간에서 뱀 또아리로 여긴 해석이 있음을 소개하면서도, 동의할 수 없다고 적어 놓았다. '서릴 반(蟠)'은 '쟁반 반(盤)'과는 전혀 다른 글자인데, 사반(蛇盤)이라고 잘못 써 놓고 있다. 대신 새로운 해석 가능성으로 '올빼미'의 제주 방언을 「옷밤」으로 주장하여, 뱀과 올빼미로 이름이 붙여졌을 가능성을 시사해 놓았다. 송상조(2007)『제주말 큰사전』(한국문화사)에서는 올빼미가 이 방언에서 옷밤뿐만 아니라 '옷바미, 옥박, 옷빰, 옥밤'으로도 쓰인다고 하였다. 최근에 제주 설화들을 모아 놓은 제주연구원(2017, 2018)『제주 문화 원형: 설화편 Ⅰ, Ⅱ』을 보면, 제Ⅰ권의 670쪽(배염바리 집터와 막산이)에서 또아리로 풀어준 대목이 있고, 제Ⅱ권의 208쪽(벱바리 집터)와 209쪽(벱바리 터)에서도 분명히 '사반(蛇蟠)'의 형국이라고 풀어 주고 있음을 본다. 일반적으로 '배미' 또는 '빼미'는 옛날 매매문기에서 논이나 밭을 구역지어 가리킬 적에 쓰던 일반 명사이다. 『표준국어대사전』을 보면, '논배미'가 올라 있으며, 논두렁으로 둘러싸인 하나하나의 구역으로 풀이해 놓았다. 그렇지만 '배염바리'가 밭이 아니라 집을 가리키고 있으며, '배미'가 아니라 '바리'이므로 이런 해석 가능성은 저지된다. 그렇다면 다른 가능성을 찾아봐야 할 것이다.

필자로서는 부엌의 조왕신과 같이 뱀 신앙도 여성들에 의해 이뤄진다는 점에 눈길이 간다. 인터넷 검색에서는 '바리(사람, 악바리, 군바리, 하빠리, 떼떼바리, 뒤듬바리, 쪽바리, 딸깍발이)'와 '바치(전문 장인, 『계림유사』의 제123항「工匠曰『把指』」)를 관련시키는 글도 읽을 수 있었다. 만일 '바리'가 사람을 가리키는 요소라면, '배염바리'는 재복을 구하려는 신앙으로서「구렁이를 모시는 여성」을 가리킬 수 있을 법하다. 이미 오래 전에 이런 노선에서 김홍식(1983) "제주도 방언의 접미사고: 인칭 접미사를 중심으로" (제주대학 탐라문화연구소, 『탐라 문화』제2호)에서는 인칭 표현 접미사로서 '-바리,

-다리, -방'이 한 계열을 이룰 가능성을 모색한 바 있다(후술될 김홍식, 1980에서 한자어 '변발(辮髮)' 또는 '피발(被髮)'을 상정했던 논의와는 다른 모습인데, 머리 모양새는 『시경』에서 결혼하지 않은 사람의 머리를 뒤쪽으로 모아 뿔처럼 묶은 것을 총각(總角)이라고 하였으며, 필자도 어릴 적에 여자 아이들이 머리 모양새가 그러하였음을 기억하지만, 우리말에서는 총각이 오직 '결혼하지 않은 남자'만 가리킴). 만일 이런 접미사로서의 가능성이 설득력이 없다면, 다시 상식적인 해결책을 추구할 필요가 있다.

만일 '배염바리'가 집을 가리키는 맥락에서 쓰였다는 점에 착안한다면, 필자로서는 '바리'가 '발치'의 뜻으로 이해될 수도 있을 듯하다. "먼 발치에 있다"는 표현에서 알수 있듯이, 만일 사람이 누웠을 때에 발이 뻗은 쪽이나 영역을 가리키는 '발치'는, 일정하게 한정된 어떤 지역을 대상으로 하여 쓰일 수 있다. 그 지역이 주위의 산이나 두드러진 표적물을 기준으로 하여 아래쪽에 있음을 가리킨다. 이 방언에서는 흔히 무덤의 위치를 가리킬 적에 '어느 산 발치에 있다'고 말한다. '뱀발치'로 이해하는 이런 방식에서는 먼저 뱀 모습의 지형이 전제되고 나서, 그 아래 있는 지역을 좁게 한정하여 가리킬법하다.

한편 고려 때 개성을 중심으로 한 방언을 기록한 『계림유사』의 제107항에 전복(鰒)을 '필(必)'로 썼는데, 제269항에도 머리빗을 가리키는 표기로서 '芘, 必'이 적혀 있다. 강신항(1980) 『계림유사 '고려방언' 연구』(성균관대학교 출판부: 57쪽)에서는 제107항을 소리값 「piət」을 반영해 주는 것으로 추정하였다(이중모음으로 추정했음). 진태하 엮음(2003) 『고려 조어 연구 논문집』(한국국어교육학회)에 실린 20편의 글들을 살펴보면 초성(된소리와 거센소리)에서부터 중성(단일모음과 이중모음)을 비롯하여 종성(유음과 폐쇄음과 내파음)에 이르기까지 모두 다 쉽게 결정될 문제가 아님을 깨달을 수 있다.

한편, 송상조(2007) 『제주말 큰사전』(한국문화사)을 보면, 이 방언에서 전복을 가리키는 낱말로 '빗, 암핏, 수핏'(암수 구분이 있음이 특이함)을 올려놓고 있다. 이런 제주방언 낱말에 기대어서, 강영봉(2007) 『제주어』(국립민속박물관: 118쪽)에서는 '비바리'가 『전복을 캐는 여자』로서 잠수(潛嫂)·잠녀(潛女)에 해당하며, 그 뜻이 확대되어 「시집 안 간 처녀」를 가리키게 되었다고 단정한다. 오직 '비+바리'로만 분석되어야 하는 것도 아니며, 곧 후술에서 알게 되듯이, 처녀의 '곳 처(處)'는 명사가 아니라 「시집 갈 곳을 정해야 한다」는 동사의 뜻으로 쓰인 말이다. 「전복+여자」라는 명사와 명사가 합성된 구성과 「시집을 정해야 할+여자」라는 관형절과 명사가 합쳐진 구성은 같지도 않을뿐더러, 오직 이는 소리의 불완전한 유사성(필 : 빗)에만 기댄 억측으로 판단된다. 만일 '비발+이'로 분석될 가능성을 배제한다면, '바리'라는 형태 그 자체가 앞 단락에서 언급한 '바치'와 계열적인 형태일 가능성을 검토해 봐야 하겠지만, 당장 처녀라는 말에서 어떤 특성이나 전문성을 상정하기란 쉽지 않다. 이런 여러 가능성을 면밀히 검토해 본 뒤에 '비+바리'라는 형상을 상정하는 것이 온당할 듯하다(송상조, 2007 사전을 보면 '비발+이'로 분석할 만함). 필자는 '전복+여자'의 합성어라는 단정이 억측일 수밖에 없는 이유를 다섯 가지로 반증할 수 있다.

(가) '바리'가 사람을 가리키는지, 여자를 가리키는지, 제3의 대상을 가리키는지에 대한 분석이 전혀 없다.
(나) 『계림유사』에는 우연히 소라 「蓋槪」와 전복 「必」(각각 이 방언에서는 '구쟁기'와 '빗'으로 부름)만 올라 있다. 그렇지만 또한 해삼(방언 '미')과 성게(방언 '구살')와 미역(방언 '매역') 따위 해초(또 구멍에 박힌 문어도 그 대상임)도 중요한 채취 대상이다. 따라서 전복만으로써 이들 해산물 채취 작업의 대상들(적어도 5부류의 항목)을 대표할 수 없는 것이다. 또한 이것이 유기음인지, 이중모음인지, 유음 받침인지 여부로 확정되어 있지 않은 채, 성급하게 제주 방언의 '빗'이라고 미리 전제해 두는 일도 결코 타당하지 않다.
(다) 전복 캐는 일이 곧장 상의어 '잠수'(해산물을 따는 전문 직업 여성)를 가리킨다고 말할

수 없다. 우리말의 질서에서는 영어처럼 하의어를 그대로 상의어로 쓰지 않는다(man과 woman의 상의어가 man임). 대신 언제나 따로 상의어를 만들어 주어야 한다. 채복(전복)·채라(소라)·채삼(해삼)·채위(해위)·채조(해조류)가 대등한 층위의 하의어들이다. 이들을 묶는 상의어는 전혀 다른 낱말을 만들어 쓰는 것이 우리말 낱말에서 정합적이다. 그 후보가 잠수(물질하는 아낙네) 또는 잠녀(물질하는 여자)이다. 해산물 채취와 어로 작업을 모두 포괄하여 말할 경우에 「갯가에 살면서 바다에서 일을 하는 사람」이란 뜻으로 '포작(浦作), 포작이, 보작이, 보재기'라는 말도 쓴다. 과거에 이는 상대적으로 비하하는 뜻도 깃들게 되며, 고정된 신분제 사회에서 사회적으로 낙인이 찍혀 있었다.

　해녀(바다 여자)는 여자가 관찰되는 지역만을 가리킨다(일본말에서는 발가벗고 해산물을 채취하는 여자). 그렇지만 잠수·잠녀에서는 바다에 자맥질하여 해산물을 캐는 기능(흔히 '물질'로 부름)을 가리킨다. 그렇다면 해산물 채취와 관련하여 어떤 낱말을 써야 할까? 오직 후자만이 더욱 본질적이고 멋진 말이다. 우연히 「해변에 놀러간 여성」도 그 바닷가라는 지역에 있고, 또한 여성이라는 점에서, 축자적으로 '해녀'일 수밖에 없다. 일제 강점기 때에 급조된 '해녀'(김선기, 2010, "제주 해녀의 일본 진출에 관한 역사적 고찰", 한일 일어일문학회, 『한일 어문 논집』 제14권에서 '발가벗은 채 해산물을 채취'하는 일본의 '아마'를 한자로 옮겼다고 함)라는 우스꽝스런 낱말이, 얼마나 잘못 만들어진 것인지를 잘 알 수 있다. 이를 깨닫는다면 응당 옛날 낱말을 되살려 써야 할 것이다. 다만, 이중자음 접변이 일어나서 「도덕상 난잡스런 여자(잠녀, 雜女)」도 자음동화가 일어나서 '잠녀'로 발음되므로, 이를 피하기 위하여 개인적으로는 '잠수(潛嫂)'를 선호한다.

(라) 결혼하지 않은 여자 아이인 '비바리'가, 왜 꼭 물질(해산물 채취 작업)을 하는 전문 직업 여성과 동일시되어야 하는지에 대해서도 전혀 납득할 만한 논거도 제시하지 못하였다. 해변에 살고 있는 마을 사람들 중에 일부 여성들이 바다에서 채취도 하고 농사도 짓는 일을 한다. 해안 마을마다 고유한 바다 영역이 주어져 있고, 우연히 해류를 타고 온 시신 수습에 대한 의무도 그런 구분에 따라 부과된다. 중산간에 있는 마을들에서는 그런 일이 거의 없이, 오직 밭 농사만을 지어 왔다. 조선조 때에는 주거 영역에 따라 상촌·반촌을 나누었고, 텃세 또한 강했던 것으로 안다. 따라서 해안 마을이 대표가 되어 그렇게 확장될 가능성이 거의 없다고 필자는 믿고 있다.

(마) 과거에는 신분제가 엄격했던 만큼, 어린 아이라고 하더라도 나이가 든 종들한테 대우하지 않은 채 말을 내렸었다('하게' 말투). 당시 신분 구별 표지가 언어뿐만이 아니다. 옷차림새(색깔 포함)와 모자 모양과 차양 크기도 당시에는 한결같이 중요한 신분 구별 표지들이다. 과거에는 갯가에 살면서 해산물 채취와 어로 작업을 하는 분들을 차별하며 '포작, 보작이, 보재기'로 불러 사회적으로 낙인을 찍기도 하였다. 만일 그런 저간의 사정을 고려한다면, 시집 안 간 규수를 어찌 '잠수'의 범주에 낮추어 포함시킬 수 있겠으며, 일반 처녀(處女) 또는 처자(處子)를 모두 낮잡아 부르는 일이 조금이라도 가능했겠는가? 가당치도 않을 것이다.

필자의 독서 범위에만 한정하여 생각해 보면, 『주역』에서는 처녀나 처자라는 말을 쓰지 않았고, 흔히 '시집갈 귀'를 써서 귀녀(歸女)라고 불렀다(당시 중국의 겹사돈 풍습도 찾을 수 있음). '곳 처(處)'가 쓰인 경우는 흔히 조정이 아닌 시골에 있다는 뜻으로 처사(處士, 시골에 묻혀 있는 선비이지만 조선조 때에 낮춤말로 쓴 게 아니라, 겸손한 표현으로 썼기 때문에 중립적이라고 봐야 함)라고 하였는데, 벼슬길에 나간다는 뜻의 출사(出仕)와 대립되는 개념이다. 출사하지 않았다는 뜻과 초야에 처하였다는 말이 서로 동등한 의미를 지닌 셈인데, 그 당시에는 벼슬길에 나가기 위하여 선비가 학문을 닦는다는 전제가 깔려 있었던 것이다. 그렇다면 "처녀, 처자, 처사" 등에서 '처'는 모두 다 꾸밈말 형식임을 알 수 있다. '처녀'와 '처자'는 『맹자』(고자)와 『순자』(비상)에 나와 있으므로, 아마 주나라 시대의 낱말인 '귀녀'보다 더 후대인 전국 시대에 이르러서야 일반적으로 쓰였을 듯하다.

아 부난(팔아 버리니까), 배염바리 집에서도 사단(사다가) 질루지(기르
지) 못ᄒ연(못했어), 배가 워낙 커 놓난(놓으니까).

(허우대가 크고 힘도 센 막산이라는 종이 배가 워낙 커서, 항상 주린
배를 채우지 못하니까, 주인집의 소도 잡아먹고, 주변에서 많은 피해를
입었기에, 많은 것을 시기해 가니까, 원래 주인 집에서 더이상 그 종을
먹이지 못하니까, 대정에 있는 배염바리 집이라는 곳에 팔아 버렸으니
까, 그 집에서도 그 종을 사다가 먹이지 못했어, 배가 워낙 커 놓으니까.
구비3 양원교, 남 72세: 418쪽)

(96)에서는 이 종속 접속 어미 형태소의 변이 모습이 들어 있다. 서로
다른 두 사람의 화자이지만, 이런 변이형태가 자유롭게 수의적으로
교체하고 있음을 그대로 잘 보여 준다. (96가)에서는 '-으니까 -으난
-으니'로 변동하고 있고, (96나)에서는 '-으니까 -으니까 -으난 -으

여기서 만일 한자어 「귀녀·처녀·처자」라는 낱말이 모두 다 동일한 발상을 반영해
준다고 가정한다면, 「시집가거나 시집갈 곳을 정해야 하거나, 시집을 갈」이라는 뜻임
을 알 수 있다. 이때 '처자'의 자(子)는 아들이 아니라 일반 '자식'을 가리킨다. 단, 귀(歸)
는 주나라 시절에도 결혼한 여성이 친정집을 방문하는 일을 귀녕(歸寧)이라고 불렀으
므로, 돌아갈 귀(歸)는 목적지에 따라 돌아가거나 돌아오는 일을 모두 다 가리켰음을
알 수 있다. 이 방언에서는 '지집빠이'('계+집#아이'를 반영해 주는데, 된소리는 분명
한 낱말 경계를 함의해 줌)도 쓰고, 이를 낮춰 말하는 '지집년'도 쓴다. 둘 모두 필자가
어렸을 때 자주 들었던 낱말이다. 그런데 한자어의 '처(處)'와 우리말 '계집(지집)'이
같은 발상인지 여부는 더 신중히 따져봐야 할 것이다. 왜 '있다'가 아니라 '계시다'와
관련된 어근이 이 낱말에 깃들어 있는지를 의심해 볼 만하다고 여기기 때문이다.
이 방언의 다른 사전과는 다르게, 송상조(2007)『제주말 큰사전』(한국문화사: 368쪽
이하)에는 '비바리, 비발애기, 비발년'이 모두 다 올라 있어서, 이 낱말의 구성을 추적하
는 데 도움이 된다. 일찍이 김홍식(1980) "비바리 어고"(『연암 현평효박사 회갑기념
논총』, 형설출판사: 324쪽 이하)에서 상정되었듯이, 만일 이 세 가지 낱말이 동일한
구성체라면, 비바리가 '비+바리'보다는 오히려 '비발+이'로 분석될 가능성을 시사해
준다. 김홍식 교수는 비발을 '변발[辮髮]'에서 또는 '피발[被髮]'에서 나왔을 가능성을
언급하였는데, 이 한자어가 직접 결혼하지 않은 여성을 가리키는 뜻이 없다는 점에서
문제가 될 듯하다. 현재 필자로서는 '비발'이 좀 더 분석 가능한 것인지 여부는 아무런
도움 자료도 얻기 힘들므로 더 이상 판정할 수 없다.
그럼에도 불구하고, 어릴 적에 필자가 자주 들었던 표현 중에서 아주 특이하면서 이상
하게 느꼈던 것이 있었다. 남녀 성별 구분 없이, 결혼하는 일을 언제나 '풀다(팔다)'라고
말한다(아덜을 팔다, 똘을 팔다, 814쪽의 각주 159를 보기 바람). 그렇지만 이상하게도
이와 대립하는 '사다'는 이 경우에 존재하지 않는다(*아덜을 사다, *똘을 사다, *사우를
사다, *메누리를 사다). 이런 발상에서는 파는 값을 가리키기 위해 '빗'('빗+싸다[비싸
다]'를 이 방언에서는 '빗+나다'라고도 말함)을 상정해 볼 만하다. 그렇다면 제값을
받는다는 의미로, '빗+받다'(빗+받을+이)로 볼 가능성을 엉뚱하게 상상해 본다.

난'으로 변동하는데, 「문법 형태소의 중층성」을 잘 보여 준다.

(96가)에서는 어느 분이 제주 목사로 도임해 왔을 때에 버려진 무덤들을 돌보아 주었기 때문에, 비록 그 목사가 절 5백 곳과 신당 5백 곳을 부수어 버려서(1702년 숙종 28년에 도임한 이형상 목사 때의 일) 그곳 귀신들이 원한을 지녀 보복을 하려고 했었지만, 버려진 무덤 귀신들이 그런 복수 계획을 목사에게 꿈속에서 미리 일러줌으로써 급히 제주를 떠나도록 하는 대목을 말하고 있다. 그 목사가 막 제주 바다를 벗어나자마자 배가 뒤집어질 만큼 광풍이 일었다. 이런 일련의 사건들이 '-으니'로써 연결되고 있다. 전형적으로 이야기 속에 갈등을 도입하여 긴장을 높인 뒤에, 다시 그런 갈등을 해소하는 기법도 잘 드러내어 준다. 이런 전체 맥락을 재구성할 경우에, 일부는 명백히 이유 구문으로 이해되어야 하겠으나, 일부는 순차적 사건 전개의 해석을 받을 수도 있고, 다시 다른 일부는 배경 제시로도 이해될 수 있는 것이다.

(96나)에서는 집에 데리고 살던 하인에 대하여 말해 주고 있다. 허우대가 컸을 뿐만 아니라 힘도 아주 세었지만, 매 끼니를 50인 분씩 먹어야 했기 때문에 늘 배가 고팠었다. 어떤 부잣집에서라도 그런 식성을 다 채워 주지 못하여 내쫓김을 당한 뒤, 외롭게 배를 곯다가 막산이가 끝내 집구석에서 죽었다는 비극의 전설을 말해 주고 있다. 이 또한 이런 이야기를 듣는 동안, 청자(청중)는 이내 전체 맥락을 되짚어 보면서 '동시에 그리고 즉각적으로' 이해 주체가 스스로 그 흐름을 재구성해 주어야 한다. 이런 일은 관련된 사건들에 관한 인출 구조와 지식 내용이, 장기 기억으로부터 전-전두엽에 위치한 작업기억으로 인출됨과 동시에, 미리 상정해 놓은 복수의 후보(전체 맥락)를 계속 들려오는 이야기 도막들과 비교 검토하면서, 그 적합성 여부를 판단·결정·평가를 해 놓아야 하는 것이다. 100쪽의 〈표5〉에서 이런 일이 지속적으로 일어나고 있는 것이다. 그렇다면 이 이야기가 품고 있는 재구성된 전체 맥락의 뼈대에서 새롭게 바라본다면, 이러한 개별 사건들도 모두가 이유를 표시해 놓는 것이 아님을 알 수 있다. 이 이야기를 들으면서

막산이에 대하여 이미 참값으로 주어져 있는 결과 사건들이 있다.

「늘 배가 고팠다, 얻어먹지 못한 채 쫓겨났다, 굶주려 죽었다.」

와 같은 일련의 복합 사건이다. 그렇지만 이런 사건들을 듣는 청자에게는 동시에 다음과 같은 의문이 떠오르게 된다.

「왜 배가 고팠는가? 왜 쫓겨 났는가?, 왜 굶주려 죽었는가?」

이런 물음에 대한 대답을 마련하는 절들은, 응당 그 이유를 표시해 주기 위해서 '-으니까'를 실현시켜 놓아야 할 것이다. 만일 핵심 사건의 연결을

「막산이가 끼니마다 50인 분의 식사를 하지만, 주변에서 아무도 그럴 여력이 없었다. 그러므로 결국은 그는 내쫓기고 혼자서 굶어 죽었다.」

라고 간주한다면, 핵심 고리는 「아무도 50인 분의 식사를 마련할 수 없었기 때문에 막산이가 굶어 죽었다.」라고 정리할 수 있을 듯하다. 이 핵심 고리 이외의 하위 사건들은 다른 접속 어미로도 바꿔 표현할 수 있다. 다시 말하여, 이런 핵심 사건 연결과 다소 긴밀치 않은 사건들을 놓고서, 순차적인 전개의 흐름으로 제시될 수도 있으며, 또한 선행절 사건이 배경을 제시해 주는 것으로 해석할 수 있고, 역접 사건으로 해석할 수도 있는 것이다. 개별 접속 어미에 전형적인 해석 지침이 주어져 있더라도, 이런 특성이 쉽게 전체 맥락에 맞춰서 접속 기능이 다소 변동할 수 있는 동기가 된다.

(97가) -으니까 -으니 -앗어. -으니 -앗어. -으니 -으니 -는 거라: 흔디(그런데) 이상스러우니까 또 두 번이나 선몽(현몽)ᄒ니 [부자집에 돈을 빌

리러] 갓어(갔어). 가니 이제는 돈 천 냥을 줫어(줬어). 주니 이제는 그 도깨비가 와서 말흐기를 "아무 방향으로 창고를 짓엉(짓고서) 잇어라(있어라)!" 창고, 창고. 창골 짓언(짓고서) 잇이니(있으니까), 흔 메칠(며칠) 후에는 창고에 물건을 ᄀ득ᄀ득(가득가득) 앗아당(가져다가) 막 쌔여(쌓아 놓아) 부는(버리는) 거라, 도깨비놈이! 허허허허!

(그런데 꿈자리가 이상스러우니까, 또 두 번씩이나 현몽을 하니까, 꿈대로 부자집에 돈을 빌리러 갔어. 가니 이제는 거기서 아무말도 않고, 돈 천 냥을 그대로 내어 줬어. 주니까 이제는 꿈에 그 도깨비가 와서 말하기를 "아무 방향으로 창고를 짓고서 그대로 있어라!" 창고, 창고. 창고를 짓고서 그냥 있으니까, 한 며칠 뒤에는 그 창고에 물건을 가져다가 가득가득 막 쌓아 놓아 버리는 거야, 도깨비놈이! 허허허허! 구비1 안용인, 남 74세: 174쪽)

(97나) -으니까 -앗거든. -으니 -는 게라: [아들이] 작폐(作弊, 청소년들의 짓궂은 장난)가 쎄니까(너무 심하니까), 부친이 책망흐자고 매를 가지고 다올렷거든(쫓았거든). 다올리니(쫓으니) 그만 터뎐(터져서, 막힘 없이 힘껏) 돈는(내닫는) 게라(것이야).

(찰방 오영관이 어렸을 적에 이웃에 피해를 줄 만큼 장난이 너무 심하니까, 그 부친이 붙잡고 책망하자고 매를 지닌 채 아들을 쫓았거든. 쫓으니 아들은 그만 막힘없이 힘껏 내닫는 거야. 구비3 김재현, 남 85세: 35쪽)

(97다) -으니까 -으니까 -으니까 -은 모냥이어: 「이신」이란[141] 사름(사람)이 … 어린 때에, 젊은 때에 공부를 왼(다른) 동네 ø 간(가서) 흐는디, 춤(참) 얼굴이 이상흐니까(얼굴에 핏기가 없어 보이니까), 선생이 물으니까 「그런 처녀가 자꾸 부대낍니다(부딪히어 추근댑니다)!」 이러니까 선생 ø 흐는 말이, 막 토정(토정비결)을 흔 모냥이어(모양이야).

(이신이란 사람이 젊었을 적에 다른 동네에 가서 서당 공부를 하였는

---

141) 예쁜 처녀로 변한 여우가 젊은 남자와 몸을 맞대면서 그 혈기를 다 빨아먹고서 대신 의술이나 천문을 보는 능력(예언 능력)을 내어 주는 이야기이다. 제주도 북쪽 지역에서는 의술에 능했던 유향 좌수 진국태(秦國泰, 1680~1745) 설화가 그러하고, 남쪽 지역에서는 눈만 뜨면 다른 사람을 압도하였던 유향 좌수 이은성(李殷成, 1719~1778) 설화도 그러하다. 설화이기 때문에 전설처럼 물증이 있을 필요는 없겠지만, 여기서 이신이란 인물이 있었는지 여부는 잘 알 수 없다. 최근에 제주 설화들을 모아 놓은 제주연구원(2017, 2018) 『제주 문화 원형: 설화편 I, II』에 있는 목록(587편의 설화)에서도 이신이란 이름을 찾을 수 없었다.

데, 얼굴에 핏기가 없이 창백하게 오니까, 서당 훈장이 그 까닭을 묻자
「서당에 오는 길에 어떤 처녀가 자신을 붙잡고 한참 희롱을 합니다!」
이렇게 대답을 하니까, 훈장이 대책을 일러주었는데, 막 토정비결을 쳐
보았던 모양이야. 구비3 김재현, 남 85세: 78쪽)

(97가)에서는 두 사건 사이를 이어주기 위한 접속사로서 '–으니까'를
이용하는 경우를 보여 준다. 이 방언의 접속사는 지시 대명사 '이, 저,
그'를 이용하여 계사의 활용을 보이는 경우 및 대용사로서 동사 'ᄒ다'
를 이용하여 활용하는 경우로 대분된다. (97가)에서 관찰되는 '주니,
가니, 잇이니(주니까, 가니까, 있으니까)'는 모두 'ᄒ니(하니까, 그러니까)'
로 바뀌더라도 아무런 지장이 생겨나지 않는다. 'ᄒ다'가 그런 개별
동사들을 대용하여 쓰이기 때문이다. 이런 측면에서 수의적인 교체
형식으로 간주할 수 있다.

  (97가)에서 '이상ᄒ다'가 이끌어가는 맨 처음 접속절과 '선몽(現夢)
하다'가 이끄는 두 번째 접속절은, 이상하다고 느낀 일을 부연 설명해
주고 있으므로, 이유를 제시한다고 말할 수도 있다. 또한 점층적으로
초점을 넓은 데에서부터 더 좁혀 나가는 방식으로도 해석될 수 있다.
이렇게 절마다 발화를 끝마치면서 짧게 제시해 주는 산출 전략은, 일
단 종결 어미를 실현시켜 발화를 멈춤으로써, 연결된 사건이 잠정 종
결되었음을 전달하여, 지금까지의 사건들만을 청자가 처리하도록 시
사해 줌으로써 청자의 이해를 도와주는 측면이 있을 듯하다.

  같은 화자이지만 서로 다른 전략을 선택한 경우도 있다. 이런 점에
서 선행절의 핵어 동사를 반복하여 활용함으로써 문장 부사를 만들어
주는 일이, 단순히 특정한 개인의 말투라고만 결론지을 수는 없다. 오
직 현장에서 발화 상황에 관련된 요인들을 평가하는 화자에 의해 선
택되는 것이라고 봐야 옳을 것으로 본다. (97나)에서는 발화를 종결
어미로 끝낸 뒤에, 다시 앞 절의 핵어 동사를 복사하여 활용하는 선택
을 한다. 그렇지만 이와는 달리, 발화의 종결 없이 계속 사건들을 이어

나갈 수도 있다.

(97다)에서는 '-으니까' 부류의 접속 어미를 이용하여 지속적으로 절들을 이어 주고 있다. 이렇게 발화를 길게 늘여 놓음으로써, 청자가 사건들의 전개 흐름 속에 계속 빠져들 수는 있겠지만, 반면에 자칫 청자에게는 사건들의 재구성에 어려움을 안길 소지도 있을 것이다. 이 두 가지 산출 전략에서 어떤 선택을 할지는, 현장 상황에서 화자의 판단에 의존할 것으로 보인다. 이야기가 반전으로 향하는 진지함의 정도 및 설화에 청중들이 주의를 쏟는 반응에 대한 화자의 평가 따위에 따라서, 그 이야기의 흐름을 긴박하게 이끌어가거나 느슨하게 전개할 수도 있는 것이다.

그런데 전형적으로 이유를 나타내는 종속 접속 어미 '-으니까'가 특히 인용 구문의 형식 뒤에서 'ᄒ니(하니까)'와 같은 복합 형태를 띨 수 있다(-라고 하니까). 이럴 경우에는 인용의 형식을 빌려서 왜 후행 절의 사건이 일어나게 되는지를 풀이하여 보여 준다는 측면에서, 이 접속 어미가 후행절 사건에 대한 설명을 제시해 주는 해석을 띠게 된다. 아래 (98)의 예시와 같이 이 방언의 자료에서는 이런 형식을 드물 잖게 만나게 된다.

(98가) ø ᄒ니: 「내기 ᄒ라!」ø ᄒ니(그러니) 내길(내기를) 했어. ᄒ디(그런데) 아닌 것 아니라, 「어느 날로부떠(부터) 쥐를 끊게 홀 건고?」 ø ᄒ 엿어.
(큰 부자집 곡식 창고에 쥐가 들끓어서 잠시 묵는 주인공 부부와 약속하기를 쥐를 다 없애주면 큰 재산을 주되, 그렇지 못한다면 주인공의 부인을 달라고 요구하면서, 「서로 내기를 하자!」고 하니, 주인공도 내기를 걸었어. 그런데 아닌 게 아니라 고민에 휩싸였는데, 「언제부터 그 쥐들이 들끓지 않게 할 것인가?」 하면서 걱정을 했어. 구비2 양구협, 남 71세: 627쪽)

(98나) -고 ᄒ니: "오늘(오늘) 이러저리 ᄒ여 가지고(해서) 아이를 봉가(주워) 왔습니다!"고 ᄒ니 경수(慶事) 우(위)에 또 경수라.

("오늘 이리저리 하다가 우연히 길에서 버려진 아기를 주워 왔습니다."
고 말하자, 혼인 경사 위에 또다른 경사스런 일이야. 구비1 안용인, 남
74세: 124쪽)

(98다) -을 테니: "일로부떠는(이제서부터는) 「바당(바다)에 던지랭(던지
라고)」 허여도 던지곡, 형님 말대로 홀 테니, 또 [명당 무덤을] 혼 자리
만 フ리쳐 주십서!"
("이제서부터는 형님이 시신을 바다에 던지라고 말해도 그대로 따라서
던지고, 모든 것을 형님 말씀대로 따라서 할 터이니, 또 묏자리 하나만
가리켜 주십시오!" 구비1 안용인, 남 74세: 127쪽)

후행절에서 일어나는 사건이 왜 일어나야 하는지를 놓고서, 관련 인
물들 사이에 미리 서로 약속이나 묵계가 있었고, 그런 약속을 전제로
해야 복합 사건들 사이에서 연관성이 확보된다. 비록 사물들 사이에
적용되는 인과율의 필연성은 아니겠지만, 예정된 사건이 단계별로 차
례차례 일어나야 함을 가리켜 준다는 점에서, 이를 느슨하게 설명의
형식을 보여 주는 것으로 지정할 수도 있는 것이다.

만일 접속 의미에 대한 변동을 놓고서, 이미 설명을 한 대로 필자가
이해하는 방식이 온당하다면, 달리 말하여, 개별 사건들의 접속을 충분
히 다른 어미 형태소로도 이어 줄 수 있다면, 왜 굳이 (96가)와 (96나)의
화자들은 계속 동일한 부류의 접속 어미로서 '-으니까, -으난, -으니'
를 반복하여 쓰고 있는 것일까? 이 물음에 대하여 답변할 수 있는 방식
이 두 가지 측면이 있을 듯하다. ㉠ 청중들이 둘러앉아 있고 재미 있는
설화를 말해 주는 상황은, 즉석즉석에서 촉급하게 언어 표현들을 선택
해야 하는 중압감이 크든 작든 늘 깃들어 있게 마련이다.[142] 그렇다면

---

142) 특히 모국어 교육의 입말 산출과 관련하여 언어 교육에서는 이런 중압감을 영역별로
나누고 또한 정도의 측면에서 난이도를 도입하여, 중등학교 교실에서 일련의 과제 연
속물의 위계를 만드는 데 적용해 왔다. 자세한 내용은 Anderson·Brown·Shillcok·
Yule(1984; 김지홍·서종훈 뒤침, 2014) 『모국어 말하기 교육: 산출 전략 및 평가』(글로
벌 콘텐츠: 제3장)와 Brown·Yule(1983; 김지홍·서종훈 뒤침, 2014) 『영어 말하기 교육:
대화 분석에 근거한 접근』(글로벌콘텐츠: 제2장)을 보기 바란다.

이런 중압감을 줄이기 위하여, 화자가 산출 과정을 간편하게 만들어 내는 전략을 채택할 수 있다. 또한 ⓛ그렇게 선택된 표현이, 동시에 청자한테 주목하도록 요구해야 할 또다른 측면도 있다.

이러한 두 가지 측면은 같은 부류의 접속 어미 '-으니까'를 채택함으로써 일거에 만족될 수 있다. 첫째, 최종적인 결과 사건에 이르는 이유가 점층적으로 추가되며 제시될 수 있다는 점에서(따라서 다항의 종속 접속으로 바뀜으로써), '-으니까'를 몇 번 반복할 수 있으므로, 이유를 표시해 주는 접속 어미 '-으니까'를 이용하는 전제가, 전형적으로 청자와의 정보 간격이 상정되고, 그 정보 간격을 화자가 이야기로 전해 주는 내용으로써 채워 넣음이 깔려 있다. 둘째, 청자가 지녔을 것으로 간주되는 모종의 정보에 대한 믿음을 화자가 고쳐 놓는다는 일 그 자체가, 청자에게는 이례적인 것으로 느껴질 것이다. 그러므로 부지불식간에 이렇게 교정을 목적으로 한 발언은, 청자로부터 이목을 끌게 마련이다.

필자는 접속 어미 '-으니까'가 자의적으로 남발되는 것이 아니라, 위의 두 가지 산출 및 이해의 동기가 공모함으로써, 화자가 일부러 '-으니까'를 너댓 번 반복하면서 절들을 접속해 놓은 것이라고 파악한다. 아마 이 현상을 놓고서도 다른 관점을 지닌 연구자는 또 달리 설명할 수 있을 것이다. 다만, 이런 현상이 처음으로 이 책에서 지적되고 있을 것이다. 그러므로 아직 이런 현상이 크게 부각되어 학문의 관심 사항으로 된 바도 없다. 따라서 아직 다른 의견을 들어볼 기회가 없지만, 이런 접속 어미의 반복 출현 현상을 놓고서 장차 이 방언을 연구하는 분들이 어떤 시각을 지니고서 어떻게 설명해 낼 것인지가 자못 궁금해진다.

제6장 이항 종속 접속에서 시상·양태 형태소의 결합 모습

: 조건·이유·추정의 관계

§.6-1 들머리

여기에서는 2항으로 된 종속 접속 구문을 다루기로 한다. 그 하위범 주로서 세 가지 정도를 나눠 놓았다. 전형적으로 2항을 접속한다는 것은, 개념상 선행절과 후행절이 요구되며, 두 개의 절 접속만으로도 충분히 독립된 발화나 문장이 되는 것이다. 그렇지만 이런 형식이 항 상 엄격히 적용되는 것이 아니다. 사건이 반복됨에 따라서 점층적인 방식으로 더 넓은 초점으로부터 계속 그 초점을 좁혀 나가는 방식으 로, 같은 접속 어미가 두 번 이상 실현될 수도 있다. 본고에서처럼 접 속 의미들을 중심으로 하여, 설령 「조건·이유·추정」으로 삼분할 수 있다고 하더라도, 그 형식은 모두 동일하게 그 밑바닥에서는 조건문 (formal implication)으로 표상된다.

조건문의 표상은 수학에서는 충분조건이라고 하고(필요조건이 추가 되면 연산으로 부르지 않고 '계산'으로 부름), 철학에서는 함의 또는 함축 이라고도 부르며, 전산학에서는 '입·출력'으로 부른다. compute(연산하다)라는 용어도 또한 충분조건만을 따진다는 뜻이다. 기하학 상으로 자기 자신과 유사성을 띠고서 무한히 작동하는 fractal(무한히 축소되는 자기 닮음꼴) 이론도 입력·출력의 조건에 따라 만들어지는 것이다(만일 위상수학의 개념으로 대응점들이 있는 형식까지 자기 유상성을 지닌다고 확장한다면, 그 결과 더욱 복잡한 모습들을 다루게 될 것임).

그런데 뤄쓸(1937 개정판)『수학의 원리』(Norton)에서 지적하였듯이, 존재 대상 그 자체만을 따지게 되는 물질 함의(material implication, 질료 함의)는 우리의 이성으로 제약하여 다뤄나갈 수 없다. 왜냐하면 우리 인간들에게는 오직 주어져 있는 존재, 그리고 그 대상들로부터 사고 내지 인식의 첫 출발점을 삼아야 하기 때문이다. 우주의 존재와 우주 속에 퍼져 있는 다양한 존재들의 유무를, 우리 인간이 통제하고 조정할 수 없기 때문이다. 이는 우리 인간의 지성으로는 우연한 존재를 필연적인 존재로 만들 수 없음을 의미한다(결코 우리는 존재를 창조해 낼 수 없고, 표상만 창조함). 언제나 우연한 존재를 인정하는 바탕 위에서만, 우리가 지성 작업을 진행할 수 있음을 의미한다. 따라서 존재하는 대상들 사이에 함의되는 형식만을 다루기 위해서, 따로 '형식 함의(formal implication)'란 용어를 만들었고, 존재 그 자체를 놓고 따져야 하는 영역과 구별해 주기 위하여, 뤄쓸 교수는 특별히 'if ~ then~'이라는 조건문 형식을 제안한 바 있다. 아무런 명시적 인용이 없더라도, 현대 학문이 모두 다 뤄쓸의 통찰로부터 비롯되는 중대한 전환을 이용하고 있는 것이다. 인류 지성사를 구획할 경우에, 필자는 현대 지성사와 그 이전의 지성사로 나눠 놓는다. 두 가지 획기적 전환이 주어져 있다고 보기 때문이다. 하나는 무한한 실체를 처음 반복 함수로 다루며, 이 함수들 사이에서 초월적인 새 차원의 무한한 실체들을 거듭거듭 다룰 수 있는 방식을 제안한 독일 수학자 칸토어(Cantor, 1845~1918)의 통찰이다. 다른 하나는 우리 인간의 지성 능력으로는 존재 그 자체의 필연성을 다룰 수 없으며, 오직 우연한 존재가 주어져 있음을 전제로 하여, 이들 존재 사이의 도출 관계만 다뤄야 한다는 영국 수학자 뤄쓸 교수의 통찰이다.

이들을 다루는 도구는 집합에서 집합으로 관계를 맺는 집합족(상위 차원에서 집합들 사이의 관계를 다룸)이다.

현재 필자가 이해하는 여러 학문 분야에서는, 이런 접근 방식이 모든 사고의 진행 과정 속에 깃들어 있다고 가정한다. 이것이 소위 방법론적 일원론(methodological monism, 일관된 사고 전개를 위하여 방법상 채택한 일원론)을 가리키는 「가설-연역 공리계」의 바탕 위에서 정의된 항(terms)들 사이를 작동시켜 주는 공통 형식이다(508쪽의 각주 114 참고). 일부에서는 공리계 속에서 항(상항·변항)들과 연산자들을 따로 구분해 놓기도 하는데, 소박하게 원소와 집합을 구분해 놓고자 하는 동기를 반영해 주는 것이다. 그렇지만 그런 가설-연역 체계에서 다루고 주장하는 모든 사건(사태)들이 class로 불리는 집합족임을 고려한다면, 먼저 연산자의 작동 방식이 결정된 다음에, 그 연산이 대상으로 삼는 항들을 세부적으로 구분해 놓았음을 알 수 있다. 이는 우리가 경험하는 상태 변화를 '사건'으로 부르고, 낱개의 사건에 대한 내적 구조(주어와 술어로 나뉨)를 표상해 줌과 동시에 사건들의 연결을 다룬다는 사실을 고려한다면, 사건들 사이의 연결 관계가 곧 '집합족(a family of classes)'을 가리킴을 깨닫게 된다. 여기서 set(집합)이란 용어를 피하고 굳이 class(집합 관계를 형성하는 상위 집합을 가리킴)란 용어를 쓰는 까닭이 있다. class(상위 차원의 집합 관계)의 대상은 유의미한 도출 관계를 지닌 집합들(a set of sets)이기 때문에, 항상 상위 차원에서 집합들 사이의 관계들로 정의되는 상위 집합이 된다. 이를 동일하게 '집합'이란 용어를 반복해서 쓴다면 혼동이 빚어질 수 있다. 수학에서는 외래어로서 그대로 '클라스'(상위 차원의 집합)라고 말하기 일쑤이다(501쪽의 각주 109 참고). 필자가 수학 기초론을 일부 접하기 이전에는, 전혀 이런 중요한 구분의 필요성을 생각하지도, 깨닫지도 못했었다.

현재 기호 논리학 또는 상징 논리학에서 받아들이는 공리계는, 언어가 형식 및 내용의 결합이라는 자명한 사실을 반영해 주고 있다. '형식 함의'의 도출 과정을 통해서 얻은 결론은, 반드시 내용의 영역인

실세계(현실세계)의 우리 경험을 통해서 옳고 그름 또는 참값·거짓값을 배당해 줌으로써, 비로소 논리적 판단이 완결되는 것이다. 최근에는 형식 논리의 도출 결과를 점검하는 내용 영역을 '담화 세계'라고 부르기도 한다. 여기에서도 전환 과정이 관찰된다. 현대에 들어서면서 프로이트의 정신 분석이 지성계를 강타함으로써, 칸트에 의해서 정신과학으로 불렸던 영역이 허물어지면서, 철학의 존재 이유와 정체성에 의문이 생겨났다. 이에 대한 반응으로, 20세기 초반에 영국 캐임브리지 대학의 뤄쏠 교수와 무어 교수를 중심으로 하여, 고유한 철학의 몫으로 「분석 철학」이 주장됐었다.143) 그렇지만 자연 언어에 대한 불신으로 엄격한 형식 도출의 측면만 다룸으로써, 분석 철학은 오직 개념 분석의 도구로만 전락하였다. 분석 철학자들이 내세운 처방책과는 달리 거꾸로 철학의 정체성은 더욱 고립되고 공허해져 버렸다(마치 조선 후기의 성리를 논의하는 공리공담을 연상시켜 줌). 철학이란 영역을 새롭게 규정하려던 노력이 결국 자기 파괴적인 모습이 된 셈이다. 이는 스스로 자신이 서 있는 땅을 파 버림으로써, 스스로 자기 몰락으로 가는 일을 연상시킨다.

　이런 흐름을 되돌리려는 것이 옥스퍼드대학의 오스틴(Austin, 1911~

---

143) 필자는 10년 전에 뤄쏠(1937, 개정판) 『수학의 원리』(Norton)를 정독하기 위하여 하나하나 번역자 주석을 달면서 기하학의 논의의 앞까지 번역해 놓은 바 있다. 또한 당시 한림원 정회원으로서 비선형 수학 전공자인 경상대 수학교육과 조열제 교수 및 과학철학회 전임 회장을 지낸 경상대 철학과 정병훈 교수와 함께 셋이서 매주 필자의 번역 내용을 읽으면서 검토를 했었다(두 분 모두 현재 정년을 했음). 그런 경험을 통해서 필자는 1930년대 당시의 지성계의 활동을 명확히 이해할 필요성을 절실히 느끼게 되었었다.

　따라서 필자는 좀 더 쉽게 읽을 수 있는 무어 교수의 책들을 중심으로 공부하고 있다. 첫 결실로서 무어(1953)를 2019년 번역하여 『철학에서 중요한 몇 가지 문제』(경진출판)로 출간하였다. 거기에서 340개가 넘는 역주를 충실하게 달아 두었으므로, 380쪽의 원본이 번역에서는 990쪽으로 늘어나 버렸다. 현재 이 제주 방언의 책자에 대한 작업이 마무리된다면, 참스키 교수의 60대 언어철학을 담은 『언어 및 정신 연구에서 탐구할 만한 몇 가지 새로운 지평(New Horizons in the Study of Language and Mind)』(케임브리지대학 출판부)을 번역하려고 한다. 또한 조만간 정년을 한 뒤에는 더 이상 쫓길 일도 달리 없을 터이므로, 차분히 20세기 지성사를 뒤흔든 영미권의 책자들을 읽고자 한다. 특히 높은 수준의 배경지식을 요구하기 때문에 읽기가 만만찮은 뤄쏠 책들과 카어냅(Carnap, 1891~1970)의 책들을 중심으로 읽어 나가려고 한다.

1960), 그롸이스(Grice, 1913~1988), 스트로슨(Strawson, 1919~2006) 교수
들이다. 여기서는 자연 언어가 풍부한 보물을 담고 있는 광맥임을 가
정하기 때문에, 흔히 '일상언어 철학(ordinary language school)'이라고 부
른다. 언어학 쪽에서는 '화용론(pragmatics)'으로 알려져 있다. 여기서
는 언어를 형식으로 간주하는 것이 아니라, 우선 내용을 담고 있는
것으로 전제한다. 따라서 임의의 언어 형식이 단순히 하나의 의미만
지니는 것이 아니라, 오히려 언제나 속뜻을 담고 있으므로, 화용 상황
에서 그 속뜻을 명시적으로 탐색하는 방식을 밝혀내는 일을 그 목적
으로 삼는다.

우연히 케임브리지대학의 뷧건슈타인(Wittgenstein, 1889~1951)이 극
적으로 자신의 생각이 분석 철학의 형식으로부터 바뀌어, 새롭게 형
식이 담고 있는 내용이 더욱 중요하며, 먼저 주어져 있음을 자각함으
로써, 서로 전혀 교류함이 없는 채 자연 언어의 실체가 보다 명시적으
로 다룰 수 있는 계기가 마련되었다. 그렇지만 뷧건슈타인의 철학적
전환은 삶의 형식(forms of life, 현상학에서 말하는 소위 '생활 세계')이 언
어의 열쇠를 갖고 있다는 이정표만을 세웠을 뿐이다. 정작 삶의 형식
이나 생활 세계를 어떻게 다뤄야 할지에 대해서는 더 이상 자세히 논
의할 기회가 없이 타계하고 말았다.

그렇지만 55쪽 이하에 서술해 놓았듯이, 옥스퍼드 철학자들은 자신
들의 주장을 지속적으로 발전시켜 왔다. 그 핵심은 한문권에서 말보
다 행동을 중시했던 전통과 서로 맞물리는 통찰력을 보여 준다. 왜냐
하면 임의의 언어 표현은 언제나 세 가지 층위를 지니고 있다고 보기
때문이다. 즉, 임의의 언어 표현은 표면 발화(locution)와 속뜻(illocution)
을 지닌다. 의사소통 참여자가 이를 알아차리고 직접 실천하거나 행
동을 함(perlocution)으로써 임의의 발화가 비로소 참값을 지닌다고 여
겼던 것이다.

이는 전통적인 논리 형식으로부터 결별을 의미한다. 인류 지성사의
초기에 아리스토텔레스는 여러 가지 단순한 언어 표현 중에서 오직

서술 단정의 서법을 지닌 것만으로 자신의 논리학(삼단논리와 생략된 삼단 논법)을 출범시켰기 때문이다. 오스틴 교수의 통찰에 의해서, 비록 감탄문이나 명령문과 같이 서술 단정을 하지 않더라도 충분히 참값을 확인하고 배당할 수 있는 것이다. 그롸이스 교수는 속뜻으로 찾아내어야 할 전제(presupposition)와 결과적으로 도출되는 참값(entailment)이 서로 다른 개념이 아님을 깨우쳤고, 이것들이 모두 속뜻에 지나지 않는다고 보았다. 따라서 이를 '속뜻(implicature)'이라는 낱말로 포괄하였다. 다만, 전제와 결과적인 참값을 구별해 주기 위하여 꾸밈말을 도입하였는데, 각각 언어 형태에 관습적으로 깃들어 있는 속뜻 및 대화 상황에서 즉각적으로 깃드는 속뜻인데, 69쪽의 (15가, 나)를 보기 바란다.

그렇지만 이 두 가지 속뜻이 물과 기름처럼 따로따로 떨어져 있는 것이 아니다. 이미 전형적인 접속 어미의 기능이 전체 맥락에서 재구성되면서, 쓰임이 확장되어 다른 기능까지도 떠맡고 있음을, 특히 이 방언에서 접속 어미 형태소들의 자료들로써 계속 실증해 왔다. 후자 영역이 대화상으로 깃든 속뜻에 해당한다. 그롸이스 교수가 두 가지 속뜻을 병치해 놓음으로써, 이것들이 자매 항목인 듯한 착각을 불러 일으키기 일쑤이다. 그렇지만 후자 영역은 언제나 더 큰 거시구조와 상황 모형에 의존하여 나오는 「추론 작용」에 불과한 것이다. 따라서 대화상으로 깃드는 속뜻이 더욱 본질적이며 더 넓은 적용 범위를 갖고 있음을 잘 알 수 있다.

개별 학문들 사이에 활발한 교류가 없이 독자적으로 발전을 이루어 왔기 때문에, 화용론에서 받아들인 일상언어 철학의 통찰 및 담화나 텍스트 언어학에서 내세우는 중요한 개념들 사이에 서로 다른 용어를 쓰기 때문에, 이로 말미암아 아무런 통일성도 없이 따로따로 쓰이고 있다. 그렇지만 인간의 정신 작용은 하나의 통일된 두뇌에 의해서 발현되는 것이므로, 그런 차이와 벽들을 조정해 주고 허물어 놓는 일이 보다 더 중요해진다. 본고에서는 적어도 다섯 가지 단계가 동시에 작동해야 하는 인간 정신 작동의 방식(94쪽의 〈표4〉)을 가장 밑바닥에 깔려 있는 것으로 전제한다. 만일 참여자들 사이에 진행되어야 할 의사소통 모형이 결정된다면, 그 모형을 실천해 나가기 위한 의도나 주제가 먼저 분명히 자리를 잡아야 한다. 이것이 거시구조를 투영하고 나서, 다시 각 거시구조 아래에 미시구조들이 각각 고유한 몫을 맡으면서 유기적으로 생겨나는 것으로 본다. 미시구조들은 표면 구조에서 개별 발화 또는 개별 문장들의 연결체로 그 자신의 모습을 드러내는 것이다. 언어 산출의 과정도 그리고 언어 이해의 과정도, 이런 여러 층위의 복합적인 작용이 동시에 일어나면서 진행되는 것으로 파악하는 것이다.

§.6-2 조건 관계를 나타내는 '-으면, -거든'과 시상·양태 형태소의 결합 모습

먼저 전형적으로 조건을 제시하는 접속 어미는 '-으면'으로 대표된다. 이 방언에서는 '-으면, -이민, -으문, -이문'으로 소리값이 수의적으로 바뀌어 실현된다. 또한 보조사도 덧붙는 경우를 본다. '은'이 덧붙어 '-으면은'으로 나오거나 화용 첨사 '게'를 덧붙여 '-으문게'로도 나오는 것이다.[144]

---

144) 번다함을 줄이기 위하여 여기서는 화용 첨사에 대한 논의를 같이 다루지 않는다. 이 방언에서 쓰이는 화용 첨사들을 놓고서 288쪽의 각주 67에서 언급해 놓은 것을 참고하기 바란다. '-으민'에 화용 첨사 '게'가 덧붙은 사례는 다음과 같다.

(가) -으문게 -아져가메게: 일주일 때 ø 벳겨(벗겨) 가문게(가면+화용 첨사 '게') 조꼼(조금) 좋아져가메게(감이어+화용 첨사 '게').
(남루한 시어른을 집으로 모시고 와서 목욕을 시키되, 일주일 동안 몸의 때를 벗겨 가면, 조금이라도 형식이 좋아져 가는 법이야. 안 그래? 구비2 양구협, 남 71세: 626쪽)
필자는 '-으면'과 '-이면'은 어미 첫 음절이 전설화되는 일이 빈번히 관찰되므로, 두 번의 동화 과정으로서 전설화된 것으로 이내 설명이 가능할 것으로 본다. 그런데 '-으문'과 '-이문'은 좀 독특하다. 여기에서도 전설화 현상을 볼 수 있으므로, 이를 '-으문'으로 대표할 수 있을 듯하다.
그런데 중요한 의문이 제기되어야 마땅하다. 여기에 있는 '-으문'과 '-으면'은 도대체 어떻게 관련되는 것일까? 원순화된 단모음 '우' 및 전설화될 수 있는 중모음 '여'는 결코 소리값에서 자연부류로 묶일 수 없다. '-으문↮-으면'으로도 도출되기 어렵고, '-으면↮-으문'으로 도출되는 일도 불가능하다. 음운 동화 또는 음운 이화의 차원에서는 이것들이 서로 관련될 수 없는 것이다. 그렇다면 음운 영역에 기대기보다 다른 영역의 해결을 추구해야 할 듯하다. 이런 변동을 이전에 주목한 바도 없고, 따라서 이것들 사이의 관계를 설명하려는 노력도 없었으므로, 현재로서는 다른 제안을 찾을 수도 없을 것이다. 그럼에도 불구하고 필자의 성근 상태의 생각을 적어 놓기로 한다.

핵심은 이 형식을 재구성해 봄직한 가능성을 열어 두는 것이다. 조건문 형식 '-으면'을 놓고서 아무도 융합을 거쳐 복합 형식으로 되었다고 여기지 않는다. 오직 단일한 형태소로만 여기기 때문이다. 그렇지만 이를 융합된 복합 형식으로 간주할 가능성을 탐구해 보기로 한다. 여기에서는 아마 명사를 만들어 주는 접미사 '-음'(또는 생산적일 경우에는 명사절을 형성하는 어미)이 간여되어 있을 듯하다. 795쪽의 각주 156에 있는 〈표13〉에서 지적해 놓았듯이, 이 접미사는 임의 사건의 결과 상태를 나타내는 속성을 지니며 (영어에서는 과거분사 형태 -ed와 대응함), 이것이 또한 결과 산출물을 나타내는 쪽(영어에서 -er을 쓰며, 우리말은 '-개, -이' 따위를 씀)으로도 확장될 수 있다.

만일 '-으면'에서 명사 형성 접미사를 구분해 낼 수 있다면(이것이 고정된 형식이기 때문에 생산성을 전제로 한 명사형 어미로는 부를 수 없음), 일차적으로 「-음+-연」으로 분석할 수 있다. 그렇다면 다시 뒤에 있는 '-연'이 정체를 좀 더 탐구해 나갈 수 있다. 필자는 여기서 계사가 활용하는 형식 '이어'를 상정할 수 있을 듯하다. 이제 「-음+이어+-은」의 구성체를 놓고서 상상력을 발휘해 볼 수 있다. 즉, 이를 조건절을 만들어 주는 형상으로 볼 만한 것이다. 만일 계사의 활용 모습 '이어'가 녹아 있음이 사실이라면, 맨 뒤에 덧붙어 있는 '-은'의 정체는 무엇일까? 지금까지 다뤄온 가능성 중에서 두 가지가 있다. 하나는 관형형 어미 '-은'일 가능성이고, 다른 하나는 주제를 표시해 주는 보조사 '은'일 가능성이다. 만일 이것이 관형형 어미라면 반드시 뒤에 명사 부류가 나와야 할 것이다. 그렇지만 조건 구문의 접속 어미는 절을 이어 주는 것일 뿐이다. 그렇다면 관형형 어미의 가능성은 폐기되어야 한다.

다른 하나는 주제를 나타내어 주는 보조사일 가능성이다. 이때 떠오르는 것이 643쪽의 각주 134에서 언급된 주장인데, 조건 형식이 주제문과 모종의 공통 기반을 지녔다는 지적이다. 그렇지만 여기에도 한계가 있다. 현재 정보 구조를 더 깊은 작용원리로 보는 입장에서는, 오직 조건 구문만이 주제가 되는 것이 아니라, 모든 발화가 동일하게 주제와 설명의 구조를 지니며, 설명이 다시 초점과 서술(언급) 내용으로 나뉜다고 가정한다. 특정하게 조건절만이 주제로 보는 것이 아니다(누구나 쓰고 있는 언어는 그 사용원리가 쉽고 간단해야 할 것이므로, 필자로서는 더욱 단순하게 전체 형상 심리학에서 다루던 '배경 vs. 초점' 구분을 반복해서 적용할 수 있을 것으로 봄).

그렇지만 우리말에서 주제 보조사의 존재가 분명하다는 점에서 일단 특정한 형태가 더욱 전형적으로 그리고 주제에 초점을 모으도록 하는 기능을 띤다고 여길 수 있다(임홍빈, 2007, 『한국어의 주제와 통사 분석: 주제 개념의 새로운 전개』, 서울대학교 출판부, 제6장에서의 '대조적 제시'). 만일 이것이 주제에 관여된 보조사 '은'이라면 「-음+이어+은」의 통합체는 각각 고유한 몫을 지니면서 복합적인 의미를 만들어 낼 수 있다. 첫째, 선행절의 사건이 결과 상태에 이른다는 전제가 깃든다. 둘째, 이것이 계사에 의해서 관련 사건 내용이 지정됨으로써, 다른 것에 앞서서 현재의 안건으로 부각된다. 셋째, 주제에 의해서 해당 사건의 결과 상태가 현안으로 부각된다는 점이 현재의 논의 주제임을 두드러지게 강조함으로써, 후행절로의 이행을 준비하게 된다. 이런 점이 조건 구문의 선행절에 관계된 해석이 될 수 있다.

그렇다면 '-으문'은 어떻게 설명될 것인가? 이는 음운 변화가 일어날 수 있는 직접적인 환경으로서, 단지 순음 자질만이 필요할 듯하다. 다시 말하여, 앞의 형상에서 만일 계사의 활용 형식이 생략되거나 탈락된 형상으로서 「-음+ø+은」의 모습으로 상정될 경우에는 도출 과정이 아주 쉽게 이뤄질 만한 것이다. 변이모습으로서 '-으민'에서 관찰되는 전설화 결과를 생략되더라도 여전히 영향력을 발휘하는 계사의 흔적으로 간주할 수 있을 듯하다(좀 더 초점을 부각시켜서, '-이민'과 '-으민'의 변이모습에서 왜 후자에는 제1음절에 전설화가 없음에도 불구하고 아무런 동화주가 없이도 제2음절에서 전설화가 일어났는지를 합리적으로 설명해 줄 모형이 필요한데, 필자는 두 계열을 서로 나눠 놓지 않고서는 해결책을 찾기가 불가능할 것으로 봄). 그런데 이는 처음에서부터 이런 형상이 기본적으로 상정되어서는 모순이 생긴다. 오직 계사가 활용한 모습을 전제하고 나서야, 탈락 현상이나 줄임 현상으로서 부차적으로(제한적으로) 상정되는 것이 온당할 듯하다. 이 방언에서는 ㉠ 더 긴 형식으로부터 줄여나가는 방향이 일반적이며, 그렇지 않을 경우에는 ㉡ 보조사 '은, 도, 마저' 따위나 처격 조사 '에' 정도가 덧붙는 일이 전부일 것 같다(단지 필자의 직관에만 기대어 추정함). 충분히 더 긴 형식이 초기 표상으로 상정되고, 이 표상 형식이 익숙히 관용적으로 쓰이면서, 앞뒤 절의 출현만으로도 조건 구문의 표상을 짐작할 수 있을 정도가 된다면, 조건 접속 어미의 초기 표상에서 축소 내지 탈락 현상이 일어날 수 있다. 필자는 이런 환경에서 계사의 활용 형식 '이어'가 생략된 채 쓰일 수 있다고 본다(614쪽 참고).

만일 필자의 이런 설명 방식이 받아들여진다면, '-으면'과 '-으문'도 또한 이 방언의 문법 형태소가 중층성을 띠면서 이용된다는 또다른 실례가 될 수 있을 것이다. 그런 중층적 표상에서는 모든 형식을 다 갖춘 융합체가 좀 더 격식적이고 공식적인 말투로 채택될 듯하며, 반대로 생략된 형식의 융합체는 개인적이고 사적인 말투에 어울릴 법하다. 이런 기대치는 동일한 화자의 한 발화 속에서 '-으면'과 '-으문'이 수의적으로 바뀌는 경우에는 설득력이 없음을 필자는 충분히 인정한다(본문에서 「수의적」 교체로 강조한 부분과 서로 상치되는 것임). 그렇더라도 이른바 거대 자료가 전산화된다면, 일정한 경향을 찾아낼 가능성을 배제할 수 없다. 가령, '-으면' 계열을 쓰는 화자는 상대적으로 '-이민'과 뒤섞일 확률이 높을 것으로 기대하며(첫음절의 전설화는 탈락되기 이전의 「계사 어간에 동화된 흔적」으로 설명됨), 반면에 '-으문' 계열을 쓰는 화자는 상대적으로 '-으민'을 좀 더 높은 비율로 쓰는지 여부를 검토하는 일이다. 그런 단계에 확정적으로 이르기 전까지는, 일단 작은 표본만 놓고서 「수의적」 교체라고 말할 수 있을 듯하다.

그렇지만 여전히 신중한 태도가 필요하다. 누구든지 상상은 자유롭게 할 수 있겠으나, 언어학의 영역에서는 실증하는 일이나 입증하는 일의 중요함을 또한 잘 알고 있기 때문이다. 이런 측면에서, 조건문과 주제 형식 사이의 공통 기반에 대한 논의도 현재로서는 지속되지 않는다. 대신 밑바닥에서 모든 의사소통에 작용하는 일반화된 정보 구조 이론이 논의되고 있다는 사실도, 필자의 이런 상상력에 결정타를 먹일 수 있다. 559쪽 이하에서 지적해 놓았듯이, 현재 정보 구조 이론에서는 임의의 발화가 언제나 정보 구조의 틀을 따라 전개되고 진행된다고 여긴다. 이런 측면에서, 굳이 주제 요소만이 특별히 조건 형태소를 구성하는 데에 유일하게 배타적으로 간여한다고 말할 수 없는 노릇이다.

비록 필자의 상상력이 실패할 가능성에도 불구하고, 언어를 전공하는 연구자라면 아무튼 왜 이 방언에서 '-으면'과 '-으문'이 동시에 관찰되는지를 설명해 주어야 할 것이다. 앞의 상상력을 쓴 방식 이외에, 현재 필자의 능력으로서는 '-으면'으로부터 '-으문'을 도출해 내는 경로를 달리 합리적으로 마련해 줄 수 없음을 적어 둔다. 이것들이 사회언어학 차원에서 '말투의 달라짐'을 가리키는지 여부도 충분히 많은 자료가 검토된 뒤에 내려져야 할 결론이다. 필자의 능력과 힘이 모두 다 소진된 상태에서, 이에 대한 전면적인 해결책은 필자보다 더 뛰어난 연구자의 손에 맡겨둘 따름이다.

(99가) -으면 -으민 -주마는 -으면은 -이어: 경(그렇게) ᄒᆞ면 다행이(다행
히) 되민(임금이 되면) ᄒᆞ주마는(괜찮지마는), 안 되면은 3족(부·모·처
족)이 멸(멸문)이어.

(그렇게 나라에 반역을 하면, 다행히 임금으로 등극하면 괜찮겠지마는,
그렇지 못하면 삼족이 모두 다 멸문당하는 것이야. 구비3 김재현, 남
85세: 35~36쪽)

(99나) -으문 -으문 -고 -으면 -으라고: 기영(그렇게) ᄒᆞ연(해서) [곡식
창고에 들끓는 쥐들을] 「자기가 끊게 ᄒᆞ여 주문, 그 쥐를 없이 ᄒᆞ문,
그 재산을 줄 거고, 못 끊으면 ᄌᆞ기네 부인이랑 날 주라!」고 이렇게 이
야기ø 햇다ø 말이어.

(그렇게 해서 부자집 주인이 주인공 부부에게 자기집 곡식 창고에 들
끓는 쥐를 「당신이 끊어지게 해 주면, 그 쥐들을 없애 주면, 자신의
재산을 다 내어 줄 것이고, 그렇지 못한다면 당신과 같이 온 예쁜 부인
을 내게 달라!」고 이렇게 제안을 했단 말이야. 구비2 양구협, 남 71세:
627쪽)

(99)에서는 이 방언에서 관찰할 수 있는 '-으면'의 소리값이 좀 달라지
는 모습을 보여 준다. '-으민, -으문'이다. 특히 부연 설명을 해 주는
절이 부가되어 있으므로, 이 점을 명확히 확인할 수 있다. (99가)에서
는 '되민, 되면은(되면+은)'으로 반복되어 있고, (99나)에서는 '끊게 ᄒᆞ
여 주문, 못 끊으면'으로 반복되어 있다. 이로써 1970년대 후반에도
70세 이상의 높은 연령층에서도, 이 방언에서만 변이를 보이는 형태
'-으민, -으문'과 공통어와 공유된 형태 '-으면'을 동시에 「수의적」으
로 바꿔 가면서 쓰고 있음을 확인할 수 있다(단, 여기서 「수의적」이란
꾸밈말은 작은 표본만을 대상으로 쓰고 있지만, 방대한 전산 자료가 구축된
뒤에 어떤 경향성을 확인하기 이전까지만 임시 유효하게 적용해야 할 것으로
봄). 본고에서는 이 방언에서 빈출하는 모습인 '-으민'을 내세워 대표
형식으로 삼고 있다(아니면 전설화가 일어난 '-이민'을 대표 형식으로 내세
울 수도 있겠는데, 약모음을 지닌 다른 문법 형태소들과의 형평성을 고려하
면서 '-이민'을 선택하지 않았음). 편의상 공통어와 동일 형태를 제시한

다면 변이가 없음을 함의할 수 있기 때문에, 이런 오해를 방지하려는 방편으로 그런 선택을 하였다.

또다른 조건 접속 어미로서 '-거든'이 있는데, 이미 150쪽 이하에서 다뤄진 바 있다. 이 형태소는 또한 더 늘어나거나 더 줄어들 수 있다. ㉠ 전자의 방식으로는 '-거든'에 처격 조사 '에'가 덧붙어서 '-거든에'로 나오거나, 또는 ㉡ '-을랑'이 덧붙어서 '-거들랑'으로 나오는 것이다. '-으면'에는 (99가)에서 보듯이 강조 보조사 '은'이 덧붙어 '-으면은'으로 실현되었다. 그렇지만 우연히 '-거든'에서는 2음절의 받침 소리가 보조사 '은'의 음성형과 동일하므로, 보조사를 덧붙여도 지각상으로 두드러지게 달라보이는 것이 없다는 점에서, 아무런 효과도 거둘 수 없을 것으로 본다. 그렇다면 다른 방식을 채택할 수 있다. 이것이 보조사 '은'을 대신하여 '-을랑'이라는 보조사(325쪽의 각주 74)를 덧붙여 놓도록 했을 것으로 본다. ㉢ '-거든'은 또한 더 줄어들 수도 있는데, 그 결과는 1음절의 '-건'으로 실현된다.

임의의 문법 형태소가 더 늘어나거나 반대로 더 줄어드는 것은, 정반대의 방향으로 작동하는 기능으로서

  (가) 청자에게 좀 더 주의력을 쏟도록 요구하는 기능
  (나) 산출자가 더 신속히 자신의 표현을 청자에게 전달해 주려는 기능

사이에서 마치 길항 작용처럼, 어떤 조정점을 지향하면서 수행되는 일로 판단된다. 그렇지만 어떤 선택을 하든지 간에, 기본 표상에서는 본디 접속 어미 형태소가 그대로 들어 있어야 하므로, 접속절들의 의미 관계는 변동이 없다. 다음 예문들에서는 '-거든'이란 형태소가 각각 늘어나는 경우와 줄어든 경우를 보여 준다.

  (100가) -거든에 -으라!: "너네덜(너희네들) 날(나를) 빌어그네(빌어서) 산터(묏자리)ø 보크거든에(보겠거든+에) 돗(돼지)이나 흔(한) 마리썩

(씩) 잡아 오라!"

("너희 형제들이 특별히 자신만 발복할 만한 묏자리를 나를 빌어서 보겠거든, 그 값으로 돼지나 한 마리씩 잡아 오너라!" 구비3 김재현, 남 85세: 349~350쪽)

(100나) -거들랑 -으오!: 주인 말은 「버릇만 잘 ㄱ르쳐(가르쳐) 달라!」ø 흔(하는) 것보단도 「해여 봥(해 봐서) 안 되거들랑 처분해여 없애 불여(버려) 주시오!」ø 흔(하는) 말이주게(말이지+화용 첨사 '게')

(주인이 하는 말뜻은 「자기 자식의 버릇만 잘 가르쳐 달라!」고 요구한 것보단도, 「자기 자식을 가르쳐 봐서 제대로 가르치지 못하겠거든 알아서 처분하든지 죽여 버려 주시오!」라고 하는 것이지. 그래. 구비3 김재현, 남 85세: 336쪽)

(100다) -건 -으라!: 뒷날 아침은 [힘센 종 막산이에게] "야, 느(너)ø 난(나는) 버치켜(힘들 거야, 부양하지 못할 거야). 우리 집이선(집에선) 버치켜! 달리 가그네(다른 집으로 가서) 얻어먹을 디(데)ø 잇건(있거든) 얻어먹으라!"

(허우대가 크고 힘이 세지만 50인의 식사를 하는 종 막산이에게 떠나도록 요구하려고, 뒷날 아침은 "얘야, 너를 먹이는 일이 나에게는 힘들 것이야. 우리 집 재력으로는 힘들 것이야! 달리 다른 부자집으로 가서 얻어먹을 데가 있거든 그곳에서 허드렛일을 하면서 얻어먹으렴!" 구비3 김재현, 남 85세: 31쪽)

(100)의 사례들은 모두 다 같은 화자의 발화로부터 가져왔다. 그렇지만 이 분은 '-거든'을 자유롭게 더 늘여서 '거든에, -거들랑'으로 쓰거나, 또는 더 줄여서 '-건'으로도 쓰고 있다. 동일한 화자에게서 이런 변동이 관찰된다는 사실은, 화자가 지닌 산출 전략에 따라 변동이 일어나고 있음을 시사해 주는 것이다.

그런데 더 중요한 것은 이 두 접속 어미들이 동일한 언어 환경에서 동일한 접속 의미를 지니고 있는지 여부에 대한 것이다. 이 방언에서뿐만 아니라, 공통어에서도 차이가 나는 실현 환경을 찾아낼 수 있다. 이미 서술한 대로 가장 기본적인 조건절을 이끄는 접속 어미는 '-으민

'(-으면)'이다. 이는 반사실적 가정(현실세계에서 결코 일어나지 않음)까지 포함하여, 모든 가능세계에서 조건절을 표상해 주기 때문이다. 그렇지만 '-거든'은 발화 시점에서 상정되는 현실세계에서 청자가 직·간접적으로 확인할 수 있고, 따라서 청자로서 추체험이 가능한 사건을 조건으로 표상해 준다. 또한 이들 조건을 나타내는 접속 어미는 문장이 종결되는 위치에서도 관찰된다. 흔히 비격식적 말투의 종결 방식으로 알려진 '-거든'이 그러하다. 그렇지만 '-으면'은 희망이나 기대 또는 만족 조건에 대한 제시 따위를 나타내는 내포 구문을 형성할 수 있다. 특히 상위문의 핵어가 "좋다, 싶다, 하다, 되다" 따위가 나올 수 있는데(-으면 좋겠다, -았으면 싶다, -았으면 하다, -으면 된다), 이 상위문의 핵어가 단절 현상으로 탈락됨으로써, 이런 환경에서만 제한적으로 '-으면'이 종결 위치에서 관찰될 수 있다(조건절에 대한 평가 또는 기원을 표현함).

여기서는 앞에서와 중복을 피하기 위하여, 다른 형태소들과의 결합 관계를 놓고서 다뤄 나가기로 한다. '-이민(-으면)'은 '-앗이민(-았으면)'과 '-앖이민(-고 있으면)'과 같이 시상 선어말 어미 '-앗- vs. -앖-(-았- vs. -고 있-)'과의 결합하기도 한다. 또한 '먹엇다민(먹었다면)'이나 '간다면은(간다면+은)'과 같이145) 시상 선어말 어미 '-앗-'이 종결 어미 '-다'와 결합한다. 또는 어떤 가능세계에서이든지 간에 현재 사건의 실현 양태를 가리키는 '-은다'와 결합한 형태도 관찰된다.

---

145) 151쪽 이하의 예문 (22)에서부터 (24)를 다루면서 '-거든'과 '-으면'이 동일하게 조건을 표상해 주지만, '-거든'은 현실세계에서 직접 그리고 곧바로 부여되는 조건을 함의한다고 하였다. 반면에 '-으면'은 종결 어미 '-다'와 결합하는 특성(-았다면, -는다면) 때문에, 가능 세계에서 찾아질 수 있는 모든 조건들을 대상으로 하여 표상해 줄 수 있다고 서술해 놓았다. 이런 서술이 가능한 것은 형태소들의 배합 방식의 차이에 말미암은 것이다. '-거든'은 인용 구문의 형식 '-다고 하거든'이 줄어드는 방식(-다ø거든)을 제외한다면, 직접 종결 어미와 결합할 수 없는 것이다. 발화 시점을 중심으로 한 현실세계에서 청자가 직·간접적으로 추체험할 수 있다는 점은, 이런 인용 구문의 형식에서는 발화를 직접 들을 수 있다는 것을 가리키게 된다. 해당 사건을 직접 추체험하는 것은 아니다. 오직 그 인용을 매개로 하여 간접적으로 해당 사건을 추체험하게 되는 것이다.

(101가) -앗이민 -을 거인다: 옳게(바르게) 걸(그것을) 다 등(謄, 베낌)호곡, 뭘 호엿이민, 제대로 흔 게(제대로 된 책이) 될 거인다. 게난(그러니까) 결국은 책만 내여(내어) 주고, 옥황상제 똘(딸)은 드리고(데리고) 올라가 불엇주(버렸지), 천상으로.

(올바르게 토정비결을 다 등사하고, 뭘 했더라면, 제대로 된 책이 될 것인데. 그러니까 결국은 불완전한 토정비결 책만 내어 주고, 옥황상제의 딸을 데리고서 그만 하늘로 올라가 버렸지. 구비1 안용인, 남 74세: 127쪽)

(101나) -앖이면은 -어 불곡원: 어린 아이딜(아이들)이 무슨 춤(참) 요샛말로 과자 곹은(같은) 거라도 먹없이면은(먹고 있으면+은) 「확~」(의태어, 재빨리) 빼엉(빼앗아서) 들러먹어 불곡원(마구 먹어 버리고+화용 첨사 '원'), 이거원(이것+화용 첨사 '원') 두렁청훈(두리고 어정정한), 그자(그저) 돌앗장(정신이 돌아 버린 사람)이라. 행동이 그러햇거든.

(어린 애들이 요샛말로 과자 같은 것이라도 먹고 있으면은, 재빨리 그 과자를 빼앗아 마구 먹어 버리고, 이것 참, 정신이 어정정하고 그저 정신이 돌아버린 사람이야. 그 사람의 행동이 그랬거든. 구비3 김재현, 남 85세: 326쪽)

(101)에서는 이 방언에서 쓰이는 시상 선어말 어미 '-앗- vs. -앖-'이 조건절 접속 어미에 결합되어 있는 모습을 보여 준다. 이들 선어말 어미가 각각 [+시작점,+종결점]과 [±시작점, -종결점]의 자질로 대립하고 있으므로, (101가)에서는 조건절에 있는 사건(책을 등사하는 사건)이 다 종결되었음을 가리키고 있다. 그러나 (101나)에서는 최종 후행절에서 이미 사건이 다 끝나 버렸음을 알 수 있으므로, 시상이 일치(동화)해야 하는 해석 지침에 따라 '-앖-'의 자질이 [+시작점, -종결점]의 자질로 바뀌어야 하므로, 해당 사건(과자를 먹고 있는 사건)이 진행 과정이 있음을 가리킨다.

(102가) -은다면은 -읍니다: 겨니(그러니) 어딜(어디를) 가는고 호니, 용두동(龍頭洞)에서 ᄂ물잇 동네엘 간다면은(간다면+은, 가면+은) 그디

그 한숫물이 잇읍니다(있습니다).

(그러니 어디를 가는가 하니까, 용두동에서 '나물잇 동네'에 간다면은, 거기에 그 한숫물이라는 샘물이 있습니다. 구비1 임정숙, 남 86세: 143쪽, 앞뒤 맥락으로 'ᄂ물잇 동네'은 한숫물을 마주보는 동네를 뜻하는데, 오창명, 1998, 『제주도 오름과 마을 이름』 제주대학교 출판부: 391쪽에서 다른 지역이지만 '물을 대면하다'는 뜻을 지닌 면수동[面水洞]을 기댄다면, [늦+물+의+ㅅ] 정도일 듯함)

(102나) -앗다민 -는 게 아니라 -으민 -으민 -앙 -으면은 -곡: 쇠(소)를 잡아먹엇다민(잡아먹었다면) 칼로 잡으나 가죽을 벳기는(벗기는) 게 아니라, 심어그네(잡아서) 그자(그저) 매어(어깨에 매고서) 부찌민(업어쳐서 쓰러뜨리면) 죽으민(죽으면), 거(그거, 소)∅ 홁은(굵은) 낭(나무)∅ 불∅ 잘 살왕(불을 잘 피워서, 살려서) [불 위에] 걸치면은, 그자(그저) 가죽채(가죽 껍질째) ᄒ썰씩(조금씩) 그자(그저) 괴기(소고기)∅ 잇는(있는) 데로만 먹곡(먹고).

(허우대도 크고 힘도 센 막산이[303쪽 각주 72]란 종은, 배가 고파서, 혼자서 소를 잡아먹었다면, 칼로 잡으나 가죽을 벗기는 것이 아니라, 살아 있는 소를 손으로 잡은 채, 그저 어깨에 매고서 땅에다 업어쳐서 쓰러뜨리고서 소가 죽으면, 그 소를 굵은 나뭇가지들을 모아 불을 잘 피우면서 그 위에 걸쳐서 잘 구워지면, 가죽째 조금씩 그저 살코기가 있는 부위로만 먹고 그랬지. 구비3 김재현, 남 85세: 32쪽)

(102다) -앗다면 -는 거 문제가 아니거든: 암행어ᄉ(暗行御史) 눈에만 걸렸다면, 집이고 뭣이고 그까짓 거 뿌수왕(부서뜨리고서) 홍치기(홍두깨질, 홍두깨의 방언형은 송상조, 2007, 『제주말 큰사전』, 한국문화사: 722쪽에 '홍짓대, 홍질대'로 올라 있음) 허여 부는(해 버리는) 거, 거(그거) 문제가 아니든. 암행어ᄉ라고 흔 것이.

(암행어사의 눈에만 걸렸다면, 집이고 뭐고 할 것 없이, 모두 다 홍두깨질하듯이 부숴 버리는데, 그런 일은 어렵지도 않거든, 암행어사라고 하는 지위가. 구비1 안용인, 남 74세: 166쪽)

(102)에서는 서술 서법의 종결 어미 '-다'가 종속 접속 어미에 결합되어 있음을 보여 준다. 선행절에서 종결 어미(의문 서법, 서술 서법, 명령

서법 등)가 오직 조건문 접속 어미 중 '-으민(-으면)'에서만 직접 구현될 수 있다. 이는 같은 계열의 종속 접속 어미 '-거든'과 중요한 차이를 보여 주는 대목이다. 이는 반사실성을 포함한 모든 가능세계의 사건을 조건절로 만들어 주는 전형적인 형식이 '-으민(-으면)'임을 시사해 주며, 이 기본 자질에서 다른 기능이 더 추가되면서 다른 접속 어미들을 서술해 줄 가능성을 열어 준다. (102가)에서는 '-은다'라는 양태 선어말 어미 형태소에 의해서 모든 가능세계에서 '가다'는 사건이 일어날 경우를 조건절로 제시하고 있다. 이는 아직 일어나지 않은 사건이 조건절로 제시되어 있으며, 따라서 청자는 언제든지 원하는 대로 그 샘물이 있는지를 확인하거나 추체험을 할 수 있음을 속뜻으로 가리켜 준다. 이는 조건절에 시상 선어말 어미 '-앗-(-았-)'을 구현시킴으로써, 해당 사건이 이미 다 끝난 상태를 조건으로 내세움으로써, 청자 쪽에서 더 이상 추체험이 불가능한 (102나, 다)의 경우와는 종류가 전혀 다른 것임을 보여 준다.

이와는 달리 (102나)에서는 [+시작점,+종결점]을 나타내는 시상 선어말 어미 '-앗-(-았-)'이 다시 종결 어미 '-다'와 통합되어 있다. 소를 잡아먹는 일이 조건절로 제시됨과 동시에 그 조건절의 사건이 이미 다 끝났음을 가리켜 준다. 따라서 전체적으로 과거에 이미 끝난 일련의 사건들이 부연 설명되고 있는 것이다. 즉, 항상 소가죽을 벗기지 않은 채 불에 구워서 소고기를 먹었다는 결과 사건이다. 이런 사건 연결체가 청자 쪽에서는 앞으로 일어나거나 체험 가능한 것이 아니라, 이미 다 발화 시점 이전에 일어났고 끝났음을 의미한다. 더 이상 청자로서는 추체험이 불가능함을, 선행절의 조건문에서 '-앗-(-았-)'이라는 시상 선어말 어미로 표현해 주고 있는 것이다. 또한 (102다)에서도 선행절이 조건을 나타낸다. 여기에서도 시상 선어말 어미가 '-앗-(-았-)'으로 실현되어 있다(걸렸다면). 부정부패를 저지르며 지어 놓은 집이 혹여 암행어사에게 들켰다면, 결과적으로 일벌백계를 보여 주기 위하여, 집의 규모와 신축 여부에 관계없이 그런 건축물을 모두

다 부숴 버렸다고 말해 주고 있는 것이다. 여기에서도 조건절에 나타
난 사건을 청자가 더 이상 추체험할 수 없음을, 시상 선어말 어미 '-앗
-(-았-)'으로 나타내고 있음을 알 수 있다.

필자의 자료에서는 의도와 추측을 나타내는 양태 선어말 어미 '-으
크-(-겠-)'가 '-거든'과 결합한 '보크거든(보겠거든)'만을 유일하게 관
찰할 수 있다. 이를 이미 앞에서 (100가)로 예시해 놓은 것을 다시
(103가)로 가져온다. (103나)에서는 동일한 접속 어미 형태 '-컨'을 대
화를 통해서 거듭 쓰고 있음을 확인할 수 있다.

> (103가) -으크거든에 -으라!: "너네덜(너희네들) 날(나를) 빌어그네(빌어
> 서) 산터(묏자리) ø 보크거든에(보겠거든+에) 돗(돼지)이나 흔 마리썩
> (씩) 잡아 오라!"
> ("너희 형제들이 특별히 자신만이 발복할 만한 묏자리를 나를 빌어서
> 보겠거든, 그 값으로 돼지나 한 마리씩 잡아 오너라!" 구비3 김재현,
> 남 85세: 349~350쪽)
>
> (103나) -컨 -으라!: "술 오메기 떡(누룩과 섞어 만든 술을 빚는 떡)ø
> 못 먹느냐? 먹어지컨(먹어지겠거든) 먹으라!" "경(그렇게) 흡주(합지
> 요)." "그 도고리(통나무나 큰돌의 한 가운데를 그릇처럼 움푹 파낸
> 도구)엣 거(그거) 둥겨 놓아그네(당겨 놔서) 먹어지컨 믄(모두 다) 먹
> 으라!"
> (주인이 늘 배를 곯고 있는 종 막산이에게 권하기를 "술을 빚기 위해
> 차조 익반죽을 누룩에 섞어서 고리 모양으로 둥글게 만든 오메기 떡을
> 못 먹느냐? 먹어지겠거든 그 떡이라도 먹으라!" "그렇게 하죠." "그 도
> 고리에 그것을 당겨 놔서 먹어지겠거든 모두 다 먹으라!" 구비3 김재현,
> 남 85세: 31쪽)

(103가)에서는 양태 선어말 어미 '-으크-(-겠-)'를 분명히 확인할 수
있지만, 동일한 화자의 발화 (103나)에서는 '-으크거든'이 더욱 줄어
들어 1음절 '-컨'으로만 실현되어 있다. 만일 탈락 규칙이 적용된 것
이라면 '-컨'이 비교적 빈출될 것이라고 예상되는데, 필자가 모아둔

자료를 보면 이런 경우는 드물다. 따라서 화용상으로 우연히 줄어들었다고 보는 것이 온당할 듯하다. 이런 것들이 모두 공통어에서 '-겠거든'과 대응한다.

아직 시상 선어말 어미 '-앗- vs. -앖-(-앗- vs. -고 있-)'이 '-거든'과 결합한 자료를 수집하지는 못하였지만, 필자의 직관에 비춰보면, '-앗거든(-았거든)'과 '-앖거든(-고 있거든)'이 모두 다 수용 가능할 것으로 판단한다. 거꾸로 양태 선어말 어미 '-으크-(-겠-)'도 '-으민(-으면)'과 결합한 모습 '-으크민(-겠으면)'도 아직 설화 자료에서 만나지는 못했으나, 충분히 수용 가능한 결합 방식이다. 만일 이 방언의 설화 자료들에 대한 어미 실현 모습이 좀 더 큰 범위로 누적된다면, 충분히 마주칠 수 있을 것으로 본다.

공통어 형태소 '-겠-'이 지닌 두 가지 해석이 이 방언에서도 그대로 적용된다. 의지 및 추측의 양태이다. 해당절의 사건 주체와 화자가 동일할 경우에 의지의 해석을 받고, 서로 다를 경우에는 감정 이입의 기제를 통하여 상대방 마음가짐을 추측하게 된다. 그렇지만 666쪽 이하에서 「-겟는디, -앗겟는디, -사겟주(-야겟지), -야겟다고」와 같은 복합 형식을 놓고서 지적해 놓았듯이, 그리고 이 방언의 고유한 대우 형태와 통합된 '-겟수다, -겟수과(-겠습니다, -겠습니까?)'와 이 방언에서만 고유하게 쓰였던 부녀자의 말투 '-겟순?(-겠어요?)'의 통합 관계에서 입증되듯이(현재로서는 가장 풍부하게 통합 사례를 제시해 놓은 고재환, 2013 개정판, 『제주어 개론(하)』, 보고사의 341쪽 이하에서는 의문 서법 '-는가?'으로 해설했으나, 252쪽 이하에서는 서술 서법 '-네'로 해설해 놓았음이 유독 눈길을 끈다. 서술 서법과 의문 서법으로만 풀이해 놓는데, 마치 반말투 종결 어미 '-아'가 어조만 달리하여 두루 여러 서법에서 쓰이는 일을 연상시켜 준다. 만일 서술 서법에서와 의문 서법에서 모두 다 쓰인다는 고재환 교수의 통찰을 받아들인다면, '-순'을 의문 서법으로만 파악한 것은 불완전한 서술인 셈이다. 의문 서법의 종결 어미로 본 앞의 두 책에서의 주장과 서로 모순을 빚지 않을 방식(양립 가능한 방식)을 추구해 봐야 하겠는데, 아마 의문 서법으로 서술된 '-순'은 「그렇지, 안 그런가?」처럼 '메아리 의문 형식'으로 설명될 수도 있을 법하다. 그렇지만 60대 중반에 이를 때까지, 필자는 한 번도 직접 들어보지 못한 종결 어미임을 적어 둔다. 고재환 교수는 '-앖순, -앗순, -겟순'이라는 통합 형식도 제시해 놓았는데, 가능한 형식으로서 '*-으크순?'도 기대되지만 아직 찾아내지 못했다. 그 까닭이 궁금할 뿐이다), 이 방언에서는 '-겟-'과 '-으크-'가 중층성의 모습을 띠면서 쓰이고 있을 개연성을 진지하게 검토해 봐야 한다. 「문법 형태소의 중층성」 구현 모습을 만들어 내는 동기로서, 네 가지 차원을 검토해 볼 수 있을 듯하다.

㉠ 화용 맥락에 맞춰 다양한 전개를 위해 바꾸거나,

㉡ 담화 전개 차원에서 미시구조를 얽어매기 위한 방식으로 일어난다.

㉢ 사회언어학적 말투 바꿈의 현상으로서, 사회적 거리와 심리적 거리를 하위 변수로 설정하여 해석할 수 있다.

㉣ 만일 앞의 설명 방식들이 적용될 수 없다면, 둘 이상의 문법 형태소가 온전히 수의적 교체로서 자의적 선택의 결과이다.

현재 필자의 머릿속에서는 '-겟-'과 '-으크-'의 중층성 구현 모습이 아마 ㉢에 해당할 것으로 보인다. 일단, 이 방언의 설화 자료에서 관찰되는 '-겟-(-겠-)'이 쓰인 사례들로서, 앞에서 이미 다룬 것들을 일부 아래에다 다시 옮겨 놓는다.

"죽여 두고 오겟노라!"(127쪽의 예문 10)

"그렇게 ᄒ겟읍니다고"(216쪽의 예문 40가)

"개토젤 지내야 되겟다ø ᄒ니"(311쪽의 예문 17)

"익으랭 햇이민 어떻겟읍니까?"(469쪽의 예문 18가)

"어머니를 베영 오겟읍니다ø ᄒ니"(582쪽의 예문 66)

"천리를 해야겟다고"(688쪽의 예문 95가)

"절 몰르겠읍니까ø ᄒ니 몰르겠다고 ᄒ니"(689쪽의 예문 95나)

필자가 모아둔 자료를 살펴보면, '-겟다'가 제일 빈번하다. 다음으로 '-겟소'와 '-겟노라'가 드물게 나온다. 청자를 대우하는 형태가 전설화되어 있는 '-겟입니다(-겠습니다)'도 있다(아마 '-겟-'이 기원상 '잇다' 어간을 포함하기 때문에 그런 동화가 일어났을 듯함).

일단 이것들이 이 방언에서 관찰되는 언어 사실이라는 점을 받아들일 필요가 있다. 왜냐하면 「규칙적인 말투 변화를 규정하는 사회언어학적 배경지식 및 화용 전략과 담화 전개 방식」을 조금도 고려하지 못하고서, 아주 왜곡해서 이런 부류의 현상을 개신파의 영향으로 몰아붙이는 논의가 줄곧 있어 왔기 때문이다. 만일 공통어의 모습만 모방하여 쓰는 것이었다면, 이 방언에서만 고유하게 쓰는 형태들과 결코 통합될 수 없었을 것이기 때문이다. 그렇지만

ⓐ 종결 어미와 통합된 형식 '-사겟주(-야겠지)'도 가능하다(이 방언에서 고유하게 발달한 '-주'에 대해서는 342쪽의 각주 78을 보기 바람).

ⓑ 비록 필자의 직관이 전혀 작동하지 못하지만, 엄연히 부녀자의 말투 '-겟순?'도 있다('-순'을 송상조, 2007, 『제주말 큰사전』, 한국문화사: 817쪽과 강영봉, 2007, 『제주의 민속문화 1: 제주어』, 국립민속박물관: 99쪽 이하에서는 오직 의문 서법의 종결 어미로만 서술하였다. 그러나 현재로서 가장 풍부하게 통합 사례를 제시해 놓은 고재환, 2013 개정판, 『제주어 개론(하)』, 보고사: 252쪽 이하 그리고 341쪽 이하에서는 동일한 형태소가 서술 서법 및 의문 서법의 어미로 쓰인다고 해설해 놓았다. 이 차이가 이 분들의 성장 지역 때문인지 잘 알 수 없으나, 필자는 앞의 두 분이 각각 북제주군 애월읍과 남제주군 한경면이고, 고재환 교수가 제주시 칠성골로 알고 있음).

ⓒ 또한 이 방언의 고유한 대우 형태소와 통합된 '-겟수다, -겟수과?(-겠습니다, -겠습니까?)'도 있다(단, 김지홍, 2001, 「제주 방언 대우법 연구의 몇 가지 문제」, 제주대학교 국어교육과, 『백록 어문』 제17호: 27쪽 및 김지홍, 2016, 「제주 방언의 선어말어미와 종결 어미 체계」, 『한글』

통권 제313호: 140쪽의 각주 19에서는 이 방언에서 관찰되는 독특한 청자 대우 형태소 '-수-'[음운론적 변이형태로 '-으우-']도 또한 복합 형식으로서, 종결 어미 '-소['-으오']'와 청자 대우 형태소 '-이-'의 융합 모습으로 파악했음).

이 방언에서만 독자적으로 발달시킨 형태들이 엄연히 '-겟-'과 통합 관계로 구현되어 나오려면, 먼저 반드시 이런 통합을 보장해 주는 규칙이 머릿속에서 작동하고 있어야 한다. 이런 측면에서 필자는 '-겟-'과 '-으크-'도 「문법 형태소의 중층성」 구현 사례로 주목하는 것이다 (이 현상은 집중적으로 제5부에서 집중적으로 논의되었는데, 614쪽에서 여섯 항목이 제시되어 있고, 721쪽에서 세 항목을 적어 놓았으며, 또한 708쪽의 각주 144를 함께 보기 바라고, 800쪽 이하에서도 다뤄졌음).

조건 어미들의 통합 형식에 대한 사례들에서 핵심은, 오직 서술 서법의 종결 어미 '-다'가 직접 결합하는 경우는 '-으민(-으면)'만이 가능하다는 점이다. '-거든'의 경우는 인용 구문의 형식(-다고 ㅎ거든)을 빌어야만 가능해질 듯하다. 필자는 바로 이 점이 '-으민(-으면)'과 '-거든'이 요구하는 의미자질의 차이와 관련된다고 본다. 오직 '-으민(-으면)'만이 모든 가능세계에서 상정되는 조건을 남김없이 모두 다 표상해 줄 뿐이다. '-거든'은 오직 후행절 시상 해석의 기준이 되는 발화 시점을 중심으로 하여, 현재 관련 당사자들이 있는 현장(발화 상황)에서 직접 추체험될 수 있는 조건들을 가리키는 것(-거든, -겠거든, -았거든, -고 있거든)으로 판단되기 때문이다. 모든 가능세계의 사건들을 나타낼 수 있는 '-으민(-으면)'이 제시하는 조건은 다른 한편으로 어떤 가능세계에서도 성립될 수 없는 반사실적 조건(counter-factuality, 좀 더 약화시켜 표현한다면, 현재 사실과 반대되는 가상적 상황)까지도 나타낼 수 있다. 필자는 특히 서술 서법의 종결 어미 '-다'가 이런 반사실적 조건을 가리킬 수 있도록 하는 핵심 요소로 파악한다. 그렇지만 '-거든'에서는 이런 일이 불가능하며, 일부러 오직 인용 구문의 형식을 내포함으로써 이뤄질 뿐이다. 결국 '-거든'이 '-다고 ᄒ거든'으로 표상되어야 한다는 점은, 인용 구문을 빌어서 간접적으로 관련 사건을 추체험할 수 있음을 시사해 준다. 이런 측면에서 이를 발화 시점이 기준이 되는 현실세계에서 간접적으로 추체험 가능한 조건을 나타내는 것으로 해석하는 것이다.

§.6-3 이유를 나타내는 '-으난, -으매, -길래'들과 시상·양태 형태소의 결합 모습

필자가 모아 놓은 이 방언의 접속 어미 자료들에서 이유를 나타내는 접속 어미 형태소들은 크게 세 가지 부류를 찾을 수 있다. 하나는 '-으난(-으니까)'로 대표되는 것이고, 다른 하나는 '-으매(-으므로)' 및 '-으매'와 결합되어 있는 부류인 '-커매(-을 것이므로)'이다. 기타 부류로서 나머지는 '-길래(-기에)'와 '-은 따문에(-기 때문에)'가 있다. 여기에서도 융합의 결과로서 나온 복합 형식임을 지적하는 일부터 시작해 나가기로 한다. '-으난(으니까)'이란 이유 접속 어미를 놓고서 162쪽부터 183쪽까지 변이 범위를 다루었는데, 이것이 복합 형식으로서 시상을 표시하는 종속 접속 어미 '-안'이 함께 녹아 있음을 확인할 수 있었다. 이 형태소도 또한 수의적으로 여러 가지 모습으로 실현되었다. '-으나네, -으니, -으니까니' 따위들이다. 이런 변이 모습들 중에서 '-으나네'로도 변동한다는 특징에 주목하여, 융합되어 있는 복합 형식임을 논의하는 증거로 삼았던 것이다.

또한 684쪽 이하에서 이 부류의 접속 어미가 절마다 계속 반복되는 경우를 다뤘다. 이럴 경우에 이것들이 모두 이유를 나타내는 것이 아니라, 기능상의 변동 또는 변화가 관찰되었다. 일단 전체 맥락을 재구성하여 살펴볼 경우에, 이 접속 어미가 순차적 사건 전개를 가리키기도 하고, 배경 사건을 제시하기도 하였다.

(104가) -으난게 -으난 -으난 -안: 이젠 신랑ø 춫안(찾아서) 갓이난게(갔
으니까+화용 첨사 '게'), 어떵(어떻게) 신랑 마누라난(신랑의 첩실이니
까), [자신은] 본처 마누라난(자신은 본처이니까) 이젠 실런(첩실도 같
은 배에 실었어).
(이제는 배를 짓고 바다를 건너서 신랑을 찾아 어느 섬으로 갔으니까,
그곳에 어떻게 할 수 없이, 신랑이 첩실을 두고 살면서 첩실이 있으니
까, 자신은 본처이므로, 이제는 모두 다 그 배에 실었어. 구비1 김순여,
여 57세: 205쪽)

(104나) -으난 -안 보니까 -으니 -는디: 거기 우리 선묘(선대 무덤) 잇이
난(있으니까) 잘 아는디(아는데), 간(가서) 보니까 물리(마루)에 올라간
(올라가서) 그 논더레(논 쪽으로) ᄇ라보니(바라보니), 사름(사람)도 못
보고 아무것도 못 봣는디(봤는데), 그만 그, 저 안개, 안개만 그저 캄캄
했어, 천지 분별 없이.
(거기에 우리 선대 무덤들이 있으니까 내가 잘 아는데, 가서 보니까 마
루에 올라가서 그 논 쪽으로 바라보니, 사람도 못 보고 아무것도 못
봤는데, 천지 구별할 수 없이 안개만 덮여 그저 캄캄했어. 그래서 아무
런 것도 볼 수 없었지. 구비3 김재현, 남 85세: 29~30쪽)

(104다) -아그네 -아그네 -으크매 -으지 말라: "나ø 어디 돌아나지(달아
나지) 안 해여그네(않아서), 그자(그저) 느네덜(너희들)ø 앞의(앞에) 사
그네(서서) 「ᄀ들ᄀ들」(의태어, 한결 같이 곧장) 가크매(가겠으므로),
날(나를) 묶으지 말라!" 구비3 김재현, 남 85세: 163쪽

(104라) -으니까니 -을 테니 -이문 -커매 -읍서: "아닙니다. 내가 잘 되엇
이니까니, ᄀ만히(가만히) 내가, 날로(나를 어사 벼슬을 하는 어사로)
대ᄒ지 말앙그네(말고서), 모르게 대해 줄 테니, 잘 살앖이문(살고 있으
면) 앞으로 잘 위ᄒ여 드리커매(드릴 것이므로), 안심ᄒ고 돌아가 줍
서!"
("아닙니다. 내가 과거 시험에 합격하고 높은 벼슬을 받아 잘 되었으니
까, 가만히 나를 어사로 대하지 말고, 아무도 몰래 잘 대해 줄 터이니까,
잘 살고 있으면 앞으로 아버지를 잘 위하여 드릴 것이니, 안심하고 돌아
가 주십시오!" 구비2 양구협, 남 71세: 625쪽)

(104)에서는 한 발화 속에서 '-으난(-으니까)'으로 대표되는 종속 접속

어미가 하나로만 쓰일 수도 있겠지만, 계속 변이를 보이면서 바뀌어 쓰이기도 함을 드러내어 준다. (104가)에서는 '-으난'이 동일하게 반복되면서 절들이 접속되어 있다. 이미 살펴본 691쪽의 (96가)와 (96나)에서도 '-으니'의 반복 실현을 본 적이 있다. 그렇지만 (104나)에서는 하나의 발화 속에서 '-으난 -으니까, -으니'의 변이 모습을 보여 준다. (104라)에서도 '-으니까니 -으니 -으매'처럼 변동 모습을 관찰할 수 있다. 같은 계열의 변이 모습들은 이것뿐만 아니라, '-으니까니'도 분명히 쓰이고 있다. 필자의 자료 모음으로부터 (104)와는 다른 화자의 경우를 아래 (105)로 제시해 둔다.

(105가) -으니까니 -앗어: 겨니(그러니) 배가 워낙 커 놓니까니(놓으니까) 주인 집에서 부재(부자)로되 양식을 당ᄒ질(감당하지를) 못ᄒ엿어(못했어).
(그러니 하인 막산이의 배가 워낙 커 놓으니까, 주인 집에서 비록 부자로 살고 있으되, 하인에게 줄 양식을 감당하지 못했어. 구비3 김택효, 남 85세: 380쪽)

(105나) -으니까니 -안²: 그 오성(鰲城) 부원군이엉 그 이덕형(李德馨, 1561~1613)이네영 옹(요렇게) 사 시니까니(서 있으니까), 아무거엥(아무 것이라고) 말도 아니 ᄀ고(아니하고), 그자(그저) 수리(수레) 배곁데레(바깥쪽으로) 손만 옹(요렇게) 내믈안²(내밀었어).
(오성 이항복과 이덕형이 이렇게 서 있으니까, 유성룡의 벙어리 동생은 아무런 인사도 건네지 않은 채 그저 수레 바깥쪽으로 손만 이렇게 내밀었어. 구비2 양형회, 남 56세: 28쪽)

(105다) -으니까니 -우다: 술도 잘 먹곡 그렇게 ᄒ니까니(하니까) 말도 잘 ᄒ고, 체각(체격)도 경ᄒ고(그렇게 크고) ᄒ우다(합니다).
(술도 잘 마시고 그렇게 하니까, 말도 잘하고, 체격도 그렇게 크고 합니다. 구비3 김재현, 남 85세: 157쪽)

비록 실례를 모아 놓지는 못했지만, 필자의 직관으로는 '-으니까'에 다시 보조사 '은'이 덧붙은 '-으니까는'도 가능할 뿐만 아니라, 또한

'-으니까네'로도 나올 수 있을 듯하다. 접속 어미 뒤에 보조사가 덧붙는 경우를 따로 설명할 필요는 없다. 이례적인 일이 아니기 때문이다. 그렇지만 '-으니까'를 중심으로 하여 '-으니까니'를 어떻게 설명해야 하며, 이와 소리값이 유사한 '-으니까네'는 어떻게 관련되는 것일까?

잠정적으로 필자의 성근 생각만 적어 두기로 한다. 필자는 '-으니까' 형태가 초기 표상 또는 기본 형식이라고 본다. 여기에 보조사 '은'이 덧붙고, 다시 처격 조사 '에'가 융합된 모습으로서 '-은에'가 「-으니까+은+에」처럼 복합 형식으로 된 다음에, 음절 재구성이 이뤄진 것이 아닐까 생각한다. 이때 처격 조사 '에'의 기능은 이 방언에서 자주 화용 첨사들이 접속 어미들과 통합되는 사례를 본다면, 통사적 격조사로서보다는 화용 첨사와 유사한 기능을 띠고 있을 것으로 짐작된다(『표준국어대사전』의 누리집에서는 '-으니까느루'라는 항목이 있고 '-으니까'로 귀속시켰는데, 어느 방언에서 쓰이는지는 알 수 없으나 직감적으로 「은+으로」의 융합 형식임을 깨달을 수 있음). 만일 이런 형상 '-으니까네'가 확보된다면, 여기서 맨 마지막 음절 기능이 어원 의식이 사라지면서 전설화됨으로써 나올 만하다. 아마 이것이 '-으니까니'일 것으로 본다. 이 복합 형식이 독특하게 이 방언에서 관찰되므로, '-으니까'를 단순히 개신파의 영향으로 설명하는 일을 반박해 주는 몫을 맡는다.

그렇다면 이유를 나타내는 접속 어미 '-으난(-으니까)'의 경우에도, 두 가지 계열이 동시에 쓰이고 있음을 알 수 있다. 하나는 이 방언의 독특한 시상을 표시해 주는 순차 접속 어미 '-아네'와 융합되어 있는 '-으나네'와 이것에서 마지막 음절이 단절되거나 줄어든 '-으난'이다. 다른 하나는 '-으니까'를 중심으로 하여 마지막 음절이 단절되거나 줄어든 '-으니'가 있고, 다시 여기에 화용 목적으로 덧붙으며 더 음절이 늘어난 '-으니까네, -으니까니'가 쓰이는 것이다. 만일 필자의 서술 방식이 옳다면, 이는 이유 접속 어미에서도 「문법 형태소의 중층성」 실현 모습을 마주하고 있다. 이런 중층성이 오직 하나의 차원으로만 설명할 성질의 것은 분명히 아니라고 판단된다. 그렇지만 ㉠ 화용 맥락에 따라, 또는 ㉡ 담화 전개 흐름을 타려는 목적에 따라 비롯된 대상들이 무엇인지, ㉢ 사회언어학적인 말투의 변화(사회적 거리 및 심리적 거리의 하위 변인으로 나뉨)에 말미암는 대상들이 무엇인지, ㉣ 숫제 수의적인 교체에 불과하며, 자의적 선택의 결과에 기인한 것이 무엇인지도 다시 찾아 주어야 할 것이다. 이는 다시 방대한 전산 자료를 확보한 뒤에, 특정 성향의 정도성을 면밀히 찾아내면서 깊이 있게 다뤄질 필요가 있을 것이다.

두 번째 부류로서 '-으매(-으므로)'를 살펴보기로 한다. 이 방언에서 이 접속 어미는 시상 선어말 어미와도 결합되고, 양태 선어말 어미와도 결합된다. 시상 선어말 어미와 결합할 경우에 각각 '-앗이매 vs. -앖이매(-았으므로 vs. -고 있으므로)'로 실현된다(단, '-으매'가 전설화되어 '-이매'로 나오는데, '-앖-'도 전설화 동화주가 되어야 하므로, 기원상 「암+잇」이 기본 형상일 개연성이 탐구될 수 있음). 만일 의도와 추측을 나타내는 양태 형태소 '-으크-(-겠-)'와 결합할 경우에 음절 재조정을 거쳐 약모음이 탈락됨으로써, (107가)에서 보여 주듯이 '-으크매(-겠으므로)'로 나오게 된다. 그렇지만 매우 민감하게도 다음 두 가지 경우와 잘 구분해 주어야 한다. 하나는 예정 사건을 가리키는 '-을 것이다'의 형상 '-을 거이'가 이 방언에서 융합된 뒤에 아주 줄어듦으로써 '-으키-(-을 거이)'로 나올 수도 있고(3쪽의 각주 1을 보기 바람), 다른 하나는 관형형 어미와 형식 명사가 융합되어 '-으커-(-을 거)'로도 실현되는 것이다. 후자의 경우, 다시 이유 접속 어미 '-으매'와 통합됨으로써, (107나)에서 보여 주듯이, 결국 '-을 것이매'의 구조를 지니는 '-으커매'로 나올 수 있다. 평면적으로만 비교할 경우에 '으'로 나오는지, 아니면 '어'로 나오는지에 따라서 초기 표상이 달리 상정된다. 그런 만큼 의미에서도 구분이 분명히 주어져 있어야 할 것이다. 필자는 이런 문법 구조상의 차이점에 유의하면서, 기존의 채록 자료들을 다룬다면, 이와 같은 문법 의식이 제대로 반영되어 있지 않을 경우에, 추가 교정이 필요할 것으로 본다.

(106가) -으매 -는디 -으문 -어: 기연(그래서) 그디(거기) 언매(얼마) 안
가매(가므로) 똘롸가는디(따라가는데), 아니 가 가문(가면) 또 오랑(와
서) 물엉(주인 바지를 물고서) 둥기어(당겨)!
(그래서 그곳이 얼마 멀리 가지 않는 곳이므로 개를 따라가는데, 주인
이 안 가고 멈춰 서면 또 와서 주인 바지를 물고 가자고 하는 뜻으로
당겨! 구비2 양구협, 남 71세: 669쪽)

(106나) -앖이매 어떵ᄒ우꽈?: 심방(무당) ø 넘어가다네(넘어가다가) [큰
굿] 구경해영(구경해서) 가켄(가겠다고) 햆이매(하고 있으므로) 어떵ᄒ
우꽈(어떻습니까)?
(어느 심부름꾼이 묻기를, 어느 무당이 이 마을을 지나가다가 큰굿을
하는 집이 있길래 구경하고 가겠다고 말하고 있으므로, 어떻습니까?
허락해 주십시오. 구비3 김재현, 남 85세: 147쪽)

(106다) -앗이매 -아!: "경ᄒ고 정ᄒ고(그렇고 저렇고 간에) 저, 우리 집
ᄌ끝디(곁에, 곁+끝+데+에) 오랏이매(왔으므로), 집이(우리 집에) 강
(가서) 술이나 ᄒ 잔 먹엉(먹고서) 가!" "경 ᄒ주(그렇게 하지)!"
("그렇고 저렇고 간에 우리 집 옆에 왔으므로, 우리 집에 가서 술이나
한 잔 먹고서 가게나!" "그렇게 하지!" 구비3 김재현, 남 85세: 166쪽)

(106가)에는 시상 선어말 어미가 없이 그대로 이유의 접속 어미 '-으
매(-으므로)'가 실현되어 있다. 이 어미는 전설화되어 '-이매'로 쓰이
거나, 해당 약모음이 탈락되어 '-매'로만 쓰이기도 한다. (106나, 다)
에서는 각각 시상 선어말 어미 '-앖- vs. -앗-'이 이유 접속 어미와
결합되어 있다. (106나)에서는 '햆이매'로 나왔지만, 수의적으로 줄어
들지 않은 'ᄒ엾이매'의 모습으로도 나올 수 있다. (106다)에서는 '오
랏이매'로 나왔지만, 또한 수의적으로 줄어든 '왓이매'의 모습으로도
나올 수 있다. 모두 쌍형 낱말로서 어간이 변이를 보여서 'ᄒ여-, 해-'
로, '오-, 오라-'로도 쓰이기 때문이다.
그런데 (107가)로 제시되어 있듯이, 의도와 추정을 가리키는 양태

선어말 어미 '-으크-(-겠-)'가 결합되어 '-으크매(⁇⁇⁇-겠으매)'가 나오는 경우는 좀 특이하다(공통어에서 1:1 대응되는 반사 형식은 국어사전에 올라 있지 않음). 이 방언에서는 '-으크매'뿐만 아니라, 또한 예정 사건을 가리키는 '-을 것이다'로부터 줄어들어 매우 비슷한 소리값 '-으커매'를 지니는 경우도 (107나)에서처럼 관찰되기 때문이다.

(107가) -아그네 -아그네 -으크매 -지 말라: "나 ø 어디 둘아나지(달아나지) 안 해여그네(않아서), 그자(그저) 느네덜 ø(너희들의) 앞의(앞에) 사그네(서서) 「ᄀ들ᄀ들」(의태어, 한결 같이 곧장) 가크매(가겠으므로), 날(나를) 묶으지 말라!"
(내가 어디로든 달아나지 않고서, 그저 너희들 앞에 서서 건들건들 가겠으므로, 날 묶지 말라! 구비3 김재현, 남 85세: 163쪽)

(107나) -으커매 -읍셴: ᄒ난(그러니까) 서방, 신랑(남편) ø 춋앙(찾아서) 가키엔(갈 것이라고). 「춋앙(찾아서) 가커매(갈 것이므로) 밸(배를) 짓어(지어, 만들어) 줍셴(주십시오라고)」 ᄒ난(하니까).
(그러니까 자기 시어른한테 배를 만들어 달라고 했는데, 며느리에게 그 까닭을 묻자, 자기 신랑을 찾아서 먼 섬까지 가겠다고 해. 그러면서 「찾아서 갈 것이므로, 내가 타고 나갈 배를 만들어 주십시오」라고 하니까. 구비1 김순여, 여 57세: 204쪽)

똑같은 양태 범주에 속하더라도, 이것들이 지시하는 속내는 서로 다르다. '-을 것이다'는 반드시 미리 예정된 사건만을 가리키게 된다(필연성에 속하는 범주임). 대통령의 외국 순방을 보도할 경우에는, 모든 일정이 예정되어 있으므로 '-을 것이다' 구문을 쓰게 마련이다. 그렇지만 '-으크-(-겠-)'는 현장에서 간접적으로 확보할 수 있는 일부 증거를 토대로 하여 추정하는 것이므로(개연성에 속하는 범주임), 예정 사건 '-을 것이다' 구문과는 그 추정의 근거에서 차별적이다. 예정된 사건을 가리키는 '-을 것이다' 구문은 「확실히 예정된 사건」을 뜻하므로,[146] 필연성 또는 확실성 양태의 하위 개념이다. 만일 그 사건이 일어나지 않을 경우에, 공신력의 측면에서 그 화자는 심각한 타격을 받거나 크게 손상을 입는다. 그렇지만 '-으크-(-겠-)'를 썼다면, 간접 증거로써 추정하는 일에 지나지 않는다. 그러므로 추정 그 자체가 잘못될 가능성이 항상 깃들어 있고, 이런 빗나간 추정이 일상생활에서 항다반사이므로, 해당 화자의 공신력을 떨어뜨리는 것은 아니다. 가령, 9시 뉴스 보도에서는 명확하고 정확한 보도를 하기 위해서 '-을 것이다' 구문을 이용하는 것이 상례이다. 공신력과 관계되는 만큼 신중하게 보도를 해야 하는 것이다. '-을 것이다'에서 유래되는 '-으커(-을 거)'는 확실성의 양태에 속한다. 반면에 '-으크-(-겠-)'는 추정의 양태에 속하므로, 동일한 양태 개념이더라도 하위에서는 서로 구분되어야 한다. 확실성 양태에 속하는 '-으커매'와 추정 양태에 속하는 '-으크매'를 뒤섞어 놓아서는 안 되는 것이다. (107나)의 경우에는, 바로 앞선 발화에서 '가키어(갈 것이야)'라는 요소가 인용 구문의 형식으로 녹아 있다. 양자 사이에 구분이 되어야 하는 까닭을 다음과 같이 표시해 놓기로 한다.

(108가) 추정 양태로서 개연성 범주: -으크-+-으매 → 으크매
(108나) 예정 양태로서 필연성 범주: -을 것이+-으매 → '-을 것이매, -을 거매' → -으커매

(107가)에서는 동사 '가다'의 어근과 '-으크매'가 결합한 뒤에, 재음절화 규칙이 적용됨에 따라 약모음이 의무적으로 탈락되어 '가크매'로

---

146) 물론 '-을 것이다' 구문이 확실히 예정된 사건을 가리킨다고 하더라도, 낱말을 바꾸어서 그 확실성의 정도를 낮출 수 있다. 가령 '-을 모양이다'라고 표현하는 방식도 있고, 계사를 바꾸어 '-을 것 같다'로 표현할 수도 있다. 확실성 정도가 낮춰진다고 하더라도, 이것이 '-으크-(-겠-)'에 의해 추정된 결과와는 동일해질 수 없다. 우리말에서 '같다'를 곧잘 이용하는데, 이는 강한 단정을 피함으로써 청자에게 거부감을 줄이면서 그렇지 않을 경우에 책임을 져야 할 부담을 화자가 줄인다는 측면에서, 이를 부드럽게 말해주는 기법으로 본다. 이런 측면에서 「책임 경감 또는 완화 표현」으로 다뤄져야 하는 것이다. 또한 374쪽의 각주 84를 읽어 보기 바란다.

나온다. (107나)에서는 동사 '가다'의 어간 에 '-을 거매'의 융합 형태 '-으커매'가 결합함으로써 '가커매'로 구현되었다. 이를 화자의 의지를 표현해 주는 '가크매'가 아니라, 예정 사건을 가리켜 주는 '가커매'로 표현해 주는 것이 무슨 차이가 있는 것일까? 결국 예정 사건이라는 점에서 필연성을 전제로 하고 있으며, 예외 없이 그 사건이 일어남을 뜻한다. 다시 말하여, 개연성 범주로 표현하는 것이 아니라, 필연성 범주로 표현하는 것이므로 아주 강한 표현임을 알 수 있는 것이다.

(108나)는 '-으커매'가 도출되는 단계를 보여 준다. 형식 명사 '것'이 그 모습을 그대로 유지하는 '-을 것이매'는 글말 투식이며, 이 방언에서는 입말 형태로서 형식 명사 '거'가 쓰인다. 따라서 입말 투식의 결합은 '-을 거매'가 되며, 여기서 유음의 관형형 어미가 탈락하면서, 그 자취를 유기음 흔적으로 남겨 형식 명사에 덧얹혀진다. 그 결과가 '-으커매'이다. 바로 선행한 발화에서는 며느리 자신의 '의지'를 '-으크-'를 써서 시어른에게 나타내었다. 그렇지만 이어지는 발화에서는 틀림없이 남편을 찾아가는 일이 예정된 순서로 일어날 것임을 말해 주고 있다. 앞뒤로 이어진 발화이지만, 매우 미세하게 차이가 나는 발음 '으 vs. 어' 때문에 확실성(필연성)의 양태인지, 추정(개연성)의 양태인지가 나뉘고 있는 것이다. 형태소 '-으크-'가 결합된다면 응당 '-으크매'로 발음되어야 한다. 그렇지 않다면 확실성의 양태 형태소 '-을 거'가 결합된다면, 이것이 융합되고 응축된 형식 '-으커매'로 발음되는 것이다. 관형형 어미 '-을'이 유기음 'ㅎ'으로 줄어드는 현상에 대한 상세한 논의는 김지홍(2014)『제주 방언의 통사 기술과 설명: 기본 구문의 기능범주 분석』(경진출판: §.2-3-1, §.2-5-3, §.3-4-2)을 보기 바란다.

그런데 '-으매'라는 형태도 단일한 형식이 아니라, 조건 접속 어미 '-으면'에서와 같이, 초기 표상에서는 복합 형식으로 재구성될 수 있을 듯하다. 만일 이것을 명사형 접미사 또는 어미 '-음'이 녹아 있다고 볼 경우에는 '-음+-애'에서 '-음'을 제외하고 남는 형식의 정체를 모색해 볼 수 있다. 이때에도 명사 형성 접미사(고정된 형식이라는 점에서 생산성을 전제로 한 명사형 어미로는 부를 수 없음)에는 한 사건의 결과 상태를 가리키거나, 그 결과로서 나온 산출물을 가리킬 수 있다. 이유의 기능을 가리키려면 당연히 한 사건이 다 끝나 있는 결과 상태를 전제로 해야 할 것이다. 공통어에서 대응되는 '-으므로' 형식이 또한 명사 형성 접미사(이것이 고정되어 있는 형식이기 때문에 생산성을 전제로 한 명사형 어미로 부를 수는 없음)를 전제로 하여 재분석해 본다면, '-음 +으로'로 나뉠 텐데, 뒤에 덧붙은 것이 사격 범주의 조사일 가능성이 있다. 이유를 나타내는 어미 '-기에'에서도, 만일 명사 형성 접미사를 독립시킬 수 있다면, 재분석될 수 있는 후행 요소는 사격 범주의 형태일 수 있다. 또한 '-길래'에서는 재분석을 할 경우에 '-을래'라는 독특한 형식이 찾아진다. 이는 '-으려고 하다'에서 장차 진행될 사건 모습을 가리켜 주는 형태와 친연성이 추구될 법하다. 만일 이런 재분석 유형들을 고려한다면, '-길래'에서 명사 형성 접미사 '-기'와 진행 예정을 표시해 주는 '-으라'를 제외할 경우에, 남을 '-애' 요소와 동질의 것인지 여부를 우선 검토해 볼 만하다. '-으매'는 '-음+애'로 재분석 되듯이, '-길래'도 '-기+-을라+애'로 재분석될 가능성을 상정하는 것이다. 그렇지만 '-애'라는 형식이 단일 형태인지, 아니면 융합된 복합 형태인지 결정한 다음에, 이것이 어떤 범주로 귀속될지 검토해야 한다. 그렇지만 산넘어 또 산을 만난 셈인데, 필자로서는 이에 대한 해결책을 전혀 잘 알 길이 없다.

공통어에서와 동일한 형식 '-은 따문에(-은 때문에)'의 경우는 너무나 명백하므로, 그 실례만을 제시하고 따로 논의를 하지 않는다. 수식어처럼 부가어 형식으로 덧얹혀 있는 구성이므로(처격 조사 '에'를 매개로 하여 이뤄짐) 선행절을 이룬다고 말할 수는 없을 것이다. 다만, 이미 일어난 사건을 가리켜 줘야 하기 때문에, 오직 관형형 어미로서 '-은' 만이 선택되었다. 617쪽의 각주 131에서 필자는 관형형 어미가 [+상태 불변성]의 양태 자질을 지니는 것으로 보았다. 어떻게 하여 이미 일어나서 다 끝난 사건을 가리켜 주는 것일까? 임의의 사건의 상태가 변하지 않을 가능성이 두 가지밖에 없다. 하나는 현실세계에서 전혀 일어나지 않는 사건이다. 다른 하나는 이미 일어나 다 끝나 버리고 결과 상태만이 있는 사건이다. 현실세계에서 우리가 경험하는 일들을 가리키기 위하여 언어의 문법 형태소가 만들어졌다면, 한 번도 관찰하거나 경험해 보지 못할 사건은 아무런 의미도 없다. 따라서 [+상태 불변성]이란 양태 속성은, 해당 사건이 이미 다 일어나 끝이 난 상태를 선결 조건으로 요구한다. 이는 또한「청자가 해당 사건을 더 이상 추체험할 수 있을 가능성이 전혀 없다」는 속뜻도 함께 깔고 있다. 이제 전체 발화는 [+시작점,+종결점]을 나타내는 시상 선어말 어미 '-앗-(-았-)'에 의해 지배됨으로써, 그 사건이 이미 발화 시점 이전에 모두 다 끝이 났음을 가리켜 주고 있다. 시상 또는 양태가 서로 일치되어야 해석이 가능하다는 측면에서, 관형형 어미 '-은'이 표상하는 사건과 뒤에 나온 시상 선어말 어미 '-앗-(-았-)'이 표상하는 사건에 대한 해석은 서로 일관성을 유지하고 있으며, 해석을 진행하는 데에 아무런 장애도 없음을 알 수 있다.

(109) -은 따문에 -앗어: 경흔디(그런데) 그 어른이 여우ø 잡은 따문에(때문에) 조스(早死)햇어, 여우는 구신(귀신)인디.
(그런데 그 이은성[李殷成, 1719~1778] 좌수 어른이 여우를 잡았기 때문에 일찍 죽었어, 여우는 귀신인데. 구비3 김재현, 남 85세: 52쪽)

이제 마지막으로 이유를 나타내는 다른 접속 어미 형태 '-길래(-기에)'와 '-관대(-기에)'를 다루기로 한다. 이 형태소도 필자가 모아 둔 설화 자료에서 각각 1회로서 아주 드물게 관찰될 뿐이다. 누리집에서 접속할 수 있는 국립국어원의『표준국어대사전』에서는 '-길래'를 입말투의 접속 어미로, '-기에'를 글말투의 접속 어미로 설명해 놓았다. 그렇지만 후자는 명사 형성 접미사(고정된 형식이기 때문에 접사 범주에 속함)

에 처격 조사가 결합되어 있으므로, 보다 더 분명하게 목표 사건으로 해석될 수 있다. '-길래, -기에'에서 명사 형성 접미사 '-기'를 제외하고서 어떻게 공통된 형태를 찾아낼지에 대하여 의문이 제기될 수 있다. 필자는 '-으려고, -을라고'에서 관찰되는 형식과 비교해 볼 가능성을 암시했었다. 이럴 경우에 화자 또는 주어의 의도(-을라)와 객관적 사건에 대한 표상(-길래) 사이에 있는 간격을 줄일 방법이 추가되어야 하겠는데, 아주 어려울 듯하다. 설령 어떤 성공 방식이 있다고 하더라도, 명사 형성 접미사 '-기'와 모종의 '-을라'를 제외하면, 나머지 형식으로 각각 '애, 에'가 남는다. '에'는 사격 조사(처격)일 개연성이 아주 높지만, '애'가 단일 형식인지 아니면 복합 형식인지 여부가 불분명하다. 이 '애'와 관련됨직한 복합 형식으로는 이 방언에서 '-쿠대'와 '-관대'도 있으며(곧 후술됨), 이것들이 모두 '애'로 표기되어 있는 것이다. 현재 필자의 능력으로서는 산뜻하게 설명해 줄 수 없는 난제임을 적어 둔다. 필자의 자료 목록에서 유일한 그 사례는 다음과 같다.

> (110) -길래 -앗읍니다: 우리 지방 부근에서 양식을 어디 구해 보젠(보자고) ㅎ되(하되), 구흘 디(데)가 엇고(없고), 소문ø 들으니 선생네가 거, 산디(밭벼, 山稻)를 큰 밧디(밭에, 밭+디[곳]+에) 갈앗다(갈았다)ø ㅎ길래(하기에), 그자(그저) 무조껀(무조건) 와서 내가 져(등짐으로 짊어져) 갓읍니다(갔습니다).
> (우리 서귀포시 중문동 부근에서 양식을 구해 보려고 했지만, 구할 곳도 없었습니다. 소문에 들으니 선생네가 밭벼를 큰 밭에다 갈았다고 그러기에, 굶어죽을 수는 없고, 그저 무조건 와서 선생의 허락도 받지 않은 채 내가 등짐을 지고서 갖고 갔습니다. 구비3 김재현, 남 85세: 213쪽)

여기서는 인용 구문의 형식을 이용하여 '-길래'가 실현되어 있으며, 인용 구문의 형식은 시상 선어말 어미 '-앗-(-았-)'이 들어 있다(-앗다 ø ㅎ길래). 그렇지만 필자의 직관에는 '갈앗길래'와 같이 인용 구문의 형식을 빌리지 않고서도 그대로 쓰일 수 있다. 다만, 그럴 경우에는 더 앞에 제시되어 있는 「소문 ø 들으니」와 같은 어구와 호응되지 않는다. 대신, "지난 번에 보니"처럼 직접 체험하였다는 뜻의 수식구로 바꾸어야 한다. 만일 직접 체험하는 경우에, 한 사건의 [±시작점, −종결점]의 자질을 품은 시상 선어말 어미 '-앖-(-고 있-)'도 쓰일 듯하다. 다만, 양태 선어말 어미 '-으크-(-겠-)'은 결합될 수 없을 듯하며, 대신 예정된 확정 사건을 가리키는 '-으커-(-을 것)'만이 수용될 듯하다 (-앖이커길래). 이런 필자의 직관에 기댄다면, '-길래'는 반드시 확인할 수 있는 사건이나 확정적으로 예정된 사건에 대해서만 결합될 것으로 보인다.

그런데 다음의 종속 접속 어미 '-관대(-길래)'와 '-쿠대(-길래)'도 또한 유일한 사례이다. 전자는 인용 구문의 형식을 띠고 있다. '-길래'와의 관련성을 고려하여, 여기서는 '-관데'를 '-관대'로 고쳐 써 놓았다. 아주 드물게 이 방언에서 화자가 자신의 일을 가리키면서 감탄 서법의 종결 어미 '-고라' 또는 '-과라'를 쓰는 일이 있다(김지홍, 2014, 『제주 방언의 통사 기술과 설명: 기본구문의 기능범주 분석』, 경진출판: §.4-4-1을 보기 바람). 이는 공통어의 감탄 종결 어미 '-구나' 또는 '-도다'에 대응한다.147) 그렇지만 '-관대'가 실현된 발화에서는 그런 제약이 관찰되

---

147) 필자가 모아둔 자료에서는 '-과라, -고라'가 관찰되는 사례로서 다음 네 가지가 있다. 동사 어간에 직접 결합한 경우(가과라, 놓과라, 살과라)와 시상과 관련된 형태와 결합한 경우가 있다(해나고라). 그런데 다음 ㉡의 사례를 근거로 한다면, 바로 뒤에서 언급할 「가능한 이유 추정의 형태소」와 상당히 관련성이 있을 듯하여 흥미롭다.

㉠ -과랜: 글지후젠(厥之後＋적에는) 괴기(물고기) 사례(사려고) 가면은, 「괴기 사례 가과랜(갔도다라고)」도 안 해영(말하지 않고서) 멀찍이 강(가서) 앚앙(앉고서) ᄀ만이(가만히) 앚앗이민(앉아 있으면), "오널(오늘) 괴기(물고기) 사례(사러) 옵데가, 훈디(정훈도님)?"
(그 사건 뒤에는 물고기 사러 가면 「물고기 사러 왔도다」라고도 말하지 않은 채 멀찍이 떨어져 가만히 앉아 있더라도 어부들이 스스로 찾아와서 "오늘 물고기 사러 오셨습니까, 정훈도님?" 하고 물었어. 구비3 김재현, 남 85세: 40쪽)

㉡ -고랜: "폐백(幣帛) 몃 동 놋소?" "흔 동밧에 못 놋수다!(놓았습니다)" 쉰 필(疋)밧엔 못 놓과랜. 열 동이민(이면) 오백 필인디(인데), 그럴 거 아니어게?[어이가 없을 것이 아니겠어＋화용 첨사 '게']
(집터를 정해준 지관이 몇 년 뒤에 다시 와서 보니까, 우선 다른 것은 고사하고서라도, "토지신에게 폐백을 몇 동 놓았소?" "한 동밧에 못 놓았습니다!" 50필밧엔 못 놓았노라고. 열 동이면 5백필인데, 어이가 없을 것이 아니겠어? 구비3 김재현, 남 85세: 56쪽)

지 않는다. 이런 측면에서 서로 같은 계열의 형태소일 것 같지는 않다. 또한 똑같이 공통어의 '-길래'로 옮겨 놓은 '시쿠대(있길래)'에서, '-관대'와 공통된 형태를 찾아낼 수 있을지 알 수 없다. 여기서 보이는 '쿠'가 본디 유기음 형태소인지, 아니면 다른 요소에 동화되거나 응축되어 있는 것인지를 놓고서도, 현재 필자로서는 도저히 알 수 없다. 이런 유표적인 형태들을 들은 경험이 없으며, 오직 채록된 책 속에서만 접하였기 때문이다.

> (111가) -관대: "「아, 논ø ᄀ르치랜(가리키라고)」.「논ø ᄀ르치민(가리켜
> 주면) 갈켄(그 논을 갈 것이라고)」ᄒ관대(하길래), 논ø ᄀ르치레(가리
> 키려고) 오랏수다(왔습니다)!"
> ("「아, 내게 판 '오줌이 골'이라는 논이 어디에 있는지 가리켜 다오!」
> 「'오줌이 골' 논을 가리켜 주면 그 논을 갈겠다」고 하길래, 제가 그 논이
> 어디에 있는지를 가리켜 드리려고 왔습니다!" 구비3 김재현, 남 85세:
> 61쪽)
>
> (111나) -쿠대: 오단(오다가) 산(무덤, 山) 시쿠대(있길래), 산데레(무덤 쪽
> 으로) 케우려(음식 고수레를 해) 뒌(두고서) 궂언(갖고) 오란(왔다고).
> (어사 벼슬을 하는 아들에게 주려고, 늘 먹던 떡을 만들고서 갖고 오다
> 가, 어떤 무덤이 있길래, 무덤 쪽으로 고수레를 해 두고서 나머지 떡을
> 다 갖고 왔다고. 구비2 양구협, 남 71세: 625쪽)

송상조(2007) 『제주말 큰사전』(한국문화사: 제2부의 745쪽)에서는 '-관

ⓒ -고랭: 뚤(딸)이 싯인디(셋인데) … 뚤덜토(딸들도) 내어 놔서 어디 강(가서) 남으(남의)
일 젱(대신 일을 해 주고서) 얻어 먹곡, 할으방(할아범은) 기영(그렇게) 해 나고랭(했었노
라고).
(딸이 셋인데, 딸들도 집밖으로 내보내어서 어디 가서 남의 일을 대신 해 주고서 얻어먹
고, 할아범은 그렇게 했었노라고. 구비2 양구협, 남 71세: 645쪽)

ⓓ -엇던고라 -고랜 ᄒ여: 진역(징역)인가 그때에도 잇엇던고라(있었던 것인지), 멫(몇) 달
인가 살앗주(살았지). 일제 합병 좀 전이주(이전이지). 그이가 첨(참), 가서 그냥 광주(전
남 광주 교도소)ø 강(가서) 살고랜(살았노라고) ᄒ여.
(구한말 때에도 징역인가 있었던 것인지, 진상우란 사람이 몇 달 징역을 살았지. 일제
합병 좀 이전이지. 그이가 참 전남 광주 교도소에 가서 징역을 살았었도다라고 해. 구비3
정원선, 남 90세: 401쪽)

테, -곤테'를 표제 항목으로 올려 놓고 있으며, '-관'으로 줄어들 수 있다고 적어 놓았다. 유기음 '테'을 촉발하는 이유도 또한 필자로서는 전혀 알 길이 없다. 형식 명사가 들어 있는 복합 구성물인지, 유음 받침이 들어가서 유기음을 만든 것인지, 종결 어미를 이용한 융합 구성인지 여부에 대해서도 전혀 알 길이 없다. '-관, -관테, -곤테' 따위는 필자로서는 전혀 직접 들어 보지 못한 형태소들이다. 아마 도시와 농촌에서 자란 언어 환경의 차이도 있을 것이고, 또는 미세하지만 세대 차이도 있기 때문일 듯하다.

§.6-4 있을 법한 이유를 추정하는 '-은고라' 부류

이제 마지막으로 있을 법한 이유(개연성이 깃든 이유)를 추정하는 종속 접속 어미 '-은고라'를 다루기로 한다. 이 어미 형태소들은 분명히 설화 자료에서 쓰이고 있지만, 60대 중반에 이르기까지 필자로서는 이런 형태소들을 들어본 적도, 써 본 일도 없다. 채록된 설화 자료들에서 이 형식을 드문드문 접하게 되었다. 이런 점에서 아마 '의고적'인 측면이 있다고 볼 만하다. 필자는 이 어미 형태소들이 복합된 것임을 짐작할 수 있겠지만, 어떻게 분석해야 될지를 놓고서 아무런 결정도 내릴 수 없다. 다만, 이들 접속 어미들을 놓고서 선행절과 후행절의 관계를 재구성해 본다면, 이유를 단정하지는 못하지만, 가능한 이유들을 추정해 주는 듯한 느낌을 준다. '이유 추정' 또는 '개연성 있는 이유'란 용어도 순전히 필자 개인의 직관만을 반영한다. 앞으로 좀 더 이들 접속 어미에 친숙한 연구자들이 본격적으로 다뤄 주어야 할 대상들이다. 이러한 한계 때문에 여기서는 철저한 분석보다는, 필자가 느끼는 직관의 수준 정도로만 각 종속 접속 어미들의 실제 사용 사례를 제시하는 정도로 그치고자 한다.

이들 접속 어미 형태소는 '-은고라(-은 것인지 잘 모르겠지만)'가 있

다. 필자의 자료 목록에서 전자는 5회 나타나며, '-앗던고라(-왔던 것
인지 잘 모르겠지만)'가 3회 나타난다. 또한 '-는고라(-는 것인지 잘 모르
겠지만)'도 2회 올라 있다. '-은고라'를 과도하게 교정하여 아래 아(ㆍ)
를 찍은 표기('-은ᄀ라')도 있었다. 필자로서는 이 복합 형태에 대한
분석도 자신이 없고, 그 발음에 대해서도 어떤 결정을 명확히 내릴
수 없다. 다만, '구(-앗던구라)'로 적은 표기도 있으므로, 아마 '고'와
'구'가 변동하는 것으로 볼 수 있지 않을까 짐작할 뿐이다.

(112가) -인고라: 누이가 잇는데, 여자라도 무식치 안 ᄒ고 아주 똑똑ᄒ
사름(사람)인고라, 이재수(李在秀, 1877~1901)를 위해서 「이재수 전」이
라고 전(전기) 글이라고 해서 지엇다곤 ᄒ는디(지었다고는 말하는데)…
(이재수 누이가 있는데, 여자라도 무식치 않고 아주 똑똑한 사람인 것
이겠지만, 구한말 천주교인 학살을 주도한 오빠를 위해서 「이재수 전기」
라고 글을 지어 출간했다고 하는데 [나는 그런 책을 본 일이 없어]…
구비3 김재현, 남 85세: 375쪽)

(112나) -앗던고라 -고랜 ᄒ여: 진역(징역)인가 그때에도 잇엇던고라(있
었던 것인지) 몃(몇) 달 살앗주(살았지). 일제 합병 좀 전이주(이전이
지). 그이가 첨(참), 가서 그냥 광주(전남 광주 교도소)ø 강(가서) 살고
랜 ᄒ여(살았었도다고 말해).
(구한말 때에도 징역인가 그런 제도가 있었던 것이겠지만, 「진상우」라
는 사람이 몇 달간 징역을 살았지. 일제 합병 좀 이전이지. 그이가 참
전남 광주 교도소에 가서 징역을 살았었도다라고 말해. 구비3 정원선,
남 90세: 401쪽)

(112다) -안고라: 허난(그러니까) 어느 지관(地官)이나 「아무래도 좋지 못
ᄒ댄」 ᄒ연고라(했었던 것인지), 일런(무덤을 파 내어서) 보난(보니
까)… 이제 그 천리(576쪽의 각주 127에서 '遷墓之禮'의 줄임말 '천리'를
보기 바람) 터에 남(나무)을 놔 두난(두었으니까) 썩없일 거우다(썩고
있을 것입니다)
(그러니까 어떤 지관이라도 좋지 않은 묏자리라고 했었던 것이겠지만,
삼년 만에 이은성 좌수의 무덤을 옮기려고 파 보니까, 여태 망자가 눈을
감지 않았더라고 해요. 이제 그 이장터에 나무를 놔 두었으니까 아마

그 나무들이 다 썩고 있을 것입니다. 구비3 김재현, 남 85세: 140쪽)

(112라) -는고라: 술 추(취)해 불문(버리면) [범도 사람을] 못 먹는고라(먹는 것인지), 옛날도 그래서 이젠 골히(꼬리)로 어디 강(가서) 물ø 적져당(적시어다가) 양지(낮)에 자꾸 물ø 뿌려 주곡, 뿌려 주곡.

(술에 취해 버리면 범도 사람을 잡아먹지 못하는 것이겠지만, 옛날도 그래서 이제는 범이 꼬리로 물을 적시어다가 술 취한 사람의 낮에 자꾸 뿌려 주고 했대. 구비2 양구협, 남 71세: 642쪽)

만일 여기서 관찰되는 '은'이 관형형 어미와 관련될 수 있다면, '고'가 형식 명사로서의 역할을 맡을 듯하다. 그렇지만 이와 관련될 수 있는 것이 과연 어떤 것일지 필자의 지식으로는 알 수 없다. 이들 접속 어미들에 대한 자세한 분석과 설명은, 이것들을 친숙히 쓰고 있는 연구자들에 의해 진행되는 것이 본질에 이르는 첩경일 것 같다.

인과 접속 어미들에 대한 논의를 마치면서, 필자에게 떠오르는 상위 차원에 대한 의문을 몇 가지 적어 둔다. 필자는 언어 습득기를 비롯하여 지금까지 60년 이상을 이 방언을 모어로서 써 오고 있다. 이 책의 논의도 필자의 모어 방언 직관을 많이 활용하고 있다. 그럼에도 불구하고, 극히 일부 접속 어미 형태소들은 필자에게 낯설고, 오직 채록된 글말 형태로만 접하고 있다. 그렇다면 이런 현상이 언어가 역사적으로 변화한다는 직접 사례일 수 있을 것이다. 언어는 좀 더 긴 시각으로 볼 경우에, 크든 작든 언제나 일정 부분이 변동하면서 전이 상태를 보여 줄 듯하다. 이런 생각에 누구든 이의를 제기할 것 같지는 않다. 그런데 다음과 같은 의문들이 꼬리에 꼬리를 물면서 머릿속에 떠오른다.

(가) 왜 하필 이 방언의 이유를 나타내는 구문에서 접속 어미들이 변동 또는 변화가 수적으로 많은 것일까?

(나) 일부 접속 어미가 더 이상 이어지지 못할 경우에, 해당 어미가 떠맡았

던 몫(기능 또는 의미자질)들까지도 완전히 사라져 버리는 것일까? 이는 만일 강한 언어 상대주의 모습으로 서술될 경우에, 말(주로 '언어 형식')이 없다면 개념도 의미도 생겨날 수 없다고 선언하게 된다. 과연 이런 일이 일어날 수 있을까?

(다) 역사적 시각에서 일부 형식들이 변동함을 받아들일 경우에, 이유와 관련된 접속 어미에서 어떤 것들이 새롭게 등장하는 후보일까?

(라) 만일 새로운 후보가 문득 돌출하는 것이 아니라면, 점진적인 변화에 의해서 이런 일이 일어날 수 있을 것이다. 그렇다면 일부 형식에서 의미나 기능이 확장되면서 점차적으로 전이의 단계로 들어서는 일이 포착될 수 있을 터인데, 그런 후보는 어떤 것일까?

임의의 두 사건이 주어져 있을 경우에, 이것들의 관련성을 포착하거나 부여하는 방식이 기본적으로 '형식 함의'에 의해서 이뤄진다는 통찰은, 현대에 들어서서 마련된 수학기초론에서 찾아낸 것이다. 그런데 이 개념이 너무 우원하고 상위 차원에 있는 포괄적 속성을 가리키고 있을 뿐이다. 대신, 자연언어에서는 좀 더 구체적이고 쉽게 다룰 수 있는 하위 차원의 개념들을 마련해 놓고 있다. 우선 원인과 결과, 그리고 이미 일어난 결과 사건에 대한 역방향의 접근으로서 이유를 독립시킴으로써, 이것들을 필연성 쪽으로 모아 놓았다. 이뿐만 아니라 필연성으로 모아 나가는 데에는 「내 개인의 체험에 근거한 것인지, 아니면 사회 공동체에서의 공통되게 부여하는 것인지」에 대한 구분도 뒤따라야 할 것이다. 필연성과 맞서는 대립 짝으로서 우연성이 있다. 그렇지만 이 두 축만이 일상생활의 체험 내용들을 적합하게 분류하는 데 쓰이는 것이 아니라, 정도성을 표시해 주는 개연성의 개념도 요구된다. 이런 개연성은 추정의 모습으로 제시될 만하다. 이하에서는 각 질문에 같은 순서로 필자의 대답 또는 착상을 적어 둔다.

(가) 이 방언의 접속 구문 어미 중에서 필자의 직관이 쉽게 적용되지 않는 형식이 이런 개연성의 영역으로 포괄될 만한 것들일 듯하다.

이런 내성에 기댄다면, 필자에게서는 이런 개연성에 대한 차하위범주의 내용들이 제대로 설명해 주지 못한 현재의 장애 요소와 관련될 것이다.

(나) 필자에게는 '-길래'가 구현된 사례가 모두 '-기에'로 교체되는 듯이 느껴진다. 이런 일이 가능하다는 것 자체가, 필자가 좀 더 단순한 방향으로 지향하면서 이유 구문을 쓰고 있기 때문일 수도 있다. 필자는 언어 형식들의 근거가 인간 정신 작동 방식에 바탕을 둔다고 가정한다. 따라서 언어 형식이 사라졌다고 하더라도, 「이가 없으면 잇몸으로 씹는다」는 민간의 통찰을 그대로 반영하여, 기존의 언어 형식과 관련된 개념들조차 사라져 버리는 것은 아니라고 본다. 만일 임의의 언어 형식이 그대로 있다면, 좀 더 쉽게 직접 그런 개념을 연상할 수 있다. 그렇지만 그런 형식이 설령 없어지더라도, 대안으로서 다른 형식을 이용할 수 있다고 본다. 또한 새로운 개념을 정의할 필요성이 늘어남에 따라서, 해당 공동체에서 새로운 약속으로서 새 낱말을 만들 수도 있는 것이다.

가령, 최신 흐름에서 '양자 컴퓨터'가 품을 혁명적 전환(배타적인 두 값만 아니라 세 값도 허용함)이 일상화될 경우에, 역접 표현의 경우들이 공동체 구성원들의 공유 경험이 달라짐에 따라, 언제든 순접 표현으로 바뀔 수도 있는 것이다. 가령, 「사랑하되 헤어질 수밖에 없다」나 「소리나는 대로 적되 어법에 맞춰 적는다」는 표현 방식이, 「사랑하고도 헤어진다」나 「소리나는 대로 쓰고도 어법에 맞춘다」로 바뀌지 못한다고 누가 장담하랴! 아리스토텔레스의 세계관에서는 움직이는 것과 멈춰 있는 것이 매우 분명하게 구분되는 개념이었다. 지금도 우리 일상세계의 체험에서는 당연한 듯이 받아들인다. 그렇지만 지동설이 받아들여지자마자, 지구 위에서 멈춰 있는 것이 전혀 존재할 수 없는 것임을 깨달았다. 뉴튼은 이를 '속도'라는 하나의 토대 위에 구분해 주는 멋진 낱말을 만들어 내었다. 각각 등속 운동과 가속(감속을 포함) 운동으로 표현된 것이다. 결과적으로 운동하지 않는 것은 이 지구 위에 아무런 것도 없는 셈이며, 이로써 심각한 개념상의 모순이 해소되었던 것이다. 언어 형식과 표현 방식은 언제든지 전체적인 세계 모형에 맞춰 재조정될 수 있다. 이런 측면에서 필자는 인간의 정신 작동 방식이 보편적이고 일반적임을 전제로 하고 있으므로, 언어 상대주의보다는 언어 보편성을 추구하는 쪽이 온당할 것으로 본다.

필자는 인간의 정신 작동 방식도 궁극적으로는 오랜 기간에 걸친 진화 과정에서 공통된 생활 세계(삶의 형식)를 공유해 왔던 데에서 찾아져야 할 것으로 믿는다. 소략하게 언어를 형식과 내용의 두 측면으로만 나눌 경우에, 인류의 진화 역사상 내용상으로 압도적으로 팽창한 양적·질적 진화가 선행된다. 두뇌 진화의 선결 조건으로 오랜 기간 부드러운 음식을 먹음과 동시에 두개골의 봉합이 점차 늦어져야 한다. 머클레인 교수에 따르면, 제3의 두뇌는 250만 년 전에서부터 커지기 시작하면서, 구체적이고 개별적인 사건들을 풍부하게 많이 기억해 내게 되었다. 리버먼 교수에 따르면 소리도 또한 생리학적 기반으로서 인간 성대의 하강이 일어나야 한다. 이 일이 중기 구석기 문화를 지닌 크로마뇽인이 등장하는 5만년 전후로 성취된다. 성대의 하강 현상은 유아에게서도 한 살 전후로 관찰된다. 이로써 입을 여닫음에 따라 구강과 비강의 공명실을 달라지면서 모음이 만들어진다. 다시 소릿길 상으로 날숨을 방해시킴으로써 만들어지는 자음이, 모음에 얹힘으로써 비로소 분절음이 탄생하는 것이다(506쪽의 각주 113을 보기 바람).

(다) 언어 변화는 불시에 불현듯 생겨나는 것은 아닐 것이다. 반드시 점진적인 모습으로 일어날 것으로 짐작된다. 우리나라 제도권 교육에서 초등학교 학생들부터 영어 교육을 시키고 있다. 영어의 정관사 the는 우리말에 1 : 1로 대응하는 형식이 없다. 그럼에도 정관사의 여러 속성 중 일부와 우리말 지시대명사 '그'의 일부 자질이 서로 공유되는 부분이 있어서, '그'를 써서 표현하는 수도 있다. 그렇지만 이질적인 언어 형식이 하룻밤 사이에 정착되거나 달라질 수는 없을 것이다. 표면의 형식보다 그 이면의 개념들 간 대립 체계가 더 근본적인

것이므로, 불가피하게 the의 여러 용법들을 우리말에서 달리 표현해 주는 선택 이외에는 달리 없다. 아무리 시점들 사이의 대소관계를 가리키는 시제 개념을 철저히 배운다고 하더라도, 일정한 시폭을 지닌 시상 개념을 결코 대체하거나 수정해 놓을 수는 없을 것이다(이중언어 화자들에 대한 연구에서 잘 보여 주듯이, 상호 교란으로 충돌하기보다는 이질적 문법체계를 따로따로 사용하게 됨). 이 방언의 대우 현상에서 '-으시-' 형태소가 필수적인 지위가 아니라 정도성으로 포착할 만큼 변동을 찾아낼 수 있다. 만일 이런 변동들을 포괄하면서 일관성을 상정하려면, 전체 담화 모형 속에서 「스며들기 몫」을 설정해야 한다. 이는 문법 형태소의 사용이 미시적 차원보다 좀 더 큰 보폭으로 거시적 차원에서 적용된다고 해석하는 일을 뜻한다. 아마 더 젊은 세대에서는 규칙화되어 있을 것이므로, 언어 사용에서 필수적 출현으로 귀결될 수 있으며, 공통어의 사용 방식과 동등하게 미시적 차원의 몫이 될 것이다.

(라) 공통어의 연구에서는 이미 순차적 접속 어미 '-아서'가 시상 형태소를 지니는 환경을 대상으로 하여 이유로서 해석하는 경우가 있다. 이 방언의 모어 직관이 간섭하고 있기 때문인지 모르겠지만, 그런 사례들 중에는 필자에게 비문으로 지정될 만한 경우도 거론된다. 그렇지만 '-아서'의 분포에서 이런 이례적 경우가 더 젊은 세대들 사이에서는 머릿속에서 일정한 규칙처럼 자리잡을 수도 있다. 이 책에서는 이 방언의 접속 어미들을 놓고서 전형적으로 내세우는 의미(기능, 자질)가, 맥락 정보와 더불어 확장되는 것으로 서술해 왔다. 이런 확장과 더불어 새로운 기능으로 쓰이는 빈도가 높아진다면, 당연히 잦은 빈도가 변화를 이끌어나가는 계기가 될 것이다. 이런 변화는 접속 어미들 사이에서만 일어나는 것이 아니라, 그 범주가 종결 어미로 바뀌는 것들도 있었다. 이런 것들이 일차적 후보가 될 듯하다.

제7장 제5부에 대한 요약

제5부의 논의를 요약하기로 한다. 이곳의 논의는 모두 6개의 장으로 이뤄져 있다. 각 장을 요약하면 다음과 같다. 제5부에서는 필수적 종속 접속 구문을 다루는데, 이는 수의적인 종속 접속 구문과 대립된다. 필수적 종속 접속 구문과 관련된 접속 어미의 숫자가 단연 많다 보니, 다시 이 구문을 하위 분류하는 것이 더욱 간결하게 전체 그림을 보기 쉽도록 만든다. 여기서는 다항 접속이 보장되는 경우와 오직 전형적으로 이항(2항)만이 접속되는 경우로 나누어 다루었다.

먼저 제2장에서 다항의 종속 접속이 이뤄지는 경우를 최종적으로 세 가지 차하위범주로 구분하였다. 첫째, 순차적인 사건 전개나 추이를 나타내는 경우이다. 이는 이 방언에서 전형적으로 쓰이는 종속 접속 어미 '-안 vs. -앙'으로 대표된다. 둘째, 사건 전개 방향에서 어긋나거나 중단되거나 다 끝나서 다른 사건으로 바뀌거나 경우이다. 이는 전형적으로 이 방언에서 '-단 vs. -당'으로 표현된다. 셋째, 특정한 사건이 일어나기 위하여 배경이 되거나, 아니면 무대로서 선행절의 사건이 제시되는 경우이다. 이는 대표적으로 '-은디'와 이 형태가 융합된 형태들로 구현된다.

제3장에서는 이 방언의 종속 접속 어미들 중에서 가장 빈번히 나오는 '-안 vs. -앙'을 다루었다. §.3-1에서는 이 어미들의 변이형들을 제시하였다. '-안'은 '-아네'라는 변이형만 지니지만, '-앙'은 '-아그네, -앙그네, -앙으네, -아그네그네, -아그넹에, -앙으넹에, -앙그넹에'와 같이 많은 변이 모습을 보여 준다. 왜 유독 후자에서 변이를 많이 보이는 것일까? 이를 설명할 수 있는 길을 세 가지 상정할 수 있다. 필자는 세 번째 '아그네'라는 형태소의 중가 모형을 지지하였다. 이 두 계열은 시상 의미자질에 따라 대립을 보여 준다. 그 시상 의미자질은 이 방언의 선어말 어미와도 공유되는 것이다. 특히 접속 어미의 시상 의미자질은 상위문으로서 후행절의 양태 형태소와도 일치되어야 하므로, 선어말 어미가 지니지 않는 양태 속성도 지닐 수 있어야 한다. 그렇다면 이를 가능하도록 하기 위하여, 접속 어미 형태소의 시상 자질을 좀 조정해 둘 필요가 있다. '-안'이 [+종결점]의 시상 자질을 부여하였지만, '-앙'은 [±시작점]의 시상 의미자질을 부여 놓았다. 후자는 임의의 선행절 사건이 아직 일어나지 않은 상태도 가리킬 수 있다. 특히 명령 서법 종결 어미 '-으라!' 또는 공통어의 '-겠-'에 대응하는 이 방언의 양태 형태소 '-으크-'가 후행절에 있을 경우에, 선행절 사건이 아직 시작되지 않았음을 가리켜 주는 데에 유용하다. 이 방언의 접속 어미가 양태의 의미자질까지 포함하고 있음은, 일부 접속 어미들이 '-앖- vs. -앗-'이란 시상 선어말 어미를 구현해 놓는다는 언어 사실에 의해서도 입증된다(-앖이난, -앗당, -앗이민 등). 만일 이런 점을 고려한다면, 접속 어미의 범주를 결정하는 데에 시상 층위보다 높지만 종결 어미보다 낮은 층위에서 찾아져야 함을 시사받을 수 있다. 제4부의 제4장에서는 〈표7〉을 제시하여 시상 개념보다 더 상위 층위에 있는 것으로서 양태를 재규정하였고(774쪽의 각주 151에서 다시 〈표15〉로 제시됨), 접속 어미들뿐만 아니라 내포 어미들도 모두 양태 범주에 귀속시켜 놓았다.

이 방언에서는 이런 시상 대립을 보여 주는 종속 접속 어미뿐만 아니라, 공통어와 동일한 종속 접속 어미 '-아서'도 적잖이 관찰되며, 개인 말투로 여길 만큼 특정한 화자에게서는 비격식적인 종속 접속 어미 '-아 가지고, -아 갖고, -아 앚언(-아 가지고)'도 관찰된다. 이런 형태 변동이 단순히 표준어 교육에 의해서 또는 대중매체에 의해서 퍼진 것이라고 결론짓는 일은 매우 잘못된 방식이다. 1980년대에 60대 이상의 화자들이 이미 공통어에서 관찰되지 않는 변이 모습('-아 앚언')과 뜻이 전이된 형태로서 '-앗더니(-았더니)'라는 접속 어미 형태소들을 자주 쓰고 있는 엄연한 언어 사실 때문이다. 이런 모습을 놓고서 필자는 상대방에게 격식을 갖춰 말하는 태도로 파악할 수 있다고 보았지만, 필자의 모형으로 말끔히 완벽하게 설명해 낼 수 없다는 한계도 같이 적어 놓았다.

§.3-2에서는 종속 접속 어미 '-안 vs. -앙' 형태소가 어떻게 해서 전체적으로 시상 의미 해석을 받게 되는지를 놓고서, 나름대로 시상 해석 조건을 (17)로 서술해 놓았다. 물론 각 절마다 연산자나 운용소를 설치해 놓고서 이를 통해 시상 해석에서 방벽이나 지배 허용 따위를 세워 놓을 수도 있다. 흔히 시점이 상위문(또는 모문) 사건에 의해 이동되는 언어에서 설치되는 방식이다. 그렇지만 우리말의 하위 방언으로서 이 방언에서는 발화 시점이 기준이 되므로, 필자가 세워 놓은 시상 해석 조건만으로도 필자의 자료를 놓고서는 불편 없이 설명할 수 있기 때문에, 굳이 운용소 내지 연산자를 따로 설치해 놓지는 않았다. 이런 시상 해석에서 절들 사이에 서로 일치가 요구되기 때문에, 예문 (20)에서는 '-앙'이 네 번이나 접속 절을 이끌고 있으며, 마지막 후행절에서 '-읍주(-읍죠)'로 끝남으로써 [-시작점] 시상 해석이 적용될 수 있음을 보였다. 예문 (22)에서는 '-안'이 네 번씩 접속절을 이끌고 나서, 마지막 후행절에서는 선어말 어미 '-앗-(-았-)'에 의해 일치 요구가 일어나고, 모든 절에서 동일한 시상 의미자질 [+종결점]을 지니므로 적의한 해석이 보장됨을 알 수 있다. 다만, 동사와 결합하며

소리 형식이 동일한 '-안²'도 있었다(다시 §.3-4에서 논의되었음). 이는 반말투 종결 어미 '-아'와 관형형 어미 '-은'이 융합되어 있는 인용 구문의 형식이, 단절 현상으로 종결 어미처럼 쓰인 것이므로, 이것과 의 구분이 요구되었다.

§.3-3에서는 종속 접속 어미 '-안 vs. -앙'이 지닌 접속 의미자질 (또는 기능)을 네 가지 범주로 나눠서 다루었다. 이것들이 모두 각각 순차적 사건 전개의 기능을 지니고(§.3-3-1), 이유 또는 목적을 표현 하는 기능을 지니며(§.3-3-2), 수단 또는 방법을 나타내고(§.3-3-3), 후행절 사건이 일어나기 위한 배경 또는 무대를 제시하는(§.3-3-4) 기능들을 지닌다. 이 범주들을 실증하는 구체적 사례들을 필자가 모 아둔 자료로부터 가져와 제시하였다. 그렇지만 대체로 이들 네 가지 기능이 서로 중의적으로 해석될 수 있는 모습들이 관찰되었다. 이런 과정에서, 이들 접속 어미가 자동적으로 접속 기능들을 결정하는 것 이 아니라, 결과적으로 이들 접속 어미를 사용하는 주체들이 더 큰 영역 위에서 사건들이 맺는 관계들을 재해석함으로써 얻어지는 것이 라고 매듭지을 수 있었다. 개별적인 접속 의미자질에 대해서도 조금 씩 차이가 깃들어 있음을 지적하였다. 이유는 전형적으로 후행절 사 건이 이미 일어났다는 전제가 깔려 있으며, 이 전제 위에서 선행절이 앞선 사건으로 표상되었다. 그렇지만 목적이나 목표의 기능은 후행절 사건이 일어나고 종결된 다음에라야 도달되거나 성취되는 것이다. 배 경 또는 무대도 서로 조금 차이가 날 수 있었다. 선행절과 후행절 사이 에서 사건을 일으키는 주체가 동일할 경우에는 배경 사건으로 파악하 였다. 그렇지만 그런 주체가 서로 일치하지 않을 경우에는 무대를 제 시하는 것을 해석할 수 있었다. 수단 또는 방법도 그 수단이 도구라고 좁혀서 해석할 경우에는, 다시 구체적인 대상과 추상적인 사건으로도 나뉠 수 있을 것이다.

그리고 매우 유표적으로 '-안 보다 vs. -앙 보다(-아서 살펴보다)'라 는 복합 형식과 '-안 잇다 vs. -앙 잇다(-아서 있다)'라는 형식들을 다루었다(§.3-3-5). 이는 소위 부사형 어미(본고에서는 양태 속성의 핵어 동사가 투영해 주는 구문에서 내포문과 관련되는 '내포 어미'로 규정됨)를 매개로 한 '-아 보다'와 '-아 있다'와도 비교될 수 있었다. 이런 구문들이 모두 다 관찰될 수 있으므로, 이것들을 문법화 과정으로 파악할 수 있을 가능성을 배제할 수 없다. 만일 접속 어미 구문과 내포문 어미 구문이 두 축으로 상정될 수 있다면, 어느 하나에서 다른 하나로 바뀌어 나갈 수 있는 것이다.

특히 뒤에 나오는 핵어가 수적인 제약을 보인다는 점(핵어 동사가 보여 주는 사건의 양태 표시 관련성)에서, 이것이 문법화되는 초기 조건이 되어야 함을 알 수 있다. 이 조건이 만족되었을 경우에, 접속 어미 '-안 vs. -앙'을 요구하거나 내포 어미 '-아'를 요구할 수 있을 것이다. 그렇지만 오직 양태 표시 속성을 띠고 있다는 핵어의 특성만으로는 문법화가 일어나야 한다는 규칙을 만들 수 없다. 왜냐하면 내포 구문을 투영해 주는 동사들이, 모두 다 접속 어미들을 허용해 주는 것은 아님이 명백하기 때문이다. 그렇다면 제한된 부류의 언어 자료에 대한 해석 방향이 계기적으로 결정되어야 한다. 여기서 필자는 가장 중요한 작업 가정으로, 접속 구문 형식도 내포 구문의 모습 속에 포함(편입)되어야 한다고 여기고 있으므로, 일단 이런 방향과 어긋나는 해석 가능성을 유보해 두는 쪽의 결정을 내렸다. 내포 구문에서부터 접속 구문으로 발달하는 것은 일원론적 체계에서 정합적이겠지만, 거꾸로 접속 구문에서부터 내포 구문으로 발달하는 것은 그런 작업 가정과 충돌될 수 있기 때문이다. 따라서 이런 문법화 과정에 대한 해석은 일후의 숙제로 남겨 두었다.

§.3-4에서는 종속 접속 구문을 투영하는 기능범주의 핵어로서 시상의 의미자질이 깃들어 있는 '-안' 어미와 자주 혼동될 수 있는 또다른 인용 구문 부류의 단절 형식 '-안²'에 대하여 어떻게 구분되는지를 살펴보았다. 가장 간단한 구별 방식으로 오직 종속 접속 어미만이 수의적으로 항상 '-아네'로 바뀌어 쓸 수 있었다. 그렇지만 인용 구문의

단절 형식 '-안²'는 결코 이런 일이 가능하지 않았다. 이는 이 방언의 모어 직관을 지녀야만 쉽게 실행될 수 있는 일이다.

분명하게 이런 구분이 주어져야 함을, 또한 종속 접속 어미의 짝인 '-앙'이 문장이 종결하는 위치에서 결코 관찰되지 않는다는 사실을 간접 증거로 제시하였다. 비록 일부에서 '-젠(-지라고, -다고)'을 '-젱(-지라고, -다고)'처럼 표기해 놓았더라도, 동일한 화자가 부연 설명하는 과정에서 다시 '-젠(-지라고, -다고)'으로 바꿔 말하고 있다는 객관적인 언어 사실도 함께 제시해 놓았다. 일부 잘못된 주장처럼 인용 구문의 단절 형식에서도 시상 의미자질이 대립된다면, 결코 이렇게 수의적으로 '-젱(-지라고, -다고)'이 '-젠(-지라고, -다고)'으로 바뀔 수 없는 것이다. 매우 중요한 사실이지만 이를 간과해 버리기 쉬운 이유는, 문법 연구에서 기본적 형상들을 무시해 버리기 때문인 것이다.

보다 더 중요한 논제로서, 제3장에서는 이 방언의「문법 형태소의 중층성」현상을 지적해 놓았다. 이는 접속 어미에서뿐만 아니라, 또한 내포 구문의 어미에서도 그리고 종결 어미에서도 관찰되므로, 이 방언의 문법 범주들에서 두루 찾아지는 일반적인 현상이다. 그렇지만 아직 아무도 이런 현상을 주목한 바 없다. 필자 또한 복합 구문을 다루는 과정에서 처음 깨달았을 따름이다. 접속 구문에서 역방향의 사건을 가리키는 형태와 수의적 부가절의 형태, 그리고 내포 구문의 대다수 형태는 공통어의 어미와 동일하다는 언어 사실도 중요하게 취급되어야 한다. 동일한 형태를 쓰는 경우들을 백안시해서는 안 된다. 만일 이 현상이 사실이라면 종전의 연구에서 "개신파"라는 상표를 남발해 온 글들이 얼마나 이 방언을 왜곡하였는지를 역산할 수 있다. 그렇다면 과연 중층성 현상이 엄연한 언어 사실인지 여부에서부터 학계의 논의가 모아져야 할 것이다. 이는 전적으로 후속 연구자들이 결정해야 할 몫이다(614쪽에서 여섯 항목이 제시되어 있고, 721쪽에서 세 항목을 적어 놓았다. 또한 708쪽의 각주 144도 함께 보기 바라며, 800쪽 이하의 내포 구문에서도 또한 이런 중층성이 관찰됨).

제4장에서는 사건 전개 흐름에서 후행절 사건이 전환을 보여 주는 경우를 다루었다. 이런 기능을 맡는 전형적인 접속 어미는 '-다가' 부류이다. 여기서 동사의 어간에다 '-다가, -아다가, -았다가'라는 세 가지 통합되는 부류를 확립할 수 있었다. 이것들은 각각 그 기능이나 접속 의미가 달랐다. '-다가'는 선행절 사건이 다 끝나지 않고 중간에 후행절의 다른 사건으로 전환됨을 나타내었다. 그렇지만 시상 선어말 어미 [+종결점]을 표시해 주므로 '-았다가'는 선행절 사건이 다 끝났음을 가리키며, 다시 이 사건에 이어서 다른 사건이 일어남을 표상해 주었다. 그렇지만 '-어다가'는 선행절의 사건과 후행절의 사건이 하나의 단일한 복합 사건처럼 인식되는 특징이 있으므로, 선행절 사건이 전체적으로 후행절 사건 속으로 내포되어야 했다.

이 방언에서는 고유하게 '-다서(-다가)'도 관찰되고, 특이하게 '을 랑'이 덧붙어 있는 '-다설란(-다가는)'까지도 쓰인다. 또한 시상 의미 자질을 지닌 '-안 vs. -앙'이 융합되어 있는 '-단 vs. -당'도 관찰된다. '-단'의 경우에는 오직 '-다네'만 변이 형식으로 관찰되지만, '-당'의 경우에는 줄어들지 않은 형식으로 '-당으네, -다그네, -당으넹에'도 수의적으로 바뀌어 쓰일 수 있음을 알 수 있었다. 왜냐하면 '-앙(-아 서)'의 본디 형식들이 그대로 융합되어 있기 때문에, 당연히 변이 형태들도 동일한 범위의 수의적 변이 형식이 관찰되어야 하는 것이다. 이런 특징으로 말미암아, 사건 전환을 표상해 주는 '-단 vs. -당'도 또한 (17)의 시상 해석 조건을 적용함으로써 여전히 선행절과 후행절 사이에 시상 의미자질이 일치가 요구된다. 또한 후행절에서 양태 형태소가 선행절에까지도 영향을 미쳐서, '-당'에 융합된 접속 어미 '-앙'이 지닌 [-시작점]의 시상 의미자질이 관련 사건이 아직 시작되지 않음을 표상해 줌으로써, 가능세계의 일까지도 능히 표현할 수 있음을 확인할 수 있었다.

그런데 전형적으로 사건 전환을 나타내는 '-단 vs. -당'도 여느 접속 어미들과 마찬가지로 전체 맥락에 의해 사건들이 재구성됨에 따라 조건의 의미를 나타낼 수도 있었고, 이와 정반대로 그런 조건이 후행절에 아무런 제약이나 구속도 부가하지 못하여 전혀 상관없다는 속뜻을 지녀서, 방임의 의미까지도 나타낼 수 있었다. 이럴 경우에 보조사 '은'과 '도'가 덧붙은 복합 형태로서 각각 '-당은'과 '-당도, -당이라도'처럼 실현됨을 관찰할 수 있었다. 이런 기능의 확장은 전형적으로 역접을 나타내는 접속 어미 '-으되'나 '-마는'에서도 관찰되었다. 이 것들도 전체 맥락에서 후행절 사건에 전환이나 반전이 일어남을 표시해 줄 수 있다. (87가)와 (87나)는 각각 '-으되'와 '-마는'의 기능 확장을 보여 준다. 또한 전형적으로 배경을 제시해 주는 접속 어미 '-은디(-는데)'도 또한 (87다)에서와 같이 배경 제시 기능에서, 사건 반전을 표시해 주는 그런 기능으로 확대됨을 볼 수 있었다.

제5장에서는 선행절을 배경으로 만들어 주는 접속 어미 형태소를 다루었다. §.5-1에서는 전형적으로 선행절을 배경 사건으로 만들어서 주는 종속 접속 어미 '-은디(-은데)' 부류를 다뤘다. 전형적으로 배경을 제시하거나 무대를 마련하는 기능 때문에, 명사에 계사가 활용하는 '명사＋인디(명사＋인데)'의 형식이 상당수를 차지하였다. 이 방언에서는 계사 '이다'가 활용할 경우에 최소한 세 가지 길이 있음을 찾아내었는데, 〈표10〉으로 요약하였다. 이런 모습이 지시대명사에서도 동일하게 적용됨을 확인하였다. 또한 존재 동사는 이 방언에서 네 쌍의 어간을 지녀서 '이시다, 시다, 싯다, 잇다(있다)'로 나온다. 이것들이 아무렇게나 교체되는 것은 아니다. 공통어의 논의에서 지적되어 온 측면을 그대로 반영해 준다. 이 책에서는 이런 차이점을 〈표9〉로 제시하였다. 첫째 항목은 '이신디(있는데)'로 활용하고, 마지막 항목은 '잇는디(있는데)'로 활용하였다. 이 접속 어미는 문장 부사의 모습으로도 자주 쓰여 '그연디, 기연디, 견디, 겐디(그런데)'로도 쓰이며, 동일한 모습의 문장 부사가 대용 동사 'ᄒ다(하다)'가 활용하여 'ᄒ디(그런데)'로도 쓰임을 관찰하였다.

그런데 종속 접속 어미 '-은디'는 양태 선어말 어미 '-느-'와도 결합하여 '-는디'로도 쓰였고, 시상 선어말 어미 '-앗-'과 결합하여 '-앗인디'로도 쓰였다. 다시 시상 및 양태 선어말 어미들을 모두 구현하여 '-앗는디(-았는데)'로도 쓰인다. '-앗-'은 [+종결점]의 시상 의미자질에 의해서 관련 사건이 이미 다 끝났음을 가리킨다. '-느-'는 청자로 하여금 눈앞에서 생생히 관련 사건을 추체험할 수 있음을 보장해 주는 역할을 한다. 본고에서는 이들의 시상 및 양태 형태소들의 의미자질과 기능을 드러내기 위하여, 현실세계를 가리키는 제1층렬 위에서 다시 설화에서 무대를 도입하는 제2층렬, 그리고 설화 속 세계에서 관련 사건들이 일어나는 또다른 사건 무대를 가리키는 제3층렬들이 필요함을 논의하였다. 클락 교수의 주장에 따르면, 이런 복합 층렬의 작용은 세 가지 차원의 원리가 동시에 가동되는 복합 인지 작동의 결과이다. 언어 형태에 담긴 의미 차원, 이야기가 이끌어가는 사건들을 따라가는 상상 차원, 아무리 해당 이야기에 몰입하더라도 필요하다면 언제든지 이야기 속 세계로부터 떨어져 나와 이내 화자와 청자가 있는 제1층렬의 현실세계로 되돌아올 수 있다는 식별 차원이 언제든지 함께 공모되고 있어야 하는 것이다.

공통어에서는 언제든지 '-앗는디(-았는데)'의 복합 형식으로 실현되는 접속 구문의 형태소가 이 방언에서는 수의적으로 '-은디(-은데)'로 줄어드는 언어 사실을 두 명의 화자에게서 관찰할 수 있었다. 이는 층렬의 누적이 복잡해지면 복잡해질수록(제3층렬의 무대 위에 다시 제4층렬의 또다른 회상 무대가 도입될 수 있음) 언어 사용 참여자들이 더욱 긴장을 해야 하고, 이와 더불어 그 층렬들 사이를 오가면서 항상 인지적 부담이 늘어나게 된다. 그럴수록 층렬 선택에 온통 주의를 기울이다 보면, 정작 즐겨야 할 이야기의 흥미로움은 거꾸로 반감될 수 있다. 이를 해소하기 위하여, 일부러 화자들이 간편한 두 층렬의 무대만을 쓰면서 자신의 이야기를 전개할 수 있다. 결국, 이런 변이는 층렬을 최소화함으로써 이야기의 흥미로움에 더욱 주목하도록 하려는 화용상의 전략 때문이라고 설명할 수 있는 것이다.

§.5-2에서는 전형적으로 계기적 사건 발생을 나타내어 주는 접속 어미 '-자 말자(-자마자)'와 전형적으로 이유를 제시해 주는 접속 어미 '-으니까' 부류를 중심으로 하여, 그런 전형적 기능 이외에도 다시 순차적 사건 전개의 기능이나 배경 제시나 무대 마련의 기능으로도 확장되어 나감을 지적하였다. 만일 어떤 인용 구문의 형식을 내세워 선행절을 제시할 경우에는, 관련 인물들 사이에서 어떤 약속이나 묵계가 전제되어 있다는 점에서, 비록 사물들 사이에 적용되는 인과율처럼 필연적인 것은 아니더라도, 느슨하게 어떤 묵계에 의해 후행절 사건이 일어남을 가리켜 주므로, 이는 설명 제시의 형식이라고 말할 수도 있다. 또한 문장 접속을 명시적으로 보여 주기 위하여 선행절의 핵어 동사를 그대로 복사하여 '-으니'로 활용한 경우도 관찰할 수 있었다. 그런 언어 환경에서는 이런 구체적인 동사들을 대용하는 'ᄒ다'와 교체될 수 있었다. 이 방언에서 접속 부사는 공통어에서와 같이 지시 대명사를 이용하며 계사를 지니고서 활용하는 형식도 있지만, 'ᄒ다'가 활용하는 형식으로도 자주 쓰인다. (97가)의 사례는 명시적으로 'ᄒ다'가 대용사의 지위를 품는 것임을 실증해 준다. 만일 대용 표현을 쓰지 않을 경우에는, 선행절의 핵어 동사를 그대로 반복하여 활용하는 것임을 확인할 수 있다.

전형적인 접속 의미에 대한 이런 기능의 확장은, 이야기를 듣는 사람이 주체적으로 스스로 현재 듣고 있는 이야기를, 장기 기억 속에 담아 놓은 관련 내용을 작업기억에 끄집어 내어서 「있을 수 있는 이야기 얼개를 복수 후보 이상 대기시켜 놓으면서, 적합하게 확증하거나, 조정하거나, 수정하거나, 아니면 새로운 대안 후보를 즉석에서 마련해 놓은 일」을 진행시켜야 한다. 그렇다면 해당 이야기를 들으면서도 동시에 청자(청중)는 스스로 이미 자신이 기억하고 있는 얼개와 서로 맞물려 들도록 확증·조정·수정하거나, 비부합(불합치)이 있을 경우에 새로운 내용으로 신속히 교체해야 한다. 그 결과로서 이야기의 흐름에 잘 합치되는 전체 맥락이 확보될 경우에, 그 맥락에 따라 다시 하위 사건들을 표상해 주는 절들을 놓고 재구성해 줄 수 있다. 이에 따라 각 절의 접속 의미 또는 기능이 전형적인 본디 기능으로부터 변동될 수 있는 것이다. 이런 일이 실제 부지불식간에 우리 머릿속에서 언어를 처리하는 과정에서 일어나고 있다.

그런데 '-으니까'와 관련된 자료에서도 「문법 형태소의 중층성」 모습을 그대로 잘 보여 준다. 그 변이 모습이 '-으니, -으니까, -으난, -으나네' 따위로 변동하는 것이다. 그럴 뿐만 아니라, 한 문장이나 발화 속에서, 같은 부류의 접속 어미가 무려 다섯 차례까지도 반복되면서 절들을 접속하는 경우가 적잖이 관찰될 수 있었다. 아직 이런 현상이 정작 문제로서 부각된 적은 없다. 그렇지만 만일 이런 현상이 이 방언의 설화 자료를 중심으로 하여 여러 화자들에 걸쳐서 그리고 여러 차례 관찰된다는 언어 사실에 주목한다면, 그 까닭을 찾아내는 일이 뒤이어져야 할 것이다. 필자는 산출 과정에서 알게 모르게 화자가 받을 만한 중압감을 상정하였고, 이를 해소하는 방편으로 같은 부류의 접속 어미를 계속 반복적으로 구현하면서 점층 관계로 이야기의 흐름을 이끌어가는 것으로 파악하였다.

왜 그럴까? 화자도 또한 스스로 미리 이야기의 뼈대를 생각하면서 세세한 언어 표현 형식을 선택해야 한다. 그러는 과정에서 거시적 차원으로 하나의 결과 상태에 이른 사건 및 그 사건을 일으키게 되는 사건을 「이유와 결과 상태의 접속」으로 먼저 상정해 놓고 있어야 한다. 그리고 이유들이 점층적으로 추가되면서, 순차적으로 사건을 전개하듯이 제시할 수 있는 것이다. 화자의 측면에서는 너른 초점을 계속 좁혀 나가고 있는 셈이며, 이런 까닭에 동일한 이유 접속 어미를 반복하여 쓰고 있는 것이다. 또한 전형적으로 이유를 나타내는 종속 접속 어미 '-으니까'는 청자가 지닌 정보가 잘못되었거나 전혀 비어 있음을 전제로 해서, 화자가 그 정보를 고쳐 주거나 또는 채워 주는 역할을 한다. 그런 만큼 청자로서는 이익이 크므로, 청자에게서 주의력의 초점을 모으기에 안성맞춤의 접속 어미가 되는 셈이다.

현재로서 필자는 이런 두 가지 측면이 공모하여 종속 접속 어미 '-으니까'가 다섯 번씩 반복되는 발화도 흔히 접하게 되는 것으로 설명하였다. 담화 또는 텍스트 그 자체에 대한 연구가 지금 막 시작되는 단계이기 때문에, 이런 현상이 있는지조차 제대로 알려져 있지 않다. 그렇지만 이는 결코 우연히 자의적으로 아무렇게나 쓴 결과가 아니다. 잦은 빈도로 관찰되는 언어 사실이며(제3부의 §.3-3과 §.3-4), 따라서 신중하게 그리고 중요하게 다뤄야 할 언어 현상이다. 일후 다른 관점을 지닌 연구자들이 이런 현상을 어떻게 설명할 것인지 자못 궁금해진다.

제6장에서는 전형적으로 이항 접속 구문의 형식을 지닌 접속 어미들을 살펴보았다. 조건 관계, 이유 관계, 이유 추정의 관계들이다. 이미 이들 개념에 대해서는 앞에서 다뤘는데, §.6-1에서는 현대 지성사 전개에서 어떻게 논의들이 합류되는지를 언급하였다. 특히 제6장에서는 논의의 중복을 피하기 위하여, 시상 선어말 어미 형태소 '-앗-vs. -앖-(-았- vs. -고 있-)'의 통합 모습, 양태 선어말 어미로서 의도나 추정의 의미를 나타내는 형태소 '-으크-(-겠-)' 및 복합화되어 마치 하나의 어미처럼 쓰이는 예정된 확실성 양태의 형태소 '-으커(-을 것)'의 결합을 놓고서, 관련 사례들을 살펴보았다. '-으크-'와 소리값이 아주 가까운 '-으키-'도 관찰된다. 이는 '-을 것이다'를 반영해 주는 '-을 것이-' 형식이 융합된 결과이므로, 예정된 사건을 가리키는 몫을 떠맡고 있으며, 추정의 형식과는 계열이 다름을 지적해 놓았다.

§6-2에서는 '-으면'이 모든 시상 선어말 어미와 양태 선어말 어미를 허용할 뿐만 아니라, 종결 어미 '-다'가 허용된다는 측면에서, 있을 수 있는 모든 가능세계에서의 조건을 나타낸다고 결론을 지을 수 있었다. 다시 말하여, 현대 학문에서 진리를 확보하는 포괄적 기준으로 이용되는 반사실적 가정까지도 이 접속 어미는 표상할 수 있었다(특히 포퍼 교수의 진리관은 「반증 불가능성」을 충족시켜야 함). 이는 '-거든'이라는 형태소가 오직 인용 구문의 형식 '-다고 하-'를 빌어서 실현되는

점과 대조를 이룬다. 따라서 '-거든'은 현실세계에서 조건을 표상해 주는 것으로 파악하였으며, 현장 발화 상황에서 청자가 추체험할 수 있는 일과 긴밀히 관련됨을 시사해 주었다. 인용 구문의 형식에서 상위문의 'ㅎ다(하다)'는 발화를 직접 체험하여 들음을 가리켜 주었다.

§.6-3에서 '-으난'은 여러 변이 형태들이 수의적으로 동일한 화자에게서도 변동됨을 명백히 관찰할 수 있었다. 여러 차례 반복 실현되는 경우에는 초점으로 모아지는 이유가 점층적으로 좁혀지고 모아지는 형식이라고 볼 수 있다. 하나의 발화에서 대여섯 차례씩 반복되는 경우에는 선행절들이 모두 다 이유를 나타낸다고 말할 수 없다. 사건의 전개 흐름이나 배경 제시나 또는 설명의 형식으로 그 접속 의미가 변동될 수 있음을 보았다. 같이 이유를 표시해 주는 '-으매' 계열의 접속 어미들은 확실하게 예정된 사건을 가리켜 주는 '-으커-(-을 거, -을 것)'와만 결합한다는 점에서, 그리고 추정을 나타내는 '-으크-(-겠-)'와는 결합하지 못한다는 점에서, 매우 강한 인과 관계를 표현해 주고 있다. 만일 '-앖이매'에서 '-으매'가 전설화되어, '-앗이매'와 같은 모습을 띤다는 점이 중시된다면, 기원적으로 '-앖-'에도 '-잇-'(있다)이 깃들어 있을 개연성이 있다. 이밖에 필자의 자료 목록에서 1회 관찰되는 '-길래'와 '-관대'도 있었다. 필자에게 덜 친숙한 접속 어미들 '-관테, -곤테, -관' 등을 포함하여 이런 접속 어미들이 확실한 증거나 확실히 예정된 사건들이 결합될 것으로 추정하였다.

마지막으로 §.6-4에서는 가능한 이유를 추정하는 어미를 '-은고라'로 대표하여 몇 가지 사례들을 제시해 놓았는데, '-는고라, -앗던고라, -인고라, -안고라'들로 실현된다. 필자에게는 매우 의고적인 형태소들로 보이며, 평상시 필자가 써 보지 못했던 접속 어미들이다. 본고에서는 일후 눈밝은 연구자들이 이것들도 다룰 수 있도록 그 사례들만 제시하는 정도에서 그쳤을 뿐이다.